桥梁设计与计算

（第二版）

邵旭东　程翔云　李立峰　编著

人民交通出版社
China Communications Press

内容提要

本书共分六篇,详细介绍了公路桥梁设计中涉及的基本计算公式、梁式桥、刚构桥、拱桥、斜拉桥与悬索桥,是桥梁设计人员必备的手册工具书,内容全面、翔实,具有较强的针对性及可操作性。

本书可供大专院校相关专业师生学习参考,同时也可作为注册结构工程师(桥梁工程)考试辅导教材。

图书在版编目(CIP)数据

桥梁设计与计算/邵旭东,程翔云,李立峰编著
.—2版.—北京:人民交通出版社,2012.11
 ISBN 978-7-114-10159-5

Ⅰ.①桥… Ⅱ.①邵…②程…③李… Ⅲ.①公路桥—桥梁设计②公路桥—桥梁工程—计算方法 Ⅳ.
①U448.14

中国版本图书馆CIP数据核字(2012)第250282号

书　　名	桥梁设计与计算(第二版)
著 作 者	邵旭东　程翔云　李立峰
责任编辑	吴有铭　李　农
出版发行	人民交通出版社
地　　址	(100011)北京市朝阳区安定门外外馆斜街3号
网　　址	http://www.ccpress.com.cn
销售电话	(010)59757973
总 经 销	人民交通出版社发行部
经　　销	各地新华书店
印　　刷	北京市密东印刷有限公司
开　　本	787×1092　1/16
印　　张	55.75
字　　数	1417千
版　　次	2007年2月　第1版 2012年11月　第2版
印　　次	2018年11月　第2版第2次印刷　总第5次印刷
书　　号	ISBN 978-7-114-10159-5
定　　价	180.00元

(有印刷、装订质量问题的图书由本社负责调换)

第二版前言 QIANYAN

本书是《桥梁设计与计算》的第二版,在第一版的基础上,作了如下修改和补充:
(1) 根据近6年来桥梁技术的发展,更新了相关内容。
(2) 对薄壁箱梁的理论计算公式、非等长桩承台的计算方法等作了补充和完善。
(3) 在第2~6篇的末尾,分别增加了梁式桥、刚构桥、拱桥、斜拉桥和悬索桥的有限元电算方法。
(4) 补充了部分热点问题的分析和阐述,如大跨度预应力混凝土箱梁桥的开裂与下挠问题、钢桥面铺装问题、千米级斜拉桥的新结构体系等。

曹君辉、胡佳、詹豪、何东升、雷微、刘汉彪、周捷、刘伟伟、王文前、周环宇、陈飞、张策参与了本书的修订工作。

编著者
2012年10月

第一版前言 QIANYAN

《桥梁设计与计算》编写的宗旨是希望为广大的桥梁设计人员提供一本实用的工具书，借助这本书，设计人员不仅能够快速查阅各种桥梁信息，也能得心应手地解决各类复杂的桥梁结构计算问题。

本书的主要特点如下：

（1）为方便读者日常查阅，提供了杆件静力计算基本公式、结构初拟尺寸的经验公式及各种桥型最基本的结构构造。

（2）提供了各类桥梁的计算理论、方法及相应的计算模型，并尽可能多附算例，读者可按照算例的步骤进行计算。对部分疑难问题还提供了简化算法，如徐变内力计算，斜、弯简支和连续梁桥的横向分布计算，顶推过程中控制截面内力计算，群桩等代结构计算，高墩非线性效应计算和箱梁畸变计算等。

（3）为满足程序计算的需要，提供了将空间问题转化为平面杆系问题的部分计算模型，如斜拉桥和悬索桥横向抗风静力稳定计算等。

（4）涉及桥梁方面相关设计规范的内容，主要以2004年及以后颁布规范为准，部分算例同时附有原有规范的计算结果以资对比。

全书共六篇，第一篇为基本计算公式，内容包括相关数学公式及梁、拱、板、刚架、弹性地基梁、结构稳定、薄壁结构扭转的计算公式；第二篇为梁式桥，包括各种截面简支梁和连续梁的内力计算；第三篇为刚构桥，包括连续刚构、T形刚构、斜腿刚架桥的内力计算；第四篇为拱桥，包括各种截面形式的上承式、中承式拱，普通拱和系杆拱桥的内力计算；第五篇为斜拉桥，包括总体布局、调索计算、施工计算、稳定计算、抗风和抗震计算；第六篇为悬索桥，内容包括主要构件设计、内力计算方法、代换梁法、横向静风计算、自振频率计算。

本书由湖南大学桥梁工程研究所编写，主要编写人员如下：第一篇由程翔云、李立峰编写，第二篇由程翔云、邵旭东、金晓勤编写，第三篇由程翔云、邵旭东、张阳编写，第四篇由程翔云、晏班夫、李立峰编写，第五篇由邵旭东、祝志文、程翔云、彭益华编写，第六篇由邵旭东、邓军、程翔云编写；另外，李立峰编写了部分算例，彭旺虎、王浩磊、易笃韬、邹娟、刘春、赵怡彬、王莉、王金磊、彤辉、陈志新等校订了部分书稿。

王伯惠、楼庄鸿、谭昌富等诸位先生提供了很多宝贵的资料，在此表示衷心感谢。

书中若有差错和疏漏之处，敬请读者指正。同时，欢迎登陆湖南大学桥梁工程研究所网站（http://www.hnubridge.com）！

编著者
2006年10月

目录 MULU

第一篇 基本计算公式

第一章 数学公式 ·· 3
    第一节 代数 ··· 3
    第二节 平面三角函数 ··· 8
    第三节 双曲三角函数 ··· 9
    第四节 微分 ··· 10
    第五节 积分 ··· 11
    第六节 若干近似公式 ··· 15
    第七节 拉格朗日插值公式 ·· 16

第二章 几何特性计算 ··· 17
    第一节 计量单位及换算 ··· 17
    第二节 常用立体的计算公式 ·· 21
    第三节 截面力学特性 ··· 23
    第四节 计算受弯构件变形的图乘法用表 ······················· 33

第三章 等截面梁计算公式 ·· 37
    第一节 单跨梁 ·· 37
    第二节 连续梁 ·· 53

第四章 等截面拱计算用表 ·· 61
    第一节 拱轴几何尺寸 ··· 61
    第二节 拱截面内力 ··· 63

第五章 板 ··· 68
    第一节 说明 ··· 68
    第二节 四边简支板 ··· 69
    第三节 四边嵌固板 ··· 71
    第四节 不同支承条件下的板 ·· 72
    第五节 肋板 ··· 75

第六章 刚架 ··· 76
    第一节 "Π"形刚架计算公式 ·· 76

第二节　斜腿刚架计算公式 ································· 79
第七章　弹性地基梁 ··· 83
　　第一节　基本微分方程 ··································· 83
　　第二节　无限长梁和半无限长梁 ··························· 84
　　第三节　短梁 ··· 85
　　第四节　其他地基梁 ····································· 86
第八章　结构的稳定计算 ····································· 89
　　第一节　压杆的稳定计算 ································· 89
　　第二节　梁平面弯曲的稳定计算 ··························· 90
　　第三节　拱的稳定计算 ··································· 91
　　第四节　拉(压)弯杆件 ··································· 92
第九章　薄壁杆约束扭转的内力计算公式 ······················· 95
　　第一节　开口截面薄壁梁 ································· 95
　　第二节　箱形截面薄壁梁 ································· 103

第二篇　梁　式　桥

第一章　板桥 ·· 123
　　第一节　整体式简支板桥 ································ 123
　　第二节　装配式简支板桥 ································ 129
　　第三节　整体式连续板桥 ································ 137
　　第四节　简支斜板桥 ···································· 148
　　附表Ⅰ　铰接(梁)桥荷载横向分布影响线表 ················ 159
第二章　装配式T形、工形简支梁桥 ··························· 170
　　第一节　标准图设计基本尺寸 ···························· 170
　　第二节　装配式钢筋混凝土及预应力混凝土简支梁桥的计算内容 ···· 172
　　第三节　荷载横向分布系数计算 ·························· 173
　　第四节　横隔梁内力计算 ································ 183
　　第五节　桥面板内力计算 ································ 191
　　第六节　桥面连续桥梁柔性排架桥墩的计算 ················ 194
　　第七节　简支斜肋梁桥的荷载横向分布系数计算 ············ 210
　　第八节　简支弯肋梁桥荷载横向分布计算 ·················· 218
第三章　箱形截面连续梁桥 ·································· 225
　　第一节　基本尺寸的拟定 ································ 225
　　第二节　内力计算步骤 ·································· 229
　　第三节　恒载内力计算 ·································· 230
　　第四节　汽车荷载内力计算 ······························ 237
　　第五节　预应力作用下的次内力计算——等效荷载法 ········ 242
　　第六节　混凝土徐变次内力计算——换算弹性模量法 ········ 245
　　第七节　基础沉降次内力计算 ···························· 256

  第八节 温度应力计算·····258
  第九节 悬臂法施工时的挠度计算和预拱度设置·····264
 第四章 箱形截面梁的受力分析·····267
  第一节 概述·····267
  第二节 对称荷载下的箱梁翼缘正应力分布·····269
  第三节 箱形截面梁在畸变荷载作用下产生的横向内力·····275
  第四节 箱梁因局部集中荷载产生的横向内力·····292
 第五章 斜支承的连续箱梁桥·····295
  第一节 支座布置·····295
  第二节 受力特点·····296
  第三节 等斜交角、等截面连续梁恒载内力计算·····297
  第四节 汽车荷载内力计算·····308
  第五节 预加力作用下的次内力计算·····314
  第六节 基础沉降引起的次内力计算·····319
  第七节 温差引起的次内力计算·····323
  第八节 混凝土徐变次内力近似计算·····332
  附表 II 连续斜梁桥的计算用表·····334
 第六章 箱形截面连续弯梁桥·····341
  第一节 连续弯梁桥的一般特点与结构布置·····341
  第二节 连续弯梁桥的计算特点·····344
  第三节 恒载内力计算·····348
  第四节 汽车荷载内力计算·····353
  第五节 应用平面杆系有限元法程序近似分析法·····359
  第六节 连续弯箱梁桥设计中的其他问题·····365
 第七章 连续梁桥的电算方法·····370
  第一节 建模要点·····370
  第二节 变截面连续梁桥分析实例·····372
  第三节 曲线梁桥建模要点·····375
  第四节 曲线梁桥建模分析实例·····376
  附表 III 弯梁桥的计算用表·····380

第三篇 刚 构 桥

 第一章 连续刚构桥·····387
  第一节 总体布置及结构构造·····387
  第二节 连续刚构桥的计算特点·····390
  第三节 群桩基础的简化模拟·····398
  第四节 高桥墩的稳定分析·····411
  第五节 桥墩的撞击分析·····416
  第六节 主梁下挠、开裂的原因和对策·····421

第二章　T形刚构桥 ... 425
第一节　总体布置及构造 ... 425
第二节　内力计算 ... 427
第三节　并联两箱间桥面板横向内力计算 ... 432
第四节　牛腿的计算 ... 438

第三章　斜腿刚架桥 ... 443
第一节　结构类型与布置 ... 443
第二节　内力计算 ... 445
第三节　次内力计算 ... 447

第四章　连续刚构桥的电算方法 ... 454
第一节　建模要点 ... 454
第二节　变截面连续刚构桥分析实例 ... 457

第四篇　拱　桥

第一章　空腹式钢筋混凝土拱桥 ... 465
第一节　总体布置及尺寸拟定 ... 465
第二节　恒载内力计算 ... 473
第三节　汽车荷载内力计算 ... 482
第四节　其他因素产生的内力计算 ... 486
第五节　稳定性验算 ... 489
第六节　拱桥计算中的其他问题 ... 493

第二章　中承式钢筋混凝土拱桥 ... 496
第一节　总体布置及结构构造 ... 496
第二节　中承式拱桥内力计算 ... 502
第三节　中承式拱桥的稳定性计算 ... 507

第三章　中承式钢管混凝土拱桥 ... 509
第一节　总体布置及结构构造 ... 509
第二节　主拱拱肋恒载内力计算 ... 514
第三节　汽车荷载的内力计算要点 ... 519
第四节　徐变次内力的近似计算 ... 520
第五节　其他计算问题 ... 526

第四章　简支混凝土系杆拱桥 ... 527
第一节　结构构造及尺寸拟定 ... 527
第二节　内力计算的要点 ... 531

第五章　拱桥的电算方法 ... 534
第一节　建模要点 ... 534
第二节　主要分析内容 ... 538
第三节　计算实例 ... 538

第五篇　斜　拉　桥

- 第一章　总体布置及尺寸拟定 ·· 549
  - 第一节　跨径和分孔 ·· 549
  - 第二节　结构体系 ·· 555
  - 第三节　主梁 ··· 560
  - 第四节　索塔 ··· 574
  - 第五节　拉索 ··· 579
  - 第六节　千米级斜拉桥 ·· 589
- 第二章　索力调整计算 ·· 593
  - 第一节　索力优化方法简介 ··· 593
  - 第二节　索力的初拟和调整 ··· 600
  - 第三节　前进和倒退分析法 ··· 607
- 第三章　斜拉桥的有限位移分析法 ··· 610
  - 第一节　斜拉桥的受力性能 ··· 610
  - 第二节　斜拉桥的施工模拟计算 ·· 613
  - 第三节　拉索初张力和主梁预拱度计算 ··· 620
  - 第四节　次内力计算 ·· 623
- 第四章　空间稳定计算 ·· 632
  - 第一节　主梁稳定性计算 ··· 632
  - 第二节　主塔稳定性计算 ··· 634
  - 第三节　静风荷载下横向稳定性计算 ··· 639
- 第五章　抗风和抗震 ··· 643
  - 第一节　自然风及特性 ·· 643
  - 第二节　静风荷载 ·· 646
  - 第三节　斜拉桥的动力特性 ··· 653
  - 第四节　颤振稳定性分析 ··· 659
  - 第五节　抖振和涡激共振分析 ·· 662
  - 第六节　桥梁抗风风洞试验 ··· 669
  - 第七节　斜拉桥抗风概念设计 ·· 676
  - 第八节　单索面斜拉桥索塔受横向风载时的静力稳定性简化算法 ············ 678
  - 第九节　桥梁抗震计算的反应谱法 ··· 689
  - 第十节　有限元时程分析法 ··· 694
- 第六章　混凝土斜拉桥的徐变分析 ··· 696
  - 第一节　关于徐变系数中加载龄期 τ_0 的确定 ··· 696
  - 第二节　徐变分析的计算模型 ·· 697
  - 第三节　徐变次内力及徐变变形计算 ··· 700
  - 第四节　示例 ··· 701
- 第七章　斜拉桥的电算方法 ·· 706

第一节 建模要点	706
第二节 主要分析内容	708
第三节 计算实例	709

第六篇 悬索桥

第一章 悬索桥的设计 719
第一节 总体布置 719
第二节 桥塔的设计 720
第三节 主缆的设计 727
第四节 加劲梁的设计 729
第五节 吊索的设计 735
第六节 锚碇的设计 739
第七节 鞍座与支座的设计 743
第八节 正交异性钢桥面及铺装的设计 746

第二章 悬索桥的内力计算内容及计算方法 752
第一节 计算基本步骤 752
第二节 结构平面分析的内容 752
第三节 计算方法简介 753
第四节 悬索桥主缆系统计算 770
第五节 加劲梁的截面力学特性公式 790
第六节 冲击系数及荷载增大系数 796

第三章 悬索桥平面整体分析的代换梁法 798
第一节 代换梁法原理简介 798
第二节 主缆水平拉力 H_p 的计算公式及其计算用表 799
第三节 代换梁法的具体应用 804
第四节 单跨双铰钢桁梁悬索桥计算示例 806
第五节 三跨连续钢筋箱加劲梁悬索桥计算示例 813

第四章 横桥向静风荷载计算 821
第一节 单跨简支(双铰)悬索桥 821
第二节 三跨连续悬索桥 825

第五章 悬索桥的振动频率 834
第一节 常用符号 834
第二节 单跨简支(双铰)悬索桥的振动频率 835
第三节 三跨等刚度简支(双铰)悬索桥的振动频率 836
第四节 三跨等刚度连续悬索桥的振动频率 838
第五节 示例 839

第六章 自锚式悬索桥 845
第一节 跨径布置与加劲梁截面形式 845
第二节 锚固系统 850

  第三节 自锚式悬索桥的索力及加劲梁内力近似计算 ················ 854
第七章 悬索桥的电算方法 ························ 862
 第一节 建模要点 ························ 862
 第二节 主要分析内容 ························ 865
 第三节 计算实例 ························ 865
参考文献 ························ 872

基本计算公式
Basic Calculation Formula

第一章 数学公式

第一节 代　　数

一、恒等式及因式分解

1. $a^2 - b^2 = (a+b)(a-b)$
2. $a^3 - b^3 = (a-b)(a^2 + ab + b^2)$
3. $a^3 + b^3 = (a+b)(a^2 - ab + b^2)$
4. $(a+b)^2 = a^2 + 2ab + b^2$
5. $(a-b)^2 = a^2 - 2ab + b^2$
6. $(a+b)^3 = a^3 + 3a^2b + 3ab^2 + b^3$
7. $(a-b)^3 = a^3 - 3a^2b + 3ab^2 - b^3$
8. $(a+b+c)^2 = a^2 + b^2 + c^2 + 2(ab + bc + ca)$
9. $(a+b+c)^3 = a^3 + b^3 + c^3 + 3(b^2c + bc^2 + c^2a + ca^2 + a^2b + ab^2) + 6abc$
10. $a^n - b^n = (a-b)(a^{n-1} + a^{n-2}b + a^{n-3}b^2 + \cdots + ab^{n-2} + b^{n-1})$　　　($n =$ 正整数)
11. $a^n - b^n = (a+b)(a^{n-1} - a^{n-2}b + a^{n-3}b^2 - \cdots + ab^{n-2} - b^{n-1})$　　　($n =$ 偶数)
12. $a^n + b^n = (a+b)(a^{n-1} - a^{n-2}b + a^{n-3}b^2 - \cdots - ab^{n-2} + b^{n-1})$　　　($n =$ 奇数)

二、指　　数

1. $a^m a^n = a^{m+n}$
2. $a^m \div a^n = a^{m-n}$
3. $(a^m)^n = a^{mn}$
4. $\sqrt[m]{a} = a^{\frac{1}{m}}$
5. $\sqrt[m]{\dfrac{1}{a}} = a^{-\frac{1}{m}}$
6. $\sqrt[m]{a} \cdot \sqrt[n]{a} = \sqrt[mn]{a^{m+n}}$
7. $a^{\frac{m}{n}} = \sqrt[n]{a^m} = (\sqrt[n]{a})^m$
8. $\sqrt[m]{\sqrt[n]{a}} = \sqrt[mn]{a}$
9. $a^{-m} = \dfrac{1}{a^m}$
10. $\sqrt[n]{ab} = \sqrt[n]{a} \cdot \sqrt[n]{b}$

11. $\sqrt[n]{\dfrac{a}{b}} = \dfrac{\sqrt[n]{a}}{\sqrt[n]{b}}$ 12. $a^{-\frac{m}{n}} = \dfrac{1}{\sqrt[n]{a^m}}$

13. $(ab)^m = a^m b^m$ 14. $\left(\dfrac{a}{b}\right)^m = \dfrac{a^m}{b^m}$

15. $a^0 = 1$ （但 $a \neq 0$）

三、对　　数

1. 若 $a^x = M$，则 $\log_a M = x$　（$a > 0$，$a \neq 1$）
2. 恒等式 $a^{\log_a M} = M$，$\log_a 1 = 0$，$\log_a a = 1$
3. 对数运算

$$\log_a(MN) = \log_a M + \log_a N$$

$$\log_a\left(\dfrac{M}{N}\right) = \log_a M - \log_a N$$

$$\log_a(M^n) = n\log_a M$$

$$\log_a(\sqrt[n]{M}) = \dfrac{1}{n}\log_a M$$

4. 换底公式

$$\log_a M = \dfrac{\log_b M}{\log_b a},\quad \log_a b \cdot \log_b a = 1$$

5. 与自然对数的关系

$\lg M$（以 10 为底）$= 0.4343 \ln M$

$\ln M$（以 e 为底）$= 2.3026 \lg M$

$\lg e \cdot \ln 10 = 1$　（$e = 2.7182818$）

四、方　　程

1. 二次方程

$$ax^2 + bx + c = 0$$

$$x_{1,2} = \dfrac{-b \pm \sqrt{b^2 - 4ac}}{2a}$$

2. 三次方程

$$az^3 + bz^2 + cz + d = 0$$

设 $z = x - \dfrac{b}{3a}$，则可化为：

$$x^3 + 3px + 2q = 0$$

式中：$2q = \dfrac{2b^3}{27a^3} - \dfrac{bc}{3a^2} + \dfrac{d}{a}$；

$3p = \dfrac{3ac - b^2}{3a^2}$。

$x^3 + 3px + 2q = 0$ 之根

$$x_1 = u + v \quad x_2 = w_1 u + w_2 v \quad x_3 = w_2 u + w_1 v$$

式中：$w_1 = \dfrac{1}{2}(-1 + i\sqrt{3})$；

$$w_2 = \frac{1}{2}(-1 - i\sqrt{3});$$

$$u = \sqrt[3]{-q + \sqrt{q^2 + p^3}};$$

$$v = \sqrt[3]{-q - \sqrt{q^2 + p^3}}。$$

3. 三次方程的近似解——牛顿法

$$ax^3 + bx^2 + cx + d = 0$$

设：

$$f(x) = ax^3 + bx^2 + cx + d$$

则：

$$f'(x) = 3ax^2 + 2bx + c \quad (上式的导数)$$

$$x_{k+1} = x_k - \frac{f(x_k)}{f'(x_k)}$$

其中：x_k 为该方程的根的第 k 次假定值。若 x_{k+1} 与 x_k 相差较大时，则用 x_{k+1} 取代上式右边的所有 x_k，从而得到新的近似根 x_{k+2}。如此循环，直至等式两侧的 x_{k+n} 和 x_{k+n-1} 接近到所需要的精度为止。这种方法也适用于更高阶的方程。

五、级 数 之 和

1. $a + (a+d) + (a+2d) + \cdots + (a+nd) = \frac{n+1}{2}(2a+nd)$

2. $a + ar + ar^2 + \cdots + ar^n = a\frac{r^{n+1}-1}{r-1}$

3. $1 + 2 + 3 + \cdots + n = \frac{1}{2}n(n+1)$

4. $1^2 + 2^2 + 3^2 + \cdots + n^2 = \frac{1}{6}n(n+1)(2n+1)$

5. $1^3 + 2^3 + 3^3 + \cdots + n^3 = \frac{1}{4}n^2(n+1)^2$

6. $1 + 3 + 5 + \cdots + (2n-1) = n^2$

7. $1^2 + 3^2 + 5^2 + \cdots + (2n-1)^2 = \frac{1}{3}n(2n-1)(2n+1)$

8. $1^3 + 3^3 + 5^3 + \cdots + (2n-1)^3 = n^2(2n^2-1)$

9. $1 \times 2 + 2 \times 3 + 3 \times 4 + \cdots + n(n+1) = \frac{1}{3}n(n+1)(n+2)$

10. $1 + 2x + 3x^2 + 4x^3 + \cdots + nx^{n-1} = \frac{1-x^n}{(1-x)^2} - \frac{nx^n}{1-x}$

六、无限级数及函数展开式

1. $(1 \pm x)^n = 1 \pm nx + \frac{n(n-1)}{2!}x^2 \pm \frac{n(n-1)(n-2)}{3!}x^3 + \cdots +$
$(\pm 1)^m \frac{n(n-1)\cdots(n-m+1)}{m!}x^m + \cdots$

其中 n 为任意值且 $n > 0$，$|x| \leqslant 1$。

2. $\sqrt{1 \pm x} = 1 \pm \dfrac{1}{2}x - \dfrac{1 \times 1}{2 \times 4}x^2 \pm \dfrac{1 \times 1 \times 3}{2 \times 4 \times 6}x^3 - \dfrac{1 \times 1 \times 3 \times 5}{2 \times 4 \times 6 \times 8}x^4 \pm \cdots$ $(|x| \leqslant 1)$

3. $\dfrac{1}{\sqrt{1 \pm x}} = 1 \mp \dfrac{1}{2}x + \dfrac{1 \times 3}{2 \times 4}x^2 \mp \dfrac{1 \times 3 \times 5}{2 \times 4 \times 6}x^3 + \dfrac{1 \times 3 \times 5 \times 7}{2 \times 4 \times 6 \times 8}x^4 \mp \cdots$ $(|x| \leqslant 1)$

4. $e^x = 1 + \dfrac{x}{1!} + \dfrac{x^2}{2!} + \dfrac{x^3}{3!} + \dfrac{x^4}{4!} + \cdots$ $(|x| \leqslant \infty)$

5. $a^x = 1 + \dfrac{\ln a}{1!}x + \dfrac{(\ln a)^2}{2!}x^2 + \dfrac{(\ln a)^2}{3!}x^3 + \cdots$ $(a > 0, |x| \leqslant \infty)$

6. $\ln x = \dfrac{x-1}{x} + \dfrac{(x-1)^2}{2x^2} + \dfrac{(x-1)^3}{3x^3} + \cdots + \dfrac{(x-1)^n}{nx^n}$ $\left(x > \dfrac{1}{2}\right)$

7. $\ln(1 \pm x) = \pm x - \dfrac{x^2}{2} \pm \dfrac{x^3}{3} - \dfrac{x^4}{4} \pm \dfrac{x^5}{5} \pm \cdots$ $\left(\begin{array}{l}-1 < x \leqslant 1 \\ -1 \leqslant x < 1\end{array}\right)$

8. $\ln\left(\dfrac{1+x}{1-x}\right) = 2\left(x + \dfrac{x^3}{3} + \dfrac{x^5}{5} + \dfrac{x^7}{7} + \cdots + \dfrac{x^{2n+1}}{2n+1} + \cdots\right)$ $(|x| < 1)$

9. $\ln\left(\dfrac{x+1}{x-1}\right) = 2\left[\dfrac{1}{x} + \dfrac{1}{3x^3} + \dfrac{1}{5x^5} - \dfrac{1}{7x^7} + \cdots + \dfrac{1}{(2n+1)x^{2n+1}} + \cdots\right]$ $(|x| > 1)$

10. $\sin x = x - \dfrac{x^3}{3!} + \dfrac{x^5}{5!} - \dfrac{x^7}{7!} + \cdots + (-1)^n \dfrac{x^{2n+1}}{(2n+1)!} \pm \cdots$ $(|x| < \infty)$

11. $\cos x = 1 - \dfrac{x^2}{2!} + \dfrac{x^4}{4!} - \dfrac{x^6}{6!} + \cdots + (-1)^n \dfrac{x^{2n}}{(2n)!} \pm \cdots$ $(|x| < \infty)$

12. $\tan x = x + \dfrac{1}{3}x^3 + \dfrac{2}{15}x^5 + \dfrac{17}{315}x^7 + \dfrac{62}{2835}x^9 + \cdots + \dfrac{2^{2n}(2^{2n}-1)B_n}{(2n)!}x^{2n-1} + \cdots$

$\left(|x| < \dfrac{\pi}{2}\right)$

13. $\cot x = \dfrac{1}{x} - \left[\dfrac{x}{3} + \dfrac{x^3}{45} + \dfrac{2x^5}{945} + \dfrac{x^7}{4725} + \cdots + \dfrac{2^{2n}B_n}{(2n)!}x^{2n-1} + \cdots\right]$

$(0 < |x| < \pi, x \neq 0)$

注：伯努利系数 (B_n)，其值见表 1-1-1。

B_n 值 表　　　　　　　　　　　　　　　　　　　　　表 1-1-1

n	B_n	n	B_n	n	B_n	n	B_n
1	$\dfrac{1}{6}$	4	$\dfrac{1}{30}$	7	$\dfrac{7}{6}$	10	$\dfrac{174611}{330}$
2	$\dfrac{1}{30}$	5	$\dfrac{5}{66}$	8	$\dfrac{3617}{510}$	11	$\dfrac{854513}{138}$
3	$\dfrac{1}{42}$	6	$\dfrac{691}{2730}$	9	$\dfrac{43867}{798}$		

14. $\operatorname{sh} x = x + \dfrac{x^3}{3!} + \dfrac{x^5}{5!} + \dfrac{x^7}{7!} + \cdots + \dfrac{x^{2n+1}}{(2n+1)!} + \cdots$ $(|x| < \infty)$

15. $\operatorname{ch} x = 1 + \dfrac{x^2}{2!} + \dfrac{x^4}{4!} + \dfrac{x^6}{6!} + \cdots + \dfrac{x^{2n}}{2n} + \cdots$ $(|x| < \infty)$

七、富 氏 级 数

1. **任意函数展为全级数**

区间 $[-\pi, \pi]$ 或 $[a, a+2\pi]$ 上为：

$$f(x) = \frac{a_0}{2} + \sum_{n=1}^{\infty}(a_n \cos nx + b_n \sin nx)$$

式中：$a_0 = \frac{1}{\pi}\int_{-\pi}^{\pi} f(x)\mathrm{d}x$；

$a_n = \frac{1}{\pi}\int_{-\pi}^{\pi} f(x)\cos nx\,\mathrm{d}x$；

$b_n = \frac{1}{\pi}\int_{-\pi}^{\pi} f(x)\sin nx\,\mathrm{d}x$。

区间 $[-l, l]$ 上为：

$$f(x) = \frac{a_0}{2} + \sum_{n=1}^{\infty}\left(a_n \cos \frac{n\pi}{l}x + b_n \sin \frac{n\pi}{l}x\right)$$

式中：$a_0 = \frac{1}{l}\int_{-l}^{l} f(x)\,\mathrm{d}x$；

$a_n = \frac{1}{l}\int_{-l}^{l} f(x)\cos \frac{n\pi}{l}x\,\mathrm{d}x$；

$b_n = \frac{1}{l}\int_{-l}^{l} f(x)\sin \frac{n\pi}{l}x\,\mathrm{d}x$。

2. 奇函数 $f(-x) = -f(x)$ 展开正弦函数

区间 $[-\pi, \pi]$ 上为：

$$f(x) = \sum_{n=1}^{\infty} b_n \sin nx$$

式中：$b_n = \frac{2}{\pi}\int_0^{\pi} f(x)\,\sin nx\,\mathrm{d}x$。

区间 $[-l, l]$ 上为：

$$f(x) = \sum_{n=1}^{\infty} b_n \sin \frac{n\pi}{l}x$$

式中：$b_n = \frac{2}{l}\int_0^{l} f(x)\,\sin \frac{n\pi}{l}x\,\mathrm{d}x$。

3. 偶函数 $f(-x) = f(x)$ 展为余弦函数

区间 $[-\pi, \pi]$ 上为：

$$f(x) = \frac{a_0}{2} + \sum_{n=1}^{\infty} a_n \cos nx$$

式中：$a_0 = \frac{2}{\pi}\int_0^{\pi} f(x)\mathrm{d}x$；

$a_n = \frac{2}{\pi}\int_0^{\pi} f(x)\cos nx\,\mathrm{d}x \quad (n=0, 1, 2, 3\cdots)$。

区间 $[-l, l]$ 上为：

$$f(x) = \frac{a_0}{2} + \sum_{n=1}^{\infty} a_n \cos \frac{n\pi}{l}x$$

式中：$a_0 = \frac{2}{l}\int_0^{l} f(x)\mathrm{d}x$；

$a_n = \frac{2}{l}\int_0^{l} f(x)\cos \frac{n\pi}{l}x\,\mathrm{d}x$。

第二节　平面三角函数

一、基本公式

1. $\sin^2\alpha + \cos^2\alpha = 1$
2. $\sin\alpha \cdot \csc\alpha = 1$
3. $\sec^2\alpha - \tan^2\alpha = 1$
4. $\cos\alpha \cdot \sec\alpha = 1$
5. $\csc^2\alpha - \cot^2\alpha = 1$
6. $\tan\alpha \cdot \cot\alpha = 1$
7. $\tan\alpha = \dfrac{\sin\alpha}{\cos\alpha}$
8. $\cot\alpha = \dfrac{\cos\alpha}{\sin\alpha}$

二、两角的和差公式

1. $\sin(\alpha \pm \beta) = \sin\alpha\cos\beta \pm \cos\alpha\sin\beta$
2. $\cos(\alpha \pm \beta) = \cos\alpha\cos\beta \mp \sin\alpha\sin\beta$
3. $\tan(\alpha \pm \beta) = \dfrac{\tan\alpha \pm \tan\beta}{1 \mp \tan\alpha\tan\beta}$
4. $\cot(\alpha \pm \beta) = \dfrac{\cot\alpha\cot\beta \mp 1}{\cot\beta \pm \cot\alpha}$

三、倍角公式

1. $\sin 2\alpha = 2\sin\alpha\cos\alpha$
2. $\cos 2\alpha = \cos^2\alpha - \sin^2\alpha$
3. $\tan 2\alpha = \dfrac{2\tan\alpha}{1 - \tan^2\alpha}$
4. $\cot 2\alpha = \dfrac{\cot^2\alpha - 1}{2\cot\alpha}$

四、半角公式

1. $\sin\dfrac{\alpha}{2} = \sqrt{\dfrac{1-\cos\alpha}{2}}$
2. $\tan\dfrac{\alpha}{2} = \dfrac{1-\cos\alpha}{\sin\alpha} = \dfrac{\sin\alpha}{1+\cos\alpha}$
3. $\cos\dfrac{\alpha}{2} = \sqrt{\dfrac{1+\cos\alpha}{2}}$
4. $\cot\dfrac{\alpha}{2} = \dfrac{1+\cos\alpha}{\sin\alpha} = \dfrac{\sin\alpha}{1-\cos\alpha}$

五、和差化积

1. $\sin\alpha \pm \sin\beta = 2\sin\dfrac{\alpha \pm \beta}{2}\cos\dfrac{\alpha \mp \beta}{2}$
2. $\cos\alpha + \cos\beta = 2\cos\dfrac{\alpha+\beta}{2}\cos\dfrac{\alpha-\beta}{2}$
3. $\cos\alpha - \cos\beta = -2\sin\dfrac{\alpha+\beta}{2}\sin\dfrac{\alpha-\beta}{2}$
4. $\tan\alpha \pm \tan\beta = \dfrac{\sin(\alpha \pm \beta)}{\cos\alpha\cos\beta}$
5. $\cot\alpha \pm \cot\beta = \pm\dfrac{\sin(\alpha \pm \beta)}{\sin\alpha\sin\beta}$

六、积化和差

1. $\sin\alpha\sin\beta = \dfrac{1}{2}[\cos(\alpha-\beta)-\cos(\alpha+\beta)]$

2. $\cos\alpha\cos\beta = \dfrac{1}{2}[\cos(\alpha-\beta)+\cos(\alpha+\beta)]$

3. $\sin\alpha\cos\beta = \dfrac{1}{2}[\sin(\alpha-\beta)+\sin(\alpha+\beta)]$

七、各象限关系（表 1-1-2）

各 象 限 关 系 表　　　　　表 1-1-2

函数＼象限	$\beta=-\alpha$	$\beta=90°\pm\alpha$	$\beta=180°\pm\alpha$	$\beta=270°\pm\alpha$	$\beta=360°-\alpha$
$\sin\beta$	$-\sin\alpha$	$\cos\alpha$	$\mp\sin\alpha$	$-\cos\alpha$	$-\sin\alpha$
$\cos\beta$	$\cos\alpha$	$\mp\sin\alpha$	$-\cos\alpha$	$\pm\sin\alpha$	$\cos\alpha$
$\tan\beta$	$-\tan\alpha$	$\mp\cot\alpha$	$\pm\tan\alpha$	$\mp\cot\alpha$	$-\tan\alpha$
$\cot\beta$	$-\cot\alpha$	$\mp\tan\alpha$	$\pm\cot\alpha$	$\mp\tan\alpha$	$-\cot\alpha$

第三节　双曲三角函数

一、基本公式

1. $\operatorname{sh}x = \dfrac{e^x - e^{-x}}{2}$　　　　2. $\operatorname{csch}x = \dfrac{1}{\operatorname{sh}x}$

3. $\operatorname{ch}x = \dfrac{e^x + e^{-x}}{2}$　　　　4. $\operatorname{sech}x = \dfrac{1}{\operatorname{ch}x}$

5. $\operatorname{th}x = \dfrac{e^x - e^{-x}}{e^x + e^{-x}}$　　　　6. $\operatorname{cth}x = \dfrac{1}{\operatorname{th}x}$

7. $\operatorname{th}x = \dfrac{\operatorname{sh}x}{\operatorname{ch}x}$　　　　8. $\operatorname{cth}x = \dfrac{\operatorname{ch}x}{\operatorname{sh}x}$

9. $\operatorname{ch}^2 x - \operatorname{sh}^2 x = 1$　　　　10. $\operatorname{sech}^2 x + \operatorname{th}^2 x = 1$

11. $\operatorname{cth}^2 x - \operatorname{csch}^2 x = 1$　　　　12. $\operatorname{th}x \cdot \operatorname{cth}x = 1$

二、和差公式

1. $\operatorname{sh}(x\pm y) = \operatorname{sh}x\operatorname{ch}y \pm \operatorname{ch}x\operatorname{sh}y$　　　　2. $\operatorname{ch}(x\pm y) = \operatorname{ch}x\operatorname{ch}y \pm \operatorname{sh}x\operatorname{sh}y$

3. $\operatorname{th}(x\pm y) = \dfrac{\operatorname{th}x \pm \operatorname{th}y}{1 \pm \operatorname{th}x\operatorname{th}y}$　　　　4. $\operatorname{cth}(x\pm y) = \dfrac{1 \pm \operatorname{cth}x\operatorname{cth}y}{\operatorname{cth}x \pm \operatorname{cth}y}$

三、倍角公式

1. $\operatorname{sh}2x = 2\operatorname{sh}x\operatorname{ch}x$　　　　2. $\operatorname{ch}2x = \operatorname{sh}^2 x + \operatorname{ch}^2 x$

3. $\operatorname{th}2x = \dfrac{2\operatorname{th}x}{1 + \operatorname{th}^2 x}$　　　　4. $\operatorname{cth}2x = \dfrac{1 + \operatorname{cth}^2 x}{2\operatorname{cth}x}$

四、半角公式

1. $\operatorname{sh}\dfrac{x}{2}=\pm\sqrt{\dfrac{\operatorname{ch}x-1}{2}}$ （当 $x>0$ 时，取"+"，$x<0$ 时取"−"）

2. $\operatorname{ch}\dfrac{x}{2}=\sqrt{\dfrac{\operatorname{ch}x+1}{2}}$

3. $\operatorname{th}\dfrac{x}{2}=\dfrac{\operatorname{ch}x-1}{\operatorname{sh}x}=\dfrac{\operatorname{sh}x}{\operatorname{ch}x+1}$

4. $\operatorname{cth}\dfrac{x}{2}=\dfrac{\operatorname{sh}x}{\operatorname{ch}x-1}=\dfrac{\operatorname{ch}x+1}{\operatorname{sh}x}$

五、和差化积

1. $\operatorname{sh}x\pm\operatorname{sh}y=2\operatorname{sh}\dfrac{x\pm y}{2}\operatorname{ch}\dfrac{x\mp y}{2}$

2. $\operatorname{ch}x+\operatorname{ch}y=2\operatorname{ch}\dfrac{x+y}{2}\operatorname{ch}\dfrac{x-y}{2}$

3. $\operatorname{ch}x-\operatorname{ch}y=2\operatorname{sh}\dfrac{x+y}{2}\operatorname{sh}\dfrac{x-y}{2}$

4. $\operatorname{th}x\pm\operatorname{th}y=\dfrac{\operatorname{sh}(x\pm y)}{\operatorname{ch}x\operatorname{ch}y}$

5. $\operatorname{cth}x\pm\operatorname{cth}y=\pm\dfrac{\operatorname{sh}(x\pm y)}{\operatorname{sh}x\operatorname{sh}y}$

六、与三角函数的关系

1. $\sin z=-i\operatorname{sh}iz$ 2. $\operatorname{sh}z=-i\sin iz$ 3. $\cos z=\operatorname{ch}iz$ 4. $\operatorname{ch}z=\cos iz$
5. $\tan z=-i\operatorname{th}iz$ 6. $\operatorname{th}z=-i\tan iz$ 7. $\cot z=i\operatorname{cth}iz$ 8. $\operatorname{cth}z=i\cot iz$

第四节 微 分

一、基本定理

1. $\dfrac{d(u\pm v)}{dx}=\dfrac{du}{dx}\pm\dfrac{dv}{dx}$

2. $\dfrac{d(u\pm v\pm w\pm\cdots)}{dx}=\dfrac{du}{dx}\pm\dfrac{dv}{dx}\pm\dfrac{dw}{dx}+\cdots$

3. $\dfrac{d(uv)}{dx}=v\dfrac{du}{dx}+u\dfrac{dv}{dx}$

4. $\dfrac{d(uvw)}{dx}=vw\dfrac{du}{dx}+uw\dfrac{dv}{dx}+uv\dfrac{dw}{dx}$

5. $\dfrac{d(u/v)}{dx}=\left(v\dfrac{du}{dx}-u\dfrac{dv}{dx}\right)\div v^2$

6. $\dfrac{d}{dx}\left(\dfrac{1}{u}\right)=-\dfrac{1}{u^2}\cdot\dfrac{du}{dx}$

7. $y=f(u)$，$u=g(x)$，则 $\dfrac{dy}{dx}=\dfrac{dy}{du}\cdot\dfrac{du}{dx}$

8. $y=f(x)$，$x=g(t)$，则 $\dfrac{dy}{dx}=\dfrac{dy}{dt}\div\dfrac{dx}{dt}$

9. $\dfrac{dc}{dx}=0$

10. $\dfrac{d(cv)}{dx}=c\dfrac{dv}{dx}$

二、基本函数的微分公式（表 1-1-3）

基本函数微分公式表　　　　　　　　　表 1-1-3

函　数	导　数	函　数	导　数
c（常数）	0	x	1
x^n	nx^{n-1}	$\dfrac{1}{x}$	$-\dfrac{1}{x^2}$
$\dfrac{1}{x^n}$	$-\dfrac{n}{x^{n+1}}$	$\sqrt{x}$	$\dfrac{1}{2\sqrt{x}}$
$\sqrt[n]{x}$	$\dfrac{1}{n\sqrt[n]{x^{n-1}}}$	e^x	e^x
a^x	$a^x \ln a$	$\ln x$	$\dfrac{1}{x}$
$\log_a x$	$\dfrac{1}{x}\log_a e = \dfrac{1}{x \ln a}$	$\lg x$	$\dfrac{1}{x}\lg e \approx \dfrac{0.4343}{x}$
$\sin x$	$\cos x$	$\cos x$	$-\sin x$
$\tan x$	$\dfrac{1}{\cos^2 x}$	$\cot x$	$-\dfrac{1}{\sin^2 x}$
$\sec x$	$\tan x \cdot \sec x$	$\csc x$	$-\cot x \cdot \csc x$
$\arcsin x$	$\dfrac{1}{\sqrt{1-x^2}}$	$\arccos x$	$-\dfrac{1}{\sqrt{1-x^2}}$
$\arctan x$	$\dfrac{1}{1+x^2}$	$\operatorname{arccot} x$	$-\dfrac{1}{1+x^2}$
$\operatorname{arcsec} x$	$\dfrac{1}{x\sqrt{x^2-1}}$	$\operatorname{arccsc} x$	$-\dfrac{1}{x\sqrt{x^2-1}}$
$\operatorname{sh} x$	$\operatorname{ch} x$	$\operatorname{ch} x$	$\operatorname{sh} x$
$\operatorname{th} x$	$\dfrac{1}{\operatorname{ch}^2 x}$	$\operatorname{cth} x$	$-\dfrac{1}{\operatorname{sh}^2 x}$
$\operatorname{arcsh} x$	$\dfrac{1}{\sqrt{1+x^2}}$	$\operatorname{arcch} x$	$\sqrt{\dfrac{1}{x^2-1}}$
$\operatorname{arcth} x$	$\dfrac{1}{1-x^2}$	$\operatorname{arccth} x$	$-\dfrac{1}{x^2-1}$

第五节　积　分

一、基本定理

1. $\int (u \pm v)\,dx = \int u\,dx \pm \int v\,dx$

2. $\int au\,dx = a\int u\,dx$

3. 置换积分法

$\int f(x)\,dx = \int f[\varphi(z)]\varphi'(z)\,dz \quad [x = \varphi(z)]$

4. 部分积分法
$$\int f(x)g'(x)\mathrm{d}x = f(x)g(x) - \int f'(x)g(x)\mathrm{d}x$$

5. 配元积分法
$$\int f(x)f'(x)\mathrm{d}x = \frac{1}{2}[f(x)]^2$$

6. $\int u\mathrm{d}v = uv - \int v\mathrm{d}u$

7. $\int u\mathrm{d}x = ux - \int u'x\mathrm{d}x$

8. $\int \dfrac{f'(x)}{f(x)}\mathrm{d}x = \ln|f(x)|$

9. $\int f'(x)\mathrm{d}x = f(x)$

二、代数函数的积分

1. $\int x^n \mathrm{d}x = \dfrac{x^{n+1}}{n+1} \quad (n \neq -1)$

2. $\int \dfrac{1}{x}\mathrm{d}x = \ln x$

3. $\int \dfrac{1}{x^2}\mathrm{d}x = -\dfrac{1}{x}$

4. $\int \dfrac{\mathrm{d}x}{a+bx} = \dfrac{1}{b}\ln(a+bx)$

5. $\int \dfrac{\mathrm{d}x}{(a+bx)^2} = \dfrac{-1}{b(a+bx)}$

6. $\int \dfrac{\mathrm{d}x}{1-x^2} = \mathrm{arcth}\,x = \dfrac{1}{2}\ln\left(\dfrac{1+x}{1-x}\right) \quad (x<1)$

7. $\int \dfrac{\mathrm{d}x}{x^2-1} = -\mathrm{arccth}\,x = \dfrac{1}{2}\ln\left(\dfrac{x-1}{x+1}\right) \quad (x>1)$

8. $\int \dfrac{\mathrm{d}x}{a+bx^2} = \dfrac{1}{\sqrt{ab}}\arctan\left(x\sqrt{\dfrac{b}{a}}\right) \quad (a>0, b>0)$

9. $\int \dfrac{\mathrm{d}x}{a-bx^2} = \dfrac{1}{2\sqrt{ab}}\ln\dfrac{\sqrt{ab}+bx}{\sqrt{ab}-bx} = \dfrac{1}{\sqrt{ab}}\mathrm{arcth}\left(x\sqrt{\dfrac{b}{a}}\right) \quad (a>0, b>0)$

10. $\int \dfrac{x}{a+bx}\mathrm{d}x = \dfrac{1}{b^2}[bx - a\ln(a+bx)]$

11. $\int \dfrac{x}{(a+bx)^2}\mathrm{d}x = \dfrac{1}{b^2}\left[\ln(a+bx) + \dfrac{a}{a+bx}\right]$

12. $\int \sqrt{a+bx}\,\mathrm{d}x = \dfrac{2}{3b}\sqrt{(a+bx)^3}$

13. $\int \dfrac{\mathrm{d}x}{\sqrt{a+bx}} = \dfrac{2}{b}\sqrt{a+bx}$

14. $\int \sqrt{a^2+x^2}\,\mathrm{d}x = \dfrac{x}{2}\sqrt{a^2+x^2} + \dfrac{a^2}{2}\ln(x+\sqrt{a^2+x^2}) = \dfrac{x}{2}\sqrt{a^2+x^2} + \dfrac{a^2}{2}\mathrm{arcsh}\left(\dfrac{x}{a}\right)$

15. $\int \sqrt{a^2-x^2}\,\mathrm{d}x = \dfrac{x}{2}\sqrt{a^2-x^2} + \dfrac{a^2}{2}\arcsin\left(\dfrac{x}{a}\right)$

16. $\int \sqrt{x^2-a^2}\,\mathrm{d}x = \dfrac{x}{2}\sqrt{x^2-a^2} - \dfrac{a^2}{2}\ln(x+\sqrt{x^2-a^2}) = \dfrac{x}{2}\sqrt{x^2-a^2} - \dfrac{a^2}{2}\operatorname{arcch}\left(\dfrac{x}{2}\right)$

17. $\int \dfrac{\mathrm{d}x}{\sqrt{a^2+x^2}} = \ln(x+\sqrt{a^2+x^2}) = \operatorname{arcsh}\left(\dfrac{x}{a}\right)$

18. $\int \dfrac{\mathrm{d}x}{\sqrt{a^2-x^2}} = \arcsin\left(\dfrac{x}{a}\right)$

19. $\int \dfrac{\mathrm{d}x}{\sqrt{x^2-a^2}} = \ln(x+\sqrt{x^2-a^2}) = \operatorname{arch}\left(\dfrac{x}{a}\right)$

20. $\int \dfrac{\mathrm{d}x}{a+bx+cx^2} = \begin{cases} -\dfrac{2}{b+2cx} & (q=0 \text{ 时}, q=b^2-4ac) \\ \dfrac{1}{\sqrt{q}}\ln\left|\dfrac{b+2cx-\sqrt{q}}{b+2cx+\sqrt{q}}\right| & (q>0 \text{ 时}) \\ \dfrac{2}{\sqrt{-q}}\arctan\dfrac{b+2cx}{\sqrt{-q}} & (q<0 \text{ 时}) \end{cases}$

三、三角函数的积分

1. $\int \sin x\,\mathrm{d}x = -\cos x$

2. $\int \sin^2 x\,\mathrm{d}x = \dfrac{1}{4}(2x - \sin 2x)$

3. $\int \cos x\,\mathrm{d}x = \sin x$

4. $\int \cos^2 x\,\mathrm{d}x = \dfrac{1}{4}(2x + \sin 2x)$

5. $\int \dfrac{\mathrm{d}x}{\sin x} = \ln\tan\dfrac{x}{2}$

6. $\int \dfrac{\mathrm{d}x}{\sin^2 x} = -\cot x$

7. $\int \dfrac{\mathrm{d}x}{\cos x} = \ln\tan\left(\dfrac{x}{2}+\dfrac{\pi}{4}\right)$

8. $\int \dfrac{\mathrm{d}x}{\cos^2 x} = \tan x$

9. $\int \sin x\cos x\,\mathrm{d}x = \dfrac{1}{2}\sin^2 x$

10. $\int \sin^2 x\cos^2 x\,\mathrm{d}x = \dfrac{1}{8}\left(x - \dfrac{1}{4}\sin 4x\right)$

11. $\int \tan x\,\mathrm{d}x = -\ln\cos x$

12. $\int \tan^2 x\,\mathrm{d}x = \tan x - x$

13. $\int \dfrac{\mathrm{d}x}{\tan x} = \int \cot x\,\mathrm{d}x = \ln\sin x$

14. $\int \dfrac{\mathrm{d}x}{\tan^2 x} = -\cot x - x$

15. $\int \sin ax \cdot \sin bx\,\mathrm{d}x = \dfrac{1}{2}\left[\dfrac{\sin(a-b)x}{a-b} - \dfrac{\sin(a+b)x}{a+b}\right]$

16. $\int \cos ax \cdot \cos bx\,\mathrm{d}x = \dfrac{1}{2}\left[\dfrac{\sin(a-b)x}{a-b} + \dfrac{\sin(a+b)x}{a+b}\right]$

17. $\int \sin ax \cdot \cos bx\,\mathrm{d}x = -\dfrac{1}{2}\left[\dfrac{\cos(a-b)x}{a-b} + \dfrac{\cos(a+b)x}{a+b}\right]$

18. $\int x\sin x\,\mathrm{d}x = \sin x - x\cos x$

19. $\int x\cos x\,\mathrm{d}x = \cos x + x\sin x$

四、反三角函数的积分

1. $\int \arcsin x \, dx = x\arcsin x + \sqrt{1-x^2}$
2. $\int \arccos x \, dx = x\arccos x - \sqrt{1-x^2}$
3. $\int \arctan x \, dx = x\arctan x - \frac{1}{2}\ln(1+x^2)$
4. $\int \text{arccot} x \, dx = x\text{arccot} x + \frac{1}{2}\ln(1+x^2)$
5. $\int \text{arcsec} x \, dx = x\text{arcsec} x - \ln(x+\sqrt{x^2-1})$
6. $\int \text{arccsc} x \, dx = x\text{arccsc} x + \ln(x+\sqrt{x^2-1})$

五、双曲线函数的积分

1. $\int \text{sh} x \, dx = \text{ch} x$
2. $\int \text{ch} x \, dx = \text{sh} x$
3. $\int \text{th} x \, dx = \ln\text{ch} x$
4. $\int \text{cth} x \, dx = \ln\text{sh} x$
5. $\int \text{sech} x \, dx = 2\arctan e^x$
6. $\int \text{csch} x \, dx = \ln\text{th}\frac{x}{2}$
7. $\int \text{sh}^2 x \, dx = \frac{1}{4}\text{sh} 2x - \frac{x}{2}$
8. $\int \text{ch}^2 x \, dx = \frac{1}{4}\text{sh} 2x + \frac{x}{2}$
9. $\int \text{th}^2 x \, dx = x - \text{th} x$
10. $\int \text{cth}^2 x \, dx = x - \text{cth} x$

六、指数函数的积分

1. $\int e^x \, dx = e^x$
2. $\int e^{ax} \, dx = \frac{1}{a} e^{ax}$
3. $\int x e^{ax} \, dx = \frac{e^{ax}}{a^2}(ax-1)$
4. $\int \frac{e^x}{x} \, dx = \ln x + x + \frac{x^2}{2\times 2!} + \frac{x^3}{3\times 3!} + \cdots$
5. $\int \frac{dx}{1+e^x} = \ln \frac{e^x}{1+e^x} = x - \ln(1+e^x)$
6. $\int \frac{dx}{a+be^{mx}} = \frac{1}{am}[mx - \ln(a+be^{mx})]$
7. $\int e^{ax} \cos bx \, dx = \frac{e^{ax}}{a^2+b^2}(a\cos bx + b\sin bx)$
8. $\int e^{ax} \sin bx \, dx = \frac{e^{ax}}{a^2+b^2}(a\sin bx - b\cos bx)$

七、对数函数的积分

1. $\int \ln x \, dx = x\ln x - x$
2. $\int (\ln x)^2 \, dx = x(\ln x)^2 - 2x\ln x + 2x$

3. $\int (\ln x)^3 dx = x(\ln x)^3 - 3x(\ln x)^2 + 6x\ln x - 6x$

4. $\int \dfrac{dx}{\ln x} = \ln(\ln x) + \ln x + \dfrac{(\ln x)^2}{2\times 2!} + \dfrac{(\ln x)^3}{3\times 3!} + \cdots$

5. $\int x^m \ln x \, dx = x^{m+1}\left[\dfrac{\ln x}{m+1} - \dfrac{1}{(m+1)^2}\right]$ $(m\neq -1)$

6. $\int \dfrac{(\ln x)^n}{x} dx = \dfrac{(\ln x)^{n+1}}{n+1}$

7. $\int \dfrac{\ln x}{x^m} dx = -\dfrac{\ln x}{(m-1)x^{m-1}} - \dfrac{1}{(m-1)^2 x^{m-1}}$ $(m\neq 1)$

8. $\int \dfrac{dx}{x\ln x} = \ln(\ln x)$

9. $\int \dfrac{dx}{x(\ln x)^n} = \dfrac{-1}{(n-1)(\ln x)^{n-1}}$ $(n\neq 1)$

10. $\int \sin(\ln x) dx = \dfrac{x}{2}[\sin(\ln x) - \cos(\ln x)]$

11. $\int \cos(\ln x) dx = \dfrac{x}{2}[\sin(\ln x) + \cos(\ln x)]$

八、定积分的近似值——辛普森法

将 $f(x)$ 从 $x=a$ 至 $x=b$ 之间等分为 n（偶数）等分，$h=\dfrac{b-a}{n}$，y_0，y_1，y_2，$\cdots$，y_n 为各节点的函数值，则：

$$\int_a^b f(x)dx \approx \dfrac{h}{3}[y_0 + y_n + 2(y_2 + y_4 + \cdots) + 4(y_1 + y_3 + \cdots)]$$

第六节　若干近似公式

为了简化接近于1的各数的计算，可以利用以下公式（假定：$|\alpha|<1$，$|\beta|<1$）：

1. $(1+\alpha)(1+\beta) \approx 1+\alpha+\beta$　　　2. $\dfrac{1}{1+\alpha} \approx 1-\alpha$

3. $\dfrac{1+\alpha}{1+\beta} \approx 1+\alpha-\beta$　　　4. $\dfrac{1}{1-\alpha} \approx 1+\alpha$

5. $(1+\alpha)^n \approx 1+n\alpha$　　　6. $(1+\alpha)^2 \approx 1+2\alpha$

7. $(1-\alpha)^3 \approx 1-3\alpha$　　　8. $\sqrt{1+\alpha} \approx 1+\dfrac{\alpha}{2}$

9. $\sqrt[3]{1+\alpha} \approx 1+\dfrac{\alpha}{3}$　　　10. $\dfrac{1}{\sqrt{1+\alpha}} \approx 1-\dfrac{\alpha}{2}$

11. $\ln(1+\alpha) \approx \alpha - \dfrac{\alpha^2}{2}$　　　12. $\sqrt[n]{1+\alpha} \approx 1+\dfrac{\alpha}{n}$

13. $\sin\alpha \approx \alpha$　　$(\alpha<14°$ 时，误差为 $1\%)$

14. $\cos\alpha \approx 1$　　$(\alpha<8°$ 时，误差为 $1\%)$

15. $\tan\alpha \approx \alpha$　　$(\alpha<9.7°$ 时，误差为 $1\%)$

16. $\cot\alpha \approx \dfrac{1}{\alpha}$ 　　($\alpha<9.7°$时，误差为 1%)

17. $\text{sh}\alpha \approx \alpha$ 　　　($\alpha<0.24\text{rad}$ 时，误差为 1%)

18. $\text{ch}\alpha \approx 1$ 　　　($\alpha<0.14\text{rad}$ 时，误差为 1%)

19. $e^x \approx 1+x$ 　　　($x<0.14$ 时，误差为 1%)

第七节　拉格朗日插值公式

设 $f=f(x)$ 为实变量 x 的单值连续函数，已知它在不同的点 $x_1, x_2, x_3, \cdots, x_n$ 处分别取值 $f_1, f_2, f_3, \cdots, f_n$，如图 1-1-1 所示。

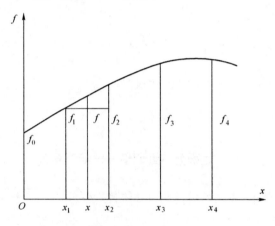

图 1-1-1　拉格朗日插值图

一、线性插值公式

已知 2 个插值点 x_1、x_2 及相应的 f_1、f_2，则：

$$f = \frac{x-x_2}{x_1-x_2}f_1 + \frac{x-x_1}{x_2-x_1}f_2$$

二、抛物线插值公式

已知 3 个插值点 x_1、x_2、x_3 及其相应的 f_1、f_2、f_3，则：

$$f = \frac{(x-x_2)(x-x_3)}{(x_1-x_2)(x_1-x_3)}f_1 + \frac{(x-x_1)(x-x_3)}{(x_2-x_1)(x_2-x_3)}f_2 + \frac{(x-x_1)(x-x_2)}{(x_3-x_1)(x_3-x_2)}f_3$$

三、三次式插值公式

已知 4 个插值点 x_1、x_2、x_3、x_4 及其相应的 f_1、f_2、f_3、f_4，则：

$$f = \frac{(x-x_2)(x-x_3)(x-x_4)}{(x_1-x_2)(x_1-x_3)(x_1-x_4)}f_1 + \frac{(x-x_1)(x-x_3)(x-x_4)}{(x_2-x_1)(x_2-x_3)(x_2-x_4)}f_2 + \frac{(x-x_1)(x-x_2)(x-x_4)}{(x_3-x_1)(x_3-x_2)(x_3-x_4)}f_3 + \frac{(x-x_1)(x-x_2)(x-x_3)}{(x_4-x_1)(x_4-x_2)(x_4-x_3)}f_4$$

第二章 几何特性计算

第一节 计量单位及换算

计量单位及换算见表 1-2-1～表 1-2-15。

一、长　度

长 度 换 算 表　　　　　　　　　　　　　　　　表 1-2-1

公　制		英　制
1公里（km）=1000米（m）	1微米（μm）=0.000001米（m）	1哩（mile）=1760码（yd）
1米（m）=100厘米（cm）	1忽米（cmm）=0.00001米（m）	1码（yd）=3英尺（ft）
1厘米（cm）=10毫米（mm）	1丝米（dmm）=0.0001米（m）	1英尺（ft）=12英寸（in）

长度单位换算表　　　　　　　　　　　　　　　　表 1-2-2

厘米（cm）	英寸（in）	米（m）	英尺（ft）
1	0.3937	1	3.281
2.54	1	0.3048	1

二、面　积

面 积 单 位 表　　　　　　　　　　　　　　　　表 1-2-3A

平方公里 (km²)	公顷 (ha)	公亩 (a)	平方米 (m²)	平方英里 (mile²)	英亩 (acre)	平方码 (yd²)	平方英尺 (ft²)
1	100	10000	1000000	1	639.999	—	—
—	1	100	10000	—	1	4840	43560
—	—	1	100	—	—	1	9

表1-2-3B

平方厘米 (cm²)	平方英寸 (in²)	平方米 (m²)	平方英尺 (ft²)	平方公里 (km²)	平方英里 (mile²)	公顷 (ha)	市亩
1	0.155	1	10.76	1	0.3861	1	15
6.452	1	0.0929	1	2.590	1	0.0667	1

三、体积、容积

体积、容积单位表　　　　　　　　　　　　表1-2-4

立方米（m³）	升（L）	立方英尺（ft³）	英加仑（液）（Ukgal）	美加仑（液）（Usgal）
1	1000	35.3147	219.969	264.172
0.001	1	0.03531	0.21969	0.264172
0.02832	28.31687	1	6.22883	7.48052
0.00455	4.54609	0.16054	1	1.20095
0.00379	3.7854	0.13368	0.83267	1

四、质　量

质　量　单　位　表　　　　　　　　　　　　表1-2-5

吨 (t)	公斤 (kg)	克 (g)	英吨 (ton)	美吨 (sh ton)	磅 (lb)
1	1000	—	0.984207	1.10231	2204.622
—	1	1000	—	—	2.20462
—	—	1	—	—	0.0022
—	—	—	1	1.12	2240
—	—	—	0.89286	1	2000
—	0.45359	453.592	—	—	1

单位长度的质量表　　　　　　　　　　　　表1-2-6

公斤/厘米 (kg/cm)	吨/米 (t/m)	磅/英寸 (lb/in)	磅/英尺 (lb/ft)
1	0.1	5.5997	67.197
10	1	55.9974	671.97
0.17858	0.01786	1	12
0.01488	0.00149	0.0833	1

单位面积的质量表　　　　　　　　　　　　表1-2-7

公斤/平方厘米 (kg/cm²)	公斤/平方米 (kg/m²)	磅/平方英寸 (lb/in²)	磅/平方英尺 (lb/ft²)
1	10^4	14.223	2.048×10^3
10^{-4}	1	1.422×10^{-3}	0.2048
0.07031	703.1	1	144
4.883×10^{-4}	4.883	6.945×10^{-3}	1

单位体积的质量表   表 1-2-8

公斤/立方厘米 (kg/cm³)	吨/立方米 (t/m³)	磅/立方英寸 (lb/in³)	磅/立方英尺 (lb/ft³)
1	10^3	36.127	62427.8
0.001	1	0.03613	62.4278
0.0276	27.688	1	1728
$1.602×10^{-5}$	0.01602	$5.787×10^{-4}$	1

五、力

力的单位换算表   表 1-2-9

牛顿（N）	公斤力（kgf）	磅力（lbf）
1	0.102	0.225
9.81	1	2.205
4.45	0.454	1

压力、应力单位换算表   表 1-2-10A

帕（斯卡）Pa (N/m²)	牛(顿)/平方毫米 (N/mm²)	千克力/平方厘米 (kgf/cm²)	磅力/平方英寸 (lbf/in²)	磅力/平方英尺 (lbf/ft²)
1	10^{-6}	$1.02×10^{-5}$	$1.45×10^{-4}$	0.02
10^6	1	10.20	145.04	20885
$9.81×10^4$	$9.81×10^{-2}$	1	14.2233	2048.16
$6.89×10^3$	$6.89×10^{-3}$	0.07	1	144
47.88	$4.79×10^{-5}$	$4.88×10^{-4}$	$6.94×10^{-3}$	1

压力、应力单位换算表（工程应用）   表 1-2-10B

公斤力/平方厘米 (kgf/cm²)	吨力/平方米 (tf/m²)	帕（斯卡） (Pa)	千帕 (kPa)	兆帕 (MPa)	千牛/平方米 (kN/m²)
1	10	10^5	10^2	10^{-1}	10^2
10^{-1}	1	10^4	10	10^{-2}	10
10^{-5}	10^{-4}	1	10^{-3}	10^{-6}	10^{-3}
10^{-2}	10^{-1}	10^3	1	10^{-3}	1
10	10^2	10^6	10^3	1	10^3
10^{-2}	10^{-1}	10^3	1	10^{-3}	1

六、力　矩

力矩单位换算表   表 1-2-11

牛·米 (N·m)	千克力·米 (kgf·m)	磅力·英尺 (lbf·ft)	磅力·英寸 (lbf·in)
1	0.102	0.738	8.851
9.81	1	7.233	86.796
1.356	0.138	1	12
0.113	0.012	0.083	1

七、流　量

流量单位换算表　　　　　　　　　　　　　　　表 1-2-12

立方米/秒 (m³/s)	立方米/小时 (m³/h)	立方英尺/秒 (ft³/s)	立方英尺/小时 (ft³/h)
1	3600	35.31	127133
2.778×10⁻⁴	1	9.809×10⁻³	35.315
0.028	101.941	1	3600
7.866×10⁻⁶	0.028	0.278×10⁻³	1

八、速度、加速度

速度单位换算表　　　　　　　　　　　　　　　表 1-2-13

米/秒 (m/s)	公里/小时 (km/h)	英尺/秒 (ft/s)	英尺/分 (ft/min)	英里/小时 (mile/h)
1	3.6	3.280	196.850	2.237
0.278	1	0.911	54.681	0.621
0.305	1.097	1	60	0.682
0.005	0.018	0.17	1	0.011
0.447	1.609	1.467	88	1

加速度换算表　　　　　　　　　　　　　　　表 1-2-14

米/秒² (m/s²)	英尺/秒² (ft/s²)	重力加速度 (g)
1	3.281	0.102
0.305	1	0.031
9.807	32.174	1

九、角　速　度

角速度单位换算表　　　　　　　　　　　　　　　表 1-2-15

弧度/秒 (rad/s)	弧度/分 (rad/min)	转/秒 (r/s)	转/分 (r/min)
1	60	0.1592	9.5493
0.0167	1	0.0027	0.1592
6.2832	376.991	1	60
0.1047	6.2832	0.0167	1

十、温　度

华氏：$F = \dfrac{9}{5}C + 32 = \dfrac{9}{4}R + 32$

摄氏：$C = \dfrac{5}{4}R = \dfrac{5}{9}(F - 32)$

列氏：$R=\frac{4}{5}C=\frac{4}{9}$ （F-32）

第二节 常用立体的计算公式

常用立体的计算公式见表 1-2-16。

图形及公式表　　　　　　　　　　表 1-2-16

序号	图　形	公　式
1	圆柱体　　　中空圆柱体	圆柱体：$V=r^2\pi h$，$x=\frac{h}{2}$；中空圆柱体：$V=\pi h(R^2-r^2)=\pi ht(2r+t)$，$x=\frac{h}{2}$
2	斜截圆柱体	$V=R^2\pi\frac{h_1+h_2}{2}$；$D=\sqrt{4R^2+(h_2-h_1)^2}$；$x=\frac{h_1+h_2}{4}+\frac{(h_2-h_1)^2}{16(h_2+h_1)}$；$y=\frac{R}{4}\times\frac{h_2-h_1}{h_2+h_1}$
3	正圆锥体	$V=\frac{1}{3}\pi R^2 h$；$x=\frac{1}{4}h$
4	平截头正圆锥体	$V=\frac{1}{3}\pi h(R^2+Rr+r^2)$；$x=\frac{h}{4}\times\frac{R^2+2Rr+3r^2}{R^2+Rr+r^2}$

续上表

序号	图 形	公 式
5	长方锥台体	$V = \dfrac{h}{6}[(2a+c)b + (2c+a)d]$ $= \dfrac{h}{6}[ab + (a+c)(b+d) + cd]$ $x = \dfrac{h}{2} \times \dfrac{ab + ad + cb + 3cd}{2ab + ad + cb + 2cd}$
6	角锥体	$V = \dfrac{F_0 h}{3}$ (F_0：底面积)
7	楔形 I	$V = \dfrac{1}{6}abc$
8	楔形 II	$V = \dfrac{(2a+c)bh}{6}$
9	圆球体	$V = \dfrac{4\pi R^3}{3} = \dfrac{\pi D^3}{6}$ $S = 4\pi R^2 = \pi D^2$ (S：表面积)
10	削球体	$V = \dfrac{\pi h}{6}(3a^2 + h^2) = \dfrac{\pi h^2}{3}(3R - h)$ $S = \pi h(4R - h)$ $a^2 = h(2R - h)$ $x = \dfrac{3}{4} \times \dfrac{(2R-h)^2}{(3R-h)}$ $x_1 = \dfrac{h}{4} \times \dfrac{4R-h}{3R-h}$
11	球状楔	$V = \dfrac{2\pi R^2 h}{3}$ $S = \pi R(2h + a)$ $x = \dfrac{3}{8}(2R - h)$ $a = R\sin\alpha$ $h = R(1 - \cos\alpha)$

第三节 截面力学特性

各种截面的力学特性见表 1-2-17～表 1-2-21。

一、一些截面的力学特性

截面力学特性表　　　　　　　　　　　　　表 1-2-17

截面简图	截面面积 (A)	图轴线至边缘距离 (y, x)	对于图轴线的惯性矩、截面抵抗矩及回转半径 (I、W 及 i)
正方形，轴 x_0 过中心	a^2	$y = \dfrac{a}{2}$	$I_{x_0} = \dfrac{a^4}{12}$ $W = \dfrac{a^3}{6}$ $i = 0.289a$
正方形，轴 x 过底边	a^2	$y = a$	$I_x = \dfrac{a^4}{3}$ $W = \dfrac{a^3}{3}$ $i = 0.577a$
正方形（对角线方向）	a^2	$y = x = \dfrac{a}{\sqrt{2}}$	$I_x = I_y = \dfrac{a^4}{12}$ $W = 0.118a^3$ $i = 0.289a$
方框（轴 x_0 过中心）	$a^2 - b^2$	$y = \dfrac{a}{2}$	$I_{x_0} = \dfrac{a^4 - b^4}{12}$ $W = \dfrac{a^4 - b^4}{6a}$ $i = 0.289\sqrt{a^2 + b^2}$
方框（轴 x 过底边）	$a^2 - b^2$	$y = a$	$I_x = \dfrac{1}{12}(4a^2 + b^2)(a^2 - b^2)$ $W = \dfrac{1}{12a}(4a^2 + b^2)(a^2 - b^2)$ $i = 0.289\sqrt{4a^2 + b^2}$
方框（对角线方向）	$a^2 - b^2$	$y = \dfrac{a}{\sqrt{2}}$	$I_{x_0} = \dfrac{a^4 - b^4}{12}$ $W = 0.118\dfrac{a^4 - b^4}{a}$ $i = 0.289\sqrt{a^2 + b^2}$

续上表

截面简图	截面面积 (A)	图轴线至边缘距离 (y, x)	对于图轴线的惯性矩、截面抵抗矩及回转半径 (I、W 及 i)
	bh	$y=\dfrac{h}{2}$	$I_{x_0}=\dfrac{bh^3}{12}$ $W=\dfrac{1}{6}bh^2$ $i=0.289h$
	bh	$y=h$	$I_x=\dfrac{bh^3}{3}$ $W=\dfrac{1}{3}bh^2$ $i=0.577h$
	$bH-ah$	$y=\dfrac{H}{2}$	$I_{x_0}=\dfrac{bH^3-ah^3}{12}$ $W=\dfrac{bH^3-ah^3}{6H}$ $i=0.289\sqrt{\dfrac{bH^3-ah^3}{bH-ah}}$
	$\dfrac{3\sqrt{3}}{2}a^2=2.598a^2$ $\dfrac{\sqrt{3}}{2}h^2=0.866h^2$	$y=\dfrac{\sqrt{3}}{2}a=0.866a=0.5h$	$I_{x_0}=\dfrac{5\sqrt{3}}{16}a^4=0.541a^4=0.0601h^4$ $W=\dfrac{5}{8}a^3=0.120h^3$ $i=0.456a=0.264h$
	$\dfrac{3\sqrt{3}}{2}a^2=2.598a^2$ $\dfrac{\sqrt{3}}{2}h^2=0.866h^2$	$y=a=\dfrac{h}{\sqrt{3}}=0.577h$	$I_{x_0}=\dfrac{5\sqrt{3}}{16}a^4=0.541a^4=0.0601h^4$ $W=0.541a^3=0.104h^3$ $i=0.456a=0.264h$
	$2\sqrt{2}R^2=2.828R^2$ $\dfrac{2\sqrt{2}}{2+\sqrt{2}}h^2=0.828h^2$	$y=\dfrac{\sqrt{2+\sqrt{2}}}{2}R=0.924R$ $=0.5h$	$I_{x_0}=\dfrac{1+2\sqrt{2}}{6}R^4=0.638R^4=0.0547h^4$ $W=0.691R^3=0.109h^3$ $i=0.475R=0.257h$
	$2.828R^2$ $3.314r^2$ $4.828a^2$	$y=R=1.082r=1.307a$	$I_{x_0}=0.638R^4=0.876r^4=1.860a^4$ $W=0.638R^3=0.809r^3=1.423a^3$ $i=0.475R=0.514r=0.621a$
	$\dfrac{bh}{2}$	$y_1=\dfrac{2}{3}h$ $y_2=\dfrac{1}{3}h$	$I_{x_0}=\dfrac{bh^3}{36}$ $W_1=\dfrac{bh^2}{24}$ $W_2=\dfrac{bh^2}{12}$ $i=0.236h$

续上表

截面简图	截面面积 (A)	图轴线至边缘距离 (y, x)	对于图轴线的惯性矩、截面抵抗矩及回转半径 (I、W 及 i)
(等边三角形)	$\dfrac{\sqrt{3}b^2}{4}=0.433b^2$	$y=\dfrac{b}{2}$	$I_{x_0}=\dfrac{b^4}{32\sqrt{3}}=0.018b^4$ $W=0.0361b^2$ $i=0.204b$
(梯形)	$\dfrac{h(b+a)}{2}$	$y_1=\dfrac{h}{3}\dfrac{(a+2b)}{(a+b)}$ $y_2=\dfrac{h}{3}\dfrac{(b+2a)}{(b+a)}$	$I_{x_0}=\dfrac{h^3(b^2+4ba+a^2)}{36(b+a)}$ $W_1=\dfrac{h^2(b^2+4ab+a^2)}{12(a+2b)}$ $i=\dfrac{h}{6(b+a)}\sqrt{2(b^2+4ab+a^2)}$ $W_2=\dfrac{h^2(b^2+4ab+a^2)}{12(2a+b)}$
(梯形)	$\dfrac{h(a+b)}{2}$	$y=h$	$I_x=\dfrac{h^3(3a+b)}{12}$ $W=\dfrac{h^2(3a+b)}{12}$ $i=0.408h\sqrt{\dfrac{3a+b}{a+b}}$
(梯形)	$\dfrac{h(a+b)}{2}$	$x=\dfrac{b}{2}$	$I_{y_0}=\dfrac{h(b^4-a^4)}{48(b-a)}$ $W_y=\dfrac{h(b^4-a^4)}{24b(b-a)}$ $i=0.204\sqrt{b^2+a^2}$
(圆环)	$\dfrac{\pi(D^2-d^2)}{4}$ $=0.785(D^2-d^2)$ $=\pi(R^2-r^2)$ $(D=2R,d=2r)$	$y=\dfrac{D}{2}$	$I_{x_0}=\dfrac{\pi(D^4-d^4)}{64}=0.0491(D^4-d^4)$ $=\dfrac{\pi}{4}(R^4-r^4)$ $W=0.0982\dfrac{D^4-d^4}{D}=\pi\dfrac{R^4-r^4}{4R}$ $i=\dfrac{\sqrt{D^2+d^2}}{4}$
(薄壁圆环)	$\pi D t$	$y=\dfrac{D+t}{2}$	$I_{x_0}\approx\dfrac{\pi D^3}{8}t$ $W\approx 0.7854D^2 t$ $i\approx 0.354D$
(圆形)	$\dfrac{\pi d^2}{4}=0.7854d^2$ $\pi r^2=3.1416r^2$	$y=r=\dfrac{d}{2}$	$I_{x_0}=\dfrac{\pi d^4}{64}=0.0491d^4=0.7854r^4$ $W=0.0982d^3=\dfrac{\pi}{4}r^3$ $i=\dfrac{1}{4}d$

续上表

截面简图	截面面积 (A)	图轴线至边缘距离 (y，x)	对于图轴线的惯性矩、截面抵抗矩及回转半径 (I、W 及 i)
(圆形带偏心)	$\dfrac{\pi d^2}{4}=0.785d^2$ $=\pi r^2$	$y_1=\dfrac{d}{2}+\delta$ $y_2=\dfrac{d}{2}-\delta$	$I_x=\dfrac{\pi d^2}{64}(d^2+16\delta^2)$ $W_1=\dfrac{\pi d^2(d^2+16\delta^2)}{32(d+2\delta)}$ $i=0.25\sqrt{d^2+16\delta^2}$ $W_2=\dfrac{\pi d^2(d^2+16\delta^2)}{32(d-2\delta)}$
(四分之一方形减去四分之一圆)	$r^2\left(1-\dfrac{\pi}{4}\right)$ $=0.2146r^2$	$y_1=0.223r$ $y_2=\dfrac{r}{6\left(1-\dfrac{\pi}{4}\right)}$ $=0.777r$	$I_{x_0}=r^4\left(\dfrac{1}{3}-\dfrac{\pi}{16}-\dfrac{1}{36-9\pi}\right)$ $=0.00755r^4$ $W_1=0.0339r^3$ $W_2=0.00966r^3$ $i=0.187r$
(弓形)	$\dfrac{r^2}{2}(2\alpha-\sin2\alpha)$	$y_d=\dfrac{4r}{3}\cdot\dfrac{\sin^3\alpha}{2\alpha-\sin2\alpha}=\dfrac{L^3}{12A}$ $y_1=r-y_d$ $y_2=r(1-\cos\alpha)-y_1$	$I_{x_0}=\dfrac{r^4}{8}(2\alpha-\sin2\alpha\cos2\alpha)-Ay_d^2$ $I_x=\dfrac{r^4}{8}(2\alpha-\sin2\alpha\cos2\alpha)$
		$x=\dfrac{L}{2}=r\sin\alpha$	$I_{y_0}=\dfrac{r^4}{24}[6\alpha-(3+2\sin^2\alpha)\sin2\alpha]$
(扇形)	$\dfrac{r^2}{4}(2\alpha-\sin2\alpha)$	$y_d=\dfrac{4r}{3}\cdot\dfrac{\sin^3\alpha}{2\alpha-\sin2\alpha}$ $x_2=\dfrac{2r(\cos^3\alpha-3\cos\alpha+2)}{3(2\alpha-\sin\alpha)}$ $x_1=r\sin\alpha-$ $\dfrac{2r(\cos^3\alpha-3\cos\alpha+2)}{3(2\alpha-\sin\alpha)}$	$I_x=\dfrac{r^4}{16}(2\alpha-\sin2\alpha\cos2\alpha)-Ay_d^2$ $I_{y_0}=\dfrac{1}{48}r^4[6\alpha-(3+2\sin^2\alpha)\cdot\sin2\alpha]-Ax_2^2$
(圆环扇形)	$\alpha(R^2-r^2)$	$y_d=\dfrac{2\sin\alpha}{3\alpha}\cdot\dfrac{R^3-r^3}{R^2-r^2}$	$I_{x_0}=\dfrac{1}{4}(\alpha+\sin\alpha\cos\alpha)(R^4-r^4)-$ $\dfrac{4\sin^2\alpha}{9\alpha}\cdot\dfrac{(R^3-r^3)^2}{R^2-r^2}$ $I_x=\dfrac{1}{4}(\alpha+\sin\alpha\cos\alpha)(R^4-r^4)$ $I_{y_0}=\dfrac{1}{4}(\alpha-\sin\alpha\cos\alpha)(R^4-r^4)$
(半圆)	$\dfrac{\pi d^2}{8}=0.393d^2$	$y_1=\dfrac{d(3\pi-4)}{6\pi}=0.288d$ $y_2=\dfrac{2d}{3\pi}=0.212d$ $x=0.50d$	$I_{x_0}=\dfrac{d^4(9\pi^2-64)}{1152\pi}=0.00686d^4$ $I_x=0.0245d^4$ $I_{y_0}=\dfrac{\pi d^4}{128}=0.0245d^4$

续上表

截面简图	截面面积 (A)	图轴线至边缘距离 (y, x)	对于图轴线的惯性矩、截面抵抗矩及回转半径 (I、W 及 i)
	$\dfrac{\pi}{8}(D^2-d^2)$ $= 0.393(D^2-d^2)$	$y_1 = \dfrac{D}{2} - y_2$ $y_2 = \dfrac{2}{3\pi} \cdot \dfrac{(D^3-d^3)}{(D^2-d^2)}$	$I_{x_0} = \dfrac{9\pi^2(D^4-d^4)(D^2-d^2)}{1152\pi(D^2-d^2)} -$ $\dfrac{64(D^3-d^3)^2}{1152\pi(D^2-d^2)}$ $W_1 = \dfrac{I_{x_0}}{y_1}$ $W_2 = \dfrac{I_{x_0}}{y_2}$ $i = \sqrt{\dfrac{I_{x_0}}{A}}$
	$\dfrac{\pi}{4}r^2 = 0.7854r^2$ $(d=2r)$	$y_1 = \left(1-\dfrac{4}{3\pi}\right)r = 0.576r$ $y_2 = \dfrac{4}{3\pi}r = 0.424r$	$I_{x_0} = \dfrac{9\pi^2-64}{144\pi}r^4 = 0.0549r^4$ $W_1 = 0.0956r^3$ $W_2 = 0.1296r^3$ $i = 0.264r$
	$\alpha(2R-t)t = 2\alpha R_1 t$ $\left(R_1 = R - \dfrac{t}{2}\right)$	$y_1 \approx r\left(\dfrac{\sin\alpha}{\alpha}-\cos\alpha\right)+\dfrac{t\sin\alpha}{2\alpha}$ $\approx R_1\left(\dfrac{\sin\alpha}{\alpha}-\cos\alpha\right)+\dfrac{t}{2}\cos\alpha$ $\approx R_1\dfrac{\sin\alpha}{\alpha}$ $y_2 \approx R_1\left(1-\dfrac{\sin\alpha}{\alpha}\right)+\dfrac{t}{2}$	$I_{x_0} \approx R_1^3 t\left(\alpha+\sin\alpha\cos\alpha-\dfrac{2\sin^2\alpha}{\alpha}\right)$ $I_{y_0} \approx R_1^3 t(\alpha-\sin\alpha\cos\alpha)$
	$\dfrac{\pi}{4}d^2 + hd$	$y = \dfrac{1}{2}(h+d)$ $x = \dfrac{1}{2}d$	$I_{x_0} = \dfrac{\pi d^4}{64} + \dfrac{hd^3}{6} + \dfrac{\pi h^2 d^2}{16} + \dfrac{dh^3}{12}$ $I_{y_0} = \dfrac{\pi d^4}{64} + \dfrac{hd^3}{12}$
	$\pi(R^2-r^2) + 2h(R-r)$	$y = R + \dfrac{h}{2}$ $x = R$	$I_{x_0} = \dfrac{\pi}{4}(R^4-r^4) + \dfrac{4}{3}h(R^3-r^3) +$ $\dfrac{\pi}{4}h^2(R^2-r^2) + \dfrac{h^3}{6}(R-r)$ $I_{y_0} = \dfrac{\pi}{4}(R^4-r^4) + \dfrac{2}{3}(R^3-r^3)h$

续上表

截 面 简 图	截面面积 (A)	图轴线至边缘距离 (y, x)	对于图轴线的惯性矩、截面抵抗矩及回转半径 (I、W 及 i)
(空心跑道形截面图)	$2(\pi r+h)t$	$y = r + \dfrac{h+t}{2}$ $x = r + \dfrac{t}{2}$	$I_{x_0} \approx \pi r^3 t + 4thr^2 + \dfrac{\pi}{2}rth^2 + \dfrac{1}{6}th^3$ $I_{y_0} \approx \pi r^3 t + 2r^2 ht$
(六边形截面图)	$ab + \dfrac{1}{2}a^2$	$y = \dfrac{a+b}{2}$ $x = \dfrac{a}{2}$	$I_{x_0} = \dfrac{a}{48}(4b^3 + 6b^2 a + 4ba^2 + a^3)$ $I_{y_0} = \dfrac{ba^3}{12} + \dfrac{a^4}{48}$
(二次抛物线截面图) $x = py^2$ 二次抛物线	$\dfrac{2}{3}bh$	$y_1 = \dfrac{5}{8}h$ $y_2 = \dfrac{3}{8}h$	$I_{x_0} = \dfrac{19}{480}h^3 b \quad W_{01} = \dfrac{19}{300}h^2 b$ $I_x = \dfrac{2}{15}h^3 b \quad W_x = \dfrac{2}{15}h^2 b$ $i_x = \sqrt{\dfrac{I_x}{A}}$
(二次抛物线截面图) $x = py^2$ 二次抛物线	$\dfrac{2}{3}bh$	$x_1 = \dfrac{3}{5}b$ $x_2 = \dfrac{2}{5}b$	$I_{y_0} = \dfrac{8}{175}hb^3 \quad W_{02} = \dfrac{4}{35}hb^2$ $I_y = \dfrac{16}{105}hb^3 \quad W_y = \dfrac{16}{105}hb^2$ $i_y = \sqrt{\dfrac{I_y}{A}}$
(二次抛物线截面图) $y = px^2$ 二次抛物线	$\dfrac{4}{3}bh$	$y_1 = \dfrac{3}{5}h$ $y_2 = \dfrac{2}{5}h$ $x = b$	$I_{x_0} = \dfrac{16}{175}bh^3 \quad W_{02} = \dfrac{8}{35}bh^2$ $i_{x_0} = 0.262h \quad I_x = \dfrac{32}{105}bh^3$ $W_x = \dfrac{32}{105}bh^2 \quad i_x = 0.478h$ $I_{y_0} = \dfrac{4}{15}hb^3 \quad W_{y_0} = \dfrac{4}{15}hb^2$ $i_{y_0} = 0.447b$

续上表

截面简图	截面面积 (A)	图轴线至边缘距离 (y, x)	对于图轴线的惯性矩、截面抵抗矩及回转半径 (I、W 及 i)
$x = py^2$ 二次抛物线	$\dfrac{1}{3}bh$	$y_1 = \dfrac{1}{4}h \quad y_2 = \dfrac{3}{4}h$	$I_{x_0} = \dfrac{1}{80}bh^3$ $W_{02} = \dfrac{1}{60}bh^2$ $i_{x_0} = 0.194h$
		$x_1 = \dfrac{7}{10}b \quad x_2 = \dfrac{3}{10}b$	$I_{y_0} = \dfrac{37}{2100}hb^3$ $W_{01} = \dfrac{37}{1470}hb^2$ $i_{y_0} = 0.229b$
(T形截面)	$Bd + hc$	$y_1 = \dfrac{1}{2} \cdot \dfrac{cH^2 + d^2(B-c)}{Bd + hc}$ $y_2 = H - y_1$ $x = \dfrac{1}{2}B$	$I_{x_0} = \dfrac{1}{3}[cy_2^3 + By_1^3 - (B-c) \cdot (y_1 - d)^3]$ $I_{y_0} = \dfrac{1}{12}(dB^3 + hc^3)$
(槽形截面)	$Bd + 2ch + bk$	$y_1 = H - y_2$ $y_2 = \dfrac{1}{2}\left[\dfrac{2cH^2 + (b-2c)k^2}{Bd + 2ch + bk} + \dfrac{(B-2c)(2H-d)d}{Bd + 2ch + bk}\right]$	$I_{x_0} = \dfrac{1}{3}[by_2^3 + By_1^3 - (b-2c) \cdot (y_2 - K)^3 - (B-2c) \cdot (y_1 - d)^3]$
(工字形截面)	$ch + 2Bd$	$y = \dfrac{1}{2}H$	$I_{x_0} = \dfrac{1}{12}[BH^3 - (B-c)h^3]$
		$x = \dfrac{1}{2}B$	$I_{y_0} = \dfrac{1}{12}(hc^3 + 2dB^3)$

续上表

截面简图	截面面积 （A）	图轴线至边缘距离 （y，x）	对于图轴线的惯性矩、 截面抵抗矩及回转半径 （I、W及i）
	$cH+2b(e+f)$	$y=\dfrac{1}{2}H$	$I_{x_0}=\dfrac{1}{12}\left(BH^3-\dfrac{h^4-a^4}{4\tan\alpha}\right)$ 式中：$\tan\alpha=\dfrac{h-a}{B-c}$
		$x=\dfrac{1}{2}B$	$I_{y_0}=\dfrac{1}{12}[B^3(H-h)+ac^3+$ $\dfrac{\tan\alpha}{4}(B^4-c^4)]$ 式中：$\tan\alpha=\dfrac{h-a}{B-c}$
	$Bd+ch+bk$	$y_1=H-y_2$ $y_2=\dfrac{1}{2}\left[\dfrac{cH^2+(b-c)k^2}{Bd+ch+bk}\right.$ $\left.+\dfrac{(B-c)(2H-d)d}{Bd+ch+bk}\right]$	$I_{x_0}=\dfrac{1}{8}[by_2^3+By_1^3-$ $(b-c)(y_2-K)^3-$ $(B-c)(y_1-d)^3]$
	$BH-h(B-c)$	$y=\dfrac{1}{2}H$	$I_{x_0}=\dfrac{1}{12}[BH^3-(B-c)h^3]$
		$x_1=B-x_2$ $x_2=\dfrac{1}{2}\left[\dfrac{B^2H-h(B-c)^2}{BH-h(B-c)}\right]$	$I_{y_0}=\dfrac{1}{3}[Hx_1^3-h(x_1-c)^3]+\dfrac{2}{3}dx_2^3$
	$cH-bd$	$y_1=H-y_2$ $y_2=\dfrac{1}{2}\cdot\dfrac{cH^2+bd^2}{cH+bd}$	$I_{x_0}=\dfrac{1}{3}(By_2^3-ba^3+cy_1^3)$

注：1. 轴线 x_0-x_0 及 y_0-y_0 为通过截面重心的主轴；
2. α 按弧度计算。

二、圆弧拱环形截面的力学特性系数

圆弧拱环形截面的力学特性系数表　　　　表 1-2-18

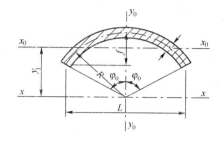

面积：$A = 2\varphi_0 Rt = K_1 Rt$

重心轴：$y_1 = \dfrac{\sin\varphi_0}{\varphi_0}R = K_2 R$

惯性矩：$I_{x_0} = \left(\varphi_0 + \dfrac{1}{2}\sin2\varphi_0 - \dfrac{2\sin\varphi_0}{\varphi_0}\right) \times R^3 t = K_3 R^3 t$

$I_{y_0} = \left(\varphi_0 - \dfrac{1}{2}\sin2\varphi_0\right)R^3 t = K_4 R^3 t$

$I_x = \left(\varphi_0 + \dfrac{1}{2}\sin2\varphi_0\right)R^3 t = K_5 R^3 t$

f/L	K_1	K_2	K_3	K_4	K_5
$\dfrac{1}{2}$	3.14159	0.63662	0.29756	1.57080	1.57080
$\dfrac{1}{3}$	2.35201	0.78493	0.08194	0.82098	1.53103
$\dfrac{1}{4}$	1.85459	0.86272	0.02694	0.44729	1.40729
$\dfrac{1}{5}$	1.52202	0.90623	0.01044	0.26161	1.26042
$\dfrac{1}{6}$	1.28700	0.93240	0.00462	0.16350	1.12350
$\dfrac{1}{7}$	1.11320	0.94916	0.00227	0.10804	1.00516
$\dfrac{1}{8}$	0.97991	0.96047	0.00121	0.07473	0.90518
$\dfrac{1}{9}$	0.87468	0.96843	0.00070	0.05367	0.82101
$\dfrac{1}{10}$	0.78959	0.97423	0.00042	0.03976	0.74983

三、弓形截面的力学特性系数

弓形截面的力学特性系数表　　　　表 1-2-19

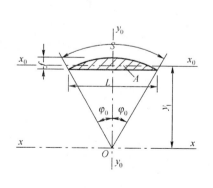

$\varphi_0^\circ = 2\arctan\dfrac{2f}{L},\qquad \varphi_0 = 0.017453\varphi_0^\circ$

$L = 2R\sin\varphi_0 = K_1 R,\qquad S = 2R\varphi_0 = K_2 R$

$A = \dfrac{1}{2}(2\varphi_0 - \sin2\varphi_0)R^2 = K_3 R^2$

$y_1 = \dfrac{4}{3}\cdot\dfrac{\sin3\varphi_0}{2\varphi_0 - \sin2\varphi_0}R = K_4 R$

$I_x = \dfrac{4\varphi_0 - \sin4\varphi_0}{16}R^4 = K_5 R^4$

$I_{x_0} = \dfrac{4\varphi_0 - \sin4\varphi_0}{16}R^4 - Ay_1^2 = K_6 R^4$

$I_{y_0} = \dfrac{12\varphi_0 - 8\sin2\varphi_0 + \sin4\varphi_0}{48}R^4 = K_7 R^4$

续上表

f/L	φ°_0	K_1	K_2	K_3	K_4	K_5	K_6	K_7
$\frac{1}{2}$	90°	2.00000	3.14159	1.57080	0.42441	0.39270	0.10976	0.39270
$\frac{1}{3}$	67°22′48″	1.84615	2.35201	0.82098	0.63869	0.35650	0.02160	0.15483
$\frac{1}{4}$	53°07′48″	1.60000	1.85459	0.44729	0.76311	0.26542	0.00495	0.6062
$\frac{1}{5}$	43°36′10″	1.37931	1.52202	0.26161	0.83590	0.18417	0.00137	0.02581
$\frac{1}{6}$	36°52′12″	1.20000	1.28700	0.16350	0.88073	0.12727	0.00045	0.01207
$\frac{1}{7}$	31°53′27″	1.05660	1.11320	0.10804	0.90985	0.08961	0.00017	0.00614
$\frac{1}{8}$	28°4′20″	0.94117	0.97991	0.07473	0.92965	0.06466	0.00007	0.00336
$\frac{1}{9}$	25°3′28″	0.84706	0.87468	0.05367	0.94369	0.04783	0.00003	0.00195
$\frac{1}{10}$	22°37′12″	0.76924	0.78958	0.03976	0.95397	0.03620	0.00001	0.00119

四、圆弧曲线三角形截面的力学特性系数

圆弧曲线三角形截面的力学特性系数表　　　表 1-2-20

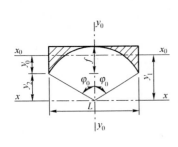

$L = 2R\sin\varphi_0$

$A = (2\sin\varphi_0 - \sin\varphi_0\cos\varphi_0 - \varphi_0)R^2 = K_1 R^2$

$y_1 = \dfrac{\sin^3\varphi_0}{3(2\sin\varphi_0 - \sin\varphi_0\cos\varphi_0 - \varphi_0)}R = K_2 R$

$I_x = \dfrac{1}{48}(32\sin\varphi_0 - 8\sin2\varphi_0 - \sin4\varphi_0 - 12\varphi_0)R^4 = K_3 R^4$

$I_{x_0} = \left[\dfrac{1}{48}(32\sin\varphi_0 - 8\sin2\varphi_0 - \sin4\varphi_0 - 12\varphi_0) - \dfrac{2\sin^6\varphi_0}{9(4\sin\varphi_0 - \sin2\varphi_0 - 2\varphi_0)}\right]R^4$
$= K_4 R^4$

$I_{y_0} = \dfrac{1}{48}(32\sin^3\varphi_0 + 3\sin4\varphi_0 - 12\varphi_0)R^4 = K_5 R^4$

f/L	K_1	K_2	K_3	K_4	K_5
$\frac{1}{2}$	0.42920	0.77663	0.27397	0.01509	0.27397
$\frac{1}{3}$	0.31512	0.83199	0.22387	0.00575	0.16785
$\frac{1}{4}$	0.19270	0.88564	0.15271	0.00156	0.07591
$\frac{1}{5}$	0.11889	0.91964	0.10102	0.00047	0.03451
$\frac{1}{6}$	0.07650	0.94119	0.06792	0.00016	0.01672
$\frac{1}{7}$	0.05145	0.95537	0.04702	0.00006	0.00869
$\frac{1}{8}$	0.03599	0.96510	0.03355	0.000025	0.00482
$\frac{1}{9}$	0.02605	0.97203	0.02463	0.000011	0.00282
$\frac{1}{10}$	0.01941	0.97706	0.01854	0.000006	0.00173

五、平头拱波截面的力学特性系数

平头拱波截面的力学特性系数表 表 1-2-21

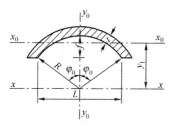

$$A = 2\varphi_0 Rt + t^2(\varphi_0 + \cot\varphi_0)$$

$$y_1 = \frac{2\sin^2\varphi_0\left(R+\frac{t}{2}\right)^2 + \cos^2\varphi_0\, t\left(R+\frac{t}{3}\right)}{2\varphi_0 \sin\varphi_0\left(R+\frac{t}{2}\right) + \cos\varphi_0\, t}$$

$$I_x = (\varphi_0 + \sin\varphi_0\cos\varphi_0)\left(R+\frac{t}{2}\right)^3 t + \frac{\cos^3\varphi_0}{\sin\varphi_0}\times\left(\frac{t}{3}+R\right)^2 t^2$$

$$I_0 = I_x - A y_1^2$$

f/L	$2\varphi_0$	$\varphi_0 + \cot\varphi_0$	$2\sin^2\varphi_0$	$\cos^2\varphi_0$	$2\varphi_0\sin\varphi_0$	$\cos\varphi_0$	$\varphi_0 + \sin\varphi_0\cos\varphi_0$	$\dfrac{\cos^2\varphi_0}{\sin\varphi_0}$
$\frac{1}{2}$	3.14159	1.57080	2	0	3.14159	0	1.57080	0
$\frac{1}{3}$	2.35201	1.59267	1.70414	0.14793	2.17109	0.38462	1.53104	0.06164
$\frac{1}{4}$	1.85409	1.67730	1.28000	0.36000	1.48367	0.60000	1.40730	0.27000
$\frac{1}{5}$	1.52203	1.81101	0.95125	0.52438	1.04967	0.72414	1.26042	0.55060
$\frac{1}{6}$	1.28700	1.97683	0.72000	0.64000	0.77220	0.80000	1.12350	0.85333
$\frac{1}{7}$	1.11320	2.16374	0.55821	0.72090	0.58811	0.84906	1.00516	1.15859
$\frac{1}{8}$	0.97992	2.36496	0.44291	0.77855	0.46114	0.88235	0.90518	1.45978
$\frac{1}{9}$	0.87468	2.57623	0.35875	0.82062	0.37045	0.90588	0.82101	1.75522
$\frac{1}{10}$	0.78958	2.79479	0.29586	0.85207	0.30369	0.92308	0.74982	2.04497

第四节 计算受弯构件变形的图乘法用表

计算结构变位（线变位与角变位）时，在构件为直杆且截面不变的情况下，常用到下面的公式：

$$\Delta_{ik} = \sum \frac{1}{EI}\int \overline{M}_i M_k \mathrm{d}x \qquad (1\text{-}2\text{-}1)$$

公式（1-2-1）中的积分公式 $\int \overline{M}_i M_k \mathrm{d}x$ 包括两个弯矩图形，即 $\overline{M}_i$ 图和 M_k 图。只要有一个弯矩图形（如 $\overline{M}_i$ 的弯矩图形，见图 1-2-1）是直线变化的，则积分公式可以简化为：

$$\int \overline{M}_i M_k \mathrm{d}x = \Omega \overline{y} \qquad (1\text{-}2\text{-}2)$$

式中：Ω——M_k 图的面积；

$\overline{y}$——对应于 M_k 图形心处，在 $\overline{M}_i$ 图上的纵标。

于是积分公式可以用图形相乘来代替，简称为"图乘法"。

如果 $\overline{M}_i$ 图是由几根直线组成，则必须将 $\overline{M}_i$ 图分成几个直线段，如图 1-2-2 所示。同时，还须将 $\overline{M}_k$ 图相应地也分成几段，分别求出各段的 $\Omega\overline{y}$ 值，然后相叠加。

M_k 图可以是直线的或曲线的。如果是直线所组成，则可以和 $\overline{M}_i$ 图互换，计算结果是相同的。

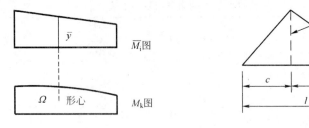

图 1-2-1　图乘法直线示意图　　　图 1-2-2　图乘法折线示意图

如果 M_k 图是由几根直线或曲线所组成，或者有正负两部分，为了计算面积与形心位置的方便，宜将它分成几段或几块，根据叠加原理可得结果：

$$\Omega\overline{y} = \Omega_1\overline{y}_1 + \Omega_2\overline{y}_2 + \cdots \tag{1-2-3}$$

式中：$\Omega_1, \Omega_2, \cdots$——$M_k$ 图上各段或各块的面积；

$\overline{y}_1, \overline{y}_2, \cdots$——$M_k$ 图上各段或各块的形心处对应于 $\overline{M}_i$ 图上的纵坐标。

图乘法公式亦可推广应用于具有截面惯性矩 $I = \dfrac{I_0}{\cos\theta}$ 的曲杆（式中 θ 为曲杆轴线的倾斜角，I_0 为 $\theta = 0$ 处的截面惯性矩），$\int \dfrac{\overline{M}_i M_k}{EI} \mathrm{d}s = \int \dfrac{\overline{M}_i M_k}{E\dfrac{I_0}{\cos\theta}} \dfrac{\mathrm{d}x}{\cos\theta} = \dfrac{1}{EI_0}\int \overline{M}_i M_k \mathrm{d}x$，所得积分公式与直杆相同。

表 1-2-22 列出了常用的积分公式 $\int \overline{M}_i M_k \mathrm{d}x$ 的图乘公式。

积分公式 $\int \overline{M}_i M_k \mathrm{d}x$ 的图乘公式　　　　表 1-2-22

M_k图形 \ $\overline{M}_i$图形	$\overline{M}_a$ ▭ $\overline{M}_b$	I $\overline{M}$ ▭ $\overline{M}$ II $\overline{M}_a$ ◣ III ◢ $\overline{M}_b$	$\overline{M}_c$ 三角形，$\mu=c/l$，$\nu=d/l$ I $\mu=\nu$　II $\mu\neq\nu$ III $\mu\geq\alpha$　IV $\mu\leq\alpha$
M_a 梯形 M_b	$\dfrac{l}{6}[2(\overline{M}_a M_a + \overline{M}_b M_b) + \overline{M}_a M_b + \overline{M}_b M_a]$	I $\dfrac{l}{2}\overline{M}(M_a + M_b)$ II $\dfrac{l}{6}\overline{M}_a(2M_a + M_b)$ III $\dfrac{l}{6}\overline{M}_b(M_a + 2M_b)$	I $\dfrac{l}{4}\overline{M}_c(M_a + M_b)$ II $\dfrac{l}{6}\overline{M}_c[M_a(1+\nu) + M_b(1+\mu)]$
M_a 三角形	$\dfrac{l}{6}M_a(2\overline{M}_a + \overline{M}_b)$	I $\dfrac{l}{2}\overline{M}M_a$ II $\dfrac{l}{3}\overline{M}_a M_a$ III $\dfrac{l}{6}\overline{M}_b M_a$	I $\dfrac{l}{4}\overline{M}_c M_a$ II $\dfrac{l}{6}\overline{M}_c M_a(1+\nu)$

续上表

$\overline{M}_k$ 图形 \ $\overline{M}_i$ 图形	$\overline{M}_a$ ▭ $\overline{M}_b$; $\overline{M}_a$ ⊕⊖ $\overline{M}_b$; $\overline{M}_a$ ⊖⊕ $\overline{M}_b$ (长 l)	I $\overline{M}$ ▭ $\overline{M}$; II $\overline{M}_a$ △ ; III △ $\overline{M}_b$ (长 l)	$\overline{M}_c$ (位置 c, d, 长 l), $\mu=c/l$, $\nu=d/l$; I $\mu=\nu$ II $\mu\ne\nu$ III $\mu\geqslant\alpha$ IV $\mu\leqslant\alpha$
三角形 M_b (长 l)	$\dfrac{l}{6}M_b(\overline{M}_a+2\overline{M}_b)$	I $\dfrac{l}{2}\overline{M}M_b$ II $\dfrac{l}{6}\overline{M}_a M_b$ III $\dfrac{l}{3}\overline{M}_b M_b$	I $\dfrac{l}{4}\overline{M}_c M_b$ II $\dfrac{l}{6}\overline{M}_c M_b(1+\mu)$
梯形 M_c (a,b,a; $\alpha=a/l$, $\beta=b/l$)	$\dfrac{l}{2}M_c(\overline{M}_a+\overline{M}_b)\beta$	I $l\overline{M}M_c\beta$ II $\dfrac{l}{2}\overline{M}_a M_c\beta$ III $\dfrac{l}{2}\overline{M}_b M_c\beta$	I $\dfrac{l}{6}\overline{M}_c M_c(3-4\alpha^2)$ II $\dfrac{l}{6}\overline{M}_c M_c\left(3-\dfrac{\alpha^2}{\mu\nu}\right)$ IV $\dfrac{l}{6}\overline{M}_c M_c\left(\dfrac{3\beta}{\nu}-\dfrac{\mu^2}{\alpha\nu}\right)$
正负三角形 M_c, M_c (a,b,a; $\alpha=a/l$, $\beta=b/l$)	$\dfrac{l}{6}M_c(\overline{M}_a-\overline{M}_b)\beta$	I 0 II $\dfrac{l}{6}\overline{M}_a M_c\beta$ III $-\dfrac{l}{6}\overline{M}_b M_c\beta$	I 0 III $\dfrac{l}{6}\overline{M}_c M_c\dfrac{\nu-\mu}{\beta-\alpha}\left(1-\dfrac{\alpha^2}{\mu\nu}\right)$ IV $\dfrac{l}{6}\overline{M}_c M_c\dfrac{\beta}{\nu}\left(1-\dfrac{\mu^2}{\alpha\beta}\right)$
三角形 M_c (a,b; $\alpha=a/l$, $\beta=b/l$)	$\dfrac{l}{6}M_c[\overline{M}_a(1+\beta)+\overline{M}_b(1+\alpha)]$	I $\dfrac{l}{2}\overline{M}M_c$ II $\dfrac{l}{6}\overline{M}_a M_c(1+\beta)$ III $\dfrac{l}{6}\overline{M}_b M_c(1+\alpha)$	I 若 $a\leqslant\dfrac{1}{2}$ $\dfrac{l}{12}\overline{M}_c M_c\dfrac{3-4\alpha^2}{\beta}$ III $\dfrac{l}{6}\overline{M}_c M_c\left[2-\dfrac{(\mu-\alpha)^2}{\mu\beta}\right]$ IV $\dfrac{l}{6}\overline{M}_c M_c\left[2-\dfrac{(\nu-\beta)^2}{\nu\alpha}\right]$
抛物线(顶点在左) M_a (长 l)	$\dfrac{l}{12}M_a(5\overline{M}_a+3\overline{M}_b)$	I $\dfrac{2l}{3}\overline{M}M_a$ II $\dfrac{5l}{12}\overline{M}_a M_a$ III $\dfrac{l}{4}\overline{M}_b M_a$	I $\dfrac{17l}{48}\overline{M}_c M_a$ II $\dfrac{l}{12}\overline{M}_c M_a(3+3\nu-\nu^2)$
抛物线(顶点在右) M_a (长 l)	$\dfrac{l}{12}M_a(3\overline{M}_a+\overline{M}_b)$	I $\dfrac{l}{3}\overline{M}M_a$ II $\dfrac{l}{4}\overline{M}_a M_a$ III $\dfrac{l}{12}\overline{M}_b M_a$	I $\dfrac{7l}{48}\overline{M}_c M_a$ II $\dfrac{l}{12}\overline{M}_c M_a(1+\nu+\nu^2)$

续上表

$\overline{M}_k$ 图形 \ $\overline{M}_i$ 图形	$\overline{M}_a$ ~ $\overline{M}_b$ (梯形)	I $\overline{M}$ ~ $\overline{M}$; II $\overline{M}_a$ ~ ; III ~ $\overline{M}_b$	$\overline{M}_c$ 三角形, $\mu=\dfrac{c}{l}$, $\nu=\dfrac{d}{l}$; I $\mu=\nu$ II $\mu\ne\nu$; III $\mu\geqslant a$ IV $\mu\leqslant a$
三次抛物线（$M_a=\dfrac{ql^2}{6}$）	$\dfrac{l}{20}M_a(4\overline{M}_a+\overline{M}_b)$	I $\dfrac{l}{4}\overline{M}M_a$ II $\dfrac{l}{5}\overline{M}_aM_a$ III $\dfrac{l}{20}\overline{M}_bM_a$	I $\dfrac{3l}{32}\overline{M}_cM_a$ II $\dfrac{l}{20}\overline{M}_cM_a(1+\nu)(1+\nu^2)$
三次抛物线（$M_a=\dfrac{ql^2}{3}$）	$\dfrac{l}{40}M_a(11\overline{M}_a+4\overline{M}_b)$	I $\dfrac{3l}{8}\overline{M}M_a$ II $\dfrac{11l}{40}\overline{M}_aM_a$ III $\dfrac{l}{10}\overline{M}_bM_a$	I $\dfrac{11l}{64}\overline{M}_cM_a$ II $\dfrac{l}{10}\overline{M}_cM_a\left(1+\nu+\nu^2-\dfrac{\nu^3}{4}\right)$
三次抛物线（$M_a=\dfrac{ql^2}{6}$）	$\dfrac{l}{60}M_a(8\overline{M}_a+7\overline{M}_b)$	I $\dfrac{l}{4}\overline{M}M_a$ II $\dfrac{2l}{15}\overline{M}_aM_a$ III $\dfrac{7l}{60}\overline{M}_bM_a$	I $\dfrac{5l}{32}\overline{M}_cM_a$ II $\dfrac{l}{20}\overline{M}_cM_a(1+\nu)\left(\dfrac{7}{3}-\nu^2\right)$

注：1. 表中弯矩图以绘于坐标轴上侧者为正，图形相乘时必须将相应的正负号代入公式；
2. 表中曲线图形凡未注明者为二次抛物线。

第三章 等截面梁计算公式

第一节 单跨梁

单跨梁计算公式见表 1-3-1～表 1-3-7。

一、简支梁

简支梁　　　　　　　　　　　　　　　　　　表 1-3-1

		AC 段	CB 段
	\multicolumn{3}{c	}{$R_A = R_B = \dfrac{P}{2}$　　$\varphi_A = -\varphi_B = \dfrac{Pl^2}{16EI}$}	
Q_x		$\dfrac{P}{2}$	$-\dfrac{P}{2}$
M_x		$\dfrac{Px}{2}$	$\dfrac{Pl}{2}\left(1-\dfrac{x}{l}\right)$
f_x		$\dfrac{Pl^2 x}{48EI}\left(3-4\dfrac{x^2}{l^2}\right)$	与 AC 段对称
	\multicolumn{3}{c	}{$M_c = M_{max} = \dfrac{Pl}{4}$　　$f_c = f_{max} = \dfrac{Pl^3}{48EI}$}	
		AC 段	CB 段
Q_x		$\dfrac{Pb}{l}$	$-\dfrac{Pa}{l}$
M_x		$\dfrac{Pbx}{l}$	$Pa\left(1-\dfrac{x}{l}\right)$
f_x		$\dfrac{Pbl}{6EI}\left(1-\dfrac{b^2}{l^2}-\dfrac{x^2}{l^2}\right)x$	$\dfrac{Pb}{6EIl}\left[\dfrac{l}{b}(x-a)^3+(l^2-b^2)x-x^3\right]$
	$R_A = \dfrac{Pb}{l}$		$\varphi_A = \dfrac{Pbl}{6EI}\left(1-\dfrac{b^2}{l^2}\right)$
	$R_B = \dfrac{Pa}{l}$		$\varphi_B = -\dfrac{Pal}{6EI}\left(1-\dfrac{a^2}{l^2}\right)$
	$M_c = M_{max} = \dfrac{Pab}{l}$		$f_c = \dfrac{Pa^2 b^2}{3EIl}$
	若 $a > b$，$f_{max} = \dfrac{Pb}{9EIl}\sqrt{\dfrac{(a^2+2ab)^3}{3}}$		（在 $x = \sqrt{\dfrac{a}{3}(a+2b)}$ 处）

续上表

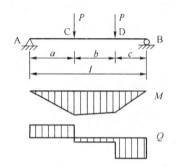

$R_A = \dfrac{P}{l}(2c+b)$

$R_B = \dfrac{P}{l}(2a+b)$

$\varphi_A = \dfrac{P}{6EIl}[(2a+c)l^2 - 3a^2l + a^3 - c^3]$

$\varphi_B = -\dfrac{P}{6EIl}[(2c+a)l^2 - 3c^2l + c^3 - a^3]$

$f_C = \dfrac{Pa}{6EIl}[(2a+c)l^2 - 4a^2l + 2a^3 - a^2b - c^3]$

$f_D = \dfrac{Pc}{6EIl}[(2c+a)l^2 - 4c^2l + 2c^3 - ac^2 - a^3]$

	AC 段	CD 段	DB 段
Q_x	$\dfrac{P}{l}(2c+b)$	$\dfrac{P}{l}(c-a)$	$-\dfrac{P}{l}(2a+b)$
M_x	$\dfrac{P}{l}(2c+b)x$	$\dfrac{P}{l}[(c-a)x+al]$	$\dfrac{P}{l}(2a+b)(l-x)$

若 $a > c$，$M_C = M_{\max} = \dfrac{Pa}{l}(2c+b)$

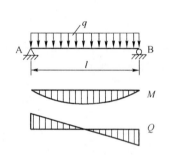

$R_A = R_B = \dfrac{ql}{2}$

$\varphi_A = -\varphi_B = \dfrac{ql^3}{24EI}$

$Q_x = \dfrac{ql}{2}\left(1 - \dfrac{2x}{l}\right)$

$M_x = \dfrac{qlx}{2}\left(1 - \dfrac{x}{l}\right)$

$f_x = \dfrac{ql^3 x}{24EI}\left(1 - 2\dfrac{x^2}{l^2} + \dfrac{x^3}{l^3}\right)$

$M_{\max} = \dfrac{ql^2}{8}$

$f_{\max} = \dfrac{5ql^4}{384EI}$

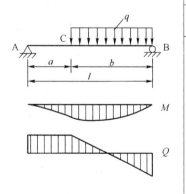

	AC 段	CB 段
Q_x	$\dfrac{qb^2}{2l}$	$\dfrac{qb}{2}\left[\dfrac{b}{l} - \dfrac{2(x-a)}{b}\right]$
M_x	$\dfrac{qb^2 x}{2l}$	$\dfrac{qb^2}{2}\left[\dfrac{x}{l} - \dfrac{(x-a)^2}{b^2}\right]$

$R_A = \dfrac{qb^2}{2l}$

$R_B = \dfrac{qb}{2}\left(2 - \dfrac{b}{l}\right)$

$\varphi_A = \dfrac{qb^2 l}{24EI}\left(2 - \dfrac{b^2}{l^2}\right)$

$\varphi_B = \dfrac{qb^2 l}{24EI}\left(2 - \dfrac{b}{l}\right)^2$

$M_{\max} = \dfrac{qb^2}{8}\left(2 - \dfrac{b}{l}\right)^2$ （在 $x = a + \dfrac{b^2}{2l}$ 处）

AC 段：$f_x = \dfrac{qb^2 lx}{24EI}\left(2 - \dfrac{b^2}{l^2} - 2\dfrac{x^2}{l^2}\right)$

CB 段：$f_x = \dfrac{qb^2 l^2}{24EI}\left[\left(2 - \dfrac{b^2}{l^2} - 2\dfrac{x^2}{l^2}\right)\dfrac{x}{l} + \dfrac{(x-a)^4}{b^2 l^2}\right]$

续上表

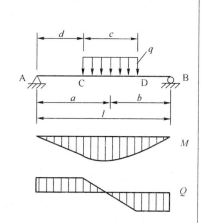	$R_A = \dfrac{qcb}{l}$ $R_B = \dfrac{qca}{l}$ $\varphi_A = \dfrac{qcb}{24EI}\left(4l - 4\dfrac{b^2}{l} - \dfrac{c^2}{l}\right)$ $\varphi_B = -\dfrac{qca}{24EI}\left(4l - 4\dfrac{a^2}{l} - \dfrac{c^2}{l}\right)$ AC 段:$Q_x = \dfrac{qcb}{l}$ $M_x = \dfrac{qcbx}{l}$ $f_x = \dfrac{qcb}{24EI}\left[\left(4l - 4\dfrac{b^2}{l} - \dfrac{c^2}{l}\right)x - 4\dfrac{x^3}{l}\right]$ CD 段:$Q_x = qc\left(\dfrac{b}{l} - \dfrac{x-d}{c}\right)$ $M_x = qc\left[\dfrac{bx}{l} - \dfrac{(x-d)^2}{2c}\right]$ $f_x = \dfrac{qcb}{24EI}\left[\left(4l - \dfrac{4b^2}{l} - \dfrac{c^2}{l}\right)x - \dfrac{4x^3}{l} + \dfrac{(x-d)^4}{bx}\right]$ DB 段:$Q_x = -\dfrac{qca}{l}$ $M_x = qca\left(1 - \dfrac{x}{l}\right)$ $f_x = \dfrac{qc}{24EI}\left[4b\left(l - \dfrac{b^2}{l}\right)x - 4\dfrac{bx^3}{l} + 4(x-a)^3 - ac^2\left(1 - \dfrac{x}{l}\right)\right]$ $M_{\max} = \dfrac{qcb}{l}\left(d + \dfrac{db}{2l}\right)$ (在 $x = d + \dfrac{db}{l}$ 处)
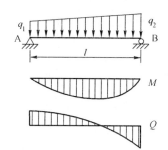	设 $q_0 = q_2 - q_1$ $R_A = \dfrac{(2q_1 + q_2)l}{6}$ $R_B = \dfrac{(q_1 + 2q_2)l}{6}$ $\varphi_A = \dfrac{(8q_1 + 7q_2)l^3}{360EI}$ $\varphi_B = -\dfrac{(7q_1 + 8q_2)l^3}{360EI}$ $Q_x = R_A - q_1 x - \dfrac{q_0 x^2}{2l}$ $M_x = R_A x - \dfrac{q_1 x^2}{2} - \dfrac{q_0 x^3}{6l}$ 当 $x = \dfrac{\beta - \alpha}{1 - \alpha}l$, $M_{\max} = \dfrac{q_2 l^2}{6} \cdot \dfrac{2\beta^3 - \alpha(1+\alpha)}{(1-\alpha)^2}$ 式中:$\alpha = \dfrac{q_1}{q_2}$ $\beta = \sqrt{\dfrac{\alpha^2 + \alpha + 1}{3}}$, $(q_1 \neq q_2)$ $f_x = \dfrac{l^4}{360EI}\left[3q_0 \dfrac{x^5}{l^5} + 15q_1 \dfrac{x^4}{l^4} - 10(2q_1 + q_2)\dfrac{x^3}{l^3} + (8q_1 + 7q_2)\dfrac{x}{l}\right]$ $f_{\max} = 0.0065\dfrac{(q_1 + q_2)l^4}{EI}$ (在 $x = 0.5 - 0.519l$ 处)
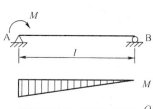	$R_A = -R_B = -\dfrac{M}{l}$ $\varphi_A = \dfrac{Ml}{3EI}$ $\varphi_B = -\dfrac{Ml}{3EI}$ $Q_x = -\dfrac{M}{l}$ $M_x = M\left(1 - \dfrac{x}{l}\right)$ $f_x = \dfrac{Mlx}{6EI}\left(2 - 3\dfrac{x}{l} + \dfrac{x^2}{l^2}\right)$ $M_{\max} = M$ $f_{\max} = 0.0642\dfrac{Ml^2}{EI}$ (在 $x = 0.423l$ 处)

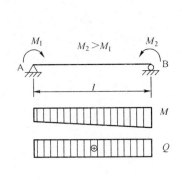

设 $M_0 = M_2 - M_1$

$R_A = -R_B = \dfrac{M_0}{l}$

$\varphi_A = \dfrac{(2M_1+M_2)l}{6EI}$

$\varphi_B = -\dfrac{(M_1+2M_2)l}{6EI}$

$Q_x = \dfrac{M_0}{l}$

$M_x = M_1 + M_0 \dfrac{x}{l}$

$f_x = \dfrac{M_1 lx}{6EI}\left[2+\dfrac{M_2}{M_1}-3\dfrac{x}{l}-\left(\dfrac{M_2}{M_1}-1\right)\dfrac{x^2}{l^2}\right]$

$M_{max} = M_2 \qquad f_{l/2} = \dfrac{M_1 l^2}{16EI}\left(1+\dfrac{M_2}{M_1}\right)$

当 $x_1 = \dfrac{l}{1-\dfrac{M_2}{M_1}}\left[1-\sqrt{\dfrac{1}{3}\left(1+\dfrac{M_2}{M_1}+\dfrac{M_2^2}{M_1^2}\right)}\right]$ 时,则 $f_x = f_{max}$

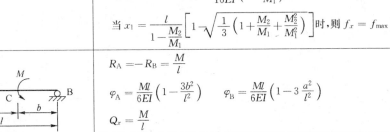

$R_A = -R_B = \dfrac{M}{l}$

$\varphi_A = \dfrac{Ml}{6EI}\left(1-\dfrac{3b^2}{l^2}\right) \qquad \varphi_B = \dfrac{Ml}{6EI}\left(1-3\dfrac{a^2}{l^2}\right)$

$Q_x = \dfrac{M}{l}$

	AC 段	CB 段
M_x	$\dfrac{M}{l}x$	$-\dfrac{M}{l}(l-x)$
f_x	$\dfrac{Mlx}{6EI}\left(1-3\dfrac{b^2}{l^2}-\dfrac{x^2}{l^2}\right)$	$\dfrac{-Ml(1-x)}{6EI}\left(\dfrac{2x}{l}-\dfrac{3a^2}{l^2}-\dfrac{x^2}{l^2}\right)$

二、悬 臂 梁

悬 臂 梁   表 1-3-2

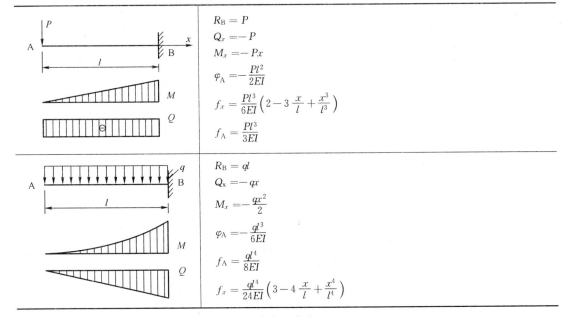

$R_B = P$

$Q_x = -P$

$M_x = -Px$

$\varphi_A = -\dfrac{Pl^2}{2EI}$

$f_x = \dfrac{Pl^3}{6EI}\left(2-3\dfrac{x}{l}+\dfrac{x^3}{l^3}\right)$

$f_A = \dfrac{Pl^3}{3EI}$

$R_B = ql$

$Q_x = -qx$

$M_x = -\dfrac{qx^2}{2}$

$\varphi_A = -\dfrac{ql^3}{6EI}$

$f_A = \dfrac{ql^4}{8EI}$

$f_x = \dfrac{ql^4}{24EI}\left(3-4\dfrac{x}{l}+\dfrac{x^4}{l^4}\right)$

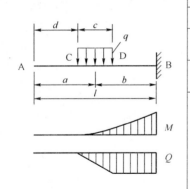

$$R_B = qc \qquad \varphi_A = -\frac{qc}{24EI}(12b^2 + c^2)$$

	AC 段	CD 段	DB 段
Q_x	0	$-q(x-d)$	$-qc$
M_x	0	$-\frac{q}{2}(x-d)^2$	$-qc(x-a)$

AC 段：$f_x = \frac{qc}{24EI}[12b^2l - 4b^3 + ac^2 - (12b^2 + c^2)x]$

CD 段：$f_x = \frac{qc}{24EI}\left[12b^2l - 4b^3 + ac^2 - (12b^2 + c^2)x + \frac{(x-d)^4}{c}\right]$

DB 段：$f_x = \frac{qc}{6EI}[3b^2l - b^3 - 3b^2x + (x-a)^3]$

$$f_A = \frac{qc}{24EI}(12b^2l - 4b^3 + ac^2)$$

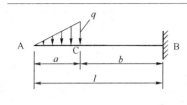

	AC 段	CB 段
Q_x	$-\frac{qx^2}{2a}$	$-\frac{qa}{2}$
M_x	$-\frac{qx^3}{6a}$	$-\frac{qa}{6}(3x-2a)$

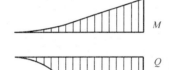

$$R_B = \frac{qa}{2}$$

$$\varphi_A = -\frac{qal^2}{24EI}\left(6 - 8\frac{a}{l} + 3\frac{a^2}{l^2}\right)$$

$$f_A = \frac{qal^3}{30EI}\left(5 - 5\frac{a}{l} + \frac{a^3}{l^3}\right)$$

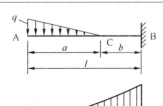

	AC 段	CB 段
Q_x	$-\frac{qx}{2a}(2a-x)$	$-\frac{qa}{2}$
M_x	$-\frac{qx^2}{6a}(3a-x)$	$-\frac{qa}{6}(3x-a)$

$$R_B = \frac{qa}{2}$$

$$\varphi_A = -\frac{qal^2}{24EI}\left(6 - 4\frac{a}{l} + \frac{a^2}{l^2}\right)$$

$$f_A = -\frac{qal^3}{120EI}\left(20 - 10\frac{a}{l} + \frac{a^3}{l^3}\right)$$

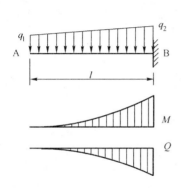

设 $q_0 = q_2 - q_1$，则：

$$R_B = \frac{1}{2}(q_1 + q_2)l$$

$$\varphi_A = -\frac{(3q_1 + q_2)l^3}{24EI}$$

$$Q_x = -q_1 x - \frac{q_0 x^2}{2l}$$

$$M_x = -\frac{q_1 x^2}{2} - \frac{q_0 x^3}{6l}$$

$$f_x = \frac{l^4}{120EI}\left[5q_1\left(3 - 4\frac{x}{l} + \frac{x^4}{l^4}\right) + q_0\left(4 - 5\frac{x}{l} + \frac{x^5}{l^5}\right)\right]$$

$$f_A = \frac{(11q_1 + 4q_2)l^4}{120EI}$$

续上表

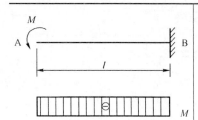

$R_B = 0$	
$\varphi_A = -\dfrac{Ml}{EI}$	
$f_A = \dfrac{Ml^2}{2EI}$	
$Q_x = 0$	
$M_x = -M$	
$f_x = \dfrac{Ml^2}{2EI}\left(1-\dfrac{x}{l}\right)^2$	

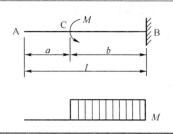

$R_B=0$	$\varphi_A = \dfrac{-Mb}{EI}$	$f_A = \dfrac{Mbl}{2EI}\left(2-\dfrac{b}{2}\right)$	
	AC 段		CB 段
Q_x	0		0
M_x	0		$-M$
f_x	$\dfrac{Mbl}{2EI}\left(2-\dfrac{b}{l}-2\dfrac{x}{l}\right)$		$\dfrac{Ml^2}{2EI}\left(1-\dfrac{x}{l}\right)^2$

三、带悬臂的梁

带 悬 臂 的 梁　　　　　　　　　　　表 1-3-3

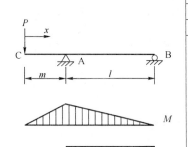

	CA 段	AB 段
Q_x	$-P$	R_A-P
M_x	$-Px$	$R_A(x-m)-Px$

$R_A = P\left(1+\dfrac{m}{l}\right)$

$R_B = -P\dfrac{m}{l}$

$\varphi_A = -\dfrac{Pml}{3EI}$

$\varphi_B = \dfrac{Pml}{6EI}$

$\varphi_C = -\dfrac{Pml}{6EI}\left(2+\dfrac{3m}{l}\right)$

$f_C = \dfrac{Pm^2l}{3EI}\left(1+\dfrac{m}{l}\right)$

$f_{\min} = -0.0642\dfrac{Pml^2}{EI}$　　（在 $x=m+0.423l$ 处）

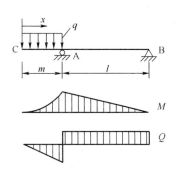

	CA 段	AB 段
Q_x	$-qx$	R_A-qx
M_x	$-\dfrac{1}{2}qx^2$	$\dfrac{qm^2}{2}\left(\dfrac{x}{l}-\dfrac{m}{l}-1\right)$

$R_A = \dfrac{qm}{2}\left(2+\dfrac{m}{l}\right)$

$R_B = -\dfrac{qm^2}{2l}$

$\varphi_A = -\dfrac{qm^2l}{6EI}$

$\varphi_B = \dfrac{qm^2l}{12EI}$

$\varphi_C = -\dfrac{qm^2l}{6EI}\left(1+\dfrac{m}{l}\right)$

$f_C = \dfrac{qm^3l}{24EI}\left(4+\dfrac{3m}{l}\right)$

$f_{\min} = -0.0321\dfrac{qm^2l^2}{EI}$　　（在 $x=m+0.423l$ 处）

续上表

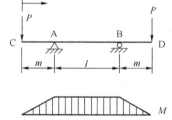

	CA 段	AB 段
Q_r	$-qx$	$R_A - qx$
M_r	$-\dfrac{1}{2}qx^2$	$R_A(x-m) - \dfrac{1}{2}qx^2$

$R_A = \dfrac{ql}{2}\left(1+\dfrac{m}{l}\right)^2$

$R_B = \dfrac{ql}{2}\left(1-\dfrac{m^2}{l^2}\right)$

$\varphi_A = \dfrac{ql^3}{24EI}\left(1-\dfrac{4m^2}{l^2}\right)$

$\varphi_B = -\dfrac{ql^3}{24EI}\left(1-2\dfrac{m^2}{l^2}\right)$

$\varphi_C = \dfrac{ql^3}{24EI}\left(1-4\dfrac{m^2}{l^2}-4\dfrac{m^3}{l^3}\right)$

$f_C = \dfrac{qml^3}{24EI}\left(-1+4\dfrac{m^2}{l^2}+3\dfrac{m^3}{l^3}\right)$

$M_{\max} = \dfrac{ql^2}{8}\left(1-\dfrac{m^2}{l^2}\right)^2 \quad \left[\text{在} x = \dfrac{l}{2}\left(1+\dfrac{m}{l}\right)^2 \text{处}\right]$

AB 段：$f_x = f_C + \varphi_C x + \dfrac{1}{24EI}\left[qx^4 - 4R_A(x-m)^3\right]$

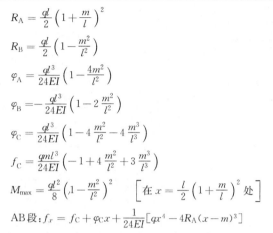

AB 段：

$R_A = R_B = P$

$\varphi_A = -\varphi_B = -\dfrac{Pml}{2EI}$

$Q_r = 0$

$M_{\min} = -Pm$

$f_{\min} = -\dfrac{Pl^2 m}{8EI} \quad \left(x = m + \dfrac{l}{2} \text{处}\right)$

$\varphi_C = -\varphi_D = -\dfrac{Pml}{2EI}\left(1+\dfrac{m}{l}\right)$

$f_C = f_D = \dfrac{Pm^2}{3EI}\left(m + \dfrac{3l}{2}\right)$

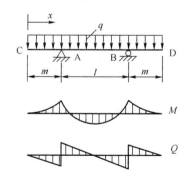

	CA 段	AB 段
Q_r	$-qx$	$-qx + R_A$
M_r	$-\dfrac{1}{2}qx^2$	$\dfrac{qlx}{2}\left[\left(1-\dfrac{m}{x}\right)\cdot\left(1+\dfrac{2m}{l}\right)-\dfrac{x}{l}\right]$

$R_A = R_B = \dfrac{ql}{2}\left(1+2\dfrac{m}{l}\right)$

$\varphi_A = -\varphi_B = \dfrac{ql^3}{24EI}\left(1-6\dfrac{m^2}{l^2}\right)$

$\varphi_C = -\varphi_D = \dfrac{ql^3}{24EI}\left(1-6\dfrac{m^2}{l^2}-4\dfrac{m^3}{l^3}\right)$

$f_C = f_D = \dfrac{qml^3}{24EI}\left(-1+6\dfrac{m^2}{l^2}+3\dfrac{m^3}{l^3}\right)$

$f_{\max} = \dfrac{ql^4}{384EI}\left(5-24\dfrac{m^2}{l^2}\right) \quad \left(\text{在} x = m + \dfrac{l}{2} \text{处}\right)$

续上表

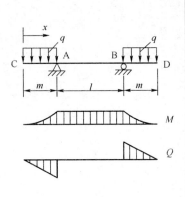

	CA 段	AB 段	BD 段
Q_x	$-qx$	0	$q(2m+l-x)$
M_x	$-\dfrac{qx^2}{2}$	$-\dfrac{qm^2}{2}$	$-\dfrac{1}{2}q(2m+l-x)^2$

$R_A = R_B = qm$

$\varphi_A = -\varphi_B = -\dfrac{qm^2 l}{4EI}$

$\varphi_C = -\varphi_D = -\dfrac{qm^2 l}{12EI}\left(3+2\dfrac{m}{l}\right)$

$f_C = f_D = \dfrac{qm^3 l}{8EI}\left(2+\dfrac{m}{l}\right)$

$f_{min} = -\dfrac{qm^2 l^2}{16EI}$ （在 $x = m + \dfrac{l}{2}$）

四、一端简支、另一端固定的梁

简 支 — 固 端 梁   表 1-3-4

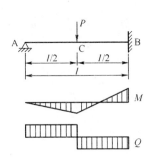

	AC 段	CB 段
Q_x	$\dfrac{5P}{16}$	$-\dfrac{11P}{16}$
M_x	$\dfrac{5Px}{16}$	$\dfrac{Pl}{16}\left(8-\dfrac{11x}{l}\right)$
f_x	$\dfrac{Pl^2 x}{96EI}\left(3-5\dfrac{x^2}{l^2}\right)$	$\dfrac{Pl^3}{96EI}\left(-2+15\dfrac{x}{l}-24\dfrac{x^2}{l^2}+11\dfrac{x^3}{l^3}\right)$

$R_A = \dfrac{5P}{16}$

$R_B = \dfrac{11P}{16}$

$\varphi_A = \dfrac{Pl^2}{32EI}$

$M_C = M_{max} = \dfrac{5Pl}{32}$

$f_C = \dfrac{7Pl^3}{768EI}$

$f_{max} = 0.00932\dfrac{Pl^3}{EI}$ （在 $0.447l$ 处）

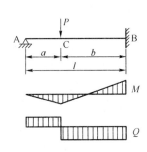

	AC 段	CB 段
Q_x	R_A	$R_A - P$
M_x	$R_A x$	$R_A x - P(x-a)$
f_x	$\dfrac{1}{6EI}[R_A(3l^2 x - x^3) - 3Pb^2 x]$	$\dfrac{1}{6EI}[R_A(3l^2 x - x^3) - 3Pb^2 x + P(x-a)^3]$

$R_A = \dfrac{Pb^2}{2l^2}\left(3-\dfrac{b}{l}\right)$

$R_B = \dfrac{Pa}{2l}\left(3-\dfrac{a^2}{l^2}\right)$

$\varphi_A = \dfrac{Pab^2}{4EIl}$

$M_B = -\dfrac{Pab}{2l}\left(1+\dfrac{a}{l}\right)$

续上表

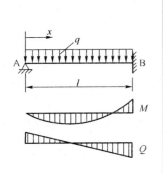	$R_A = \dfrac{3ql}{8}$ $R_B = \dfrac{5ql}{8}$ $\varphi_A = \dfrac{ql^3}{48EI}$ $Q_x = \dfrac{ql}{8}\left(3 - 8\dfrac{x}{l}\right)$ $M_x = \dfrac{qlx}{8}\left(3 - 4\dfrac{x}{l}\right)$ $f_x = \dfrac{ql^3 x}{48EI}\left(1 - 3\dfrac{x^2}{l^2} + 2\dfrac{x^3}{l^3}\right)$ $M_B = -\dfrac{ql^2}{8}$ $M_{\max} = \dfrac{9ql^2}{128}$ （在 $x = \dfrac{3l}{8}$ 处） $f_{\max} = 0.00541\dfrac{ql^4}{EI}$ （在 $x = 0.422l$ 处）
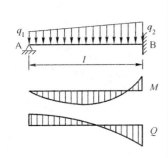	设 $q_0 = q_2 - q_1$，则 $\varphi_A = \dfrac{(3q_1 + 2q_2)l^3}{240EI}$ $R_A = \dfrac{(11q_1 + 4q_2)l}{40}$ $R_B = \dfrac{(9q_1 + 16q_2)l}{40}$ $Q_x = R_A - q_1 x - \dfrac{q_0 x^2}{2l}$ $M_x = R_A x - \dfrac{q_1 x^2}{2} - \dfrac{q_0 x^3}{6l}$ $M_B = -\dfrac{(7q_1 + 8q_2)l^2}{120}$ $M_{\max} = R_A x_0 - \dfrac{q_1 x_0^2}{2} - \dfrac{q_0 x_0^3}{6l}$ （在 $x = \dfrac{\alpha - \beta}{1 - \beta} l$ 处） $f_x = \dfrac{l^3 x}{240EI}\left[5q_1\left(1 - 3\dfrac{x^2}{l^2} + 2\dfrac{x^3}{l^3}\right) + 2q_0\left(1 - 2\dfrac{x^2}{l^2} + \dfrac{x^4}{l^4}\right)\right]$ 式中：$\beta = \dfrac{q_1}{q_2}$，$\alpha = \sqrt{\dfrac{9\beta^2 + 7\beta + 4}{20}}$
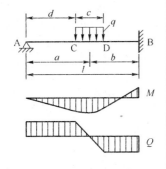	<table><tr><td></td><td>AC 段</td><td>CD 段</td><td>DB 段</td></tr><tr><td>Q_x</td><td>R_A</td><td>$R_A - q(x-d)$</td><td>$R_A - qc$</td></tr><tr><td>M_x</td><td>$R_A x$</td><td>$R_A x - \dfrac{q}{2}(x-d)^2$</td><td>$R_A x - q(x-a)$</td></tr></table> $R_A = \dfrac{qc}{8l^3}(12b^2 l - 4b^3 + ac^2)$ $R_B = qc - R_A$ $\varphi_A = \dfrac{1}{24EI}[12R_A l^2 - qc(12b^2 + c^2)]$ $M_B = R_A l - qcb$ $M_{\max} = R_A\left(d + \dfrac{R_A}{2q}\right)$ $\left(x = d + \dfrac{R_A}{q} \text{ 处}\right)$ AC 段：$f_x = \dfrac{1}{24EI}[4R_A(3l^2 x - x^3) - qc(12b^2 + c^2)x]$ CD 段：$f_x = \dfrac{1}{24EI}[4R_A(3l^2 x - x^3) - qc(12b^2 + c^2)x + q(x-d)^4]$ DB 段：$f_x = \dfrac{1}{24EI}[4R_A(3l^2 x - x^3) - 12qcb^2 x + 4qc(x-a)^3 - qac^3]$

续上表

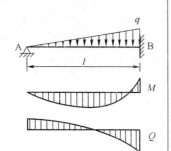	$R_A = \dfrac{ql}{10}$ $R_B = \dfrac{2ql}{5}$ $\varphi_A = \dfrac{ql^3}{120EI}$ $Q_x = \dfrac{ql}{10}\left(1 - 5\dfrac{x^2}{l^2}\right)$ $M_x = \dfrac{qlx}{30}\left(3 - 5\dfrac{x^2}{l^2}\right)$ $f_x = \dfrac{ql^3 x}{120EI}\left(1 - 2\dfrac{x^2}{l^2} + \dfrac{x^4}{l^4}\right)$ $M_B = -\dfrac{ql^2}{15}$ $M_{max} = 0.0298ql^2$ （在 $x = 0.447l$ 处） $f_{max} = 0.00239\dfrac{ql^4}{EI}$ （在 $x = 0.447l$ 处）
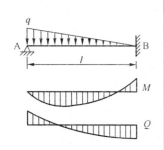	$R_A = \dfrac{11ql}{40}$ $R_B = \dfrac{9ql}{40}$ $\varphi_A = \dfrac{ql^3}{80EI}$ $Q_x = \dfrac{ql}{2}\left(\dfrac{11}{20} - 2\dfrac{x}{l} + \dfrac{x^2}{l^2}\right)$ $M_x = \dfrac{qlx}{6}\left(\dfrac{33}{20} - \dfrac{3x}{l} + \dfrac{x^2}{l^2}\right)$ $f_x = \dfrac{ql^3 x}{240EI}\left(3 - 11\dfrac{x^2}{l^2} + 10\dfrac{x^3}{l^3} - 2\dfrac{x^4}{l^4}\right)$ $M_B = -\dfrac{7ql^2}{120}$ $M_{max} = 0.0423ql^2$ （在 $x = 0.329l$ 处） $f_{max} = 0.00305\dfrac{ql^4}{EI}$ （在 $x = 0.402l$ 处）
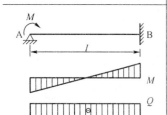	$R_A = -R_B = -\dfrac{3M}{2l}$ $\varphi_A = \dfrac{Ml}{4EI}$ $Q_x = -\dfrac{3M}{2l}$ $M_x = \dfrac{M}{2}\left(2 - 3\dfrac{x}{l}\right)$ $f_x = \dfrac{Mlx}{4EI}\left(1 - 2\dfrac{x}{l} + \dfrac{x^2}{l^2}\right)$ $M_B = -\dfrac{M}{2}$ $f_{max} = \dfrac{Ml^2}{27EI}$ （在 $x = \dfrac{l}{3}$ 处）
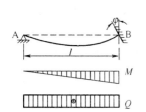	$R_A = -R_B = \dfrac{3EI\varphi}{l^2}$ $\varphi_A = \dfrac{\varphi}{2}$ $Q_x = \dfrac{3EI\varphi}{l^2}$ $M_x = \dfrac{3EI\varphi x}{l^2}$ $f_x = \dfrac{\varphi x}{2}\left(1 - \dfrac{x^2}{l^2}\right)$ $M_B = \dfrac{3EI\varphi}{l}$ $f_{max} = 0.193 l\varphi$ （在 $x = 0.577l$ 处）
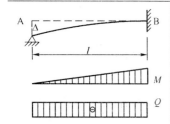	$R_A = -R_B = -\dfrac{3EI\Delta}{l^3}$ $\varphi_A = -\dfrac{3\Delta}{2l}$ $Q_x = -\dfrac{3EI\Delta}{l^3}$ $M_x = -\dfrac{3EI\Delta}{l^3}x$ $f_x = \dfrac{\Delta}{2}\left(2 - 3\dfrac{x}{l} + \dfrac{x^3}{l^3}\right)$ $M_B = -\dfrac{3EI\Delta}{l^2}$ $f_A = f_{max} = \Delta$

续上表

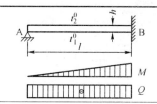

温度沿梁高 h 按直线变化，且 $t_0^\circ = t_1^\circ - t_2^\circ$，$\alpha_t$：线膨胀系数

$R_A = -R_B = -\dfrac{3\alpha_t t_0^\circ EI}{2hl}$ $\qquad Q_r = -\dfrac{3\alpha_t t_0^\circ EI}{2hl}$

$M_r = -\dfrac{3\alpha_t t_0^\circ EI x}{2hl}$ $\qquad M_B = -\dfrac{3\alpha_t t_0^\circ EI}{2h}$

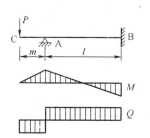

	CA 段	AB 段
Q_r	$-P$	$\dfrac{3m}{2l}P$
M_x	$-Px$	$-\dfrac{Pm}{2l}(2l+3m-3x)$
f_x	$f_C+\varphi_C x+\dfrac{Px^3}{6EI}$	$f_C+\varphi_C x+\dfrac{1}{6EI}[Px^3-R_A(x-m)^3]$

$R_A = \dfrac{P}{2}\left(2+3\dfrac{m}{l}\right)$

$R_B = -\dfrac{3Pm}{2l}$

$f_C = \dfrac{Pm^2 l}{12EI}\left(3+4\dfrac{m}{l}\right)$

$\varphi_A = -\dfrac{Pml}{4EI}$

$\varphi_C = -\dfrac{Pml}{4EI}\left(1+2\dfrac{m}{l}\right)$

$M_A = -Pm \qquad M_B = \dfrac{Pm}{2}$

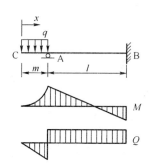

	CA 段	AB 段
Q_r	$-qx$	$\dfrac{3qm^2}{4l}$
M_x	$-\dfrac{1}{2}qx^2$	$\dfrac{qm^2}{4l}(3x-2l-3m)$
f_x	$f_C+\varphi_C x+\dfrac{qx^4}{24EI}$	$f_C+\varphi_C x+\dfrac{1}{24EI}[qx^4-4R_A(x-m)^3-q(x-m)^4]$

$R_A = \dfrac{qm}{4}\left(4+3\dfrac{m}{l}\right)$

$R_B = -\dfrac{3qm^2}{4l}$

$f_C = \dfrac{qm^3 l}{8EI}\left(1+\dfrac{m}{l}\right)$

$\varphi_A = -\dfrac{qm^2 l}{8EI} \qquad \varphi_C = -\dfrac{qm^2 l}{24EI}\left(3+4\dfrac{m}{l}\right)$

$M_A = -\dfrac{qm^2}{2} \qquad M_B = \dfrac{qm^2}{4}$

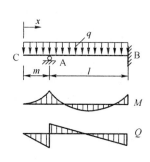

	CA 段	AB 段
Q_r	$-qx$	$R_A - qx$
M_x	$-\dfrac{1}{2}qx^2$	$R_A(x-m) - \dfrac{1}{2}qx^2$
f_x	$f_C+\varphi_C x+\dfrac{qx^4}{24EI}$	$f_C+\varphi_C x+\dfrac{1}{24EI}[qx^4-4R_A\cdot(x-m)^3]$

$R_A = \dfrac{ql}{8}\left(3+8\dfrac{m}{l}+6\dfrac{m^2}{l^2}\right)$

$R_B = \dfrac{ql}{8}\left(5-6\dfrac{m^2}{l^2}\right)$

$\varphi_A = \dfrac{ql^3}{4EI}\left(1-6\dfrac{m^2}{l^2}\right)$

$\varphi_C = \dfrac{ql^3}{48EI}\left(1-6\dfrac{m^2}{l^2}-8\dfrac{m^3}{l^3}\right)$

$f_C = \dfrac{qml^3}{48EI}\left(6\dfrac{m^2}{l^2}+6\dfrac{m^3}{l^3}-1\right)$

$M_A = -\dfrac{qm^2}{2} \qquad M_B = -\dfrac{ql^2}{8}\left(1-2\dfrac{m^2}{l^2}\right)$

续上表

	CA 段	AB 段
Q_x	0	$-\dfrac{3M}{2l}$
M_x	M	$M\left[1-\dfrac{3(x-m)}{2l}\right]$
f_x	$f_C+\varphi_C x-\dfrac{M}{2EI}x^2$	$f_C+\varphi_C x-\dfrac{1}{6EI}\cdot$ $[3Mx^2-R_A(x-m)^3]$

$R_A=-\dfrac{3M}{2l}$ $\quad R_B=\dfrac{3M}{2l}$ $\quad \varphi_A=\dfrac{Ml}{4EI}$ $\quad \varphi_C=\dfrac{Ml}{4EI}\left(1+4\dfrac{m}{l}\right)$

$f_C=-\dfrac{Mlm}{4EI}\left(1+2\dfrac{m}{l}\right)$ $\quad M_A=M$ $\quad M_B=-\dfrac{M}{2}$

五、固 端 梁

固 端 梁　　　　　　　　　　　　　　　　　　表 1-3-5

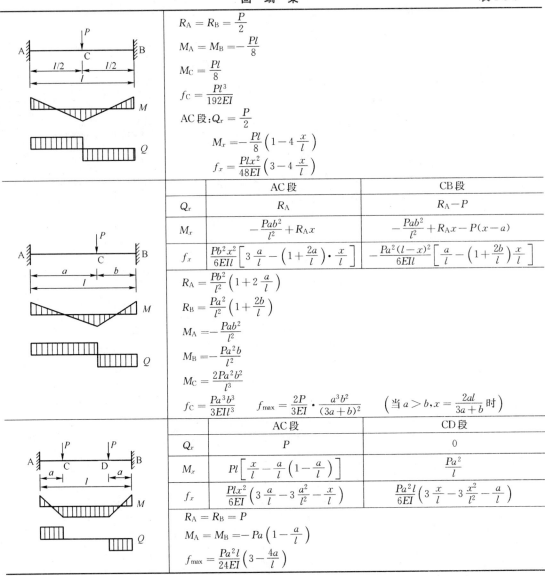

$R_A=R_B=\dfrac{P}{2}$

$M_A=M_B=-\dfrac{Pl}{8}$

$M_C=\dfrac{Pl}{8}$

$f_C=\dfrac{Pl^3}{192EI}$

AC 段：$Q_x=\dfrac{P}{2}$

$M_x=-\dfrac{Pl}{8}\left(1-4\dfrac{x}{l}\right)$

$f_x=\dfrac{Plx^2}{48EI}\left(3-4\dfrac{x}{l}\right)$

	AC 段	CB 段
Q_x	R_A	R_A-P
M_x	$-\dfrac{Pab^2}{l^2}+R_A x$	$-\dfrac{Pab^2}{l^2}+R_A x-P(x-a)$
f_x	$\dfrac{Pb^2x^2}{6EIl}\left[3\dfrac{a}{l}-\left(1+\dfrac{2a}{l}\right)\cdot\dfrac{x}{l}\right]$	$-\dfrac{Pa^2(l-x)^2}{6EIl}\left[\dfrac{a}{l}-\left(1+\dfrac{2b}{l}\right)\dfrac{x}{l}\right]$

$R_A=\dfrac{Pb^2}{l^2}\left(1+2\dfrac{a}{l}\right)$

$R_B=\dfrac{Pa^2}{l^2}\left(1+2\dfrac{b}{l}\right)$

$M_A=-\dfrac{Pab^2}{l^2}$

$M_B=-\dfrac{Pa^2b}{l^2}$

$M_C=\dfrac{2Pa^2b^2}{l^3}$

$f_C=\dfrac{Pa^3b^3}{3EIl^3}$ $\quad f_{max}=\dfrac{2P}{3EI}\cdot\dfrac{a^3b^2}{(3a+b)^2}$ $\quad \left(\text{当}\ a>b,x=\dfrac{2al}{3a+b}\ \text{时}\right)$

	AC 段	CD 段
Q_x	P	0
M_x	$Pl\left[\dfrac{x}{l}-\dfrac{a}{l}\left(1-\dfrac{a}{l}\right)\right]$	$\dfrac{Pa^2}{l}$
f_x	$\dfrac{Plx^2}{6EI}\left(3\dfrac{a}{l}-3\dfrac{a^2}{l^2}-\dfrac{x}{l}\right)$	$\dfrac{Pa^2l}{6EI}\left(3\dfrac{x}{l}-3\dfrac{x^2}{l^2}-\dfrac{a}{l}\right)$

$R_A=R_B=P$

$M_A=M_B=-Pa\left(1-\dfrac{a}{l}\right)$

$f_{max}=\dfrac{Pa^2l}{24EI}\left(3-\dfrac{4a}{l}\right)$

续上表

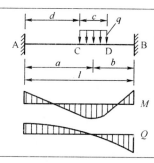	$R_A = R_B = \dfrac{ql}{2}$ $M_A = M_B = -\dfrac{ql^2}{12}$ $f_{max} = \dfrac{ql^4}{384EI}$ $M_C = \dfrac{ql^2}{24}$ $Q_x = \dfrac{ql}{2}\left(1 - \dfrac{2x}{l}\right)$ $M_x = \dfrac{qlx}{2} - \dfrac{ql^2}{12} - \dfrac{qx^2}{2}$ $f_x = \dfrac{ql^2x^2}{24EI}\left(1 - \dfrac{x}{l}\right)^2$
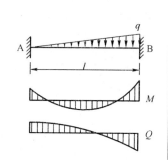	$R_A = \dfrac{qc}{4l^3}(12b^2l - 8b^3 + c^2l - 2bc^2)$ $R_B = qc - R_A$ $M_A = -\dfrac{qc}{12l^2}(12ab^2 - 3bc^2 + c^2l)$ $M_B = -\dfrac{qc}{12l^2}(12a^2b + 3bc^2 - 2c^2l)$ $M_{max} = M_A + R_A\left(d + \dfrac{R_A}{2q}\right)$ （在 $x = d + \dfrac{R_A}{q}$ 处）
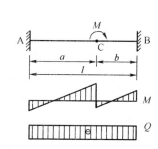	$R_A = \dfrac{3ql}{20}$ $R_B = \dfrac{7ql}{20}$ $M_A = -\dfrac{ql^2}{30}$ $M_B = -\dfrac{ql^2}{20}$ $M_{max} = 0.0214ql^2$ （在 $x = 0.548l$ 处） $f_{max} = 0.00131\dfrac{ql^4}{EI}$ （在 $x = 0.525l$ 处） $Q_x = \dfrac{ql}{20}\left(3 - 10\dfrac{x^2}{l^2}\right)$ $M_x = \dfrac{ql^2}{60}\left(-2 + 9\dfrac{x}{l} - 10\dfrac{x^3}{l^3}\right)$ $f_x = \dfrac{ql^2x^2}{120EI}\left(2 - 3\dfrac{x}{l} + \dfrac{x^3}{l^3}\right)$

(梁图)	$R_A = -R_B = -\dfrac{6Mab}{l^3}$ $M_A = \dfrac{Mb}{l}\left(2 - \dfrac{3b}{l}\right)$ $M_B = -\dfrac{Ma}{l}\left(2 - \dfrac{3a}{l}\right)$ $M_{C左} = -M\left(1 - 4\dfrac{a}{l} + 9\dfrac{a^2}{l^2} - 6\dfrac{a^3}{l^3}\right)$ $M_{C右} = \dfrac{Ma}{l}\left(4 - 9\dfrac{a}{l} + 6\dfrac{a^2}{l^2}\right)$ $Q_x = R_A$	
	AC 段	CB 段
M_x	$M_A + R_A x$	$M_A + R_A x + M$
f_x	$\dfrac{1}{6EI}(-3M_A x^2 - R_A x^3)$	$\dfrac{1}{6EI}[(M_A + M)(6lx - 3x^2 - 3l^2) - R_A(2l^3 - 3l^2 x + x^3)]$

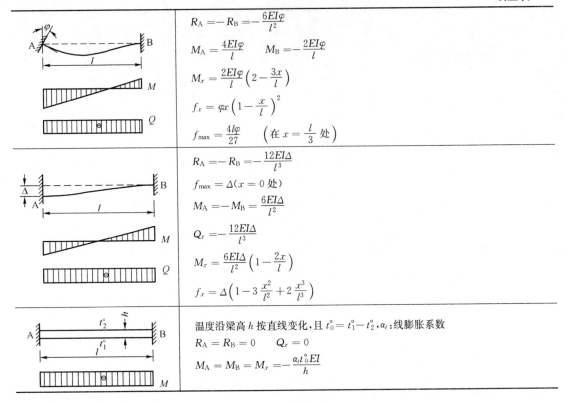

	$R_A = -R_B = -\dfrac{6EI\varphi}{l^2}$
	$M_A = \dfrac{4EI\varphi}{l} \qquad M_B = -\dfrac{2EI\varphi}{l}$
	$M_x = \dfrac{2EI\varphi}{l}\left(2-\dfrac{3x}{l}\right)$
	$f_x = \varphi x\left(1-\dfrac{x}{l}\right)^2$
	$f_{\max} = \dfrac{4l\varphi}{27} \quad \left(\text{在 } x=\dfrac{l}{3} \text{ 处}\right)$
	$R_A = -R_B = -\dfrac{12EI\Delta}{l^3}$
	$f_{\max} = \Delta \ (x=0 \text{ 处})$
	$M_A = -M_B = \dfrac{6EI\Delta}{l^2}$
	$Q_x = -\dfrac{12EI\Delta}{l^3}$
	$M_x = \dfrac{6EI\Delta}{l^2}\left(1-\dfrac{2x}{l}\right)$
	$f_x = \Delta\left(1-3\dfrac{x^2}{l^2}+2\dfrac{x^3}{l^3}\right)$
	温度沿梁高 h 按直线变化，且 $t_0^\circ = t_1^\circ - t_2^\circ$，$\alpha_t$：线膨胀系数
	$R_A = R_B = 0 \qquad Q_x = 0$
	$M_A = M_B = M_x = -\dfrac{\alpha_t t_0^\circ EI}{h}$

六、B 端固定、A 端定向支承的梁

B 端固定、A 端定向支承的梁　　　　　　　　　　　　表 1-3-6

编号	简 图	M_A	M_B	R_B
1		$\dfrac{1}{8}Pl$	$-\dfrac{3}{8}Pl$	P
2		$\dfrac{Pb^2}{2l}$	$\dfrac{Pb^2}{2l}-Pb$	P
3		$P\left[\dfrac{l}{2}-a\left(1-\dfrac{a}{l}\right)\right]$	$-P\left[\dfrac{l}{2}+a\left(1-\dfrac{a}{l}\right)\right]$	$2P$
4		$\dfrac{ql^2}{6}$	$-\dfrac{ql^2}{3}$	ql
5		$\dfrac{ql^2}{24}$	$-\dfrac{ql^2}{8}$	$\dfrac{1}{2}ql$

续上表

编号	简 图	M_A	M_B	R_B
6		$\dfrac{ql^2}{8}$	$-\dfrac{5ql^2}{24}$	$\dfrac{1}{2}ql$
7		$-\dfrac{qc}{24l^2}[24ab^2-c^2l-36b^2l+24b^3]$	$-\dfrac{qc}{24l^2}[24a^2b-c^2l+36b^2l-24b^3]$	qc
8		$-\dfrac{Mb}{l}$	$\dfrac{Ma}{l}$	0
9		$-\dfrac{\alpha_t(t_2^\circ-t_1^\circ)EI}{h}$	$-\dfrac{\alpha_t(t_2^\circ-t_1^\circ)EI}{h}$	0
10		$\dfrac{EI\varphi}{l}$	$\dfrac{EI\varphi}{l}$	0

七、虚　梁

虚梁反力表　　　　　　　　　　　　　　　　　　　　　　表 1-3-7

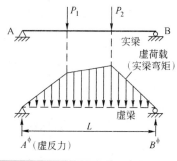

1. $\alpha=\dfrac{a}{L}$　　$\beta=\dfrac{b}{L}$　　$\gamma=\dfrac{c}{L}$；
2. 表中未列的荷载情况，可根据表内有关情况和力的叠加原理求得；
3. $\Omega = A^\phi + B^\phi$

编号	实梁荷载图	A^ϕ	B^ϕ
1		$\dfrac{Pab}{6}(1+\beta)$	$\dfrac{Pab}{6}(1+\alpha)$
2		$\dfrac{PaL}{2}(1-\alpha)$	$\dfrac{PaL}{2}(1-\alpha)$

续上表

编号	实梁荷载图	A^ϕ	B^ϕ
3	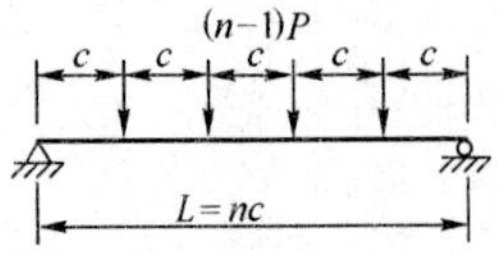	$\dfrac{n^2-1}{24n}PL^2$	$\dfrac{n^2-1}{24n}PL^2$
4	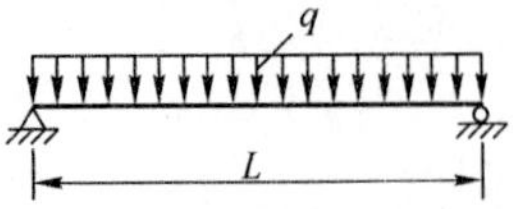	$\dfrac{1}{24}qL^3$	$\dfrac{1}{24}qL^3$
5	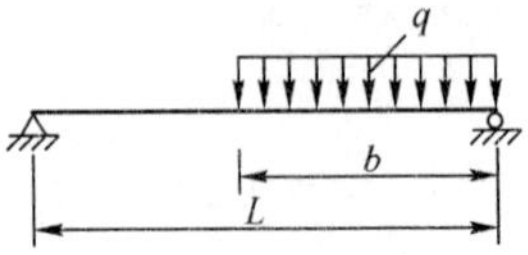	$\dfrac{qb^2L}{24}(2-\beta^2)$	$\dfrac{qb^2L}{24}(2-\beta)^2$
6	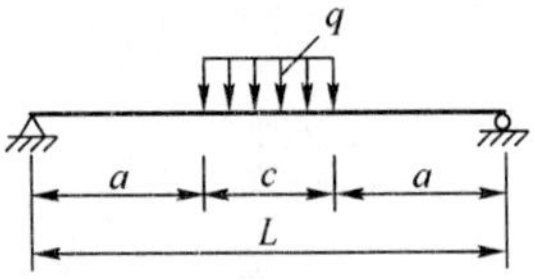	$\dfrac{qcL^2}{48}(3-\gamma^2)$	$\dfrac{qcL^2}{48}(3-\gamma^2)$
7	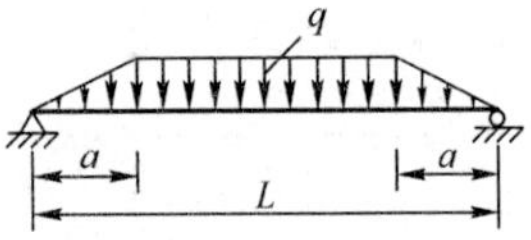	$\dfrac{qL^2}{24}(1-2\alpha^2+\alpha^3)$	$\dfrac{qL^2}{24}(1-2\alpha^2+\alpha^3)$
8	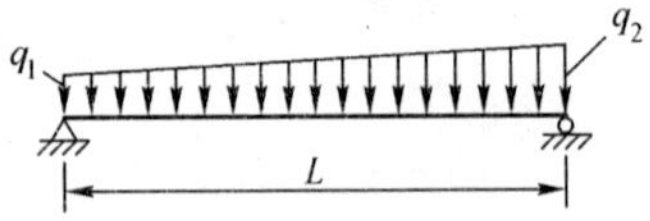	$\dfrac{L^3}{360}(8q_1+7q_2)$	$\dfrac{L^3}{360}(7q_1+8q_2)$
9	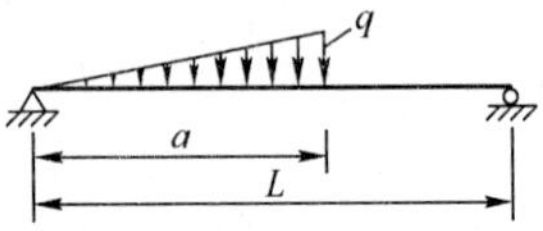	$\dfrac{qa^2L}{360}(40-45\alpha+12\alpha^2)$	$\dfrac{qa^2L}{90}(5-3\alpha^2)$
10	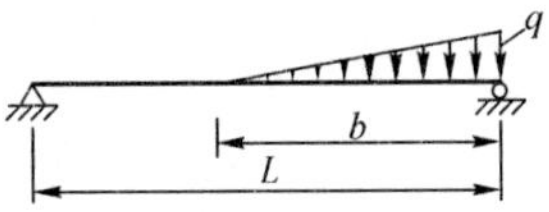	$\dfrac{qb^2L}{360}(10-3\beta^2)$	$\dfrac{qb^2L}{360}(20-15\beta+3\beta^2)$
11	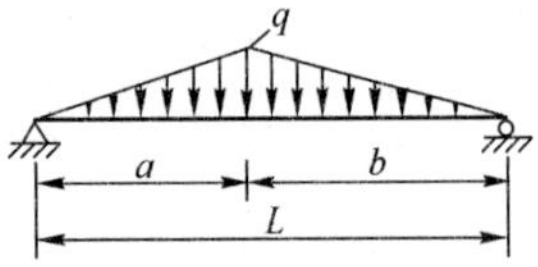	$\dfrac{qL^3}{360}(1+\beta)(7-3\beta^2)$	$\dfrac{qL^3}{360}(1+\alpha)(7-3\alpha^3)$
12	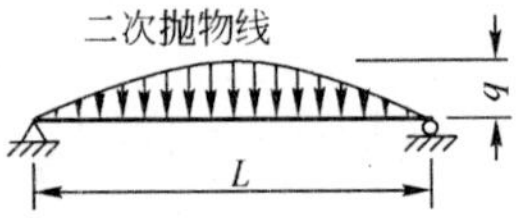 二次抛物线	$\dfrac{qL^3}{30}$	$\dfrac{qL^3}{30}$

续上表

编号	实梁荷载图	A^ϕ	B^ϕ
13	(图：简支梁在跨中作用力矩M，左段a，右段b，全长L)	$\dfrac{ML}{6}(3\beta^2-1)$	$-\dfrac{ML}{6}(3\alpha^2-1)$
14	(图：简支梁右端作用力矩M，跨长L)	$\dfrac{ML}{6}$	$\dfrac{ML}{3}$

第二节 连 续 梁

一、内力计算——三弯矩方程

现以图 1-3-1 受力及支承方法为例阐述三弯矩方程求解步骤与方法：

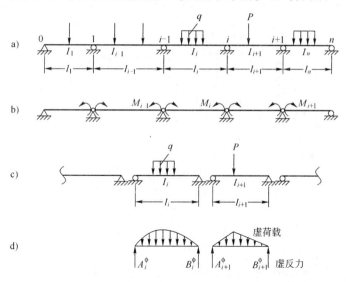

图 1-3-1 三弯矩方程求解步骤图

（1）取图 1-3-1b）作为基本结构，M_1、M_2、……、M_i……为各中间支座处的赘余力矩。

（2）按下述通式列出对每个支座（i 号）的三弯矩方程，即：

$$M_{i-1}\dfrac{l_i}{I_i}+2M_i\left(\dfrac{l_i}{I_i}+\dfrac{l_{i+1}}{I_{i+1}}\right)+M_{i+1}\dfrac{l_{i+1}}{I_{i+1}}=-6\left(\dfrac{B_i^\phi}{I_i}+\dfrac{A_{i+1}^\phi}{I_{i+1}}\right) \qquad (1\text{-}3\text{-}1)$$

式中：l——跨长；

I——截面抗弯惯矩；

A^ϕ、B^ϕ——虚梁反力（查表 1-3-7）。

（3）解联立方程组，得到各 M_1、M_2、……值，然后按单跨梁计算各跨的内力和变形。

（4）固端及悬臂端的处理（图 1-3-2）。

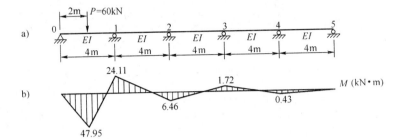

图 1-3-2 固端等代结构示意图

将图 1-3-2a) 所示结构化为图 1-3-2b) 的等代结构后，再重复上述的（1）～（3）步骤，便可得到问题的解。

【例 1-3-1】 图 1-3-3 所示一等截面等跨长的 5 跨连续梁，试绘制在图荷载作用下的弯矩图、剪力图及各支座反力。

解：由表 1-3-7 得 1 号支座的虚反力为：

$$B_1^\phi = \frac{P\frac{l}{2} \cdot \frac{l}{2}}{6}\left(1+\frac{1}{2}\right) = \frac{Pl^2}{16} = \frac{60 \times 4^2}{16} = 60$$

$$A_2^\phi = 0, \quad A_3^\phi = A_4^\phi = A_5^\phi = B_2^\phi = B_3^\phi = B_4^\phi = B_5^\phi = 0$$

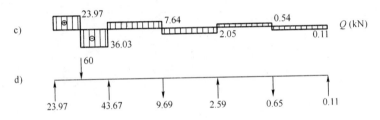

图 1-3-3 例 1-3-1 内力计算图

故对 1、2、3、4 号支座按式 (1-3-1) 可写出：

$$M_0\left(\frac{4}{I}\right)+2M_1\left(\frac{4}{I}+\frac{4}{I}\right)+M_2\left(\frac{4}{I}\right)=-6\left(\frac{60}{I}+\frac{0}{I}\right)$$

$$M_1\left(\frac{4}{I}\right)+2M_2\left(\frac{4}{I}+\frac{4}{I}\right)+M_3\left(\frac{4}{I}\right)=0$$

$$M_2\left(\frac{4}{I}\right)+2M_3\left(\frac{4}{I}+\frac{4}{I}\right)+M_4\left(\frac{4}{I}\right)=0$$

$$M_3\left(\frac{4}{I}\right)+2M_4\left(\frac{4}{I}+\frac{4}{I}\right)+M_5\left(\frac{4}{I}\right)=0$$

将 $M_0=M_5=0$ 代入上式，联立解得：

$$M_1 = -24.11\text{kN} \cdot \text{m} \qquad M_2 = 6.46\text{kN} \cdot \text{m}$$
$$M_3 = -1.72\text{kN} \cdot \text{m} \qquad M_4 = 0.43\text{kN} \cdot \text{m}$$

根据求得的支点弯矩值，再按单跨梁可求得各跨的弯矩和剪力图以及各支点反力［图 1-3-3b）～图 1-3-3d)］，其计算略。

为了避免在设计应用时求解联立方程组，对于 2~5 跨等截面连续梁，可以根据表 1-3-8 和表 1-3-9 直接得到连续梁的支点弯矩。

不等跨等截面连续梁支点弯矩计算公式表　　　　　表 1-3-8

简　图	计　算　系　数		支　点　弯　矩　公　式
0—1—2 梁，跨度 l_1, l_2	$k_1 = 2(l_1 + l_2)$		$M_1 = -\dfrac{N_1}{k_1}$
0—1—2—3 梁，跨度 l_1, l_2, l_3	$k_1 = 2(l_1 + l_2)$ $k_2 = 2(l_2 + l_3)$ $k_3 = k_1 k_2 - l_2^2$	$a_1 = \dfrac{k_2}{k_3}$ $a_2 = \dfrac{l_2}{k_3}$ $a_3 = \dfrac{k_1}{k_3}$	$M_1 = -a_1 N_1 + a_2 N_2$ $M_2 = a_2 N_1 - a_3 N_2$
0—1—2—3—4 梁，跨度 l_1, l_2, l_3, l_4	$k_1 = 2(l_1 + l_2)$ $k_2 = 2(l_2 + l_3)$ $k_3 = 2(l_3 + l_4)$ $k_4 = k_1 k_2 - l_2^2$ $k_5 = k_2 k_3 - l_3^2$ $k_6 = k_3 k_4 - k_1 l_3^2$	$a_1 = \dfrac{k_5}{k_6}$ $a_2 = \dfrac{k_3 l_2}{k_6}$ $a_3 = \dfrac{l_2 l_3}{k_6}$ $a_4 = \dfrac{k_3 k_1}{k_6}$ $a_5 = \dfrac{l_3 k_1}{k_6}$ $a_6 = \dfrac{k_4}{k_6}$	$M_1 = -a_1 N_1 + a_2 N_2 - a_3 N_3$ $M_2 = a_2 N_1 - a_4 N_2 + a_5 N_3$ $M_3 = -a_3 N_1 + a_5 N_2 - a_6 N_3$
0—1—2—3—4—5 梁，跨度 l_1, l_2, l_3, l_4, l_5	$k_1 = 2(l_1 + l_2)$ $k_2 = 2(l_2 + l_3)$ $k_3 = 2(l_3 + l_4)$ $k_4 = 2(l_4 + l_5)$ $k_5 = k_1 k_2 - l_2^2$ $k_6 = k_3 k_4 - l_4^2$ $k_7 = k_2 k_6 - l_3^2 k_4$ $k_8 = k_3 k_5 - l_3^2 k_1$ $k_9 = k_5 k_6 - k_1 k_4 l_3^2$	$a_1 = \dfrac{k_7}{k_9}$ $a_2 = \dfrac{k_6 l_2}{k_9}$ $a_3 = \dfrac{l_2 l_3 k_4}{k_9}$ $a_4 = \dfrac{l_2 l_3 l_4}{k_9}$ $a_5 = \dfrac{k_6 k_1}{k_9}$ $a_6 = \dfrac{k_1 k_4 l_3}{k_9}$ $a_7 = \dfrac{k_1 l_3 l_4}{k_9}$ $a_8 = \dfrac{k_5 k_4}{k_9}$ $a_9 = \dfrac{k_5 l_4}{k_9}$ $a_{10} = \dfrac{k_8}{k_9}$	$M_1 = -a_1 N_1 + a_2 N_2 - a_3 N_3 + a_4 N_4$ $M_2 = a_2 N_1 - a_5 N_2 + a_6 N_3 - a_7 N_4$ $M_3 = -a_3 N_1 + a_6 N_2 - a_8 N_3 + a_9 N_4$ $M_4 = a_4 N_1 - a_7 N_2 + a_9 N_3 - a_{10} N_4$

注：$N_i = 6(B_i^{\phi} + A_{i+1}^{\phi})$，其中 B_i^{ϕ} 和 A_{i+1}^{ϕ} 查表 1-3-7。

等跨等截面连续梁支点弯矩计算公式表 表1-3-9

简 图	支点弯矩计算公式	
	各跨承受不同的荷载	各跨都承受相同的荷载
(0—1—2,两跨)	$M = -\dfrac{3}{2l} R_1^\phi$	$M = -\dfrac{3}{2l}\Omega$
(0—1—2—3,三跨)	$M_1 = -\dfrac{2}{5l}(4R_1^\phi - R_2^\phi)$ $M_2 = -\dfrac{2}{5l}(R_1^\phi - 4R_2^\phi)$	$M_1 = M_2 = -\dfrac{6}{5l}\Omega$
(0—1—2—3—4,四跨)	$M_1 = -\dfrac{3}{28l}(15R_1^\phi - 4R_2^\phi + R_3^\phi)$ $M_2 = \dfrac{3}{7l}(R_1^\phi - 4R_2^\phi + R_3^\phi)$ $M_3 = -\dfrac{3}{28l}(R_1^\phi - 4R_2^\phi + 15R_3^\phi)$	$M_1 = M_3 = -\dfrac{9}{7l}\Omega$ $M_2 = -\dfrac{6}{7l}\Omega$
(0—1—2—3—4—5,五跨)	$M_1 = -\dfrac{6}{209l}(56R_1^\phi - 15R_2^\phi + 4R_3^\phi - R_4^\phi)$ $M_2 = \dfrac{6}{209l}(15R_1^\phi - 60R_2^\phi + 16R_3^\phi - 4R_4^\phi)$ $M_3 = -\dfrac{6}{209l}(4R_1^\phi - 16R_2^\phi + 60R_3^\phi - 15R_4^\phi)$ $M_4 = \dfrac{6}{209l}(R_1^\phi - 4R_2^\phi + 15R_3^\phi - 56R_4^\phi)$	$M_1 = M_4 = -\dfrac{264}{209l}\Omega$ $M_2 = M_3 = -\dfrac{198}{209l}\Omega$

注:$R_1^\phi = B_1^\phi + A_{1+1}^\phi$,$A_{i+1}^\phi$,$B_i^\phi$ 和 Ω 可查表 1-3-7。

【例 1-3-2】 试求图 1-3-4 所示连续梁的支点弯矩。

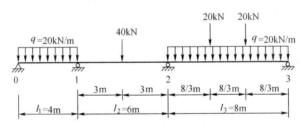

图 1-3-4 图 1-3-2 荷载作用示意图

解: 由表 1-3-8 查得计算系数 k:

$$k_1 = 2(l_1 + l_2) = 2(4+6) = 20$$

$$k_2 = 2(l_2 + l_3) = 2(6+8) = 28$$

$$k_3 = k_1 k_2 - l_2^2 = 20 \times 28 - 6^2 = 524$$

$$a_1 = \frac{k_2}{k_3} = \frac{28}{524} = 0.0534$$

$$a_2 = \frac{l_2}{k_3} = \frac{6}{524} = 0.0115$$

$$a_3 = \frac{k_1}{k_3} = \frac{20}{524} = 0.0382$$

由表 1-3-7 查得：

$$B_1^{\phi} = \frac{ql_1^3}{24} = \frac{20 \times 4^3}{24} = \frac{160}{3} \qquad A_2^{\phi} = B_2^{\phi} = \frac{Pl_2^2}{16} = \frac{40 \times 6^2}{16} = 90$$

$$A_3^{\phi} = \frac{ql_3^3}{24} \times \frac{Pl_3^2}{9} = \frac{20 \times 8^3}{12} + \frac{20 \times 8^2}{9} = \frac{5120}{9}$$

于是：

$$N_1 = 6(B_1^{\phi} + A_2^{\phi}) = 6\left(\frac{160}{3} + 90\right) = 860$$

$$N_2 = 6(B_2^{\phi} + A_3^{\phi}) = 6\left(90 + \frac{5120}{9}\right) = 3950$$

$$M_1 = -a_1 N_1 + a_2 N_2 = -0.0534 \times 860 + 0.0115 \times 3950 \approx -0.5 \text{kN} \cdot \text{m}$$

$$M_2 = a_2 N_1 - a_3 N_2 = 0.0115 \times 860 - 0.0382 \times 3950 \approx -141.1 \text{kN} \cdot \text{m}$$

【**例 1-3-3**】 试利用表 1-3-9 解例 1-3-1。

解：由例 1-3-1 知，$R_1^{\phi} = 60$，$R_2^{\phi} = R_3^{\phi} = R_4^{\phi} = 0$，故由表 1-3-9 中公式得：

$$M_1 = -\frac{6}{209 \times 4}(56 \times 60 - 0 + 0 - 0) = -24.11 \text{kN} \cdot \text{m}$$

$$M_2 = \frac{6}{209 \times 4}(15 \times 60 - 0 + 0 - 0) = 6.46 \text{kN} \cdot \text{m}$$

$$M_3 = -\frac{6}{209 \times 4}(4 \times 60 - 0 + 0 - 0) = -1.72 \text{kN} \cdot \text{m}$$

$$M_4 = \frac{6}{209 \times 4}(60 - 0 + 0 - 0) = 0.43 \text{kN} \cdot \text{m}$$

与例 1-3-1 中结果完全相同。

二、等跨梁在支座沉陷时的支座弯矩系数（表 1-3-10）

等跨梁在支座沉陷时的支座弯矩系数表　　　表 1-3-10

梁的简图	支座弯矩	发生沉陷的支座					
		A	B	C	D	E	F
A B C (l, l)	M_B	-1.5000	3.0000	-1.5000	—	—	—
A B C D (l, l, l)	M_B	-1.6000	3.6000	-2.4000	0.4000	—	—
	M_C	0.4000	-2.4000	3.6000	-1.6000	—	—
A B C D E	M_B	-1.6071	3.6428	-2.5714	0.6428	-0.1071	—
	M_C	0.4286	-2.5714	4.2857	-2.5714	0.4286	—
	M_D	-0.1071	0.6428	-2.5714	3.6428	-1.6071	—
A B C D E F	M_B	-1.6076	3.6459	-2.5837	0.6890	-0.1722	0.0287
	M_C	0.4306	-2.5837	4.3349	-2.7558	0.6890	-0.1148
	M_D	-0.1148	0.6890	-2.7558	4.3349	-2.5837	0.4306
	M_E	0.0287	-0.1722	0.6890	-2.5837	3.6459	-1.6076

注：支座弯矩＝表中系数$\times \dfrac{EI}{l^2}\Delta$

式中：Δ——支座的沉陷值。

三、等跨梁弯矩及剪力影响线的竖标值（表-3-11）

等跨梁弯矩及剪力影响线的竖标值表　　　　　　　　　　表 1-3-11

三　跨　梁

荷载点	弯矩影响线在下列截面的竖标（表中系数×l）									剪力影响线的竖标	
	1	2	3	4	5	6	7	8	9	V_0	$V_{6右}$
0	0	0	0	0	0	0	0	0	0	1.0000	0
1	0.1318	0.0967	0.0618	0.0267	−0.0083	−0.0432	−0.0342	−0.0252	−0.0162	0.7901	0.0540
2	0.0980	0.1960	0.1273	0.0585	−0.0102	−0.079	−0.0625	−0.0461	−0.0296	0.5877	0.0987
3	0.0667	0.1333	0.2000	0.1000	0	−0.1000	−0.0792	−0.0583	−0.0375	0.4000	0.1250
4	0.0391	0.0782	0.1174	0.1565	0.0289	−0.0987	−0.0782	−0.0576	−0.0370	0.2346	0.1234
5	0.0165	0.0329	0.0495	0.0659	0.0826	−0.0677	−0.0536	−0.0395	−0.0254	0.0990	0.0846
6	0	0	0	0	0	0	0	0	0	0 / 1.000	0
7	−0.0095	−0.0190	−0.0285	−0.0379	−0.0474	−0.0569	0.0872	0.0644	0.0418	−0.0569	0.8639
8	−0.0132	−0.0263	−0.0395	−0.0526	−0.0658	−0.0789	0.0364	0.1516	0.1002	−0.0789	0.6913
9	−0.0125	−0.0250	−0.0375	−0.0500	−0.0625	−0.0750	0.0083	0.0917	0.1750	−0.0750	0.5000
10	−0.0090	−0.0181	−0.0271	−0.0362	−0.0452	−0.0543	−0.0028	0.0487	0.1002	−0.0543	0.3087
11	−0.0044	−0.0088	−0.0131	−0.0175	−0.0219	−0.0263	−0.0036	0.0191	0.0418	−0.0263	0.1361
12	0	0	0	0	0	0	0	0	0	0	0
13	0.0028	0.0057	0.0085	0.0113	0.0141	0.0169	0.0028	−0.0113	−0.0254	0.0169	−0.0846
14	0.0041	0.0082	0.0123	0.0165	0.0206	0.0247	0.0041	−0.0165	−0.0370	0.0247	−0.1234
15	0.0042	0.0083	0.0125	0.0167	0.0208	0.0250	0.0042	−0.0167	−0.0375	0.0250	−0.1250
16	0.0033	0.0066	0.0099	0.0132	0.0165	0.0197	0.0033	−0.0132	−0.0296	0.0197	−0.0987
17	0.0018	0.0036	0.0054	0.0072	0.0090	0.0108	0.0018	−0.0072	−0.0162	0.0108	−0.0540
18	0	0	0	0	0	0	0	0	0	0	0

四　跨　梁

荷载点	弯矩影响线在下列截面的竖标（表中系数×l）												剪力影响线的竖标	
	1	2	3	4	5	6	7	8	9	10	11	12	V_0	$V_{6右}$
0	0	0	0	0	0	0	0	0	0	0	0	0	1.000	0
1	0.1318	0.0966	0.0617	0.0266	−0.0084	−0.0434	−0.0343	−0.0251	−0.0159	−0.0068	0.0024	0.0116	0.7899	0.0550
2	0.0979	0.1958	0.1271	0.0582	−0.0106	−0.0793	−0.0626	−0.0459	−0.0291	−0.0124	0.0044	0.0212	0.5874	0.1005
3	0.0666	0.1332	0.1998	0.0997	−0.0004	−0.1004	−0.0792	−0.0580	−0.0368	−0.0156	0.0056	0.0268	0.3996	0.1272
4	0.0391	0.0781	0.1172	0.1562	0.0285	−0.0992	−0.0782	−0.0573	−0.0364	−0.0154	0.0055	0.0265	0.2341	0.1257
5	0.0164	0.0328	0.0494	0.0657	0.0823	−0.0681	−0.0537	−0.0393	−0.0249	−0.0106	0.0038	0.0182	0.0986	0.0863
6	0	0	0	0	0	0	0	0	0	0	0	0	0 / 1.000	
7	−0.0094	−0.0188	−0.0283	−0.0377	−0.0471	−0.0565	0.0872	0.0640	0.0411	0.0179	−0.0051	−0.0281	−0.0565	0.8617
8	−0.0130	−0.0260	−0.0390	−0.0520	−0.0650	−0.0780	0.0365	0.1509	0.0987	0.0464	−0.0059	−0.0582	−0.0780	0.6865
9	−0.0123	−0.0246	−0.0369	−0.0491	−0.0614	−0.0737	0.0085	0.0907	0.1730	0.0885	0.0041	−0.0804	−0.0737	0.4933
10	−0.0088	−0.0176	−0.0265	−0.0353	−0.0441	−0.0529	−0.0026	0.0477	0.0981	0.1483	0.0318	−0.0846	−0.0529	0.3016
11	−0.0042	−0.0084	−0.0127	−0.0169	−0.0211	−0.0253	−0.0035	0.0183	0.0403	0.0620	0.0840	−0.0610	−0.0253	0.1310
12	0	0	0	0	0	0	0	0	0	0	0	0	0	0

续上表

荷载点	弯矩影响线在下列截面的竖标（表中系数×l）												剪力影响线的竖标	
	1	2	3	4	5	6	7	8	9	10	11	12	V_0	$V_{6右}$
13	0.0026	0.0051	0.0077	0.0102	0.0128	0.0153	0.0026	−0.0101	−0.0229	−0.0356	−0.0483	−0.0610	0.0153	−0.0763
14	0.0035	0.0071	0.0106	0.0141	0.0177	0.0212	0.0036	−0.0141	−0.0317	−0.0493	−0.0670	−0.0846	0.0212	−0.1058
15	0.0034	0.0067	0.0101	0.0134	0.0168	0.0201	0.0034	−0.0134	−0.0302	−0.0469	−0.0637	−0.0804	0.0201	−0.1005
16	0.0024	0.0049	0.0073	0.0097	0.0121	0.0145	0.0024	−0.0097	−0.0218	−0.0339	−0.0461	−0.0582	0.0145	−0.0727
17	0.0012	0.0024	0.0035	0.0047	0.0059	0.0070	0.0012	−0.0047	−0.0106	−0.0164	−0.0223	−0.0281	0.0070	−0.0351
18	0	0	0	0	0	0	0	0	0	0	0	0	0	0
19	−0.0008	−0.0015	−0.0023	−0.0030	−0.0038	−0.0045	−0.0008	0.0030	0.0068	0.0106	0.0144	0.0182	−0.0045	0.0227
20	−0.0011	−0.0022	−0.0033	−0.0044	−0.0055	−0.0066	−0.0011	0.0044	0.0099	0.0154	0.0209	0.0265	−0.0066	0.0331
21	−0.0011	−0.0022	−0.0034	−0.0045	−0.0056	−0.0067	−0.0011	0.0045	0.0101	0.0156	0.0212	0.0268	−0.0067	0.0335
22	−0.0009	−0.0018	−0.0026	−0.0035	−0.0044	−0.0053	−0.0009	0.0035	0.0079	0.0123	0.0168	0.0212	−0.0053	0.0265
23	−0.0005	−0.0010	−0.0015	−0.0019	−0.0024	−0.0029	−0.0005	0.0019	0.0043	0.0068	0.0092	0.0116	−0.0029	0.0145
24	0	0	0	0	0	0	0	0	0	0	0	0	0	0

四、不等两跨、对称不等三至四跨梁弯矩影响线竖标值（表1-3-12）

不等两跨、对称不等三至四跨梁弯矩影响线竖标值表　　　表1-3-12

不　等　两　跨　梁

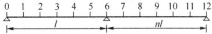

荷载点	弯矩影响线在下列截面的竖标（表中系数×l）								
	短跨跨中点③			中间支座处⑥			长跨跨中点⑨		
	$n=1$	$n=1.5$	$n=2$	$n=1$	$n=1.5$	$n=2$	$n=1$	$n=1.5$	$n=2$
1	0.063	0.067	0.070	−0.041	−0.032	−0.027	−0.020	−0.016	−0.014
2	0.130	0.137	0.142	−0.074	−0.059	−0.049	−0.037	−0.030	−0.025
3	0.203	0.213	0.219	−0.094	−0.075	−0.063	−0.047	−0.038	−0.031
4	0.121	0.130	0.136	−0.093	−0.074	−0.062	−0.046	−0.037	−0.031
5	0.052	0.058	0.062	−0.064	−0.051	−0.042	−0.032	−0.025	−0.021
7	−0.032	−0.058	−0.085	−0.064	−0.115	−0.170	0.052	0.067	0.082
8	−0.046	−0.083	−0.124	−0.093	−0.167	−0.247	0.121	0.167	0.210
9	−0.047	−0.084	−0.125	−0.094	−0.169	−0.250	0.203	0.291	0.375
10	−0.037	−0.067	−0.099	−0.074	−0.133	−0.193	0.130	0.183	0.235
11	−0.020	−0.037	−0.054	−0.041	−0.073	−0.108	0.063	0.088	0.113

对　称　不　等　三　跨　梁

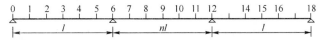

荷载点	弯矩影响线在下列截面的竖标（表中系数×l）								
	端跨跨中点③			中间支座处⑥			中跨跨中点⑨		
	$n=1$	$n=1.5$	$n=2$	$n=1$	$n=1.5$	$n=2$	$n=1$	$n=1.5$	$n=2$
1	0.062	0.066	0.068	−0.043	−0.036	−0.030	−0.016	−0.013	−0.010
2	0.127	0.134	0.139	−0.079	−0.065	−0.056	−0.030	−0.023	−0.019
3	0.200	0.209	0.215	−0.100	−0.082	−0.070	−0.038	−0.029	−0.023
4	0.117	0.126	0.132	−0.099	−0.081	−0.069	−0.037	−0.028	−0.023
5	0.050	0.056	0.060	−0.068	−0.056	−0.048	−0.025	−0.020	−0.016

续上表

荷载点	弯矩影响线在下列截面的竖标（表中系数×l）								
	端跨跨中点③			中间支座处⑥			中跨跨中点⑨		
	n=1	n=1.5	n=2	n=1	n=1.5	n=2	n=1	n=1.5	n=2
7	−0.029	−0.051	−0.075	−0.057	−0.102	−0.151	0.042	0.053	0.063
8	−0.040	−0.070	−0.102	−0.079	−0.139	−0.204	0.100	0.135	0.167
9	−0.038	−0.065	−0.094	−0.075	−0.130	−0.188	0.175	0.245	0.313
10	−0.027	−0.046	−0.065	−0.054	−0.092	−0.129	0.100	0.135	0.167
11	−0.013	−0.021	−0.029	−0.026	−0.042	−0.058	0.042	0.053	0.063
14	0.012	0.012	0.012	0.025	0.024	0.023	−0.037	−0.028	−0.023
15	0.013	0.012	0.012	0.025	0.025	0.023	−0.038	−0.029	−0.023
16	0.010	0.010	0.009	0.020	0.020	0.019	−0.030	−0.023	−0.019

对称不等四跨梁

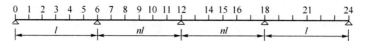

荷载点	弯矩影响线在下列截面的竖标（表中系数×l）											
	端跨跨中点③			第二支座处⑥			中跨跨中点⑨			中间支座处⑫		
	n=1	n=1.5	n=2	n=1	n=1.5	n=2	n=1	n=1.5	n=2	n=1	n=1.5	n=2
1	0.062	0.066	0.069	−0.043	−0.035	−0.030	−0.016	−0.013	−0.011	0.012	0.010	0.008
2	0.127	0.135	0.140	−0.079	−0.065	−0.054	−0.029	−0.024	−0.020	0.021	0.017	0.015
3	0.200	0.209	0.216	−0.100	−0.082	−0.069	−0.037	−0.030	−0.025	0.027	0.022	0.019
4	0.117	0.126	0.133	−0.099	−0.081	−0.068	−0.036	−0.029	−0.025	0.027	0.022	0.019
5	0.049	0.056	0.060	−0.068	−0.055	−0.047	−0.025	−0.020	−0.017	0.018	0.015	0.013
7	−0.028	−0.052	−0.077	−0.057	−0.103	−0.155	0.041	0.054	0.066	−0.028	−0.038	−0.046
8	−0.039	−0.071	−0.106	−0.078	−0.142	−0.213	0.099	0.138	0.175	−0.058	−0.082	−0.104
9	−0.037	−0.067	−0.100	−0.074	−0.134	−0.200	0.173	0.250	0.325	−0.080	−0.116	−0.150
10	−0.027	−0.048	−0.072	−0.053	−0.096	−0.143	0.098	0.140	0.180	−0.085	−0.124	−0.163
11	−0.013	−0.023	−0.034	−0.025	−0.046	−0.068	0.040	0.057	0.073	−0.061	−0.091	−0.120
14	0.011	0.019	0.027	0.021	0.037	0.055	−0.032	−0.043	−0.054	−0.085	−0.124	−0.163
15	0.010	0.017	0.025	0.020	0.035	0.050	−0.030	−0.041	−0.050	−0.080	−0.116	−0.150
16	0.007	0.012	0.017	0.015	0.025	0.035	−0.022	−0.029	−0.035	−0.058	−0.082	−0.104
21	−0.003	−0.003	−0.003	−0.007	−0.007	−0.007	−0.006	−0.010	−0.008	−0.006	−0.026	−0.022	−0.019

注：n 为中间值时，可用插入法确定其影响线竖标。

第四章 等截面拱计算用表

第一节 拱轴几何尺寸

一、圆弧拱（图1-4-1、表1-4-1）

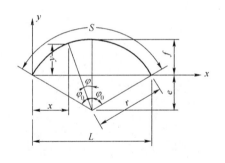

图1-4-1 圆弧拱示意图

拱轴方程：
$$r = \frac{L^2 + 4f^2}{8f}$$

计算公式：
$$e = r - f$$
$$S = 2r\varphi_0$$
$$x = \frac{L}{2} - r\sin\varphi$$
$$y = r\cos\varphi - e$$

式中：f——矢高。

圆弧拱公式计算表 表1-4-1

$\dfrac{f}{L}$	项目	$\dfrac{x}{L}$											$2\varphi_0$	$\dfrac{S}{L}$	$\dfrac{r}{L}$	$\dfrac{e}{L}$
		0.00	0.05	0.10	0.15	0.20	0.25	0.30	0.35	0.40	0.45	0.50				
0.1	y/f	0	0.196	0.369	0.520	0.649	0.757	0.845	0.913	0.961	0.990	1.000	45°24′24″	1.026	1.300	1.200
	$\sin\varphi$	0.385	0.346	0.308	0.269	0.231	0.192	0.154	0.115	0.077	0.038	0				
	$\cos\varphi$	0.923	0.938	0.951	0.963	0.973	0.981	0.988	0.993	0.997	0.999	1.000				
0.2	y/f	0	0.217	0.398	0.550	0.675	0.778	0.859	0.922	0.965	0.992	1.000	87°12′20″	1.103	0.725	0.525
	$\sin\varphi$	0.690	0.621	0.552	0.483	0.414	0.345	0.276	0.207	0.138	0.069	0				
	$\cos\varphi$	0.724	0.784	0.834	0.876	0.910	0.939	0.961	0.978	0.990	0.998	1.000				
0.3	y/f	0	0.259	0.449	0.597	0.714	0.806	0.878	0.933	0.970	0.993	1.000	123°50′32″	1.225	0.567	0.267
	$\sin\varphi$	0.882	0.794	0.706	0.618	0.529	0.441	0.353	0.265	0.176	0.088	0				
	$\cos\varphi$	0.471	0.608	0.708	0.786	0.848	0.897	0.936	0.964	0.984	0.996	1.000				

续上表

$\dfrac{f}{L}$	项目	$\dfrac{x}{L}$											$2\varphi_0$	$\dfrac{S}{L}$	$\dfrac{r}{L}$	$\dfrac{e}{L}$
		0.00	0.05	0.10	0.15	0.20	0.25	0.30	0.35	0.40	0.45	0.50				
0.4	y/f	0	0.332	0.520	0.655	0.758	0.837	0.889	0.944	0.975	0.994	1.000	154°38′22″	1.383	0.513	0.113
	$\sin\varphi$	0.975	0.878	0.780	0.683	0.585	0.488	0.390	0.293	0.195	0.098	0				
	$\cos\varphi$	0.220	0.479	0.625	0.730	0.811	0.873	0.921	0.956	0.981	0.995	1.000				
0.5	y/f	0	0.436	0.600	0.714	0.800	0.866	0.916	0.954	0.980	0.995	1.000	180°00′00″	1.571	0.500	0
	$\sin\varphi$	1.000	0.900	0.800	0.700	0.600	0.500	0.400	0.300	0.200	0.100	0				
	$\cos\varphi$	0.000	0.436	0.600	0.714	0.800	0.866	0.916	0.954	0.980	0995	1.000				

二、二次抛物线拱（图 1-4-2、表 1-4-2）

拱轴方程式：

$$y = \dfrac{4fx(L-x)}{L^2}$$

$$\tan\varphi = \dfrac{\mathrm{d}y}{\mathrm{d}x} = \dfrac{4f(L-2x)}{L^2}$$

式中：f——矢高。

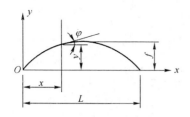

图 1-4-2 二次抛物线拱示意图

表 1-4-2

点位	x	y	$\tan\varphi$
0	0	0	4.00
1	0.05	0.19	3.60
2	0.10	0.36	3.20
3	0.15	0.51	2.80
4	0.20	0.64	2.40
5	0.25	0.75	2.00
6	0.30	0.84	1.60
7	0.35	0.91	1.20
8	0.40	0.96	0.80
9	0.45	0.99	0.40
10	0.50	1.00	0
乘数	L	f	f/L

三、悬 链 线 拱

1. 悬链线拱轴坐标 y_1/f 值（图 1-4-3、表 1-4-3）

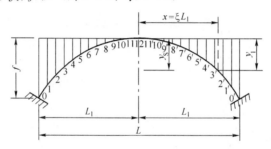

图 1-4-3 悬链线拱示意图

拱轴坐标 y_1/f 值($y_1=$[表值]$\times f$)   表1-4-3

截面号 曲线系数 m	0 (拱脚)	1	2	3	4	5	6 ($\frac{1}{4}$)	7	8	9	10	11	12 (拱顶)
1.000	1.0000	0.8403	0.6944	0.5625	0.4444	0.3403	0.2500	0.1736	0.1111	0.0625	0.0278	0.0070	0
1.347	1.0000	0.8831	0.6830	0.5493	0.4312	0.3284	0.2400	0.1660	0.1059	0.0594	0.0264	0.0064	0
1.756	1.0000	0.8256	0.6714	0.5359	0.4179	0.3163	0.2300	0.1584	0.1007	0.0563	0.0249	0.0062	0
2.240	1.0000	0.8180	0.6595	0.5523	0.4044	0.3042	0.2200	0.1508	0.0955	0.0532	0.0235	0.0059	0
2.814	1.0000	0.8101	0.6473	0.5085	0.3908	0.2920	0.2100	0.1432	0.0903	0.0502	0.0221	0.0055	0
3.500	1.0000	0.8019	0.6348	0.4944	0.3771	0.2798	0.2000	0.1357	0.0852	0.0472	0.0208	0.0052	0
4.324	1.0000	0.7935	0.6221	0.4801	0.3632	0.2675	0.1900	0.1282	0.0802	0.0443	0.0194	0.0048	0
5.321	1.0000	0.7849	0.6090	0.4656	0.3491	0.2552	0.1800	0.1208	0.0751	0.0413	0.0181	0.0045	0
6.536	1.0000	0.7758	0.5955	0.4507	0.3349	0.2428	0.1700	0.1133	0.0701	0.0384	0.0168	0.0041	0
8.013	1.0000	0.7667	0.5816	0.4356	0.3205	0.2303	0.1600	0.1060	0.0652	0.0356	0.0155	0.0038	0
9.889	1.0000	0.7567	0.5673	0.4200	0.3059	0.2177	0.1500	0.0986	0.0603	0.0327	0.0142	0.0035	0

2. 悬链线拱轴斜度 $1000\frac{L}{f}\tan\varphi$ 值(表1-4-4)

拱轴斜度 $1000\frac{L}{f}\tan\varphi$ 值$\left(\tan\varphi=[表值]\times\frac{f}{1000L}\right)$ 表1-4-4

截面编号	曲线系数										
	1.000	1.347	1.756	2.240	2.814	3.500	4.324	5.321	6.536	8.031	9.889
0(拱脚)	4000	4217	4442	4675	4915	5165	5427	5700	5985	6284	6601
1	3667	3802	3938	4077	4219	4364	4511	4663	4818	4976	5140
2	3334	3402	3475	3537	3607	3675	3740	3807	3872	3935	3998
3	3000	3020	3037	3053	3067	3079	3090	3098	3103	3104	3105
4	2667	2650	2637	2611	2588	2567	2538	2508	2476	2442	2403
5	2333	2292	2251	2207	2163	2116	2066	2017	1964	1908	1851
6 ($\frac{1}{4}$跨径)	2000	1946	1892	1836	1780	1720	1662	1603	1542	1478	1415
7	1667	1609	1549	1490	1432	1371	1311	1249	1189	1129	1069
8	1333	1276	1224	1166	1112	1058	1000	947	894	837	782
9	1000	954	907	860	815	770	724	680	635	595	548
10	667	632	600	567	535	503	471	439	408	378	348
11	333	316	298	281	264	249	232	214	200	184	167
12(拱顶)	0	0	0	0	0	0	0	0	0	0	0
$\frac{y_{1/4}}{f}$	0.25	024	0.23	0.22	0.21	0.20	0.19	0.18	0.17	0.16	0.15

第二节　拱截面内力

一、二次抛物线双铰拱内力计算公式

二次抛物线双铰拱内力计算公式见表1-4-5，现说明如下：
1. 拱轴线方程

$$y=\frac{4f}{L^2}x(L-x)$$

二次抛物线双铰拱内力计算公式　　　　表 1-4-5

荷载简图	V_A	V_B	H	M_c
(满跨均布荷载 q)	$+\dfrac{qL}{2}$	$+\dfrac{qL}{2}$	$+\dfrac{qL^2}{8f(1+\mu)}$	$+\dfrac{qL^2}{8}\cdot\dfrac{\mu}{1+\mu}$
(半跨 $L/2$ 均布 q)	$+\dfrac{3qL}{8}$	$+\dfrac{qL}{8}$	$+\dfrac{qL^2}{16f(1+\mu)}$	$+\dfrac{qL^2}{16}\cdot\dfrac{\mu}{1+\mu}$
(αL 段均布 q)	$+\dfrac{qL}{2}\cdot\alpha(2-\alpha)$	$+\dfrac{qL}{2}\alpha^2$	$+\dfrac{qL^2}{16f(1+\mu)}\cdot\alpha^2(2\alpha^3-5\alpha^2+5)$	—
(三角形荷载, $L/2$)	$+\dfrac{5}{24}qL$	$+\dfrac{1}{24}qL$	$+0.02279\dfrac{qL^2}{f(1+\mu)}$	—
(沿拱轴分布荷载 q)	$+\dfrac{qL}{6}$	$+\dfrac{qL}{6}$	$+0.01061\dfrac{qL^2}{f(1+\mu)}$	—
(水平集中力 P, 高度 h)	$-\dfrac{Ph}{L}$	$+\dfrac{Ph}{L}$	$H_A=-\dfrac{P}{2}\left[1+\dfrac{1}{4}\left(4+\dfrac{h}{f}\right)\left(1-\dfrac{h}{f}\right)\dfrac{3}{2}\right]$ $H_B=P-H_A$	$-\dfrac{Pf}{2}\left(1-\dfrac{h}{f}\right)\cdot\left[1-\dfrac{1}{4}\left(4+\dfrac{h}{f}\right)\cdot\sqrt{1-\dfrac{h}{f}}\right]$
(矩形水平荷载 q)	$-\dfrac{qf^2}{2L}$	$+\dfrac{qf^2}{2L}$	$H_A=-0.7143qf$ $H_B=0.2857qf$	$-0.0357qf^2$
(三角形水平荷载 q)	$-\dfrac{qf^2}{6L}$	$+\dfrac{qf^2}{6L}$	$H_A=-0.4008qf$ $H_B=-0.0992qf$	$0.01587qf^2$
(支座力偶 M)	$-\dfrac{M}{L}$	$+\dfrac{M}{L}$	$\dfrac{5}{8}\cdot\dfrac{M}{f}\cdot\dfrac{1}{1+\mu}$	$\dfrac{-1+4\mu}{8(1+\mu)}M$

2. 拱截面惯性矩的变化规律

$$\dfrac{I_c}{I_x\cos\varphi_x}=1$$

式中：I_c——拱顶截面惯性矩；

　　　I_x——拱任一截面的惯性矩；

　　　φ_x——截面 x 的拱轴切线的倾斜角。

3. 内轴向力影响系数（表1-4-5）

(1) 有拉杆

$$\mu = \frac{15}{8f^2} \cdot \left(\frac{I_c}{A_c} + \frac{EI_c}{E_1 A_1}\right)$$

(2) 无拉杆单跨双铰拱

$$\mu = \frac{15}{8f^2} \cdot \frac{I_c}{A_c}$$

若精确计算 μ，则：

$$\mu = \frac{15}{8f^2} \cdot \frac{I_c}{A_c} n$$

式中：E——拱材料的弹性模量；
$\quad\quad E_1$——钢拉杆的弹性模量；
$\quad\quad I_c$——拱顶截面惯性矩；
$\quad\quad A_c$——拱顶截面面积；
$\quad\quad A_1$——钢拉杆截面面积；

其中 $n = \frac{L_2}{4f}\arctan\frac{4f}{L^2}$，其值见表1-4-6。

n 值 表1-4-6

$\frac{f}{L}$	$\frac{1}{4}$	$\frac{1}{5}$	$\frac{1}{6}$	$\frac{1}{7}$	$\frac{1}{8}$	$\frac{1}{9}$	$\frac{1}{10}$	$\frac{1}{15}$	$\frac{1}{20}$
n	0.7852	0.8434	0.8812	0.9110	0.9306	0.9424	0.9524	0.9706	0.9888

二、二次抛物线无铰拱内力计算公式（图1-4-4、表1-4-7）

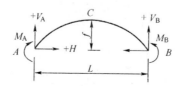

图1-4-4　二次抛物线无铰拱示意图

二次抛物线无铰拱（等截面）内力计算表 表1-4-7

荷载简图	V_A	V_B	H	M_A	M_B	M_C
$L/2$, P (拱顶加载)	$+\frac{P}{2}$	$+\frac{P}{2}$	$+\frac{15}{64} \cdot \frac{PL}{f}$	$+\frac{PL}{32}$	$+\frac{PL}{32}$	$+\frac{3}{64}PL$
$L/4$, P	$+\frac{27}{32}P$	$+\frac{5}{32}P$	$+\frac{135}{1024} \cdot \frac{PL}{f}$	$-\frac{27}{512}PL$	$+\frac{21}{512}PL$	$-\frac{13}{1024}PL$

续上表

荷载简图	V_A	V_B	H	M_A	M_B	M_C
(图: P在a处, a/L=α)	$+P(1-\alpha)^2 \cdot (1+2\alpha)$	$-P\alpha^2(3-2\alpha)$	$+\frac{15}{4} \cdot \frac{PL}{f} \cdot \alpha^2(1-\alpha)^2$	$-\frac{PL}{2}\alpha(1-\alpha)^2 (2-5\alpha)$	$+\frac{PL}{2}\alpha^2(1-\alpha) (3-5\alpha)$	若 $\alpha \leqslant 0.5$, $-\frac{PL}{4}\alpha^2 \cdot (3-10\alpha+5\alpha^2)$
(图: 两P在L/4处)	$+P$	$+P$	$+\frac{135}{512} \cdot \frac{PL}{f}$	$-\frac{3}{256}PL$	$-\frac{3}{256}PL$	$-\frac{13}{512}PL$
(图: 两P对称于a, a/L=α)	$+P$	$+P$	$+\frac{15}{2} \cdot \frac{PL}{f}\alpha^2 \cdot (1-\alpha)^2$	$-PL\alpha(1-\alpha) \cdot (1-5\alpha+5\alpha^2)$	$-PL\alpha(1-\alpha) \cdot (1-5\alpha+5\alpha^2)$	$-\frac{PL\alpha^2}{2}(3-10\alpha+5\alpha^2)$
(图: P水平在L/2高)	$-\frac{3}{4} \cdot \frac{Pf}{L}$	$+\frac{3}{4} \cdot \frac{Pf}{L}$	$H_B = +\frac{P}{2}$ $H_A = -\frac{P}{2}$	$-\frac{Pf}{8}$	$+\frac{Pf}{8}$	—
(图: P水平在a高, a/L=α)	$-\frac{12Pf}{L}\alpha^2 \cdot (1-\alpha)^2$	$+\frac{12Pf^2}{L}\alpha^2 \cdot (1-\alpha)^2$	$H_B = P\alpha^2(15-50\alpha+60\alpha^2-24\alpha^3)$ $H_A = -P(1-15\alpha^2+50\alpha^3-60\alpha^4+24\alpha^5)$	$-Pf\alpha(1-\alpha)^2 (2-7\alpha+8\alpha^2)$	$-2Pf\alpha^2(1-\alpha) (3-9\alpha+8\alpha^2)$	若 $\alpha \leqslant 0.5$, $Pf\alpha^2(3-14\alpha+20\alpha^2-8\alpha^3)$
(图: q水平分布)	$-\frac{qf^2}{4L}$	$+\frac{qf^2}{4L}$	$H_B = +\frac{3}{14}qf$ $H_A = -\frac{11}{14}qf$	$-\frac{51}{280}qf^2$	$+\frac{19}{280}qf^2$	$-\frac{3}{140}qf^2$
(图: q满跨均布)	$+\frac{qL}{2}$	$+\frac{qL}{2}$	$+\frac{qL^2}{8f}$	—	—	—
(图: q半跨L/2均布)	$+\frac{13}{32}qL$	$+\frac{3}{32}qL$	$+\frac{1}{16f}qL^2$	$-\frac{1}{64}qL^2$	$+\frac{1}{64}qL^2$	—
(图: q分布长a, a/L=α)	$+\frac{qL}{2}\alpha(2-2\alpha^2+\alpha^3)$	$+\frac{qL}{2}\alpha^3 \cdot (2-\alpha)$	$\frac{qL^2}{8f}\alpha^3(10-15\alpha+6\alpha^2)$	$-\frac{qL^2}{2}\alpha^2(1-3\alpha+3\alpha^2-\alpha^3)$	$+\frac{qL^2}{2}\alpha^2(\alpha-2\alpha^2+\alpha^3)$	$-\frac{qL^2}{8}\alpha^2(2\alpha-5\alpha^2+2\alpha^3)$
(图: 两段L/4均布q)	$+\frac{qL}{4}$	$+\frac{qL}{4}$	$+\frac{53qL^2}{2048f}$	$-\frac{9qL^2}{1024}$	$-\frac{9qL^2}{1024}$	$-\frac{7qL^2}{2048}$

续上表

荷载简图	V_A	V_B	H	M_A	M_B	M_C
(对称两侧分布荷载, $a/L=\alpha$)	$+qL\alpha$	$+qL\alpha$	$+\dfrac{qL^2}{4f}\alpha^3(10-15\alpha+6\alpha^2)$	$-\dfrac{qL^2}{2}\alpha^2(1-4\alpha+5\alpha^2-2\alpha^3)$	$-\dfrac{qL^2}{2}\alpha^2(1-4\alpha+5\alpha^2-2\alpha^3)$	$-\dfrac{qL^2}{4}\alpha^2(2\alpha-5\alpha^2+2\alpha^3)$
(中部 $L/2$ 均布荷载)	$+\dfrac{qL}{4}$	$+\dfrac{qL}{4}$	$+\dfrac{203qL^2}{2048f}$	$+\dfrac{9qL^2}{1024}$	$+\dfrac{9qL^2}{1024}$	$+\dfrac{7qL^2}{2048}$
(长度 a 中心对称荷载)	$+\dfrac{qL}{2}\alpha$	$+\dfrac{qL}{2}\alpha$	$+\dfrac{qL^2}{64f}\alpha(15-10\alpha^2+3\alpha^4)$	$+\dfrac{qL^2}{32}\alpha(1-2\alpha^2+\alpha^4)$	$+\dfrac{qL^2}{32}\alpha(1-2\alpha^2+\alpha^4)$	$+\dfrac{qL^2}{64}\alpha(3\alpha-8\alpha^2+6\alpha^3-\alpha^5)$
(左半跨 $L/2$ 均布)	$+\dfrac{5}{32}qL$	$+\dfrac{qL}{96}$	$+\dfrac{1}{112f}qL^2$	$-\dfrac{17}{2240}qL^2$	$+\dfrac{19}{6720}qL^2$	$-\dfrac{1}{1120}qL^2$
(全跨均布)	$+\dfrac{qL}{6}$	$+\dfrac{qL}{6}$	$+\dfrac{qL^2}{56f}$	$-\dfrac{qL^2}{210}$	$-\dfrac{qL^2}{210}$	$-\dfrac{qL^2}{560}$
(支座沉陷1)	$-\dfrac{6EI}{L^2}$	$+\dfrac{6EI}{L^2}$	$+\dfrac{15EI}{2fL}$	$+\dfrac{9EI}{L}$	$+\dfrac{3EI}{L}$	$-\dfrac{3EI}{2L}$
(支座转动)	—	—	$+\dfrac{15EI}{fL}$	$+\dfrac{12EI}{L}$	$+\dfrac{12EI}{L}$	$-\dfrac{3EI}{L}$
(支座沉陷2)	$-\dfrac{12EI}{L^2}$	$+\dfrac{12EI}{L^2}$	—	$+\dfrac{6EI}{L}$	$-\dfrac{6EI}{L}$	—
(t ℃)	—	—	$-\dfrac{45EI\alpha't}{4f^2}$	$-\dfrac{15EI\alpha't}{2f}$	$-\dfrac{15EI\alpha't}{2f}$	$-\dfrac{15EI\alpha't}{f}$

注：表内符号（除图外）说明如下：

E：拱材料的弹性模量；I：拱截面的惯性矩；α'：拱材料的线膨胀系数。

第五章 板

第一节 说 明

一、使用说明

（1）本节各表中除注明者外，其泊松比 μ 均等于零。当 μ 不等于零时，例如，对于钢筋混凝土板 $\mu=\dfrac{1}{6}$，对于钢板 $\mu=0.3$，则其挠度仍可按表中系数直接计算，弯矩可按下式换算：

$$\left. \begin{array}{l} M_{x(\mu)} = M_x + \mu M_y \\ M_{y(\mu)} = M_y + \mu M_x \end{array} \right\} \qquad (1\text{-}5\text{-}1)$$

式中：M_x、M_y——$\mu=0$ 时的跨内弯矩。

（2）表内的值均为单位板宽的弯矩系数。

（3）对于具有自由边的板，不能应用式（1-5-1）。

二、符号说明

（1）f 为板中心点的挠度；

（2）M_x、M_y 分别为平行于 l_x 和 l_y 方向板中心点的弯矩；

（3）M_x^0、M_y^0 分别为平行于 l_x 和 l_y 方向固支边中点弯矩；

（4）B_c 为单位板宽度的刚度，可按下式计算：

$$B_c = \dfrac{Eh^3}{12(1-\mu^2)} \qquad (1\text{-}5\text{-}2)$$

式中：h——板厚度；

E——弹性模量；

μ——泊松比。

三、图　例

──────────── 自由边
── ── ── ── 简支边
⊥⊥⊥⊥⊥⊥⊥⊥ 固定边

第二节　四边简支板

一、均布荷载作用下的计算系数表（表1-5-1）

四边简支板在均布荷载作用下计算系数表　　　　表1-5-1

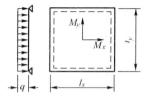

挠度 (f) = 表中系数 $\times \dfrac{ql^4}{B_c}$

其他 (M_x, M_y) = 表中系数 $\times ql^2$

式中 l 取 l_x 和 l_y 中之较小者

l_x/l_y	f	M_x	M_y	l_y/l_x	f	M_x	M_y
0.50	0.01013	0.0965	0.0174	0.80	0.00603	0.0560	0.0334
0.55	0.00938	0.0892	0.0210	0.85	0.00548	0.0506	0.0348
0.60	0.00865	0.0820	0.0243	0.90	0.00498	0.0456	0.0359
0.65	0.00794	0.0750	0.0273	0.95	0.00451	0.0410	0.0365
0.70	0.00726	0.0683	0.0298	1.00	0.00406	0.0368	0.368
0.75	0.00662	0.0619	0.0318				

二、局部均布荷载作用下的弯矩系数表（表1-5-2）

四边简支板在局部均布荷载作用下弯矩系数表　　　　表1-5-2

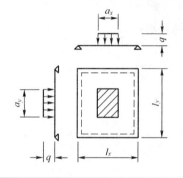

弯矩 = 表中系数 $\times P$

式中：P——总荷载

当 q 为面作用时：$P = qa_x a_y$

当 q 为线作用时：$P = qa_x$ 或 $P = qa_y$

当 q 为点作用时：$P = q$

续上表

a_x/l_x	l_y/l_x	a_y/l_y											
		1.0		0.8		0.6		0.4		0.2		0	
		M_x	M_y	M_x	M_y	M_x	M_y	M_x	M_y	M_x	M_y	M_x	M_y
0	1.00	0.109	0.060	0.133	0.073	0.160	0.093	0.196	0.121	—	—	0.146	0.146
	1.20	0.112	0.046	0.154	0.067	0.180	0.086	0.216	0.114	—	—	0.179	0.141
	1.40	0.112	0.034	0.169	0.061	0.195	0.080	0.229	0.108	—	—	0.214	0.138
	1.60	0.111	0.025	0.179	0.057	0.204	0.074	0.238	0.104	—	—	0.244	0.135
	1.80	0.107	0.018	0.184	0.053	0.209	0.070	0.243	0.101	—	—	0.270	0.132
	2.00	0.103	0.013	0.188	0.048	0.212	0.063	0.246	0.097	—	—	0.290	0.130
0.2	1.00	0.088	0.058	0.105	0.072	0.124	0.090	0.144	0.117	—	—	—	—
	1.20	0.094	0.045	0.125	0.065	0.144	0.083	0.164	0.111	—	—	—	—
	1.40	0.096	0.034	0.140	0.060	0.158	0.078	0.175	0.105	—	—	—	—
	1.60	0.096	0.025	0.150	0.055	0.166	0.073	0.185	0.100	—	—	—	—
	1.80	0.094	0.019	0.155	0.051	0.172	0.069	0.190	0.097	—	—	—	—
	2.00	0.090	0.012	0.158	0.048	0.175	0.066	0.193	0.094	—	—	—	—
0.4	1.00	0.070	0.055	0.084	0.067	0.096	0.084	0.108	0.108	0.117	0.144	0.121	0.196
	1.20	0.077	0.043	0.103	0.063	0.115	0.078	0.127	0.102	0.135	0.127	0.141	0.190
	1.40	0.081	0.031	0.117	0.056	0.129	0.073	0.139	0.097	0.149	0.126	0.153	0.184
	1.60	0.082	0.024	0.126	0.052	0.137	0.068	0.147	0.092	0.154	0.125	0.160	0.180
	1.80	0.082	0.017	0.131	0.048	0.142	0.065	0.152	0.088	0.161	0.123	0.165	0.177
	2.00	0.078	0.012	0.135	0.048	0.146	0.062	0.156	0.085	0.163	0.120	0.168	0.173
0.6	1.00	0.056	0.050	0.066	0.061	0.076	0.076	0.084	0.096	0.090	0.124	0.093	0.160
	1.20	0.064	0.039	0.085	0.057	0.096	0.070	0.102	0.091	0.107	0.118	0.103	0.153
	1.40	0.069	0.029	0.097	0.051	0.105	0.065	0.113	0.085	0.118	0.111	0.119	0.147
	1.60	0.071	0.022	0.106	0.047	0.114	0.061	0.119	0.081	0.125	0.107	0.126	0.144
	1.80	0.070	0.014	0.110	0.044	0.119	0.057	0.125	0.076	0.129	0.104	0.131	0.141
	2.00	0.068	0.011	0.113	0.041	0.121	0.056	0.127	0.075	0.133	0.102	0.133	0.139
1.0	1.00	0.036	0.036	—	—	0.050	0.056	0.055	0.070	0.058	0.088	0.060	0.109
	1.20	0.043	0.030	—	—	0.063	0.051	0.068	0.065	0.070	0.083	0.072	0.105
	1.40	0.047	0.024	—	—	0.072	0.048	0.077	0.059	0.080	0.079	0.080	0.101
	1.60	0.048	0.019	—	—	0.078	0.044	0.081	0.057	0.084	0.076	0.084	0.098
	1.80	0.048	0.015	—	—	0.081	0.041	0.085	0.054	0.088	0.072	0.088	0.095
	2.00	0.047	0.012	—	—	0.082	0.040	0.087	0.053	0.090	0.071	0.091	0.093

注：表中 $a_x/l_x=a_y/l_y=0$ 时，即为集中荷载的情况。

第三节 四边嵌固板

一、均布荷载（表 1-5-3）

四边嵌固板在均布荷载作用下计算系数表　　　　表 1-5-3

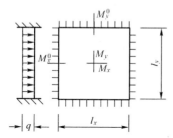

挠度 (f) = 表中系数 $\times \dfrac{ql^4}{B_c}$

其他 (M_x, M_y, M_x^0, M_y^0) = 表中系数 $\times ql^2$

式中 l 取 l_x 和 l_y 两者之中较小者

l_x/l_y	f	M_x^0	M_y^0	M_x	M_y
0.50	0.00253	−0.0829	−0.0570	0.0400	0.0038
0.55	0.00246	−0.0814	−0.0571	0.0385	0.0055
0.60	0.00236	−0.0793	−0.0571	0.0367	0.0076
0.65	0.00224	−0.0766	−0.0571	0.0345	0.0095
0.70	0.00211	−0.0735	−0.0569	0.0321	0.0113
0.75	0.00197	−0.0701	−0.0565	0.0296	0.0130
0.80	0.00182	−0.0664	−0.0559	0.0271	0.0144
0.85	0.00168	−0.0626	−0.0551	0.0246	0.0156
0.90	0.00153	−0.0588	−0.0541	0.0221	0.0165
0.95	0.00140	−0.0550	−0.0528	0.0198	0.0172
1.00	0.00127	−0.0513	−0.0513	0.0176	0.0176

二、集中荷载（表 1-5-4）

四边嵌固板在集中荷载作用下计算系数表　　　　表 1-5-4

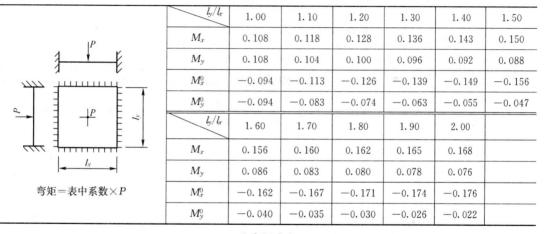

弯矩 = 表中系数 $\times P$

l_y/l_x	1.00	1.10	1.20	1.30	1.40	1.50
M_x	0.108	0.118	0.128	0.136	0.143	0.150
M_y	0.108	0.104	0.100	0.096	0.092	0.088
M_x^0	−0.094	−0.113	−0.126	−0.139	−0.149	−0.156
M_y^0	−0.094	−0.083	−0.074	−0.063	−0.055	−0.047
l_y/l_x	1.60	1.70	1.80	1.90	2.00	
M_x	0.156	0.160	0.162	0.165	0.168	
M_y	0.086	0.083	0.080	0.078	0.076	
M_x^0	−0.162	−0.167	−0.171	−0.174	−0.176	
M_y^0	−0.040	−0.035	−0.030	−0.026	−0.022	

第四节　不同支承条件下的板

一、均布荷载（表 1-5-5）

不同支承条件的板在均布荷载下的计算系数表　　　　表 1-5-5

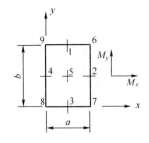

$$f = \alpha q a^4 \times 10^{-4}$$
$$M_x = \beta p a^2 \times 10^{-3} \quad (\mu = 0)$$
$$M_y = \gamma q a^2 \times 10^{-3}$$

$\dfrac{a}{b}$	I				II				III			
	α_5	β_5	γ_5	$-\beta_4$	α_5	β_5	γ_5	$-\gamma_3$	α_5	β_5	γ_5	$-\beta_2$
0.5	49	58	6	121	93	88	20	122	26	42	2	85
0.6	45	54	10	116	75	71	27	117	25	40	4	84
0.7	41	49	15	109	59	51	31	110	24	38	8	82
0.8	37	43	19	101	46	42	32	102	23	35	10	78
0.9	32	37	22	92	36	32	32	93	21	32	14	74
1.0	28	32	24	85	28	24	32	85	19	29	16	70

$\dfrac{a}{b}$	IV				V					
	α_5	β_5	γ_5	$-\gamma_1$	α_5	β_5	γ_5	$-\beta_2$	$-\gamma_3$	
0.5	84	80	23	119	47	56	8	118	79	
0.6	64	60	29	111	42	50	13	109	78	
0.7	48	44	32	102	36	43	17	99	77	
0.8	36	32	32	90	31	36	20	88	75	
0.9	26	22	31	80	26	29	23	78	72	
1.0	19	16	29	70	22	23	23	68	68	

续上表

$\dfrac{a}{b}$	VI					VII				
	α_5	β_5	γ_5	$1-\beta_4$	$-\gamma_1$	α_5	β_5	γ_5	$-\beta_2$	$-\gamma_3$
0.5	45	54	10	114	78	25	41	3	84	56
0.6	38	45	15	103	77	24	38	6	81	56
0.7	32	37	20	90	75	22	35	9	77	56
0.8	26	29	22	77	71	20	31	12	72	56
0.9	20	22	23	65	66	18	27	15	66	55
1.0	16	17	23	55	60	16	23	17	60	54

$\dfrac{a}{b}$	VIII					IX						
	α_5	β_5	γ_5	α_1	β_1	α_5	β_5	γ_5	$-\beta_2$	$-\gamma_3$	α_1	β_1	$-\beta_9$
0.5	33	30	19	55	51	8	11	3	32	51	17	24	80
0.6	43	40	22	69	65	11	16	6	41	54	21	30	88
0.7	53	49	23	82	77	13	20	8	49	56	23	35	91
0.8	62	58	23	92	88	16	23	9	56	56	25	38	91
0.9	70	66	23	101	96	17	26	9	62	57	26	40	90
1.0	78	73	22	107	102	19	29	9	67	57	26	41	89
1.2	90	85	19	117	112	22	34	8	74	57	26	42	86
1.5	102	98	15	124	119	24	38	5	80	57	26	42	84
2.0	116	111	9	129	124	26	41	2	83	57	26	42	83

$\dfrac{a}{b}$	X						XI					
	α_5	β_5	γ_5	$-\gamma_3$	α_1	β_1	α_5	β_5	γ_5	$-\beta_2$	α_1	β_1	$-\beta_6$
0.5	13	10	0	74	29	26	14	21	11	54	23	34	95
0.6	20	18	4	88	44	40	17	25	11	61	25	38	94
0.7	29	26	9	99	58	54	19	28	11	66	26	40	93

续上表

0.8	38	34	12	108	71	67	20	31	10	71	26	41	90
0.9	47	43	15	114	83	78	22	33	9	74	26	42	88
1.0	55	51	17	118	93	88	23	35	8	77	27	42	87
1.2	70	66	18	122	107	102	24	38	6	80	26	42	85
1.5	88	83	17	124	120	115	25	40	3	83	26	42	84
2.0	107	102	12	125	128	122	26	42	1	84	26	42	83

二、局部均布荷载（表1-5-6）

不同支承条件的板在局部均布荷载下的计算系数表 表1-5-6

$M_x = \alpha q a^3 \times 10^{-3}$
$M_y = \beta q a^3 \times 10^{-3}$
$M_x^0 = \gamma q a^3 \times 10^{-3}$ （$\mu = 0$）

$\dfrac{b}{a}$	$\dfrac{a_1}{b}$	α 当 $b_1/b=$				β 当 $b_1/b=$				$-\gamma$ 当 $b_1/b=$			
		0	0.2	0.6	1.0	0	0.2	0.6	1.0	0	0.2	0.6	1.0
0.5	0	—	231	143	97	—	210	123	83	85	83	72	54
	0.4	101	98	80	58	233	182	117	79	86	85	84	55
	1.2	33	32	28	21	139	119	87	60	101	99	85	63
	2.0	18	18	16	12	90	78	57	40	120	108	84	60
0.7	0	—	240	149	102	—	172	91	60	140	138	119	88
	0.4	110	107	87	61	196	143	84	57	142	139	119	88
	1.2	63	62	53	38	136	108	69	46	146	142	120	87
	1.4	36	36	30	22	85	68	46	30	150	133	101	71

$\dfrac{b}{a}$	$\dfrac{b_1}{a}$	α 当 $a_1/a=$				β 当 $a_1/a=$				$-\gamma$ 当 $a_1/a=$			
		0	0.2	0.6	1.0	0	0.2	0.6	1.0	0	0.2	0.6	1.0
1.0	0	—	239	144	98	—	129	55	32	166	162	136	98
	0.4	177	148	108	77	211	121	52	30	166	162	135	97
	1.2	77	75	62	45	177	81	39	24	165	159	126	90
	2.0	47	46	39	28	75	53	25	16	163	140	101	70
1.4	0	—	161	80	49	—	197	109	70	169	169	167	164
	0.4	186	132	74	47	68	67	49	32	156	155	148	121
	1.2	129	100	62	38	28	27	20	13	127	126	115	89
	2.0	83	66	42	27	10	10	7	5	86	85	76	58
2.0	0	—	161	79	51	—	196	109	61	168	168	167	164
	0.4	185	134	73	46	68	64	48	32	155	154	147	121
	1.2	97	79	51	32	10	8	6	4	99	98	88	67
	2.0	63	51	32	20	1	1	1	1	63	62	56	42

第五节 肋 板

一、三边简支、一边弹性支承的板（表 1-5-7）

三边简支、一边弹性支承的肋板计算系数表　　　　　表 1-5-7

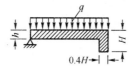

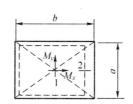

$M_x = \alpha q a^2 \times 10^{-3}$
$M_y = \beta q a^2 \times 10^{-3}$
$\mu = 0.18$

H/h	4				5				6			
b/a	α_1	α_2	β_1	β_2	α_1	α_2	β_1	$-\beta_2$	α_1	α_2	β_1	$-\beta_2$
0.6	18	11	28	8	14	4.4	26	16	12	0.5	24	24
0.7	23	12	32	13	19	4.2	30	24	17	−0.3	29	32
0.8	30	13	35	18	26	3.4	34	30	23	−1.1	33	40

二、两对边简支、y 方向为多根弹性支承的板（表 1-5-8）

两对边简支、y 方向为多根弹性支承肋板计算系数表　　　　　表 1-5-8

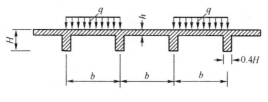

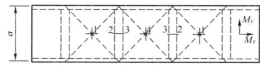

$M_x = \alpha q a^2 \times 10^{-3}$
$M_y = \beta q a^2 \times 10^{-3}$
$\mu = 0.18$

$\dfrac{b}{a}$	H/h	4				5				6			
	i	1	2	3	4	1	2	3	4	1	2	3	4
0.6	α_1	19	9.3	11	8.3	13	3.5	5.7	4	9.9	0.3	3.3	2
	β_1	21	−15	−5.6	−5	19	−19	−5.4	−3.9	18.1	−22	−4.4	−3
0.7	α_1	24	10	12	8.2	18	3.3	6.4	3.8	13.7	−0.3	3.7	1.9
	β_1	25	−19	−7.2	−5.5	24	−25	−6.9	−4.2	22	−30	−5.6	−3.1
0.8	α_1	30	10	13	7.8	23	3.1	7.0	3.4	18.5	−1	4	1.5
	β_1	29	−24	−8.7	−5.7	27	−32	−8.4	−4.3	26	−37	−6.8	−3.1

第六章 刚架

第一节 "Π"形刚架计算公式

"Π"形刚架计算公式见表 1-6-1。

"Π"形刚架计算公式表　　　　　　　表 1-6-1

计算图		水平力	弯矩	竖向力
（铰支，均布荷载图）	（弯矩图 $k=\frac{I_2}{I_1}\times\frac{h}{L}$）	$H=\dfrac{qL^2}{4h(2k+3)}$	$M_A=M_D=0$ $M_B=M_C=\dfrac{-qL^2}{4(2k+3)}$ $M_x=\dfrac{qL}{2}x-\dfrac{qx^2}{2}+M_B$ $M_{max}=\dfrac{2k+1}{2k+3}\times\dfrac{qL^2}{8}\left(x=\dfrac{L}{2}\right)$	$V_A=V_D=\dfrac{qL}{2}$
（固支，均布荷载图）	（弯矩图 $k=\frac{I_2}{I_1}\times\frac{h}{L}$）	$H_A=H_D$ $=\dfrac{qL^2}{4h(2+k)}$	$M_A=M_D=\dfrac{qL^2}{12(2+k)}$ $M_B=M_C=\dfrac{-qL^2}{6(2+k)}$ $M_x=\dfrac{qx}{2}(L-x)-\dfrac{qL^2}{6(2+k)}$ $M_{max}=\dfrac{qL^2}{24}\times\dfrac{2+3k}{2+k}\left(x=\dfrac{L}{2}\right)$	$V_A=V_D=\dfrac{qL}{2}$
（铰支，集中荷载图）	（弯矩图 $k=\frac{I_2}{I_1}\times\frac{h}{L}$）	$H=\dfrac{3Pab}{2hL(2k+3)}$ $H=\dfrac{3PL}{8h(2k+3)}$ （当 $a=b$）	$M_A=M_D=0$ $M_B=M_C=-\dfrac{3Pab}{2L(2k+3)}$ a 段：$M_x=\dfrac{Pb}{L}x+M_B$ b 段：$M_{x_1}=\dfrac{Pa}{L}x+M_C$ $M_{max}=\dfrac{4k+3}{2k+3}\times\dfrac{Pab}{2L}$　$(x=a)$ $M_{max}=\dfrac{4k+3}{2k+2}\times\dfrac{qL}{8}$ $\left(b=a=\dfrac{L}{2}\right)$	$V_A=\dfrac{Pb}{L}$ $V_D=\dfrac{Pa}{L}$

续上表

计 算 图	水平力	弯 矩	竖向力
(框架图,$\delta=\dfrac{a}{L}$, $k\dfrac{I_2}{I_1}\times\dfrac{h}{L}$)	$H_A = H_D$ $= \dfrac{3Pab}{2hL(2+k)}$	$M_A = \dfrac{abP}{2L}\times\dfrac{5k-1+2\delta(2+k)}{(2+k)(1+6k)}$ $M_D = \dfrac{abP}{2L}\times\dfrac{3k+7k-2\delta(2+k)}{(2+k)(1+6k)}$ $M_B = M_A - H_A h$ $M_C = M_D - H_A h$ $M_{max} = M_A - H_A h + V_A a$ $(x=a)$	$V_A = \dfrac{Pb}{L}\times\dfrac{1+\delta-2\delta^2+6k}{1+6k}$ $V_D = \dfrac{Pb}{L}\times\dfrac{3\delta-2\delta^2+6k}{1+6k}$
(均布荷载框架, $k=\dfrac{I_2}{I_1}\times\dfrac{h}{L}$)	$H = \dfrac{11k+18}{2k+3}$ $\times\dfrac{qh}{8}$	$M_B = \dfrac{3qh^2(k+2)}{8(2k+3)}$ $M_C = -\dfrac{qL^2}{8}\times\dfrac{5k+6}{2k+3}$ $M_x = Hx - \dfrac{qx^2}{2}$ $\left(x = \dfrac{h}{8}\times\dfrac{11k+18}{2k+2}\right)$ $M_{max} = \dfrac{qh^2}{128}\left(\dfrac{11k+18}{2k+3}\right)$ $\left(x_0 = \dfrac{3}{4}\times\dfrac{k+2}{2k+3}L\right)$	$-V_A = V_D$ $= \dfrac{qh^2}{2L}$
(框架, $k=\dfrac{I_2}{I_1}\times\dfrac{h}{L}$)	$H = \dfrac{qL}{8}\times$ $\dfrac{3+2k}{2+k}$	$M_A =$ $\dfrac{-qh^2}{24}\left(12-\dfrac{9+5k}{2+k}-\dfrac{12k}{1+6k}\right)$ $M_D = \dfrac{qh^2}{24}\left(\dfrac{9+5k}{2+k}-\dfrac{12k}{1+6k}\right)$ $M_B = M_A - Hh + \dfrac{qh^2}{2}$ $M_C = M_D - Hh$ $M_x = M_A + (qh-H)x - \dfrac{qx^2}{2}$	$-V_A$ $= V_D$ $= \dfrac{qh^2 k}{L(1+6k)}$
(三角形荷载, $k=\dfrac{I_2}{I_1}\times\dfrac{h}{L}$)	$H = \dfrac{31k+50}{2k+3}$ $\times\dfrac{qh}{40}$	$M_B = \dfrac{qh^2}{120}\times\dfrac{13k+30}{2k+3}$ $M_C = -\dfrac{qh^2}{40}\times\dfrac{9k+10}{2k+3}$ $M_x = Hx - \dfrac{q}{6h}x^2(3h-x)$ $\left(x_0 = \dfrac{L}{20}\times\dfrac{3k+30}{2k+3}\right)$	$-V_A = V_D$ $= \dfrac{qh^2}{6L}$
(三角形荷载框架, $k=\dfrac{I_2}{I_1}\times\dfrac{h}{L}$)	$H = \dfrac{qh}{40}\times$ $\dfrac{4+3k}{2+k}$	$M_A =$ $-\dfrac{qh^2}{120}\left(20-\dfrac{12+7k}{2+k}-\dfrac{15k}{1+6k}\right)$ $M_D =$ $-\dfrac{qh^2}{120}\left(\dfrac{12+7k}{2+k}-\dfrac{15k}{1+6k}\right)$ $M_B = M_A - Hh + \dfrac{qh^2}{6}$ $M_C = M_D - Hh$ $M_x = M_A + \left(\dfrac{qh}{2}-H\right)x - \dfrac{qx^2}{6h}\times(3h-x)$	$-V_A$ $= V_D$ $= \dfrac{qkh^2}{4L(1+6k)}$

续上表

计 算 图	水平力	弯 矩	竖向力
(图)	$H = \dfrac{qh}{20} \times \dfrac{11k+20}{2k+3}$	$M_B = M_C = -\dfrac{qh^2}{60} \times \dfrac{7k}{2k+3}$ $M_x = Hx - \dfrac{q}{6h}x^2(3h-x)$	$V_A = V_D = 0$
(图)	$H_A = H_D$ $= \dfrac{P}{2}$	$M_B = \dfrac{P}{2}h = -M_C$ $M_x = \pm Hx$ $M_{x0} = 0 \left(x_0 = \dfrac{L}{2}\right)$	$-V_A = V_D$ $= \dfrac{ph}{L}$
(图)	$H_A = H_D$ $= \dfrac{P}{2}$	$M_A = -\dfrac{Ph}{2} \times \dfrac{1+3k}{1+6k}$ $M_D = \dfrac{Ph}{2} \times \dfrac{1+3k}{1+6k}$ $M_B = \dfrac{Ph}{2} \times \dfrac{3k}{1+6k} = V_D\dfrac{L}{2}$ $M_C = -\dfrac{Ph}{2} \times \dfrac{3k}{1+6k} = -V_D\dfrac{L}{2}$	$-V_A$ $= V_D$ $= \dfrac{3Phk}{L(1+6k)}$
(图) $k = \dfrac{I_2}{I_1} \times \dfrac{h}{L}$ α——线膨胀系数; E——弹性模量; t——最高温度	H_A $= H_D$ $= \dfrac{3EI_2\alpha t}{h^2(3+2k)}$	$M_B = M_C = \dfrac{-3EI_2\alpha t}{h(3+2k)}$	$V_A = V_D = 0$
(图) $k = \dfrac{I_2}{I_1} \times \dfrac{h}{L}$ α——线膨胀系数; E——弹性模量; t——最高温度	$H_A = H_D$ $= \dfrac{3EI_2\alpha t}{h^2}$ $\times \dfrac{2k+1}{(k+2)k}$	$M_A = M_D = -\dfrac{k+1}{k} \times \dfrac{3EI_2\alpha t}{h(3+2k)}$ $M_B = M_C = -\dfrac{3EI_2\alpha t}{h(2+k)}$	$V_A = V_D = 0$

第二节 斜腿刚架计算公式

一、计算公式——A、B 端固支（表 1-6-2）

斜腿刚架 A、B 端固支计算公式表　　　　表 1-6-2

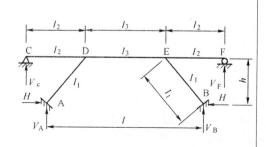

$l_1 = \sqrt{h^2 + \left(\dfrac{l-l_3}{2}\right)^2}$

$i_1 = \dfrac{I_1}{l_1} \quad i_2 = \dfrac{I_2}{l_2} \quad i_3 = \dfrac{I_3}{l_3}$

$r_1 = 4i_1 + 3i_2 + 4i_3 \quad r_2 = 2i_3$

$R_1、R_2$ ——固端弯矩

$Z_1 = \dfrac{r_2 R_2 - r_1 R_1}{r_1^2 - r_2^2}$

$Z_2 = \dfrac{r_2 R_1 - r_1 R_2}{r_1^2 - r_2^2}$

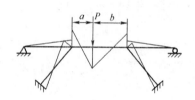

$R_1 = \dfrac{-Pab^2}{l_3^2}$

$R_2 = \dfrac{Pa^2 b}{l_3^2}$

$M_A = 2i_1 Z_1$

$M_B = 2i_1 Z_2$

$M_{DE} = 4i_3 Z_1 + 2i_3 Z_2 + R_1 \quad M_{DA} = 4i_1 Z_1 \quad M_{DC} = 3i_2 Z_1$

$M_{ED} = 2i_3 Z_1 + 4i_3 Z_2 + R_2 \quad M_{EF} = 3i_2 Z_2 \quad M_{EB} = 4i_1 Z_2$

$V_A = \dfrac{P}{2} + \dfrac{3i_2}{2l_2}(Z_1 - Z_2) + \dfrac{6i_1}{l - l_3}(Z_1 + Z_2) \quad V_C = -\dfrac{M_{DC}}{l_2}$

$V_B = \dfrac{P}{2} + \dfrac{3i_2}{2l_2}(Z_1 - Z_2) + \dfrac{6i_1}{l - l_3}(Z_1 + Z_2) \quad V_F = +\dfrac{M_{EF}}{l_2}$

$H = \dfrac{[12i_1 l_2 + 3i_2(l-l_3)](Z_1 - Z_2) + P(l-l_3)l_2}{4 l_2 h}$

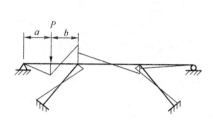

$R_1 = \dfrac{Pa(l_2^2 - a^2)}{2 l_2^2}$

$R_2 = 0$

$M_A = 2i_1 Z_1$

$M_B = 2i_1 Z_2$

$M_{DA} = 4i_1 Z_1$

$M_{EB} = 4i_1 Z_2$

$M_{EF} = 3i_2 Z_2$

$M_{DC} = 3i_2 Z_1 + R_1$

$M_{DE} = 4i_3 Z_1 + 2i_3 Z_2$

$M_{ED} = 2i_3 Z_1 + 4i_3 Z_2$

$V_A = \dfrac{1}{2l_2}[Pa + 3i_2(Z_1 - Z_2) + R_1] - \dfrac{6i}{l - l_3}(Z_1 + Z_2)$

$V_B = \dfrac{1}{2l_2}[Pa + 3i_2(Z_1 - Z_2) + R_1] + \dfrac{6i}{l - l_3}(Z_1 + Z_4)$

$V_C = \dfrac{1}{l_2}[Pb - 3i_2 Z_1 - R_1] \quad V_F = \dfrac{M_{EF}}{l_2} = \dfrac{3i_2 Z_2}{l_2}$

$H = \dfrac{3i_1}{k}(Z_1 - Z_2) + \dfrac{l - l_3}{4k l_2}[Pa + 3i_2(Z_1 - Z_2) + R_1]$

续上表

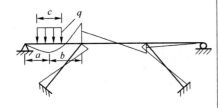

$$R_1 = -\frac{qc}{12l_3^2}(12ab^2 - 3bc^2 + c^2 l_3)$$

$$R_2 = \frac{qc}{12l_3^2}(12a^2 b + 3bc^2 - 2c^2 l_3)$$

$$M_A = 2i_1 Z_1$$

$$M_B = 2i_1 Z_2$$

$$M_{DE} = 4i_3 Z_1 + 2i_3 Z_2 + R_1$$

$$M_{DA} = 4i_1 Z_1 \qquad M_{DC} = 3i_2 Z_1$$

$$M_{ED} = 2i_3 Z_1 + 4i_3 Z_2 + R_2$$

$$M_{EF} = 3i_2 Z_2$$

$$M_{EB} = 4i_1 Z_2$$

$$V_A = \frac{qc}{2} + \frac{3i_2}{2l_2}(Z_1 - Z_2) - \frac{6i_1}{l-l_3}(Z_1 + Z_2)$$

$$V_B = \frac{qc}{2} + \frac{3i_2}{2l_2}(Z_1 - Z_2) + \frac{6i_1}{l-l_3}(Z_1 + Z_2)$$

$$V_C = -\frac{M_{DC}}{l_2} \qquad V_F = \frac{M_{EF}}{l_2}$$

$$H = \frac{[12i_1 l_2 + 3i_2(l - l_3)](Z_1 - Z_2) + qc(l - l_3)l_2}{4l_2 h}$$

$$R_1 = \frac{-qc}{8l_2^2}(12b^2 l_2 - 4b^3 + ac^2) + qcb$$

$$R_2 = 0$$

$$M_A = 2i_1 Z_1$$

$$M_B = 2i_1 Z_2$$

$$M_{DA} = 4i_1 Z_1$$

$$M_{EB} = 4i_1 Z_2$$

$$M_{EF} = 3i_3 Z_2$$

$$M_{DC} = 3i_2 Z_1 + R_1$$

$$M_{DE} = 4i_3 Z_1 + 2i_3 Z_2$$

$$M_{ED} = 2i_3 Z_1 + 4i_3 Z_2$$

$$V_A = \frac{qc}{2} - \frac{6i_1}{l-l_3}(Z_1 + Z_2) - \frac{1}{2l_2}[qcb - 3i_1 Z_1 + 3i_2 Z_2 - R_1]$$

$$V_B = \frac{qc}{2} - \frac{6i_1}{l-l_3}(Z_1 + Z_2) - \frac{1}{2l_2}[qcb - 3i_1 Z_1 + 3i_2 Z_2 - R_1]$$

$$V_C = \frac{1}{l_2}[qcb - 3i_1 Z_1 - R_1]$$

$$V_F = \frac{3i_2 Z_2}{l_2}$$

$$H = \frac{3i_1}{h}(Z_1 - Z_2) + \frac{l-l_3}{4h}\left[qc - \frac{qcb - 3i_1 Z_1 + 3i_2 Z_2 - R_1}{l_2}\right]$$

二、计算公式——A、B 端铰支（表 1-6-3）

斜腿刚架 A、B 端铰支计算公式表　　　　　表 1-6-3

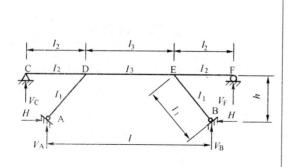

$l_1 = \sqrt{h^2 + \left(\dfrac{l-l_3}{2}\right)^2}$

$i_1 = \dfrac{I_1}{l_1}$

$i_2 = \dfrac{I_2}{l_2}$

$i_3 = \dfrac{I_3}{l_3}$

$r_1 = 3(i_1 + i_2) + 4i_3$

$r_2 = 2i_2$

$Z_1 = \dfrac{r_2 R_2 - r_1 R_1}{r_1^2 - r_2^2}$

$Z_2 = \dfrac{r_2 R_1 - r_1 R_2}{r_1^2 - r_2^2}$

其中 R_1、R_2 为固端弯矩

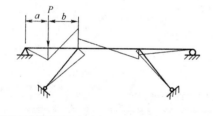

$R_1 = \dfrac{-Pab^2}{l_3^2}$

$R_2 = \dfrac{Pa^2 b}{l_3^2}$

$M_{DA} = 3i_1 Z_1$

$M_{DC} = 3i_2 Z_1$

$M_{DE} = 4i_3 Z_1 + 2i_3 Z_2 + R_1$

$M_{EB} = 3i_1 Z_2$

$M_{ED} = 2i_3 Z_1 + 4i_3 Z_2 + R_2$

$M_{EF} = 3i_2 Z_2$

$V_A = \dfrac{P}{2} + \dfrac{3i_2}{2l_2}(Z_1 - Z_2) - \dfrac{3i_1}{l-l_3}(Z_1 + Z_2)$

$V_B = \dfrac{P}{2} + \dfrac{3i_2}{2l_2}(Z_1 - Z_2) + \dfrac{3i_1}{l-l_3}(Z_1 + Z_2)$

$V_C = -\dfrac{3i_2 Z_1}{l_2}$

$V_F = \dfrac{3i_2 Z_1}{l_2}$

$H = \dfrac{[6i_1 l_2 + 3i_2(l-l_3)](Z_1 - Z_2) + Pl_2(l-l_3)}{4l_2 h}$

$R_1 = \dfrac{Pa(l_2^2 - a^2)}{2l_2^2}$

$R_2 = 0$

$M_{DA} = 3i_1 Z_1$

$M_{EB} = 3i_1 Z_2$

$M_{DE} = 4i_3 Z_1 + 2i_3 Z_2$

续上表

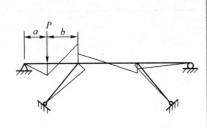	$M_{ED} = 2i_3Z_1 + 4i_3Z_2$ $M_{DC} = 3i_3Z_1 + R_1$ $M_{EF} = 3i_2Z_2$ $V_A = \dfrac{1}{2l_2}[Pa + 3i_2(Z_1 - Z_2) + R_1] - \dfrac{3i_1}{l - l_3}(Z_1 + Z_2)$ $V_B = \dfrac{1}{2l_2}[Pa + 3i_2(Z_1 - Z_2) + R_1] + \dfrac{3i_1}{l - l_3}(Z_1 + Z_2)$ $V_C = \dfrac{1}{l_2}[Pb - 3i_2Z_1 - R_1]$ $V_F = \dfrac{3i_2Z_2}{l_2}$ $H = \dfrac{3i_1}{2h}(Z_1 - Z_2) + \dfrac{l - l_3}{4hl_2}[Pa + 3i_2(Z_1 - Z_2) + R_1]$
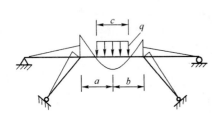	$R_1 = -\dfrac{qc}{12l_3^2}(12ab^2 - 3bc^2 + c^2l_3)$ $R_2 = \dfrac{qc}{12l_3^2}(12a^2b + 3bc^2 - 2c^2l_3)$ $M_{DC} = 3i_2Z_1$ $M_{DA} = 3i_1Z_1$ $M_{DE} = 4i_3Z_1 + 2i_3Z_2 + R_1$ $M_{EF} = 3i_2Z_2$ $M_{EB} = 3i_1Z_2$ $M_{ED} = 2i_3Z_1 + 4i_3Z_2 + R_2$ $V_A = \dfrac{qc}{2} + \dfrac{3i_2}{2l_2}(Z_1 - Z_2) - \dfrac{3i_1}{l - l_3}(Z_1 + Z_2)$ $V_B = \dfrac{qc}{2} + \dfrac{3i_2}{2l_2}(Z_1 - Z_2) + \dfrac{3i_1}{l - l_3}(Z_1 + Z_2)$ $V_C = -\dfrac{3i_2Z_1}{l_2}$ $V_F = \dfrac{3i_2Z_2}{l_2}$ $H = \dfrac{[6i_1l_2 + 3i_2(l - l_3)](Z_1 - Z_2) + qc(l - l_3)l_2}{4l_2h}$
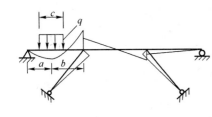	$R_1 = qcb - \dfrac{qc}{8l_2^2}(12b^2l_2 - 4b^3 + ac^2)$ $R_2 = 0$ $M_{DA} = 3i_1Z_1$ $M_{EB} = 3i_1Z_2$ $M_{DE} = 4i_3Z_1 + 2i_3Z_2$ $M_{DC} = 3i_1Z_1 + R_1$ $M_{ED} = 2i_3Z_1 + 4i_3Z_2$ $M_{EF} = 3i_3Z_2$ $V_A = \dfrac{qc}{2} - \dfrac{3i_1}{l - l_3}(Z_1 + Z_2) - \dfrac{1}{2l_2}[qcb - 3i_1Z_1 + 3i_2Z_2 - R_1]$ $V_B = \dfrac{qc}{2} + \dfrac{3i_1}{l - l_3}(Z_1 + Z_2) - \dfrac{1}{2l_2}[qcb - 3i_1Z_1 + 3i_2Z_2 - R_1]$ $V_C = \dfrac{1}{l_2}[qcb - 3i_1Z_1 - R_1]$ $V_F = \dfrac{3i_2Z_2}{l_2}$ $H = \dfrac{3i_1}{2h}(Z_1 - Z_2) + \dfrac{l - l_3}{4h}\left[qc - \dfrac{qcb - 3i_1Z_1 + 3i_2Z_2 - R_1}{l_2}\right]$

第七章 弹性地基梁

第一节 基本微分方程

如图 1-7-1 所示,位于弹性地基上的梁,在分布荷载 $q(x)$ 的作用下,地基产生沉陷,梁体产生挠曲变形,梁底面的分布反力为 $p(x)=ky$,k 为计入了地基梁宽度 b 以后的地基系数(kN/m^2)。由材料力学的公式得:

$$EI\frac{d^4y}{dx^4}=q(x)-p(x)$$

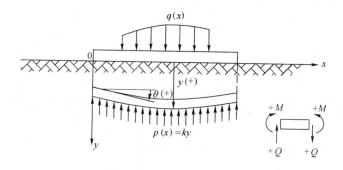

图 1-7-1 弹性地基梁工作示意图

得:

$$EI\frac{d^4y}{dx^4}+ky=q(x) \tag{1-7-1}$$

或:

$$\frac{d^4y}{dx^4}+4\beta^4 y=\frac{q(x)}{EI} \tag{1-7-2}$$

其中:

$$\beta = \sqrt[4]{\frac{k}{4EI}} \qquad (1\text{-}7\text{-}3)$$

式中：E、I——分别为梁的弹性模量和抗弯惯矩；

β——特征系数$\left(\dfrac{1}{\mathrm{m}}\right)$。

根据特征系数 β，可将地基梁划分为3种类型，见表1-7-1。

地基梁的分类   表1-7-1

类别		
无限长梁	$a > 3/\beta$	$b > 3/\beta$
半无限长梁	$a < 3/\beta$	$b > 3/\beta$
短梁	$a < 3/\beta$	$b < 3/\beta$

第二节 无限长梁和半无限长梁

变形和内力计算公式见表1-7-2。

变形与内力计算公式   表1-7-2

类别	无限长梁		半无限长梁	
简图	P 作用	m 作用	m 作用	P 作用
y	$\dfrac{P\beta}{2k}\psi_1(\lvert\beta x\rvert)$	$\pm\dfrac{m\beta^2}{k}\psi_2(\lvert\beta x\rvert)$	$-\dfrac{2m\beta^2}{k}\psi_3(\beta x)$	$\dfrac{2P\beta}{k}\psi_4(\beta x)$
θ	$\mp\dfrac{P\beta^2}{2k}\psi_2(\lvert\beta x\rvert)$	$+\dfrac{m\beta^3}{k}\psi_3(\lvert\beta x\rvert)$	$\dfrac{4m\beta^3}{k}\psi_4(\beta x)$	$-\dfrac{2P\beta^2}{k}\psi_1(\beta x)$
M	$\dfrac{P}{4\beta}\psi_3(\lvert\beta x\rvert)$	$\pm\dfrac{m}{2}\psi_4(\lvert\beta x\rvert)$	$m\psi_1(\beta x)$	$-\dfrac{P}{\beta}\psi_2(\beta x)$
Q	$\mp\dfrac{P}{2}\psi_4(\lvert\beta x\rvert)$	$-\dfrac{m\beta}{2}\psi_1(\lvert\beta x\rvert)$	$-2m\beta\psi_2(\beta x)$	$-P\psi_3(\beta x)$

$\psi_1(\beta x) = e^{-\beta x}(\cos\beta x + \sin\beta x)$ $\psi_2(\beta x) = e^{-\beta x}\sin\beta x$

$\psi_3(\beta x) = e^{-\beta x}(\cos\beta x - \sin\beta x)$ $\psi_4(\beta x) = e^{-\beta x}\cos\beta x$

注：变形与内力的正、负号方向参见图1-7-1。

第三节 短 梁

短梁内力计算公式见表 1-7-3。

短梁内力计算公式　　　　　表 1-7-3

编号	简图和计算公式
1	（简图：简支梁，中点集中荷载 P，左右各 $l/2$，梁下有弹性地基） $$y_c = \frac{P\beta}{2k} \cdot \frac{\text{sh}\beta l - \sin\beta l}{\text{ch}\beta l + \cos\beta l}$$ $$M_c = \frac{P}{4\beta} \cdot \frac{\text{sh}\beta l + \sin\beta l}{\text{ch}\beta l + \cos\beta l}$$
2	（简图：简支梁，均布荷载 q，跨度 l，梁下有弹性地基） $$y_c = \frac{q}{k}\left(1 - \frac{2\text{ch}\frac{\beta l}{2}\cos\frac{\beta l}{2}}{\text{ch}\beta l + \cos\beta l}\right)$$ $$M_c = \frac{q}{\beta^2} \cdot \frac{\text{sh}\frac{\beta l}{2}\sin\frac{\beta l}{2}}{\text{ch}\beta l + \cos\beta l}$$
3	（简图：两端固定梁，均布荷载 q，端部反力 M_A, Q_A, M_B, Q_B） $$y_c = \frac{q}{k}\left[1 - \frac{2\text{ch}\frac{\beta l}{2}\cos\frac{\beta l}{2}}{\text{ch}\beta l + \cos\beta l} - \frac{2\text{sh}\frac{\beta l}{2}\sin\frac{\beta l}{2}(\text{sh}\beta l - \sin\beta l)}{(\text{ch}\beta l + \cos\beta l)(\text{sh}\beta l + \sin\beta l)}\right]$$ $$M_A = -M_B = -\frac{q}{2\beta^2} \cdot \frac{\text{sh}\beta l - \sin\beta l}{\text{sh}\beta l + \sin\beta l}$$ $$Q_A = Q_B = -\frac{q}{\beta} \cdot \frac{\text{ch}\beta l - \cos\beta l}{\text{sh}\beta l + \sin\beta l}$$
4	（简图：两端固定梁，集中荷载 P 作用于距左端 a、距右端 b 处，端部反力 M_A, Q_A, M_B, Q_B） $$M_A = \frac{P}{\beta} \cdot \frac{\text{sh}\beta a \cdot \sin\beta b \cdot \sin\beta l - \sin\beta a \cdot \text{sh}\beta b \cdot \text{sh}\beta l}{\text{sh}^2\beta l - \sin^2\beta l}$$

续上表

编号	简图和计算公式
4	$M_B = -\dfrac{P}{\beta} \cdot \dfrac{\mathrm{sh}\beta b \cdot \sin\beta a \cdot \sin\beta l - \sin\beta b \cdot \mathrm{sh}\beta a \cdot \mathrm{sh}\beta l}{\mathrm{sh}^2\beta l - \sin^2\beta l}$ $Q_A = -P \cdot \dfrac{\mathrm{sh}\beta b (\mathrm{sh}\beta l \cdot \cos\beta a + \mathrm{ch}\beta l \cdot \sin\beta a)}{\mathrm{sh}^2\beta l - \sin^2\beta l} + P \cdot \dfrac{\sin\beta b (\sin\beta l \cdot \mathrm{ch}\beta a + \cos\beta l \,\mathrm{sh}\beta a)}{\mathrm{sh}^2\beta l - \sin^2\beta l}$ $Q_B = P \cdot \dfrac{\mathrm{sh}\beta a (\mathrm{sh}\beta l \cdot \cos\beta l + \mathrm{ch}\beta l \cdot \sin\beta b)}{\mathrm{sh}^2\beta l - \sin^2\beta l} - P \cdot \dfrac{\sin\beta a (\sin\beta l \cdot \mathrm{ch}\beta a + \cos\beta l \cdot \mathrm{sh}\beta b)}{\mathrm{sh}^2\beta l - \sin^2\beta l}$ 当 $a = b = l/2$ 时 $y_c = \dfrac{P\beta}{2k} \cdot \dfrac{\mathrm{sh}^2\beta l - \sin^2\beta l - 8\mathrm{sh}^2\dfrac{\beta l}{2}\sin^2\dfrac{\beta l}{2}}{(\mathrm{ch}\beta l + \cos\beta l)(\mathrm{sh}\beta l + \sin\beta l)}$ $M_A = -M_B = -\dfrac{P}{\beta} \cdot \dfrac{\mathrm{sh}\dfrac{\beta l}{2}\sin\dfrac{\beta l}{2}}{\mathrm{sh}\beta l + \sin\beta l}$ $Q_A = Q_B = -P \cdot \dfrac{\mathrm{ch}\dfrac{\beta l}{2}\sin\dfrac{\beta l}{2} + \mathrm{sh}\dfrac{\beta l}{2}\cos\dfrac{\beta l}{2}}{\mathrm{sh}\beta l + \sin\beta l}$
5	（简图：两端固支梁，跨中作用力矩 m，两端反力 M_A、Q_A、M_B、Q_B，跨度 $l/2 + l/2$） $M_A = M_B = m \cdot \dfrac{\mathrm{ch}\dfrac{\beta l}{2}\sin\dfrac{\beta l}{2} - \mathrm{sh}\dfrac{\beta l}{2}\cos\dfrac{\beta l}{2}}{\mathrm{sh}\beta l - \sin\beta l}$ $Q_A = -Q_B = m \cdot \dfrac{2\beta\mathrm{sh}\dfrac{\beta l}{2}\sin\dfrac{\beta l}{2}}{\mathrm{sh}\beta l - \sin\beta l}$

注：1. 表中跨中截面挠度 y_c 和弯矩 M_c 的正方向参见图 1-7-1；
    2. 表中固支端截面弯矩 M_A、M_B 和剪力 Q_A、Q_B 所示的方向代表正号。

第四节 其他地基梁

一、有限元法求近似解

有下列情况之一者，可应用有限元法求近似解：
(1) 地基系数 $k(x)$ 沿长度方向是变化的；
(2) 地基梁的刚度 $EI(x)$ 沿长度方向是变化的；
(3) 凡表 1-7-2 和表 1-7-3 中未列出的荷载工况或边界条件的。
现以图 1-7-2 中的弹性支承地基梁为例来简述其计算模型建立的步骤：
(1) 根据精度要求，将图 1-7-2a) 中的变高度梁等分为 n 段，每段长 $\Delta = \dfrac{l}{n}$；
(2) 若分布荷载 $q(x)$ 也呈变化的形式时，则可将它等效为若干个单元节点集力中 P_i，

（3）根据计算程序所具有的功能，可以将地基的分布弹性抗力系数 $k(x)$ 等效为置于单元节点处的集中弹簧支承，如图 1-7-2b)，i 号节点处弹簧支承刚度 K_i 可按下式计算：

$$K_i = k(x_i) \cdot \Delta \tag{1-7-4}$$

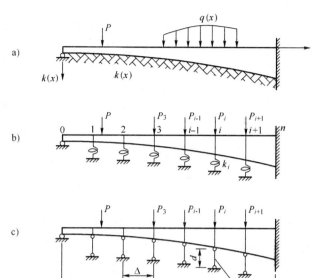

图 1-7-2 变截面弹性地基梁计算模型

（4）也可以将上述的弹簧支承用垂直的链杆等代，如图 1-7-2c) 所示，此时 i 号节点处链杆的几何尺寸可由下式计算：

$$K_i = \frac{EA_i}{d} \tag{1-7-5}$$

当假定 E/d 为某一不变值时，则 i 号链杆的截面面积 A_i 为：

$$A_i = \frac{d}{E} \cdot k(x_i) \cdot \Delta \tag{1-7-6}$$

式中：E——链杆假定的弹性模量；

d——链杆假定的长度；

其余符号同上。

设计人员可以根据自己掌握的平面杆系有限元法计算程序功能，选择图 1-7-2b) 或图 1-7-2c) 中的任意一个计算模型，来确定任意形式弹性地基梁的内力和变形。

二、示　例

【例 1-7-1】 图 1-7-3 所示的等截面弹性地基梁，其宽为 1.2m，高为 1.0m，长度 $l=16$m，弹性模量 $E=3.0\times10^7$ kN/m²，两端铰支，中点承受集中力 $P=200$ kN，计入地基梁宽度后的地基系数 $k=120000$ kN/m²，试计算地基梁中点截面的弯矩和垂直位移。

解：（1）按理论公式计算

①计算特征系数 β

抗弯惯矩为：

$$I = \frac{bh^3}{12} = \frac{1.2\times1^3}{12} = 0.1 \text{m}^4$$

由式（1-7-3）得：

$$\beta = \sqrt[4]{\frac{k}{4EI}} = \sqrt[4]{\frac{120000}{4 \times 3 \times 10^7 \times 0.1}} \approx 0.3162 \frac{1}{m}$$

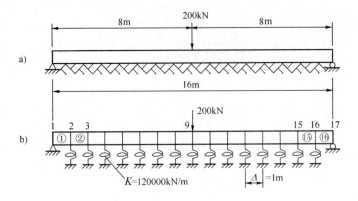

图 1-7-3　例 1-7-1 结构示意图

②确定地基梁的类型

$$\frac{3}{\beta} = \frac{3}{0.3162} = 9.48\text{m} > \frac{l}{2} = 8\text{m}$$

由表 1-7-1 知，本例地基梁属于短梁。

③计算地基梁中点截面的内力及变形

表 1-7-3 中编号 1 符合本例情况，其计算公式为：

$$y_c = \frac{P\beta}{2k} \cdot \frac{\text{sh}\beta l - \sin\beta l}{\text{ch}\beta l + \cos\beta l}$$

$$M_c = \frac{P}{4\beta} \cdot \frac{\text{sh}\beta l + \sin\beta l}{\text{ch}\beta l + \cos\beta l}$$

将 $\beta l = 0.3162 \times 16 \approx 5.0596$，$P = 200$kN，$k = 120000$kN/m² 代入上式后得：

$$y_c = 2.655 \times 10^{-4}\text{m} \quad M_c = 155.54\text{kN} \cdot \text{m}$$

（2）应用平面杆系有限元法程序计算

①单元划分

将全梁等分为 16 个单元和 17 个节点，如图 1-7-3b) 所示。

②确定弹簧支承刚度

$$\Delta = \frac{16}{16} = 1\text{m} \quad k(x) = k = 120000\text{kN/m}^2$$

代入式（1-7-4）得：

$$K = 120000 \times 1 = 120000\text{kN/m}$$

所有中间 15 个弹簧支承的刚度 K 均相等，整个计算模型示于图 1-7-3b) 中。

③计算结果

$$y_c = 2.655 \times 10^{-4}\text{m} \quad M_c = 152.9\text{kN} \cdot \text{m}$$

比较以上两种计算方法所得结果，挠度完全相等，跨中弯矩的相对误差约为 1.7%。

$$\frac{155.54 - 152.9}{155.54} \times 100\% \approx 1.7\%$$

第八章 结构的稳定计算

第一节 压杆的稳定计算

等截面压杆的稳定计算见表1-8-1。

等截面压杆的稳定计算表　　　　　　　　　　　表1-8-1

支承情况	上端自由，下端嵌固	两端均铰接	上端铰接，下端嵌固	两端均嵌固
简图				
临界荷载 P_{KP}	$\dfrac{\pi^2 EI}{4L^2}$	$\dfrac{\pi^2 EI}{L^2}$	$\dfrac{2.04\pi^2 EI}{L^2}$	$\dfrac{4\pi^2 EI}{L^2}$
计算长度 μL	$2L$	L	约 $0.7L$	$0.5L$
荷载形式	沿杆的长度上平均分布的（本身重力）q	沿杆的长度上三角形分布的（本身重力）q	沿杆的长度上三角形分布、杆上端集中力	沿杆的长度上平均分布的（本身重力）q
简图				
临界荷载	$(qL)_K = \dfrac{\pi^2 EI}{(\mu L)^2}$	$\left(\dfrac{qL}{2}\right)_K = \dfrac{\pi^2 EI}{(\mu L)^2}$	$P_K = \dfrac{\pi^2 EI}{(\mu L)^2}$	$(qL)_K = \dfrac{\pi^2 EI}{(\mu L)^2}$
长度系数	$\mu = 1.12$	$\mu = 1.39$	$\mu = 2.11$	$\mu = 0.725$

第二节　梁平面弯曲的稳定计算

梁平面弯曲的稳定计算见表 1-8-2。

梁平面弯曲的稳定计算表　　　　　表 1-8-2

加载方式	四个集中力	均布荷载	三角分布	三角分布
临界荷载	$4P_{KP} = K\dfrac{\sqrt{BC}}{L^2}$	$(qL)_{KP} = K\dfrac{\sqrt{BC}}{L^2}$	$\left(\dfrac{qL}{2}\right)_{KP} = K\dfrac{\sqrt{BC}}{L^2}$	$\left(\dfrac{qL}{8}\right)_{KP} = K\dfrac{\sqrt{BC}}{L^2}$
系数 K	9.19	12.67	8.25	6.81
说明		$B = EI_y \quad C = GI_d$		

加载方式	临界荷载	
	对于板条	对于具有两个对称轴的薄壁杆件
两端受 M 的简支梁	$M_{KP} = \dfrac{\pi}{L}\sqrt{BC}$	$M_{KP} = \dfrac{\pi\sqrt{1+\pi^2 r^2}}{L}\sqrt{BC}$
均布荷载简支梁	$(qL)_{KP} = \dfrac{28.3}{L}\sqrt{BC}$	$(qL)_{KP} = \dfrac{28.3\sqrt{1+\pi^2 r^2}}{L^2}\sqrt{BC}$
跨中集中力简支梁	$P_{KP} = \dfrac{16.94}{L^2}\sqrt{BC}$	$P_{KP} = \dfrac{16.94\sqrt{1+\pi^2 r^2}}{L^2}\sqrt{BC}$
悬臂端集中力	$P_{KP} = \dfrac{26.6}{L^2}\sqrt{BC}$	$P_{KP} = \dfrac{26.6\sqrt{1+\pi^2 r^2}}{L^2}\sqrt{BC}$
说明	$B = EI_y \quad C = GI_d \quad r^2 = \dfrac{1}{K^2 L^2} \quad K^2 = \dfrac{GI_d}{EI_\omega}$	

注：E：弹性模量；G：剪切弹性模量；GI_d：扭转刚度；EI_y：垂直方向弯曲刚度；EI_ω：抗翘曲扭转刚度。

第三节 拱的稳定计算

一、圆弧拱（表 1-8-3）

承受分布荷载的等截面圆弧拱的稳定计算表　　　表 1-8-3

类别	计算图	2α (°)				
		30	60	90	120	180
无铰拱	变荷载 $q=q_0/\cos\theta$ $q_k=k_1 EI/R^3$ k_1——见表右值	294	73	31.2	16.4	—
双铰拱	均布荷载 $q_k=k_2 EI/R^3$ k_2——见表右值	—	36	16.2	—	3.72

二、抛物线拱（表 1-8-4）

承受均布荷载的等截面抛物线拱的稳定计算表　　　表 1-8-4

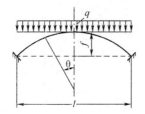

$q_k = \dfrac{kEI}{l^3}$

k——见表中数值；
f——矢高；
l——跨长

f/l	无铰拱	单铰拱	双铰拱	三铰拱
0.1	60.7	33.8	28.8	22.5
0.2	101.0	59.0	45.4	39.6
0.3	115.0	—	46.5	47.3
0.4	111.0	96.0	43.9	49.2
0.5	97.4	—	38.4	—
0.6	83.8	80	30.5	38.0
0.8	59.1	59.1	20.0	28.8
1.0	43.7	43.7	14.1	22.1

三、拱的侧倾稳定

对于圆弧拱：

$$q_k = k_1 \frac{EI_y}{R^3} \tag{1-8-1}$$

对于抛物线拱：

$$q_k = k_2 \frac{EI_y}{l^3} \tag{1-8-2}$$

式中：I_y——垂直于拱平面方向的抗弯惯矩；

    R、l——分别为圆弧半径和拱跨长；

    k_1、k_2——侧倾稳定系数，见表 1-8-5 与表 1-8-6。

承受均布荷载圆弧拱的侧倾稳定系数 k_1 表 1-8-5

2α (°)	$EI_y/(GI_d)$					
	0.7	2	5	10	20	30
90	13.8	13.3	12.1	10.86	9.25	7.9
120	7.05	6.7	5.88	5.06	3.94	3.3

注：I_d——截面抗扭惯矩。

承受均布荷载抛物线拱的侧倾稳定系数 k_2 表 1-8-6

f/l	$EI_y/(GI_d)$		
	0.7	1	1.3
0.1	28.5	28.5	28
0.2	41.5	41	40
0.3	40	38.5	36.5

第四节 拉（压）弯杆件

弯矩和挠曲线方程见表 1-8-7。

等截面梁 $\left(k = \sqrt{\dfrac{N}{EJ}}\right)$ 在某些纵横弯曲情况下弯矩 $M(z)$ 和挠曲线 $w(z)$ 方程   表 1-8-7

约束条件及其荷载类型	$M(z)$	$w(z)$
（简支梁，集中力 P 作用，距离 a、b，总长 l）	$M(z) = \dfrac{P}{k}\left[\dfrac{\operatorname{sh}kb}{\operatorname{sh}kl}\operatorname{sh}kz - e(a)\operatorname{sh}k(z-a)\right]$ $M(a) = \dfrac{P}{k} \cdot \dfrac{\operatorname{sh}kb}{\operatorname{sh}kl}\operatorname{sh}ka$ 当 $z \leqslant a$ 时，$e(a)=0$ 当 $z > a$ 时，$e(a)=1$	$w(z) = \dfrac{P}{EJk^3}\left\{\dfrac{\operatorname{sh}kb}{\operatorname{sh}kl}\operatorname{sh}kz - \left(1-\dfrac{a}{l}\right)kz - e(a)\left[\operatorname{sh}k(z-a) - k(z-a)\right]\right\}$ $w(a) = \dfrac{P}{EJk^3}\left\{\dfrac{\operatorname{sh}kb}{\operatorname{sh}kl}\operatorname{sh}ka - \left(1-\dfrac{a}{l}\right)ka\right\}$
（简支梁，端部弯矩 M 作用）	$M(z) = M\left[\dfrac{\operatorname{ch}kb}{\operatorname{sh}kl}\operatorname{sh}kz - e(a)\operatorname{ch}k(z-a)\right]$ $M(a) = M\dfrac{\operatorname{ch}kb}{\operatorname{sh}kl}\operatorname{sh}ka$ 当 $z \leqslant a$ 时，$e(a)=0$ 当 $z > a$ 时，$e(a)=1$	$w(z) = \dfrac{M}{EJk^2}\left\{\dfrac{\operatorname{ch}kb}{\operatorname{sh}kl}\operatorname{sh}kz - \dfrac{z}{l} - e(a)\left[\operatorname{ch}k(z-a) - 1\right]\right\}$ $w(a) = \dfrac{M}{EJk^2}\left[\dfrac{\operatorname{ch}kb}{\operatorname{sh}kl}\operatorname{sh}ka - \dfrac{a}{l}\right]$

续上表

约束条件及其荷载类型	$M(z)$	$w(z)$
(简支梁，均布荷载 q，轴力 N，跨长 l)	$M(z) = \dfrac{q}{k^2}\left[-\dfrac{\operatorname{ch}k\left(z-\dfrac{l}{2}\right)}{\operatorname{ch}k\dfrac{l}{2}} + 1\right]$ $M\left(\dfrac{l}{2}\right) = \dfrac{q}{k^2}\left(-\dfrac{1}{\operatorname{ch}k\dfrac{l}{2}} + 1\right)$	$w(z) = \dfrac{q}{EJk^4}\left[1 - \dfrac{\operatorname{ch}k\left(z-\dfrac{l}{2}\right)}{\operatorname{ch}k\dfrac{l}{2}} - \dfrac{k^2 lz}{2}\left(1-\dfrac{z}{l}\right)\right]$ $w\left(\dfrac{l}{2}\right) = \dfrac{q}{EJk^4}\left(1 - \dfrac{1}{\operatorname{ch}k\dfrac{l}{2}} - \dfrac{k^2 l^2}{8}\right)$
(两端固支梁，均布荷载 q，轴力 N)	$M(z) = \dfrac{q}{k^2}\left[1 - \dfrac{kl}{2} \times \dfrac{\operatorname{ch}k\left(z-\dfrac{l}{2}\right)}{\operatorname{sh}\dfrac{kl}{2}}\right]$ $M\left(\dfrac{l}{2}\right) = \dfrac{q}{k^2}\left(1 - \dfrac{\dfrac{kl}{2}}{\operatorname{sh}\dfrac{kl}{2}}\right)$ $M(0) = \dfrac{q}{k^2}\left(1 - \dfrac{\dfrac{kl}{2}}{\operatorname{th}\dfrac{kl}{2}}\right)$	$w(z) = \dfrac{q}{EJk^4}\left[\dfrac{-\operatorname{ch}k\left(z-\dfrac{l}{2}\right) + \operatorname{ch}\dfrac{kl}{2}}{\operatorname{sh}\dfrac{kl}{2}} \times \dfrac{kl}{2} - \dfrac{k^2 lz}{2}\left(1-\dfrac{z}{l}\right)\right]$ $w\left(\dfrac{l}{2}\right) = \dfrac{q}{EJk^4}\left(\dfrac{kl}{2}\operatorname{th}\dfrac{kl}{4} - \dfrac{k^2 l^2}{8}\right)$
(简支梁，集中力 P 在距左端 a 处，$b=l-a$)	$M(z) = \dfrac{P}{k}\left[\dfrac{\sin kb}{\sin kl}\sin kz - e(a) \times \sin k(z-a)\right]$ $M(a) = \dfrac{P}{k}\dfrac{\sin kb}{\sin kl}\sin ka$ 当 $z \leqslant a$ 时，$e(a) = 0$ 当 $z > a$ 时，$e(a) = 1$	$w(z) = \dfrac{P}{EJk^3}\left\{-\dfrac{\sin kb}{\sin kl}\sin kz + \left(1-\dfrac{a}{l}\right)kz + e(a)[\sin k(z-a) - k(z-a)]\right\}$ $w(a) = \dfrac{P}{EJk^3}\left\{-\dfrac{\sin kb}{\sin kl}\sin ka + \left(1-\dfrac{a}{l}\right)ka\right\}$
(简支梁，集中力矩 M 在距左端 a 处，$b=l-a$)	$M(z) = M\left[\dfrac{\cos kb}{\sin kl}\sin kz - e(a) \times \cos k(z-a)\right]$ $M(a) = M\dfrac{\cos kb}{\sin kl}\sin ka$ 当 $z \leqslant a$ 时，$e(a) = 0$ 当 $z > a$ 时，$e(a) = 1$	$w(z) = \dfrac{M}{EJk^2}\left\{-\dfrac{\cos kb}{\sin kl}\sin kz + \dfrac{z}{l} - e(a)[1 - \cos k(z-a)]\right\}$ $w(a) = \dfrac{M}{EJk^2}\left(-\dfrac{\cos kb}{\sin kl}\sin ka + \dfrac{a}{l}\right)$

续上表

约束条件及其荷载类型	$M(z)$	$w(z)$
(简支梁，均布荷载 q，轴力 N，长度 l)	$M(z) = \dfrac{q}{k^2}\left[-1 + \dfrac{\cos\left(z - \dfrac{l}{2}\right)}{\cos\dfrac{kl}{2}}\right]$ $M\left(\dfrac{l}{2}\right) = \dfrac{q}{k^2}\left(-1 + \dfrac{1}{\cos\dfrac{kl}{2}}\right)$	$w(z) = \dfrac{q}{EJk^4}\left[1 - \dfrac{\cos\left(z - \dfrac{l}{2}\right)}{\cos\dfrac{kl}{2}} + \dfrac{k^2 lz}{2}\left(1 - \dfrac{z}{l}\right)\right]$ $w\left(\dfrac{l}{2}\right) = \dfrac{q}{EJk^4}\left(1 - \dfrac{1}{\cos\dfrac{kl}{2}} + \dfrac{k^2 l^2}{8}\right)$
(两端固支梁，均布荷载 q，轴力 N，长度 l)	$M(z) = \dfrac{q}{k^2}\left[-1 + \dfrac{kl}{2}\dfrac{\cos k\left(z - \dfrac{l}{2}\right)}{\sin\dfrac{kl}{2}}\right]$ $M\left(\dfrac{l}{2}\right) = \dfrac{q}{k^2}\left(-1 + \dfrac{\dfrac{kl}{2}}{\sin\dfrac{kl}{2}}\right)$ $M(0) = \dfrac{q}{k^2}\left(-1 + \dfrac{\dfrac{kl}{2}}{\tan\dfrac{kl}{2}}\right)$	$w(z) = \dfrac{q}{EJk^4}\left\{\dfrac{kl}{2}\left[\dfrac{-\cos k\left(z - \dfrac{l}{2}\right) + \cos\dfrac{kl}{2}}{\sin\dfrac{kl}{2}}\right] + \dfrac{k^2 lz}{2}\left(1 - \dfrac{z}{l}\right)\right\}$ $w\left(\dfrac{l}{2}\right) = \dfrac{q}{EJk^4}\left(-\dfrac{kl}{2}\tan\dfrac{kl}{4} + \dfrac{k^2 l^2}{8}\right)$

注：1. 表中弯矩值 $M(z)$ 以梁底缘受拉者为正；挠曲线 $w(z)$ 以向上凸者为正，反之为负。
   2. J 为梁截面抗弯惯矩。

第九章 薄壁杆约束扭转的内力计算公式

第一节 开口截面薄壁梁

一、符号说明

(1) $\tau_k = \dfrac{M_k}{I_k}\delta$：纯扭转剪应力（MPa）；

(2) M_k：纯扭矩（kN·m）；

(3) I_k：抗扭惯性矩（m^4）；

(4) δ：截面厚度（m）；

(5) W_k：抗扭截面系数（m^3）；

(6) $\varphi = \int_0^x \dfrac{M_k}{GI_k}\mathrm{d}x$：杆件的扭转角（rad）；

(7) G：剪切模量（MPa）；

(8) $\tau_\omega = \dfrac{M_\omega S_\omega}{I_\omega \delta}$：扇性剪应力（MPa）；

(9) $M_\omega = \dfrac{\mathrm{d}B}{\mathrm{d}x}$：翘曲扭转扭矩（kN·m）；

(10) $M_t = M_k + M_\omega$：截面的总扭矩；

(11) S_ω：扇性静矩（m^4）；

(12) I_ω：扇性惯性矩（m^6）；

(13) $B = \int_A \sigma_\omega \omega \mathrm{d}A$：翘曲双力矩（kN·m^2），对于工字形截面，$B = MH$；

(14) $\sigma_\omega = \dfrac{B\omega}{I_\omega}$：翘曲正应力（MPa）；

(15) ω：扇性面积，即扇性坐标（m^2）；

(16) M_0：主扇性零点；

(17) A：弯曲中心或剪切中心；

(18) a_y：弯曲中心距（m）；

(19) $K=\sqrt{\dfrac{GI_k}{EI_\omega}}$：弯曲扭转特性$\left(\dfrac{1}{\mathrm{m}}\right)$；

(20) e：荷载对弯曲中心线的偏心距（m）。

正负号的说明：

(1) ω：从 x 轴的正方向朝原点 o 看，若向量半径，从被选择的原始半径 aM_0 移到 aN 位置是顺时针旋转时，则 N 点的扇性坐标为正，如图 1-9-1 所示，反之为负；

(2) B：图 1-9-2c) 所示的 B 为负；

(3) M_k、M_ω：从 x 轴的正方向朝原点 o 看，顺时针旋转者为正，如图 1-9-2a)、b) 所示的 M_k 和 M_ω 为正；

(4) σ_ω：受拉为正；

(5) e：表 1-9-3 简图中所示者均为正。

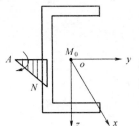

图 1-9-1 开口截面薄壁梁示意图

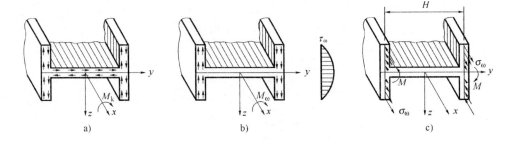

图 1-9-2 开口截面薄壁梁剪力示意图

二、截面的抗扭特性（表 1-9-1）

截面抗扭特性表　　　　　　　　表 1-9-1

截　面	I_k	W_k 及截面上产生最大剪应力的各点位置
圆形截面（直径 D）	$I_k = \dfrac{\pi D^4}{32} \approx 0.1 D^4$	$W_k = \dfrac{\pi D^3}{16} \approx 0.2 D^3$ $\tau_{\max}$ 在截面边界各点
矩形空心截面（外 $a\times b$，壁厚 δ,δ_1）	$I_k = \dfrac{\delta\delta_1(a-\delta)^2(b-\delta_1)^2}{a\delta + b\delta_1 - \delta^2 - \delta_1^2}$	$\tau_1 = \tau_{\max} = \dfrac{M_k}{2\delta_1(a-\delta)(b-\delta_1)}$（在长边的中间一段） $\tau_2 = \dfrac{M_k}{2\delta(a-\delta)(b-\delta_1)}$（在短边的中间一段） 当没有足够大圆角时，在里面各角点上的应力可能更大，其应力集中系数： $\alpha_t = 1.74\sqrt[3]{\dfrac{\delta_{\max}}{r}}$ 式中：r——内凹角圆角半径 最大剪应力 $\tau_t = \alpha_t \tau_{\max}$

续上表

截 面	I_k	W_k 及截面上产生最大剪应力的各点位置
$\alpha = \dfrac{d}{D}$	$I_k = \dfrac{\pi D^4}{32}(1-\alpha^4)$ $\approx 0.1D^4(1-\alpha^4)$	$W_k = \dfrac{\pi D^3}{16}(1-\alpha^4) \approx 0.2D^3(1-\alpha^4)$ τ_{max} 在截面外边各点 $\tau_1 = \tau_{max}\dfrac{d}{D}$, 在截面内边各点
$\dfrac{a}{b} = n > 4$	$I_k = \dfrac{1}{3}(n-0.63)b^4$	$W_k = \dfrac{1}{3}(n-0.63)b^3$ τ_{max} 在沿长边和各点, 靠近角点上除外 $\tau_1 = 0.74\tau_{max}$ 在短边的中点处
$\dfrac{a}{b} \geqslant 1$	$I_k = \dfrac{ab^3}{16}\left[\dfrac{16}{3} - 3.36\dfrac{b}{a}\left(1-\dfrac{b^4}{12a^4}\right)\right]$ (近似公式) 或 $I_k = K'ab^3$ (圣维南的准确解法) K' 取自圣维南表, 与 $\dfrac{a}{b}$ 比有关	$W_k = \dfrac{a^2b^2}{3a+1.8b}$ (近似公式) 或 $W_k = Kab^2$ (圣维南的准确解法), K 取自圣维南表, 它与 $\dfrac{a}{b}$ 之比有关, τ_{max} 在长边的中点处 $\tau_1 = K_1\tau_{max}$, 在短边的中点处, K_1 取自圣维南表, 与 $\dfrac{a}{b}$ 之比有关 在各个角点上剪应力等于零

圣 维 南 表

a/b	1.00	1.20	1.50	1.75	2.00	2.50	3.00	4.00	5.00	6.00	8.00	10.00	∞
K	0.208	0.219	0.231	0.239	0.246	0.258	0.267	0.282	0.291	0.298	0.307	0.312	0.333
K_1	1.000	0.930	0.859	0.821	0.795	0.766	0.753	0.745	0.743	0.743	0.742	0.742	—
K'	0.141	0.166	0.196	0.214	0.229	0.249	0.263	0.281	0.291	0.298	0.307	0.312	0.333

三、截面的扇性几何特性（表 1-9-2）

截面扇性几何特性表　　　　　　　　　表 1-9-2

截 面	$a_y(a_z)$	ω	S_ω	I_ω
	$\dfrac{3b^2t}{6bt+h\delta}$	（图示 ω 分布）	$A = \dfrac{h^2\delta a_y}{8}$ $B = \dfrac{(b-2ba_y)ht}{4}$	$\dfrac{b^3h^2t}{12} \times \dfrac{2h\delta+3bt}{6bt+h\delta}$

续上表

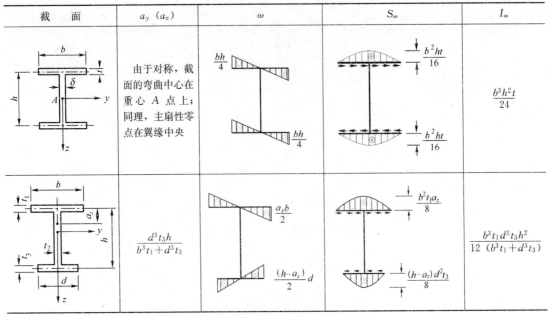

注：S_ω 图中的箭头，表示正扭矩 M_ω 作用时产生扇性剪应力 τ_ω 的方向。

四、单跨开口截面薄壁梁受约束扭转时的内力计算公式（表1-9-3）

单跨开口截面薄壁梁受约束扭转内力计算公式表　　　　表1-9-3

荷载计算图	B、M_ω 及 M_k
（图）	$B=-\dfrac{qe}{K^2\mathrm{ch}Kl}[Kl\,\mathrm{sh}K(l-x)-\mathrm{ch}Kl+\mathrm{ch}Kx]$ $M_\omega=\dfrac{qe}{K\mathrm{ch}Kl}[Kl\,\mathrm{ch}K(l-x)-\mathrm{sh}Kx]$ $M_k=\dfrac{qe}{K\mathrm{ch}Kl}[K(l-x)\cdot\mathrm{ch}Kl+\mathrm{sh}Kx-Kl\,\mathrm{ch}K(l-x)]$
（图）	当 $0\leqslant x\leqslant a$： $B=-\dfrac{Pe}{K\mathrm{ch}Kl}[\mathrm{sh}K(l-x)-\mathrm{sh}K(l-a)\mathrm{ch}Kx]$ $M_\omega=\dfrac{Pe}{\mathrm{ch}Kl}[\mathrm{ch}K(l-x)+\mathrm{sh}K(l-a)\mathrm{sh}Kx]$ $M_k=\dfrac{Pe}{\mathrm{ch}Kl}[\mathrm{ch}Kl-\mathrm{ch}K(l-x)-\mathrm{sh}K(l-a)\mathrm{sh}Kx]$ 当 $a\leqslant x\leqslant l$： $B=\dfrac{Pe}{K\mathrm{ch}Kl}[\mathrm{sh}K(l-x)\cdot(\mathrm{ch}Ka-1)]$ $M_\omega=-\dfrac{Pe}{\mathrm{ch}Kl}\mathrm{ch}K(l-x)(\mathrm{ch}Ka-1)$ $M_k=\dfrac{Pe}{\mathrm{ch}Kl}\mathrm{ch}K(l-x)(\mathrm{ch}Ka-1)$

续上表

荷 载 计 算 图	B、M_ω 及 M_k
(悬臂梁，端部荷载 P，偏心 e)	$B = -\dfrac{Pe}{K\,\text{ch}Kl}\,\text{sh}K(l-x)$ $M_\omega = \dfrac{Pe}{\text{ch}Kl}\,\text{ch}K(l-x)$ $M_k = Pe\left[1 - \dfrac{\text{ch}K(l-x)}{\text{ch}Kl}\right]$
(悬臂梁，集中力偶 M，作用点距固定端 a)	当 $0 \leqslant x \leqslant a$: $B = -Me\,\dfrac{\text{ch}K(l-a)\,\text{ch}Kx}{\text{ch}Kl}$ $M_\omega = -Me\,\dfrac{K\,\text{ch}K(l-a)\,\text{sh}Kx}{\text{ch}Kl}$ $M_k = Me\,\dfrac{K\,\text{ch}K(l-a)\,\text{sh}Kx}{\text{ch}Kl}$ 当 $a \leqslant x \leqslant l$: $B = Me\,\dfrac{\text{sh}Ka\,\text{sh}K(l-x)}{\text{ch}Kl}$ $M_\omega = -Me\,\dfrac{K\,\text{sh}Ka\,\text{ch}K(l-x)}{\text{ch}Kl}$ $M_k = Me\,\dfrac{K\,\text{sh}Ka\,\text{ch}K(l-x)}{\text{ch}Kl}$
(悬臂梁，端部集中力偶 M)	$B = -Me\,\dfrac{\text{ch}Kx}{\text{ch}Kl}$ $M_\omega = -Me\,\dfrac{K\,\text{sh}Kx}{\text{ch}Kl}$ $M_k = Me\,\dfrac{K\,\text{sh}Kx}{\text{ch}Kl}$
(简支梁，均布荷载 q，偏心 e)	$B = \dfrac{qe}{K^2}\left[1 - \dfrac{\text{ch}K\left(\dfrac{l}{2}-x\right)}{\text{ch}\dfrac{Kl}{2}}\right]$ $M_\omega = \dfrac{qe}{K}\,\dfrac{\text{sh}K\left(\dfrac{l}{2}-x\right)}{\text{ch}\dfrac{Kl}{2}}$ $M_k = \dfrac{qe}{K}\left[K\left(\dfrac{l}{2}-x\right) - \dfrac{\text{sh}K\left(\dfrac{l}{2}-x\right)}{\text{ch}\dfrac{Kl}{2}}\right]$
(简支梁，集中荷载 P，偏心 e)	当 $0 \leqslant x \leqslant a$: $B = \dfrac{Pe}{K}\,\dfrac{\text{sh}Kb}{\text{sh}Kl}\,\text{ch}Kx$ $M_\omega = Pe\,\dfrac{\text{sh}Kb}{\text{sh}Kl}\,\text{ch}Kx$ $M_k = Pe\left(\dfrac{b}{l} - \dfrac{\text{sh}Kb}{\text{sh}Kl}\,\text{ch}Kx\right)$ 当 $a \leqslant x \leqslant l$: $B = \dfrac{Pe}{K}\,\dfrac{\text{sh}Ka}{\text{sh}Kl}\,\text{sh}Kx(l-x)$ $M_\omega = -Pe\,\dfrac{\text{sh}Ka}{\text{sh}Kl}\,\text{ch}K(l-x)$ $M_k = -Pe\left[\dfrac{a}{l} - \dfrac{\text{sh}Ka}{\text{sh}Kl}\,\text{ch}K(l-x)\right]$

续上表

荷载计算图	B、M_ω 及 M_k
	当 $0 \leqslant x \leqslant a$： $B = -Me \dfrac{\text{ch}Kb}{\text{sh}Kl} \text{sh}Kx$ $M_\omega = -Me \dfrac{K\text{ch}Kb}{\text{sh}Kl} \text{ch}Kx$ $M_k = -Me \left(\dfrac{1}{l} - \dfrac{K\text{ch}Kb}{\text{sh}Kl} \text{ch}Kx \right)$ 当 $a \leqslant x \leqslant l$： $B = Me \dfrac{\text{ch}Ka}{\text{sh}Kl} \text{sh}K(l-x)$ $M_\omega = -Me \dfrac{K\text{ch}Ka}{\text{sh}Kl} \text{ch}K(l-x)$ $M_k = -Me \left[\dfrac{1}{l} - \dfrac{K\text{ch}Ka}{\text{sh}Kl} \text{ch}K(l-x) \right]$
	当 $0 \leqslant x \leqslant \dfrac{l}{2}$： $B = 0.5Pe \left[\dfrac{\text{ch}Kx - \text{ch}K\left(\dfrac{l}{2}-x\right)}{K\text{sh}\dfrac{Kl}{2}} \right]$ $M_\omega = 0.5Pe \left[\dfrac{\text{sh}Kx + \text{sh}K\left(\dfrac{l}{2}-x\right)}{\text{sh}\dfrac{Kl}{2}} \right]$ $M_k = 0.5Pe \left[1 - \dfrac{\text{sh}Kx + \text{sh}K\left(\dfrac{l}{2}-x\right)}{\text{sh}\dfrac{Kl}{2}} \right]$ 当 $\dfrac{l}{2} \leqslant x \leqslant l$： $B = 0.5Pe \left[\dfrac{\text{ch}K(l-x) - \text{ch}K\left(\dfrac{l}{2}-x\right)}{K\text{sh}\dfrac{Kl}{2}} \right]$ $M_\omega = -0.5Pe \left[\dfrac{\text{sh}K(l-x) - \text{sh}K\left(\dfrac{l}{2}-x\right)}{\text{sh}\dfrac{Kl}{2}} \right]$ $M_k = -0.5Pe \left[1 - \dfrac{\text{sh}K(l-x) - \text{sh}K\left(\dfrac{l}{2}-x\right)}{\text{sh}\dfrac{Kl}{2}} \right]$
	$B = \dfrac{qe}{K^2} \left[1 - \dfrac{Kl\text{ch}K\left(\dfrac{l}{2}-x\right)}{2\text{sh}\dfrac{Kl}{2}} \right]$ $M_\omega = qel \dfrac{\text{sh}K\left(\dfrac{l}{2}-x\right)}{2\text{sh}\dfrac{Kl}{2}}$ $M_k = qe \left[\left(\dfrac{l}{2}-x\right) - \dfrac{l\text{sh}K\left(\dfrac{l}{2}-x\right)}{2\text{sh}\dfrac{Kl}{2}} \right]$

续上表

荷 载 计 算 图	B、M_ω 及 M_k
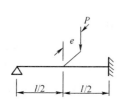	$B = \dfrac{qe}{K^2}\left(1 - \mathrm{ch}Kx + \dfrac{1 + Kl\,\mathrm{sh}Kl - \mathrm{ch}Kl - \dfrac{K^2l^2}{2}}{Kl\,\mathrm{ch}Kl - \mathrm{sh}Kl}\mathrm{sh}Kx\right)$ $M_\omega = \dfrac{qe}{K}\left(-\mathrm{sh}Kx + \dfrac{1 + Kl\,\mathrm{sh}Kl - \mathrm{ch}Kl - \dfrac{K^2l^2}{2}}{Kl\,\mathrm{ch}Kl - \mathrm{sh}Kl}\mathrm{ch}Kx\right)$ $M_k = \dfrac{qe}{K}\left[K(l-x) + \mathrm{sh}Kx - \dfrac{1 + Kl\,\mathrm{sh}Kl - \mathrm{ch}Kl - \dfrac{K^2l^2}{2}}{Kl\,\mathrm{ch}Kl - \mathrm{sh}Kl}\mathrm{ch}Kx + \dfrac{\mathrm{ch}Kl - 1 - \dfrac{K^2l^2}{2}\mathrm{ch}Kl}{Kl\,\mathrm{ch}Kl - \mathrm{sh}Kl}\right]$
(图：集中力 P 作用于跨中，两端简支-固定梁)	当 $0 \leqslant x \leqslant \dfrac{l}{2}$: $B = \dfrac{Pe}{K}\dfrac{Kl\,\mathrm{ch}\dfrac{Kl}{2} - \mathrm{sh}\dfrac{Kl}{2} - \dfrac{Kl}{2}}{Kl\,\mathrm{ch}Kl - \mathrm{sh}Kl}\mathrm{sh}Kx$ $M_\omega = Pe\dfrac{Kl\,\mathrm{ch}\dfrac{Kl}{2} - \mathrm{sh}\dfrac{Kl}{2} - \dfrac{Kl}{2}}{Kl\,\mathrm{ch}Kl - \mathrm{sh}Kl}\mathrm{ch}Kx$ $M_k = Pe\left[1 - \dfrac{\dfrac{Kl}{2}\mathrm{ch}Kl - \mathrm{sh}\dfrac{Kl}{2}}{Kl\,\mathrm{ch}Kl - \mathrm{sh}Kl} - \dfrac{Kl\,\mathrm{ch}\dfrac{Kl}{2} - \mathrm{sh}\dfrac{Kl}{2} - \dfrac{Kl}{2}}{Kl\,\mathrm{ch}Kl - \mathrm{sh}Kl}\mathrm{ch}Kx\right]$ 当 $\dfrac{l}{2} \leqslant x \leqslant l$: $B = \dfrac{Pe}{K}\left[\dfrac{Kl\,\mathrm{ch}\dfrac{Kl}{2} - \mathrm{sh}\dfrac{Kl}{2} - \dfrac{Kl}{2}}{Kl\,\mathrm{ch}Kl - \mathrm{sh}Kl}\mathrm{sh}Kx - \mathrm{sh}K\left(x - \dfrac{l}{2}\right)\right]$ $M_\omega = Pe\left[\dfrac{Kl\,\mathrm{ch}\dfrac{Kl}{2} - \mathrm{sh}\dfrac{Kl}{2} - \dfrac{Kl}{2}}{Kl\,\mathrm{ch}Kl - \mathrm{sh}Kl}\mathrm{ch}Kx - \mathrm{ch}K\left(x - \dfrac{l}{2}\right)\right]$ $M_k = Pe\left[\mathrm{ch}K\left(x - \dfrac{l}{2}\right) - \dfrac{\dfrac{Kl}{2}\mathrm{ch}Kl - \mathrm{sh}\dfrac{Kl}{2}}{Kl\,\mathrm{ch}Kl - \mathrm{sh}Kl} - \dfrac{Kl\,\mathrm{ch}\dfrac{Kl}{2} - \mathrm{sh}\dfrac{Kl}{2} - \dfrac{Kl}{2}}{Kl\,\mathrm{ch}Kl - \mathrm{sh}Kl}\mathrm{ch}Kx\right]$

【例 1-9-1】 槽钢两端简支，在形心处作用有垂直均布荷载 $q = 4.4\mathrm{kN/m}$，试计算在危险截面上的扇性正应力（图 1-9-3）。

解：（1）槽钢截面的几何特性（图 1-9-3c））

计算时取截面中线尺寸：

$h = 22 - 1.15 = 20.85\mathrm{cm}$

$b = 7.7 - \dfrac{0.7}{2} = 7.35\mathrm{cm}$

$y_c = 2.10 - \dfrac{0.7}{2} = 1.75\mathrm{cm}$

$a_y = \dfrac{3b^2 t}{6bt + h\delta} = \dfrac{3 \times 7.35^2 \times 1.15}{6 \times 7.35 \times 1.15 + 20.85 \times 0.7} = 2.85\mathrm{cm}$

$$I_k \approx \frac{1}{3}\sum_{i=1}^{3} b_i \delta_i^3 = \frac{1}{3}(7.35 \times 1.15^3 \times 2 + 20.85 \times 0.7^3) = 9.8 \text{cm}^4$$

$$I_\omega = \frac{b^3 h^2 t}{12} \cdot \frac{2h\delta + 3bt}{6bt + h\delta}$$

$$= \frac{7.35^3 \times 20.85^2 \times 1.15}{12} \times \frac{2 \times 20.85 \times 0.7 + 3 \times 7.35 \times 1.15}{6 \times 7.35 \times 1.15 + 20.85 \times 0.7} \approx 13800 \text{cm}^6$$

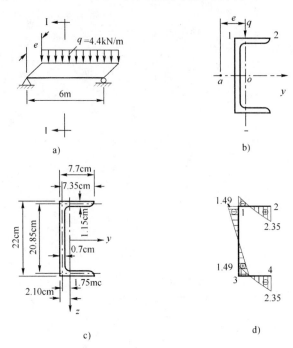

图 1-9-3　例 1-9-1 示意图

设 $G = 0.81 \times 10^5 \text{MPa}$　　$E = 2.1 \times 10^5 \text{MPa}$

$$K = \sqrt{\frac{GI_k}{EI_\omega}} = \sqrt{\frac{0.81 \times 10^5 \times 9.8}{2.1 \times 10^5 \times 13800}} = 0.017 \frac{1}{\text{cm}}$$

$$Kl = 0.017 \times 600 = 10.2$$

$$\text{ch}\frac{Kl}{2} = 82$$

$$\omega_1 = -\omega_3 = -\frac{a_y h}{2} = -\frac{2.85 \times 20.85}{2} = -29.7 \text{cm}^2$$

$$\omega_2 = -\omega_4 = \frac{h}{2}(b - a_y) = \frac{20.85}{2} \times (7.35 - 2.85) = 46.9 \text{cm}^2$$

(2) 危险截面上的双力矩

本例荷载情况与表 1-9-3 中的一致，故 e 取正值，危险截面在 $x = \frac{l}{2}$ 处。

$$e = 1.75 + 2.85 = 4.6 \text{cm}$$

$$q = 4.4 \text{kN/m} = 44 \text{N/cm}$$

$$B_{\max} = \frac{qe}{K^2}\left[1 - \frac{\operatorname{ch}K\left(\frac{l}{2}-x\right)}{\operatorname{ch}\frac{Kl}{2}}\right] = \frac{44\times 4.6}{0.017^2}\left(1 - \frac{1}{82}\right)$$

$$\approx 691800\text{N}\cdot\text{cm}^2 = 691.8\text{kN}\cdot\text{cm}^2$$

（3）扇性正应力（图 1-9-3d））

$$\sigma_{\omega 1} = -\sigma_{\omega 3} = \frac{B_{\max}\omega_1}{I_\omega} = \frac{691.8\times(-29.7)}{13800} = -1.49\text{kN}/\text{cm}^2$$

$$\sigma_{\omega 2} = -\sigma_{\omega 4} = \frac{B_{\max}\omega_2}{I_\omega} = \frac{691.8\times 46.9}{13800} = 2.35\text{kN}/\text{cm}^2$$

注意：扇性正应力还应与弯曲产生的正应力叠加后，才能得到危险面上某一点的最大正应力。

第二节 箱形截面薄壁梁

一、符号说明

A——截面面积（m^2）；

F——箱形截面中心线围成的面积（m^2）；

$S_x = \int_A x\text{d}A$——截面静矩（m^3）；

θ——箱形截面的单位扭角，即扭率（rad/m）

ρ_0——截面中心线上各点至剪切中心的垂距（m）；

q——剪力流；

ω_0——对箱形截面剪切中心的扇性坐标（m^2）；

ω_n——主扇性坐标（m^2）；

$\psi = \dfrac{2F}{\oint \dfrac{\text{d}s}{\delta}}$——扭转函数；

I_k——箱形截面抗扭惯性矩（m^4）；

I_ω——箱形截面扇性惯性矩（m^6）；

$\beta = \dfrac{I_\rho}{I_\rho - I_k}$——约束扭转时剪应力对变形的影响系数；

I_ρ——对剪切中心的惯性矩（m^4）；

$\lambda = \sqrt{\dfrac{GI_k}{\beta E I_\omega}}$——箱形截面的弯曲扭转特性$\left(\dfrac{1}{\text{m}}\right)$；

其余符号可参见开口截面梁的符号说明。

二、截面抗扭惯性矩

1. 单室箱形截面（图 1-9-4）

$$I_k = \frac{4F^2}{\oint \dfrac{\text{d}s}{\delta}} + \frac{1}{3}\sum b_i \delta_i^3 \tag{1-9-1}$$

【**例 1-9-2**】 设图 1-9-4 中 $b=4$m,$b_1=h=2$m,$\delta_1=0.25$m,$\delta_2=0.2$m,$\delta_3=0.35$m,试计算该截面的抗扭惯性矩。

$$I_{\bar k} = \frac{4\times(4\times2)^2}{\frac{4}{0.25}+\frac{4}{0.2}+2\times\frac{2}{0.35}} + \frac{1}{3}\times2\times2\times0.25^3 = 5.418\text{m}^4$$

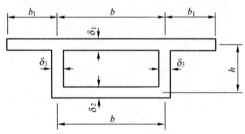

图 1-9-4 单室箱形截面示意图

2. 多室箱形截面

$$I_{\bar k} = \sum_{i=1}^{n}\frac{2q_iF_i}{G\theta} + \frac{1}{3}\sum b_i\delta_i^3 \tag{1-9-2}$$

式中的 q_i（剪力流）和 θ（扭率）可按表 1-9-4 中的公式解得。

q_i 和 θ 计算公式　　　　　　　　表 1-9-4

截 面 形 式	代 数 方 程 组
	$2F_1q_1 = \frac{1}{2}M_k$ $\left(\oint\frac{ds}{\delta} - \frac{H}{\delta_2}\right)q_1 - 2GF_1\theta = 0$
	$2F_1q_1 + F_2q_2 = \frac{1}{2}M_k$ $q_1\oint_1\frac{ds}{\delta} - \frac{H}{\delta_2}q_2 - 2GF_1\theta = 0$ $-2\frac{H}{\delta_2}q_1 + q_2\oint_2\frac{ds}{\delta} - 2GF_2\theta = 0$
	$2F_1q_1 + 2F_2q_2 = \frac{1}{2}M_k$ $q_1\oint_1\frac{ds}{\delta} - \frac{H}{\delta_2}q_2 - 2GF_1\theta = 0$ $-\frac{H}{\delta_2}q_1 + \left(\oint_2\frac{ds}{\delta} - \frac{H}{\delta_3}\right)\cdot q_2 - 2GF_2\theta = 0$
	$2F_1q_1 + 2F_2q_2 + F_3q_3 = \frac{1}{2}M_k$ $q_1\oint_1\frac{ds}{\delta} - \frac{H}{\delta_2}q_2 - 2GF_1\theta = 0$ $-\frac{H}{\delta_2}q_1 + q_2\oint_2\frac{ds}{\delta} - \frac{H}{\delta_3}q_3 - 2GF_2\theta = 0$ $-2\frac{H}{\delta_3}q_2 + q_3\oint_3\frac{ds}{\delta} - 2GF_3\theta = 0$

【例 1-9-3】 试计算图 1-9-5 所示三室箱形截面的抗扭惯性矩。

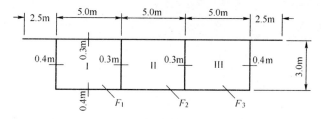

图 1-9-5　例 1-9-3 示意图

解：先不考虑两侧悬臂板，则：

$$F_1 = F_2 = F_3 = 3 \times 5 = 15 \text{m}^2$$

$$\oint_1 \frac{\mathrm{d}s}{\delta} = \frac{5}{0.3} + \frac{3}{0.3} + \frac{5}{0.4} + \frac{3}{0.3} = 46.67$$

$$\oint_2 \frac{\mathrm{d}s}{\delta} = \frac{5}{0.3} + \frac{3}{0.3} + \frac{5}{0.4} + \frac{3}{0.3} = 49.17$$

$$\frac{H}{\delta_2} = \frac{3}{0.3} = 10$$

将上列值代入表 1-9-4 中的三室截面公式，得：

$$46.67 q_1 - 10 q_2 = 30 G\theta$$

$$-20 q_1 + 49.17 q_2 = 30 G\theta$$

解得：

$$q_1 \approx 0.85 G\theta \qquad q_2 = 0.95 G\theta$$

将 q_1 和 q_2 值代入式（1-9-2）中的第一项，得：

$$I'_{\bar{k}} = \frac{2 \times 15}{G\theta}(0.85 + 0.95 + 0.85)G\theta \approx 79.5 \text{m}^4$$

对于悬臂部分：

$$I''_{\bar{k}} = \sum \frac{1}{3} b_i \delta_i^3 = \frac{1}{3} \times 2 \times 2.5 \times 0.3^3 = 0.045 \text{m}^4$$

于是：

$$I_{\bar{k}} = I'_{\bar{k}} + I''_{\bar{k}} = 79.5 + 0.045 \approx 79.55 \text{m}^4$$

3. 分离双室箱形截面（图 1-9-6）

先按单室分别计算，然后叠加而得，其公式为：

$$I_k = \sum_{i=1}^{n} \frac{4 F_i^2}{\oint_i \frac{\mathrm{d}s}{\delta}} + \frac{1}{3} \sum_{i=1}^{n} b_i \delta_i^3 \tag{1-9-3}$$

【例 1-9-4】 设图 1-9-6 中的尺寸为 $b = b' = b_2 = 5\text{m}$，$b_1 = b'_1 = 2.5\text{m}$，$H = 3\text{m}$，$\delta_1 =$

$\delta'_1=0.3\text{m}, \delta_2=\delta_3=\delta'_2=\delta'_3=0.4\text{m}$,试求该截面的抗扭惯性矩。

解:对于箱室部分:

$$I'_k = 2\times\frac{4\times(3\times5)^2}{\frac{5}{0.3}+\frac{5}{0.4}+\frac{3}{0.4}+\frac{3}{0.4}} = \frac{1800}{44.17} = 40.75\text{m}^4$$

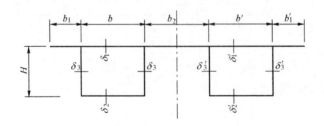

图 1-9-6 分离双室箱形截面示意图

对于悬臂部分:

$$I''_k = 2\times\frac{1}{3}\times2.5\times0.3^3 + \frac{1}{3}\times5\times0.3^3 = 0.09\text{m}^4$$

整个截面的抗扭惯性矩为:

$$I_k = I'_k + I''_k = 40.75 + 0.09 = 40.84\text{m}^4$$

三、截面的扇性几何特性

1. 单室箱形截面

现用下例阐述其计算步骤。

【例 1-9-5】 试计算图 1-9-7a)所示单室截面的扇性几何特性。

解:计算扭转函数 ψ 为:

$$\psi = \frac{2F}{\oint\frac{ds}{\delta}} = \frac{2\times(4\times2)}{\frac{4}{0.25}+2\times\frac{2}{0.35}+\frac{4}{0.2}} = 0.33735$$

取箱梁顶板中心 O 作为参考旋转中心,并按下式计算扇性坐标 $\overline{\omega}$:

$$\overline{\omega} = \int_0^s\left(\rho-\frac{\psi}{\delta}\right)ds \tag{1-9-4}$$

各点编号见图 1-9-7a)。列表计算各编号的扇性坐标,过程参见表 1-9-5,并将 $\overline{\omega}$ 的计算结果值绘于图 1-9-7b)上。

绘 x 坐标于图 1-9-7c)中。

按下式计算截面对 y 轴的惯性矩 I_y 为:

$$I_y = \oint x^2\delta dx \tag{1-9-5}$$

板 5-6:

$$I_{y(5-6)} = 2\left(\frac{4\times4}{2}\times\frac{2}{3}\times4\times0.25\right) = 10.67\text{m}^4$$

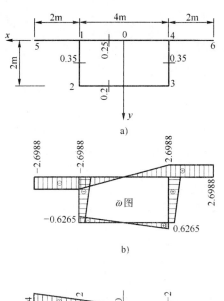
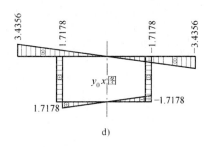
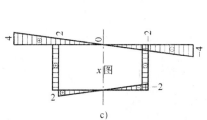
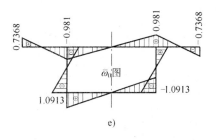

图 1-9-7 例 1-9-5 示意图

扇性坐标计算表 表 1-9-5

点 号	板 号	ρ	$\int_0^s \rho \, ds$	$\int_0^s \dfrac{ds}{\delta}$	$\psi \int_0^s \dfrac{ds}{\delta}$	$\bar{\omega} = \int_0^s \left(\rho - \dfrac{\psi}{\delta}\right) ds$
0	0-0	0	0	0	0	0
1	0-1	0	0	8	2.6988	−2.6988
2	1-2	2	4	13.7143	4.6265	−0.6265
3	2-3	2	12	33.7143	11.3735	0.6265
4	3-4	2	16	39.4286	13.3012	2.6988
0	4-0	0	16	47.4286	16.0000	0
5	1-5	—	—	—	—	−2.6988
6	4-6	—	—	—	—	2.6988

板 $\begin{matrix}1\text{-}2\\3\text{-}4\end{matrix}$

$$I_{y(1-2,3-4)} = 2(2 \times 2 \times 2 \times 0.35) = 5.6 \text{m}^4$$

板 2-3

$$I_{y(2-3)} = 2\left(\frac{2 \times 2}{2} \times \frac{2}{3} \times 2 \times 0.2\right) = 1.07 \text{m}^4$$

合计：

$$I_y = \sum I_{y(i-j)} = 17.33 \text{m}^4$$

以上用图乘法计算参见表 1-2-22 中公式。

按下式计算扇性惯性积 $I_{\omega x}$：

$$I_{\bar{\omega}x} = \oint \bar{\omega} x \delta \mathrm{d}x \tag{1-9-6}$$

按图 1-9-7b)、c) 用图乘法得：

板 1-4　　$I_{\bar{\omega}x(1-4)} = \left(-\dfrac{2\times 2}{2} \times \dfrac{2}{3} \times 2.6988\right) \times 0.25 \times 2 = -1.7992\mathrm{m}^5$

板 $\genfrac{}{}{0pt}{}{1\text{-}2}{3\text{-}4}$　$I_{\bar{\omega}x(1-2,3-4)} = \left(-\dfrac{2.6988+0.6265}{2} \times 2 \times 2\right) \times 0.35 \times 2 = -4.6544\mathrm{m}^5$

板 2-3　　$I_{\bar{\omega}x(2-3)} = \left(-\dfrac{2\times 2}{2} \times \dfrac{2}{3} \times 0.6265\right) \times 0.2 \times 2 = -0.3341\mathrm{m}^5$

板 $\genfrac{}{}{0pt}{}{1\text{-}5}{4\text{-}6}$　$I_{\bar{\omega}x(1-5,4-6)} = \left(-\dfrac{2+4}{2} \times 2 \times 2.6988\right) \times 0.25 \times 2 = -8.0964\mathrm{m}^5$

合计：
$$I_{\bar{\omega}x} = -14.8851\mathrm{m}^5$$

计算扇性惯性矩 $I_{\bar{\omega}}$ 为：
$$I_{\bar{\omega}} = \oint \bar{\omega}^2 \delta \mathrm{d}s \tag{1-9-7}$$

板 1-4　　$I_{\bar{\omega}x(1-4)} = \left(\dfrac{2\times 2.6988}{2} \times \dfrac{2}{3} \times 2.6988\right) \times 0.25 \times 2 = 2.4278\mathrm{m}^6$

板 $\genfrac{}{}{0pt}{}{1\text{-}2}{3\text{-}4}$

$I_{\bar{\omega}x(1-2,3-4)} = \dfrac{2}{6}\left[2(2.6988^2 + 0.6265^2) + 2 \times 2.6988 \times 0.6265\right] \times 0.35 \times 2 = 4.3712\mathrm{m}^6$

板 2-3　　$I_{\bar{\omega}x(2-3)} = \left(\dfrac{0.6265 \times 2}{2} \times \dfrac{2}{3} \times 0.6265 \times 0.2\right) \times 2 = 0.1047\mathrm{m}^6$

板 $\genfrac{}{}{0pt}{}{1\text{-}5}{4\text{-}6}$　　$I_{\bar{\omega}x(1-5,4-6)} = (2.6988^2 \times 2 \times 0.25) \times 2 = 7.2835\mathrm{m}^6$

合计：
$$I_{\bar{\omega}} = 14.1872\mathrm{m}^6$$

计算剪力中心 x_0、y_0，由于截面对称于 y 轴，故知 $x_0 = 0$，y_0 可按下式求得
$$y_0 = -\dfrac{I_{\bar{\omega}x}}{I_y} \tag{1-9-8}$$

所以：
$$y_0 = -\dfrac{-14.8851}{17.33} = 0.8589\mathrm{m}$$

绘制主扇性坐标 $\bar{\omega}_0$ 图（图 1-9-7e)）。

相对于剪切中心 x_0，y_0 的扇性坐标公式为：
$$\bar{\omega}_0 = \bar{\omega} + y_0 x \tag{1-9-9}$$

式中的第二项示于图（1-9-7d)），叠加图 1-9-7b) 和图 1-9-7d) 便得主扇性坐标。

计算主扇性惯矩 $I_{\bar{\omega}_0}$ 为：
$$I_{\bar{\omega}_0} = I_\omega + y_0 I_{\bar{\omega}_x} \tag{1-9-10}$$
$$I_{\bar{\omega}_0} = 14.1872 + 0.8589 \times (-14.8851) = 1.4024 \text{m}^6$$

计算对剪切中心的惯性矩 I_ρ 为：
$$I_\rho = \oint \rho_0^2 \delta \mathrm{d}s \tag{1-9-11}$$

故：
$$I_\rho = 0.8589^2 \times 8 \times 0.25 + 1.1411^2 \times 4 \times 0.2 + (2 \times 2^2 \times 0.35) \times 2$$
$$= 8.1171 \text{m}^4$$

计算参数 β 和 λ 为：
$$\beta = \frac{I_\rho}{I_\rho - I_{\bar{k}}} = \frac{8.1171}{8.1171 - 5.418} = 3.0073$$

式中 $I_{\bar{k}}$ 值见例 1-9-2 为：
$$\lambda = \sqrt{\frac{GI_{\bar{k}}}{\beta E I_{\bar{\omega} 0}}} = \sqrt{\frac{0.4253E \times 5.418}{3.0073E \times 1.4024}} = 0.7389 \frac{1}{\text{m}}$$

对于钢筋混凝土结构剪切值 $G \approx 0.425E$。

2. 多室箱形截面

现以例 1-9-3 的三室截面来叙述其计算方法。

【例 1-9-6】 试计算例 1-9-3 所示截面的扇性特性（图 1-9-8）。

解： 计算 $2G\theta=1$ 时的剪力流 $\bar{q}_i$。

本计算过程可以直接利用表 1-9-4 中的方程，即：
$$\bar{q}_1 \oint_1 \frac{\mathrm{d}s}{\delta} - \bar{q}_2 \cdot \frac{H}{\delta_2} = F_1$$

$$-2\bar{q}_1 \frac{H}{\delta_2} + \bar{q}_2 \oint_2 \frac{\mathrm{d}s}{\delta} = F_2$$

式中各系数已在例 1-9-3 中求出，即：
$$\oint_1 \frac{\mathrm{d}s}{\delta} = 46.67$$

$$\oint_2 \frac{\mathrm{d}s}{\delta} = 49.17$$

$$\frac{H}{\delta_2} = 10$$

$$F_1 = F_2 = 3 \times 5 = 15 \text{m}^2$$

于是，得：
$$46.67\bar{q}_1 - 10\bar{q}_2 = 15 \qquad -20\bar{q}_1 + 49.17\bar{q}_2 = 15$$

解之，得：

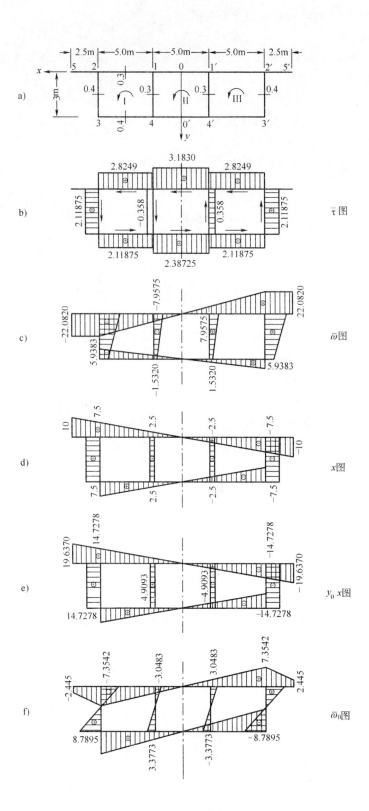

图 1-9-8 例 1-9-6 示意图

$$\bar{q}_1 = 0.42374 \qquad \bar{q}_2 = 0.47745 \qquad \bar{q}_3 = \bar{q}_1$$

计算对箱梁顶板中心点 0（任意参考点）的扇性坐标 $\bar{\omega}$，其公式为：

$$\bar{\omega} = \int_0^s (p - \bar{\tau}) ds \tag{1-9-12}$$

其中的 $\bar{\tau}$，对于非公共边为：

$$\bar{\tau}_i = \frac{2\bar{q}_i}{\delta} \tag{1-9-13}$$

对于公共边为：

$$\bar{\tau}_{ik} = \frac{2(\bar{q}_i - \bar{q}_k)}{\delta} \tag{1-9-14}$$

（i, k 为相邻两室编号）

本例各室的 $\bar{q}$ 值均示于图 1-9-8b），为了方便，扇性坐标的计算可以列表形式进行（表 1-9-6）。

将表中的计算结果绘于图 1-9-8c），截面另一半反对称于 y 轴。

绘 x 坐标图（图 1-9-8d））。

扇性坐标计算（取一半截面）　　　　表 1-9-6

点号	板号	ρ	$\bar{\tau}$	ds	$(\rho-\bar{\tau})$ds	$\bar{\omega}=\sum(\rho-\bar{\tau})$ds
0	0′-0	0	0	0	0	0
1	0-1	0	3.1830	2.5	−7.9575	−7.9575
2	1-2	0	2.8249	5	−14.1245	−22.0820
3	2-3	7.5	2.11875	3	16.14375	−5.93825
4	3-4	3	2.11875	5	4.40625	−1.5320
0′	4-0′	3	2.38725	2.5	1.5318	≈0
5	2-5	—	—	—	—	−22.0820

按式（1-9-5）计算 I_y：

$$I_y = \frac{0.3 \times 20^3}{12} + \frac{0.4 \times 15^3}{12} + 3 \times 0.4 \times 7.5^2 \times 2 + 3 \times 0.3 \times 2.5^2 \times 2 = 458.75 \text{m}^4$$

按式（1-9-6）计算 $I_{\bar{\omega}x}$：

板 $\begin{matrix}0\text{-}1\\0\text{-}1'\end{matrix}$ $\quad I_{\bar{\omega}x\binom{0-1}{0-1'}} = \left(-\frac{7.9575 \times 2.5}{2} \times \frac{2}{3} \times 2.5 \times 0.3\right) \times 2 = -9.9469 \text{m}^5$

板 $\begin{matrix}1\text{-}2\\1'\text{-}2'\end{matrix}$ $\quad I_{\bar{\omega}x\binom{1-2}{1'-2'}} = -\frac{5}{6}[2(22.82 \times 7.5 + 7.9575 \times 2.57) + 7.5 \times 7.9575 +$

$\qquad 2.5 \times 22.0820)] \times 0.3 \times 2 = -242.9419 \text{m}^5$

板 $\begin{matrix}2\text{-}3\\2'\text{-}3'\end{matrix}$ $\quad I_{\bar{\omega}x\binom{2-3}{2'-3'}} = -\frac{22.082 + 5.9383}{2} \times 7.5 \times 3 \times 0.4 \times 2 = -252.1827 \text{m}^5$

板 $\begin{matrix}3\text{-}4\\3'\text{-}4'\end{matrix}$ $\quad I_{\bar{\omega}x\binom{3-4}{3'-4'}} = -\frac{5}{6}[2(5.9383 \times 7.5 + 1.532 \times 2.5) + 2.5 \times 5.9383 + 7.5 \times$

$\qquad 1.532] \times 0.4 \times 2 = -82.0468 \text{m}^5$

板 $\begin{matrix}4\text{-}0\\4'\text{-}0'\end{matrix}$ $\quad I_{\bar{\omega}x\binom{4-0}{4'-0'}} = -\frac{1.532 \times 2.5}{2} \times \frac{2}{3} \times 2.5 \times 0.4 \times 2 = -2.5533 \text{m}^5$

板 $\begin{matrix}1\text{-}4\\1'\text{-}4'\end{matrix}$ $\quad I_{\bar{\omega}x\binom{1-4}{1'-4'}} = -\frac{7.9575 + 1.532}{2} \times 2.5 \times 3 \times 0.3 \times 2 = -21.3514 \text{m}^5$

板 $\genfrac{}{}{0pt}{}{2\text{-}5}{2'\text{-}5'}$ $I_{\bar{\omega}x\left(\genfrac{}{}{0pt}{}{2\text{-}5}{2'\text{-}5'}\right)} = -\dfrac{10+7.5}{2} \times 2.5 \times 22.0820 \times 0.3 \times 2 = -289.8263 \mathrm{m}^5$

合计： $I_{\bar{\omega}x} = -900.9593 \mathrm{m}^5$

以上用图乘法计算，参见表 1-2-22 中公式。

按式（1-9-7）计算 $I_{\bar{\omega}}$。

板 $\genfrac{}{}{0pt}{}{0\text{-}1}{0'\text{-}1'}$ $I_{\bar{\omega}(1)} = \dfrac{7.9575 \times 2.5}{2} \times \dfrac{2}{3} \times 7.9575 \times 0.3 \times 2 = 31.6609 \mathrm{m}^6$

板 $\genfrac{}{}{0pt}{}{1\text{-}2}{1'\text{-}2'}$ $I_{\bar{\omega}(2)} = \dfrac{5}{6}\left[2\left(7.975^2 + 22.082^2\right) + 2 \times 7.9575 \times 22.082\right] \times 0.3 \times 2$

$\qquad\qquad\qquad = 726.6540 \mathrm{m}^6$

板 $\genfrac{}{}{0pt}{}{2\text{-}3}{2'\text{-}3'}$ $I_{\bar{\omega}(3)} = \dfrac{3}{6}\left[2\left(22.082^2 + 5.9383^2\right) + 2 \times 22.082 \times 5.9383\right] \times 0.4 \times 2$

$\qquad\qquad\qquad = 523.20 \mathrm{m}^6$

板 $\genfrac{}{}{0pt}{}{3\text{-}4}{3'\text{-}4'}$ $I_{\bar{\omega}(4)} = \dfrac{5}{6}\left[2\left(5.9383^2 + 1.532^2\right) + 2 \times 5.9383 \times 1.532\right] \times 0.4 \times 2$

$\qquad\qquad\qquad = 62.2772 \mathrm{m}^6$

板 $\genfrac{}{}{0pt}{}{4\text{-}0}{4'\text{-}0'}$ $I_{\bar{\omega}(5)} = \dfrac{1.532 \times 2.5}{2} \times \dfrac{2}{3} \times 1.532 \times 0.3 \times 2 = 1.1735 \mathrm{m}^6$

板 $\genfrac{}{}{0pt}{}{1\text{-}4}{1'\text{-}4'}$ $I_{\bar{\omega}(6)} = \dfrac{3}{6}\left[2\left(7.9575^2 + 1.532^2\right) + 2 \times 7.9575 \times 1.532\right] \times 0.3 \times 2$

$\qquad\qquad\qquad = 46.7148 \mathrm{m}^6$

板 $\genfrac{}{}{0pt}{}{2\text{-}5}{2'\text{-}5'}$ $I_{\bar{\omega}(7)} = 22.082^2 \times 2.5 \times 0.3 \times 2 = 731.4221 \mathrm{m}^6$

合计： $I_{\bar{\omega}} = 2123.1096 \mathrm{m}^6$

计算剪切中心 x_0、y_0。

由于截面对称于 y 轴，故 $x_0 = 0$，y_0 可按式（1-9-8）计算，即：

$$y_0 = -\dfrac{-900.8593}{458.75} = 1.9637 \mathrm{m}$$

绘制主扇性坐标 $\bar{\omega}_0$ 图（图 1-9-8f）。

先绘制 $y_0 x$ 图（图 1-9-8e），然后按式（1-9-9）将它与 $\bar{\omega}$ 相叠加便得到 $\bar{\omega}_0$ 图：

按式（1-9-10）计算主扇性惯性矩 $I_{\bar{\omega}_0}$，即：

$$I_{\bar{\omega}_0} = 2123.1096 + 1.9637 \times (-900.8593) = 354.0922 \mathrm{m}^6$$

按式（1-9-11）计算 I_ρ 为：

$$I_\rho = \oint \rho_0^2 \delta \mathrm{d}s = 1.9637^2 \times 20 \times 0.3 + 1.0363^2 \times 15 \times 0.4 + 2(7.5^2 \times 3 \times 0.4 +$$

$$2.5^2 \times 3 \times 0.3) = 175.8302 \mathrm{m}^4$$

计算参数 β 和 λ 为：

$$\beta = \dfrac{I_\rho}{I_\rho - I_{\bar{k}}} = \dfrac{175.8302}{175.8302 - 79.55} = 1.8262$$

式中的 $I_{\bar{k}}$ 值取自例 1-9-3。

$$\lambda = \sqrt{\frac{GI_{\bar{k}}}{\beta EI_{\bar{\omega}_0}}} = \sqrt{\frac{0.425E \times 79.55}{1.8262E \times 354.0922}} = 0.2287 \frac{1}{\mathrm{m}}$$

对于钢筋混凝土结构，$G = 0.425E$。

3. 分离双室箱形截面

现用示例来叙述其计算过程。

【例 1-9-7】 试计算例 1-9-4 所示截面的扇性特性，如图 1-9-9。

解： 取箱梁顶板中心 O 作为参考旋转中心，列表计算扇性坐标 $\bar{\omega}$（表 1-9-7），在此先计算左边一侧单室的 ψ 值，即：

$$\psi = \frac{2F}{\oint \frac{ds}{\delta}} = \frac{2 \times 3 \times 5}{\frac{5}{0.3} + \frac{5}{0.4} + 2 \times \frac{3}{0.4}} = 0.6792$$

扇性坐标计算 表 1-9-7

点号	板号	ρ	$\int_0^s \rho ds$	$\int_0^s \frac{ds}{\delta}$	$\psi \int_0^s \frac{ds}{\delta}$	$\bar{\omega} = \int_0^s \left(\rho - \frac{\psi}{\delta}\right) ds$
1	0-1	0	0	0*	0	0
2	1-2	0	0	16.6667	11.3200	−11.3200
3	2-3	7.5	22.5	24.1667	21.8476	0.6524
4	3-4	3	37.5	36.6667	24.9040	12.5960
5	4-1	2.5	30.0	44.1667	30	0
6	2-5	—				−11.3200

注：* 板 0-1 段不在闭口箱上，故该项积分为 0。

将表中 $\bar{\omega}$ 值绘于图 1-9-9b) 中，并绘 x 坐标图（图 1-9-9c)）。

按式（1-9-5）计算惯性矩 I_y：

板 5-5′ $I_{y(1)} = \frac{10 \times 10}{2} \times \frac{2}{3} \times 10 \times 0.3 \times 2 = 200 \mathrm{m}^4$

板 $\begin{matrix}2\text{-}3\\2'\text{-}3'\end{matrix}$ $I_{y(2)} = 7.5 \times 7.5 \times 3 \times 0.4 \times 2 = 135 \mathrm{m}^4$

板 $\begin{matrix}3\text{-}4\\3'\text{-}4'\end{matrix}$ $I_{y(3)} = \frac{5}{6} [2(7.5^2 + 2.5^2) + 2 \times 7.5 \times 2.5] \times 0.4 \times 2 = 162.5 \mathrm{m}^4$

板 $\begin{matrix}4\text{-}1\\4'\text{-}1'\end{matrix}$ $I_{y(4)} = 2.5 \times 2.5 \times 3 \times 0.4 \times 2 = 15 \mathrm{m}^4$

合计： $I_y = 512.5 \mathrm{m}^4$

按式（1-9-6）计算扇性惯性积 $I_{\bar{\omega}x}$：

板 $\begin{matrix}1\text{-}2\\1'\text{-}2'\end{matrix}$ $I_{\bar{\omega}x(1)} = -\frac{5}{6}[2(7.5 \times 11.32 + 0) + 2 \times 11.32 \times 2.5 + 0] \times 0.3 \times 2$

$= -99.05 \mathrm{m}^5$

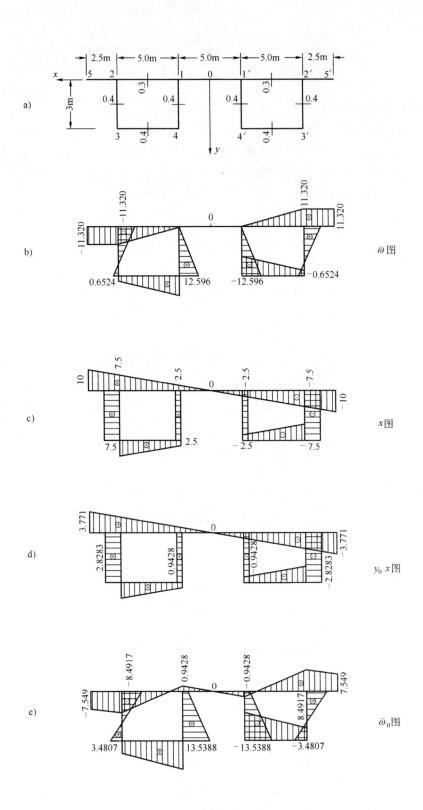

图 1-9-9 例 1-9-7 示意图

板 $\begin{matrix}2\text{-}3\\2'\text{-}3'\end{matrix}$ $I_{\bar{\omega}x(2)}=7.5\times3\times\left[\dfrac{-11.32+0.6524}{2}\right]\times0.4\times2=-96.01\text{m}^5$

板 $\begin{matrix}3\text{-}4\\3'\text{-}4'\end{matrix}$ $I_{\bar{\omega}x(3)}=\dfrac{5}{6}\left[2(7.5\times0.6324+2.5\times12.5960)+7.5\times12.596+2.5\times0.6524\right]\times0.4\times2=112.58\text{m}^5$

板 $\begin{matrix}4\text{-}1\\4'\text{-}1'\end{matrix}$ $I_{\bar{\omega}x(4)}=\dfrac{12.596\times3}{2}\times2.5\times0.4\times2=37.79\text{m}^5$

板 $1\text{-}1'$ $I_{\bar{\omega}x(5)}=0$

板 $\begin{matrix}2\text{-}5\\2'\text{-}5'\end{matrix}$ $I_{\bar{\omega}x(6)}=\dfrac{10+7.5}{2}\times2.5\times(-11.32)\times0.3\times2=-148.58\text{m}^5$

合计： $I_{\bar{\omega}x}=-193.27\text{m}^5$

按式（1-9-7）计算 $I_{\bar{\omega}}$：

板 $\begin{matrix}1\text{-}2\\1'\text{-}2'\end{matrix}$ $I_{\bar{\omega}(1)}=\dfrac{11.32\times5}{2}\times\dfrac{2}{3}\times11.32\times0.3\times2=128.14\text{m}^6$

板 $\begin{matrix}2\text{-}3\\2'\text{-}3'\end{matrix}$ $I_{\bar{\omega}(2)}=\dfrac{3}{6}\left[2(11.32^2+0.6524^2)-2\times11.32\times0.6524\right]\times0.4\times2$
$=96.95\text{m}^6$

板 $\begin{matrix}3\text{-}4\\3'\text{-}4'\end{matrix}$ $I_{\bar{\omega}(3)}=\dfrac{5}{6}\left[2(0.6524^2+12.596^2)+2\times0.6524\times12.596\right]\times0.4\times2$
$=223.07\text{m}^6$

板 $\begin{matrix}4\text{-}1\\4'\text{-}1'\end{matrix}$ $I_{\bar{\omega}(4)}=\dfrac{3\times12.596}{2}\times\dfrac{2}{3}\times12.596\times0.4\times2=126.93\text{m}^6$

板 $1\text{-}1'$ $I_{\bar{\omega}(5)}=0$

板 $\begin{matrix}2\text{-}5\\2'\text{-}5'\end{matrix}$ $I_{\bar{\omega}(6)}=11.32^2\times2.5\times0.3\times2=192.21\text{m}^6$

合计： $I_{\bar{\omega}}=767.30\text{m}^6$

以上计算均采用图乘法，参见表 1-2-22 中公式。

按式（1-9-8）计算剪切中心 x_0、y_0。

由于截面对称，故 $x_0=0$，而 y_0 为：

$$y_0=-\dfrac{I_{\bar{\omega}x}}{I_y}=-\dfrac{-193.27}{512.5}=0.3771\text{m}$$

绘制主扇性坐标 $\bar{\omega}_0$ 图（图 1-9-9e）。

先绘制 y_0x 图（图 1-9-9d），然后与 $\bar{\omega}$ 图相叠加便得到 $\bar{\omega}_0$ 图。

按式（1-9-9）计算主扇性惯矩 $I_{\bar{\omega}_0}$：

$$I_{\bar{\omega}_0}=I_{\bar{\omega}}+y_0I_{\bar{\omega}x}=767.30+0.3771\times(-193.27)=694.42\text{m}^6$$

按式（1-9-11）计算 I_ρ：

$$I_\rho=\oint\rho_0^2\delta\text{d}s=\sum\rho_{0i}^2\delta_i\Delta s_i$$

板 $5\text{-}5'$ $I_{\rho(1)}=0.3771^2\times0.3\times20=0.85\text{m}^4$

板 $\begin{matrix}2\text{-}3\\2'\text{-}3'\end{matrix}$　　$I_{\rho(2)} = 7.5^2 \times 0.4 \times 3 \times 2 = 135\text{m}^4$

板 $\begin{matrix}1\text{-}4\\1'\text{-}4'\end{matrix}$　　$I_{\rho(3)} = 2.5^2 \times 0.4 \times 3 \times 2 = 15\text{m}^4$

板 $\begin{matrix}3\text{-}4\\4'\text{-}4'\end{matrix}$　　$I_{\rho(4)} = (3-0.3771)^2 \times 0.4 \times 5 \times 2 = 27.52\text{m}^4$

合计：　　　　　　　　$I_\rho = 178.37\text{m}^4$

计算参数 β 和 λ：

$$\beta = \frac{I_\rho}{I_\rho - I_{\bar{k}}} = \frac{178.37}{178.37 - 40.84} = 1.297$$

$$\lambda = \sqrt{\frac{GI_{\bar{k}}}{\beta EI_{\omega_0}}} = \sqrt{\frac{0.425E \times 40.84}{1.297E \times 694.42}} = 0.139\,\frac{1}{\text{m}}$$

上式中 I_k 值取自例 1-9-4，对于钢筋混凝土，$G=0.425E$。

4. 单跨箱截面薄壁梁各约束条件下扭转时的内力计算公式（表 1-9-8）

单跨箱截面薄壁梁扭转时内力计算公式表　　　　表 1-9-8

荷 载 图	B、M_ω 及 M_k
（均布荷载 q，偏心距 e，长度 l）	$B = -\dfrac{qe}{\beta\lambda^2\text{ch}\lambda l}[\lambda l\,\text{sh}\lambda(l-x) - \text{ch}\lambda l + \text{ch}\lambda x]$ $M_\omega = \dfrac{qe}{\beta\lambda\text{ch}\lambda l}[\lambda l\,\text{ch}\lambda(l-x) - \text{sh}\lambda x]$ $M_k = \dfrac{qe}{\lambda\text{ch}\lambda l}\left[\lambda(l-x)\text{ch}\lambda l + \dfrac{\text{sh}\lambda x - \lambda l\,\text{ch}\lambda(l-x)}{\beta}\right]$
（集中荷载 P，偏心距 e，距固定端 a，b）	当 $0 \leqslant x \leqslant a$： $B = -\dfrac{Pe}{\beta\lambda\text{ch}\lambda l}[\text{sh}\lambda(l-x) - \text{sh}\lambda b\,\text{ch}\lambda x]$ $M_\omega = \dfrac{Pe}{\beta\text{ch}\lambda l}[\text{ch}\lambda(l-x) + \text{sh}\lambda b\,\text{sh}\lambda x]$ $M_k = Pe\left[1 - \dfrac{\text{ch}\lambda(l-x) + \text{sh}\lambda b\,\text{sh}\lambda x}{\beta\text{ch}\lambda l}\right]$ 当 $a \leqslant x \leqslant l$： $B = \dfrac{Pe}{\beta\text{ch}\lambda l}\text{sh}\lambda(l-x)(\text{ch}\lambda a - 1)$ $M_\omega = -\dfrac{Pe}{\beta\text{ch}\lambda l}\text{ch}\lambda(l-x)(\text{ch}\lambda a - 1)$ $M_k = \dfrac{Pe}{\beta\text{ch}\lambda l}\text{ch}\lambda(l-x)(\text{ch}\lambda a - 1)$
（集中荷载 P 作用在自由端，偏心距 e，长度 l）	$B = -\dfrac{Pe}{\beta\lambda\text{ch}\lambda l}\text{sh}\lambda(l-x)$ $M_\omega = \dfrac{Pe}{\beta\text{ch}\lambda l}\text{ch}\lambda(l-x)$ $M_k = Pe\left[1 - \dfrac{\text{ch}\lambda(l-x)}{\beta\text{ch}\lambda l}\right]$

续上表

荷 载 图	B、M_ω 及 M_k
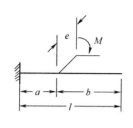	当 $0 \leqslant x \leqslant a$： $B = -Me \dfrac{\mathrm{ch}\lambda b\,\mathrm{ch}\lambda x}{\mathrm{ch}\lambda l}$ $M_\omega = -Me \dfrac{\lambda\,\mathrm{ch}\lambda b\,\mathrm{sh}\lambda x}{\mathrm{ch}\lambda l}$ $M_k = Me \dfrac{\lambda\,\mathrm{ch}\lambda b\,\mathrm{sh}\lambda x}{\mathrm{ch}\lambda l}$ 当 $a \leqslant x \leqslant l$： $B = Me \dfrac{\mathrm{sh}\lambda a\,\mathrm{sh}\lambda(l-x)}{\mathrm{ch}\lambda l}$ $M_\omega = -Me \dfrac{\lambda\,\mathrm{ch}\lambda a\,\mathrm{sh}\lambda(l-x)}{\mathrm{ch}\lambda l}$ $M_k = Me \dfrac{\lambda\,\mathrm{sh}\lambda a\,\mathrm{ch}\lambda(l-x)}{\mathrm{ch}\lambda l}$
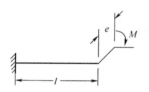	$B = -Me \dfrac{\mathrm{ch}\lambda x}{\mathrm{ch}\lambda l}$ $M_\omega = -Me \dfrac{\lambda\,\mathrm{sh}\lambda x}{\mathrm{ch}\lambda l}$ $M_k = Me \dfrac{\lambda\,\mathrm{sh}\lambda x}{\mathrm{ch}\lambda l}$
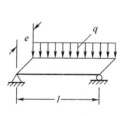	$B = \dfrac{q\,e}{\beta\lambda^2}\left[1 - \dfrac{\mathrm{ch}\lambda(\dfrac{l}{2}-x)}{\mathrm{ch}\dfrac{\lambda l}{2}}\right]$ $M_\omega = \dfrac{q\,e}{\beta\lambda} \times \left(\dfrac{\mathrm{sh}(\dfrac{l}{2}-x)}{\mathrm{ch}\dfrac{\lambda l}{2}}\right)$ $M_k = \dfrac{qe}{\lambda}\left[\lambda\left(\dfrac{l}{2}-x\right) - \left(\dfrac{\mathrm{sh}\lambda(\dfrac{l}{2}-x)}{\beta\,\mathrm{ch}\dfrac{\lambda l}{2}}\right)\right]$
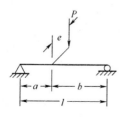	当 $0 \leqslant x \leqslant a$： $B = \dfrac{Pe}{\beta\lambda} \dfrac{\mathrm{sh}\lambda b}{\mathrm{sh}\lambda l}\,\mathrm{sh}\lambda x$ $M_\omega = \dfrac{Pe}{\beta} \dfrac{\mathrm{sh}\lambda b}{\mathrm{sh}\lambda l}\,\mathrm{ch}\lambda x$ $M_k = Pe\left(\dfrac{b}{l} - \dfrac{\mathrm{sh}\lambda b}{\beta\,\mathrm{sh}\lambda l}\,\mathrm{ch}\lambda x\right)$ 当 $a \leqslant x \leqslant l$： $B = \dfrac{Pe}{\beta\lambda} \dfrac{\mathrm{sh}\lambda a}{\mathrm{sh}\lambda l}\,\mathrm{sh}\lambda(l-x)$ $M_\omega = -\dfrac{Pe}{\beta} \dfrac{\mathrm{sh}\lambda a}{\mathrm{sh}\lambda l}\,\mathrm{sh}\lambda(l-x)$ $M_k = -Pe\left[\dfrac{a}{l} - \dfrac{\mathrm{sh}\lambda a}{\mathrm{sh}\lambda l}\,\mathrm{ch}\lambda(l-x)\right]$

续上表

荷 载 图	B、M_ω 及 M_k
(简支梁,集中力偶 M 作用,偏心距 e,距离 a、b,跨度 l)	当 $0 \leqslant x \leqslant a$: $B = -Me \dfrac{\mathrm{ch}\lambda b}{\mathrm{sh}\lambda l}\mathrm{sh}\lambda x$ $M_\omega = -Me \dfrac{\lambda \mathrm{ch}\lambda b}{\mathrm{sh}\lambda l}\mathrm{ch}\lambda x$ $M_k = -Me\left(\dfrac{1}{l} - \dfrac{\lambda \mathrm{ch}\lambda b}{\mathrm{sh}\lambda l}\mathrm{ch}\lambda x\right)$ 当 $a \leqslant x \leqslant l$: $B = Me \dfrac{\mathrm{ch}\lambda a}{\mathrm{sh}\lambda l}\mathrm{sh}\lambda(l-x)$ $M_\omega = -Me \dfrac{\lambda \mathrm{ch}\lambda a}{\mathrm{sh}\lambda l}\mathrm{ch}\lambda(l-x)$ $M_k = -Me\left[\dfrac{1}{l} - \dfrac{\lambda \mathrm{ch}\lambda a}{\mathrm{sh}\lambda l}\mathrm{ch}\lambda(l-x)\right]$
(两端固定梁,跨中集中力 P,偏心距 e,跨度 $l/2 + l/2$)	当 $0 \leqslant x \leqslant \dfrac{l}{2}$: $B = \dfrac{Pe}{2}\left[\dfrac{\mathrm{ch}\lambda x - \mathrm{ch}\lambda\left(\dfrac{l}{2}-x\right)}{\beta\lambda\mathrm{sh}\dfrac{\lambda l}{2}}\right]$ $M_\omega = \dfrac{Pe}{2}\left[\dfrac{\mathrm{sh}\lambda x + \mathrm{sh}\lambda\left(\dfrac{l}{2}-x\right)}{\beta\mathrm{sh}\dfrac{\lambda l}{2}}\right]$ $M_k = \dfrac{Pe}{2}\left[1 - \dfrac{\mathrm{sh}\lambda x + \mathrm{sh}\lambda\left(\dfrac{l}{2}-x\right)}{\beta\mathrm{sh}\dfrac{\lambda l}{2}}\right]$ 当 $\dfrac{l}{2} \leqslant x \leqslant l$: $B = \dfrac{Pe}{2}\left[\dfrac{\mathrm{ch}\lambda(1-x) - \mathrm{ch}\lambda\left(\dfrac{L}{2}-x\right)}{\beta\lambda\mathrm{sh}\dfrac{\lambda l}{2}}\right]$ $M_\omega = -\dfrac{Pe}{2}\left[\dfrac{\mathrm{sh}\lambda(l-x) - \mathrm{sh}\lambda\left(\dfrac{l}{2}-x\right)}{\beta\mathrm{sh}\dfrac{\lambda l}{2}}\right]$ $M_k = -\dfrac{Pe}{2}\left[1 - \dfrac{\mathrm{sh}\lambda(l-x) - \mathrm{sh}\lambda\left(\dfrac{l}{2}-x\right)}{\beta\mathrm{sh}\dfrac{\lambda l}{2}}\right]$
(两端固定梁,均布荷载 q,偏心距 e,跨度 l)	$B = \dfrac{qe}{\beta\lambda^2}\left[1 - \dfrac{\lambda l\mathrm{ch}\lambda\left(\dfrac{l}{2}-x\right)}{2\mathrm{sh}\dfrac{\lambda l}{2}}\right]$ $M_\omega = \dfrac{qel}{2\beta} \cdot \dfrac{\mathrm{sh}\lambda\left(\dfrac{l}{2}-x\right)}{\mathrm{sh}\dfrac{\lambda l}{2}}$ $M_k = qe\left[\left(\dfrac{l}{2}-x\right) - \dfrac{l\mathrm{sh}\lambda\left(\dfrac{l}{2}-x\right)}{2\beta\mathrm{sh}\dfrac{\lambda l}{2}}\right]$

续上表

荷 载 图	B、M_ω 及 M_k
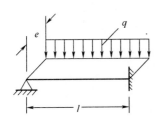	若令 $$\Phi = \frac{1+\beta\lambda l \operatorname{sh}\lambda l - \operatorname{ch}\lambda l - \beta\lambda^2 l^2/2}{\beta\lambda l \operatorname{ch}\lambda l - \operatorname{sh}\lambda l}$$ 则 $$B = \frac{qe}{\beta\lambda^2}(1 - \operatorname{ch}\lambda x + \Phi\operatorname{sh}\lambda x)$$ $$M_\omega = \frac{qe}{\beta\lambda}(-\operatorname{sh}\lambda x + \Phi\operatorname{ch}\lambda x)$$ $$M_k = \frac{qe}{\lambda}\left[\lambda(l-x) + \frac{\operatorname{ch}\lambda l - 1 - \frac{\beta\lambda^2 l^2}{2}\operatorname{ch}\lambda l}{\beta\lambda l \operatorname{ch}\lambda l - \operatorname{sh}\lambda l}\right] + \frac{qe}{\beta\lambda}[\operatorname{sh}\lambda x - \Phi\operatorname{ch}\lambda x]$$
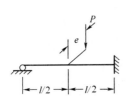	若令 $$\Gamma = \frac{\beta\lambda l \operatorname{ch}\frac{\lambda l}{2} - \operatorname{sh}\frac{\lambda l}{2} - \frac{\beta\lambda l}{2}}{\beta\lambda l \operatorname{ch}\lambda l - \operatorname{sh}\lambda l}$$ 则当 $0 \leqslant x \leqslant \frac{l}{2}$： $$B = \frac{Pe}{\beta\lambda} \cdot \Gamma\operatorname{sh}\lambda x$$ $$M_\omega = \frac{Pe}{\beta} \cdot \Gamma\operatorname{ch}\lambda x$$ $$M_k = Pe\left[1 - \frac{\frac{\beta\lambda l}{2}\operatorname{ch}\frac{\lambda l}{2} - \operatorname{sh}\frac{\lambda l}{2}}{\beta\lambda l \operatorname{ch}\lambda l - \operatorname{sh}\lambda l} - \frac{\Gamma}{\beta}\operatorname{ch}\lambda x\right]$$ 当 $\frac{l}{2} \leqslant x \leqslant l$： $$B = \frac{Pe}{\beta\lambda}\left[\Gamma\operatorname{sh}\lambda x - \operatorname{sh}\lambda\left(x - \frac{l}{2}\right)\right]$$ $$M_\omega = \frac{Pe}{\beta}\left[\Gamma\operatorname{ch}\lambda x - \operatorname{ch}\lambda\left(x - \frac{l}{2}\right)\right]$$ $$M_k = Pe\left[\frac{\operatorname{ch}\lambda\left(x - \frac{l}{2}\right)}{\beta} - \frac{\Gamma}{\beta}\operatorname{sh}\lambda x - \frac{\frac{\beta\lambda l}{2}\operatorname{ch}\lambda l - \operatorname{sh}\frac{\lambda l}{2}}{\beta\lambda l \operatorname{ch}\lambda l - \operatorname{sh}\lambda l}\right]$$

梁 式 桥
Beam Bridge

第一章 板桥

第一节 整体式简支板桥

一、基本尺寸拟定

(1) 适用跨径：8m 以内。
(2) 截面形式：实心截面。
(3) 板宽：以不超过 12m 为宜，对于城市宽桥，可从桥面中心线断开，化为并列的两桥，这是为了防止因温度变化和混凝土收缩而引起的纵向裂纹以及因汽车荷载产生过大的横向弯矩。
(4) 板厚：板高/跨径＝（1/16～1/23），随跨径的增大而取用较小值。

二、钢筋构造

(1) 主筋：板中间 2/3 的宽度范围内按计算需要量配筋，在两侧各 1/6 的宽度范围内应比中间的配筋量增加 15%。
(2) 斜筋：习惯上将部分主筋在靠支点附近约 1/4～1/6 跨径范围内弯折呈 30°或 45°的斜角。
(3) 横向钢筋：对于单向板，其横向钢筋的配筋面积可取主筋面积的 15%，且间距不大于 25cm。

三、构造示例

图 2-1-1 所示截面为标准跨径 6m、桥面净宽 8.5m（与路基同宽）、两边有 0.25m 的安全带，并按《公路桥涵设计通用规范》(JTJ 021—89)（下文中简称原《通用规范》）汽车—15 级、挂车—80 设计的整体简支板桥的构造。其计算跨径为 5.69m，板厚 32cm，约为跨径的 1/18。纵向主筋采用 II 级钢筋，直径为 20mm，在中间 2/3 的板宽内的间距为 12.5cm，其余两侧间距为 11cm。主筋在两端约为跨径 1/3.5 的范围内呈 30°弯起，分布钢筋按单位板宽上主筋面积 15%配置，直径为 10mm，间距为 20cm。

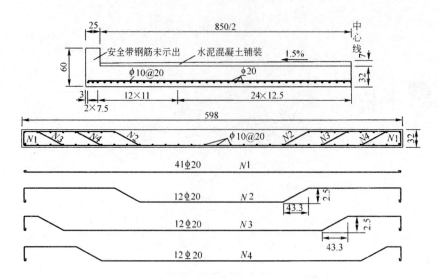

图 2-1-1 整体式板桥构造示例（尺寸单位：cm）

四、结构计算内容

整体式简支板桥在初步拟定出结构尺寸以后，便进行内力分析和截面设计。

（1）恒载内力计算包括结构自重、桥面构造（二期恒载）等各项恒载，一般将它们近似地平均分配到板的全宽。

（2）汽车荷载内力计算包括车道荷载、车辆荷载和汽车冲击力等。

（3）荷载组合按相关规范对控制截面（跨中、$l/4$ 和支点）进行最不利的荷载组合。

（4）截面配筋设计根据《结构设计原理》和现行《公路钢筋混凝土及预应力混凝土桥涵设计规范》（JTG 062—2004）（下文中简称现行《混桥规》）中的具体规定进行截面配筋设计并验算截面强度和结构的变形。

五、单向板的汽车荷载内力计算——有效分布宽度法

本节仅对上述第二项计算内容作进一步的介绍，有关板的荷载有效分布宽度原理可参考相关文献。

1. 确定车轮荷载压力面

设车轮的着地长度×宽度＝$a_2 \times b_2$，则位于混凝土或沥青面层上的集中力可以偏安全地假定呈45°扩散。当到达混凝土板顶面时，其压力面面积 a_1（长）×b_1（宽）可按下式计算（图 2-1-2）：

$$\left.\begin{array}{ll}\text{纵向} & a_1 = a_2 + 2H \\ \text{横向} & b_1 = b_2 + 2H\end{array}\right\} \quad (2\text{-}1\text{-}1)$$

2. 确定跨中截面的荷载有效分布宽度

（1）对于单独一个车轮荷载，其有效分布宽度 b 可按图 2-1-3a）计算，即：

$$b = b_2 + 2H + \frac{L}{3} = b_1 + \frac{L}{3} \quad (2\text{-}1\text{-}2)$$

但不小于 $\frac{2}{3}L$。

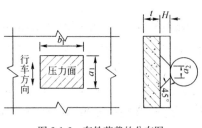

图 2-1-2 车轮荷载的分布图

(2) 对于相邻车轮的分布宽度发生重叠的情况，则车重取其总和，其分布宽度则按边轮分布外缘计算，如图 2-1-3b) 所示，即：

$$b = b_2 + 2H + d + \frac{L}{3} = b_1 + d + \frac{L}{3} \quad (2\text{-}1\text{-}3)$$

但不小于 $\frac{2}{3}L + d$。当计算出的分布宽度超过板的边缘时，则以板的实际边缘计。

3. 确定板支承处附近的荷载有效分布宽度。

(1) 车轮位于支承处时，其有效分布宽度 b' 可按下式计算（图 2-1-3c)）：

$$b' = b_2 + 2H + t = b_1 + t \quad (2\text{-}1\text{-}4)$$

但不小于 $\frac{L}{3}$。

(2) 车轮在板的支承附近时，则按下式计算（图 2-1-3c)）：

$$b_x = b' + 2x = b_1 + t + 2x \quad (2\text{-}1\text{-}5)$$

以上各式中：H——铺装层厚度，一般取其平均值；

t——板的厚度；

L——板的计算跨径；

d——多个车轮的分布宽度有重叠时两外轮之间的中距；

x——荷载离支承边缘的距离。

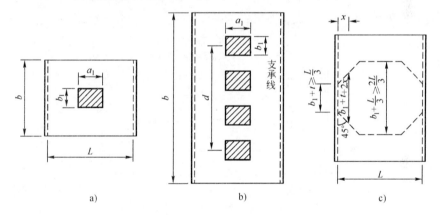

图 2-1-3 车轮荷载的有效分布宽度

4. 汽车荷载内力计算

汽车荷载作用下 i 号截面内力（弯矩和剪力）计算的一般公式为：

$$S_i = (1+\mu)\xi \frac{n_i}{b_i}(q_k \omega_i + P_k y_i) \quad (2\text{-}1\text{-}6)$$

对于整体式混凝土简支板桥，由于其跨径不大，一般只需要计算跨中截面的 $M_{\max}$ 和支点截面的 $Q_{\max}$，故在具体地应用上式时，对于有效分布宽度沿跨长方向变化的影响，可以适当加以简化，即：

跨中弯矩

$$M_0 = (1+\mu)\xi \cdot \frac{n_0}{b_0}(q_k \omega_0^M + P_k \cdot y_0^M) \quad (2\text{-}1\text{-}6a)$$

支点剪力

$$Q_\text{支} = (1+\mu)\xi \left(\frac{n_0}{b_0} q_k \omega_\text{支}^Q + \frac{n_\text{支}}{b_\text{支}} \cdot P_k' \cdot 1 \right) \quad (2\text{-}1\text{-}6b)$$

以上各式中：q_k、P_k、P'_k——分别为规定的车道荷载之均布荷载标准值和集中荷载标准值，其中 $P'_k=1.2P_k$，它仅用来计算剪力效应；

ξ——多车道的折减系数；

$1+\mu$——汽车荷载的冲击系数，以上各值均按《公路桥涵设计通用规范》（JTG D60—2004）（下文中简称现行《通用规范》）中相应的规定进行计算；

b_0、n_0——分别为跨中截面的有效分布宽度及其相应的车道数；

$b_支$、$n_支$——分别为支点截面的有效分布宽度及其相应的车道数；

ω_0^M、y_0^M——分别为跨中截面的弯矩影响线面积和弯矩影响线竖标最大值；

$\omega_支^Q$——支点截面的剪力影响线面积。

5. 汽车荷载内力计算示例

【例 2-1-1】 设计资料如下：

标准跨径：$L=8m$；

桥面净空：净—7+2×0.25m（全宽 8m）；

设计荷载：公路—II 级车道荷载；

材料：C25 混凝土，HRB335 钢筋。

该整体式简支板桥的横断面示于图 2-1-4 中。计入桥面铺装层 8cm 在内的板厚 $t=36cm$；沥青表面处治厚：2cm；支承宽度：29cm。

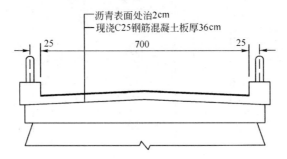

图 2-1-4　整体式简支板示意图（尺寸单位：cm）

解：（1）基本参数计算

①计算跨径：$L=800-2\left(1+\dfrac{29}{2}\right)=769$ cm（括号内 1cm 为板跨两端预留的间隙）。

②净跨径：$L_0=L-\dfrac{1}{2}(29+29)=740$ cm。

③多车道桥涵的横向折减系数 ξ：本桥为双车道，按现行《通用规范》中规定 $\xi=1$。

④冲击系数 μ：本桥的自振频率（基频）f 根据现行《通用规范》中的公式（4-3）计算：

$$f=\dfrac{\pi}{2L^2}\sqrt{\dfrac{EI_c \cdot g}{G}}$$

本桥的混凝土为 C25，弹性模量 $E=2.8\times 10^{10}$ N/m²，单位板宽的抗弯惯性矩 $I_c=\dfrac{1\times 0.36^3}{12}=3.888\times 10^{-3}$ m⁴，单位板宽每延米的重力 $G=1\times 1\times 0.36\times 26\times 10^3=9360$ N/m，

重力加速度 $g=9.81\text{m/s}^2$。代入上式后得：

$$f=\frac{\pi}{2\times 7.69^2}\sqrt{\frac{2.8\times 10^{10}\times 3.888\times 10^{-3}\times 9.81}{9360}}=8.923\text{Hz}$$

它介于 1.5～14Hz 之间，故按下式得冲击系数 μ 为：

$$\mu=0.1767\ln f-0.0157=0.372$$

⑤跨中截面的荷载有效分布宽度 b_0：按现行《混桥规》规定，当车辆中、后轮的着地宽度 $b_2=0.6\text{m}$ 和长度 $a_2=0.2\text{m}$ 时，则计入 2cm 的沥青表面处治后的压力面为（图 2-1-5a））：

$$a_1=a_2+2H=20+2\times 2=24\text{cm} \quad （行车方向）$$
$$b_1=b_2+2H=60+2\times 2=64\text{cm} \quad （横桥向）$$

当按单个车轮考虑时，其有效分布宽度 b 按式（2-1-2）计算。

$$b=b_1+\frac{L}{3}=64+\frac{769}{3}=320.33\text{cm}>180\text{cm}$$

它说明横桥向各轮的分布宽度均发生重叠。

对于图 2-1-5b）所示的偏载情况，跨中截面处的荷载有效分布宽度 b_0 为：

$$b_0=0.5+0.5+(1.8+1.3+1.8)+\left(0.64+\frac{7.69}{6}\right)\approx 7.82\text{m}<8.0\text{m}$$

与之相对应的车道数 $n_0=2$。

⑥支点截面的荷载有效分布宽度 $b_支$：当按单个车轮考虑时，其有效分布宽度 b' 按式（2-1-4）计算。

$$b'=b_1+t=64+36=100\text{cm}<130\text{cm}$$

表明在任意两个车轮的横向间距之间的分布宽度没有重叠现象，且与之相应的车道数 $n_支=\frac{1}{2}$，参见图 2-1-5b）。

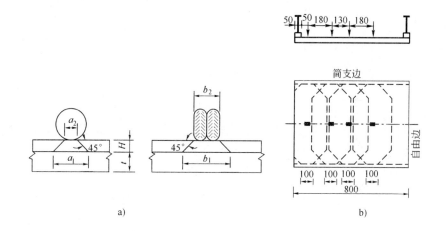

图 2-1-5 荷载有效分布宽度的计算图（尺寸单位：cm）
a）车轮压力面；b）荷载有效分布宽度重叠的情况

(2) 汽车荷载的内力计算

①车道荷载标准值。根据现行《通用规范》中的规定，对于公路—Ⅱ级的桥梁，其车道荷载的标准值分别为均布荷载：$q_k = 0.75 \times 10.5 = 7.875$ kN/m，集中荷载：需用内插法计算。

$L = 5$m　　$P_k = 0.75 \times 180 = 135$ kN

$L = 50$m　　$P_k = 0.75 \times 360 = 270$ kN

$L = 7.69$m　　$P_k = 135 + \dfrac{(270-135)}{(50-5)} \times (7.69-5) = 143.07$ kN

$$P'_k = 1.2 \times P_k = 1.2 \times 143.07 = 171.68 \text{ kN}$$

②跨中弯矩 M_0。按图 2-1-6a) 和式（2-1-6a）计算：

$$M_0 = (1+0.372) \times 1 \times \dfrac{2}{7.82} \left(7.875 \times \dfrac{7.69 \times 1.9225}{2} + 143.07 \times 1.9225\right)$$

$$= 116.94 \text{ kN} \cdot \text{m}$$

若计入两端有效分布宽度变化的因素时，则其精确计算值为 $M_0 = 118.55$ kN·m，两者的相对误差约为 1.4%。

③支点剪力 $Q_{\text{支}}$。按图 2-1-6b) 和式（2-1-6b）计算：

$$Q_{\text{支}} = (1+0.372) \times 1 \times \left(\dfrac{2}{7.82} \times 7.875 \times \dfrac{1 \times 7.4}{2} + \dfrac{1}{2 \times 1} \times 171.68 \times 1\right) = 128.00 \text{ kN}$$

若计入两端有效分布宽度变化的因素时，则其精确计算值为 $Q_{\text{支}} = 132.66$ kN，两者的相对误差约为 3.6%。

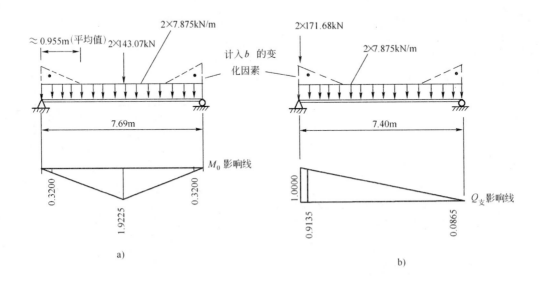

图 2-1-6　简支板的计算图
a) 跨中弯矩；b) 支点剪力

第二节　装配式简支板桥

一、基本尺寸拟定

1. 装配式板桥的板高与跨径尺寸参考值（表 2-1-1）

装配式板桥参考尺寸　　　　　　　　　　　　表 2-1-1

结构类型	截面形式	跨径 l (m)	板高 h (m)
钢筋混凝土板桥	实心	<8	0.16～0.36
	空心	6～13	0.4～0.8
预应力混凝土板桥	实心	—	—
	空心	8～20	0.4～0.85

2. 装配式板桥标准图尺寸（摘录）（表 2-1-2）

装配式板桥标准图截面尺寸　　　　　　　　　　表 2-1-2

结构类型		跨径 (m)	斜交角 (°)	截面形式	板宽 (cm)	板高 (cm) 预制高	板高 (cm) 全高	标准图号
钢筋混凝土		3	0, 10, 20, 30, 40	实心	125	22	28	JT/GQB 017—2000
		4		实心		26	32	
		5		实心		30	36	
		5	0, 15, 30, 45	实心	103	30	40	JT/GGQS 011—84
		6		实心		30	40	
		8		双圆孔		40	45	
预应力混凝土	先张法	10	0, 15, 30, 45	双圆孔	103	40	50	
		13		双圆孔		55	65	
		16		单圆孔		70	80	
	后张法	10	10, 20, 30, 40	大孔	125	50	58	JT/GQB 001—93
		13		大孔		60	68	
		16		大孔		75	83	
		20		大孔		90	98	

截面示意图：
a) 实心
b) 双圆孔
c) 单圆孔
d) 大孔

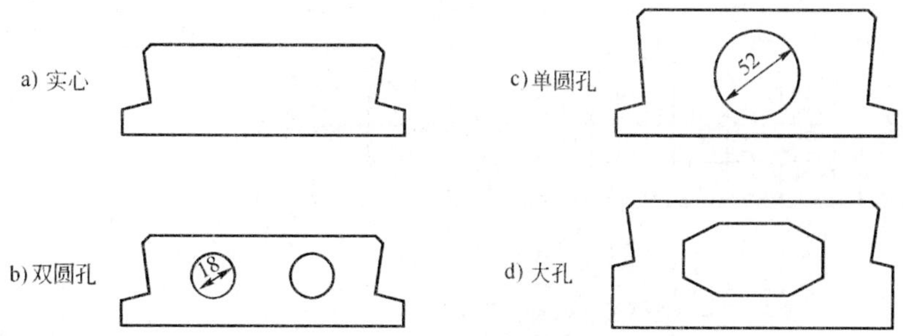

（尺寸单位：cm）

二、钢筋构造示例

图 2-1-7a) 为一块装配式钢筋混凝土矩形板标准图的中板设计示例。标准跨径为 6m，按原《通用规范》的荷载等级为汽车—超 20 级，挂车—120（相当于公路—I 级）。中板板宽为 1.03m，边板为 1.045m，预制时的板高为 0.30m，经二次浇筑混凝土的全高为 0.40m，混凝土强度等级为 C25，主筋为 7Φ25。图 2-1-7b) 为一块装配式预应力混凝土空心板（中板）标准图的设计示例。标准跨径为 13m，荷载等级及单块板宽同上，预制时的板高为 0.55m，全高为 0.65m，混凝土强度等级为 C40，其主筋按《公路钢筋混凝土及预应力混凝土桥涵设计规范》(JTJ 023—85)（下文中简称原《混桥规》）设计为 14ϕ^j15（7ϕ5）的钢绞线。两类板均采用企口混凝土菱形铰联结，铰接缝的填缝混凝土强度等级的与预制板的相同。

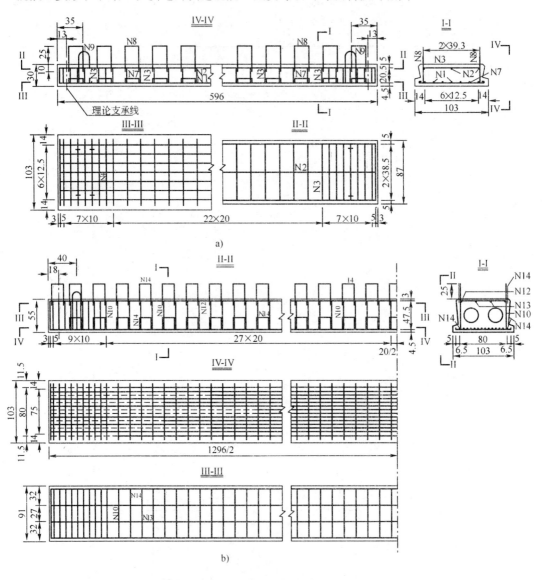

图 2-1-7 装配式简支板标准图示例（尺寸单位：cm）
a) 跨径为 6m 的钢筋混凝土板；b) 跨径为 13m 的预应力混凝土板

三、汽车荷载内力计算——铰接板法

装配式简支板桥的结构计算内容与整体式板桥的大体相似，但在汽车荷载内力计算中稍有所不同。对于整体式简支板桥，其汽车荷载内力是取板的有效分布宽度作为单位进行计算；而对于装配式简支板桥，则是取一块板作为单位进行计算，因此需要考虑荷载横向分布的影响，亦即荷载横向分布系数 m。i 号截面内力的一般表达式为：

$$S_i = (1+\mu) \cdot \xi \cdot m \cdot (q_k \omega_i + P_k y_i) \tag{2-1-7}$$

上式中的符号除了系数 m 外，其余均与式（2-1-6）中的相同，其中 y_i 是指沿桥跨纵向与荷载位置相对应的内力影响线竖标。本节将简要介绍关于铰接板荷载横向分布系数的计算方法——铰接板法。有关铰接板法的原理详见相关文献。

1. 原理简介

设峰值 $p=1$ 的单位正弦荷载 $1 \cdot \sin\dfrac{\pi x}{l}$ 作用于 1 号板上时，则各铰接缝处的剪力峰值为 g_1、g_2、g_3、g_4，如图 2-1-8a)、b) 所示。于是，分配到各板块上的峰值 $P_{i1} = (\eta_{i1})$ 为：

$$\left.\begin{array}{ll} 1\text{号板} & p_{11} = \eta_{11} = 1 - g_1 \\ 2\text{号板} & p_{21} = \eta_{21} = \eta_{12} = g_1 - g_2 \\ 3\text{号板} & p_{31} = \eta_{31} = \eta_{13} = g_2 - g_3 \\ 4\text{号板} & p_{41} = \eta_{41} = \eta_{14} = g_3 - g_4 \\ 5\text{号板} & p_{51} = \eta_{51} = \eta_{15} = g_4 \end{array}\right\} \tag{2-1-8}$$

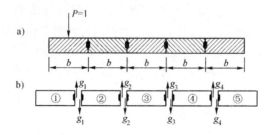

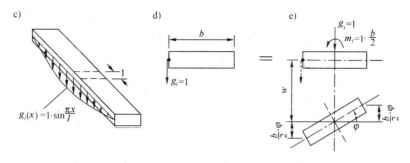

图 2-1-8 铰接板桥计算图

再根据图 2-1-8c)、e) 所示的单块板在 $g_i = 1$ 作用下、跨中截面产生的垂直位移 w 和扭角 φ，并令刚度系数 $\gamma = \dfrac{\dfrac{b}{2}\varphi}{w}$，则可以写出对图 2-1-8b) 基本结构的力法方程。

$$\left.\begin{array}{r}2(1+\gamma)g_1-(1-\gamma)g_2=1\\-(1-\gamma)g_1+2(1+\gamma)g_2-(1-\gamma)g_3=0\\-(1-\gamma)g_2+2(1+\gamma)g_3-(1-\gamma)g_4=0\\-(1-\gamma)g_3+2(1+\gamma)g_4=0\end{array}\right\} \quad (2\text{-}1\text{-}9)$$

从而可以解得 g_i 值，由《材料力学》可以解得板在跨中的挠度 w 和转角 φ 分别为：

$$w=\frac{pl^4}{\pi^4 EI} \quad (2\text{-}1\text{-}10)$$

$$\varphi=\frac{pbl^2}{2\pi^2 GI_T}=\frac{m_T l^2}{\pi^2 GI_T} \quad (2\text{-}1\text{-}11)$$

$$\gamma \approx 5.8\frac{I}{I_T}\left(\frac{b}{l}\right)^2 \quad (2\text{-}1\text{-}12)$$

以上各式中：E、G——分别为结构材料的弹性模量和剪力模量；

I、I_T——分别为板的抗弯惯矩和抗扭惯矩；

b、l——分别为单块板板宽和跨长；

m_T——按正弦分布的扭转力矩峰值。

为了工程设计上的应用，针对不同的 γ 值和不同的板块数，编制了《铰接板（梁）桥荷载横向分布影响线表》和专用的电算程序。本篇的末尾只摘录了其中的 4～9 块板的计算用表（见本篇附表Ⅰ）。应用时可根据具体的 γ 值通过内插得到所需的荷载横向分布影响线。

2. 平面杆系有限元法计算模型

当装配式简支板桥各块板的截面尺寸不完全相同时，例如边板常设计成带短悬臂的形式，或者其宽度比中间板稍大一些，或者所设计的板块数超过了表列的范围，在这些情况下，应用一般平面杆系有限元程序求算就比较方便，它不但可以省掉对 γ 值的烦琐内插，而且可以直接求出某块板的荷载横向分布系数 m。为此，对于图 2-1-8a）所示是五板式结构，可以建立如图 2-1-9b）的计算模型。在相邻两板之间，通过具有主、从关系的一对节点编号来反映铰的工作性能，即图中的 3-4、6-7、9-10 和 12-13 等节点。每个单元沿桥纵向的宽度取单位长，例如 1m。

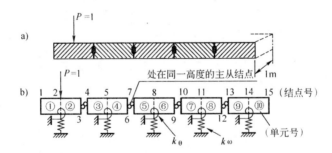

图 2-1-9 铰接板桥荷载横向分布计算模型

其中的集中竖向弹簧支承刚度 k_w 和扭转弹簧支承刚度 k_θ 可以由式（2-1-10）和式（2-1-11）得出：

$$k_w=\frac{p}{w}=\frac{\pi^4 EI}{l^4} \quad (2\text{-}1\text{-}13)$$

$$k_\theta=\frac{m_T}{\varphi}=\frac{\pi^2 GI_T}{l^2} \quad (2\text{-}1\text{-}14)$$

若各块板的截面尺寸不完全相同时，则应分别计算不同类型板的 k_w 和 k_θ 值。有关计算具体细节，可详见例 2-1-3。

3. 示例

【例 2-1-2】 图 2-1-10 所示为计算跨径 $l=12.60$m 的空心板桥的横截面布置，桥面净空为净—$7+2\times 0.75$m 人行道。全桥跨由 9 块预应力混凝土空心板组成，试求 1、3 和 5 号板在公路—Ⅱ级车道荷载和人群荷载作用下的跨中荷载横向分布系数。

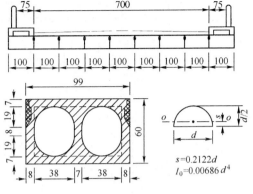

图 2-1-10 空心板桥横截面（尺寸单位：cm）

解：（1）计算空心板截面的抗弯惯矩 I

本例的空心板是上下对称截面，形心轴位于高度中央，故其抗弯惯矩为（参见第一篇表 1-2-17 所示半圆的几何性质）：

$$I = \frac{99 \times 60^3}{12} - 2 \cdot \frac{38 \times 8^3}{12} - 4\left[0.00686 \times 38^4 + \frac{1}{2} \cdot \frac{\pi \times 38^2}{4}\left(\frac{8}{2} + 0.2122 \times 38\right)^2\right]$$

$$= 178200 - 3243 - 4 \times 96828 = 1391 \times 10^3 \text{cm}^4$$

（2）计算空心板截面的抗扭惯矩 I_T

本例空心板截面可以近似简化成图 2-1-10 中虚线所示的薄壁箱形截面来计算 I_T，按第一篇中式 (1-9-1)，则得：

$$I_T = \frac{4(99-8)^2(60-7)^2}{(99-8)\left(\frac{1}{7}+\frac{1}{7}\right)+\frac{2(60-7)}{8}} = \frac{93045000}{26+13.25} = 2.37 \times 10^6 \text{cm}^4$$

（3）计算刚度参数 γ

$$\gamma = 5.8 \frac{I}{I_T}\left(\frac{b}{l}\right)^2 = 5.8 \frac{1391 \times 10^3}{2370 \times 10^3}\left(\frac{100}{1260}\right)^2 = 0.0214$$

（4）计算跨中荷载横向分布影响线

查铰接板荷载横向分布影响线计算用表（第二篇附表Ⅰ）中所属 9-1、9-3 和 9-5 的分表，并在 $\gamma=0.02$ 与 0.04 之间按直线内插法求得 $\gamma=0.0214$ 的影响线竖标值 η_{1i}、η_{3i} 和 η_{5i}。计算结果见表 2-1-3（表中的数值为实际 η_{ki} 的小数点后的 3 位数字）。

1、3、5 号板荷载横向分布影响线竖标 η_{ki} 表 2-1-3

板号	γ	单位荷载作用位置（i号板中心）									$\sum\eta_{ki}$
		1	2	3	4	5	6	7	8	9	
1	0.02	236	194	147	113	088	070	057	049	046	≈1000
	0.04	306	232	155	104	070	048	035	026	023	≈1000
	0.0214	241	197	148	112	087	068	055	047	044	
3	0.02	147	160	164	141	110	087	072	062	057	≈1000
	0.04	155	181	195	159	108	074	053	040	035	
	0.0214	148	161	166	142	110	086	071	060	055	
5	0.02	088	095	110	134	148	134	110	095	088	≈1000
	0.04	070	082	108	151	178	151	108	082	070	
	0.0214	087	094	110	135	150	135	110	094	087	

将表中 η_{1i}、η_{3i} 和 η_{5i} 之值按一定比例尺，绘于各号板的轴线下方，连接成光滑的曲线后，就得 1 号、3 号和 5 号板的荷载横向分布影响线，如图 2-1-11b)、c) 和 d) 所示。

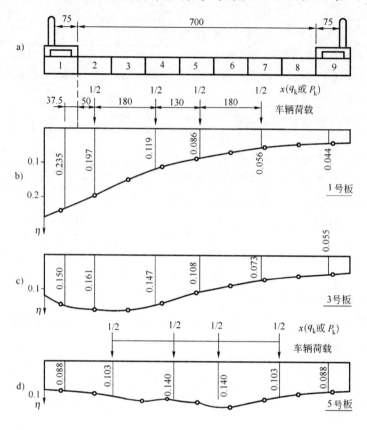

图 2-1-11　1 号、3 号和 5 号板的荷载横向分布影响线（尺寸单位：cm）

（5）计算荷载横向分布系数

按现行《通用规范》中规定确定车轮沿横向间距和确定最不利的荷载位置后，就可以计算出跨中截面荷载横向分布系数如下：

对于 1 号板为：

车辆荷载

$$m_{cq} = \frac{1}{2}(0.197+0.119+0.086+0.056) = 0.229$$

人群

$$m_{cr} = 0.235+0.044 = 0.279$$

对于 3 号板为：

车辆荷载

$$m_{cq} = \frac{1}{2}(0.161+0.147+0.108+0.073) = 0.245$$

人群

$$m_{cr} = 0.150+0.055 = 0.205$$

对于 5 号板为：

车辆荷载

$$m_{cq} = \frac{1}{2}(0.103+0.140+0.140+0.103) = 0.243$$

人群

$$m_{cr} = 0.088+0.088 = 0.176$$

综上所得，汽车荷载的横向分布系数最大值为 $m_{cq}=0.245$，人群荷载的为 $m_{cr}=0.279$。在设计中通常偏安全地取这些荷载横向分布系数中的最大值代入到式（2-1-7）中，来求板截面的汽车荷载内力。

【例 2-1-3】 试应用一般平面杆系有限元法程序计算例 2-1-2 中的 1 号、3 号和 5 号板的荷载横向分布影响线以及在公路—II 级荷载作用下的跨中荷载横向分布系数。

解：（1）离散图

参照图 2-1-9 的计算模型，绘制本例的结构离散图，如图 2-1-12b）所示。其中共包含 18 个单元、27 个节点和 9 对集中弹簧支承。在所有铰接点处各赋予一对主、从节点编号，它们只在竖向和水平向存在主从关系，以反映板与板之间的铰接功能。

（2）集中弹簧支承刚度

由例 2-1-2 知，本例的抗弯和抗扭惯矩分别为：

$$I = 1391 \times 10^3 \text{ cm}^4 \qquad I_T = 2370 \times 10^3 \text{ cm}^4$$

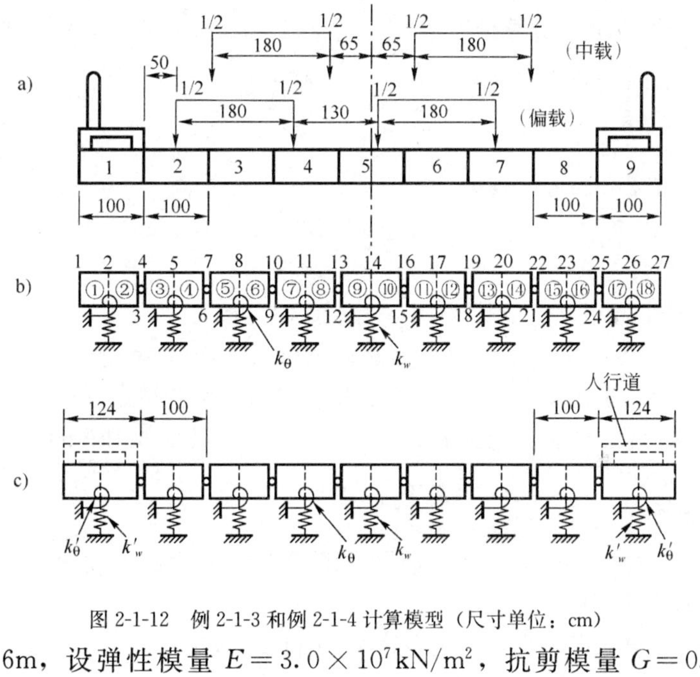

图 2-1-12 例 2-1-3 和例 2-1-4 计算模型（尺寸单位：cm）

跨长 $l=12.6$m，设弹性模量 $E=3.0\times 10^7$ kN/m²，抗剪模量 $G=0.425E$，代入式（2-1-13）和式（2-1-14）后，便得：

$$k_w = \frac{\pi^4 \times 3.0 \times 10^7 \times 0.01319}{12.6^4} = 1612.75 \text{ kN/m}$$

$$k_\theta = \frac{\pi^2 \times 0.425 \times 3 \times 10^7 \times 0.0237}{12.6^2} = 18785.26 \text{ kN·m/rad}$$

（3）板的横向抗弯刚度 I_b

铰接板法的基本假设之一是忽略不计板在横桥向的弯曲变形，故在有限元法的计算中对各块板在跨中的单位宽横向抗弯惯矩 I_b，可近似地按实心板计算，即

$$I_b = \frac{bh^3}{12} = \frac{1 \times 0.6^3}{12} = 0.018 \text{m}^4$$

(4) 荷载横向分布影响线

将单位荷载 $p=1$ 分别作用于图 2-1-12b) 中的节点 2、8 和 14 处，便得到各竖直集中弹簧支承的反力，即荷载横向分布影响线，其平面杆系有限元法的计算结果汇总于表 2-1-4。

1、3 和 5 号板的荷载横向分布影响线竖标　　　表 2-1-4

$p=1$ 作用位置		各集中弹簧支承节点处的竖直支反力							
		2	5	8	11	14	17	20	23	26
节点号	2（板1）	0.2426	0.1979	0.1486	0.1125	0.0862	0.0675	0.0548	0.0469	0.0431
	8（板3）	0.1486	0.1617	0.1671	0.1430	0.1096	0.0859	0.0697	0.0596	0.0548
	14（板5）	0.0862	0.0938	0.1096	0.1351	0.1505	0.1351	0.1096	0.0938	0.0862
对应的板号		1	2	3	4	5	6	7	8	9

由表中可以看出，有限元法计算结果与表 2-1-3 中的计算结果十分接近。

(5) 荷载横向分布系数

若直接在图 2-1-12b) 的计算模型上，按照与例 2-1-2 中公路—Ⅱ级车辆荷载完全相同的间距进行横向布载，并且各个轮重均取 $\frac{p}{2} = \frac{1}{2}$，则各支承反力便是在该荷载布置Ⅰ况下的荷载横向分布系数 m。

当为偏载时（图 2-1-12a），则得：

1 号板（2 号节点支承）　　　$m_1 = 0.2281$　　　(0.229)

3 号板（8 号节点支承）　　　$m_3 = 0.2451$　　　(0.245)

当为中载时（图 2-1-12a），则得：

5 号板（14 号节点支承）　　　$m_5 = 0.2464$　　　(0.243)

上面各式尾部括号内的值为例 2-1-2 查表法所得值，两者吻合较好。

【例 2-1-4】 本例已知条件及要求与例 2-1-3 相同，仅令其中两侧边板的宽度改为 $b=124\text{cm}$，其余不变，如图 2-1-12c) 所示。

解：（1）离散图

单元、节点和弹簧支承的数量及编号完全同图 2-1-12b)，仅存在边板尺寸及刚度的差异。

(2) 集中弹簧支承刚度

对于中板，完全同上例，即：

$$k_w = 1612.75 \text{kN/m} \qquad k_\theta = 18785.26 \text{kN} \cdot \text{m/rad}$$

对于两侧边板，则为：

$$I' = 0.01832 \text{m}^4 \qquad k'_w = 2124.05 \text{kN/m}$$
$$I'_T = 0.02971 \text{m}^4 \qquad k'_\theta = 23548.95 \text{kN} \cdot \text{m/rad}$$

计算过程从略。

(3) 板的横向抗弯刚度

同上例，即：

$$I_b = 0.018 \text{m}^4$$

（4）荷载横向分布影响线

应用平面杆系有限元法的计算结果列出于表 2-1-5。

1、3 和 5 号板的荷载横向分布影响线竖标　　　　　表 2-1-5

$p=1$ 作用位置		各集中弹簧支承节点处的竖直支反力							
		2	5	8	11	14	17	20	23	26
节点号	2（板1）	0.2993	0.1824	0.1368	0.1032	0.0787	0.0611	0.0490	0.0411	0.0485
	8（板3）	0.1801	0.1526	0.1599	0.1372	0.1047	0.0813	0.0651	0.0546	0.0645
	14（板5）	0.1037	0.0878	0.1047	0.1307	0.1463	0.1307	0.1047	0.0878	0.1037
对应的板号		1	2	3	4	5	6	7	8	9

（5）荷载横向分布系数

按图 2-1-12a）中的横向分布和应用有限元法算的结果为：

$m_1=0.2752$（偏载）　　$m_3=0.2328$（偏载）　　$m_5=0.2368$（中载）

第三节　整体式连续板桥

一、基本尺寸的拟定

1. 变高度连续板桥

图 2-1-13 所示是一座常用的三跨变高度连续板桥的示意图，其主要尺寸为：

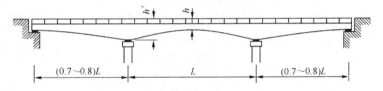

图 2-1-13　整体式变截面连续板桥

(1) 跨中截面板厚：$h=(1/22\sim1/28)L$；

(2) 支点截面板厚：$h'=(1.2\sim1.5)h$；

(3) 中孔跨径：$L_{中}=14\sim25\text{m}$；

(4) 边孔跨径：$L_{边}=(0.7\sim0.8)L_{中}$；

(5) 横截面形式：实心矩形截面或两侧带悬臂翼板。

2. 等高度连续板桥

我国交通部公路规划设计院于 1996 年编制了《整体式钢筋混凝土连续板桥的公路桥涵标准图》（JT/GQB 008—96），其适用范围如下：

(1) 跨径：4×16m　　4×13m　　4×10m　　4×8m（每联）；

　　　　　3×16m　　3×13m　　3×10m　　3×8m（每联）。

(2) 荷载：汽车—超 20 级，挂车—120（相当于公路—I 级车道荷载）；

　　　　　汽车—20 级，挂车—100（相当于公路—II 级车道荷载）。

(3) 桥面净空：2×净—11.5m，2×净—9.75m（分离式、双幅）；

　　　　　　　净—9+2×1.5m，净—9+2×1.0m；

　　　　　　　净—7+2×1.0m。

(4) 桥断面形式：实体悬臂板。

(5) 横截面尺寸：见图 2-1-14 及表 2-1-6。

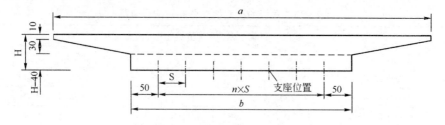

图 2-1-14　连续板断面图（尺寸单位：cm）

连续板截面尺寸表　　　　　　　　　　　　　　　　表 2-1-6

图 2-1-14 中尺寸符号		单位	桥面净空				
			2×净—11.5	2×净—9.75	净—9+2×1.5	净—9+2×1.0	净—7+2×1.0
a		cm	1250	1075	1200	1100	900
b		cm	750	645	720	660	540
n		段	6	6	6	6	6
S		cm	108.3	90.8	103.3	93.3	110
$L=16$m	H	cm	70				
$L=13$m			60				
$L=10$m			50				
$L=8$m			40				

注：1. $n=6$ 表示每墩一排共有 7 个支座；
2. 对于 $L=8$m 的连续板，其横截面为图 2-1-14 中虚线以上部分。

二、钢筋构造示例

图 2-1-15 是 3×16m 连续板桥标准设计的钢筋构造图，桥面净空为净—9m+2×1.5m。它在钢筋构造上有以下的特点：

(1) 跨径中部区段截面底缘的受拉主筋，并不是沿板的全宽均匀布置，而是在靠近两侧悬臂板附近约 1m 的范围内布置得较密，间距为 10cm，且均为双层；在桥面中央区段相对较稀，间距为 13cm，主筋为单层与双层交替布置。这是因为当车轮荷载处于偏心布置时，板边缘的单宽弯矩一般都比中间部分的大。

(2) 基于上述同样的原因，在板的两侧各采用 3 组互相环扣着的封闭箍筋⑫，以约束混凝土侧向变形和提高混凝土截面强度；在板的中央部分，布置较多的拉筋⑪，以加强钢筋骨架工作的整体性。

(3) 悬臂板上缘的纵向（顺桥向）钢筋①，在靠近悬臂根部的间距为 13cm，比靠自由端一侧的间距（20cm）小，这是因为考虑了翼缘板的剪力滞效应，以适应悬臂板中的正应力呈不均匀分布的特性。

(4) 悬臂板下缘布置的纵向构造钢筋⑩是为了承担悬臂板在顺桥向产生的正弯矩。

三、等高度连续板桥的计算特点

整体式钢筋混凝土等高度连续板桥的主要计算内容与整体式钢筋混凝土简支板桥的大体相似，但存在以下的差别。

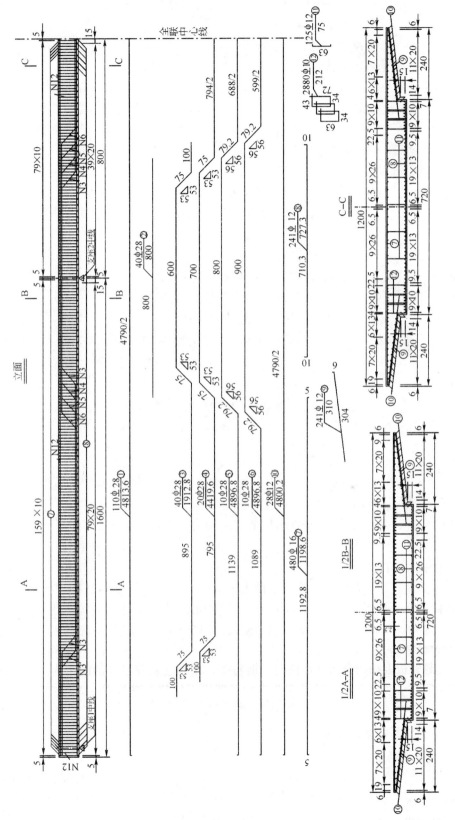

图2-1-15 3×16m连续板桥标准设计的钢筋构造图(尺寸单位:cm)

(1) 由于连续板桥属于超静定结构,故在其截面内力计算中,还应包括以下的内容,即
①基础不均匀沉降引起的次内力;
②温度变化引起的次内力等。
有关这些内容的计算方法,详见本篇第三章的介绍。

(2) 如果连续板桥的两侧有图 2-1-15 所示的悬臂板,那么,除了验算结构的正截面强度外,还应该验算悬臂板在横桥方向上的截面强度。有关这项内容详见本篇第二章第五节介绍。

(3) 连续板桥受车辆荷载作用时的内力计算比较复杂,而我国的现行《混桥规》中尚无明确的规定,故不能简单地应用前面的有效宽度法或铰接板法求算。标准图是应用结构空间分析程序 SAP5 进行内力分析的。本节将介绍另一种近似计算方法,即应用内力增大系数法来求算结构截面的汽车荷载内力,该法的优点是完全可以应用一般平面杆系有限元法程序来完成分析。这里为了对比先给出按原《通用规范》关于 i 号截面的汽车荷载内力计算一般公式,即为:

$$S_i = (1+\mu) \cdot \xi \sum \zeta P_j \cdot y_{ij} \quad (2\text{-}1\text{-}15)$$

式中: ζ——内力增大系数,下文还将详细介绍;

ξ——多车道的折减系数,按原《通用规范》计算;

$1+\mu$——汽车荷载的冲击系数,按原《通用规范》计算;

P_j——一行车沿桥纵向布置时每个车轴的轴重;

y_{ij}——沿桥跨纵向与荷载 P_j 位置相对应的内力影响线竖标。

(4) 当按现行《通用规范》计算连续板桥时,由汽车荷载对 i 号全宽截面产生的总内力可按下式计算:

弯矩
剪力
$$\left. \begin{array}{l} M_i = (1+\mu)\zeta \cdot \xi(q_k \omega_i^M + P_k y_i^M) \\ Q_i = (1+\mu)\zeta \cdot \xi(q_k \omega_i^Q + P'_k y_i^Q) \end{array} \right\} \quad (2\text{-}1\text{-}16)$$

式中: ω^M、ω^Q——分别为欲求算截面的弯矩、剪力影响线面积;

y_i^M、y_i^Q——分别为欲求算截面的弯矩、剪力影响线竖标,其中的下标 i 代表与集中荷载 P_k、P'_k 相对应的位置;

q_k、P_k、P'_k——分别为现行《通用规范》中的均布荷载、集中荷载标准值,其中 $P'_k = 1.2 P_k$;

其余符号同式 (2-1-15)。

以上式表明,它们都是先将连续板桥当作跨径相同的连续梁桥,暂不考虑车辆荷载偏心布置的影响,在同号影响线上进行最不利荷载位置的布载,以求得各控制截面中由一行车产生的最大(或最小)汽车荷载内力,然后根据控制截面所处的位置,用计入了车道数和偏载影响等影响因素的系数(内力增大系数 ζ)予以修正。也就是说,位于不同的区段,例如边跨跨中、中跨跨中以及各中间支点处,它们的 ζ 值是不相同的。

四、内力增大系数的确定

内力增大系数的要点如下:

1. 确定等代简支跨的跨长

将连续桥跨结构近似地按照在均布荷载作用下的反弯点位置(弯矩为零的截面)划分为若干个等代简支跨,以简化计算。图 2-1-16 示出在正、负弯矩不同区段的等代简支跨跨长 l_e 的近似计算公式。根据分析研究,对于边跨的正弯矩区段以 $0.65 l_1$ 比较符合实际。

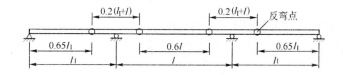

图 2-1-16　正负弯矩区段的等代简支跨跨长

2. 建立等代简支板荷载横向分布的计算模型

按照刚接板法的原理，并以每个支座为中心，将整块板的横截面离散为若干块相互刚接的简支板条，如图 2-1-17 所示。其中的图 a) 为普通矩形截面板，图 c) 为带悬臂的矩形板。按照与上一节铰接板法相似的原理，在每个等代简支跨的跨中沿横桥向截取单位宽的板条，并在每个支承线处布置一个集中竖向弹簧支承和一个抗扭弹簧支承，其刚度分别为 k_w 和 k_θ，并可按式（2-1-13）和式（2-1-14）计算。不过，在应用时，应注意以下几点：

（1）跨长 l 应取图 2-1-16 中相应区段的等代简支跨跨长。

（2）在计算抗弯惯矩 I 时，应先按板的全截面求中和轴，然后按照图中用实线划分的单元，分别计算各块板的抗弯惯矩；对于悬臂板，则应将它包括在相邻的边板单元内；因此，不论是边板还是中间板，均统一按全截面的中和轴求算抗弯惯矩。

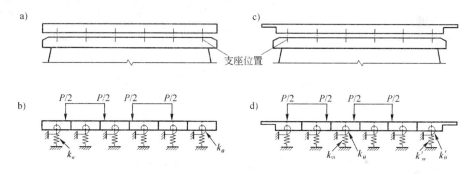

图 2-1-17　等代简支板荷载横向分布的计算模型

（3）在计算抗扭惯矩 I_T 时，也是先按全截面的长高比计算截面主部（不包括悬臂板）的总抗扭惯矩 $\sum I_T$，然后按图中用实线划分的各个单元长度之间的比例进行分配；对于悬臂板部分的抗扭惯矩，则将它们合并到相邻的边板单元内。

3. 计算各块板单元的荷载横向分布系数 m

在一般情况下，边板单元的荷载横向分布系数最大，因此，在进行荷载横向偏心布载时，应注意车辆的边轮与人行道路缘石（或安全带）之间的间距以及各车轮之间沿横桥向的最小间距，均应满足现行《通用规范》要求。

其次，为了应用有限元法的计算程序，每块板单元的弹簧支承应处在单元的节点上，这样，离散图中的单元总数至少应比用实线划分的单元多一倍。如果全截面带有悬臂板，还应根据悬臂板长度进一步的细分，如图 2-1-17b) 和图 2-1-17d) 中的虚线所示。

在完成上述步骤后，便可应用平面杆系有限元的计算程序完成分析，求得各块板下的弹簧支承垂直反力，亦即对应为各块板的荷载横向分布系数 m_i，取其中最大者 $m_{\max}$。

4. 内力增大系数 ζ 的计算

这里要分两种情况和按不同公式计算，但其实质是一样的。

（1）各板单元的截面尺寸相同时（图 2-1-17b））

$$\zeta = n \cdot m_{max} \quad (2\text{-}1\text{-}17a)$$

(2) 各板单元的截面尺寸不相同时（图 2-1-17d））

$$\zeta = \frac{\sum I}{I_{\text{边}}} \cdot m_{max} \quad (2\text{-}1\text{-}17b)$$

以上两式中：n——集中弹簧支承数；

$\sum I$——板结构全截面总抗弯惯矩；

$I_{\text{边}}$——按实线划分的边板截面抗弯惯矩，如果与 m_{max} 值所对应的不是边板，而是 j 号板，则用 j 号板的抗弯惯矩来置换 $I_{\text{边}}$。

五、等高度连续板桥汽车荷载计算示例

【例 2-1-5】 一座 3×16m 钢筋混凝土连续板桥，桥面净空为净—9m+2×1.5m，桥面布置及截面尺寸如图 2-1-18 所示，混凝土强度等级为 C25，$E = 2.85 \times 10^7 \text{kN/m}^2$，试分别计算在按原《通用规范》汽车—20 级和现行《通用规范》公路—Ⅱ级的两种工况下，中跨跨中、中支点和边跨跨中以及距端点 $0.4l$ 等 4 个截面内的最大或最小弯矩值。

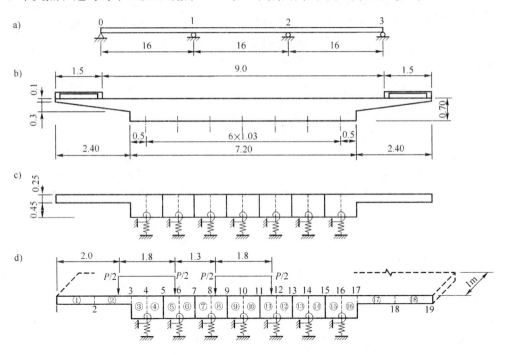

图 2-1-18 例 2-1-5 的桥梁结构尺寸及计算模型（尺寸单位：m）

解：(1) 确定等代简支跨跨长

对于连续板的正负弯矩区段可分别按图 2-1-16 中的近似公式计算：

中跨跨中段　　　　$l_m = 0.6l = 0.6 \times 16 = 9.6 \text{m}$

边跨跨中段　　　　$l_s = 0.65l_1 = 0.65 \times 16 = 10.4 \text{m}$

中支点负弯矩段　　$l_z = 0.2(l_1 + l) = 0.2 \times (16+16) = 6.4 \text{m}$

(2) 建立荷载横向分布的计算模型

两侧悬臂板是变厚度的，为简化计算，取其平均厚度即 $t = 0.25 \text{m}$，板单元按支座为中心将底缘线等分为 7 段，即每段长为 1.03m，边板包括有悬臂翼缘，如图 2-1-18c) 所示。

①抗弯惯矩 I

全截面总面积
$$\sum A = 7.2 \times 0.7 + 2 \times 2.4 \times 0.25 = 6.24 \text{m}^2$$

对上缘面积矩
$$S = 7.2 \times \frac{0.7^2}{2} + 2 \times 2.4 \times \frac{0.25^2}{2} = 1.914 \text{m}^3$$

重心轴至上缘距离
$$y_上 = \frac{S}{\sum A} \approx 0.3068 \text{m}$$

全截面抗弯惯矩
$$\sum I = \frac{7.2 \times 0.7^3}{12} + (7.2 \times 0.7)\left(\frac{0.7}{2} - 0.3068\right)^2 + \frac{2 \times 2.4 \times 0.25^3}{12} +$$
$$(4.8 \times 0.25)\left(0.3068 - \frac{0.25}{2}\right)^2 \approx 0.2614 \text{m}^4$$

中间板抗弯惯矩
$$I_中 = \frac{1.03 \times 0.7^3}{12} + 1.03 \times 0.7 \left(\frac{0.7}{2} - 0.3068\right)^2 \approx 0.03079 \text{m}^4$$

边板的抗弯惯矩
$$I_边 = (\sum I - 5 \times I_中)/2 \approx 0.05373 \text{m}^4$$

②抗扭惯矩 I_T

由于全截面的长厚比 $a/b > 10$，查表 1-9-1 得系数 $k' = 0.333$，故中间每块中板的抗扭惯矩为
$$I_{T(中)} = (0.333 \times 7.2 \times 0.7^3)/7 \approx 0.1175 \text{m}^4$$

两侧每块边板的抗扭惯矩
$$I_{T(边)} = I_{T(中)} + 0.333 \times 2.4 \times 0.25^2 \approx 0.13 \text{m}^4$$

③弹簧支承刚度 k_w、k_θ

将上述各板的 I、I_T 按等代简支跨跨长 l_e 分别代入式（2-1-13）和式（2-1-14）便得 k_w 和 k_θ，计算过程从略，其结果汇总于表 2-1-7。

(3) 边板单元的荷载横向分布系数 m

为了应用平面杆系有限法计算程序，在图 2-1-18c）的基础上，将单元进一步细分，共为 18 个单元，19 个节点，7 组弹簧支承，其刚度值见表 2-1-7。每个单元沿横桥向的长度及高度参见图 2-1-18b），其宽度（纵桥向）取单位长度（1m），如图 2-1-18d）中虚线所示。荷载的偏心布置亦示于图中。通过电算便可得到各个弹簧支承的反力，其中 4 号节点处竖向弹簧支承的反力，便是含悬臂的边板之荷载横向分布系数 m_{max}，其值一般比各个中间板的系数要大。表 2-1-8 仅列出 3 种等代简支跨跨长情况下板的 m_{max} 值。

(4) 内力增大系数 ζ

本例划分的各块板单元具有不相等的抗弯刚度，故应按式（2-1-17）计算其内力增大系数，即：
$$\zeta = \frac{\sum I}{I_边} \cdot m_{max} = \frac{0.2614}{0.05373} \cdot m_{max} \approx 4.865 m_{max}$$

相应于各个等代简支跨的内力系数 ζ 值亦列出于表 2-1-8。

(5) 汽车—20 级作用下的弯矩（按原《通用规范》）

例 2-1-4 中各区段弹簧支承刚度 　　　　表 2-1-7

等代简支跨跨长	板别	竖向弹簧支承刚度 k_w （kN/m）	抗扭弹簧支承刚度 k_θ （kN·m/rad）
中跨跨中段：$l_m=9.6$m	边板	17562.09	168629.84
	中板	10063.96	152415.43
边跨跨中段：$l_s=10.4$m	边板	12750.52	143684.60
	中板	7306.69	129868.77
中支点段：$l_z=6.4$m	边板	88908.09	379417.13
	中板	50948.82	342934.72

m_{max} 和 ζ 汇总表 　　　　表 2-1-8

等代简支跨的跨长（m）	边板的荷载横向分布系数 m_{max}	内力增大系数 ζ
$l_m=9.6$m（中跨）	0.5216	2.5376
$l_s=10.4$m（边跨）	0.5095	2.4788
$l_z=6.4$m（中支点）	0.5928	2.8840

①冲击系数

按照原《通用规范》规定，当计算连续梁桥的汽车冲击系数 μ 时，其 L 为相应内力影响线的荷载长度（即为各荷载区段长度之和）。应用《结构力学》中机动法求弯矩影响线的原理，可以较快地判断出所求几个截面的弯矩影响线轮廓图，如图 2-1-19 所示。由此可以根据其同号的荷载长度来计算其相应的冲击系数，即：

中跨跨中：$L=16$m，$\mu=0.2175$；

其余：$L=2\times16$m，$\mu=0.0975$。

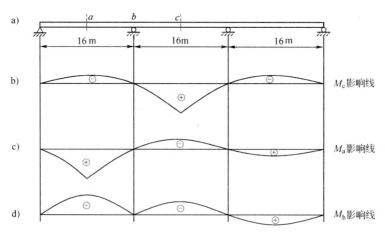

图 2-1-19　连续板弯矩影响线的示意图

②汽车荷载弯矩最终值

按式（2-1-15）计算，其中的 $\sum p_i y_i$ 是按汽车—20 级荷载和应用平面杆系有限元法程序算得的截面内力，其结果汇总于表 2-1-9 中。

所求截面的弯矩值（kN·m）汇总　　　　　　　　表 2-1-9

内　　容	边跨（距端支点）		中支点	中跨跨中
	$M(x=0.4l)$	$M(x=0.5l)$	M_z	M_0
一行车之 $\sum p_i y_i$	798.8	771.5	−688.8	689.4
$1+\mu$	1.0975			1.2125
ζ	2.4788		2.8840	2.5376
$(1+\mu)\zeta \cdot \sum p_i y_i$	2173.1	2098.9	−2180.2	2121.2

注：表中值为全截面弯矩值；双车道的 $\zeta=1$。

（6）公路—Ⅱ级车道荷载作用下的弯矩（按现行《通用规范》）

①冲击系数 μ

按照现行《通用规范》条文说明中的式（4-5）和式（4-6），对于连续板（梁）桥的冲击系数要区分所引起的正弯矩效应和负弯矩效应两种情况分别考虑，计算过程列出于表 2-1-10。

3×16m 连续板桥的冲击系数计算　　　　　　　　表 2-1-10

计 算 内 容		正弯矩效应和剪力效应	负弯矩效应
结构基频 f	公式	$f_1=\dfrac{13.616}{2\pi L^2}\sqrt{\dfrac{EI_c}{G/g}}$	$f_2=\dfrac{23.651}{2\pi L^2}\sqrt{\dfrac{EI_c}{G/g}}$
	计算值（Hz）	5.6815（4.116）	9.8687（7.701）
冲击系数 μ	公式	$\mu=0.1767\ln f-0.0157$	
	计算值	0.2913	0.3888

注：1. 表中 $I_c=0.2614\text{m}^4$，$G=A\times\gamma=6.24\times26=162.24$（kN/m），$I_c$、$A$ 见前面计算；
　　2. $g=9.81\text{m/s}^2$（重力加速度），$E=2.8\times10^7\text{kN/m}^2$（弹性模量）；
　　3. L 为一联中的最大桥孔跨径，本例 $L=16\text{m}$；
　　4. 计算时所取用的计算单位为 N、m、s；
　　5. 表中括号内的基频值系应用有限元法程序的计算值。

②弯矩影响线及荷载布置

为了合理且能准确地布置车道荷载，以便计算出截面的最大（或最小）弯矩值，必须先掌握欲计算截面的弯矩影响线分布规律。应用《结构力学》中机动法求弯矩影响线的原理，便可以较快地判断出所求几个截面的弯矩影响线轮廓图，如图 2-1-20 所示。但是，对于 b 支点负弯矩影响线，较难准确地确定其中最小弯矩影响线竖标（$y_{\min}$）的位置。为此，可以由两个途径来解决这个问题：其一，查阅相关文献中关于等高度连续梁弯矩影响线用表；其二，应用具有计算弯矩影响线功能的有限元程序来完成。本例是通过后一方法确定此最小弯矩影响线竖标位置，约在边跨内距端支点 $0.6L$ 处，即应将 P_k 集中力布置到该节点上。

③车道荷载的弯矩最终值

按新现行《通用规范》，公路—Ⅱ级车道荷载的均布荷载标准值 $q_k=0.75\times10.5=7.875\text{kN/m}$，集中荷载 P_k 按内插法求得，即：

$$P_k=0.75\left[180+\frac{360-180}{(50-5)}\times(16-5)\right]=168\text{kN}$$

其次，将图 2-1-20 中的三跨连续板结构共划分 30 个单元和 31 个节点，并按图中的荷载布置输入到平面杆系有限元法程序中，由计算机来完成分析，其弯矩 M_j 计算结果汇总于表 2-1-11 中。

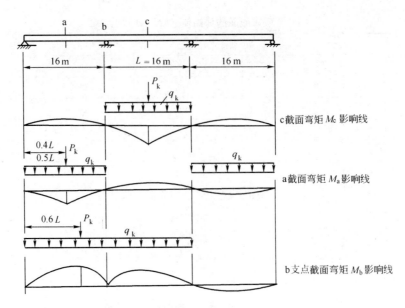

图 2-1-20　弯矩影响线与荷载布置图

几个控制截面的弯矩值　　　　表 2-1-11

计算内容	单位	距边跨端支点		中支点（b截面）	中跨跨中（c截面）
		$0.4l$	$0.5l$		
一行车道荷载下的弯矩 M_j	kN·m	750.4	739.2	−510.5	621.6
$1+\mu$	—	1.2913		1.3888	1.2913
ζ	—	2.4788		2.8840	2.5376
$(1+\mu)\zeta\cdot\xi\cdot M_j$	kN·m	2401.9	2366.1	−2016.4	2036.9

注：表中值为全截面弯矩值，本例为双车道，故横向折减系数 $\xi=1$。

六、变高度连续板桥的汽车荷载内力计算特点

当分析变高度连续板桥在汽车荷载作用下产生的内力时，将遇到以下几个具体问题。

1. 车道荷载的集中荷载标准值 P_k

在现行《通用规范》中，车道荷载的集中荷载标准值 P_k 的确定与桥梁的计算跨径密切相关，而变高度连续板桥一般设计成不等跨长的连续结构。考虑到控制结构设计的仍然是其中最大跨径中的截面内力，故在确定 P_k 时仍取其中的一个最大跨径 L 作为标准。

2. 冲击系数 μ 的确定

当所应用的计算程序具有计算连续板（梁）结构的自振频率功能时，还需要正确地判定其中哪两阶自振频率属于现行《通用规范》所定义的 f_1 和 f_2。现用上例表 2-1-10 中的计算结果来说明，如表 2-1-12 所示。显然，表中 I 阶振型形状使梁的下缘受拉，符合 f_1 的定义；第 III 阶振型形状使中支点上缘受拉，符合 f_2 的定义。但应注意，随着跨径 L 和截面高度的变化，振型的阶数，并不是固定的，必须结合振型形状来判定。

基频 f_1、f_2 的几何定义　　　　表 2-1-12

自振频率	按现行《通用规范》公式	平面杆系有限元法计算值		
		频率值	振型序号	振型形状
f_1	5.6815	4.116	I	
f_2	9.8687	7.701	III	

3. 汽车荷载内力的简化计算

变高度连续板桥的汽车荷载内力计算除了应用空间有限元程序外，也可以近似地应用上面介绍的内力增大系数法，其步骤与等高度连续板桥的基本相同，只是在计算弹簧支承刚度 k_w 和 k_θ 时，对变化的截面抗弯惯矩和抗扭惯矩分别用两个换算系数 C_w（抗弯惯矩换算系数）和 C_θ（抗扭惯矩换算系数）换算为等截面的。其原理是按照图 2-1-21 同等荷载下跨中挠度 Δ 相同及跨中扭转角 θ 相等的原则来反算 C_w 和 C_θ 值，即：

$$C_w = \frac{pl^3}{48EI_c} \cdot \frac{1}{\Delta} \tag{2-1-18}$$

$$C_\theta = \frac{n}{2I_{Tc}} \cdot \frac{\left[\frac{1}{I_{T0}} + \frac{1}{I_{Tn}} + 2\sum_{i=1}^{n-1}\frac{1}{I_{Ti}}\right]}{\left[\frac{1}{I_{T0}} + \frac{1}{I_{Tc}} + 2\sum_{i=1}^{\frac{n}{2}-1}\frac{1}{I_{Ti}}\right]\left[\frac{1}{I_{Tc}} + \frac{1}{I_{Tn}} + 2\sum_{i=\frac{n}{2}+1}^{n-1}\frac{1}{I_{Ti}}\right]} \tag{2-1-19}$$

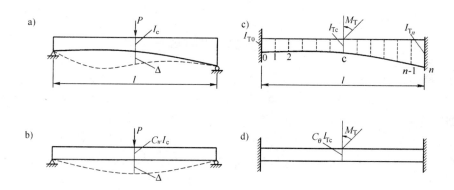

图 2-1-21　确定换算系数 C_w、C_θ 的计算图

于是，式（2-1-13）和式（2-1-14）便可改写成如下的形式：

$$k_w = \frac{\pi^4 E(C_w I_c)}{l^4} \tag{2-1-20}$$

$$k_\theta = \frac{\pi^2 G(C_\theta I_{Tc})}{l^2} \tag{2-1-21}$$

以上各式中：Δ——变高度简支板（梁）桥在集中力 P 作用下的跨中挠度，可用近似计算法或有限元程序求得，对于板桥 可不计其横向弯曲（图 2-1-19a））；

　　　　　l——等代简支跨跨长，一般只能应用电算求出其反弯点位置（弯矩为零的截面）；

　　　　I_c、I_{Tc}——分别为变高度板桥的跨中截面抗弯惯矩和抗扭惯矩；

　　　　　n——当采用总和法时，须将变高度板桥的全跨等分为偶数的节段；

I_{T0}、I_{Ti}、I_{Tn}——分别为图 2-1-21c）中各节点截面的抗扭惯矩；
其余符号同前。

在整个计算中除增加 C_w 和 C_θ 的步骤外，其余步骤与例 2-1-5 完全相同。

第四节 简支斜板桥

一、基本尺寸拟定

简支斜板桥可分整体式简支斜板桥和装配式简支斜板桥两大类。前者一般采用实心截面的钢筋混凝土结构,斜跨长在8m以内;后者可以是实心截面,也可以设计成空心截面,斜跨长在8m以内者,多采用钢筋混凝土结构,跨径大于8m者,多采用预应力混凝土结构。它们的结构尺寸拟定均可参考本章第一、二节的直板桥。

我国标准图关于斜交角 φ 的定义如图 2-1-22 所示。它是指桥梁中轴线的垂线与支承线的夹角,这是为了与桥涵水文中关于水流方向的斜交角定义相一致。显然,当 $\varphi=0°$ 时,便是普通的直桥。

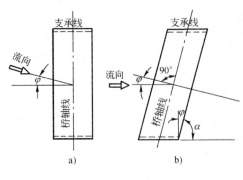

图 2-1-22 斜交角表示法

二、受力特点与钢筋构造

1. 受力特点

为了合理地布置简支斜板桥中的各种钢筋,必须对斜板的主要受力特点有一个基本的了解。

根据试验结果,可以把斜板的受力性能简单地用三跨连续梁进行比拟,如图 2-1-23a)和图 2-1-23b) 所示。具体归纳为如下几点:

(1) 支承边反力——支承边的反力是呈不均匀分布的,以钝角 B、C 处的反力最大,以锐角 A、D 处的最小,甚至可能出现负反力,使锐角向上翘(图 2-1-23c))。

(2) 跨中主弯矩——对于宽跨比较大的斜板,其中心处的主弯矩方向接近与支承边正交。但在斜板的两侧,则无论斜板宽跨比的大小,其主弯矩方向接近平行自由边(图 2-1-23d)、图2-1-23e));并且,弯矩值沿板宽分布也是不均匀的,对于均布荷载,中部弯矩值大于两侧,对于集中荷载,则以荷载点处的最大。

(3) 钝角负弯矩——如同连续梁的中支点截面一样,在钝角 B、C 处产生负主弯矩,有时它的绝对值比跨中主弯矩还要大,其负主弯矩的方向接近与钝角的二等分线相正交。

(4) 横向弯矩——斜板的最大纵向弯矩,虽比同等跨径的直桥要小,但横向弯矩却比同等跨径的直桥要大得多,并且沿自由边的横向弯矩还出现反号,靠近锐角处为正,靠钝角处为负(图 2-1-23e))。

(5) 扭矩图——如图 2-1-23c) 所示的 A、D 点,有起翘的趋势,如果固定 A、D 两点,那么将使斜板在两个方向产生扭矩,这也是斜板的一个重要特点。

2. 钢筋构造

(1) 主钢筋

根据斜交角的大小,主钢筋有两种布置方式,下面分别介绍。

① 斜交角 $\varphi \leqslant 15°$ 的情况

此时斜交板的受力特性与正交板相近,主钢筋可平行于桥纵轴线方向布置(图 2-1-24 中钢筋 1)。

②斜交角 $\varphi>15°$ 的情况

在两钝角之间，底层主钢筋垂直于支承边（图 2-1-24 中钢筋 2），在靠近两侧自由边，主钢筋平行于自由边布置（图 2-1-24 中钢筋 3），直至与中间部分的主钢筋完全衔接为止，如图 2-1-25 所示。这种布置恰与上述力学特点中第（2）点相吻合。

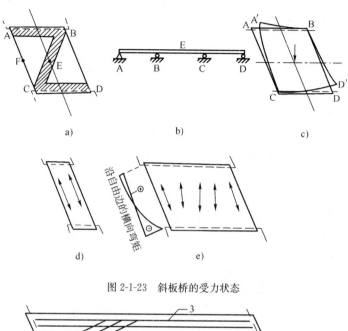

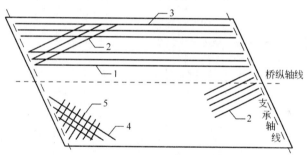

图 2-1-23 斜板桥的受力状态

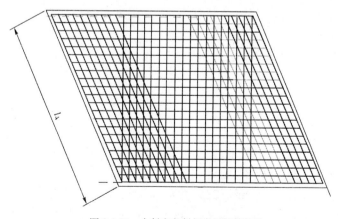

图 2-1-24 斜板中几种主要钢筋

1-顺桥纵轴线钢筋；2-与支承轴线正交钢筋；3-自由边钢筋；4-垂直于钝角平分线的钝角钢筋；5-平行于钝角平分线的钝角钢筋

图 2-1-25 大斜交角斜板底层钢筋构造

(2) 其他钢筋

①钝角处加强钢筋

根据上述第 1、3 两点的力学特征，在两钝角处存在较大的支反力和负弯矩，故在钝角处约 1/5 的跨径范围内，应配置局部加强钢筋，其底层的布筋方向与钝角二等分线平行（图 2-1-24 中钢筋 5），其上层的布筋方向则与两等分线垂直（图 2-1-24 中钢筋 4）。加强钢筋的直径不小于 12mm，间距 10～15cm。

②横向钢筋

平行于支承边布置，考虑到上述第 4 点力学特征，在靠近钝角区段内存在横向负弯矩的因素，在支座附近的顶层应增设平行于支座轴线的分布钢筋。

③顶层边缘纵向钢筋

鉴于在靠近自由边的区段内有较大的扭矩，故应在顶层的两侧约 $l_\varphi/5$ 的范围内布置平行于自由边的纵向钢筋（图 2-1-24 中钢筋 3）。

3. 构造实例

(1) 装配式钢筋混凝土板

图 2-1-26 示出了斜跨长 $l_\varphi=4m$、斜交角为 30°和 40°的钢筋构造图。板端设置了锚栓孔，其作用有二：第一，防止斜板锐角起翘；第二，防止在地震荷载下整个桥面遭受横移破坏。

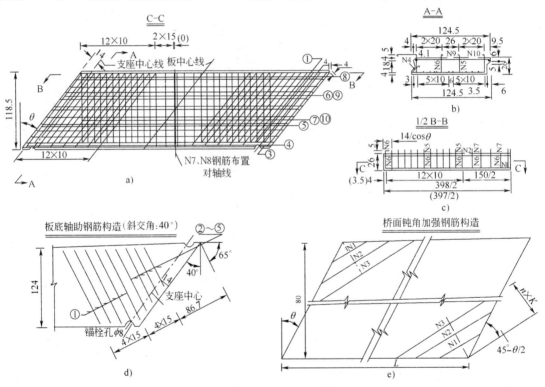

图 2-1-26 装配式钢筋混凝土斜板构造实例（尺寸单位：cm）

(2) 装配式预应力混凝土斜空心板

图 2-1-27 示出了斜跨长 $l_\varphi=20m$、斜交角为 40°的空心板钢筋构造。从中可以看出，承受主弯矩的预应力钢绞线是平行于自由边布置的。由于空心板较高，其高宽比（h/b）比装配式钢筋混凝土实心板的大许多，故在每块预制板的底板钝角处没有布置平行于两等分角线

的局部加强钢筋，而仅在两侧边板顶面钝角处设置了抵抗负弯矩的加强钢筋。

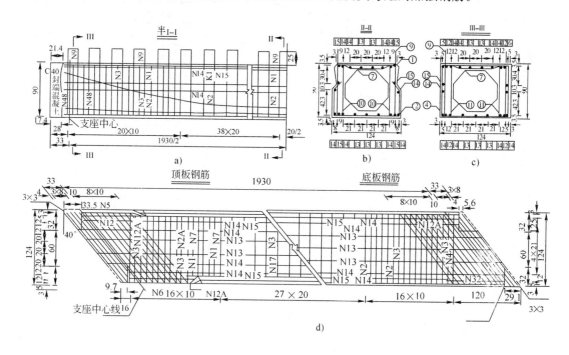

图 2-1-27　装配式预应力空心斜板构造实例（尺寸单位：cm）

三、整体式简支斜板桥近似计算法

1. 恒载内力计算

近似计算法是将桥面构造（包括斜板自重）的重力视作均匀分布于整个桥面上，然后按照下面的一般表达式计算斜板中央点、自由边中点和钝角位置处在两个正交方向上的主弯矩 M_1、M_2（图 2-1-28），即：

$$M_1 = k_1 q l^2 \quad (2\text{-}1\text{-}22)$$

$$M_2 = k_2 q l^2 \quad (2\text{-}1\text{-}23)$$

式中：q——斜板在单位面积上的荷载集度；

　　　l——斜板的斜跨跨长；

k_1、k_2——分别为 M_1、M_2 方向的弯矩系数，它与斜交角 φ 及宽跨比有关（表 2-1-13）。

弯矩系数 k_1 和 k_2　　　表 2-1-13

位置	b/l	弯矩系数	斜交角 φ			
			0°	15°	30°	45°
板跨中央	0.5	k_1	0.125	0.118	0.096	0.068
		k_2	0	−0.003	−0.011	−0.015
	1.0	k_1	0.125	0.118	0.095	0.067
		k_2	0	−0.002	−0.004	−0.006
	2.0	k_1	0.125	0.117	0.094	0.065
		k_2	0	0	0.001	−0.001

续上表

位置	b/l	弯矩系数	斜交角 φ			
			0°	15°	30°	45°
自由边中点	0.5～2.0	k_1	0.125	0.118	0.095	0.067
		k_2	0	−0.006	−0.018	−0.024
钝角部分	0.5	k_1	0.016	0.029	0.034	0.028
		k_2	−0.016	−0.049	−0.101	−0.159
	1.0	k_1	0.031	0.040	0.040	0.031
		k_2	−0.031	−0.067	−0.120	−0.178
	2.0	k_1	0.063	0.063	0.053	0.038
		k_2	−0.063	−0.105	−0.160	−0.214

主弯矩 M_1 的方向角 γ 随斜交角 φ 的变化而异,它可从图 2-1-29 中查得。钝角部分的 M_1,其方向则用 $\gamma = 90° - \dfrac{\varphi}{2}$ 来表示。

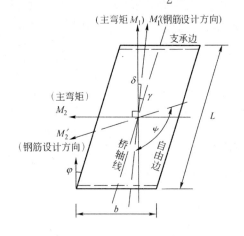

图 2-1-28 斜板的主弯矩与钢筋方向

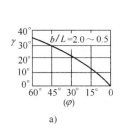

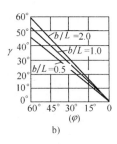

图 2-1-29 主弯矩 M_1 方向
a) 自由边中点；b) 跨中中点

在拟配置的、钢筋方向的弯矩 M'_1 和 M'_2 可根据主弯矩值按下式求算:

$$\left.\begin{array}{l} M'_1 = \dfrac{1}{\sin\psi}\{M_1\cos\delta\sin(\psi-\delta) + M_2\cos^2(\psi-\delta) + \\ \qquad [M_1\sin\delta\cos\delta - M_2\cos\delta\cos(\psi-\delta)]\} \\ M'_2 = \dfrac{1}{\sin\psi}\{M_1\sin^2\delta + M_2\cos\delta\sin(\psi-\delta) + \\ \qquad [M_1\sin\delta\sin(\psi-\delta) - M_2\sin(\psi-\delta)\cos(\psi-\delta)]\} \end{array}\right\} \quad (2\text{-}1\text{-}24)$$

当 $\psi = 90°$ 时 (即纵横向钢筋配置互相垂直):

$$\left.\begin{array}{l} M'_1 = M_1\cos^2\delta + M_2\sin^2\delta + (M_1 - M_2)\sin\delta\cos\delta \\ M'_2 = M_1\sin^2\delta + M_2\cos^2\delta + (M_1 - M_2)\sin\delta\cos\delta \end{array}\right\} \quad (2\text{-}1\text{-}25)$$

式中:δ——钢筋配置方向与主弯矩方向之间的夹角;

ψ——纵横两个方向钢筋之间的夹角。

2. 汽车荷载内力计算

汽车荷载内力可按图 2-1-30 所示步骤及公式进行计算,其中斜交板桥弯矩及扭矩折减系数表 ($k_y^\varphi = M_y^\varphi/M_y^0$;$k_x^\varphi = M_x^\varphi/M_x^0$;$k_{xy}^\varphi = M_{xy}^\varphi/M_{xy}^0$) 见表 2-1-14。

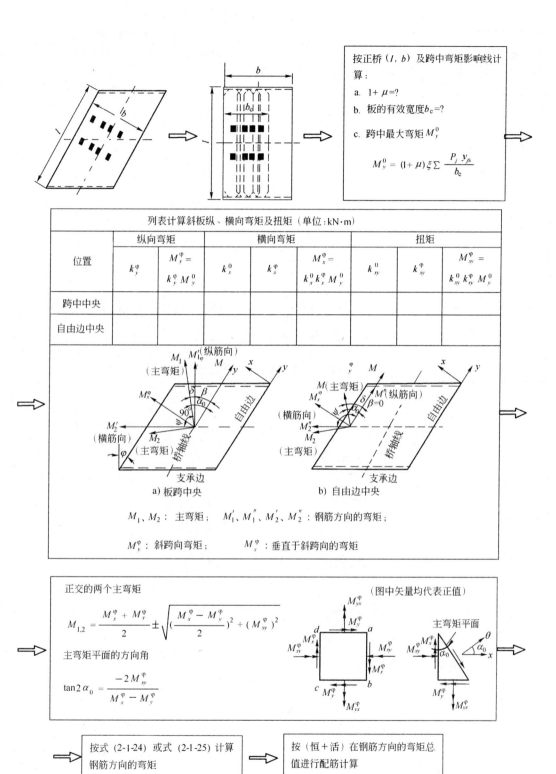

图 2-1-30 斜板汽车荷载内力计算步骤及公式

斜交板桥弯矩及扭矩折减系数表   表 2-1-14

位置	角度	汽车—20/超20级			挂车—80/100/120			城市—A级			公路—Ⅰ级		
		k_y^φ	k_x^φ	$k_{xy}^{\varphi*}$	k_y^φ	k_x^φ	$k_{xy}^{\varphi*}$	k_y^φ	k_x^φ	$k_{xy}^{\varphi*}$	k_y^φ	k_x^φ	$k_{xy}^{\varphi*}$
板跨中央	0°	1.000	1.000	1.000	1.000	1.000	1.000	1.000	1.000	1.000	1.000	1.000	1.000
	15°	0.985	1.052	∓3.442	0.976	1.538	∓5.525	0.95	1.02	∓2.35	0.95	1.03	∓2.18
	30°	0.897	1.116	∓6.711	0.791	1.740	∓9.585	0.79	1.04	∓3.18	0.81	1.05	∓2.88
	45°	0.667	1.148	∓10.276	0.533	1.809	∓7.360	0.58	1.06	∓3.13	0.61	1.05	∓2.73
自由中点	0°	1.000	1.000	1.000	1.000	1.000	1.000	1.000	1.000	∓1.000	1.000	1.000	1.000
	15°	1.000	1.210	∓5.159	0.882	1.048	∓13.072	1.04	1.03	∓4.21	1.03	1.04	∓3.91
	30°	0.868	1.563	∓7.940	0.680	1.158	∓19.126	0.91	1.19	∓7.37	0.90	1.27	∓6.81
	45°	0.539	1.874	∓9.795	0.422	1.254	∓18.667	0.65	1.46	∓7.52	0.65	1.48	∓7.02

注：1. 表中带"*"号者，从支承线垂线到自由边的旋转角为顺时针者取正号，反之取负号。

正交板桥跨中横向弯矩与扭矩折减系数见表 2-1-15。

正交板桥跨中横向弯矩与扭矩折减系数表   表 2-1-15

荷载等级	位置	$k_x^0 = M_x^0/M_y^0$	$k_{xy}^0 = M_{xy}^0/M_y^0$
汽车—20/超20级	板跨中央	0.274	0.017
	自由边中点	0.099	0.039
挂车—80/100/120	板跨中央	0.279	0.002
	自由边中点	0.071	−0.010
城市—A级	板跨中央	0.47	0.079
	自由边中点	0.07	0.037
公路—Ⅰ级	板跨中央	0.515	0.084
	自由边中点	0.069	0.038

在以上各表及图中：

M_y^φ、M_x^φ、M_{xy}^φ——斜交角为 φ 时的斜跨向跨中弯矩、垂直于斜跨向的弯矩、扭矩；

M_y^0、M_x^0、M_{xy}^0——以斜跨长作为正交板跨径（$\varphi=0$）的跨中弯矩、横向弯矩及扭矩；

k_y^φ、k_x^φ、k_{xy}^φ——斜跨向的跨中弯矩、垂直于斜跨向的弯矩及扭矩的折减系数；

k_x^0、k_y^0——正交板桥（$\varphi=0$）的横向弯矩与扭矩的折减系数；

ξ——汽车荷载横向折减系数；

β——从桥轴线以反时针旋转至纵筋设定方向之间的夹角；

α_0——从 M_y^φ 至主弯矩 M_1 之间的夹角，当 α_0 为正值时，代表以反时针旋转，反之，为顺时针方向旋转；

δ——主弯矩 M_1 方向与纵筋 M_1' 设定方向之间的夹角，其值为 $\delta=\alpha_0-\beta$，当 δ 为正值时，表示纵筋位于主弯矩 M_1 之右，反之，位于其左；

ψ——纵、横筋 M_1' 与 M_2' 两个设定方向之间的夹角。一般按图 2-1-15 的方向设定。

四、汽车荷载内力计算示例

【例 2-1-6】 设本章例 2-1-1 中的板桥是一座简支斜板桥，斜交角 $\varphi=45°$，斜向标准跨径 $L_b=8.0\text{m}$，斜向计算跨径 $L=7.69\text{m}$，垂直于桥轴线的桥面净空为净$-7\text{m}+2\times0.25\text{m}$，设计荷载改为公路—I 级车道荷载，其余条件不变，钢筋的设定方向如图 2-1-31 所示，试计算跨中截面中心点及自由边中点的主弯矩及其在钢筋方向的弯矩值。

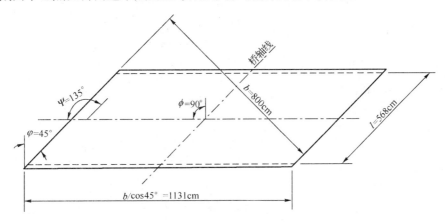

图 2-1-31　例 2-1-6 简支斜板桥平面布置

解：计算步骤可参考图 2-1-30 所示的进行。

(1) 汽车冲击系数和多车道折减系数

现行《通用规范》对斜桥的汽车冲击力尚无明确的规定，为偏安全计，其计算跨径近似地取两支承边的垂直距离，即 $L_j=7.69\times\cos45°\approx5.44\text{m}$，然后进行如例 2-1-1 相类似的计算，得基频 $f=17.93\text{Hz}$，由于它大于 14Hz。故汽车冲击系数取：

$$1+\mu=1.45$$

本桥为双车道，故多车道折减系数 $\xi=1$。

(2) 按跨径 7.69m 直桥进行计算时的跨中弯矩 M_y^0

本计算过程应按例 2-1-1 进行，其中除冲击系数与荷载等级 q_k、P_k 有变更外，其余均直接取自例 2-1-1，跨中弯矩为：

$$M_y^0 = (1+\mu)\cdot\xi\cdot\frac{n_0}{b_0}(q_k\omega_0^M + P_k\cdot y_0^M)$$

$$= 1.45\times1\times\frac{2}{7.82}\left(10.5\times\frac{7.69\times1.9225}{2}+190.76\times1.9225\right)$$

$$= 164.79\text{kN}\cdot\text{m}$$

(3) 列表计算斜板纵、横向弯矩及扭矩（表 2-1-16）

取表 2-1-13 和表 2-1-14 中相关系数进行计算。

纵、横向弯矩及扭矩计算　　　　　　表 2-1-16

位置	M_y^φ		M_x^φ			M_{xy}^φ		
	k_y^φ	$k_y^\varphi M_y^0$	k_x^0	k_x^φ	$k_x^0 k_x^\varphi M_y^0$	k_{xy}^0	k_{xy}^φ	$k_{xy}^0 k_{xy}^\varphi M_y^0$
板跨中央	0.61	100.52	0.515	1.05	89.11	0.084	2.73	37.79
自由边中点	0.65	107.11	0.069	1.48	16.83	0.038	7.02	43.96

(4) 计算主弯矩及其方向

$$M_{1,2} = \frac{M_x^\varphi + M_y^\varphi}{2} \pm \sqrt{\left(\frac{M_x^\varphi - M_y^\varphi}{2}\right)^2 + (M_{xy}^\varphi)^2}$$

板跨中央点为：

$$M_{1,2} = \frac{89.11 + 100.52}{2} \pm \sqrt{\left(\frac{89.11 - 100.52}{2}\right)^2 + 37.79^2} = \frac{133.03}{56.60} \text{kN} \cdot \text{m}$$

自由边中点为：

$$M_{1,2} = \frac{16.83 + 107.11}{2} \pm \sqrt{\left(\frac{16.83 - 107.11}{2}\right)^2 + 43.96^2} = \frac{124.98}{-1.04} \text{kN} \cdot \text{m}$$

主弯矩平面的方向角，对于板跨中央为：

$$\tan 2\alpha_0 = \frac{-2 M_{xy}^\varphi}{M_x^\varphi - M_y^\varphi} = \frac{-2 \times 37.79}{89.11 - 100.52} = 6.6240$$

$$\alpha_0 = 40.712° = 40°42'43''$$

对于自由边中点为：

$$\tan\alpha_0 = \frac{-2 \times 43.96}{16.83 - 107.11} = 0.9739$$

$$\alpha_0 = 22.12° = 22°7'12''$$

(5) 求公路—I级荷载在钢筋方向的弯矩值

本例斜交角 $\varphi > 15°$，故板底层主钢筋可参考图 2-1-25 所示方向配置。

板跨中央：参考图 2-1-30 知

$$\psi = 90°, \beta = \varphi = 45°$$

$$\delta = \alpha_0 - \beta = 40.712° - 45° = -4.288°$$

故可按式（2-1-25）计算：

$$M'_1 = 133.03 \cdot [\cos(-4.288°)]^2 + 56.60 \cdot [\sin-(-4.288°)]^2 + (133.03 - 56.60) \cdot$$
$$\sin(4.288°)\cos(-4.288°) \approx 126.90 \text{kN} \cdot \text{m}$$

$$M'_2 = 133.03 \cdot [\sin(-4.288°)]^2 + 56.60 \cdot [\cos-(-4.288°)]^2 + (133.03 - 56.60) \cdot$$
$$\sin(-4.288°)\cos(-4.288°) \approx 51.33 \text{kN} \cdot \text{m}$$

自由边中点：参考图 2-1-30 知，

$$\beta = 0, \delta = \alpha_0 - \beta = 22.12°$$

$$\psi = 90° + \varphi = 90° + 45° = 135°$$

$$\psi - \delta = 135° - 22.12° = 112.88°$$

代入式（2-1-24）得：

$$M''_1 = \frac{1}{\sin 135°}\{124.98 \cdot \cos 22.12° \cdot \sin 112.88° + (-1.04) \cdot \cos^2(112.88°) +$$
$$[124.98 \cdot \sin 22.12° \cdot \cos 22.12° - (-1.04) \cdot \cos 22.12° \cdot \cos 112.88°]\}$$
$$= 211.76 \text{kN} \cdot \text{m}$$

$$M''_2 = \frac{1}{\sin 135°}\{124.98 \cdot \sin^2(22.12°) + (-1.04) \cdot \cos 22.12° \cdot \sin 112.88° +$$
$$[124.98 \cdot \sin 22.12° \cdot \sin 112.88° - (-1.04) \cdot \sin 112.88° \cdot \cos 112.88°]\}$$
$$= 84.60 \text{kN} \cdot \text{m}$$

五、装配式铰接简支斜板桥近似计算法

1. 恒载内力计算

装配式铰接简支斜板桥的恒载内力可以近似地将全部恒载均摊到每一块板上,先取斜跨长为计算跨径,按正桥确定截面内力,然后参考本篇附表Ⅰ相应的斜交折减系数 k_φ 予以修正。

2. 汽车荷载内力计算

铰接斜板汽车荷载内力的实用计算方法之一是采用斜交角折减系数法。图 2-1-32 示出了铰接斜板汽车荷载内力的计算步骤及公式,其中的斜交角折减系数见本篇附表Ⅰ。

这里要指出的是,在斜板桥中,板跨间的最大弯矩值并不在跨中截面,而是随斜交角的增大而愈向钝角的方向偏移,如图 2-1-33 所示。因此,弯矩包络图也不是对称于跨中截面。但是,在实际设计中,往往把它设计成对称于跨中截面的。所以,在绘制包络图时,要注意峰值顶点不应该从跨中开始,可以偏安全地在跨中保留一个平直段。平直段的长度,根据试验结果,可在跨中截面的两侧各取 $l/8$。其值大小假定等于按上述方法算得的弯矩值。对于较重要的桥梁,为慎重起见,还要在八分点截面用不折减的弯矩值作比较来确定设计弯矩值,取其中较大者。

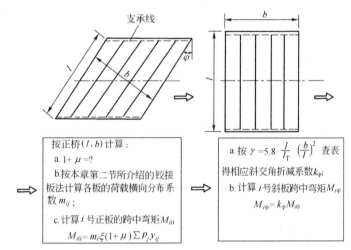

图 2-1-32 装配铰接板汽车荷载内力计算步骤及公式

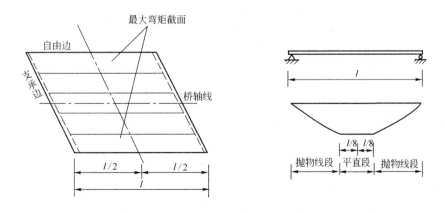

图 2-1-33 弯矩包络图

3. 铰接斜板桥汽车荷载内力计算示例

【例 2-1-7】 设例 2-1-2 的铰接板桥是一座简支斜板桥,斜跨长 $L=12.6\text{m}$,垂直于桥轴线的桥面净空为净—7m+2×0.75m,斜交角为 30°,其余条件不变,如图 2-1-34 所示,试求在原《通用规范》的汽车—20 级荷载作用下 3 号板的跨中弯矩值。

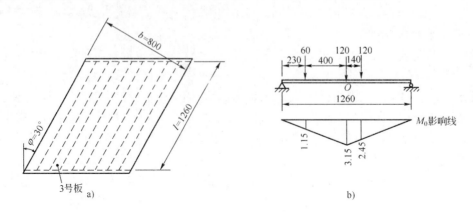

图 2-1-34 例 2-1-7 铰接斜板桥平面及最不利荷载布置(尺寸单位:cm)

解:计算步骤参见图 2-1-32。

(1)汽车冲击系数

计算冲击系数的计算跨径 L_μ 取两支承边的垂直距离即:
$$L_\mu = 12.6 \times \cos30° = 10.91\text{m}$$

$$1+\mu = 1 + \frac{0.3}{45-5}(45-10.91) = 1.2557 \text{(按原《通用规范》)}$$

(2)按正桥计算时 3 号板的汽车荷载横向分布系数 $m_汽$

该计算过程同例 2-1-2,其值为:
$$m_{汽(3号板)} = 0.245$$

(3)多车道折减系数

本桥为双车道,故 $\xi=1$。

(4)按正桥计算 3 号板的跨中弯矩 M_3

汽车—20 级车轴的纵向最不利布置及跨中截面弯矩影响线如图 2-1-34b) 所示。

$$M_{03} = (1+\mu)\xi \cdot m \sum p_i y_i$$
$$= 1.2557 \times 1 \times 0.245 \times [60 \times 1.15 + 120 \times (3.15+2.45)]$$
$$= 228\text{kN·m} \text{(按原《通用规范》)}$$

(5)按 γ 值查斜交角折减系数 k_φ

由例 2-1-2 知,本桥按正桥计算时的 $\gamma=0.0214$,再由本篇附表Ⅰ中铰接板 9-3 查得:

当 $\gamma=0.02$ $k_\varphi=0.911$

当 $\gamma=0.04$ $k_\varphi=0.911$

通过内插法,得:
$$k_\varphi = 0.911$$

(6)3 号斜板的最终跨中弯矩 $M_{3\varphi}$
$$M_{3\varphi} = k_\varphi M_{03} = 0.911 \times 228 = 207.71\text{kN·m}$$

附表 I 铰接（梁）桥荷载横向分布影响线表

说明：

(1) 依板块个数及所计算板号按 γ 值查取各块板轴线处的影响线坐标。表头"铰接板（梁）×-×"的前一个数字表示板块总个数，后一个数表示所计算的板号；如"铰接板 8-2"表示共 8 块板，第二块板的影响线坐标表。

(2) 表列出由 4-9 块板所有各块板的影响线竖标值，表中还同时列出斜交时的弯矩折减系数 k_φ。

(3) 表值范围仅满足截面尺寸完全相等的 9 块板（梁）的要求，若超出范围，可采用平面杆系有限元计算模型求解。

(4) 表中的 $\eta_{i,j}$ 为小数点后的位数字，例如 278 即为 0.278，006 即 0.006。

铰 接 板 4-1

γ	影响线竖标				斜交折减系数 k_φ						
	η_{11}	η_{12}	η_{13}	η_{14}	15°	20°	25°	30°	35°	40°	45°
0.010	278	257	237	227	976	956	931	901	866	828	788
0.020	303	263	226	208	977	957	931	901	867	830	789
0.030	325	268	215	191	977	957	932	902	868	831	791
0.040	345	273	206	176	977	957	932	903	869	832	792
0.050	363	277	198	163	977	957	933	903	869	832	792
0.060	380	280	190	151	977	957	933	903	870	833	792
0.070	395	283	182	140	977	958	933	904	870	833	792
0.080	410	285	175	130	977	958	933	904	870	832	792
0.090	423	287	169	121	977	958	933	903	870	832	791
0.100	436	289	163	113	977	957	932	902	863	829	786
0.150	488	294	137	081	976	956	931	900	864	824	781
0.200	528	296	117	059	976	955	929	897	861	820	776
0.250	560	296	100	048	975	954	927	895	858	816	771
0.300	587	294	087	032	974	953	926	893	855	812	767
0.350	609	292	075	024	974	952	924	890	852	809	763
0.400	629	289	065	018	973	950	921	886	846	803	756
0.500	660	282	048	010	971	948	918	882	842	797	750
0.600	686	275	034	005	969	945	913	876	883	787	739
0.800	724	261	014	001	968	942	909	870	826	779	730
1.000	753	248	−001	000	961	931	893	849	802	752	702
2.000	830	199	−034	005	957	923	883	836	787	736	686

铰 接 板 4-2

γ	影响线竖标				斜交折减系数 k_φ						
	η_{21}	η_{22}	η_{23}	η_{24}	15°	20°	25°	30°	35°	40°	45°
0.010	257	258	248	237	969	945	915	881	841	798	752
0.020	263	265	246	226	969	945	916	881	842	799	754
0.030	268	272	244	215	969	946	916	882	843	800	755
0.040	273	278	243	206	969	946	917	882	843	801	756
0.050	277	284	242	198	969	946	917	883	844	802	757
0.060	280	290	241	190	969	946	917	883	845	803	758
0.070	283	295	240	182	969	946	917	883	845	804	759
0.080	285	300	240	175	970	946	918	884	846	804	760
0.090	287	305	239	169	970	947	918	884	846	805	761
0.100	289	310	239	163	970	947	919	886	848	807	763
0.150	294	331	238	137	970	948	919	886	849	808	764
0.200	296	349	238	117	971	948	920	887	850	809	765
0.250	296	365	239	100	971	948	920	887	850	809	764
0.300	294	379	240	087	971	948	920	887	850	808	764
0.350	292	392	241	075	971	948	920	887	850	808	763
0.400	289	404	242	065	971	948	920	887	849	806	760
0.500	282	426	244	048	971	948	920	886	847	804	757
0.600	275	445	246	034	970	948	919	884	844	799	750
0.800	261	477	248	014	970	947	917	881	881	794	744
1.000	248	505	248	−001	967	941	907	867	867	769	713
2.000	199	597	238	−034	963	934	898	850	850	747	687

铰 接 板 5-1

γ	影响线竖标					斜交折减系数 k_φ						
	η_{11}	η_{12}	η_{13}	η_{14}	η_{15}	15°	20°	25°	30°	35°	40°	45°
0.010	240	217	193	179	171	979	961	938	911	879	845	807
0.020	272	230	187	161	149	979	961	939	911	880	846	809
0.030	300	241	182	147	130	979	962	939	912	881	847	810
0.040	325	250	176	134	115	979	962	939	913	882	848	810
0.050	347	257	171	123	102	979	962	940	913	882	847	810
0.060	367	263	166	113	090	979	962	940	913	882	847	809
0.070	385	269	161	105	081	979	962	939	912	881	846	808
0.080	401	273	156	097	072	979	962	939	912	881	846	807
0.090	416	277	152	090	065	979	962	939	912	880	845	806
0.100	430	280	148	084	058	979	961	937	909	876	840	800
0.150	486	290	128	061	036	978	959	935	906	873	835	794
0.200	527	294	112	045	022	977	958	933	903	869	830	789
0.250	560	295	097	034	014	977	957	931	901	866	826	784
0.300	587	294	085	026	009	976	956	930	898	862	822	779
0.350	609	292	074	020	006	975	954	928	896	859	819	775
0.400	629	289	064	015	004	974	952	925	892	854	812	768
0.500	660	282	047	009	002	973	950	922	888	849	806	761
0.600	686	275	034	005	001	971	947	917	881	840	796	750
0.800	724	261	014	001	000	969	944	912	875	833	788	741
1.000	753	248	−001	000	000	962	933	896	854	807	759	710
2.000	830	199	−034	006	−001	958	925	885	840	791	741	693

铰 接 板 5-2

γ	影响线竖标					斜交折减系数 k_φ						
	η_{21}	η_{22}	η_{23}	η_{24}	η_{25}	15°	20°	25°	30°	35°	40°	45°
0.010	217	216	202	186	179	971	948	920	887	850	809	766
0.020	230	229	204	175	161	971	948	921	888	851	811	768
0.030	241	241	206	165	147	971	949	921	889	852	812	769
0.040	250	251	208	157	134	971	949	922	889	853	813	770
0.050	257	261	209	149	123	971	949	922	890	853	814	771
0.060	263	269	211	143	113	971	949	922	890	854	814	772
0.070	269	277	213	137	105	971	950	922	890	854	815	772
0.080	273	284	214	131	097	971	950	922	890	854	815	773
0.090	277	291	215	126	090	971	950	923	891	855	815	773
0.100	280	297	217	122	084	972	950	923	891	855	815	773
0.150	290	324	223	103	061	972	950	923	891	854	814	772
0.200	294	345	227	089	045	972	950	923	890	854	814	771
0.250	295	362	231	078	034	971	950	922	890	853	813	769
0.300	294	378	235	068	026	971	949	922	889	852	812	768
0.350	292	391	237	060	020	971	949	922	889	852	811	767
0.400	289	404	240	053	015	971	949	921	888	850	809	764
0.500	282	426	243	040	009	971	948	920	887	849	806	761
0.600	275	455	246	030	005	970	947	919	884	845	801	754
0.800	261	477	248	013	001	970	946	917	882	841	796	746
1.000	248	504	249	−001	000	966	940	906	866	820	768	713
2.000	199	597	239	−041	006	962	933	896	851	800	744	686

铰 接 板 5-3

γ	影响线竖标					斜交折减系数 k_φ						
	η_{31}	η_{32}	η_{33}	η_{34}	η_{35}	15°	20°	25°	30°	35°	40°	45°
0.010	193	202	209	202	193	969	946	917	883	844	802	757
0.020	187	204	217	204	187	969	946	917	883	845	803	759
0.030	182	206	225	206	182	969	946	917	884	846	804	760
0.040	176	208	232	208	176	969	946	918	884	846	805	761
0.050	171	209	239	209	171	970	947	918	885	847	806	762
0.060	166	211	246	211	166	970	947	918	885	848	807	764
0.070	161	213	253	213	161	970	947	919	885	848	808	765
0.080	156	214	259	214	156	970	947	919	886	849	808	765
0.090	152	215	265	215	152	970	947	919	886	849	809	766
0.100	148	217	271	217	148	970	948	920	888	851	811	768
0.150	128	223	298	223	128	971	948	921	889	852	812	768
0.200	112	227	322	227	112	971	949	921	889	852	811	767
0.250	097	231	343	231	097	971	949	921	889	851	810	765
0.300	085	235	361	235	085	971	949	921	888	850	808	762
0.350	074	237	378	237	074	971	948	920	887	849	806	760
0.400	064	240	393	240	064	970	948	919	885	846	802	754
0.500	047	243	419	243	047	970	947	918	883	842	797	749
0.600	034	246	441	246	034	969	945	914	877	835	789	739
0.800	014	248	476	248	014	967	942	911	873	829	782	731
1.000	−001	249	504	249	−001	962	934	898	856	809	758	704
2.000	−034	239	590	239	−034	959	928	890	845	796	742	686

铰 接 板 6-1

γ	影响线竖标						斜交折减系数 k_φ						
	η_{11}	η_{12}	η_{13}	η_{14}	η_{15}	η_{16}	15°	20°	25°	30°	35°	40°	45°
0.010	217	193	168	150	139	133	982	966	945	921	893	863	830
0.020	256	213	167	137	118	109	982	966	946	922	894	864	831
0.030	289	228	166	126	102	090	982	966	946	922	895	864	832
0.040	317	240	163	116	088	076	982	966	946	922	895	864	831
0.050	341	250	160	107	078	064	982	966	946	922	894	863	830
0.060	362	258	157	100	068	055	982	966	946	922	894	862	829
0.070	381	264	154	093	061	047	982	966	946	921	893	861	828
0.080	398	270	151	087	054	040	982	966	945	921	892	860	826
0.090	414	274	147	082	049	035	982	966	945	920	891	859	825
0.100	428	278	144	077	044	030	981	964	943	917	887	854	818
0.150	485	289	126	057	027	016	980	963	941	914	883	849	812
0.200	527	294	111	043	017	009	979	961	939	911	879	844	807
0.250	560	295	097	033	011	005	978	960	937	908	876	840	802
0.300	587	294	085	025	007	003	978	959	935	906	873	836	797
0.350	609	292	074	019	005	002	977	958	933	904	870	832	793
0.400	629	289	064	015	003	001	976	956	930	899	864	826	785
0.500	660	282	047	008	001	000	975	954	927	895	859	820	779
0.600	686	275	034	005	000	000	973	950	922	888	851	810	767
0.800	724	261	014	001	000	000	971	947	918	883	843	801	758
1.000	753	248	−001	000	000	000	964	936	901	861	817	771	726
2.000	830	199	−034	006	−001	000	959	928	890	847	800	753	707

铰 接 板 6-2

γ	影响线竖标						斜交折减系数 k_φ						
	η_{21}	η_{22}	η_{23}	η_{24}	η_{25}	η_{26}	15°	20°	25°	30°	35°	40°	45°
0.010	193	191	176	157	144	139	973	952	926	896	862	824	784
0.020	213	211	182	148	128	118	973	953	927	897	863	825	785
0.030	228	226	188	142	114	102	973	953	927	897	863	826	786
0.040	240	240	193	136	103	088	973	953	928	898	864	827	787
0.050	250	252	197	130	094	078	973	953	928	898	864	827	787
0.060	258	262	200	126	086	068	973	953	928	898	864	827	787
0.070	264	271	203	122	079	061	973	953	928	898	864	827	787
0.080	270	279	206	118	073	054	973	953	928	898	864	827	787
0.090	274	287	209	114	068	049	973	953	928	898	864	827	787
0.100	278	294	211	111	063	044	973	953	927	897	863	825	785
0.150	289	322	220	096	046	027	973	953	927	896	862	824	784
0.200	294	344	226	085	034	017	973	952	926	896	861	823	783
0.250	295	362	231	075	026	011	973	952	926	895	860	822	781
0.300	294	377	234	067	020	007	973	952	926	895	860	821	780
0.350	292	391	237	059	016	005	973	952	925	894	859	820	778
0.400	289	404	240	052	012	003	972	951	924	893	857	818	775
0.500	282	426	243	040	007	001	972	951	924	892	856	815	771
0.600	275	445	246	030	004	000	972	950	922	889	852	810	764
0.800	261	477	248	013	001	000	971	949	920	886	848	804	757
1.000	248	504	249	−001	000	000	967	942	910	871	826	776	722
2.000	199	597	240	−042	007	−001	963	935	898	855	805	751	694

铰接板 6-3

γ	影响线竖标						斜交折减系数 k_φ						
	η_{31}	η_{32}	η_{33}	η_{34}	η_{35}	η_{36}	15°	20°	25°	30°	35°	40°	45°
0.010	168	176	180	170	157	150	970	948	920	887	850	810	767
0.020	167	182	192	173	148	137	970	948	921	888	851	811	769
0.030	166	188	202	177	142	126	971	949	921	889	852	813	770
0.040	163	193	212	180	136	116	971	949	921	889	853	814	772
0.050	160	197	222	183	130	107	971	949	922	890	854	814	773
0.060	157	200	230	186	126	100	971	949	922	890	854	815	774
0.070	154	203	239	189	122	093	971	949	922	890	855	816	774
0.080	151	206	246	192	118	087	971	949	922	891	855	816	775
0.090	147	209	254	195	114	082	971	950	923	891	856	817	775
0.100	144	211	261	197	111	077	971	950	923	892	856	817	775
0.150	126	220	292	209	096	057	972	950	923	892	856	816	774
0.200	111	226	318	217	085	043	972	950	923	891	855	815	771
0.250	097	231	340	224	075	033	971	950	923	890	853	812	768
0.300	085	234	360	230	067	025	971	949	922	889	852	810	765
0.350	074	237	377	234	059	019	971	949	921	888	850	808	762
0.400	064	240	392	237	052	015	970	948	919	885	846	803	756
0.500	047	243	418	242	040	008	970	946	917	882	842	798	751
0.600	034	246	441	245	030	005	968	944	913	877	835	790	741
0.800	014	248	476	248	013	001	967	942	910	872	829	782	732
1.000	−001	249	504	249	−001	000	962	933	896	854	807	756	703
2.000	−034	240	590	241	−042	006	958	926	887	842	792	739	685

铰接板 7-1

γ	影响线竖标							斜交折减系数 k_φ						
	η_{11}	η_{12}	η_{13}	η_{14}	η_{15}	η_{16}	η_{17}	15°	20°	25°	30°	35°	40°	45°
0.010	203	179	152	132	119	110	105	984	970	953	932	908	881	854
0.020	248	204	156	123	101	087	081	985	971	953	932	908	882	854
0.030	283	222	158	115	088	071	063	985	971	953	932	908	882	854
0.040	313	236	158	108	077	059	050	985	971	953	932	908	881	853
0.050	338	247	156	101	068	049	041	984	971	953	931	907	880	852
0.060	360	255	154	095	066	041	033	984	970	952	931	906	879	850
0.070	380	263	152	089	054	035	027	984	970	952	930	905	878	849
0.080	397	268	149	084	049	030	022	984	970	951	930	904	877	848
0.090	413	273	146	079	044	026	019	984	969	951	929	904	876	846
0.100	428	277	142	075	040	023	016	983	968	949	926	899	870	839
0.150	485	289	126	056	025	012	007	982	967	947	923	895	865	833
0.200	527	294	111	043	016	007	003	981	965	945	920	891	861	828
0.250	560	295	097	033	011	004	002	981	964	943	917	888	856	823
0.300	587	294	084	025	007	002	001	980	963	941	915	885	852	818
0.350	609	292	074	019	005	001	000	979	962	939	912	882	849	814
0.400	629	289	064	015	003	001	000	978	959	936	908	876	842	806
0.500	660	282	047	008	001	000	000	977	958	933	904	871	836	799
0.600	686	275	034	005	000	000	000	975	954	928	897	863	826	788
0.800	724	261	014	001	000	000	000	973	951	924	891	855	817	778
1.000	753	248	−001	000	000	000	000	966	940	907	869	829	787	746
2.000	830	199	−034	006	−001	000	000	961	932	896	855	811	768	726

铰 接 板 7-2

γ	影响线竖标							斜交折减系数 k_φ						
	η_{21}	η_{22}	η_{23}	η_{24}	η_{25}	η_{26}	η_{27}	15°	20°	25°	30°	35°	40°	45°
0.010	179	176	159	138	124	114	110	975	957	933	905	874	840	804
0.020	204	200	171	134	110	095	087	976	957	934	906	875	841	805
0.030	222	219	179	130	099	080	071	976	957	934	907	876	842	806
0.040	236	235	186	126	090	068	059	976	957	934	907	876	842	805
0.050	247	248	192	123	082	059	049	976	957	934	907	876	841	805
0.060	255	259	196	120	076	052	041	976	957	934	906	875	841	805
0.070	263	269	200	116	070	046	035	976	957	934	906	875	841	805
0.080	268	278	204	113	066	041	030	976	957	934	906	875	840	804
0.090	273	286	207	110	061	037	026	976	957	933	906	874	840	804
0.100	277	293	209	108	057	033	023	975	956	933	905	873	838	802
0.150	289	322	219	095	043	020	012	975	956	932	904	872	837	800
0.200	294	344	226	084	033	013	007	975	955	931	903	871	836	799
0.250	295	362	230	075	026	009	004	975	955	931	902	870	835	797
0.300	294	377	234	067	020	006	002	974	955	931	902	869	834	796
0.350	292	391	237	059	016	004	001	974	955	930	901	869	833	794
0.400	289	404	240	052	012	003	001	974	954	929	900	867	830	791
0.500	282	426	243	040	007	001	000	974	954	929	899	865	828	787
0.600	275	445	246	030	004	000	000	973	953	927	896	861	822	780
0.800	261	477	248	013	001	000	000	973	952	925	893	857	816	772
1.000	248	504	249	−001	001	000	000	969	945	914	877	835	787	737
2.000	199	597	240	−042	008	−001	000	965	938	903	861	814	762	707

铰 接 板 7-3

γ	影响线竖标							斜交折减系数 k_φ						
	η_{31}	η_{32}	η_{33}	η_{34}	η_{35}	η_{36}	η_{37}	15°	20°	25°	30°	35°	40°	45°
0.010	152	159	162	150	134	124	119	972	951	925	894	860	822	782
0.020	156	171	178	157	127	110	101	972	952	926	895	861	823	783
0.030	158	179	192	163	122	099	088	972	952	926	896	862	824	784
0.040	158	186	204	168	118	090	077	973	952	926	896	862	825	785
0.050	156	192	215	173	114	082	068	973	952	927	897	863	825	786
0.060	154	196	225	177	111	076	060	973	952	927	897	863	826	786
0.070	152	200	234	181	108	070	054	973	952	927	897	863	826	786
0.080	149	204	242	185	106	066	049	973	952	927	897	863	826	787
0.090	146	207	250	189	103	061	044	973	952	927	897	863	826	787
0.100	142	209	258	192	101	057	040	973	952	927	897	863	826	786
0.150	126	219	291	206	090	043	025	973	952	927	897	862	824	783
0.200	111	226	318	216	081	033	016	973	952	926	896	861	822	780
0.250	097	230	340	223	073	026	011	972	952	926	895	859	820	777
0.300	084	234	360	229	065	020	007	972	951	925	893	857	817	774
0.350	074	237	377	234	058	016	005	972	951	924	892	855	815	771
0.400	064	240	392	237	052	012	003	971	949	922	889	852	810	765
0.500	047	243	418	242	040	007	001	971	948	920	886	848	805	759
0.600	034	246	441	245	030	004	000	969	946	916	881	841	796	749
0.800	014	248	476	248	012	001	000	968	943	912	876	834	789	740
1.000	−001	249	504	249	−001	001	000	962	934	899	857	811	762	711
2.000	−034	240	590	241	−042	008	−001	959	928	889	845	796	744	691

铰 接 板 7-4

γ	影响线竖标							斜交折减系数 k_φ						
	η_{41}	η_{42}	η_{43}	η_{44}	η_{45}	η_{46}	η_{47}	15°	20°	25°	30°	35°	40°	45°
0.010	132	138	150	158	150	138	132	971	950	923	891	855	815	773
0.020	123	134	157	171	157	134	123	972	950	923	892	856	817	775
0.030	115	130	163	184	163	130	115	972	951	924	893	857	818	776
0.040	108	126	168	195	168	126	108	972	951	925	893	858	820	778
0.050	101	123	173	206	173	123	101	972	951	925	894	859	821	779
0.060	095	120	177	216	177	120	095	972	951	925	895	860	822	780
0.070	089	116	181	226	181	116	089	972	952	926	895	861	822	781
0.080	084	113	185	235	185	113	084	973	952	926	896	861	823	781
0.090	079	110	189	243	189	110	079	973	952	926	896	861	823	781
0.100	075	108	192	251	192	108	075	973	953	927	896	861	822	779
0.150	056	095	206	286	206	095	056	973	952	926	895	859	819	775
0.200	043	084	216	314	216	084	043	973	952	925	894	857	816	771
0.250	033	075	223	338	223	075	033	972	951	924	892	854	812	767
0.300	025	067	229	358	229	067	025	972	950	923	890	852	809	763
0.350	019	059	234	376	234	059	019	971	949	922	888	849	806	760
0.400	015	052	237	391	237	052	015	971	948	919	885	845	801	753
0.500	008	040	242	418	242	040	008	970	946	917	881	841	796	748
0.600	005	030	245	440	245	030	005	968	944	913	876	834	788	738
0.800	001	013	248	476	248	013	001	967	941	909	871	828	780	730
1.000	000	−001	249	504	249	−001	000	961	932	895	852	805	753	699
2.000	006	−042	241	589	241	−042	006	957	925	885	839	789	735	680

铰 接 板 8-1

γ	影响线竖标								斜交折减系数 k_φ						
	η_{11}	η_{12}	η_{13}	η_{14}	η_{15}	η_{16}	η_{17}	η_{18}	15°	20°	25°	30°	35°	40°	45°
0.010	194	170	142	121	106	095	088	084	987	975	960	941	921	899	875
0.020	243	198	150	116	092	075	065	060	987	975	960	942	921	899	875
0.030	281	219	154	110	081	061	050	044	987	975	960	941	921	898	874
0.040	311	234	155	104	072	051	039	033	987	975	959	941	920	897	873
0.050	337	245	155	099	064	043	031	026	987	975	959	940	919	896	872
0.060	360	255	153	093	058	037	025	020	987	974	959	940	918	895	870
0.070	380	262	151	088	052	031	021	016	986	974	958	939	917	894	869
0.080	397	268	148	083	047	027	017	013	986	974	958	938	917	893	867
0.090	413	273	145	078	043	024	014	010	986	973	957	938	916	892	866
0.100	427	277	142	074	039	021	012	008	985	972	955	934	911	886	859
0.150	485	289	126	056	025	011	005	003	984	970	953	931	907	881	853
0.200	527	294	111	043	016	006	002	001	983	969	951	929	904	876	847
0.250	560	295	097	033	011	004	001	001	983	968	949	926	900	872	842
0.300	587	294	084	025	007	002	001	000	982	967	947	923	897	868	838
0.350	609	292	074	019	005	001	000	000	981	965	945	921	894	864	833
0.400	629	289	064	015	003	001	000	000	980	963	942	917	888	858	826
0.500	660	282	047	009	001	000	000	000	979	961	939	913	883	852	819
0.600	686	275	034	005	000	000	000	000	977	958	934	906	875	841	807
0.800	724	261	014	001	000	000	000	000	975	955	930	900	867	833	798
1.000	753	248	−001	000	000	000	000	000	968	943	913	878	840	802	765
2.000	830	199	−035	006	−001	000	000	000	964	935	901	863	823	782	744

铰 接 板 8-2

γ	影响线竖标							斜交折减系数 k_φ						
	η_{21}	η_{12}	η_{23}	η_{24}	η_{25}	η_{26}	η_{27}	η_{28}	15°	20°	25°	30°	35°	40°	45°
0.010	170	167	149	127	110	099	091	088	978	961	940	915	887	857	825
0.020	198	195	164	126	100	082	070	065	978	961	940	916	888	857	825
0.030	219	216	175	124	091	069	056	050	978	961	940	916	888	857	825
0.040	234	233	183	122	084	060	046	039	978	961	940	915	888	857	825
0.050	245	246	190	120	078	052	038	031	978	961	940	915	887	857	824
0.060	255	258	195	117	072	046	032	025	978	961	940	915	887	856	824
0.070	262	268	199	115	068	041	027	021	978	961	940	915	886	856	823
0.080	268	277	203	112	063	037	023	017	978	961	939	914	886	855	823
0.090	273	285	206	109	059	033	020	014	978	961	939	914	886	855	822
0.100	277	293	209	107	056	030	017	012	977	960	938	913	884	853	820
0.150	289	322	219	095	042	019	009	005	977	959	938	912	883	852	819
0.200	294	344	226	084	033	012	005	002	977	959	937	911	882	851	817
0.250	295	362	230	075	025	008	003	001	977	959	937	911	881	849	816
0.300	294	377	234	067	020	006	002	001	976	959	936	910	880	848	814
0.350	292	391	237	059	016	004	001	000	976	958	936	909	880	847	813
0.400	289	404	240	052	012	003	001	000	976	958	935	908	878	845	809
0.500	282	426	243	040	007	001	000	000	976	957	934	907	876	842	806
0.600	275	445	246	030	004	001	000	000	975	956	933	904	872	837	798
0.800	261	477	248	013	001	000	000	000	975	955	931	902	868	831	790
1.000	248	504	249	−001	001	000	000	000	971	948	920	885	845	801	754
2.000	199	597	240	−042	008	−002	000	000	967	941	908	869	824	775	724

铰 接 板 8-3

γ	影响线竖标							斜交折减系数 k_φ						
	η_{31}	η_{32}	η_{33}	η_{34}	η_{35}	η_{36}	η_{37}	η_{38}	15°	20°	25°	30°	35°	40°	45°
0.010	142	149	151	138	120	107	099	095	974	955	931	902	870	835	798
0.020	150	164	171	148	116	095	082	075	974	955	931	903	871	836	799
0.030	154	175	186	156	113	085	069	061	975	955	931	903	872	837	800
0.040	155	183	200	163	110	078	060	051	975	955	932	904	872	837	801
0.050	155	190	212	169	108	072	052	043	975	956	932	904	872	837	801
0.060	153	195	222	174	106	067	046	037	975	956	932	904	872	838	801
0.070	151	199	232	179	104	063	041	031	975	956	932	904	872	838	801
0.080	148	203	241	183	102	059	037	027	975	956	932	904	872	837	801
0.090	145	206	250	187	100	055	033	024	975	956	932	904	872	837	801
0.100	142	209	257	191	098	052	030	021	975	955	931	903	871	837	799
0.150	126	219	291	205	089	040	019	011	974	955	931	903	870	835	797
0.200	111	226	317	216	081	031	012	006	974	955	930	902	869	833	794
0.250	097	230	340	223	073	025	008	004	974	954	930	901	867	830	791
0.300	084	234	360	229	065	020	006	002	974	954	929	899	865	828	787
0.350	074	237	377	234	058	015	004	001	973	953	928	898	864	825	784
0.400	064	240	392	237	052	012	003	001	973	952	926	895	860	820	778
0.500	047	243	418	242	040	007	001	000	972	951	924	892	856	815	772
0.600	034	246	441	245	030	004	000	000	971	948	920	887	848	806	762
0.800	014	248	476	248	012	001	000	000	969	946	917	882	842	799	753
1.000	−001	249	504	249	−001	001	000	000	964	937	903	863	819	771	723
2.000	−035	240	590	241	−042	008	−002	000	960	930	893	851	803	753	702

铰 接 板 8-4

γ	影响线竖标								斜交折减系数 k_φ						
	η_{41}	η_{42}	η_{43}	η_{44}	η_{45}	η_{46}	η_{47}	η_{48}	15°	20°	25°	30°	35°	40°	45°
0.010	121	127	138	144	134	120	110	106	973	953	927	897	862	825	784
0.020	116	126	148	160	143	116	100	092	973	953	928	898	864	826	786
0.030	110	124	156	175	150	113	091	081	973	953	928	898	865	828	787
0.040	104	122	163	188	157	110	084	072	974	954	929	899	866	829	789
0.050	099	120	169	200	163	108	078	064	974	954	929	900	866	830	790
0.060	093	117	174	211	169	106	072	058	974	954	929	900	867	830	790
0.070	088	115	179	221	174	104	068	052	974	954	930	901	867	831	790
0.080	083	112	183	231	179	102	063	047	974	954	930	901	868	831	790
0.090	078	109	187	240	183	100	059	043	974	954	930	901	868	830	790
0.100	074	107	191	248	187	098	056	039	974	954	930	900	866	828	786
0.150	056	095	205	285	203	089	042	025	974	954	929	899	864	825	782
0.200	043	084	216	314	214	081	033	016	974	953	928	897	861	821	778
0.250	033	075	223	338	223	073	025	011	973	952	926	895	859	818	773
0.300	025	067	229	358	229	065	020	007	973	952	925	893	856	815	770
0.350	019	059	234	376	234	058	016	005	972	951	924	891	854	812	766
0.400	015	052	237	391	237	052	012	003	971	949	921	888	849	806	760
0.500	009	040	242	418	242	040	007	001	970	948	919	884	845	801	754
0.600	005	030	245	440	245	030	004	000	969	945	915	879	838	792	744
0.800	001	013	248	476	248	012	001	000	967	942	911	874	831	785	735
1.000	000	−001	249	504	249	−001	001	000	962	933	897	855	808	757	704
2.000	006	−042	241	589	241	−042	008	−001	957	926	887	841	791	738	684

铰 接 板 9-1

γ	影响线竖标									斜交折减系数 k_φ						
	η_{11}	η_{12}	η_{13}	η_{14}	η_{15}	η_{16}	η_{17}	η_{18}	η_{19}	15°	20°	25°	30°	35°	40°	45°
0.010	188	164	136	114	098	085	076	071	068	989	979	966	950	932	913	891
0.020	240	195	147	112	087	069	056	049	045	989	979	966	950	932	913	891
0.030	279	217	152	108	077	057	043	035	031	989	979	965	950	932	912	890
0.040	311	233	154	103	069	048	034	026	022	989	978	965	949	931	911	889
0.050	337	245	154	098	063	041	027	020	016	989	978	965	948	930	910	887
0.060	360	254	153	093	056	035	022	015	012	989	978	964	948	929	908	886
0.070	379	262	151	088	051	030	018	012	009	988	978	964	947	928	907	884
0.080	397	268	148	083	046	026	015	009	007	988	977	963	946	927	906	883
0.090	413	273	145	078	042	023	013	008	005	988	977	963	946	926	905	881
0.100	427	277	142	074	038	020	011	006	004	987	975	960	942	922	899	874
0.150	485	289	126	056	025	011	005	002	001	986	974	958	939	918	894	868
0.200	527	294	111	043	016	006	002	001	000	985	973	956	937	914	890	863
0.250	560	295	097	033	011	004	001	000	000	985	971	954	934	900	885	858
0.300	587	294	084	025	007	002	001	000	000	984	970	952	931	908	881	853
0.350	609	292	074	019	005	001	000	000	000	983	969	951	929	905	878	849
0.400	629	289	064	015	003	001	000	000	000	982	967	948	925	899	871	841
0.500	660	282	047	009	001	000	000	000	000	981	965	945	921	894	865	834
0.600	686	275	034	005	000	000	000	000	000	979	961	940	914	885	855	823
0.800	724	261	014	001	000	000	000	000	000	977	958	935	908	878	846	813
1.000	753	248	−001	000	000	000	000	000	000	970	947	918	886	851	815	780
2.000	830	199	−035	006	−001	000	000	000	000	966	939	907	871	833	795	759

铰 接 板 9-2

γ	影响线竖标									斜交折减系数 k_φ						
	η_{21}	η_{22}	η_{23}	η_{24}	η_{25}	η_{26}	η_{27}	η_{28}	η_{29}	15°	20°	25°	30°	35°	40°	45°
0.010	164	160	142	119	102	089	080	074	071	980	965	946	924	899	872	843
0.020	195	192	160	122	094	074	061	053	049	980	965	946	924	899	872	843
0.030	217	214	173	122	087	064	049	039	035	980	965	946	924	899	872	843
0.040	233	232	182	121	081	056	040	030	026	980	965	946	924	899	871	842
0.050	245	246	189	119	076	049	033	024	020	980	965	946	924	898	871	841
0.060	254	258	194	116	071	044	028	019	015	980	965	946	923	898	870	841
0.070	262	268	199	114	067	039	024	016	012	980	965	945	923	897	870	840
0.080	268	277	203	112	063	035	020	013	009	980	964	945	922	897	869	840
0.090	273	285	206	109	059	032	018	011	008	980	964	945	922	897	869	839
0.100	277	293	209	107	056	029	016	009	006	979	964	944	921	895	867	837
0.150	289	322	219	095	042	019	008	004	002	979	963	943	920	894	866	836
0.200	294	344	226	084	033	012	005	002	001	979	963	943	919	893	865	834
0.250	295	362	230	075	025	008	003	001	000	979	962	942	919	892	863	833
0.300	294	377	234	067	020	006	002	000	000	978	962	942	918	891	862	831
0.350	292	391	237	059	016	004	001	000	000	978	962	941	917	891	861	829
0.400	289	404	240	052	012	003	001	000	000	978	961	941	916	889	859	826
0.500	282	426	243	040	007	001	000	000	000	978	961	940	915	887	856	822
0.600	275	445	246	030	004	000	000	000	000	977	960	938	913	883	851	815
0.800	261	477	248	013	001	000	000	000	000	977	959	936	910	879	845	807
1.000	248	504	249	−001	001	000	000	000	000	973	952	925	893	856	815	770
2.000	199	597	240	−042	008	−002	000	000	000	969	945	914	877	835	789	740

铰 接 板 9-3

γ	影响线竖标									斜交折减系数 k_φ						
	η_{31}	η_{32}	η_{33}	η_{34}	η_{35}	η_{36}	η_{37}	η_{38}	η_{39}	15°	20°	25°	30°	35°	40°	45°
0.010	136	142	144	130	110	096	086	080	076	976	959	936	910	881	849	816
0.020	147	160	166	142	109	086	071	061	056	976	959	937	911	882	850	817
0.030	152	173	184	152	108	079	060	049	043	977	959	937	911	882	850	817
0.040	154	182	198	160	107	073	052	040	034	977	959	937	911	882	850	817
0.050	154	189	211	167	105	068	046	033	027	977	959	937	911	882	850	817
0.060	153	194	222	173	104	064	041	028	022	977	959	937	911	882	850	817
0.070	151	199	232	178	102	060	036	024	018	977	959	937	911	882	850	817
0.080	148	203	241	182	101	057	033	020	015	976	959	937	911	822	850	817
0.090	145	206	249	187	099	054	030	018	013	976	959	937	911	882	850	816
0.100	142	209	257	190	097	051	027	016	011	976	958	936	910	881	849	915
0.150	126	219	291	205	089	040	018	008	005	976	958	936	910	880	947	812
0.200	111	226	317	216	080	031	012	005	002	976	958	935	909	878	845	809
0.250	097	230	340	223	073	025	008	003	001	976	957	935	907	877	843	806
0.300	084	234	360	229	065	020	006	002	001	975	957	934	906	875	840	803
0.350	074	237	377	234	058	015	004	001	000	975	956	933	905	873	838	800
0.400	064	240	392	237	052	012	003	001	000	975	955	931	902	869	833	793
0.500	047	243	418	242	040	007	001	000	000	974	954	929	899	865	828	787
0.600	034	246	441	245	030	004	000	000	000	972	951	925	894	858	819	777
0.800	014	248	476	248	012	001	000	000	000	971	949	921	889	851	811	768
1.000	−001	249	504	249	−001	001	000	000	000	966	940	907	870	828	783	737
2.000	−035	240	590	241	−042	008	−002	000	000	962	933	898	857	812	765	716

铰 接 板 9-4

γ	影响线竖标								斜交折减系数 k_φ						
	η_{41}	η_{42}	η_{43}	η_{44}	η_{45}	η_{46}	η_{47}	η_{48}	η_{49}	15°	20°	25°	30°	35°	40°	45°
0.010	114	119	130	135	124	108	096	089	085	975	956	932	903	871	836	798
0.020	112	122	142	154	135	106	086	074	069	975	956	932	904	872	837	799
0.030	108	122	152	170	144	104	079	064	057	975	956	933	905	873	838	801
0.040	103	121	160	185	152	103	073	056	048	975	956	933	905	874	839	802
0.050	098	119	167	197	159	102	068	049	041	975	957	933	906	874	840	802
0.060	093	116	173	209	166	101	064	044	035	975	957	934	906	875	840	802
0.070	088	114	178	220	172	099	060	039	030	975	957	934	906	875	840	802
0.080	083	112	182	230	177	098	057	035	026	976	957	934	906	875	840	802
0.090	078	109	187	239	181	097	054	032	023	976	957	934	906	875	840	801
0.100	074	107	190	248	186	095	051	029	020	975	957	933	905	873	837	797
0.150	056	095	205	285	203	088	040	019	011	975	956	932	904	871	834	793
0.200	043	084	216	314	214	080	031	012	006	975	955	931	902	868	830	788
0.250	033	075	223	338	223	072	025	008	004	974	955	930	900	865	827	784
0.300	025	067	229	358	229	065	020	006	002	974	954	928	898	863	823	781
0.350	019	059	234	376	233	058	015	004	001	973	953	927	896	860	820	777
0.400	015	052	237	391	237	052	012	003	001	972	951	925	893	856	815	770
0.500	009	040	242	418	242	040	007	001	000	972	950	922	889	852	810	764
0.600	005	030	245	440	245	030	004	000	000	970	947	918	884	844	801	754
0.800	001	013	248	476	248	012	001	000	000	969	945	914	879	838	793	745
1.000	000	−001	249	504	249	−001	001	000	000	963	935	900	859	813	764	714
2.000	006	−042	241	589	241	−042	008	−002	000	959	928	890	845	797	745	693

铰 接 板 9-5

γ	影响线竖标								斜交折减系数 k_φ						
	η_{51}	η_{52}	η_{53}	η_{54}	η_{55}	η_{56}	η_{57}	η_{58}	η_{59}	15°	20°	25°	30°	35°	40°	45°
0.010	098	102	110	124	132	124	110	102	098	974	954	930	900	867	830	791
0.020	087	094	109	135	150	135	109	094	087	974	955	930	901	868	832	793
0.030	077	087	108	144	166	144	108	087	077	974	955	931	902	870	833	795
0.040	069	081	107	152	181	152	107	081	069	975	956	931	903	870	834	795
0.050	063	076	105	159	194	159	105	076	063	975	956	932	904	871	835	796
0.060	056	071	104	166	206	166	104	071	056	975	956	932	904	871	835	796
0.070	051	067	102	172	217	172	102	067	051	975	956	932	904	871	835	795
0.080	046	063	101	177	227	177	101	063	046	975	956	932	904	871	835	795
0.090	042	059	099	181	237	181	099	059	042	975	956	932	904	871	834	794
0.100	038	056	097	186	246	186	097	056	038	975	956	931	902	869	831	790
0.150	025	042	089	203	284	203	089	042	025	974	955	930	900	866	827	785
0.200	016	033	080	214	313	214	080	033	016	974	954	929	898	863	823	780
0.250	011	025	073	223	337	223	073	025	011	973	953	927	896	860	820	776
0.300	007	020	065	229	358	229	065	020	007	973	952	926	894	857	816	772
0.350	005	016	058	233	376	233	058	016	005	972	951	924	892	855	813	768
0.400	003	012	052	237	391	237	052	012	003	972	950	922	889	850	807	761
0.500	001	007	040	242	418	242	040	007	001	971	948	919	885	846	802	755
0.600	000	004	030	245	440	245	030	004	000	969	945	915	879	838	793	745
0.800	000	001	012	248	476	248	012	001	000	968	943	911	874	832	785	736
1.000	000	001	−001	249	504	249	−001	001	000	962	933	897	855	807	757	705
2.000	−001	008	−042	241	589	241	−042	008	−001	957	926	886	841	791	737	684

第二章 装配式T形、工形简支梁桥

第一节 标准图设计基本尺寸

一、装配式钢筋混凝土T形梁

表2-2-1列出了《装配式钢筋混凝土T形梁标准设计图》(JT/GQS 025—84)的基本尺寸。

钢筋混凝土T形梁标准设计尺寸　　　　　表2-2-1

标准跨径(m)	计算跨径(cm)	梁全长 L(cm)	梁高 H(cm)	高跨比 H/L	肋厚(cm) 跨中/梁端	翼缘厚(cm) 根部/边缘	横隔板数(片)	吊重(t) 中梁/边梁
10	950	996	90	1/11	18/30	20/12	3	11.30/12.00
13	1250	1296	110	1/12	18/30	20/12	3	16.43/16.85
16	1550	1596	130	1/12.3	18/30	20/12	5	22.58/22.75
20	1950	1996	150	1/13.3	18/35	20/12	5	32.20/32.45

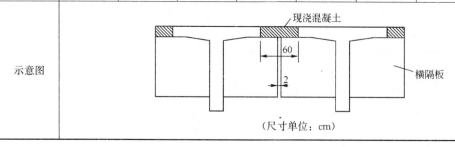

示意图

二、装配式预应力混凝土T形梁

表2-2-2列出了《装配式预应力混凝土T形梁的标准图》(JT/GQS 024—83)和非标准图的结构基本尺寸。

装配式预应力混凝土T形梁基本尺寸　　　表 2-2-2

类别	标准跨径(m)	梁高(cm)	高跨比	肋厚(cm)	上翼板(cm) 预制宽/全宽	根部厚/边缘厚	马蹄 全宽/全高	横隔板数	吊重(t) 中梁/边梁
标准图	20	150	1/13.3	20	14/200	21/15	42/40	5	37.9/38.7
	25	175	1/14.3	20	140/200	21/15	42/40	6	50.9/51.9
	30	200	1/15	20	140/200	21/15	42/40	7	65.5/66.8
	35	225	1/15.6	20	140/200	21/15	42/40	8	81.1/82.7
	40	250	1/16	20	140/200	21/15	42/40	9	98.6/99.9
非标准图	50	250	1/20	16	176/230	17/16.7	62/50		
	50	260	1/19.2	18	248/248	24/8	50/38		
示意图									

三、装配式后张法预应力混凝土工形组合梁桥

表 2-2-3 列出了《装配式预应力混凝土工形组合梁桥标准图》（JT/GQB 005～7—93）的结构尺寸，除正桥外，还包括斜交角为 15°、30°和 45°的斜梁桥。

装配式后张法预应力混凝土工形组合梁桥基本尺寸　　　表 2-2-3

跨径(m)	斜交角(°)	计算跨径(m)	梁全长(m)	高跨比	主梁(cm) 全高/肋宽	间距/根数	横隔板数	最大吊重(t)
20	0°	19.42	19.94	1/14.3	140/18 (其中工字梁高120)	250/5 或 215/5	5	23.0
	15°	19.24						23.1
	30°	19.12						23.2
	45°	18.94						23.3
30	0°	29.14	29.94	1/15.0	200/18 (其中工字梁高180)	250/5 或 215/5	7	45.7
	15°	29.06						45.9
	30°	28.96						46.3
	45°	28.86						46.7

续上表

跨径 (m)	斜交角 (°)	计算跨径 (m)	梁全长 (m)	高跨比	主梁 (cm) 全高 肋宽	主梁 (cm) 间距 根数	横隔板数	最大吊重 (t)
40	0°	38.84	39.94	$\frac{1}{16.0}$	$\frac{250}{18}$ (其中工字梁高 230)	$\frac{250}{5}$ 或 $\frac{215}{5}$	9	74.9
	15°	38.84						75.1
	30	38.74						75.5
	45°	38.64						76.0
示意图								

第二节 装配式钢筋混凝土及预应力混凝土简支梁桥的计算内容

在拟定好简支梁桥的截面尺寸以后,便可按照主梁、横梁和桥面板三大部分分别进行内力分析和截面配筋设计。每个部分的计算内容分述如下。

一、主 梁

1. 恒载内力计算

一般是将上部结构自重和二期恒载(桥面构造)等均摊到全桥各片主梁上进行计算。

2. 汽车荷载内力计算

简支梁桥 i 号截面汽车荷载内力按原《通用规范》的一般计算公式为:

$$S_i = (1+\mu) \cdot \xi \cdot \sum m P_j y_{ij} \tag{2-2-1}$$

按照现行《通用规范》的车道荷载规定,它包含两项内容,即均布荷载标准值 q_k 和两类集中荷载标准值 P_k、P'_k (=1.2P_k),于是,i 号截面的汽车活载内力表达式可以写成:

弯矩
剪力
$$\left. \begin{array}{l} M_i = (1+\mu) \cdot \xi \cdot m(q_k \omega_i^M + P_k y_i^M) \\ Q_i = (1+\mu) \cdot \xi \cdot m(q_k \omega_i^Q + P'_k y_i^Q) \end{array} \right\} \tag{2-2-2a}$$

对于人群荷载为:

弯矩
剪力
$$\left. \begin{array}{l} M_{ri} = m_r q_r \cdot \omega_i^M \\ Q_{ri} = m_r q_r \cdot \omega_i^Q \end{array} \right\} \tag{2-2-2b}$$

以上各式中:m、m_r——分别为汽车荷载和人群荷载的横向分布系数;

ω_i^M、ω_i^Q——分别为 i 号截面的弯矩、剪力影响线面积;

y_i^M、y_i^Q——沿桥跨纵向分别与 P_k、P'_k 对应的弯矩、剪力影响线竖标值;

P_j、y_{ij}——分别为按原《通用规范》的汽车轴重和与 i 号车轴轴重位置相对应的内力（弯矩或剪力）影响线竖标值；

q_r——按现行《通用规范》确定的人群荷载标准值；

其余符号的定义同式（2-1-6）。

3. 内力组合

按照相关规范的规定，对于不同的组合，应对所计算出的恒载及汽车荷载内力分别乘以相应的荷载安全系数。

4. 截面配筋设计

针对所采用的结构（钢筋混凝土、预应力混凝土或部分预应力混凝土）按照相关规范中的公式及规定进行截面配筋设计，也可应用专用的电算程序进行计算。

5. 裂缝验算

对于钢筋混凝土构件和部分预应力混凝土 B 类构件则作此项验算，但计算出的裂缝宽度不得超过相关规范规定的容许值。

6. 变形验算

对于各种混凝土构件均需进行此项验算，并按相关规范中的规定，确定桥梁是否应设置预拱度。

上述的 4～6 项内容的具体计算公式及方法，详见现行《通用规范》及《结构设计原理》。

二、横　　梁

1. 汽车荷载内力计算

具体计算方法，后面将作专门的介绍。

2. 截面配筋设计

3. 横梁接头钢板及焊缝计算

该项属于钢结构的计算内容，其计算公式与方法亦可参阅《结构设计原理》。

三、桥　面　板

1. 内力计算

它包括三种类型的桥面板（行车道板）：

（1）悬臂板；

（2）两端固结、中间为铰接的板；

（3）多跨连续的单向板等。

2. 截面配筋设计

上述各类板一般均按单向板进行配筋设计。

第三节　荷载横向分布系数计算

一、杠　杆　法

1. 适用范围

按杠杆法进行荷载横向分布计算的基本假定是：忽略主梁之间横向结构的联系作用，即假设桥面板在主梁上断开，而当做横向支承在主梁的简支梁或悬臂梁来考虑。一般在下列两种情况中应用：

（1）计算荷载位于主梁支点处的横向分布系数；

（2）计算双主梁桥的荷载横向分布系数。

2. 荷载横向分布系数

（1）绘制荷载横向分布影响线

图 2-2-1a）示出了 1 号梁和 2 号梁的荷载横向分布影响线；图 2-2-1b）示出了双主梁桥中左侧主梁的荷载横向分布影响线。其计算方法与普通求简支梁支点反力影响线的方法相同。

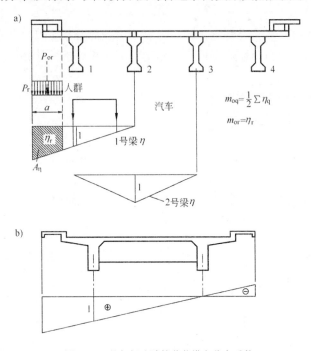

图 2-2-1　按杠杆法计算荷载横向分布系数

（2）计算荷载横向分布系数 m

对于汽车荷载

$$m_{汽}=\frac{1}{2}\sum \eta_{q} \tag{2-2-3}$$

对于人群荷载

$$m_{人}=\eta_{r} \tag{2-2-4}$$

以上各式中的 η_q、η_r 分别为对应于汽车轮载和人群荷载下的影响线竖标值。

二、偏心压力法

1. 适用范围

当荷载位于简支梁桥的中部、各主梁之间设置有可靠的中间横隔梁，且桥的宽跨比 B/l 小于或等于 0.5 时（窄桥），一般可采用此计算方法。

2. 荷载横向分布影响线公式

（1）考虑主梁抗扭刚度的修正偏心压力法公式

$$\eta_{ki}=\frac{I_k}{\sum\limits_{i=1}^{n}I_i}\pm\beta\frac{ea_kI_k}{\sum\limits_{i=1}^{n}a_i^2I_i} \tag{2-2-5}$$

其中：

$$\beta = \frac{1}{1 + \frac{Gl^2 \sum I_{Ti}}{12E \sum a_i^2 I_i}} < 1 \quad (2\text{-}2\text{-}6)$$

若各主梁的截面尺寸均相同时，则 $I_1 = I_2 = \cdots = I$，$I_{T1} = I_{T2} = \cdots = I_T$，式（2-2-5）便可写为：

$$\eta_{ki} = \frac{1}{n} \pm \beta \frac{ea_k}{\sum_{i=1}^{n} a_i^2} \quad (2\text{-}2\text{-}7)$$

（2）不计主梁抗扭刚度的偏心压力法（刚性横梁法）公式

此时，假定 $I_{Ti} = 0$，则 $\beta = 1$，代入式（2-2-5）得：

$$\eta_{ki} = \frac{I_k}{\sum_{i=1}^{n} I_i} \pm \frac{ea_k I_k}{\sum_{i=1}^{n} a_i^2 I_i} \quad (2\text{-}2\text{-}8)$$

若 $I_i = I$、$I_{Ti} = 0$，代入式（2-2-5）和式（2-2-6）得：

$$\eta_{ki} = \frac{1}{n} \pm \frac{ea_k}{\sum_{i=1}^{n} a_i^2} \quad (2\text{-}2\text{-}9)$$

以上各式中：β——抗扭修正系数；

I_k、I_i——分别为 k 号梁、i 号梁的抗弯惯矩；

a_k、a_i——分别为 k 号梁、i 号梁至桥面中心线的距离；

e——单位荷载（$P=1$）作用点至桥面中心线的距离；

E、G——分别为混凝土的弹性模量和剪切模量；

I_{Ti}——i 号梁的抗扭惯矩，可按表 1-9-1 中有关公式计算；

l——简支梁的计算跨径；

n——主梁数。

3. 示例

【**例 2-2-1**】 图 2-2-2 所示的简支梁桥，其计算跨径 $l = 19.50\text{m}$，试计算在考虑主梁抗扭刚度时，1 号边梁在跨径中部的汽车荷载横向分布系数 $m_汽$。

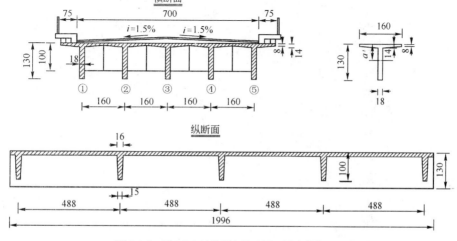

图 2-2-2 例 2-2-1 结构基本尺寸图（尺寸单位：cm）

解：计算步骤如下：

(1) 计算 I 和 I_T

翼板的平均厚度

$$h = \frac{8+14}{2} = 11 \text{cm}$$

主梁重心位置 a_x

$$a_x = \frac{S}{A} = \frac{(160-18) \times 11 \times \frac{11}{2} + 130 \times 18 \times \frac{130}{2}}{(160-18) \times 11 + 130 \times 18} = 41.2 \text{cm}$$

主梁抗弯惯矩

$$I = \frac{(160-18)}{12} \times 11^3 + (160-18) \times 11 \times \left(41.2 - \frac{11}{2}\right)^2 + \frac{18}{12} \times 130^3 +$$

$$18 \times 130 \times \left(\frac{130}{2} - 41.2\right)^2$$

$$= 6627473 \text{cm}^4 = 0.0662747 \text{m}^4$$

主梁抗扭惯矩，查表 1-9-1 中相应公式为：

对于翼板

$$b_1/t_1 = 1.6/0.11 = 14.88 > 10，得 K' = 0.333$$

对于梁肋

$$b_2/t_2 = 1.19/0.18 = 6.611，内插得 K' = 0.301$$

$$I_t = \sum K' b_i t_i^3 = 0.333 \times 160 \times 11^3 + 0.301 \times 119 \times 18^3 = 279870 \text{cm}^4 = 0.0027987 \text{m}^4$$

(2) 计算抗扭修正系数 β

由于各主梁截面尺寸相同，故式（2-2-6）可改写为：

$$\beta = \frac{1}{1 + \frac{Gl^2}{12E} \cdot \frac{nI_T}{I \sum a_i^2}}$$

对于本例，$n=5$，$\sum a_i^2 = [(2 \times 1.6)^2 + 1.6^2] \times 2 = 25.60 \text{m}^2$。

于是：

$$\beta = \frac{1}{1 + \frac{0.43E \times 19.5^2 \times 5 \times 0.0027987}{12E \times 0.0662747 \times 25.6}} = 0.899$$

(3) 计算荷载横向分布影响线竖标值

对于 1 号梁

$$\eta_{11} = \frac{1}{n} + \beta \frac{e \cdot a_1}{\sum a_i^2} = \frac{1}{5} + 0.899 \frac{3.2 \times 3.2}{25.60} = 0.5596 \approx 0.56$$

$$\eta_{15} = \frac{1}{n} - \beta \frac{e \cdot a_1}{\sum a_i^2} = \frac{1}{5} - 0.899 \frac{3.2 \times 3.2}{25.60} = -0.1596 \approx -0.16$$

荷载横向分布影响线示于图 2-2-3。

(4) 计算荷载横向分布系数

首先对 1 号边主梁进行最不利的横向布载，然后内插各车轮下面所对应的影响线竖标值，如图 2-2-3 所示。荷载横向分布系数则按式（2-2-3）计算，即：

$$m_{汽} = \frac{1}{2}(0.5375 + 0.3351 + 0.1889 - 0.0135) = 0.524$$

对于人群荷载的荷载横向分布系数的计算方法，与此完全相似，只是所应用的公式不同。

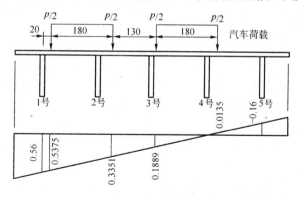

图 2-2-3　荷载横向分布系数 m 的计算图（尺寸单位：cm）

三、铰 接 梁 法

1. 适用范围

本方法适用于无内横梁的小跨径简支 T 形梁桥，主梁翼板之间的连接构造较弱，其受力特点类似于横向铰接板的结构，如图 2-2-4 所示。实际工程中很少应用这种桥跨结构。

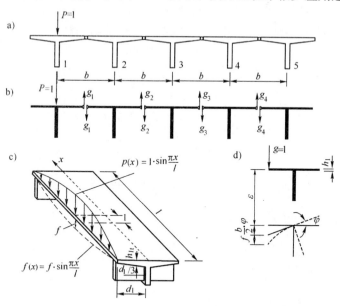

图 2-2-4　铰接 T 形梁桥计算图

2. 荷载横向分布影响线的计算方法 I——查表法

计算步骤如下：

①将每片主梁视作铰接板，应用公式（2-1-12）计算刚度系数 γ；

②查本篇附表 I，通过内插法，求出各主梁的荷载横向分布影响线竖标值 η_{ii}、η_{ik}；

③用悬臂翼板挠度与主梁挠度之比 β 修正各 η_{ii} 和 η_{ik} 值，其公式如下：

$$\left.\begin{array}{l}\eta_{ii(\beta)} = \eta_{ii} + \dfrac{\beta}{1+\gamma}(1-\eta_{ii}) \\ \eta_{ik(\beta)} = \eta_{ik} - \dfrac{\beta}{1+\gamma}\eta_{ik}\end{array}\right\} \quad (2\text{-}2\text{-}10)$$

其中：
$$\beta = \dfrac{f}{w} \approx 390 \dfrac{I}{l^4}\left(\dfrac{d_1}{h_1}\right)^3 \quad (2\text{-}2\text{-}11)$$

以上各式中：f、w——分别为T形梁翼板悬臂端和梁肋顶点的弹性挠度；

d_1——翼板的悬出长度；

h_1——翼板厚度，对于变厚度的翼板，可近似地取距离梁肋 $\dfrac{d_1}{3}$ 处的板厚来计算，如图2-2-4c）所示；

I_1——单位宽度翼板的抗弯惯矩，$I_1 = \dfrac{h_1^3}{12}$；

其余符号的定义同前。

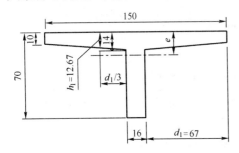

图 2-2-5　T形梁截面尺寸（尺寸单位：cm）

3. 示例

【例 2-2-2】　无中横隔梁的横向铰接T形梁桥，跨径 $l = 10\text{m}$，桥面净空为净—7m+2×0.25m 护轮带，由间距 $b = 1.5\text{m}$ 的5根主梁组成。主梁截面尺寸如图 2-2-5 所示。试计算各主梁的荷载横向分布影响线竖标值 η。

解：（1）计算截面特性

T形梁的抗弯惯矩 I 和抗扭惯矩 I_T 计算过程同例 2-2-1，下面仅给出其最终结果：

$$I = 1031800\text{cm}^4 = 0.010318\text{m}^4$$
$$I_T = 151700\text{cm}^4 = 0.001517\text{m}^4$$

（2）求刚度参数 γ 和 β

$$\gamma = 5.8\dfrac{I}{I_T}\left(\dfrac{b}{l}\right)^2 = 5.8 \times \dfrac{1031800}{151700} \times \left(\dfrac{150}{1000}\right)^2 = 0.8880$$

$$\beta = 390\dfrac{I}{l^4}\left(\dfrac{d_1}{h_1}\right)^3 = 390 \times \dfrac{1031800}{1000^4} \times \left(\dfrac{67}{12.67}\right)^3 = 0.0595$$

$$\dfrac{\beta}{1+\gamma} = \dfrac{0.0595}{1+0.8880} = 0.0315$$

（3）计算跨中荷载横向分布影响线 η_{ii}、η_{ik}

从本篇附表 I 所属 5-1、5-2 和 5-3 的分表中，查出 $\gamma = 0.80$ 与 $\gamma = 1.00$ 所对应的 η_{ii} 和 η_{ik} 值，然后用内插法求 $\gamma = 0.888$ 所对应的影响线竖标值，如表 2-2-4 所示。

（4）按式（2-2-10）计算计入了 β 影响后的影响线竖标值 $\eta_{ii(\beta)}$ 和 $\eta_{ij(\beta)}$

本过程的结果直接列入表 2-2-4 中。然后绘出 $\eta_{ii(\beta)}$ 和 $\eta_{ij(\beta)}$ 的影响线图，再在每片主梁的荷载横向分布影响线图上进行最不利的荷载横向布置，以求得各梁的横向分布系数 m_i，具体计算方法参见图 2-2-3。

铰接 T 形梁荷载横向分布影响线计算表　　表 2-2-4

梁编号	γ	单位荷载作用位置					$\sum \eta_{ti(\beta)}$
		1	2	3	4	5	
1	0.800	0.724	0.261	0.014	0.001	0.000	
	1.000	0.753	0.248	−0.001	0.000	0.000	
	0.888	0.7368	0.2553	0.0084	0.0006	0.000	1.0011
	计入β影响*	0.7451	0.2472	0.0081	0.0005	0.000	1.0009
2	0.800	0.261	0.477	0.248	0.013	0.001	
	1.000	0.248	0.504	0.249	−0.001	0.000	
	0.888	0.2553	0.4889	0.2484	0.0078	0.0004	1.0008
	计入β影响*	0.2472	0.5050	0.2406	0.0076	0.0004	1.0007
3	0.800	0.014	0.248	0.476	0.248	0.014	
	1.000	−0.001	0.249	0.504	0.249	−0.001	
	0.888	0.0084	0.2484	0.4883	0.2484	0.0084	1.0019
	计入β影响*	0.0081	0.2406	0.5044	0.2406	0.0081	1.0018

注：* 按式（2-2-10）进行修正。

4. 荷载横向分布影响线的计算方法 II——有限元法

计算步骤如下：

（1）建立计算模型

铰接 T 形梁的有限元法计算模型与图 2-1-9 中的铰接板的十分相似，将 T 形梁的翼板视作铰接板，将梁肋视作刚臂，刚臂被支承在竖向集中弹簧支承和扭转弹簧支承上，如图 2-2-6b）所示。

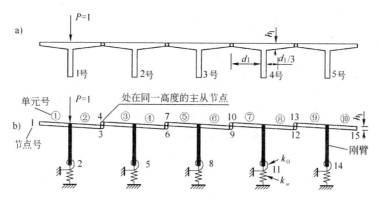

图 2-2-6　铰接 T 形梁计算模型

该计算模型除了用双节点的主从关系来反映铰接的工作性能外，还将每个梁肋视为横向弯曲刚度为无穷大的刚臂。每个主梁上的翼板被划分为两个单元，它们分别与此刚臂刚性连接，翼板的厚度取距离梁肋 $\dfrac{d_1}{3}$ 处的板厚 h_1，如图 2-2-6a）所示。

（2）计算弹簧支承刚度 k_w 和 k_θ

竖向弹簧支承刚度 k_w 和扭转弹簧支承刚度 k_θ 的计算公式与式（2-1-13）和式（2-1-14）完全相同，只是其中的 I、I_T 分别为 T 形梁的竖向抗弯惯矩和抗扭惯矩，具体的计算方法可参见例 2-2-1。

(3) 应用有限元法程序进行计算

通过电算可以输出各个竖向弹簧支承处的垂直反力，此时各支承反力便是 1 号主梁的荷载横向分布影响线。如果对 1 号主梁进行最不利汽车荷载横向布置，每个轮重取 $P=\dfrac{1}{2}$ 时，则图中 2 号节点处的反力便是 1 号主梁的荷载横向分布系数。其余照此类推。

5. 示例

【例 2-2-3】 为了对比，仍以例 2-2-2 中的条件为例，设混凝土强度等级为 C40，试计算各主梁的荷载横向分布影响线竖标值 η。

解：(1) 建立有限元法计算模型

由于本例为 5 根 T 形梁，与图 2-2-6 中的完全相同，故可取图 2-2-6b) 作为本例的计算模型。其中的翼板厚取平均厚 $h_1=12.67\text{cm}$，单元板宽取 $b_1=100\text{cm}$，刚臂端点（2、5、8、11、14 号节点）距板中心的高度 h 近似取等于主梁全高，即 $h=75\text{cm}$，不影响计算结果。

(2) 计算 k_w、k_θ

本例 T 形梁的竖向抗弯惯矩 I 和抗扭惯矩 I_T 可以直接取自例 2-2-2，即：

$$I = 0.0130318\text{m}^4 \qquad I_T = 0.001517\text{m}^4$$

代入式（2-1-13）和式（2-1-14）后得：

$$k_w = \frac{\pi^4 EI}{l^4} = \frac{\pi^4 \times 3.3 \times 10^7 \times 0.0130318}{10^4} = 3316.72\text{kN/m}$$

$$k_\theta = \frac{\pi^2 GI_T}{l^2} = \frac{\pi^2 \times 0.425 \times 3.3 \times 10^7 \times 0.001517}{10^2} = 2099.85\text{kN} \cdot \text{m/rad}$$

(3) 有限元法计算结果

表 2-2-5 列出 1 号梁、2 号梁和 3 号梁上分别在 $p=1$ 作用时各竖向集中弹簧支承的垂直反力，即各梁的荷载横向分布影响线竖标。将它与表 2-2-4 的计算值对比结果十分接近。

1、2 和 3 号 T 形梁的荷载横向分布影响线竖标　　　　表 2-2-5

$p=1$ 的作用位置		各集中弹簧支承节点处的竖向支反力					$\sum\eta$
		2	5	8	11	14	
节点号	2（1号梁）	0.7431	0.2495	0.0072	0.0002	0.0000	1.0000
	5（2号梁）	0.2495	0.5007	0.2426	0.0070	0.0002	1.0000
	8（3号梁）	0.0072	0.2426	0.5005	0.2426	0.0072	1.0001
对应的梁号		1	2	3	4	5	—

四、刚接梁法

1. 适用范围

本法适用翼缘板刚性连接的肋梁桥，包括设置有中横隔板的肋梁桥，但需对横隔板按抗弯刚度进行等效，成为"拟无横隔板的肋梁桥。"

2. 有限元法计算模型

本法已编制有适合于手算的计算用表，由于需要进行两次内插，计算较烦琐，故本书中仅介绍有限元法的计算模型。

(1) 计算模型

只要将图 2-2-6b) 中所有的主从节点取消，变为刚性连接的单元，就能得到本方法的计算模型。如图 2-2-7 所示。其中的翼板平均厚度 h_1、竖向集中弹簧刚度 k_w 和扭转弹簧刚度 k_θ 等都可按上述的公式和方法进行计算。

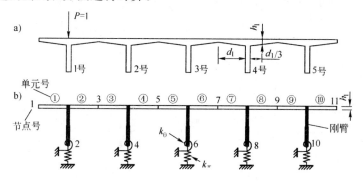

图 2-2-7 刚接 T 形梁计算模型

（2）中横隔梁的等效处理

图 2-2-8 所示是具有中横隔梁的刚接 T 形梁，此时，为了应用刚接梁法计算荷载横向分布影响线，必须对它进行等效模拟，使之成为"拟无横隔板的肋梁桥"。具体的做法如下：

①从距 T 形梁的梁肋以外的 $\dfrac{d_1}{3}$ 处沿纵向切开，再以横隔梁为中心线，向两侧各延伸 $l_1/2$ 作为翼板宽（l_1——横隔梁的中距），得到横桥向的 T 形截面，如图 2-2-8 中的虚线所示。

②按照《材料力学》公式求此 T 形全截面的抗弯惯矩 $I_\text{横}$ 及单宽平均抗弯惯矩 $\bar{I}_\text{横}$，它为：

$$\bar{I}_\text{横} = \frac{I_\text{横}}{l_1} \quad (2\text{-}2\text{-}12)$$

③按下式求算翼板的等效板厚 h_e，即：

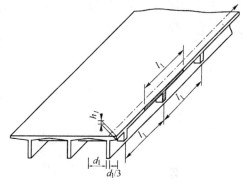

图 2-2-8 中横隔梁等效处理后的计算截面

$$h_e = \sqrt[3]{12\bar{I}_\text{横}} \quad (2\text{-}2\text{-}13)$$

④用 h_e 取代图 2-2-7b) 中在横隔板范围内的 h_1，便可应用有限元法电算程序完成分析。

3. 示例

【例 2-2-4】 图 2-2-9 所示的五梁式刚接 T 形梁，计算跨径 $l=19.50$m，桥宽为净—7m $+2\times0.75$m，横隔梁中距 $l_1=4.88$m，在 $d_1/3$ 处的翼板厚 $h_1=0.12$m，混凝土强度等级为 C40，试求 1 号梁在车辆荷载作用下的横向分布系数。

解：（1）计算主梁的抗弯惯矩 I、抗扭惯矩 I_T

根据图中尺寸用一般公式可算得（本例与例 2-2-1 中的条件完全相同，故计算过程略）：

$$I = 0.06627\text{m}^4, I_T = 0.0027987\text{m}^4$$

（2）计算 k_w 和 k_θ

按式（2-1-13）和式（2-1-14）计算得：

$$k_w = \frac{\pi^4 EI}{l^4} = \frac{\pi^4 \times 3.3 \times 10^7 \times 0.06627}{19.5^4} = 1473.3\text{kN/m}$$

$$k_\theta = \frac{\pi^2 GI_r}{l^2} = \frac{\pi^2 \times 0.425 \times 3.3 \times 10^7 \times 0.0027987}{19.5^2} = 1018.8 \text{kN} \cdot \text{m/rad}$$

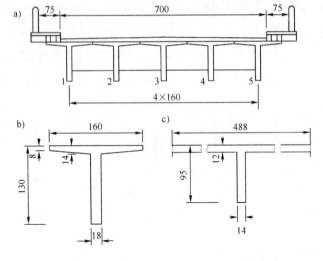

图 2-2-9　例 2-2-4 结构的基本尺寸示意图（尺寸单位：cm）

（3）计算横隔梁的等效板厚 h_e。

按图 2-2-9c 中的尺寸可得：

$$I_\text{横} = 0.0293 \text{m}^4 \quad （计算过程略）$$

按式（2-2-12）得：

$$\overline{I}_\text{横} = \frac{I_\text{横}}{l_1} = \frac{0.0293}{4.88} = 0.006 \text{m}^4/\text{m}$$

代入式（2-2-13）中得：

$$h_e = \sqrt[3]{12\overline{I}_\text{横}} = \sqrt[3]{12 \times 0.006} = 0.416 \text{m}$$

（4）按图 2-2-7b）的计算计算模型，应用平面杆系有限元程序，便得到各竖向集中弹簧支承反力，即荷载横向分布影响线竖标 η，其结果示于表 2-2-6，并与查表法以及例 2-2-1 中的修正偏心压力法计算结果作对比。

1 号 T 形梁的荷载横向分布影响线竖标及分布系数　　　表 2-2-6

计算方法	各集中弹簧支承节点处的竖向支反力					荷载横向分布系数
	2	4	6	8	10	$m_\text{汽}$
有限元法	0.5604	0.3721	0.1917	0.0207	−0.1448	0.5163
查表法	0.558	0.372	0.193	0.021	−0.146	0.518
修正偏心压力法	0.5596	0.3798	0.2000	0.0202	−0.1596	0.524
对应的梁号	1	2	3	4	5	1 号主梁

（5）按图 2-2-10 的车辆荷载横向布置和按图 2-2-7b）的计算模型进行计算后，便得到 1 号梁（2 号弹簧支承竖向反力）的汽车荷载横向分布系数 $m_\text{汽}$，其结果亦列在表 2-2-6 中。从比较得知，对于具有中横梁的刚接梁桥，两种计算方法所得到的结果，十分接近。

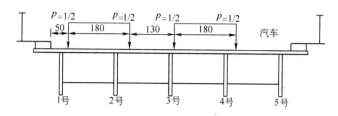

图 2-2-10　例 2-2-4 的荷载横向布置（尺寸单位：cm）

第四节　横隔梁内力计算

一、横隔梁内力计算

一般以中横隔梁的受力最大，横隔梁的截面近似地假定由其梁肋和宽度等于横隔梁中距的翼缘板两部分构成。横隔梁被视作支承在主梁上的弹性支承连续梁，如图 2-2-11 所示。其中的图 b) 适用于应用偏心压力法公式时的横隔梁内力计算，R_{ie} 是 i 号主梁对横隔梁的弹性的支反力，实质上它是 i 号主梁的荷载横向分布影响线竖标值；其中的图 c) 适用于应用刚接梁法的公式或有限元法程序时的横隔梁内力计算，它的 R_{ie} 定义与图 b) 中的相同，它的 M_{ie} 是代表 i 号主梁抵抗横隔梁弯曲的反力弯矩。为了工程上的应用，综合考虑了 R_{ie} 和 M_{ie} 的共同作用后，编制了便于手算的《刚接板、梁桥横向弯矩影响线 M_η 表》。由于篇幅较大，且本书侧重于电算程序的计算模型，故未列出。

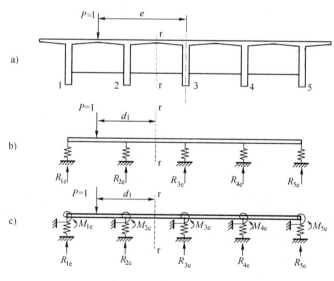

图 2-2-11　横隔梁的计算图

二、按偏心压力法计算横隔梁内力

1. 横隔梁内力影响线

以图 2-2-12 所示结构为例来叙述横隔梁某个截面的反力 R、弯矩 M 和剪力 Q 的影响线步骤。

（1）按式（2-2-5）绘制 1 号、2 号和 3 号梁对横隔梁的弹性支反力 R 影响线（图

2-2-12b)、c)、d))。对于本例可以只绘出 r-r 截面以左的 1 号和 2 号主梁对横隔梁的支反力影响线。

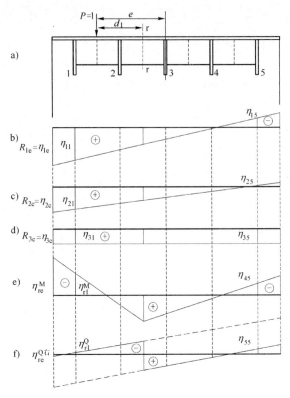

图 2-2-12 按修正偏心压力法绘制横隔梁内力影响线

（2）按下述公式计算和绘制欲求算的某个 r-r 截面（2 号和 3 号主梁之间）的弯矩影响线 η_{re}^M（图 2-2-12e)）。

当荷载 $P=1$ 作用在 r-r 截面以左时：

$$\left.\begin{array}{l}\eta_{re}^M = \eta_{1e} \cdot 2.5d + \eta_{2e} \cdot 1.5d - d_1 \\ \text{当荷载 } P=1 \text{ 作用在 r-r 截面以右时}(e \text{ 为负值})： \\ \eta_{re}^M = \eta_{1e} \cdot 2.5d + \eta_{2e} \cdot 1.5d\end{array}\right\} \quad (2\text{-}2\text{-}14)$$

（3）按下述公式计算和绘制欲求算的、位于 2 号主梁右侧处的横隔梁剪力影响线 $\eta_{2e}^{Q右}$（图 2-2-12f））。

当荷载 $P=1$ 作用在 2 号主梁以左时：

$$\left.\begin{array}{l}\eta_{2e}^{Q右} = \eta_{1e} + \eta_{2e} - 1 \\ \text{当单位荷载 } P=1 \text{ 作用在 2 号主梁以右时：} \\ \eta_{2e}^{Q右} = \eta_{1e} + \eta_{2e}\end{array}\right\} \quad (2\text{-}2\text{-}15)$$

以上两式中的 η_{ie} 表示荷载 $P=1$ 作用于距中轴线 e 处时，i 号主梁对横隔梁的弹性支反力 R_{ie}，其实质是第 i 号的荷载横向分布影响线的竖标；其次，d_1 是荷载 $P=1$ 距欲求的 r-r 截面之间的距离；d 为主梁之间的中距，其余符号同前。

2. 确定作用于横隔梁上的计算荷载

为了简化计算，作用于横隔梁上的计算荷载一般按杠杆原理法确定。以图 2-2-13 中的中横隔梁为例，作用于其上的轮重全部由该横隔梁承受；介于与其相邻横隔梁之间的轴重按杠杆原理分配；其余位置上的轮重均不予考虑。于是，作用于中横梁上的计算荷载，对于汽车荷载为：

$$P_H = \frac{1}{2}\sum P_i y_i \tag{2-2-16}$$

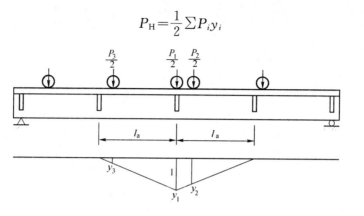

图 2-2-13 横隔梁上计算荷载的计算图

式中：P_i——汽车的轴重；
y_i——对应于各个轴重的影响线竖标。

3. 计算横隔梁的截面内力

将所求得的 P_H 值在图 2-2-12 中按最不利的横向荷载位置布置在内力影响线上，便可求得欲求算的截面内力。

4. 示例

【例 2-2-5】 设图 2-2-12 中的主梁具有与例 2-2-1 中结构完全相同的截面尺寸，计算跨径 $l=19.5$m，横隔梁的中距为 $l_1=4.88$m，试按偏心压力法计算在公路-I级荷载作用下，中横梁在 r-r 截面处的内力。

解：(1) 绘制 r-r 截面的弯矩和剪力影响线

按照前面所述计算步骤及式（2-2-14）、式（2-2-15）进行计算和绘制，计算过程从略，图 2-2-14 示出了其具体计算结果。

(2) 确定横梁上的计算荷载

根据前面所述的按杠杆法分配的近似假定，显然以图 2-2-15 中的布置 I 对中横梁受力最为不利。将该布置方案的荷载值及影响线坐标代入式（2-2-16）便得：

$$P_{Hq} = \frac{140}{2}(1+0.7131) = 119.92 \text{kN}$$

(3) 计算 r-r 截面的弯矩和剪力

将上述 P_{Hq} 布置在图 2-2-14 中的 M_{r-r} 和 $Q_{r-r}^{左}$ 影响线上的最不利位置（本例中的同号影响线区段长度较短，经比较，以一行车布置时的内力最大），便可求得横隔梁单位宽的截面内力，即：

$$M_r = 119.92 \times (0.8958 + 0.3253) = 146.43 \text{kN} \cdot \text{m}$$

$$Q_r^{左} = 119.92 \times (0.5399 + 0.2314) = 92.49 \text{kN}$$

在计算出横隔梁的汽车荷载内力之后，还需按相关规范中的规定计入汽车的冲击系数 $(1+\mu)$，才得到截面的计算内力。当需要计算横隔梁的负弯矩时，按照同样的原理，在影响线的负值区段进行布载，包括人群荷载产生的效应。

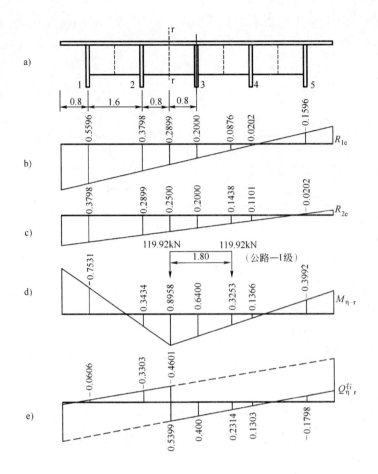

图 2-2-14 例 2-2-5 中横梁内力影响线（尺寸单位：cm）

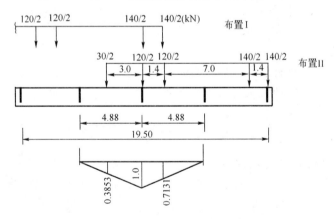

图 2-2-15 例 2-2-5 中横隔梁上荷载计算图（尺寸单位：m）

三、按刚接梁法计算横隔梁的截面内力

1. 计算特点

与应用偏心压力法相比，按刚接梁法计算横隔梁截面内力的方法具有以下的特点。

(1) 可以直接从"刚接板、梁桥横向弯矩影响线（M_{ij}）表"查到横隔梁几个特征截面的弯矩影响线竖标值，不必再通过支反力影响线进行类似于式（2-2-14）和式（2-2-15）的换算。

(2) 作用于横隔梁上的荷载不是应用图 2-2-13 所示的杠杆法计算，而是取每种荷载的正弦级数表示的峰值，具体的计算公式见表 2-2-7。

荷载等代对照表　　　　　　　　表 2-2-7

类型	实际荷载	等代正弦荷载
1	集中力 P，距离 a，跨径 l	$P_s = \dfrac{2P}{l}\sin\dfrac{\pi a}{l}$
2	均布荷载 q，中心距 c，分布宽度 2λ	$P_s = \dfrac{4q}{\pi}\sin\dfrac{\pi c}{l}\sin\dfrac{\pi\lambda}{l}$
3	满布均布荷载 q	$P_s = \dfrac{4q}{l}$

(3) 按等代荷载峰值和弯矩影响线算得的横隔梁截面内力为单宽截面弯矩值 $\overline{M}$，因此，还必须以此弯矩值作为正弦分布的内力峰值，然后在中横隔梁两侧各 $l_1/2$（l_1——横隔梁中距）的范围内进行积分。于是，中横隔梁的最终弯矩值 M 为：

对于三根内横隔梁情况

$$M = 0.244l \cdot \overline{M} \tag{2-2-17}$$

对于一根内横隔梁情况

$$M = 0.450l \cdot \overline{M} \tag{2-2-18}$$

式中：l——简支梁的计算跨径。

应用查表法的优点是简捷，但存在三点不足之处：第一，表中所列的特征截面十分有限；第二，当横梁上需布置多个荷载时，就必须在呈曲线形式的弯矩影响线上进行内插，这样很难做到精确；第三，横隔梁截面剪力影响线无表可查，必须进行反复换算。因此，采用平面杆系有限元法的电算程序来分析图 2-2-11c) 的计算模型，可以圆满地解决这个问题。

2. 示例

【例 2-2-6】　试应用刚接梁法和有限元法电算程序求解上例 2-2-5。

解：(1) 建立刚接梁的有限元法的计算模型

本例的结构尺寸及设计条件与例 2-2-4 完全相同，故在此不再重复，直接取其结果，如图 2-2-16b) 所示。其中的 h_e 是按式 (2-2-12) 和式 (2-2-13) 进行换算的单元厚度。

(2) 逐点施加 $P=1$，由电算求出 r-r 截面的内力影响线竖标

施加单位荷载的节点为图 2-2-16b) 中的 2、4、5、6、8 和 10 号等 6 个节点，它们对 r-r 截面的弯矩影响线 $M_{\eta-r}$ 和截面的剪力影响线 $Q_{\eta-r}$ 影响线竖标值均示于图 2-2-16c) 和 d) 中。为了与查表法进行对比，表 2-2-8 中还并列了它们的对应值。

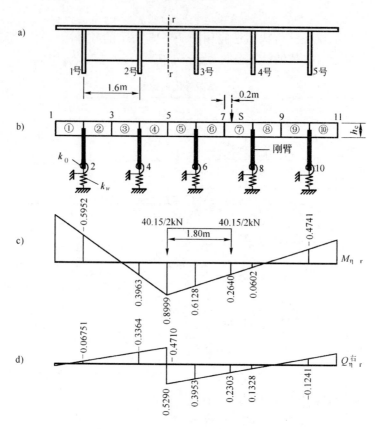

图 2-2-16 例 2-2-6 的横隔梁内力影响线

中横隔梁 r-r 截面的 $M_{\eta-r}$ 值对比　　　　　　表 2-2-8

单位荷载作用的结类号	有限元法程序求解	查 表 法	附　注
2	−0.5952	−0.5952	
4	0.3963	0.3984	
"r-r"	0.8999	0.9032	应用查表法时"S"值是在 $M_{\eta-r}$ 曲线上内插；其余值是按 γ、β 参数的查表值进行内插
6	0.6128	0.6080	
"S"	0.2640	0.2720	
8	0.0602	0.0600	
10	−0.4741	−0.4776	

（3）绘制 $M_{\eta-r}$ 影响线图，确定荷载布置的个数及所在位置

本例结合具体图形，对在"S"节点（位于 7 号节点右侧 0.2m 处）再布置一个荷载为最不利，故应用电算程序补算 $P=1$ 位于"S"节点处时对 r-r 截面产生的内力。

（4）确定横隔梁上的计算荷载

①近似计算法。参考图 2-2-15 中按杠杆原理所确定的最不利荷载"布置 I"，再应用表 2-2-7 中的类型 1 公式来求正弦荷载的峰值，得：

$$p_{\mathrm{H}}=\sum p_{si}=\frac{2}{19.5}\left[120\cdot\sin\frac{1.35\pi}{19.5}+120\cdot\sin\frac{2.75\pi}{19.5}+140\cdot\sin\frac{9.75\pi}{19.5}+140\cdot\sin\frac{11.15\pi}{19.5}\right]$$
$$=2.6588+5.2762+14.3590+13.9953=36.3683\mathrm{kN/m}$$

②精确计算法。为了精确地确定最不利的荷载布置,这里借用了在结构力学中求简支梁绝对最大弯矩的原理,即首先计算出"布置Ⅰ"中4个集中力的合力 R 之作用点位置,然后将此合力 R 与"临界荷载"(本例为"布置Ⅰ"中位于跨中截面处的集中荷载)对称于跨中截面布置,它们各距跨中为 $c=1.5885\mathrm{m}$,于是便可确定出其他车轮的所在位置,如图 2-2-17 的"布置Ⅲ"所示。

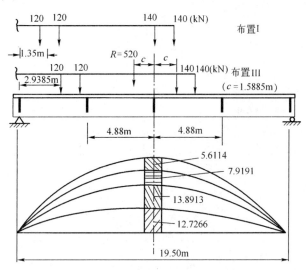

图 2-2-17 横隔梁上的荷载计算图

仍然应用表 2-2-7 中类型 I 的计算公式来求它们的正弦荷载峰值,得:
$$p_{\mathrm{H}}=\frac{2}{19.5}\left[120\cdot\sin\frac{2.9385\pi}{19.5}+120\cdot\sin\frac{4.3385\pi}{19.5}+140\cdot\sin\frac{11.3385\pi}{19.5}+140\cdot\sin\frac{12.7385\pi}{19.5}\right]$$
$$=5.6114+7.9191+13.7913+12.7266=40.1484\mathrm{kN/m}$$

比较上述两种计算结果,其相对误差约为10%,设计中可根据精度要求来选用其中任一计算方法。本例是按沿纵桥向单位长的轴重峰值 $p_{\mathrm{H}}\approx40.15$ 除以2后,化为轮重再布置到图 2-2-16 中 $M_{\eta-r}$ 和 $Q_{\eta-r}^{左}$ 影响线的最不利位置上(5号节点和"S"节点),以便求出此单位长内峰值荷载对中横隔梁 r-r 截面产生的内力,即:
$$\overline{M}_{\mathrm{r}}=\frac{40.15}{2}(0.8999+0.2640)=23.3653\mathrm{kN\cdot m/m}$$
$$\overline{Q}_{\mathrm{r}}^{左}=\frac{40.15}{2}(0.5290+0.2303)=15.2430\mathrm{kN/m}$$

(5) 中横隔梁在 r-r 截面处全宽上的内力

本例具有3根内横隔梁,故应按式(2-2-18)计算其全宽内力,即:
$$M_{\mathrm{r}}=0.244l\cdot\overline{M}_{\mathrm{r}}=0.244\times19.5\times23.3653=111.17\mathrm{kN\cdot m}$$
$$Q_{\mathrm{r}}^{左}=0.244l\cdot\overline{Q}_{\mathrm{r}}^{左}=0.244\times19.5\times15.2430=72.53\mathrm{kN}$$

这一步骤也可与步骤4合并,即用 $0.244l\cdot\dfrac{p_{\mathrm{H}}}{2}=0.24\times19.5\times\dfrac{40.15}{2}=95.52\mathrm{kN}$ 输入到数据文件中,由计算机程序直接完成。

四、按刚接梁法绘制横隔梁包络图

1. 对计算程序功能的要求

当某些桥梁结构有限元法分析专用程序具有下列的功能时，便可应用它直接计算和绘制出整个横隔梁各截面的内力包络图，这些功能是：

（1）能直接输入非标准车辆的轴重和轴距以及相邻车辆之间的最小间距；

（2）能限制车轮沿横桥向的移动范围；

（3）能应用影响线加载法计算横隔梁各截面内力等。

2. 计算模型的修正

下面将介绍应用 BRCAD（桥梁结构静动力辅助设计系统）程序来分析例 2-2-6 中横隔梁内力包络图的要点：

（1）车轮荷载横向移动范围的限制

按相关规范要求，对于汽车荷载，其边轮中心线距两侧人行道缘石（或安全带）不得小于 0.5m。为此，必须对图 2-2-16b）中的计算模型增加两个单元，该单元的节点应置于这两个限界处，如图 2-2-18a）中 A-A、B-B 两个截面所示。然后在输入文件关于"桥面节点号"一项时，只填写其中的 9 个桥面节点：序号 1 对应为 3 号节点；序号 2 对应为 4 号节点……序号 9 对应为 11 号节点。

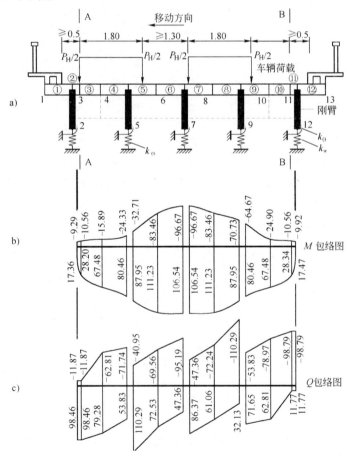

图 2-2-18 中横隔梁全宽内力包络图（尺寸单位：m）

(2) 轮数与轮距的填写

无论桥面是双车道，还是四车道，对于汽车荷载，同一车辆的前、后轮距取 1.8m 固定不变，相邻两车辆按最小间距不得小于 1.3m 填写。各种车型在单位长度上的轮重峰值 p_H 均应按表 2-2-7 中的相应类型进行计算和叠加（参见例 2-2-6 的计算）。

(3) 影响线加载的移动步长

影响线加载时车辆移动的步长一般可取 0.2m，但对于横梁内力计算，由于整个桥面一般不太宽，为了满足精度要求，建议取 0.02m。

(4) 荷载输入

如上所述，为了直接得到中横隔梁全宽上内力包络图，将按表 2-2-7 算得的单宽峰值荷载 P_H 预先乘以 $0.244l$（3 根内横梁情况）或 $0.450l$（一根内横隔梁情况）。例如，对于图 2-2-17 中的 3 根内横隔梁情况，其荷载可按下式输入，计算结果为：

$$\frac{P_H}{2} = \frac{P_H}{2} \times 0.244l = \frac{40.15}{2} \times 0.244 \times 19.5 = 95.5169 \text{kN}$$

在完成上述的部分修正工作后，其余计算步骤同上，便可进行运算，得到中横隔梁各个截面的全宽内力包络图，如图 2-2-18 所示。从中可以看出它在 r-r 截面上的正弯矩 M_r 和 $Q_r^{右}$ 值与上述的计算结果完全吻合。

第五节 桥面板内力计算

一、悬 臂 板

悬臂板的有效工作宽度接近于 2 倍的悬臂长度，故荷载可以近似地按 45°角向悬臂板根部分布，如图 2-2-19 所示。

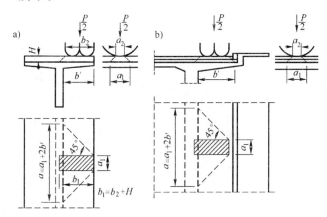

图 2-2-19 悬臂板的有效工作宽度

我国现行《混桥规》对悬臂板规定的汽车荷载有效分布宽度为：

$$a = a_2 + 2H + 2b' = a_1 + 2b' \qquad (2\text{-}2\text{-}19)$$

式中：b'——承重板上荷载压力面外侧边缘至悬臂根部的距离。

对于与梁肋整体连接且具有承托的板（图 2-2-20），当进行承托内或肋内板的截面验算时，板的计算高度可按下式计算：

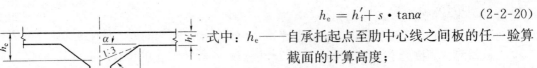

$$h_e = h'_f + s \cdot \tan\alpha \quad (2\text{-}2\text{-}20)$$

式中：h_e——自承托起点至肋中心线之间板的任一验算截面的计算高度；

h'_f——不计承托时板的厚度；

s——自承托起点至肋中心线之间的任一验算截面的水平距离；

α——承托下缘与悬臂板底面夹角，当 $\tan\alpha$ 大于 $\dfrac{1}{3}$ 时，取 1/3。

图 2-2-20 承托处板的计算高度

悬臂板每米宽板条的恒、活载弯矩计算公式如下：

(1) 恒载弯矩

$$M_q = -\frac{1}{2}ql_0^2 \quad (2\text{-}2\text{-}21)$$

(2) 汽车荷载弯矩

$$\left. \begin{array}{ll} M_p = -(1+\mu) \cdot \dfrac{1}{2}pl_0^2 & (b_1 \geqslant l_0 \text{ 时}) \\ \text{或：} \\ M_p = -(1+\mu) \cdot pb_1\left(l_0 - \dfrac{b_1}{2}\right) & (b_1 < l_0 \text{ 时}) \end{array} \right\} \quad (2\text{-}2\text{-}22)$$

以上各式中：q——悬臂板恒载集度；

p——作用在每米宽板条上的每延米荷载强度，它可表示为：

$$p = \frac{P}{2ab_1} \quad \text{（汽车荷载）}$$

P——轴重；

μ——汽车荷载冲击系数，对于悬臂板 $\mu = 0.3$；

l_0——悬臂板的净跨径；

其余符号参见图 2-2-21a)。

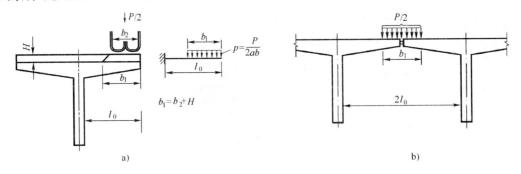

图 2-2-21 悬臂板汽车荷载计算图

悬臂板每米板宽的剪力计算公式从略。

二、铰接悬臂板

T 形梁翼缘板作为行车道板往往用铰接的方式连接，最大弯矩在悬臂根部。

根据计算分析可知，计算汽车荷载弯矩 M_{Ap} 时，最不利的荷载位置是把车轮荷载对中布置在铰接处，这时铰内的剪力为零，两相邻悬臂板各承受半个车轮荷载，即 $p/4$，如图2-2-21b)所示。因此每米宽悬臂板在根部的汽车荷载弯矩为：

$$M_p = -(1+\mu)\frac{p}{4a}\left(l_0 - \frac{b_1}{4}\right) \qquad (2\text{-}2\text{-}23)$$

每米板宽的恒载弯矩为：

$$M_q = -\frac{1}{2}ql_0^2 \qquad (2\text{-}2\text{-}24)$$

注意，此处 l_0 为铰接双悬臂板的净跨径。

三、多跨连续单向板

一般采用简便的近似方法进行计算，即先按相同跨径的简支板进行计算，求出它的跨中弯矩 M_0，然后再根据实验及理论分析的数据加以修正。弯矩修正系数可视板厚 t 与梁肋高度 h 的比值来选用。

当 $t/h<1/4$ 时（即主梁抗扭能力大者）：

$$\left.\begin{aligned} &\text{跨中弯矩} \quad M_{中} = +0.5M_0 \\ &\text{支点弯矩} \quad M_{支} = -0.7M_0 \end{aligned}\right\} \qquad (2\text{-}2\text{-}25)$$

当 $t/h \geqslant \frac{1}{4}$ 时（即主梁抗扭能力小者）：

$$\left.\begin{aligned} &\text{跨中弯矩} \quad M_{中} = +0.7M_0 \\ &\text{支点弯矩} \quad M_{支} = -0.7M_0 \end{aligned}\right\} \qquad (2\text{-}2\text{-}26)$$

式中：$M_0 = M_{0p} + M_{0g}$

M_{0p}为 1m 宽简支板条的跨中汽车荷载弯矩（图 2-2-22a)），对于汽车荷载：

$$M_{0p} = (1+\mu)\cdot\frac{P}{8a}\left(l - \frac{b_1}{2}\right) \qquad (2\text{-}2\text{-}27)$$

式中：P——轴重，对于汽车荷载应取用后轴的轴重计算；

a——板的有效工作宽度；

l——板的计算跨径，当梁肋不宽时（如窄肋 T 形梁）可取梁肋中距；当主梁的梁肋宽度较大时（如箱形梁等）可取梁肋间的净距加板的厚度，即 $l=l_0+t$，但不大于l_0+b，此外 l_0 为板净跨径，t 为板厚，b 为梁肋宽度；

$(1+\mu)$——冲击系数，对于行车道板取 1.3。

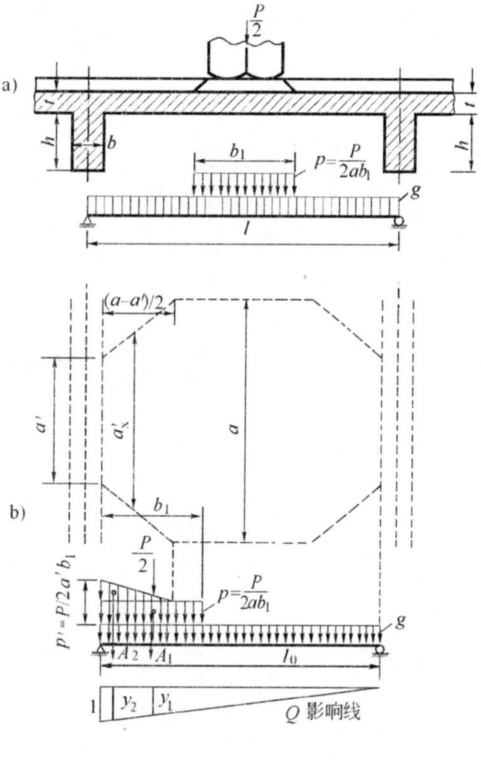

图 2-2-22　单向板内力计算图

a）求跨中弯矩；b）求支点剪力

如果板的跨径较大，可能还有第二个车轮进入跨径内时，可按工程力学方法将荷载布置得使跨中弯矩为最大。

M_{0g}为每米板宽的跨中恒载弯矩，可由下式计算：

$$M_{0g} = \frac{1}{8}gl^2 \tag{2-2-28}$$

此处，g 为 1m 宽板条每延米的恒载重力。

计算单向板支点剪力时，可不考虑板和主梁的弹性固结作用，此时荷载必须尽量靠近梁肋边缘布置。考虑了相应的有效的工作宽度后，每米板宽承受的分布荷载如图 2-2-22b) 所示。对于跨径内只有一个车轮荷载的情况，支点剪力 $Q_支$ 的计算公式为：

$$Q_支 = \frac{gl_0}{2} + (1+\mu)(A_1 \cdot y_1 + A_2 \cdot y_2) \tag{2-2-29}$$

其中：矩形部分荷载的合力为 $\left(以\ p = \frac{p}{2ab_1}\ 代入\right)$：

$$A_1 = p \cdot b_1 = \frac{p}{2a} \tag{2-2-30a}$$

三角形部分荷载的合力为 $\left(p' = \frac{p}{2a'b_1}\ 代入\right)$：

$$A_2 = \frac{1}{2}(p'-p) \cdot \frac{1}{2}(a-a') = \frac{p}{8aa'b_1}(a-a')^2 \tag{2-2-30b}$$

式中：p 和 p'——对应于有效工作度 a 和 a' 处的荷载强度；

y_1 和 y_2——对应于荷载合力 A_1 和 A_2 的支点剪力影响线竖标值；

l_0——板的净跨径。

当跨径内不止一个车轮进入时，尚应计及其他车轮的影响。

第六节 桥面连续桥梁柔性排架桥墩的计算

一、连续桥面构造

桥面连续的简支梁桥按其桥面钢筋构造的不同，大体可分为两种类型。

1. 恒载简支、汽车荷载连续的桥面构造

图 2-2-23a)、b) 示出了两种连续桥面的钢筋构造，前者是用下弯预应力筋将左右两跨预制梁联成整体，后者是用直线预应力筋连接两个预制构件，一旦张拉完毕，便形成连续。对于先简支后连续的连续结构，由于支点处负弯矩较少，可用配置普通钢筋的方法形成连续。

2. 垂直力作用时为简支或部分连续，水平力作用时为连续的桥面构造。

图 2-2-24 所示是在三孔总长为 59m 的桥梁上所使用的连续桥面，它属于将刚性桥面铺装层相连接的连续桥面。具体的做法是：将梁端用 ϕ22 钢筋搭焊，其上铺设薄钢板，承托现浇桥面水泥混凝土，支点区加设桥面钢筋网。接缝处的桥面上留一条假缝，内嵌木条。

图 2-2-25 所示也是属于刚性桥面铺装层相连接的连续桥面，连续段长度达到 233m，具体做法是在梁顶用粗钢筋（称为连接筋）连接，主要依靠连接筋传递水平力，并适应两端转角的需要，可在外包柔性层内作上下少量的位移，桥面设假缝，可用切缝机切缝，再嵌填材料。连接筋的直径一般在 14~25mm 范围之内，钢筋中部外涂防蚀层。全桥连续段上只设一个固定支座，其余均采用四氟板式橡胶支座。其桥面铺装层可进行整体化浇筑。

采用这类桥面构造的桥梁，连续总长也不可过长，它往往与柔性排架桩墩配合使用，并且通过一些构造措施，将上部结构所受到的水平力（制动力、温度影响力等）传递到全桥的各个柔性墩（台）或相邻的刚性墩（台）上，以减小单个柔性墩承受全部的水平力，从而达到减小桩墩截面面积的目的。

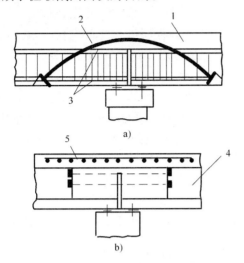
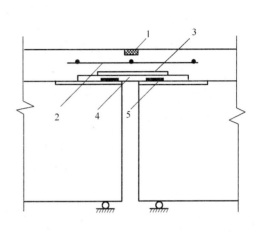

图 2-2-23 采用预应力钢筋的上部结构连续桥面
1-现浇整体混凝土；2-形成连续体系的预应力钢筋；
3-预制构件的预应力钢筋；4-预制构件；5-钢筋网

图 2-2-24 北京珊瑚桥连续桥面
1-假缝；2-钢筋网；3-薄钢板；4-ϕ22 搭焊钢筋；
5-焊缝

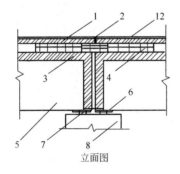
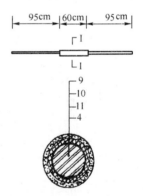

图 2-2-25 宁波市解放桥连续桥面构造图
1-桥面现浇层；2-假缝；3-预制板；4-ϕ25 连接筋；5-主梁；6-钢板（底面嵌有不锈钢板）；7-四氟板式橡胶支座；8-桥墩盖梁；9-外包聚乙烯胶带四层；10-内缠玻璃纤维布四层；11-外涂酚醛防锈漆两道；12-3cm 沥青砂面层

二、柔性排架墩的非线性水平位移计算

1. 理论公式

在压（包括自重）弯（水平力和弯矩）荷载共同作用下的等截面悬臂墩（图 2-2-26），计入非线性效应后的墩顶水平位移值 a 可按下式计算：

$$a = \frac{H + M_0\left(\dfrac{\pi}{2l}\right)}{\dfrac{1}{8}\left[\dfrac{EI}{4}\left(\dfrac{\pi}{l}\right)^4 - \left(N + \dfrac{q_\text{自} l}{3}\right)\left(\dfrac{\pi}{l}\right)^2\right]} \quad (2\text{-}2\text{-}31)$$

式中：N、H、M_0——分别为作用于墩顶的垂直力、水平力和弯矩，图中所示方向均为正；

$q_自$——悬臂墩身自重；

E、I、l——分别为悬臂墩的弹性模量、截面抗弯惯矩和高度。

2. 迭代法

当桥墩为变截面墩身或者其基础采用钻孔灌注桩时，则只能应用平面杆系有限元法的计算程序进行逐次迭代，来计入轴力产生的非线性变形效应。现用图 2-2-27 来阐明其计算过程。

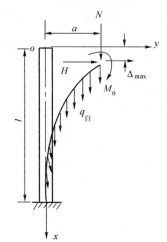

图 2-2-26　压弯荷载作用下的墩顶位移

（1）将图 2-2-27a）的实际结构离散为该图 b）所示的计算模型，并作两点简化假定：其一，地基土对桩身的弹性抗力采用 "m" 法进行等代，并按《地规》中的规定先模拟为分布弹簧支承，再简化为若干个位于单元节点处的集中弹簧支承；其二，位于土基中的承台和桩身自重近似地被认为与其周边土的摩阻力互相平衡，因此只计入覆盖土以上墩身自重引起的非线性变形效应。

（2）计算仅受水平力 H 作用时的墩顶水平位移 a_0（图 2-2-27c），这一步骤的目的是推算桥墩的抗推刚度 $\left(k_墩 = \dfrac{H}{a_0}\right)$。

（3）计算受水平力 H 和端弯矩 M_0 共同作用时的墩顶水平位移 (a_0+a_m)（图 2-2-27d））。

（4）将峰值为 (a_0+a_m) 在 y 方向的变形曲线作为一根悬臂曲线墩的中轴线，并在其上施加垂直力 N 和墩身自重 $q_自$（可化为单元节点力），便得到一条新的以 a_1 为峰值的挠曲线（图 2-2-27e））。

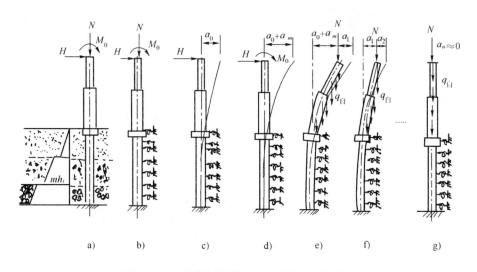

图 2-2-27　压弯荷载共同作用下悬臂墩的迭代运算图

（5）再以 a_1 为峰值的挠曲线作为另一条新悬臂曲线墩的轴线，同样地将 N 和 $q_自$ 作用于其上，便又得到一条以 a_2 为峰值的挠曲线（图 2-2-27f））。从理论上讲，只要 N 未超过临界值，则 $a_2 < a_1$。

在迭代运算过程中，新曲线墩轴线不需用手工逐一输入，而只需将新求得的在 y 方向的挠曲线用光标予以覆盖，然后拷贝到数据输入文件中每个节点所对应的 y 坐标上即得。

(6) 重复上述步骤逐次迭代，a_i 逐次减小，直至收敛。根据计算程序所设定的精度，当进行 n 次循环后，如果计算机输出中只能得到挠度为零（实际为无穷小）的挠曲线，表示计算全部完成。于是，此悬臂桩柱墩在墩顶处的总水平位移 a 为：

$$a = a_0 + a_m + \sum_{i=1}^{n} a_i \tag{2-2-32}$$

三、等效水平力 $H_\text{效}$ 概念

当按上述两种方法求得墩顶水平位移 a 以后，便可按照相应的方法分别计算桥墩截面的内力，对于图 2-2-26 中的等截面悬臂墩，其截面内力可按以下几个简单公式计算：

弯矩

$$M(x) = Hx + M_0 + \frac{H}{a_0}(a - a_0 - a_m)x \tag{2-2-33}$$

轴力

$$N(x) = N + q_\text{自}(x) \tag{2-2-34}$$

剪力

$$Q(x) = H \tag{2-2-35}$$

式 (2-2-33) 中的 a_0、a_m 可分别按下列两个公式计算：

$$a_0 = \frac{Hl^3}{3EI} \tag{2-2-36}$$

$$a_m = \frac{M_0 l^2}{2EI} \tag{2-2-37}$$

式 (2-2-33) 中的 H/a_0 是桥墩的抗推刚度 $k_\text{墩}$，它可表为：

$$k_\text{墩} = \frac{H}{a_0} \tag{2-2-38}$$

$k_\text{墩}$ 与轴力所引起的附加位移的乘积可得等效水平力 $H_\text{效}$，即：

$$H_\text{效} = k_\text{墩}(a - a_0 - a_m) \tag{2-2-39}$$

此力将使墩身各个截面产生附加弯矩（$H_\text{效} \cdot x$）。

当导出等效水平力 $H_\text{效}$ 的公式后，便可以容易地应用电算程序计算图 2-2-26 中桩柱式桥墩及基础等各个截面的内力，即在图 2-2-27b) 中的墩顶处再增加一个等效水平力 $H_\text{效}$ 来反映几何非线性效应，而其余不变。这是因为在一般计算程序中 N、$q_\text{自}$ 不会直接给结构再带来二阶非线性效应。

【例 2-2-7】 图 2-2-28 所示的变截面桩柱式桥墩，其桩基覆盖土层的 "m" 值为 30000kN/m^4，结构尺寸及外力均示于图中，墩身混凝土强度等级为 C30，重度 $\gamma = 25$kN/m^3，试应用迭代法计算在 N、H 作用下和在 N、H、M_0 作用下两种工况的等效水平力 $H_\text{效}$。

解：(1) 建立计算模型

将整个结构自下向上按 5m 一段等分为 23 个单元，共 24 个节点，将土覆盖层的弹性抗力简化为 9 个水平集中弹簧支承，如图 2-2-28b) 所示。

(2) 自重节点力 G_i 计算

桩基的自重忽略不计，墩身自重节点力按单元体积与重度相乘后，再平均分配到它的

上、下节点上,便化为节点力 G_i,具体结果示于图中。

(3) 集中弹簧支承刚度 k_i

按《地规》知,单根桩的计算宽度 b_1 为:
$$b_1 = 0.9(D+1) = 0.9 \times (2.2+1) = 2.88\text{m}$$

然后按照 m 值随深度的变化值和单元长度(竖直尺寸)进行计算,具体结果亦示于图 2-2-28 中。

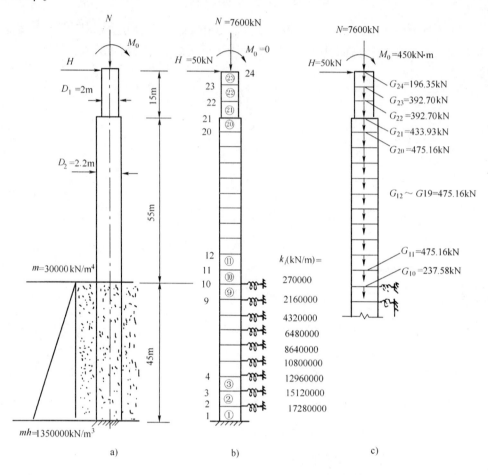

图 2-2-28 例 2-2-7 的桥墩结构及其离散图

(4) 应用计算程序计算墩顶弹性水平位移 a_0 和 a_m

计算结果列于表 2-2-9 的附注中。

(5) 水平位移(m)迭代运算结果

将 a_0 和 a_m 为峰值的两条变形曲线(由计算机完成)作为曲线悬臂桩柱墩的轴线,移出外力 H 和 M_0,再施加轴力 N 和 G_i 后,便可进行如图 2-2-27c)~g)所示的迭代运算,其墩顶水平位移的逐次计算结果示于表 2-2-9。

(6) 等效水平力计算

墩顶抗推刚度
$$k_{墩} = \frac{H}{a_0} = \frac{50}{0.2025} = 246.91 \text{kN/m}$$

墩顶非线性水平位移（m）迭代运算结果   表 2-2-9

迭代序号	$N=7600\text{kN}$, $H=50\text{kN}$		迭代序号	$N=7600\text{kN}$, $H=50\text{kN}$	
	$M_0=0$	$M_0=450\text{kN·m}$		$M_0=0$	$M_0=450\text{kN·m}$
1	0.1268	0.1501	9	0.3193×10^{-2}	0.3787×10^{-2}
2	0.7969×10^{-1}	0.9408×10^{-1}	10	0.1946×10^{-2}	0.2519×10^{-2}
3	0.5017×10^{-1}	0.5890×10^{-1}	11	0.1301×10^{-2}	0.1962×10^{-2}
4	0.3139×10^{-1}	0.3715×10^{-1}	12	0.6844×10^{-3}	0.1301×10^{-2}
5	0.1939×10^{-1}	0.2320×10^{-1}	13	0.6783×10^{-3}	0.6844×10^{-3}
6	0.1189×10^{-1}	0.1439×10^{-1}	14	—	0.6783×10^{-3}
7	0.7527×10^{-2}	0.8796×10^{-2}			
8	0.5075×10^{-2}	0.5709×10^{-2}		0.3397	0.4033
附注	由电算得 $a_0=0.2025\text{m}$，$a_m=0.3709\times10^{-1}\text{m}$，再按式（2-2-32）计算便有：当 $M_0=0$ 时，$a=0.5422\text{m}$；当 $M_0=450\text{kN·m}$ 时，$a=0.6429\text{m}$				

等效水平力 $H_\text{效}$

当 $M_0=0$ 时

$$H_\text{效}=k_\text{墩}\sum a_i=246.91\times0.3397=83.88\text{kN/m}$$

当 $M_0=450\text{kN·m}$ 时

$$H_\text{效}=246.91\times0.4033=99.58\text{kN}$$

如果需要进一步求算各截面的内力，则只需将此 $H_\text{效}$ 值叠加到图 2-2-28b）的计算模型中进行计算，不用再作迭代运算。

四、设置板式橡胶支座时柔性排架墩的整体分析

1. 板式橡胶支座工作机理

当连续桥面的梁体和墩身之间设置有板式橡胶支座时，每座桥墩墩顶虽然也有 H（温度影响力及制动力等）M_0、N 和 $q_\text{自}$ 共同作用，但墩顶因垂直轴力产生的附加水平位移将要受到板式橡胶支座的弹性约束作用，现用图 2-2-29 所示一座桥墩的水平位移来阐明其工作机理。

为了清楚起见，先假设全桥各个桥墩上没有垂直重力的作用，而只有温度影响力、制动力和墩顶偏心力矩的作用，如图 2-2-29b）所示。通过力的平衡条件，设各个桥墩墩顶及板式橡胶支座在达到某个弹性变形之后（每个墩顶都产生一定的弹性变形 a_0+a_m，但大小和方向不完全相同），便处于暂时的平衡状态。这相当于自由悬臂端的变形，如图 2-2-29e）所示。然后，将垂直力（包括自重）作用于已经变形了的各个墩顶支座上面，于是，每个墩顶将要产生几何非线性的水平位移。在梁体、墩顶与板式橡胶支座之间的摩阻力影响下，支座的功能由原来传递水平力的作用转化为约束墩顶继续发生附加位移的作用，甚至使支座剪切变形反向，如图 2-2-29c）所示。对于这个状态，可以用等效水平力 $H_\text{效}$ 作用于具有墩顶弹簧支承的结构予以等代，如图 2-2-29f）所示。表征板式橡胶支座工作功能的弹簧支承刚度 $k_\text{支}$ 可用下式表示：

$$k_\text{支}=G\sum A_\text{支}/\sum t \tag{2-2-40}$$

式中：G——支座的剪切模量；

$\sum A_支$——分配给一个墩柱上所有支座受压面积的总和；

$\sum t$——支座内橡胶层厚度的总和。

在了解橡胶支座的工作机理以后，便可将图 2-2-29f) 用在桥面连续桥梁的整体分析上。

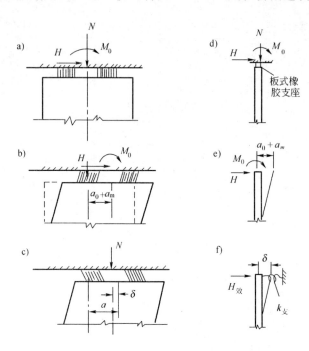

图 2-2-29 板式橡胶支座的工作机理

2. 三种计算模型

按照桥面连续梁式桥的总体布置和选用的支座类型，大体上可以有以下三种计算模型。

（1）A 型计算模型——桥跨结构中所有墩、台上面均布置板式橡胶支座（图 2-2-30b））。

（2）B 型计算模型——两端刚性桥台上设置摩擦系数可以忽略不计的四氟滑板支座，其余桥墩上均为板式橡胶支座（图 2-2-30c））。

（3）C 型计算模型——联中的两端不是刚性桥台，而是与相邻一联相衔接的温度墩，并且除 16 号墩上设四氟滑板支座外，其余所有桥墩上均为板式橡胶支座（图 2-2-30e））。

3. 关于三种计算模型的若干说明

（1）计算中不考虑梁体的弹性压缩 $E_梁 \approx \infty$，并且无论原墩顶上是双排支座，还是单排支座，均在位于桥墩轴线处的梁体下面布置一个轮轴支承。

（2）梁与墩顶在梁的中轴线处用刚度为 $k_支$ 的水平弹簧支承连接，但墩身的总高度不变。

（3）弹簧支承刚度是根据板式橡胶支座的剪切变形确定，具体计算见式（2-2-40）。

（4）为便于电算，水平弹簧支承刚度 $k_支$（图 2-2-30f））可以用任意长度 d 的等效水平链杆代替（图 2-2-30f)、g))。具体等代方法如下：

$$k_支 = \frac{EA_链}{d} \tag{2-2-41}$$

式中：E、$A_链$——分别为等效水平链杆的弹性模量和截面面积，它们亦可任意地假定，但最终结果应等于 $k_支$。

这里需要补充说明，此时桥墩虽然偏离原来位置距离为 d，但通过链杆端点与墩顶节点之间建立主、从关系后，不会影响计算结果。

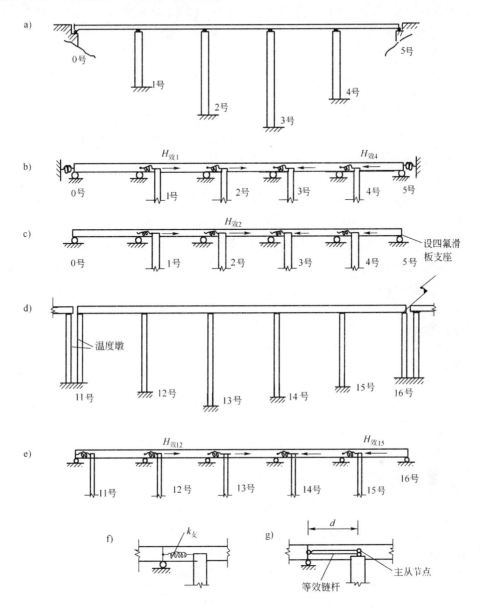

图 2-2-30　柔性排架墩的三种计算模型

（5）作用于结构上的等效水平力 $H_{效}$，可以根据具体的结构形式及支承条件，按式（2-2-31）或用迭代法求出初始位移 a_0、a_m 和总水平位移后，再代入式（2-2-39）中求得，但应注意每个桥墩上 $H_{效}$ 的作用方向不是完全相同的。

4．示例

【例 2-2-8】　图 2-2-31 所示的 7×20m 的先简支后桥面连续的桥梁，桥宽 12m，荷载等级为汽车—20 级。采用双柱式加盖梁的柔性桥墩，各墩高度均示于图中，每个墩柱直径 D

=1.2m，C25 混凝土的 E_h=2.85×10⁷kN/m²。板式橡胶支座的参数：在桥墩上为双排布置，每墩共 28 个，在桥台上为单排布置，每座桥台上共 14 个，每个支座承压面积的直径 $D_支$=0.2m，橡胶层总厚 $\sum t$=4cm，剪切模量 G=1.1MPa。为简化计算，梁体刚度视作为不产生变形的刚体。作用于每个墩顶上的外荷载有：

(1) 梁的恒载压力：$N_恒$=3098kN；
(2) 汽车制动力；
(3) 温降 25℃时的温降影响力；
(4) 汽车荷载的垂直力 $N_汽$ 及对桥墩产生的偏心力矩 M_0 等。

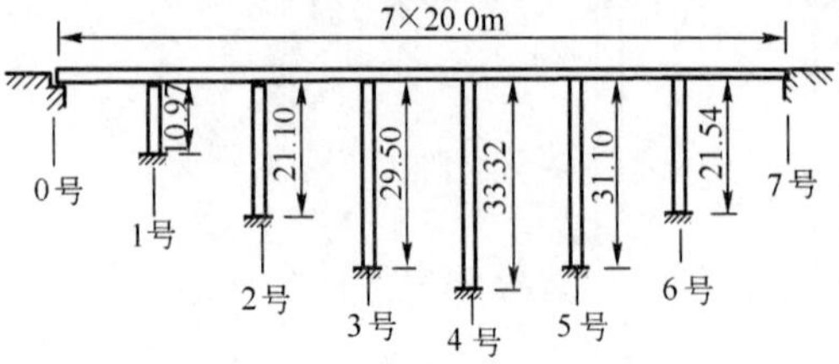

试按整体分析和计入桥墩的几何非线性效应以后，在 A、B 两种模型中各个桥墩墩顶所承受的等效水平推力 $H_效$ 和总水平推力 $H_总$。

图 2-2-31 先简支后桥面连续的 7 跨连续梁实例（尺寸单位：m）

注：在本例中，若按相关规范的车道荷载之均布荷载 q_k（集中荷载 P_k 除外）布置，则较难反映出实际的汽车车队荷载对一联中每座桥墩墩顶所产生的不完全相等的垂直力 $N_汽$ 和方向不完全相同的偏心初力矩 M_0（纵桥向），故仍取原《通用规范》中的汽车—20 级荷载标准作为本计算方法的示例，仅供参考。

解：(1) 计算桥墩抗推刚度 $k_墩$

桥墩顺桥向的抗弯惯矩为：

$$I = 2 \times \frac{\pi D^4}{64} = 2 \times \frac{\pi \times 1.2^4}{64} = 0.2036 \text{m}^4$$

本例各墩的抗推刚度 $k_{墩i}$ 可按下式计算：

$$k_{墩i} = \frac{3EI}{l_i^3} = \frac{3 \times 2.85 \times 10^7 \times 0.2036}{l_i^3} \text{kN/m}$$

按上式所得的结果汇总于表 2-2-10。

墩（台）组合抗推刚度汇总表　　　　　　　表 2-2-10

墩（台）号	墩高 l_i (m)	$k_{墩i}$ (kN/m)	$k_支$ (kN/m)	$k_{组i} = \dfrac{1}{\dfrac{1}{k_{墩i}} + \dfrac{1}{k_支}}$	$k_{组i}/\sum k_{组i}$ 模型 A	模型 B
0（台）	—	—	12094.5	12094.5（0）	0.3197	0
1	10.92	13368.29		8609.9	0.2276	0.6311
2	21.10	1853.09		1721.2	0.0455	0.1262
3	29.50	678.08	24189.0	659.6	0.0174	0.0484
4	33.32	470.58		461.6	0.0122	0.0338
5	31.10	578.71		565.2	0.0149	0.0414
6	21.54	1741.84		1624.8	0.0430	0.1191
7（台）	—	—	12094.5	12094.5（0）	0.3197	0
∑				37831.3 (13642.3)		

注：括号内的数值为模型 B 所对应的值。

(2) 板式橡胶支座的抗推刚度 $k_支$

每座桥墩上的支座总面积

$$A_{支墩} = 28 \times \frac{\pi D_支^2}{4} = 28 \times \frac{\pi \times 0.20^2}{4} = 0.8796 \text{m}^2$$

每座桥台上的支座总面积

$$A_{支台} = 14 \times \frac{\pi D_支^2}{4} = 14 \times \frac{\pi \times 0.2^2}{4} = 0.4398 \text{m}^2$$

代入式（2-2-40），便有：

对于桥墩上的支座

$$k_{支(墩)} = \frac{G \sum A_{支(墩)}}{\sum t} = \frac{1.1 \times 10^3 \times 0.8796}{0.04} = 24189.0 \text{kN/m}$$

对于桥台上的支座

$$k_{支(台)} = \frac{k_{支(墩)}}{2} = \frac{24189.0}{2} = 12094.5 \text{kN/m}$$

(3) 各墩（台）组合抗推刚度 $k_{组i}$

水平作用力作用于板式橡胶支座顶面上时的组合抗推刚度可按下式计算：

$$k_{组i} = \frac{1}{\dfrac{1}{k_{墩i}} + \dfrac{1}{k_支}}$$

A、B 两种计算模型的 $k_{组i}$ 计算值亦汇总于表 2-2-10。

(4) 汽车制动力 $H_制$ 计算

图 2-2-32a）示出了汽车—20 级沿全桥纵向布置的方案之一，它是将加重车偏心地置于最高的 4 号桥墩上，使之产生最大的垂直压力和偏心力矩。按照现行《通用规范》的规定，对于本例的双车道，其制动力为布置荷载长度内的一行车队总重力（$\sum G$）的 10%，即：

$$\sum G = 130 + 6 \times 200 + 300 = 1630 \text{kN}$$

$$\sum H_制 = \sum G \times 10\% = 163 \text{kN}$$

又由于原《通用规范》规定不得小于一辆重车的 30%，即：

$$\sum H_制 = 300 \times 30\% = 90 \text{kN}$$

经比较两结果后取两者中较大者 $\sum H_制 = 163 \text{kN}$。

每座桥墩（台）被分配到的制动力 $H_{制i}$ 则按下式计算：

$$H_{制i} = \frac{k_{组i}}{\sum k_{组i}} \sum H_制 = 163 \times \frac{k_{组i}}{\sum k_{组i}}$$

表 2-2-11 中亦列出了 A、B 两种模型受制动力作用后的分配结果。

(5) 温度影响力计算

①确定受温度影响时温度偏移值为零的截面位置 x_0。

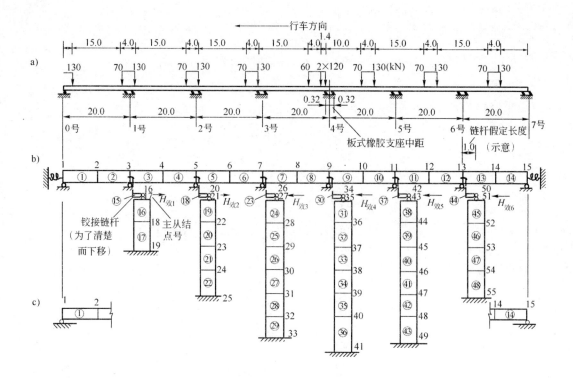

图 2-2-32　7跨连续桥面梁式桥的荷载纵向布置及其离散图（尺寸单位：m）

初始垂直力 N、水平力 H 及初力矩 M_0 计算表　　表 2-2-11

墩（台）号		0（台）	1	2	3	4	5	6	7（台）
垂直力 (kN)	$N_{恒}$	—	3098						—
	$N_{汽}$	—	929.6	929.6	350.2	1551.4	915.0	935.4	—
	$N = N_{恒} + N_{汽}$	—	4027.6	4027.7	3448.2	4649.4	4013.0	4033.4	—
初力矩 M_0 (kN·m)		—	86.8	116.0	40.2	280.3	56.7	34.0	—
水平力（A 模型）(kN)	$k_{组i}/\sum k_{组i}$	0.3197	0.2276	0.0455	0.0174	0.0122	0.0149	0.0430	0.3197
	$H_{制i}$	−52.11	−37.10	−7.42	−2.84	−1.99	−2.43	−7.01	−52.11
	温度长度 x_i (m)	−59.8	−39.8	−19.8	0.2	20.2	40.2	60.2	80.2
	−25℃温度位移 (m)	0.01495	9.95×10^{-3}	4.95×10^{-3}	5.0×10^{-5}	5.05×10^{-3}	0.01005	0.01505	0.02005
	$H_{温}$	180.81	85.67	8.52	−0.036	−2.33	−5.68	−24.45	−242.49
	$H_{初} = H_{制} + H_{温}$	128.70	48.57	1.10	−2.88	−4.32	−8.11	−31.46	−294.60
水平力（B 模型）(kN)	$k_{组i}/\sum k_{组i}$	0	0.6311	0.1262	0.0484	0.0338	0.0414	0.1191	0
	$H_{制i}$	0	−102.87	−20.57	−7.89	−5.51	−6.75	−19.41	0
	温度长度 x_i (m)	−41.71	−21.72	−1.71	18.29	38.29	58.29	78.29	98.29
	−25℃温度位移 (m)	0.01043	5.4275×10^{-3}	4.275×10^{-4}	4.5725×10^{-4}	9.5725×10^{-3}	0.01457	0.01957	0.02457
	$H_{温}$	0	46.73	0.74	−3.02	−4.42	−8.24	−31.80	0
	$H_{初} = H_{制} + H_{温}$	0	−56.17	−19.83	−10.91	−9.93	−14.99	−51.2	0

注：表中 ⟶ 代表水平力或水平位移的方向，⌢、⌣ 代表弯矩的作用方向。

求温度零位移截面位置 x_0 的方法有些类似于求截面形心的方法。先假定一个参考轴，令所有微面积对它取矩之和与全截面从形心位置对它取矩之值相等的原理来确定温度零位移截面位置，即：

$$x_0 = \int_A x_i \mathrm{d}A_i / \int_A \mathrm{d}A$$

对于本例等跨长为 L 的多跨连续梁情况，若以 0 号台为参考轴时（图 2-2-33），则为：

$$x_0 = \frac{\sum\limits_{i=1}^{n} i k_{\text{组}i}}{\sum\limits_{i=0}^{n} k_{\text{组}i}} L \qquad [i = 0, 1, 2, 3 \cdots n\ \text{墩（台）序号}]$$

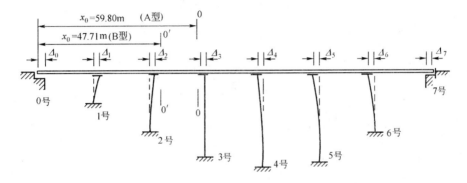

图 2-2-33 温度零位移位置的计算图

对于 A 型：
$$\begin{aligned}x_0 =& (1 \times 8609.9 + 2 \times 1721.2 + 3 \times 659.6 + 4 \times 461.6 + 5 \times 565.2 + \\ & 6 \times 1624.8 + 7 \times 12094.5) \times 20 / 37831.3 \\ =& 59.8\mathrm{m}\end{aligned}$$
（自 0 号台起算）

对于 B 型：
$$\begin{aligned}x_0 =& (1 \times 8609.9 + 2 \times 1721.2 + 3 \times 659.6 + 4 \times 461.6 + 5 \times 565.2 + \\ & 6 \times 1624.8 + 7 \times 0) \times 20 / 13642.3 \\ =& 41.71\mathrm{m}\end{aligned}$$
（自 0 号台起算）

② 温度长度 X_i 计算

温度长度是指 i 号墩至温度偏移值为零的截面（0-0 截面）之间的水平距离，此值可按求得的 x_0 值并参考图 2-2-33 进行计算，具体结果列于表 2-2-11 中，位于 0-0 截面以左者取负号，位于右者取正号，以示区分。

③ 温度影响力 $H_\text{温}$

温度影响的水平位移量 Δ_{it} 可按下式计算为：

$$\Delta_{it} = \alpha \Delta t x_i$$

板式橡胶支座顶面所受到的温度影响力为：

$$H_\text{温} = k_{\text{组}i} \Delta_{it}$$

按以上两式的计算结果见表 2-2-11。

(6) 汽车荷载引起的垂直力和偏心力矩计算

① 汽车冲击系数

本例墩上两排支座的中距为 $2\times 0.32=0.64$m，计算跨长 $l_{计}=19.36$m，按原《通用规范》得 $1+\mu=1.1923$（过程从略）。

②对左侧桩柱的荷载横向分布系数 m

对左侧柱的最不利荷载横向布置示于图 2-2-34a) 中。荷载横向分布影响线可按杠杆原理法绘出（图 2-2-34b)）。

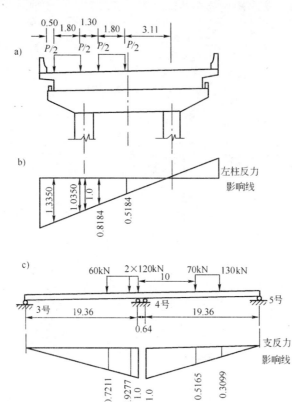

图 2-2-34 4号墩上的桥面荷载纵、横向布置及支反力影响线（尺寸单位：m）

于是，荷载横向分布系数 m 为：

$$m = \frac{1}{2}(1.3350+1.0350+0.8184+0.5184)=1.8534$$

③作用于墩顶上的垂直力及偏心初力矩计算

本例结构为先简支后桥面连续的桥梁，为简化计算近似均按简支体系计算其支点反力，现以图 2-2-32a) 中的 4 号墩为例来介绍其计算过程。4 号墩顶两侧的简支跨的计算跨径 $l_{计}=19.36$m。仍然按照杠杆原理法分别给出两侧支座的反力影响线（图 2-2-34c)），然后计算其支反力 R。于是得：

左侧支座支反力 $R_{左}$ 为：

$$R_{左}=120\times 1+120\times 0.9277+60\times 0.7211=274.59\text{kN}$$

右侧支座支力 $R_{右}$ 为：

$$R_{右}=70\times 0.5165+130\times 0.3099=76.442\text{kN}$$

由此可按支反力的偏心距离 e 求得偏心力矩 M'_0 为：

$$M'_0=(R_{左}-R_{右})e=(274.59-76.442)\times 0.32=63.41\text{kN}\cdot\text{m}$$

垂直力 $N'_汽$ 的总和为：
$$N'_汽 = R_左 + R_右 = 351.032 \text{kN}$$

当计入冲击系数及荷载横向分布系数后，便得到其中一个墩柱将要承受的最大外力，即
$$M''_0 = (1+\mu) \cdot m \cdot M'_0 = 1.1923 \times 1.8534 \times 63.41 = 140.124 \text{kN} \cdot \text{m}$$
$$N''_汽 = (1+\mu) \cdot m \cdot N'_汽 = 1.1923 \times 1.8534 \times 351.032 = 775.714 \text{kN}$$

由于前面的汽车制动力和温度影响力均由每座墩（台）按全宽来承担，故为了统一分析，应将此外力值再乘以一座桥墩所包含的桩柱数。本例为双柱式墩，应乘以2，最后得：
$$M_0 = 2M''_0 = 2 \times 140.124 \approx 280.3 \text{kN} \cdot \text{m}$$
$$N_汽 = 2N'' = 2 \times 775.714 \approx 1551.4 \text{kN}$$

将上述过程进行归纳后，可以用以下两个公式来表达：
$$\left. \begin{array}{l} N_汽 = (1+\mu) \cdot m \cdot n_柱 \cdot (R_左 + R_右) \\ M_0 = (1+\mu) \cdot m \cdot n_柱 \cdot (R_左 + R_右) \cdot e \end{array} \right\} \quad \text{(a)}$$

令 $\xi = (1+\mu) \cdot m \cdot n_柱$（荷载综合增大系数），则上式可写为：
$$\left. \begin{array}{l} N_汽 = \xi(R_左 + R_右) \\ M_0 = \xi(R_左 + R_右) \cdot e \end{array} \right\} \quad \text{(b)}$$

本例的荷载综合增大系数为：
$$\xi = 1.1923 \times 1.8534 \times 2 = 4.42$$

因此，只要按上述方法和参照图 2-2-32a) 中汽车荷载纵向布置，计算出每座墩的 $R_左$ 和 $R_右$ 后，便能得到每座墩在支座顶面上所承受的 $N_汽$ 和 M_0。表 2-2-11 中汇总了这些计算结果。

（7）等效水平力 $H_效}$ 计算

①墩顶在悬臂状态下和计入非线性效应后的总水平位移 a

仍以4号桥墩为例，其余墩的计算与此相同。由表 2-2-10 和表 2-2-11 知，4号墩的基本参数为：
$$l = 33.32 \text{m} \quad H = -4.32 \text{kN}（\text{A 模型}）$$
$$M_0 = 280.3 \text{kN} \cdot \text{m}（\text{逆时针方向}） \quad k_{墩4} = 470.58 \text{kN/m}$$

由于 M_0 与 H 产生的水平位移同向且向左，故可均用负值代入式（2-2-31），得：
$$a = \frac{H + M_0\left(\frac{\pi}{2l}\right)}{\frac{l}{8}\left[\frac{EI}{4}\left(\frac{\pi}{l}\right)^4 - \left(N + \frac{q_且 l}{3}\right)\left(\frac{\pi}{l}\right)^2\right]}$$
$$= \frac{-4.32 - 280.3\left(\frac{\pi}{2 \times 33.32}\right)}{\frac{33.32}{8}\left[\frac{2.85 \times 10^7 \times 0.2036}{4}\left(\frac{\pi}{l}\right)^4 - \left(4649.4 + \frac{56.55l}{3}\right)\left(\frac{\pi}{l}\right)^2\right]}$$
$$= -0.062167 \text{m}（\text{向左}）$$

②墩顶弹性初位移 a_0、a_m

按式（2-2-26）和式（2-2-27）计算，分别得：
$$a_0 = \frac{Hl^3}{3EI} = \frac{-4.32 \times 33.32^3}{3 \times 2.85 \times 10^7 \times 0.2036} = -0.00918 \text{m}（\text{向左}）$$
$$a_m = \frac{M_0 l^2}{2EI} = \frac{-280.3 \times 33.32^2}{2 \times 2.85 \times 10^7 \times 0.2036} = -0.026815 \text{m}（\text{向左}）$$

③等效水平力 $H_{效4}$

按式（2-2-39）计算：

$$H_{效4} = k_{墩4}(a - a_0 - a_m) = -470.58(0.062167 - 0.00918 - 0.026815)$$
$$= -12.316 \text{kN}(\text{向左})$$

上述计算亦可编制一个小的辅助计算程序完成。表2-2-12按A、B两种计算模型汇总了各个墩（台）上的 $H_{效i}$ 初值。

墩顶总水平力的有限元法计算结果（单位：kN） 表2-2-12

墩号	1	2	3	4	5	6
（1）全桥均为板式橡胶支座——A型计算模型						
$H_{初} = H_{制} + H_{温}$	48.57	1.10	-2.88	-4.32	-8.11	-31.46
$H_{效}$（初值）	1.8807	1.7798	-1.6157	-12.3160	-4.8459	-5.2420
整体分析后 $H_{效}$（终值）	-3.976	-0.8020	-0.3999	-0.4841	-0.4182	-1.2290
$H_{总} = H_{初} + H_{效}$（终值）	44.5940	0.2980	-3.2799	-4.8041	-8.5282	-32.6890
（2）两端桥台上设四氟滑板支座——B型计算模型						
$H_{初} = H_{制} + H_{温}$	-56.17	-19.83	-10.91	-9.93	-14.99	-51.20
$H_{初}$（初值）	-0.3804	-1.2099	-4.0455	-16.0660	-7.8030	-8.2259
整体分析后 $H_{效}$（终值）	-23.08	-4.673	-1.868	-1.537	-1.689	-4.883
$H_{总} = H_{初} + H_{效}$（终值）	-79.25	-24.503	-12.778	-11.467	-16.679	-56.083

注：1. 表中正值代表水平力方向向右，负号表示向左；
2. A型计算模型中两端的水平弹簧支承反力均为6.525kN。

（8）柔性排架墩的非线性整体分析

将表2-1-12中两种模型的 $H_{效}$ 初值分别输入到图2-2-32b）和图2-2-32c）的离散图中去，应用有限元法的计算程序完成分析后，便得到各墩顶所承受的附加水平力 $H_{效}$ 终值（表2-2-12）。

A模型计算的校核结果为：

$$\sum H_{效(初值)} = -20.3591 \text{kN}$$
$$\sum H_{效(终值)} = -7.3092 \text{kN}$$
$$\sum H_{效(初值)} - \sum H_{效(终值)} = -13.0499 \text{kN}$$

差值恰与两端弹簧支反力 $2 \times 6.525 = 13.06$ kN 相平衡。

B模型计算的校核结果为：

$$\sum H_{效(初值)} = -37.6587 \text{kN}$$
$$\sum H_{效(初值)} = -37.73 \text{kN}$$
$$\sum H_{效(初值)} - \sum H_{效(终值)} = -0.0713 \text{kN} \approx 0$$

这是因为两端桥台上为四氟滑板支座，其摩阻力可忽略不计的缘故。

（9）柔性排架墩的最终内力

原则上应按式（2-2-33）～式（2-2-35）计算，但其中的 $M(x)$ 可改写成，即：

$$M(x) = [H_{初} + H_{效(终值)}]x + M_0$$

式中的 $H_{初}$ 和 $H_{效(终值)}$ 见表2-2-12中的计算值。

五、连续桥面中连接钢筋内力的近似计算

当用有限元法计算程序完成柔性排架墩的整体分析后，便可以利用输出的链杆内力值来

近似确定出梁体在每个接缝处连接钢筋的内力。具体做法是取一联中的上部结构作为脱离体进行内、外力的平衡分析。现结合例 2-2-8 的计算结果来概述其分析步骤，如图 2-2-35 所示。

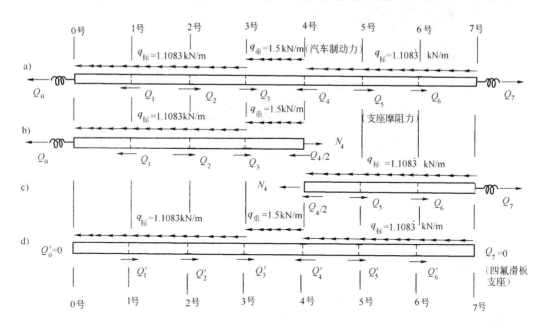

图 2-2-35　连接钢筋内力的计算图

（1）将作用于桥面上的汽车制动力近似地换算为均布水平力。参考图 2-2-32a）荷载的纵向布置，对于跨越 3 号～4 号的梁体，受重车制动影响的均布水平力为：

$$q_{重} = 300 \times 10\% \div 20 = 1.5 \text{kN/m}$$

对于其余各跨的桥面上，则按标准车辆的总重进行均摊，即：

$$q_{标} = (1630 - 300) \times 10\% \div (6 \times 20) = 1.1083 \text{kN/m}$$

（2）板式橡胶支座对梁体底表面的摩阻力 Q_i（或 Q'_i）包含两大组成部分：①初始水平力 $H_{初}$（$=H_{制}+H_{温}$）（见表 2-2-13 中的 $H_{初}$ 行），它可直接从表 2-2-12 中摘取，由于墩（台）顶面与梁体底面之间存在作用力与反作用力的关系，故应将这些值均予以反号（见表 2-2-13 中的 $H_{初}$ 行）。②图 2-2-32b）、c）中的链杆（单元⑮、⑱、㉓、㉚、㊲和㊹等）的内力，由于这些链杆均布置在梁截面节点的右侧，而制动力的方向向左，故当链杆的力为正值时，表示受拉，将阻碍梁体向左移；当为负值时，表示对梁体的影响力与制动力同向，更加剧了梁体的左移。表 2-2-13 中列出了两种计算模型的各根链杆轴力值 $N_{链}$。于是，作用于梁体底表面的摩阻力 Q_i（或 Q'_i）为：

$$Q_i（或 Q'_i）= H_{初} + H_{链}$$

将结果亦汇总于表 2-2-13 中。

（3）对相邻桥跨之间连接钢筋的水平轴力 N_i 进行计算。对于图 2-2-34 和图 2-2-35 中的连接钢筋内力，可进一步截取脱离体进行分析。现以 A 模型中 4 号墩处的梁体截面为例进行说明，如图 2-2-35b）、c）所示。由于每座桥墩上设置了两排支座，故每侧脱离体在切口处的摩阻力各为 $Q_4/2$，且方向相同。该截面的内力 N_4 可取任意一侧的脱离体进行计算，其结果应是相同的。例如，当按图 2-2-35b）计算时，则为：

$$N_4 = \left| Q_0 + Q_1 + \frac{Q_4}{2} \right| + q_{重} \times 20 + q_{标} \times 60 - Q_2 - Q_3$$

$$= \left| -122.175 - 42.713 - \frac{7.51}{2} \right| + 1.5 \times 20 + 1.1083 \times 60 - 1.482 - 1.664$$

$$= 261.997 \approx 262.0 \text{kN}(\text{受拉})$$

连续桥面梁式桥中连接钢筋内力计算表 表 2-2-13

墩（台）号	0号（台）	1号	2号	3号	4号	5号	6号	7号（台）
梁体结构所在位置								
A计算模型：全部设置板式橡胶支座								
$H_{初}=H_{制}+H_{温}$	←−128.70	←−48.57	←−1.10	→2.88	→4.32	→8.11	→31.46	→294.60
$H_{链}$	→6.525	→5.857	→2.585	←−1.216	←−11.83	←−4.428	←−4.013	←−6.525
$Q_i=H_{初}+H_{链}$	−122.175	−42.713	1.482	1.664	−7.51	3.682	27.447	301.125
N_i	—	165.70	208.48	229.08	262.00	286.78	292.69	—
B计算模型：桥台上为四氟滑板支座，其余为板式橡胶支座								
$H_{初}=H_{制}+H_{温}$	0	→56.17	→19.83	→10.91	→9.93	→14.99	→51.20	0
$H_{链}$	0	→22.70	→3.463	→2.178	←−14.53	←−6.114	←−3.343	0
$Q'_i=H_{初}+H_{链}$	0	78.87	23.293	8.732	−4.60	8.876	47.857	0
N_i	0	−17.26	−46.18	−40.00	−12.10	−7.96	−1.76	0

注：1. ⟷代表力的作用方向；

2. 链杆轴力 N_i 值一行中，其正值表示拉力，负值表示压力。

当按图 2-2-35c）计算时，则为：

$$N_4 = Q_5 + Q_6 + Q_7 - \left| \frac{Q_4}{2} \right| - q_{标} \times 60$$

$$= 3.682 + 27.447 + 301.125 - \left| \frac{-7.51}{2} \right| - 1.1083 \times 60$$

$$= 261.999 \approx 262.0 \text{kN}(\text{受拉})$$

其余截面的内力计算均可按此原理逐一计算，其结果均汇总于表 2-2-13 中。

应该注意，A 模型中，两端桥台上的板式橡胶支座承受了较大的剪切力 Q，故还应该按照现行《通用规范》验算它的剪切角是否≤[tanγ] 和支座与梁体之间的滑动稳定系数是否满足要求。否则还应调整支座布置或型号，重新进行上述计算。

第七节　简支斜肋梁桥的荷载横向分布系数计算

一、计　算　方　法

斜梁桥荷载横向分布系数的计算方法有以下几类：

（1）基于板理论的方法。

（2）基于梁理论的方法。

（3）基于梁格理论的方法，它又可分为以下几种：

①刚性横梁法；

②广义弹性支承连续梁法；

③有限元程序分析法。

本节仅介绍最后一种，即应用平面杆系有限元法计算程序来完成分析的要点。

二、应用有限元法程序的计算要点

现用图 2-2-36 中的五梁式简支斜 T 形梁桥来简述该方法的计算步骤。

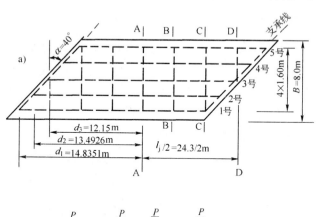

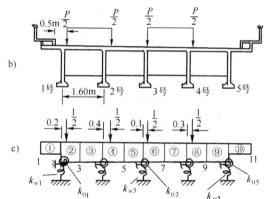

图 2-2-36　某简支斜 T 形梁桥的基本尺寸与计算模型

（1）建立以中横梁为主体、用抗弯和抗扭两组集中弹簧支承来代替各片纵主梁作用的计算模型，如图 2-3-36c) 所示。

（2）按以下两个公式分别计算每片主梁对中横梁的等代弹簧刚度 k_w 和抗扭刚度 k_θ，即：

$$k_w = \frac{\pi^4 EI}{l^4 \sin\dfrac{\pi d_i}{l}} \tag{2-2-42}$$

$$k_\theta = \frac{\pi^2 GI_T}{l^2 \sin\dfrac{\pi d_i}{l}} \tag{2-2-43}$$

其余符号同本篇式（2-1-13）和式（2-1-14）。显然，对于简支直梁桥，各片主梁的中横梁至梁端支点的距离 d_i 均相同，且等于 $l/2$，于是由上两式，便得到与式（2-1-13）和式（2-1-14）完全相同的结果。

（3）按照现行《通用规范》的有关规定，对 i 号梁（譬如说对 1 号边主梁）进行最不利的横向布载。

（4）应用平面杆系有限元计算程序进行计算后，直接输出 i 号主梁下的弹簧支承反力。注意，其中竖直弹簧支承的反力，便是该号主梁的竖向荷载横向分布系数 m^p，抗扭弹簧支承的反力矩便是该号主梁的扭矩横向分布系数 m^t。

至此，全部计算过程便告结束。该法的最大特点是，不需先逐一施加单位荷载 $p=1$，求出梁的荷载横向分布影响线坐标 η_{ie} 后，在影响线上进行布载和坐标内插，最后计算荷载横向分布系数 m 等烦琐过程，因此大大节省计算时间。

三、算　例

【例 2-2-9】 设图 2-2-36 中各主梁的截面尺寸相同，且具有下列的计算参数：

$I=0.21162\mathrm{m}^4$　　$I_T=6.1514\times10^{-3}\mathrm{m}^4$　　$E_h=3.3\times10^7\mathrm{kN/m^2}$

$l_j=24.30\mathrm{m}$（计算跨径），d_i 尺寸见图 2-2-36。

试应用有限元法的计算程序计算 1 号和 2 号主梁的荷载横向分布系数。

解：（1）建立以中横梁为主体的计算模型

本例计算模型示于图 2-2-36c)，包括边主梁翼板在内共划分 10 个单元，11 个节点和 5 组集中弹簧支承。横梁截面尺寸可以按照实际尺寸，并考虑桥面板的部分面积输入，但本例是按刚性横梁法原理计算，因此，其截面尺寸可任意假定，并令 $EI_{横}\approx\infty$，以体现刚性横梁的特征。

（2）按式（2-2-42）和式（2-2-43）计算各组弹簧支承刚度

计算结果汇总于表 2-2-14。

弹簧支承刚度汇总表　　表 2-2-14

项目	单位	主　梁　号				
		1 号	2 号	3 号	4 号	5 号
d_i	m	14.8351	13.4926	12.1500	10.8074	9.4649
k_{wi}	kN/m	2074.70	1980.71	1950.95	1980.71	2074.70
$k_{\theta i}$	kN·m/rad	1534.14	1464.64	1442.63	1464.64	1534.14

（3）荷载横向布置

对于本例，桥面宽度不大，比较容易确定荷载最不利的横向布置。对于 1 号边主梁，汽车的边轮靠人行道路缘石不得小于 0.5m，如图 2-2-36b)中所示。只有在以下情况同时出现时，才需先绘出某主梁的荷载横向分布影响线示意图，再确定其最不利荷载位置。这些是出现时的情况是：

①桥面较宽的多梁式（$n\geqslant 6$）的简支梁桥；

②需计入中横梁的弹性变形；

③边主梁与中主梁的截面尺寸不完全相同；

④欲求算的主梁号非边主梁，而是中间的其他主梁等。

在这些情况下，还需对一行车、二行车乃至三行车等多种工况进行综合比较后确定。

（4）荷载横向分布系数

将每个车轮位置移到计算模型上。进一步确定它们在单元上的位置（图 2-2-36c)），其轮重取无量纲值，对于汽车荷载取等于 $\dfrac{1}{2}$，然后计算欲求的主梁下的弹簧支承反力。本例的

1号、2号主梁的荷载横向分布系数汇总于表 2-2-15。

荷载横向分布系数汇总表　　表 2-2-15

系 数 名 称	1 号 梁	2 号 梁
竖向荷载横向分布系数（$m_i^\mathrm{p}=R_i$）	0.5339	0.4517
扭转荷载横向分布系数（$m_i^\mathrm{t}=T_i$）	0.02808	0.02681

注：括号中的 R_i、T_i 分别表示 i 号梁肋节点处的垂直弹簧支承反力和扭转弹簧支承的反力扭矩。

四、斜梁桥横隔梁的内力计算

1. 受力特点

斜梁桥横隔梁的受力特性与直梁桥有显著的差别，表现在以下几个方面：

（1）对于中横隔梁（图 2-2-36 中 A 号横隔梁）的控制弯矩与其他条件相同的正梁桥相差不大，但其他横隔梁的弯矩差别较大。

（2）图 2-2-36 中的 A 号、B 号横隔梁由正弯矩控制设计，C 号横隔梁则由负弯矩控制设计。

（3）直梁桥横隔梁的恒载弯矩一般可忽略不计，但斜梁桥的恒载弯矩较大，约占汽车荷载的 10%～30%，应予以考虑。

（4）斜梁桥横隔梁中最不利剪力均出现在靠近钝角的桥边缘处，而不是锐角一侧的边缘。但恒载引起的剪力不大，一般约占汽车荷载最大剪力的 10%。

2. 内力计算要点

（1）鉴于在斜梁桥中主、横梁交点随所在位置的不同，主梁对横隔产生的弹性抗力、即刚度系数 k_w 和 k_θ 都有较大差异和不对称性，因此，必须对每根横隔梁逐一进行单独分析。

（2）横隔梁的内力完全可以参照本章第四节中所述的方法和图 2-2-18 所示的计算模型进行分析，这在应用有限元法程序的条件下并无困难。

（3）计算中除考虑汽车荷载内力外，还应考虑恒载内力以及恒载对边横隔梁存在不对称分布的影响因素。

五、计入弯—扭耦合效应的计算模型

在图 2-2-36 所示的计算模型里，其等代竖向弹簧支承刚度 k_w 和抗扭弹簧支承刚度 k_θ 的计算公式均未计入斜桥梁所固有的弯—扭耦合效应，因此，其计算结果是近似的，但它具有计算简便的优点。下面将介绍另一种基于理论公式而又能应用有限元法程序的计算模型。

1. 弯—扭耦合效应

根据相关文献，对于图 2-2-36 中任意 i 号斜主梁、当受到由中横梁传递下来的一对力（垂直力 R_i 和集中扭矩 T_i）作用时，在作用点处的挠度 w_i 和扭转角 θ_i 表达式分别为：

$$w_i = R_i A_i + T_i C_i \tag{2-2-44}$$

$$\theta_i = R_i C_i + T_i B_i \tag{2-2-45}$$

其中：

$$\left.\begin{aligned}A_i &= \frac{d_i^2(l-d_i)^2}{6EIl}(2-3D)\\B_i &= \frac{l}{6EI}\tan^2\alpha\left[(2-3D)+12k^2D\frac{d_i(l-d_i)}{l^2}\cot^4\alpha\right]\\C_i &= \frac{d_i(l-d_i)(l-2d_i)}{6EIl}(2-3D)\tan\alpha\\D &= \frac{1}{2(1+k\cot^2\alpha)},\quad k=\frac{EI}{GI_T}\end{aligned}\right\} \quad (2\text{-}2\text{-}46)$$

式中：E、G——材料的弹性模量和剪切模量；

I、I_T——梁截面的抗弯惯矩和抗扭惯矩；

l、d_i——斜主梁的跨长和 i 号梁的左支点至该梁与中横梁相交点之间的距离，参见图 2-2-36。

2. 引入附加水平刚臂的计算模型

为了能正确地模拟出每榀斜主梁的弹性抗力，必须要求图 2-2-36 中的每组弹簧支承能够反映出斜主梁弯—扭耦合效应的特性出来。为此，便将图 2-2-36c) 中的每组弹簧支承、从所在的节点处和沿着中横梁的方向、向左（或向右）平移至各自的"转动中心"位置，并用不同长度 e_{gi} 的水平"刚臂"单元（$EI=\infty$）将该两点连接，如图 2-2-37b) 所示。为了清楚起见，也可以将附加水平刚臂和一对弹簧支承、沿着竖直方向平移至某个高度 h（$\leqslant 10\text{m}$）处，其间再增加一个竖直刚臂，如图 2-2-37c) 所示。

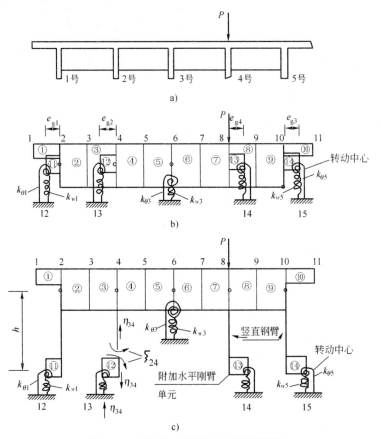

图 2-2-37　计入弯—扭耦合效应的计算模型

所谓"转动中心"是指垂直力 R_i 作用于其上时，使该梁只产生竖向挠度 w_i 而不发生扭角（$\theta_i=0$）；另一方面，当扭矩 T_i 作用于梁上时，在"转动中心"处只产生扭角 θ_i 而不产生竖向挠度（$w_0=0$），但在主梁位置处仍有挠度（$=\theta_i \times e_{gi}$）。垂直力和挠度均以向下者为正，反之为负；扭矩与扭角均以反时针方向旋转者为正，反之为负［注意，扭矩的正矢量是在图 2-2-36a）中从主梁左端支点指向右端支点的方向］。

根据"转动中心"的定义和应用式（2-2-44）～式（2-2-46），可以导得水平刚臂长度 e_{gi}、竖向弹簧支承刚度 k_{wi} 和抗扭弹簧支承刚度 $k_{\theta i}$ 的表达式，它们分别为：

$$e_{gi} = -\frac{C_i}{B_i} \tag{2-2-47}$$

$$k_{wi} = \frac{R_i}{w_i} = \frac{B_i}{A_i B_i - C_i^2} \tag{2-2-48}$$

$$k_{\theta i} = \frac{T_i}{\theta_i} = \frac{1}{B_i} \tag{2-2-49}$$

根据分析，水平刚臂的设置方向与 d_i 的大小有关，表 2-2-16 概要地列出了有关它们的布置规律。

水平刚臂单元的布置方向 表 2-2-16

d_i	e_{gi}	水平刚臂的方向
$<l/2$	负值	设在原节点位置的右侧
$=l/2$	0	不变
$>l/2$	正值	设在原节点位置的左侧

3. 中横梁和水平刚臂单元刚度的确定

按照理论分析，可以分为以下两种情况。

（1）刚性横梁法。当简支斜梁桥的跨宽比 $\frac{l-B\tan\alpha}{B} \geq 2$（$B$ 为桥面全宽）时，图 2-2-37 中所有单元的截面尺寸都可以任意地假定，但它的换算弹性模量 $E_换$ 值需要事先在计算机上试算确定。其步骤是：①试设一个较大的 E 值，并在中横梁正中的 6 号节点上施加任意垂直集中力 P 进行计算；②查看所有单元节点的竖向位移 w_i 是否接近相等，转角 θ_i 是否接近等于零；③如不满足要求，则在调整 E 值后重新计算，直至达到预定的精度为止。

（2）广义弹性支承连续梁法。当上述的跨宽比 <2 时，则需计入中横梁单元弹性变形的影响。具体的步骤是：①横梁单元按 T 形截面尺寸输入，其翼板宽度近似地取等于横梁之间间距；②附加水平刚臂单元的截面尺寸仍可任意假定；③先按上述刚性横梁法中的几个步骤确定出 $E_换$ 值作为附加水平刚臂单元的 $E_臂$ 值，然后对所有横梁单元均改用实际的弹性模量值 $E_横$。

4. 荷载横向分布影响线坐标 η_{ij} 和 ξ_{ij} 的确定

按照图 2-2-37b）或 c）计算模型，将单位荷载 $P=1$ 逐一作用于各单元的节点上进行计算，然后输出各竖向弹簧支承的反力 R_{ij}，便得到所对应主梁的竖向荷载横向分布影响线坐标 $\eta_{ij} = R_{ij}$；附加水平刚臂单元在与横梁单元节点（或与竖直刚臂）相交一侧的截面弯矩（对主梁的而言为扭矩）M_{ij}，便是对应主梁的扭矩荷载横向分布影响线坐标 $\xi_{ij} = M_{ij}$（图 2-2-37c））。

5. 荷载横向分布系数 m_i^p 的 m_i^t 确定

当应用有限元法程序和本计算模型确定荷载横向分布系数时，则没有必要事先确定出每榀主梁的荷载横向分布影响线坐标。此时，可以直接按照车道数和对某榀主梁的最不利工况进行车辆荷载的横向布置，并将所有的轮重均取等于 1/2，然后进行计算。由这样的荷载工况所得出的竖向弹簧支承反力 R_{ij} 和水平刚臂单元的节点（非支承点）截面弯矩 M_{ij}，便分别是对应主梁的竖向荷载横向分布系数 m_i^p 和扭转荷载横向分布系数 m_i^p 和 m_i^t。

六、计入弯—扭耦合效应的算例

【例 2-2-10】 试按图 2-2-37 所示的计算模型求解例 2-2-9 中 1 号和 2 号斜主梁的荷载横向分布影响线坐标及其荷载横向分布系数 m_i^p 和 m_i^t。

解：(1) 斜主梁基本参数 k、D 的计算

按式（2-2-46）分别计算，得：

$$k = \frac{EI}{GI_t} = \frac{E \times 0.21162}{0.425E \times 6.1514 \times 10^{-3}} \approx 80.91$$

$$D = \frac{1}{2(1+k\cot^2\alpha)} = \frac{1}{2(1+80.91 \times \cot^2 40°)} \approx 4.3135 \times 10^{-3}$$

(2) 按全桥的跨宽比确定应采用的计算方法

$$\frac{l - B\tan\alpha}{B} = \frac{24.3 - 8 \times \tan 40°}{8} = 2.2 > 2$$

它表明可按刚性横梁法建立计算模型。本例的离散图与图 2-2-37b)、c) 的完全相同，故可直接应用，各单元的截面尺寸可以任意假定。表 2-2-17 列出了本例各单元的任意设定尺寸。本例是按图 2-2-37c) 的模型进行计算，并任意取竖直刚臂的长度 $h=2$m。

各单元设定的截面尺寸   表 2-2-17

单元编号	截面形式	设定尺寸（m）
①、⑩	矩形	宽×厚=1×0.16
②~⑨	T形	顶板宽×厚=1×0.16，肋板全高×厚=1.5×0.16
⑪~⑭	矩形	宽×高=0.16×0.16

(3) 计算 e_{gi}、k_{wi} 和 $k_{\theta i}$

参照图 2-2-36 中所示的 d_i 值，然后应用式（2-2-46）~式（2-2-49）逐个进行计算，其结果汇总于表 2-2-18。

模拟的水平刚臂长度 e_{gi} 和弹簧支承刚度 k_{wi}、$k_{\theta i}$ 汇总   表 2-2-18

梁号	d_i (m)	e_{gi} ($\times 10^{-2}$m)	k_{wi} (kN/m)	$k_{\theta i}$ (kN·m/rad)
1	14.8351	1.8380	26005.22	14885.18
2	13.4926	0.91945	24101.57	14339.64
3	12.1500	0	23513.22	14166.55
4	10.8074	−0.91945	24101.57	14339.64
5	9.4649	−1.8380	26005.22	14885.18

(4) 计算换算弹性模量 $E_{换}$

按照图 2-2-37c) 的离散图将上面确定出的单元截面尺寸及 e_{gi}、k_{wi}、$k_{\theta i}$ 等值输入到程序中去，并在中心节点 6 号处布置集中力 $P=1$，然后通过几次地调整弹性模量 E，所得到的结果是：当 $E=1\times10^{13}\,\mathrm{kN/m^2}$ 时，所有节点的挠度均为 $w=8.082\times10^{-6}\,\mathrm{m}$，扭角 $\theta=8.053\times10^{-12}\,\mathrm{rad}\approx0$，但当因次大于或者小于 13 时，均表现为不一致的变形。因此，最终取 $E_{换}=1\times10^{13}\,\mathrm{kN/m^2}$ 进行下面的各项计算。

(5) 荷载横向分布影响线竖标 η_{ij}、ξ_{ij} 的计算

逐次令 $P=1$ 分别作用于 2 号、4 号、6 号、8 号和 10 号节点（对应于斜主梁位置）上，由程序输出中得到的竖向弹簧支承之反力，便是与之对应主梁的竖向荷载横向分布影响线坐标 η_{ij}；位于附加水平刚臂的非支承点一端之截面弯矩，便是对应主梁的扭矩荷载横向分布影响线 ξ_{ij}。为了节约篇幅，表 2-2-19 中只列出了 1 号和 2 号主梁的荷载横向分布影响线坐标，并且为了对比其计算精度，表中还列出了文献 [46] 中的按理论公式的计算结果和按图 2-2-36c) 模型的计算结果。

按不同计算方法的计算结果对比　　表 2-2-19

$P=1$ 作用于	计算方法	竖向荷载横向分布影响线坐标					
		η_{1i}	η_{2i}	η_{3i}	η_{4i}	η_{5i}	Σ
1号梁	理论分析[46]	0.5742	0.3633	0.1900	0.0262	−0.1538	0.9999
	按图 2-2-37c)	0.5740	0.3634	0.1900	0.0262	−0.1537	1.0002
	按图 2-2-36c)	0.5599	0.3657	0.1939	0.0280	−0.1475	0.9999
2号梁	理论分析[46]	0.3922	0.2791	0.1900	0.1105	0.0282	1.0000
	按图 2-2-37c)	0.3921	0.2791	0.1900	0.1105	0.0283	1.0002
	按图 2-2-36c)	0.3830	0.2813	0.1939	0.1124	0.0294	1.0000

$P=1$ 作用于	计算方法	扭矩荷载横向分布影响线坐标					
		ξ_{1i}	ξ_{2i}	ξ_{3i}	ξ_{4i}	ξ_{5i}	Σ
1号梁	理论分析[46]	0.0753	0.0657	0.0616	0.0621	0.0675	0.3322
	按图 2-2-37c)	0.0751	0.0656	0.0616	0.0621	0.0675	0.3319
	按图 2-2-36c)	0.0817	0.0780	0.0769	0.0780	0.0817	0.3963
2号梁	理论分析[46]	0.0396	0.0377	0.0308	0.0302	0.0318	0.1661
	按图 2-2-37c)	0.0394	0.0337	0.0308	0.0302	0.0319	0.1661
	按图 2-2-36c)	0.0409	0.0390	0.0384	0.0390	0.0409	0.1982

注：本例的 1、2 号梁与文献 [46] 中的 5、4 号梁相对应。

(6) 计算 1 号、2 号斜主梁的荷载横向分布系数 m_i^p 和 m_i^t

将图 2-2-36 中的车辆荷载横向布置移至图 2-2-37c) 所示计算模型中的同样位置上，便可从输出的文件中直接得到 1 号和 2 号斜主梁的两类荷载横向分布系数，其结果汇总于表 2-2-20 中，同样地将它与其他两种计算方法的计算结果进行了对比。

荷载横向分布系数 m_i^{p} 和 m_i^{t} 的汇总和对比　　　　　表 2-2-20

计算方法	竖向荷载横向分布系数 m_i^{p}		扭矩荷载横向分布系数 m_i^{t}	
	1号梁	2号梁	1号梁	2号梁
理论分析[46]	0.5455	0.4475	0.03234	0.02551
按图 2-2-37c)	0.5454	0.4476	0.03206	0.02546
按图 2-2-36c)	0.5339	0.4157	0.02808	0.02681

注：表中的理论分析值是应用相应的荷载横向影响线坐标和内插法求得。

从本例的计算结果表明：与理论分析值[46]相比，按计入弯—扭耦合效应的计算模型（图 2-2-37c)）比按图 2-2-36c) 所示的计算模型更精确，但是，前者的计算过程稍繁于后者。不论怎样，二者都能应用平面杆系有限元法程序直接计算出荷载横向分布系数，避开了先要计算出荷载横向分布影响线坐标、再应用内插法求算的烦琐过程，前者适用于施工图设计，后者适用于初步设计。

第八节　简支弯肋梁桥荷载横向分布计算

一、计 算 方 法

简支弯肋梁桥荷载横向分布计算的主要方法有以下几种：
(1) 刚性横梁法；
(2) 刚接梁法；
(3) 比拟正交异性板法；
(4) 平面杆系有限元法；
(5) 空间有限元法等。

上述的第（1）～第（3）种计算方法都是根据直梁桥中所用的相应方法原理和结合弯梁桥弯—扭耦合效应的特性加以推广的计算方法，详见相关文献。这些方法的缺点是计算甚繁，一般不太便于工程应用。上述的第（5）种方法在目前虽属可行，但计算中也较复杂。因此，本节将重点介绍基于刚接梁法原理的平面杆系有限元法计算模型。

二、杆系有限元法计算模型

1. 等效弹簧支承的模拟
(1) 弯—扭耦合效应

根据相关文献给出的单根简支超静定弯梁受半波正弦竖向荷载 $\left(\hat{q}\sin\dfrac{\pi z}{l}\right)$ 和扭矩荷载 $\left(\hat{m}_{\text{t}}\sin\dfrac{\pi z}{l}\right)$ 作用下挠度峰值 $\hat{w}$ 和扭角峰值 $\hat{\varphi}$ 的计算公式如下：

$$\hat{w} = \frac{\hat{q}D - \hat{m}_{\text{t}}B}{\Delta} \tag{2-2-50}$$

$$\hat{\varphi} = \frac{\hat{m}_{\text{t}}A - \hat{q}B}{\Delta} \tag{2-2-51}$$

其中：
$$\left.\begin{array}{l} A = \dfrac{GI_d}{R^4}\left[k\left(\dfrac{\pi}{\theta_0}\right)^4 + \left(\dfrac{\pi}{\theta_0}\right)^2\right] \\ B = \dfrac{GI_d}{R^3}(1+k)\left(\dfrac{\pi}{\theta_0}\right)^2 \\ D = \dfrac{GI_d}{R^2}\left[k + \left(\dfrac{\pi}{\theta_0}\right)^2\right] \\ \Delta = AD - B^2, k = \dfrac{EI_x}{GI_d} \end{array}\right\} \quad (2\text{-}2\text{-}52)$$

式中：E、G——分别为材料的弹性模量和剪切模量；

I_x、I_d——分别为梁截面的抗弯惯矩和抗扭惯矩；

R、θ_0——分别为弯梁的半径和圆心角，如图 2-2-38a）所示。

上式中的符号规定：当弯梁桥外弧线居左、曲率中心居右时，竖向荷载及挠度均以向下者为正，扭矩荷载及扭角均以顺时针方向旋转者为正，反之为负（图 2-2-38b））。

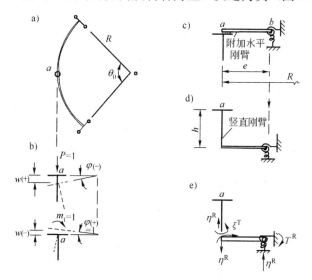

图 2-2-38 简支超静定弯梁的弹簧支承模拟图式

（2）等效弹簧支承

如果将弯梁的跨中截取单位长的梁段，则整个结构对该梁段的作用可以用位于内弧侧 b 点处的一对弹簧支承（竖向抗压、横向抗扭）和用来连接它们的"水平刚臂"予以等代，如图 2-2-38c）所示。刚臂长度 e、竖向抗压弹簧支承刚度 k_w 和横向抗扭弹簧支承刚度 k_φ 可以根据式（2-2-50）和式（2-2-51）得：

$$e = \frac{B}{A} \quad (2\text{-}2\text{-}53)$$

$$k_w = \frac{q}{w} = A \quad (2\text{-}2\text{-}54)$$

$$k_\varphi = \frac{m_t}{\varphi} = \frac{\Delta}{A} \quad (2\text{-}2\text{-}55)$$

为了在具体应用时清楚起见，还可以将此附加水平刚臂和一对弹簧支承沿竖直方向平移到任意高度 h 处，只是附加水平刚臂的左端与梁段的顶面中点 a 之间再增加一个竖直的刚臂，如图 2-2-38d）所示。根据分析，此 h 值可以任意选定，它对计算结果不产生影响。

2. 荷载横向分布计算模型

对于用中横隔梁刚性连接的简支超静定弯肋梁桥（图 2-2-39a)、b)），可以应用上述的等代弹簧支承构造，建立一个能够应用平面杆系有限元法程序求算弯梁桥荷载横向分布系数 m 的计算型，如图 2-2-39c) 所示。现将建立该计算模型的若干要点进行说明。

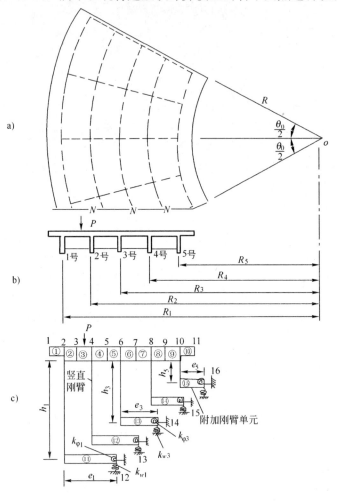

图 2-2-39 弯梁桥荷载横向分布的计算模型

（1）图 2-2-39c) 中所有单元的宽度均取 1m，忽略每个单元内、外弧长之间的微小差异以及主梁肋板厚度的微小影响，以简化计算。根据分析，这种忽略所带来的误差甚微。

（2）位于内、外弧侧的单元①、⑩，由于没有横隔梁构造，其单元的厚度可取等于 T 形梁翼板靠梁肋 $d/3$ 处（d 为 T 形梁翼板的静悬臂跨长）的厚度，但在有横隔梁的区段内，则须将翼板与横隔梁所构成的 T 形截面按其抗弯惯矩相等的原理等效为平均厚度。

（3）由于式（2-2-52）中的参数 A、B、D 和 Δ 均为半径 R 的函数，故每榀弯 T 形梁所对应的弹簧支承刚度 k_w、k_φ 和刚臂长 e 是不相等的，必须逐一分别计算。

（4）为了便于应用有限元法程序，所有附加的水平刚臂均当作独立的单元进行编号（即 ⑪～⑮单元），但令其刚度 $EI \approx \infty$，在这些单元的右端（内弧侧）各布置一对弹簧支承，在它们的左端则通过竖向刚臂（不作为单独的单元）直接与 T 形梁梁肋顶点所对应的单元节点连接。

(5) 为避免各附加水平刚臂单元之间发生重叠，这些水平刚臂单元与主梁单元之间的垂直距离 h_i 可以任意选定，它不影响计算结果。

(6) 当单位荷载 $P=1$ 作用于 i 号主梁所对应的节点上时，k 号主梁的竖向弹簧支承反力 η^R，便是它的荷载横向分布影响线坐标 η_{ki}；如果沿横桥向同时布置有若干辆单位轴重荷载时，则各榀主梁的竖向弹簧支承反力，便是它们在该工况下的荷载横向分布系数 m_i。

(7) 在同样的竖向荷载作用下，各附加水平刚臂单元左端截面的弯矩，便是该梁的扭矩荷载横向分布影响线坐标 ξ_{ki}（当单位力 $P=1$ 作用时）或扭矩荷载横向分布系数（当一排横向单位轴重荷载作用时），参见图 2-2-38e）。

三、示　例

【**例 2-2-11**】　图 2-2-40 所示的简支超静定弯 T 形梁桥具有如下的技术参数：

圆心角 $\theta_0 = 50°$　主梁抗弯惯矩

$$I_x = 0.24015 \text{m}^4$$

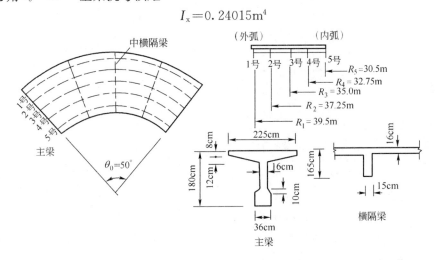

图 2-2-40　弯梁桥荷载横向分布计算示例图

主梁抗扭惯矩

$$I_d = 0.00432 \text{m}^4$$

$$I_1 = 0.020 \text{m}^4/\text{m}$$

其中 I_1 为以桥面中心线为标准，将桥面板与横隔梁一起进行等效的单宽横向抗弯惯矩。

弹性模量 $E = 3.5 \times 10^7 \text{kN/m}^2$；剪切模量 $G = 1.5 \times 10^7 \text{kN/m}^2$。

其余尺寸均示于图中，试应用本节方法计算各榀主梁的竖向荷载横向分布影响线坐标值和扭转荷载横向分布影响线坐标值。

解：(1) 本例的主梁榀数及其截面形式与图 2-2-39 中的相同，故直接取图 2-2-39c) 中的离散图作为本例的计算模型，仅在具体的单元尺寸上作某些补算。

(2) ①和⑩单元的截面尺寸均近似地取宽×高=1.0m×0.16m；②～⑨单元的高度 $t = \sqrt[3]{\dfrac{12 I_1}{b}} = \sqrt[3]{\dfrac{12 \times 0.02}{1.0}} \approx 0.62\text{m}$；⑪～⑮水平刚臂单元均取宽×高=1.0m×1.0m，但 $E_{刚} = 1 \times 10^{16} \text{kN/m}^2$。

(3) 按式（2-2-52）计算各个参数，计算过程从略，其结果为：

$$k = 129.71 \quad A = 1412599046/R_i^4 \quad B = 109771848/R_i^3$$

$$D = 9245058/R_i^2 \quad \Delta = 1.009701501 \times 10^{15}/R_i^6$$

(4) 列表计算水平刚臂单元⑪~⑮的长度 e 及各弹簧支承刚度 k_w、k_φ（表2-2-21）。

弹簧支承刚度及刚臂单元长度汇总表　　　　表2-2-21

梁号	k_w (kN/m)	k_φ $\left(\dfrac{\text{kN}\cdot\text{m}}{\text{rad}}\right)$	e_i (m)	h_i (m)	R_i (m)
1（外弧）	580.27	458.12	3.0695	1.0	39.50
2	733.69	515.14	2.8947	0.8	37.25
3	941.34	583.50	2.7198	0.6	35.00
4	1227.93	666.43	2.5450	0.4	32.75
5（内弧）	1632.37	768.38	2.3701	0.2	30.50
说明	按式（2-2-54）	按式（2-2-55）	按式（2-2-53）	任意取值	见图

(5) 应用平面杆系限元法程序，计算当 $p=1$ 分别作用于2号、4号、6号、8号和10号节点上时对 k 号梁的荷载横向分布影响线坐标 η_{ki}^R，这些竖向弹簧支承反力值便是 k 号梁的荷载横向分布影响线坐标 η_{ki}；与此同时，在 k 号梁所属附加刚臂单元左端节点截面产生的弯矩值 M，便是 k 号梁的扭矩荷载横向分布影响线坐标 ξ_{ki}。所有这些坐标值都可以直接从程序的输出结果中得到，十分方便，不需再用手算，本例的计算结果分别汇总于表2-2-22和表2-2-23中。为了对比，表中列出了按刚接梁法和刚性横梁法算得的相应坐标值。

(6) 几点说明如下：

①上述两表中的计算结果表明，基于刚接梁法原理的有限元法程序计算不但计算精度高，而且比用手算的刚接梁法大大节约了计算时间。

②在实际设计过程中，还可以避开以往先绘制荷载横向分布影响线、再布载和作中间坐标内插、最后计算某号主梁荷载横向分布系数的传统繁琐计算方法，而是直接在离散图上进行最不利的横向布载，求出任意主梁的荷载横向分布系数，关于这一点，后面还将对本例作一些补充计算。

③参照本章第四节中的方法，本节中的计算模型同样可以用来直接计算弯梁桥中横隔梁内力和绘制其内力包络图。

(7) 荷载横向分布系数计算如下图表：

设本例弯梁桥承受图2-2-41所示两种偏心布载工况：①偏离1号主梁梁肋0.5m处向右开始进行布载的工况1。②偏离5号主梁梁肋0.5m处向左开始进行布载的工况2，利用同一计算模型和杆系有限元法程序，便可直接得到此两种工况下的各主梁荷载横向分布系数，并示于表2-2-24。

竖向荷载横向分布影响线坐标 η_{ki}　　　　表 2-2-22

梁号（k）	计算方法	单位力 $P=1$ 的作用位置（i）				
		η_{k1}	η_{k2}	η_{k3}	η_{k4}	η_{k5}
1	有限元法	0.6992	0.5368	0.3740	0.2160	0.0632
	刚接梁法	0.6979	0.5316	0.3739	0.2162	0.0632
	刚性横梁法	0.7419	0.5758	0.4097	0.2436	0.0775
2	有限元法	0.5658	0.4545	0.3405	0.2226	0.1048
	刚接梁法	0.5666	0.4548	0.3406	0.2226	0.1049
	刚性横梁法	0.5915	0.4764	0.3614	0.2464	0.1314
3	有限元法	0.3503	0.3081	0.2682	0.2221	0.1678
	刚接梁法	0.3519	0.3090	0.2683	0.2219	0.1678
	刚性横梁法	0.3530	0.3161	0.2760	0.2375	0.1990
4	有限元法	−0.0049	0.0620	0.1301	0.2000	0.2626
	刚接梁法	−0.0043	0.0624	0.1302	0.1996	0.2624
	刚性横梁法	−0.0163	0.0589	0.1342	0.2094	0.2846
5	有限元法	−0.6104	−0.3614	−0.1129	0.1393	0.4017
	刚接梁法	−0.6121	−0.3623	−0.1130	0.1397	0.4017
	刚性横梁法	−0.5835	−0.3391	−0.0947	0.1497	0.3941
$\sum \eta_{ik}$	有限元法	1.0000	1.0000	0.9999	1.0000	1.0001
	刚接梁法	1.0000	1.0000	1.0000	1.0000	1.0000
	刚性横梁法	1.0866	1.0733	1.0913	1.0866	1.0866

扭矩荷载横向分布影响线坐标 ξ_{ki}　　　　表 2-2-23

梁号（k）	计算方法	单位力 $P=1$ 的作用位置（i）				
		ξ_{k1}	ξ_{k2}	ξ_{k3}	ξ_{k4}	ξ_{k5}
1	有限元法	2.0440	1.5770	1.1060	0.6467	0.2011
	刚接梁法	2.0411	1.5757	1.1060	0.6472	0.2012
	刚性横梁法	2.1287	1.6435	1.1619	0.6786	0.1952
2	有限元法	1.5270	1.2380	0.9399	0.6266	0.3115
	刚接梁法	1.5297	1.2393	0.9401	0.6267	0.3116
	刚性横梁法	1.5429	1.2381	0.9333	0.6286	0.3237
3	有限元法	0.8341	0.7533	0.6784	0.5845	0.4660
	刚接梁法	0.8390	0.7562	0.6784	0.5837	0.4662
	刚性横梁法	0.7840	0.7092	0.6343	0.5595	0.4846
4	有限元法	−0.1396	0.0654	0.2733	0.4858	0.6794
	刚接梁法	−0.1379	0.0670	0.2735	0.4850	0.6791
	刚性横梁法	−0.2051	0.0182	0.2416	0.4649	0.6883
5	有限元法	−1.5880	−0.9596	−0.3333	0.3023	0.9641
	刚接梁法	−1.5924	−0.9624	−0.3337	0.3033	0.9643
	刚性横梁法	−1.5054	−0.8918	−0.2782	0.3354	0.9490

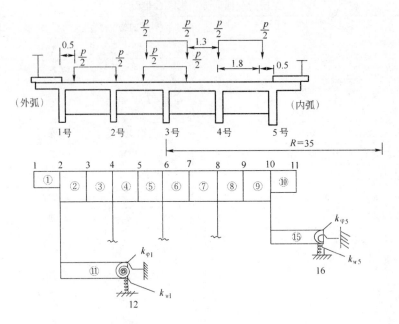

图 2-2-41 例 2-2-11 的荷载横向分布系数计算图（尺寸单位：m）

荷载及扭矩横向分布系数汇总表 表 2-2-24

梁 号	工况1：偏外弧侧布载		工况2：偏内弧侧布载	
	m_i	ξ_i	m_i	ξ_i
1	0.9728	2.8620	0.5325	1.5850
2	0.8637	2.2860	0.5183	1.4460
3	0.5916	1.4600	0.4694	1.2170
4	0.1669	0.2615	0.3544	0.8338
5	−0.5680	−1.5290	0.1254	0.2168

注：表中 m_i 为竖向荷载横向分布系数，ξ_i 为扭矩荷载横向分布系数。

第三章 箱形截面连续梁桥

第一节 基本尺寸的拟定

一、立面尺寸

1. 等截面连续梁桥

等高度连续梁的立面布置如图 2-3-1 所示,其梁高尺寸及其适用范围列于表 2-3-1。

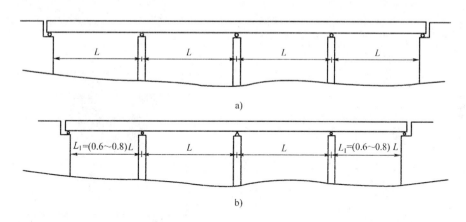

图 2-3-1 等截面连续梁桥的立面布置
a) 等跨等截面连续梁；b) 不等跨等截面连续梁

等截面连续梁梁高尺寸及其适用范围　　　　　　表 2-3-1

特　点	跨径组合	梁高/L	适用跨径（m）	施工方法
等跨长	图 2-3-1a)	$\frac{1}{12} \sim \frac{1}{17}$	40～60	顶推法
不等跨长	图 2-3-1b)	$\frac{1}{15} \sim \frac{1}{25}$	40～60	一般方法

2. 变高度连续梁桥

变高度连续梁桥立面布置如图 2-3-2 所示,其梁高尺寸及其适用范围列于表 2-3-2。

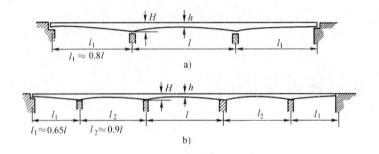

图 2-3-2 变高度连续梁桥的立面布置

连续梁在支点和跨中梁高尺寸的估算值（$l>100$m）　　　表 2-3-2

立面线形	中墩支点梁高 H (m)	中跨跨中梁高 h (m)
梁高呈折线形变化的连续梁	$\left(\frac{1}{16}\sim\frac{1}{20}\right)l$	$\left(\frac{1}{22}\sim\frac{1}{28}\right)l$
梁高呈曲线形变化的连续梁	$\left(\frac{1}{16}\sim\frac{1}{20}\right)l$	$\left(\frac{1}{30}\sim\frac{1}{50}\right)l$

二、截面形式与基本尺寸

1. 截面形式

板式截面连续梁桥已在本篇第一章中作了介绍，T形截面因不利于承受支点处的负弯矩，故目前较少采用。箱形截面是预应力混凝土连续梁桥中最广泛采用的形式。根据设计桥宽的不同，可以分为整体式箱形截面和分离式箱形截面；根据两侧腹板的斜度又可分为矩形箱形截面和梯形箱形截面，如图 2-3-3a) 所示。在城市桥梁中，为了充分利用空间和为改善交通的分道行驶，可以采用双层桥面的形式，如图 2-3-3b) 所示。

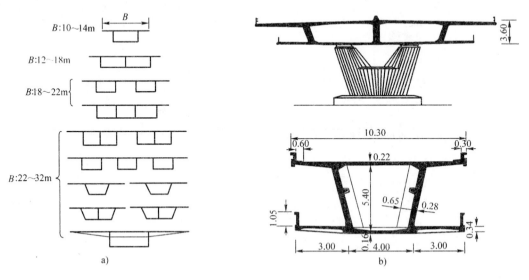

图 2-3-3 箱形截面梁的形式（尺寸单位：m）

2. 尺寸拟定

（1）顶板

箱梁顶板及位于腹板以外的悬臂板厚度可参考表 2-3-3 中经验公式拟定。

顶板所在位置	桥面板跨度方向	
	垂直于行车道方向	平行于行车道方向
腹板之间	$3L+11$（纵肋之间）	$5L+13$（横隔板之间）
位于腹板外侧的悬臂板	$L \leqslant 0.25$ 时，$28L+16$	$24L+13$
	$L > 0.25$ 时，$8L+21$	

行车道部分桥面板的厚度（cm） 表 2-3-3

注：按两个方向厚度计算后取其中较小值，L 为桥面板的跨度（m）。

此外，悬臂板的跨长不宜大于 5m，当跨长超过 3m 后，宜布置横向预应力束筋。悬臂端部厚度不得小于 10cm，如果在悬臂端设置防撞墙，或者需要锚固横向预应力束筋时，则端部厚度不得小于 20cm。

(2) 底板

墩顶上的底板厚度可参考以下两种经验公式拟定：

①墩顶梁高的 $\left(\dfrac{1}{10} \sim \dfrac{1}{12}\right) H_\text{支}$；②主跨跨长的 $\left(\dfrac{1}{120} \sim \dfrac{1}{170}\right) L$。

跨中区段的底板厚度可按布置预应力束筋的构造要求确定，一般为 0.22～0.28m。

(3) 腹板

腹板的最小厚度应考虑预应力筋的布置和混凝土浇筑的要求，一般的设计经验为：

①腹板内无预应力束筋管道布置时，其最小厚度可采用 $t_{\min}=20$cm；

②腹板内有预应力束筋管道布置时，可采用 $t_{\min}=25 \sim 30$cm；

③腹板内有预应力束筋锚固时，则采用 $t_{\min}=35$cm；

④墩上或靠近桥墩的箱梁根部腹板需加厚，以满足剪力增加的要求。其厚度可以达到 30～60cm 甚至 100cm。

英国水泥和混凝土协会提出如下两个关于预应力混凝土连续梁最佳腹板厚度参数的公式，其指标可供参考（图 2-3-4）。

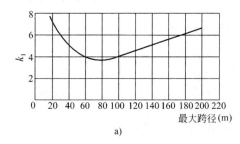 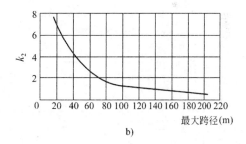

a) b)

图 2-3-4 最大跨径连续箱梁最佳横截面几何参数曲线
a) 墩上腹板厚度参数 K_1；b) 跨中腹板厚度参数 K_2

墩上腹板厚度参数：

$$K_1 = \dfrac{t_{\text{wp}} \times h_{\text{p}}}{B \times L_{\max}} \times 10^3$$

跨中腹板厚度参数：

$$K_2 = \dfrac{t_{\text{wm}} \times h_{\text{m}}}{B \times L_{\max}} \times 10^3$$

式中：t_{wp}——墩上腹板厚度的总和；

t_{wm}——跨中腹板厚度的总和；

h_p——墩上梁高；

h_m——跨中梁高；

B——桥面总宽；

L_{max}——桥梁最大跨径。

（4）梗腋

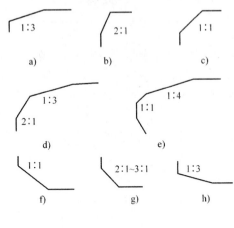

图 2-3-5　梗腋形式

介于顶、底板与腹板接头处的梗腋，又称斜托。它可以提高截面的抗扭刚度和抗弯刚度，减小了扭转剪应力和畸变应力。加腋有竖加腋和水平加腋两种。如图 2-3-5 所示，图中 a）为一般箱梁上的常用形式；b）和 c）常用于箱梁截面较小的情形；d）、e）常用于斜腹板与顶板之间；f）、g）、h）常用于底板与腹板之间的下梗腋，以便于底板混凝土的浇筑。

（5）横隔板

一般只在支点处和跨中部位设置横隔板。支点处的横隔板厚度可取 40～60cm，跨中部位的横隔板厚度可取 15～20cm。横隔板上应开孔，以便施工和养护人员进出。

三、预应力筋布置

连续梁主梁的内力主要有三种：即纵向受弯、受剪以及横向受弯。通常所说的三向预应力就是为了抵抗上述三种内力。

1. 纵向预应力筋

沿桥跨方向的纵向力筋又称为主筋，是用以保证桥梁在恒、汽车荷载作用下纵向跨越能力的主要受力钢筋，可布置在顶、底板和腹板中。常用的布置方式有图 2-3-6 所示的几种：

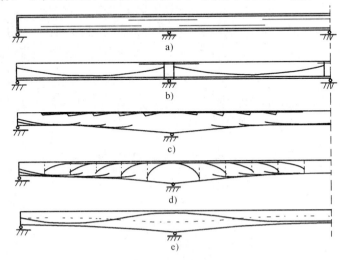

图 2-3-6　预应力混凝土连续梁配筋方式

a）顶推施工法；b）先简支后连续施工法；c）、d）悬臂施工法；e）搭架现浇施工法

（1）采用顶推法施工时的直线形预应力筋布置方式（图 2-3-6a））。

（2）采用先简支后连续施工法时预应力筋布置方式（图 2-3-6b））。

（3）采用悬臂施工法时的预应力筋布置方式（图 2-3-6c）、d)），其中图 c) 具有穿束方便、预应力摩阻损失相对较小的优点，但不能给截面提供有效的抗主拉应力的效果。

（4）整根曲线预应力筋通长地锚固于梁端的布置方式（图 2-3-6e)），这种方式将增大预应力摩阻损失，故它适只用于一联不太长的连续梁桥。

2. 横向预应力筋

横向预应力筋是用以保证桥梁的横向整体性、桥面板及横隔板横向抗弯能力的主要受力钢筋，一般布置在横隔板和顶板中。图 2-3-7 示出了对箱梁截面的顶板施加横向预应力的力筋构造。

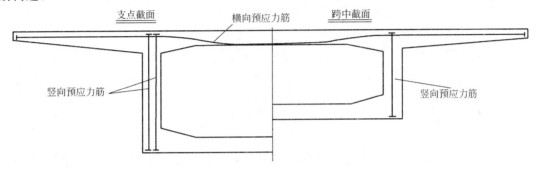

图 2-3-7　箱梁横向及竖向配筋布置方式

3. 竖向预应力筋

图 2-3-7 示出了对箱梁截面的腹板施加竖向预应力的力筋构造，主要作用是提高截面的抗剪能力。它沿纵向的布置间距可根据竖向剪力的分布情况进行调整，靠近支点截面区段可布置较密，靠跨中处可布置较疏些。但需进行二次张拉，以消除大部分混凝土弹塑性压缩引起的预应力损失。

第二节　内力计算步骤

在参照第一节中的内容拟定出连续梁桥的截面尺寸以后，便可着手进行下列内容的计算。

1. 恒载内力计算

结构恒载（自重）所产生的内力要根据与施工方法密切相关的计算图式来求算，这些施工方法有：有支架施工法；逐孔施工法；悬臂施工法；顶推施工法等。

当采用一次落架的有支架施工法时，连续梁桥结构可以按成桥结构图进行分析。对于其余施工方法的桥梁结构，都需要按照每个施工阶段的图计算其内力，再将这个内力与前一阶段的内力进行叠加，计算逐次进行，并且到了整个结构完成时，还要进行体系的转换计算。

2. 汽车荷载内力计算

汽车荷载主要指汽车和人群荷载等，对于汽车荷载作用下的截面内力仍然按照前面式（2-1-7）的一般公式计算。其中有关汽车荷载的冲击系数 μ，应按现行《通用规范》中的规定确定；关于荷载横向分布系数 m 的计算，后面还将专门介绍。

3. 结构次内力计算

连续梁桥的结构次内力计算内容有：

（1）预应力引起的次内力；

(2) 预应力混凝土连续梁由徐变引起的次内力;
(3) 预应力混凝土连续梁因基础沉降引起的次内力;
(4) 预应力混凝土连续梁由温度影响引起的次内力等。
有关这些内容的具体计算方法,后面将逐一介绍。

4. 荷载组合

按照现行《通用规范》进行荷载组合。

5. 截面应力验算

截面应力验算包括正应力验算和剪应力验算两大部分,具体验算公式及方法参见现行《通用规范》及《结构设计原理》等参考书。

6. 挠度及预拱度计算

挠度包括恒载挠度及不计冲击系数的汽车荷载挠度计算。具体计算公式参见现行《通用规范》,后面将对预拱度的设置作简要介绍。

第三节 恒载内力计算

本节仅介绍采用悬臂施工法和顶推施工法施工时结构恒载内力计算的一般思路。理解了对它们的计算思路以后,便可举一反三,来分析其他各种施工方法施工时的恒载内力。

一、悬臂浇筑施工时连续梁的恒载内力计算

为了便于理解,现取一座三孔连续梁例子进行阐明,如图 2-3-8 所示。该桥上部结构采用挂篮对称平衡悬臂浇筑法施工,从大的方面它可归纳为 5 个主要阶段,现按图分述如下。

1. 阶段1 在主墩上悬臂浇筑混凝土

首先在主墩上浇筑墩顶上面的梁体节段(称零号块件),并用粗钢筋及临时垫块将梁体与墩身临时锚固,然后采用施工挂篮向桥墩两侧分节段地进行对称平衡地悬臂施工。此时桥墩上支座暂不受力,结构的工作性能犹如 T 形刚构。对于边跨不对称的部分梁段则采用有支架施工。

此时结构体系是静定的,外荷载为梁体自重 $q_自(x)$ 和挂篮重量 $p_挂$,其弯矩图与一般悬臂梁无异。

2. 阶段2 边跨合龙

当边跨梁体合龙以后,先拆除中墩临时锚固,然后便可拆除支架和边跨的挂篮。

此时由于结构体系发生了变化,边跨接近于单一悬臂梁,原来由支架承担的边段梁体重量便转移到边跨梁体上。由于边跨挂篮的拆除,相当于结构承受一个向上的集中力 $P_挂$。

3. 阶段3 中跨合龙

当中跨合龙段上的混凝土尚未达到设计强度时,该段混凝土的自重 $q_自$ 及挂篮重力 $2P_挂$ 将以两个集中力 R_0 的形式分别作用于两侧悬臂梁端部。

4. 阶段4 拆除合龙段的挂篮

此时全桥已经形成整体结构(超静定结构),拆除合龙段挂篮后,原先由挂篮承担的合拢段自重转而作用于整体结构上。

5. 阶段5 二期恒载施工

在桥面均布二期恒载 g 的作用下,可得到三跨连续梁桥的相应弯矩图。

以上是对每个阶段受力体系的分析,若需知道是某个阶段的累计内力时,则将该阶段的内力与

在它以前几个阶段的内力进行叠加。成桥后的总恒载内力,将是这5个阶段内力叠加的结果。

每个阶段的内力及变形计算,可以直接应用桥梁结构的有限元法专用程序来完成。

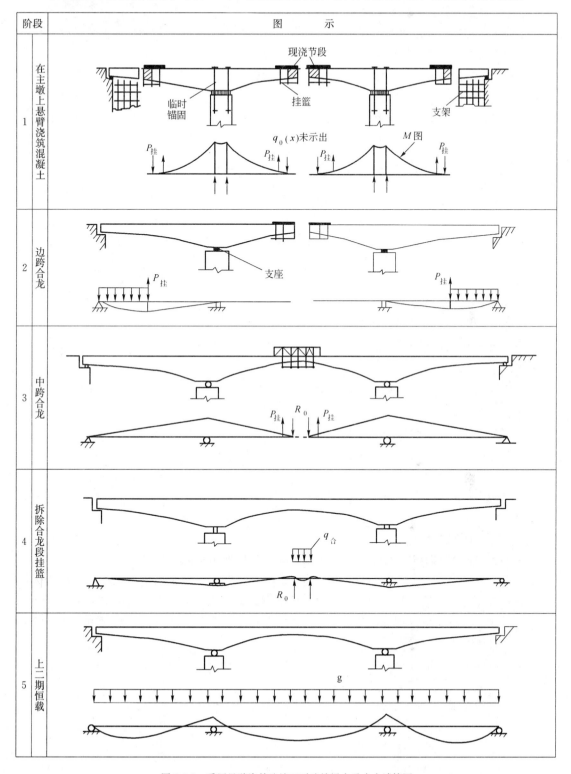

图 2-3-8　采用悬臂浇筑法施工时连续梁自重内力计算图

二、顶推法施工时连续梁桥的恒载内力计算

1. 受力特点

用逐段顶推施工法完成的连续梁桥（简称顶推连续梁），一般将结构设计成等跨度和等高度截面的形式。当全桥顶推就位后，其恒载内力计算与有支架施工法的连续梁完全相同。顶推连续梁的主要受力特点反映在顶推施工的过程中，随着主梁节段逐段地向对岸推进，将使全桥每个截面的内力不断地从负弯矩→正弯矩→负弯矩……呈反复性的变化，图 2-3-9b) 是这种结构在施工过程中的弯矩包络图。

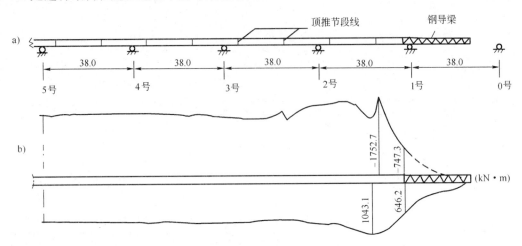

图 2-3-9 某桥顶推连续梁的布置与恒载弯矩包络图（尺寸单位：m）

为了改善这种施工方法带来的负面影响，一般采用以下措施：

（1）在顶推梁的最前端设置自重较轻且具有一定刚度的临时钢导梁（又称鼻梁），导梁长度约为主梁跨径 L 的 65%，以降低主梁截面的悬臂负弯矩；

（2）当主梁跨径较大（一般≥60m）时，可在每个桥孔的中央设置临时桥墩，或者在永久墩沿桥纵向的两侧增设三角形临时钢斜托，以减小顶推跨径；

（3）对于在成桥以后不需要布置正或负弯矩的钢束区，则根据顶推过程中的受力情况，配置适量的临时预应力钢束。

2. 施工中恒载内力计算

（1）计算假定

顶推连续梁通常是在岸边专门搭设的台座上逐段地预制、逐段向对岸推进的，它的形成是先由悬臂梁到简支梁再到连续梁，先由双跨连续梁到多跨连续梁直至达到设计要求的跨数。为了简化计算，一般作了以下的假定：

①放在台座上的部分梁段不参与计算，也就是说，在计算图中，在靠近台座的桥台处可以取成为一个完全铰，如图 2-3-10 所示。

②每个顶推阶段均按该阶段全桥所处的实际跨径布置和荷载图进行整体内力分析，而不是对同一截面的内力按若干不同阶段的计算内力进行叠加。

③暂不考虑施工阶段中徐变次内力影响。

（2）最大正弯矩截面的计算

顶推连续梁的内力呈动态，其内力值与主梁及导梁两者的自重比、跨长比和刚度比等因

素有关，很难用某个公式来确定图 2-3-9b)中最大正弯矩截面出现的位置，因此，只能借助有限元法计算程序和通过试算来确定。但在初步设计中，可以近似地按图 2-3-11 的三跨连续梁计算图估算。其理由是距顶推连续梁端部 0.4L 截面处的正弯矩影响线面积之和相对最大，虽然在导梁的覆盖区也有负弯矩影响线面积，但导梁自重轻，故影响较小。

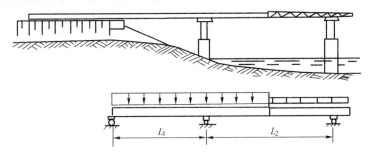

图 2-3-10 顶推连续梁计算图

其次，也可以参照以下近似公式计算：

$$M_{max}^+ = \frac{q_{自}L^2}{12}(0.933 - 2.96\gamma\beta^2) \quad (2\text{-}3\text{-}1)$$

式中：$q_{自}$——主梁单位长自重；
  γ——导梁与主梁的单位长自重比；
  β——导梁长与跨长 L 的比例系数。

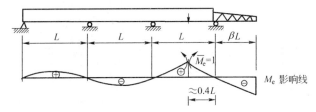

图 2-3-11 顶推连续梁最大正弯矩截面的计算图

（3）最大负弯矩截面计算

这要根据以下两种图的计算结果对比后确定。

① 导梁接近前方支点，如图 2-3-12 所示。

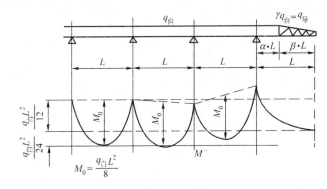

图 2-3-12 导梁接近前方支点时的自重内力图

此时的悬臂跨长最长，其计算公式为：

$$M_{\min} \approx \frac{q_{自} L^2}{2}[\alpha^2 + \gamma(1-\alpha^2)] \qquad (2\text{-}3\text{-}2)$$

式中：α——主梁悬出的部分长度与跨径 L 之比（图 2-3-12）；
其余符号同前。

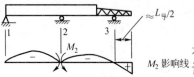

图 2-3-13 导梁支承在前支点上的计算图

②前支点支承在导梁约一半长度处，如图 2-3-13 所示。一般以取带悬臂的两跨连续梁图计算最为不利，这也是根据支点截面的负弯矩影响线面积和的因素来判断的。该图为一次超静定结构，虽然其中一跨梁存在刚度的变化，但计算并不困难。真正的最大负弯矩截面还需在靠近梁两侧作试算并进行比较。

(4) 一般梁截面的内力计算

对于导梁完全处在悬臂状态的情况，多跨连续梁可以分解为图 2-3-14b)、c) 所示的两种情况，然后应用表 2-3-4 和表 2-3-5 的弯矩系数表分别计算后再进行叠加求和。

图 2-3-14 荷载的分解

等截面等跨径连续梁在端弯矩作用下支点弯矩系数 表 2-3-4

跨数	各支点截面弯矩系数 η_1										
n	M_0	M_1	M_2	M_3	M_4	M_5	M_6	M_7	M_8	M_9	M_{10}
1	0	−1									
2	0	0.250000	−1								
3	0	−0.066667	0.266667	−1							
4	0	0.017857	−0.071429	0.267857	−1						
5	0	−0.004785	0.019139	−0.071771	0.267943	−1					
6	0	0.001282	−0.005128	0.019231	−0.071795	0.267949	−1				
7	0	−0.000344	0.001374	−0.005153	0.019237	−0.071797	0.267949	−1			
8	0	0.000092	−0.000368	0.001381	−0.005155	0.019238	−0.071797	0.267949	−1		
9	0	−0.000025	0.000097	−0.000370	0.001381	−0.005155	0.019238	−0.071797	0.267949	−1	
10	0	0.000007	−0.000026	0.000099	−0.000370	0.001381	−0.005155	0.019238	−0.071797	0.267949	−1

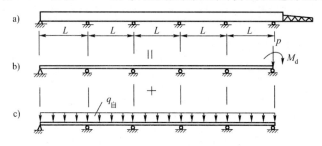

各支点截面受端弯矩 M_d 作用下的弯矩 M_{id} 可按下式计算：

$$M_{id} = \eta_1 M_d \qquad (2\text{-}3\text{-}3)$$

各支点截面受主梁自重作用下的弯矩 M_{iq} 可按下式计算：

$$M_{id} = \eta_2 q_{自} L^2 \qquad (2\text{-}3\text{-}4)$$

各支点截面总的恒载弯矩 M_i 为：

$$M_i = M_{id} + M_{iq} \qquad (2\text{-}3\text{-}5)$$

上式中的 η_1 和 η_2 可从表 2-3-4 和 2-3-5 中查得。当求得各支点的 M_i 之后，便不难按简支梁图式计算各截面的弯矩值。

等截面等跨径连续梁在自重作用下支点弯矩系数　　表 2-3-5

跨数 n	各支点截面弯矩系数 η_2										
	M_0	M_1	M_2	M_3	M_4	M_5	M_6	M_7	M_8	M_9	M_{10}
1	0	0									
2	0	−0.125000	0								
3	0	−0.100000	−0.100000	0							
4	0	−0.107143	−0.071428	−0.107143	0						
5	0	−0.105263	−0.078947	−0.078947	−0.105263	0					
6	0	−0.105769	−0.076923	−0.086538	−0.076923	−0.105769	0				
7	0	−0.105634	−0.077465	−0.084507	−0.084507	−0.077465	−0.105634	0			
8	0	−0.105670	−0.077320	−0.085052	−0.082474	−0.085052	−0.077320	−0.105670	0		
9	0	−0.105660	−0.077358	−0.084906	−0.083019	−0.083019	−0.084906	−0.077358	−0.105660	0	
10	0	−0.105663	−0.77348	−0.084945	−0.082873	−0.083564	−0.082873	−0.084945	−0.077348	−0.105663	0

3. 示例

【例 2-3-1】 为了理解上述的计算公式和方法，下面以 $5\times40\mathrm{m}$ 顶推连续梁为例（图 2-3-15a)），设主梁的荷载集度 $q_{自}=10\mathrm{kN/m}$，导梁长度 $l_{导}=\beta L=0.65\times40=26\mathrm{m}$，荷载集度 $q_{导}=1\mathrm{kN/m}$（$\gamma=0.1$），导梁与主梁的刚度比 $E_{导}I_{导}/(EI)=0.15$，试计算该主梁的最大和最小弯矩值。

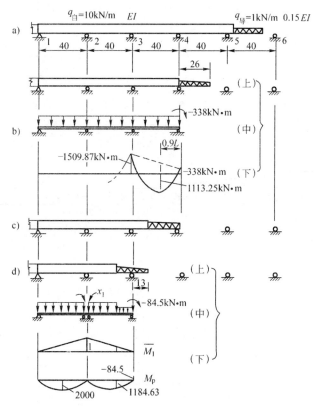

图 2-3-15　算例的结构布置及计算图（尺寸单位：m）

解：（1）求主梁最大正弯矩值

方法 1：按式（2-3-1）近似公式计算。

$$M_{\max}^+ = \frac{q_{自} L^2}{12}(0.933 - 2.96\gamma\beta^2)$$

$$= \frac{10 \times 40^2}{12}(0.933 - 2.96 \times 0.1 \times 0.65^2) = 1077.25 \text{kN} \cdot \text{m}$$

方法 2：按图 2-3-15b)（上）和应用表 2-3-4 及表 2-3-5 系数计算。

首先将悬出的钢导梁自重简化为作用于端支点处的集中力和节点弯矩 M_d（图 2-3-15b)（中）），集中力直接传递至桥墩，对梁内力不产生影响，故不予考虑。于是 4 号节点的弯矩 M_d 为：

$$M_4 = M_d = -\frac{q(\beta L)^2}{2} = -\frac{1 \times 26^2}{2} = -338 \text{kN} \cdot \text{m}$$

按三跨连续梁查表 2-3-3～表 2-3-4，得靠近节点弯矩的一跨 3 号中支点弯矩系数分别为：

$$\eta_1 = 0.266667 \qquad \eta_2 = -0.1000$$

代入式（2-3-3）～式（2-3-5）得 3 号支点弯矩为：

$$M_3 = 0.266667 \times 338 - 0.10 \times 10 \times 40^2 = -1509.87 \text{kN} \cdot \text{m}$$

注：M_d 用正值代入是因为表 2-3-1 中的系数 η_1 均是按负值端弯矩求得。

根据简支梁的已知端弯矩 M_3、M_4 和均布荷载 $q_{自}$ 值，并参看图 2-3-15b)（下）不难算出距 4 号节点 $0.4L = 16$m 处的弯矩值为：

$$M_{0.4L} \approx M_{\max}^+ = 1113.25 \text{kN} \cdot \text{m} \qquad （计算过程略）$$

此值与按上述近似公式的计算值较接近，并且按此方法同样可以求算全梁各个截面的内力值。

（2）求主梁最大负弯矩值

①参考导梁接近前方支点的图（图 2-3-15c)）并应用式（2-3-2）计算可得：

$$M_3 = M_{\min}^- = -\frac{q_{自} L^2}{2}[\alpha^2 + \gamma(1-\alpha^2)]$$

按图中布置，$\alpha = 14/40 = 0.35$，于是得：

$$M_{\min}^- = -\frac{10 \times 40^2}{2}[0.35^2 + 0.1 \times (1-0.35^2)] = -1682 \text{kN} \cdot \text{m}$$

②按导梁中点支在 3 号墩顶的图（图 2-3-15d)（上））计算

首先取图 2-3-15d)（中）所示的基本结构，并将悬出部分的钢导梁化为作用于 3 号支点处的集中力和节点弯矩，然后绘单位荷载及外荷载弯矩图（图 2-3-15d)（下））。由于有一跨的不同节段存在刚度的差异，故在求算力法中的常变位和载变位时应进行分段积分（或图乘法）再求和，本例的两个变位值分别为：

$$\delta_{11} = 29.26 \qquad \Delta_{1p} = -57253.14$$

$$X_1 = -\frac{\Delta_{1p}}{\delta_{11}} = \frac{57253.14}{29.26} = 1956.7 \text{kN} \cdot \text{m} \qquad （与假定方向相同）$$

此值与有限元法程序的计算值-1958kN·m十分吻合。经比较，按此图算得的负弯矩值最大，该最大负弯矩出现的截面距主梁前端的距离约为27m。

第四节 汽车荷载内力计算

一、两种近似计算方法

等截面连续梁桥的汽车荷载内力计算方法可以参照本篇第一章第三节中的内力增大系数法进行分析。变截面连续梁桥的汽车荷载内力分析比较复杂，空间有限元法的分析不太适用于工程设计，故一般采用近似的计算方法。目前大体上通过以下两种办法处理。

（1）先应用平面杆系有限元法的计算程序和其中的影响线加载法功能来完成各个节点截面的内力分析，然后对不同的梁段乘以计入了不同的荷载横向分布影响的增大系数 ζ_i，一般称之为内力增大系数法。

（2）工程上有时为了简化分析和偏安全考虑，直接取增大系数 ζ_i 中的最大者 ζ_{max} 遍乘车辆轴重，再输入到程序的数据文件中去，所得出的结果便是所要求算的设计内力，一般将这种方法称之为荷载增大系数法。

由此可见，不论采用哪种方法，都需要预先计算出考虑了荷载横向分布影响的增大系数 ζ_i 值。下面将重点介绍增大系数 ζ 值的确定方法，有关影响线加载法的原理可详见所应用的专用程序中的说明。

二、增大系数 ζ 的确定

1. 原理简述

连续梁一般采用抗扭刚度较大的箱形截面，对于混凝土结构可以近似地忽略其周边的畸变变形。在此前提下，偏心荷载作用于桥面上时，将使截面发生下挠和刚性扭转等两类变形。图 2-3-16 b)、c) 分别示出了单位集中力（$P=1$）和单位扭转力矩（$T=1$）作用于中跨跨中截面的中点位置时，所产生的垂直挠度 w 和扭转角 θ。图 2-3-16e) 为这两种工况合成以后，在跨中横截面上所产生变形的形状，以左侧腹板底端1号点的挠度最大，右侧腹板底端4号点的最小。如果荷载偏置于桥面中心的右侧，则截面的挠度和扭转角形状将与上述情况相反。也就是说，1号和4号点都有可能达到最大垂直位移。

现在来研究图 2-3-16 f) 的荷载横向布置情况。在跨中截面偏心地布置了 n 行车中的 $2n$ 个车轮，每个车轮重 $P/2$（图中的 $n=3$），其合力为 nP，合力的偏心距为 e。对照图 2-3-16 e)不难计算出此时1号点的最大垂直位移 w_{max} 为：

$$w_{max} = nP\left(w + e\frac{b\theta}{2}\right) \tag{a}$$

式中：b——两侧腹板间的中距。

如果桥面上只布置了一行车中的两个车轮，且对称于桥面中心线，如图 2-3-16 h) 所示，则此时的 $n=1$，$e=0$，代入式 (a) 便得相应的均匀下沉挠度 w_p，其值为：

$$w_p = Pw \tag{b}$$

由此不难理解，欲使图 2-3-16 h) 的布置工况也能产生 w_{max} 的变形；亦即令箱形截面的1号和4号点同时达到 w_{max} 值，则需将它的荷载 P 增大 ζ 倍，它可表示为：

$$\zeta = \frac{w_{\max}}{w_p} = n\left(1 + \frac{b \cdot e}{2}\frac{\overline{\theta}}{\overline{w}}\right) \quad (2\text{-}3\text{-}6)$$

上式中的 ζ 便是所要求的荷载（或者内力）增大系数。同理，可以求算连续梁中的任意一跨（包括边跨）的增大系数 ζ_i。

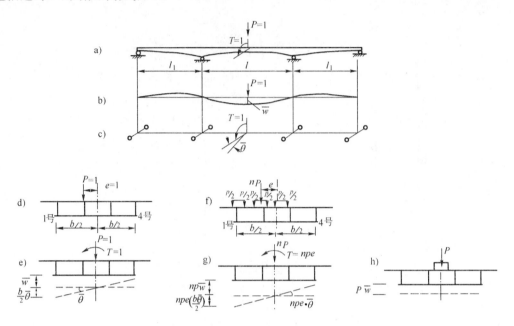

图 2-3-16　变高度连续梁增大系数 ζ 的计算图

这里要说明几点：

（1）不论是求算中间跨还是边跨的增大系数 ζ，荷载的作用截面均取所求桥跨的跨中。

（2）按式（2-3-6）求得的增大系数 ζ 只适合于修正相应跨的正弯矩区之内力值，对于各中间支点截面及其相邻的负弯矩区，其内力值的修正则可近似地取相邻两跨中增大系数 ζ 的较大者。

（3）如果按（2-3-6）求得的增大系数 ζ 用作荷载增大系数的话，则汽车荷载内力计算的一般式（2-1-7）应改写为如下的形式，即：

$$S_i = (1+\mu) \cdot \xi \cdot \zeta (q_k w_i + P_k y_i) \quad (2\text{-}3\text{-}7)$$

式中的各符号定义同前，增大系数 ζ 取各跨中的较大者。注意，现行《通用规范》还规定，对于多跨连续结构，当桥梁的计算跨径大于 150m 时，整个结构应按最大的计算跨径考虑汽车荷载效应的纵向折减，即在式（2-3-7）中再乘以纵向折减系数 ξ_l。

2. $\overline{w}_i$、$\overline{\theta}$ 的计算

对于变高度连续梁桥，$\overline{w}$ 值可以应用平面杆系有限元法程序来计算，即将单位力（$P=1$）分别置于各跨的跨中，便可求得相应跨的跨中平均挠度 $\overline{w}_i$ 值。

$\overline{\theta}$ 值可以应用总合法的计算公式结合手算的方法来确定，也可以按这些计算公式自编简短的程序来完成计算。由于箱形截面连续梁在墩、台截面处均具有强大刚度的横隔板，故在单位扭矩 $T=1$ 作用下的扭转角 $\overline{\theta}$ 可按单跨梁进行计算，不计相邻跨的影响（按刚性扭转理论）。下面给出两种类型结构的 $\overline{\theta}$ 角计算公式。

(1) 边跨跨中 θ_s——非对称型桥跨结构（图2-3-17a))

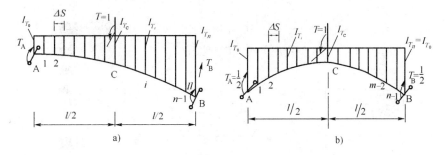

图 2-3-17 单位扭矩作用下的扭转角计算图

$$\theta_s = \frac{\Delta s \left(\frac{1}{I_{T_0}} + \frac{1}{I_{T_C}} + 2\sum_{i=1}^{\frac{n}{2}-1} \frac{1}{I_{T_i}} \right) \left(\frac{1}{I_{T_C}} + \frac{1}{I_{T_n}} + 2\sum_{i=\frac{n}{2}+1}^{n-1} \frac{1}{I_{T_i}} \right)}{2G \left(\frac{1}{I_{T_0}} + \frac{1}{I_{T_n}} + 2\sum_{i=1}^{n-1} \frac{1}{I_{T_i}} \right)} \qquad (2\text{-}3\text{-}8)$$

(2) 中跨跨中 θ_m——对称型桥跨结构（图2-3-17 b))

$$\theta_m = \frac{\Delta s}{2G} \left[\frac{1}{2} \left(\frac{1}{I_{T_0}} + \frac{1}{I_{T_C}} \right) + \sum_{i=1}^{\frac{n}{2}-1} \frac{1}{I_{T_i}} \right] \qquad (2\text{-}3\text{-}9)$$

以上两公式中：n——每跨按偶数等分的节段数；

Δs——节段长度，它等于 l/n；

G、l——分别为剪切模量和桥跨跨长；

I_{T_i}——i 号截面的抗扭惯矩（$i=0$，1，2，…，n），对于单箱单室截面可按式 (1-9-1) 计算；对于单箱多室截面可按式 (1-9-2) 计算，也可以近似地忽略中间腹板的影响，视作单箱单室截面，予以简化计算。

3. 示例

【例 2-3-2】 图 2-3-18 所示的三跨变高度连续箱梁桥，其跨径组合 (40+60+40)m，单箱单室截面的周边平均尺寸均示于图中，截面高度 h 及底板厚度 t_2 的变化列出于表 2-3-6 中。混凝土弹性模量 $E=3.3\times 10^7 \text{kN/m}^2$，剪切模量 $G=0.43E$。试求边跨和中跨的增大系数 ζ。

单室箱截面尺寸及抗扭惯矩　　　　表 2-3-6

截面号	h (m)	t_2 (m)	I_{T_i} (m⁴)	截面号	h (m)	t_2 (m)	I_{T_i} (m⁴)
（一）边跨				8	2.22	0.39	13.86885
0	1.60	0.25	6.122441	9	2.62	0.42	19.80626
1	1.60	0.25	6.122441	10	3.00	0.45	26.25381
2	1.60	0.25	6.122441	（二）中跨			
3	1.60	0.25	6.122441	11	2.50	0.41	17.92404
4	1.61	0.26	6.279955	12	2.11	0.37	12.33403
5	1.64	0.31	6.835647	13	1.82	0.33	8.745476
6	1.76	0.34	8.161065	14	1.66	0.29	6.921904
7	1.95	0.36	10.34677	15	1.60	0.25	6.122441

注：1. 每跨各分 10 段，即 $n=10$；

2. 表中 I_{T_i} 是按式 (1-9-1) 自编的简短程序完成。

解: (1) 应用平面杆系有限元法程序,分别计算出边跨和中跨在单位力 $P=1$ 作用下的跨中挠度 $\bar{w}$,它们为:

边跨 $\quad\quad\quad\quad\quad \bar{w}_s = 0.9128 \times 10^{-5}$

中跨 $\quad\quad\quad\quad\quad \bar{w}_m = 0.1679 \times 10^{-4}$

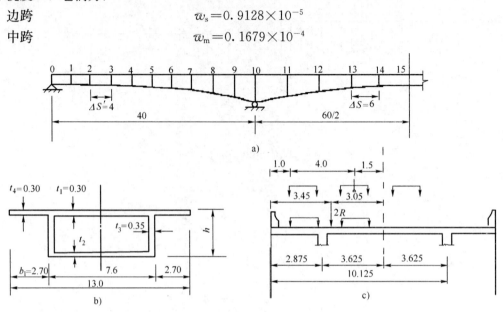

图 2-3-18 示例的结构基本尺寸及桥面横向布载图 (尺寸单位: m)

(2) 按式 (2-3-8) 计算边跨跨中扭转角 θ_s。

取 $n=10$ 段, $\Delta s = l_1/n = 40/10 = 4\text{m}$, 便有:

$$\theta_s = \frac{1}{2 \times 0.43 \times 3.3 \times 10^7 \times \left[\frac{1}{6.122441} + \frac{1}{26.25381} + 2\left(\frac{1}{6.122441} + \cdots + \frac{1}{19.80626}\right)\right]} \times$$

$$4\left[\frac{1}{6.122441} + \frac{1}{6.835647} + 2\left(\frac{1}{6.122441} + \cdots + \frac{1}{6.279955}\right)\right] \times$$

$$\left[\frac{1}{6.835647} + \frac{1}{26.25381} + 2\left(\frac{1}{6.122441} + \cdots + \frac{1}{19.80626}\right)\right]$$

$$= 7.944925 \times 10^{-8} \text{rad/(kN·m)}$$

(3) 按式 (2-3-9) 计算中跨跨中扭转角 θ_m。

取 $n=10$ 段, $\Delta S = \dfrac{1}{n} = \dfrac{60}{10} = 6\text{m}$, 便有:

$$\theta_m = \frac{1}{2 \times 0.43 \times 3.3 \times 10^7} \left[\frac{1}{2}\left(\frac{1}{26.25381} + \frac{1}{6.122441}\right) + \frac{1}{17.92404} + \cdots + \frac{1}{6.921904}\right]$$

$$= 1.049457 \times 10^7 \text{rad/(kN·m)}$$

(4) 列表计算各跨增大系数 ζ。

本例箱梁两外侧腹板的中距 $b=7.25\text{m}$,应用式 (2-3-6) 和参照图 2-3-18c) 中的荷载布置,列表 2-3-7 进行计算。

增大系数 ζ 的计算汇总表　　　　　　表 2-3-7

跨别	车队数 n	跨中的变形		合力点的偏心距 e (m)	增大系数 ζ	
		$\overline{w}$ (m/kN)	$\overline{\theta}$ [rad/(kN·m)]		按式 (2-3-6)	修正偏压法
边跨	2	0.9128×10^{-5}	7.944925×10^{-8}	3.05	2.1925	2.1728
	3			1.50	3.1420	3.1272
中跨	2	0.1679×10^{-4}	1.049457×10^{-7}	3.05	2.1382	2.1452
	3			1.50	3.1020	3.1074

三、中墩设单点铰支座的增大系数 ζ 计算

城市高架桥的跨长一般不大,故常设计成等跨长、等高度的连续箱梁桥,有时为了城市的景观,将所有中间桥墩均设计成独柱式墩,且在其上仅布置不具有抗扭功能的单点铰支座。在这种情况下,式 (2-3-6) 中的扭转角 θ 应按相邻两个具有抗扭支座的桥墩(台)之间总跨长进行计算,如图 2-3-19 所示。

各跨跨中截面在单位扭转力矩($T=1$)作用下的扭转角 θ 一般表达式为:

$$\overline{\theta} = \frac{(1-\alpha)\alpha \sum l}{GI_T} \quad (2\text{-}3\text{-}10)$$

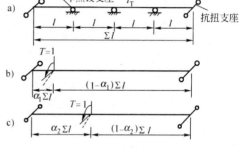

图 2-3-19　具有单点铰支座时的 $\overline{\theta}$ 计算图

式中:α——扭转力矩作用截面至左端抗扭支座之间的水平距离,与其相邻两端抗扭支座间的总跨长($\sum l$)之比(图 2-3-19);

其余符号同前。

单位集中力($P=1$)作用下的跨中挠度 $\overline{w}$ 仍按所在跨的单跨跨长 l 进行计算,表 2-3-8 列出了 2~4 等跨连续梁的各跨的 $\overline{w}$ 计算公式。

等跨长、等高度连续梁在 $P=1$ 节点处的挠度 $\overline{w}$ 计算公式　　　　　表 2-3-8

跨数	计算图式	计算公式 $\overline{w} = $ 挠度系数 $\times \dfrac{l^3}{EI} \times 10^{-3}$	
		挠度系数	
2			14.970
3	(图式1)		14.583
3	(图式2)		11.425
4	(图式1)		14.558
4	(图式2)		11.142

当求得 w 和 θ 以后，便代入到式（2-3-6）中，可以分别求出各跨的增大系数 ζ。

第五节 预应力作用下的次内力计算——等效荷载法

一、基本假定

为了简化分析，对于预应力混凝土梁作了以下的假定：
(1) 预应力筋的摩阻损失忽略不计（或按平均分布计入）；
(2) 预应力筋贯穿构件的全长；
(3) 索曲线近似地按二次抛物线变化，且曲率平缓。

二、等效荷载表

预应力筋的等效荷载见表 2-3-9。

预应力筋的等效荷载表   表 2-3-9

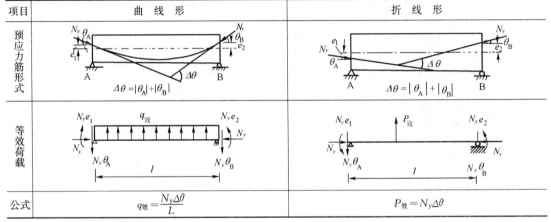

注：表中转角 θ 单位为 rad。

三、等效荷载法的计算步骤及举例

1. 计算步骤

现以图 2-3-20 所示的两跨连续梁为例概述等效荷载法的计算步骤。

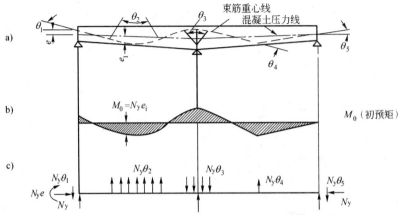

图 2-3-20 与预应力筋对应的等效荷载及初预矩图

(1) 按预应力索曲线的偏心距 e_i 及预加力 N_y 绘制梁的初预矩（$M_0 = N_y e_i$）图，不考虑所有支座对梁体的约束影响。

(2) 按预应力索的布置形式分别应用表 2-3-9 中所对应的计算公式来确定梁的各个区段上的等效荷载值。

(3) 用力法或有限单元法程序求解连续梁在等效荷载作用下的截面内力，得出的弯矩值称总弯矩 $M_总$，它包含了初预矩 M_0 在内。

(4) 求所需截面的次力矩 $M_次$，它为：

$$M_次 = M_总 - M_0 \tag{2-3-11}$$

2. 示例

【**例 2-3-3**】 两等跨等截面连续梁，索曲线的布置如图 2-3-21 所示，各段索曲线的偏心矩 $e(x)$ 方程列出如表 2-3-10，端部预加力 $N_y = 1158\text{kN}$，试求中支点 B 截面的总弯矩 $M_总$ 和次力矩 $M_次$。

本例半结构索曲线方程　　　　　　　　　　表 2-3-10

分段号	坐标原点	索曲线方程 $e_i(x)$
$a \sim d$ 段	a 点	$e_1(x) = 0.0079x^2 - 0.0933x$
$d \sim b$ 段	b 点	$e_2(x) = 0.18 + 0.12x - 0.03x^2$

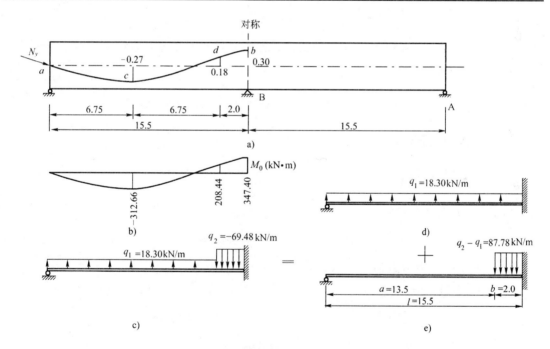

图 2-3-21　两跨连续梁的等效荷载（尺寸单位：m）

解：由于结构及预加力均对称于中支点 B 截面，故可取一半结构进行分析，并视 B 截面为固定端。计算步骤如下：

(1) 绘制预加力的初预矩图

$M_0(x) = N_y e_i(x)$，如图 2-3-21b) 所示。

(2) 计算预加力的等效荷载

$a \sim d$ 段的端转角（按其一阶导数后的函数进行计算）：

$$e'_1(x) = 2 \times 0.0079x - 0.0933$$

$$e'_1(0) = \theta_a = -0.0933 \text{rad}$$
$$e'_1(13.5) = \theta_d = 0.12 \text{rad}$$

应用表 2-3-9 中公式得 a~d 段的等效荷载为：

$$q_1 = N_y \cdot \frac{\theta_d - \theta_a}{l_1} = 1158 \times \frac{0.0933 + 0.12}{13.5} = 18.2964$$
$$\approx 18.30 \text{kN} \cdot \text{m} \quad (\text{向上})$$

d~b 段的端转角为：
$$e'_2(x) = 0.12 - 0.06x$$
$$e'_2(0) = \theta_d = 0.12 \text{rad}$$
$$e'_2(2) = \theta_b = 0 \text{rad}$$

d~b 段的等效荷载为：

$$q_2 = N_y \frac{\theta_b - \theta_d}{b} = 1158 \times \frac{0 - 0.12}{2} = -69.48 \text{kN/m} \quad (\text{向下})$$

(3) B 支点总预矩 $M_总$ 计算

计算见图 2-3-21c) 所示，它可分解为图 2-3-21 d)、e) 两种简单工况，然后用表 1-3-4 中给出的公式进行计算。图 2-3-21d) 中 B 支点的弯矩计算公式为：

$$M_B = -\frac{ql^2}{8}$$

注意：由于表 1-3-4 所列的计算公式，q 是以向下为正，向上为负，故对于本例应以 $q_1 = -18.3 \text{kN/m}$ 代入，得：

$$M'_B = -\frac{(-18.3) \times 15.5^2}{8} = 549.57 \text{kN} \cdot \text{m}$$

图 2-3-21e) 根部截面弯矩的计算公式为：

$$M''_B = -\frac{qb^2}{8}\left(2 - \frac{b}{l}\right)^2 = -\frac{87.78 \times 2^2}{8}\left(2 - \frac{2}{15.5}\right)^2 = -153.64 \text{kN} \cdot \text{m}$$

B 支点的总弯矩为：

$$M_总 = M'_B + M''_B = 549.57 - 153.64 = 395.93 \text{kN} \cdot \text{m}$$

(4) B 支点次内力矩 $M_次$

由式 (2-3-11) 得：

$$M_次 = M_总 - M_0 = 395.93 - 374.4 = 48.53 \text{kN} \cdot \text{m}$$

四、吻合束的概念

按实际荷载作用下的弯矩图线形作为束曲线的线形，便是吻合束的线形，此时外荷载正好被预应力平衡。即预加力的总弯矩不变，而次力矩为零。这一点可用一个简单例子来证明。图 2-3-22 所示是承受均布荷载 q 的两等跨连续梁。它的左跨弯矩计算公式为：

$$M(x) = \frac{qlx}{8}\left(3 - 4\frac{x}{l}\right) \tag{a}$$

由于：

$$M(x) = N_y \cdot e(x)$$

故：

$$e(x) = \frac{q}{N_y} \cdot \frac{lx}{8}\left(3 - 4\frac{x}{l}\right) \quad \text{(b)}$$

$$e'(x) = \frac{q}{N_y}\left(\frac{3l}{8} - x\right) \quad \text{(c)}$$

$$e'(0) = \theta_A = \left(\frac{q}{N_y}\right)\frac{3l}{8} \quad \text{(d)}$$

$$e'(l) = \theta_B = -\left(\frac{q}{N_y}\right)\frac{5l}{8} \quad \text{(e)}$$

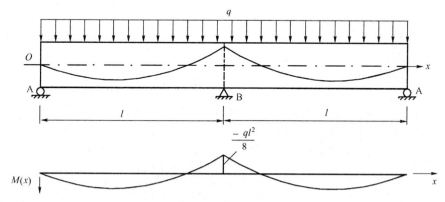

图 2-3-22 均布荷载下的束曲线线形

将式（d）、(e) 代入表 2-3-9 中公式得等效荷载为：

$$q_{效} = \frac{N_y}{l}\left[\left(\frac{q}{N_y}\right)\left(-\frac{5l}{8} - \frac{3l}{8}\right)\right] = -q \quad (2\text{-}3\text{-}12)$$

从式中看出，$q_{效}$ 与 q 大小相等，方向相反，梁上荷载被完全平衡，即为吻合束的线形，对于其他结构也可得与上述相同的结论。

第六节 混凝土徐变次内力计算——换算弹性模量法

一、徐变系数及计算公式

1. 定义

徐变系数 $\varphi(t, t_0)$ 是指自加载龄期 t_0 后至某个 t 时刻，在棱柱体内的徐变应变值 ε_c 与瞬时应变（弹性应变）值 ε_e 的比值，它可表为：

$$\varphi(t, t_0) = \varepsilon_c / \varepsilon_e \quad (2\text{-}3\text{-}13)$$

或：

$$\varepsilon_c = \varepsilon_e \cdot \varphi(t, t_0) \quad (2\text{-}3\text{-}14)$$

2. 老化理论

该理论认为：不同加载龄期 t_i 的混凝土徐变曲线在任意时刻 t（$t > t_i$），其徐变增长率相同，如图 2-3-23 所示。

结合老化理论，狄辛格给出了徐变系数的表达式为：

$$\varphi(t,t_i) = \varphi(\infty,t_i)[1-e^{-\beta(t-t_i)}] \qquad (2\text{-}3\text{-}15)$$

式中：$\varphi(\infty,t_i)$——加载龄期 t_i 的混凝土在 $t=\infty$ 时的徐变终值，$\varphi(\infty,t)=\varphi(\infty,0)e^{-\beta t}$；

$\varphi(\infty,0)$——加载龄期 $t_i=0$ 的混凝土在 $t=\infty$ 时的徐变终值；

β——徐变增长系数，在冬季零下温度较长的地区取 $\beta=1\sim2$，常温地区取 $\beta=2\sim4$。

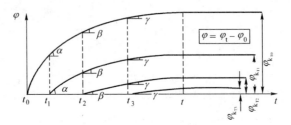

图 2-3-23 老化理论徐变曲线

3. 现行《混桥规》中关于徐变系数 $\varphi(t,t_0)$ 的计算公式

(1) 一般表达式
$$\varphi(t,t_0) = \varphi_0 \cdot \beta_c(t-t_0) \qquad (2\text{-}3\text{-}16)$$

(2) 名义徐变系数 φ_0 的确定
$$\varphi_0 = \varphi_{RH} \cdot \beta(f_{cm}) \cdot \beta(t_0) \qquad (2\text{-}3\text{-}17)$$

其中：
$$\varphi_{RH} = 1 + \frac{1-RH/RH_0}{0.46\,(h/h_0)^{\frac{1}{3}}} \qquad (2\text{-}3\text{-}18)$$

$$\beta(f_{cm}) = \frac{5.3}{(f_{cm}/f_{cm_0})^{0.5}} \qquad (2\text{-}3\text{-}19)$$

$$\beta(t_0) = \frac{1}{0.1+(t_0/t_1)^{0.2}} \qquad (2\text{-}3\text{-}20)$$

式（2-3-18）比较烦琐，可以编制较简单的计算程序来完成，也可以查阅由该式算得的计算用表（表 2-3-11）并通过内插法求其近似值。

C20~C50 混凝土名义徐变系数 φ_0 表 2-3-11

| 加载龄期 (d) | 40%≤RH<70% | | | | 40%≤RH<70% | | | |
| | 理论厚度 h (mm) | | | | 理论厚度 h (mm) | | | |
	100	200	300	≥600	100	200	300	≥600
3	3.90	3.50	3.31	3.03	2.83	2.65	2.56	2.44
7	3.33	3.00	2.82	2.59	2.41	2.26	2.19	2.08
14	2.92	2.62	2.48	2.27	2.12	1.99	1.92	1.83
28	2.56	2.30	2.17	1.99	1.86	1.74	1.69	1.60
60	2.21	1.99	1.88	1.72	1.61	1.51	1.46	1.39
90	2.05	1.84	1.74	1.59	1.49	1.39	1.35	1.28

注：1. 本表适用于一般硅酸盐类水泥或快硬水泥配制而成的混凝土；

2. 本表适用于季节性变化的平均温度-20~+40℃；

3. 本表数值系按强度等级 C40 混凝土计算所得，对高强混凝土（强度等级 C50 及以上），表列数值应乘以 $\sqrt{\dfrac{32.4}{f_{ck}}}$，式中 f_{ck} 为混凝土轴心抗压强度标准值（MPa）；

4. 计算时，表中年平均相对湿度 40%≤RH<70%，取 RH=55%；70≤RH<99%，取 RH=80%；

5. 构件的实际理论厚度和加载龄期为列表中间值时，混凝土名义徐变系数可按直线内插法求得。

(3) $\beta_c(t-t_0)$ 的计算

$$\beta_c(t-t_0) = \left[\frac{(t-t_0)/t_1}{\beta_H + (t-t_0)/t_1}\right]^{0.3} \quad (2\text{-}3\text{-}21)$$

其中：

$$\beta_H = 150\left[1+\left(1.2\frac{RH}{RH_0}\right)^{18}\right]\frac{h}{h_0}+250 \leqslant 1500 \quad (2\text{-}3\text{-}22)$$

以上各式中：t_0——加载时的混凝土龄期（d）；

t——计算考虑时刻的混凝土龄期（d）；

β_c——加载后徐变随时间发展的系数；

f_{cm}——强度等级 C20～C50 混凝土在 28d 龄期时的平均立方体抗压强度（MPa），$f_{cm}=0.8f_{cu,k}+8$（MPa）；

$f_{cu,k}$——龄期为 28d，具有 95% 以上保证率的混凝土立方抗压强度标准值（MPa）；

RH——环境年平均相对湿度（%）；

h——构件理论厚度（mm），$h=\dfrac{2A_c}{u}$，A_c 为构件截面面积，u 为构件与大气接触的周边长度。

$$RH_0 = 100\%$$
$$h_0 = 100\text{mm}$$
$$t_1 = 1\text{d}$$
$$f_{cm_0} = 10\text{MPa}$$

4. 示例

【例 2-3-4】 箱形截面梁的平均尺寸示于图 2-3-24，混凝土强度等级为 C40，年平均相对湿度 RH=65%，加载龄期 $t_0=7$d，试求龄期 $t=17$d 时的徐变系数 $\varphi(t,t_0)$ 值。

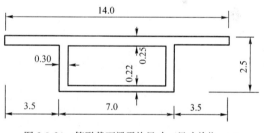

图 2-3-24 箱形截面梁平均尺寸（尺寸单位：m）

解：(1) 确定箱梁的理论厚度 h

$A_c = 14 \times 0.25 + 7 \times 0.22 + 2 \times 0.3 \times (2.5-0.25-0.22) = 6.258\text{m}^2$

$u = 2 \times (14+2.5) + 2 \times (7-2 \times 0.3 + 2.5 - 0.25 - 0.22) = 49.86\text{m}$

$h = \dfrac{2A_c}{u} = \dfrac{2 \times 6.258}{49.86} = 0.251\text{m} = 251\text{mm}$

(2) 确定 φ_0 值

应用式（2-3-18）进行计算：

$$\varphi_{RH} = 1 + \frac{1-65/100}{0.46(251/100)^{\frac{1}{3}}} = 1.55987$$

近似取 $f_{cu,k}=40$MPa，则：

$$f_{cm} = 0.8 \times 40 + 8 = 40\text{MPa}$$

$$\beta(f_{cm}) = \frac{5.3}{(40/10)^{0.5}} = 2.65$$

$$\beta(t_0) = \frac{1}{0.1 + (7/1)^{0.2}} = 0.63461$$

$$\varphi_0 = 1.55987 \times 2.65 \times 0.63461 \approx 2.6233$$

(3) 计算 β_H

应用式（2-3-22），便有：

$$\beta_H = 150\left[1 + \left(1.2 \times \frac{65}{100}\right)^{18}\right]\frac{251}{100} + 250 = 630.80$$

(4) 计算 $\beta_c(t-t_0)$ 值

将上述的 β_H 值代入式（2-3-23）得：

$$\beta_c(t-t_0) = \beta_c(17-7) = \left[\frac{(17-7)/1}{630.80 + (17-7)/1}\right]^{0.3} = 0.2871$$

(5) 确定徐变系数 $\varphi(17, 7)$

将上述的 φ_0 与 $\beta_c(17-7)$ 值代入式（2-3-20）得：

$$\varphi(17,7) = 2.6233 \times 0.2871 = 0.7531$$

二、换算弹性模量

(1) 应用在不随时间 t 变化的荷载作用下之换算弹性模量 E_φ

$$E_\varphi = \frac{E}{\varphi(t,t_0)} \qquad (2\text{-}3\text{-}23)$$

(2) 应用在随 t 变化的荷载作用下之换算弹性模量 $E_{\rho\varphi}$

$$E_{\rho\varphi} = \frac{E}{1 + \rho(t,t_0)\varphi(t,t_0)} \qquad (2\text{-}3\text{-}24)$$

其中：

$$\rho(t, t_0) = \frac{1}{1-e^{-\varphi}} - \frac{1}{\varphi} \qquad (2\text{-}3\text{-}25)$$

式中：$\rho(t, t_0)$ ——老化系数；

E ——材料弹性模量；

φ ——徐变系数 $\varphi(t, t_0)$ 的简化表示符号。

三、应用力法方程求解徐变次内力

1. 计算步骤

(1) 选取基本结构的计算图。

(2) 按不同施工阶段计算赘余处的恒载内力 X_i。

(3) 在赘余联系处施加以下的作用力。

①按步骤（2）算得的恒载内力的总和 $\sum X_i$。

②待定的徐变次内力 X_{it}。

(4) 根据已知条件分别计算各梁段的老化系数 $\rho(t, t_0)$ [式（2-3-25）]、E_φ [式（2-3-23）] 和 $E_{\rho\varphi}$ [式（2-3-24）]。

(5) 按换算弹性模量和图乘法分别计算所有恒定外力及徐变赘余连接处产生的变位，即：

$$\left.\begin{aligned}\delta_{iit}^{\oplus} &= \sum \int_{l_i} \frac{\overline{M}_i^2}{E_{\rho\varphi}I}\mathrm{d}x \\ \delta_{ijt}^{\oplus} &= \sum \int_{l_i} \frac{\overline{M}_i\overline{M}_j}{E_{\rho\varphi}I}\mathrm{d}x \\ \Delta_{iP}^{\oplus} &= \sum \int_{l_i} \frac{M_p\overline{M}_i}{E_{\varphi}I}\mathrm{d}x\end{aligned}\right\} \quad (2\text{-}3\text{-}26)$$

常变位
载变位

(6) 解力法方程组

$$\left.\begin{aligned}\delta_{11t}^{\oplus}X_{1t}+\delta_{12t}^{\oplus}X_{2t}+\cdots+\Delta_{1P}^{\oplus}&=0 \\ \delta_{21t}^{\oplus}X_{2t}+\delta_{22t}^{\oplus}X_{2t}+\cdots+\Delta_{2P}^{\oplus}&=0 \\ \cdots\end{aligned}\right\} \quad (2\text{-}3\text{-}27)$$

(7) 按解得的徐变次内力 X_{it} 分别计算各梁段的内力及变位。

(8) 将各施工阶段的恒载内力和变形与步骤 (7) 的计算结果叠加, 便得整个结构的受力和变形状态。

2. 示例

【**例 2-3-5**】 两等跨等截面连续梁每跨跨长 $l=48\mathrm{m}$, 采用先预制吊装后合龙固结的施工方法, 左半跨徐变系数 $\varphi_1(\infty,t_0)=1$, 右半跨的徐变系数 $\varphi_2(\infty,t_0)=2$, 作用于桥上的均布恒载 $q=10\mathrm{kN/m}$ (预制梁自重), E、I 分别为该结构的弹性模量和截面抗弯惯矩, 如图 2-3-25 所示。试求 $t=\infty$ 时中支点截面的徐变次力矩。

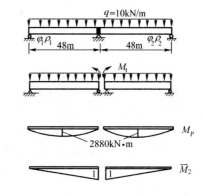

图 2-3-25 示例 2-3-5 的计算图

解: (1) 选取从跨中断开的两跨简支梁作为基本结构, 由于合龙时, 该截面的弯矩和剪力均为零, 即 $X_1=X_2=0$。

(2) 在赘余联系处仅施加一个赘余力, 即随时间 t 变化的待定徐变次内力 M_t (图 2-3-25b))。

(3) 计算老化系数及换算弹性模量。

应用式 (2-3-23) ~式 (2-3-25) 得:

$$\rho_1(\infty,t_0)=\frac{1}{1-e^{-\varphi_1}}-\frac{1}{\varphi_1}=\frac{1}{1-e^{-1}}-\frac{1}{1}=0.582$$

$$\rho_2(\infty,t_0)=\frac{1}{1-e^{-\varphi_2}}-\frac{1}{\varphi_2}=\frac{1}{1-e^{-2}}-\frac{1}{2}=0.657$$

$$E_{\varphi_1}=\frac{E}{\varphi_1(\infty,t_0)}=E$$

$$E_{\varphi_2}=\frac{E}{\varphi_2(\infty,t_0)}=\frac{E}{2}=0.5E$$

$$E_{\rho\varphi_1}=\frac{E}{1+\rho_1(\infty,t_0)\varphi_1(\infty,t_0)}=\frac{E}{1+0.582\times 1}=0.632E$$

$$E_{\rho\varphi_2}=\frac{E}{1+\rho_2(\infty,t_0)\varphi_2(\infty,t_0)}=\frac{E}{1+0.657\times 2}=0.432E$$

(4) 计算常变位和载变位 (图乘法)。

$$\delta_{22t}^{\oplus} = \frac{1}{E_{\varphi\varphi_1}I}\left[\frac{1}{2} \times 1 \times 48 \times \frac{2}{3}\right] + \frac{1}{E_{\varphi\varphi_2}I}\left[\frac{1}{2} \times 1 \times 48 \times \frac{2}{3}\right] = 62.35\frac{1}{EI}$$

$$\Delta_{2p}^{\oplus} = \frac{1}{E_{\varphi_1}I}\left[\frac{2}{3} \times 48 \times 2880 \times \frac{1}{2}\right] + \frac{1}{E_{\varphi_2}I}\left[\frac{2}{3} \times 48 \times 2880 \times \frac{1}{2}\right] = 138240\frac{1}{EI}$$

（5）解力法方程。

$$62.35 M_t + 138240 = 0$$
$$M_t = -2217\text{kN} \cdot \text{m}$$

弯矩 M_t 即为徐变完成后中支点的最终弯矩。此算例表明，对于先简支后连续的结构，徐变将引起支点的负弯矩增大，而跨中的正弯矩减小。

【例 2-3-6】 两等跨等截面连续梁，跨长为 2×20m，按图 2-3-26a)、c) 两阶段施工，中支点两侧采用对称悬浇法，两端采用在支架上进行合龙，设中间梁段的徐变系数 $\varphi_1(\infty, t_0) = 1$，两端梁段的徐变系数 $\varphi_2(\infty, t_0) = 2$，自重均布荷载 $q = 10$kN/m，E、I 分别为该结构的弹性模量和截面抗弯惯矩，试求 $t = \infty$ 时在中支点截面的总弯矩。

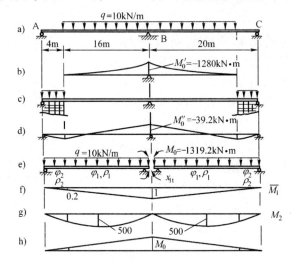

图 2-3-26 例 2-3-6 的计算图

解：（1）取图 2-3-26e) 所示的两跨简支梁作为基本结构，应用结构力学的方法计算出两个施工阶段在中支点截面产生的初始弯矩。

$$M_0 = -1280 - 39.2 = -1319.2\text{kN} \cdot \text{m}$$

（2）由于徐变系数与例 2-3-5 相同，故换算弹性模量也相同，即：

$$E_{\varphi_1} = E \qquad E_{\varphi_2} = 0.5E \qquad E_{\varphi\varphi_1} = 0.632E \qquad E_{\varphi\varphi_2} = 0.432E$$

（3）常变位与载变位计算。由于结构及荷载均为对称的，故常变位和载变位可取其中一跨进行计算，计算中部分利用图乘法，部分利用分段积分法，即：

$$\delta_{11t}^{\oplus} = \frac{1}{E_{\varphi\varphi_1}I} \times \frac{16}{6}[2 \times (0.2^2 + 1^2) + 2 \times 1 \times 0.2] + \frac{1}{E_{\varphi\varphi_2}I}\left(\frac{4 \times 0.2}{2} \times \frac{2}{3} \times 0.2\right)$$

$$= \frac{6.6133}{E_{\varphi\varphi_1}I} + \frac{0.0533}{E_{\varphi\varphi_2}I} \approx 10.5876\frac{1}{EI}$$

$$\Delta_{1q}^{\oplus} = \frac{1}{E_{\varphi_1}I}\left[\int_4^{20}\left(100x - \frac{10}{2}x^2\right)\frac{x}{20}\text{d}x\right] + \frac{1}{E_{\varphi_2}I}\left[\int_0^4\left(100x - \frac{10}{2}x^2\right) \cdot \frac{x}{20}\text{d}x\right]$$

$$= \frac{1}{E_{\varphi_1}I}\left[\frac{5}{3}x^3 - \frac{x^4}{16}\right]\Big|_4^{20} + \frac{1}{E_{\varphi_2}I}\left[\frac{5}{3}x^3 - \frac{x^4}{16}\right]\Big|_0^4$$

$$= \frac{3242.67}{E_{\varphi_1}I} + \frac{90.67}{E_{\varphi_2}I} = 3424\frac{1}{EI}$$

$$\Delta_{1M_0}^{\oplus} = -\left[\frac{6.6133}{E_{\varphi_1}I} + \frac{0.0533}{E_{\varphi_2}I}\right] \times 1319.2 = -8865.02\frac{1}{EI}$$

$$\Delta_{1p}^{\oplus} = \Delta_{1q}^{\oplus} + \Delta_{1M_0}^{\oplus} = (3424 - 8865.02)\frac{1}{EI} = -5441.02\frac{1}{EI}$$

$$X_{1t} = -\frac{\Delta_{1p}^{\oplus}}{\delta_{11t}^{\oplus}} = -\frac{(-5441.02)}{10.5876} = 513.9 \text{kN} \cdot \text{m}$$

（4）中支点截面的最终弯矩值

$$M_B = M_0 + X_{1t} = -1319.2 + 513.9 = -805.3 \text{kN} \cdot \text{m}$$

此算例表明对于悬臂施工的连续结构，徐变将引起支点负弯矩减小，而跨中正弯矩增大。

【**例 2-3-7**】 结构尺寸及荷载同例 2-3-6，施工方法采用在支架上一次浇筑法完成，$\varphi(\infty, t_0) = 2$，试求在 $t = \infty$ 时中支点的徐变次力矩（图 2-3-27）。

解：（1）仍取两跨简支梁的基本结构，其换算弹性模量同上例。

$$E_{\rho\varphi} = 0.432E, E_\varphi = 0.5E$$

（2）支点截面的初弯矩 M_0 为：

$$M_0 = -\frac{ql^2}{8} = -500 \text{kN} \cdot \text{m}$$

（3）常变位及载变位计算：

$$\delta_{11t}^{\oplus} = \frac{1}{E_{\rho\varphi}I}\left[\frac{20 \times 1}{2} \times \frac{2}{3} \times 1\right] \times 2 = 30.864\frac{1}{EI}$$

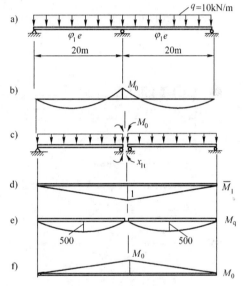

图 2-3-27 例 2-3-7 的计算图

$$\Delta_{1q}^{\oplus} = \frac{1}{E_\varphi I}\left[\frac{2}{3} \times 500 \times 20 \times \frac{1}{2}\right] \times 2$$

$$= 1333.3\frac{1}{EI}$$

$$\Delta_{1M_0}^{\oplus} = \frac{-1}{E_\varphi I}\left[\frac{500 \times 20}{2} \times \frac{2}{3} \times 1\right] \times 2 = -1333.3\frac{1}{EI}$$

$$\Delta_{1p}^{\oplus} = \Delta_{1q}^{\oplus} + \Delta_{1M_0}^{\oplus} = [13333.3 - 13333.3]$$

$$\frac{1}{EI} = 0$$

$$X_{1t} = 0$$

本例表明，一次浇筑的超静定结构，其徐变次内力为零，但产生徐变变形，可按图 2-3-27c)叠加两种不变荷载 q 和 M_0 工况下的徐变变形后而得到。

四、应用有限元法程序计算徐变内力

1. 计算模型

（1）荷载换算系数 η

由式（2-3-26）和式（2-3-27）知，对于同一个施工阶段的同一梁段，其常变位与载变位采用不同的弹性模量，分别为 $E_{\rho\varphi}$ 和 E_φ。这样，就不便于应用平面杆系有限元法的电算程序求解。如果将载变位的一般表达式稍作如下的变换，即：

$$\Delta_{iP}^\oplus = \int_{l_i} \frac{M_\rho \overline{M}_i}{E_\varphi I} dx = \int_{l_i} \left(\frac{E_{\rho\varphi}}{E_\varphi}\right) \frac{M_\rho \overline{M}_i}{E_{\rho\varphi} I} dx$$

并令：

$$\eta = \frac{E_{\rho\varphi}}{E_\varphi} = \frac{\varphi(t, t_0)}{1+\rho(t, t_0)\varphi(t, t_0)} \qquad (2\text{-}3\text{-}28)$$

于是，上式便可写成：

$$\Delta_{iP}^\oplus = \int_{l_i} \frac{(\eta M_\rho)\overline{M}_i}{E_{\rho\varphi} I} dx \qquad (2\text{-}3\text{-}29)$$

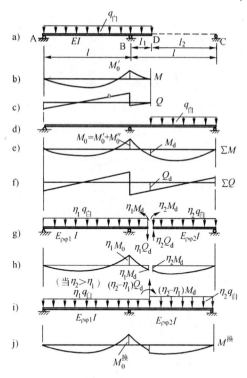

图 2-3-28 逐跨施工时的徐变次内力计算模型

从而达到与常变位计算中采用统一的弹性模量，利于电算求解，我们称这个系数 η 为荷载换算系数。因此，为了便于与随时间 t 变化的荷载（或内力）共用同一换算弹性模量 $E_{\rho\varphi}$，必须首先将不随时间 t 变化的荷载（或内力）乘以相应的荷载换算系数 η。

（2）计算模型的建立

现以图 2-3-28 所示应用逐跨施工法完成的两等跨等截面连续梁为例，来阐明计算模型的建立过程。其中的图 e) 和 f) 为第一阶段静定结构的内力与第二阶段超静定结构内力相叠加后的内力分布图，它们均未考虑徐变因素的影响。当从静定体系向超静定体系转换的一瞬间，在结合面 D 处的弯矩和剪力分别为 M_d 和 Q_d，计算从此时开始至 $t=\infty$ 时止，两个梁段的徐变系数分别为 $\varphi_1(\infty, t_1)$ 和 $\varphi_2(\infty, t_2)$，相应的换算弹性模量分别为 E_{φ_1}、$E_{\rho\varphi_1}$ 和 E_{φ_2}、$E_{\rho\varphi_2}$［式（2-2-23）～式（2-3-25）］。按式（2-3-28）计算的荷载换算系数分别为 η_1 和 η_2，并且设 $\eta_2 > \eta_1$。

为了建立有限元法的计算模型，假想地将连续梁从结合面 D 处断开，如图 2-3-28g) 所示。如果从此时起算徐变因素的影响，则除了将两个梁段的结构特性用换算弹性模量 $E_{\rho\varphi_1}$ 和 $E_{\rho\varphi_2}$ 取代外，还需对自重 $q_自$ 分别乘以 η_1 和 η_2（或者用 η_i 分别乘材料重度 γ），对切口处的

弯矩 M_d 和剪力 Q_d 也需分别乘以 η_1 和 η_2 系数。由于该结构实际上是一个整体，在结合面处所存在的集中弯矩差 $(\eta_2-\eta_1)M_d$ 和集中剪力差 $(\eta_2-\eta_1)Q_d$ 将随时间 t 的增长而使超静定结构产生内力重分布，即所称的徐变次内力。图 2-3-28i) 就是我们需要建立的换算结构计算模型，图 2-3-28j) 便是按这个换算结构计算模型和用有限元法电算程序而得到的弯矩分布图 $M^{换}$。现在再重新考察中支点截面弯矩的变化，在开始起算徐变影响的瞬间，它的弯矩值为 $\eta_1 M_0$（图 2-3-28h)），到了 $t=\infty$ 时就变为 $M_0^{换}$，不难理解，该截面的徐变次弯矩 M_{0t} 可表为：

$$M_{0t} = M_0^{换} - \eta_1 M_0 \tag{2-3-30}$$

式中右边第二项乘 η_1 的原因是由于该截面处在第一施工阶段的梁段内。中支点截面的总内力值 $M_0^{总}$ 为：

$$M_0^{总} = M_0 + M_{0t} \tag{2-3-31}$$

2. 示例

【**例 2-3-8**】 试应用平面杆系有限元程序来完成例 2-3-6 中结构的徐变次内力分析（图 2-3-29）。

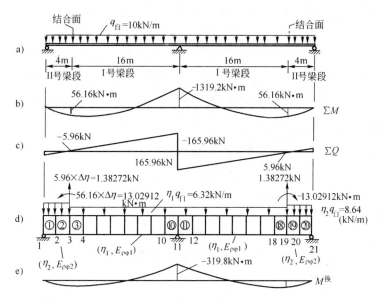

图 2-3-29 例 2-3-8 的徐变次内力计算模型

解：(1) 计算荷载换算系数 η_i

本例的换算弹性模量直接从例 2-3-5 中取出，其值为：

$$E_{\varphi_1} = E$$
$$E_{\varphi_2} = 0.5E$$
$$E_{\rho\varphi_1} = 0.632E$$
$$E_{\rho\varphi_2} = 0.4321E$$

代入式（2-3-28）得：

$$\eta_1 = 0.632$$
$$\eta_2 = 0.864$$

(2) 计算结合面及中支点截面在体系转换的瞬间的累计内力值

该项内容可以用电算完成，由于是等截面梁，故也可用手算完成，其结果是：

结合面　　　　　$M_j = 56.16 \text{kN} \cdot \text{m}$　　　　　$Q_j = -5.96 \text{kN}$

中支点　　　　　$M_0 = -1319.2 \text{kN} \cdot \text{m}$　　　　　$Q_0 = \pm 165.96 \text{kN}$

这些均示于图 2-3-30b)、c) 中。

(3) 建立计算模型（图 2-3-29d）

将全桥共划分 20 个单元和 21 个节点。对于结构自重，分别乘以荷载换算系数 η_1 和 η_2，对于结合面中的内力值，则应乘以荷载换算系数差 $\Delta \eta$，即：

$$\Delta \eta = \eta_2 - \eta_1 = 0.864 - 0.632 = 0.232$$

(4) 计算换算结构的弯矩值 $M_0^{换}$ 值

启动计算机很快得到换算结构的弯矩分布图 $M^{换}$，图 2-3-29e) 仅示出中支点截面的 $M_0^{换}$ 值。

(5) 计算中支点截面的徐变次内力及总内力

由式 (2-3-30) 和式 (2-3-31) 可得：

$$M_{0t} = -319.8 - 0.632 \times (-1319.2) = 513.93 \text{kN} \cdot \text{m}$$

$$M_0^{总} = -1319.2 + 513.93 = -805.27 \text{kN} \cdot \text{m}$$

此结果与例 2-3-6 中的手算结果完全吻合。

【例 2-3-9】 图 2-3-30 所示是一座应用有支架施工法逐跨施工的三等跨等截面连续梁，截面尺寸与例 2-3-4 中的相同，混凝土强度等级为 C40，年平均相对湿度为 65%，每个梁段的混凝土须养护 7d 后才允许卸架，相邻两梁段的卸架间隔时间为 14d，试计算在 $t = \infty$ 时该桥在两个中间支点截面的徐变次弯矩及总弯矩。

解：(1) 计算各施工阶段、各梁段的徐变参数

参见图 2-3-30 中的各个阶段施工布置及加载龄期，并按式 (2-3-20)～式 (2-3-22) 编制一个辅助小程序来计算各梁段的徐变系数 $\varphi_i(t, t_0)$。由于阶段 1 属于静定结构，卸架后只产生徐变变形，而不产生徐变次内力，故表 2-3-12 中只列出第 2、3 阶段的徐变参数。

徐变参数汇总表　　　　　　　　　　　　　　　　表 2-3-12

施工阶段	梁段	t, t_0	$\varphi_i(t, t_0)$	$\rho_i(t, t_0)$	$E_{\varphi i}$	$E_{\rho \varphi i}$	$\eta_i = \dfrac{E_{\rho \varphi i}}{E_{\varphi i}}$	$\Delta \eta = \eta_i - \eta_{i-1}$
2	I	35, 21	0.6155	0.5510	1.6248E	07468E	0.4596	0.0714
	II	21, 7	0.7571	0.5625	1.3208E	0.7013E	0.5310	
3	I	∞, 35	1.9079	0.6501	0.5241E	0.4464E	0.8518	0.0260
	II	∞, 21	2.1026	0.6635	0.4756E	0.4175E	0.8778	0.0260
	III	∞, 7	2.5865	0.6948	0.3866E	0.3575E	0.9247	

（2）应用平面杆系有限元法程序计算各施工阶段的内力及累计内力

本例共划分30个单元和31个节点，单元长度$\Delta l=3$m，计算时不计徐变影响，而按结构的弹性刚度EI计算。图2-3-30b）为阶段1的弯矩和剪力图；图中d）为阶段1和阶段2经分别计算后的累计内力图；图i）为阶段1、2、3先分别计算而后再叠加的累计内力图。

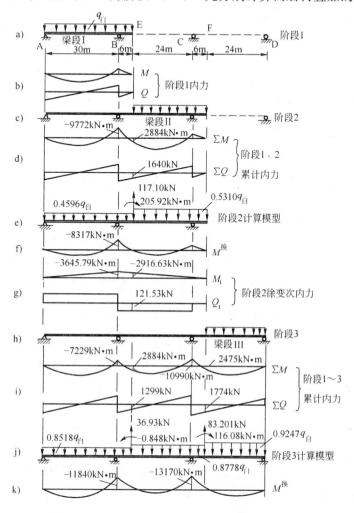

图2-3-30 例2-3-9的徐变次内力计算模型

（3）计算从梁段Ⅱ卸架后至梁段Ⅲ刚要卸架之前的徐变次内力

这一项内容又分以下几个步骤来完成。

①建立阶段2的计算模型（图2-3-30e）），用表2-3-12中施工阶段2中的两个η_i系数分别乘梁段Ⅰ、Ⅱ的自重，再用荷载系数差$\Delta\eta$分别乘图d）中在E结合面处的弯矩和剪力，便得到计算模型的外荷载。

②应用电算程序完成该计算模型的内力分析，得到它的换算结构弯矩图$M^{换}$。

③应用式（2-3-30）求B支点截面的徐变次内力M_{Bt}，它为

$$M_{Bt}=-8137-0.4596\times(-9772)=-3645.79\text{kN}\cdot\text{m}$$

利用徐变次弯矩的线性分布特性，绘出相应的徐变次弯矩M_t和徐变次剪力Q_t图，如图2-3-30g）所示。

(4) 计算当梁段 III 卸架后至 $t=\infty$ 时的徐变次内力

这一项内容也要通过与上一项内容完全相仿的三个步骤完成，只是在计算模型（图 2-3-30j））位于 E 结合面处的两个集中力要包含上一阶段的徐变次内力在内，其计算过程如下：

集中弯矩
$$M_E = (2884 - 2916.63) \times 0.0260 = -0.848 \text{kN} \cdot \text{m} \quad \text{（逆时针）}$$

集中竖向力
$$P_E = (1299 + 121.53) \times 0.0260 = 36.934 \text{kN} \quad \text{（向上）}$$

位于 F 结合面处没有上一阶段的徐变次内力，故其集中力为：

集中弯矩
$$M_F = (2475 + 0) \times 0.0416 = 102.960 \text{kN} \cdot \text{m} \quad \text{（顺时针）}$$

集中竖向力
$$P_F = (1774 + 0) \times 0.0416 = 73.798 \text{kN} \quad \text{（向上）}$$

图 2-3-30k) 示出了这一换算结构的弯矩图 $M^{换}$，各支点截面的徐变次弯矩为：

对于 B 支点
$$M_{Bt} = -11840 - 0.8513 \times (-7229 - 3645.79) = -2576.85 \text{kN} \cdot \text{m}$$

对于 C 支点
$$M_{ct} = -13170 - 0.8778 \times (-10990 + 0) = -3522.98 \text{kN} \cdot \text{m}$$

各支点截面的最终弯矩为：
$$M_B^{总} = (-7229 - 3645.79) + (-2576.85) = -13451.64 \text{kN} \cdot \text{m}$$
$$M_C^{总} = (-10990 + 0) + (-3522.98) = -14512.98 \text{kN} \cdot \text{m}$$

还需强调的是，以上两例均为等截面连续梁桥，在计算模型中都是将结构自重视作均布外荷载 $q_{自}$ 再乘以相应的 η 值。这对于变截面梁来说，就不太方便了，解决的方法比较简单，就是用 η 值乘以相应梁段的重度 γ，即 $\eta q_{自i} = A_i (\gamma \eta)$，$A_i$ 为 i 号截面的面积，其余的计算与等截面的完全相同。

第七节　基础沉降次内力计算

一、因基础不均匀沉降产生的结构次内力计算

当连续梁桥的桥墩基础坐落在不良地基、或土质不均匀地带上时，成桥以后的超静定体系结构将因地质的滞后（徐变）不均匀沉降导致结构产生次内力。土体的滞后徐变沉降规律要比混凝土结构复杂得多，很难采用某个数学表达式来确定它的徐变变形量。因此，在工程设计中，只能根据各个墩位处的地质实况和受力的大小，参照经验公式估算出每个墩位处的沉降量终值，必要时对某些墩位处的地基采用工前加固措施。当估定出沉降值 Δ_i 以后，便

不难应用力法和有限元法电算程序完成结构次内力分析。例如图 2-3-31a) 所示的三跨连续梁,当中墩基础产生不等的地基沉降 $\Delta_{1\Delta}$ 和 $\Delta_{2\Delta}$ 时,便可取图 2-3-31b) 所示的基本结构。

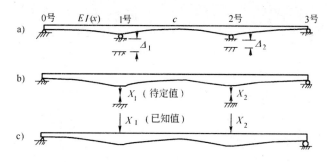

图 2-3-31　基础沉降次内力计算模型

其力法方程组为:

$$\left.\begin{array}{l}\delta_{11}x_1+\delta_{12}x_2=\Delta_{1\Delta}\\ \delta_{21}x_1+\delta_{22}x_2=\Delta_{2\Delta}\end{array}\right\} \quad (2\text{-}3\text{-}32)$$

式中的常变位 δ_{ii}、δ_{ij} 可分别在基本结构上位于 1 号、2 号支点处施加单位力 ($P=1$),然后应用电算程序求算。当解得方程组中的 x_1、x_2 后,便将它们作为外荷载同时作用于 1 号、2 号支点处的梁体上(图 2-3-31c))再次应用电算程序,便能得到我们需要求算的次内力。

二、因墩身压缩徐变产生的结构次内力计算

在上一节里,我们把所有墩、台及其基础均视作为刚性的,这是因为连续梁的基础一般坐落在坚硬的岩石体上,并且桥墩(台)的体积比较厚实,其压缩徐变量甚微,可以忽略不计,但在有些情况下,例如跨越深河谷的高桥墩,且墩身截面相对较柔时,则应将下部结构与上部结构作为一个整体进行徐变次内力分析。具体的计算方法与上一节的徐变次内力计算完全相同,只是在计算模型中,应通过主、从关系将上、下部结构联系在一起,仍然按照换算弹性模量法和应用有限元法的电算程序进行计算,对于图 2-3-31 中的上部结构,当把它与下部结构结合在一起时,便可建立如图 2-3-32 的计算模型,具体步骤如下。

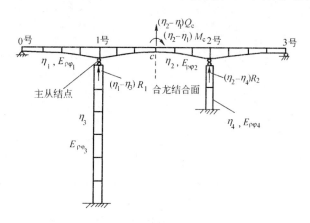

图 2-3-32　因墩身压缩徐变产生的次内力计算模型

1. 建立上、下部结构的离散图

将整个结构划分为适量的单元。桥台一般不考虑其徐变变形,故对于中间桥墩墩顶上的支座则用两个节点号来表示上、下部结构的主、从关系,如果原来的设计是铰支的,便是在竖直向和水平向两个方向上存在主、从关系,如果原设计是滑动支座、则它们只存在竖直向一个方向的主、从关系。

2. 计算上、下部结构的加载龄期 t_0

上、下部结构的开工日期是不相同的,并且各个单元的浇筑混凝土时间也不相同。为了简化计算,将梁和各桥墩的加载龄期按统一体系转换计算(成桥之日),这样,便得到梁和墩等少量几个加载龄期,对于本例假定只有 4 个。

3. 计算徐变参数

分别计算梁体及各个墩身的徐变系数 $\varphi_i(\infty_1, t_0)$、老化系数 $\rho_i(\infty_1, t_0)$,和换算弹性模量 E_{φ_i}、$E_{\rho\varphi_i}$ 以及荷载换算系数 η_i 等。这些都可按上节中的公式进行计算。

4. 程序输入文件中的参数修正

为了便于应用有限元法的电算程序,对输入数据文件中的有些参数应作修正,这些内容均汇总于表 2-3-13 中,并示于图 2-3-32 中,即同时考虑上、下部结构的徐变次内力的计算模型。

输入数据修正值汇总　　　　　　　表 2-3-13

所在位置	截面特性修正		所在位置	节点力	
	弹性模量	重度		初始内力	修正节点力
左半梁体	$E_{\rho\varphi_1}$	$\eta_1 \gamma_{梁}$	中跨跨中	M_c	$(\eta_2-\eta_1)M_c$
右半梁体	$E_{\rho\varphi_2}$	$\eta_2 \gamma_{梁}$	中跨跨中	Q_c	$(\eta_2-\eta_1)Q_c$
1 号墩身	$E_{\rho\varphi_3}$	$\eta_3 \gamma_{梁}$	1 号墩顶	R_1	$(\eta_1-\eta_3)R_1$
2 号墩身	$E_{\rho\varphi_4}$	$\eta_4 \gamma_{梁}$	2 号墩顶	R_2	$(\eta_2-\eta_4)R_2$

注:本例假设 $\eta_2 > \eta_1$;$\eta_1 > \eta_3$;$\eta_2 > \eta_4$;η_i 为荷载换算系数。

5. 计算徐变次内力

应用式(2-3-30)分别计算出 1 号、2 号支点处梁截面的徐变次内力以后,便可按照静定结构的图,分别计算各跨各个截面的徐变次内力。有关徐变次内力的具体演算,可参阅例 2-3-9。

第八节　温度应力计算

一、温度梯度

1. 原《混桥规》(JTJ 023—85)的模式

规定:混凝土连续梁由于日照引起桥面与其他部分的温度差而产生内力。在缺乏资料时,可假定温度差为+5℃(桥面板上升 5℃),并在桥面板内呈均匀分布,如图 2-3-33 所示。

2. 现行《混桥规》(JTG D62—2004)的模式

规定:温度差 $T(y)$ 从桥面板的表面向梁体内部呈折线形变化,在达到一定深度(A+100mm)后就变为零,如图 2-3-34 所示。其中的 T_1 和 T_2 将随气候地区而异,A 的取值与梁的设计高度有关。

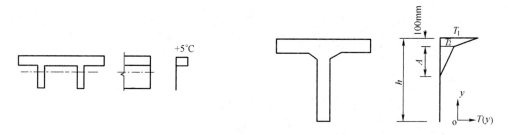

图 2-3-33 原《混桥规》的温度梯度模式　　　　图 2-3-34 现行《混桥规》温度梯度模式

二、基本结构上的温度自应力计算

1. 一般表达式

如图 2-3-35 所示，由于梁截面的应变应符合平截面假定，故当它的纵向纤维之间受到相互约束时，截面的最终应变 $\varepsilon_{f(y)}$ 也应为直线分布，即：

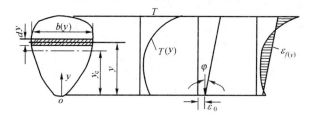

图 2-3-35 温度自应力计算示意图

$$\varepsilon_{f(y)} = \varepsilon_0 + \varphi y \tag{2-3-33}$$

其中：

$$\psi = \frac{\alpha}{I}\int_h T(y)b(y)(y - y_c)\mathrm{d}y \tag{2-3-33a}$$

$$\varepsilon_0 = \frac{\alpha}{A_h}\int_h T(y)b(y)\mathrm{d}y - \psi \cdot y_c \tag{2-3-33b}$$

式中：ε_0——基轴 $y=0$ 处的应变；

ψ——单元梁段挠曲变形后的曲率；

y——基轴以上任一点应变的坐标；

α——混凝土线膨胀系数；

$T(y)$——温度梯度，即温度差沿 y 轴方向的变化；

$b(y)$——截面宽度沿 y 轴方向的变化；

A_h、y_c、I——分别为截面面积、重心轴坐标和截面抗弯惯矩，它们可按一般《材料力学》中的公式求算。

2. ψ、ε_0 值的简化计算

ψ 和 ε_0 可用两种方法计算：（1）直接积分法；（2）图乘法。前者有时比较烦琐，后者比者简便。现以图 2-3-36 中的 T 形截面和原《混桥规》所规定的温度梯度模式的演算进行对比如下。

(1) 积分法

$$\left.\begin{aligned}\psi &= \frac{\alpha b_1}{I}\int_0^{h_1} 0 \cdot (y-y_c)\mathrm{d}y + \frac{5\alpha b}{I}\int_{h_1}^{h}(y-y_c)\mathrm{d}y \\ &= 0 + \frac{5\alpha b}{I}\left(\frac{y^2}{2} - y_y \cdot y\right)\Big|_{h_1}^{h} = \frac{5\alpha A_f}{I}\left(\frac{h+h_1}{2} - y_c\right) \\ \varepsilon_0 &= \frac{\alpha b_1}{A_h}\int_0^{h_1} 0 \cdot \mathrm{d}y + \frac{\alpha b}{A_h}\int_{h_1}^{h} 5 \cdot \mathrm{d}y - \psi \cdot y_c \\ &= \frac{5\alpha b}{A_h}h_2 - \frac{5\alpha A_f}{I}\left(\frac{h+h_1}{2} - y_c\right)\end{aligned}\right\} \quad (2\text{-}3\text{-}34)$$

其中：

$$A_f = b \cdot h_2$$

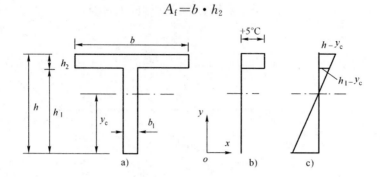

图 2-3-36 ψ、ε_0 计算图

(2) 图乘法

应用表 1-2-22 中的图乘法公式和对照图 2-3-36b)、c) 的 $T(y)$ 及 $(y-y_c)$ 图形可得：

$$\psi = \frac{\alpha \cdot b}{I} \cdot \frac{h_2}{6}\{2[5(h-y_c) + 5(h_1-y_c)] + 5(h-y_c) + 5(h_1-y_c)\}$$

$$= \frac{5\alpha A_f}{I}\left(\frac{h+h_1}{2} - y_c\right)$$

$$\varepsilon_0 = \frac{\alpha}{A_h} \cdot b \cdot h_2 \cdot 5 - \psi \cdot y_c$$

对于图 2-3-34 所示的温度梯度，可根据截面的变化分段地应用图乘法进行计算。

3. 自应力计算公式

当确定出 ψ、ε_0 值以后，便可按照下式计算截面各纤维层的温度自应力，即：

$$\sigma_{自}(y) = E[\alpha T(y) - (\varepsilon_0 + \psi y)] \quad (2\text{-}3\text{-}35)$$

式中的 E 为材料弹性模量，其余符号同前。

三、连续梁温度次内力计算

当平面杆系有限元法计算程序中不具有直接计算连续梁温度次内力功能时，便可应用力法原理，间接地借助电算程序来完成此分析。

1. 计算步骤

现以图 2-3-37 两跨变高度连续梁为例来叙述计算步骤。

(1) 选取基本结构，列出力法方程（图 2-3-37b)），即：

$$\delta_{11}x_{1T} + \Delta_{1T} = 0 \quad (2\text{-}3\text{-}36)$$

(2) 将全梁划分为若干单元，应用电算程序计算各节点截面的 y_c、A_h 和 I 值。

(3) 应用材料力学中的图解解析法计算常变位 δ_{11}，这一点又分成几个小步骤完成。

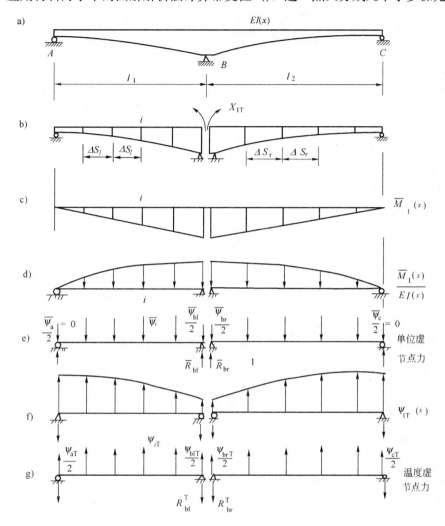

图 2-3-37 变高度连续梁徐变次内力计算图

①绘出赘余力矩 x_{1T} 的单位弯矩图 $\overline{M}_1(x)$，如图 2-3-37c) 所示。

②计算和绘制在 $\overline{M}=1$ 作用下的梁截面曲率分布图，即 $\overline{\psi}_1(x) = \dfrac{\overline{M}_1(x)}{EI(x)}$，并将它作为虚荷载作用于梁上，令荷载作用方向向下，这是因为在 B 支点左、右的两个梁端转角 θ_{bl}、θ_{br} 将与 X_{1T} 的假设方向一致，如图 2-3-37d) 所示。

③将分布的虚荷载 $\overline{\psi}_1(x)$ 简化为节点力 $\overline{\psi}_i = \overline{\psi}_1(x_i)\cdot\Delta s_i$，其两端的虚集中荷载取其一半，即 $\overline{\psi}_a/2$、$\overline{\psi}_{bl}/2$、$\overline{\psi}_{br}/2$ 和 $\overline{\psi}_c/2$，如图 2-3-37e) 所示。

④应用手算和辅助小程序计算由虚荷载产生的中支点虚反力 $\overline{R}_{bl}(=\overline{\theta}_{bl})$ 和 $\overline{R}_{br}(=\overline{\theta}_{br})$，于是：

$$\delta_{11} = \overline{R}_{bl} + \overline{R}_{br} \tag{2-3-37}$$

因为它是主系数，其转角方向与所设 x_{1T} 的方向相同，故恒为正值。

(4) 同理，计算因温度影响，在 B 支点切口处产生的相对角位移 Δ_{1T}。当升温时，B 支点左、右侧梁体向上凸，使 B 支点两侧端转角与 Δ_{1T} 所设方向相反，故按式（2-3-34）先算得的温度变形曲率 $\psi_{1T}(x)$，再将它们以虚集中荷载 ψ_{1T} 反向作用于梁上，求得 B 支点虚反力 R_{bl}^T（$=\theta_{bl}^T$）和 R_{br}^T（$=\theta_{br}^T$），如图 2-3-37f)、g) 所示，于是：

$$\Delta_{1T} = R_{bl}^T + R_{br}^T \tag{2-3-38}$$

由于它的相对角位移方向 x_{1T} 与设定方向相反，故取为负值。

(5) 将 δ_{11}、Δ_{1T} 代入式（2-3-36）后，便可求得赘余力矩 x_{1T}，据此可以算出全桥各个截面的温度次内力。

2. 示例

【例 2-3-10】 两等跨变高度 T 形截面连续梁，每跨跨长 10m，其截面尺寸如图 2-3-38 所示，混凝土强度等级为 C30，线膨胀系数 $\alpha=1\times10^{-5}$，温度梯度采用图 2-3-33 的模型，即顶板内为的等值温度差 $T=5°C$（升温），试计算该连续梁在 B 支点截面内的温度次内力。

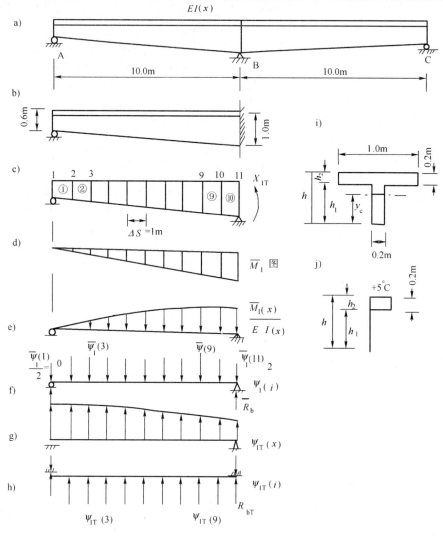

图 2-3-38　例 2-3-10 计算示意图

解：(1) 利用对称性，将中支点视作为固支端，故可取其中一侧的半结构进行分析（图 2-3-38b)）。

(2) 取图 2-3-38c) 所示的基本结构，并将该跨梁等分为 10 个单元和 11 个节点，单元长度 $\Delta s=1$m。

(3) 绘制单位弯矩图 $\overline{M}(x)$，并应用电算程序计算各节点截面的 y_c、I 及虚节点力 $\overline{\psi}_1(i)$，具体结果汇总于表 2-3-14。

T形截面梁几何特性汇总表 表 2-3-14

节点序号 NN	h (m)	y_c (m)	I (10^{-2}m)	虚节点力	
				$\overline{\psi}_1(i)\left(\dfrac{1}{E}\right)$	$\psi_{1T}(i)$ (10^{-5}/m)
1	0.60	0.41429	0.68762	0	12.4647
2	0.64	0.44222	0.83442	11.9844	11.7183
3	0.68	0.46973	1.0008	19.8413	10.9395
4	0.72	0.49684	1.7878	25.2568	10.3668
5	0.76	0.52359	1.3961	28.6512	9.77079
6	0.80	0.55000	1.6267	30.7371	9.22112
7	0.84	0.57610	1.8804	31.9081	8.71623
8	0.88	0.60190	2.1580	32.4374	8.25301
9	0.92	0.62744	2.4603	32.5164	7.82669
10	0.96	0.65273	2.7881	32.2800	7.43409
11	1.00	0.67778	3.1422	31.8248	7.07212

(4) 参看截面高度 h 的变化和应用式 (2-3-34) 计算各节点截面温度曲率 $\psi_{1T}(i)$ 此值亦列于表 2-3-14 中。

(5) 按图 2-3-38e)、f) 分别计算 B 支点处的虚反力 $\overline{R}_b$ 和 R_b^T 得：

$$\delta_{11} = \overline{R}_b = \frac{152.4014}{E}$$

$$\Delta_{1T} = R_{bT} = -4.2484 \times 10^{-4}$$

(6) 代入式 (2-3-36) 得：

$$X_{1T} = M_{BT} = -\frac{\Delta_{1T}}{\delta_{11}} = \frac{4.2484 \times 10^{-4}}{152.4014} \times 3.0 \times 10^7 = 83.6292 \text{kN} \cdot \text{m}$$

此值与应用专用程序直接算得的结果 $x_{1T} = 83.64$ kN·m 完全吻合。

四、连续梁的总温度应力

当解得赘余力矩 x^{1T} 之后，便可算出全梁各个截面的温度次力矩 $M_{次}(x)$，再将它与相应截面的温度自应力 $\sigma_{自}$ 按式 (2-3-35) 叠加，便得到连续梁总温度应力的一般表达式为：

$$\sigma_{总}(y) = E[\alpha T(y) - (\varepsilon_0 + \psi y)] + \frac{M_{次} y}{I} \tag{2-3-39}$$

式中的各个符号同前。

第九节　悬臂法施工时的挠度计算和预拱度设置

一、一期恒载作用下的挠度计算和预拱度设置

对于常用的悬臂法施工的连续梁，其一期恒载主要包括结构自重和预施预应力两大部分，前者的计算比较容易，后者可应用本章第五节的等效荷载法原理进行计算。为了弄清悬臂施工与有支架施工在挠度计算和设置预拱度的差别，这里先简单介绍有支架施工的特点。

1. 有支架施工的悬臂梁

现取由 4 节段组成的悬臂梁为例，如图 2-3-39 所示。如果只计结构恒载应设的预拱度 Δ_i，那么，每个节点的预拱度 Δ_i 可用下式表示：

$$\begin{bmatrix} \Delta_{11} & \Delta_{12} & \Delta_{13} & \Delta_{14} \\ \Delta_{21} & \Delta_{22} & \Delta_{23} & \Delta_{24} \\ \Delta_{31} & \Delta_{32} & \Delta_{33} & \Delta_{34} \\ \Delta_{41} & \Delta_{42} & \Delta_{43} & \Delta_{44} \end{bmatrix} \begin{bmatrix} 1 \\ 1 \\ 1 \\ 1 \end{bmatrix} = \begin{bmatrix} \Delta_1 \\ \Delta_2 \\ \Delta_3 \\ \Delta_4 \end{bmatrix} \quad (2\text{-}3\text{-}40)$$

式中的 $\Delta_1 \sim \Delta_4$ 指悬臂梁上 4 个节点在卸架后由结构恒载引起的总变形；Δ_{ij}（i，$j=1$，2，3，4）是由每个节段自重（G_1，G_2，G_3，G_4）及预应力对 4 个节点产生的弹性变形，双脚标的定义与一般结构力学中的规定相同。

2. 悬臂拼装结构

如果图 2-3-40 中的悬臂梁是由 4 个预制阶段用缆索吊机和悬臂拼装法逐段拼装而成，那么，因结构恒载而设置的预拱度 Δ_i 按式（2-3-41）计算：

$$\begin{bmatrix} \Delta_{11} & \Delta_{12} & \Delta_{13} & \Delta_{14} \\ 0 & \Delta_{22} & \Delta_{23} & \Delta_{24} \\ 0 & 0 & \Delta_{33} & \Delta_{34} \\ 0 & 0 & 0 & \Delta_{44} \end{bmatrix} \begin{bmatrix} 1 \\ 1 \\ 1 \\ 1 \end{bmatrix} = \begin{bmatrix} \Delta_1 \\ \Delta_2 \\ \Delta_3 \\ \Delta_4 \end{bmatrix} \quad (2\text{-}3\text{-}41)$$

这是因为悬臂结构是逐段拼装而成，后阶段的恒载对先拼节段会产生弹性变形，而先拼的阶段已完成了本身恒载的变形，不再对后续阶段产生影响，这可用图 2-3-40 的分析加以说明。

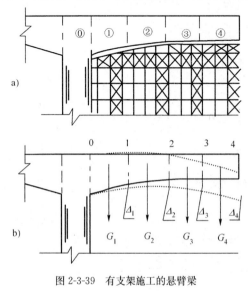

图 2-3-39　有支架施工的悬臂梁

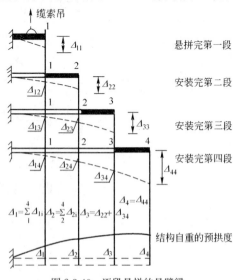

图 2-3-40　逐段悬拼的悬臂梁

3. 挂篮施工的悬浇结构

和悬臂拼装工艺的最大差别在于：第一，挂篮在施工过程中固定在先完成的阶段上，它的自重也使结构产生变形，但在挂篮拆除后，又使原来的变形得到恢复；第二，挂篮设备上伸出的悬臂，又因浇筑混凝土时结构重力不断增加而使自身产生挠曲变形，从而导致永久性结构发生同样的变形，值得重视的是，在挂篮拆除后，这部分变形却不能得到恢复。

（1）现浇 1 号节段

一般说来，在现浇 1 号节段混凝土时，挂篮设备的自重全部落在墩顶上的 0 号节段上。但是，在悬浇过程中，混凝土重量不断增加，使挂篮设备上的伸臂发生弹性变形 δ_{1g}，它使底模板前端的高程也发生同样变形，如图 2-3-41 所示。类似的变形将同样地会发生在以后各阶段的施工过程中，即用 δ_{2g}、δ_{3g} 和 δ_{4g} 表示。因此，在各节点的预拱度值中，均应分别计入这个影响，但也可以通过调整挂篮的吊带来解决。

（2）挂篮自重引起的结构变形

当现浇 2 号以后节段混凝土时，挂篮设备一般将拆成两截，分别固定在（或者部分地固定在）已完成的悬臂节段上。由于挂篮具有一定的自重，尤其在大跨度桥梁的悬臂施工中，挂篮设备的重心距悬臂梁根部的力臂较大，造成已完成梁段发生变形，从而使待浇段模板也下垂，如图 2-3-42 中的 Δ_{2G} 和 Δ_{3G}（$\approx \Delta_{2G}$）。但是正如前面所指出，这种变形将随挂篮的拆除而最后恢复。因此，在设置预拱度时，应该预先从应设置的预拱度中扣除这部分影响。

弄清上述拱度设置的原理以后，不难理解，当逐段施加预应力时，它对各节点产生的变形值，仍可写成与式（2-3-41）相类似的形式，不过它的方向一般为向上挠曲，因此也要从应设的预拱度中减去这部分影响。

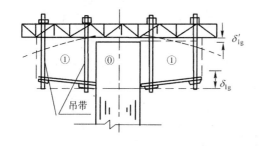

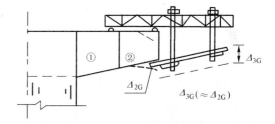

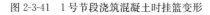

图 2-3-41　1 号节段浇筑混凝土时挂篮变形　　图 2-3-42　其余节段浇筑混凝土时的变形

二、设置预拱度应考虑的因素

上面仅讨论了一期恒载对设置预拱度的影响。事实上，当悬臂梁合龙转换成连续体系以后，还有二期恒载、次内力（二次预应力、徐变、收缩及温度影响）和 1/2 汽车汽车荷载的影响。为了施工的简化，通常可以将这些影响值的总和作为跨中预拱度的最大值，以两桥墩支点为零，其余各点可以近似地按二次抛物线进行分配。为了有一个全面的了解，现将悬臂梁施工中预拱度的设置和方法汇总于表 2-3-15 中。表中挂篮伸臂的挠曲，可通过调整吊带长度预先消除。

悬臂施工中的预拱度设置内容 表 2-3-15

阶段	影响因素	增（+）减（-）	施工方法		计算方法	预拱度分配
			悬拼	悬浇		
悬臂施工阶段	一期恒载	+	√	√	按悬臂梁逐段计算	按式（2-3-41）叠加值
	预施预应力	-	√	√		
	挂篮设备自重	-		√		
	挂篮伸臂挠曲	+		√		
	徐变变形	+	√	√		
合龙后及通车	二期恒载次应力	+	√	√	按连续梁计算跨中最大值	按二次抛物线比例分配
	二次预应力	±	√	√		
	温度（升）	+	√	√		
	徐变	+	√	√		
	收缩	-		√		
	1/2汽车荷载（不计冲击力）	+	√	√		

注："+"表示预拱向上；"-"表示预拱向下（或扣除）。

第四章 箱形截面梁的受力分析

第一节 概　述

箱形截面连续梁桥实际上属于空间结构受力体系，工程上为了简化分析和便于应用平面杆系有限元法的计算程序，常用荷载（或者内力）增大系数来计入因偏心布载而导致截面内的应力增大影响，但这只是其中的一个很重要方面。然而，根据弹性理论的分析，即使在对称均匀分布的荷载作用下，箱梁上、下翼缘的正应力也是呈不均匀分布的，忽略这一特性，也会造成结构的不安全。其次，荷载增大系数只解决了汽车荷载对结构截面的正应力影响，但未能解决箱梁各壁板的横向内力分析问题。因此，本章着重介绍关于这两个方面的近似计算，具体的方法简称为荷载分解分析法，即将作用于空间结构上的荷载，通过分解后，化为若干个简单的对称型和反对称型、并且用平面杆系理论求解荷载，最后分别按顺桥向和横桥向进行内力（或应力）叠加，据此进行结构截面的设计。下面将以单箱单室矩形截面箱梁在单位偏心力 $P=1$ 作用下的工况来概述其荷载的分解方法，如图 2-4-1 所示。

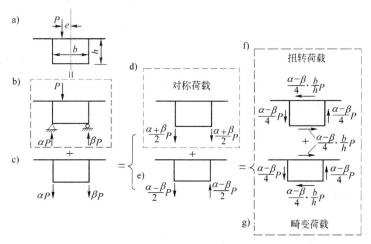

图 2-4-1　箱梁的荷载分解

（1）近似地在荷载作用平面内两侧腹板底部虚设固定铰和活动铰支座各一个，按静定结

构求算反力 αP 和 βP，如图 2-4-1b) 所示。

（2）将求算的 αP 和 βP 分解为对称型力 $\left(\dfrac{\alpha+\beta}{2}\right)P$ 和反对称型力 $\left(\dfrac{\alpha-\beta}{2}\right)P$，分别反向地或反对称地作用于箱梁上。如图 2-4-1d)、e) 所示。

（3）反对称型力还可进一步分解为周边不变形的约束扭转荷载（图 2-4-1f)）和周边变形的畸变荷载（图 2-4-1g)）。

由此可见，一个简单的单位偏心力就可分解为用图中虚线标注的四类荷载单独进行分析，使计算得到一定的简化。这些不同荷载都会使箱形截面梁产生正应力和横向内力，表 2-4-1 给出了它们的示意图和简化的分析方法。

荷载分解分析方法一览　　　　　　　　　表 2-4-1

荷载分解	剪力滞	刚性扭转	畸变	局部效应
变形	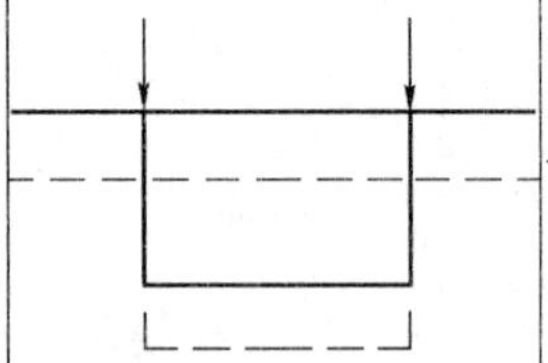	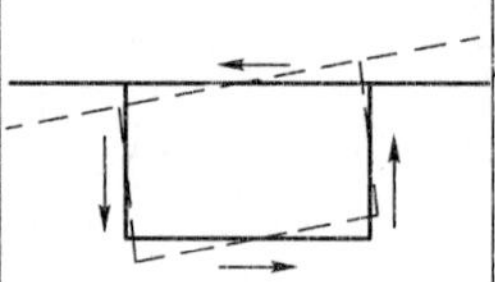	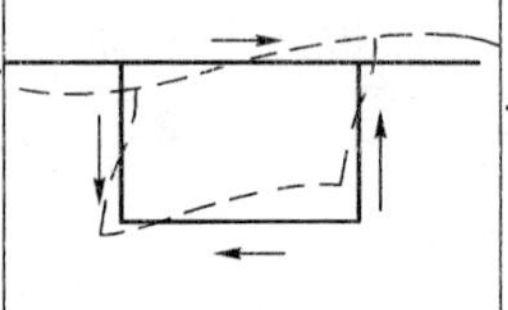	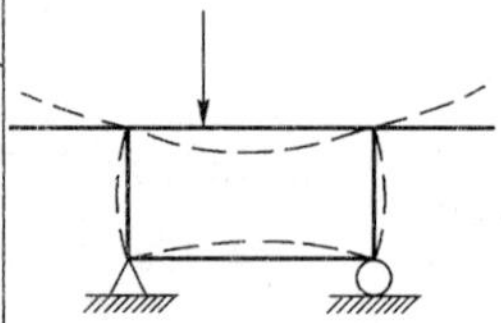
正应力	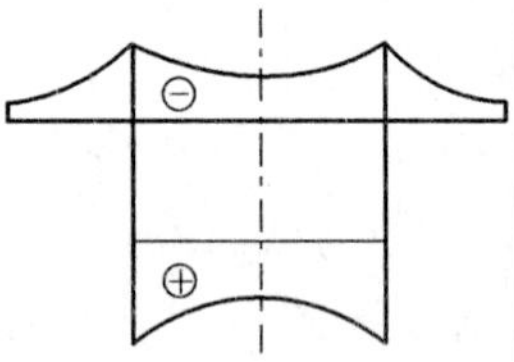 （腹板正应力未示出）	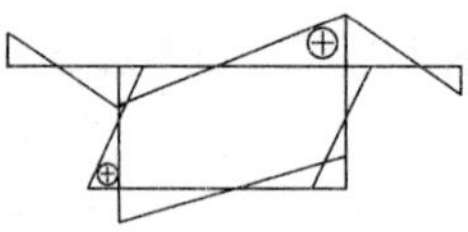	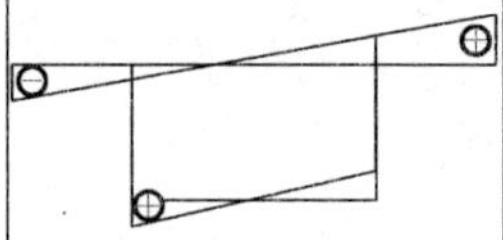	—
横向弯矩	—			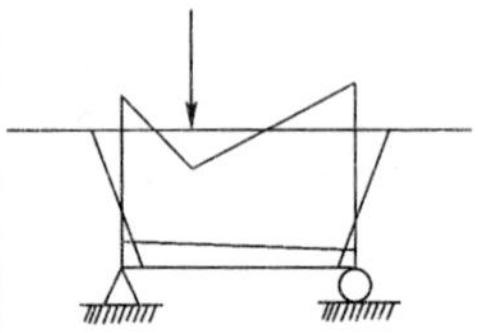
简化分析方法	翼缘板有效宽度分析法	约束扭转正应力将通过荷载（或内力）增大系数 ζ 等代，不另计算	（1）翘曲正应力将通过荷载（或内力）增大系数 ζ 等代，不另计算 （2）横向弯矩应用弹性支承连续梁比拟法（BEF 相似法）分析	取单位长箱梁段所分配的荷载和按平面框架进行分析

注：表中"+"代表拉应力，"—"为压应力。

这里再重复说明几点：①其中由刚性扭转和畸变产生的翘曲正应力不需再进行计算，因为这个影响已通过荷载（或内力）增大系数 ζ（本篇第三章第四节）予以考虑了，故在计算中只考虑因它产生的横向内力。②对称荷载作用下使箱梁翼缘在宽度方向的正应力呈不均匀分布的现象称为剪力滞后效应，简称剪力滞。③局部效应是指集中荷载作用于箱梁顶板上时，使箱梁局部区段产生横向内力的现象。下面将分别介绍有关它们的具体计算方法。

第二节 对称荷载下的箱梁翼缘正应力分布

一、确定箱梁翼缘正应力分布的要点

经典理论公式是不便于工程设计的,建立在理论公式基础上的有效分布宽度分析法对工程设计却十分实用。现简述其中的几个要点。

(1) 应用平面杆系有限元法电算程序,计算在对称荷载(包括计入荷载增大系数 ζ 后的车辆荷载)作用下连续箱梁桥各控制截面的中性轴、抗弯惯矩 I 和弯矩 M,并据此求得各截面上、下翼缘的平均应力值 $\bar{\sigma}_\text{上}$(或 $\bar{\sigma}_\text{下}$),即:

$$\bar{\sigma}_{\text{上,下}} = \mp \frac{M}{I} Z_{\text{上,下}} \tag{2-4-1}$$

式中假设弯矩为正值,故"—"表示压应力,"+"表示拉应力,$Z_\text{上}$、$Z_\text{下}$ 分别为自中性轴至截面上、下边缘的距离。

(2) 根据控制截面所处的位置,按照现行《混桥规》中的规定,确定箱梁上、下翼缘的折减后宽度(有效宽度),并以折减后截面对原中性轴重新计算它们的抗弯惯矩 I',然后按照同样形式的公式确定位于腹板处的上、下翼缘最小或最大正应力 $\sigma_{\min}$(或 $\sigma_{\max}$)即:

$$\sigma_{\min,\max} = \mp \frac{M}{I'} Z_{\text{上,下}} \tag{2-4-2}$$

(3) 应用经典理论公式反求截面正应力沿宽度方向的分布规律 $\sigma(x, y)$。现以单室箱梁下翼缘为例,参考图 2-4-2 中的坐标系,其计算公式可表为:

$$\sigma_{\text{下}(x,y)} = \sigma_{\max} - \frac{4I}{3I_\text{f}}(\sigma_{\max} - \bar{\sigma}_\text{下})\left(1 - \frac{y^3}{b^3}\right) \tag{2-4-3}$$

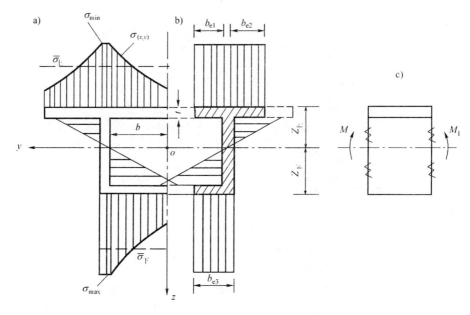

图 2-4-2 翼板有效宽度及正应力

其中：
$$I_\mathrm{f} = I_\mathrm{f上} + I_\mathrm{f下} \tag{2-4-4}$$

式中：$I_\mathrm{f上}$、$I_\mathrm{f下}$——分别为箱梁上、下翼缘板面积（不包括腹板所占区段）对全截面中和轴的抗弯惯矩分量；

b——箱梁中部翼板净宽的一半（图 2-4-2）；

x、y——分别为箱梁截面沿跨径方向和桥宽方向的坐标；

其余符号同前。

二、现行桥规关于翼缘有效宽度的规定

现行《混桥规》对于箱形截面梁在腹板两侧上、下翼缘有效宽度 $b_{\mathrm{m}i}$（图2-4-3）的计算方法作了下列的规定：

（1）简支梁和连续梁各跨中部梁段、悬臂梁中间跨的中部梁段：
$$b_{\mathrm{m}i} = \rho_\mathrm{f} b_i \tag{2-4-5}$$

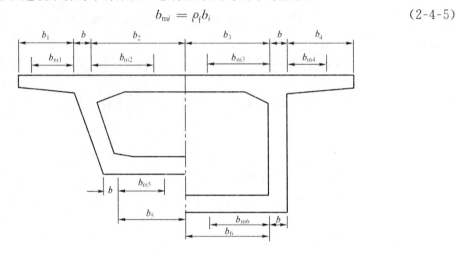

图 2-4-3 箱形截面梁翼缘有效宽度

（2）简支梁支点、连续梁边支点及中间支点、悬臂梁悬臂段：
$$b_{\mathrm{m}i} = \rho_\mathrm{s} b_i \tag{2-4-6}$$

式中：$b_{\mathrm{m}i}$、b_i——分别为腹板上、下各翼缘的有效宽度和实际宽度（$i=1,2,3\cdots$）；

ρ_f、ρ_s——分别为相关梁跨内中部和支点处截面的翼缘有效宽度计算系数，参见表 2-4-2 和图 2-4-4。

结 构 体 系	理 论 跨 径 l_i
ρ_f、ρ_s 的应用位置和理论跨径 l_i	表 2-4-2
简支梁	$l_i = l$

续上表

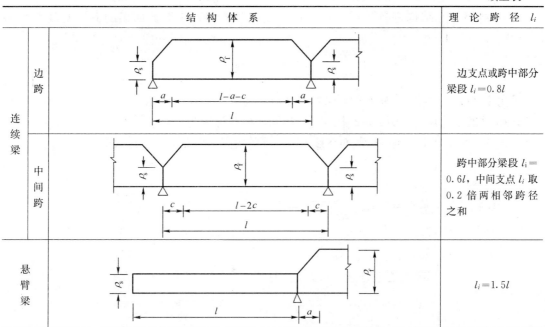

注：1. a 取与所求计算宽度 b_{mi}（图 2-4-3）相应的翼缘宽度 b_i（如求 b_{mi} 时，a 取 b_i），但 a 不大于 $0.25l$，l 为梁的计算跨径；

2. $c=0.1l$；

3. 在长度 a 或 c 的梁段内，系数可用直线插入法在 ρ_s 与 ρ_f 之间求取。

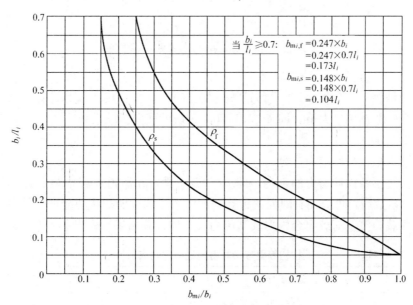

图 2-4-4 ρ_f、ρ_s 曲线图

注：1. $b_{mi,f}$ 为简支梁和连续梁各跨中部梁段、悬臂梁中间跨的中部梁段，当 $b_i/l_i \geqslant 0.7$ 时翼缘的有效宽度；

2. $b_{mi,s}$ 为简支梁支点、连续梁边支点和中间支点、悬臂梁悬臂段，当 $b_i/l_i \geqslant 0.7$ 时翼缘的有效宽度；

3. L_i 见表 2-4-2。

（3）当梁高 $h \geqslant \dfrac{b_i}{0.3}$ 时，翼缘有效宽度采用翼缘实际宽度。

（4）预应力混凝土梁在计算预加力引起的混凝土应力时，预加力作为轴向力产生的应力可按实际翼缘全宽计算；由预加力偏心引起的弯矩产生的应力可按翼缘有效宽度计算。

(5) 对超静定结构进行作用（或荷载）效应分析时，箱形截面梁的翼缘宽度可取实际全宽。

三、示　例

【例 2-4-1】 图 2-4-5 所示的三跨变高度箱形截面连续梁，跨径组合为 40m＋60m＋40m，其截面尺寸的变化规律与例 2-3-2 中的完全相同，荷载等级为公路—Ⅰ级，混凝土强度等级为 C40，试计算跨中和中支点两个截面在计入剪力滞效应因素后的上、下翼缘正应力分布。

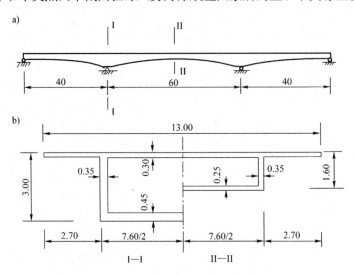

图 2-4-5　三跨变高度连续箱形梁的基本尺寸（尺寸单位：m）

解：（1）计算荷载增大系数 ζ

由于本例是例 2-3-2 的延续，具体计算过程见前，这里直接摘取其计算结果，但为简化分析，偏安全的取其中最大值，即 $\zeta=3.1420$，相应的横向折减系数 $\xi=0.78$（三车道），由此得 $\xi \cdot \zeta=2.4508$。

（2）截面弯矩及平均应力计算

为简化，暂不考虑冲击力的影响，即 $\mu=0$。于是，在车道荷载中只需计入前面算得的 $\zeta \cdot \xi=2.4508$ 系数后，再应用有限元法计算程序中的影响线加载法功能进行计算，便得到该两个截面的恒载与汽车荷载组合内力及其应力，具体计算结果均列出于表 2-4-3 中。

按初等梁理论算得的截面平均应力 $\bar{\sigma}$　　　　表 2-4-3

截面位置	截面几何特性			内力及应力		
	I (m^4)	$y_上$ (m)	$y_下$ (m)	M (kN·m)	$\bar{\sigma}_上$ (kN/m^2)	$\bar{\sigma}_下$ (kN/m^2)
中支点	13.310	1.385	1.615	−80410	8367.2	−9756.7
中跨跨中	2.3875	0.6112	0.9888	31400	−8051.6	13004.5

注：表中"＋"值代表拉应力，"—"值代表压应力。

（3）计算上、下翼缘的正应力最大（最小）值

①翼缘有效宽度计算

单室箱梁上、下翼缘的有效宽度可按式（2-4-5）和式（2-4-6）及其相应的图表计算，其结果汇总于表 2-4-4 中，计算模型如图 2-4-6 所示。

翼缘有效宽度计算表　　　　　　　　　　　表 2-4-4

截面位置	翼板所处方位	理论跨径 l_i (m)	宽跨比 b_i/l_i	有效宽度比 b_{mi}/b_i	有效宽度 b_{mi} (m)
中支点	腹板外侧	0.2(40+60)=20	0.135	0.62	1.674
	腹板内侧		0.1725	0.52	1.794
中跨跨中	腹板外侧	0.6×60=36	0.075	0.95	2.565
	腹板内侧		0.0958	0.91	3.305

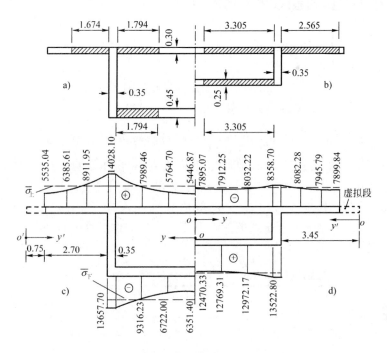

图 2-4-6　箱梁折减后的翼缘宽度及正应力分布（尺寸单位：m）

②折减后截面的几何特性及应力最大（小）值计算

按照图 2-4-6a)、b) 所示的折减后截面（图中阴影部分截面）对原中性轴求算抗弯惯矩 I_e，再按初等梁的理论公式计算位于腹板处上、下端的应力值，计算过程从略，其结果汇总于表 2-4-5 中。

按折减后截面算得的最大（小）应力 $\sigma_{max(min)}$　　　表 2-4-5

截面位置	截面几何特性			内力及应力最大（小）值		
	I_e (m⁴)	$y_上$ (m)	$y_下$ (m)	M (kN·m)	$\sigma_上 \left(\dfrac{kN}{m^2}\right)$	$\sigma_下 \left(\dfrac{kN}{m^2}\right)$
中支点	7.9389	1.385	1.615	−80410	14028.1	−16357.7
中跨跨中	2.2960	0.6112	0.9888	31400	−8358.7	13522.8

注：表中"+"值代表拉应力，"−"值代表压应力。

(4) 截面正应力沿宽度方向的分布

①I_f 计算

参见图 2-4-6a)、b),两侧腹板对原中性轴的抗弯惯矩 I_w 为:

对于中支点截面

$$I_w = 2\left[\frac{0.35 \times 3^3}{12} + (0.35 \times 3)\left(1.615 - \frac{3}{2}\right)^2\right] = 1.6028 \text{m}^4$$

对于中跨跨中截面

$$I_w = 2\left[\frac{0.35 \times 1.6^3}{12} + (0.35 \times 1.6)\left(0.9888 - \frac{1.6}{2}\right)^2\right] = 0.2789 \text{m}^4$$

据此可以算出不包括腹板区段在内的翼板抗弯惯矩 I_f,即:

对于中支点截面

$$I_f = I - I_w = 13.3100 - 1.6028 = 11.7072 \text{m}^4$$

对于中跨跨中截面

$$I_f = 2.3875 - 0.2789 = 2.1086 \text{m}^4$$

②正应力 $\sigma(x, y)$ 沿 y 轴方向的分布

本例位于腹板外侧的翼板净宽 $b' = 2.7$m,内侧翼板半宽 $b = \frac{6.9}{2} = 3.45$m,它们不对称于腹板中面。为了简化,近似地假定正应力对称于每侧的腹板,便将外侧翼板虚拟地延长至 3.45m,并将 y' 坐标原点也定在这里,如图 2-4-6c)、d) 中的虚线所示。然后将前面算得的 I、I_f、$\sigma_{\max(\min)}$ 和 $\sigma_上$、$\sigma_下$ 等值分别代入式(2-4-3),便可分别计算出每个截面位于翼板内、外侧的上、下翼板正应力分布,其结果汇总于表 2-4-6 中,计算模型如图 2-4-6c)、d) 所示。

截面正应力 $\sigma(x, y)$ 沿横向分布值汇总表 (kN/m²)　　　　表 2-4-6

原点位置	y 坐标 (m)	中支点截面		中跨跨中截面	
		上翼板	下翼板	上翼板	下翼板
原点 o' (腹板外侧)	0.75	5535.04	—	−7899.84	—
	1.65	6385.61	—	−7945.79	—
	2.25	8911.95	—	−8082.28	—
	3.45	14028.10	—	−8358.70	—
原点 o (腹板内侧)	0.00	5446.87	−6351.40	−7895.07	12740.33
	1.15	5764.70	−6722.00	−7912.25	12769.31
	2.30	7989.46	−9316.23	−8032.22	12972.17
	3.45	14028.10	−13657.70	−8358.70	13522.80

注:表中"+"值代表拉应力,"−"值代表压应力。

当求得各个截面的正应力沿横向分布规律以后,设计人员便可合理地配置纵向受力钢筋或预应力筋,以确保结构的安全。

第三节　箱形截面梁在畸变荷载作用下产生的横向内力

一、单室箱形截面梁的畸变微分方程

1. 以畸变挠度 w 表示的畸变微分方程

$$EI_b w^{IV} + Kw = V_d \tag{2-4-7}$$

其中：

$$EI_b = EJ_c \cdot \frac{3 + 2(\bar{a}_0 + \bar{a}_u) + \bar{a}_0 \bar{a}_u}{6 + \bar{a}_0 + \bar{a}_u} \tag{2-4-8}$$

$$K = \frac{96 EI_c}{b^2 h} \cdot \frac{1}{1 + \dfrac{2\dfrac{b}{h} + 3\dfrac{I_0 + I_u}{I_c}}{\dfrac{I_0 + I_u}{I_c} + 6\dfrac{I_u \cdot I_0}{I_c^2} \cdot \dfrac{b}{h}}} \tag{2-4-8a}$$

现按图 2-4-7 中所示的尺寸来解释上式中的各个符号。

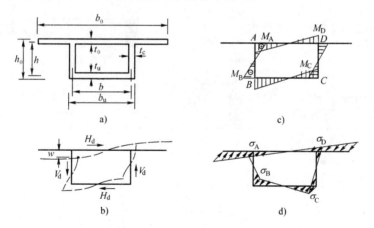

图 2-4-7　箱梁畸变变形、横向弯矩及翘曲正应力示意图

$$\left. \begin{aligned} \bar{a}_0 &= \left(\frac{b_0}{b}\right)^3 \frac{bt_0}{ht_c} \\ \bar{a}_u &= \left(\frac{b_u}{b}\right)^3 \frac{bt_u}{ht_c} \end{aligned} \right\} \tag{2-4-9}$$

$$I_i = \frac{t_i^3}{12(1-\mu^2)} \quad (i = 0, u, c) \tag{2-4-10}$$

$$J_c = \frac{t_c h^3}{12} \tag{2-4-11}$$

以上各式中及图中：E、μ——分别为材料弹性模量和泊松比；

　　　　　　　　　K——抗畸变框架刚度；

　　　　　　　　　w——左侧腹板顶点因畸变荷载产生的垂直挠度；

　　　　　　　　　V_d、H_d——分别为畸变荷载的分布垂直分力和水平分力，参见图 2-4-7b)。

2. 箱梁畸变与弹性地基梁的相似关系（表 2-4-7）

箱梁畸变与弹性地基梁的相似关系　　　　　　表 2-4-7

弹性地基梁弯曲	箱梁的畸变
控制微分方程	
$EI_b y^{IV} + ky = q$	$EI_b w^{IV} + Kw = V_d$
I_b　抗弯惯矩（m^4）	I_b　抗畸变翘曲惯矩（m^4）
EI_b　抗弯刚度（$kN \cdot m^2$）	EI_b　抗畸变翘曲刚度（$kN \cdot m^2$）
k　地基模量（kN/m^2）	K　抗畸变框架刚度（kN/m^2）
q　分布荷载（kN/m）	V_d　分布畸变垂直分力（kN/m）
y　挠度（m）	w　畸变挠度（m）
$M = -EI_b y''$　弯矩（$kN \cdot m$）	$M_w = -EI_b w''$　畸变双力矩（$kN \cdot m$）
$\sigma_{上} = \dfrac{M}{I_b} h_{上}$　上纤维应力（kN/m^2）	$\sigma_{wA} = \dfrac{M_w}{I_b} \cdot \dfrac{\beta h}{1+\beta}$　上角点翘曲应力（kN/m^2）
$\sigma_{下} = \dfrac{M}{I_b} h_{下}$　下纤维应力（kN/m^2）	$\sigma_{wB} = \dfrac{M_w}{I_b} \cdot \dfrac{h}{1+\beta}$　下角点翘曲应力（kN/m^2）
简支端	隔板　隔板在平面内刚度无限大，在平面外刚度较小
嵌固端	隔板　隔板在平面内及平面外的刚度均为无限大
自由端	端部无隔板

注：表中 β 的表达式为 $\beta = \dfrac{3 + \bar{a}_u}{3 + \bar{a}_0}$ 或 $\beta = \dfrac{\sigma_{wA}}{\sigma_{wB}}$。

3. 畸变横向弯矩的计算公式

$$M_A = \frac{24E \dfrac{I_0}{b^2} \left(1 + 3 \dfrac{h}{b} \cdot \dfrac{I_u}{I_c}\right)}{1 + 2 \dfrac{h}{b} \cdot \dfrac{I_0 + I_u}{I_c} + 3 \dfrac{I_0 I_u}{I_c^2} \cdot \dfrac{h^2}{b^2}} w \tag{2-4-12}$$

$$M_B = \frac{24E \dfrac{I_u}{b^2} \left(1 + 3 \dfrac{h}{b} \cdot \dfrac{I_0}{I_c}\right)}{1 + 2 \dfrac{h}{b} \cdot \dfrac{I_0 + I_u}{I_c} + 3 \dfrac{I_0 I_u}{I_c^2} \cdot \dfrac{h^2}{b^2}} w \tag{2-4-13}$$

二、变截面连续箱梁畸变的近似解

现以图 2-4-8 所示三跨变截面连续箱梁为例来叙述近似求解箱梁畸变变形、内力及应力的计算步骤。

（1）确定等代梁的支承类型。一般情况，中支点反力较大，其横隔板也应具备相应的厚度，且与两侧箱梁固结，故可视作固支端；边跨端支点处横隔板相对薄一些，且只有一侧与箱梁固结,故可视作铰支端;中跨中横隔板一般较薄,但与两侧箱梁固结,故也可作为固支边,本例偏保守地仍取其作铰支承,如图 2-4-8b)所示。

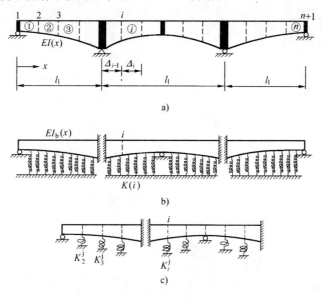

图 2-4-8 变截面连续梁畸变计算图

(2) 确定等代梁的抗畸变翘曲刚度 $EI_b(x)$。实际结构的抗弯刚度为 $EI(x)$,与它具有相似性的抗畸变翘曲刚度 $EI_b(x)$ 可按式(2-4-8)求算,若应用有限元法计算程序时,可将全梁划分为 n 个单元和 $n+1$ 个节点,单元的多少视其计算精度的要求而定,如图 2-4-8a)所示,然后计算各节点截面的 $EI_b(i)$。

(3) 计算等代梁的抗畸变框架刚度 $K(x)$。

同理,按式(2-4-8a)计算各节点截面单元长度上的分布弹簧支承刚度 $K(i)$,如图 2-4-8b)所示。

(4) 将分布的弹簧刚度 $K(i)$ 简化为各个节点处的集中弹簧刚度 K_i^j。

i 节点的集中弹簧刚度可按下式求得:

$$K_i^j = \left(\frac{\Delta_{i-1}+\Delta_i}{2}\right)K(i) \quad (2\text{-}4\text{-}14)$$

如图 2-4-8c)所示,式中 Δ_{i-1} 和 Δ_i 为 i 节点截面相邻两个单元的长度。这里说明一点,式(2-4-8a)中的 K 就是单位长的抗畸变框架刚度,也是本公式中所谓的分布弹簧刚度 $K(x)$。

(5) 计算畸变荷载的垂直分量 V_d。

图 2-4-9 示出了两行汽车车队的横桥向布置,其合力为 nP($n=$ 车队数,$P=$ 轴重),按照图 2-4-1 中的荷载分解法,可以求出畸变荷载垂直分量 V_d 为:

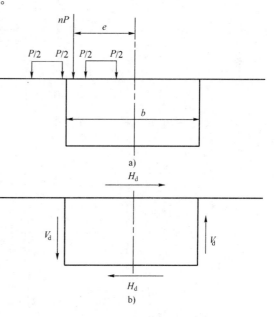

图 2-4-9 箱梁畸变荷载分量

$$V_{\mathrm{d}} = \frac{nP \cdot e}{2b} = m_{\text{畸}} P \tag{2-4-15}$$

其中：

$$m_{\text{畸}} = \frac{ne}{2b} \tag{2-4-15a}$$

(6) 应用有限元法计算程序计算各节点截面的挠度 w_i 和弯矩 M_i（$i = 1, 2, 3 \cdots$）。

计算图可以按全桥的模式一次输入数据，也可按各跨度分别计算。由于结构对称，故当按分跨的模式计算时可以只取一个边跨和一个中跨。

(7) 计算横向弯矩。

将所求出的节点截面挠度 w_i 代入式（2-4-12）和式（2-4-13），可以求得腹板上、下角点的横向弯矩 M_A 和 M_B。

再次说明，工程设计中，不需要专门计算截面的畸变翘曲正应力值，因为这部分影响值已在荷载增大系数中近似地加以考虑过。

三、畸变横向内力计算示例

【例 2-4-2】 跨长 40m 的简支箱梁，跨中作用有表现为集中力形式的 $V_\mathrm{d}^\mathrm{j} = 5\mathrm{kN}$ 和 $H_\mathrm{d}^\mathrm{j} = 10\mathrm{kN}$，其截面尺寸如图 2-4-10 所示，$E = 3.1 \times 10^7 \mathrm{kN/m^2}$，$\mu = 1/6$，试求跨中框架横向弯矩。

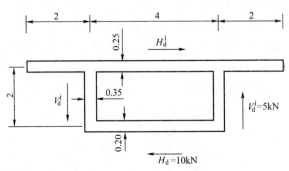

图 2-4-10 例 2-4-2 截面尺寸（尺寸单位：m）

解：(1) 板单元的横向抗弯惯矩

顶板

$$I_0 = \frac{t_0^3}{12(1-\mu^2)} = \frac{0.25^3}{12(1-1/36)} = 1.3393 \times 10^{-3} \mathrm{m^4}$$

底板

$$I_\mathrm{u} = \frac{t_\mathrm{u}^3}{12(1-\mu^2)} = \frac{0.20^3}{12(1-1/36)} = 0.6857 \times 10^{-3} \mathrm{m^4}$$

腹板

$$I_\mathrm{c} = \frac{t_\mathrm{c}^3}{12(1-\mu^2)} = \frac{0.35^3}{12(1-1/36)} = 3.6750 \times 10^{-3} \mathrm{m^4}$$

(2) 腹板平面内的抗弯惯矩

$$J_\mathrm{c} = \frac{t_\mathrm{c} h^3}{12} = \frac{0.35 \times 2^3}{12} = 0.2333 \mathrm{m^4}$$

(3) 参数

$$\bar{a}_0 = \left(\frac{b_0}{b}\right)^3 \frac{bt_0}{ht_c} = \left(\frac{8}{4}\right)^3 \frac{4 \times 0.25}{2 \times 0.35} = 11.4286$$

$$\bar{a}_u = \left(\frac{b_u}{b}\right)^3 \frac{bt_u}{ht_c} = \left(\frac{4.35}{4}\right)^3 \frac{4 \times 0.2}{2 \times 0.35} = 1.4699$$

(4) 抗畸变翘曲惯矩

$$I_b = J_c \times \frac{3 + 2(\bar{a}_0 + \bar{a}_u) + \bar{a}_0 \bar{a}_u}{6 + \bar{a}_0 + \bar{a}_u}$$

$$= 0.2333 \times \frac{3 + 2(11.4286 + 1.4699) + 11.4286 \times 1.4699}{6 + 11.4386 + 1.4699}$$

$$= 0.56295 \text{m}^4$$

(5) 抗畸变框架惯矩

$$K = \frac{96EI_c}{b^2 h} \times \frac{1}{1 + \frac{2\frac{b}{h} + 3\frac{I_0 + I_u}{I_c}}{\frac{I_0 + I_u}{I_c} + 6\frac{I_u I_0}{I_c^2} \cdot \frac{h}{b}}}$$

$$= \frac{96E \times 3.675 \times 10^{-3}}{4^2 \times 2} \times \frac{1}{1 + \frac{\frac{2 \times 4}{2} + 3 \times \frac{1.3393 + 0.6857}{3.675}}{\frac{1.3393 + 0.6857}{3.675} + 6 \times \frac{1.3393 \times 0.6857}{3.675^2} \times \frac{2}{4}}}$$

$$= 1.2990 \times 10^{-3} E$$

(6) 相似弹性地基梁的参数

$$k = K = 1.299 \times 10^{-3} E$$

$$EI_b = EI_b = 0.56295E$$

$$\lambda = \sqrt[4]{\frac{k}{4EI_b}} = \sqrt[4]{\frac{1.299 \times 10^{-3} E}{4 \times 0.56295E}} = 0.1550$$

$$P = V_d^j = 5\text{kN}$$

$$\lambda l = 0.155 \times 40 = 6.20$$

$$\text{sh}\lambda l = 246.1525$$

$$\text{ch}\lambda l = 246.1545$$

$$\sin\lambda l = -0.0840$$

$$\cos\lambda l = 0.9965$$

(7) 微分方程的解

利用本书表 1-7-3 中已有的解答，得弹性地基梁在两端为简支情况下的跨中挠度 y_c，它所对应的物理量是箱梁跨中的畸变变形 w_c，即：

$$w_c = y_c = \frac{P\lambda}{2k} \cdot \frac{\text{sh}\lambda - \sin\lambda}{\text{ch}\lambda + \cos\lambda} = \frac{5 \times 0.155}{2k} \cdot \frac{245.1525 - (-0.0840)}{246.1545 + 0.9965} = 0.95858 \times 10^{-5}$$

注：为了避免符号混淆，本例中的 λ，即表 1-7-3 中 β。

(8) 框架横向弯矩

将 w_c 代入式（2-4-12）得：

$$M_A = \frac{24E \dfrac{I_0}{b^2}\left(1 + 3\dfrac{h}{b} \cdot \dfrac{I_u}{I_c}\right)}{1 + 2 \cdot \dfrac{h}{b} \cdot \dfrac{I_0 + I_u}{I_c} + 3\dfrac{I_0 I_u}{I_c^2} \cdot \dfrac{h^2}{b^2}} w_c$$

$$= \frac{24E \times \dfrac{1.3393 \times 10^{-3}}{4^2}\left(1 + 3 \times \dfrac{2}{4} \cdot \dfrac{0.6857 \times 10^{-3}}{3.675 \times 10^{-3}}\right)}{1 + \dfrac{2 \times 2}{4} \cdot \dfrac{(1.3993 + 0.6857) \times 10^{-3}}{3.675 \times 10^{-3}} + 3 \times \dfrac{1.3393 \times 0.6857 \times 10^{-6}}{(3.675)^2 \times 10^{-6}} \times \dfrac{2^2}{4^2}} \times$$

$$0.95858 \times 10^{-5}$$

$$= 0.47693 \text{kN} \cdot \text{m}$$

令式（2-4-12）除式（2-4-13）得：

$$\frac{M_B}{M_A} = \frac{3 + \dfrac{b}{h} \cdot \dfrac{I_c}{I_0}}{3 + \dfrac{b}{h} \cdot \dfrac{I_c}{I_u}} = \frac{3 + \dfrac{4}{2} \cdot \dfrac{3.675}{1.3393}}{3 + \dfrac{4}{2} \cdot \dfrac{3.675}{0.6857}} = 0.6187$$

故：

$$M_B = 0.6187 M_A = 0.6187 \times 0.47963 = 0.29509 \text{kN} \cdot \text{m}$$

弯矩的符号与图 2-4-7 中的一致。

【例 2-4-3】 本例是例 2-3-2 的延续，设图 2-3-18 中三跨变高度连续梁的各个支点截面均设置有刚度甚大的横隔板，中支点横隔板厚 $t_m = 2$m，端支点板厚 $t_s = 1$m，跨内隔板厚 $t_n = 0.8$m，按原《混桥规》的混凝土强度等级为 C40，荷载等级为汽车—超 20 级，试计算在下列两种隔板布置方案中，各跨的跨中（11 号、31 号）及四分点（7 号、15 号、26 号）截面的箱梁畸变横向弯矩：

方案 I　各跨跨内均不设置中横隔板（图 2-4-11a)）；

方案 II　中跨跨中和边跨距端支点 10m 处均设置中横隔板（图 2-4-11c)）。

解：(1) 确定等代梁的支承类型

参照图 2-4-8 所示的建模思路，对于本例的两种横隔板布置，分别选取了图 2-4-11b)和 d) 两种计算模型。

(2) 确定等代梁各节点截面的抗畸变翘曲刚度 $EI_b(i)$ 和抗畸变框架刚度 $K(i)$

按照式（2-4-7）和式（2-4-8）编制一个小的计算程序，分别计算各节点截面的 $\bar{I}_b(i)$ 和 $\bar{K}(i)$，一并汇集于表 2-4-8。

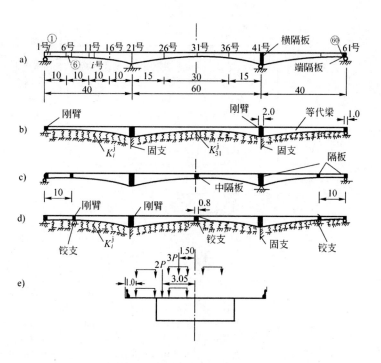

图 2-4-11 箱梁畸变的计算图及车轮荷载横向布置（尺寸单位：m）

等代梁的截面参数及力学特征 表 2-4-8

跨别	节点截面编号	梁全高 h_0 (m)	底板厚 t_u (m)	抗畸变翘曲惯矩 $\overline{I}_{b(i)}$ (m⁴)	等代梁换算截面宽度 b_e (m)	抗畸变框架刚度 $\overline{K}(i)$ (kN/m²)	节点截面处集中弹簧支承刚度 K_i^j (kN/m)
1	2	3	4	5	6	7	8
边跨 $\Delta S = 2$ m	1	1.60	0.25	0.3394376	0.9944*	13727.05	铰支
	2-7	1.60	0.25	0.3394376	0.9944	13727.05	27454.10
	8	1.605	0.26	0.3472232	1.0078	14372.47	28744.94
	9	1.61	0.26	0.3501136	1.0067	14367.42	28734.84
	10	1.62	0.29	0.3701403	1.0447	16492.34	32984.68
	11	1.64	0.31	0.3913967	1.0648	18024.12	36048.24
	12	1.69	0.33	0.433027	1.0766	19580.95	39616.90
	13	1.76	0.34	0.4870472	1.0721	20285.12	40570.24
	14	1.85	0.35	0.5608369	1.0629	20933.89	41867.74
	15	1.95	0.36	0.6497509	1.0515	21534.17	43068.34
	16	2.08	0.38	0.782235	1.0431	22812.14	45624.28
	17	2.22	0.39	0.9333132	1.0237	23196.12	46392.24
	18	2.37	0.40	1.112653	1.0030	23495.31	46990.62
	19	2.57	0.42	1.389020	0.9820	24233.88	48467.76
	20	2.78	0.44	1.719119	0.9602	24756.40	49512.80

续上表

跨别	节点截面编号	梁全高 h_0 (m)	底板厚 t_u (m)	抗畸变翘曲惯矩 $\bar{I}_{b(i)}$ (m^4)	等代梁换算截面宽度 b_e (m)	抗畸变框架刚度 $\bar{K}(i)$ (kN/m^2)	节点截面处集中弹簧支承刚度 K_i^j (kN/m)
半中跨 $\Delta S=3$ m	21	3.00	0.45	2.095833	0.9315*	24564.39	固支
	22	2.74	0.43	1.645351	0.9598	24308.22	72924.66
	23	2.50	0.41	1.284987	0.9869	23796.99	71390.97
	24	2.29	0.39	1.010707	1.0100	23002.49	69007.47
	25	2.11	0.37	0.8046649	1.0279	21954.28	65862.84
	26	1.96	0.35	0.652324	1.0396	20703.94	62111.82
	27	1.82	0.33	0.5267477	1.0485	19351.96	58055.88
	28	1.73	0.31	0.4510496	1.0454	17982.58	53947.74
	29	1.66	0.29	0.3949677	1.0361	16443.16	49329.48
	30	1.63	0.27	0.366799	1.0164	15028.36	45085.08
	31	1.60	0.25	0.3394376	0.9944*	13727.05	41181.15（或铰支）

注：1. * 指设置横隔板的截面，在有限元法的分析中视作刚臂；

2. 表中第 6 栏是按矩形截面抗弯惯矩的公式 $I_b = \dfrac{b_e h_0^3}{12}$ 进行换算的；

3. 表中第 8 栏的集中弹簧支承刚度 $K_i^j = \bar{K}(i) \cdot \Delta s$，即按式（2-4-14）计算。

(3) 汽车—超 20 级荷载下的畸变荷载系数 $m_{畸}$

参见图 2-4-11e) 中的荷载横向布置，则有：

对于两行车

$$m_{畸} = \frac{2 \times 3.05}{2 \times 7.25} = 0.4207$$

对于三行车

$$m_{畸} = \frac{3 \times 1.5}{2 \times 7.25} = 0.3103$$

如果计入三行车的荷载横向折减系数 $k_1 = 0.78$ 时，则 $m_{畸} = 0.3103 \times 0.78 = 0.2421$。经比较取 $m_{畸} = 0.4207$。

(4) 应用有限元程序计算各节点截面的挠度 w_i

本例按两种计算模型（图 2-4-11b) 和 d)）分别进行计算，每种模型均划分 60 个单元和 61 个节点，等代梁的截面高度（h_0）和换算宽度（b_e）以及节点处集中弹簧支承刚度 K_i^j 均见表 2-4-8，并用 $m_{畸}$ 取代程序中的荷载横向分布系数 m 或荷载增大系数 ζ，应用程序中的影响线加载法的功能，便得到各节点截面的最大挠度值 w_i，表 2-4-9 中只列出其中几个节点截面的挠度值。

畸变挠度及其横向弯矩汇总表　　　　　表 2-4-9

跨别	节点截面号	方案 I			方案 II		
		挠度 w_i ($\times 10^{-4}$ m)	M_A (kN·m)	M_B (kN·m)	挠度 w_i ($\times 10^{-4}$ m)	M_A (kN·m)	M_B (kN·m)
边跨	6	8.184	24.70	−16.03	0.788	2.38	−1.54
	11	6.659	20.97	−22.54	4.364	13.74	−14.77
	16	2.762	9.00	−13.84	2.681	8.74	−13.43
半中跨	26	4.603	14.70	−19.85	4.315	13.78	−18.61
	31	7.547	22.78	−14.78	0	0	0

注："+"代表箱室内缘受拉；"−"代表外缘受拉，参见图 2-4-7。

（5）计算畸变横向弯矩 M_A、M_B

根据输出的畸变挠度值 w_i 和式（2-4-12）、式（2-4-13）可以计算出单室箱角点处的弯矩值 M_A、M_B。本例是用辅助小程序完成的，以避免重复烦琐的手算。

四、单室梯形箱的畸变微分方程

1. 畸变荷载的分解

与图 2-4-1e) 所示的荷载分解相类似，当一对反对称集中力 P 作用于斜腹板顶端（图 2-4-12a)）时，它还可以进一步分解为扭转荷载和畸变荷载两组分量而各自进行单独的分析，如图 2-4-12b)、c) 所示。本节仅介绍梯形箱畸变内力分析的内容。

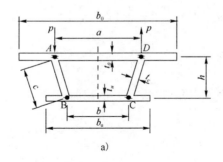

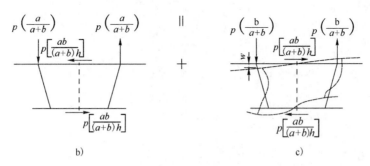

图 2-4-12　梯形箱畸变荷载的分解
a) 反对称竖直荷载；b) 扭转荷载；c) 畸变荷载

2. 以畸变挠度 w 表示的梯形箱畸变微分方程

$$EI_d w^{IV} + k_d w = P\left(\frac{b}{a+b}\right) \tag{2-4-16}$$

其中：

$$I_d = \frac{b^2}{4(a+b)} \psi_b (\psi_a q_{owa} + \psi_b q_{owb} - 2\psi_c q_{owc}) \qquad (2\text{-}4\text{-}17)$$

$$k_d = \frac{1}{\dfrac{ac}{24D_c}\left[\dfrac{2ab}{a+b} - Q(2a+b)\right] + \dfrac{a^3}{24D_a}\left(\dfrac{b}{a+b} - Q\right)} \qquad (2\text{-}4\text{-}18)$$

3. I_d 表达式中的符号

$$\left.\begin{aligned}
\psi_a &= \frac{2h}{R}\left(\frac{q_{obc}}{c} - \frac{q_{obb}}{b}\right) \\
\psi_b &= \frac{2h}{b} - \psi_a \\
\psi_c &= \frac{a-b}{2c}\psi_a + \frac{h}{c}
\end{aligned}\right\} \qquad (2\text{-}4\text{-}19)$$

其中：

$$\left.\begin{aligned}
q_{oba} &= a\left[\frac{bt_u}{4} + \frac{ct_c}{2}\left(1 + \frac{a}{b}\right) + \frac{b_0^3 t_0}{6ab}\right] \\
q_{obb} &= b\left(\frac{bt_u}{4} - \frac{b_u^3 t_u}{6b^2}\right) \\
q_{obc} &= c\left[\frac{bt_u}{4} + \frac{ct_c}{6}\left(2 + \frac{a}{b}\right)\right] \\
R &= \left(q_{oba} - q_{obb} - q_{obc}\frac{a-b}{c}\right)
\end{aligned}\right\} \qquad (2\text{-}4\text{-}20)$$

再令 β 表示斜腹板上、下端（角点 A、B）的翘曲正应力之比，即：

$$\beta = \frac{\sigma_{\omega A}}{\sigma_{\omega B}} = \frac{\dfrac{b_u^3 t_u}{b} + ct_c(a+2b)}{\dfrac{b_0^3 t_0}{a} + ct_c(2a+b)} \qquad (2\text{-}4\text{-}21)$$

则有：

$$\left.\begin{aligned}
q_{owa} &= a\left[-\frac{bt_u}{4} - \frac{c}{2}(1-\beta)t_c + \frac{b_0^3 t_0}{6a^2}\cdot\beta\right] \\
q_{owb} &= b\left(\frac{b_u^3}{6b^2} - \frac{b}{4}\right)t_u \\
q_{owc} &= c\left[-\frac{bt_u}{4} - \frac{ct_c}{b}(2-\beta)\right]
\end{aligned}\right\} \qquad (2\text{-}4\text{-}22)$$

以上各式中的尺寸符号，如 a、b、b_0、b_u、c、h、t_0、t_u、t_c 等的几何定义参见图 2-4-12a)。

4. k_d 表达式中的符号

若令：

$$D_i = \frac{Et_i^3}{12(1-\mu^2)} \quad (i=0, u, c)$$

则有：

$$Q = \frac{\dfrac{(2a+b)abc}{D_c} + \dfrac{a^3 b}{D_0}}{(a+b)\left[\dfrac{a^3}{D_0} + \dfrac{b^3}{D_u} + \dfrac{2c(a^2+b^2+ab)}{D_c}\right]} \tag{2-4-23}$$

式中：E、μ——分别为材料的弹性模量、泊松比；
D_0、D_u、D_c——分别为顶板、底板和腹板的面外抗弯刚度；
其余的尺寸符号定义可参见图 2-4-12a)。

5. 角点 A、B 处单位长壁板截面的畸变横向弯矩

$$\left. \begin{aligned} M_A &= \frac{a}{2b}\big[(a+b)Q-b\big]\cdot k_d w = \xi_{ma} w \\ M_B &= \frac{(a+b)Q}{2}\cdot k_d w = \xi_{mb} w \end{aligned} \right\} \tag{2-4-24}$$

式中：w——求解式 (2-4-16) 所得到的角点 A 之畸变挠度，可以应用平面杆系有限元法程序和与图 2-4-8 相似的计算模型求其近似解；
ξ_{ma}、ξ_{mb}——分别为角点 A、B 处畸变横向弯矩系数，当按上式求得的 M_i 为正值时，表示箱室壁板的外侧受拉；反之，则表示壁板的内侧受拉；
其余符号定义同前。

6. 角点处的翘曲正应力

$$\left. \begin{aligned} \sigma_{wA} &= \frac{\psi_a \cdot a}{2I_d} M_w = \eta_{wa} M_w \\ \sigma_{wB} &= \frac{\psi_b \cdot b}{2I_d} M_w = \eta_{wb} M_w \end{aligned} \right\} \tag{2-4-25}$$

式中：M_w——求解式 (2-4-16) 所得到的畸变双力矩，即按与图 2-4-8 相似的计算模型求得的弯矩值；
η_{wa}、η_{wb}——分别为角点 A、B 处的翘曲正应力系数，当按计算模型求得的弯矩（即 M_w）为正值时，则 σ_{wA} 为压应力，σ_{wB} 为拉应力，而角点 D、C 处的翘曲正应力为 $\sigma_{wD} = -\sigma_{wA}$，$\sigma_{wC} = -\sigma_{wB}$，亦即呈反对称形式；
其余符号定义同前。

五、梯形箱畸变挠度 w 与翘曲双力矩 M_w 的近似计算

1. 计算模型

根据"弹性地基梁相似法"的原理，图 2-4-13 示出了单跨简支梯形箱梁和三跨变高度梯形箱连续梁两种结构体系的畸变分析之计算模型，其建模步骤与图 2-4-8 基本相同，只是在本图中的畸变荷载是 $P_i\left(\dfrac{b}{a+b}\right)$，而不是式 (2-4-7) 中的 V_d。其次，式 (2-4-16) 中的两个参数（I_d，k_d）表达式比较繁复，但可以根据本节中具体的公式，用设计者所熟悉的计算

语言、自编一个简单的计算程序求算，然后输入到该计算模型中，并应用平面杆系有限元法计算程序求算畸变挠度 w 与翘曲力矩 M_w 两个关键值。

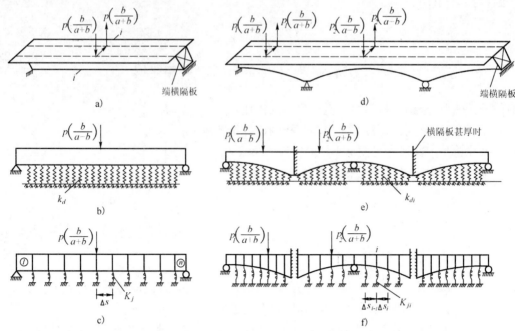

图 2-4-13 两类结构体系的畸变分析之计算模型

下面将通过一个具体的算例来阐述其计算步骤，并将其计算结果与按传统的理论分析法——初参数法计算值进行对比，以验证其精度。

2. 示例

【例 2-4-4】 图 2-4-14 示出的是一座 3 孔 65m 等截面单室梯形箱的连续梁桥。作用于中跨中部的为挂车—100 验算荷载 [《公路桥涵设计通用规范》(JTJ 021—89)]，它共有四根车轴，每根轴重 250kN，其重心距箱室中心线的偏心距 $e = 2.15$m。箱梁混凝土的弹性模量 $E = 3.3 \times 10^7$ kN/m²，泊松比 $\mu = \dfrac{1}{6}$，荷载布置及截面的基本尺寸均示于图中。试计算在该工况下中跨跨中截面的畸变横向弯矩和翘曲正应力。

解: (1) 参照图 2-4-13f)，建立三跨弹性支承连续梁的计算模型，将全桥等分为 78 个单元和 79 个节点，如图 2-4-14c) 所示。

(2) 畸变荷载分解。按图 2-4-14c) 可得，每根轴重分解出的畸变荷载为：

$$P_{\text{畸}i} = \left(\dfrac{P_i \cdot e}{a}\right)\left(\dfrac{b}{a+b}\right) = \dfrac{250 \times 2.15}{6} \times \dfrac{5}{6+5} = 40.72 \text{kN}$$

(3) 参数计算。应用自编程序计算出下列参数：

$I_d = 2.300433 \text{m}^4$ $k_d = 27735.43 \text{kN/m}^2$

$\eta_{wA} = 0.3690427 \text{m}^{-3}$ $\eta_{wB} = 1.118283 \text{m}^{-3}$

$\xi_{ma} = -37017.03 \text{kN} \cdot \text{m/m}$ $\xi_{mb} = 38491.05 \text{kN} \cdot \text{m/m}$

$\beta = 0.3300084$

(4) "相似梁"的换算截面高度 h_e。设 $b_e = 1$m，则：

$$h_e = \sqrt[3]{\dfrac{12 I_d}{b_e}} = \sqrt[3]{\dfrac{12 \times 2.300433}{1}} = 3.022249 \text{m}$$

(5) 单元各节点处的竖向集中弹簧支承刚度 K_j。本例的单元长度 $\Delta_i = \Delta = 2.5\text{m} = $ 常值，故由式 (2-4-14) 得：

$$K_j = \Delta \cdot k_d = 2.5 \times 27735.43 = 69338.575 \text{kN/m}$$

(6) 计算畸变挠度 w 和翘曲双力矩 M_w。将上述算得的 $P_{畸i}$、b_e、h_e 和 K_j 代入图 2-4-14c) 的离散图中，应用平面杆系有限元法程序，便可从程序输出中得到全梁任一节点截面的挠度 y（即 w）和弯矩值 M（即 M_w），它们也是我们需要求算的畸变挠度和翘曲双力矩。对于中跨跨中截面：

$$w = y = 2.638 \times 10^{-4} \text{m}$$
$$M_w = M = 242.7 \text{kN} \cdot \text{m}$$

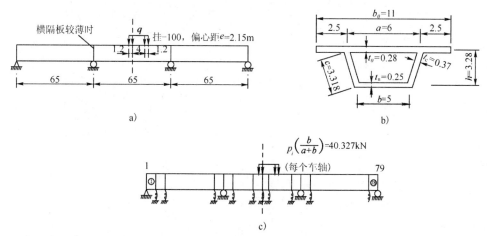

图 2-4-14 例 2-4-4 的结构尺寸及其离散图（尺寸单位：m）

(7) 最终计算结果。将所求得的 w、M_w 分别代入式 (2-4-25)、式 (2-4-26)，并代入本例步骤 (3) 所求得的几个系数，便可以得到中跨跨中截面单位长梁段的横向弯矩和角点处的翘曲正应力值，并将按初参数法的计算结果一并列于表 2-4-10。

计算结果的对比   表 2-4-10

计算方法	横向弯矩（kN·m/m）		翘曲正应力（kN/m²）	
	M_A	M_B	σ_{wA}	σ_{wB}
按图 2-4-14c) 的计算值	9.7651	10.1539	89.5667	271.4073
应用初参数法的计算值	10.1	10.5	91.0	291.0

注：当令图 2-4-12a) 中的 $a = b$ 时，则可以得到与前面的单室矩形箱完全相同的计算结果，因此，梯形箱的畸变计算表达式应是一个通式。

六、单箱双室截面梁畸变的计算特点

1. 畸变微分方程式

$$EI_b w^{\mathrm{IV}} + K_b w = V_d \quad (2\text{-}4\text{-}26)$$

式中：I_b——单箱双室截面的抗畸变翘曲惯矩，其具体的表达式与式 (2-4-8) 完全相同，这是由于中腹板内的翘曲正应力 σ_w（图 2-4-7d））为零、全截面翘曲正应力的分布规律与（图 2-4-7d））中的完全相似之故；

K_b——单箱双室截面的抗畸变框架刚度，它应计入中腹板的影响因素，后面将作具体的阐述；

其余符号与式（2-4-8）中的相同，可参阅图 2-4-15 与图 2-4-7，注意两者的相似性及其差异。

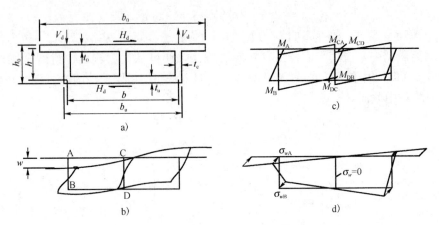

图 2-4-15　单箱双室截面的畸变力学特征示意图

2. 抗畸变框架刚度 K_b

$$K_b = \frac{1}{\overline{w}} \tag{2-4-27}$$

其中：

$$\overline{w} = \frac{-b^2}{48EI_0}(2\overline{M}_A + \overline{M}_{CA}) - \frac{bh}{24EI_c}(2\overline{M}_A + \overline{M}_B) \tag{2-4-28}$$

$$I_0 = \frac{t_0^3}{12(1-\mu^2)} \qquad I_c = \frac{t_c^3}{12(1-\mu^2)} \tag{2-4-28a}$$

以上式中：E、μ——分别为材料的弹性模量和泊松比；

b、h——分别为图 2-4-15a）中两外侧腹板中面之间和顶、底板中面之间的间距；

t_0、t_c——分别为顶板和外侧腹板的厚度；

$\overline{M}_A$、$\overline{M}_B$、$\overline{M}_{CA}$——分别为图 2-4-15 所示单位长梁段、在 $V_d=1$ 的畸变荷载作用下，角点 A、B 和顶板中点处产生的面外弯矩，弯矩的符号规定为：箱室外缘受拉者为正，内缘受拉者为负；

$\overline{w}$——在 $\overline{M}_A$、$\overline{M}_B$、$\overline{M}_{CA}$ 等各角点弯矩为已知值的情况下，应用结构力学中的虚功原理求得角点 A 之竖向位移。

这里要说明一点，$\overline{M}_A$、$\overline{M}_B$、$\overline{M}_{CA}$ 的具体表达式十分繁复，不便于工程应用，下面将介绍一种能应用平面杆系有限元法程序进行求解的计算模型，如图 2-4-16 所示。它是在单位长梁段（双室框架）的右侧腹板上、下端分别设置一个固定支座和竖向活动铰支座。当在角点 A 施加 $V_d=1$ 时，则它与支承反力恰好构成一组自相平衡的畸变荷载力系。

图 2-4-16b）示出了在该工况下的面外弯矩分布图，其中包括了式（2-4-28）中所要求出的 3 个弯矩值。图 2-4-16c）示出了与该弯矩分布图相对应的变形图，其中的 $\overline{w}$ 为角点 A 的竖向位移。

3. 畸变挠度比例系数 η

当按式（2-4-26）解得单箱双室截面梁某个截面处的畸变挠度 w 后，便可依照图

2-4-16b)、c) 所示的 $\overline{M}_j$ 与 $\overline{w}$ 之间的比例关系，求算出该截面各角点处的畸变横向弯矩 M_j，它可表为：

$$M_j = \frac{w}{\overline{w}} \cdot \overline{M}_j = \eta \cdot \overline{M}_j \tag{2-4-29}$$

式中的下角 j 代表同一截面中各个角点的编号，例如 A、B、CA、DB 等。

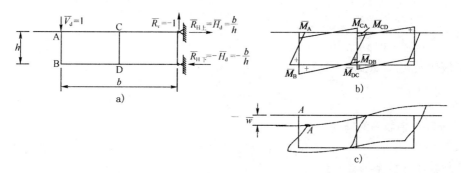

图 2-4-16 单位长双室箱壁板面外弯矩的计算模型

4. 微分方程的求解

同样，对于等截面双室箱梁，式（2-4-26）的求解，可以直接应用表 1-7-3 中的解答和例 2-4-2 中的计算步骤来完成；对于变高度双室箱梁，则可参照图 2-4-8 的计算图式和例 2-4-3 中的计算步骤来完成。

5. 示例

【**例 2-4-5**】 设在本节例 2-4-2 的单箱单室截面竖直中心线处增设一片厚度 $t_m = 0.3$m 的中腹板，其余条件完全相同。试求算跨中截面的畸变横向弯矩。

解：(1) 计算抗畸变翘曲惯矩 I_b

由于本例截面的外轮廓尺寸与图 2-4-10 中的完全相同，仅比后者多了一片中腹板，故按式（2-4-8）计算的结果也与后者的相同，即：

$$I_b = 0.56295 \text{m}^4$$

具体计算过程见例 2-4-2，这里不再重复。

(2) 计算抗畸变框架刚度 K_b

首先，按图 2-4-16a) 的计算图式和应用平面杆系有限元法的计算程序，求算在 $\overline{V}_d = 1$ 作用下各角点处的畸变横向弯矩 $\overline{M}_j$，其结果汇总于表 2-4-11 中。

单位长梁段上角点处畸变横向弯矩（kN·m） 表 2-4-11

$\overline{M}_j$	电算结果	$\overline{M}_j$	电算结果	$\overline{M}_j$	电算结果
$\overline{M}_A$	−0.6364011	$\overline{M}_{CA}$	0.5042109	$\overline{M}_{CD}$	−1.008422
$\overline{M}_B$	0.4520359	$\overline{M}_{DB}$	−0.4073521	$\overline{M}_{DC}$	0.8147041

注：表中正值表示壁板外缘受拉，负值代表内缘受拉；中腹板左侧受拉者为正，右侧受拉者为负。

其次，按式（2-4-28）计算 $\overline{w}$ 值。

$$I_0 = \frac{t_0^3}{12(1-\mu^2)} = \frac{0.25^3}{12(1-0.1667^2)} = 1.3393 \times 10^{-3} \text{m}^4$$

$$I_c = \frac{t_c^3}{12(1-\mu^2)} = \frac{0.35^3}{12(1-0.1667^2)} = 3.6750 \times 10^{-3} \text{m}^4$$

$$\overline{w} = \frac{-b^2}{48EI_0}(2\overline{M}_A + \overline{M}_{CA}) - \frac{bh}{24EI_c}(2\overline{M}_A + \overline{M}_B)$$

$$= \frac{-4^2}{48 \times 3.1 \times 10^7 \times 1.3393 \times 10^{-3}}[2 \times (-0.6364011) + 0.5042109] -$$

$$\frac{4 \times 2}{24 \times 3.1 \times 10^7 \times 3.6750 \times 10^{-3}}[2 \times (-0.6364011) + 0.4520359]$$

$$= 8.572151 \times 10^{-6} \text{m}$$

将 $\overline{w}$ 值代入式（2-4-27）中便得：

$$K_b = \frac{1}{\overline{w}} = \frac{1}{8.572151 \times 10^{-6}} = 116656.8 \text{kN/m}^2$$

（3）求算跨中截面的畸变挠度 w_c

用本例求得的 $K_b = 116656.8 \text{kN/m}^2 = 3.7631 \times 10^{-3}E$ 置换例 2-4-2 中的 $K = 1.299 \times 10^{-3}E$，其余计算公式同前，即：

$$\lambda = \sqrt[4]{\frac{K_b}{4EI_b}} = \sqrt[4]{\frac{3.763 \times 10^{-3}E}{4 \times 0.56295E}} = 0.202187$$

$$P = V_d = 5\text{kN}$$

$$\lambda l = 0.202187 \times 40 = 0.808748$$

$$w_c = y_c = \frac{p\lambda}{2k_b} \cdot \frac{\text{sh}\lambda l - \sin\lambda l}{\text{ch}\lambda l + \cos\lambda l} = 4.330978 \times 10^{-6} \text{m}$$

（4）求算跨中截面的畸变横向弯矩 M_j

先计算出畸变挠度比例系数 η：

$$\eta = \frac{w_c}{\overline{w}} = \frac{4.330978 \times 10^{-6}}{8.572151 \times 10^{-6}} = 0.505238$$

再按式（2-4-29）将 η 乘表 2-4-11 中的诸值，其结果汇总于表 2-4-12 中。为了检验其精度，表中还给出了应用有限条法的计算结果，以资比较。

跨中截面角点处畸变横向弯矩（kN·m）　　　　表 2-4-12

序号	计算方法	M_A	M_B	M_{CA}	M_{DB}	M_{CD}	M_{DC}
1	按式（2-4-29）	−0.32159	0.22839	0.25475	−0.20581	−0.50947	0.41162
2	按有限条法	−0.32176	0.22831	0.25232	−0.20304	−0.50463	0.40608
3	①/②	0.98	1.00	1.01	1.01	1.01	1.01

注：符号规定与表 2-4-11 中的相同。

注：将本例的计算结果与例 2-4-2 的相比可以看出，由于在本例箱室截面里增设了一片中腹板，使畸变框架刚度得到提高，从而导致跨中截面的畸变横向弯矩都得到较明显的降低；其次，若将本例中的中腹板厚度改为 $t_m = 0.001\text{m}$，则其计算结果将与例 2-4-2 中的完全相同，这说明本例单箱双室截面畸变的分析方法，同样适用于单箱单室截面。

七、双室梯箱截面梁畸变的计算特点

1. 畸变荷载的分解

当双室梯形箱斜腹板顶端承受一对反对称集中力 P 时，则完全可以按照图 2-4-12 的方式进行分解,如图 2-4-17 所示。

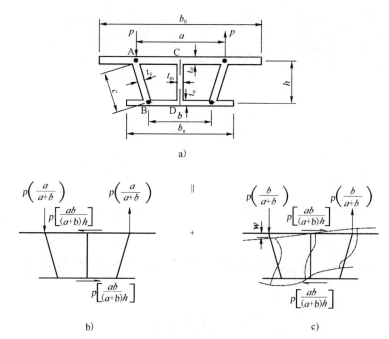

图 2-4-17 双室梯形箱畸变荷载的分解
a) 反对称竖直荷载;b) 扭转荷载;c) 畸变荷载

2. 以畸变挠度 w 表示的双室梯形箱畸变微分方程

$$EI_d w^{IV} + K_s w = P\left(\frac{b}{a+b}\right) \tag{2-4-30}$$

式中:I_d——双室梯箱截面的抗畸变翘曲惯矩,可按式(2-4-17)计算;

K_s——双室梯箱截面的抗畸变框架刚度,具体计算公式见后;

其余符号的定义与式(2-4-16)中的相同。

3. 抗畸变框架刚度 K_s

$$K_s = \frac{1}{\overline{w}_s} \tag{2-4-31}$$

其中:

$$\overline{w}_s = \frac{-a^2}{48EI_0}(2\overline{M}_A + \overline{M}_{CA}) - \frac{ac}{24EI_c}(2\overline{M}_A + \overline{M}_B) \tag{2-4-32}$$

式中各个符号的定义与式(2-4-28)中的基本相同,只有其中的 $\overline{M}_A$、$\overline{M}_B$、$\overline{M}_{CA}$ 是按图 2-4-18 的计算图式和应用平面杆系有限元法程序计算得出。

这里应注意这些弯矩的符号规定,即:箱室外缘受拉者为正,内缘受拉者为负;中腹板左侧受拉者为正,右侧受拉者为负。

当确定出 I_d 和 K_s 值以后,便可参照例 2-4-2~例 2-4-5 的计算步骤,分别计算简支体系或超静定体系双室梯形箱梁受畸变荷载时的壁板面外弯矩。

对于单箱双室矩形箱梁,若将 $a=b$,$c=h$ 代入式(2-4-32)后,仍可得到与式(2-4-28)完全相同的表达式,这也说明它具有更广泛的适用性。

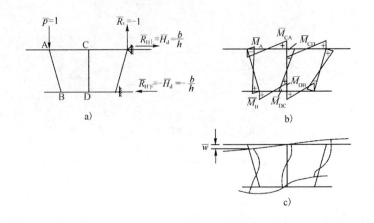

图 2-4-18　单位长双室梯箱壁板面外弯矩的计算模型

第四节　箱梁因局部集中荷载产生的横向内力

一、平面框架法

箱梁在自重作用下也会产生横向弯矩，它可取单位长梁段和应用平面框架法进行计算。本节主要介绍图 2-4-1b)所示的局部荷载产生的横向内力计算方法。尤其是当桥面上纵横向布置若干个集中轮载时，这项计算还需与上一节畸变荷载的布置统一起来，但计算方法仍可近似地应用平面框架法。下面先简单叙述其步骤和计算要点。

(1) 确定所需计算的截面，并按计算畸变荷载时的方式进行最不利的纵、横向布置。

(2) 确定板的有效分布宽度：将箱梁外伸悬臂板视作固支悬臂板；将中部顶板视作简支于两腹板上的简支板，然后分别按照现行《通用规范》关于板的有关规定来确定车轮荷载在板上的有效分布宽度。

(3) 将两种有效宽度范围内的车轮荷载分别除以相应的分布宽度，便可得到该截面沿纵向单位长箱梁上的作用荷载。

(4) 应用平面杆系结构有限元法的计算程序分析箱梁横向内力，即横向弯矩。

(5) 精确的分析表明，按平面框架法计算的结果，还需将顶板中点的横向弯矩值乘以 1.1 的修正系数（其余弯矩值保持不变）后，才能得到该荷载作用下的最终横向弯矩值。

这里补充说明一点，设计中的横向弯矩值，应该是由箱梁自重、畸变荷载和本节局部荷载等三者产生的横向弯矩乘以相应的组合系数后组成。

二、示　　例

【例 2-4-6】　试计算例 2-4-3 中 26 号节点截面因局部集中荷载产生的横向弯矩，设车轮压力面的尺寸均按 u（顺桥向）$\times v$（横桥向）$=0.4\mathrm{m}\times0.8\mathrm{m}$ 考虑，26 号节点截面尺寸示于图 2-4-19，其余参数同前。

解：(1) 确定 26 号节点截面荷载的最不利纵、横向布置

横向：如图 2-4-19a)所示，它与图 2-4-11c)中两行车的布置完全一致。

纵向：如图 2-4-19b) 所示，其中有两种布置方案，但以加重车的后轴置于 26 号节点截面的方案最不利。

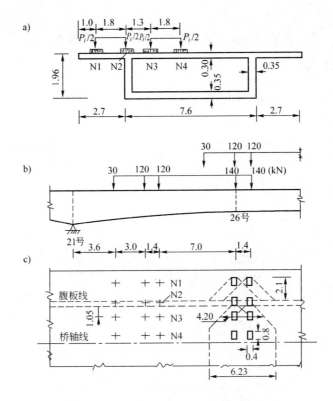

图 2-4-19　例 2-4-6 中桥面荷载的纵、横向布置（尺寸单位：m）

(2) 确定板的有效分布宽度

从图 2-4-19a)、c) 知，N2 列车轮基本位于箱梁腹板的顶面，故忽略它对箱梁横向内力的影响，其余 3 列车轮分别位于悬臂板和中间顶板的上面。

N1 列车轮的有效分布宽度为：

$$a = u + d + 2b' = 0.4 + 1.4 + 2 \times 2.1 = 6.0 \text{m}$$

N3 列车轮的有效分布宽度为：

$$a = u + d + t + 2x = 0.4 + 1.4 + 0.3 + 2 \times 1.05 = 4.2 \text{m}(t \text{ 为箱梁顶板厚度})$$

N4 列车轮的有效分布宽度为：

$$a = u + d + \frac{L}{3} = 0.4 + 1.4 + \frac{(7.6 - 0.35)}{3} = 4.22 \text{m}$$

但应大于：

$$a = \frac{2}{3}L + d = \frac{2}{3}(7.6 - 0.35) + 1.4 = 6.23 \text{m}$$

故最终取 $a = 6.23$m。

(3) 计算单位长箱梁上的车轮荷载计算值

对于 N1 列车轮为：

$$G_1 = \left(2 \times \frac{140}{2}\right)/6 = 23.33 \text{kN}$$

对于 N3 列车轮为：

$$G_3 = \left(2 \times \frac{140}{2}\right)/4.2 = 33.33 \text{kN}$$

对于 N4 列车轮为：

$$G_4 = \left(2 \times \frac{140}{2}\right)/6.23 = 22.46 \text{kN}$$

(4) 平面框架分析

对于本例的平面框架，共划分 16 单元和 16 个节点，为了计算的简化，G_1、G_3 和 G_4 均按集中力考虑，G_2 因位于腹板上、不计其作用，计算模型如图 2-4-20a) 所示，应用有限元法计算程序得到相应的横向弯矩图于图 2-4-20b) 中。

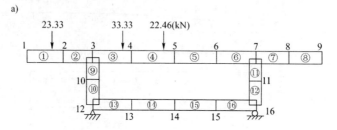

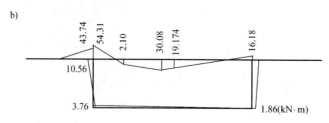

图 2-4-20 平面框架计算模型及横向弯矩图

(5) 内力修正

本例 N4 列轮作用处的弯矩值最大，它靠近顶板中点，按平面框架的分析值还应乘以 1.1 的修正系数，即：

$$M_{N4} = 1.1 \times 30.08 = 33.09 \text{kN} \cdot \text{m}$$

其次，对于顶板中点弯矩值也应为：

$$M_0 = 1.1 \times 19.14 = 21.05 \text{kN} \cdot \text{m}$$

其余各角点及底板弯矩可不用修正。

第五章 斜支承的连续箱梁桥

第一节 支座布置

连续斜梁桥一般采用等高度的单箱单室或单箱双室截面，其截面尺寸的拟定与普通正交连续梁的相同，但根据支座布置形式、大体上有以下三种。

1. A型：全桥各个墩（台）上均布置抗扭双支座（图2-5-1a))

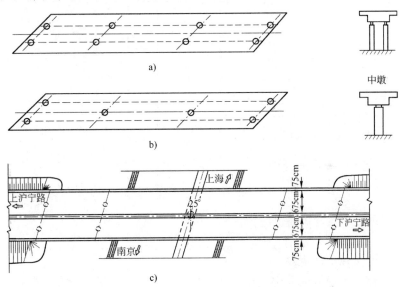

图 2-5-1 三种类型的连续斜箱梁桥

这种布置方式对抵抗上部结构的偏载扭矩十分有利，也是公路和城市桥梁中常用的形式。其缺点是：①采用的支座数量相对较多；②一般采用斜置的双柱式桥墩，这将有损于城市高架桥下的景观，若采用独柱式墩，则要求桥墩具有较强的斜向抗弯刚度。

2. B型：一联中的两端墩（台）上设置抗扭双支座，中墩均为单点铰支座（图2-5-1b))

这种布置方式的优点是可以将中间桥墩设计成独柱式的，对于城市立交桥可以增强美观，若修建于河中可以减小阻水面积；但主要缺点是抵抗上部结构的扭矩不利，因此，它一般适用在跨数不多（3~4跨）、全桥不太长和桥不太宽的场合。

3. C型：又称混合型，即一部分中墩为单点铰支座，其余均为抗扭双支座

这种方式实际上是综合了A型和B型中的优点，典型的桥例如图2-5-1c）所示，它是跨越沪宁高速公路上的一座互通式立交桥、单箱双室截面，桥宽16m，跨径组合为（20+2×30+20）m，斜交角为25°，其中仅中墩为独柱式墩。

第二节 受力特点

如果把连续斜梁桥中所有中间支座的反力视作为外荷载，则桥两端的受力特性有许多与简支斜板（梁）桥相同。但连续斜梁桥的受力特性又与许多因素有关，例如连续跨的跨数、支座的布置形式、荷载形式、斜交角 α 以及截面的弯扭刚度比 $k\left(=\dfrac{EI}{GI_T}\right)$ 等。下面仅举两个例子来说明。

1. 两跨A型连续斜梁桥（图2-5-2）

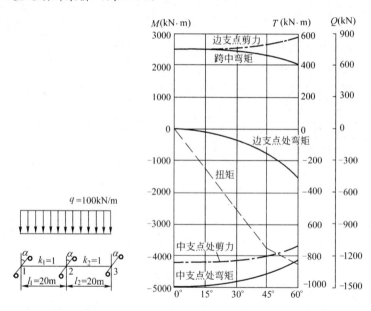

图2-5-2 两跨A型连续斜梁的内力随斜交角的 α 变化规律

计算结果表明了以下的规律：

（1）控制截面（跨中截面和中支点截面）弯矩的绝对值均随斜交角 α 的增加而减小，变化规律从缓到急；

（2）边支点剪力随斜交角 α 的增加而增大，中支点剪力的绝对值则随 α 的增加而减小，但剪力变化的幅度均较小；

（3）扭矩的变化规律近似于一条直线；

（4）边支点存在负弯矩，其绝对值随 α 的增大而增大；

（5）当 $\alpha \leqslant 30°$ 时可按正交连续梁桥计算其弯矩和剪力，但当 $\alpha > 15°$ 时，必须考虑扭矩影响；

（6）当 B/L_{max}（桥宽/最大跨径）$\leqslant 0.25$ 时，可按正桥计算。

2. 三跨 B 型连续斜梁桥（图 2-5-3）

计算分析表明有以下的规律：

(1) 斜交角 α 的影响

在常用的斜交角 $\leqslant 45°$ 的范围内，随着 α 的增大，则：

①边跨跨中和支点的弯矩绝对值逐渐减小，而中跨跨中的弯矩值逐渐增大；

②截面的扭矩绝对值也随之逐渐增大；

③对中支点截面的剪力影响较小。

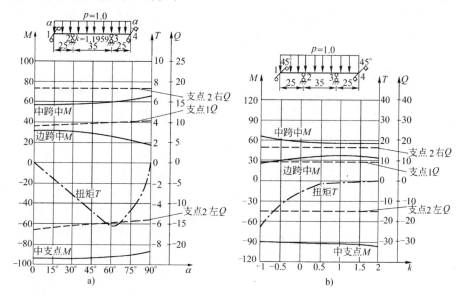

图 2-5-3　三跨 B 型连续斜梁的内力随斜交角 α 和 k 的变化规律

(2) 弯扭刚度比 k 的影响

在 $k=0.5\sim2.0$ 的范围内，随着 k 值的增大，则：

①边跨跨中和支点截面的弯矩绝对值逐渐增大，而中跨跨中的弯矩值逐渐减小；

②当 α 值一定时，扭矩的绝对值逐渐减小；

③对中支点截面的剪力影响同样较小。

第三节　等斜交角、等截面连续梁恒载内力计算

一、正、负号规定

分析斜梁桥时，一般取图 2-5-4 的直角坐标系。

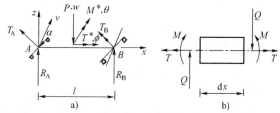

图 2-5-4　符号规定

a) 正号的外力与反力（斜视图）；b) 正号的内力（侧视图）

注：上标"*"代表外荷载。

外荷载（P、M^*、T^*）的正方向示于图 2-5-4a）；截面内力的正方向示于图 2-5-4b）；即它们的正矢量均与坐标系的正方向相同。竖向反力以向上者为正；反力扭矩 T_A、T_B 以向左为正；挠度以向下为正；两支承端转角均以绕支承线轴的顺时针方向旋转者为正。

二、A 型连续斜梁桥内力分析

1. 基本结构

对于图 2-5-5a）所示的连续斜梁桥，可以取图 2-5-5b）所示的多跨超静定简支斜梁桥作为基本结构，即从各中墩的斜支承线断开，各用一对赘余弯矩 M_i 置于梁端，然后应用力法原理进行分析。

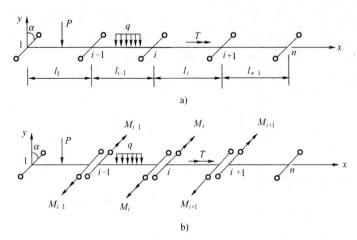

图 2-5-5　A 型连续斜梁桥的基本结构图

2. 三弯矩方程

三弯矩方程实质上是力法方程的一个变形，经过演算化简后便得到以下的一般形式，例如对于图 2-5-5b）中具有赘余力的 i 号支承可以直接写出一个方程式，即：

$$l_{i-1}(1-3D)M_{i-1} + (l_{i-1}+l_i)(2-3D)M_i + l_i(1-3D)M_{i+1}$$
$$= \frac{3}{2}(\Delta_{i-1}^B + \Delta_i^A)\cos\alpha \tag{2-5-1}$$

其中：

$$D = \frac{\tan^2\alpha}{2(\tan^2\alpha + k)} = \frac{1}{2(1+k\cot^2\alpha)} \tag{2-5-2}$$

$$k = \frac{EI}{GI_T} \tag{2-5-3}$$

以上各式中：α——斜梁桥的斜交角；

I、I_T——分别为与梁轴线正交的截面抗弯惯矩和抗扭惯矩；

E、G——分别为结构弹性模量和剪切模量；

Δ_{i-1}^B——第 $i-1$ 跨右端 B 支点的载变位参数；

Δ_i^A——第 i 跨左端 A 支点的载变位参数。

Δ_{i-1}^B 和 Δ_i^A 均可根据所在桥跨上的荷载形式查表附表 II-1 中的相应公式进行计算，其余符号参见图 2-5-5。对于每个赘余弯矩都可写出一个三弯矩方程，联立求解此方程组，便可解得各赘余弯矩值。

3. 截面内力

根据所求得的赘余弯矩值和所在桥跨上的外荷载，查附表 II-2 中的相应公式先分别计算各控制截面的内力（M、T、Q），然后叠加便得到各截面的总内力。

三、B 型连续斜梁桥内力分析

1. 基本结构

对于中墩均为单点铰支座的连续斜梁桥结构（图 2-5-6a），仍然取超静定简支斜梁桥作为基本结构，而将所有中间墩上铰支座的作用代以若干个赘余垂直竖向力 R_i，如图 2-5-6b) 所示。

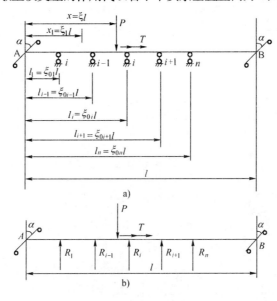

图 2-5-6　B 型连续斜梁桥的基本结构图

2. 力法方程

根据中间支承处变位协调条件，可以列出以下的典型力法方程组：

$$\begin{bmatrix} \delta_{11} & \delta_{12} & \cdots & \delta_{1i} & \cdots & \delta_{1n} \\ \delta_{21} & \delta_{22} & \cdots & \delta_{2i} & \cdots & \delta_{2n} \\ \vdots & \vdots & & \vdots & & \vdots \\ \delta_{i1} & \delta_{i2} & \cdots & \delta_{ii} & \cdots & \delta_{in} \\ \vdots & \vdots & & \vdots & & \vdots \\ \delta_{n1} & \delta_{n2} & \cdots & \delta_{ni} & \cdots & \delta_{nn} \end{bmatrix} \begin{bmatrix} R_1 \\ R_2 \\ \vdots \\ R_i \\ \vdots \\ R_n \end{bmatrix} + \begin{bmatrix} \Delta_{1p} \\ \Delta_{2p} \\ \vdots \\ \Delta_{ip} \\ \vdots \\ \Delta_{np} \end{bmatrix} = 0 \quad (2\text{-}5\text{-}4)$$

式中：δ_{ii}、δ_{ij}——常变位，即当 $\overline{R}_i = 1$ 和 $\overline{R}_j = 1$ 时，在基本结构的支承 i 处沿 R_i 方向产生的变位；

　　　　Δ_{ip}——载变位，它表示外荷载作用于基本结构上时，在支承 i 处沿 R_i 方向产生的变位。

式中的各种变位计算公式均可从附表 II-3 中查找到，并且具有变位互等（$\delta_{ij} = \delta_{ji}$）的一般性质。

当解得所有赘余支反力 R_i 以后，便可查附表 II-2 中的相应公式，并应用叠加法求得各控制截面的内力。

四、C 型连续斜梁桥内力分析

C 型连续斜梁桥的内力分析原理与 B 型的基本相同,例如图 2-5-7a)中的四跨连续斜梁桥,为了利用附表 II-3,仍然可以取图 2-5-7b)中具有两跨超静定简支斜梁桥作为基本结构,但赘余力包括有竖向反力和支点截面弯矩。式(2-5-5)便是该结构的力法方程组。

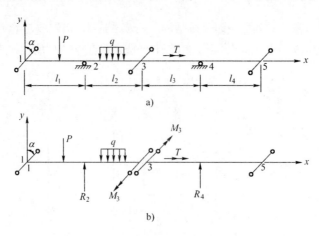

图 2-5-7 C 型连续斜梁桥的基本结构图

$$\left.\begin{array}{l}\delta_{22}R_2+\delta_{23}R_3+\delta_{24}R_4+\Delta_{2p}=0\\ \delta_{32}R_2+\delta_{33}R_3+\delta_{34}R_4+\Delta_{3p}=0\\ \delta_{42}R_2+\delta_{43}R_3+\delta_{44}R_4+\Delta_{4p}=0\end{array}\right\} \quad (2\text{-}5\text{-}5)$$

上式中的常变位 δ_{ii} 和 δ_{ij} 以及荷载变位 Δ_{ip} 均按附表 II-3 中的相应公式计算,对于本例 $\delta_{42}=\delta_{24}=0$。当求出赘余力 R_2、R_4 和 M_3 以后,同样按附表 II-2 中公式计算连续斜梁各个截面的内力。

五、算　例

【例 2-5-1】图 2-5-8 中的四跨等截面连续斜梁桥,其跨径组合为 20m+30m+30m+20m,斜交角 $\alpha=35°$,与桥轴线正交的截面尺寸均示于图中,且具有以下的截面特性:

截面面积　　　　　　　　　$A=5.6016\text{m}^2$
中心轴位置　　　　　　　　$y_\text{上}\approx 0.56\text{m}$
抗弯惯矩　　　　　　　　　$I=1.7424\text{m}^4$
抗扭惯矩　　　　　　　　　$I_\text{T}=4.1977\text{m}^4$

C40 混凝土的弹性模量 $E=3.3\times 10^7 \text{kN/m}^2$,剪切模量 $G=0.425E$,试求在图中荷载作用下第二跨跨中弯矩和 3 号支承处的反力扭矩。

解:(1)基本参数计算

$$k=\frac{EI}{GI_\text{T}}=\frac{E\times 1.7424}{0.425E\times 4.1977}=0.9767$$

$$D=\frac{\tan^2\alpha}{2(\tan^2\alpha+k)}=\frac{\tan^2 35°}{2(\tan^2 35°+0.9767)}=0.1671$$

（2）列三弯矩方程组

参照图 2-5-8c）所示的基本结构和按式（2-5-1）得以下的方程组，即：

$$\left.\begin{array}{l} 0+(20+30)(2-3D)M_2+30(1-3D)M_3=\dfrac{3}{2}(\Delta_1^B+\Delta_2^A)\cos35° \\[4pt] 30(1-3D)M_2+(30+30)(2-3D)M_3+30(1-3D)M_4=\dfrac{3}{2}(\Delta_2^B+\Delta_3^A)\cos35° \\[4pt] 30(1-3D)M_3+(30+20)(2-3D)M_4+0=\dfrac{3}{2}(\Delta_3^B+\Delta_4^A)\cos35° \end{array}\right\}$$

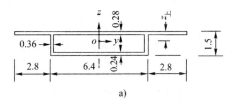

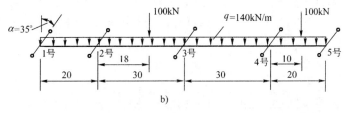

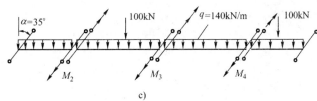

图 2-5-8 例 2-5-1 的结构布置、截面尺寸及计算图（尺寸单位：m）

上面第一式等号右边的载变位参数演算可按附表 II-1 中的相应公式进行，即：

$$\Delta_1^B=-\frac{1}{6}ql_1^3(1-2D)=-\frac{1}{6}\times140\times20^3(1-2\times0.1671)=-124282.67$$

$$\Delta_2^A=-\frac{1}{6}ql_2^3(1-2D)-\frac{2}{3}pl_2^2\varepsilon(1-\varepsilon)(2-\varepsilon-3D)$$

$$=-\frac{1}{6}\times140\times30^3(1-2\times0.1671)-\frac{2}{3}\times100\times30^2\times0.6\times(1-0.6)\times$$

$$(2-0.6-3\times0.1671)$$

$$=-419454.0-12941.28=-432395.28 \qquad \left(\text{此处}\varepsilon=\frac{18}{30}=0.6\right)$$

于是得：

$$\frac{3}{2}(\Delta_1^B+\Delta_2^A)\cos35°=\frac{3}{2}(-124282.67-432395.28)\cos35°$$

$$=-684005.82$$

同理，可以计算其他各项，这里不一一列出，仅列出化简后的结果如下：

$$\left.\begin{array}{l}0+74.935M_2+14.961M_3=-684005.82\\14.961M_2+89.922M_3+14.961M_4=-1050952.35\\14.961M_3+74.935M_4+0=-676285.38\end{array}\right\}$$

解此联立方程组得：

$$M_2=-7276\text{kN}\cdot\text{m}$$
$$M_3=-9275\text{kN}\cdot\text{m}$$
$$M_4=-7173\text{kN}\cdot\text{m}$$

以上均为负值，表明各支承截面的弯矩值为负弯矩，它与所假设的赘余弯矩方向相反。

(3) 第二跨跨中弯矩计算

由图2-5-9知，作用于第二跨梁上的外荷载，除了分布荷载和集中力之外，还有两端支点处已求得的赘余弯矩 M_2 和 M_3。此时，欲求截面的位置 $x_1=15\text{m}$，它与跨径之比 $\xi_1=0.5$，故可查附表II-2中相应的公式，分别计算它们对该截面产生的内力。

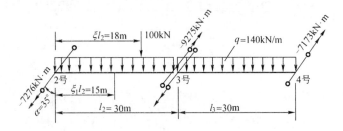

图 2-5-9　第二跨跨中弯矩及3号支点反力扭矩计算图

① 均布荷载 q（查附表II-2中序号2）

$$M_q=\frac{1}{2}ql_2^2\left(\xi_1-\xi_1^2-\frac{1}{3}D\right)$$
$$=\frac{1}{2}\times140\times30^2\left(0.5-0.5^2-\frac{1}{3}\times0.1671\right)=12240.90\text{kN}\cdot\text{m}$$

② 集中力 P（查附表II-2中序号3）

由于 $\xi=0.6$，$\xi_1=0.5<\xi$，故：

$$M_p=(1-\xi)(\xi_1-D\xi)Pl_2$$
$$=(1-0.6)(0.5-0.1671\times0.6)\times100\times30=479.69\text{kN}\cdot\text{m}$$

③ 赘余弯矩 M_2（查附表II-2中序号6）

$$M_{m2}=\frac{1-\xi_1-D}{\cos\alpha}M_2$$

$$=\frac{(1-0.5-0.1671)}{\cos35°}\times(-7276)=-2956.93\text{kN}\cdot\text{m}$$

④ 赘余弯矩 M_3（查附表II-2中序号5）

$$M_{m3}=\frac{(\xi_1-D)}{\cos\alpha}M_3$$

$$=\frac{(0.5-0.1671)}{\cos 35°}\times(-9275)=-3769.32 \text{kN}\cdot\text{m}$$

于是，跨中截面总弯矩为上述四个分项之和，即：

$$\sum M_{中}=M_q+M_p+M_{m2}+M_{m3}$$

$$=12240.90+479.69-2956.93-3769.32$$

$$=5994.34 \text{kN}\cdot\text{m}$$

其余内力均可参照此方法进行计算。

(4) 图中 3 号支点处的反力扭矩计算

由图 2-4-9 知，使 3 号支点产生反力扭矩的因素是该支点相邻两跨上所有的外荷载和已知的赘余弯矩 M_2、M_3、M_4。但由于 $l_2=l_3=30\text{m}$，由均布荷载 q 和 M_3 对该支点产生的反力扭矩具有反对称性，其最终效应将相互抵消，故在此特殊条件下可不予计算。其余项仍按附表 II-2 中的相应公式进行计算如下：

①集中力 P（查附表 II-2 中序号 1）

$$T_{3p}=\frac{D}{\sin\alpha}\xi(1-\xi)Pl_2$$

$$=\frac{0.1671}{\sin 35°}\times 0.6(1-0.6)\times 100\times 30=209.76 \text{kN}\cdot\text{m}$$

②赘余弯矩 M_2（查附表 II-2 中序号 6）

$$T_{3m2}=\frac{\tan\alpha(1+\tan^2\alpha)}{2(\tan^2\alpha+k)}M_2$$

$$=\frac{\tan 35°(1+\tan^2 35°)}{2(\tan^2 35°+0.9767)}\times(-7276)=-2587.81 \text{kN}\cdot\text{m}$$

③赘余弯矩 M_4（查附表 II-2 中序号 5）

$$T_{3m4}=-\frac{\tan\alpha(1+\tan^2\alpha)}{2(\tan^2\alpha+k)}M_4$$

$$=-\frac{\tan 35°(1+\tan^2 35°)}{2(\tan^2 35°+0.9767)}\times(-7173)=2551.18 \text{kN}\cdot\text{m}$$

于是，3 号支点处的反力扭矩是以上三个分项之和，即：

$$T_3=T_{3p}+T_{3m2}+T_{3m4}=209.76-2587.81+2551.18$$

$$=173.13 \text{kN}\cdot\text{m}$$

【例 2-5-2】 设例 2-5-1 中的 4 跨连续斜梁桥 3 号墩处的支座改为点铰支座，其余条件不变，如图 2-5-10 所示。试求第二跨跨中弯矩和 3 号支点处截面的扭矩和支反力。

解：(1) 基本参数计算

同上例，$k=0.9767$，$D=0.1671$。

（2）列力法方程组

本例属于混合型连续斜梁桥，可参照图 2-5-10b) 的基本结构和根据式（2-5-4）写出其力法方程组如下：

$$\delta_{11}X_1 + \delta_{22}X_2 + \delta_{13}X_3 + \Delta_{1p} = 0$$
$$\delta_{21}X_1 + \delta_{22}X_2 + \delta_{23}X_3 + \Delta_{2p} = 0$$
$$\delta_{31}X_1 + \delta_{32}X_2 + \delta_{33}X_3 + \Delta_{3p} = 0$$

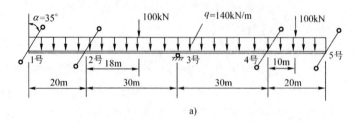

a)

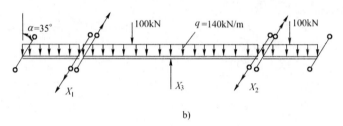

b)

图 2-5-10 例 2-5-2 的结构布置及计算图

（3）常变位计算

本例的跨径和支座布置均对称于中央支点（3号支点），故有：

$$\delta_{11} = \delta_{22} \quad \delta_{12} = \delta_{21} \quad \delta_{13} = \delta_{31} = \delta_{23} = \delta_{32}$$

查附表 II-3 中的梁端角 θ_A、θ_B 公式，可以计算出这些系数。例如，对于 δ_{11} 可按附表 II-3e 和 f 中的端转角 θ 一行中公式计算，但应注意两点：①具体的端弯矩值 $\overline{M}_A = \overline{M}_B = 1$；②正、负号视其计算结果与基本结构中赘余力矩假定方向是否一致而定，同向者取正，反之取负。于是：

$$\delta_{11} = \frac{l_1}{6EI} \cdot \frac{(2-3D)}{\cos^2\alpha} + \frac{(l_2+l_3)}{6EI} \cdot \frac{(2-3D)}{\cos^2\alpha}$$

$$= \frac{(20+30+30)}{6EI} \cdot \frac{(2-3\times 0.1671)}{\cos^2 35°} = 29.78\frac{1}{EI}$$

再如，δ_{13} 则按附表 II-3e 中跨中挠度公式计算，即：

$$\delta_{13} = \frac{-(l_2+l_3)^2}{16EI} \cdot \frac{(1-2D)}{\cos\alpha} = -\frac{60^2}{16EI} \cdot \frac{(1-2D)}{\cos 35°} = -182.88\frac{1}{EI}$$

该值取负号是因为计算值的方向向下，而假设的赘余力 x_3 方向向上的缘故。

同理得：

$$\delta_{12} = 7.43\frac{1}{EI} \qquad \delta_{33} = 3372.08\frac{1}{EI}$$

(4) 载变位计算

由于 q：

$$\Delta'_{1p} = \frac{ql_1^3(1-2D)}{24\cos\alpha EI} + \frac{q(l_2+l_3)^3 \cdot (1-2D)}{24\cos35°EI} \quad （附表 II-3b 中 \theta_A）$$

$$= \frac{140(20^3+60^3) \cdot (1-2D)}{24 \cdot \cos35°EI} = 1062047.85 \frac{1}{EI}$$

由于 P：

$$\Delta''_{1p} = \frac{P(l_2+l_3)^2}{6EI} \cdot \xi(1-\xi)(2-3D-\xi)/\cos\alpha \quad （附表 II-3a 中 \theta_A）$$

$$= \frac{100 \times (30+30)^2}{6EI} \cdot 0.3(1-0.3)(2-3D-0.3)/\cos35°$$

$$= 18348.12 \frac{1}{EI}$$

最后得：

$$\Delta_{1p} = \Delta'_{1p} + \Delta''_{1p} = 1062047.85 + 18348.12 = 1080395.97 \frac{1}{EI}$$

同理，得：

$$\Delta_{2p} = 1076365.24 \frac{1}{EI} \quad \Delta_{3p} = -17570274.30 \frac{1}{EI}$$

(5) 解力法方程组

$$\left.\begin{array}{l} 29.78X_1 + 7.43X_2 - 182.88X_3 + 1080395.97 = 0 \\ 7.43X_1 + 29.78X_2 - 182.88X_3 + 1076365.24 = 0 \\ -182.88X_1 - 182.88X_2 + 3372.08X_3 - 17570274.30 = 0 \end{array}\right\}$$

联立解之得：

$$X_1 = -7313 \quad X_2 = -7132 \quad X_3 = 4427$$

上述的 X_1 和 X_2 为负值，表示基本结构中 2 号和 4 号支点处的赘余弯矩应反号，应为负弯矩，$X_3 = R_3$，它为正值，支反力的方向向上，表示与原假设的方向一致。

(6) 截面内力计算

与上例的差别在于，本例的基本结构中，是一座只有三跨的超静定简支斜梁桥，故在计算第二跨跨中弯矩和 3 号支点截面的扭转力矩时，应取 2 号支点至 4 号支点之间的一跨进行计算，如图 2-5-11 所示，此时的所有赘余力（X_1、X_2、X_3）均视作外荷载。

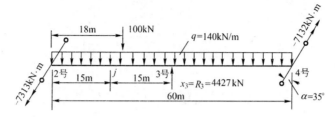

图 2-5-11 第二跨跨中（j 号）截面内力的计算图

由于 q：

$$M_j^q = \frac{1}{2}q(l_2+l_3)^2\left(\xi_1 - \xi_1^2 - \frac{1}{3}D\right)$$

$$= \frac{1}{2} \times 140 \times (30+30)^2 \left(0.25 - 0.25^2 - \frac{1}{3} \times 0.1671\right)$$

$$= 33213.6 \text{kN} \cdot \text{m}$$

由于 P：

∵ $\xi_1 < \xi$, 即 $0.25 < 0.3$

∴ $M_j^p = (1-\xi)(\xi_1 - D\xi)P(l_1 + l_2)$
$= (1-0.3)(0.25 - 0.1671 \times 0.3) \times 100(30+30) = 839.454 \text{kN} \cdot \text{m}$

由于 X_1：

$$M_j^{x_1} = \frac{(1-\xi_1-D)}{\cos\alpha} \times X_1$$

$$= \frac{(1-0.25-0.1671)}{\cos 35°}(-7313) = -5203.854 \text{kN} \cdot \text{m}$$

由于 X_2：

$$M_j^{x_2} = \frac{(\xi_1 - D)}{\cos\alpha} \times X_2$$

$$= \frac{(0.25-0.1671)}{\cos 35°}(-7132) = -721.774 \text{kN} \cdot \text{m}$$

由于 X_3：

$$M_j^{x_3} = -(1-\xi)(\xi_1 - D\xi)X_3 \cdot (l_2 + l_3)$$

此处的 $\xi = 0.5$，X_3 的方向与表中指出的方向相反，故取负值，于是：

$$M_j^{x_3} = -(1-0.5)(0.25-0.167 \times 0.5) \times 4427 \times (30+30)$$
$$= -22106.225 \text{kN} \cdot \text{m}$$

叠加各分项计算值便得第二跨跨中截面的弯矩为：

$$M_j = M_j^q + M_j^p + M_j^{x_1} + M_j^{x_2} + M_j^{x_3} = 6201.201 \text{kN} \cdot \text{m}$$

（7）图中 3 号支点截面的扭矩计算（附表 II-2）

由于 q：

$$T_3^q = -\frac{D}{6}q(l_2+l_3)^2 \cot\alpha$$

$$= -\frac{0.1671}{6} \times 140(30+30)^2 \cot 35° = -20046.057 \text{kN} \cdot \text{m}$$

由于 P 此时 $\xi = 0.3$ $\xi_1 = 0.5$，$\xi l < \varepsilon_1 l$ 故有：

$$T_3^p = -D\xi(1-\xi)P(l_2+l_3)\cot\alpha$$
$$= -D \times 0.3(1-0.3) \times 100(30+30)\cot 35°$$
$$= -300.69 \text{kN} \cdot \text{m}$$

由于 X_1：

$$T_3^{x_1} = -\frac{D}{\sin\alpha} \cdot X_1 = -\frac{0.1671}{\sin 35°}(-7313) = 2130.50 \text{kN} \cdot \text{m}$$

由于 X_2：

$$T_3^{x_2} = -\frac{D}{\sin\alpha} \cdot X_2 = -\frac{0.1671}{\sin 35°}(-7132) = 2077.77 \text{kN} \cdot \text{m}$$

由于 X_3：

$$T_3^{x_3} = -D\xi(1-\xi) \cdot X_3(l_2+l_3)\cot\alpha$$
$$= -0.1671 \times 0.5(1-0.5)(-4427)(30+30)\cot 35°$$
$$= 15847.12 \text{kN} \cdot \text{m}$$

叠加各分项计算值便得 3 号支点截面的扭转力矩为：

$$T_3 = T_3^q + T_3^p + T_3^{x_1} + T_3^{x_2} + T_3^{x_3} = -291.36 \text{kN} \cdot \text{m}$$

六、用有限元法程序近似计算恒载内力

恒载主要指作用方向向下的结构自重。为了简化分析，近似地认为其合力点作用在桥轴线上，计算时，先假设将基本结构上的斜置支座旋转，使之与桥轴线正交（$\alpha=0$），如图 2-5-12c）所示。然后，应用平面杆系有限元程序求算连续正梁桥的赘余弯矩 M_i^z 和赘余支反力 R_i^z（上标 z 代表相应结构的正梁桥值），于是，连续斜梁的赘余弯矩 M_i 和赘余支反力 R_i 可应用下列的关系式求得，即：

$$M_i = M_i^z \cos\alpha \qquad (2\text{-}5\text{-}6a)$$

$$R_i = R_i^z \qquad (2\text{-}5\text{-}6b)$$

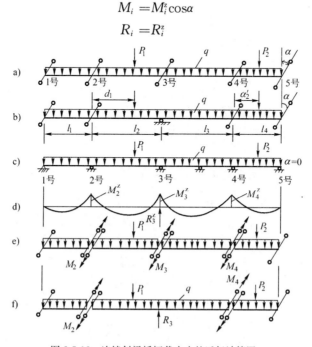

图 2-5-12 连续斜梁桥恒载内力的近似计算图
a) A 型斜桥；b) C 型斜桥；c) 正桥；d) 正桥内力图；e) A 型桥基本结构；f) C 型桥基本结构

当确定出各赘余力以后，仍然以基本结构中各个超静定简支斜梁桥为单位，把已知的赘余力视作外荷载，应用附表 II-2 中的相应公式分别计算欲求截面的内力。现仍用例 2-5-1 和例 2-5-2 的已知资料来介绍这个近似分析方法。

上述两例中的跨径组合和荷载布置完全相同，仅中间 3 号支座有所差别，但按连续正梁桥计算时，完全可以取同一个计算模型，如图 2-5-13 所示。每跨各等分四个单元，全桥共划分 16 个单元和 17 个节点，各中间支点反力及其截面弯矩均示于图中。于是，实桥的赘余弯矩可应用式（2-5-6a）确定，赘余支反力按式（2-5-7b）确定，可不用换算。现将两种方法计算的结果对比地列于表 2-5-1 中。

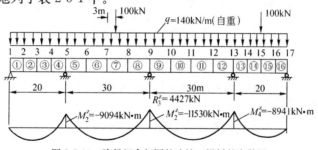

图 2-5-13 跨径组合相同的连续正梁桥的离散图

两种方法的计算结果对比　　　　　　　表 2-5-1

例　别	赘余力	单　位	理论分析值	有限元法近似值	近似值/理论值
例 2-5-1	M_2	kN·m	−7276	−7449.4	1.024
	M_3		−9275	−9444.8	1.018
	M_4		−7173	−7324.0	1.021
例 2-5-2	$X_1=M_2$	kN·m	−7313	−7449.4	1.019
	$X_2=M_4$		−7132	−7324.0	1.027
	$X_3=R_3$	kN	4427	4427	1.000

跨间内各个截面的内力计算方法与上两例中的相同，也可将附表 II-2 中的计算公式编制小的辅助计算程序，将外荷载和已知赘余力分别输入而后叠加便得。

第四节　汽车荷载内力计算

一、一般公式

按现行《通用规范》：

$$S=(1+\mu)\xi \cdot \zeta(q_k\omega_i+P_ky_i) \tag{2-5-7}$$

按原《通用规范》：

$$S=(1+\mu)\xi \cdot \sum\zeta P_iy_i \tag{2-5-8}$$

以上两式中各个符号定义见式（2-1-6）和式（2-1-7）中的说明，其中的内力（荷载）增大系数 ζ 见式（2-3-6）。

二、计算方法

可以应用的计算方法主要有以下几种：
(1) 空间有限元法；
(2) 理论分析与查表法；
(3) 影响线的加载法；
(4) 近似分析法。
本节重点介绍近似分析法，其余方法可参阅相关文献或专用程序中的说明。

三、近似分析法要点

近似分析法的基本构想是：应用平面杆系有限元的程序和式（2-5-6）的换算公式，求得各中间支点截面的赘余弯矩和赘余支反力后，再按超静定简支斜梁桥的计算图和应用查表法求各控制截面的内力。

现以图 2-5-14 所示 A 型四跨斜支承连续箱梁桥来阐明具体的计算方法及计算步骤，其中汽车荷载的纵向布置是按原《通用规范》的规定布置的。

序 号	计 算 图	
1	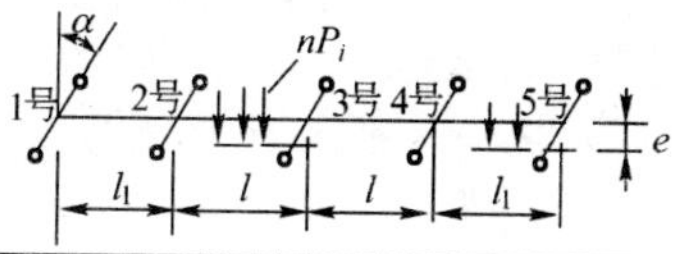	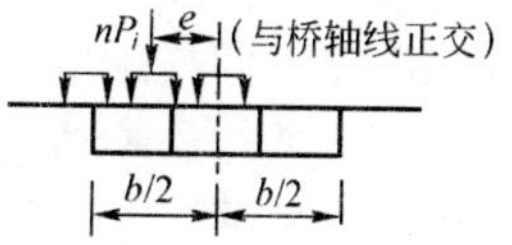
2	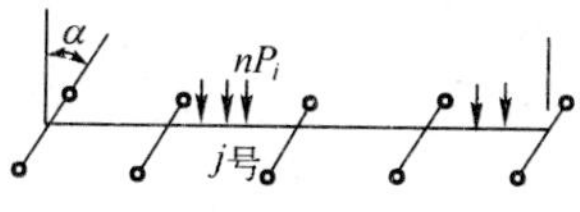 工况Ⅰ	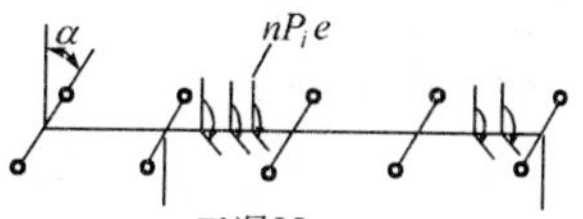 工况Ⅱ
3	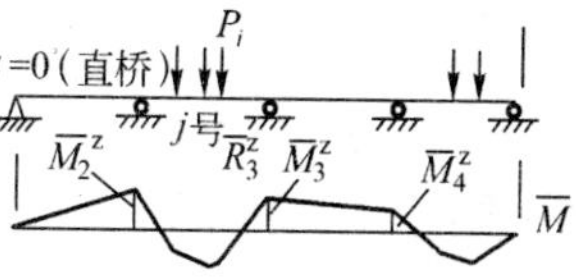 $\alpha=0$（直桥）	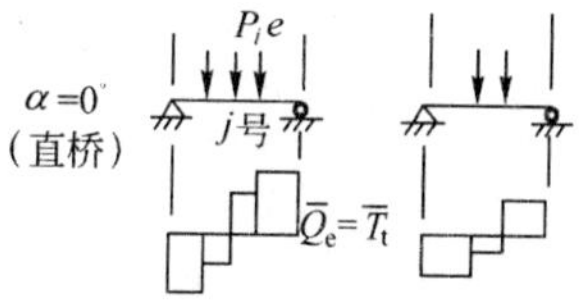 $\alpha=0°$（直桥）
4	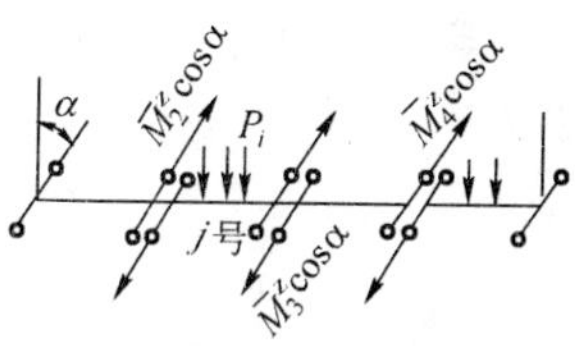	—
5	按附表Ⅱ-2计算一行车之内力 $\overline{M}_{jp}$、$\overline{Q}_{jp}$、$\overline{T}_{jp}$	按计算剪力 $\overline{Q}$ 的方法计算扭矩内力 $\overline{T}_{jt}$
6	$M_j=(1+\mu)\xi\cdot\zeta\cdot\overline{M}_{jp}$ $Q_j=(1+\mu)\xi\cdot\zeta\cdot\overline{Q}_{jp}$	$T_j=(1+\mu)\xi\cdot n\cdot(\overline{T}_{jp}+\overline{T}_{jt})$

图 2-5-14 A型连续斜梁桥汽车荷载内力的计算步骤及其计算图

1. 步骤1：合理进行车队的纵、横向布置（图中序号1）

（1）车队纵向布置：参考相同跨径组合连续直梁桥（$\alpha=0$）之截面内力影响线进行布置，图中是按第二跨 j 号截面的弯矩影响线正弯矩区来布置的（可用《结构力学》中的机动法判断），共布置了 n 行车，每个车轴的合力为 nP_i。

（2）荷载横向布置：根据所设计的桥宽和规范中的规定，进行两行车或三行车的最不利横向布置，并确定合力作用点至截面中心的偏心距离 e（与桥面中轴线正交）。

2. 步骤2：荷载分解（图中序号2）

将偏心荷载分解为垂直于桥轴线平面上的两种简单工况：

工况Ⅰ——作用于桥面中轴线上的竖向力 nP_i（n：车队数；P_i：一行车的各个轴重）；

工况Ⅱ——绕截面剪心作用的扭转力矩 nP_ie，若用力矩的矢量（→→）表示时，则均与桥面中轴线重合。

3. 步骤3：令斜交角 $\alpha=0$，即按直桥计算各中支点弯矩 $\overline{M}_i^z$（图中序号3）

（1）对于工况Ⅰ，应注意以下几点：

①连续直梁桥的跨径组合及车轴纵向布置与工况Ⅰ中的完全相同，但车队数 $n=1$；

②对于2～4跨的连续梁，可按表1-3-11和表1-3-12的影响线竖标值进行计算，对于其余情况，可应用一般平面杆系有限元法程序求算；

③对于 B 型或 C 型连续斜梁桥，还需计算出具有单点铰支承处的支反力 $\overline{R}_i^z$。

(2) 对于工况 II，近似地将布置有扭转力矩（nP_ie）的桥跨视作为简支直梁桥桥跨，将它单独地截取出来，同样地取 $n=1$，并且将各个扭转力矩 P_ie 视作为"虚拟垂直集中力"；然后计算各个截面的"虚拟剪力"$\overline{Q}_e$，该剪力即为扭矩内力 $\overline{T}_t$ 的近似值，对于任意 j 号截面的扭矩内力，则用 $\overline{T}_{jt}$ 表示。

4. 步骤 4：求工况 I 各中支点截面的赘余力（图中序号 4）

将上一步骤中求得的 $\overline{M}_i^z$ 和 $\overline{R}_i^z$（$\overline{R}_i^z$ 将在 B 型和 C 型斜梁桥中用到）代入到式（2-5-6）和式（2-5-7）中，便可得到实桥各个中支点截面的赘余力近似值，即：

$$\overline{M}_i = \overline{M}_i^z \cos\alpha \qquad \overline{R}_i = \overline{R}_i^z$$

5. 步骤 5：求工况 I 在一行车作用下各截面的内力

将所求得的各支座截面赘余弯矩 $\overline{M}_i$ 赋值到图中的基本结构上，并将它与各个 P_i 均视作外荷载，然后代入到本篇附表 II-2（或按附表中公式自编简短程序）的相应公式中，便可得到在一行车（$n=1$）作用下的各种内力：$\overline{M}_{jp}$（弯矩）、$\overline{Q}_{jp}$（剪力）和 $\overline{T}_{jp}$（扭矩），各个符号中的下标 j 代表 j 号截面，p 是指由垂直力 P_i 产生的内力。

6. 步骤 6：任意 j 号截面的内力终值

对于弯矩和剪力：

$$\left. \begin{array}{l} M_j = (1+\mu)\xi \cdot \zeta \cdot \overline{M}_{jp} \\ Q_j = (1+\mu)\xi \cdot \zeta \cdot \overline{Q}_{jp} \end{array} \right\} \qquad (2\text{-}5\text{-}9)$$

对于扭矩内力：

$$T_j = (1+\mu)\xi \cdot n(\overline{T}_{jp} + \overline{T}_{jt}) \qquad (2\text{-}5\text{-}10)$$

注意：在式（2-5-9）中，增大系数 ζ 是计入了偏心荷载对弯矩和剪力产生的效应；而在式（2-5-10）的 $\overline{T}_{jp}$ 是由竖向力 P_i 的弯扭耦合效应而产生，故需先将它与 $\overline{T}_{jt}$ 叠加，再乘以车队数 n（不是 ζ）和其他两个系数。

四、几点说明

1. 关于 B 型、C 型连续斜梁桥的近似分析

分析的步骤及计算方法均与上述 A 型的基本相同，但应注意两点：①基本结构分别如图 2-5-6 和图 2-5-7；②在按步骤 3 计算时需要将单点铰支承的支反力 $\overline{R}_i^z$ 求出，并按式（2-5-7）进行换算。

2. 合理的纵、横向布载问题

关于横向布载，应根据桥宽和多车道横向折减系数 ξ 综合考虑后来确定最不利的内力增大系数，即按（$\xi \cdot \zeta$）之积为最大的条件考虑。

关于纵向布载，由于不是按影响线加载，当无专用程序时，则只能通过几种布载方案计算比较后确定。若按相关规范的荷载布置，则其计算就相对简单一些。

3. 抗扭支座的验算问题

为了防止抗扭支座产生一侧上翘脱空的现象，对于中间桥墩上的抗扭支座，必须将基本结构中（图 2-5-14 序号 4）每相邻两跨对同一支点处产生的支反力和反力扭矩分别叠加后验算，最不利的布载应是支反力小而反力扭矩最大的工况。只有两端桥台处的抗扭支座可以直

接按基本结构的图来验算其稳定性。

五、算　例

【例 2-5-3】　试应用近似分析法，计算例 2-5-1 和例 2-5-2 中 A 和 C 两种类型连续斜梁桥的第二跨跨中（0 号）截面在汽—20 荷载（公路—Ⅱ级）作用下的内力，所有设计基本参数同前。

解：（1）按相应的四跨连续直梁桥和应用机动法绘制第二跨跨中截面的弯矩影响线示意图，并在其上进行一行车的纵向布置，如图 2-5-15a）所示。

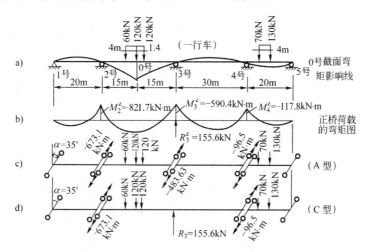

图 2-5-15　例 2-5-3 两类桥梁的近似分析法图

（2）应用与图 2-5-13 所示的直桥计算模型和有限元法程序，计算各中间支点截面处的弯矩 $\overline{M}_i^z$ 和支反力 $\overline{R}_i^z$，其具体值均列于图 2-5-15b）中。

（3）将 $\overline{M}_i^z$ 和 $\overline{R}_i^z$ 代入式（2-5-6）和式（2-5-7），便得到 A 型和 C 型两类连续斜梁桥在基本结构上的赘余弯矩和赘余支反力，如图 2-5-14c）和 d）所示。

（4）计算第二跨跨中截面（0 号截面）在一行车的竖向荷载作用下产生的内力。对于 A 型连续斜梁桥，取图 2-5-15c）中的 2 号至 3 号跨超静定简支斜梁桥；对于 C 型连续斜梁桥，取图 2-5-15d）的 2 号至 4 号跨超静定简支斜梁桥，分别按照附表Ⅱ-2 中相应的公式逐一计算每个集中荷载对 0 号截面产生的内力。具体过程从略，现将计算结果汇总于表 2-5-2。

一行车对 0 号截面产生的内力　　　　　表 2-5-2

类别	荷载 内力	$M_2=$ -673.1	$M_3=$ -483.63	$P_1=60$	$P_2=120$	$P_3=120$	—	合计
A 型	$\overline{M}_{0p}$	273.55	−196.55	260.15	749.61	666.92	—	1206.58
	$\overline{Q}_{0p}$	27.39	−19.68	−22.00	60.00	54.40	—	100.11
	$\overline{T}_{0p}$	196.09	140.90	−99.75	−214.78	−212.91	—	−190.45
C 型	荷载 内力	$M_2=$ -673.1	$M_4=$ -96.5	$P_1=60$	$P_2=120$	$P_3=120$	$R_3=-155.6$	合计
	$\overline{M}_{0p}$	−478.91	−9.77	404.93	1124.42	1069.03	−776.99	1332.71
	$\overline{Q}_{0p}$	13.70	−1.96	−11.00	90.00	87.20	−77.80	100.14
	$\overline{T}_{0p}$	196.09	28.11	−128.63	−322.17	−341.28	556.99	−10.89

注：弯矩 M 和扭矩 T 的单位为 kN·m；集中力 P、支反力 R 和剪力 Q 的单位为 kN。

(5) 内力增大系数 ζ 的计算。

近似地按连续直梁桥的公式 [式 (2-3-9) 和式 (2-3-10)] 计算。

①荷载横向布置如图 2-5-16a) 所示，当按规范中规定对两行车和三行车进行最不利的偏心布置时，它们的合力作用点距截面中心线的偏心距 e 分别为 2.55m 和 1.0m。

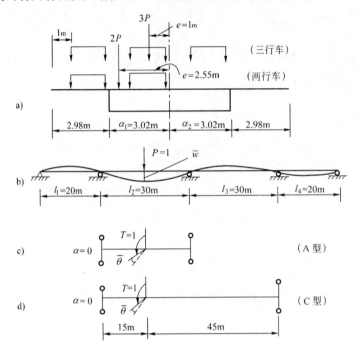

图 2-5-16 内力增大系数 ζ 的计算图

②按照相同跨径组合的连续直梁桥图和应用平面杆系有限元法程序，计算第二跨跨中截面在单位集中力 $P=1$ 作用下产生的挠度，它为：

$$\overline{w} = 0.4895 \times 10 \text{m/kN}$$

但也可应用《结构力学》中的力法求解。

③计算 A 型结构在单位扭转力矩 $T=1$ 作用于第二跨跨中时的扭转角 $\overline{\theta}$（图 2-5-16c）。

$$\overline{\theta} = \frac{1 \cdot l}{4GI_T} = \frac{1 \times 30}{4 \times 0.425 \times 3.3 \times 10^7 \times 4.1977} = 1.27393 \times 10^{-7} \text{rad/(kN} \cdot \text{m)}$$

④计算 C 型结构在单位扭转力矩 $T=1$ 作用于第二跨跨中时的扭转角 $\overline{\theta}$（图 2-5-16d）。

由图知，2 号墩与 4 号墩上两抗扭支座之间的总长 $\sum l = 2 \times 30 = 60$m，第二跨跨中至 2 号墩上支点的距离为 15m，故 $\beta = \frac{15}{60} = 0.25$（此处用 β 表示是避免与斜交角 α 混淆）。代入式 (2-3-10)，得：

$$\overline{\theta} = \frac{(1-\beta)\beta \sum l}{GI_T} = \frac{(1-0.25) \ 0.25 \times 60}{0.425 \times 3.3 \times 10^7 \times 4.1977} = 1.9109 \times 10^{-7} \text{rad/(kN} \cdot \text{m)}$$

⑤按式 (2-3-6) 计算两类桥跨结构的内力增大系数 ζ。

本例箱形截面梁两外侧腹板中距 $b=6.04$m，现列表 2-5-3 分别计算各类桥梁的增大系数值。

内力增大系数 ζ 汇总表　　　　　表 2-5-3

类型	车队数 n	偏心距 e (m)	$\dfrac{b}{w}\left(\dfrac{m}{m/kN}\right)$	$\bar{\partial}$ [rad/(kN·m)]	增大系数 ζ	横向折减系数 ξ	$\xi \cdot \zeta$
A 型	2	2.55	$\dfrac{6.04}{0.4895\times10^{-5}}$	1.27393×10^{-7}	2.4008	1	2.4008
A 型	3	1.0		1.27393×10^{-7}	3.2358	0.78	2.5239
C 型	2	2.55		1.9109×10^{-7}	2.6013	1	2.6013
C 型	3	1.0		1.9109×10^{-7}	3.3537	0.78	2.6159

从表中计算结果可知，两种类型的桥梁在竖向荷载作用下均以取三行车行驶的工况最为不利，即合力作用点的偏心矩 $e=1m$，但从对截面产生的扭矩内力而言，则又以两行车偏心行驶最不利。设计中理应按两种工况的计算结果进行综合比较后，确定最终设计选取值。本例仅以两行车行驶的工况作为例，三行车工况的计算过程与此相同。

（6）计算一行车在偏心距 $e=2.55m$ 时对 0 号截面产生的扭矩内力 $\bar{T}_{ot}$。

A 型桥梁按图 2-5-17a）的图计算；C 型桥梁按图 2-5-17b）的图计算。具体的计算公式仍可查阅附表 II-2，其计算结果汇总表于 2-5-4 中。

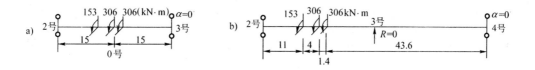

图 2-5-17　A 型、C 型桥梁第二跨跨中截面由扭矩荷载产生的内力计算图（尺寸单位：m）

$e=2.55m$ 时一行车在 $0_{左}$ 截面产生的扭矩内力（kN·m）　　　　　表 2-5-4

类　型	荷　载 ＼ 内　力	$T_1=153$	$T_2=306$	$T_3=306$	合计
A 型 图 2-5-17a）	$\bar{T}_{ot}$	−56.10	153.00	138.72	235.62
C 型 图 2-5-17b）	$\bar{T}_{ot}$	−28.05	229.5	222.36	423.81

现举例说明，表中 $T_3=306 kN\cdot m$，它对 0 号左截面产生的扭矩内力分别为：

A 型　　　　　$T_{0左}=\dfrac{306\times(15-1.4)}{30}=138.72 kN\cdot m$

C 型　　　　　$T_{0左}=\dfrac{306\times 43.6}{60}=222.36 kN\cdot m$

（7）0 号截面的设计总内力值。

由图 2-5-15a）中关于 0 号截面的弯矩影响线示意图可知，其正弯矩的加载长度合计为 50m，按照原《通用规范》规定大于 45m，故其冲击系数 $1+\mu=1$。本例中的弯矩 M_0 和剪力 Q_0 设计值应按式（2-5-9）计算；扭矩内力设计值应按式（2-5-10）计算，其结果示于

表 2-5-5。

此外，表中还给出了按三弯矩方程或力法方程解赘余力后，再进行内力的理论计算，以对比。

0 号截面的汽车荷载弯矩与剪力值（两行车工况）　　　　表 2-5-5a

类　型	计算方法	一行车之值		计入 $(1+\mu)\xi\cdot\zeta$ 系数后之值	
		M_0 (kN·m)	Q_0 (kN)	M_0 (kN·m)	Q_0 (kN)
A 型	近似计算	1206.58	100.11	2896.76	240.34
	理论分析	1227.94	88.21	2948.04	211.77
C 型	近似计算	1332.71	100.14	3466.78	260.49
	理论分析	1349.54	97.71	3510.56	254.17

注：表中近似计算值摘自表 2-5-2。

0 号截面的汽车荷载弯矩与剪力值（两行车工况）　　　　表 2-5-5b

类　型	计算方法	一行车之值（kN·m）			计入 $(1+\mu)\xi\cdot n$ 后之值
		$\bar{T}_{0p}$	$\bar{T}_{0t}$	$\bar{T}_0=\bar{T}_{0p}+\bar{T}_{0t}$	
A 型	近似计算	−190.45	235.62	45.17	90.34
	理论分析	−203.84	233.54	29.7	59.4
C 型	近似计算	−10.89	423.81	412.92	825.84
	理论分析	−21.37	419.56	398.19	796.38

注：1. 表中 $1+\mu=1, \xi=1, n=2$；
　　2. 近似计算值摘自表 2-5-2。

第五节　预加力作用下的次内力计算

一、等效荷载法

1. 基本假定

（1）近似地假定，用于连续正梁桥的等效荷载法（本篇第三章第五节）对连续斜梁桥也适用。

（2）忽略因斜交角影响所造成的、各腹板始、终点在纵向的微小错位，这样，便可将每片腹板内所求得的等效荷载都移到桥中轴线的平面内进行叠加，然后按照这样的荷载布置来计算结构的初内力和次内力。

2. 计算步骤

现以图 2-5-18 中的两跨连续斜箱梁桥为例来简述其计算步骤。

（1）应用本篇表 2-3-8 中的公式，分别对每片腹板内的预应力束曲线先进行荷载等效，再移到桥轴线的平面内，变为除竖向等效荷载 $q(x)$ 外，还有横向等效扭转荷载 $t(x)$，如图 2-5-18d) 所示，后者表达式为：

$$t(x) = \pm \frac{b}{2} q(x) \tag{2-5-11}$$

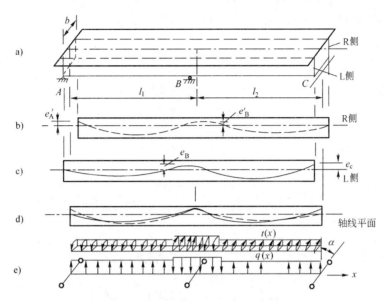

图 2-5-18　连续斜箱桥的预应力束布置及计算图

式中的 b 为两外侧腹的中距，式中的正、负号可参照图 2-5-4 中的符号规定确定。

（2）根据支座布置形式，选用本章第三节中的相应计算图进行分析和确定赘余力。作用于基本结构上的等效荷载可分以下几种情况处理：

①当各片腹板内的等效荷载分布均较简单时，则采取先将荷载叠加，然后进行一次性计算；

②当各片腹板内的等效荷载分布相差较大时，则采取先按每片的等效荷载分别计算，然后进行内力叠加；

③同一跨内的等效荷载既有向上的又有向下的情况时，则可根据情况将其中的一种化为全跨满布荷载，另一种化为局部分布荷载，但为了便于应用本篇附表 II，还可将局部分布荷载简化为若干个集中力。

（3）按下列近似公式，确定预加力对结构截面的初内力 $S_0(x)$。

$$\left.\begin{array}{ll}初弯矩 & M_0(x) = N_y^L e_L(x) + N_y^R e_R(x) \\ 初剪力 & Q_0(x) = N_y^L e'_L(x) + N_y^R e'_R(x) \\ 初扭矩 & T_0(x) = \dfrac{b}{2}\left[N_y^L e'_L(x) - N_y^R e'_R(x)\right]\end{array}\right\} \tag{2-5-12}$$

式中：　　　　　　　　N_y^L、N_y^R ——分别为箱梁左、右腹板端部的预加力；

$e_L(x)$、$e'_L(x)$、$e_R(x)$、$e'_R(x)$ ——分别为左、右腹板内的索曲线函数及其对 x 的一阶导数；

b ——腹板的中距。

(4) 求控制截面的次内力 $S_\text{次}(x)$。

预加次内力的一般表达式如下：

$$S_\text{次}(x) = S_\text{总}(x) - S_0(x) \tag{2-5-13}$$

式中的 $S_\text{总}(x)$ 为由等效荷载对截面产生的总内力，计算时以基本结构中的超静定简支跨为单位，荷载则包括有赘余力和位于该跨上的外荷载。

二、示 例

【例 2-5-4】 图 2-5-19 所示的 2×30m 连续斜梁桥具有以下的技术参数：

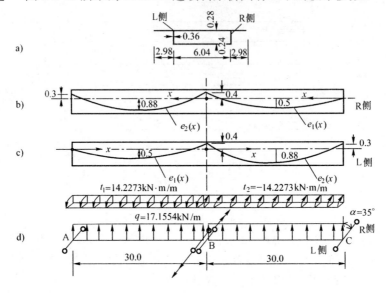

图 2-5-19 例 2-5-4 的计算图（尺寸单位：m）

斜交角 $\alpha = 35°$，弯扭刚度比 $k = \dfrac{EI}{GI_T} = 0.9767$，$D = \dfrac{1}{2(1 + k \cdot \cot^2\alpha)} = 0.1671$，每侧腹板内的预加力 $N_y = 1000\text{kN}$。腹板内的索曲线函数列出于表 2-5-6 中。试计算该桥第一跨跨中截面和 B 支点处与桥轴线正交截面的预加力次弯矩 $M_\text{次}$。

本例索曲线方程表　　　　　　　　　　表 2-5-6

腹板号	跨别	坐标原点	x 轴方向	索曲线方程 $e_i(x) =$
L 腹板	第一跨	A	向右	$3.1111 \times 10^{-3} x^2 - 0.08x$
	第二跨	B	向右	$5.4666 \times 10^{-3} x^2 - 0.16733x + 0.4$
R 腹板	第一跨	B	向左	$5.4666 \times 10^{-3} x^2 - 0.16733x + 0.4$
	第二跨	C	向左	$3.1111 \times 10^{-3} x^2 - 0.08x$

解：（1）等效荷载计算

由图 2-5-19 和表 2-5-6 中索曲线方程可知，本例的索曲线布置反对称于 B 支点，故可只计算其中一侧腹板内的等效荷载，现取 L 侧腹板进行计算：

①第一跨

$$\theta_{1L}(x) = e'_{1L}(x) = 6.2222 \times 10^{-3} x - 0.08$$

当 $x=0$m 时

$$\theta_{1L}(A) = -0.08$$

当 $x=30$m 时

$$\theta_{1L}(B) = 0.106666$$

$$q_{1L} = N_y \frac{\theta_{1L}(B) - \theta_{1L}(A)}{l_1} = 1000 \times \frac{0.106666 - (-0.08)}{30}$$
$$= 6.2222 \text{kN/m}(向上)$$

$$t_{1L} = -\frac{b}{2} \times q_{1L}(x) = \frac{-6.04}{2} \times 6.2222 = -18.7910 \text{kN} \cdot \text{m/m}$$

（绕桥中轴线的正向顺时针方向旋转 —— 右手定则，下同）

②第二跨

$$\theta_{2L}(x) = e'_{2L}(x) = 0.0109332 x - 0.16733$$

当 $x=0$m 时

$$\theta_{2L}(B) = -0.16733$$

当 $x=30$m 时

$$\theta_{2L}(C) = 0.160666$$

$$q_{2L} = N_y \frac{\theta_{2L}(C) - \theta_{2L}(B)}{l_2} = 1000 \times \frac{0.160666 - (-0.16733)}{30}$$
$$= 10.9332 \text{kN/m}(向上)$$

$$t_{2L} = -\frac{b}{2} \times q_{2L}(x) = -\frac{6.04}{2} \times 10.9332 = -33.0183 \text{kN} \cdot \text{m/m}$$

（绕桥中轴线正向顺时针方向旋转）

③荷载叠加

由于本例的索曲线反对称于中支点，故知：

$$q_{1R} = q_{2L} = 10.9332 \text{kN/m} \qquad\qquad\qquad\qquad (向上)$$

$$t_{1R} = -t_{2L} = 33.0183 \text{kN} \cdot \text{m/m} \quad (绕桥中轴线正向逆时针方向旋转)$$

$$q_{2R} = q_{1L} = 6.2222 \text{kN/m} \qquad\qquad\qquad\qquad (向上)$$

$$t_{2R} = -t_{1L} = 18.7910 \text{kN} \cdot \text{m/m} \quad (绕桥中轴线正向逆时针方向旋转)$$

当两侧腹板的等效荷载移到桥中轴线平面上时，则有：

$$q_1 = q_{1L} + q_{1R} = 6.2222 + 10.9332 = 17.1554 \text{kN/m} \qquad (向上)$$

$$q_2 = q_{2L} + q_{2R} = 10.9332 + 6.2222 = 17.1554 \text{kN/m} \qquad (向上)$$

$$t_1 = t_{1L} + t_{1R} = -18.7910 + 33.0183 = 14.2273 \text{kN} \cdot \text{m/m}$$

（绕桥中轴线正向逆时针方向旋转）

$$t_2 = t_{2L} + t_{2R} = -33.018 + 18.7910 = -14.2273 \text{kN} \cdot \text{m/m}$$

（绕桥中轴线正向顺时针方向旋转）

以上结果均示图 2-5-19d) 中。

(2) 三弯矩方程

本例为 A 型连续斜箱梁桥，取图 2-5-19d) 所示的基本结构，其三弯矩方程可按式 (2-5-1) 写出：

$$0 + (l_1 + l_2)(2 - 3D)M_2 + 0 = \frac{3}{2}(\Delta_1^B + \Delta_2^A)\cos\alpha$$

其中：

$$(l_1 + l_2)(2 - 3D) = (30 + 30)(2 - 3 \times 0.1671) = 89.922$$

Δ_1^B 和 Δ_2^A 按本篇附表 II-1 公式计算如下：

由于 q：

$$(\Delta_1^B + \Delta_2^A)_q = 2\left[-\frac{1}{6}ql^3(1 - 2D)\right]$$

$$= -\frac{1}{3}(-17.1554) \times 30^3(1 - 2 \times 0.1671) = 102798.59$$

由于 t：

$$(\Delta_1^B + \Delta_2^A)_t = \frac{1}{3}t_1 l_1^2 \tan\alpha - \frac{1}{3}t_2 l_2^2 \tan\alpha$$

$$= \frac{1}{3}(-14.2273) \times 30^2 \times \tan 35° - \frac{1}{3} \times (-14.2273) \times 30^2 \tan 35°$$

$$= -5977.24$$

叠加上述两种荷载的计算结果后，便可得最终结果，即：

$$\frac{3}{2}(\Delta_1^B + \Delta_2^A)\cos\alpha = \frac{3}{2}[(\Delta_1^B + \Delta_2^A)_q + (\Delta_1^B + \Delta_2^A)_t]\cos\alpha$$

$$= \frac{3}{2}[102798.59 - 5977.54]\cos 35° = 118967.11$$

将计算结果代入三弯矩方程，便得：

$$89.922 M_2 = 118967.11$$

$$M_2 = 1323.0 \text{kN} \cdot \text{m}$$

其中 q 取负值表示与附表 II-1 中公式规定的方向相反。

(3) 预加力初弯矩 $M_0(x)$ 计算

按式 (2-5-12) 第一式计算，对于第一跨跨中为：

$$M_0\left(\frac{l_1}{2}\right) = N_y^L e_L\left(\frac{l_1}{2}\right) + N_y^R\left(\frac{l_1}{2}\right)$$

$$= 1000 \times (-0.5) + 1000 \times (-0.88) = -1380 \text{kN} \cdot \text{m}$$

B 支点的正交截面为：

$$M_0(l_1) = N_y^L e_L(l_1) + N_y^R(l_1) = 1000 \times 0.4 + 1000 \times 0.4 = 800 \text{kN} \cdot \text{m}$$

(4) 等效荷载对截面产生的总弯矩 $M_总(x)$ 计算

取图 2-5-19d) 中第一跨的超静定简支斜梁桥计算图，并按本篇附表 II-2 中公式进行计算。对于跨中截面 $\left(\xi_1=\dfrac{1}{2}\right)$ 则如下：

$$M_{总}\left(\dfrac{l_1}{2}\right)=\dfrac{(\xi_1-D)}{\cos\alpha}M_2+\dfrac{1}{2}q_1l_1^2\left(\xi_1-\xi_1^2-\dfrac{1}{3}D\right)+\dfrac{1}{2}t_1l_1(1-2\xi_1)\tan\alpha$$

$$=\dfrac{(0.5-0.1671)}{\cos35°}\times1323+\dfrac{1}{2}\times(-17.1554)\times30^2\left(0.5-0.25-\dfrac{0.1671}{3}\right)+$$

$$\dfrac{1}{2}\times14.2273\times30(1-2\times0.5)\tan35°$$

$$=-962.32\text{kN}\cdot\text{m}$$

对于 B 支点正交截面（$\xi_1=1$），则如下：

$$M_{总}(l_1)=\dfrac{(1-0.1671)}{\cos35°}\times1323+\dfrac{1}{2}(-17.1554)\times30^2\left(1-1-\dfrac{0.1671}{3}\right)+$$

$$\dfrac{1}{2}\times14.2273\times30(1-2\times1)\tan35°=1625.77\text{kN}\cdot\text{m}$$

(5) 预加力对截面产生的次弯矩 $M_{次}(x)$

跨中

$$M_{次}\left(\dfrac{l_1}{2}\right)=M_{总}\left(\dfrac{l_1}{2}\right)-M_0\left(\dfrac{l_1}{2}\right)$$

$$=-962.32-(-1380)=417.68\text{kN}\cdot\text{m}$$

支点处正交截面

$$M_{次}(l_1)=M_{总}(l_1)-M_0(l_1)$$

$$=1625.77-800=825.77\text{kN}\cdot\text{m}$$

计算表明，该次弯矩接近为线性分布。

第六节 基础沉降引起的次内力计算

一、A 型连续斜梁桥由基础沉降引起的次内力

1. 计算要点

(1) 基本结构的计算同图 2-5-5。

(2) 三弯矩方程的一般形式同式（2-5-1）。

(3) 用于三弯矩方程的载变位参数公式为：

$$\left.\begin{aligned}\Delta_{i-1}^B&=-4EI\dfrac{\delta_{i-1}^\Delta-\delta_i^\Delta}{l_{i-1}}\\ \Delta_i^A&=-4EI\dfrac{\delta_{i+1}^\Delta-\delta_i^\Delta}{l_i}\end{aligned}\right\} \qquad (2\text{-}5\text{-}14)$$

式中：δ_{i-1}^Δ、δ_i^Δ、δ_{i+1}^Δ——分别为 $i-1$、i、和 $i+1$ 号支承处的竖向位移，以向下为正，其余符号定义同附表 II-1。

2. 示例

【例 2-5-5】 设例 2-5-1 中四跨等截面连续斜梁桥的 3 号支承发生了 $\delta_3^\Delta=0.02\text{m}$ 竖向位移，试按三弯矩方程法求各支承处的赘余弯矩。

解：(1) 建立基本结构的计算图（图 2-5-20）

（2）列三弯矩方程组

对于图 2-5-20 中的基本结构，同样地按照式（2-5-1）列出三个三弯矩方程，其形式与例 2-5-1 中的完全相同，这里不再重复。下面仅补充计算该方程组中等号右边的载变位参数：

本例中 $E_h = 3.3 \times 10^7 \text{kN/m}^2$，$I = 1.7424 \text{m}^4$，$\delta_1^\Delta = \delta_2^\Delta = \delta_4^\Delta = \delta_5^\Delta = 0$，$\delta_3^\Delta = 0.02\text{m}$。

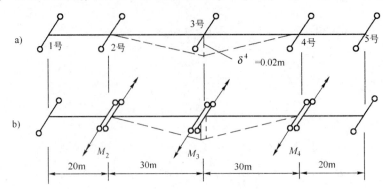

图 2-5-20 基础沉降时的基本结构计算图

按照式（2-5-14）计算可得：

$$\Delta_1^B = 0$$

$$\Delta_2^A = -4EI \frac{\delta_3^\Delta - \delta_2^\Delta}{l_2} = -4 \times 3.3 \times 10^7 \times 1.7424 \frac{0.02 - 0}{30} = -153331.2$$

$$\Delta_{2p} = \frac{3}{2}(\Delta_1^B + \Delta_2^A)\cos\alpha = \frac{3}{2}(0 - 153331.2)\cos 35° = -188402.349$$

$$\Delta_2^B = -4EI \frac{\delta_2^\Delta - \delta_3^\Delta}{l_2} = -4 \times 3.3 \times 10^7 \times 1.7424 \frac{0 - 0.02}{30} = 153331.2$$

$$\Delta_3^A = -4EI \frac{\delta_4^\Delta - \delta_3^\Delta}{l_3} = -4 \times 3.3 \times 10^7 \times 1.7424 \frac{0 - 0.02}{30} = 153331.2$$

$$\Delta_{3p} = \frac{3}{2}(\Delta_2^B + \Delta_3^A)\cos\alpha = \frac{3}{2}(153331.2 + 153331.2)\cos 35° = 376804.698$$

由于对称关系，故 $\Delta_{4p} = \Delta_{2p} = -188402.349$。代入方程组中，如下：

$$\left.\begin{aligned} 0 + 74.935 M_2 + 14.961 M_3 &= -188402.349 \\ 14.961 M_2 + 89.922 M_3 + 19.961 M_4 &= 376804.698 \\ 14.961 M_3 + 74.935 M_4 + 0 &= -188402.349 \end{aligned}\right\}$$

解之得：

$$M_2 = M_4 = -3589 \text{kN} \cdot \text{m} \quad M_3 = 5527 \text{kN} \cdot \text{m}$$

据此和按附表 II-2 中公式可计算出各控制截面的内力。

二、C 型连续斜梁桥由基础沉降引起的次内力

对于 C 型连续斜梁为基础沉降次内力分析，一般采用力法方程求解。下面将用例 2-5-2

所示的结构来说明其中某些细节。

1. 图 2-5-21 中 3 号中墩点铰支承发生 $\delta_3^{c_3}=0.02$m 的情况

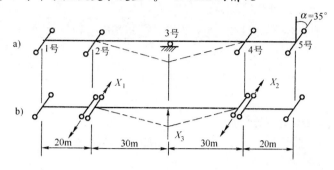

图 2-5-21　3 号中支承产生沉降时的计算图

（1）建立基本结构的计算图（图 2-5-21b））

（2）列力法方程组

$$\delta_{11}X_1+\delta_{12}X_2+\delta_{13}X_3+\Delta_{1\Delta}=0$$

$$\delta_{21}X_1+\delta_{22}X_2+\delta_{23}X_3+\Delta_{2\Delta}=0$$

$$\delta_{31}X_1+\delta_{32}X_2+\delta_{33}X_3+\Delta_{3\Delta}=0$$

（3）常变位计算

同例 2-5-2，此处略。

（4）载变位计算

$\Delta_{3\Delta}=-\delta_3^{c_3}=-0.02$m（取负值是因沉降方向与 X_3 的设定方向相反）

$\Delta_{1\Delta}$、$\Delta_{2\Delta}$ 值因无表可查，但可按线性比例关系求算。对于 $\Delta_{1\Delta}$ 可按附表 II-3e 中 $w_{\frac{1}{2}}$ 与 θ_A 之间的比例关系计算，即：

$$\Delta_{1\Delta} : \theta_A = 0.02 : w_{\frac{1}{2}}$$

$$\Delta_{1\Delta}=\frac{\theta_A}{w_{\frac{1}{2}}}\times 0.02=\frac{M_A^* l}{6EI}\cdot\frac{(2-3D)}{\cos^2\alpha}\times 0.02 / \left[\frac{M_A^* l^2}{16EI}\cdot\frac{(1-2D)}{\cos\alpha}\right]$$

$$=\left[\frac{(2-3D)\times 16\times 0.02\times EI}{(1-2D)\times 6\times l\times\cos\alpha}\right]\cdot\frac{1}{EI}$$

$$=\left[\frac{(2-3\times 0.1671)\times 16\times 0.02\times 3.3\times 10^7\times 1.7424}{(1-2\times 0.1671)\times 6\times 60\times\cos 35°}\right]\cdot\frac{1}{EI}$$

$$=140448.04\frac{1}{EI}$$

同理，得：

$$\Delta_{2\Delta}=140448.04\frac{1}{EI}$$

$$\Delta_{3\Delta}=-1149984\frac{1}{EI}$$

将 δ_{ij}、$\Delta_{i\Delta}$ 诸值代入力法方程组中，得：

$$\left.\begin{array}{l}29.78X_1 + 7.43X_2 - 182.88X_3 + 140448.04 = 0 \\ 7.43X_1 + 29.78X_2 - 182.88X_3 + 140448.04 = 0 \\ -182.88X_1 - 182.88X_2 + 3372.08X_3 - 1149984.0 = 0\end{array}\right\}$$

解之得：

$$X_1 = X_2 = -4494 \text{kN} \cdot \text{m}$$
$$X_3 = -146.4 \text{kN}$$

表明原设定的赘余力方向均应反向。

2. 图 2-5-22 中 2 号墩上抗扭支承发生 $\delta_2^\Delta = 0.02\text{m}$ 的情况

（1）建立基本结构的计算图（图 2-5-22b））

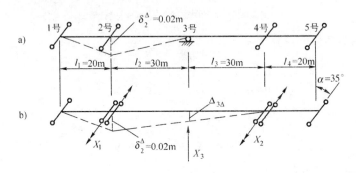

图 2-5-22　2 号墩支承产生沉降时的计算图

（2）列力法方程组及常变位计算

均与上一工况的计算值相同。

（3）载变位计算

$$\Delta_{1\Delta} = -\frac{\delta_2^\Delta}{l_2+l_3} \cdot \frac{1}{\cos\alpha} - \frac{\delta_2^\Delta}{l_1} \cdot \frac{1}{\cos\alpha}$$

$$= -\frac{0.02}{\cos 35°}\left(\frac{1}{30+30} + \frac{1}{20}\right) = -1.6277 \times 10^{-3}$$

此式取负值是因其转角方向与 X_1 的设定方向相反。

$$\Delta_{2\Delta} = \frac{\delta_2^\Delta}{(l_2+l_3)} \cdot \frac{1}{\cos\alpha} = \frac{0.02}{60 \cdot \cos 35°} = 4.0692 \times 10^{-4}$$

此式取正值是因其转角方向与 X_2 的设定方向相同。

$$\Delta_{3\Delta} = -\frac{l_3}{(l_2+l_3)} \cdot \delta_2^\Delta = -\frac{30}{60} \times 0.02 = -0.01\text{m}$$

此式取值是因其竖向位移 X_3 与设定方向相反。

于是得力法方程（注意例 2-5-2 中的常变位均带有乘子 $\frac{1}{EI}$）：

$$29.78X_1 + 7.43X_2 - 182.88X_3 - 1.6277 \times 10^{-3}EI = 0$$
$$7.43X_1 + 29.78X_2 - 182.88X_3 + 4.0692 \times 10^{-4}EI = 0$$
$$-182.88X_1 - 182.88X_2 + 3372.08X_3 - 0.01EI = 0$$

解之得：
$$X_1 = 6451 \text{kN} \cdot \text{m}$$
$$X_2 = 1200 \text{kN} \cdot \text{m}$$
$$X_3 = 585.4 \text{kN}$$

计算结果与图 2-5-22 中设定的赘余力方向相同。

第七节 温差引起的次内力计算

一、温度自应力

近似地按照正梁桥的方法和式（2-3-33）～式（2-3-34）计算截面的等效曲率 ψ 和应变 ε_0，各纤维层的温度自应力 $\sigma_{自}$ 则按式（2-3-35）计算。连续斜梁桥的总温度应力 $\sigma_{总}$ 仍可按式（2-3-39）计算，其中的温度次内力与正梁桥有较大的差别，下面将详细介绍。

二、超静定简支斜梁桥的温度次内力

1. 简支正梁桥的温差变形

如图 2-5-23a）所示，简支正梁桥的桥面当受到日照的骤变温差后，将使整个结构产生绕两端支承线转动的向上挠曲。两个端转角之和 θ（图 2-5-23b））可按下式计算：

$$\theta = \Psi \cdot l \tag{2-5-15}$$

式中：Ψ——梁截面的等效曲率；
  l——简支梁跨长。

如果梁截面的温度梯度呈线性分布，则梁截面内不产生自应力；否则，梁截面内将产生自应力。但是，不论哪种情况，这种挠曲变形可以用图 2-5-23 中所示的两个等效初始弯矩 M_0^T 予以等代，其表达式为：

$$M_0^T = \Psi EI \tag{2-5-16}$$

式中：E、I——分别为材料的弹性模量和截面的抗弯惯矩。

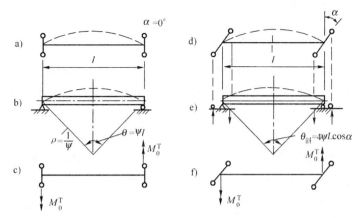

图 2-5-23 单跨梁的温度变形和次内力

2. 超静定简支斜梁的变形与次内力

当单跨梁两端设置斜交角为 α 的抗扭支座时，梁体因日照温差产生的挠曲变形将要受到抗扭支座的约束，此时梁体内除了自应力（非线性温度梯度的情况）外，还产生次内力。如果把图 2-5-23d) 所示的支点都投影到同一平面内（图 2-5-23e)），则不难理解，在梁体内不但有次弯矩 $M_{次}^T$，而且还有次扭矩 $T_{次}^T$，但次剪力 $Q_{次}^T$ 为零。其具体表达式可按图 2-5-23f) 进行计算，即：

$$\left.\begin{aligned} M_{次}^T(x) &= 2DM_0^T \\ T_{次}^T(x) &= 2DM_0^T\cos\alpha \\ Q_{次}^T(x) &= 0 \end{aligned}\right\} \quad (2\text{-}5\text{-}17)$$

其中：

$$D = \frac{\tan^2\alpha}{2(\tan^2\alpha + k)} = \frac{1}{2(1 + k\cot^2\alpha)}$$

$$k = \frac{EI}{GI_T}$$

它们与式（2-5-2）和式（2-5-3）中的定义完全相同。

此时，在与两端斜支承线呈正交的平面内，其端转角之和 $\theta_{斜}$（图 2-5-23e)）为：

$$\theta_{斜} = \Psi l\cos\alpha \quad (2\text{-}5\text{-}18)$$

跨内的垂直挠度 w 可按下式计算：

$$w_{斜} = -\frac{M_0^T l^2}{2EI}\xi_1(1-\xi_1)(1-2D) \quad (2\text{-}5\text{-}19)$$

以上两式中，ξ_1 为计算截面的 x 坐标与跨径 l 之比（参见附表 II），其余符号定义同前。

三、A 型连续斜梁桥的温度次内力

1．计算要点

（1）基本结构的计算如图 2-5-5 所示，但需在每个超静定简支跨的两端用类似于图 2-5-23f) 所示的两个等效初弯矩 M_0^T 来代替温差影响力。

（2）三弯矩方程的一般形式同式（2-5-1），但由温差影响产生的载变位参数如下：

$$\left.\begin{aligned} \Delta_{i-1}^B &= 2l_{i-1}M_{0,i-1}^T(1-2D) \\ \Delta_i^A &= 2l_i M_{0,i}^T(1-2D) \end{aligned}\right\} \quad (2\text{-}5\text{-}20)$$

式中：$M_{0,i-1}^T$、$M_{0,i}^T$——分别为 $i-1$、i 号支点切口处的温差等代初弯矩，可按式（2-5-16）计算；

其余符号同附表 II-1。

（3）温度次内力可按基本结构中每个超静定简支跨分别计算，其截面次内力为赘余次弯矩和由等效初始弯矩产生的次内力两项效应之和，后者可按式（2-5-17）计算。

2．示例

【例 2-5-6】 试按图 2-3-33 所示原《混桥规》的温度梯度模式计算例 2-5-1 中四跨连续斜梁桥的温度次内力。

解：（1）建立基本结构的计算图（图 2-5-24）。

（2）列三弯矩方程组

三弯矩方程组的一般形式及其符号左边的常变位参数与例 2-5-1 中的完全相同，这里不再重复。

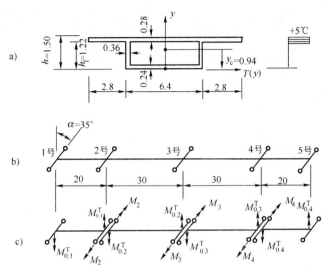

图 2-5-24 例 2-5-6 的计算图（尺寸单位：cm）

（3）温差等效初始弯矩 $M_{0,i}^T$

本例中各跨的截面尺寸相同，采用的温度梯度模式为，在上翼板高度范围内为 +5℃，其余为零，故等效曲率 Ψ 的计算公式与 T 形截面的计算公式 (2-3-34) 完全相同，即（图 2-5-24）：

$$\Psi = \frac{5\alpha A_f}{I}\left(\frac{h+h_1}{2} - y_c\right)$$

$$= \frac{5 \times 1 \times 10^{-5} \times (12 \times 0.28)}{1.7424}\left(\frac{1.5+1.22}{2} - 0.94\right)$$

$$= 4.0496 \times 10^{-5}$$

再由式 (2-5-16) 得：

$$M_{0,i}^T = \Psi EI = 4.0496 \times 10^{-5} \times 3.3 \times 10^7 \times 1.7424$$

$$= 2328.48 \text{kN} \cdot \text{m}$$

对于本例全桥而言，它是一个常数。

（4）载变位参数计算 [式 (2-5-20)]

对于 2 号支点：

$$\Delta_2^B = 2l_1 M_{0,i}^T (1-2D)$$

$$= 2 \times 20 \times 2328.48(1-2 \times 0.1671) = 62012.08$$

$$\Delta_3^A = 2l_2 M_{0,2}^T (1-2D)$$

$$= 2 \times 30 \times 2328.48(1-2 \times 0.1671) = 93018.12$$

$$\Delta_{2p} = \frac{3}{2}(\Delta_2^B + \Delta_3^A)\cos\alpha = \frac{3}{2}(62012.08 + 93018.12)\cos 35°$$

$$= 190489.96$$

同理得 3 号、4 号支点的参数：$\Delta_{3p} = 228587.95$ $\Delta_{4p} = \Delta_{2p} = 190489.96$

（5）计算赘余次弯矩

将常变位和载变位参数代入三弯矩方程，便有：

$$\begin{bmatrix} 74.935 & 14.961 & 0 \\ 14.961 & 89.922 & 14.961 \\ 0 & 14.961 & 74.935 \end{bmatrix} \begin{bmatrix} M_2 \\ M_3 \\ M_4 \end{bmatrix} = \begin{bmatrix} 190489.96 \\ 228587.96 \\ 190489.96 \end{bmatrix}$$

上式等号左边的系数矩阵取自例 2-5-1 的计算结果。应用电算程序求解，便得利基本结构中的各个赘余次弯矩：

$$M_2 = M_4 = 2179.76 \text{kN} \cdot \text{m}$$

$$M_3 = 1817.29 \text{kN} \cdot \text{m}$$

（6）温差次内力计算

现取其中第一跨超静定简支跨为例，写出其计算过程，其余跨依此类推。

① 由赘余次弯矩 M_2 产生的次内力（查附表 II-2）

$$M'_{次}(\xi_1) = \frac{(\xi_1 - D)}{\cos\alpha} M_2 = \frac{(\xi_1 - 0.1671)}{\cos 35°} \times 2179.76 = 2661(\xi_1 - 0.1671)\text{kN} \cdot \text{m}$$

$$T'_{次}(\xi_1) = -\frac{D}{\sin\alpha} M_2 = -\frac{0.1671}{\sin 35°} \times 2179.76 = -635.03 \text{kN} \cdot \text{m}$$

$$Q'_{次}(\xi_1) = \frac{M_2}{l\cos\alpha} = \frac{2179.76}{20 \times \cos 35°} = 133.05 \text{kN}$$

② 由等效初始弯矩 M_0^T 产生的次内力

按式（2-5-16）计算等效初始弯矩：

$$M_0^T = \Psi EI = 4.04959 \times 10^{-5} \times 3.3 \times 10^7 \times 1.7424 = 2328.48 \text{kN} \cdot \text{m}$$

按式（2-5-17）计算次内力：

$$M'_{次}(\xi_1) 2DM_0^T = 2 \times 0.1671 \times 2328.48 = 778.18 \text{kN} \cdot \text{m}$$

$$T''_{次}(\xi_1) 2DM_0^T \cos\alpha = 7718.18 \times \cos 35° = 637.45 \text{kN} \cdot \text{m}$$

$$Q''_{次}(\xi_1) = 0$$

③ 最终次内力

第一跨的最终温度次内力为上述两项计算值之和，即：

$$M_{次}(\xi_1) = M'_{次}(\xi_1) + M''_{次}(\xi_1) = 2661(\xi_1 - 0.1671) + 778.18$$

$$= 2661\xi_1 + 333.53 (\text{kN} \cdot \text{m})$$

$$T_{次}(\xi_1) = T'_{次}(\xi_1) + T''_{次}(\xi_1) = -635.03 + 637.45 \approx 0$$

$$Q(\xi_1) = Q'_{次}(\xi_1) + Q''_{次}(\xi_1) = 133.05 + 0 = 133.05 \text{(kN)}$$

注意：截面的总温度正应力还应按式（2-3-39）计算。

四、B 型连续斜梁桥的温度次内力

B 型连续斜梁桥的温度次内力可应用力法求算，现举简例说明其计算过程。

【例 2-5-7】 设图 2-5-25 所示 B 型两等跨连续斜梁桥，其基本技术参数与例 2-5-6 完全相同，试计算该结构的温度次内力。

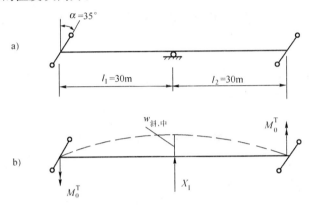

图 2-5-25 例 2-5-7 的计算图

解：（1）建立基本结构的计算图

本例的基本结构如图 2-5-25b）所示，其赘余未知力只有一个，即中支点的垂直反力 X_1，温度影响力用等效初始弯矩 $M_{0,1}^T$ 等代。

（2）常变位与载变位计算

常变位 δ_{11} 按附表 II-3a 中公式计算：

$$\delta_{11} = \frac{l^3}{96EI}(2-3D) = \frac{(30+30)^3}{96EI}(2-3\times 0.1671) = 3372.08 \frac{1}{EI}$$

载变位 Δ_{1T} 按式（2-5-19）计算，由于它的位移方向与赘余支反力 X_1 的设定方向一致，故取正号，又由于 $\xi_1 = \frac{l_1}{l_1+l_2} = \frac{30}{30+30} = 0.5$，于是得：

$$\Delta_{1T} = w_{斜} = \frac{M_0^T(l_1+l_2)^2}{2EI}\xi_1(1-\xi_1)(1-2D)$$

$$= \frac{\Psi EI(30+30)^2}{2EI} \times 0.5(1-0.5)(1-2\times 0.1671)$$

$$= \frac{4.0496\times 10^{-5}\times 3.3\times 10^7\times 1.7424\times 60^2}{2EI} \times 0.25 \times 0.6658$$

$$= 697635.89 \frac{1}{EI}$$

(3) 解力法方程

$$\delta_{11}X_1 + \Delta_{1T} = 0$$

$$3372.08X_1 + 697635.89 = 0$$

$$X_1 = -206.89 \text{kN}$$

它与设定的方向相反，即中支点承受竖向拉力。

(4) 温差次内力

计算方法同上例，此处从略。

五、C 型连续斜梁桥的温度次内力

1. 计算要点

(1) 基本结构的计算如图 2-5-7 所示，但需在每个赘余弯矩处用等效初始弯矩 M_0^T 来代替温度影响力。

(2) 力法方程同式（2-5-5）。

(3) 温差对赘余弯矩处产生的载变位 Δ_{iT} 可按下式计算：

$$\Delta_{iT} = \pm \frac{\Psi}{2}(l_{i-1} + l_i)\cos\alpha \tag{2-5-21}$$

式中：l_{i-1}、l_i——分别为 i 号斜支抗扭支承左、右侧两跨的跨长；

其余符号同前，正、负号视位移方向是否与赘余力的设定方向一致而定，相同时取正，反之取负。

(4) 温差对赘余支反力处产生的载变位 Δ_{iT} 则按式（2-5-19）计算。

(5) 同 A 型连续斜梁桥一样，截面次内力是两项次内力之和，即：由赘余弯矩和赘余支反力产生的次内力；由等效初弯矩引起的次内力。

2. 示例

【例 2-5-8】 试按图 2-3-33 所示的温度梯度模型计算例 2-5-2 中 C 型连续斜梁桥的温度次内力。

解：(1) 建立基本结的计算图（图 2-5-26b)）

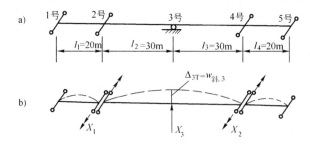

图 2-5-26 例 2-5-8 的计算图

(2) 列力法方程组

力法方程组及其常变位的计算方法与例 2-5-2 中的完全相同，此处从略。

(3) 温差引起的载变位计算

按以下三项内容计算：

①温差等效初始弯矩 $M_{0,i}^T$ 与例 2-5-6 中的相同，即：
$$M_{0,i}^T = \Psi EI = 2328.48 \text{kN} \cdot \text{m}$$

② Δ_{1T}、Δ_{2T} 的计算

参见图 2-5-26b）并按式（2-5-18）计算，得：

$$\Delta_{1T} = -\frac{\Psi}{2}(l_1 + l_2 + l_3)\cos\alpha = \frac{-4.0496 \times 10^{-5}}{2}(20+30+30)\cos35°$$

$$= -1.32689 \times 10^{-3} = -76295.11 \frac{1}{EI}$$

$$\Delta_{2T} = \Delta_{1T} = -1.32689 \times 10^{-3} = -76295.11 \frac{1}{EI}$$

Δ_{1T}、Δ_{2T} 取负值是因为它们的转角方向与 X_1、X_2 的设定方向相反。

③ Δ_{3T} 的计算

它应按式（2-5-19）计算：

$$\Delta_{3T} = \frac{M_0^T(l_2+l_3)}{2EI}\xi_1(1-\xi_1)(1-2D)$$

$$= \frac{4.096 \times 10^{-5} \times 3.3 \times 10^7 \times 1.7424}{2EI} \times 0.5(1-0.5)(1-2\times0.1671)$$

$$= 697635.89 \frac{1}{EI}$$

Δ_{3T} 取负值是因为它的位移方向与 X_1 的设定方向相同。其次，所有载变位 Δ_{iT} 均含乘子 $\frac{1}{EI}$，这是为了保持与例 2-5-2 中的常变位 δ_{ij} 一致。

（4）解力法方程组中的赘余力 X_1、X_2、X_3

将常变位和载变位代入力法方程组，得：

$$29.78X_1 + 7.43X_2 - 182.88X_3 - 76295.11 = 0$$
$$7.43X_1 + 29.78X_2 - 182.88X_3 - 76295.11 = 0$$
$$-182.88X_1 - 182.88X_2 + 3372.08X_3 + 697635.89 = 0$$

解之得：

$$X_1 = X_2 = 2214.26 \text{kN} \cdot \text{m}, X_3 = 33.23 \text{kN}$$

它们均与设定的方向相同。

（5）温度次内力计算

现取本例中的第二、第三跨为例，写出其计算过程，其余两跨的计算过程可参见例2-5-6。

①由赘余弯矩 X_1 产生的次内力（查附表Ⅱ-2）

$$M'_{次}(\xi_1) = \frac{(1-\xi_1-D)}{\cos\alpha} \cdot X_1 = \frac{(1-\xi_1-0.1671)}{\cos35°} \times 2214.26$$

$$= 2251.42 - 2703.11\xi_1 \text{kN} \cdot \text{m}$$

$$T'_{次}(\xi_1) = \frac{-D}{\sin\alpha} \cdot X_1 = \frac{-0.1671}{\sin35°} \times 2214.26 = -645.08 \text{kN} \cdot \text{m}$$

$$Q'_{次}(\xi_1) = \frac{-1}{(l_2+l_3)\cos\alpha} \cdot X_1 = \frac{-1}{(30+30)\cos35°} \times 2214.26 = -45.05\text{kN}$$

$$(\xi_1 = \frac{x_1}{l_2+l_3}, x_1 \text{ 为计算截面的坐标,参见附表 II-2,II-3,下同。})$$

②由赘余弯矩 X_2 产生的次内力（查附表 II-2）

$$M'_{次}(\xi_1) = \frac{(\xi_1-D)}{\cos\alpha} X_2 = \frac{(\xi_1-0.1671)}{\cos35°} \times 2214.26$$

$$= 2703.11\xi_1 - 451.69 (\text{kN} \cdot \text{m})$$

$$T''_{次}(\xi_1) = -\frac{D}{\sin\alpha} \cdot X_2 = \frac{-0.1671}{\sin35°} \times 2214.26 = -645.08\text{kN} \cdot \text{m}$$

$$Q''_{次}(\xi_1) = \frac{1}{(l_2+l_3)\cos\alpha} \cdot X_2 = \frac{1}{(30+30)\cos35°} \times 2214.26 = 45.05\text{kN}$$

③由赘余支反力 X_3 产生的次内力（查附表 II-2）

第二跨

$$M'''_{次}(\xi_1) = -(1-\xi)(\xi_1-D\xi) \cdot X_3(l_2+l_3)$$

$$= -(1-0.5)(\xi_1-0.1671\times0.5) \times 33.23(30+30)$$

$$= 83.29 - 996.9\xi_1 \text{kN} \cdot \text{m}$$

$$T'''_{次}(\xi_1) = D\xi(1-\xi) \cdot X_3(l_2+l_3)\cot\alpha$$

$$= 0.1671 \times 0.5(1-0.5) \times 33.23(30+30)\cot35°$$

$$= 118.95(\text{kN} \cdot \text{m})$$

$$Q'''_{次}(\xi_1) = (1-\xi) \cdot X_3 = (1-0.5) \times 33.23 = 16.62\text{kN}$$

第三跨

$$M''''_{次}(\xi_1) = -[(1-D)-(\xi_1-D\xi)]\xi \cdot X_3(l_2+l_3)$$

$$= -[(1-0.1671)-(\xi_1-0.1671\times0.5)] \times 0.5 \times 33.23(30+30)$$

$$= 996.9\xi_1 - 913.61\text{kN} \cdot \text{m}$$

$$T''''_{次}(\xi_1) = D\xi(1-\xi) \cdot X_3(l_2+l_3)\cot\alpha$$

$$= 0.1671 \times 0.5(1-0.5) \times 33.23(30+30)\cot35°$$

$$= 118.95\text{kN}$$

$$Q''''_{次}(\xi_1) = -\xi \cdot X_3 = -16.62\text{kN}$$

④由等效初始弯矩 M_0^T 产生的次内力

M_0^T 的计算同例 2-5-6,其为：

$$M_0^T = 2328.48\text{kN} \cdot \text{m}$$

相应的次内力亦同，即：

$$M_{次}^{IV}(\xi_1) = 778.18 \text{kN} \cdot \text{m}$$

$$T_{次}^{IV}(\xi_1) = 637.45 \text{kN} \cdot \text{m}$$

$$Q_{次}^{IV}(\xi_1) = 0$$

⑤最终次内力 $M_{次}^{T}$

第二跨

$$M_{次}^{T}(\xi_1) = M'_{次}(\xi_1) + M''_{次}(\xi_1) + M'''_{次}(\xi_1) + M_{次}^{IV}(\xi_1)$$

$$= (2251.42 - 2703.11\xi_1) + (2703.11\xi_1 - 451.69) +$$

$$(83.29 - 995.9\xi_1) + 778.18$$

$$= 2661.2 - 996.9\xi_1 \text{ kN} \cdot \text{m}$$

$$M_{次}^{T}(\xi_1) = T'_{次}(\xi_1) + T''_{次}(\xi_1) + T'''_{次}(\xi_1) + T_{次}^{IV}(\xi_1)$$

$$= -645.08 - 645.08 + 118.95 + 637.45 = -533.76 \text{ kN} \cdot \text{m}$$

$$Q_{次}^{T}(\xi_1) = Q'_{次}(\xi_1) + Q''_{次}(\xi_1) + Q'''_{次}(\xi_1) + Q_{次}^{IV}(\xi_1)$$

$$= -45.05 + 45.05 + 16.62 + 0 = 16.62 \text{ kN}$$

第三跨

$$M_{次}^{T}(\xi_1) = (2251.42 - 2703.11\xi_1) + (2703.11\xi_1 - 451.69) +$$

$$(996.9\xi_1 - 913.61) + 778.18$$

$$= 996.9\xi_1 + 1664.3 \text{ kN} \cdot \text{m}$$

$$T_{次}^{T}(\xi_1) = -533.76 \text{ kN} \cdot \text{m} \quad \text{（与第二跨的相应值相等）}$$

$$Q_{次}^{T}(\xi_1) = -16.62 \text{ kN} \quad \text{（与第二跨的相应值相等，但符号相反）}$$

验算：本例的第二跨和第三跨结构对称 $l_2 = l_3 = 30\text{m}$，荷载也对称，各跨跨中次弯矩 $M_{次}^{T}$ 理应相等，现计算如下：

第二跨跨中

$$\xi_1 = \frac{l_2/2}{l_2 + l_3} = \frac{30/2}{30 + 30} = 0.25$$

$$M_{次}^{T}(0.25) = 2661.2 - 996.9\xi_1 = 2661.2 - 996.9 \times 0.25$$

$$= 2411.975 \text{ kN} \cdot \text{m}$$

第三跨跨中

$$\xi_1 = \frac{l_2 + l_3/2}{l_2 + l_3} = \frac{30 + 30/2}{30 + 30} = 0.75$$

$$M_{次}^{T}(0.75) = 996.9\xi_1 + 1664.3 = 996.9 \times 0.75 + 1664.3$$

$$= 2411.975 \text{ kN} \cdot \text{m}$$

计算结果表明无误。

第八节 混凝土徐变次内力近似计算

迄今为止，尚未见有混凝土连续斜梁桥徐变变形及其次内力的研究报道，本节建议的近似计算方法，仅供参考。

一、解题思路

混凝土的徐变变形主要是由长期的恒载作用才产生的，故可建议先按连续正梁桥和应用换算弹性法求算出各中间支承处的徐变次弯矩 $M_{饮}^Z$ 后（见本篇第三章第六节），再应用式（2-5-6）和式（2-5-7）换算为连续斜梁桥的赘余次弯矩 $M_{次}$ 和次反力 $R_{次}$。

二、示 例

现用算例来阐述其计算过程。

【例 2-5-9】 设例 2-3-9 中的三跨连续梁各个支承点均设置有斜支抗扭支座，斜交角 $\alpha=35°$，其余条件不变，试计算在 $t=\infty$ 时该桥在两个中间斜支承截面的赘余徐变次弯矩。

解：计算过程参见图 2-5-27。

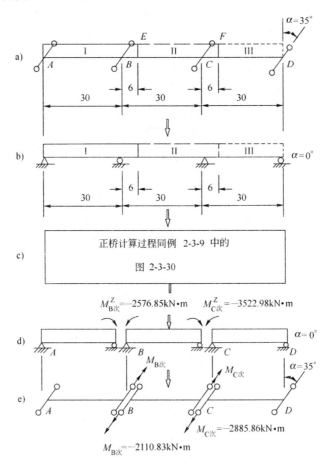

图 2-5-27 连续斜梁桥徐变次弯矩的计算过程（尺寸单位：m）

（1）将图 2-5-27a）所示的连续斜梁桥先转换为图 2-5-27b）所示的连续正梁桥结构。

（2）按照例 2-3-9 的计算过程和有限元法程序完成换算结构模型的内力分析，详细计算参见图 2-3-30。

（3）应用式（2-3-30）计算正桥中间支承截面的徐变次弯矩，具体计算见例 2-3-9，其具体结果为：

$$M_{B次}^z = -2576.85 \text{kN} \cdot \text{m}$$
$$M_{C次}^z = -3522.98 \text{kN} \cdot \text{m}$$

（4）按式（2-5-6）将连续正梁桥的赘余徐变次弯矩转换为连续斜梁赘次弯矩，即：

$$M_{B次} = M_{B次}^z \cos\alpha = -2576.85 \times \cos35° = -2110.83 \text{kN} \cdot \text{m}$$
$$M_{C次} = -3522.98 \times \cos35° = -2885.86 \text{kN} \cdot \text{m}$$

（5）根据支承截面的赘余次弯矩和按附表 II-2 中的公式可以求出控制截面的次内力。

（6）截面的总内力值为初内力与次内力之和。

三、关于局部荷载作用下的内力计算

在采用逐跨施工法的过程中，常常出现有局部分布荷载作用于超静定简支斜梁桥上，但附表 II-1～表 II-3 中却无相应的计算公式，两种处理的方法如下：

（1）将局部分布荷载近似化为若干个竖向集中荷载；

（2）将局部分布荷载简化为全跨满布荷载和若干个负值竖向集中荷载的代数和。

附表 II 连续斜梁桥的计算用表

载变位参数 Δ_{i-1}^B、Δ_i^A 的计算公式（用于三弯矩方程）　　　　附表 II-1

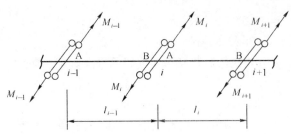

$\xi = x/l \quad k = \dfrac{EI}{GI_T}$

$D = \dfrac{1}{2(1+k\cot^2\alpha)}$

Δ 的下标：跨径号
Δ 的上标：梁端号

序号	荷载	计算图	Δ 表达式
1	集中荷载		$\Delta_{i-1}^B = -\dfrac{2}{3}Pl_{i-1}^2 \xi(1-\xi)(1+\xi-3D)$ $\Delta_i^A = -\dfrac{2}{3}Pl_i^2 \xi(1-\xi)(2-\xi-3D)$
2	均布荷载		$\Delta_{i-1}^B = -\dfrac{1}{6}ql_{i-1}^3(1-2D)$ $\Delta_i^A = -\dfrac{1}{6}ql_i^3(1-2D)$
3	集中扭矩		$\Delta_{i-1}^B = -\dfrac{2}{3}T^* l_{i-1}\tan\alpha[1-3(1+2k\xi\cot^2\alpha)D]$ $\Delta_i^A = -\dfrac{2}{3}T^* l_i\tan\alpha[2-3(1+2k\xi\cot^2\alpha)D]$
4	均布扭矩		$\Delta_{i-1}^B = \dfrac{1}{3}tl_{i-1}^2 \cdot \tan\alpha$ $\Delta_i^A = -\dfrac{1}{3}tl_i^2 \cdot \tan\alpha$

超静定简支斜梁在荷载作用下的反力与截面内力　　　附表 II-2

序号	计算简图与内力图	反力与反力扭矩	截面内力
1	集中荷载	$R_A = (1-\xi)P$ $R_B = \xi P$ $T_B = \dfrac{D}{\sin\alpha}\xi(1-\xi)Pl$ $T_A = -T_B$	当 $0 \leqslant x_1 \leqslant \xi l$ 时 $M = [(1-\xi) \times (\xi_1 - D\xi)]Pl$ $T = -D\xi(1-\xi)Pl\cot\alpha$ $Q = (1-\xi)P$ 当 $\xi l \leqslant x_1 \leqslant l$ 时 $M = [(1-D) - (\xi_1 - D\xi)]\xi Pl$ $T = -D\xi(1-\xi)Pl\cot\alpha$ $Q = -\xi P$
2	均布荷载	$R_A = R_B = \dfrac{1}{2}ql$ $T_B = \dfrac{D}{6\sin\alpha}ql^2$ $T_A = -T_B$	$M = \dfrac{1}{2}ql^2\left(\xi_1 - \xi_1^2 - \dfrac{1}{3}D\right)$ $T = -\dfrac{D}{6}ql^2\cot\alpha$ $Q = \dfrac{1}{2}ql(1-2\xi_1)$
3	集中扭矩	$R_A = -T^* \dfrac{\tan\alpha}{l}$ $R_B = T^* \dfrac{\tan\alpha}{l}$ $T_B = \dfrac{D}{\cos\alpha}(1+2k\xi\cot^2\alpha)T^*$ $T_A = -T_B + \dfrac{T^*}{\cos\alpha}$	当 $0 \leqslant x_1 \leqslant \xi l$ 时 $M = [(1-\xi_1) - D(1+2k\xi\cot^2\alpha)] \cdot$ 　　$T^*\tan\alpha$ $T = [1 - D(1+2k\xi\cot^2\alpha)]T^*$ $Q = -T^*\tan\alpha/l$ 当 $\xi l \leqslant x_1 \leqslant l$ 时 M 和 Q 同上 $T = -D(1+2k\xi\cot^2\alpha)T^*$
4	均布扭矩	$R_A = -t \cdot \tan\alpha$ $R_B = t \cdot \tan\alpha$ $T_A = T_B = \dfrac{tl}{2\cos\alpha}$	$M = \dfrac{1}{2}tl(1-2\xi_1)\tan\alpha$ $T = \dfrac{1}{2}tl(1-2\xi_1)$ $Q = -t \cdot \tan\alpha$

续上表

序号	计算简图与内力图	反力与反力扭矩	截面内力
5	B 端斜向弯矩 ... M 图 ... T 图	$R_A = -\dfrac{1}{l\cos\alpha}M_B^*$ $R_B = -R_A$ $T_B = \tan\alpha\left(\dfrac{D}{\sin^2\alpha} - 1\right)M_B^*$ $T_A = -\dfrac{\tan\alpha}{\sin^2\alpha}D \cdot M_B^*$	$M = \dfrac{(\xi_1 - D)}{\cos\alpha}M_B^*$ $T = -\dfrac{D}{\sin\alpha}M_B^*$ $Q = \dfrac{1}{l\cos\alpha}M_B^*$
6	A 端斜向弯矩 ... M 图 ... T 图	$R_A = -\dfrac{1}{l\cos\alpha}M_A^*$ $R_B = -R_A$ $T_B = \dfrac{\tan\alpha}{\sin^2\alpha}D \cdot M_A^*$ $T_A = \tan\alpha\left(1 - \dfrac{D}{\sin^2\alpha}\right)M_A^*$	$M = \dfrac{(1 - \xi_1 - D)}{\cos\alpha}M_A^*$ $T = -\dfrac{D}{\sin\alpha}M_A^*$ $Q = \dfrac{-1}{l\cos\alpha}M_A^*$

超静定简支斜梁在竖向集中荷载 P 作用下的变形计算公式　　　　附表 II-3a

序号	项 目		变 形 计 算 公 式
1	一般式	挠度	$w_1 = \dfrac{Pl^3}{6EI}(1-\xi)\xi_1[(2\xi - \xi^2 - \xi_1^2) - 3\xi(1-\xi_1)D]$ $w_2 = \dfrac{Pl^3}{6EI}(1-\xi_1)\xi[(2\xi_1 - \xi_1^2 - \xi^2) - 3\xi_1(1-\xi)D]$
2		挠角	$\theta_1 = \dfrac{Pl^2}{6EI}(1-\xi)[(2\xi - \xi^2 - 3\xi_1^2) - 3\xi_1(1-2\xi_1)D]$ $\theta_2 = \dfrac{Pl^2}{6EI}\xi[(2 - 6\xi_1 + 3\xi_1^2 + \xi^2) - 3(1-\xi)(1-2\xi_1)D]$
3		扭角	$\varphi = \dfrac{Pl^2}{6EI}\xi(1-\xi)\tan\alpha[(2-\xi) - 3(1 + 2k\xi_1\cot^2\alpha)D]$
4	任意荷载点挠度 $(\xi_1 = \xi)$ 跨中荷载点挠度 $\left(\xi_1 = \xi = \dfrac{1}{2}\right)$		$w = \dfrac{Pl^3}{6EI}\xi^2(1-\xi)^2(2-3D)$ $w_{1/2} = \dfrac{Pl^3}{96EI}(2-3D)$
5	绕支承线的 梁端 A 挠角 $(\xi_1 = 0)$ 梁端 B 挠角 $(\xi_1 = 1)$		$\theta_A = \dfrac{Pl^2}{6EI}\xi(1-\xi)(2-3D-\xi)/\cos\alpha$ $\theta_B = -\dfrac{Pl^2}{6EI}\xi(1-\xi)(1-3D+\xi)/\cos\alpha$

续上表

序号	项　　目	变 形 计 算 公 式
6	任意荷载点扭角 $(\xi_1=\xi)$ 跨中荷载点扭角 $\left(\xi_1=\xi=\dfrac{1}{2}\right)$	$\varphi=\dfrac{Pl^2}{6EI}\xi(1-\xi)(1-2\xi)(2-3D)\tan\alpha$ $\varphi_{1/2}=0$
计算简图		(1) 变形角标 "1"、"2" 分别表示 $0\leqslant\xi_1\leqslant\xi$ 和 $\xi\leqslant\xi_1\leqslant1$ 两种情况 (2) $\xi=x/l$　$\xi_1=x_1/l$　$k=EI/GI_\mathrm{T}$　$D=\dfrac{1}{2}(1+k\cot^2\alpha)^{-1}$ (3) θ_A 和 θ_B 均以绕支承线轴的顺时针方向旋转者为正，反之为负

超静定简支斜梁在全跨均布荷载 q 作用下的变形计算公式　　　附表 II-3b

序号	项　　目		变 形 计 算 公 式
1	一般式	挠度	$w=\dfrac{ql^4}{24EI}\xi_1(1-\xi_1)[(1+\xi_1-\xi_1^2)-2D]$
2		挠角	$\theta=\dfrac{ql^3}{24EI}[(1-6\xi_1^2+4\xi_1^3)-2(1-2\xi_1)D]$
3		扭角	$\varphi=\dfrac{ql^3}{24EI}\tan\alpha[1-2(1+2k\xi_1\cot^2\alpha)D]$
4	跨中挠度 $\left(\xi_1=\dfrac{1}{2}\right)$		$w_{1/2}=\dfrac{ql^4}{384EI}(5-8D)$
5	绕支承线的 梁端 A 挠角 $(\xi_1=0)$ 梁端 B 挠角 $(\xi_1=1)$		$\theta_\mathrm{A}=\dfrac{ql^3}{24EI}\cdot\dfrac{(1-2D)}{\cos\alpha}$ $\theta_\mathrm{B}=-\dfrac{ql^3}{24EI}\cdot\dfrac{(1-2D)}{\cos\alpha}$
6	跨中扭角 $\left(\xi_1=\dfrac{1}{2}\right)$		$\varphi_{1/2}=0$
计算简图			(1) $\xi=x/l$　$\xi_1=x_1/l$　$k=EI/(GI_\mathrm{T})$ 　　$D=\dfrac{1}{2}(1+k\cot^2\alpha)^{-1}$ (2) θ_A 和 θ_B 均以绕支承线轴的顺时针方向旋转者为正，反之为负

超静定简支斜梁在集中扭矩荷载 T^* 作用下的变形计算公式   附表 II-3c

序号	项目		变形计算公式
1	一般式	挠度	$w = \dfrac{T^* l^2}{6EI}\xi_1(1-\xi_1)\tan\alpha[(2-\xi_1)-3(1+2k\xi\cot^2\alpha)D]$
2		挠角	$\theta = \dfrac{T^* l}{6EI}\tan\alpha[(2-6\xi_1-3\xi_1^2)-3(1-2\xi_1)(1+2k\xi\cot^2\alpha)D]$
3		扭角	$\varphi_1 = \dfrac{T^* l}{6EI}\tan^2\alpha[2(1+3k\xi_1\cot^2\alpha)-3(1+2k\xi_1\cot^2\alpha)(1+2k\xi\cot^2\alpha)D]$ $\varphi_2 = \dfrac{T^* l}{6EI}\tan^2\alpha[2(1+3k\xi\cot^2\alpha)-3\cdot(1+2k\xi\cot^2\alpha)(1+2k\xi\cot^2\alpha)D]$
4	任意荷载点挠度 $(\xi_1=\xi)$ 跨中荷载点挠度 $\left(\xi_1=\xi=\dfrac{1}{2}\right)$		$w=\dfrac{T^* l^2}{6EI}\xi(1-\xi)\tan\alpha[(2-\xi)-3(1+2k\xi\cot^2\alpha)D]$ 或 $w=\dfrac{T^* l^2}{6EI}\xi(1-\xi)(1-2\xi)\tan\alpha(2-3D)$ $w_{1/2}=0$
5	绕支承线的 梁端 A 挠角 $(\xi_1=0)$ 梁端 B 挠角 $(\xi_1=1)$		$\theta_A = \dfrac{T^* l}{6EI}\tan\alpha[2-3(1+2k\xi\cot^2\alpha)/D]/\cos\alpha$ $\theta_B = -\dfrac{T^* l}{6EI}\tan\alpha[1-3(1+2k\xi\cot^2\alpha)/D]/\cos\alpha$
6	任意荷载点扭角 $(\xi_1=\xi)$ 跨中荷载点扭角 $\left(\xi_1=\xi=\dfrac{1}{2}\right)$		$\varphi = \dfrac{T^* l}{6EI}\tan^2\alpha[2(1+3k\xi\cot^2\alpha)-3(1+2k\xi\cot^2\alpha)^2 D]$ 或 $\varphi = \dfrac{T^* l}{6EI}\tan^2\alpha[(2-3D)+12k^2\xi(1-\xi)\cot^4\alpha D]$ $\varphi_{1/2} = \dfrac{T^* l}{12EI}\tan^2\alpha(1+3k\cot^2\alpha)$
计算简图		备注	(1) 变形角标 "1"、"2" 分别表示 $0\leqslant\xi_1\leqslant\xi$ 和 $\xi\leqslant\xi_1\leqslant1$ 两种情况 (2) $\xi=x/l$ $\xi_1=x_1/l$ $k=EI/(GI_T)$ $D=\dfrac{1}{2}(1+k\cot^2\alpha)^{-1}$ (3) θ_A 和 θ_B 均以绕支承线轴的顺时针方向旋转者为正，反之为负

超静定简支斜梁在全跨均布扭矩荷载 t 作用下的变形计算公式   附表 II-3d

序号	项目		变形计算公式
1	一般式	挠度	$w = \dfrac{tl^3}{12EI}\xi_1(1-\xi_1)\tan\alpha(1-2\xi_1)$
2		挠角	$\theta = \dfrac{tl^2}{12EI}\tan\alpha(1-6\xi_1+6\xi_1^2)$
3		扭角	$\varphi = \dfrac{tl^2}{12EI}\tan^2\alpha[1+6k\xi_1(1-\xi_1)\cot^2\alpha]$
4	跨中挠度 $\left(\xi_1=\dfrac{1}{2}\right)$		$w_{1/2}=0$

续上表

序号	项 目	变形计算公式
5	绕支承线的 梁端 A 挠角（$\xi_1=0$） 梁端 B 挠角（$\xi_1=1$）	$\theta_A = \dfrac{tl^2}{12EI} \dfrac{\tan\alpha}{\cos\alpha}$ $\theta_B = \dfrac{tl^2}{12EI} \dfrac{\tan\alpha}{\cos\alpha}$
6	跨中扭角 $\left(\xi_1=\dfrac{1}{2}\right)$	$\varphi_{1/2} = \dfrac{tl^2}{24EI}\tan^2\alpha(2+3k\cot^2\alpha)$
计算简图		备注：(1) $\xi=x/l$　$\xi_1=x_1/l$　$k=EI/(GI_T)$ 　　　　$D=\dfrac{1}{2}(1+k\cot^2\alpha)^{-1}$ (2) θ_A 和 θ_B 均以绕支承线轴的顺时针方向旋转者为正，反之为负

超静定简支斜梁在左端斜向力矩 M_A^* 作用下的变形计算公式　　　附表 II-3e

序号	项 目		变形计算公式
1	一般式	挠度	$w = \dfrac{M_A^* l^2}{6EI} \dfrac{1}{\cos\alpha}\xi_1(1-\xi_1)[(2-\xi_1)-3D]$
2		挠角	$\theta = \dfrac{M_A^* l}{6EI} \dfrac{1}{\cos\alpha}[(2-6\xi_1+3\xi_1^2)-3D(1-2\xi_1)]$
3		扭角	$\varphi = \dfrac{M_A^* l}{6EI} \dfrac{\tan\alpha}{\cos\alpha}[2-3D(1+2k\xi_1\cot^2\alpha)]$
4	跨中挠度 $\left(\xi_1=\dfrac{1}{2}\right)$		$w_{1/2} = \dfrac{M_A^* l^2}{16EI} \dfrac{1}{\cos\alpha}(1-2D)$
5	绕支承线的 梁端 A 挠角 （$\xi_1=0$） 梁端 B 挠角 （$\xi_1=1$）		$\theta_A = \dfrac{M_A^* l}{6EI} \dfrac{1}{\cos^2\alpha}(2-3D)$ $\theta_B = -\dfrac{M_A^* l}{6EI} \dfrac{1}{\cos^2\alpha}(1-3D)$
6	跨中扭角 $\left(\xi_1=\dfrac{1}{2}\right)$		$\varphi_{1/2} = \dfrac{M_A^* l}{12EI} \dfrac{\tan\alpha}{\cos\alpha}$
计算简图			备注：(1) $\xi=x/l$　$\xi_1=x_1/l$　$k=EI/(GI_T)$ 　　　　$D=\dfrac{1}{2}(1+k\cot^2\alpha)^{-1}$ (2) θ_A 和 θ_B 均以绕支承线轴的顺时针方向旋转者为正，反之为负

超静定简支斜梁在右端斜向力矩 M_B^* 作用下的变形计算公式　　　附表 II-3f

序号	项目		变形计算公式
1	一般式	挠度	$w = \dfrac{M_B^* l^2}{6EI}\cos\alpha\,\xi_1(1-\xi_1)[(1+\xi_1)-(2-\xi_1)\tan^2\alpha-3D(1-\tan^2\alpha-2k)]$ 或 $w = \dfrac{M_B^* l^2}{6EI}\dfrac{1}{\cos\alpha}\xi_1(1-\xi_1)[\xi_1-(1-2k\cot^2\alpha)D]$
2		挠角	$\theta = \dfrac{M_B^* l}{6EI}\cos\alpha[(1-3\xi_1^2)-(2-6\xi_1+3\xi_1^2)\tan^2\alpha - 3D(1-2\xi_1)(1-\tan^2\alpha-2k)]$ 或 $\theta = \dfrac{M_B^* l}{6EI}\dfrac{1}{\cos\alpha}[\xi_1(2-3\xi_1)-(1-2\xi_1)(1-2k\cot^2\alpha)D]$
3		扭角	$\varphi = \dfrac{M_B^* l}{6EI}\dfrac{\tan\alpha}{\cos\alpha}D(2k\cot^2\alpha - 6k\xi_1\cot^2\alpha - 1)$
4	跨中挠度 $\left(\xi_1=\dfrac{1}{2}\right)$		$w_{1/2} = \dfrac{M_B^* l^2}{8EI}\dfrac{k\cot^2\alpha}{\cos\alpha}D$ 或 $w_{1/2} = \dfrac{M_B^* l^2}{16EI}\cos\alpha[(1-\tan^2\alpha)-2D(1-\tan^2\alpha-2k)]$
5	绕支承线的 梁端 A 挠角 $(\xi_1=0)$ 梁端 B 挠角 $(\xi_1=1)$		$\theta_A = \dfrac{M_B^* l}{6EI}\dfrac{1}{\cos^2\alpha}(1-3D)$ $\theta_B = -\dfrac{M_B^* l}{6EI}\dfrac{1}{\cos^2\alpha}(2-3D)$
6	跨中扭角 $\left(\xi_1=\dfrac{1}{2}\right)$		$\varphi_{1/2} = -\dfrac{M_B^* l}{12EI}\dfrac{\tan\alpha}{\cos\alpha}$
计算简图		备注	(1) $\xi = x/l$　$\xi_1 = x_1/l$　$k = EI/(GI_T)$ $D = \dfrac{1}{2}(1+k\cot^2\alpha)^{-1}$ (2) θ_A 和 θ_B 均以绕支承线轴的顺时针方向旋转者为正，反之为负

第六章 箱形截面连续弯梁桥

第一节 连续弯梁桥的一般特点与结构布置

一、一般特点

1. 受力特点

平面呈圆曲线的弯梁桥，其受力特点主要有以下两点：

第一，无论外荷载作用在桥面哪个位置，梁截面内在产生弯矩的同时，必然伴随产生"耦合扭矩"，通常称之为"弯—扭耦合作用"。

第二，对于两端均有抗扭支座的弯梁桥，其外弧侧的支座反力一般大于内弧侧，曲率半径 R 愈小愈显著，甚至会使内弧侧支座出现负反力。

2. 平面内变形特点

引起弯梁桥产生平面内水平位移的因素主要有以下两类（地震荷载除外）：

（1）由于温度变化和混凝土收缩引起的水平位移

这类位移属于弧线段膨胀或缩短性质的位移，它只涉及曲率半径的变化，而圆心角不发生改变，即 $r_0 \rightarrow r$，而 $\varphi = \varphi_0$，如图 2-6-1a）所示。弯梁的左端为固定支座，其余为多向活动支座，当温降或者混凝土收缩时，位于1号、2号、3号支座处的桥面将分别产生 δ_1、δ_2 和 δ_3 的水平位移。虽然它们的位移方向并不相同，但均指向固定支座。

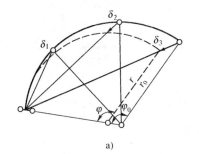
a)

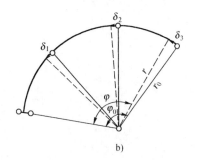
b)

图 2-6-1 连续弯梁桥的两种平面内变形

(2) 由于预加力和混凝土徐变引起的水平位移

这类位移属于切线方向的位移。图 2-6-1 所示是在截面形心处施加预应力时由弹性压缩和徐变变形所引起的水平位移。此时，曲率半径不发生改变，$r_0=r$，而圆心角却发生改变，即 $\varphi_0 \neq \varphi$。

二、结构构造与布置

1. 截面形式

由于弯梁桥中存在较大扭矩的受力特点，故在设计中一般选用箱形截面的形式。常用的箱形截面有单箱单室，单箱双室和单箱多室等，如图 2-6-2a) ～d) 所示。多室箱梁多用在宽桥上，太宽的桥面宜采用其中的分离式形式，即将一座宽桥设计成两座独立而平行的桥梁，如图 2-6-2e)、f) 所示。

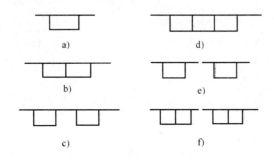

图 2-6-2　弯梁桥的箱形截面形式

2. 桥墩形式

弯梁桥桥台的形式与直梁桥无多大差别。桥墩的形式较多，图 2-6-3 仅列举其中几种常用的形式。

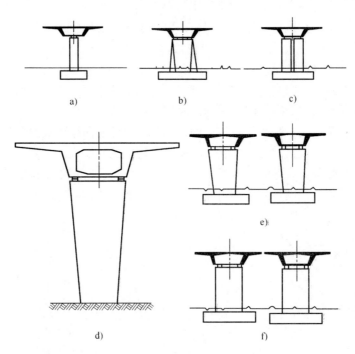

图 2-6-3　弯梁桥桥墩的几种形式

3. 支座布置

与连续斜梁桥一样，连续弯梁桥的支座总体布置也有以下三种类型：

(1) A型：全桥各墩、台上均设置抗扭双支座（图2-6-4a)）。

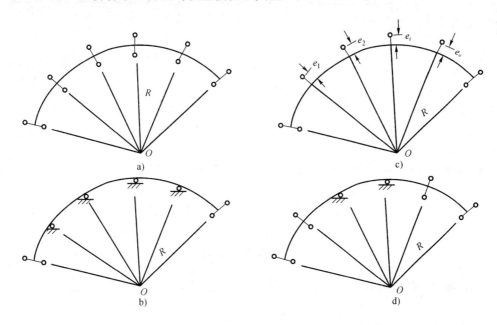

图 2-6-4 连续弯梁桥支座的布置形式

采用这类布置方案时，固定支座一般布置在中间桥墩顶面上的内弧一侧。如果连续的桥孔不多或者全桥的总长不太长时，也可将固定支座设置在一端的桥台上。

(2) B型：两端桥台上设置抗扭支座，其余均为单点铰支座（图2-6-4b)）。

这类支座布置方案适合于城市高架桥，它可将支座设置在独柱墩上，但连续跨数不宜太多，一般以3～4跨为宜。当跨数较多时，也可以通过计算分析以后，将中间的单点铰支座进行预偏心布置，以改善对梁的抗扭功能，如图2-6-4c)所示。

(3) C型：又称混合型，即中间桥墩上单点铰支座与抗扭双支座兼有（图2-6-4d)）。

这类布置方案克服了B型方案的缺点，但是，如果中间只在一个桥墩上设置抗扭双支座时，就必须验算该桥墩的横桥向抗弯刚度。

4. 截面尺寸拟定

连续弯箱梁桥一般设计成等高度的形式，其细部尺寸，可参照已建桥梁的图纸，也可参照以下资料综合考虑拟定。

(1) 箱梁底板厚度

跨中

$$t_b = 15 \sim 18 \text{cm} \quad \text{（钢筋混凝土结构）}$$
$$t_b = 20 \sim 25 \text{cm} \quad \text{（预应力混凝土结构）}$$

中支点

$$t_b = \left(\frac{1}{10} \sim \frac{1}{12}\right)h \quad (h：梁高)$$

(2) 箱梁顶板厚度

可参照表2-6-1数据拟定。

弯箱梁顶板参考尺寸　　　　表2-6-1

腹板间距（m）	3.0	≤4.5	≤7.5	≤10.0
顶板厚度（cm）	17.5	20	25	30

（3）箱梁腹板厚度

跨中

$$t_w \geqslant 20 \text{cm} \qquad \text{（钢筋混凝土结构）}$$
$$t_w \geqslant 25 \sim 30 \text{cm} \qquad \text{（预应力混凝土结构）}$$

中支点

$$t_w = 30 \sim 60 \text{（100）cm}$$

（4）梗腋

梗腋的坡度可参照本篇第三章中图 2-3-5 中的数据拟定。

第二节　连续弯梁桥的计算特点

一、计算方法简介

连续弯箱梁桥的内力分析是一个十分复杂的问题，计算方法也不下十种，但归纳起来可分为以下三类。

1. 解析法

它主要包括两种计算理论和方法

（1）翘曲扭转理论：分析时计入了箱形截面因周边畸变变形产生的翘曲正应力。它适用于钢制薄壁箱形截面梁的内力分析，但计算十分复杂。

（2）纯扭转理论：分析时假定截面周边尺寸在原平面内的投影尺寸不变，它适用箱壁相对厚实或横隔板较多的混凝土弯梁桥。由翘曲产生的误差，可以通过应力增大系数予以修正。

2. 半解析法

属于这类方法的理论有：梁格系理论、正交异性板理论、板梁组合系理论、折板理论、内力（或荷载）横向分布理论、能量法以及夹层板法等。

3. 数值法

这是当前设计中应用较多的方法，具体地还可分为线状有限单元法，有限条法和空间有限单元法等，并且编制专门的计算机程序。

本章将介绍纯扭转理论的计算方法，虽然它的计算过程也具有一定的复杂性，但可达到两个目的：第一，有助于设计者加强对结构扭转概念的理解，以便对工程中的问题作出合理的判断；第二，必要时，设计者可以应用这些公式来局部地校核由电算程序输出的计算结果。此外，还将介绍应用平面杆系有限元法计算程序来分析连续弯梁桥内力的近似方法。

二、计　算　图

1. A 型连续弯梁桥

（1）基本结构的计算图

对于图 2-6-5a) 所示的结构，如果按照翘曲扭转理论，其基本结构的计算如图 2-6-5b) 所示，即在每个支点截面切口处，除了赘余弯矩 M_i 以外，还要增加赘余翘曲双力矩 B_i，这样，使得计算工作量大大地增加。但是对于公路混凝土弯梁桥来说，由于壁板相对较厚实，翘曲应力所占的比重不大，故可以忽略而采用如图 2-6-5c) 所示的计算。

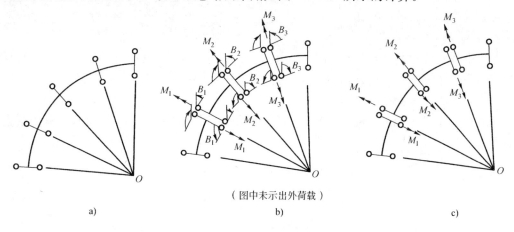

图 2-6-5 A 型连续弯梁桥的基本结构图

（2）三弯矩方程组

按照图 2-6-5c) 所示的基本结构，可以写出以下的三弯矩方程组：

$$\left.\begin{array}{l}\delta_{11}M_1 + \delta_{12}M_2 + \Delta_{1p} = 0 \\ \delta_{21}M_1 + \delta_{22}M_2 + \delta_{23}M_3 + \Delta_{2p} = 0 \\ \delta_{32}M_2 + \delta_{33}M_3 + \Delta_{3p} = 0\end{array}\right\} \quad (2-6-1)$$

上式中的常系数 δ_{ij} 和载系数 Δ_{ip} 计算公式均可从附表 III-1 中查到。当解得赘余弯矩后，便按附表 III-3 中的相应公式分别计算控制截面的内力，最后进行内力叠加。

2. B 型连续弯梁桥

（1）基本结构的计算图

对于图 2-6-6a) 所示的结构，则取全桥作为一跨的超静定简支弯梁桥作为基本结构，而用赘余反力取代单点铰支承的作用，构成图 2-6-6b) 所示的计算图。若采用预偏心设置单点铰支座的方案时，也可借此计算图进行近似计算，待解得赘余 R_1、R_2 和 R_3 以后，便将它们分别乘以相应的偏心距 e_i 作为附加外扭矩荷载（$R_i e_i$），反向地施加到超静定简支弯梁桥上，来计算欲求截面的内力近似值，如图 2-6-6c) 所示。

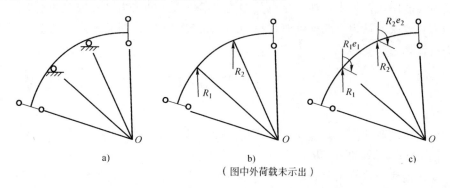

图 2-6-6 B 型连续弯梁桥的基本结构图

（2）力法方程组

按照图 2-6-6b) 的计算图可以写出下列的力法方程组：

$$\left.\begin{array}{l}\delta_{11}R_1+\delta_{12}R_2+\delta_{13}R_3+\Delta_{1p}=0\\ \delta_{21}R_1+\delta_{22}R_2+\delta_{23}R_3+\Delta_{2p}=0\\ \delta_{31}R_1+\delta_{32}R_2+\delta_{33}R_3+\Delta_{3p}=0\end{array}\right\} \qquad (2\text{-}6\text{-}2)$$

上式中常系数 δ_{ij} 均指由赘余力 R_j 引起 i 号支点处的垂直位移 w_i，它们应按附表 III-2 中的相应公式计算，而载系数 Δ_{ip} 可按附表 III-1 和 III-2 中有关 w 的公式计算。

3. C 型连续梁弯梁桥

同理，可以建立 C 型（混合型）连续弯梁桥的计算图（图 2-6-7），据此列出其力法方程组如下：

$$\left.\begin{array}{l}\delta_{11}M_1+\delta_{12}M_2+\delta_{13}R_3+\Delta_{1p}=0\\ \delta_{21}M_1+\delta_{22}M_2+\delta_{23}R_3+\Delta_{2p}=0\\ \delta_{31}M_1+\delta_{32}M_2+\delta_{33}R_3+\Delta_{3p}=0\end{array}\right\} \qquad (2\text{-}6\text{-}3)$$

上式中的常系数和载系数可按附表 III-1 和 III-2 的相应公式计算。

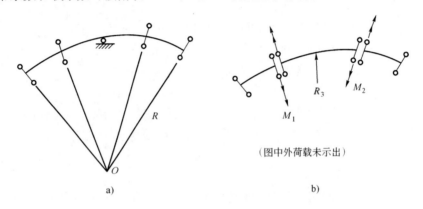

图 2-6-7 C 型连续弯梁桥的基本结构图

三、冲 击 系 数

在现行《通用规范》中，尚未见有关连续弯梁桥汽车冲击力计算规定的条文。根据一些学者的研究和建议，认为多跨连续弯梁桥的冲击系数，可以按照同样跨径的多跨连续直梁桥的规定进行计算。

四、应力增大系数 λ

1. 特点

连续弯梁桥因弯扭耦合效应，不论是在恒载还是汽车荷载作用下，其截面正应力值总是外弧侧的值大于其弧侧的值，因此，它有两个特点：

（1）应该用两个（而不是一个）不同的应力增大系数"λ"来分别考虑同一截面内位于内、外弧侧腹板里的正应力增大。

（2）除汽车荷载应力外，恒载应力也应计入其外弧侧腹板内的应力增大，但内弧侧的可以偏安全地不予折减（$\lambda_{内}<1$ 时）。

2. 应力增大系数 λ

参照图 2-6-8 中箱梁截面的垂直位移 w 和扭角 θ，可以近似地写出应力增大系数的表达式：

(1) 车辆荷载合力点位于外弧侧时（图 2-6-8a)）

$$\lambda_{外} = \frac{w(e) - \theta(e) \cdot \dfrac{b}{2}}{w(e)} \tag{2-6-4a}$$

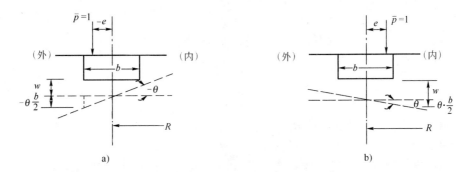

图 2-6-8 弯梁桥的变位

(2) 车辆荷载合力点位于内弧侧时（图 2-6-8b)）

$$\lambda_{内} = \frac{w(e) + \theta(e) \cdot \dfrac{b}{2}}{w(e)} \tag{2-6-4b}$$

该情况下的 $\lambda_{内}$ 值较少大于 1，当 $\lambda_{内} < 1$ 时，则偏安全地取 $\lambda_{内} = 1$。

(3) 结构恒载及二期恒载作用时（仅对外弧侧）

$$\lambda_{q} = \frac{w(e) - \theta(e) \cdot \dfrac{b}{2}}{w(e)} \tag{2-6-4c}$$

对于内弧侧，偏安全地取 $\lambda_{q} = 1$。

以上各式中的 $w(e)$、$\theta(e)$ 分别为：

$$\left. \begin{array}{l} w(e) = \dfrac{p(D - eB)}{AD - B^2} \\[2mm] \theta(e) = \dfrac{p(eA - B)}{AD - B^2} \end{array} \right\} \tag{2-6-5}$$

其中：

$$\left. \begin{array}{l} A = \dfrac{GI_d}{R^4}\left[k \cdot \left(\dfrac{\pi}{\theta_0}\right)^4 + \left(\dfrac{\pi}{\theta_0}\right)^2\right] \\[3mm] B = \dfrac{GI_d}{R^3} \cdot (1+k) \cdot \left(\dfrac{\pi}{\theta_0}\right)^2 \\[3mm] D = \dfrac{GI_d}{R^2}\left[k + \left(\dfrac{\pi}{\theta_0}\right)^2\right] \\[3mm] k = \dfrac{EI}{GI_d} \quad \theta_0 = \dfrac{l_e}{R} \end{array} \right\} \tag{2-6-6}$$

以上各式中：l_e——等代简支跨跨长，近似地按本篇第四章表 2-4-2 中的公式计算；

　　　　　　b——两外侧腹板之间的距离；

p——半波正弦荷载的峰值，可令 $p=1$；

E、G——分别为材料的弹性模量和剪切模量；

I、I_d——分别为截面的抗弯惯矩和抗扭惯矩；

R、θ_0——分别为弯梁桥的曲率半径和它与等代简支跨 l_c 之间的夹角；

e——荷载合力点至截面中轴线的距离，位于内弧侧者取正值，反之取负值。

式中其他符号的规定：竖向荷载 p 及其挠度 w 心向下者为正；扭矩（$p \cdot e$）和扭角 θ 以顺时针方向旋转者为正；反之均为负（图 2-6-8）。

第三节 恒载内力计算

一、恒载内力计算

恒载内力计算内容与连续直梁桥相比，需要增加两项内容：

1. 梁体因体积重心的偏心产生的恒载均布扭矩

产生体积重心偏离中轴线的因素有二：其一，单位弧长与曲率重心构成的扇形平面面积，在中轴线的左、右侧是不等的，一般外弧侧面积大于内弧侧面积；其二，为了满足汽车行驶的安全，一般将桥面的外弧侧设置超高，做成向内弧侧倾斜的横坡，曲率半径愈小，横向坡度便愈大，体积偏心距 e 也愈大。由体积偏心产生的偏心均布扭矩，其旋转方向是朝向外弧侧的，而 B 型连续弯梁桥中的单点铰支座不具有抗扭功能，尤其当连续跨数较多（或跨长较长），且曲率半径 R 较小时，就必须计入这个影响，以防梁体发生向外弧侧起翘和倾翻。

2. 应力增大系数

这是由于弯扭耦合作用而产生，具体计算方法，前面已经叙述过。

二、示 例

【例 2-6-1】 图 2-6-9 所示的三跨连续弯箱梁桥，具有以下的技术参数。

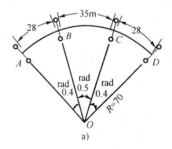
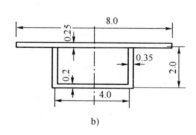

图 2-6-9 例 2-6-1 的弯梁桥基本尺寸（尺寸单位：m）

抗弯惯矩

$$I = 2.9077 \text{m}^4$$

抗扭惯矩

$$I_d = 5.418 \text{m}^4$$

截面面积

$$A = 4.1125 \text{m}^2$$

重度
$$\gamma = 26 \text{kN/m}^3$$

截面形心
$$y_\text{上} = 0.854 \text{m} \qquad y_\text{下} = 1.371 \text{m}$$

弹性模量
$$E = 3.5 \times 10^7 \text{kN/m}^2$$

剪切模量
$$G = 0.43E$$

弯扭刚度比
$$k = \frac{EI}{GI_\text{d}} = 1.248$$

曲率半径
$$R = 70 \text{m}$$

其余尺寸均示于图中，试计算该桥在结构自重作用下边跨和中跨跨中截面的正应力。

解：（1）计算结构自重产生的均荷重力 q 和均布扭矩 m_t

按照图 2-6-10 所示单位梁段的扇形面积及其分块、再利用本书第一篇第二章表 1-2-17 中的公式列表计算该梁段的体积重心位置（表 2-6-2）。

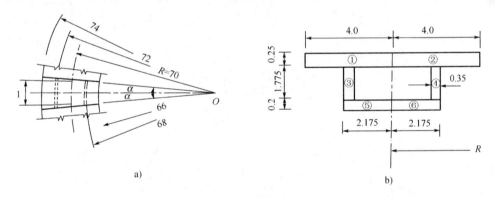

图 2-6-10 扇形梁段体积重心计算图（尺寸单位：m）

梁段的体积重心 y_e 按下式计算：
$$y_\text{e} = \frac{\sum V \cdot y_\text{d}}{\sum V} = \frac{288.1164}{4.1125} = 70.0587 \text{m}$$

由此得体积的偏心距 e 为：
$$e = y_\text{e} - R = 70.0587 - 70 = 0.0587 \text{m}$$

单位梁段的荷载集度为：
$$q = V\gamma = 4.1125 \times 26 = 107 \text{kN/m}$$

单位梁段的扭矩集度为：
$$m_\text{t} = q \cdot e = 107 \times 0.0587 = 6.3 \text{kN} \cdot \text{m/m}$$

（2）建立基本结构计算图

本例属于 A 型连续弯梁桥，其基本结构的计算如图 2-6-11 所示。

体积及体积重心位置计算 表 2-6-2

分块号	曲线半径 R_i (m)	截面面积 A (m²)	板厚 t (m)	分块体积 V (m³)	分块形心 y_d (m)	体积矩 $V \cdot y_d$
1	74（外） 70（内）	4.1443	0.25	1.0286	72.0179	74.0776
2	70 66	3.8857	0.25	0.9714	68.0190	66.0737
3	72	1.8257	0.35	0.6390	72.0000	46.0080
4	68	1.7243	0.35	0.6035	68.0000	41.0380
5	72.175 70	2.2088	0.20	0.4418	71.0924	31.4086
6	70 67.825	2.1412	0.20	0.4282	68.9176	29.5105
合计		—	—	4.1125	—	288.1164

注：1. $A = \alpha(R^2 - r^2)$，R：分块外侧半径，r：分块内侧半径；

2. $y_d = \dfrac{2\sin\alpha}{3\alpha} \cdot \dfrac{R^3 - r^3}{R^2 - r^2}$，$\alpha$：单位梁段夹角的一半 $\left(= \dfrac{1}{2R_0}\right)$，$R_0 = 70\text{m}$；

3. 本例未设超高，故计算中不考虑超高部分的体积。

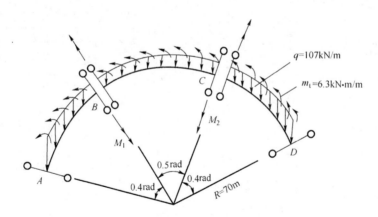

图 2-6-11 基本结构计算图

（3）系数计算

① 常系数（按附表 III-1 中相应公式计算）

$$\delta_{11} = \delta_{11}^{AB} + \delta_{11}^{BC}$$

$$= \dfrac{R}{2EI} \left\{ \dfrac{1}{\sin^2\varphi_{01}} \left[(1+k)\varphi_{01} - \dfrac{(1-k)}{2}\sin 2\varphi_{01} \right] - \dfrac{2k}{\varphi_{01}} \right\}_{AB} +$$

$$\dfrac{R}{2EI} \left\{ \dfrac{1}{\sin^2\varphi_{02}} \left[(1+k)\varphi_{02} - \dfrac{(1-k)}{2}\sin 2\varphi_{02} \right] - \dfrac{2k}{\varphi_{02}} \right\}_{BC}$$

将 $k = 1.248$，$\varphi_{01} = 0.4\text{rad}$，$\varphi_{02} = 0.5\text{rad}$，$R = 70\text{m}$ 代入上式，便得：

$$\delta_{11} = 9.6652 + 12.3246 = 21.9898 \frac{1}{EI}$$

$$\delta_{12} = \frac{R}{2EI}\left\{\frac{1}{\sin\varphi_0}\left[(1-k)-(1+k)\frac{\varphi_0}{\tan\varphi_0}\right]+\frac{2k}{\varphi_0}\right\} = 6.4115 \frac{1}{EI}$$

$$\delta_{22} = \delta_{11} \qquad \delta_{21} = \delta_{12}$$

②载系数（按附表 III-1 中相应公式计算）

$$\Delta_{1q} = \Delta_{1q}^{AB} + \Delta_{1q}^{BC}$$
$$= \frac{qR^3}{2EI}\left[(1+k)\tan\frac{\varphi_{01}}{2}\left(\frac{\varphi_{01}}{\sin\varphi_{01}}\right)-(1+3k)\tan\frac{\varphi_{01}}{2}+k\varphi_{01}\right]_{AB} +$$
$$\frac{qR^3}{2EI}\left[(1+k)\tan\frac{\varphi_{02}}{2}\left(\frac{\varphi_{02}}{\sin\varphi_{02}}\right)-(1+3k)\tan\frac{\varphi_{02}}{2}+k\varphi_{02}\right]_{BC}$$
$$= 103098.00 + 207361.43 = 310459.43 \frac{1}{EI}$$

$$\Delta_{1t} = \Delta_{1t}^{AB} + \Delta_{1t}^{BC}$$
$$= \frac{m_t R^2}{2EI}(1+k)\left(\frac{\sin\varphi_{01}-\varphi_{01}}{1+\cos\varphi_{01}}\right)_{AB} + \frac{m_t R^2}{2EI}(1+k)\left(\frac{\sin\varphi_{02}-\varphi_{02}}{1+\cos\varphi_{02}}\right)_{BC}$$

由于本例的扭矩荷载作用方向与附表 III-1 上的相反，故应取负值，即 $m_t = -6.3$ kN·m/m 代入，于是得：

$$\Delta_{1t} = 191.12 + 380.22 = 571.34 \frac{1}{EI}$$

由此得：

$$\Delta_{1p} = \Delta_{1q} + \Delta_{1t} = 310459.43 + 571.37 = 311030.77 \frac{1}{EI}$$

$$\Delta_{2p} = \Delta_{1p}$$

（4）解赘余弯矩 M_1 和 M_2

将上述系数代入三弯矩方程中（即力法方程）中，便有：

$$\left.\begin{array}{l}21.9898M_1 + 6.4115M_2 + 311030.77 = 0 \\ 6.4115M_1 + 21.9898M_2 + 311030.77 = 0\end{array}\right\}$$

由于本例的结构与外荷载对称于中跨跨中，故知 $M_1 = M_2$ 于是，上式的求解比较简便，它可化简为：

$$(21.9898 + 6.4115)M_2 = -311030.77$$

从而得：

$$M_1 = M_2 = -10951.29 \text{kN} \cdot \text{m}$$

（5）求跨中截面弯矩

按照图 2-6-11 中每个超静定简支跨的计算图，并应用附表 III-3 中的相应公式便可计算出边跨和中跨的跨中截面弯矩。

①边跨跨中截面

由于 q：

$$M_q = qR^2\left(\frac{\sin\varphi + \sin\varphi'}{\sin\varphi_0} - 1\right)_{AB}$$
$$= 107 \times 70^2\left\{\frac{\sin\frac{0.4}{2} + \sin\frac{0.4}{2}}{\sin 0.4} - 1\right\} = 10663.66 \text{kN} \cdot \text{m}$$

由于 m_t:

$$M_t = -tR\left(\frac{\sin\varphi + \sin\varphi'}{\sin\varphi_0} - 1\right)_{AB}$$

$$= -(-6.3) \times 70\left[\frac{\sin\frac{0.4}{2} + \sin\frac{0.4}{2}}{\sin 0.4} - 1\right] = 8.97 \text{kN} \cdot \text{m}$$

由于 M_1:

$$M_{M1} = M_1\left(\frac{\sin\varphi}{\sin\varphi_0}\right)_{AB} = -10951.29 \times \left[\frac{\sin\frac{0.4}{2}}{\sin 0.4}\right] = -5587.01 \text{kN} \cdot \text{m}$$

叠加上述结果便得：

$$M_q^{边} = M_q + M_t + M_{M1} = 5085.62 \text{kN} \cdot \text{m}$$

②中跨跨中截面
同理可得：

$$M_q = 16822.18 \text{kN} \cdot \text{m}$$
$$M_t = 14.15 \text{kN} \cdot \text{m}$$
$$M_{M1,M2} = -11302.66 \text{kN} \cdot \text{m}$$

叠加后的最终结果为：

$$M_q^{中} = 5533.67 \text{kN} \cdot \text{m}$$

(6) 计算应力增大系数 λ
①边跨

按表 2-4-2 中的公式近似确定连续弯梁桥边跨的等代跨长，$l_e^{边} = 0.8l = 0.8 \times 28 = 22.4 \text{m}$，再按式（2-6-6）可得：

$$\theta_0 = \frac{l_e^{边}}{R} = \frac{22.4}{70} = 0.32$$

$$A = \frac{GI_d}{R^4}\left[k\left(\frac{\pi}{\theta_0}\right)^4 + \left(\frac{\pi}{\theta_0}\right)^2\right] = \frac{GI_d}{70^4}\left[1.248\left(\frac{\pi}{0.32}\right)^4 + \left(\frac{\pi}{0.32}\right)^2\right] = 4.8688 \times 10^{-4} GI_d$$

$$B = \frac{GI_d}{R^3}(1+k) \cdot \left(\frac{\pi}{\theta_0}\right)^2 = 6.3169 \times 10^{-4} GI_d$$

$$D = \frac{GI_d}{R^2}\left[k + \left(\frac{\pi}{\theta_0}\right)^2\right] = 0.01992 GI_d$$

$$AD - B^2 = 9.3018 \times 10^{-6} (GI_d)^2$$

本例的 $e = -0.0587$，将它与上述的计算结果一并代入式（2-6-5），便得：

$$w(e) = \frac{p(D - eB)}{AD - B^2} = \frac{1 \times [0.01992 - (-0.0587) \times 6.3169 \times 10^{-4}]}{9.3018 \times 10^{-6}} = 2145.92/(GI_d)$$

$$\theta(e) = \frac{p(eA - B)}{AD - B^2} = \frac{1 \times [(-0.0587) \times 4.8688 \times 10^{-4} - 6.3169 \times 10^{-4}]}{9.3018 \times 10^{-6}} = -70.92/(GI_d)$$

再将求得 w 和 θ 的值代入式（2-6-4c）中便有：

$$\lambda_q^{边} = \frac{w(e) - \theta(e) \cdot \frac{b}{2}}{w(e)} = \frac{2145.92 - (-70.92) \times \frac{4}{2}}{2145.92} = 1.0661$$

②中跨

按表 2-4-2 中的公式，中跨的等代跨长 $l_e^{中} = 0.6l = 0.6 \times 35 = 21 \text{m}$，相应的 $\theta_0 = 0.3$，再按照与上述同样的计算过程，便得：

$$\lambda_q^{中} = 1.0668$$

它与边跨的计算结果近似相等。

(7) 跨中截面正应力计算

平均正应力 $\bar{\sigma}$ 按一般材料力学中的公式计算。

对于边跨跨中

$$\bar{\sigma}_{卡} = \frac{M}{I} \times \binom{y_上}{y_下} = \frac{5085.62}{2.9077} \times \binom{-0.854}{1.371} = \frac{-1493.66}{2397.90} \text{kN/m}^2$$

上式中"$-$"值表示受压,"$+$"值表示受拉。

对于中跨跨中

$$\bar{\sigma}_{卡} = \frac{5533.67}{2.9077} \times \binom{-0.854}{1.371} = \frac{-1625.26}{2609.16} \text{kN/m}^2$$

将应力增大系数 λ_q 分别乘外弧侧腹板上、下表面纤维层的正应力,内弧侧的保持不变,便得到该上两截面最终正应力值,一并列出于表 2-6-3 中,并示于图 2-6-12 中。

截面正应力汇总表(单位:kN/m²)　　　　　　表 2-6-3

分项内容		边跨跨中		中跨跨中	
		外弧侧	内弧侧	外弧侧	内弧侧
应力增大系数 λ_q		1.0661	1.000	1.0668	1.000
腹板上、下缘	$\sigma_上$	-1592.39	-1493.66	-1733.83	-1625.26
	$\sigma_下$	2556.40	2397.90	2783.45	2609.16

注:正应力值为"$-$"者表示受压,为"$+$"者表示受拉。

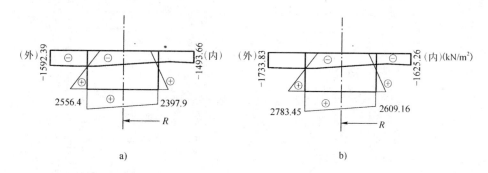

图 2-6-12　截面恒载正应力分布图

第四节　汽车荷载内力计算

一、计 算 要 点

连续弯梁桥的计算要点如下:

(1) 汽车冲击系数

前面已述,近似地按现行规范关于连续直梁桥的规定计算。

(2) 应力增大系数

分别按照朝外、内弧侧最不利的偏心布置车辆荷载,求出合力点的偏心距 e,再按式 (2-6-4) 计算应力增大系数 $\lambda_{外}$ 和 $\lambda_{内}$。

(3) 荷载沿桥轴线方向的最不利布置

理论上应按影响线的分布规律加载，这种方法只能借助计算程序来完成，若采用手算方法，则只能近似地参照连续直梁桥的影响线分布规律进行布置。

二、示　例

【**例 2-6-2**】　设将例 2-6-1 中三跨连续弯梁桥的 B 号墩上抗扭支座改为单点铰支座，如图 2-6-13 所示，其余技术参数不变，试计算该桥中跨（B-C 跨）跨中截面在原《通用规范》汽车—20 级荷载作用下的正弯矩及其正应力。

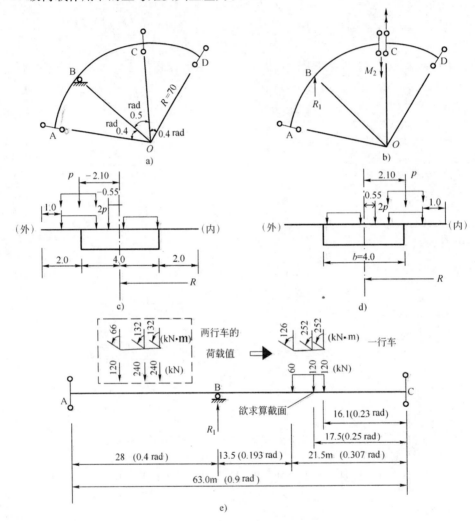

图 2-6-13　例 2-6-2 的计算图（尺寸单位：m）

注：▶ 表示两行车的荷载仍作用在 BC 跨内，且顺桥向的荷载作用点位置与一行车的相同。

解：(1) 汽车冲击系数

按原《通用规范》规定连续梁中跨跨中截面正弯矩影响线的荷载长度为 35m，故其冲击系数为：

$$1+\mu = 1 + \frac{35-5}{45-5} \times 0.3 = 1.225$$

(2) 建立基本结构的计算图

本例为 C 型（混合型）连续弯梁桥，参照图 2-6-7 建立如图 2-6-13b）所示的基本结构图。

(3) 荷载横向布置和应力增大系数的确定

①荷载横向布置

本例的桥面净宽为 7m，设计为双车道，荷载横向布置选用了四种工况，如图 2-6-13c)、d) 所示。其中按一行车布置时，距桥轴线的偏心距为 $e=\pm 2.1$m 按两行车布置时，$e=\pm 0.55$m。

②等代简支跨长的确定

本例中的 B 号墩支座为单点铰支承，它不具有抗扭能力，其支反力类似于垂直向上的外荷载，故在确定等代简支跨跨长 l_e 时，应将 A-B、B-C 两跨视作为一跨，总跨长 $l=28+35=63$m，按表 2-4-2 中的公式，其等代跨长 $l_e=0.8l=50.4$m，相应地圆心夹角 $\theta_0=0.72$rad。

③应力增大系数 λ 的计算

整体计算应按式（2-6-4）~式（2-6-6）进行，具体计算过程与例 2-6-1 中的相同，下面给出具体计算结果，不详细列出算式。

a. 计算用的原始数据

$$\theta_0=0.72\text{rad},\ R=70\text{m},\ k=1.248,\ p=1,\ \frac{b}{2}=\frac{4}{2}=2\text{m}$$

b. 按式（2-6-6）计算所得的几个中间值

$$A = 1.963342271 \times 10^{-5} GI_d$$
$$B = 1.247776894 \times 10^{-4} GI_d$$
$$D = 4.14012015 \times 10^{-3} GI_d$$
$$AD - B^2 = 6.57152572 \times 10^{-8} (GI_d)^2$$

c. 四种工况下的应力增大系数（表 2-6-4）

应力增大系数 λ 汇总表　　　　表 2-6-4

名称	乘子	合力点在外弧侧		合力点在内弧侧	
		两行车 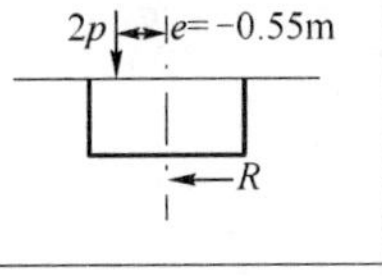 $2p$, $e=-0.55$m	一行车 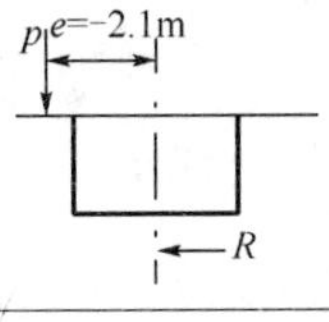 p, $e=-2.1$m	两行车 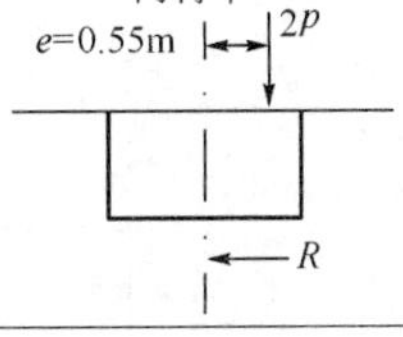 $e=0.55$m, $2p$	一行车 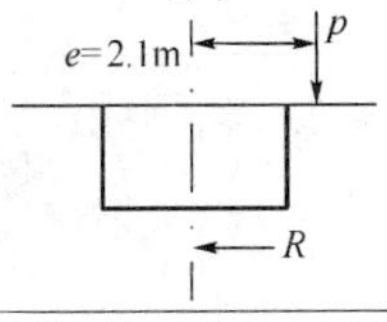 $e=2.1$m, p
$w(e)$	$\dfrac{1}{GI_d}$	18804.58	19692.21	18174.65	17287.02
$\theta(e)$	$\dfrac{1}{GI_d \cdot m}$	-659.21	-903.12	-486.12	-242.21
λ	—	1.0701	1.0917	0.9465	0.9720
公式		式（2-6-4a）		式（2-6-4b）	
采用值 λ	—	1.0701	1.0917	1.0	1.0

(4) 荷载纵向布置

本例要求计算中跨跨中截面的正弯矩，故荷载应布置在靠近中跨跨中范围内，如果需要计算该截面的最大负弯矩时，那么车辆荷载就应布置该桥两个端跨内。其次，本例图2-6-13e)所示的只布置了一辆加重车，照理在靠近C号桥墩附近，还可布置一辆标准车，但是，本例目的是为了展示计算方法和减少重复的运算过程，故未将它列入计算。

(5) 力法方程中的系数计算

①常系数 δ_{ii}、δ_{ij} 的计算

常系数 δ_{ii}、δ_{ij} 可按本篇附表 III-1 中的相应公式进行计算，其计算过程与例 2-6-1 中的相同，故这里只给出计算结果，但应用表中公式时应注意以下几点：

a. 计算常系数时，令公式中的荷载值均等于1；

b. δ_{11} 即表中的 w_j，并令 $\bar{P}=1$；

c. δ_{22} 是指相邻但跨径不等的两跨端转角之和；

d. 所有变位方向与赘余力的设定方向一致者取正，反之取负。

根据这些要点，便得到：

$$\delta_{11} = \frac{6621.1125}{EI} \qquad \delta_{22} = \frac{34.89}{EI} \qquad \delta_{12} = \delta_{21} = \frac{-312.72}{EI}$$

以上这些计算也可根据表列公式编制计算程序来完成。

②载系数 Δ_{ip} 计算

本例的外荷载为三个集中力和三个集中扭矩，它们对赘余力 R_1 和赘余弯矩 M_2 产生的变位 Δ_{1p} 和 Δ_{2p} 可按附表 III-1 和 III-2 中的公式计算。由于荷载形式相同，计算带有重复性，下面仅示出在一行车的集中力 P 作用于外弧侧时，对 R_1 处的产生的变位 Δ'_{1p} 的计算过程，其余照此方法计算，对于两行车以及作用于内弧侧的工况，均可按照比例关系换算，表 2-6-5 汇总了所有工况的计算结果。

载系数 Δ_{1p}、Δ_{2p} 汇总表 $\left(\times \dfrac{1}{EI}\right)$ 表 2-6-5

荷载类型		载变位	荷载位于外弧侧		荷载位于内弧侧	
			一行车 $e=-2.1m$	两行车 $e=-0.55m$	一行车 $e=2.1m$	两行车 $3=0.55m$
Δ''_{1p}	由于集中力 P	Δ'_{1p}	−1484206.2	−2968412.4	−148206.2	−2968412.4
	由于集中扭矩 T	Δ'_{1t}	−90587.05	−47450.36	90587.05	47450.36
	合计	Δ_{1p}	−1574793.25	−3015862.76	−1393619.15	−2920962.04
Δ''_{2p}	由于集中力 P	Δ'_{2p}	87461.45	174922.9	87461.45	174922.90
	由于集中扭矩 T	Δ'_{2t}	5396.48	2826.73	−5396.48	−2826.73
	合计	Δ_{2p}	92857.93	177749.63	82064.97	172096.17

Δ'_{1p} 可按本篇附表 III-2 中的公式计算，本例中所有集中力 P 均位于求算的赘余支反力截面（R_1 支点截面）以右，故应按表中 I 区段的公式计算，即：

$$w_\varphi = \frac{PR^3}{2EI}\left[\frac{1+k}{\sin\varphi_0}\left(\frac{\varphi_0 \sin\varphi_2}{\sin\varphi_0}\sin\varphi' + \varphi_2\cos\varphi_2\sin\varphi - \varphi'\sin\varphi_2\cos\varphi\right) - \right.$$
$$\left. (1+3k)\frac{\sin\varphi_2}{\sin\varphi_0}\sin\varphi + 2k\varphi_2\left(1-\frac{\varphi'}{\varphi_0}\right)\right]$$

参看图 2-6-13，它们应输入的公共参数为：

$R=70\text{m}$，$\varphi_0=0.9\text{rad}$，$\varphi=0.4\text{rad}$，$\varphi'=0.5\text{rad}$（求算截面），$k=1.248$ 反映荷载大小及所处位置的参数为：

前轴　　$P=-60\text{kN}$　　$\varphi_1=0.593\text{rad}$　　$\varphi_2=0.307\text{rad}$

中轴　　$P=-120\text{kN}$　　$\varphi_1=0.65\text{rad}$　　$\varphi_2=0.25\text{rad}$

后轴　　$P=-120\text{kN}$　　$\varphi_1=0.67\text{rad}$　　$\varphi_2=0.23\text{rad}$

将这些参数代入上式，便有：

前轴　　　　　　　　　$\Delta'_{1p,前}=-341835.9\frac{1}{EI}$

中轴　　　　　　　　　$\Delta'_{1p,中}=-590118.8\frac{1}{EI}$

后轴　　　　　　　　　$\Delta'_{1p,后}=-55225.15\frac{1}{EI}$

合计：　　　　　　　　$\Delta'_{1p}=-1484206.2\frac{1}{EI}$

集中力 P 取负值是因为由它产生的垂直位移方向与赘余力的设定方向相反。显然，用手工计算这些参数是较繁琐费时，设计人员可按公式自编小的程序来完成它，既快又不会出错。

(6) 解力法方程组

本例的力法方程组如下：

$$\left.\begin{array}{l}6621.1125R_1 - 312.7198M_2 + \Delta_{1p} = 0\\ -312.7198R_1 + 34.8906M_2 + \Delta_{2p} = 0\end{array}\right\}$$

将表 2-6-5 中各种工况的载变位分别代入上式，便可解出赘余力 R_1 和 M_2 值，并汇总于表 2-6-6 中。

赘余力 R_1 和 M_2 计算结果汇总　　　　　表 2-6-6

赘余力	单位	荷载位于外弧侧		荷载位于内弧侧	
		一行车 $e=-2.1\text{m}$	两行车 $e=-0.55\text{m}$	一行车 $e=2.1\text{m}$	两行车 $e=0.55\text{m}$
支反力 R_1	kN	194.5	372.6	172.4	361.0
支点弯矩 M_2	kN·m	-918.4	-1755.0	-807.3	1697.0

注：支反力 R_1 的方向均向上；C号支点截面的弯矩均为负值。

(7) 中跨跨中截面弯矩

参看图 2-6-13，选取 A-C 跨超静定简支弯梁桥的计算图，此时，作用于其上的外荷载共有8个，即3个集中力 P，3个集中扭矩和2个已解得的赘余力，然后按照附表Ⅲ-3中的相应公式进行计算。这些均示于表 2-6-7 中，所应用的计算参数同前，但 $\varphi=0.65\text{rad}$，$\varphi'=0.25\text{rad}$。

中跨跨中截面弯矩计算表（kN·m） 表2-6-7

荷载类型	名称	计算公式	荷载位于外弧侧		荷载位于内弧侧	
			一行车 $e=-2.1m$	两行车 $e=-0.55m$	一行车 $e=2.1m$	两行车 $e=0.55m$
赘余力	R_1	$M_x = R_1 \cdot R \dfrac{\sin\varphi_1}{\sin\varphi_0}\sin\varphi'$	−1674.55	−3207.90	−1484.28	−3108.03
	M_2	$M_x = M_i \dfrac{\sin\varphi}{\sin\varphi_0}$	−709.54	−1355.89	−623.71	−1311.08
集中力	$P_{前}$	$M_x = PR \dfrac{\sin\varphi_1}{\sin\varphi_0}\sin\varphi'$	738.02	1476.04	738.02	1476.04
	$P_{中}$		1605.58	3211.16	1605.58	3211.16
	$P_{后}$	$M_x = PR \dfrac{\sin\varphi_2}{\sin\varphi_0}\sin\varphi$	1479.50	2959.00	1479.50	2959.00
集中扭矩	$T_{前}$	$\pm T^* \dfrac{\sin\varphi_1}{\sin\varphi_0}\sin\varphi'$ 荷载位于外弧侧时取"+"，反之取"−"，下同	22.14	11.60	−22.14	−11.60
	$T_{中}$		48.17	25.23	−48.17	−25.23
	$T_{后}$	$\pm T^* \dfrac{\sin\varphi_2}{\sin\varphi_0}\sin\varphi$	44.39	23.25	−44.39	−23.25
	合计		1553.71	3142.49	1600.41	3167.01

注：赘余支反力 R_1 的方向与附表Ⅲ-3中规定的方向相反，故计算中取"−"值代入。

(8) 跨中截面正应力

从表2-6-7中的计算结果知，最大正弯矩仍出现在有两行车行驶时的两种工况，虽然它们的弯矩值十分接近，但对位于外、内弧侧的应力值，还应分别乘以上面表2-6-4中算得的应力增大系数，即：

①位于外弧侧腹板上、下缘的正应力

$$\sigma_{下(外)}^{上} = \dfrac{\lambda_{外} M_{外}}{I}\begin{pmatrix} y_{上} \\ y_{下} \end{pmatrix} = \dfrac{1.0701 \times 3142.49}{2.9077} \times \begin{pmatrix} -0.854 \\ 1.371 \end{pmatrix} = \begin{matrix} -987.7 \\ 1585.6 \end{matrix} kN/m^2$$

②位于内弧侧腹板上、下缘的正应力

$$\sigma_{下(内)}^{上} = \dfrac{\lambda_{内} M_{内}}{I}\begin{pmatrix} y_{上} \\ y_{下} \end{pmatrix} = \dfrac{1.0 \times 3167.01}{2.9077} \times \begin{pmatrix} -0.854 \\ 1.371 \end{pmatrix} = \begin{matrix} -930.2 \\ 1493.3 \end{matrix} kN/m^2$$

图2-6-14绘出了该截面的正应力分布图，"−"值代表受压"+"值代表受拉。

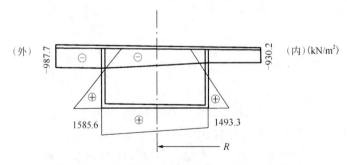

图2-6-14 由汽车荷载引起的截面最大正应力分布图

最后进行荷载组合时还应乘以该跨的汽车冲击系数。

第五节 应用平面杆系有限元法程序近似分析法

由上面两例可知，应用纯扭转理论公式分析连续弯箱梁桥是一个十分麻烦的运算过程。本节将介绍一种半理论与半电算相结合的近似分析方法。

一、近似分析法的计算模型

为清楚起见，现用图 2-6-15 的三跨连续弯梁桥来概述其建模过程。

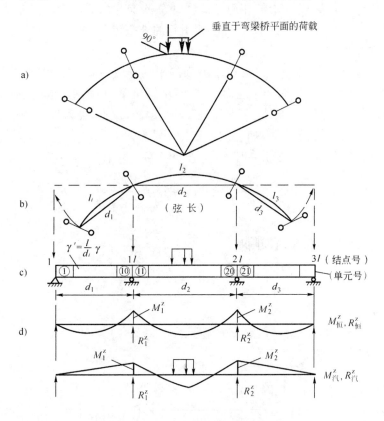

图 2-6-15　等代连续直梁桥计算模型

(1)按照下式计算弯梁桥各跨的弦长 d_i（图 2-6-15b））。

$$d_i = 2R\sin\frac{\varphi_{0,i}}{2} \tag{2-6-7}$$

式中：$\varphi_{0,i}$——第 i 跨的圆心角。

(2)将各跨的弦长 d_i 按图中方式展直为等代连续直梁桥，其截面尺寸保持原来的不变，而重度 γ 是按弧弦比(l_i/d_i)予以修正，以便计算恒载内力。分析车辆荷载内力时，其轴重与轴距亦保持原来的不变（图 2-6-15c)），暂不考虑汽车荷载的偏心位置。

(3)应用一般平面杆系有限元法计算程序，分别计算恒载（图 2-6-15d)）和汽车荷载弯矩（图 2-6-15c)），后者可参考连续直梁桥弯矩影响的分布规律进行最不利的纵向布载。

(4) 将程序输出的各中间支点处赘余弯矩 M_i^z 或赘余支反力 R_i^z（C 型连续弯梁桥）按照下式进行复位换算，便得到有如前面图 2-6-5c) 和图 2-6-7b) 所示的赘余力近似值，即：

$$M_i = M_i^z / \cos\left(\frac{\beta_i}{2}\right) \tag{2-6-8}$$

$$R_i = R_i^z / \cos\left(\frac{\beta_i}{2}\right) \tag{2-6-9}$$

式中的 β_i 为赘余力 M_i 和 R_i 处左、右侧曲线跨弦长线之间的夹角，按照圆周角为圆心角一半的几何关系，便得：

$$\beta_i = \frac{\varphi_{0,i} + \varphi_{0,i+1}}{2} \tag{2-6-10}$$

(5) 当求得各赘余力 M_i、R_i 之后，按照如图 2-6-5c) 或图 2-6-7b) 中所示的超静定简支跨（基本体系）和附表 III-3 中的相应公式，计算欲求截面的内力。但是为了计算的简化，在此项计算中，可以不要计入由荷载偏心距引起的外扭转力矩荷载，它的影响将通过另一种应力增大系数来考虑。

(6) 按照一般材料力学公式计算欲求截面的平均正应力 $\bar{\sigma}$，然后用应力增大系数来修正因荷载偏心 e 对截面产生的附加正应力，对于多行车的汽车荷载，偏心距 e 取其合力作用点至中轴线的距离，荷载值可取其一行车的各车轴重 P_i，在这种条件下的应力增大系数计算公式便与式 (2-6-4) 的表达式有所差别，它将用符号 λ' 表示。

① 车辆荷载合力点位于外弧侧时

$$\lambda'_{外} = \left[\frac{w(e) - \theta(e) \cdot \frac{b}{2}}{w(0)}\right] \cdot n \tag{2-6-11a}$$

② 车辆荷载合力点位于内弧侧时

$$\lambda'_{内} = \left[\frac{w(e) + \theta(e) \cdot \frac{b}{2}}{w(0)}\right] \cdot n \tag{2-6-11b}$$

若 $\lambda'_{内} < n$（n：车队数），则偏安全地取：

$$\lambda'_{内} = n$$

③ 恒载作用时（仅对外弧侧）

$$\lambda'_q = \frac{w(e) - \theta(e) \cdot \frac{b}{2}}{w(0)} \tag{2-6-11c}$$

对于内弧侧，偏安全地取 $\lambda'_q = 1$。该式中的 e 是指单位梁段的体积偏心。

以上各式中的 $w(e)$、$\theta(e)$ 仍按式 (2-6-5) 计算，$w(0)$ 为 $e=0$ 时箱梁底板中心处的挠度值。

二、示例一——A 型连续弯梁桥

【例 2-6-3】 试用近似分析法求解例 2-6-1 题。

解：(1) 计算各跨弦长 d_i（图 2-6-16a)）

本例 $\varphi_{0,1} = \varphi_{0,3} = 0.4\text{rad}$ $\varphi_{0,2} = 0.5\text{rad}$，故按式 (2-6-7) 得：

$$d_1 = d_3 = 2 \times 70 \times \sin\frac{0.4}{2} = 27.81\text{m}$$

$$d_2 = 2 \times 70 \times \sin\frac{0.5}{2} = 34.64\text{m}$$

(2) 建立等代三跨连续直梁计算模型（图 2-6-16b))

本例共划分 30 个单元，31 个节点，各梁段的换算重度 γ' 为：

对于两个端跨　　　　$\gamma'_s = \dfrac{28}{27.81} \times 26 = 26.1742\text{kN/m}^3$

对于中跨　　　　　　$\gamma'_m = \dfrac{35}{34.64} \times 26 = 26.27\text{kN/m}^3$

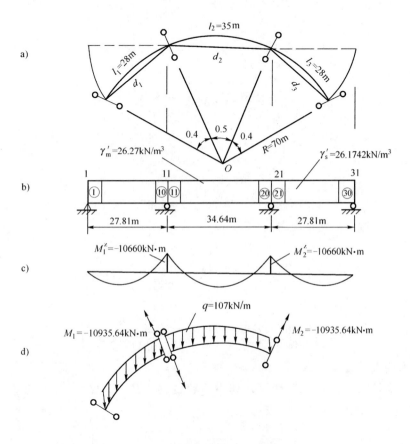

图 2-6-16　例 2-6-3 的计算模型

(3) 应用平面杆系有限元法程序求算中间支点弯矩

$$M_1^z = M_2^z = -10660\text{kN}\cdot\text{m}$$

(4) 按式 (2-6-8) 计算实桥赘余弯矩 M_1、M_2

本例的 $\dfrac{\beta_1}{2} = \dfrac{\beta_2}{2} = \dfrac{0.4+0.5}{4} = 0.225\text{rad}$，故得：

$$M_1 = M_2 = \frac{-10660}{\cos 0.225} = -10935.64\text{kN}\cdot\text{m}$$

(5) 计算边跨和中跨跨中弯矩 M_0（查附表 III-3）

①边跨跨中截面
由于 q：
$$M_q = 10663.66 \text{kN} \cdot \text{m} \qquad (\text{同例 2-6-1})$$

由于 M_1：
$$M_{M_1} = M_1\left(\frac{\sin\varphi}{\sin\varphi_{0,1}}\right) = -10935.64 \times \left\{\frac{\sin\frac{0.4}{2}}{\sin 0.4}\right\} = -5579.03 \text{kN} \cdot \text{m}$$

总弯矩：
$$M_0^{\text{边}} = 10663.66 - 5579.03 = 5084.63 \text{kN} \cdot \text{m}$$

②中跨跨中截面
由于 q：
$$M_q = 16822.18 \text{kN} \cdot \text{m} \qquad (\text{同例 2-6-1})$$

由于 M_1 和 M_2：
$$M_M = M_1\left(\frac{\sin\varphi'}{\sin\varphi_{0,2}}\right) + M_2\left(\frac{\sin\varphi}{\sin\varphi_{0,2}}\right)$$
$$= 2 \times (-10935.64) \times \left\{\frac{\sin\frac{0.5}{2}}{\sin 0.5}\right\} = -11286.51 \text{kN} \cdot \text{m}$$

总弯矩
$$M_0^{\text{中}} = 16822.18 - 11286.51 = 5535.67 \text{kN} \cdot \text{m}$$

(6) 计算跨中截面平均正应力

边跨
$$\sigma_{\text{下}}^{\text{上}} = \frac{5084.63}{2.9077} \times \binom{-0.854}{1.371} = \binom{-1493.37}{2397.44} \ (\text{kN/m}^2)$$

中跨
$$\sigma_{\text{下}}^{\text{上}} = \frac{5535.67}{2.9077} \times \binom{-0.854}{1.371} = \binom{-1625.84}{2610.11} \ (\text{kN/m}^2)$$

(7) 应力增大系数 λ' 计算

本例的 λ' 应按式（2-6-11c）计算，其中边跨的 A、B、D 及 $(AD-B^2)$ 计算值同例 2-6-1，体积偏心 $e = -0.0587$，于是有：

边跨 $\quad w(0) = \dfrac{p(D-0)}{AD-B^2} = \dfrac{1 \times (0.01992-0)}{9.3018 \times 10^{-6}} = 2141.52 \dfrac{1}{GI_d}$

$$\left.\begin{array}{l} w(-0.0587) = 2145.92 \dfrac{1}{GI_d} \\ \theta(-0.0587) = -70.92 \dfrac{1}{GI_d} \cdot \dfrac{1}{m} \end{array}\right\} \text{见例 2-6-1 中计算}$$

于是，得：
$$\lambda'_{\text{外,q}} = \frac{w(e) - \theta(e) \cdot \dfrac{b}{2}}{w(0)} = \frac{2145.92 - (-70.92) \cdot \dfrac{4}{2}}{2141.52} = 1.0683$$

中跨，等代跨长 $l_e = 0.6l = 0.6 \times 35 = 21.0\text{m}$，按式（2-6-6）得：
$$A = 6.2964922 \times 10^{-4} GI_d$$

$$B = 7.1871949 \times 10^{-4} GI_d$$

$$D = 0.0226347 GI_d$$

$$AD - B^2 = 1.373539 \times 10^{-5} (GI_d)^2$$

$$w(0) = \frac{p(D-0)}{AD-B^2} = \frac{1(0.02263-0)}{1.3735 \times 10^{-5}} = 1647.62 \frac{1}{GI_d}$$

$$w(-0.0587) = \frac{1[0.02263-(-0.0587) \times 7.1872 \times 10^{-4}]}{1.3735 \times 10^{-5}} = 1650.68 \frac{1}{GI_d}$$

$$\theta(-0.0587) = \frac{1[(-0.0587) \times 6.2965 \times 10^{-4} - 7.1872 \times 10^{-4}]}{1.3735 \times 10^{-5}} = -55.02 \frac{1}{GI_d}$$

代入式（2-6-10c）得：

$$\lambda'_{外,q} = \frac{1650.68-(-55.02) \cdot \frac{4}{2}}{1647.62} = 1.0668$$

（8）截面正应力的修正

计算结果列出于表 2-6-8 中。

恒载最终正应力汇总表（单位：kN/m²）　　　表 2-6-8

分项内容		边跨跨中		中跨跨中	
		外弧侧	内弧侧	外弧侧	内弧侧
应力增大系数 λ'_q		1.0683	1.0	1.0668	1.0
腹板上、下缘应力	$\sigma_上$	−1595.37	−1493.37	−1734.45	−1625.84
	$\sigma_下$	2561.19	2397.44	2784.47	2610.11

注：正应力"−"表示受压，"+"表示受拉。

计算表明，它与表 2-6-3 中按理论公式分析的结果接近一致。

三、示例二——C 型（混合型）连续弯梁桥

【例 2-6-4】 试应用近似分析法求解例 2-6-2。

解：（1）建立等代三跨连续直梁桥计算模型

其计算的过程与例 2-6-3 中的完全相同。作用于中跨的汽—20 级加重车的纵向布置如图 2-6-13e）所示。图 2-6-17 示出了本例的计算模型及应用有限元法程序分析在一行加重车作用下的计算结果。它们为：

$$R_1^z = -182.60 \text{kN} \quad (\text{B 号支点支反力，方向向上})$$

$$M_2^z = -829.10 \text{kN} \cdot \text{m}$$

（2）按式（2-6-8）、式（2-6-9）计算实弯梁桥的赘余力

$$M_2 = M_2^z / \cos\left(\frac{\beta_2}{2}\right) = \frac{-829.10}{\cos(0.225)} = -85057 \text{kN} \cdot \text{m}$$

$$R_1 = R_1^z / \cos\left(\frac{\beta_1}{2}\right) = \frac{-182.60}{\cos(0.225)} = -187.32 \text{kN} \quad (\text{方向向上})$$

（3）按超静定简支梁计算中跨跨中截面弯矩 M_0

本计算仍按附表 III-3 中公式计算，但只计一行加重车的轴重和上述的两个已知赘余力 R_1、M_2。

由于车辆轴重 P_i：
$$M_p = 738.02 + 1605.58 + 1479.5 = 3823.10 \text{kN} \cdot \text{m}$$
（其计算过程见表 2-6-7 中一行车位于外弧侧工况）

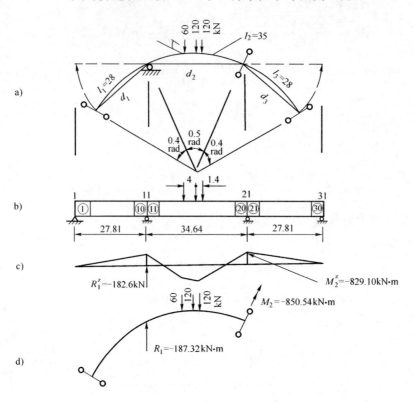

图 2-6-17　例 2-6-4 的计算模型（尺寸单位：m）

由于赘余支反力 R_1：
$$M_{R_1} = R_1 R \frac{\sin\varphi_{0,1}}{\sin(\varphi_{0,1} + \varphi_{0,2})} \sin\varphi'$$
$$= -187.32 \times 70 \times \frac{\sin 0.4}{\sin(0.4 + 0.5)} \sin 0.25$$
$$= -1612.73 \text{kN} \cdot \text{m}$$

由于赘余弯矩 M_2：
$$M_{M_2} = M_2 \times \frac{\sin\varphi}{\sin(\varphi_{0,1} + \varphi_{0,2})} = -850.54 \times \frac{\sin 0.65}{\sin 0.9} = -657.11 \text{kN} \cdot \text{m}$$

跨中截面总弯矩 $M_{中}$
$$M_{中} = 3823.10 - 1612.73 - 657.11 = 1553.26 \text{kN} \cdot \text{m}$$

（4）计算一行加重车对跨中截面产生的平均正应力 $\bar{\sigma}$

$$\bar{\sigma}_{卡} = \frac{M}{I} \times \begin{pmatrix} y_{上} \\ y_{下} \end{pmatrix} = \frac{1553.26}{2.9077} \times \begin{pmatrix} -0.854 \\ 1.371 \end{pmatrix} = \begin{pmatrix} -456.2 \\ 732.37 \end{pmatrix} \text{kN/m}^2$$

（5）各种工况的应力增大系数 λ' 计算

本例的应力增大系数 λ' 值应按式（2-6-4a、b）计算，其中的几个参数值 [A、B、D、

$(AD-B^2)$]均与例 2-6-2 中的相同，具体的计算过程汇总于表 2-6-9。

应力增大系数 λ' 计算过程汇总表　　　　表 2-6-9

名　称	单位或乘子	荷载位于外弧侧		荷载位于内弧侧	
		两行车	一行车	两行车	一行车
偏心距 e	m	−0.55	−2.1	0.55	2.1
$w(0)$	$\dfrac{1}{GI_d}$	63000.90	63000.90	63000.90	63000.9
$w(e)$	$\dfrac{1}{GI_d}$	64045.22	66988.30	61956.58	59013.50
$\theta(e)$	$\dfrac{1}{GI_d \cdot m}$	−2063.08	−2526.17	−1734.44	−1271.36
车队数 n		2	1	2	1
应力增大系数 λ'		2.16414	1.14349	1.85673<n, 取=2	0.89635<n, 取=1.0
计算公式		式 (2-5-1a)		式 (2-6-11b)	

注：本例是应用自编小程序算得。

(6) 计算跨中截面最终正应力值

由表 2-6-9 知，最不利工况仍然是二行车行驶时的工况，用它们的应力增大系数 $\lambda'_{外}$、$\lambda'_{内}$ 分别乘平均正应力 $\bar{\sigma}$卡值，便得到最终正应力，即：

对于外弧侧腹板上、下缘为

$$\sigma\text{卡} = \lambda'_{外} = \bar{\sigma}\text{卡} = 2.16414 \times \binom{-456.2}{732.37} = \binom{-987.28}{1584.95} \text{kN/m}^2$$

对外内弧侧腹板上、下缘为

$$\sigma\text{卡} = \lambda'_{内} = \bar{\sigma}\text{卡} = 2.0 \times \binom{-456.2}{732.37} = \binom{-912.4}{1464.74} \text{kN/m}^2$$

它们与例 2-6-2 中按理论公式的计算结果基本相符。

第六节　连续弯箱梁桥设计中的其他问题

一、中墩为墩梁固结形式的连续弯梁桥

在城市中的匝道桥中，弯桥的曲率半径一般较小，并且为了城市景观，常将中墩设计成独柱型，其上布置单点铰支座，为了克服使梁体向外倾覆的扭转力矩，常将中间墩每间隔

3~4跨便设计成墩梁固结的形式,如图2-6-18a)所示。理论上这种布置属于连续—刚构体系,计算分析中应该连同墩身及其基础一并参与分析,尤其采用桩基础时,使分析更为复杂,用手算的方法几乎没有可能,只能借助空间有限元法的分析程序来完成。

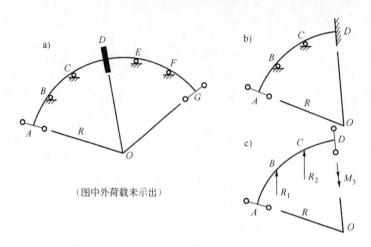

图 2-6-18　中墩为墩梁固结的 B 型连续弯梁桥计算图

但是,在具备以下的两个条件的前提下,也可以采用近似的分析方法,这些条件是:
(1) 中墩两侧的结构基本上对称或者只有较小的差异;
(2) 中墩具有足够的横桥向（径向）抗弯刚度。

在这种情况下,可将其中的一侧看成是一端固支、另一端为抗扭支座的 B 型连续弯梁桥图 2-6-18b) 其基本结构的计算如图 2-6-18c) 所示,并可写出以下的力法方程:

$$\left.\begin{aligned}\delta_{11}R_1+\delta_{12}R_2+\delta_{13}M_3+\Delta_{1p}=0\\ \delta_{21}R_1+\delta_{22}R_2+\delta_{23}M_3+\Delta_{2p}=0\\ \delta_{31}R_1+\delta_{32}R_2+\delta_{33}M_3+\Delta_{3p}=0\end{aligned}\right\} \quad (2\text{-}6\text{-}12)$$

式中的常系数 δ_{ij} 和载系数 Δ_{ip} 定义与前述的相同,可以按照附表 III-1、III-2 中的相应公式计算。

如果全桥的中间设计有两个以上的墩梁固结墩,那么,端部区段仍然按照上述的简化图计算,而中间区段则按两端固支、中间为单点铰支座的 B 型连续弯梁桥计算,其分析原理亦与上相同,不再重复。

不论是哪种形式,在分析完了以后,还要将两侧结构对该墩（墩梁固结墩）产生的反力或反力扭矩叠加后,再反向地作用于桥墩上,单独地来验算该桥墩横桥向的截面强度及其变形,以确保整体结构的稳定性。

二、连续弯梁桥的次内力

同连续直梁桥一样,连续弯梁中同样存在由下列因素产生的次内力:①预加力产生的次内力;②混凝土徐变及收缩变形产生的次内力;③基础不均匀沉降产生的次内力;④温度差影响产生的次内力等。

除了上述的第一项内容已见到一些初步研究成果外,其余内容均未见报导。即使是第一项内容,用手算也是十分复杂的,故在当前的条件下,宜采用空间有限元的分析程序来完成。

三、弯梁桥预应力筋的布置原则

1. 预应力筋的力学特性

预应力筋作为结构截面的组成部分,可以提高截面的承载能力,但对预应力筋施加的预加力却是一种外力,借以平衡曲线梁所承受的恒载和汽车荷载引起的内力。为了掌握连续曲线梁预应力索的配置原则,首先考察图 2-6-19 中预应力索对简支超静定梁(两端具有抗扭支承的梁)的受力特点。为了简单起见,先取左腹板(外弧侧)中的一条索进行研究。该索两端的锚固点距形心轴分别为 e_1 和 e_2,将曲梁展直后,索曲线为二次抛物线,跨中的垂度为 f(图 2-6-19a)),该索在平面上投影是以 $(R+b)$ 为半径的圆弧线,因此该索在几何上是具有双曲率的空间索。当自索两端施加预加力 N_y 后,该索对结构产生的一个垂直向上和一个水平径向的等效分布 q_v 和 q_u(图 2-6-19b)、c))。q_v 作用于左腹板平面内,q_u 将按索位的高度不同连续分布在左腹板的正交方向(图 2-6-19d)、f))。由这些力的分解不难推断出连续曲线梁在预加力作用下的一些特点:

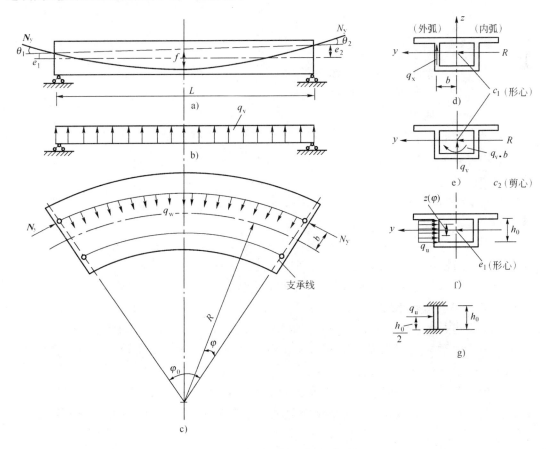

图 2-6-19 预应力等效荷载

(1)等效垂直分力 q_v 可以分解为作用于中轴线的均布力 q_v 和均布扭矩 $q_v b$(图 2-6-19e)),等效分布径向力 q_u 除作为水平径向均布载 q_v 作用在"平拱结构"上外,还对扭转中心(扭心)产生非均匀分布的扭矩 $q_u \cdot z(\varphi)$ [其中 $z(\varphi)$ 是索位至截面扭心的距离],

并且所有这些垂直力和扭矩都将对结构产生次内力。

（2）由于预应力索具有双曲率，故它的摩阻损失比直线梁中的要大，因此，当在连续曲线梁中采用贯通全长的长预应力索时，必须仔细分析各索段产生的预应力摩阻损失，至于其余的预应力损失与直梁桥的计算相同。

（3）由于连续曲线梁桥存在弯—扭耦合作用，相邻两支座之间的次弯矩图不再呈线性变化。因此，就不能再应用连续直梁桥中通过调整中支座处索的竖向位置来达到吻合力索的效果。

2. 简化假定

为简化预应力索对结构产生效应的分析，使配置索的线型接近合理，工程设计中作了以下的近似假定：

（1）图 2-6-19a）中，两端张拉力的倾角 θ_1、θ_2 甚小，可忽略不计其影响。这样，等效垂直分布力 q_v 可以表示为：

$$q_v = \frac{8f}{L^2} N_y \tag{2-6-13}$$

等效水平径向分布力 q_u 可表示为：

$$q_u = \frac{N_y}{R} \tag{2-6-14}$$

上述式中：N_y——预应力筋的张拉力；

f——索曲线的垂度（图 2-6-19）；

L——曲线梁中轴线的展直弧长；

R——曲线梁的曲率半径。

（2）径向水平分布力 q_u 对曲线梁桥的效应可分为三部分考虑：

①非均匀分布扭矩 $q_u z(\varphi)$ 与扭矩 $q_v \cdot b$（图 2-6-19a））合并后计入它对曲线梁产生的次内力影响；

②当 q_u 作为平置拱上径向分布荷载作用时，应着重考虑它对边孔端支座在水平平面内的受力和变形影响；

③近似地认为 q_u 作用于腹板净高 h_0 的中点（图 2-6-19g）），并将腹板视作嵌固于顶、底板之间的单向板，为了简化计算，也可取简支板跨中弯矩的 0.8 倍，即 $M_{\max} = 0.8 M_{\max}^0$ 来验算腹板的侧向承载能力，以避免腹板发生侧向崩裂。

3. 预应力筋的布置原则

鉴于上述的曲线梁桥受力的复杂性，难以像连续直梁桥一样配置较为理想的吻合索，因此，工程设计中常从实际出发，按照以下几项原则来解决连续曲线梁桥的预应力索的配置问题。

（1）预配索——由于连续曲线梁桥的跨径大多在 $L = 20 \sim 60\text{m}$ 的范围内，其恒载内力一般超过总内力的 50%，故可先根据恒载内力和部分汽车荷载内力图，参照连续直梁桥的方法配置预应力索。

（2）局部补充索——对于各跨内预应力不足的部分区采用增设"局部预应力索"。

（3）配置非预应力钢筋——对于残余内力采用非预应力的普通钢筋来解决。

（4）尽量在顶、底板中不要配置呈蛇形状的水平弯曲索来抵抗扭矩，以免造成布索困难

（5）根据实际情况，内外弧侧的预应力筋张拉力可以取不等值，即 $N_{y(外)} \neq N_{y(内)}$，以适

应内外腹板中的内力差。

（6）按图 2-6-19g）图验算腹板局部抗弯强度，为了防止腹板发生侧崩，应将预应力索尽可能布置在腹板中朝外弧的一侧，使内侧混凝土具有足够的抵抗厚度，如图 2-6-20a）所示。对于个别靠内弧侧的预应力索，则应沿跨径方向设置防崩钢筋，扣住预应力索，并与钢筋骨架扎牢，如图 2-6-20b）所示。

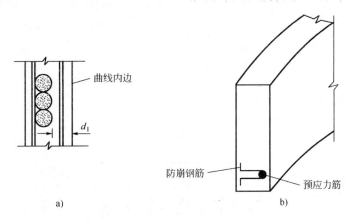

图 2-6-20 腹板内的力筋与防崩钢筋构造

第七章 连续梁桥的电算方法

第一节 建模要点

一、建模的一般原则

1. 等截面连续梁桥

(1) 梁体单元划分长度一般为 2~4m，但在任何跨径下，每跨结构至少需划分 8 个单元，以求得结构所有关键位置的内力和位移。

(2) 支点区域截面因抗剪、布束的要求，箱梁各板件的尺寸会适当加厚，从跨中截面过渡到支点截面一般会有一个变化段，计算模型中应充分反映。

2. 变截面连续梁桥

(1) 计算模型的桥轴线必须为截面中性轴的连线。采用悬浇施工时，单元长度和节点的划分应根据主梁施工节段长度来确定，一般取每一悬浇梁段为 1 个或多个单元；

(2) 预应力束应按设计坐标输入；

(3) 墩顶 0 号块因考虑永久支座和临时固结措施，需要设置 3 个节点；

(4) 对于悬浇结构，存在体系转换的过程，对体系转换应做精细模拟。

二、局部模拟

1. 悬臂施工连续梁桥零号块的模拟

悬浇施工的连续梁桥，合龙之前 0 号块为梁墩固结，一般在边跨合龙之后才拆除墩顶临时固结。因此在模拟施工阶段时，墩顶和主梁在桥墩中心线上不共用同一个节点，而是在这两个节点之间建立刚臂，如图 2-7-1 所示。

2. 边跨现浇段的模拟

悬浇施工的连续梁桥，边跨现浇段一般在支架上施工，其边界条件的模拟相对较复杂，具体的模拟过程如图 2-7-2 所示。

3. 悬浇施工边跨合龙后体系转换的模拟

悬浇施工边跨合龙后，由于结构已经形成，此时墩顶临时固结可以解除，即释放合龙之前临时固结处的节点刚性约束，如图 2-7-3 所示。

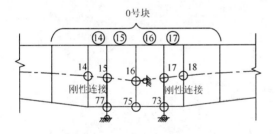

图 2-7-1 墩顶临时固结模拟

注：节点 15 与 77，17 与 73 刚性连接；节点 73、77 为竖向约束；节点 16 为水平约束。

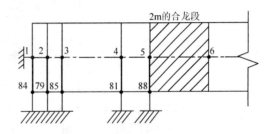

图 2-7-2 边跨现浇段满堂支架模拟

注：节点 79 为永久竖向约束；节点 1 为现浇段施工时临时水平约束；节点 81、84、85、88 为现浇段施工时临时竖向约束；节点 1 与 84，2 与 79，3 与 85，4 与 81，5 与 88 之间为刚性连接。

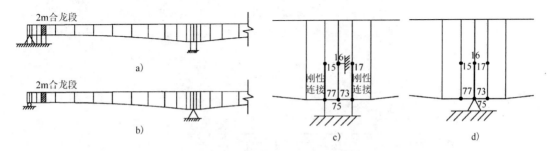

图 2-7-3 悬浇施工体系转换的模拟

a) 边跨合龙，张拉边跨预应力筋；b) 体系转换；c) 转换之前临时固结；d) 转换之后取消临时固结

4. 先简支后连续结构的模拟

先简支后连续的结构模拟过程如图 2-7-4 所示。先分别建立简支梁，然后在墩顶处现浇各跨箱梁间的湿接缝，张拉预应力筋后完成体系转换。

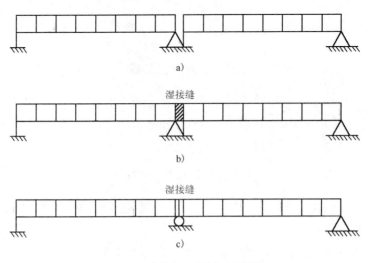

图 2-7-4 先简支后连续的过程模拟

a) 分段浇筑简支梁段；b) 浇筑湿接缝，张拉预应力筋；c) 体系转换

第二节 变截面连续梁桥分析实例

一、结 构 布 置

某三跨预应力混凝土变截面连续梁桥,混凝土强度等级 C50,跨径布置 35m+60m+35m,设计荷载为公路—I 级。结构立面如图 2-7-5 所示。梁底面曲线为二次抛物线。支点位置梁高 3.5m、跨中截面梁高 2m。主梁采用直腹板单箱单室截面,箱顶宽 11.5m,底宽 6.5m,悬臂长度 2.5m。箱梁顶板厚度 28cm;底板厚度由跨中的 26cm 直线变至支点的 60cm;腹板厚度:支点截面 80cm、跨中截面 55cm,0 号块内变化。横断面如图 2-7-6 所示。

采用对称悬臂浇筑主梁,0 号块长度为 12m,浇筑节段长度为 2×3.5m+4×4m,边跨靠近边支点段搭设满堂支架施工,长度为 3.5m。边跨和中跨的合龙长度都为 2m。

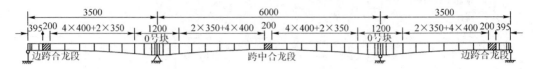

图 2-7-5 立面布置图(尺寸单位:cm)

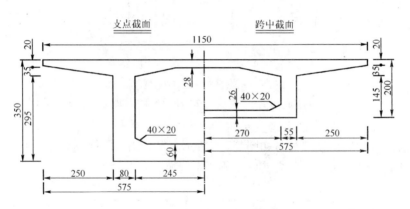

图 2-7-6 截面布置图(尺寸单位:cm)

二、主要施工工序

下部结构施工完成后,采用墩旁托架现浇施工上部结构主梁 0 号块,之后再安装挂篮,然后对称悬臂浇筑主梁。边跨安装锚跨合龙口锁定装置、浇筑混凝土、张拉合龙钢筋,中跨合龙则采用劲性骨架现浇实现合龙。

三、建模及施工过程模拟

依照大桥的结构布置和施工程序,根据前述的建模要点,建立如图 2-7-7 的计算模型,共划分节点 69 个(临时节点 12 个),单元 52 个。

施工阶段的划分根据施工步骤确定。全桥共划分 21 个施工阶段形成结构体系,如图 2-7-8 所示。施工阶段的分析考虑了挂篮的移动(重 600kN)、混凝土的浇筑、预应力筋的张拉以及施工临时荷载的变化等。

图 2-7-7 结构有限元离散图

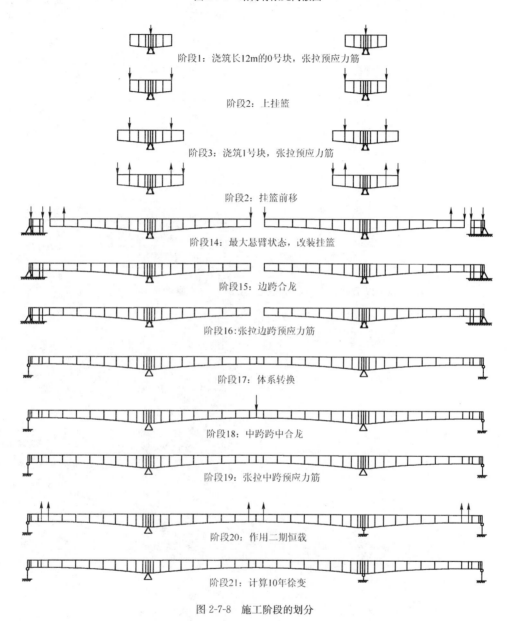

图 2-7-8 施工阶段的划分

四、荷载和组合

结构计算内容包括各阶段的恒载计算（包括二期恒载）、活载计算、附加荷载计算（季节温差、日照温差、汽车制动力、支座沉降、地震荷载、船撞力、风荷载等）。

同时，依据现行《混桥规》规定，对桥梁结构进行正常使用和承载能力两种极限状态下的荷载组合分析。

五、主要计算结果

按阶段划分进行结构分析，得到结构在恒载下的内、应力结果分别如图 2-7-9 所示。结构考虑 10 年徐变附加内力结果示于图 2-7-10 中。按规范规定进行正常使用和承载能力两种极限状态下的荷载组合分析，结果列于图 2-7-11、图 2-7-12 中。

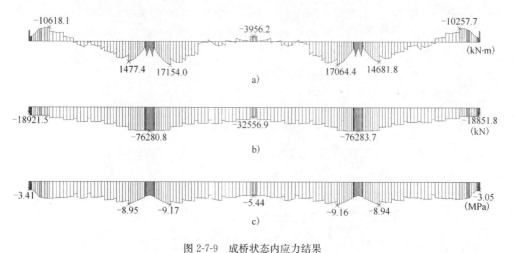

图 2-7-9 成桥状态内应力结果
a) 成桥阶段结构弯矩图；b) 成桥阶段结构轴力图；c) 成桥阶段各截面最大应力图

图 2-7-10 混凝土收缩徐变引起的附加弯矩

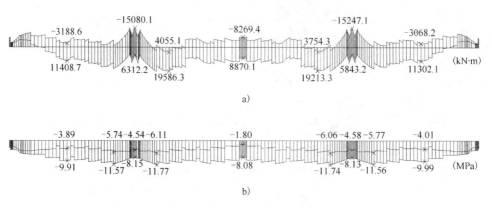

图 2-7-11 结构在正常使用极限状态下的组合内力、应力结果
a) 正常使用状态弯矩包络图；b) 正常使用状态各截面正应力包络图

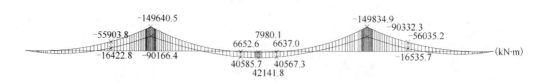

图 2-7-12 结构承载能力极限状态组合弯矩包络图

第三节 曲线梁桥建模要点

一、抗扭支承的模拟

曲线梁桥由于存在曲率，梁体的体积重心偏离其结构中心，使得曲线梁桥中产生恒载分布扭矩，从而导致外支座的反力大于内支座的反力，甚至内支座还可能出现拉应力而脱空，因此，在设计时需要考虑支座的预偏心布置，使两个支座在荷载作用下的反力基本均匀。对于单支座，预偏心布置如图 2-7-13 所示。

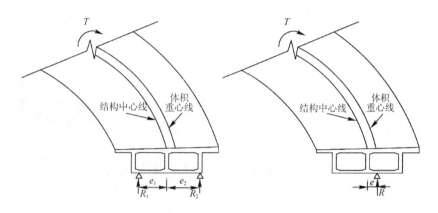

图 2-7-13 不同支座布置形式

曲线梁桥的支承一般有径向、切向和竖向三个方向的约束，因此对于曲线梁桥的抗扭支承进行模拟时，可在支承节点上创建局部坐标系，如图 2-7-14 所示。局部坐标系的三个轴分别该点的切向、径向和竖向，局部坐标系也要服从右手法则。然后在节点的局部坐标系下施加三个轴向的实际约束。

对曲线梁桥进行有限元分析时，一般采用"以直代曲"的方式进行模拟，即由多个短直线模拟曲线，直线的长短决定着模型的精度，直线太长，则精度不高，直线太短，则节点太多，比较费机时。一般宜取 1~2m 长的单元。

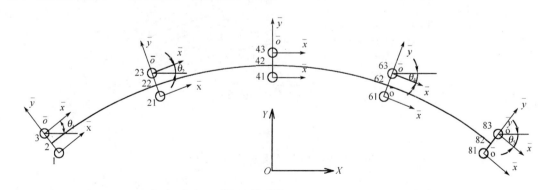

图 2-7-14 曲线梁桥的节点局部坐标系

在支座位置一般需要建立两个节点：梁底支座处的节点和支座底的节点。梁底支座处的节点与梁上的节点刚性连接，梁底支座处的节点与支座底的节点采用弹性连接，以模拟支座的刚度。曲线梁桥支座与主梁的连接如图 2-7-15 所示。

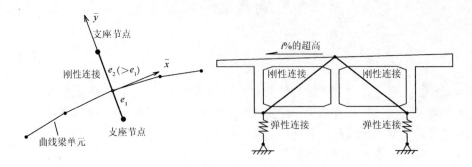

图 2-7-15　曲线梁桥支座与主梁的连接

二、预应力筋布置及模拟

曲线梁桥的预应力筋为空间双曲率曲线。施工时，梁段的预应力筋一般为分段张拉，整体张拉容易导致产生很大的径向力，而使梁体崩裂。施工过程模拟时也应考虑这一点。分析时，必须严格按照预应力坐标和施工阶段输入预应力钢束。这一点非常重要。

第四节　曲线梁桥建模分析实例

一、结 构 布 置

某大桥跨径布置 31m+3×41m+31m，混凝土强度等级 C50，设计荷载为公路—Ⅱ级。结构平面布置如图 2-7-16 所示，曲梁部分半径 165m。主梁采用直腹板单箱单室截面，在直线梁段内，纵向为变高度，梁高线性变化。曲线梁段内，梁高 2.3m。直线梁段的梁高由 1.8m 过渡到 2.3m。箱顶宽 11m，底宽 5.65m，悬臂长度 2.675m。箱梁顶板厚度 25cm，底板厚度也为 25cm，腹板厚度为 40cm。横截面如图 2-7-17 所示。

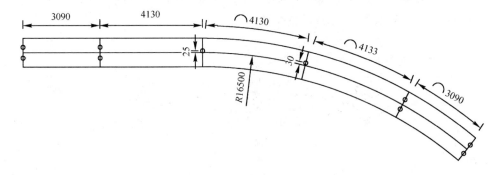

图 2-7-16　曲线梁桥结构平面布置图（尺寸单位：cm）

二、主要施工工序

上部结构主梁采用移动模架造桥机进行移动模架施工，每一跨施工时，后跨箱梁的最大悬臂长度为 7m。一跨施工完成后，张拉预应力，架桥机前移施工下一梁段。浇筑顺序是从前墩顶开始，逐步向后跨行进，最后完成后跨悬臂端附近的混凝土浇筑。

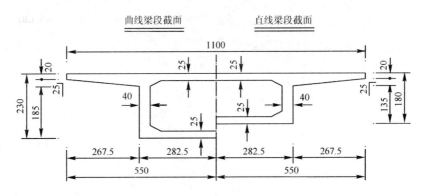

图 2-7-17　曲线梁桥横截面图（尺寸单位：cm）

三、施工过程的模拟

依照结构布置、施工方法及建模要点，确定其计算模型如图 2-7-18 所示，共划分节点 91 个，单元 90 个。

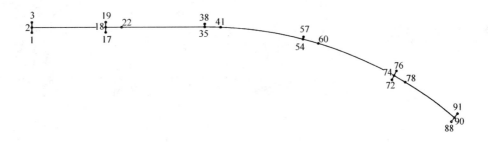

图 2-7-18　结构有限元离散图

施工阶段的划分按施工步骤确定。根据施工过程，全桥共划分 7 个施工阶段形成结构体系，如图 2-7-19 所示。施工阶段的分析考虑了梁段的浇筑、预应力筋的张拉等。

四、荷载及组合

结构计算内容包括各阶段的恒载计算（包括二期恒载）、活载计算、附加荷载计算（季节温差、日照温差、汽车制动力、支座沉降、地震荷载、风荷载等）。

同时，依据《公路钢筋混凝土及预应力混凝土桥涵设计规范》（JTG D62—2004）规定，对桥梁结构进行正常使用和承载能力两种极限状态下的荷载组合分析。

五、计 算 结 果

按阶段划分进行结构分析，得到结构在恒载下的内、应力结果分别如图 2-7-20 所示。结构考虑 10 年徐变而导致的附加内力结果示于图 2-7-21 中。根据结构恒载、活载内力、附加内力计算结果，按规范规定进行正常使用和承载能力两种极限状态下的荷载组合分析，结果列于图 2-7-22、图 2-7-23 中。

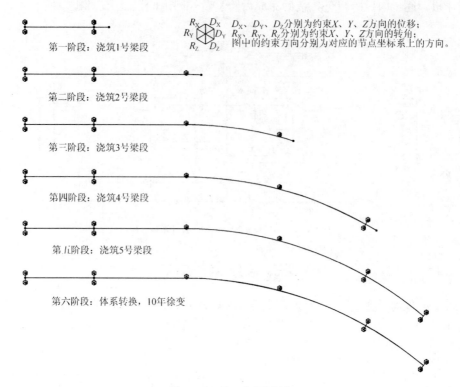

图 2-7-19 施工阶段的划分

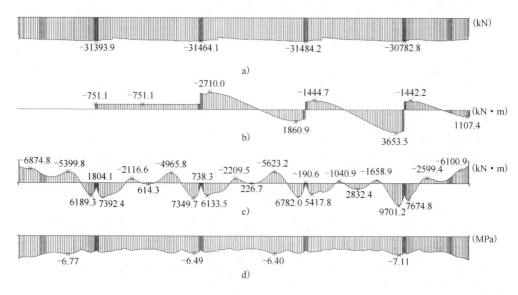

图 2-7-20 成桥状态内力、应力结果

a) 成桥阶段结构轴力图；b) 成桥阶段结构扭矩图；c) 成桥阶段结构弯矩图；d) 成桥阶段结构各截面最大正压应力图

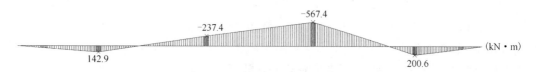

图 2-7-21 混凝土收缩徐变引起的附加弯矩

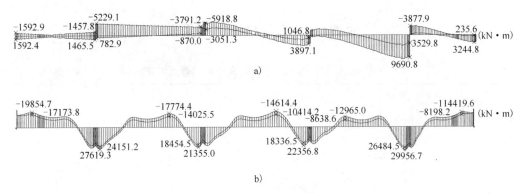

图 2-7-22 正常使用极限状态下的组合内力结果
a）正常使用状态结构扭矩包络图；b）正常使用状态结构弯矩包络图

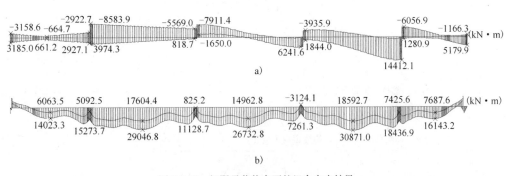

图 2-7-23 极限承载状态下的组合内力结果
a）极限承载状态结构扭矩包络图；b）极限承载状态结构弯矩包络图

附表 III 弯梁桥的计算用表

薄壁弯梁桥基本体系的支承转角 δ 和荷载点挠度 w　　　　附表 III-1

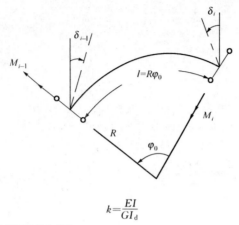

$$k=\frac{EI}{GI_d}$$

I, I_d——分别为截面的抗弯惯矩和抗扭惯矩；

w_j——j 截面处的挠度；

δ_{ij}——梁端转角；

图中的荷载与变形方向均代表正方向，挠度以向下为正

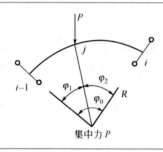 集中力 P	$\delta_{iP}=\dfrac{PR^2}{EI}\left[k\left(1-\dfrac{\varphi_2}{\varphi_0}-\dfrac{\sin\varphi_1}{\sin\varphi_0}\right)+\dfrac{1}{2}\ (1+k)\ \left(\dfrac{\varphi_0\sin\varphi_2}{\sin^2\varphi_0}-\dfrac{\varphi_2\cos\varphi_1}{\sin\varphi_0}\right)\right]$ $\delta_{i-1,P}=\dfrac{PR^2}{EI}\left[k\left(1-\dfrac{\varphi_1}{\varphi_0}-\dfrac{\sin\varphi_2}{\sin\varphi_0}\right)+\dfrac{1}{2}\ (1+k)\ \left(\dfrac{\varphi_0\sin\varphi_1}{\sin^2\varphi_0}-\dfrac{\varphi_1\cos\varphi_2}{\sin\varphi_0}\right)\right]$ $\Delta_{jP}=w_j=\dfrac{PR^3}{2EI}\left\{\dfrac{(1+k)}{\sin\varphi_0}\left[\dfrac{\varphi_0\sin^2\varphi_1}{\sin\varphi_0}-\varphi_1\sin\ (\varphi_1-\varphi_2)\right]-\right.$ $\left.(1+3k)\ \dfrac{\sin\varphi_1\sin\varphi_2}{\sin\varphi_0}+2k\dfrac{\varphi_1\varphi_2}{\varphi_0}\right\}$
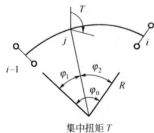 集中扭矩 T	$\delta_{iT}=\dfrac{TR}{2EI}\ (1+k)\ \left(\dfrac{\varphi_2\cos\varphi_1}{\sin\varphi_0}-\dfrac{\varphi_0\sin\varphi_2}{\sin^2\varphi_0}\right)$ $\delta_{i-1,T}=\dfrac{TR}{2EI}\ (1+k)\ \left(\dfrac{\varphi_1\cos\varphi_2}{\sin\varphi_0}-\dfrac{\varphi_0\sin\varphi_1}{\sin^2\varphi_0}\right)$ $\Delta_{jT}=w_j=\dfrac{-TR^2}{2EI}\cdot\dfrac{(1+k)}{\sin\varphi_0}\left[\dfrac{\varphi_0\sin^2\varphi_1}{\sin\varphi_0}-\varphi_1\sin\ (\varphi_1-\varphi_2)\ -\sin\varphi_1\sin\varphi_2\right]$
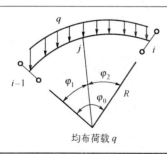 均布荷载 q	$\delta_{iq}=\delta_{i-1,q}=\dfrac{qR^3}{2EI}\left[(1+k)\ \tan\dfrac{\varphi_0}{2}\left(\dfrac{\varphi_0}{\sin\varphi_0}\right)-(1+3k)\ \tan\dfrac{\varphi_0}{2}+k\varphi_0\right]$ $\Delta_{jq}=w_j=\dfrac{qR^4}{2EI}\left\{2\ (1+2k)\ \left[1-\dfrac{\cos\ (\varphi_1-\dfrac{\varphi_0}{2})}{\cos\dfrac{\varphi_0}{2}}\right]+k\varphi_1\varphi_2+\right.$ $\left.(1+k)\ \left[\dfrac{\varphi_0}{2}\left(1+\tan^2\dfrac{\varphi_0}{2}\right)\sin\varphi_1-\dfrac{\varphi_1\sin\left(\varphi_1-\dfrac{\varphi_0}{2}\right)}{\cos\dfrac{\varphi_0}{2}}\right]\right\}$

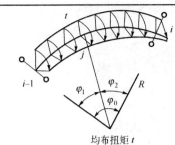 均布扭矩 t	$\delta_{it}=\delta_{i-1,t}=\dfrac{tR^2}{2EI}(1+k)\left(\dfrac{\sin\varphi_0-\varphi_0}{1+\cos\varphi_0}\right)$ $\Delta_{jt}=w_j=\dfrac{-tR^3}{2EI}(1+k)$ $\left[2-\dfrac{2\sin\varphi_0-\varphi_0}{(1+\cos\varphi_0)}\cdot\sin\varphi_1-2\cos\varphi_1-\dfrac{\varphi_1\sin\left(\varphi_1-\dfrac{\varphi_0}{2}\right)}{\cos\dfrac{\varphi_0}{2}}\right]$
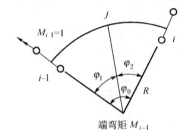 端弯矩 M_{i-1}	$\delta_{i-1,i-1}=\dfrac{R}{2EI}\left\{\dfrac{1}{\sin^2\varphi_0}\left[(1+k)\varphi_0-\dfrac{(1-k)}{2}\sin2\varphi_0\right]-\dfrac{2k}{\varphi_0}\right\}$ $\delta_{i,i-1}=\dfrac{R}{2EI}\left\{\dfrac{1}{\sin\varphi_0}\left[(1-k)-(1+k)\dfrac{\varphi_0}{\tan\varphi_0}\right]+\dfrac{2k}{\varphi_0}\right\}$ $\Delta_{j,i-1}=w_j=\delta_{i-1,p}$（见集中力 P 一行）
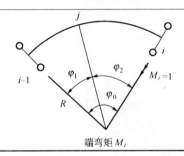 端弯矩 M_i	$\delta_{i,i}=\delta_{i-1,i-1}$（见端弯矩 M_{i-1} 一行） $\delta_{i-1,i}=\delta_{i,i-1}$（见端弯矩 M_{i-1} 一行） $\Delta_{ji}=w_j=\delta_{ip}$（见集中力 P 一行）

简支超静定变梁桥任意截面处的垂直挠度公式　　　　　　附表 III-2

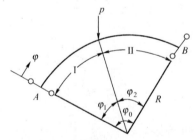 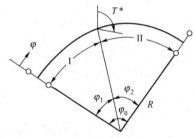

集中力 P	I	$w_{\text{I}}(\varphi)=\dfrac{PR^3}{2EI}\left\{\dfrac{(1+k)}{\sin\varphi_0}\left[\dfrac{\varphi_0\sin\varphi_1}{\sin\varphi_0}\sin\varphi-\varphi_1\cos\varphi_2\sin\varphi+\varphi\sin\varphi_2\cos\varphi\right]-\right.$ $\left.(1+3k)\dfrac{\sin\varphi_2}{\sin\varphi_0}\sin\varphi+2k\dfrac{\varphi_2}{\varphi_0}\varphi\right\}$
	II	$w_{\text{II}}(\varphi)=\dfrac{PR^3}{2EI}\left\{\dfrac{(1+k)}{\sin\varphi_0}\left[\dfrac{\varphi_0\sin\varphi_1}{\sin\varphi_0}\sin\varphi+\varphi_1\cos\varphi_1\sin(\varphi_0-\varphi)-\varphi\sin\varphi_1\cos(\varphi_0-\varphi)\right]-\right.$ $\left.(1+3k)\dfrac{\sin\varphi_1}{\sin\varphi_0}\sin(\varphi_0-\varphi)+2k\varphi_1\left(1-\dfrac{\varphi}{\varphi_0}\right)\right\}$
集中扭矩 T^*	I	$w_{\text{I}}(\varphi)=\dfrac{-T^*R^2}{2EI}\cdot\dfrac{(1+k)}{\sin\varphi_0}\left[\dfrac{\varphi_0\sin\varphi_1}{\sin\varphi_0}\sin\varphi-\varphi_1\cos\varphi_2\sin\varphi+\varphi\sin\varphi_2\cos\varphi-\sin\varphi_2\sin\varphi\right]$
	II	$w_{\text{II}}(\varphi)=\dfrac{-T^*R^2}{2EI}\cdot\dfrac{(1+k)}{\sin\varphi_0}\left[\dfrac{\varphi_0\sin\varphi_1}{\sin\varphi_0}\sin\varphi+\varphi_1\cos\varphi_1\sin(\varphi_0-\varphi)-\varphi\sin\varphi_1\cos(\varphi_0-\varphi)-\sin\varphi_1\sin(\varphi_0-\varphi)\right]$

续上表

	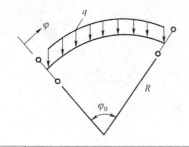	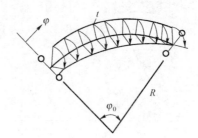
均布荷载 q	$w(\varphi) = \dfrac{qR^4}{\varphi} \left\{ (1+2k) \left[1 - \dfrac{\cos\left(\varphi - \dfrac{\varphi_0}{2}\right)}{\cos\dfrac{\varphi_0}{2}} \right] + \dfrac{k}{2}(\varphi_0\varphi - \varphi^2) + \dfrac{(1+k)}{2} \left[\dfrac{\varphi_0}{2}\left(1 + \tan\dfrac{\varphi_0}{2}\right)\sin\varphi - \dfrac{\varphi\sin\left(\varphi - \dfrac{\varphi_0}{2}\right)}{\cos\dfrac{\varphi_0}{2}} \right] \right\}$	
均布扭矩 t	$w(\varphi) = \dfrac{-tR^3}{\varphi}(1+k)\left\{ 1 - \dfrac{2\sin\varphi_0 - \varphi_0}{2(1+\cos\varphi_0)}\sin\varphi - \cos\varphi - \dfrac{\varphi\sin\left(\varphi - \dfrac{\varphi_0}{2}\right)}{2\cos\dfrac{\varphi_0}{2}} \right\}$	
	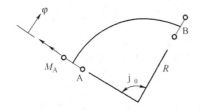	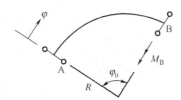
端弯矩 M_A	$w(\varphi) = \dfrac{M_A R^2}{EI} \left\{ \dfrac{(1+k)}{2\sin\varphi_0} \left[\dfrac{\varphi_0\sin\varphi}{\sin\varphi_0} - \varphi\cos(\varphi_0 - \varphi) \right] - k \left[\dfrac{\sin(\varphi_0 - \varphi)}{\sin\varphi_0} + \dfrac{\varphi}{\varphi_0} - 1 \right] \right\}$	
端弯矩 M_B	$w(\varphi) = \dfrac{M_B R^2}{EI} \left\{ \dfrac{(1+k)}{2\sin\varphi_0} \left[\dfrac{\varphi_0\sin(\varphi_0 - \varphi)}{\sin\varphi_0} - (\varphi_0 - \varphi)\cos\varphi \right] - k \left[\dfrac{\sin\varphi}{\sin\varphi_0} + \dfrac{(\varphi_0 - \varphi)}{\varphi_0} - 1 \right] \right\}$	

注：1. 表中所示的外荷载方向均代表正方向；

2. φ_1、φ_2 分别为集中荷载作用点与左、右端支承线之间的夹角，且 $\varphi_1 + \varphi_2 = \varphi_0$；

3. φ 为欲计算的截面与左端支承线之间的夹角；

4. 表中 $k = \dfrac{EI}{GI_d}$。

简支超静定弯梁桥的内力和支反力计算公式　　　　　　　　　　附表 III-3a

截面内力与支点反力	梁段编号		
支反力	R_{i-1}	$\dfrac{\varphi_2}{\varphi_0}P$	0
	R_i	$\dfrac{\varphi_1}{\varphi_0}P$	0

续上表

反力扭矩	T_{i-1}		$PR\left[\dfrac{\varphi_2}{\varphi_0}-\dfrac{\sin\varphi_2}{\sin\varphi_0}\right]$	$T^*\dfrac{\sin\varphi_2}{\sin\varphi_0}$
	T_i		$-PR\left[\dfrac{\varphi_1}{\varphi_0}-\dfrac{\sin\varphi_1}{\sin\varphi_0}\right]$	$-T^*\dfrac{\sin\varphi_1}{\sin\varphi_0}$
弯矩	M_x	I	$PR\dfrac{\sin\varphi_2}{\sin\varphi_0}\sin\varphi$	$-T^*\dfrac{\sin\varphi_2}{\sin\varphi_0}\sin\varphi$
		II	$PR\dfrac{\sin\varphi_1}{\sin\varphi_0}\sin\varphi'$	$-T^*\dfrac{\sin\varphi_1}{\sin\varphi_0}\sin\varphi'$
扭矩	T_x	I	$PR\left[\dfrac{\varphi_2}{\varphi_0}-\dfrac{\sin\varphi_2}{\sin\varphi_0}\cos\varphi\right]$	$T^*\dfrac{\sin\varphi_2}{\sin\varphi_0}\cos\varphi$
		II	$-PR\left[\dfrac{\varphi_1}{\varphi_0}-\dfrac{\sin\varphi_1}{\sin\varphi_0}\cos\varphi'\right]$	$-T^*\dfrac{\sin\varphi_1}{\sin\varphi_0}\cos\varphi'$
剪力	Q_r	I	$P\dfrac{\varphi_2}{\varphi_0}$	0
		II	$-P\dfrac{\varphi_1}{\varphi_0}$	0

注：1. 表中所示的荷载方向均代表正方向；
2. φ_1、φ_2 分别为荷载作用与左、右端支承线之间的夹角 $\varphi_1+\varphi_2=\varphi_0$；
3. φ、φ' 分别为欲计算的截面与左、右端支承线之间的夹角，且 $\varphi+\varphi'=\varphi_0$；
4. 反力的正方向如右图所示。

简支超静定弯梁桥的内力和反力计算公式　　　　Ⅲ-3b

截面内力与支点反力				
支反力	R_{i-1}		$\dfrac{ql}{2}$	0
	R_i		$\dfrac{ql}{2}$	0
反力扭矩	T_{i-1}		$qR^2\left(\dfrac{\varphi_0}{2}-\tan\dfrac{\varphi_0}{2}\right)$	$tR\tan\dfrac{\varphi_0}{2}$
	T_i		$-qR^2\left(\dfrac{\varphi_0}{2}-\tan\dfrac{\varphi_0}{2}\right)$	$-tR\tan\dfrac{\varphi_0}{2}$
弯矩	M_x		$qR^2\left(\dfrac{\sin\varphi+\sin\varphi'}{\sin\varphi_0}-1\right)$	$-tR\left(\dfrac{\sin\varphi+\sin\varphi'}{\sin\varphi_0}-1\right)$
扭矩	T_x		$-qR^2\left(\dfrac{\cos\varphi-\cos\varphi'}{\sin\varphi_0}+\dfrac{\varphi-\varphi'}{2}\right)$	$tR\left(\dfrac{\cos\varphi-\cos\varphi'}{\sin\varphi_0}\right)$
剪力	Q_r		$qR\left(\varphi'-\dfrac{\varphi_0}{2}\right)$	0

注：1. 表中所示的外荷载方向均代表正方向；
2. φ_1、φ_2 分别为欲计算的截面与左、右端支承线之间的夹角，且 $\varphi+\varphi'=\varphi_0$；
3. 反力的正方向如右图所示。

简支超静定弯梁桥的内力和支反力计算公式   附表 III-3c

截面内力与支点反力			
支反力	R_{i-1}	$-\dfrac{M_{i-1}}{l}$	$\dfrac{M_i}{l}$
	R_i	$\dfrac{M_{i-1}}{l}$	$-\dfrac{M_i}{l}$
反力扭矩	T_{i-1}	$M_{i-1}\left(\dfrac{1}{\tan\varphi_0}-\dfrac{1}{\varphi_0}\right)$	$M_i\left(\dfrac{1}{\varphi_0}-\dfrac{1}{\sin\varphi_0}\right)$
	T_i	$M_{i-1}\left(\dfrac{1}{\sin\varphi_0}-\dfrac{1}{\varphi_0}\right)$	$M_i\left(\dfrac{1}{\varphi_0}-\dfrac{1}{\tan\varphi_0}\right)$
弯矩	M_r	$M_{i-1}\dfrac{\sin\varphi'}{\sin\varphi_0}$	$M_i\dfrac{\sin\varphi}{\sin\varphi_0}$
扭矩	T_x	$M_{i-1}\left(\dfrac{\cos\varphi'}{\sin\varphi_0}-\dfrac{1}{\varphi_0}\right)$	$M_i\left(\dfrac{1}{\varphi_0}-\dfrac{\cos\varphi}{\sin\varphi_0}\right)$
剪力	Q_r	$-\dfrac{M_{i-1}}{R\varphi_0}$	$\dfrac{M_i}{R\varphi_0}$

注：1. 表中所示的外荷载方向均代表正方向；
2. φ_1、φ_2 分别为欲计算的截面与左、右端支承线之间的夹角，且 $\varphi+\varphi'=\varphi_0$；
3. 反力的正方向如右图所示。

刚 构 桥
Rigid Frame Bridge

第一章 连续刚构桥

第一节 总体布置及结构构造

一、总体布置

1. 一联的总长度

由于混凝土的徐变、收缩和温度变化的影响,使得一联中连续刚构桥的总长度不宜过长。对于具有抗弯刚度较大的实体或箱形截面桥墩的连续刚构桥,距两端桥台(或支点)最近的第一个桥墩高度 H,将是控制总长 ΣL(两端第一个固定桥墩之间的总长)的重要因素,根据相关统计,一般取 $\Sigma L \leqslant 8H$,如图 3-1-1 所示。

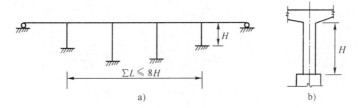

图 3-1-1 具有实体桥墩的连续刚构桥总长

对于双肢薄壁墩的连续刚构桥可以超过这个限制,但必须注意核算。如果一联长度超过了限界值时,也可将两端部分桥孔改为铰支形式,构成所谓的刚构—连续组合梁桥。

2. 分孔比

根据已建桥梁的资料统计,边跨跨长 l_s 与中跨跨长 l_m 大致有如下的关系式:

$$l_s = 0.63 l_m + 4.7 \text{m}$$

从减小次边墩不平衡恒载弯矩及方便边跨合龙施工考虑,边中跨之比宜为:

$$l_s = 0.55 l_m$$

二、主梁截面尺寸的拟定

1. 截面形式

主梁一般采用箱形截面形式,箱梁顶板宽度在 22m 以内时,可采用单箱单室或单箱双室截面，当宽度超过 22m 时，则宜修建成双幅桥。

  2. 主梁高度

可参考已建桥梁的尺寸或表 3-1-1 中的经验公式拟定。

主梁高度的经验公式　　　　　　　　　　表 3-1-1

形式		与最大跨径 l_{max} 的关系	与跨径 l 之比
变高度梁梁高	根部截面 h_1	$0.056l_{max}+0.26$m	$\dfrac{1}{16} \sim \dfrac{1}{20}$
	跨中截面 h_2	$0.015l_{max}+0.94$m	$\dfrac{1}{50} \sim \dfrac{1}{60}$，但 $\geqslant 2.5 \sim 3.0$m
等高度梁梁高 h		$0.052l_{max}+0.202$m	

  3. 板厚

可以近似地参照第二篇第三章第一节关于箱形截面连续梁桥的基本尺寸拟定。

三、墩身形式

为了满足强度和温度变形的要求，大跨度（$l \geqslant 160$m）连续刚构桥的主墩在墩高不很高时一般采用双肢薄壁墩。按每肢薄壁的截面形式又可分为实心截面和箱形截面两类。表 3-1-2 仅列出几座大桥截面形式及其尺寸的举例。

双肢薄壁墩截面形式及尺寸　　　　　　　　表 3-1-2

形式	桥名	跨径（m）	$\dfrac{H}{d}$	每肢薄壁截面尺寸（m）	墩身立面
实心截面	黄石长江大桥	$162.5+3\times245+162.5$	$\dfrac{48.4}{10.5}$	$t=3.0$，10	
	三门峡黄河大桥	$105+4\times160+105$	$\dfrac{33.6}{6.4}$	$t=1.6$，9	
箱形截面	虎门大桥辅航道桥	$150+270+150$	$\dfrac{35.0}{9.0}$	$t=3.0$，7	
	门道桥（澳大利亚）	$145+260+145$	$\dfrac{47.5}{11.0}$	$t=2.5$，0.5，1.0，12	
	攀枝花金沙江铁路桥	$100+168+100$	$\dfrac{50.0}{9.6}$	$t=2.4$，9.6，0.7	
	广东洛溪大桥	$125+180+125$	$\dfrac{26.6}{7.8}$	$t=2.2$，0.5，0.5，8	

此外，对于跨径不太大，且全长不太长或者桥墩特别高的连续刚构桥，通过核算，也可采用普通的单肢实心或箱形截面桥墩。

四、防撞岛构造

连续刚构桥具有墩高、壁薄的构造特点，故它对防撞的要求比一般连续梁桥更高。桥墩防撞技术设施的形式较多，本节仅介绍常用的两种形式。

1. 柔性防撞岛（围堰）

图 3-1-2 所示是先用打入桩（钢板桩或钢筋混凝土板桩）在桥墩的周围构成围护结构，再在其中填以砂性土，借以消耗船舶的撞击能量，这种构造称为柔性防撞岛，或防撞围堰。

2. 刚性防撞岛（围堰）

由厚 1.5～2.0m 以上的混凝土薄壁结构作为外壁，再在其中填筑砂土，同样为了消耗船舶撞击能量的构造称为刚性防撞岛（围堰），如图 3-1-3 所示。

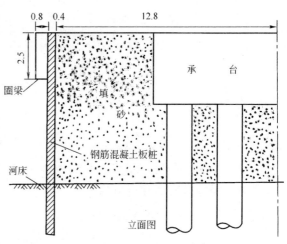

图 3-1-2　柔性防撞岛（围堰）断面图（尺寸单位：m）

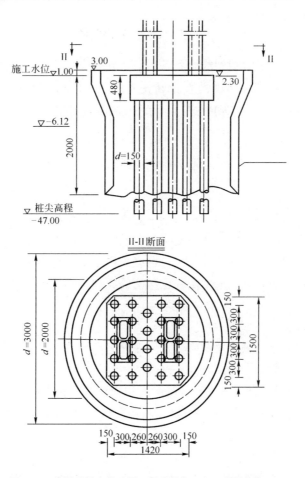

图 3-1-3　刚性防撞岛构造图（尺寸单位：cm；高程单位：m）

以上两种构造的平面形状与具体尺寸，将根据被围护的桥墩结构尺寸和船舶撞击力的大小等因素经计算后确定。

第二节　连续刚构桥的计算特点

连续刚构桥的计算在许多方面与连续梁桥存在相似之处，为避免内容重复，现说明如下。

一、内力计算内容和步骤

基本上与第二篇第三章第二节的内容相同。大跨度连续刚构桥一般设计成变高度的主梁，其施工方法主要采用悬臂施工法，个别区段或桥跨有可能采用有支架施工法，而逐孔施工法和顶推施工法一般不采用。

二、恒载内力计算

当采用悬臂施工法时，其施工阶段的划分与图 2-3-8 中的基本相同，但此时应将其中的铰支座改为墩梁固结的形式。

三、汽车荷载内力计算

汽车荷载内力计算中需要用到的增大系数 ζ 计算公式和方法与第二篇第三章第四节中的式（2-3-6）相同，其中各跨跨中的单位扭转角 $\bar{\theta}$ 仍然可按式（2-3-8）和式（2-3-9）计算，而各跨跨中的单位垂直挠度 $\bar{w}$，则应按照实际的连续刚构结构体系和应用平面杆系有限元法程序计算确定。

四、结构分析方法

1. 结构力学分析法

对于连续刚构桥梁，可以应用结构力学中的力法或位移法来分析其内力，但计算十分麻烦，特别是当桥梁基础采用群桩而梁体又是变截面时，用手算完成分析更加困难，但在某些情况下，当所使用的程序功能不够完善时，可以采用半理论与半程序计算相结合的方法进行分析，也能达到较好的效果，有关力法和位移法的原理及其具体计算方法，可详见《结构力学》。

2. 平面杆系有限元法分析法

这是当前设计中应用最为普及的方法，但在建立计算模型时，应注意以下两点：

（1）墩梁固结点与墩承台固结点的处理

如图 3-1-4 所示，双肢薄壁墩的顶部与刚度很大的主梁横隔板固结，底部又与刚度很大的桩基承台固结。当在划分整个结构的单元时，在这些节点处应该通过刚臂来处理，如图 3-1-4b）所示。

（2）群桩的简化处理

当大跨度连续刚构桥采用群桩深基础时，为了计算简化和减少单元数，一般等效为顶部具有水平刚臂的双柱式基础，如图 3-1-4b）所示。具体的等效方法，将在后面介绍。

五、结构次内力计算的内容

连续刚构桥次内力的计算内容及方法均与连续梁桥的相似。对于不具有计算结构次内力功能的有限元法程序,可以采取半理论半电算相结合的方法来完成分析。

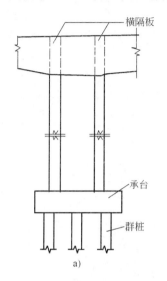 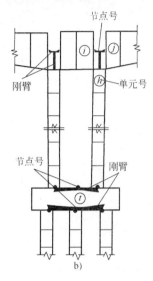

图 3-1-4 刚性节点的处理图

(1) 预应力作用下的次内力计算——等效荷载法(参见第二篇第三章第五节)。

(2) 混凝土徐变(包括收缩)次内力计算——换算弹性模量法(参见第二篇第三章第六节)。

(3) 基础沉降次内力计算——力法(参见第二篇第三章第七节),这项内容本篇不再介绍。

(4) 温度次应力及次内力计算——图解解析法(参见第二篇第三章第八节)。

六、预应力作用下的次内力计算

当计算程序不具有直接分析预加力次内力的功能时,则可以应用等效荷载法与程序运算相结合的方法完成分析。现以图 3-1-5 所示的简单例子来简述其计算要点。

(1) 图中是采用悬臂施工法完成的连续刚构,只有当由静定体系转换为超静定体系以后所施加的那一部分预加力才对结构产生次内力,故在不同阶段所施加的预应力应先分开计算,然后叠加。在静定体系阶段,预加力只对结构产生变形,而不产生次内力。

(2) 连续刚构桥由于墩梁固结,对水平位移具有约束功能,因此,对于下列两种情况的预应力筋,除了按第二篇表 2-3-9 中的方法将预加力等效为竖向荷载(集中或均布荷载)外,还应在预应力筋的锚端截面的中心轴处输入节点水平集中力。

①对于贯穿主梁全长的预应力筋,应在其锚端输入水平集中力 $N_{yi} \cdot \cos\alpha_i$ 和集中力矩 $N_{yi} \cdot e_i$(e_i——锚端距截面形心轴的竖向距离),如图 3-1-5a)、b) 左半跨所示。

②对于布置的局部预应力筋,如果锚端不在梁端或中间支点截面时,则除了输入上述两种集中力外,还应输入垂直集中力 $N_{yi} \cdot \sin\alpha_i$($\alpha_i$——力筋方向与水平面的夹角),如图 3-1-5a)、b) 右半跨所示。

（3）按上述荷载算得的截面内力应是预加力产生的总内力 $S_{总}$（包括总弯矩 $M_{总}$、总轴力 $N_{总}$ 和总剪力 $Q_{总}$）。截面上由预加力产生的次内力 $S_{次}$ 则按下式计算：

$$S_{次}=S_{总}-S_{初} \qquad (3\text{-}1\text{-}1)$$

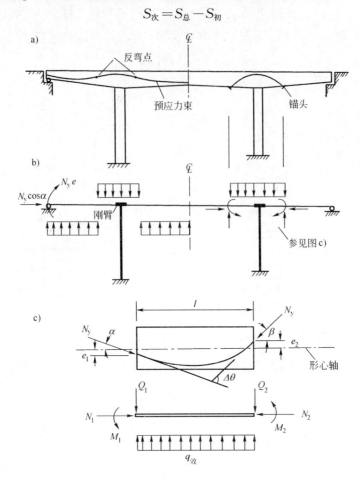

图 3-1-5　连续刚构桥预加力引起的次内力计算图

式中的 $S_{初}$ 是按预应力索曲线的偏心距 e_i、预应力 N_{yi} 和加筋的倾角 α_i，在不考虑所有支座对梁体的约束影响时所产生的内力。

（4）当连续刚构桥采用其他方法进行施工时，亦可参考上述要点来布置预加力的等效荷载，再应用有限元法程序完成分析。

七、混凝土徐变次内力计算

当计算程序不具有直接分析徐变次内力的功能时，则可以参照第二篇连续梁桥中所用到的、换算弹性模量（$E_{\varphi i}$、$E_{\rho\varphi i}$）和荷载换算系数 η_i ［式（2-3-28）］两者与程序运算相结合的方法完成分析，现用图 3-1-6 中的简单例子来简述其计算要点。

（1）图 3-1-6 中是采用悬臂施工法、最后在中跨跨中截面合龙固结、边跨端部只设活动铰支座的连续刚构桥，各墩墩身及其悬臂主梁的徐变参数（φ_i、ρ_i 等）均近似取平均值。它的徐变次内力应该从转换成超静定体系的瞬间开始，在几个结合面上（跨中和墩梁固结结合面等）的初内力（弯矩 M^0、剪力 Q^0 和轴力 N^0）一般应为由二期恒载产生的结果，它们均可应用程序计算得出。

（2）与连续梁桥的一个重要差别是：连续梁桥只设一个固定铰支座，其余均为活动铰支座，主梁的轴力不会受到约束（忽略支座摩阻力影响），故换算徐变荷载包括有结构自重 $\eta_i q_{自}$、结合面处的弯矩 $\Delta\eta M_c^0$ 和剪力 $\Delta\eta Q_c^0$（图 2-3-29）；连续刚构桥由于具有墩梁固结构造，其中跨的水平轴向徐变变形和桥墩的竖向徐变变形都会引起轴力的改变，从而导致产生次内力，故在跨中结合面上还应增加换算水平徐变荷载 $(\eta_4-\eta_3)N_c^0$，参见图 3-1-6b）。

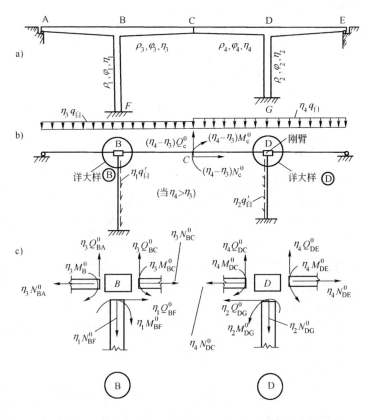

图 3-1-6　连续刚构桥徐变次内力计算图

（3）在连续刚构桥的墩梁结合面处，由于存在有刚臂的单元（图 3-1-6 的 Ⓑ Ⓓ 节点），故该处的换算徐变荷载应分开计算，即用与刚臂相连的截面内力分别乘以相应的徐变荷载换算系数 η_i，如图 3-1-6 所示。

（4）连续刚构桥的徐变次内力 $S_{次,t}$（包括次弯矩、次剪力和次轴力）可按下式计算：

$$S_{次,t}=S^{换}-\eta S_0 \tag{3-1-2}$$

式中：$S^{换}$——按图 3-1-6b) 的图和换算徐变荷载，并用有限元法程序算得的截面内力；

　　　S_0——由二期恒载在成桥结构上产生的初始内力，若该桥经过不止一次的体系转换时，则应参考图 2-3-30 的思路，分阶段地计入相应的徐变次内力；

　　　η——相应截面的荷载换算系数。

（5）连续刚构桥各截面的总内力 $S^{总}$ 为：

$$S^{总}=S_0+S_{次,t} \tag{3-1-3}$$

八、混凝土收缩次内力计算

混凝土收缩也是随时间变化的。为了简化分析，一般均假定收缩的变化相似于徐变变化的规律，即在结构分析中采用与徐变次内力分析完全相同的换算弹性模量 E_φ、$E_{\rho s}$，见式 (2-3-23) 和式 (2-3-24)，收缩应变值则按规定另行计算。

1. 现行《混桥规》中关于收缩应变的计算公式

（1）一般表达式

$$\varepsilon(t, t_s) = \varepsilon_{cso} \cdot \beta_s(t-t_s) \tag{3-1-4}$$

（2）名义收缩系数 ε_0 的确定 (3-1-3)

$$\varepsilon_{cso} = \varepsilon_s(f_{cm}) \cdot \beta_{RH} \tag{3-1-4a}$$

其中：

$$\varepsilon_s(f_{cm}) = \left[160 + 10\beta_{sc}\left(9 - \frac{f_{cm}}{f_{cmo}}\right)\right] \times 10^{-6} \tag{3-1-4b}$$

$$\beta_{RH} = 1.55\left[1 - \left(\frac{RH}{RH_0}\right)^3\right] \tag{3-1-4c}$$

$$\beta_s(t-t_s) = \left[\frac{(t-t_s)/t_1}{350(h/h_0)^2 + (t-t_s)/t_1}\right]^{0.5}$$

以上各式中：t——计算考虑时刻的混凝土龄期（d）；

t_s——收缩开始时的混凝土龄期（d），可假定为 3~7d；

$\varepsilon(t, t_s)$——收缩开始时的龄期为 t_s，计算考虑的龄期为 t 的收缩应变；

ε_{cso}——名义收缩系数；

β_s——收缩随时间发展的系数（表 3-1-3）；

f_{cm}——强度等级 C20~C50 混凝土在 28d 龄期的平均立方体抗压强度（MPa），$f_{cm} = 0.8 f_{cu,k} + 8$（MPa）；

$f_{cu,k}$——龄期为 28d，具有 95%保证率的混凝土立方体抗压强度标准值（MPa）；

β_{RH}——与年平均相对湿度有关的系数，式（3-1-4c）适用于 40%≤RH<99%；

RH——环境年平均相对湿度（%）；

β_{sc}——根据水泥种类而定的系数，对一般的硅酸盐水泥或快硬水泥，$\beta = 5.0$；

h——构件理论厚度（mm），$h = \frac{2A_c}{u}$，A_c 为构件截面面积，u 为构件与大气接触的周边长度；

$RH_0 = 100\%$；$h_0 = 100mm$；$t_1 = 1d$；$f_{cmo} = 10MPa$。

混凝土名义收缩系数 $\varepsilon_{cso} \times 10^3$　　　表 3-1-3

40%≤RH<70%	70%≤RH<99%
0.529	0.310

注：1. 本表系按 C40 混凝土和按式（3-1-4）算得；
2. 本表适用于一般硅酸盐水泥或快硬水泥配制而成的混凝土；
3. 本表适用于季节性变化的平均温度-20~+40℃；
4. 对于 C50 及其以上混凝土，表列值应乘以 $\sqrt{\frac{32.4}{f_{ck}}}$，式中 f_{ck} 为混凝土轴心抗压强度标准值（MPa）；
5. 计算时，表中年平均相对湿度 40%≤RH<70%，取 RH=55%；70%≤RH<99%，取 RH=80%。

（3）$\varepsilon(t, t_0)$ 的计算公式

若令 t_0 表示混凝土桥梁结构的收缩应变开始受到约束时刻的龄期，则自 t_0 至 t 时刻收缩应变值 $\varepsilon(t, t_0)$ 为：

$$\varepsilon(t, t_0) = \varepsilon_{cso}[\beta_s(t-t_s) - \beta_s(t_0-t_s)] \tag{3-1-5}$$

式中其余各符号定义同前。

关于收缩应变值的具体演算与徐变系数的计算相似，可参阅例 2-3-4，这里不再列举。

2. 收缩次内力计算图

在计算连续刚构桥的收缩次内力时，由于墩、梁各个阶段龄期的不同，加之除了梁体的水平向收缩变形外，还有各主墩之间在垂直向的收缩变形差。因此，在选取超静定梁的基本结构时，其赘余力除了弯矩外，还应包括轴力、剪力和支反力，如图 3-1-7 所示。

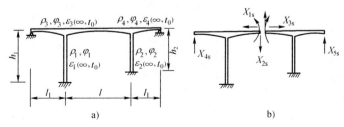

图 3-1-7 连续刚构桥的基本结构图

3. 计算步骤

当计算程序不具有计算收缩次内力的功能时，便可应用力法与电算相结合的方法来完成次内力分析，其计算步骤如下。

(1) 应用式 (2-3-24) 分别计算梁、墩各个节段的换算弹性模量 E_{ppi}。

(2) 应用式 (3-1-5) 分别计算梁、墩各个节段的收缩应变终值 $\varepsilon_i(\infty, t_0)$。

(3) 应用普通有限元法计算程序计算图 3-1-7b) 中基本结构的常数 $\delta_{ii}^{\oplus}$、$\delta_{ij}^{\oplus}$，计算中应注意以下两点：

① 用各单元算得的换算弹性模量 E_{ppi} 取代实际的弹性模量 E_i；

② 逐次令 $\bar{X}_{is}=1$ 输入，从输出中可得常变位 $\delta_{ii}^{\oplus}$ 和 $\delta_{ij}^{\oplus}$。

(4) 计算载变位 $\Delta_{is}^{\oplus}$

① $\Delta_{1s}^{\oplus}$ 计算：对于等高度梁，混凝土的收缩不会产生相对转角，即 $\Delta_{1s}^{\oplus}=0$，对于变高度梁，尚无较好的计算方法，且其值甚微，故近似取 $\Delta_{1s}^{\oplus} \approx 0$。

② $\Delta_{2s}^{\oplus}$ 为相邻两高墩竖向收缩差，其值为：

$$\Delta_{2s}^{\oplus} = \varepsilon_1(\infty, t_0) \cdot h_1 - \varepsilon_2(\infty, t_0) h_2$$

其中 h_1、h_2 为墩身净高，见图 3-1-7a)。

③ $\Delta_{3s}^{\oplus}$ 为主梁切口处的水平收缩位移量：

$$\Delta_{3s}^{\oplus} = \frac{l}{2}[\varepsilon_3(\infty, t_0) + \varepsilon_4(\infty, t_0)]$$

④ $\Delta_{4s}^{\oplus} = -\varepsilon_1(\infty, t_0) h_1$；$\Delta_{5s}^{\oplus} = -\varepsilon_2(\infty, t_0) h_2$

取负值是因为它们的位移方向与 X_4、X_5 设定方向相反。

(5) 应用程序解力法方程

$$\begin{bmatrix} \delta_{11}^{\oplus} & \delta_{12}^{\oplus} & \delta_{13}^{\oplus} & \delta_{14}^{\oplus} & \delta_{15}^{\oplus} \\ \delta_{21}^{\oplus} & \delta_{22}^{\oplus} & \delta_{23}^{\oplus} & \delta_{24}^{\oplus} & \delta_{25}^{\oplus} \\ \cdots & \cdots & \cdots & \cdots & \cdots \\ \cdots & \cdots & \cdots & \cdots & \cdots \\ \delta_{51}^{\oplus} & \delta_{52}^{\oplus} & \delta_{53}^{\oplus} & \delta_{54}^{\oplus} & \delta_{55}^{\oplus} \end{bmatrix} \begin{bmatrix} X_{1s} \\ X_{2s} \\ \vdots \\ \vdots \\ X_{5s} \end{bmatrix} = - \begin{bmatrix} \Delta_{1s}^{\oplus} \\ \Delta_{2s}^{\oplus} \\ \vdots \\ \vdots \\ \Delta_{5s}^{\oplus} \end{bmatrix} \tag{3-1-6}$$

(6) 将解得的 X_{is} 代入图 3-1-7b) 中，便得到各个截面的收缩次内力。

九、温度次内力计算

连续刚架桥主梁的温度自应力计算方法与连续梁桥的完全相同。连续刚架桥的温度次内力一般只考虑桥面结构受骤变温差的影响，而桥墩结构虽也存在横向梯度温度，但每座桥梁的设计走向各异，早晚的日照方向不同，因此一般不予考虑。当所应用的计算程序不具有计算温度次内力的功能时，也可以采用半理论与半程序的方法来完成分析。下面将介绍这种方法的若干要点。

1. 计算图

对于具有三跨的连续刚构桥，同样可以取与图 3-1-7b) 相同的基本结构，但它的赘余力为 $X_{1T} \sim X_{5T}$（脚标 T 表示温度影响因素），如图 3-1-8b) 所示。在此基本结构上，由温度梯度影响使桥面结构产生的挠曲变形，将是图 3-1-8c) 所示的形式。显然，力法方程中的常变位 δ_{ii}、δ_{ij} 可以分别令 $\overline{X}_i = 1$、由平面杆系有限元法的计算程序来完成；而载变位 Δ_{iT} 则可按照理论公式用手算或计算机程序来完成。下面着重介绍关于 Δ_{iT} 的计算方法。

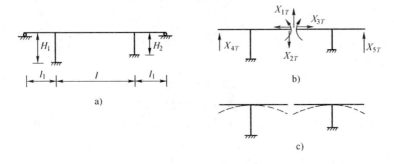

图 3-1-8 温度次内力的计算图

2. 载变位 Δ_{1T}、Δ_{2T}、Δ_{4T} 和 Δ_{5T} 的计算

图 3-1-8c) 中的这 4 个载变位分别为梁端相对端转角 θ 和相对垂直位移量 w 的性质，因此，可以应用第二篇第三章第八节中的图解解析法（又称"共轭梁"法或"力矩—面积法"）求算。其中的一个差别是：连续梁桥选取的是简支梁作为基本结构，而本图连续刚构桥是选取 T 形刚构悬臂梁作为基本结构。现用图 3-1-9 来阐述其计算步骤：

（1）按式 (2-3-33a) 计算悬臂梁各单元在节点截面处的曲率 $\overline{\psi}_i$，它便是作用于虚梁上的虚荷载集度。

（2）按照材料力学中图解解析法的原理，对于悬臂梁的实际结构，当转换为虚梁结构时，其固支端与自由端应相互对换，于是，便得到如图 3-1-9b) 所示的 4 个独立的虚悬臂梁，亦即所谓的共轭梁。

（3）由于基本结构上因温度影响力产生的挠曲线是上凸的（图 3-1-9a) 中虚线），根据 $\overline{\psi}_{(x_i)} = \dfrac{1}{\rho_i} = \dfrac{M(x_i)}{EI(x_i)}$ 的关系得知，截面上缘的伸长相当于由负弯矩 [$M(x_i) < 0$] 所引起，故虚荷载的作用方向应向上，如图 3-1-9b) 所示。

（4）对于变截面悬臂梁，$\overline{\psi}_{(x_i)}$ 是沿着跨长方向变化，它不便于计算，故可以按照所划分单元长度 ΔS_i，将它换算为虚节点力 $\overline{\psi}_i = \dfrac{1}{2} \overline{\psi}_{(x_i)} \cdot (\Delta S_{i-1} + \Delta S_i)$。

注意，在梁端的虚节点力是与它毗邻的半个单元长度 ΔS 的合力。图 3-1-9c)便是载变位的最终计算图。

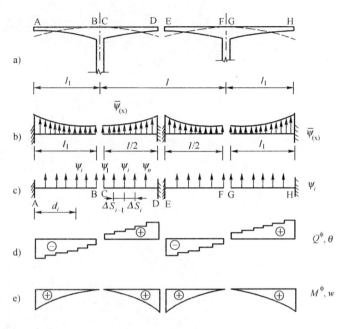

图 3-1-9　虚梁内力与变形的关系

（5）图 3-1-9d）是这些虚梁的截面虚剪力 Q^ϕ 图，每个固支端的虚剪力值便是基本结构（图 3-1-9a））在自由端的端转角 θ，当 Q_D^ϕ 为正值时，表示 θ 沿顺时针方向转动，反之，表示沿逆时针方向转动。图中 D 端的转角 $Q_D=Q_D^\phi=\sum\limits_{C}^{D}\psi_i$，E 端的转角 $Q_E=Q_E^\phi=-\sum\limits_{F}^{E}\psi_i$，此两者的转动方向均与赘余力 X_{1T} 的设定方向相反，故载变位 Δ_{1T} 应为：

$$\Delta_{1T}=-\left(\left|\sum_{C}^{D}\psi_i\right|+\left|-\sum_{F}^{E}\psi_i\right|\right) \tag{3-1-7}$$

（6）图 3-1-9e）是这些虚梁的截面虚弯矩 M^ϕ 图，每个固支端的虚弯矩值便是基本结构中自由端的竖向挠度 w，当 M^ϕ 为正值时，表示挠度 w 的方向向下，反之为向上。D、E 两个自由端的挠度分别为 $w_D=M_D^\phi=\sum\limits_{C}^{D}\psi_i\cdot d_i$（↓），$w_E=M_E^\phi=\sum\limits_{F}^{E}\psi_i\cdot d_i$（↓）。不难看出，$w_E$ 与 X_{2T} 的设定方向相反，故应取负值，由此得：

$$\Delta_{2T}=\sum_{C}^{D}\psi_i\cdot d_i-\sum_{F}^{E}\psi_i\cdot d_i \tag{3-1-8}$$

同理，可得：

$$\Delta_{4T}=-\sum_{B}^{A}\psi_i\cdot d_i \qquad \Delta_{5T}=-\sum_{G}^{H}\psi_i\cdot d_i \tag{3-1-8a}$$

以上各式中，"Σ"中的上、下符号 A，B……G，H 分别代表每个悬臂跨积分求和的上、下限；d_i 为虚节点力 ψ_i 至虚梁固支端的距离。

（7）当全桥为对称的等截面结构时，则 $\overline{\psi}_{(x_i)}=\overline{\psi}=$常值，则以上各个载变位可以写成：

$$\left.\begin{array}{l}\Delta_{1T}=-\overline{\psi}l\\ \Delta_{2T}=0\\ \Delta_{4T}=\Delta_{5T}=-\dfrac{1}{2}\overline{\psi}l_1^2\end{array}\right\} \tag{3-1-9}$$

式中：l、l_1——分别为中跨和边跨的跨长，其余符号同前。

3. 载变位 Δ_{3T} 的计算

计算步骤如下：

(1) 按式（2-3-33a）和式（2-3-33b）先分别计算出每个单元节点截面的 $\bar{\psi}_i$ 和 ε_{0i}，然后按下式计算该截面在中和轴处的平均水平应变值 $\bar{\varepsilon}_{0i}$，即：

$$\bar{\varepsilon}_{0i} = \varepsilon_{0i} + \psi_i \cdot y_{iT} \tag{3-1-10}$$

式中：$\bar{\psi}_i$——与式（2-3-33a）中的 ψ 符号定义相同；

y_{iT}——i 号节点截面形心至底边缘的距离。

(2) 连续刚构桥的两端支座一般为活动铰支座，边跨的温度伸长量对赘余力 X_{3T} 无影响，故在计算载变位 Δ_{3T} 时，只需考虑图 3-1-9a) 中 C-D 和 E-F 跨悬臂梁在自由端的相对水平伸长量。此时，每个悬臂跨的跨长为中跨跨长的一半，即为 $\frac{l}{2}$，若各自等分为 n 个单元，则单元长度 $\Delta S = \frac{l}{2n}$，于是便得：

$$\Delta_{3T} = \left[\left(\frac{\bar{\varepsilon}_{00} + \bar{\varepsilon}_{0n}}{2} + \sum_{i=1}^{n-1}\bar{\varepsilon}_{0i}\right)_{C-D} + \left(\frac{\bar{\varepsilon}_{00} + \bar{\varepsilon}_{0n}}{2} + \sum_{i=1}^{n-1}\bar{\varepsilon}_{0i}\right)_{F-E}\right]\Delta S \quad (i=0,1,2,\cdots,n) \tag{3-1-11}$$

若全桥为对称的等截面结构时，则 $\bar{\varepsilon}_{0i} = \bar{\varepsilon}_0 = $ 常值，于是：

$$\Delta_{3T} = \bar{\varepsilon}_0 l \tag{3-1-11a}$$

4. 解力法方程组（由电算程序完成）

$$\begin{bmatrix} \delta_{11} & \delta_{12} & \delta_{13} & \delta_{14} & \delta_{15} \\ \delta_{21} & \delta_{22} & \delta_{23} & \delta_{24} & \delta_{25} \\ \cdots & \cdots & \cdots & \cdots & \cdots \\ \delta_{51} & \delta_{52} & \delta_{53} & \delta_{54} & \delta_{55} \end{bmatrix} \begin{bmatrix} X_{1T} \\ X_{2T} \\ \cdots \\ X_{5T} \end{bmatrix} = -\begin{bmatrix} \Delta_{1T} \\ \Delta_{2T} \\ \cdots \\ \Delta_{5T} \end{bmatrix} \tag{3-1-12}$$

将解得的 X_{iT} 代入基本结构（图 3-1-8b）中，便可以计算出任意截面的温度次内力。

第三节 群桩基础的简化模拟

一、高桩承台

1. 两种简化模拟模型

当应用平面杆系有限元法程序分析具有群桩基础的连续刚构桥时，为了简化计算和减少划分的单元数，可以将群桩基础按照承台顶面的三种力（轴力 N、水平剪力 Q 和弯矩 M）分别等于 1 时所产生的位移量相等的原理，等代为以下两类计算模型，如图 3-1-10 所示。

(1) 模型 I——门形刚架模型（图 3-1-10b）

两侧立柱的底端均为固支、顶端的横梁刚度为无穷大的门形刚架。

(2) 模型 II——单柱式模型（图 3-1-10c）

等截面单柱的底端为固支、上端有抗推刚度为 k_w 的水平弹簧支承。

不论上述的哪一类模型，它们的顶面高程都应与实际承台顶面高程一致。现将承台顶面分别受到 3 种单位力作用时的位移符号定义如下：

δ_{QQ}、δ_{MQ}——分别为单位水平力（$Q=1$）作用于原结构上时的顶面水平位移和转角；

δ_{QM}、δ_{MM}——分别为单位弯矩（$\overline{M}=1$）作用于原结构上时的顶面水平位移和转角，并且有 $\delta_{QM}=\delta_{MQ}$；

δ_{NN}——单位竖向轴力（$\overline{N}=1$）作用于原结构上时的竖向位移。

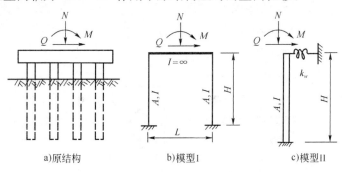

图 3-1-10 群桩基础的等代计算模型

上述的诸位移量都可以将群桩基础单独地截取出来后，再应用有限元法程序求得。计算是在下列几点假定的前提下求出，这些假定是：

①土对桩身的弹性抗力按《公路桥涵地基与基础设计规范》（JTG D63—2007）（以下简称《地规》）中的"m"法计算；

②承台的刚度视作无穷大；

③承台和桩身自重力产生的垂直压力、土对桩身的摩阻力以及压弯共同作用时的几何非线性效应均忽略不计。

由此便可以得到两类模型在进行等代时所要用到的计算公式。

对于模型 I：

$$\left.\begin{aligned}
\text{立柱高度} \quad & H = \frac{2\delta_{QM}}{\delta_{MM}} \\
\text{截面面积} \quad & A = \frac{H}{2E\delta_{NN}} \\
\text{抗弯惯矩} \quad & I = \frac{H^3}{12E(2\delta_{QQ} - H\delta_{MQ})} \\
\text{立柱中距} \quad & L = \sqrt{\frac{H^2/(E\delta_{MQ}) - 4I}{A}}
\end{aligned}\right\} \quad (3\text{-}1\text{-}13)$$

对于模型 II：

$$\left.\begin{aligned}
\text{立柱高度} \quad & H = \frac{3\delta_{QQ}}{2\delta_{MQ}} \\
\text{截面面积} \quad & A = \frac{H}{E\delta_{NN}} \\
\text{抗弯惯矩} \quad & I = \frac{H^2}{6E} \cdot \frac{\delta_{MQ}}{(\delta_{QQ} \cdot \delta_{MM} - \delta_{MQ}^2)} \\
\text{弹簧抗推刚度} \quad & k_w = \frac{H \cdot \delta_{MM} - 2\delta_{MQ}}{H(\delta_{QQ} \cdot \delta_{MM} - \delta_{MQ}^2)}
\end{aligned}\right\} \quad (3\text{-}1\text{-}14)$$

以上两式中的 E 为材料的弹性模量。

2. 示例

【例 3-1-1】 图 3-1-11 是一座由刚性承台与 24 根直径为 $D=1.5\text{m}$ 构成的群桩基础，混凝土强度等级为C25，桩尖嵌入岩层，桩间间距及覆盖层厚度均示于图中，设砂覆盖层的比例系数 $m_{砂}=15000\mathrm{kN/m^4}$，卵石层的 $m_{卵}=40000\mathrm{kN/m^4}$，试求该基础的两类等代模型中的几个主要参数（$H$、$A$、$I$、$L$ 和 k_w）。

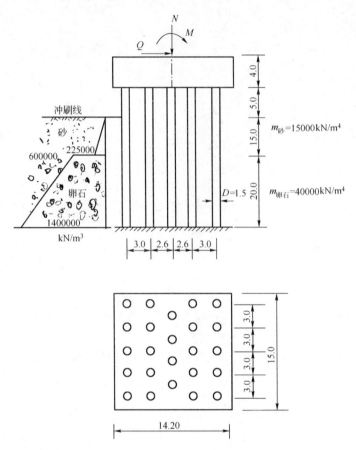

图 3-1-11 例 3-1-1 群桩基础的布置图（尺寸单位：m）

解：（1）群桩计算宽度 b_1

本例在纵、横两个方向各有五排桩，对于与水平作用力 Q 相垂直的每排桩的计算宽度，按《地规》为：

$$b_1 = 0.9 \cdot n \cdot k \cdot (D+1) \tag{3-1-15}$$

式中：n——每排桩数；

D——桩径；

k——各桩柱间相互影响系数。

k 的计算步骤如下：

①桩柱计算埋入深度 h_1。

$$h_1 = 3(D+1) = 3(1.5+1) = 7.5\mathrm{m} < 35\mathrm{m}$$

②与作用力平行的一排桩桩数 n_1 有关的系数 b_z 按《地规》规定，当 $n_1=5 \geqslant 4$ 时，$b_z=0.45$。

③k 的计算。本例桩间净距 $L_1=1.5\mathrm{m}$，$L_1 < 0.6h_1 = 0.6 \times 7.5 = 4.5\mathrm{m}$。

故：

$$k = b_z + \frac{1-b_z}{0.6} \cdot \frac{L_1}{h_1} = 0.45 + \frac{1-0.45}{0.6} \cdot \frac{1.5}{7.5} = 0.63$$

由此得：

对于第1、2、4、5排桩，$n=5$，则为

$$b_1 = 0.9 \times 5 \times 0.63 (1.5+1) \approx 7.1 \text{m}$$

对于第3排桩，$n=4$，则为

$$b_1 = 0.9 \times 4 \times 0.63 (1.5+1) \approx 5.7 \text{m}$$

(2) 单元及节点划分

本例各桩净长40m，冲刷线以上的桩段长5m，为便于计算，所有桩的单元长度均取5m，承台近似认为其刚度为无穷大，它在9号节点处与各桩桩顶用刚臂连接，于是整个基础共划分41个单元，42个节点和4个刚臂，如图3-1-12所示。

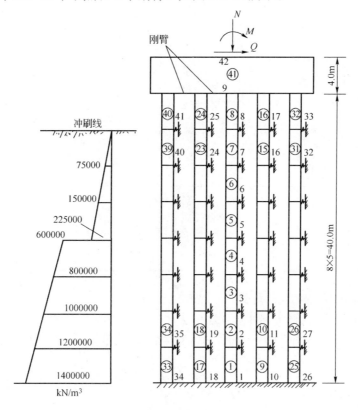

图3-1-12 群桩基础离散图

(3) 覆盖层及群桩弹性抗力的计算

按照《地规》，地基土对桩柱侧面的地基系数随深度y成正比例地增长，即$C=my$（m——"m"法中的比例系数），故可先从覆盖层顶面（冲刷线）向下按不同土层绘出地基系数图，再计算与i号节点相邻两单元的长度和之一半$\left(\frac{\Delta S_{i-1}+\Delta S_i}{2}\right)$所覆盖的地基系数面积，最后用桩计算宽度$b_1$乘此面积，便能得到地基土对桩柱的等效集中弹簧支承刚度K_i。如图3-1-12中的3号节点，与它相邻两单元的长度相等，即$\Delta S=5$m，地基系数呈线性变化，故节点处所对应的地基系数$C_3=1000000 \text{kN/m}^3$就是这个覆盖面积的平均值。于是，3

号节点处的集中弹簧支承刚度 K_3 为：

$$K_3 = b_1 \cdot \frac{\Delta S_2 + \Delta S_3}{2} \cdot C_3$$

$$= 5.7 \times 5 \times 1000000 = 28500000 \text{kN/m}$$

其余照此类推，表 3-1-4 中列出了所有节点处的集中弹簧支承的刚度 K_i。

集中弹簧支承刚度 K_i 汇总表　　　　　　　　　　　　表 3-1-4

埋深 h_i (m)	地基系数 $C=mh_i$ (kN/m³)	计算宽度 $b_1=7.1$m		计算宽度 $b_1=5.7$m	
		节点号 i	集中弹簧刚度 K_i (kN/m)	节点号 i	集中弹簧刚度 K_i (kN/m)
0	0	17, 25, 33, 41	332813	8	267188
5	75000	16, 24, 32, 40	2662500	7	2137500
10	150000	15, 23, 31, 39	5325000	6	4275000
15	225000 600000	14, 22, 30, 38	15753125	5	12646875
20	800000	13, 21, 29, 37	28400000	4	22800000
25	1000000	12, 20, 28, 36	35500000	3	28500000
30	1200000	11, 19, 27, 35	42600000	2	34200000

（4）承台顶面中点处的位移计算

将表 3-1-4 中的 K_i 值输入到计算程序中去，并且将图 3-1-12 中各个单元的截面面积按照每排桩的数量 n 换算为等代矩形截面，其换算截面的高度 h_e 和宽度 b_e 可按下式计算：

$$h_e = \sqrt{\frac{3}{4}} \cdot D$$

$$b_e = \frac{n\pi D^2}{4h_e}$$

本例中所有桩的桩径 $D=1.5$m，除①～⑧单元的一排桩桩数 $n=4$ 以外，其余单元所含的桩数 $n=5$。

承台顶面中点（42 号节点）分别在 3 种单位力作用下相应位移值，可从程序输出中得到，它们为：

$$\delta_{QQ} = 7.677 \times 10^{-7} \text{m/kN} \quad \delta_{MQ} = \delta_{QM} = 1.820 \times 10^{-8} \text{rad/kN}$$

$$\delta_{NN} = 3.367 \times 10^{-8} \text{m/kN} \quad \delta_{MM} = 2.043 \times 10^{-9} \text{rad/(kN·m)}$$

（5）等代模型的技术参数计算

模型 I 的技术参数按式（3-1-13）计算如下：

立柱高度
$$H=\frac{2\times 1.820\times 10^{-8}}{2.043\times 10^{-9}}=17.817\text{m}$$

截面面积
$$A=\frac{17.817}{2\times 2.80\times 10^{7}\times 3.367\times 10^{-8}}=9.449\text{m}^2$$

抗弯惯矩
$$I=\frac{17.817^3}{12\times 2.80\times 10^{7}(2\times 7.677\times 10^{-7}-17.817\times 1.820\times 10^{-8})}=13.899\text{m}^4$$

立柱中距
$$L=\sqrt{\frac{17.817^2/(2.80\times 10^{7}\times 1.820\times 10^{-8})-4\times 13.899}{9.449}}=7.749\text{m}$$

模型 II 的技术参数按式（3-1-14）计算如下：

立柱高度
$$H=\frac{3\times 7.677\times 10^{-7}}{2\times 1.820\times 10^{-8}}=63.272\text{m}$$

截面面积
$$A=\frac{63.272}{2.850\times 10^{7}\times 3.367\times 10^{-8}}=67.114\text{m}^2$$

抗弯惯矩
$$I=\frac{63.272^2}{6\times 2.80\times 10^{7}}\cdot\frac{1.820\times 10^{-8}}{[7.677\times 10^{-7}\times 2.043\times 10^{-9}-(1.820\times 10^{-8})^2]}=320.279\text{m}^4$$

弹簧刚度
$$k_w=\frac{63.272\times 2.043\times 10^{-9}-2\times 1.820\times 10^{-8}}{63.272\,[7.677\times 10^{-7}\times 2.043\times 10^{-9}-(1.820\times 10^{-8})^2]}=1158636.959\text{kN/m}$$

为便于应用有限元法程序计算，当求出上述技术参数以后，还可以进一步按照下式将立柱换算为矩形截面，它们为：

$$\left.\begin{array}{ll}\text{高度} & h_e^{柱}=\sqrt{\dfrac{12I}{A}}\\[2mm]\text{宽度} & b_e^{柱}=\dfrac{A}{h_e}\end{array}\right\} \quad (3\text{-}1\text{-}16)$$

具体计算略。

二、低 桩 承 台

1. 等代结构的模拟

承台被部分地或全部地埋入到覆盖层中的群桩基础，称之为低桩承台结构。其桩尖可以是嵌岩的柱桩，也可以是落在较深的非岩石土中的摩擦桩。前者仍可仿效高桩承台的简化模型进行等代，本节主要介绍后一种类型群桩基础的简化等代模拟图（图 3-1-13c））。

等代结构的基本要点是：

(1) 等代过程与高桩承台的相似，首先应用平面杆系有限元法的程序，分别计算出三种单位力（垂直轴力 $\overline{N}=1$，水平剪力 $\overline{Q}=1$ 和弯矩 $\overline{M}=1$）在单独作用时，对实际结构（图 3-1-13b））的承台顶面所产生的相应的变形，即 δ_{NN}、δ_{QQ}、δ_{MQ}、δ_{MM} 和 $\delta_{QM}=\delta_{MQ}$ 等，其符号定义亦与前面式（3-1-13）的相同。覆盖土对承台桩身的抗力仍按《地规》中的"m"法计算。

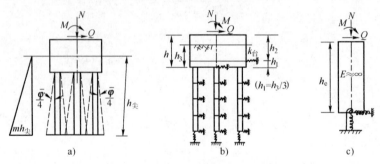

图 3-1-13　摩擦桩身的低桩承台简化计算模型

（2）根据等代结构顶面的各种变形与实际结构的相应变形相等的原则，建立了图 3-1-13c)的简化计算模型。它由等代高度为 h_e、弹性模量 $E \approx \infty$ 的矩形截面柱和其底端设置的 3 个弹簧支承构成，其中垂直向弹簧支承的刚度为 k_v、水平向弹簧支承的刚度为 k_u，以及扭转弹簧支承刚度 k_θ，具体的计算公式详见后文。

（3）由于承台结构的弹性模量 E 接近无穷大，故模拟它的矩形截面柱之长、宽尺寸可以任意地假定，但其顶面应与实际承台顶面的高程齐平，高度 h_e 则按等效原则确定。

2. 等代模型的几个计算公式

$$\left. \begin{array}{ll} \text{立柱高度} & h_e = \dfrac{\delta_{MQ}}{\delta_{MM}} \\[2mm] \text{水平弹簧支承刚度} & k_u = \dfrac{\delta_{MM}}{(\delta_{QQ} \cdot \delta_{MM} - \delta_{MQ}^2)} \\[2mm] \text{垂直弹簧支承刚度} & k_v = \dfrac{1}{\delta_{NN}} \\[2mm] \text{扭转弹簧支承刚度} & k_\theta = \dfrac{1}{\delta_{MM}} \end{array} \right\} \quad (3\text{-}1\text{-}17)$$

3. 计算位移 δ_{ij} 的离散图

应用平面杆系有限元法程序计算位移量 δ_{QQ}、δ_{MQ}、δ_{QM}、δ_{MM}、δ_{NN} 的离散图如图 3-1-13b)所示，并作如下几点说明。

（1）分析具有摩擦桩的低桩承台结构是十分复杂的，目前尚无成熟的公式，而且存在争议。从设计偏安全角度考虑，在无可靠试验资料的情况下，建议不计土体对承台底面的承压能力和对桩侧面的摩阻力。

（2）土体在桩尖处的垂直弹性抗力可按《地规》中的规定计算，即：地基系数 $c_0^{尖} = m_0 h_{尖}$（m_0——比例系数，$h_{尖}$——桩尖处的埋入深度）；当桩距<6 倍桩径时，则按计入 $\dfrac{\bar{\varphi}}{4}$（$\bar{\varphi}$——土的平均内摩擦角）后的外包总承压面积计算。

（3）承台的刚度近似地按 $EI \approx \infty$ 考虑。

（4）所有的水平弹簧支承刚度均按《地规》中的"m"法确定，具体计算方法同例 3-1-1。位于承台范围内土的抗力，则视土质均匀状况和覆盖厚度的大小，可采用若干个水平集中弹簧支承代替。当土层均匀且厚度不大时，则可只用一个刚度为 $k_{台}$ 的水平弹簧支承代替。

4. 示例

【例 3-1-2】 图 3-1-14 所示的低桩承台基础均为摩擦桩，其混凝土强度等级为 C25，所有结构尺寸、覆盖土层厚以及土基比例系数 m 均示于图中，按式（3-1-7）将该群桩基础等效为图 3-1-14b）进行计算。

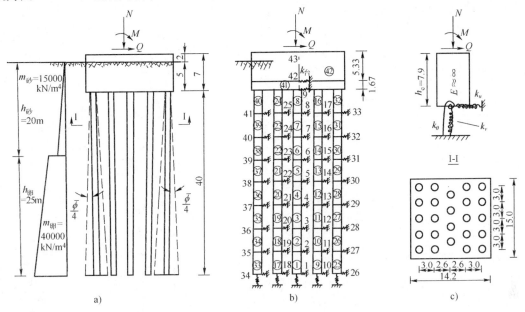

图 3-1-14 例 3-1-2 的结构布置及其计算模型（尺寸单位：m）

解：(1) 群桩计算宽度 b_1

本例中的桩径、桩距及其平面布置与例 3-1-1 的完全相同，故其计算宽度 b_1 可从它直接摘取，即：

对于第 1、2、4、5 排桩

$$b_1 = 7.1 \text{m}$$

对于第 3 排桩

$$b_1 = 5.7 \text{m}$$

(2) 桩尖承压面积 $A_尖$

本例覆盖层为中砂和卵石层两种。《公路桥涵设计手册·墩台与基础》表 4-1-2 中，砂层的内摩擦角 $\varphi = 36°$，但对卵石没有作出规定，在没有试验资料的情况下，近似地取它与中砂的相同。由图所示，两外侧桩外侧表面之间的距离为 12.7m（顺桥向）× 13.5m（横桥向），桩距 3m < 6d = 6 × 1.5 = 9m，故总承压面积为：

$$A_尖 = (12.7 + 2 \times 40 \times \tan 9°) \times (13.5 + 2 \times 40 \times \tan 9°) = 25.37 \times 26.17 = 664 \text{m}^2$$

(3) 承台侧面的计算宽度 $b_台$

$$b_台 = b + 1 = 15 + 1 = 16 \text{m}$$

(4) 单元划分

本例的桩长 40m，分为 5 排，单元长度按 5m 进行划分时，则共有 40 个单元，承台沿竖向划分成两个单元，节点置于 $k_台$ 位置处，即自承台底面起算向上的 $\frac{1}{3}$ 埋入高度处

$\left(h_1=\dfrac{5}{3}=1.67\mathrm{m}\right)$，取承台的 $E=1\times 10^{18}$（$\approx\infty$），其截面尺寸不变。其中的⑧、⑯、㉔、㉜和㊵等 5 个单元则用刚臂与 9 号节点连接。于是，整个基础被划分为 42 单元，43 个节点，其中包括 5 个具有刚臂的单元（图 3-1-14c））。

(5) 水平弹簧支承刚度 K_i

同例 3-1-1 的计算方法一样，每个节点处的水平弹簧支承刚度 K_i 均按与它相邻两单元长度 ΔS_i 之和的一半及相应的计算宽度 b_1 所覆盖的面积、再乘以所对应的地基系数（mh_i）进行计算。计算结果列出于表 3-1-5 中。

群桩基础水平弹簧支承刚度 K_i（kN/m）汇总　　　　表 3-1-5

埋深 h_i (m)	地基系数 mh_i	节点编号	第 1、2、4、5 排桩 ($b_1=7.1$m)	节点编号	第 3 排桩 $b_1=5.7$m，承台 $b_{台}=16$m
3.3	0	—	—	42	3000000
5	75000	—	—	9	7992190
10	150000	17, 25 33, 41	5325000	8	4275000
15	225000	16, 24 32, 40	7987500	7	6412500
20	砂 300000 卵石 800000	15, 23 31, 39	20079688	6	16120313
25	1000000	14, 22 30, 38	35500000	5	28500000
30	1200000	13, 21 29, 37	42600000	4	34200000
35	1400000	12, 20 28, 36	49700000	3	39900000
40	1600000	11, 19 27, 35	56800000	2	45600000
45	1800000	10, 18 26, 34	31950000	1	25650000

(6) 竖向弹簧支承刚度 K_{vi}

竖向总刚度为：

$$\sum K_{vi}=A_{尖}\cdot m_0 h_{尖}=664\times 1800000=1195200000\mathrm{kN/m}$$

近似地按桩数比例分配，即：

第 1、2、4、5 排桩

$$K_v=\dfrac{5}{24}\times \sum K_{vi}=249\times 10^6 \mathrm{kN/m}$$

第 3 排桩

$$K_v=\dfrac{4}{24}\times \sum K_{vi}=1992\times 10^5 \mathrm{kN/m}$$

(7) 位移值计算

应用程序算得的结果汇总于表 3-1-6。

承台顶面（42号节点）的位移量　　　　　表 3-1-6

荷载类型	单位	荷载值	竖直向 v（m）	水平向 u（m）	转角 θ（rad）
M	kN·m	1	—	1.635×10^{-8}	2.072×10^{-9}
Q	kN	1	—	1.931×10^{-7}	1.635×10^{-8}
N	kN	1	3.856×10^{-8}	—	—

（8）等代模型的高度及弹簧支承刚度计算

将表 3-1-6 中按实际结构算得的位移值代入式（3-1-17），得：

$$h_e = \frac{\delta_{MQ}}{\delta_{MM}} = \frac{1.635\times10^{-8}}{2.072\times10^{-9}} \approx 7.90\text{m}$$

$$k_u = \frac{\delta_{MM}}{(\delta_{QQ}\cdot\delta_{MM}-\delta_{MQ}^2)}$$

$$= \frac{2.072\times10^{-9}}{1.931\times10^{-7}\times2.072\times10^{-9}-(1.635\times10^{-8})^2} = 15604678\text{kN/m}$$

$$k_v = \frac{1}{\delta_{NN}} = \frac{1}{3.856\times10^{-8}} = 25933610\text{kN/m}$$

$$k_\theta = \frac{1}{\delta_{MM}} = \frac{1}{2.072\times10^{-9}} = 482625483\text{kN}\cdot\text{m/rad}$$

（9）等代模型的精度校核

由于等代矩形截面立柱的弹性模量假定接近无穷大，故截面的长与宽可取任意尺寸，都能得出 $EI\approx\infty$ 和 $EA\approx\infty$。在实际计算中，设计者可以参考实际墩身尺寸，自行选取任意值，甚至取与墩身完全相同的截面尺寸（但 E 不能相同），一般都不会影响计算结果。

最后，按照以上诸参数，便可得到如图 3-1-14c) 所示的简化计算模型。本例通过验算，当取 $E=10^{16}\text{kN/m}^2$，$A=a\times b=5\text{m}\times5\text{m}$，并将 $M=500\text{kN}\cdot\text{m}$，$Q=800\text{kN}$，$N=1000\text{kN}$ 同时施加到该模型上时，所得的位移量与作用于实桥上的完全相同（图 3-1-14b)）。但是若取 $E=10^{17}\text{kN/m}^2$ 或 $E=10^{15}\text{kN/m}^2$ 时，发现两者便存在一定差距。因此，设计者还应结合自己所应用的计算程序，对弹性模型 E 的取值作这样的试算和调整。

三、非等长桩承台

1. 弹性中心

如图 3-1-15 所示，当垂直集中力 N 作用于承台上表面的 o 点位置时，整个承台仅产生竖向位移 Δ，而无水平位移和扭转角，则此 o 点便称为该非等长桩群桩基础的弹性中心。若以承台顺桥向的左侧为 x 轴的坐标原点，则此弹性中心的坐标位置 x_o 为：

$$x_o = \frac{\sum_{i=1}^{n}\dfrac{F_i x_i}{l_i}}{\sum_{i=1}^{n}\dfrac{F_i}{l_i}} \tag{3-1-18}$$

式中：F_i、l_i——分别为第 i 排桩的总截面面积及其标准长度。

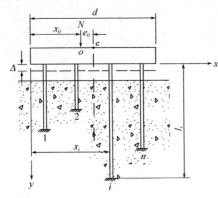

承台几何中线 c 处距弹性中心 o 点的偏心距 e_o 为：

$$e_o = \frac{d}{2} - x_o \qquad (3\text{-}13\text{-}19)$$

式中：d——承台沿顺桥向的长度。

当 e_o 为正值时，表明弹性中心 o 点位于承台几何中心 c 点的左侧；反之，则在 c 点的右侧。

2. 等代计算模型

（1）桥墩中心线贯穿弹性中心 o 点的情况（图 3-1-16a）

这是最佳设计方案，其等代计算模型如图 3-1-16b) 所示。

图 3-1-15　非等长群桩基础的弹性中心

其参数的计算步骤如下：

①在图 3-1-16a）的实际结构上，分别用三个单位力（$\overline{N}=1$、$\overline{Q}=1$ 和 $\overline{M}=1$）作用于弹性中心点 o 处，应用平面杆系有限元法计算程序求算常变位 δ_{NN}、δ_{QQ}、δ_{MM}、δ_{MQ}（$=\delta_{QM}$），但注意，只计入土对桩柱的水平弹性抗力，不计其对桩柱壁的摩阻力。

②将上述求得的几个常变位 δ_{ij} 代入式（3-1-14）中，便可得到该等代模型中的四个基本参数：立柱高度 H、截面面积 A、抗弯惯矩 I、弹簧抗推刚度 k_w 等。所有符号的定义同前。

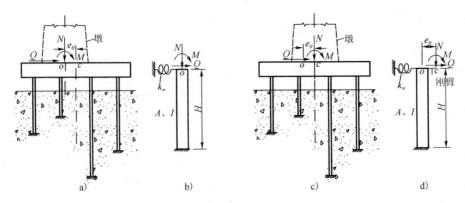

图 3-1-16　两种布墩方案的等代计算模型

（2）桥墩中心线偏离弹性中心 o 点的情况（图 3-1-16c））

当各排桩的桩长相差不太大时，可以采用这种布墩方案，但需要按照图 3-1-16d）所示的简化计算模型参与整体结构的分析。

该模型中的具体参数计算如下：

①按式（3-1-19）计算水平刚臂长度 e_o。

②在图 3-1-16c）的实际结构上，分别用三个单位力（$\overline{N}=1$、$\overline{Q}=1$ 和 $\overline{M}=1$）作用于承台几何中心 c 点上，同样地应用平面杆系有限元法程序（不计土对桩的摩阻力），求算在该 c 点处的几个常变位，并为了区别起见，在常变位的脚标中加注"c"符号，即 δ_{cNN}、δ_{cQQ}、δ_{cMM}、δ_{cMQ}（$=\delta_{cQM}$）等。

③几个参数的计算公式。

$$\left.\begin{aligned}\text{立柱高度} \quad & H = \frac{3\delta_{cQQ}}{2\delta_{cMQ}} \\ \text{截面面积} \quad & A = \frac{H}{E(\delta_{cNN} - \delta_{cMM} \cdot e_o^2)} \\ \text{抗弯惯矩} \quad & I = \frac{H^2}{6E} \cdot \frac{\delta_{cMQ}}{(\delta_{cQQ} \cdot \delta_{cMM} - \delta_{cMQ}^2)} \\ \text{弹簧抗推刚度} \quad & k_w = \frac{H \cdot \delta_{cMM} - 2\delta_{cMQ}}{H(\delta_{cQQ} \cdot \delta_{cMM} - \delta_{cMQ}^2)}\end{aligned}\right\} \quad (3\text{-}1\text{-}20)$$

3. 示例

【例 3-1-3】 设本节例 3-1-1 中的群桩基础位于具有陡坡的基岩处，迫使它设计成不等长桩的群桩基础，其余条件完全相同，桥墩的中心线仍坐落在承台几何中心 c 点处，如图 3-1-17a)所示。

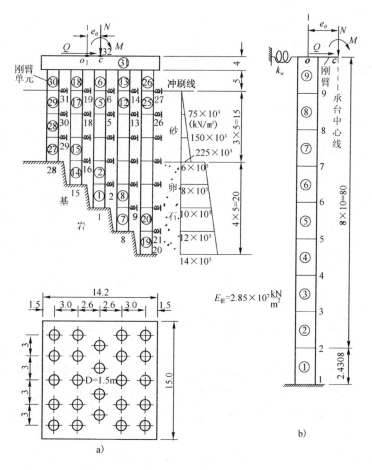

图 3-1-17 【例 3-1-3】的结构尺寸及其计算模型（尺寸单位：m）

试计算承台顶面中心 c 点处在下列两种工况下，c 点产生的竖向位移 v_c、水平位移量 u_c 和转角 θ_c，并与等代计算模型算得的结果进行对比。

工况 I　　　$N = 800000 \text{kN}$，$Q = 50000 \text{kN}$，$M = 10000 \text{kN·m}$

工况 II　　　$N = 800000 \text{kN}$，$Q = -50000 \text{kN}$，$M = -10000 \text{kN·m}$

本例中荷载与变位的符号规定是：N、v_c 以向下为正，Q、u_c 以向右为正，M、θ_c 以顺时针方向为正；反之均为负。

解：（1）计算水平刚臂长度 e_o

由于本例中所有桩的直径相同，即 $D=1.5\text{m}$，故式（3-1-18）可以改写为：

$$x_o = \frac{\sum_{i=1}^{n} \frac{n_i x_i}{l_i}}{\sum_{i=1}^{n} \frac{n_i}{l_i}} = \frac{5 \times \left(\frac{1.5}{20} + \frac{4.5}{25} + \frac{9.7}{35} + \frac{12.7}{40}\right) + 4 \times \frac{7.1}{30}}{5 \times \left(\frac{1}{20} + \frac{1}{25} + \frac{1}{35} + \frac{1}{40}\right) + \frac{4}{30}}$$

$$= 6.103076923\text{m}$$

式中：n_i——第 i 排桩的根数。

将 x_o 值代入式（3-1-19），便可得到桥墩中心线偏离群桩基础弹性中心 o 之距离 e_o，亦即等代模型中的水平刚臂长度，它为：

$$e_o = \frac{d}{2} - x_o = \frac{14.2}{2} - 6.103076923 = 0.996923077\text{m}$$

（2）计算图 3-1-17a）所示离散图中各节点处水平集中弹簧支承刚度值 K_i

具体的计算过程详见例 3-1-1，表 3-1-7 仅从表 3-1-4 中摘录其相关数据。

水平集中弹簧支承刚度 K_i 汇总　　　　　表 3-1-7

埋深 h_i (m)	地基系数 $C=mh_i$ (kN/m³)	计算宽度 $b_i=7.1$m		$b_i=5.7$m	
		节点号 i	K_i (kN/m)	i	K_i (kN/m)
0	0	14，19，27，31	332813	6	267188
5	75000	13，18，26，30	2662500	5	2137500
10	150000	12，17，25，29	5325000	4	4275000
15	225000 600000	11，16，24	15753125	3	12646875
20	800000	10，23	28400000	2	22800000
25	1000000	9，22	35500000	—	—
30	1200000	21	42600000		

（3）按照图 3-1-17a）所示的离散图和表 3-1-7 中的 K_i 值，应用平面杆系有限元法程序，分别计算当 $\overline{N}=\overline{Q}=\overline{M}=1$ 作用于 c 点时，在 c 点处产生的常变位 δ_{cij}。此时，把承台近似地视作为刚体（本例近似地取其弹性模量 $E_台=2.5\times10^{16}\text{kN/m}^2$），由电算输出的结果均汇总于表 3-1-8 中。

常变位 δ_{cij} 及其等代计算模型的参数汇总　　　　　表 3-1-8

计算项目	计算内容	单位	计算值	示意图
按图 3-1-17a）实际结构计算常变位	δ_{cNN}	m/kN	2.477×10^{-8}	
	δ_{cQQ}	m/kN	7.144×10^{-7}	
	δ_{cMM}	rad/(kN·m)	1.460×10^{-9}	
	$\delta_{cQM}=\delta_{cMQ}$	rad/kN	1.300×10^{-8}	

续上表

计算项目	计算内容	单位	计算值	示意图
按式（3-1-20）计算等代计算模型的参数	立柱高度 H	m	82.4308	
	截面面积 A	m²	124.0324	
	抗弯惯矩 I	m⁴	591.0206	
	弹簧抗推刚度 K_w	kN/m	1309566.49	

（4）按式（3-1-20）求算等代计算模型中的四个参数 H、A、I 和 K_w，具体演算过程从略。其计算结果亦汇总于表 3-1-8 中。

（5）分别按图 3-1-17a）和 b）两个离散图，并应用平面杆系有限元法程序计算两种工况下对 c 点产生的变位值，具体的计算结果汇总于表 3-1-9 中。

按实际结构与按等代模型所得计算结果的比较   表 3-1-9

承台顶面 c 点的位移	单位	工况 I		工况 II（Q、M 反向）	
		按实际结构	按等代模型	按实际结构	按等代模型
竖向位移 v_c	m	0.02071	0.02047	0.01915	0.01915
水平位移 u_c	m	0.04622	0.04622	−0.02548	−0.02548
转角 θ_c	rad	1.829×10^{-3}	1.829×10^{-3}	-4.9994×10^{-4}	-5.0020×10^{-4}

从表 3-1-9 中可以看出，当桥墩中心线偏离弹性中心点 o 时，在两种工况下 c 点的变位是不对称于桥墩中轴线的，尤其是转角的相对比差最大，这对于高桥墩来说，应引起足够的注意。因此，在设计中应注意以下两点：

①在选择桥位时，应尽量避开具有陡坡岩面的地段；

②如避不开的话，则在布置桥墩时，一定要让桥墩中心线坐落在群桩基础弹性中心点的位置上。

第四节　高桥墩的稳定分析

一、受力特点

连续刚构桥的桥墩一般设计成较高或较薄的结构，但在成桥以后，由于墩梁的共同作用，加之端部桥台的支座的帮助，桥墩的非线性效应并没有像连续梁中悬臂自由墩那样突出。但在悬臂施工中，连续刚构桥的非线性效应分析应予以重视。

连续刚构桥的桥墩在施工阶段应考虑以下几种荷载及其组合：

①悬臂结构不对称时产生的偏心力矩；

②横向风力产生的弯矩；

③施工临时荷载不对称时产生的偏心力矩，如图 3-1-18 所示。

二、分析方法

1. 瑞雷—里兹法

（1）墩顶水平位移

当桥墩基础为固支、墩身为等截面时,以采用瑞雷—里兹法导得的公式进行计算较简便,即先假定悬臂墩的变形曲线。

$$y = a\left(1 - \sin\frac{\pi x}{2l}\right) \tag{3-1-21}$$

再按图 3-1-19 所示的图和应用最小势能原理的推演,便可得到计入非线性效应后的墩顶水平位移 a,即:

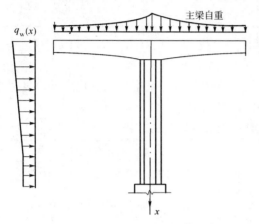

图 3-1-18　悬臂施工中 T 形刚构的稳定分析图　　　　图 3-1-19　悬臂墩的稳定分析图

$$a = \frac{H_w + M_0\left(\frac{\pi}{2l}\right) + \int_0^{l_w} q_w(x)\left(1 - \sin\frac{\pi x}{2l}\right)dx}{\frac{l}{8}\left[\frac{EI}{4}\left(\frac{\pi}{l}\right)^4 - \left(N + \frac{q_自 l}{3}\right)\left(\frac{\pi}{l}\right)^2\right]} \tag{3-1-22}$$

式中:$q_w(x)$——自水面(或地面)以上的分布风荷载可按现行《公路桥梁抗风设计规范》(JTG/T D60—01)确定;

　　　l_w——自施工水位(或地面)至墩顶处的高度;

　　　H_w——按作用于主梁高度范围内风荷载的总水平集中力;

其余符号定义同式(2-2-31)。

如果风荷载不能表达为可积分的函数时,则式中的积分可应用总和法求算。

作为一种特殊情况,当横向风载 $q_{w(x)}$ 沿墩高为常值时,即 $q_{w(x)} = q_w =$ 常数,则上式可写成:

$$a = \frac{H_w + M_0\left(\frac{\pi}{2l}\right) + q_w l_w\left(1 - \frac{2}{\pi}\right)}{\frac{l}{8}\left[\frac{EI}{4}\left(\frac{\pi}{l}\right)^4 - \left(N + \frac{q_自 l}{3}\right)\left(\frac{\pi}{l}\right)^2\right]} \tag{3-1-22a}$$

此外,从上式不难理解,当分母为零时,$a \approx \infty$,即为悬臂高墩失稳现象,从而得到临界荷载的计算公式,即:

$$\left(N + \frac{q_自 l}{3}\right)_{cr} = \frac{\pi^2 EI}{4l^2} \tag{3-1-22b}$$

若令 $q_自 = 0$,便得到一般力学中关于一端固定、一端自由受压杆件的临界荷载计算公式:

$$N_{cr} = \frac{\pi^2 EI}{4l^2} \tag{3-1-22c}$$

由此可见，虽然在实际结构中，很难满足能应用式（3-1-22）的边界条件和等截面尺寸的要求，但该式完全可以作为初步设计估算截面尺寸时的参考。

（2）墩身的弯矩

计入非线性效应后的墩身各截面弯矩 $M(x)$，可应用墩顶水平位移的比例关系近似求算。为此，引入弯矩增大系数 ζ_M：

$$\zeta_M = a/a_0 \tag{3-1-23}$$

式中：a_0——按图 3-1-19 的图和由 M_0、H_w 和 $q_w(x)$ 3 个外荷载算得的水平位移；

a——按式（3-1-22）算得的墩顶总水平位移。

于是，得：

$$\left.\begin{aligned}
M(x) &= \zeta_M \left[M_0 + H_w x + \int_0^x q_w(u)(x-u)\mathrm{d}u \right] \\
&\qquad\qquad\qquad (\text{当 } 0 < x \leqslant l_w, \text{其中 } u \text{ 为中间变量}) \\
M(x) &= \zeta_M \left[M_0 + H_w x + \int_0^{l_w} q_w(u)(l_w - u)\mathrm{d}u + (x - l_w) \cdot \int_0^{l_w} q_w(u)\mathrm{d}u \right] \\
&\qquad\qquad\qquad (\text{当 } l_w < x \leqslant l)
\end{aligned}\right\} \tag{3-1-24}$$

（3）墩身轴力和剪力

计入二阶非线性效应并不会引起轴力 N 和剪力 Q 的增大，故有：

$$\left.\begin{aligned}
N(x) &= N + q_{自} \cdot x \\
Q(x) &= H_w + \int_0^x q_w(x)\mathrm{d}x \qquad (\text{当 } 0 < x \leqslant l_w) \\
Q(x) &= H_w + \int_0^{l_w} q_w(x)\mathrm{d}x \qquad (\text{当 } l_w < x \leqslant l)
\end{aligned}\right\} \tag{3-1-25}$$

2. 迭代法

当高桥墩的墩身采用变化的截面尺寸时，宜采用迭代法进行内力及稳定性分析。迭代法的原理及方法与第二篇第二章第六节中所述的基本相同。考虑到连续刚构桥一般采用群桩基础，为了便于应用电算，可以先按本章第三节所述的方法将群桩基础等效为图 3-1-10c）或图 3-1-13c）所示的等代模型，然后仿照图 2-2-27 所示的步骤进行迭代。

3. 双肢薄壁墩问题

不论应用上述哪种分析方法，为了便于应用计算公式或有限元计算程序，均可将双肢薄壁墩换算为等效的独柱式墩，其公式也比较简单，即：

$$\left.\begin{aligned}
\text{换算面积} \qquad & A_e = 2A_{肢} \\
\text{换算抗弯惯矩} \qquad & I_e = 2I_{肢}
\end{aligned}\right\} \tag{3-1-26}$$

式中的 $A_{肢}$、$I_{肢}$ 为每肢薄壁墩的截面面积和抗弯惯矩。如果应用电算求解时，还可进一步地根据 A_e、I_e 值等效为宽度为 b_e、高度为 h_e 的矩形截面单元。

三、示　例

【例 3-1-4】　图 3-1-20 所示是建在深水中三跨连续刚构桥上的一座中墩，墩高约达 90m，墩身采用单肢箱形截面，设基础为全覆盖于砂卵石中低桩承台，桩尖未嵌于岩层中。图 3-1-20b）的离散图中，其单元长度是参照施工节段长度进行划分的。在主梁即将合龙之前，该墩墩顶的竖向轴力 $N = 94070\text{kN}$，不平衡弯矩 $M_0 = 25500\text{kN} \cdot \text{m}$，各单元的主要技术参数见表 3-1-10。试验算该桥墩在临近主梁合龙前的稳定性和墩顶的总水平位移量。

各节点截面主要技术特性　　　　表 3-1-10

节点截面编号	截面面积 A (m^2)	抗弯惯矩 I (m^4)	重度 γ (kN/m^3)	弹性模量 E (kN/m^2)
1 号～2 号	188.50	3302.70	26.0	3.0×10^7
2 号（墩底）	57.68	702.28	26.5	3.0×10^7
3 号	38.243	353.38	26.5	3.0×10^7
4 号～24 号	23.00	154.35	26.5	3.3×10^7

注：表中 A、I 由程序算得，不需用手算。

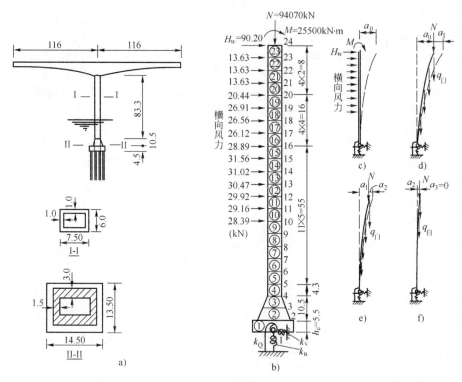

图 3-1-20　悬臂高墩尺寸及其离散图（尺寸单位：m）

解：（1）群桩基础的简化模拟

本例的计算过程及其计算方法同例 3-1-2，这里不再重复，仅给出按式 (3-1-17) 等代后的计算结果：

$$h_e \approx 5.5\text{m}$$
$$k_u = 12437811\text{kN/m}$$
$$k_v = 21500753\text{kN/m}$$
$$k_\theta = 414078675\text{kN}\cdot\text{m/rad}$$

此外，等代柱的截面尺寸取与承台的平面尺寸相同，弹性模量取 $E=10^{16}\text{kN/m}^2$。

（2）横向风力计算

按现行《公路桥梁抗风设计规范》(JTG/T D60-01) 计算，本工程的风载是从 10 号节点高度处起算。为了计算方便，并将非均布的风载按照不同高度及单元长度简化为节点力，关于风载值的计算详见《公路桥梁抗风设计规范》(JTG/T D60-01—2004)，这里仅给出计算结果，并示于图 3-1-20b) 中。

(3) 考虑墩身自重的稳定性校核

本例承台顶面以上高 98.3m，近似地取其全高为等截面，$I=154.35\text{m}^4$，$q_\text{自}=A\gamma=23\times26.5=609.5\text{kN/m}$，代入式（3-1-20b）便有：

实际轴力

$$\left(N+\frac{q_\text{自}\,l}{3}\right)=94070+\frac{609.5\times98.3}{3}=114041\text{kN}$$

临界轴力

$$N_\text{cr}=\frac{\pi^2 EI}{4l^2}=\frac{\pi^2\times3.3\times10^7\times154.35}{4\times98.3^2}=1300629\text{kN}$$

实际轴力小于临界轴力，表明满足要求。

(4) 考虑压弯共同作用时的非线性分析——迭代运算

按照图 3-1-20b) 中的离散图和应用杆系有限元法程序，并分以下几个小步骤进行迭代运算。

① 令 $N=q_\text{自}=0$，仅输入 M_0 及风载节点力，便可算得墩顶 24 号节点的水平位移（图3-1-20c)）：

$$a_0=0.04659\text{m}$$

② 将第①步中所有节点的水平位移值，直接应用程序的功能拷贝和覆盖到输入文件中相应节点的 x_i 坐标上（取代原来均为零的 x_i 坐标）。

③ 去掉 M_0 及风载节点力，代以轴力 N 和 $q_\text{自}$，此时墩身自重可按单元长度简化为垂直方向的节点力，由此便得由 N 和 $q_\text{自}$ 的作用对墩身产生的附加水平位移，其最大值为（图3-1-20d)）：

$$a_1=0.4278\times10^{-2}\text{m}$$

④ 将第③步所得的水位位移按照与第②步相同的方式再一次拷贝和覆盖到 x_i 坐标上，便得到第二次迭代后的附加位移为（图 3-1-20e)）：

$$a_2=0.3683\times10^{-3}\text{m}$$

⑤ 重复上一步骤，直至收敛，即 $a_i\approx0$，本例因墩身的刚度较大，仅迭代两次，便趋于收敛，其附加水平位移 $a_\text{附}$ 之和为：

$$a_\text{附}=a_1+a_2=4.6463\times10^{-3}\text{m}$$

墩顶总位移

$$a=a_0+a_\text{附}=0.04659+4.6463\times10^{-3}$$
$$=0.0512363\text{m}$$

(5) 弯矩增大系数 ζ_M

按式（3-1-23）得：

$$\zeta_M=\frac{a}{a_0}=\frac{0.0512363}{0.04659}=1.0997\approx1.10$$

墩身的内力可以用手算，也可应用程序求算。

第五节 桥墩的撞击分析

一、船撞力

对于位于河海中的特大跨径桥梁,船撞力大小的确定是一个比较复杂的课题。一般应根据航道等级、水文状况、船型、船舶等级等因素做模拟船撞试验来确定,或者进行船撞过程的仿真分析。但在初步设计中,可以参考现行《通用规范》或其他参考文献确定。

1. 我国规范中的设计公式

$$P_{撞} = \frac{Wv}{gT} \text{ (kN)} \tag{3-1-27}$$

式中:W——漂流物(包括船舶)重力(kN),应根据河流中漂流物情况,按实际调查确定;
 　　v——水流速度(m/s);
 　　T——撞击时间(s),应根据实际资料估计,在无实际资料时,一般用 1s;
 　　g——重力加速度,取 9.81m/s^2。

2. 德国沃辛公式

联邦德国沃辛通过撞击试验研究,并在几次重大船撞事故中得到验证,提出了简化的计算船撞公式。为适应我国读者的习惯,这里将该公式的形式稍作调整而不改变实质,即:

$$P_{撞,\max} = 0.88 \cdot \sqrt{\text{DWT}} \, (1 \pm \delta) \tag{3-1-28}$$

式中:DWT——船舶载质量(t),它与船舶的排水量 W、船舶的容积 GRT 之间的关系见图 3-1-21;
 　　δ——依船体刚度而定的调整幅值,可以取 $\delta=0$,但上、下值的变化不得超过 ± 0.5。

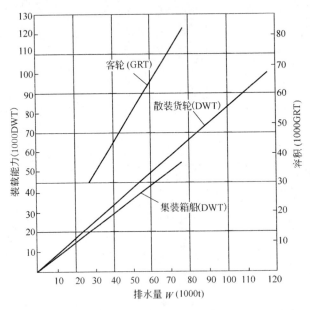

图 3-1-21　船舶排水量 W、载质量 DWT 和容积 GRT 的关系

按照沃辛公式算得的 $P_{撞,\max}$ 值是在撞击开始 $0.1 \sim 0.2$s 的时间内出现,此后的平均值 $\overline{P}_{撞}$ 均为最大值的一半,即:

$$\overline{P}_{撞} = \frac{1}{2} P_{撞,max} \tag{3-1-29}$$

该式可以粗略地用于具有防撞围堰桥墩的受力分析。

二、具有防撞围堰（岛）桥墩的计算模型

1. 传力途径

现用图 3-1-22 所示最简单的防撞式桥墩来介绍船撞力的传力途径。当防撞围堰的左侧受到船撞力 $P_{撞}$ 后，其一部分作用力将通过围堰外壳直接传递到围堰右侧以外的覆盖土层上，另一部分作用力将通过左侧外壳内表面与群桩基础之间的填砂传递到桥墩上。

2. 基本假定

为了应用有限元法的计算程序和从偏安全考虑，这里先做如下的近似假定：

（1）在撞击过程中，不考虑围堰外壳的局部破坏或局部变形。因此，围堰外壳的抗弯惯矩则按闭合的全截面计算。

（2）无论是围堰以外的原状土，还是围堰以内的新填土，其弹性抗力均按"m"法确定，但两者分别按不同的起算点确定，前者起算点为冲刷线。

3. 计算模型

建立计算模型的要点如下：

（1）为便于应用有限元法程序，将图 3-1-22c）中围堰单元，置于群桩基础左侧，将位于围堰右侧壁外的抗推弹簧支承移到围堰单元的左侧，如图 3-1-22d）所示。

（2）所有位于冲刷线（原状土）以下的土抗力仍以冲刷线作为计算"m"系数的起始点，并简化为若干个节点水平弹簧支承。

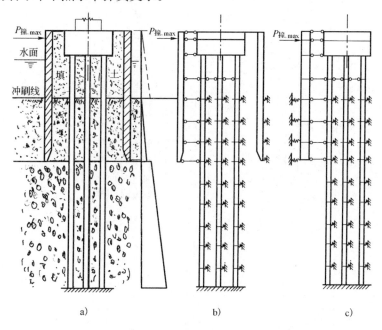

图 3-1-22 具有防撞围堰（岛）的群桩基础离散图

（3）位于冲刷线以上的围堰内填土，只起水平传力作用，不起抗推作用。因此，它们可用若干个位于各节点处的链杆予以等代，链杆只承受压力、不承受拉力，当出现有承受拉力

的链杆单元时，则应将它们从离散图中去掉，重新进行运算。

（4）位于围堰左侧壁表面与群桩基础第一排桩之间的土体（包括填土），均等效为节点处的水平链杆，但它们的"m"系数起算点可分别考虑，其计算宽度分别取承台或桩的计算宽度。

（5）船撞力的作用点应落在单元的节点上，所有围堰单元和群桩基础单元的 y（竖向）坐标，力求一致，以达到传力途径明确的目的。

（6）计算时，不考虑墩身以上结构传递下来的荷载以及群桩自重，这些荷载效应将放在荷载组合中考虑。

从图 3-1-22d）的计算模型中可以归纳出以下两点：第一，船撞力将由防撞围堰与桥墩结构两者共同承担；第二，通过众多传力链杆的作用，将集中的冲击船撞力分配到桥墩基础的不同部位，从而避免了主体结构受局部冲击的损坏。

4. 示例

【例 3-1-5】 设在例 3-1-1 中群桩基础的周边，设置一座外径为 28m、壁厚 1.5m 的 C25 混凝土防撞围堰，围堰全高 24m，其上端与承台齐平，下端埋入冲刷线以下 15m，原状土构造按原例不变，围堰与基础之间的新填土，其夯实后的"m"系数约为 30000kN/m⁴。根据模拟试验分析，该防撞围堰有可能受到最大的横桥向船撞力 $P_{撞,max}=5700$kN，作用点约在围堰顶面以下的 1.5m 处。试计算在这种工况下群桩基础的受力和位移值，并与不设防撞围堰的情况进行对比。

解：（1）建立结构离散图

本例对群桩基础部分的单元划分取与例 3-1-1 中的完全相同，但在船撞力作用点高度处将承台改为两个单元。其次，为了传力明确，将围堰沿高度划为 6 个单元，其节点位置与承台或桩基相对应，围堰与第一排桩基之间则对应地设置 7 根铰接的等代链杆，如图 3-1-23 所示。

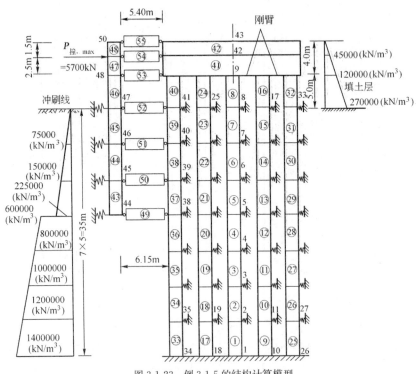

图 3-1-23 例 3-1-5 的结构计算模型

（2）弹簧支承刚度的计算

位于各桩基节点处的水平弹簧支承刚度见例 3-1-1 中的计算，按照同样的计算方法可以求得围堰单元各节点处的弹簧支承刚度 k_i［计算宽度 $b_1=0.9\ (28+1)\ =26.1\text{m}$，"$m$" 系数的起算点同桩基］，分别为：

$$k_{44}=13457813\text{kN/m}$$

$$k_{45}=19575000\text{kN/m}$$

$$k_{46}=9787500\text{kN/m}$$

$$k_{47}=1223438\text{kN/m}$$

（3）铰接链杆截面尺寸的等代

本例在冲刷线以上的桩基只划分有一个单元，故未再布置链杆单元，而仅在承台、桩基与围堰壁板之间共布置 7 个链杆单元，它们的等代面积汇总于表 3-1-11。

链杆等代面积 表 3-1-11

链杆单元号	节点抗推刚度 k_i (kN/m)	链杆等代面积 A_e (m^2)	链杆单元号	节点抗推刚度 k_i (kN/m)	链杆等代面积 A_e (m^2)
㊾	$k_{44}=3660938$	0.8041	(53)	$k_{48}=4820625$	0.9297
㊿	$k_{45}=5325000$	1.1696	(54)	$k_{49}=1680000$	0.3240
(51)	$k_{46}=2662500$	0.5848	(55)	$k_{50}=270000$	0.0521
(52)	$k_{47}=332785$	0.0731			

注：承台处的链杆长度 $l=5.4\text{m}$；桩基处的链杆长度 $l=6.25\text{m}$。

现举例说明：

㊿单元：按第一排桩的计算宽度 $b_1=7.1\text{m}$，距冲刷线以下 10m 处的节点 45 号（或 39 号）的抗推刚度 $k_{45}=k_{39}=5325000\text{kN/m}$，具体计算参见表 3-1-4，取围堰与第一排桩的净距（链杆长）$l=6.15\text{m}$，便得该单元的等代面积：

$$A_{e,50}=\frac{kl}{E}=\frac{5325000\times6.15}{2.80\times10^7}=1.1696\text{m}^2$$

(53)单元：它介于承台与桩基之间，自填土上表面至 48 号节点处的土基比例系数 $mh=30000\times4=120000\text{kN/m}^3$，位于承台区段的计算宽度 $b_1=16\text{m}$，第一排桩的计算宽度 $b_1=7.1\text{m}$，按(53)单元与其相邻(52)、(54)单元的间距各取一半来计算 48 号节点处的抗推刚度 $k_{48}=4820625\text{kN/m}$，该链杆的计算长度 $l=5.4\text{m}$，由此得：

$$A_{e,53}=\frac{kl}{E}=\frac{4820625\times5.4}{2.80\times10^7}=0.9297\text{m}^2$$

其余单元等代面积的计算照此类推。

所在链杆单元均应按两端为铰的单元输入，或者很小的截面高度 h，使抗弯惯矩 I 也取很小的近似方法输入。

（4）计算结果

当按图 3-1-23 所示的计算模型计算后，发现其中的㊾链杆单元出现 136.2kN 的拉力，故在该模型中除去该单元，重新计算，两种计算结果列于表 3-1-12，同时还按图 3-1-12 的图计算在同等船撞力 $P_{撞,max}=5700\text{kN}$ 的作用下，群桩基础在不设防撞围堰时的受力和变形，其值亦示于该表中。

群桩基础受船撞力后的位移和弯矩值 表 3-1-12

计算内容		单 位	受直接船撞 $P_{撞,max}$	设置防撞围堰（岛）	
				㊷链杆出现拉力	除掉㊷链杆后
承台顶面水平位移		m	0.4220×10^{-2}	0.1356×10^{-2}	0.1412×10^{-2}
各桩顶单元顶面弯矩值	⑧	kN·m	4414	1493	1553
	⑯	kN·m	5511	1864	1939
	㉔	kN·m	5511	1864	1939
	㉜	kN·m	5511	1864	1939
	㊵	kN·m	5511	1405	1480

三、防撞围堰（岛）外壳的受力分析

1. 外壳下沉阶段

外壳在下沉施工过程中，其刃脚和壳壁将受到土的侧压力，其计算方法与一般沉井下沉的验算方法相同，可参考地基与基础的参考书。

2. 填土对壳壁的张力计算

防撞围堰外壳与沉井的差异在于：围堰外壳有相当一节的高度需要外露在覆盖土层以上，其内部在完成基础施工以后，还需回填砂类土，以抵御船撞和保护墩身不受直接损伤。这样，外露的节段壳壁将要承受因土的径向压力而导致的环向拉力 N，如图 3-1-24 所示。

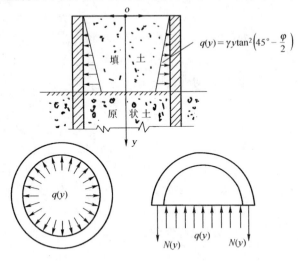

图 3-1-24 承受填土侧压力的围堰外壳计算图

为了简化计算，忽略墩身占去了部分体积的影响，填土对壳壁的径向压力分布近似地按主动压力公式计算：

$$q(y) = \gamma y \tan^2\left(45° - \frac{\varphi}{2}\right) \tag{3-1-30}$$

位于 y 坐标处单位壳段所产生的环向拉力 $N(y)$ 可近似地按下式估算：

$$N(y) = q(y) r \tag{3-1-31}$$

以上二式中：γ——填土的重度；
φ——填土的内摩擦角，按试验或《地规》中的规定值取用；
r——围堰内径。

3. 直接承受船撞力的部分壳体内力分析

直接承受撞击的部分壳体节段是允许在撞击破坏后重新修复的，为此，设计中可将该节段与其以下部分用低强度等级的砂浆隔开。计算中，可取该隔离层以上的壳体作为计算单元，并再截取其中的一半建立具有一端为固支、另一端为定向铰支座的半圆拱计算模型，作用于其上的外荷载除了船撞力 $P_{撞,max}$ 以外，还有的按图 3-1-23 模型算得的，位于该节段内等代铰接链杆的反向轴力 $R_{链}$，如图 3-1-25 所示。应用有限元法的计算程序不难解得该节段壳体的内力、应力及其变形。

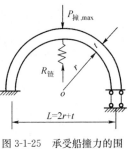

图 3-1-25 承受船撞力的围堰外壳计算图

第六节 主梁下挠、开裂的原因和对策

大跨度预应力混凝土梁式桥（连续梁桥和连续刚构桥）经长期使用后，容易出现一些病害，主要有：①跨中下挠；②梁体开裂。下面分别介绍其原因和对策。

一、跨中下挠的预防对策

根据对国内已建大跨度梁式桥的调查，跨中下挠是十分普遍的现象。下挠主要由混凝土徐变引起，跨中下挠往往伴随跨中段出现横向裂缝或大量斜裂缝，造成严重病害。防止过大下挠的主要对策如下。

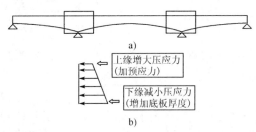

图 3-1-26 连续体系梁桥最大负弯矩区的应力梯度

1. 控制负弯矩区域截面的应力梯度

考察如图 3-1-26a) 所示的最大负弯矩区域，如果此区域内如图 3-1-26b) 所示的主梁上、下缘的应力差（梯度）过大，按照徐变理论，构件的徐变应变与其承担的应力成线性关系，则下缘徐变压应变将显著大于上缘，主梁将产生大的弯曲徐变下挠变形。

因此，对于大跨度梁式桥，控制徐变下挠的措施之一是减小主梁截面的应力梯度（建议在主梁根部区段），可使悬臂节段的自重完全由预应力抵消（零弯矩）。内支点上方底板厚度宜不小于跨径的 1/140。

2. 提高主梁正截面和斜截面的强度

鉴于跨中下挠往往与横向裂缝与斜裂缝一起发生，相互促进恶化，因此保证梁有足够的正截面强度和斜截面强度是首要的。计算中要充分考虑徐变的不利影响。

3. 在设计文件中作出若干规定

主梁出现过大的徐变下挠往往与施工不当密切相关，为了尽可能避免风险，建议在设计文件中作出以下几点规定：

(1) 混凝土加载龄期至少应在 7d 以上，强度和弹性模量至少在设计值的 90% 以上。

(2) 宜采用真空压浆，减小管道摩阻、防止漏浆。

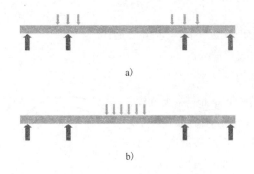

图 3-1-27　不同部位主梁自重对其应力的影响
a) 在桥墩附近的荷载（自重）对应力的影响不大；
b) 在跨中间的荷载（自重）对应力的影响最大

(3) 严格控制混凝土超方。

4. 特大跨径梁桥中的跨中区段轻型化

对于特大跨径梁式桥，自重往往占总设计荷载的90%以上，特别是跨中区段的恒载，对主梁应力的影响很大，因此若在跨中区段采用高强轻质主梁，对于控制主梁徐变下挠是十分有利的。不同部位主梁自重对其应力的影响如图3-1-27所示。

5. 徐变计算适当考虑活载影响

徐变计算不应仅针对恒载，还应适当考虑大交通量活载的影响。苏通长江大桥辅航道桥设计考虑了两个车道的汽车荷载参与徐变计算，值得借鉴。

二、梁体开裂的预防对策

1. 腹板斜裂缝

（1）腹板计算应考虑空间效应

已建箱梁桥的腹板斜裂缝一般与梁轴线呈25°～50°角。斜裂缝的另一个特征是箱内腹板斜裂缝要比箱外腹板斜裂缝严重。这已为一些大跨径梁桥的检查结果所证实。出现这一现象的原因之一是以往设计中仅考虑腹板面内受力的计算，未充分考虑面外受力的影响。面外受力的主要因素有：

①温度影响

图3-1-28所示为日照温差作用下自由板和箱梁顶板的受力—变形状况。图中左侧的无约束自由板，在日照温差作用下，将只产生上拱变形而基本无内力。再看右侧箱梁顶板同样在日照温差作用下的情形，此时板的上拱受到两侧腹板的约束，所产生的弯矩 M 使得腹板内侧受拉。根据计算，日照作用下腹板内侧的拉应力可达2MPa。

②后期索影响

如图3-1-29所示，跨中张拉后期索导致腹板受弯拉、底板受弯，仅靠面内分析只能得到后期索的径向分力对腹板产生的轴拉力，而不能得到弯曲引起的应力，这在计算中是必须充分考虑的。

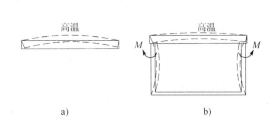

图 3-1-28　日照温差作用下自由板和箱梁顶板的受力—变形状况
a) 无约束的自由板；b) 箱梁顶板

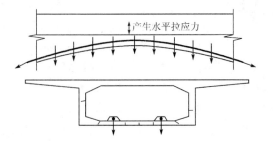

图 3-1-29　跨中张拉后期索导致腹板受弯拉、底板受弯

（2）应设置高效竖向预应力

腹板竖向预应力以往通常采用精轧螺纹钢筋锚固体系，正如现行《混桥规》第6.3.3条的条文说明所指出的事实，竖向预应力不足是箱梁腹板出现斜裂缝的主要原因之一。

精轧螺纹钢筋预应力筋于1956年由德国Dywidag（地伟达）公司研发成功。50多年以来，短索基本采用这一技术，没有明显改进。这种锚固体系存在以下不足：

①应力等级低，伸长量小；

②刚性索，施工稍有偏差，螺母就拧不到位；

③为提高力筋效率，张拉时往往将控制应力设定在破断应力的90%，易出现断筋现象，断筋后难以更换；

④施工质量无法检验。

从基本原理上看，钢绞线具有柔性、高强度和大延伸量的优势，只要解决了回缩量大的问题，在短索上应用时，其效率和可靠性将强于精轧螺纹钢筋。为此，腹板竖向预应力推荐采用如图3-1-30所示的新型二次张拉低回缩预应力钢绞线锚固体系，通过两次张拉，可基本消除钢绞线的回缩损失。

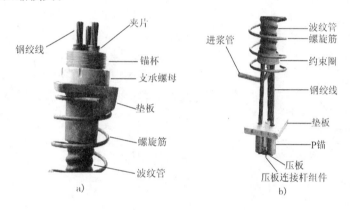

图3-1-30 新型二次张拉低回缩预应力钢绞线锚固体系
a）低回缩二次张拉锚具构造；b）P型锚具系统锚具构造

2. 纵向裂缝——顶、底板裂缝

（1）限制超载

超载特别是超重车轴荷载的作用，对横向的影响比纵向更大。这是由于纵向弯矩自重占绝大部分，而横向弯矩主要由活载引起，轴重超过规范时，易出现顶板下缘的纵向裂缝。因此，为防止顶板出现纵向裂缝，限制超载十分必要。

（2）纵向应力的泊松效应

混凝土的计算泊松比为0.2。由泊松效应可知，若混凝土顶、底板承受的纵向压应力为10MPa，则相应的横向拉应力可达2MPa。计算中泊松效应的不利影响必须考虑。

（3）顶板厚度

顶板内需布置纵、横向预应力束和普通钢筋，若顶板偏薄，横向预应力筋的位置就难以准确定位，一旦偏差较大，预应力就不能发挥应有效果，顶板下缘就会出现纵向裂缝。另外，顶板薄将导致活载作用下混凝土应力变幅过大，容易出现混凝土疲劳裂缝。因此，建议顶板厚度在满足表2-3-3的同时，不小于30cm。

(4) 变截面箱梁跨中区域的底板常见病害有以下三种，直接原因基本由底板后期束引起：

①底板混凝土局部区域崩裂；

②底板上、下层钢筋网分层；

③底板下缘的纵向裂缝。

预防①、②两种病害，应在底板上下层钢筋之间，布置可靠的防崩钩筋。

施加后期预应力而产生的径向力对底板下缘的纵向裂缝有重要影响，如图 3-1-29 所示，当底板横向配筋不足时，就会在底板横向跨中下缘及横向两侧底板加腋开始的上缘出现纵向裂缝。

(5) 沥青高温摊铺的作用

桥面常采用沥青混凝土铺装，而沥青混凝土摊铺时要求高温操作，摊铺温度往往高达 150℃，导致结构温度急速升高，形成非常大的梯度温度。

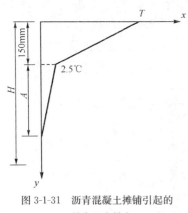

图 3-1-31　沥青混凝土摊铺引起的最大温度梯度

有限元热分析可以得到：

①对于沥青铺装层，温度在最初的一段时间内下降非常快，30min 之内，温度下降了将近 50℃。

②顶板不同深度处不同时间达到的温度差异很大。

③约 40min 时顶板达到应力峰值。

④一般 4h 之后梁体温度趋向均匀。

通过参数分析，得到应力峰值时相应的温度梯度，如图 3-1-31 所示。最大温差 T 的取值见表 3-1-13。

建议按施工荷载考虑上述高温对桥面的影响。

3. 横向裂缝

大跨径梁桥通常采用全预应力设计。对于全预应力或部分预应力 A 类构件，都不应该出现横向裂缝。若出现了横向裂缝，则说明正截面的强度不足。主要原因有：

(1) 有效预应力不足。

①过早加载，预应力徐变损失大。

②沿管道预应力损失偏大。

③预应力筋因管道压浆不饱满和浆体离析而锈蚀。

最大温差 T 的取值（℃）　　　　　　表 3-1-13

梁体初始温度（℃）	10	20	30
最大温差 T（℃）	35	32	30

(2) 对剪力滞影响考虑不够。靠近腹板区域的上下翼缘纵向拉应力大于平均应力，因此纵向预应力筋的布置应符合纵向应力分布规律。

(3) 梁体下挠，内力转移过大。徐变导致内力重分布，使得内支点区域负弯矩减小，跨中正弯矩增大。因此在跨中区域应配置足够的后期束防止正弯矩增大引起的底板开裂，如图 3-1-32 所示。

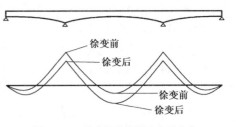

图 3-1-32　徐变导致主梁内力重分布

(4) 摩擦桩不均匀沉降导致开裂。连续体系梁桥属高次超静定结构，墩柱的不均匀沉降将导致主梁产生次内力，继而造成开裂。因此，对于摩擦桩基础的情形，应慎用连续结构。

第二章 T形刚构桥

第一节 总体布置及构造

一、结构类型

T形刚构桥最基本的形式有两类：

(1) 带中间铰的T形刚构桥（图3-2-1a)、b)）；
(2) 带中间挂梁的T形刚构桥（图3-2-1c)、d)）。

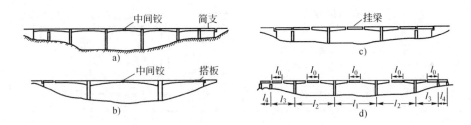

图 3-2-1 T形刚构桥的主要类型

第一种形式存在着铰构造复杂的缺点，在徐变和日照温差影响下，铰内产生经常的剪力和整个结构的次内力，尤其是预拱度设置不当时，将使桥面纵坡呈折线形，对外观及行车带来不利，故在我国设计中极少采用。

第二种形式在我国虽然修建的较多，但也存在T形刚构悬臂端的徐变挠度较大的缺点，并且挂梁两端的伸缩缝装置易于损坏，从而将带来外观上的不美观和行车不舒适的问题，故近年来这种桥形在我国也逐渐较少修建。本章仅对这类桥型作简单介绍。

二、孔径布置

对于预应力混凝土T形刚构桥，在一般情况下，其中孔按等跨布置，边孔跨径比中孔稍小，其跨径 $l_1 = (0.75 \sim 0.85) l$；挂梁长度 $l_g = (0.2 \sim 0.5) l$，当主孔跨径较大时，取较小的比值,但在任何情况下,挂梁跨径不宜超过 35～40m,以便安装。

三、悬臂梁截面形式及尺寸拟定

T形刚构桥的悬臂梁一般采用变高度的箱形截面,图 3-2-2 所示的是几种常用的截面形式。单箱单室和单箱双室截面适用桥面不太宽的桥梁,双箱单室和双箱双室截面适用于桥面较宽的桥梁,但后者受力不太明确,且计算相对复杂一些,因此,工程中常将宽桥设计成两幅分离式的单箱单室或单箱双室截面的桥梁,并且这样的设计也便于采用悬臂法施工。

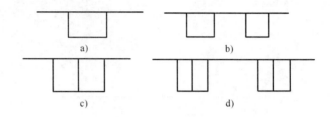

图 3-2-2 截面形式

箱梁横截面的主要尺寸可参考表 3-2-1 拟定。

箱形截面参考尺寸表 表 3-2-1a

梁宽 (m)	悬臂长 (m)	梁顶宽 (m)	顶板厚 (m)	底板厚 (m)	腹板厚 (m)
B_1	l_1	B	d_1	d_2	δ
2.5～6.5	2～5.5	$B=B_1+2l_1$	≥0.15	0.2～2.5	≥0.22

顶板悬臂根部厚度 (m)	顶板悬臂端部厚度 (m)	
h_1	h_2	
0.2～0.6	0.08～0.10	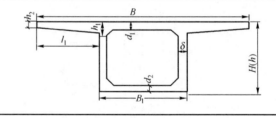

表 3-2-1b

指标	支点梁高与跨度之比	支点腹板总厚度与行车道宽度之比	支点腹板厚度与梁高之比
	H/l	$\sum\delta/B$	δ/H
国内	1/10～1/18	1/10～1/14	1/16～1/20
国外	①1/14～1/22	1/13～1/19	1/15～1/20
	②1/17～1/21	1/14～1/17	1/16～1/21

注:表中①代表跨径 $l \leq 100$m;②代表跨径 $l > 100$m。

四、桥墩截面形式

T形刚构桥的下部构造大多采用单柱式空心截面形式,常用的截面有图 3-2-3 所示的几种。空心墩的顶端与梁体固结,直接伸入梁体中作为 0 号块的横隔板。

设计空心薄壁墩时应注意以下几点:

(1) 空心墩的薄壁上应设通风孔和排水孔，以降低壁内外温差、水的浮力以及冻胀的影响。

(2) 对于 40m 以上的高墩，均应每隔 6～10m 设置横隔梁。

(3) 对于易受船只、漂流物撞击以及需防冰害的墩身部分，宜设计成实体截面，但在实体与空心接连处应设倒角或配置构造钢筋。

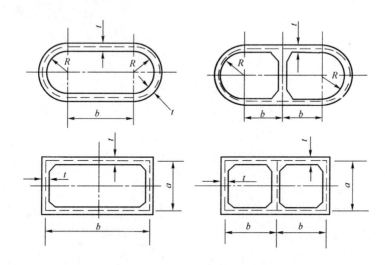

图 3-2-3 桥墩截面形式

第二节 内力计算

一、计算特点

带挂梁的 T 形刚构桥属静定结构，没有次内力产生，故其计算相对简单些，其计算内容与一般梁式桥大体相同，但应注意以下几个问题：

(1) 高墩的稳定验算（可参考本篇第一章第四节的方法进行验算）；

(2) 悬臂梁因徐变和温差影响产生的徐变变形计算（可参考第二篇第三章第六、八节的方法进行计算）；

(3) 荷载横向分布的计算；

(4) 并联两箱间桥面板横向内力计算；

(5) 牛腿计算等。

本节仅对后 3 项内容作些补充。

二、单箱截面悬臂梁的荷载横向分布计算

箱形截面梁通常取它作为一个整体来进行分析，故偏心车辆荷载对其内力的影响仍可用荷载（或内力）增大系数 ζ 予以考虑，即按第二篇中的式 (2-3-6) 计算。下面分别介绍该式中两个参数 $\overline{w}$ 和 $\overline{\theta}$ 的计算。

1. T 形刚构桥悬臂梁梁端的 $\overline{w}$ 计算

T 形刚构桥上的悬臂梁与固端悬臂梁同属静定结构体系，当二者截面尺寸完全相同、自

由端同时施加单位力 $P=1$ 时,在根部截面所产生的内力完全相同,但前者在自由端的垂直挠度 $\overline{w}'$ 却大于后者 $\overline{w}$,如图 3-2-4 所示。

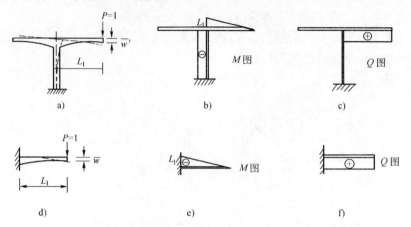

图 3-2-4 两类悬臂梁的变形和内力比较

因此,在计算 T 形刚构桥自由端的单位垂直挠 $\overline{w}$ 度时,应该按照固端悬臂梁图(图 3-2-4b))进行计算。对于变高度悬臂梁则应用有限元程序计算。

2. T 形刚构桥悬臂梁梁端的 $\overline{\theta}$ 计算

仍然取图 3-2-5 所示的固端悬臂梁图进行计算。为了简化计算,可以忽略端横隔梁或中横隔梁对截面抗扭刚度的影响。对于变高度悬臂梁,单位扭转力矩 $\overline{T}=1$ 作用下的扭转角 $\overline{\theta}$ 值可用总和法公式或编制相应的小程序来完成计算。根据所划分的单元长度 ΔS_i 的具体情况,应用相应的公式计算。

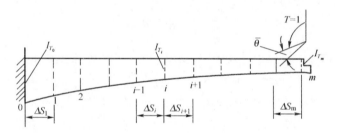

图 3-2-5 悬臂梁梁端 $\overline{\theta}$ 值的计算图

(1) 当单元长度 ΔS_i 不完全相等时,则为

$$\overline{\theta}=\frac{1}{2G}\left[\frac{\Delta S_1}{I_{T_0}}+\frac{\Delta S_m}{I_{T_m}}+\sum_{i=1}^{m-1}\frac{(\Delta S_i+\Delta S_{i+1})}{I_{T_i}}\right] \tag{3-2-1a}$$

(2) 当 $\Delta S_i = \Delta S =$ 常值时,则为

$$\overline{\theta}=\frac{\Delta S}{2G}\left[\frac{1}{I_{T_0}}+\frac{1}{I_{T_m}}+2\sum_{i=1}^{m-1}\frac{1}{I_{T_i}}\right] \tag{3-2-1b}$$

式中:G——材料的剪切模量;
m——所划分的单元数;

I_{T_i}——i 号截面的抗扭惯矩（$i=0,1,2,\cdots,m$），对于单箱多室截面，也可以近似地忽略中间腹板的影响，均按单箱单室截面的公式（1-9-1）计算，对于图中的 I_{T_m} 可以按与端横隔梁毗邻的截面尺寸计算。

式（3-2-6）中的其余参数与连续梁的完全相同。将诸已知值代入该式后，便可计算出 T 形刚构桥悬臂梁段的荷载（或内力）增大系数 ζ。

这里补充说明两点：①挂孔 T 形梁的荷载横向分布系数计算与一般简支 T 形梁的计算方法相同；②作用于挂孔上的荷载虽然通过各 T 形梁的支座再传递到悬臂梁上的，但其合力点距桥面中轴线的偏心距 e 没有改变，故对悬臂梁上的荷载横向布置与常规布置方式无异。

三、双箱并联悬臂梁的荷载横向分布计算

悬臂梁截面为双箱双室或双箱单室的 T 形刚构桥，其两箱之间的荷载横向分布是借助位于牛腿处的端横隔梁和两箱之间的桥面板来传递荷载的。每幅箱梁的荷载横向分布系数 m 可按两种近似方法求解。

1. 杠杆原理法

该法适用于初步设计阶段，其基本假定是：

（1）横隔梁的刚度近似假定等于无穷大（$EI\approx\infty$）；

（2）横隔梁近似假定被简支在两箱中线处的支点上。然后绘出其中一幅梁（例如左幅梁）的支点反力影响线，并在其上进行最不利的偏心布载和确定支反力，该反力便是荷载横向分布系数，如图 3-2-6 所示。

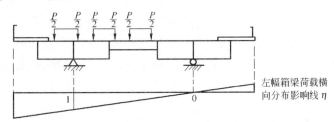

图 3-2-6　左幅梁荷载横向分布系数的计算

2. 弹性支承梁法

该近似计算方法的基本构思有以下几点：

（1）将悬臂梁梁端沿纵桥向截取 1m 长的梁段，端横隔梁对荷载横向分布的影响忽略不计，而用两箱之间的桥面板代替。

（2）每幅悬臂梁对该梁段的弹性抗力各用一对弹簧支承来模拟，如图 3-2-7 所示。弹簧支承的刚度为：

竖向

$$k_v=\frac{1}{\overline{w}} \tag{3-2-2}$$

抗扭

$$k_\theta=\frac{1}{\overline{\theta}} \tag{3-2-3}$$

以上两式中的 $\overline{w}$ 和 $\overline{\theta}$ 值的计算与前面的相同，即分别按图 3-2-4d）和式（3-2-1）计算。

（3）当采用有限元程序分析时，图 3-2-7 中位于箱形截面范围内的单元，其横桥向的抗弯刚度近似取无穷大（$EI \approx \infty$），故其单元的截面尺寸可以任意地假定；而位于两箱之间桥面板范围内的单元，其宽度取 $b=1\mathrm{m}$，高度 h 则按实际的平均板厚取值。

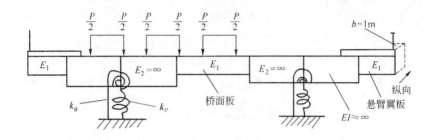

图 3-2-7　弹性支承梁法的计算图

（4）按照最不利的工况进行车辆荷载横向布置后，再由程序输出中得到各支点处的两个弹簧支承反力。垂直弹簧支承反力便是相应悬臂梁的竖向荷载横向分布系数 m，它是计算汽车荷载内力计算的重要参数之一；扭转弹簧支承反力便是相应悬臂梁的扭矩横向分布系数，由于它对箱梁截面内力的影响甚微，故设计中一般不予考虑。

下面将通过一个简例来阐明弹性支承梁法的应用。

四、示　例

【**例 3-2-1**】　图 3-2-8a）、b）是 T 形刚构桥的一侧悬臂梁立面图和横断面图，其中梁高 h 和底板厚度尺寸列出于表 3-2-2，图 3-2-8c）是位于牛腿处的桥面在中轴线上的断面局部示意图，混凝土的弹性模量 $E=3.5 \times 10^7 \mathrm{kN/m^2}$，试应用弹性支承梁法确定梁左的荷载横向分布系数 m。

截面尺寸及抗扭惯矩汇总表　　　　表 3-2-2

截面编号	梁高 h (m)	底板厚 t_b (m)	抗扭惯矩 I_{T_i} ($\mathrm{m^4}$)	截面编号	梁高 h (m)	底板厚 t_b (m)	抗扭惯矩 I_{T_i} ($\mathrm{m^4}$)
1	2.00	0.14	6.3136	8	4.70	0.43	46.5633
2	2.28	0.17	8.9455	9	5.09	0.46	50.2872
3	2.62	0.21	12.7124	10	5.51	0.50	57.8952
4	2.97	0.25	17.0594	11	5.94	0.53	65.8162
5	3.37	0.30	22.6223	12	6.39	0.57	74.4357
6	3.78	0.34	28.6221	13	6.86	0.60	83.5571
7	4.32	0.38	35.6443	14	7.50	0.65	96.3824

注：表中 I_{T_i} 值是按式（1-9-1）计算，忽略中腹板及所有倒角的影响。

解：(1) 竖向弹簧支承刚度 k_v 计算

本例为变高度悬臂梁，故应采用有限元法程序进行计算，当单位力 $P=1$ 作用于梁的自由端时得相应挠度值 $\overline{w}=2.171\times10^{-5}$ m，由式（3-2-1）得：

$$k_v = \frac{1}{\overline{w}} = \frac{1}{2.171\times10^{-5}} = 46062\text{kN/m}$$

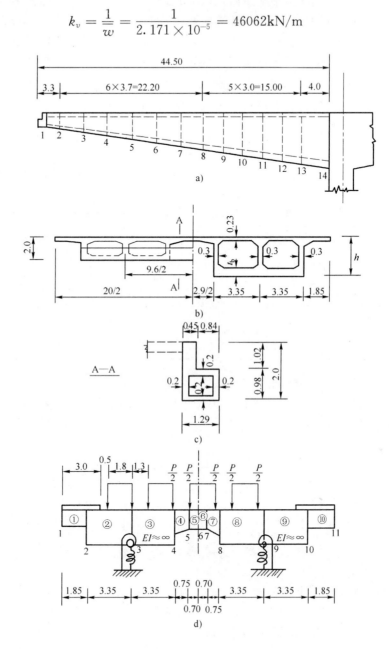

图 3-2-8　例 3-2-1 的结构尺寸有计算图（尺寸单位：m）

(2) 抗扭弹簧支承刚度 k_θ 计算

各截面的抗扭惯矩按式（1-9-1）计算，并汇总于表 3-2-2，由于各 ΔS_i 不尽相同，故应按式（3-2-1a）计算，本例按自编小程序得 $T=1$ 时的自由端横向扭转角 $\overline{\theta}=1.2733\times10^{-7}$ rad，代入式（3-2-3）得：

$$k_\theta = \frac{1}{\theta} = \frac{1}{1.2733 \times 10^{-7}} = 7853609 \text{kN} \cdot \text{m/rad}$$

(3) 建立计算模型

首先，在悬臂梁的自由端沿顺桥向截取 1m 长的梁段，为了简化计算，偏安全地假定在并列的两箱之间只存在桥面板，而不计端横梁及牛腿的抗弯刚度；其次，位于箱形截面范围以内的单元，近似地假定其抗弯刚度为无穷大（$EI \approx \infty$）；最后，在每侧箱梁底板的中点处各布置一对弹簧支承，它们的刚度为上面的计算值，于是便得到如图 3-2-8d) 的计算模型。其中的②、③、⑧、⑨等 4 个单元，任意取 $E = 10^{17} \text{kN/m}^2$，宽×高＝1m×4m，其余单元均按实际的弹性模量和实际的厚度尺寸输入。荷载则按最不利偏心布置，并考虑了两行车、三行车和四行车等 3 种工况。

(4) 计算结果

应用有限元法程序算得左幅箱梁下竖向弹簧支承的反力（即荷载横向分布系数 m）列于表 3-2-3。

T 构的左幅悬臂梁的荷载横向分布系数 m　　　　表 3-2-3

车 队 数	满载时的 m 值		计入多车道横向折减后的 m 值		
	弹性支承梁法	杠杆原理法	折减系数 ξ	弹性支承梁法	杠杆原理法
四行车	2.123	2.396	0.67	1.422	1.605
三行车	1.783	2.281	0.78	1.391	1.779
两行车	1.326	1.844	1.00	1.326	1.844

根据计算结果对比，每幅箱梁均应按四行车的荷载横向分布系数进行设计，对于本例应取 $\xi \cdot m = 1.422$。此外，还应根据截面内力影响线上的荷载布置长度和现行通用规范规定，来确定其相应的汽车荷载冲击系数 $(1+\mu)$，其最终的内力计算公式与梁桥的完全相同，即：

$$S_i = (1+\mu) \cdot \xi \cdot m (q_k \omega_i + p_k y_i)$$

式中的符号定义同式 (2-2-2)。

第三节　并联两箱间桥面板横向内力计算

前面已述，具有并联两箱截面的 T 形刚构桥主要是靠固结在两箱之间的桥面板来传递横向荷载的，因此，该区间的桥面板除了承受顺桥向的内力外，还承受相邻两箱因不均匀下沉而产生的错动力（横向弯矩及横向剪力）。下面介绍该计算过程与方法。

一、荷 载 分 解

最不利的工况是车辆荷载的合力作用面落在靠近一侧悬臂箱梁的中线处，如图 3-2-9a) 所示。它可近似地按杠杆法原理法分解为对称和反对称两种简单的工况，后者将使两箱间桥面板产生相反方向的挠曲，如图 3-2-9d) 所示。从中不难理解，该段桥面板的变形将要受到来自三个方面的约束：

(1) 两侧箱形截面梁的嵌固约束；
(2) 悬臂梁根部截面对桥面板的扭转约束；
(3) 自由端的端横梁及牛腿的弹性约束。

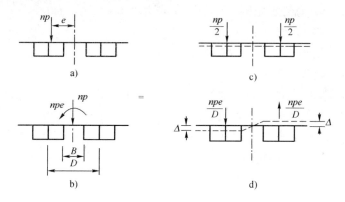

图 3-2-9 荷载分解

这些都是分析该问题的几个关键点。这里实际上是拟把空间分析简化为平面分析的问题。

二、计 算 模 型

1. 基本假定

为了简化分析，做了如下的近似假定：

(1) 闭合箱的抗扭刚度 $GI_T \approx \infty$，在反对称荷载作用下，两箱之间只产生相对竖向位移，而不发生相对扭转变形。

(2) 两箱间的桥面板相当于单跨固支板，其跨长等于相邻两箱壁之间净距 B，当发生相对位移后，其中点为反弯点，弯矩为零，因此，可以将图 3-2-9d) 的右侧箱虚拟地倒置于左侧箱之上，将桥面板模拟为分布的弹簧支承，如图 3-2-10a)、b) 所示。

(3) 牛腿及端横梁位于悬臂梁的自由端，其本身抗弯刚度比桥面板的要大，故近似地假定它被固结在两侧箱的中点或者中腹板处，即取其计算跨径等于两箱之间的中距 D。由于它也将产生反弯曲，故亦可模拟为弹簧支承。

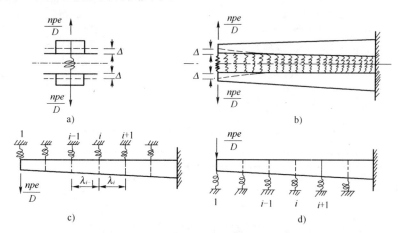

图 3-2-10 计算模型

2. 计算模型

对图 3-2-10 所示的计算模型说明如下：

(1) 由于图 3-2-10 中的结构及荷载均对称于分布弹簧的中心线，故可取其一半结构进行分析（图 2-3-10c)）。为便于分析，可将分布的弹簧支承简化为位于单元节点处的集中弹簧支承。

(2) 梁体单元的截面尺寸及弹性模量均按实际设计的尺寸及特性输入，有关弹簧支承的刚度计算，下面将另外介绍。

(3) 位于桥面板范围内的弹簧支承反力、将是该集中弹簧支承所辖长度的固支端反力；位于悬臂梁自由端的弹簧支承反力则由牛腿、端横梁及半个单元长度内的桥面板共同承担。

(4) 将弹簧支承处的位移值乘以 2 后，便是相邻两箱间在相应节点处的相对位移。

(5) 为了便于分析，也可将受拉弹簧支承，从梁体的顶面移置到梁体的下面，变为受压弹簧支承，它不影响计算结果，如图 3-2-10d) 所示。

三、弹簧支承刚度

1. 悬臂梁自由端的弹簧支承刚度 K_1

$$K_1 = \frac{2GI_{T板}}{B^2 L} + \frac{\lambda_1}{2\bar{\delta}_板} + \frac{1}{\bar{\delta}_牛} \tag{3-2-4}$$

2. i 号节点处的弹簧支承刚度 K_i

$$K_i = \frac{2GI_{T板}}{B^2(L-x_1)} + \frac{\lambda_{i-1} + \lambda_i}{2\bar{\delta}_板} \tag{3-2-5}$$

3. 两箱间桥面板的抗扭惯矩 $I_{T板}$

当两箱之间的桥面板具有图 3-2-11a) 所示的截面形状时，则其抗扭惯矩 $I_{T板}$ 可按下列近似公式计算：

$$I_{T板} = \frac{b_1 t_1^3}{3} + \frac{b_2}{6}(t_1+t_2)(t_1^2+t_2^2) \tag{3-2-6}$$

若它为等厚矩形截面板时，即 $t_1 = t_2 = t$，则为：

$$I_{T板} = \frac{Bt^3}{3} \tag{3-2-6a}$$

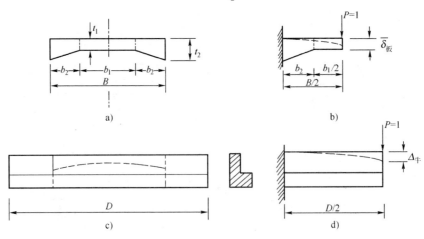

图 3-2-11 桥面板、牛腿沿横桥向的抗弯刚度计算图

以上各式中：G——剪切模量；

L、λ_i——分别为悬臂梁的跨长和各个单元长度；

B——固支端桥面板的计算跨长；

x_i——i 号节点的 x 轴坐标；

$\bar{\delta}_{板}$——沿顺桥向取单位长桥面板和按图 3-2-11b) 的图、计算在单位力 $P=1$ 作用下的垂直位移；

$\delta_{牛}$——按图 3-2-11d) 的图计算在单位力 $P=1$ 作用下的垂直位移。

四、两点说明

1. 两箱间桥面板的局部荷载效应

上述的并联两箱间桥面板的横向内力仅仅是由合力中的反对称型分力而引起的，实际上还应计入车轮载重直接位于该区段桥面板内所产生的局部荷载效应，有关这个方面的计算方法，可直接按现行《混桥规》所介绍的方法进行计算。

2. 悬臂梁因偏心荷载产生的内力

按图 3-2-10 的计算模型还可得到悬臂梁上各个单元的截面内力。然后将它与按图 3-2-9c)由对称型分力所算得的内力进行叠加，便是悬臂梁结构在考虑了荷载横向分布影响以后的汽车荷载内力，这样的计算，理应比杠杆法和弹性支承梁法更精确一些。

五、示　例

【**例 3-2-2**】　设例 3-2-1 中 T 形刚构桥的悬臂梁上作用有公路—I 级车道荷载，试选其中最不利的工况计算其两箱之间桥面板的相对垂直位移及其错动力。

解：（1）离散图

取一侧悬臂梁进行分析，参照悬浇施工法的节段划分，将悬臂跨长划分为不完全等长的 13 单元和 14 个节点，除根部截面为固支端外，每个节点下设置一个竖直弹簧支承，如图 3-2-12a) 所示。

（2）荷载值的确定

本桥主跨跨长为 120m，它大于 50m，按现行《通用规范》公路—I 级的车道荷载，其均布荷载的标准值 $q_k=10.5\text{kN/m}$，集中荷载的标准值 $P_k=360\text{kN}$。然后按照图 3-2-8d) 的荷载横向布置，分别对四行车、三行车和两行车所产生的反对称作用力列表 3-2-4 进行计算和对比。从中得知，最不利的工况是两行车作用于一侧的悬臂梁上。

反对称作用力的计算表　　　　　表 3-2-4

车队数 n	合力面的偏心距 e (m)	两箱中距 D (m)	反对称作用力	
			均布 $\dfrac{n \cdot e}{D}q_k$ (kN/m)	集中 $\dfrac{n \cdot e}{D}P_k$ (kN)
4	0.95		4.16	142.5
3	2.50	9.6	8.20	281.25
2	4.05		8.86	303.75

(3) 两箱间板的抗扭惯矩 $I_{T板}$ 计算

参看图 3-2-12d) 的尺寸和应用式（3-2-6）进行计算得：

$$I_{T板} = \frac{1.4 \times 0.23^3}{3} + \frac{0.75}{6}(0.23+0.48)(0.23^2+0.48^2) = 0.03082 \text{m}^4$$

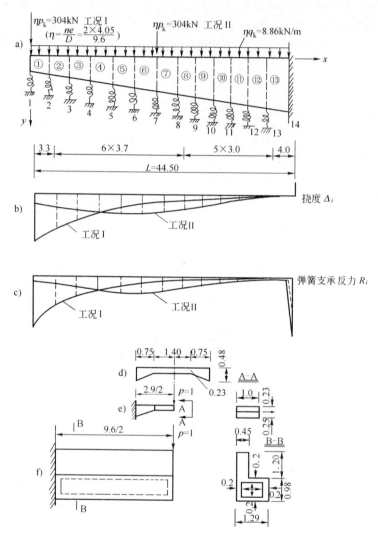

图 3-2-12　例 3-2-2 的结构尺寸及计算图（尺寸单位：m）

(4) 单位宽板的弹性变形 $\bar{\delta}_{板}$

参看图 3-2-12e) 的计算图，可应用材料力学中的图解解析法进行手算，本例是应用有限元法程序算得，在单位力 $P=1$ 作用下的悬臂端（即固支板的反弯点）挠度 $\bar{\delta}_{板} = 8.335 \times 10^{-6}$ m/kN。

(5) 牛腿及端横梁的弹性变形 $\delta_{牛}$

参看图 3-2-12f) 的图进行计算后得 $\delta_{牛} = 2.563 \times 10^{-6}$ m/kN，计算过程略。

(6) 弹簧支承刚度 k_i 计算

参看图 3-2-12a) 的单元长度 λ_i 和应用式（3-2-4）、式（3-2-5）进行计算，并汇总于表 3-2-5。

弹簧支承刚度 k_i 计算汇总表　　　　表 3-2-5

节点编号	1	2	3	4	5	6	7
x_i（m）	0（自由端）	3.3	7.0	10.7	14.4	18.1	21.8
$2GI_{T板}/B^2L$	2450	2646	2907	3226	3622	4130	4803
$(\lambda_{i-1}+\lambda_i)/2\bar{\delta}_板$	197960	419916	443911	443911	443911	443911	443911
$1/\delta_牛$	390170	—	—	—	—	—	—
K_i（kN/m）	590580	422562	446818	447137	447533	448041	448714
节点编号	8	9	10	11	12	13	14
x_i（m）	25.5	28.5	31.5	34.5	37.5	40.5	（固支端）44.5
$2GI_{T板}/B^2L$	5738	6814	8387	10903	15575	27257	—
$(\lambda_{i-1}+\lambda_i)/2\bar{\delta}_板$	401920	359928	359958	359958	359928	419916	—
$1/\delta_牛$	—	—	—	—	—	—	—
K_i（kN/m）	407658	366742	368315	370831	375503	447173	∞

注：$G=0.425E$，$B=2.96$m，$L=44.5$m，λ_i：i 单元长度。

（7）两箱之间相对挠度及错动力计算

将表 3-2-5 中的诸弹簧支承刚度 K_i 输入到图 3-2-12a) 的离散图中，各个单元的截面尺寸见图 3-2-8 和表 3-2-2，荷载值按表 3-2-4 中 2 行车值输入，$\frac{ne}{D}P_k$ 是移动的，如计算程序不具有影响线的加载功能时，则可将悬臂梁上的均载 $\eta q_k \left(\eta=\frac{ne}{D}\right)$ 保持不变，然后逐次地变更 ηP_k 的作用位置，分别求得各弹簧支承处可能出现的最大位移量和支承反力，最后绘出它们的包络图。作为示意，本例只给出了 ηq_k 为常值、ηP_k 分别作用于 1 号和 7 号节点两种工况的计算结果，并列表汇总于表 3-2-6 和示意于图 3-2-12b)、c) 中。

两种工况的计算结果　　　　表 3-2-6

节点编号	x_i（m）	工况 I：$\eta[q_k+P_k$（1 号）]		工况 II：$\eta[q_k+P_k$（7 号）]	
		反力 R（kN）	挠度 Δ（$\times 10^{-4}$m）	反力 R（kN）	挠度 Δ（$\times 10^{-4}$m）
1	0	208.00	3.5220	25.28	0.4280
2	3.3	106.70	2.5260	30.71	0.7268
3	7.0	75.54	1.6910	45.68	1.0220
4	10.7	51.86	1.160	56.32	1.2590
5	14.4	37.43	0.8363	63.35	1.4150

续上表

节点编号	x_i (m)	工况I: $\eta[q_k+P_k(1号)]$		工况II: $\eta[q_k+P_k(7号)]$	
		反力 R (kN)	挠度 Δ (×10^{-4}m)	反力 R (kN)	挠度 Δ (×10^{-4}m)
6	18.1	28.28	0.6311	65.31	1.4580
7	21.8	21.77	0.4852	60.68	1.3520
8	25.5	14.92	0.3659	44.75	1.0980
9	28.5	10.23	0.2791	30.96	0.8443
10	31.5	7.33	0.1991	21.83	0.5928
11	34.5	4.73	0.1274	13.67	0.3687
12	37.5	2.54	0.0675	7.09	0.1888
13	40.5	1.07	0.0240	2.90	0.0649
14	44.5	126.7	0	228.5	0

注: 1. 表中的 P_k（1号）代表集中力位于1号节点, P_k（7号）代表位于7号节点;
2. 表中的挠度值 Δ 乘以2后, 便是两箱之间的相对挠度。

(8) 内力的分布

当计算出每个弹簧支承可能出现的最大支反力 R_i 以后, 便应将此力均摊到与该支座（比如说 i 号支座）相邻的、各一半的单元长度 $(\lambda_{i-1}+\lambda_i)/2$ 桥面板上。对于1号支座, 则此力由牛腿、端横隔梁及 $\lambda_1/2$ 桥面板共同承担。

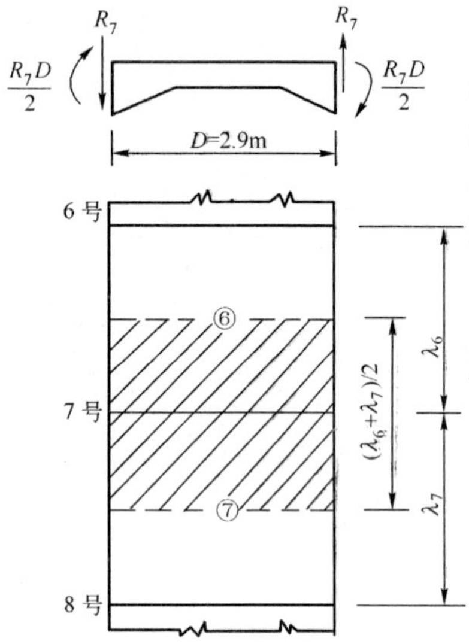

现以 $\frac{ne}{D}P_k$ 作用于7号节点的计算结果为例, 反力 $R_7=60.68$kN, 单位长桥面板上的反力为（图3-2-13）:

$$\overline{R}_7=\frac{2R_7}{\lambda_6+\lambda_7}=\frac{2\times 60.68}{3.7+3.7}=16.4\text{kN/m}$$

单位长度桥面板上的弯矩为:

$$\overline{M}_7=\frac{\overline{R}_7\cdot D}{2}=\frac{16.4\times 2.9}{2}=23.78\text{kN}\cdot\text{m/m}$$

根据 $\overline{R}_7$ 和 $\overline{M}_7$ 值, 便可简单地算出该板段横桥向的内力分布。其余板段的计算方法与此相同。

图3-2-13 错动力沿桥面板长度方向的分布

第四节 牛腿的计算

一、牛腿受力的特点

(1) 位于挂梁端部的牛腿和位于悬臂梁端部的牛腿, 都是属于同一类型的传力构造, 但由于挂梁的肋数与箱梁的腹板数一般不相等, 且难以一一对齐, 因此, 常将端横梁和端横隔板结合在一起, 构成L形截面的横向连续梁, 即所谓的牛腿, 如图3-2-14所示。

(2) 当要验算搁梁处牛腿的竖直截面 a-b 强度时（图 3-2-14a)），牛腿的截面宽度可取 $b_1 = b + 2e$，这里的 b 为支座垫板宽度，e 为支座中心至梁端面的距离。对于两侧的牛腿部分，计算取用的截面宽度一般会小些（参见图中的 b'_1）。

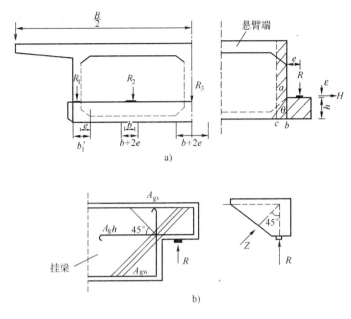

图 3-2-14 牛腿的受力图

(3) 在外力 R 和 H 作用下，任意斜截面 a-c 上的内力可按静力平衡方程求得（图 3-2-15）。

$$\left. \begin{array}{l} N_\theta = R\sin\theta + H\cos\theta \\ Q_\theta = R\cos\theta - H\sin\theta \\ M_\theta = R\left(e + \dfrac{h}{2}\tan\theta\right) + H\left(\dfrac{h}{2} + \varepsilon\right) \end{array} \right\}$$

(3-2-7)

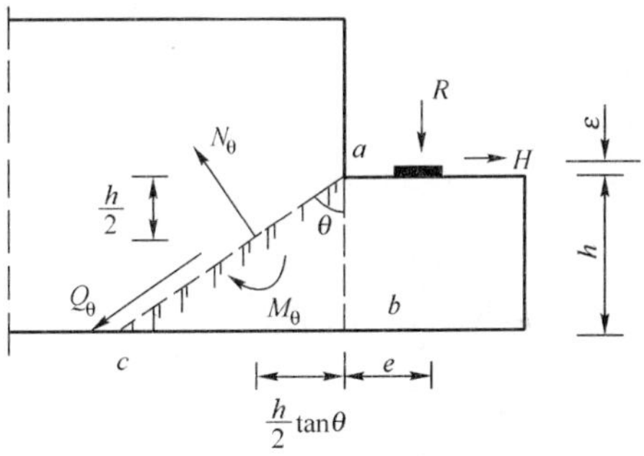

图 3-2-15 牛腿最弱斜截面计算简图

式中：R——恒载和汽车荷载下的支点反力（对于汽车荷载应计入冲击力）；

H——汽车制动力或因温度变化引起的支座摩阻力，按相关规范中规定进行组合，当不计附加荷载时，则取 $H=0$；

θ——斜截面对竖直面倾斜角，对于竖直面 a-b，则 $\theta=0°$；

ε——支座垫板高出牛腿的高度。

二、腹板部位牛腿验算

1. 竖直面 a-b 的验算

作用于竖直面 a-b 上的内力为（图 3-2-15）：

$$N_{\theta=0} = H$$

$$Q_{\theta=0} = R$$

$$M_{\theta=0} = Re + H\left(\frac{h}{2} + \varepsilon\right)$$

据此可按钢筋混凝土偏心受拉构件验算抗弯和抗剪强度。当不计附加荷载时，$N_{\theta=0}=0$，则按受弯构件验算强度。

2. 最弱斜截面验算

(1) 任意斜截面边缘拉应力 σ_θ 的表达式

$$\sigma_\theta = \frac{N_\theta}{A_\theta} + \frac{M_\theta}{W_\theta} \quad (3\text{-}2\text{-}8)$$

式中：A_θ、W_θ——分别为斜截面纯混凝土面积和截面模量；
其余符号同上。

(2) σ_θ 为最大时的倾斜角 θ 的正切表达式

$$\tan 2\theta = \frac{2Rh}{3Re + 3H\varepsilon + 2Hh} \quad (3\text{-}2\text{-}9)$$

(3) 不计附加荷载 H 时的倾斜角 θ 公式

$$\tan 2\theta = \frac{2h}{3e} \quad (3\text{-}2\text{-}10)$$

(4) 具有斜向预应力筋时的倾斜角 θ 公式（图3-2-16）

$$\tan 2\theta = \frac{2h(R - N_y\sin\alpha)}{3Re + (3\varepsilon + 2h)H - N_y(2h - 3m)\cos\alpha} \quad (3\text{-}2\text{-}11)$$

式中：N_y——牛腿部位预压力的合力；
α——牛腿部位预压力合力 N_y 对水平线的倾角；
m——N_y 合力作用线与内角竖直线 $a\text{-}b$ 的交点至内角点 a 的距离；
其余符号同前。

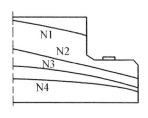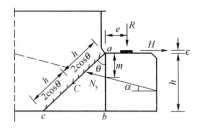

图 3-2-16 具有斜向预应力筋的计算图

当求得最弱斜截面位置后，就可按偏心受拉构件验算此斜截面的强度。

3. 45°斜截面的抗拉验算

作用于45°斜截面上的内力 Z 为（图3-2-14b)）：

$$Z = \frac{R}{\cos 45°}$$

然后近似地按轴心受拉构件验算，并应满足相应规范中所规定的强度条件。

尚应注意，锚固长度不够的竖向钢筋和离裂缝起点（牛腿内角）较远的斜钢筋，因其受力不大，故可在设计中不计它的抗拉应力。

三、非腹板部位牛腿验算

1. 计算图

参看图 3-2-14a) 中 R_2 的作用位置，该部位的牛腿，在桥梁纵方向上相当于固支在箱梁自由端横隔板上的短悬臂板，如图 3-2-17 所示。计算时按矩形截面板考虑，板宽 $b_1 = b + 2e$，板高按原尺寸 h 不变。

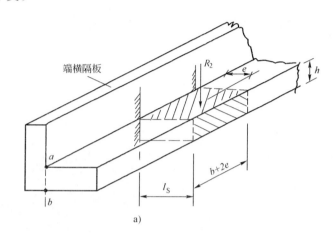

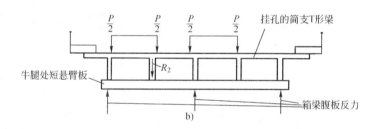

图 3-2-17 非腹板部位牛腿的计算图

2. 计算荷载

计算荷载包括以下内容：

（1）位于计算宽度内的牛腿自重 $q_牛$；

（2）挂梁恒载反力 P_g；

（3）按图 3-2-17b) 图，用杠杆原理法算得位于挂梁上的汽车荷载（车辆和人群）支反力，即 $\sum P_i \eta_i$。

3. 验算内容

首先按桥规进行荷载组合，计算截面一般为悬臂根部 a-b 截面，按钢筋混凝土截面进行设计，验算内容为：

（1）正截面强度验算，（包括竖直截面和斜截面）；

（2）正常使用极限状态计算。

四、牛腿端横梁计算

1. 计算图

端横梁视作支承在箱梁腹板上的多跨（视箱梁腹板数而定）等截面连续梁，其截面为L形（图3-2-17）。

2. 计算荷载

它包括：端横梁自重，挂梁恒载反力和挂梁上的汽车荷载反力（车辆、人群）等。

3. 计算截面

对于弯矩取跨中和中间支点截面；对于剪力取端点和中间支点截面。

4. 验算内容

(1) 正截面强度；

(2) 斜截面强度；

(3) 裂缝宽度等。

第三章 斜腿刚架桥

第一节 结构类型与布置

一、类 型

由一对斜置撑杆与梁体固结后来承担车辆荷载的桥梁称之为斜腿刚架桥,它常修建在跨越深谷地带或用在跨越公路或铁道的立交桥上,如图 3-3-1 所示。按照斜腿下支承点的构造,一般分为铰支和固支两大类;若按施工方法又分悬浇法、悬拼法、有支架施工法和转体施工法等。

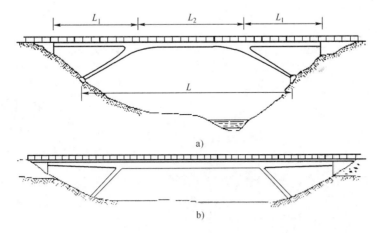

图 3-3-1 斜腿刚架桥
a) 跨越有坚岩陡坡或谷地上的刚构桥;b) 高速公路上的跨线桥

二、截面形式及主要尺寸拟定

斜腿刚架桥一般采用箱形截面形式,其总体布置及尺寸可参考表 3-3-1。箱形截面内的细部尺寸可参考箱形截面连续梁的尺寸拟定。图 3-3-2 是建成于 1987 年的江西洪门大桥的主要截面尺寸。

斜腿刚架桥主要参考尺寸 表 3-3-1

名　称	表达式	数　值	附　注
斜腿与地面的夹角	α	$40°\sim50°$	表中各符号定义可参看图 3-3-1
边跨与中跨跨长比	L_1/L_2	$0.45\sim0.55$	
中跨跨中梁高 h_0	h_0/L_2	$\dfrac{1}{25}\sim\dfrac{1}{35}$	
中跨梁根部梁高 h_1	h_1/h_0	$1.5\sim2.0$	

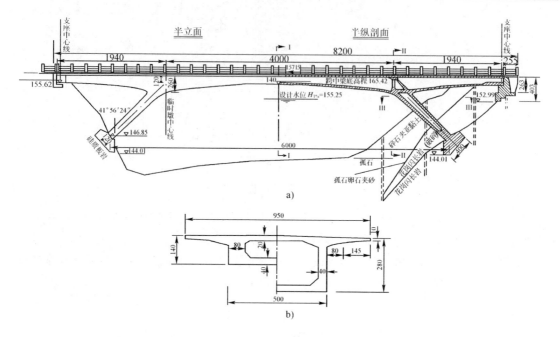

图 3-3-2　江西洪门大桥（尺寸单位：cm；高程单位：m）
a) 立面图；b) 横剖面

三、节 点 构 造

1. 隅节点构造

斜腿与主梁相交的节点，根据截面形式的不同，可以设计成图 3-3-3a)、b) 所示的两种形式。图 3-3-3c) 示出了后一种形式的预应力筋布置。此外，与隅节点相邻截面的预应力筋宜贯穿隅节点，并在隅角内交叉后锚固在梁顶或端头上。预应力筋锚头下面的局部应力区段尚应设置箍筋或钢筋网，用以承受局部拉应力。

2. 铰的构造

斜腿刚构桥一般采用混凝土假铰的形式（图 3-3-4a)、b)），但也有采用铸钢的真铰形式（图 3-3-4c)）。混凝土假铰又可分为线形铰（图 3-3-4d)）和圆形铰（图 3-3-4e)）。线性铰主要绕长轴方向转动，而在另一方向只能作微小转动。圆形铰的颈缩截面为圆形，可在任意方向产生转动，故能适用于斜交桥。

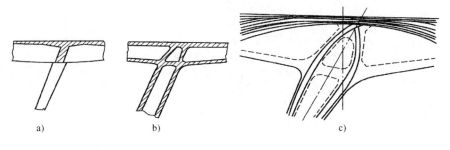

图 3-3-3 斜腿与主梁的节点构造

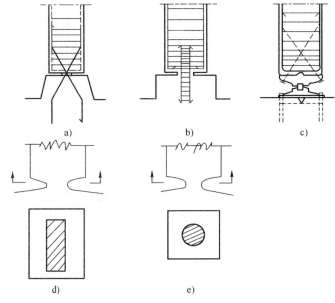

图 3-3-4 铰的构造

第二节 内力计算

一、计算模型

斜腿为固支的刚构桥属五次超静定结构,梁、腿截面均为变高度的,故一般采用有限元法程序完成其结构内力分析,其计算模型除斜腿为斜置单元外,其他均与三跨刚构桥的相同,即对隅节点处,采用刚臂单元,如图 3-3-5 所示。单元的划分一般要结合所采用的施工方案考虑,例如设备起吊能力、保证斜腿左、右侧悬臂梁的受力基本平衡等。

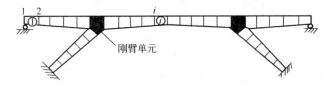

图 3-3-5 斜腿刚构桥的单元划分

二、恒载内力计算

恒载内力计算与所采用的施工方法密切相关,现以图 3-3-6 所示的悬臂拼装法来概述其计算要点。

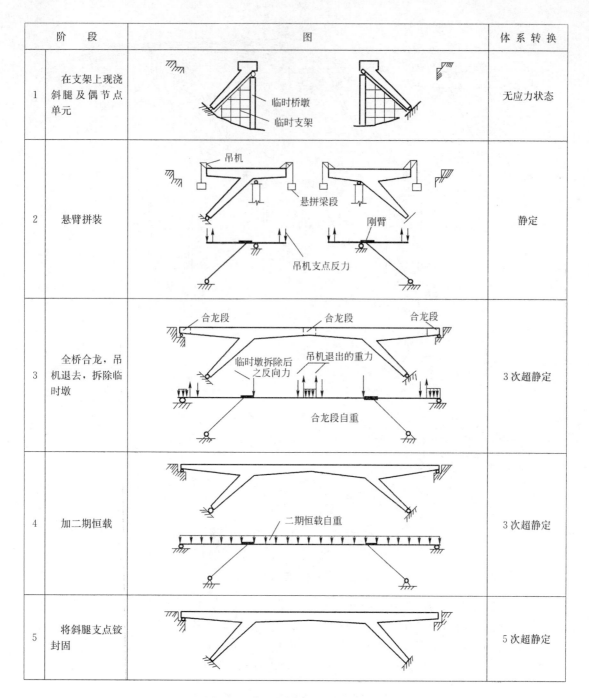

图 3-3-6 采用悬臂施工法时斜腿刚架桥

1. 阶段 1　在支架上现浇斜腿及隅节点单元

首先应修建临时桥墩和搭设临时支架,并要求这些临时设施在整个施工过程中具有侧向稳定性,使临时墩墩顶上的临时支座主要承受垂直力。因此,在该阶段里斜腿结构接近处于无应力状态。

2. 阶段 2　平衡悬臂拼装阶段

在该阶段里,首先拆除临时支架及模板,但仍要求保证临时墩的稳定性,然后应用悬臂吊机将预制的主梁节段从斜腿的左、右侧进行逐段地、平衡悬臂拼装,并在接缝中灌注砂浆,待达到75%以上强度后便张拉预应力筋。由于该阶段属于静定结构体系,故预加力不会使结构产生二次内力。

3. 阶段3　全桥合龙阶段

当全桥所有梁段悬臂拼装结束后,同样先进行接缝灌浆,待达到设计强度后,便张拉预应力筋,使结构由静定体系转换为三次超静定体系,此时应计入的力有:

(1) 使结构形成三次超静定结构时所施加的预应力;
(2) 合龙梁段的自重;
(3) 吊机退出后的卸载重力;
(4) 拆除临时墩时从临时支点转加到梁上的反力;
(5) 其他临时施工设备重力等。

4. 阶段4　二期恒载的施工

如果斜腿下支点不进行封固处理,则仍按三次超静定结构体系分析二期恒载产生的内力。

5. 阶段5　斜腿下支点的固结处理

按照设计设置补充构造钢筋,然后立模和灌注混凝土,使结构由三次超静定转换到五次超静定,以承担后期各种汽车荷载产生的内力。

如果斜腿刚架桥采用其他施工方法进行施工时,则其计算可参照上述的思路,结合具体情况进行拟定。

三、汽车荷载内力计算

车辆汽车荷载对结构产生内力的计算步骤与第二篇第三章中关于连续梁的相似。在考虑车辆偏载影响时,仍可采用内力增大系数法,其具体步骤是:

(1) 按照成桥后的超静定结构和应用有限元法的计算程序,分别计算边跨和中跨跨中在单位集中力 $P=1$ 作用下的垂直挠度 $\overline{w}$。

(2) 对于边跨跨中和中跨跨中仍按图2-3-17和式(2-3-8)、式(2-3-9)分别计算在单位扭转力矩 $\overline{T}=1$ 作用下的扭转角 $\overline{\theta}$。

(3) 按照最不利的工况进行车辆横向布置,最后代入到式(2-3-6)中来计算汽车荷载内力。

第三节　次内力计算

一、计算内容与方法

斜腿刚架桥的次内力计算内容与连续梁桥或连续刚架桥的相同。同样地,当所使用的计算程序不具有直接分析结构温度次内力的功能时,则可采用半理论与半电算的方法来完成分析。

(1) 预应力作用下的次内力计算——等效荷载法(参见本篇第一章第二节相关内容)。
(2) 混凝土徐变次内力计算——换算弹性模量法(参见本篇第一章第二节相关内容)。
(3) 混凝收缩次内力计算(参见本篇第一章第二节相关内容)。

(4) 基础沉降次内力计算——力法（参见第二篇第三章第七节相关内容）。

(5) 温度次内力计算——力法及图解解析法（参见第二篇第三章第八节和本篇第一章第二节相关内容）。

本节仅对温差次内力计算作一些补充介绍。

二、斜腿刚架桥的温度次内力计算

斜腿刚架桥主梁的温度自应力计算方法与连续梁桥的完全相同，这里不再重复。

斜腿刚架桥主梁的温度次内力计算方法又与本篇第一章节二节中连续刚架桥的完全相同，故可直接应用。本节将结合具体的算例，阐述应用该法的计算过程和某些特点，供设计者参考。

1. 计算模型

斜腿刚架桥一般设计成对称于中跨跨中的立面形式，其腿趾处构造分固支和铰支两种形式。当它们的桥面受到日照温差影响时，全桥结构的温度变形均呈对称的线型，如图 3-3-7 所示。为了简化分析，可以充分利用这个对称性特点，取其半桥结构来建立计算模型，并从跨中截面断开，用竖向为自由的定向铰支承代替（图 3-3-7b)、f)）。当应用力法与平面杆系有限元法程序相结合的分析方法时，对于固支型斜腿刚架桥，可以取图 3-3-7c) 中具有三个赘余力 X_{1T}、X_{2T} 和 X_{3T} 的基本结构，它的常变位 δ_{ii}、δ_{ij} 和载变位 Δ_{iT} 的计算方法与连续刚构桥的完全相同；对于铰支型斜腿刚架桥，可以取图 3-3-7g) 具有两个赘余力 X_{1T} 和 X_{2T} 的基本结构，但它的载变位 Δ_{iT} 计算稍有差别，后面将在例 3-3-2 中具体地说明。这里要强调一点，图 3-3-7g) 的基本结构模式只适用于计算温度次内力，而不适应用于计算作用于桥面上的竖向荷载。

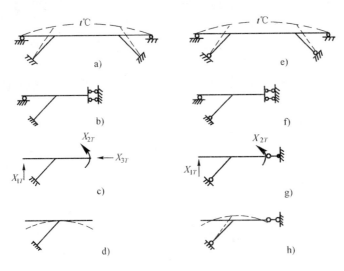

图 3-3-7　斜腿刚架桥的温度次内力计算模型

2. 示例

【例 3-3-1】 设图 3-3-8 所示的斜腿刚架桥，主梁为等高单箱单室截面，斜腿为等厚矩形实心截面，具体细部尺寸均示于图中，其截面特性列于表 3-3-2。试应用力法与程序运算相结合的方法，计算当桥面上翼板受到+5℃均匀温差时的结构次内力。

截 面 技 术 特 性　　　　　　　　　　表 3-3-2

截面类型	弹性模量 E (kN/m^2)	抗弯惯矩 I (m^4)	截面面积 A (m^2)	形心上距 $y_上$ (m)	形心下距 $y_下$ (m)
箱梁	3.3×10^7	3.7464	6.124	0.9113	1.0887
矩形腿	2.85×10^7	1.6875	9.0	0.75	0.75

解：(1) 离散图

本例的结构和荷载（温度效应）均为对称型的，故取其一半结构（图 3-3-8b)）进行分析，其相应的离散图示于图 3-3-8e)，共划分 25 个单元（包含一个带刚臂单元㉑）和 26 个节点。如果程序中具有计算温度次内力的功能时，则可直接按此离散图求算。本例还应用了 BRCAD5 专用程序进行运算，其结果见后。

(2) 常变位 δ_{ii}、δ_{ij} 计算

将离散图中 1 号节点处的铰支座和 21 号节点处的定向支座拆除，用赘余力 X_{1T}、X_{2T} 和 X_{3T} 代替，然后分别令 $\overline{X}_{iT}=1$ 输入到有限元法程序中去，便可得相应的常变位，其结果汇总于表 3-3-3。

单位赘余力作用下的变位　　　　　　　表 3-3-3

单位荷载值	1 号节点的竖向位移 v： "+"方向向上 "—"方向向下	21 号截面转角 θ： "+"逆时针方向 "—"顺时斜方向	21 号节点水平位移 u： "+"方向向右 "—"方向向左
$\overline{X}_{1T}=1$	0.9021×10^{-4}	-0.4411×10^{-5}	0.2443×10^{-4}
$\overline{X}_{2T}=1$	-0.4411×10^{-5}	0.4558×10^{-6}	-0.1790×10^{-5}
$\overline{X}_{3T}=1$	-0.2443×10^{-4}	-0.1790×10^{-5}	-0.1348×10^{-4}

注：表中的"+"、"—"号均按 BRCAD5 程序中的规定列出。

将表 3-3-3 中由程序输出的变位值及其方向与图 3-3-8f) 中赘余力的设定方向相对照，若与设定方向一致者，常变位取正号，反之，取负号，于是得：

$$\delta_{11}=0.9021\times10^{-4} \quad \delta_{12}=\delta_{21}=-0.4411\times10^{-5}$$
$$\delta_{22}=0.4558\times10^{-6} \quad \delta_{23}=\delta_{32}=+0.1790\times10^{-5}$$
$$\delta_{33}=0.1348\times10^{-4} \quad \delta_{31}=\delta_{13}=-0.2443\times10^{-4}$$

(3) 载变位 Δ_{iT} 计算

计算又分以下几个小步骤：

① 因温差变形引起的曲率 $\overline{\psi}$ 和应变 ε_0 计算。

$\overline{\psi}$ 和 ε_0 可以分别按式（2-3-33a）和式（2-3-33b）计算。本例主梁虽为箱形截面，但它承受温差影响的仅局限在上翼板范围内（本例按原《混桥规》中的竖向梯度温度图），其值为+5℃，其积分运算的结果与 T 形截面梁的计算公式（2-3-34）恰好相同，即：

$$\overline{\psi}=\frac{b\alpha A_f}{I}\left(\frac{h+h_1}{2}-y_c\right)$$

$$=\frac{5\times1\times10^{-5}\times10\times0.28}{3.7464}\left(\frac{2+1.72}{2}-1.0887\right)=2.8823\times10^{-5}$$

$$\varepsilon_0=\frac{5\alpha A_f}{A}-\overline{\psi}y_c$$

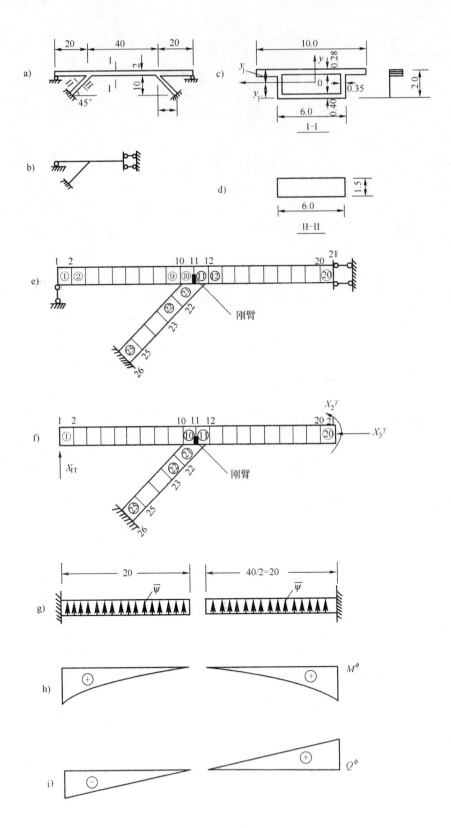

图 3-3-8 例 3-3-1 的结构尺寸和计算图（尺寸单位：m）

上式 ε_0 为截面位于基轴处的应变值，再按式（3-1-10）换算为截面中和轴处的应变值 $\bar{\varepsilon}_0$ 时，则为：

$$\bar{\varepsilon}_0 = \varepsilon_0 + \bar{\psi} y_c = \frac{5\alpha A_f}{A} \tag{3-3-1}$$

$$= \frac{5 \times 1 \times 10^{-5} \times 10 \times 0.28}{6.124} = 2.2861 \times 10^{-5}$$

②Δ_{1T}、Δ_{2T} 计算。本例 $\bar{\psi}$ 为常值，参看图 3-3-8g）、h）的左侧虚悬臂梁及其虚弯矩 M^ϕ 中，并应用式（3-1-9）计算得 1 号节点处的载变位 Δ_{1T} 为：

$$\Delta'_{1T} = \frac{\bar{\psi} l_1^2}{2} = 2.8823 \times 10^{-5} \times \frac{20^2}{2} = 5.7646 \times 10^{-3} \quad \text{（方向向下）}$$

由于它与 X_{1T} 的设定方向相反，故应取负值，即 $\Delta_{1T} = -5.7646 \times 10^{-3}$。

同理，参看图 3-3-8g）、i）的右侧虚悬臂梁及其虚剪力 Q^ϕ 图，并应用式（3-1-9）中的第一式，得 21 号节点截面的转角，此时的 l 为中跨跨长的一半（半结构），$l = \frac{40}{2} = 20\text{m}$，于是得：

$$\Delta'_{2T} = \bar{\psi} l = 2.8823 \times 10^{-5} \times 20 = 5.7646 \times 10^{-4} \quad \text{（顺时针方向）}$$

它与 X_{2T} 的设定方向相反，同理应取负值，即 $\Delta_{2T} = -5.7646 \times 10^{-4}$。

③Δ_{3T} 计算。由图 3-3-8f）的基本结构图式中知，温差引起主梁的伸长量是从斜腿与主梁的交点（11 号节点）起算，向两侧延伸，右侧悬臂梁的延伸方向与 X_{3T} 的设定方向相反，故按式（3-1-11a）得：

$$\Delta_{3T} = -\bar{\varepsilon}_0 l = -2.2861 \times 10^{-5} \times 20 = -4.5722 \times 10^{-4}$$

（4）解力法方程组

$$\begin{bmatrix} 0.9021 \times 10^{-4} & -0.4411 \times 10^5 & -0.2443 \times 10^{-4} \\ -0.4411 \times 10^{-5} & 0.4558 \times 10^{-6} & 0.1790 \times 10^{-5} \\ -0.2443 \times 10^{-4} & 0.1790 \times 10^{-5} & 0.1348 \times 10^{-5} \end{bmatrix} \begin{bmatrix} X_{1T} \\ X_{2T} \\ X_{3T} \end{bmatrix} = \begin{bmatrix} 5.7646 \times 10^{-3} \\ 5.7646 \times 10^{-4} \\ 4.5722 \times 10^{-4} \end{bmatrix}$$

解之得：

$X_{1T} = 235.6\text{kN}$，$X_{2T} = 3625\text{kN} \cdot \text{m}$，$X_{3T} = -20.45\text{kN}$ （与设定方向相反）

将上述计算结果代入到图 3-3-8f）中，便可计算出各个截面的温度次内力值。

（5）截面温度次内力值的对比

本例还按图 3-3-8e）的离散图和应用 BRCAD5 有限元法程序，直接算得这些赘余力值，它与本例的半理论、半电算相结合的方法所得的结果，十分吻合，详见表 3-3-4。

赘余力值的对比 表 3-3-4

计 算 方 法	1号节点竖向支反力 X_{1T} (kN)	21号节点反力力矩 X_{2T} (kN·m)	21点节点水平向支反力 X_{3T} (kN)
半理论半电算法	235.6（向上）	3625.0（逆时针）	20.45（受拉）
BRCAD5 程序	235.6（向上）	3625.0（逆时针）	20.54（受拉）

注：表中的 21 号节点反力为斜腿刚架桥跨中截面的温度次内力值，X_{2T} 为正值表明跨中截面为正弯矩，X_{3T} 为截面的受拉轴力，它与设定的方向相反。

3. 示例二

【例 3-3-2】 设将图 3-3-8 中斜腿刚架桥的固支腿趾改为固定铰支腿趾，其余条件完全同例 3-3-1，试用同样的计算方法分析该结构的温度次内力。

解：（1）离散图

单元数和节点数均同于上例，仅将 26 号节点处的嵌固支承改为固定铰支承，如图 3-3-9a)所示。

（2）常变位 δ_{ii}、δ_{ij} 计算

拆除 1 号节点处的铰支座和 21 号节点处定向支座中的一条水平链杆，并分别用 X_{1T} 和 X_{2T} 代替，然后分别令 $\overline{X}_{iT}=1$ 输入到程序中去，便可得到这两个节点处的变形量。仍然遵照与赘余力设定方向相同者取正值、反之取负值的原则，便得到以下 4 个常系数，即：

$$\delta_{11}=0.5710\times 10^{-4}$$
$$\delta_{12}=\delta_{21}=-0.1689\times 10^{-5}$$
$$\delta_{22}=0.2425\times 10^{-6}$$

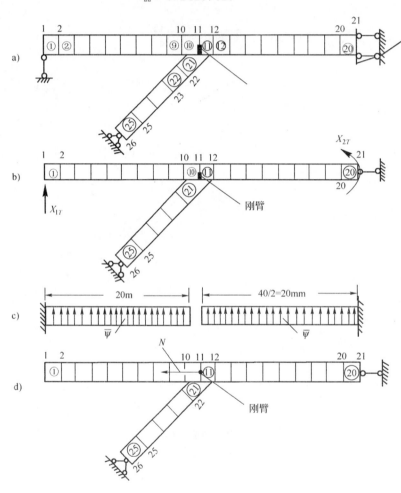

图 3-3-9　例 3-3-2 的温度次内力计算模型

（3）载变位 Δ_{iT} 计算

从图 3-3-9b)中可以看出，在 21 号节点处尚存在一根水平链杆支承，它将约束着 ⑪～⑳ 单元之间因温度影响在水平方向产生的延伸变形，但它对 ⑪～⑳ 单元之间的温度挠曲变形影响甚微，可以近似地忽略不计。这样，对于本例，载变位则由以下两个部分组成：

①由曲率 $\overline{\psi}$ 因素产生的载变位

仍然按与上例中两个虚悬臂梁的图进行计算，如图 3-3-9c) 所示。X'_{1T} 则为左侧虚悬臂梁在固端截面处的虚弯矩值，即 M_1^p，X'_{2T} 则为右侧虚悬臂梁在固端截面处的虚剪力值，即 Q_{21}^p（下脚标代表单元的节点编号）。由于本例的技术参数与上例相同，故可直接从上例中摘取，由此得：

$$\Delta'_{1T} = -5.7646 \times 10^{-3} \quad \text{（方向向下）}$$
$$\Delta'_{2T} = -5.7646 \times 10^{-4} \quad \text{（顺时针方向转动）}$$

②由中心轴处应变量 $\bar{\varepsilon}_0$ 因素产生的载变位

设想在斜腿与主梁交点处（11 号节点）的截面被嵌固，根据材料力学中的相关理论，在该截面中的轴压力 N 为：

$$N = \bar{\varepsilon}_0 \cdot EA \tag{3-3-2}$$

式中：E——材料弹性模量；

A——主梁截面面积。

由表 3-3-2 及上例中对 $\bar{\varepsilon}_0$ 值的计算得

$$E = 3.3 \times 10^7 \text{kN/m}^2, \quad A = 6.124 \text{m}^2, \quad \bar{\varepsilon}_0 = 2.2861 \times 10^{-5}$$

代入上式得：

$$N = 2.2861 \times 10^{-5} \times 3.3 \times 10^7 \times 6.124 = 4620.03 \text{kN}$$

释放此嵌固约束，则此力 N 将作用在 11 号节点上，方向向左。仍然应用有限元法程序可以算得在两个赘余力方向产生的变位，它们为：

$$\Delta''_{1T} = -0.4123 \times 10^{-3} \quad \text{（方向向下）}$$
$$\Delta''_{2T} = 0.4123 \times 10^{-4} \quad \text{（逆时针方向转动）}$$

综合上述两种因素算得的结果，得：

$$\Delta_{1T} = \Delta'_{1T} + \Delta''_{1T} = -6.1769 \times 10^{-3} \quad \text{（方向向下）}$$
$$\Delta_{2T} = \Delta'_{2T} + \Delta''_{2T} = -5.3523 \times 10^{-4} \quad \text{（顺时针方向转动）}$$

它们均与 X_{1T}、X_{2T} 的设定方向相反。

(4) 解力法方程组

$$\begin{bmatrix} 0.5710 \times 10^{-4} & -0.1689 \times 10^{-5} \\ -0.1689 \times 10^{-5} & 0.2425 \times 10^{-6} \end{bmatrix} \begin{bmatrix} X_{1T} \\ X_{2T} \end{bmatrix} = \begin{bmatrix} 6.1769 \times 10^{-3} \\ 5.3523 \times 10^{-4} \end{bmatrix}$$

解之得：

$$X_{1T} = 218.5 \text{kN}, \quad X_{2T} = 3729 \text{kN} \cdot \text{m}$$

(5) 两种计算方法的结果对比

本例还按图 3-3-9a) 的离散图和应用 BRCAD5 有限元法程序、直接算得这些赘余力值，它与本例的半理论、半电算相结合的方法算得的结果，亦十分吻合，现列于表 3-3-5。

赘余力值的对比　　　　　　　　　　　　　　　　　表 3-3-5

计算方法	1 号节点处竖向支反力 X_{1T} (kN)	21 号节点反力力矩 X_{2T} (kN·m)
半理论半电算法	218.5（向上）	3729（逆时针）
BRCAD5 程序	218.4（向上）	3728（逆时针）

注：表中 X_{2T} 为实桥跨中截面的温度次弯矩。

解得诸赘余力后，就可按图 3-3-9b) 图式计算欲求算截面的温度次内力值。

再次指出，图 3-3-9b) 的图的计算模型，不适宜用来计算由竖向荷载产生的赘余力分析。

第四章 连续刚构桥的电算方法

第一节 建模要点

连续刚构桥与连续梁桥的上部结构布置基本相同，两者间主要区别是，连续刚构桥的桥墩与主梁固结在一起，除承担竖向力外，还承担弯矩及水平力。因此，在建立连续刚构桥的有限元模型时，主梁、桥墩和基础应建在同一模型中，而连续梁桥上部结构的建模方法同样适用于连续刚构桥。此外，连续刚构桥与连续梁桥的施工方法略有不同，如连续刚构需在中跨合龙前施加悬臂端的预顶力、主墩上不需要进行体系转换等。这些都应该在建模时详细考虑。

典型的连续刚构桥桥型有：
(1) 变截面连续刚构：大跨径结构，分单肢和双肢薄壁两种。
(2) 等截面连续刚构：中等跨径为主。
(3) V 形墩连续刚构。
(4) T 形刚构，已很少采用。

以上桥型，受力性能均有所不同、施工方法也差别很大，在建立有限元模型时应该充分考虑桥型、构造、受力和施工特点，使建立的分析模型能反映真实受力状况。

一、一般原则

确定连续刚构桥的计算模型时，除了需遵循连续梁桥的建模要点之外，还应注意以下几点：
(1) 0 号块位置构造一般十分复杂，应多划分节点和单元以反映结构布置的变化，如图 3-4-1 所示。

图 3-4-1 变截面连续刚构桥的上部结构节点单元划分

(2) 对于等截面连续刚构桥，一般采用整体现浇或者先简支、后结构连续的施工方法。此时上部结构的单元长度可控制在 2~3m，每一跨的单元数量不宜少于 8 个，单元划分如图 3-4-2 所示。如果是采用先简支、后结构连续的施工方式，则还需对简支结构的支承点划分节点，桥墩处单元划分如图 3-4-3 所示。

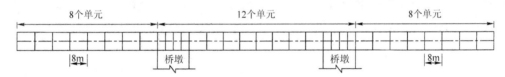

图 3-4-2　等截面连续刚构桥的上部结构单元划分（整体现浇）

(3) 模拟下部结构时，单元长度一般控制在 2~4m。
(4) 连续刚构桥的桥墩与主梁固结在一起，这部分构造比较复杂，建立杆系模型时墩顶与箱梁中性轴之间以刚臂连接，具体布置如图 3-4-4 所示。

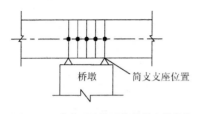

图 3-4-3　等截面连续刚构桥的上部结构
单元划分（先简支、后连续）

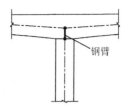

图 3-4-4　刚臂连接示意图

二、基础的模拟

如前所述，刚构桥的主梁、桥墩、基础固结在一起，因此，模型中必须包含基础，基础模拟是否准确对计算水平力作用下结构的受力响应尤为重要。而基础的形式也是多种多样的，如扩大基础、沉井、单排桩、群桩基础等。对于这些基础类型，常见的处理方法有：

(1) 对于扩大基础和沉井基础，一般可以处理为固端。
(2) 群桩基础和承台。建模中，承台处理为刚性，而桩基础的模拟相对较为复杂，其模拟方法以下 4 种：

方法①："m"法。即直接采用二维或三维梁单元模拟实际的桩基础，用集中弹簧单元模拟桩周围土抗力的影响，采用地基规范中的"m"法或者"C"法来计算集中弹簧刚度。具体计算方法和过程可参考表 3-1-4。将桩基及弹簧、承台、桥墩、上部结构均作为模型的一部分参与结构的整体计算。显然，此法的数据准备量大，由于单元和节点数量较多，因此所花费的计算时间也较长，但由于桩基的内力结果和变形结果可以直接从模型中提取，因而也相对较为方便。

方法②：出口刚度矩阵法。利用方法①或者桩基专用计算程序，计算出承台顶面位置的 6 个出口刚度矩阵（空间杆系），并把它作为边界条件施加在桥墩底部（即承台顶部位置），从而在由上部结构、桥墩组成的整体模型中计入基础的影响。这种处理方法的计算量最省，但无法从整体模型中得到桩基础的内力和变形结果。

方法③：等代框架法。即将群桩等代为一个门形框架——两侧立柱的底端均为固支、顶端横梁刚度无穷大，然后将等代框架、桥墩、上部结构一起组合成整体分析模型。具体计算方法和过程请参见本篇第一章第三节。这样处理可以大大减少整体模型的单元和节点数量，从而减小计算规模和分析时间。缺点是不能得到每一根桩基的内力和变形。

方法④：单柱式模型。即将群桩等代为一个等截面单柱——底端固支、上端有抗推刚度的水平弹簧支撑，然后将等代单柱、桥墩、上部结构一起组合成整体分析模型。具体计算方法和过程请参见本篇第一章第三节。这样处理的优缺点与方法③相同。

基础模型如图 3-4-5 所示。

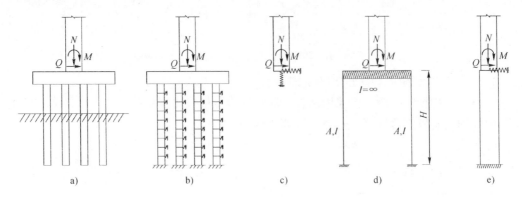

图 3-4-5　基础模型示意图
a) 桩基础；b) "m" 法模型；c) 出口刚度矩阵模型；d) 门形框架模型；e) 单柱式模型

三、V 形墩的模拟

V 腿布置和受力状态较为复杂，特别是 V 腿与主梁、V 腿与桥墩的连接位置，具体模拟方式可按图 3-4-6 进行。除此之外，V 腿的局部受力状态应采用空间实体有限元分析模型仔细分析。

五跨一联的预应力混凝土 V 撑预应力混凝土连续刚构桥，立面布置如图 3-4-6 所示。

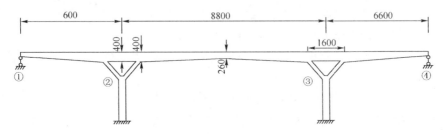

图 3-4-6　立面布置（尺寸单位：cm）

全桥共划分节点 128 个，单元 126 个，计算模型如图 3-4-7 所示。

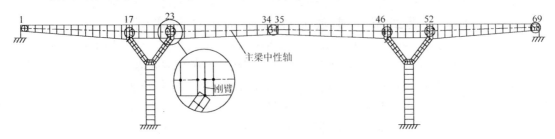

图 3-4-7　计算模型简图

四、中跨合龙前预顶力的模拟

徐变、温度下降、中跨合龙后期预应力束张拉等都会导致连续刚构桥的桥墩承受很大的弯矩（岸侧受拉），因此为了改善桥墩的受力，在边跨合龙后、中跨合龙前的施工阶段，往往在中跨合龙段两侧施加一对水平力 F，使桥墩产生朝岸侧的水平变形，墩内产生一个与上述荷载相反的弯矩，由此改善桥墩的受力状态。水平力 F 的大小需综合考虑桥墩其他内力结果来确定，一般需要经过几轮试算。其基本原理如图 3-4-8 所示。

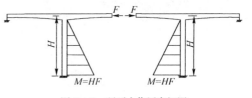

图 3-4-8 预顶力作用弯矩图

五、T 形刚构的模拟

T 构中悬浇梁与挂梁之间的连接方式可模拟为：在悬浇梁和 T 梁相接位置，分别于悬浇梁和 T 梁上建立两个节点，前者为主节点，后者为从节点，根据实际连接情况确定主从关系。挂梁为简支结构，其单元和节点可按一般简支梁的方式划分。

三跨预应力混凝土 T 形刚构桥，其立面布置图如图 3-4-9 所示。

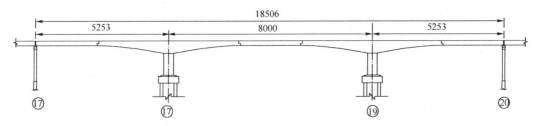

图 3-4-9 立面布置（尺寸单位：cm）

其计算模型如图 3-4-10 所示。

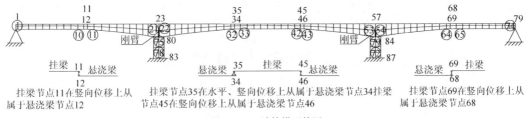

图 3-4-10 计算模型简图

第二节 变截面连续刚构桥分析实例

一、结 构 布 置

1. 结构布置

某预应力混凝土连续刚构桥，跨径布置为 35m+60m+35m，全长 130m，按公路—Ⅰ级进行设计。结构立面如图 3-4-11 所示。主梁采用直腹板单箱单室截面，纵向为变高度，底面采用 2 次抛物线线形。支点梁高 3.5m，跨中梁高 2m。箱顶宽 11.5m，底宽 6.5m，悬臂长度 2.5m。箱梁顶板厚度 28cm；底板厚度由跨中的 26cm 线性变化至支点的 60cm；腹板厚度为 55～80cm。混凝土强度等级 C50。主梁横断面如图 3-4-12 所示。桥墩截面如图 3-4-13 所示。

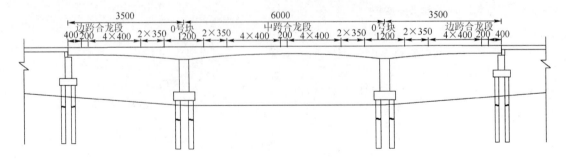

图 3-4-11　立面布置图（尺寸单位：cm）

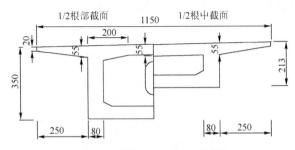　　　　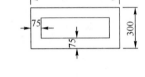

图 3-4-12　主梁横断面布置图（尺寸单位：cm）　　　图 3-4-13　桥墩截面布置图（尺寸单位：cm）

2. 主要施工工序

桩基础、承台、墩身施工完成后，在墩旁托架上现浇主梁 0 号块，0 号块长 12m，0 号块与桥墩之间弹性连接；浇筑完 0 号块后，安装挂篮，然后对称悬臂浇筑主梁，浇筑长度分别为 2×3.5m+4×4m；边跨合龙采用安装锚跨合龙口锁定装置、浇筑混凝土、张拉合龙钢筋，中跨合龙则采用劲性骨架现浇，合龙段长度均为 2m。

二、建模及施工过程模拟

结构计算模型如图 3-4-14 所示，共划分节点 118 个，单元 82 个。

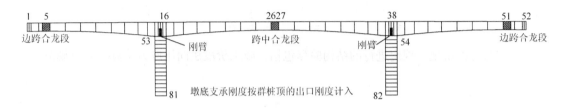

图 3-4-14　结构有限元离散图

根据施工过程，全桥共划分 21 个施工阶段形成结构体系，如图 3-4-15 所示。施工阶段的划分考虑了挂篮移动、混凝土浇筑、预应力筋张拉以及施工临时荷载变化等。

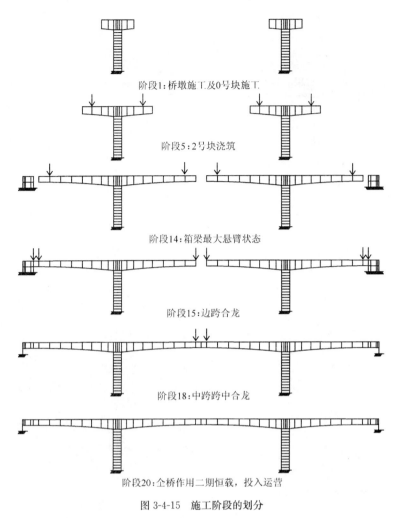

图 3-4-15 施工阶段的划分

三、荷载和组合

结构计算内容包括各阶段的恒载计算（包括二期恒载）、活载计算、附加荷载计算（季节温差、日照温差、汽车制动力、支座沉降、地震荷载、船撞力、风荷载等）。

同时，依据现行《混桥规》的规定，对桥梁结构进行正常使用和承载能力两种极限状态下的荷载组合分析。

四、计算结果

按现行《混桥规》规定进行的结构验算包括：施工阶段法向压应力验算（对应规范 7.2.7 和 7.2.8）、受拉区钢筋拉应力验算（对应规范 6.1.3，6.1.4，7.1.3～7.1.5）、使用阶段正截面抗裂验算（对应规范 6.3.1 第 1 款和规范 6.3.2）、使用阶段斜截面抗裂验算（对应规范 6.3.1 第 2 款和规范 6.3.3）、使用阶段正截面压应力验算（对应规范 6.1.5，6.1.6，7.1.3～7.1.5）、使用阶段斜截面主压应力验算（对应规范 7.1.3～7.1.6）、使用阶段正截面抗弯验算（对应规范 5.2.2～5.2.5）、使用阶段斜截面抗剪验算（对应规范 5.2.6～5.2.11）。

主要计算结果如图 3-4-16～图 3-4-20 所示。

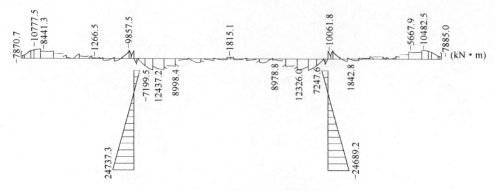

图 3-4-16 成桥状态下的弯矩图

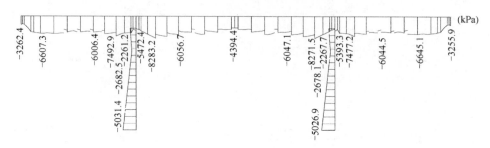

图 3-4-17 成桥状态下的应力图

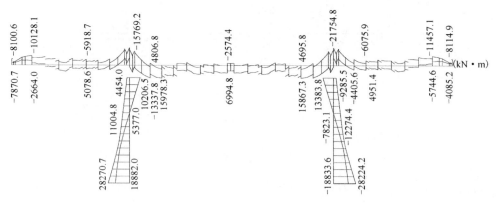

图 3-4-18 活载内力图

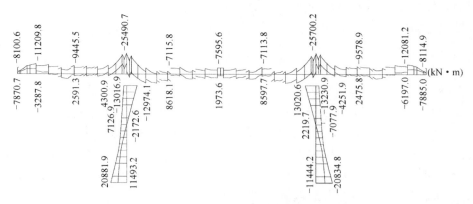

图 3-4-19 标准组合弯矩包络图

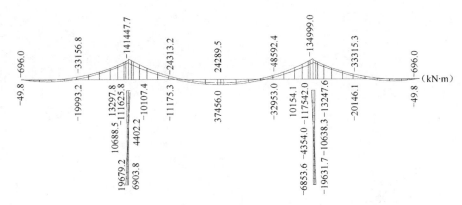

图 3-4-20　承载能力极限状态弯矩包络图

拱 桥
Arch Bridge

第一章 空腹式钢筋混凝土拱桥

第一节 总体布置及尺寸拟定

大、中跨径混凝土拱桥一般设计成空腹式无铰拱的结构形式,它具有造型美观和减轻结构自重的优点,如图 4-1-1 所示。

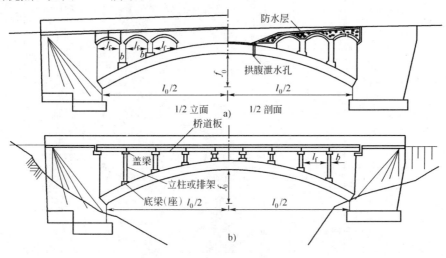

图 4-1-1 空腹式拱桥示意图

一、主拱圈轴线线形

空腹式无铰拱拱桥一般采用按实腹式拱桥导得的拱轴线——悬链线,参见图 4-1-2,其拱轴线坐标公式如下:

$$y_1 = \frac{f}{m-1}(\mathrm{ch}K\xi - 1) \tag{4-1-1}$$

式中:m——拱轴系数;

K——与 m 有关的参数,$K = \ln(m + \sqrt{m^2 - 1})$;

ξ——横坐标参数,$\xi = x/L_1$。

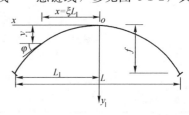

图 4-1-2 拱轴线坐标

当拱的跨径 L 和矢高 f 确定之后，悬链线的形状取决于拱轴系数 m，表 4-1-1a 给出了当 m 为不同值时，在全桥跨 48 个等分点处的坐标系数，供初拟拱轴线时参考。

此外，悬链线的线型特征还可用 $\frac{L}{4}$ 处的纵坐标 $y_{1/4}$ 与矢高 f 的比值来表征，它们之间的关系式为：

$$\frac{y_{1/4}}{f} = \frac{1}{\sqrt{2(m+1)}+2} \qquad (4\text{-}1\text{-}2)$$

为便于应用，将两者的关系对照列表于表 4-1-1b。

悬链线拱轴线坐标系数表

拱轴坐标 $\frac{y_1}{f}$ 值；$y_1 = [表值] \times f$　　　　　表 4-1-1a

m 截面号	1.167	1.347	1.543	1.756	1.988	2.240
0（拱脚）	1.000000	1.000000	1.000000	1.000000	1.000000	1.000000
1	0.916390	0.914348	0.912274	0.910169	0.908031	0.905858
2	0.836676	0.833028	0.829330	0.825583	0.821783	0.817929
3	0.760813	0.755947	0.751024	0.746043	0.741001	0.735895
4	0.688759	0.683018	0.677219	0.671361	0.665442	0.659458
5	0.620472	0.614157	0.607788	0.601363	0.394882	0.588340
6	0.555915	0.549286	0.542609	0.535885	0.529110	0.522284
7	0.495051	0.488330	0.481570	0.474771	0.467932	0.461050
8	0.437846	0.431220	0.424565	0.417880	0.411164	0.404416
9	0.384268	0.377891	0.371494	0.365076	0.358637	0.352176
10	0.334286	0.328282	0.322265	0.316237	0.310195	0.304140
11	0.287872	0.282335	0.276794	0.271246	0.265693	0.260135
12（L/4）	0.245000	0.240000	0.235000	0.230000	0.225000	0.220000
13	0.205646	0.201227	0.196812	0.192400	0.187993	0.183590
14	0.169788	0.165972	0.162162	0.158359	0.154563	0.150774
15	0.137406	0.134195	0.130992	0.127797	0.124610	0.121431
16	0.108481	0.105859	0.103246	0.100641	0.098044	0.095456
17	0.082998	0.080933	0.078877	0.076828	0.074787	0.072754
18	0.060941	0.059388	0.057841	0.056302	0.054769	0.053243
19	0.042298	0.041198	0.040104	0.039014	0.037930	0.036852
20	0.027059	0.026344	0.025633	0.024925	0.024221	0.023521
21	0.015216	0.014809	0.014404	0.014001	0.013601	0.013203
22	0.006761	0.006579	0.006397	0.006217	0.006037	0.005859
23	0.001690	0.001644	0.001599	0.001553	0.001508	0.001463
24（拱顶）	0	0	0	0	0	0

续上表

截面号 \ m	2.514	2.814	3.142	3.500	3.893	4.324
0（拱脚）	1.000000	1.000000	1.000000	1.000000	1.000000	1.000000
1	0.903649	0.901402	0.899115	0.896787	0.894417	0.892000
2	0.814018	0.810048	0.806017	0.801921	0.797757	0.793524
3	0.730724	0.725485	0.720174	0.714789	0.709327	0.703784
4	0.653408	0.647289	0.641098	0.634833	0.628489	0.622064
5	0.581738	0.575071	0.568338	0.561536	0.554662	0.547713
6	0.515405	0.508471	0.501479	0.494427	0.487314	0.480136
7	0.454125	0.447156	0.440139	0.433075	0.425960	0.418794
8	0.397635	0.390820	0.383971	0.377084	0.370160	0.363197
9	0.345691	0.339184	0.332652	0.326095	0.319512	0.312902
10	0.298071	0.291988	0.285891	0.279778	0.273650	0.267506
11	0.254570	0.248998	0.243421	0.237837	0.232245	0.226647
12 (L/4)	0.215000	0.210000	0.205000	0.200000	0.195000	0.190000
13	0.179192	0.174798	0.170409	0.166025	0.161646	0.157271
14	0.146992	0.143218	0.139451	0.135633	0.131942	0.128200
15	0.118262	0.115101	0.111950	0.108808	0.105676	0.102554
16	0.092877	0.090308	0.087748	0.085198	0.082658	0.080128
17	0.070730	0.068714	0.066708	0.064710	0.062722	0.060744
18	0.051724	0.050213	0.048709	0.047214	0.045726	0.044246
19	0.035779	0.034712	0.033650	0.032595	0.031546	0.030504
20	0.022825	0.022133	0.021445	0.020761	0.020081	0.019406
21	0.012807	0.012414	0.012023	0.011634	0.011248	0.010865
22	0.005682	0.005506	0.005331	0.005157	0.004984	0.004813
23	0.001419	0.001375	0.001331	0.001287	0.001244	0.001201
24（拱顶）	0	0	0	0	0	0

拱轴系数 m 与 $y_{1/4}/f$ 的关系对照表　　　　表 4-1-1b

m	1.000	1.167	1.347	1.543	1.756	1.988	2.240	2.514
$\dfrac{y_{1/4}}{f}$	0.250	0.245	0.240	0.235	0.230	0.225	0.220	0.215
m	2.814	3.142	3.500	3.893	4.324	5.321	6.536	8.031
$\dfrac{y_{1/4}}{f}$	0.210	0.205	0.200	0.195	0.190	0.180	0.170	0.160

二、主拱圈截面的主要类型

1. 工字形肋拱

(1) 拱肋数目和间距

为了保证拱桥横向整体稳定性,肋拱桥的两外侧拱肋最外缘之间的距离,不宜小于跨径的 1/20,各片拱肋之间尚需设置横撑。拱肋数目按照满足结构强度要求的前提下尽可能少的原则确定,达到外观上清晰的效果。

(2) 拱肋截面尺寸(图 4-1-3)

① 肋高 h

$$h \approx \left(\frac{1}{25} \sim \frac{1}{35}\right) L$$

② 肋宽 b

$$b \approx (0.4 \sim 0.5) h$$

③ 腹板厚 t

$$t \approx 0.3 \sim 0.5 \text{ (m)}$$

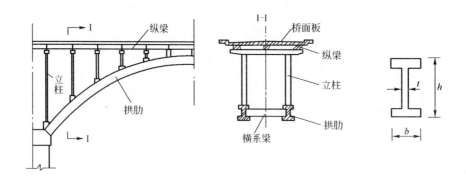

图 4-1-3 肋拱桥

(3) 横系梁

介于拱肋之间的横系梁一般采用矩形或工字形截面。截面的宽度应不小于横系梁长度的 1/15。肋间横系梁是保证结构横向稳定和横向刚度的重要构件。为增大横系梁刚度,横系梁的高度应加大至和拱肋同高;同时,立柱或横墙处所设置的横系梁,最好使之与立柱或横墙的底座或底梁连成整体。

当桥面很宽,拱肋间距过大时,为了进一步增加结构的横向整体性及刚度,可以考虑采用在两个立柱间设计剪刀撑方案。

2. 箱形肋拱

(1) 箱肋数目

当桥宽在 20m 以内时采用双肋式;当桥宽大于 20m 时,可采用三肋式或多肋式,但受力较复杂,故一般采用分离的双肋式拱桥。

(2) 箱肋截面尺寸

箱肋截面可以设计成单箱拱肋和双箱拱肋两种形式，如图 4-1-4 所示。初拟截面尺寸时，肋高可取跨径的 1/50~1/70，肋宽取肋高的 1.0~2.0 倍。具体细部尺寸可参见后面的箱形板拱。表 4-1-2 列出了我国部分已建成的箱形肋拱桥的资料。

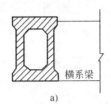
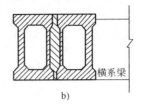

图 4-1-4 箱肋拱断面

已建成的部分箱形肋拱桥基本尺寸　　　　　　　　　表 4-1-2

桥　名	跨径 (m)	桥宽 (m)	拱肋形式	肋数	单条箱肋宽/高 (cm)	单条筋肋宽跨比	拱肋宽肋中距 (cm)	拱肋高跨比
四川武胜嘉陵江大桥	130	13	双箱肋	双肋	140/200	1/92.8	$\dfrac{280}{\ }$	1/65
重庆合川涪江二桥	120	26	双箱肋	分离式双肋	145/220	1/82.7	$\dfrac{280}{690}$	1/54.5
四川苍溪嘉陵江大桥	105	13	双箱肋	双肋	145/175	1/72.4	$\dfrac{290}{640}$	1/60
四川内江沱江大桥	100	24	四箱肋	双肋	140/170	1/71.4	$\dfrac{560}{\ }$	1/58.8
重庆忠县钟溪大桥	100	9	单箱肋	双肋	160/160	1/62.5	$\dfrac{160}{500}$	1/62.5
广西柳州静兰大桥	90	16	双箱肋	双肋	107/170	1/84.1	$\dfrac{214}{800}$	1/52.9

（3）箱形肋拱肋间横系梁

目前有 3 种横系梁类型（图 4-1-5）：

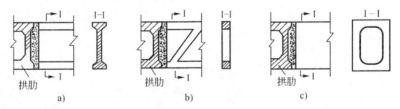

图 4-1-5 箱肋拱横系梁
a) 工字形；b) 桁片；c) 箱形

①工字形截面系梁，质量轻，但刚度小；
②桁片式系梁，质量轻，预制较复杂；
③箱形截面系梁，刚度大，对提高肋拱的横向稳定性最有利。

一般系梁高度与箱肋齐高，系梁宽度应不小于系梁长度的 1/15。对箱形截面系梁的壁厚常用 8~10cm。

3. 箱形板拱

（1）拱箱轮廓尺寸的拟定

特大跨径的上承式拱桥多采用单箱多室的箱形板拱截面，其外围轮廓尺寸可参考以下经验公式拟定：

①确定拱圈的高度 h（图 4-1-6）。

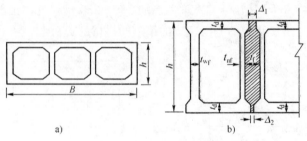

图 4-1-6 箱形板拱截面

$$h = \frac{l_0}{100} + \Delta$$

式中：h——拱圈高度(m)；

l_0——净跨径(m)；

Δ——取为 0.6～0.8。

或者 $h = \left(\frac{1}{55} \sim \frac{1}{75}\right) l_0$，跨径大者取小值。

②确定拱圈的宽度 B。一般可取桥面宽度的 1.0～0.6 倍，桥面悬出拱圈以外可达 4.0m，但拱圈宽度不得小于跨径的 1/20，以保证其横向稳定性。表 4-1-3 列出几座大跨径箱形板拱桥梁的设计资料，供参考。

大跨径箱形板拱桥梁设计参考资料 表 4-1-3

桥　　名	跨径 l (m)	桥宽 B (m)	拱圈宽 b_1 (m)	拱圈高 h (m)	b_1/l	h/l	b_1/B
重庆万县长江大桥	420	24	16	7	1/26.25	1/60	0.67
KRK 桥	390	11.4	13	6.5	1/30	1/60	1.14
四川 3007 桥	170	12.5	10.6	2.8	1/16.04	1/60.7	0.85
四川马鸣溪桥	150	10.5	7.4	2	1/20.27	1/75	0.70
四川 3006 桥	146	13.5	10.5	2.5	1/13.90	1/58.4	0.78
重庆武隆乌江桥	135	11	7	1.8	1/19.28	1/75	0.64
广西巴龙桥	134.22	8	6.2	1.8	1/21.65	1/74.6	0.78
湖南王浩桥	133	13.5	11.76	1.8	1/11.31	1/73.9	0.87
福建水口桥	132	13.5	10.24	2.2	1/12.89	1/60	0.76
云南长田桥	130	11	10.8	2.3	1/12.04	1/56.5	0.98
广西那桐桥	125	11.5	9.6	1.85	1/13.02	1/67.5	0.83
四川广元宝珠寺桥	120	11.5	9	1.9	1/13.33	1/63.2	0.78
四川晨光桥	100	21	12.8	1.7	1/7.8	1/58.8	0.61

③确定箱肋的宽度。当拱圈设计成由若干榀箱肋组合而成的截面时（图 4-1-6b)），从当前我国最大的起吊能力为 75t 考虑，箱肋宽度可取 1.2～1.7m。

(2) 顶、底板及腹板尺寸的拟定

对于图 4-1-6b) 所示的箱肋截面，可参考下列尺寸拟定：

顶、底板厚度

$$t_d = 15 \sim 22 \text{cm（跨径大、拱圈窄时取大值）}$$

外箱外侧腹板
$$t_{wf}=12\sim15\text{cm}$$

所有中间腹板
$$t_{Nf}=8\sim10\text{cm}$$

填缝宽度
$$t_f=20\sim35\text{cm}$$

顶面缝宽
$$\Delta_1 \text{ 应不小于 20cm（以便浇灌混凝土）}$$

安装缝宽
$$\Delta_2=4\text{cm}$$

(3) 拱箱横隔板

必须设置横隔板的部位有：拱顶、拱脚、预制箱肋段的端部、吊装扣点、腹孔墩（或立柱）处；其余部位每隔 3~5m 设置一道，其厚度可取 6~8cm。

4. 变截面悬链线拱

大跨径无铰拱桥常采用变高度悬链线拱，其截面变化规律如图 4-1-7 所示，它可按下式计算：

$$I = \frac{I_d}{[1-(1-n)\xi]\cos\varphi} \quad (4\text{-}1\text{-}3)$$

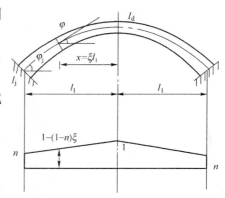

图 4-1-7　变截面主拱圈的截面变化规律图

式中：I——拱任意截面的惯性矩；
　　　I_d——拱顶截面惯性矩；
　　　φ——拱任意截面的拱轴水平倾角；
　　　n——拱厚变化系数，它可用拱脚处 $\xi=1$ 的边界条件求得：

$$n = \frac{I_d}{I_j \cos\varphi_j} \quad (4\text{-}1\text{-}3a)$$

其中 I_j 和 φ_j 分别为拱脚截面的抗弯惯矩和倾角。

在设计时，可先拟定拱顶和拱脚两截面的尺寸，待求出 n 后，再求其他截面的 I；也可先拟定拱顶尺寸和拱厚系数 n，再求 I。对于公路桥，n 值一般取为 0.5~0.8。

5. 其余截面形式

主拱圈的截面形式尚有实心板拱和板肋拱等。它们一般适用于块石砌体结构，此外还有双曲拱截面，由于存在一些问题，目前已很少采用，故不作介绍。

三、空腹式拱上建筑

1. 拱式拱上建筑

(1) 腹孔布置范围

在每侧半跨的范围内，腹孔段总长以占全跨跨长的 $\frac{1}{3}\sim\frac{1}{4}$ 为宜。

(2) 腹孔孔数与跨径　在每侧半跨的范围内，对于中、小跨径拱桥，以 3~6 孔为宜，孔径选在 2.5~5.5m 之间；对于大跨径拱桥，孔径宜控制在主拱跨径的 $\frac{1}{8}\sim\frac{1}{15}$ 之间。

(3) 腹拱截面

①板式腹拱圈。这是一种常用形式，矢跨比为 $\frac{1}{2} \sim \frac{1}{5}$，圆弧线线形，其厚度一般为 15cm。

②微弯板或扁壳结构矢跨比一般为 $\frac{1}{10} \sim \frac{1}{12}$，厚度约为 14cm 左右。

(4) 腹孔墩

①墙式腹孔墩（图 4-1-8a)）相关参数设定如下：

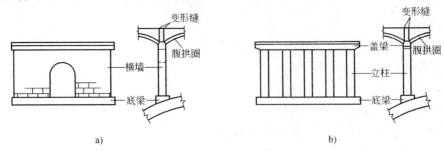

图 4-1-8 腹孔墩的两种形式
a) 横墙式腹孔墩；b) 排架式腹孔墩

厚度——约为腹拱圈厚度的 2 倍；

底梁平截面——沿墙身周边各延伸 5cm；

底梁高度——按其上坡一侧的高度比主拱圈表面高出 5～10cm 的原则确定；

墩帽平截面——在长的方向与底梁等长，厚度可与墙身等厚，或者每侧各向外伸出 2cm。

已建桥梁经验表明，为了减轻横墙式腹孔墩自重，可以适当加大空洞挖空率。但当孔洞挖得过大时，在交通量增大、车辆载重增加的情况下，横墙孔洞的顶部易出现竖向裂缝。鉴于此，在满足维修需要的情况下，过人孔尺寸应尽可能小。

②排架式腹孔墩（图 4-1-8b)）。一般将墩身设计成矩形截面的立柱，立柱数约为 3～6 根，立柱之间中距不得超过 6m。立柱与盖梁按计算要求配筋，底梁按构造要求配筋。

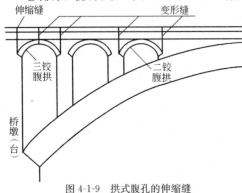

图 4-1-9 拱式腹孔的伸缩缝

(5) 腹拱伸缩缝

一般将紧靠墩（台）的第一个腹拱圈做成三铰拱，并在靠墩（台）上方的侧墙上，设置伸缩缝，其余二铰只设变形缝，只断开，不设缝宽。对于特大跨径的拱桥，还需将靠近拱顶的腹拱圈设置变形缝，做成二铰拱或三铰拱，如图 4-1-9 所示。

2. 梁式拱上建筑

大跨径混凝土拱桥一般都采用梁式腹孔拱上建筑，本节仅介绍其中主要的两种。

(1) 简支腹孔（图 4-1-10）

①结构组成：由底梁、立柱、盖梁和桥面结构组成。

②布孔范围：有设置和不设置实腹段的两种形式。当设置实腹段时，腹孔则布置在每侧半跨自拱脚起算的 $l/4 \sim l/3$ 范围内，腹孔数可以是偶数或者奇数。对于肋拱必须采用全空

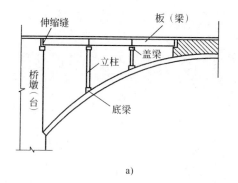
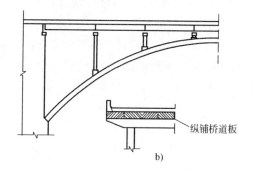

图 4-1-10 简支腹孔的布置

腹时,腹孔数应为奇数,避免拱顶设置立柱。

③桥面结构:当跨径在 10m 以下时,采用钢筋混凝土空(或实)心板结构;当跨径在 10~20m 之间时,常采用预应力空心板;当跨径大于 20m 时,一般采用预应力 T 形梁。

④立柱:当截面过大时,可以采用空心截面;当高度过大时,应在中间设置横系梁,保证满足稳定性要求。

⑤底梁和盖梁:可参考普通简支梁桥的下部结构来拟定尺寸和进行验算。

(2) 连续腹孔(图 4-1-11)

①结构组成:由立柱、纵向连续梁、实腹段垫墙和横桥向的桥道板组成。

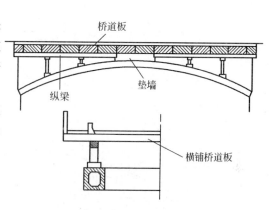

图 4-1-11 连续腹孔布置

②垫墙高度:10~15cm。

③立柱和纵梁:采用预制钢筋混凝土结构,当腹孔跨径小于 10m 时,立柱顶面设 1cm 厚油毛毡;当腹孔跨径大于 10m 时,需设置专门支座。

④桥道板:横桥向布置,其两端可悬出纵梁以外,构造按带悬臂的简支板(双肋主拱)或连续板(多肋主拱)设计。

第二节 恒载内力计算

一、拱轴系数 m 的确定

1. 拱轴系数 m 的确定方法

(1) 调整拱轴系数 m

空腹式拱桥的恒载压力线是满足不了在每个截面上都能与拱轴线重合,即 $M_i=0$,因此,只能根据上一节初拟的拱轴线线形及结构的布置和应用平面杆系有限元法计算程序进行内力分析,通过逐次试算,使全桥若干个控制截面$\left(\text{例如:拱顶、拱脚、}\dfrac{L}{8}、\dfrac{L}{4}、\dfrac{3L}{8}\text{等}\right)$上的压力线偏离值(或偏离弯矩值)接近于零,达到所谓的"合理拱轴线"。

(2) 调整拱上结构的重力位置及其分布状况

例如，调整空腹段的跨径或结构尺寸，调整实腹段的长度或填料质量等，使压力线接近于预设的拱轴线。

(3) 采用多心圆或其他曲线构成的拱轴线来代替悬链线，达到压力线与拱轴线接近吻合。

不论采用哪种方法，都需通过多次试算才能达到目的，借助计算机程序来完成它并无困难；并且，结构的弹性压缩影响可在计算中同时计入进去了。

2. 计算模型与计算过程

在试算过程中，不计入拱上结构的联合作用；其次，在试算中，只改变拱轴线坐标，而暂不改变结构荷载（主拱圈自重已随拱轴线形的变化自动调整），这个影响将在试算过程完成后，再进行修正。

现用图 4-1-12a) 所示的单跨悬链线无铰拱来阐明其计算模型的建立和计算过程。

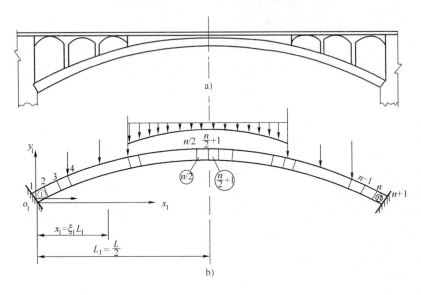

图 4-1-12 单跨悬链线无铰拱的计算模型

(1) 绘制结构的离散图

①拱轴线坐标。可按式 (4-1-1) 公式或查表 4-1-1a 中参数公式进行计算。一般习惯将单元的坐标原点置于左拱脚的截面中心处，此时通过坐标转换得（图 4-1-12b)）：

$$y_1 = f - \frac{f}{m-1}[\operatorname{ch}K(1-\xi_1) - 1] \tag{4-1-4}$$

式中 $\xi_1 = x_1/L_1$，其余符号同式 (4-1-1)。

②单元数。根据跨径的大小或精度的要求可划分为任意偶数的单元数，单元的长度按水平投影长度（x_1 坐标）进行等分，也可以划分为不等长的水平投影段，但必须对称于跨径的中垂线，并且每个单元的节点截面均应与拱轴线正交。这样，实际上的拱轴线是一个折线形，单元数越多，越接近实际的曲线。

其次，在划分单元时，尽可能地将拱上建筑的立柱着力点落在单元的节点上，以简化计算。

③恒载计算。主拱圈的自重则由所在单元的面积与容量 γ 的乘积予以考虑，不需逐一单独计算；空腹段的重力则按照静定体系计算，并通过立柱传递到主拱圈的单元上，如果着力点没有落在单元节点上时，则需将它换算到该单元左、右的两个节点上，达到所有的恒载作用力始终呈垂直的方向；实腹段上的分布荷载 $q(x_1)$ 可以近似地按二次抛物线的分布规律

计算其荷载集度，如果所使用的主程序不具有计算非均匀分布荷载的功能时，则也可以将它们换算为该区段内各个单元节点处的垂直集中力。

(2) 数据准备

为了便于向计算机内逐次输入新的、拟调整的拱轴线坐标（主要指 y 坐标），首先需要按式（4-1-1）或者式（4-1-4）编制一个辅助程序，其 y 坐标的格式排列应与主程序中的一致，以便充分应用程序中的覆盖置换功能，直接将新的 y 坐标值取代拟更改的 y 坐标值，而不需用手工将它们逐一输入，这样可以大大节约时间；其次，在初拟的拱轴系数 m 值的上、下多预备几组数据，并且分别用专门的数据文件予以储存，以待调整，例如，按 0.05 的步距计算与初拟拱轴系数 $m=3.65$、3.60、3.55、3.45、3.40 等相应的 y 坐标，甚至其步距还可划分得更小，不必受表 4-1-1 中 m 值的限制，该表中的那些数据只能作初拟拱轴线时或者在校核计算机结果时参考之用。

(3) 逐次试算和调整

当跨径的矢高为一定值时，尽管拱轴系数 m 改变，但各单元的轴力 N 却变化甚微。因此，从程序输出中观察压力线的变化情况，主要是看各控制截面的弯矩值变化。要达到各控制截面的弯矩均为零几乎是不可能的，只能做到它们的偏离值 $\left(e=\dfrac{M}{N}\right)$ 尽可能小。为了节省试算时间，可以参照这样一个目标：四分点处的偏心 e 最小（$e\approx 0$）；拱顶截面可保留一定的负弯矩，拱脚截面可保留少量的正弯矩，这样做是将它们当作后期汽车荷载作用时的强度储备。

当拱轴线达到某个理想状态时，还需将拱上建筑的尺寸及质量进行修正，再通过程序计算作一次复核。

二、不等跨连续拱桥拱轴系数的确定

对于图 4-1-13 所示的不等跨连续拱桥，一般采用重力式桥墩，各孔的拱轴系数往往需要进行两类性质不完全相同的试算过程。

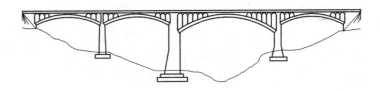

图 4-1-13 不等跨连续拱桥桥型图

1. 第一类试算——使相邻跨在拱脚处的水平推力 H 达到平衡

具体的措施有以下几种：

(1) 采用不同矢跨比。大跨径孔采用较大的矢跨比，小跨径孔采用较小的矢跨比。

(2) 采用不同的拱脚高程。其原理与上述的相同，小跨径孔抬高了拱脚高程，自然会降低矢跨比，大跨径孔降低拱脚高程，自然加大矢跨比。

(3) 调整拱上建筑的恒载质量。大跨径孔的拱上建筑采用轻质填料，小跨径孔可采用重质的填料。

在进行此类试算时，各孔可按初拟的拱轴系数暂时固定不变。

2. 第二类试算——按单孔的方法分别调整各跨的拱轴系数

当水平推力大致平衡后，便可按照上述的试算方法分别调整各孔的拱轴系数。对于同一孔说来，拱轴系数的变化又会对拱脚的水平推力产生影响，但当矢跨比不变时，一般影响不大，如发现过大时，则又要重复上面的第一类试算，直至达到较满意的容许程度为止。

三、施工阶段的恒载内力计算

前面所述的所有恒载内力分析都是在主拱圈成拱以后，再在它的上面施加包括主拱圈自重在内的所有恒重。这个条件只有当采用满堂脚手架施工法时才能得到满足。然而，在实际工程中，尤其是对于跨越江河或深谷的拱桥，有支架施工法就不太实用了，只能采用其他的施工法，例如在我国常用的有：悬臂施工法、劲性骨架施工法和转体施工法等。前二者一般借助缆索吊装设备来吊运和安装构件，后者是在拱圈拱脚与桥台之间设置转动装置。本节对于各种施工方法所需用的机具设备不作介绍，又由于现在对拱桥的设计计算一般采用有限元法的程序来完成，故在下面只对采用各种施工方法时应注意的一些计算要点作扼要介绍。

1. 施工加载程序设计的一般原则

无论采用哪种施工方法，都存在有各种荷载施加的先后、体系的转换（有支架施工法除外）以及临时施工荷载的施加、拆除的过程等。施工加载程序设计的目的，就是在整个施工过程中使拱圈的各个截面都能满足强度和稳定的要求，在成桥以后，主拱圈的轴线线形基本上符合设计。为此，一般均按对称、均衡、多工作面加载的总原则进行设计。

2. 有支架施工法中主拱圈的计算要点

采用有支架施工法修筑拱桥（图 4-1-14）的重要问题之一就是拱架预拱度的计算与设置。其计算要点包括以下几项：

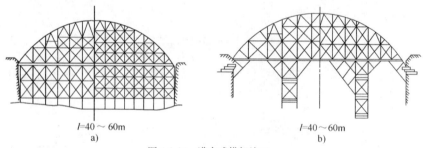

图 4-1-14 满布式拱架施工

（1）拱圈及拱上结构自重产生的拱顶弹性下沉

这项计算可直接利用图 4-1-12b) 中的计算模型来完成。

（2）拱圈温度变化产生的拱顶弹性下沉

当计算程序不具有计算温度效应的功能时，可按下面的近似公式计算：

$$\delta_t = \frac{\left(\frac{L}{2}\right)^2 + f^2}{f} \cdot \alpha(t_2 - t_1) \qquad (4\text{-}1\text{-}5)$$

式中：α——拱圈材料线膨胀系数；

t_1——年平均温度；

t_2——封拱时温度（当 $t_2 - t_1$ 为负值时表示拱顶上升）。

（3）桥墩、台水平位移产生的拱顶下沉

由计算程序来完成。

（4）拱架在承重后的弹性及非弹性变形

这要作专门的拱架设计计算，一般配合施工单位来完成。

(5) 支架基础受荷后的非弹性下沉量

这要结合桥位处的实际地质条件和采用的临时措施，配合施工单位来完成。

拱架在拱顶处的总预拱度为上述各项计算值之和。当算出拱顶预拱度后，其余各点的预加高度可近似地按二次抛物线分配，在拱脚处的预拱度为零。

3. 缆索吊装（悬臂施工法）法中主拱圈的计算要点

本节仅介绍采用缆索吊装施工法时，拱桥结构的若干计算要点，关于缆索设备的选型布置及相关计算等问题，可查阅《路桥施工计算手册》或其他参考书。

(1) 拱肋（箱）节段的吊点位置选择与内力计算

当采用缆索吊装施工法时，应根据缆索设备的起吊能力将主拱圈划分成 3 段、5 段或更多的奇数段，一般以 3 段和 5 段的居多，以简化施工过程。关于吊点位置可按图 4-1-15 所示的经验公式近似地拟定。其内力可按双悬臂梁的图式进行近似计算，如果截面承载能力不能满足吊运过程中的要求时，可以采用两种措施：①在截面内补充施工阶段所需的钢筋；②在吊运过程中，对拱肋（箱）节段进行临时加固，例如采用钢、木制系杆加固或其他措施。

其次，当拱肋（箱）采用平卧式预制时，还需要验算节段在起吊瞬间截面的侧向应力，如图 4-1-15b) 所示。

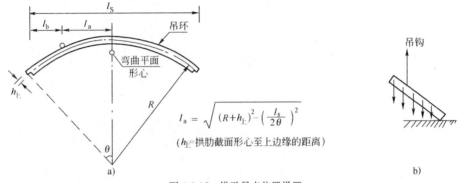

$$l_a = \sqrt{(R+h_{\text{上}})^2 - \left(\frac{l_s}{2\theta}\right)^2}$$

（$h_{\text{上}}$：拱肋截面形心至上边缘的距离）

图 4-1-15 拱肋吊点位置设置

(2) 安装阶段内力计算

现用图 4-1-16 所示的单跨拱三节段吊装过程扼要予以说明，采用多节段的施工，可以参照此原则拟定计算图。

①阶段 1　安装边肋（箱）节段。

在该阶段内，拱脚并未封固，节段的另一端用扣索临时固定。由于扣索可以借助卷扬机调整吊点的高程，故可不计扣索的弹性变形，而将扣索视作为两端为铰接的刚性链杆。这样，便可容易地用手算或电算计算两侧边拱肋（箱）节段在自重作用下的内力。在一般桥梁结构专用电算程序里，都具有分不同施工阶段设计计算结构内力的功能；而且，每个阶段的截面内力都可与上一阶段的内力叠加后予以储存。

②阶段 2　安装中间合龙肋（箱）节段。

在该阶段内，合龙段便简支于两侧边节段的端部，此时亦为静定体系，故在拱脚，合龙段两端的节点截面内，弯矩值仍为零。

③阶段 3　浇筑接缝混凝土和卸除扣索。

浇筑接缝（拱脚、合龙段）混凝土之前，应按设计的拱轴线及预拱度进行全面调整。接缝混凝土达到设计强度以后，才慢慢地、对称地卸除扣索，此时，存在扣索内的拉力将以外荷载的形式，反向地作用到体系转换后的无铰裸拱上。

④阶段4 逐次对称地安装拱上建筑。

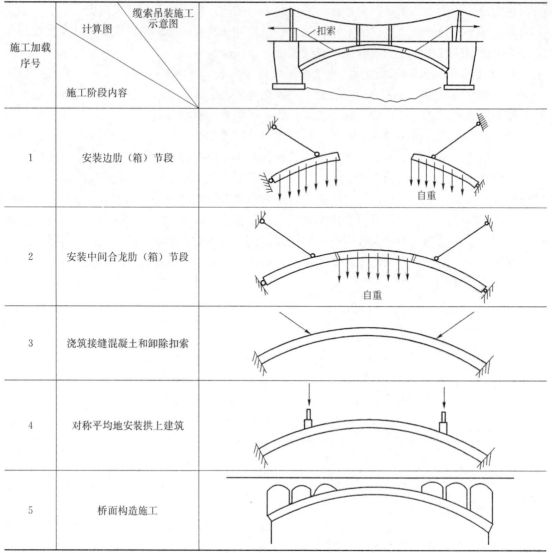

图4-1-16 单跨拱三节段吊装施工过程及其计算图

在这个阶段内,需要通过多个加载程序方案的试算和比较,才能确定合理的加载程序,以确保主拱圈的线形和强度符合设计要求。计算图仍为无铰裸拱和逐次施加的拱上建筑自重。

⑤阶段5 桥面构造施工。

在这个阶段内,结构计算图要分两种情况考虑。对于梁式拱上建筑,一般不考虑拱上建筑的联合作用。但是,对于拱式拱上建筑,实际上存在拱上建筑联合作用,以往由于计算手段上的困难,近似地忽略拱上建筑联合作用,同时也不计入或少计入活荷载横向分布系数的影响。现在采用有限元法的计算程序,不存在这个困难,可以去考虑它,但必须保证拱上建筑在边界条件和节点构造上符合计算图。

(3) 施工阶段的挠度计算和控制

主拱圈的拱脚和合龙段接缝间的混凝土在封固之前,可以通过扣索来调整拱轴线。因此,在采用缆索吊装法施工时,主拱圈应设置的预拱度应是在成拱以后(阶段3)所产生的弹性变形,同时还应计入温度变化、混凝土徐变等因素的影响。应用有限元法程序不难完成这些计算。然而在施工过程中，常常实测值与计算值存在较大差异。产生的原因有材料弹性模量与实际情况不完全一致、吊装过程中拱肋局部出现了裂缝等各种因素。因此，在施工过程中还需对监控人员提出具体要求，以便对拱轴线进行及时调整。

4. 劲性骨架施工法中主拱圈的计算特点

劲性骨架施工法在日本称米兰法，在我国又称埋置式拱架法。它是将型钢或钢管制成强劲的骨架结构，在浇筑拱圈混凝土的过程中起着支架的作用，并被埋入在混凝土内，待混凝土达到设计强度以后，它便与混凝土形成组合截面，共同承担后期的恒载和活荷载。

下面以主跨为 420m 的四川万县长江大桥为例（图 4-1-17）概述劲性骨架混凝土拱桥施工及其计算方面的特点。

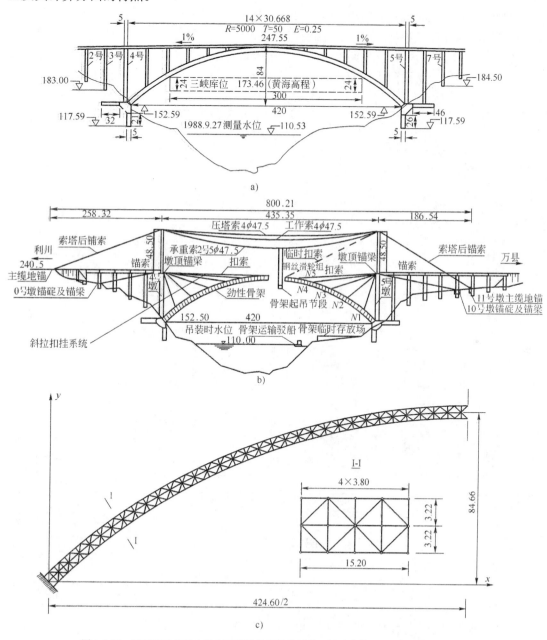

图 4-1-17 四川万县长江大桥立面图及骨架吊装示意（尺寸单位：m；高程单位：m）

(1) 劲性骨架的组成与吊装

该桥劲性骨架由 5 个桁片组成,间距 3.8m,如图 4-1-17c) 所示。每个桁片的上、下弦为 D420×16mm 无缝钢管,腹杆与连接系杆为 4∟75×75×10 角钢的组合杆件。骨架沿拱轴线分为 36 节桁段,每个节段长约 13m,高 6.8m,宽 15.6m,质量 60t。每悬拼 3 个节段称为一组扣段,便安装一组扣索。全桥共设 12 组扣索,南、北岸各 6 组,起重设备为缆索吊机,如图 4-1-17b) 所示。

(2) 主拱圈的混凝土浇筑

劲性骨架混凝土的浇筑包括:向钢管内灌注混凝土和向钢管外灌注外包混凝土以构成箱壁。

向钢管内灌注混凝土的工作是在骨架合龙以后才开始进行。待管内混凝土达到 70% 的设计强度以后,才按先中箱后边箱、先底板次腹板后顶板的顺序,分 7 环依次浇完全箱,在两环之间设一个等待龄期,使先期浇筑的混凝土能参与结构受力,共同承担新浇混凝土的重力。以纵向采用"六工作面法",对称、同步地浇筑纵向每环混凝土,即每环等分为 6 个区段。主拱圈的施工顺序示于图 4-1-18 中。

序号	示意图	内容	序号	示意图	内容
1	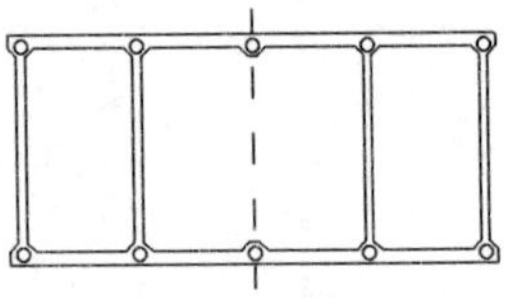	a. 安装劲性骨架; b. 灌注钢管混凝土	5	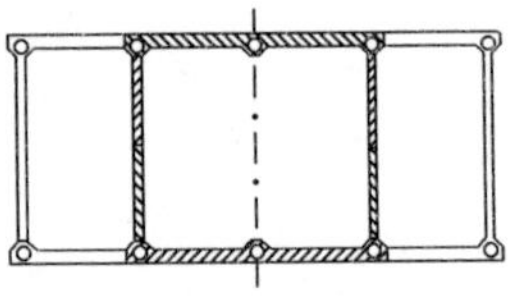	浇筑中室顶板混凝土
2	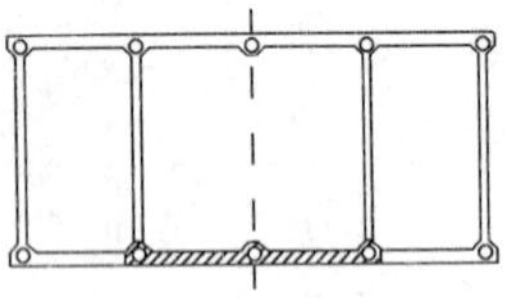	浇筑中室底板混凝土	6	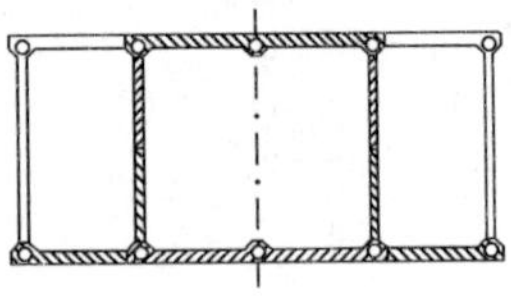	浇筑边室底板混凝土
3	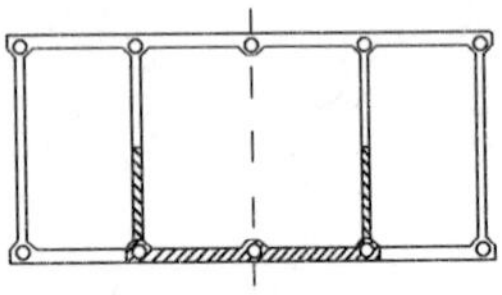	浇筑中室 1/2 高底板混凝土	7	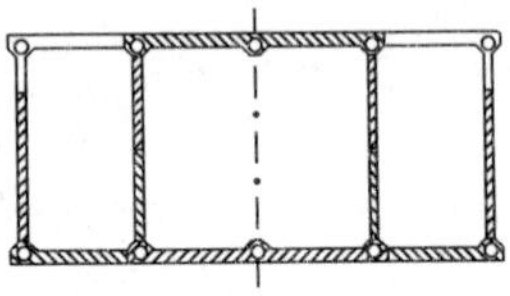	浇筑边室 3/4 高腹板混凝土
4	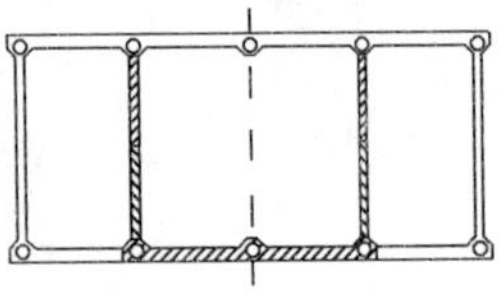	浇筑腹板混凝土至全高	8	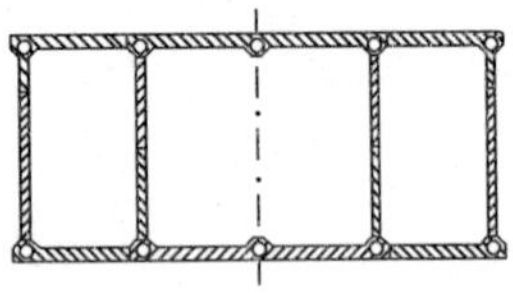	完成全截面混凝土浇筑

图 4-1-18 主拱圈施工顺序图

(3) 计算特点

根据上述的施工顺序,在计算分析中要注意以下 3 个方面的特点:

①主拱圈前后共经历了 3 种不同结构的受力阶段,即

a. 钢结构(钢管内混凝土达到设计强度之前);

b. 钢管混凝土结构;

c. 劲性骨架混凝土结构(全截面混凝土完成且达到设计强度之后)。

②在主拱圈成拱之前,截面面积不断改变,故应按应力叠加方式进行验算,成拱之后的

荷载效应，则按内力叠加方式进行验算。

③需要认真研究应设置的预拱度，使成桥后达到预定的设计高程。因为这种施工方法完全不能按照有支架施工方法的规律来设置预拱度；又不像在悬臂法施工中存在有合龙段，可以在合龙之前通过扣索调整两边拱圈悬臂的高程和选择合适的温度（15℃左右）进行合龙；而是每完成一个施工阶段，结构整体刚度逐次地加大，成拱以后，其线形已无法调整。

因此，对于大跨径拱桥采用劲性骨架混凝土作主拱圈时，其设计计算必须紧密结合施工顺序综合考虑，并且在施工过程中，还必须严格按照设计要求进行监控。

5. 无平衡重转体施工法中主拱圈内力计算特点

(1) 施工工艺简介

现用主拱跨长200m的四川涪陵乌江大桥作为例子。简单介绍无平衡重转体施工工艺。该桥的主拱圈为三室箱截面，宽×高为9m×3m，壁厚0.2m。为了利用桥台两侧有利的山坡地形和避免水中作业以及减少搭设拱架的工作量，先将主拱圈的两个边箱分开，又从跨中断开，划为4个独立的节段分别在两岸依山就地预制，如图4-1-19所示。然后通过锚固、转动及位控三大体系将4个半跨边箱同步转体合龙后，再完成中箱顶、底板的施工，使之形成三室箱。为了减轻施工阶段的边拱箱的重力，还将$\frac{L}{4}$至拱顶间的箱室壁板先暂时适当减薄，待合龙后再通过预埋的构造措施将它们加厚到截面的设计尺寸。

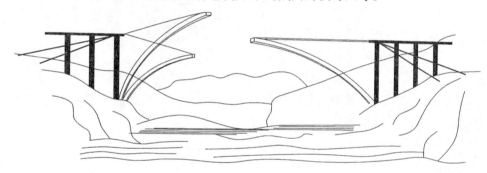

图 4-1-19 转体施工示意图

(2) 主拱圈内力计算要点

主拱圈截面内力应按其形成的不同阶段先分别计算，然后叠加，其主要内容示于表4-1-4中。在桥梁结构分析的专用程序中，一般都具有分阶段计算截面内力的功能，因此完成这项分析并无困难。

主拱圈分阶段的内力计算内容 表4-1-4

序号	阶段内容	结构体系	作用外力	承载截面
1	边箱转体	按简支或悬臂竖向弯梁计算（依扣点位置而定）	垂直力：边箱自重＋模板黏着力 横向力：使边箱发生转动的水平分力＋横向风力	边箱截面（$\frac{L}{2}$至拱顶按减薄截面）
2	边箱$L/4$至拱顶段壁板加厚	按简支或悬臂竖弯梁计算（依扣点位置而定）	壁板加厚部分的自重	边箱截面（$\frac{L}{2}$至拱顶按减薄截面）

续上表

序号	阶段内容	结构体系	作用外力	承载截面
3	中室顶、底板施工	按简支或悬臂竖弯梁计算（依扣点位置而定）	中室顶、底板的自重	边箱截面
4	封拱脚混凝土及松扣索	无铰拱	将扣索索力反向作用于主拱圈上	三室全截面
5	拱上建筑	无铰拱	按施工加载程序施加各个构件的荷载	三室全截面

第三节 汽车荷载内力计算

一、一般公式

1. 工字形、箱形肋拱

由于它们均按一榀拱肋为单位进行设计的，故内力计算公式为：

按现行《通用规范》：

$$S_i = (1+\mu) \xi \cdot m_i (q_k \omega_i + P_k y_i) \tag{4-1-6}$$

按《通用规范》（JTJ 021—89）（以下简称原《通用规范》）：

$$S_i = (1+\mu) \xi \cdot \sum m_i P_i y_i \tag{4-1-7}$$

2. 箱形板拱

箱形板拱一般是按整体截面进行设计的，它们的内力计算公式与上述的差别、仅在于用内力增大系数 ζ 取代荷载横向分布系数 m，即：

按现行《通用规范》

$$S_i = (1+\mu) \xi \cdot \zeta (q_k \omega_i + P_k y_i) \tag{4-1-8}$$

按原《通用规范》

$$S_i = (1+\mu) \cdot \xi \sum \zeta_i P_i y_i \tag{4-1-9}$$

在以上各式中，现行和原《通用规范》关于多车道横向折减系数 ξ 的规定是一致的，但冲击系数 μ 的差别较大。现行《通用规范》对于拱桥的冲击系数是按主拱圈结构的基频 f（Hz）确定，而原《通用规范》的冲击系数是按跨径的大小确定，比较简单，现抄录如下，供对混凝土旧拱桥加固或对混凝土新拱桥在初步设计中用来估算截面承载能力的参考，即：

当 $l \leqslant 20$m 时，$\mu = 0.2$；

当 $l \geqslant 70$m 时，$\mu = 0$；

当 l 在 20~70m 之间时，μ 值则按直线内插法求得。

二、m 和 ζ 系数的确定

1. m 系数的确定

（1）肋拱桥大多采用双肋式的结构形式，当其间采用刚性横系梁连接时，则可以近似地应用杠杆原理求算每榀肋的荷载横向分布系数 m。

(2) 对于上承式拱桥的一般情况，现行《通用规范》规定，汽车荷载可以通过拱上排架式墩的盖梁和立柱分配于拱肋。

2. ζ 系数的确定

现行《混桥规》规定，拱上建筑为立柱排架式墩的箱形板拱桥，应考虑汽车荷载的不均匀分布。但是，由于拱桥的构造和受力均较梁式桥的复杂得多，故迄今尚无成熟的实用计算方法。本节推荐采用式（2-3-6）近似地求算内力增大系数 ζ，现简述如下。

(1) 基本假定

① 不考虑拱上建筑与主拱圈的联合作用；

② 按照矢高和跨径相等的原理，将不同拱轴线的箱形板拱均换算为一座圆弧形曲线梁，然后计算其跨中（即拱顶）在单位扭矩 $T=1$ 作用下的扭转角 $\bar{\theta}$；

③ 若为变截面拱时，则按 $L/4$ 处的截面简化为等截面曲线梁。

(2) 曲线梁的等代

设图 4-1-20a）为悬链线拱，图 b) 为矢高 f 和跨径 L 保持不变的曲线梁，则后者的圆心角 φ_0 和曲率半径 R 可按以下两公式求算：

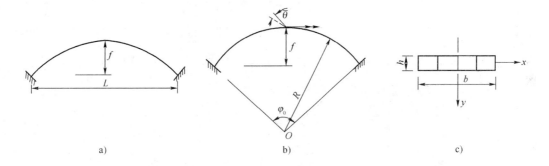

图 4-1-20 拱与曲线梁之间的等代图

$$\left.\begin{array}{l} \varphi_0 = 4\arctan\dfrac{2f}{L} \\[2mm] R = \dfrac{L}{2\sin\dfrac{\varphi_0}{2}} \end{array}\right\} \quad (4\text{-}1\text{-}10)$$

注意，当按曲线梁计算跨中扭转角 $\bar{\theta}$ 时，曲线梁截面的抗弯惯矩应取 I_y（对 y 轴）而不是 I_x，主坐标方向可参见图 4-1-20c)。

(3) $\bar{\theta}$ 计算公式

若算得图 4-1-20b) 中曲线梁的下列参数后：

$$\left.\begin{array}{l} k = \dfrac{EI_y}{GI_T} \\[2mm] A = \dfrac{(1+k)\varphi_0}{\sin\varphi_0} \\[2mm] B = 1 - k \end{array}\right\} \quad (4\text{-}1\text{-}11)$$

则在单位扭转力矩 $T=1$ 作用于跨中时,沿扭转力矩方向产生的扭转角 $\bar{\theta}$ 可按下式计算:

$$\bar{\theta} = \frac{R}{4EI_y} \cdot \tan\frac{\varphi_0}{2} \cdot \frac{A^2}{A+B\cos^2\frac{\varphi_0}{2}} - \left(\frac{B}{A}\right)^2 \tag{4-1-12}$$

以上各式中:E、G——分别为弹性模量和剪切模量;

I_T——箱形截面抗扭惯矩,可按表 1-9-4 中的相应公式计算,也可近似地按单室箱的公式(1-9-1)计算;

其余符号定义同前。

(4) $\bar{w}$ 计算

可应用有限元法程序完成计算,即按实际拱圈截面和拱轴线型划分单元和确定节点坐标,然后在拱顶处施加单位力 $P=1$,便得拱顶处的垂直位移 $\bar{w}$。

将求得的 $\bar{\theta}$ 和 $\bar{w}$ 代入式(2-3-6)中,便可容易地算出不同横向布置工况下的内力(或荷载)增大系数 ζ。

三、示 例

【例 4-1-1】 图 4-1-21 是计算跨径为 140m 的三室箱形截面悬链线拱桥,矢高 17.5m,矢跨比 $f/L=\frac{1}{8}$,拱轴系数 $m=2.24$,拱上建筑为多跨全空腹式的简支梁桥,其跨径组合为 19×7.4m,采用立柱式排架墩,混凝土弹性模量 $E=3.5\times10^7$ kN/m²,剪切模量 $G=0.425E$,其余尺寸均示于图中,试求该桥的荷载增大系数 ζ。

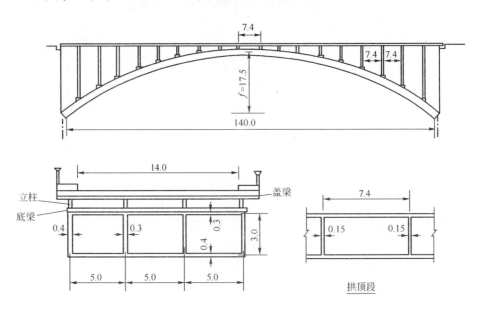

图 4-1-21 例 4-1-1 拱桥结构尺寸图(尺寸单位:m)

解:(1)截面特性计算

①抗弯惯矩

$I_x=26.206$ m⁴,$I_y=342.28$ m⁴ (计算过程略)

②抗扭惯矩

近似地按单室箱形截面计算，应用式（1-9-1）得：

$$I_T = \frac{4F^2}{\oint \frac{ds}{t}} = \frac{4 \times (15 \times 3)^2}{\frac{15}{0.3} + \frac{15}{0.4} + \frac{3}{0.4} \times 2} = 79.024 \text{m}^4$$

按表 1-9-4 中公式计算的精确值为 $I_T = 79.50 \text{m}^4$，相对误差约为 0.6%。

（2）$\overline{w}$ 计算

按裸拱计算，将拱圈按水平轴向等分为 48 段，每段水平投影长 $\Delta S = L/n = 140/48 \approx 2.1967\text{m}$，按拱轴系数 $m = 2.24$ 确定每个单元节点的纵向坐标，单元截面尺寸按图 4-1-21 中尺寸输入，单位力 $P = 1\text{kN}$ 作用于拱顶 25 号节点处，由有限元法程序得拱顶挠度 $\overline{w} = 2.319 \times 10^{-6} \text{m/kN}$，如图 4-1-22 所示。

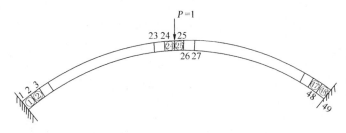

图 4-1-22　主拱圈计算的离散图

（3）曲线梁的等代

由式（4-1-10）得等代曲线梁两个重要参数：

圆心角

$$\varphi_0 = 4\arctan\frac{2f}{L} = 4 \times \arctan\left(\frac{2 \times 17.5}{140}\right) = 0.9799 \text{rad}$$

曲率半径

$$R = \frac{L}{2\sin\frac{\varphi_0}{2}} = \frac{140}{2 \times \sin\left(\frac{0.9799}{2}\right)} = 148.75 \text{m}$$

（4）$\overline{\theta}$ 计算

由式（4-1-11）求出下列参数：

$$k = \frac{EI_y}{GI_T} = \frac{E \times 342.28}{0.425E \times 79.024} = 10.19$$

$$A = \frac{(1+k)\ \varphi_0}{\sin\varphi_0} = \frac{(1+10.19) \times 0.9799}{\sin(0.9799)} = 13.2039$$

$$B = 1 - k = 1 - 10.19 = -9.19$$

再代入式（4-1-12）中得：

$$\overline{\theta} = \frac{148.75}{4 \times 3.5 \times 10^7 \times 342.28} \cdot \tan\left(\frac{0.9799}{2}\right) \cdot \frac{13.2039^2}{(13.2039 - 9.19)} \cdot$$

$$\left[\cos^2\left(\frac{0.9799}{2}\right) - \left(\frac{-9.19}{13.2039}\right)^2\right] = 2.1285 \times 10^{-8} \frac{\text{rad}}{\text{kN} \cdot \text{m}}$$

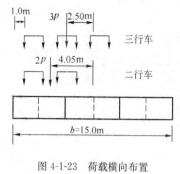

图 4-1-23 荷载横向布置

(5) 荷载增大系数 ζ 计算

荷载的最不利横向布置如下：

按照行车道净宽 14m 和最不利的偏心布置，图 4-1-23 示出了两行车和三行车两种工况的荷载位置，其合力 nP 距箱形截面中心线的偏心距离 e 分别为 4.05m 和 2.50m。本例箱形截面两外侧腹板间中距 $b=15$m，将以上诸已知值代入式（2-3-6），分别得到两种工况的荷载增大系数 ζ，即：

两行车

$$\zeta = n\left[1 + \frac{b \cdot e}{2}\left(\frac{\bar{\theta}}{\bar{w}}\right)\right] = 2\left[1 + \frac{15 \times 4.05}{2}\left(\frac{2.1285 \times 10^{-8}}{2.319 \times 10^{-5}}\right)\right] = 2.5576$$

三行车

$$\zeta = 3\left[1 + \frac{15 \times 2.5}{2}\left(\frac{2.1285 \times 10^{-8}}{2.319 \times 10^{-5}}\right)\right] = 3.5163$$

计入多车道横向折减系数 ξ 后的最终结果比较列出于表 4-1-5。

荷载横向布置工况的比较　　　　　　表 4-1-5

工　　况	n	ζ	ξ	$\zeta \cdot \xi$
两行车	2	2.5576	1.0	2.5576
三行车	3	3.5163	0.78	2.7427

经比较，以三行车行驶时最不利。

第四节　其他因素产生的内力计算

除了恒载和汽车荷载以外，使拱桥产生内力的其他因素主要有以下几种：
(1) 温度变化产生附加内力。
(2) 混凝土收缩引起的内力。
(3) 拱脚变位引起的内力。
(4) 水的浮力引起的内力。
(5) 横桥向水平风力引起的拱脚截面横向弯矩等。

目前在许多桥梁专用的平面杆系有限元法程序中都具有计算这些内力的功能，设计者可按相应程序中的说明输入数据并进行计算。本节主要介绍当不具有这些功能时，如何采用理论分析与程序相结合的近似分析方法。

一、温度变化产生的附加内力

1. 基本结构计算图

一般可应用力法原理与电算相结合的方法来完成分析。其基本结构如图 4-1-24 所示，其中图 a）是考虑拱上结构联合作用，图 b）是不计联合作用。它们在拱顶切口处均有 3 个赘余力 X_1（弯矩）、X_2（水平向轴力）、X_3（竖向剪切力）。由于结构对称，可取半结构进行分析。

2. 常变位 δ_{ij}、载变位 Δ_{it} 计算

常变位 δ_{ij} 值可以分别令 $\overline{X_i}=1$ 和应用有限元程序求得。载变位 Δ_{it} 可近似地参照曲梁桥的温度变形规律计算。对于静定的悬臂曲线梁，当其全截面受到年平均温差影响时，将会发生两个位移分量：①沿桥轴线方向的纵向分量；②沿桥轴线垂直方向的位移分量，即在悬臂曲线梁端部截面不发生角变位移，如图 4-1-24c) 所示。因此，在拱顶截面处，与赘余力相

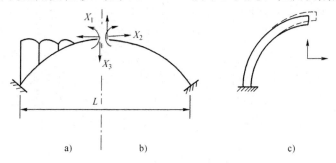

图 4-1-24 温度附加内力的计算图

对应的变位分量为：

$$\left.\begin{array}{l}\Delta_{1t}=\Delta_{3t}=0\\ \Delta_{2t}=\alpha\cdot L\cdot \Delta t\end{array}\right\} \quad (4\text{-}1\text{-}13)$$

式中：Δt——最高（或最低）温度与合龙温度之差，温升时 Δt 与 X_2 均为正；温降时，Δt 与 X_2 均为负；

α——材料的线膨胀系数，对于混凝土或钢筋混凝土结构 $\alpha=1\times 10^{-5}$。

3. 列力法方程，求解赘余力

力法方程如下：

$$\left.\begin{array}{l}\delta_{11}X_1+\delta_{12}X_2+\delta_{13}X_3+0=0\\ \delta_{21}X_1+\delta_{22}X_2+\delta_{23}X_3+\Delta_{2t}=0\\ \delta_{31}X_1+\delta_{32}X_2+\delta_{33}X_3+0=0\end{array}\right\} \quad (4\text{-}1\text{-}14)$$

4. 截面内力计算

将解得的赘余力 X_i 输入到图 4-1-24 的计算图中，就可得到全桥各个单元节点截面的温度变化附加内力。

二、混凝土收缩引起的内力

混凝土在结硬过程中的收缩变形，其作用与温度下降相似。通常为了简化分析，将混凝土的收缩影响等效为温度的降低，并提出了以下的经验取值：

(1) 整体浇筑的混凝土结构的收缩影响，对于一般地区按温降 20℃ 取值，干燥地区按温降 30℃ 取值；整体浇筑的钢筋混凝土结构按温降 15°～20℃ 取值。

(2) 分段浇筑的混凝土或钢筋混凝土结构的收缩影响按温降 10～15℃ 取值。

(3) 装配式钢筋混凝土的收缩影响，按温降 5～10℃ 取值。

当确定出所设计结构的具体取值 Δt 以后，再代入式（4-1-13）中，便可以得到载变位 Δ_{2t}，其余计算与温度变化的附加内力计算方法完全相同。

此外，在计算拱圈温度变化和温度收缩影响时，可根据实际资料考虑混凝土徐变的影响，如缺乏实际资料，其计算内力可按下列系数予以折减：

(1) 温度变化影响力：0.7；

(2) 混凝土收缩影响力：0.45。

三、拱脚变位引起的内力

如图 4-1-25a) 所示，设 B 拱脚相对于 A 拱脚发生了水平位移 Δ_u、垂直位移 Δ_v 和转角 Δ_θ，此时基本结构可以取图 4-1-25b) 的图。与温度附加内力的计算方法相似，先分别令 $\overline{X_i}=1$，应用有限元法程序计算结构的常变位 δ_{ij}，而载变位为 $\Delta_{1\Delta}=-\Delta_\theta$、$\Delta_{2\Delta}=-\Delta_u$、$\Delta_{3\Delta}=-\Delta_v$（位移方向与赘余力的设定方向不一致者取"—"），再列出与式（4-1-14）相似的力法方程，解得赘余力以后，再输入到图 4-1-25b) 的计算模型中，应用电算程序可以求得全桥各单元节点截面的内力。即使考虑拱上建筑的联合作用，上述基本结构的图仍然不变。

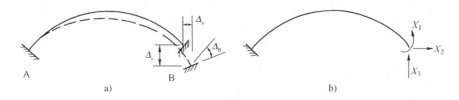

图 4-1-25 拱脚位移的计算图

四、水的浮力引起的内力

当拱圈有一部分被水淹设时，在设计中应考虑浮力作用，如图 4-1-26 所示。若水位变化较小时，则浮力视作"永久荷载"，若水位带有季节性，则浮力可视作"其他可变荷载"，参与荷载的组合。浮力的方向向上，其荷载集度 $q_浮$ 为：

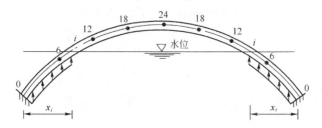

图 4-1-26 浮力作用

$$q_浮 = \gamma_水 A \tag{4-1-15}$$

式中：$\gamma_水$——水的重度；

A——拱圈外轮廓截面面积，若拱箱设置泄水孔时，则为拱圈净截面面积。

对于浮力作用，可以直接应用平面杆系有限元法程序计算，不必取基本结构的计算图进行分析。

五、横向风力对拱脚截面产生的横向弯矩

对于这种工况，一般需应用空间有限元法程序进行分析。本节仅介绍一种近似的简化计算方法，其计算步骤如下：

（1）将悬链线或抛物线拱，按照跨径 L 和矢高 f 不变的原则转换为半径为 R 和圆心角为 φ_0 的固端圆弧线拱，如图 4-1-27a)、b) 所示。

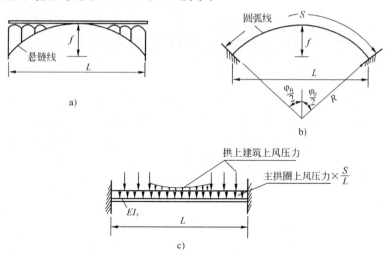

图 4-1-27　在横向风力作用拱脚截面内力计算图

（2）不计拱上建筑与主拱圈的联合作用，但将作用于它上面的横向风力化为若干个水平集中力 P_i，其中的扭矩分量忽略不计。

（3）将图 4-1-27b) 的固端曲线拱视作固端曲线梁，仿效第二篇中关于连续弯梁桥简化计算的方法，又将固端曲线梁进一步简化为固端直线梁，将主拱圈迎风面上的横向风力 q_w 再乘以 S/L（S：曲线梁的弧长），然后将它与上一步骤算得的 P_i（数值和所在位置不变）共同作用于固端直线梁上，如图 4-1-27c) 所示。

（4）应用查表法（参见第一篇）或有限元法程序可以计算出固端直线梁的固端截面弯矩 M_z。

（5）按下式将 M_z 转换为实际拱桥拱脚截面横向弯矩 M_{gj} 的近似值，即：

$$M_{gj} = M_z / \left(\frac{\varphi_0}{2}\right) \tag{4-1-16}$$

对于双肋式拱桥，亦可参照上述的简化方法，将双肋转换为平行的两条固端直线梁，将双肋间的横系梁按投影位置置于两条直梁之间，然后应用平面杆系有限元法程序进行分析。关于作用于每条拱肋上的横向风力值一般是不完全相等的，具体值可按现行《通用规范》中的规定进行计算。

第五节　稳定性验算

一、几种特殊情况

现行相关规范中规定，拱桥在施工阶段或成拱过程中，一般应验算拱的稳定性（纵向稳定和横向稳定）。但在下列几种情况下，可以不用验算或只进行部分验算。

（1）采用有支架施工法的小跨径实腹式拱桥，其纵、横向稳定性可不验算。

（2）在拱上建筑全部完工以后再行落架的大、中跨径拱桥，可以不验算主拱的纵向稳定性。

(3) 主拱圈宽度 B 与跨径 L 之比 $B/L \geqslant \dfrac{1}{20}$ 的大、中跨径拱桥，可不验算主拱的横向稳定性。

二、拱桥纵向（面内）稳定性的近似验算

1. 近似计算图

拱桥稳定性的验算是一个较为复杂的问题，尤其是对于特大和大跨径拱桥，一般宜用专用的稳定计算程序进行计算。本节仅介绍传统的、用手算来完成的近似验算方法，即将呈曲杆式的拱圈转换为虚拟的直杆梁来验算其临界轴压力 N_L，如图 4-1-28 所示。其中虚拟直杆长度 l_0 又称换算直杆的计算长度，可按现行《混桥规》规定确定：

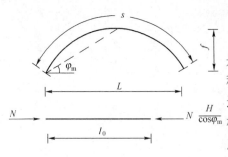

图 4-1-28 拱圈稳定验算的近似计算图

无铰拱　　　　　　　　$l_0 = 0.36S$
双铰拱　　　　　　　　$l_0 = 0.54S$　　　　（S：拱轴长度）　　（4-1-17）
三铰拱　　　　　　　　$l_0 = 0.58S$

2. 近似验算公式

（1）换算直杆的长细比不大的拱桥

对于长细比没有超过现行《混桥规》中关于受压直杆构件所容许的长细比时，其纵向（面内）稳定性验算公式可采用混凝土或钢筋混凝土轴心受压构件的强度校核公式验算，详见相关规范的具体内容。

（2）等截面主拱圈

当主拱圈为换算直杆长细比超过现行《混桥规》中关于受压直杆构件的容许长细比时，其验算公式可表为：

$$N_L \geqslant (4 \sim 5) N_j \qquad (4\text{-}1\text{-}18)$$

其中临界平均轴向力 N_L 可表为：

$$N_L = \dfrac{k_1}{\cos\varphi_m} \cdot \dfrac{EI_x}{L^2} \qquad (4\text{-}1\text{-}18a)$$

平均轴向力的计算值 N_j 可表为（注意为了醒目直观，将现行《通用规范》中的表示符号，作了变动）：

$$N_j = \dfrac{\gamma_0}{\cos\varphi_m}\left(\sum_{i=1}^{m}\gamma_{永i}\cdot H_{永i} + \gamma_{汽}\cdot H_{汽} + \psi\sum_{k=1}^{n}\gamma_{变k}\cdot H_{变k}\right) \qquad (4\text{-}1\text{-}18b)$$

半拱弦与水平线的夹角 φ_m 为（图 4-1-28）：

$$\cos\varphi_m = \dfrac{1}{\sqrt{1+4\left(\dfrac{f}{L}\right)^2}} \qquad (4\text{-}1\text{-}18c)$$

以上各式中：L、I_x、E——分别为拱的计算跨径、主拱截面对水平主轴的惯性矩和材料弹性模量；

$H_{永}$、$H_{汽}$、$H_{变}$——分别为在永久荷载、汽车荷载和可变荷载作用下对拱产生的水平推力；

γ_0——结构的重要性系数,按表 4-1-6 采用;

ψ——可变荷载的组合系数(但该荷载组合中不包含有汽车荷载、汽车冲击力和离心力三项),按表 4-1-7 采用;

$\gamma_永$、$\gamma_汽$、$\gamma_变$——分别为在荷载组合中的永久荷载、汽车荷载和可变荷载的分项系数,按表 4-1-8 采用;

k_1——临界推力系数,按表 4-1-9 采用。

结构重要性系数 γ_0 表 4-1-6

设计安全等级	桥涵结构	γ_0
一级	特大桥、重要大桥	1.1
二级	大桥、中桥、重小小桥	1.0
三级	小桥、涵洞	0.9

注:表中关于特大、大、中、小桥的定义、详见现行《通用规范》中的表 1.0.11。

可变荷载的组合系数 ψ 表 4-1-7

荷载组合内容	可变荷载项数 n	ψ
永久荷载+汽车荷载(含汽车冲击力、离心力)+人群荷载	$n=1$(人群荷载)	0.8
永久荷载+汽车荷载(含汽车冲击力、离心力)+其他 n 项可变荷载	$n=2$	0.7
	$n=3$	0.6
	$n=4$	0.5

永久荷载效应的分项系数 $\gamma_永$ 表 4-1-8

编号	荷载类别	永久荷载效应分项系数	
		对结构的承载能力不利时	对结构的承载能力有利时
1	混凝土和圬工结构重力(包括结构附加重力)	1.2	1.0
	钢结构重力(包括结构附加重力)	1.1 或 1.2	
2	预加力	1.2	1.0
3	土的重力	1.2	1.0
4	混凝土的收缩及徐变作用	1.0	1.0
5	土侧压力	1.4	1.0
6	水的浮力	1.0	1.0
7	基础变位作用	混凝土和圬工结构	0.5	0.5
		钢结构	1.0	1.0

注:1. 本表编号 1 中,当钢桥采用钢桥面板时,永久荷载效应分项系数取 1.1;当采用混凝土桥面板时,取 1.2;
2. 汽车荷载效应(含汽车冲击力、离心力)的分项系数 $\gamma_汽=1.4$;
3. 风荷载效应的分项系数 $\gamma_风=1.1$;其余可变荷载效应的分项系数 $\gamma_变=1.4$。

临界推力系数 k_1 表 4-1-9

f/L	0.1	0.2	0.3	0.4	0.5
无铰拱	74.2	63.5	51.0	33.7	15.0
双铰拱	36.0	28.5	19.0	12.9	8.5

（3）变截面主拱圈

对于变截面主拱圈，可以近似地取用 $L/4$ 截面的惯性矩 I_x 来估算临界平均轴向力 N_L，其余计算同上。

（4）连续式拱上建筑与主拱共同受力的拱桥

对于这种情况，拱的稳定性一般比裸拱有所提高，其临界平均轴向力 N_L 可按下式计算：

$$N_L = \left(1 + \frac{EI_b}{EI_x}\right) \cdot \frac{k_1}{\cos\varphi_m} \cdot \frac{EI_x}{L^2} \tag{4-1-19}$$

式中：I_b——桥道梁的面内抗弯惯矩。

其余计算同上。

三、拱桥横向（面外）稳定性的验算

1. 一般验算公式

拱丧失横向（面外）稳定时的临界轴向力 N'_L 公式与验算纵向稳定性的相似，即

$$N'_L \geqslant (4 \sim 5) N_j \tag{4-1-20}$$

式中 N_j 的计算同式 (4-1-18b)，N'_L 的计算见后。

2. 板拱或采用单肋合龙时的拱肋之 N'_L 计算

N'_L 的计算公式如下：

$$N'_L = \frac{k_2}{\cos\varphi_m} \cdot \frac{EI_y}{8fL} \tag{4-1-21}$$

式中：I_y——主拱圈截面对垂直中心轴的惯性矩；

k_2——临界荷载系数，它与 f/L 和 λ 有关，按表 4-1-10 采用。

横向稳定临界荷载系数 k_2 表 4-1-10

f/L \ λ	0.7	1.0	2.0
0.1	28.5	28.5	28.0
0.2	41.5	41.0	41.0
0.3	40.0	38.5	36.5

注：$\lambda = EI_y/GI_k$；I_k——抗扭惯矩；$G = 0.43E$。

3. 具有横向联结系的双肋拱之 N'_L 计算。

如图 4-1-29 所示，双肋拱临界轴向力 N'_L 可按下式计算：

$$N'_L = \frac{\pi^2 E_a I_y}{l_{OH}^2} \tag{4-1-22}$$

其中的组合压杆计算长度 l_{OH} 可按下式计算：

$$l_{OH} = \rho\alpha S \qquad (4\text{-}1\text{-}22a)$$

$$\rho = \sqrt{1 + \frac{\pi^2 E_a I_y}{(\alpha S)^2}\left(\frac{ab}{12 E_b I_b} + \frac{a^2}{24 E_a I_a} \times \frac{1}{1-\beta} + \frac{na}{bA_b G}\right)}$$
$$(4\text{-}1\text{-}22b)$$

$$\beta = \frac{N_L a^2}{2\pi^2 E_a I_a} \qquad (4\text{-}1\text{-}22c)$$

以上各式中：I_y——双肋截面对其公共竖直轴的惯性矩；

α——与支承条件相关的系数，无铰拱为 0.5，双铰拱为 1；

A_b、a、b——分别为横系梁的截面面积、横系梁间距和横系梁的计算长度；

I_a、I_b——分别为一条肋和一根横系梁对自身竖直轴的惯性矩；

n——与横系梁截面形状有关的系数，对于矩形截面 $n=1.2$；对于圆形截面 $n=1.11$；

β——考虑节间局部稳定的有关系数，只能用试算法求解，当没有足够数目的横系梁时，一般可以略去不计；

E_a、E_b——分别为拱肋、横系梁材料的弹性模量；

G——横系梁的剪切模量；

其余符号意义同前。

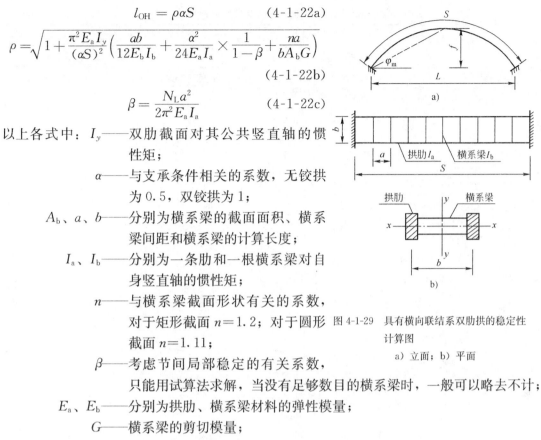

图 4-1-29　具有横向联结系双肋拱的稳定性计算图
a) 立面；b) 平面

第六节　拱桥计算中的其他问题

一、连拱计算

现行规范中规定多跨无铰拱桥应按连拱计算。但当桥墩抗推刚度与主拱圈抗推刚度之比大于 37 时，可按单跨拱桥计算。过去，由于受到计算手段的限制，均按经过简化了的理论公式和手算来完成分析，但十分烦琐。现在有了平面杆系有限元法的计算程序，使这个问题得到了满意的解决。因此，本节不再列出那些理论公式，但可参阅《桥梁工程》等相关文献。在应用程序完成分析时，可以从以下几个方面简化计算模型和减少计算单元数，以节约计算机时。

1. 群桩基础的简化模拟

参见第三篇第一章第三节内容。

2. 连拱计算孔数的确定

当全桥孔数很多时（例如 5~7 孔以上），一般没有必要将全桥的实际孔数作为连拱的计算孔数。本节只给出了用查表法确定连拱计算应取孔数的简单方法，如表 4-1-11 所示。表中的 β 值为设计者选定的容许误差要求，$\eta = K_r/\overline{K}$，简称拱墩刚度比，K_r 代表 r 计算孔主拱圈的抗推刚度，$\overline{K}$ 代表计算孔左侧（或右侧）墩的抗推刚度。

按 β 和 η 值确定连拱计算孔数用表   表 4-1-11

β	按单孔计算的条件	r 计算孔左（或右）侧应取孔数的条件 $\eta \leqslant$（表中值)				
		1孔	2孔	3孔	4孔	5孔
0.02	$\eta \leqslant 0.02$	0.1763	0.8223	1.8516	3.2734	5.0312
0.05	$\eta \leqslant 0.05$	0.3217	1.3418	2.9551	5.1719	7.9609
0.10	$\eta \leqslant 0.10$	0.5429	2.0947	4.5547	7.8945	12.1328

β	r 计算孔左（或右）侧应取孔数的条件 $\eta \leqslant$（表中值)					
	6孔	7孔	8孔	9孔	10孔	—
0.02	7.2344	9.7656	12.7188	16.0156	19.6563	—
0.05	11.3281	15.2813	19.8125	25.0156	30.6250	—
0.10	17.2656	23.2813	30.2344	38.0469	46.6250	—

【例 4-1-2】 现用图 4-1-30 所示 7 孔连拱的例子加以阐明。设各孔拱圈的抗推刚度相等，$K_1=K_2=K_3=K_r=K'_1=K'_2=K'_3=0.3\times 10^4$，各墩的抗推刚度不完全相等，$\overline{K}_1=\overline{K}_2=0.8\times 10^4$，$\overline{K}_a=0.6\times 10^4$，$\overline{K}_b=\overline{K'}_1=\overline{K'}_2=1.0\times 10^4$，设计要求 $\beta\leqslant 0.05$，试确定连拱的计算孔数。

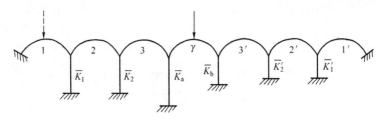

图 4-1-30 例 4-1-2 的连拱布置图

解：(1) 当荷载作用于 r 跨时：

$$\eta_a=\frac{K_r}{\overline{K}_a}=\frac{0.3\times 10^4}{0.6\times 10^4}=0.5<[1.3418]$$

故按表 4-1-11 应取 r 孔左侧相邻的两孔（2、3 孔），又：

$$\eta_b=\frac{K_r}{\overline{K}_b}=\frac{0.3\times 10^4}{1.0\times 10^4}=0.3<[0.3217]$$

故按表 4-1-11 应取 r 孔右侧相邻的一孔（3′孔），于是总共应计算的连拱孔数为 4 孔。

(2) 当计算左边的第一孔时：

$$\eta_1=\frac{K_1}{\overline{K}_1}=\frac{0.3\times 10^4}{0.8\times 10^4}=0.375<[1.3418]$$

故按表 4-1-11 应取与右侧相邻的 2 孔（2、3 孔），于是，应取的连拱计算孔数为 3 孔。其余情况可照此类推。

3. 拱上建筑联合作用时的取舍

对于具有立墙式的拱式拱上建筑的拱桥可考虑它与主拱圈的联合作用，对于梁式拱上建筑的拱桥可以不考虑，以节约计算机时。

二、拱圈内力调整

悬链线无铰拱在最不利荷载组合时，常出现两个主要控制截面的内力（拱顶正弯矩和拱脚负弯矩）过大的情况，对于空腹式的拱桥，常用以下两种方法进行内力调整。

1. 用临时铰调整内力

这是一种施工措施，即在拱圈施工时，在拱顶、拱脚处用铅垫板做成临时铰偏心地布置于截面内，形成三铰拱，待拱上建筑完成后，再用高强度等级水泥砂浆封固，成为无铰拱。为了消除过大的拱顶正弯矩，可将临时铰布置在拱轴线以下（距拱轴为 e_d），和为了消除过大的拱脚负弯矩，临时铰则布置在拱轴线以上（距拱轴为 e_j），如图 4-1-31 所示。偏心距的大小，可以通过电算程序经多次试算比较后确定。

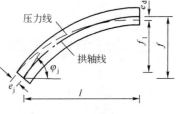

图 4-1-31　用临时铰调整内力

2. 改变拱轴线调整内力

这是一种人为地改变压力线的方法，应用计算程序来完成要比用手算方式简单得多。计算中应掌握以下几点：

（1）可以采用与本章第二节中关于确定拱轴系数 m 相似的方法，但目标不是达到拱轴线与压力线在五点重合，而是改善控制截面的内力，但拱轴系数 m 可以是任意的最佳值，而不限于表 4-1-1 中所列出的几种。

（2）也可根据拱圈的实际偏离情况采用叠加其他连续形式的曲线予以调整，例如在半跨的范围内，在原来拱轴线的基础上，叠加一个正弦波形曲线，无论采用哪种曲线，都只能通过逐次试算法来完成。

（3）拱轴线变化对拱上建筑尺寸及重力产生的微小变化，在试算过程中可以忽略不计。

（4）要做到拱轴线和压力线完全吻合是不太可能的。但可考虑使拱脚至拱跨 1/4 点附近的一段，压力线的多数点在所选择的拱轴线上面，在拱跨 1/4 点附近至拱顶的区段内，压力线的多数点在所选择的拱轴线下面。

三、拱上建筑的内力计算

当计算主拱圈内力的过程中不考虑它与拱上建筑的联合作用时，则拱上建筑的内力需要单独地计算。

1. 拱式拱上建筑

如图 4-1-32a) 所示，拱式拱上建筑可视为刚性支承在主拱上的多跨连续拱，仍然应用电算程序来完成分析。

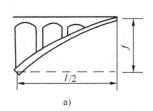 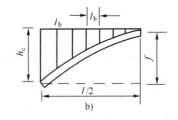

图 4-1-32　拱上建筑计算图

2. 连续梁（板）式拱上建筑

如图 4-1-32b) 所示，连续梁（板）式拱上建筑的每排立柱可视作支承在拱上的多跨刚架，并且忽略主拱变形的影响，行车道梁视为在刚性支承上的多跨连续梁。

3. 由立柱、盖梁和底梁构成的横向刚架

对于此类拱上立柱可按多跨刚架进行分析，并应考虑当汽车荷载按横向偏心布置时的主拱横向变形影响。

第二章 中承式钢筋混凝土拱桥

第一节 总体布置及结构构造

一、总体布置

桥面结构被支承于拱肋中部位置的拱桥称之为中承式拱桥。其主要优点是可以降低桥面高程、缩短接线引道长度和达到造型美观的效果，但其缺点是拱肋要占去了一定的桥面宽度。整个桥跨结构由拱肋、横向联系和悬挂结构三部分组成，其拱脚对于单跨拱桥则固支在两岸桥台上；对于多跨连续拱桥，其中间各跨则固支在中间桥墩上，如图 4-2-1 所示。总体布置中的细节简介如下：

（1）矢跨比：一般在 1/4~1/7 之间。
（2）拱轴线线形：悬链线或二次抛物线。
（3）拱肋布置：其形式主要有以下两种：
①拱肋平行竖立、上设横系梁（又称上横联）（图 4-2-1a）。
这是最常用的形式，但横系梁应设置在桥面净空高度以上。
②拱肋平行竖立、但不设横系梁——敞口式（图 4-2-1b）。
景观好，但须采用措施来保证拱肋的横向刚度及其稳定性。
（4）吊杆间距：等间距布置，间距约在 4~10m 之间选用，并结合构造要求和经济美观等因素而定。
（5）行车道系：由桥面板、纵梁和横梁（吊杆下端横梁和立柱上端盖梁）组成，其形式有以下几种：
①在横梁上铺设装配式钢筋混凝土（或预应力混凝土）T 形梁或 Π 形梁；
②将预制的纵梁安装在横梁上，再在纵梁上现浇桥面板，形成组合梁；
③在横梁上铺设预制空心板。
不论采用哪种结构，桥面系与拱肋的相交处均要设置断缝，避免桥面系受拱肋变形后而导致裂缝。
（6）人行道：一般分设在拱肋的外侧。

(7) 拱肋间横系梁：分 3 种情况设置：

①桥面以上一般设横撑、对角撑或空格式构造等，但应高出桥面净空高度；

②在桥面板与拱肋相交处设置固结横梁，让桥面板搁置在它的上面；

③在桥面以下的拱肋区段内，除在拱肋之间设置固结横梁外，还在其余若干位置上设置立柱和盖梁，构成若干榀封闭框架，达到增强拱肋间的横向稳定性和支承桥面板的作用。

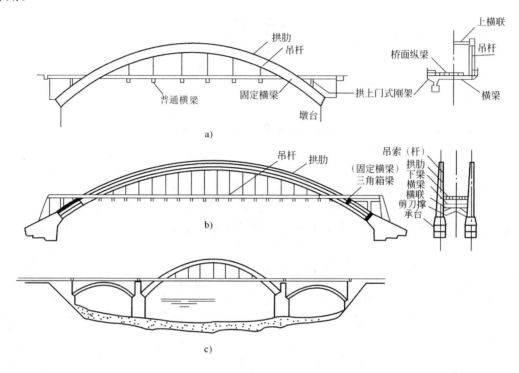

图 4-2-1　中承式钢筋混凝土拱桥的总体布置
a) 带上横联拱；b) 敞口式拱；c) 连续拱

二、结构尺寸拟定及构造

1. 拱肋

我国目前修建的大、中跨径中承式钢筋混凝土拱桥，其拱肋大都采用抗扭性能好的等宽变高度箱形截面，如图 4-2-2 所示。具体尺寸拟定如下：

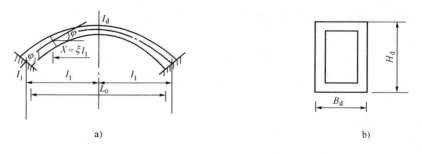

图 4-2-2　常用拱肋截面

(1) 拱顶截面高度 H_d

$$H_d = \frac{L_0}{100} + \alpha \Delta \text{(m)} \qquad (4\text{-}2\text{-}1)$$

式中：L_0——拱的净跨径；

Δ、α——分别为经验常数和高度修正系数，可按表 4-2-1 中数值选用，跨径大者取其上限。

Δ 和 α 值表　　　　表 4-2-1

拱桥跨径 L_0 (m)	Δ (m)	α
≤100	0.6～1.0	1.0
100～300	2.0～2.5	0.6～1.0

(2) 拱顶宽 B_d

$$B_d = (0.00833 \sim 0.01) L_0 \qquad (4\text{-}2\text{-}2)$$

(3) 变截面悬链线拱的截面尺寸

当采用变截面悬链线无铰拱时，其任意截面尺寸可按截面惯矩的公式进行换算：

$$I = \frac{I_d}{[1-(1-n)\xi]\cos\varphi} \qquad (4\text{-}2\text{-}3)$$

式中：I_d、I——分别为拱顶和任意截面的抗弯惯矩；

ξ——比例系数，见图 4-1-2；

n——拱厚变化系数，可用拱脚处 $\xi=1$ 的边界条件求得；

$$n = \frac{I_d}{I_j \cos\varphi_j} \qquad (4\text{-}2\text{-}4)$$

φ_j、φ——分别为拱脚截面和任意截面处拱轴线的水平夹角；

I_j——拱脚截面的抗弯惯矩。

在设计时，可先拟定拱顶和拱脚截面的尺寸，求出 n，再求其他截面的 I；也可先拟定拱顶截面尺寸和拱厚系数 n，再求 I。对于钢筋混凝土拱桥，n 值一般取为 0.5～0.8，矢跨比较小的拱桥，n 取小值；反之，取大值。

2. 拱肋间的固结横梁

与两侧拱肋固结的横梁分两种情况设置：①非直接支承桥面结构的横梁一般采用矩形截面形式，其高度可与该处拱肋竖直截面齐高或稍矮；②桥面板与拱肋相交处的横梁可以采用图 4-2-3 所示的 3 种截面形式。其中图 a) 为普通工字形截面；图 b) 为工字形截面下翼缘与拱肋底板平齐；图 c) 为具有较大抗扭刚度的三角形箱形截面。不论采用哪种形式，横梁顶面高程应与桥面板及其支座的设置高程相协调。

3. 吊杆处的横梁

吊杆处的横梁截面形式常用有矩形、工字形或土字形等 3 种形式，如图 4-2-4 所示。大型横梁也可采用钢筋混凝土箱形截面，其尺寸取决于横梁的跨度（拱肋中距）和承担桥面荷载的长度（吊杆间距）；若横梁的跨度较大时，则可以采用预应力混凝土构件。

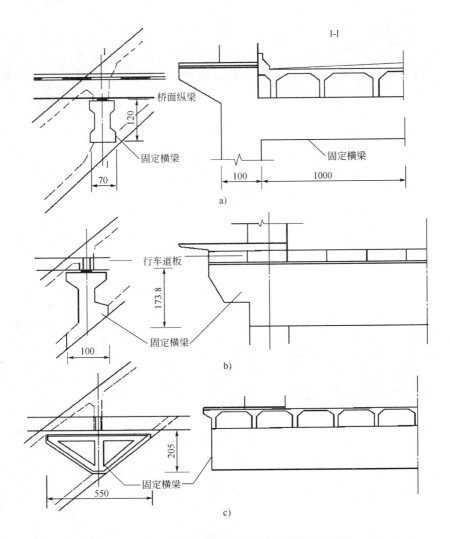

图 4-2-3 桥面板与拱肋相交处的固结横梁构造图（尺寸单位：cm）

4. 拱上门式刚架构造

如图 4-2-5 所示，拱上门式刚架由拱上立柱和刚接盖梁组成，并与拱肋间固结横梁构成闭合体系。设计中应注意两点：

(1) 在拱上门式刚架的顶面上，不宜设置固定支座；

(2) 拱上立柱与拱肋的连接宜采用刚接（图 4-2-5c)），但对最靠近桥面处固结横梁的矮立柱，宜做成不完全铰（图 4-2-5d)），即将柱底截面减小约 1/3，以适应因拱肋的变形而导致截面出现不规则的裂缝。

5. 吊杆的构造

(1) 刚性吊杆

适用于敞口式拱桥，使吊杆与横梁形成一个刚性半框架。吊杆两端的钢筋应扣牢在拱肋和横梁中，如图 4-2-6 所示。刚性吊杆一般设计为矩形，顺桥向的边长可设计得小一些，横桥面的边长可设计得大一些。

(2) 柔性吊杆

柔性吊杆一般用高强钢丝索或者冷轧粗圆钢制作，前者常采用墩头锚（图4-2-7a)），

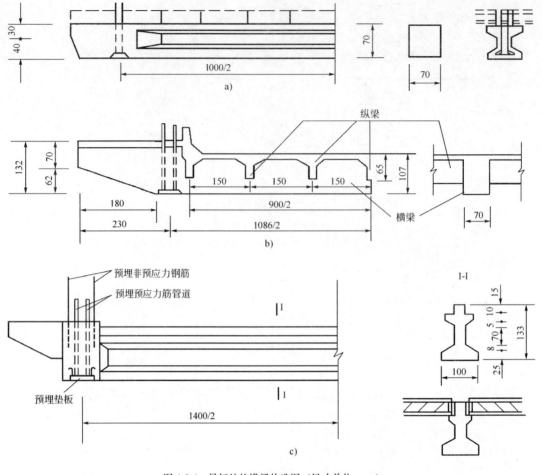

图 4-2-4 吊杆处的横梁构造图（尺寸单位：cm）

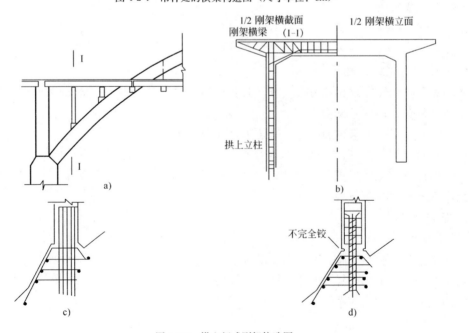

图 4-2-5 拱上门式刚架构造图

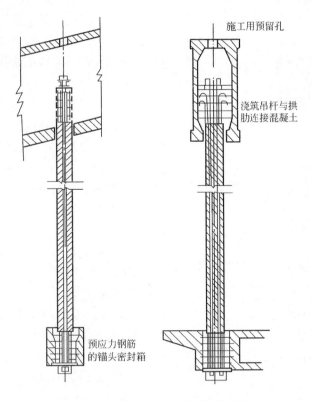

图 4-2-6 预应力混凝土刚性吊杆构造图

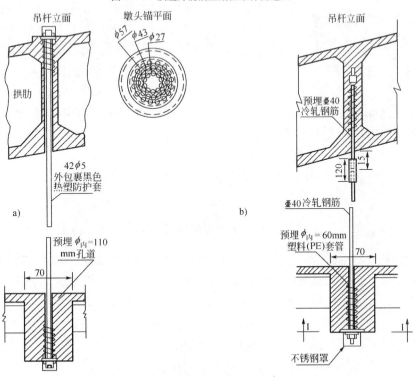

图 4-2-7 柔性吊杆构造图（尺寸单位：mm）
a) 高强钢丝索吊杆；b) 冷轧粗圆钢吊杆

后者常采用轧丝锚，其上端与拱肋、下端与横梁相连接（图 4-2-7b））。为了提高钢索的耐久性和防止钢索锈蚀，一般采用两种方法进行防护：

①缠包法

采用耐久性防水涂料和树脂，对钢丝进行多层涂覆，并用玻璃丝布或聚酯带缠包，最外层还用玻璃布或金属套管护罩。

②套管法

先在钢索上套上钢管、铝管、不锈钢管或塑料套管，再向套管内灌注水泥浆或黄油等其他防锈材料。

(3) 销接式短吊杆

对于两端短的吊杆，不论采用哪类吊杆，均宜采用销接构造，如图 4-2-8 所示。这是因为短吊杆的线刚度（EA/l）较大，当受到汽车冲击力或温度位移等因素的影响后，将使吊杆的护套易于破损、钢索锈蚀以及疲劳强度的降低而导致吊杆断裂，因此设计时应特别注意。

6. 桥面系构造

由于横梁间距一般在 4～10m 之间，纵梁一般为空心板、T形梁或Ⅱ形梁等简支结构体系，为保证行车舒适和结构的稳定可靠，一般采用桥面先简支后连续的构造措施，具体的构造，可参见第二篇第二章第六节。

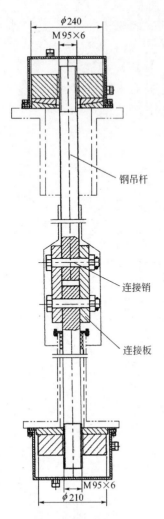

图 4-2-8 销接式短吊杆构造示意图（尺寸单位：mm）

此外，为了防止车辆撞击吊杆，应在行车道的每一侧设置防撞栏杆。

第二节 中承式拱桥内力计算

一、主拱恒载内力计算

中承式钢筋混凝土拱桥的恒载内力计算与所采用的施工方法密切相关。常用的施工方法有：①有支架施工法；②悬臂施工法；③劲性骨架施工法等。本节仅介绍一种常用的有支架施工法，即采用缆式吊机和贝雷拱架相结合的施工方法，如图 4-2-9 所示。

从中可以看出，就结构的受力体系而言，大体上分为两大阶段：

(1) 阶段Ⅰ——桥面连续构造完成之前，结构属于无铰拱的三次超静定体系，所有的结构自重（桥面构造的二期恒载除外）均通过吊杆、固结横梁和拱上立柱传递到主拱拱肋上。

(2) 阶段Ⅱ——桥面连续构造完成以后，整个桥面结构相当于弹性支承在吊杆、横梁和拱上立柱上的连续梁，形成为高次超静定结构体系。

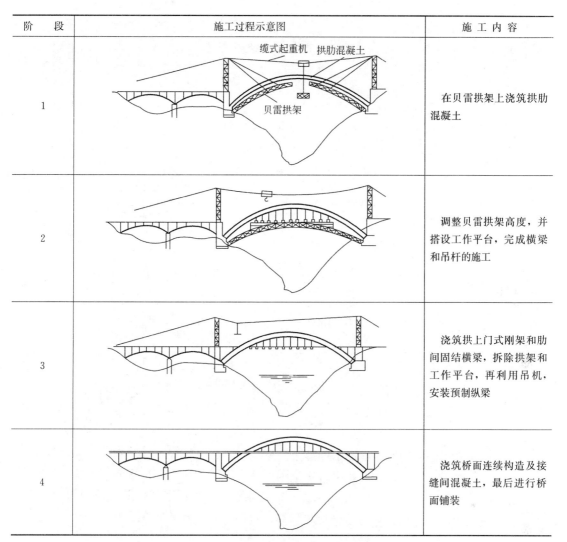

图 4-2-9 中承式拱桥施工过程示意图

显然,用手算的方法来完成阶段 II 的结构内力分析是十分困难的,故目前都是应用平面杆系有限元法的程序来进行分析。

下面将结合图 4-2-9 中的例子,简单介绍一下关于这两大阶段在建立计算模型(离散图)中的若干要点,为了简单明了起见,有两点应先加以说明:

第一,图 4-2-9 中的吊杆,立柱较多,在建模的举例中作了删减;

第二,在同一个离散图中分左、右两半,分别说明具有柔性吊杆和具有刚性吊杆两类中承式拱桥的计算模型,如图 4-2-10 所示。

1. 计算模型 I——纵梁处在简支状态

图 4-2-10a)是这个阶段的离散图,它反映在拱肋脱架以后的受力状态,随着施工的进程,主拱拱肋包括吊杆、立柱的内力都是呈线性增加的。该离散图中有几点需加说明:

(1)拱肋单元的划分

除了在吊杆和立柱处划分了单元之外,在吊杆之间或吊杆与立柱之间,还可依间距的大小和精度要求再细分为若干个单元,本例均只再细分为两个单元。

(2) 立柱单元的划分

可依其高度的大小再细分为若干个单元，本例均未再细分。

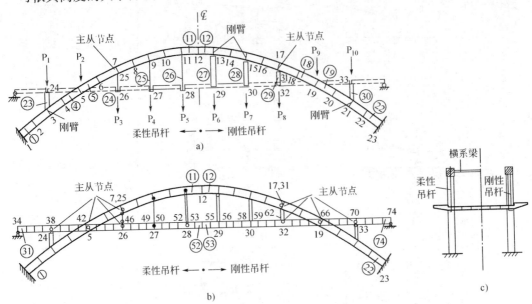

图 4-2-10 中承式钢筋混凝土拱桥计算模型
a) 模型 I；b) 模型 II；c) 横断面

(3) 纵梁单元

由于该阶段的纵梁为搁置在横梁上的静定体系，为了避免从静定转变到超静定体系的过程中，输入文件变得十分复杂，故将半桥宽范围内简支纵梁和横梁的自重简化为若干个集中力 P_i，并以外荷载的形式，分别作用于吊杆的下端或立柱的顶面以及拱肋与桥面的交点上。这样，在离散图中没有先显示出纵梁的单元划分，只用虚线示意其所在位置。

(4) 吊杆单元

所有的吊杆，无论是柔性的还是刚性的，每根吊杆均按一个单元编号，无须细分。

(5) 吊杆与拱肋连接点的处理

这里要分三种情况：①一般柔性吊杆，为了计算的简化，可以将吊杆按照截面面积相等的原则，等效为宽度甚大而厚度甚小的矩形薄板，达到截面抗弯惯矩 I 甚小的目的，接近于仅承受拉力的铰支杆件。这样，柔性吊杆与拱肋可共用同一个节点编号，图 4-2-10a）中的 9 号、11 号节点便属于这一类情况。②一般刚性吊杆，由于它们的截面面积较大，虽然要求只在横桥向具有较大抗弯刚度，但不可避免地在纵方向上也具有一定的抗弯刚度。因此，它们与拱肋之间的连接，则需用刚臂单元来模拟，即从拱肋节点处伸出一个短的刚臂到拱肋的底表面，再与刚性吊杆的上端连接，图中的 13 号、15 号节点，便属于这一类情况。③两端最短的吊杆，即图 4-2-10a）中的㉔和㉙单元，正如前面已经提到，由于它们的线刚度较大，容易因受力疲劳而断裂，故建议在设计中改为销接式的节点构造。若采用这种方案时，则在吊杆与拱肋的交点处，可用表示主从关系的双节点编号来模拟，属于拱肋的为主节点（图中的 7 号、17 号节点），属于吊杆的为在 x、y 两个方向的为从节点（图中的 25 号、31 号节点），需要注意主、从节点的 x、y 坐标是完全相同的。

（6）拱上立柱与拱肋连接点的处理

这同刚性吊杆和拱肋之间的连接情况相似，因此，也需用刚臂单元来处理，即图中的3号和21号节点处所示的刚臂。

2. 计算模型 II——桥面连续完成以后状态

图 4-2-10b）属于这个阶段的离散图，它也是模型 I 的继续，在数据输入文件中只需补充桥面结构单元的划分和支承条件等内容，便可以分析二期恒载对整个结构产生的内力。对于该离散图要补充说明的有以下几点：

（1）桥面结构单元的划分

所有桥面单元均按连续结构体系进行划分，每两个吊杆之间，或者立柱与立柱之间可以再等分为不少于4个单元，每个单元的截面面积为半个桥宽范围内的所有纵梁截面面积。

（2）桥面结构与吊杆下端的连接点处理

这些都与上述模型 I 中，关于吊杆与拱肋连接点的三种情况基本相同，唯一差别的是，在两端的短吊杆处，吊杆下端的节点（26号、32号）变为主节点，对应的桥面单元节点（46号、62号）变为在 x、y 两个方向的从节点。

（3）主从关系的双节点编号

桥面结构与立柱的交点也是用主从关系的双节点编号来模拟，即图 b）中的 24 号（主）～38 号（从）、33 号（主）～70 号（从）；桥面结构与位于肋间固结横梁处交点为主从关系的是，5 号（主）～42 号（从）、19 号（主）～66 号（从），这些都是双向的主从关系，因为这些主节点都有可能随拱肋发生双向的位移。

3. 恒载内力计算中的局部问题

拱肋和吊杆的恒载内力可以按照两个大阶段计算模型的计算结果进行简单的叠加（如施工中采用了其他措施时则另行考虑）。但是对于其他构件还存在以下一些局部问题：

（1）横梁

如挂在上、下游吊杆之间的横梁可以按简支梁进行计算；位于两侧拱肋之间，且支承着纵梁的固结横梁，可按固端梁计算。

（2）拱上门式刚架

按柱脚固接的门式刚架计算，其立柱在纵桥向产生的内力甚小，可以忽略不计，但需计入其垂直轴向压力。

（3）桥面结构中的纵梁

在按模型 II 分析二期恒载产生的内力时，是把半桥宽范围内的所有纵梁作为一个整体单元参与分析的，当求出某个节点截面的总内力以后，还应将这个节点截面的总内力按照半桥宽范围内各片纵梁之间的刚度比进行再分配，然后再与它们在简支状态下由自重产生的内力进行叠加，这样的计算结果才是纵梁真正的由恒载产生的内力。

二、汽车荷载对主拱产生的内力计算

计算要点如下：

（1）计算模型

当计算汽车荷载产生的效应时，则应选用图 4-2-10b）所示的模型 II。

（2）荷载横向分布系数 m

按最不利的工况进行桥面偏心布载，应用杠杆原理法求其中一榀主拱拱肋的荷载横向分

布系数 m（图 4-2-11a））。

(3) 其他系数

其他系数包括：汽车冲击系数 μ、多车道折减系数 ξ、大跨径桥梁上的汽车荷载纵向折减系数 k_1 等，均应按现行《通用规范》的规定计算。

(4) 内力计算公式

$$S_p = (1+\mu)\xi \cdot k_1 \cdot m(P_k\eta + q_k\Omega) \tag{4-2-5}$$

式中：P_k——相关规范中的集中荷载标准值；

η——截面内力影响线最大竖标值；

q_k——相关规范中的均布荷载标准值；

Ω——截面内力影响线面积。

三、汽车荷载对桥面结构的内力计算

1. 纵梁

图 4-2-10b）所示的模型 II 是把半桥面结构与一侧主拱肋视作处于同一个平面上。当按此模型 II 和式（4-2-5）计算出车道荷载对桥面某个单元的节点截面总内力以后，下一步还需按照半桥宽范围内各片主纵梁在相同横向布载工况下，荷载横向分布系数 m_i 之间的比例近似的进行再分配，这里暂称之为内力再分配系数 λ_i，参见图 4-2-11b），它可表示为：

$$\lambda_i = \frac{m_i}{m_1 + m_2 + m_i + \dfrac{m_0}{2}} \tag{4-2-6}$$

式中的 m_1、m_2、m_i、m_0 分别为图 4-2-11b）中、半桥宽范围内各片纵梁下的、竖向弹簧支承的压力（亦即荷载横向分布系数 m_i），其中的弹簧支承刚度 k_{wi}、$k_{\theta i}$ 的计算可参见第二篇第二章第三节中的内容。

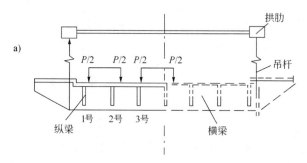

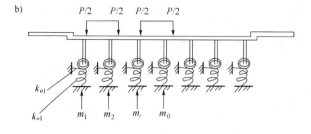

图 4-2-11 拱肋、纵梁的荷载横向分布系数计算图
a) 用于拱肋；b) 用于纵梁

2. 横梁

（1）由吊杆扣挂的横梁

按简支体系结构和最不利的纵横向车辆荷载布置进行计算。

（2）拱肋间用来支承纵梁的固结横梁

按固端梁计算，并应对两肋的不均匀沉降量进行验算。此不均匀沉降量可以近似取在同一侧拱肋在对称的两个固结点处（模型Ⅱ中的 5 号、19 号节点）由车辆荷载产生的沉降差。

3. 拱上门式刚架

按门式刚架体系计算，既要考虑汽车荷载产生的内力包络图，又要计入两拱肋对立柱产生的不均匀沉降。

四、其他因素对主拱产生的内力计算

对中承式钢筋混凝土拱桥产生附加内力的因素与对上承式拱桥的基本相同，即包括：温度影响、混凝土徐变收缩、拱脚变位、水的浮力和横桥向水平风力等。具体的计算方法可参阅本篇第一章第四节内容和应用本章中的计算模型Ⅱ进行计算。

第三节　中承式拱桥的稳定性计算

一、拱肋纵向稳定性验算

本篇第一章中的公式在这里完全适用，若拱轴线为等截面抛物线拱时，则该式中的临界推力系数 k_1 可按表 4-2-2 中的列出值取用。当拱肋采用变截面时，则近似地采用 $L/4$ 处的截面尺寸来计算其抗弯惯矩 I_x。

等截面抛物线拱临界推力系数 k_1 值表　　　表 4-2-2

矢跨比 支承条件	1/4	1/5	1/6	1/7	1/8	1/9	1/10
无铰拱	55.5	63.0	68.0	71.1	73.3	74.8	75.8
双铰拱	23.5	28.4	31.0	32.9	34.1	35.0	35.6

二、拱肋横向稳定性验算

中承式拱桥横向稳定性的验算公式与本篇第一章中的式（4-1-20）相同。但该式中的临界轴向力 N'_L 要按下列两种情况计算。

1. 拱肋用横撑联结时的临界轴向力计算

中承式拱桥因考虑到桥面净空高度的要求，两肋之间的横撑或横系梁仅设置在拱顶及靠近拱肋（桥面以下）的局部区段，故无论拱顶区段采用何种横撑形式，均偏保守地按设置平行横系梁的公式进行验算。因此本篇第一章中的式（4-1-20）～式（4-1-22）对此适用。

2. 无横撑联结（敞口式）抛物线拱的临界轴向力计算

刚性吊杆铰支承的拱肋失稳临界力为：

$$N'_L = \frac{\pi^2 E I_y}{(\mu L)^2} \tag{4-2-7}$$

式中：μ——拱肋自由长度的弹性折减系数，$\mu = \dfrac{1}{\sqrt{n^2 + \dfrac{D^2}{n^2}}}$；

n——视拱肋弹性而定的半波数，$D=n^2(n+1)^2$，计算时分别设波数 $n=1, 2, 3, 4$，求出相应的临界力，取其中最小者控制设计；

D——拱肋弹性参变数，$D = \beta \dfrac{L^4}{\pi^4 EI_y}$；

β——由拱肋、刚性吊杆以及固定横梁构成的半框架在吊杆顶端所具有的等代分布弹性抗力，它可表为 $\beta = \dfrac{1}{\delta \cdot d}$；

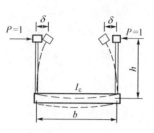

图 4-2-12　吊杆顶端的水平位移

d——吊杆顺桥向间距；

δ——在跨中吊杆的顶端施加相向的一对单位水平力（$P=1$）时而引起的水平位移。如图 4-2-12 所示，水平位移由一根吊杆的挠曲产生的水平位移 δ_1 和横梁变形产生的水平位移 δ_2 两部分组成，即：

$$\delta = \delta_1 + \delta_2 = \dfrac{h^3}{3EI_x\left(1 + \dfrac{4h^2}{\pi^2 EI_x} \cdot V\right)} + \dfrac{bh^2}{2EI_c} \tag{4-2-8}$$

V——吊杆的拉力；

I_x、I_y——分别为拱肋截面对 x 和 y 轴的抗弯惯矩；

I_c——固定横梁在竖直平面内发生挠曲时的抗弯惯矩；

L——拱肋计算跨径；

b、h——分别为吊杆的横桥向间距和高度。

第三章 中承式钢管混凝土拱桥

钢管混凝土拱桥可以设计成上承式、中承式和下承式 3 种桥型。本章将只介绍中承式拱桥的设计及其计算特点。

第一节 总体布置及结构构造

一、总体布置

1. 立面形式

中承式钢管混凝土拱桥主要分为单跨和连续多跨两种布置形式。

（1）单跨布置

按照主孔拱脚的支承方式又可分为：

①支承在两岸固定的基础上（图 4-3-1a）。这种形式桥梁的构造相对较简单，受力也较明确。

②支承在中间桥墩上（图 4-3-1b）。这种桥梁拱脚的水平推力由边孔小矢跨比的上承式拱桥来平衡，其受力情况相对复杂一些。

③自锚式拱桥（图 4-3-1c）。这种桥梁的受力状况实际上属于中承式系杆拱桥，系杆中的预应力筋则锚固在从两侧边孔悬出的钢筋混凝土半拱上，通常称之为飞燕式拱或悬半拱，对系杆的张拉力将随着施工的进程进行逐次施加，因此无论是计算分析还是施工都较复杂。

（2）连续多跨布置

按照拱脚支承方式有以下两种：

①连续布置的中承式拱桥（图 4-3-2a）。它与普通多孔上承式拱桥的受力状况相似，通过各孔主拱的矢跨比、拱脚起拱线高程的差异来调整相互间的平衡推力。

②连续多孔自锚式拱桥（图 4-3-2b）。其系杆的构造与上述单跨的相同，但要考虑主孔之间的连拱作用，因此计算分析和施工都比较复杂。

2. 拱轴线形及矢跨比

钢管混凝土拱桥结构轻盈，恒载集度比较均匀，因此常采用拱轴系数比较小（一般在 1.167～2.24 之间）的悬链线形，跨径小者取较大值，跨径大者取小值；矢跨比一般在 1/4～1/8 之间。但也有采用抛物线形的情况。表 4-3-1 列出了部分我国已建和在建的中承式拱桥的基本参数，仅供参考。

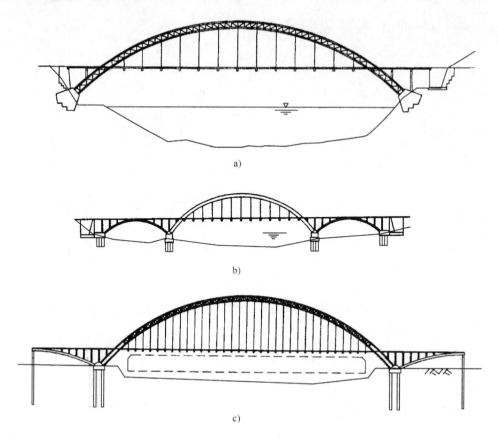

图 4-3-1　单跨中承式钢管混凝土拱桥形式

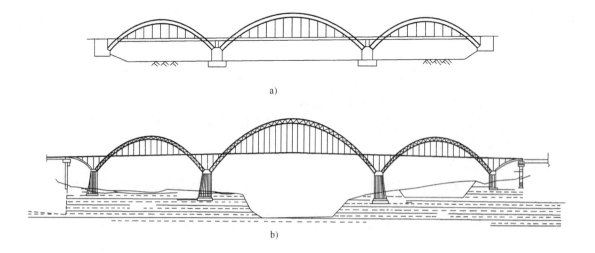

图 4-3-2　连续多跨中承式钢管混凝土拱桥形式

部分中承式钢管混凝土无铰拱桥一览表　　表 4-3-1a

桥 名	建成年份	跨径 (m)	矢跨比	拱轴线	截面形式	拱肋高 (m) 拱顶	拱肋高 (m) 拱脚	钢管尺寸 (mm) 管径 D	钢管尺寸 (mm) 壁厚 t
浙江淳安南浦大桥	2002	308	1/5.5	悬链线 $m=1.167$	口	6.05	6.05	850	12～20
湖北秭归青干河大桥	2000	256	$\frac{1}{4.945}$	三次样条曲线	口	2.4	6.8	1000	14
浙江三门健跳大桥	2001	245	1/5	二次抛物线	口	4.4	4.4	800	14
浙江铜瓦门大桥	1999	238	1/4.8	二次抛物线	口	4.65	4.65	上 1150 下 510	12～14 10
湖北秭归龙潭河大桥	2000	208	1/5	三次样条函数	口	3.1	5.339	900	14
延安王家坪延河大桥	1998	190	1/6	悬链线 $m=1.543$	口	3.0	3.0	750	—
景德镇瓷都大桥	1997	150	1/5	四次抛物线	哑铃	2.5	2.5	1000	14
沈阳浑河长青大桥	1996	120+140+120	1/4 1/4.5	悬链线 $m=1.347$	口	3～3.4	3～3.4	700	10
福建闽清石潭溪大桥	1998	136	1/5	悬链线 $m=1.167$	口	3.0	3.0	550	8
浙江新安江望江大桥	1993	120	1/4	抛物线	哑铃	2.0	2.0	900	10～14
陕西蜀河汉江大桥	1996	2×120	1/5	悬链线 $m=1.543$	哑铃	2.1	2.1	820	12

部分连续自锚中承式钢管混凝土系杆拱桥一览表　　　　表 4-3-1b

桥　名	建成年份	跨径(m)	矢跨比	拱轴线	截面形式	拱肋高 (m) 拱顶	拱肋高 (m) 拱脚	钢管尺寸 (mm) 管径 D	钢管尺寸 (mm) 壁厚 t
湖南茅草街大桥	2006	80+368+80	1/5	悬链线 $m=1.543$		4.0	8.0	1000	20
广州丫髻沙珠江大桥	2000	76+360+76	1/4.5	悬链线 $m=2.0$		4.0	8.04	750	18~20
武汉江汉五桥	2000	605+251+605	1/5	悬链线 $m=1.5$		4.5	4.5	1000	14
江苏邳州运河桥	2000	57.5+235+57.5	1/4	悬链线 $m=1.33$		3.7	3.7	850	14
广东南海三山西大桥	1995	45+200+45	1/4.5	悬链线 $m=1.3$		3.5	3.5	750	10
广西梧州桂江三桥	2000	40+175+40	1/4	悬链线 $m=1.34$		2.0	2.8	750	14
江西吉安白鹭大桥	2007	36+138+188+138+36	1/3.3（中）1/4.64（边）	悬链线 $m=1.3$（中）$m=1.5$（边）		3.5	3.5	1000（上）750（下）	16 12
重庆巫山长江大桥	2004	460	1/3.8	悬链线 $m=1.55$		7	14	1220	22(25)

二、结 构 构 造

1. 拱肋

（1）截面形式

①单圆型（图 4-3-3a）。适用于跨径 $L\leqslant 80$m 的拱桥，管壁相对较厚，含钢率一般大于 8%。

②哑铃型（图 4-3-3b）。适用于跨径 80m$<L\leqslant 120$m 的拱桥，管径 D 一般为 $\left(\dfrac{1}{110}\sim\dfrac{1}{150}\right)L$，截面全高 H 一般为 $\left(\dfrac{1}{45}\sim\dfrac{1}{60}\right)L$，跨径大者取小值，跨径小者取大值。腹腔内一般填充混凝土，可以防止钢缀板局部失稳。

③多肢桁构型（图 4-3-3c）～f））。多肢桁构型又分三肢型、四肢型和六肢型，但从受

力和施工两方面考虑,以四肢型较合理,故应用较广。它由钢管(弦杆)、腹杆(多为空钢管)和横联组成,断面高度可根据跨径及桥宽的大小而定,表 4-3-1 列出了部分桥梁的结构尺寸,供参考。腹杆钢管的尺寸一般采用 $D200\times10mm\sim D350\times10mm$,其布置形式如图 4-3-3g)所示,其中的垂直腹杆与吊杆方向一致,受力明确,但斜腹杆存在长度和斜角沿拱轴方向不断在变化的缺点,给加工带来一定的困难。

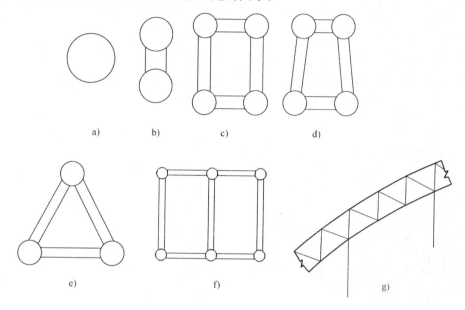

图 4-3-3 拱肋横截面形式

(2)钢管壁厚

考虑到防腐的要求壁厚 t 不得小于 12mm,并且与混凝土面积之比(含钢率 μ)为 5%~10%。此外,为确保钢管混凝土在使用荷载下处于弹性工作阶段和在破坏前具有足够的延性,其套箍指标($A_s f_s/A_c f_c$)宜控制在 0.3~3 之间,A_s、A_c 分别为钢管和混凝土的截面面积,f_s、f_c 分别为钢和混凝土的抗压强度值。

2. 横撑

横撑可做成钢管混凝土的,在拱脚区多做成连续的桁式 K 撑或 X 撑,在桥面系以上多采用直撑、K 撑和 H 撑。

3. 吊杆

吊杆的布置如图 4-3-4 所示,其材料可采用平行钢绞线或平行钢丝束,外套无缝钢管或热挤聚乙烯层防护,吊杆上端的锚头尚须用高强度等级混凝土封固。

4. 立柱

钢管混凝土拱桥的立柱主要形式有钢筋混凝土立柱和钢管混凝土立柱两种,它们的柱脚均应焊接在拱肋之上的钢板箱上,钢板箱内灌有混凝土,如图 4-3-5 所示。对于大跨径或大矢跨比的拱桥,可采用钢管混凝土立柱。对于长立柱应注意立柱的稳定要求,对于短立柱的柱脚,亦应做成不完全铰的形式,以适应桥面与拱肋之间的不协调变形。

5. 桥面系

桥面系构造与上一章中的中承式钢筋混凝土拱桥的相同,但当桥宽很大时,其横梁可采用钢—混凝土组合梁结构。

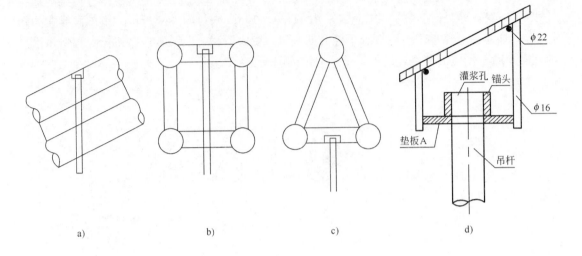

图 4-3-4 吊杆锚具布置

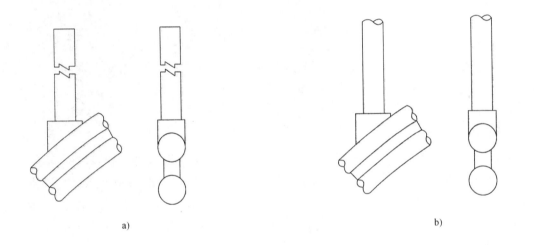

图 4-3-5 立柱形式
a) 钢筋混凝土立柱；b) 钢管混凝土立柱

第二节 主拱拱肋恒载内力计算

钢管混凝土拱桥一般采用缆式吊机来完成成拱过程，个别地也有采用少支架施工法或转体施工法。本章重点介绍采用缆式吊机施工的飞燕式中承式钢管混凝土拱桥的计算特点，其他混凝土拱桥与之类似。

一、缆索吊装法中的成拱过程简介

图 4-3-6 所示是一座飞燕式的中承式钢管混凝土拱桥，每侧拱肋为哑铃型，其主要成拱过程大体上分为 5 个阶段，具体的施工内容、受力特点及截面形式均示于图中。

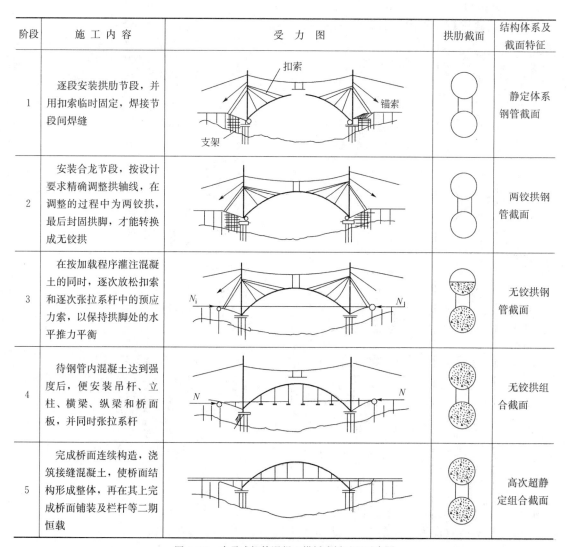

图 4-3-6 中承式钢管混凝土拱桥成桥过程示意图

二、计 算 模 型

1. 结构受力特点

由图 4-3-6 可见，这种类型拱桥与一般中承式拱桥相比具有以下的特点。

（1）在管心混凝土达到设计强度之前，承重结构为钢管拱，待管心混凝土达到设计强度之后，便为钢管混凝土组合截面拱。因此，它们所承受的内力，不能直接叠加，而需先进行等效换算，关于这一点后面将会述及。

（2）主拱拱脚的水平推力在施工过程中逐渐增大，用来平衡它的悬半拱和系杆中的钢绞线也随之分级分批次进行张拉，因此，在加载过程中，可近似地视作为固定铰支承，一旦成桥和锚端被封固后便成为弹簧支承。

2. 建模要点

根据上述的特点，这类拱桥在整个成桥过程中，可按 4 种主要模型来分析其相应阶段的内力，如图 4-3-7 所示。为了计算简化，其中的群桩基础都按第三篇第一章第三节中关于高桩承台的公式进行了等代。下面将分述它们的建模要点。

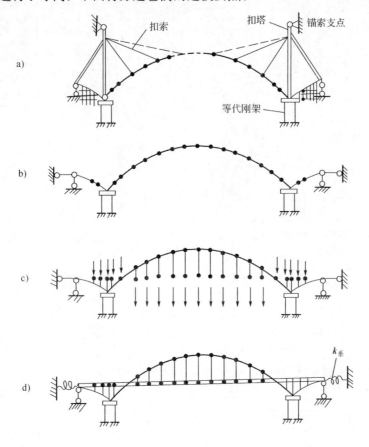

图 4-3-7 四类计算模型示意

模型 I——钢管拱肋逐段安装模型（图 4-3-7a））。

该计算模型只供施工前期阶段的施工监控应用，其建模要注意以下几点：

(1) 主拱、悬半拱的拱脚均为铰接、悬半拱上端为水平向活动铰。

(2) 扣搭的上、下端亦视作铰接，拱段的设计高程和扣索的张拉力由张拉设备来控制。

(3) 作用荷载为：钢管自重，扣索张拉力和施工临时荷载等。

模型 II——管心混凝土压注阶段模型（图 4-3-7b））。

钢管节段合龙以后，便校正拱轴线，焊牢合龙节段和封固拱脚，然后连续灌注管心混凝土和逐次放松扣索和风缆等，直至最后拆除。该模型的要点是：

(1) 主拱、悬半拱的拱脚变为固结、悬半拱的上端变为固定铰支座。

(2) 拆除边拱支架时（按实际设计而定）悬半拱的自重将产生水平推力。

(3) 作用荷载为主拱钢管和混凝土自重，主孔承重结构为钢管拱。

(4) 两端的水平支反力便是对系杆中钢丝束所需要施加的张拉力。

模型 III——桥面结构安装阶段模型（图 4-3-7c））。

桥面结构包括有：吊杆、主拱及边拱上立柱、横梁及立柱上盖梁、纵梁及桥面板等，这些构件的重力都是通过吊杆和立柱传递到主拱肋上的，故该模型的结构体系和边界条件均与模型 II 相同，唯一的差别是主拱拱肋由钢管截面变为钢管混凝土组合截面。

模型 IV——成桥计算模型（图 4-3-7d））。

此时已经完成了桥面连续的构造，即纵梁和桥面板由简支体系转化为连续体系，系杆中钢丝束经最终索力调整后便封固锚端。故该模型的要点为：

(1) 将模型 III 中两端固定铰支座改为垂直向为固定，水平向为弹簧支承的支座，其弹簧刚度 $k_{系}$ 可表为：

$$k_{系} = \frac{2E_j A_j}{L} \tag{4-3-1}$$

式中：E_j、A_j——分别为每片拱平面内的系杆中，钢丝束的弹性模量和总截面面积；
L——介于两岸锚固端之间的系杆长度。

(2) 桥面结构将被划分为单元，参加整体结构受力分析，这些单元与吊杆、立柱以及拱肋之间的连接关系，可参阅本篇第二章中的图 4-2-10b)，这里不再重复。

(3) 二期恒载的作用应按该模型进行计算。

三、计算模型的改善

1. 系杆单元的完善

在上述的模型 II、III、IV 中，系杆的功能是按不同的施工阶段用悬半拱上端的水平支撑链杆，或者水平弹簧支承来等代的，这样处理的优点是可以估算出在不同施工阶段里对系杆所应施加的张拉力，但其缺点是不能正确反映每批被张拉过的钢绞线在不同工况下实际受力的情况，使之不超过容许张拉应力。在这种情况下，如果设计者所使用的平面杆系有限元法程序具有能分析斜拉桥和调整拉索内力的功能，则可将系杆中每批张拉的钢束分别进行单元编号，同时将它们与两岸悬半拱上端单元节点铰接，如图 4-3-8 所示。图中是假设系杆中钢索分 3 批张拉的，于是，分别用 $n+1$、$n+2$ 和 $n+3$ 三个单元予以编号，并且它们被铰接在两端的同一个节点编号 i 和 j 上。为了清楚起见，图中将这些单元平移在模型图以外，避免与桥面结构单元混淆。现补充说明以下几点：

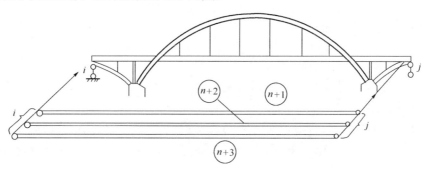

图 4-3-8 系杆单元示意图

(1) 每个系杆单元的截面面积为同一批张拉索数面积的总和，弹性模量按实际的材性取用。

(2) 每个系杆单元的初张力可以通过两种方法确定：其一，试算法，按结构推力与系杆拉力平衡原则确定；其二，按上述的模型 II~III 中用固定铰支座的方法来确定。

(3) 若某个系杆单元需作第二次补张拉时，则可用新的单元计来取代该单元，但初张拉力应等于补充张拉以后的总索力值。

2. 钢管混凝土单元截面形式的等代

为了简化程序中关于圆形截面节线输入过程中的烦琐操作，可以将钢管混凝土杆件单元的截面按照截面面积 A 和抗弯惯矩 I 相等的原理，将它们等效为矩形箱截面，现仅列出单圆管和哑铃形截面的等代公式，其余照此类推。

(1) 单圆管截面

参见图 4-3-9a)、b) 中的截面尺寸符号，可写出等代箱形截面尺寸计算公式为：

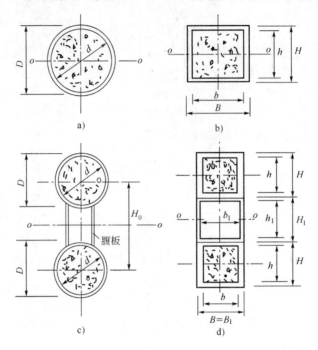

图 4-3-9　钢管截面的等代图

宽： $$B = \frac{\pi D}{2\sqrt{3}} \qquad b = \frac{\pi d}{2\sqrt{3}}$$
高： $$H = \frac{\sqrt{3}}{2}D \qquad h = \frac{\sqrt{3}}{2}d$$
(4-3-2)

式中：D、d——分别为钢管外缘直径和内缘直径。

(2) 哑铃型截面

参见图 4-3-9c)、d)，同样可以写出竖向三室箱截面尺寸的公式，当忽略不计两腹板间的混凝土作用时，则其中上、下圆管的等代公式同式 (4-3-2)，介于其间的腹板公式为：

宽： $$B_1 = B \qquad b_1 = \frac{(BH_1 - A_w)^{3/2}}{\sqrt{BH_1^3 - 12I_w}}$$
高： $$H_1 = H_0 - H \qquad h_1 = \sqrt{\frac{BH_1^3 - 12I_w}{BH_1 - A_w}}$$
(4-3-3)

式中：H_0——上、下圆管圆心间的距离；

A_w、I_w——分别为两侧竖直腹板截面的总面积和总抗弯惯矩；

B——一根圆管的等代宽度，按式 (4-3-2) 算得。

这里要说明，不论哪种截面，它们等代后的中性轴均与原型截面的相一致。其次，当拟定截面尺寸的输入文件时，可以有两种方式：①若程序不具有输入组合截面的功能时，则取其中任意一种材料作为标准值，例如取钢材作标准，则将混凝土的宽度尺寸均乘以弹性模量比（$E_{混}/E_{钢}$），使之换算成同一种类型材料的匀质构件；反之，则乘以另一种弹性模量比（$E_{钢}/E_{混}$）；②若程序具有输入组合截面的功能时，则按实际尺寸分别输入，但应同时输入相应的材料弹性模量，具体输入格式可参见所应用程序中的具体说明。

四、恒载内力和应力计算

计算步骤如下：

（1）先分别按模型 II、III、IV 计算不同工况下的恒载内力。

（2）将模型 III、IV 算得的主拱拱肋截面内力（弯矩 M 和轴力 N）按照两种刚度比分配到钢管和混凝土的部分截面上，具体分配系数见表 4-3-2。但应注意，钢管的抗弯惯矩 I_c 和混凝土的抗弯惯矩 I_h 均应按整体截面的中性轴（o-o）算得（图 4-3-9）。

截面内力的分配系数　　　　表 4-3-2

内力名称	分配系数（刚度比）		说　明
	钢管	混凝土	
弯矩 M	$E_c I_c / \sum EI$	$E_h I_h / \sum EI$	E——弹性模量；I——抗弯惯矩；A——截面面积；c——钢管；h——混凝土（c、h 为下角标）
轴力 N	$E_c A_c / \sum EA$	$E_h A_h / \sum EA$	

（3）将上述 3 种模型算得的内力按钢管和混凝土分别叠加（模型 II 所得到的内力仅由钢管承受），便得各自的总内力（$\sum M_{钢}$、$\sum M_{混}$、$\sum N_{钢}$、$\sum N_{混}$）。

（4）应用材料力学的一般公式分别求钢管或混凝土的最大（最小）正应力值，即：

$$\genfrac{}{}{0pt}{}{\sigma_{max}}{\sigma_{min}} = \frac{\sum N}{A} \pm \frac{\sum M}{I} y_{下}^{上} \qquad (4\text{-}3\text{-}4)$$

式中：$y_{上}$、$y_{下}$——图 4-3-9a）、c）（实际截面）中钢管或混凝土的最上或最下纤维层至中性轴（o-o）之间的距离；

A、I——钢管或混凝土的截面面积和对中性轴的抗弯惯矩。

（5）系杆中各批索的索力可近似地将每个阶段的索力增量、按照相应阶段各批张拉索之间的面积比例进行分配，然后分别叠加；如果采用图 4-3-8 中改善的计算模型进行计算，则可直接从各自的单元输出结果中读到。

（6）其余构件单元（吊杆、立柱、横梁和纵梁等）的内力确定方法与中承式钢筋混凝土拱桥的相同。

第三节　汽车荷载的内力计算要点

一、计 算 模 型

可以按照图 4-3-7d）或图 4-3-8 所示的计算模型进行分析。

二、荷载横向分布系数

对于双肋式拱桥可按杠杆原理法计算确定，如图 4-3-10 所示。

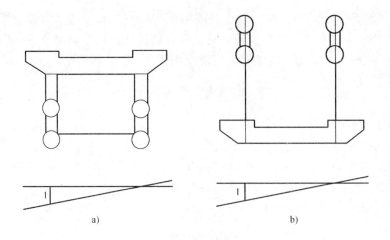

图 4-3-10 双肋拱荷载横向分布计算图

三、汽车冲击系数

现行《通用规范》中没列有专门针对钢管混凝土拱桥冲击系数的有关条文,因此,只能参照对一般拱桥的计算公式进行计算。

下面补充介绍相关文献研究成果,仅供参考。

1. 轴力冲击系数及跨中弯矩冲击系数

$$\left.\begin{array}{ll}当 L > 80\text{m} 时: & \mu = 0.15 \\ 当 20 \leqslant L \leqslant 80\text{m} 时: & \mu = 0.25 - 0.00166(L-20) \\ 当 L < 20\text{m} 时: & \mu = 0.25 \end{array}\right\} \quad (4\text{-}3\text{-}5)$$

2. 拱脚弯矩冲击系数

$$\left.\begin{array}{ll}当 L \geqslant 140\text{m} 时: & \mu = 0.08 + \dfrac{f}{L} \\ 当 L \leqslant 80\text{m} 时: & \mu = 0.33 + 0.21\dfrac{f}{L} \quad 但 \mu \leqslant 0.40 \\ 当 140\text{m} > L > 80\text{m} 时: & \mu = 0.6636 - 0.00417L + 0.21\dfrac{f}{L} \end{array}\right\} \quad (4\text{-}3\text{-}6)$$

上式中的 f 和 L 分别为拱的矢高和跨径。对于 $L/4$ 截面的弯矩冲击系数可近似地取支点与跨中弯矩冲击系数的平均值。其余计算同前。

第四节 徐变次内力的近似计算

迄今尚未见报导有关于钢管混凝土中管心混凝土徐变系数 $\varphi(t, t_0)$ 的成熟计算方法,因此,在目前的工程设计中,一般近似地按照现行规定进行计算,即不考虑钢管对管心混凝土的套箍作用。本节仅介绍当按现行桥规确定徐变系数 $\varphi(t, t_0)$ 的假定前提下,有关飞燕式钢管混凝土拱桥徐变次内力的计算要点。

一、徐变分析特点

钢管混凝土拱桥在徐变分析上有以下的特点:

(1) 当采用缆索吊装设备来完成主孔钢管安装和压注管心混凝土的施工过程时，钢管拱便是管心混凝土永不拆除的模架。当管心混凝土达到相应强度并与钢管形成组合截面以后，在没有其他外荷载以及温度、收缩影响力的作用，则管心混凝土始终处于无应力状态，因而也不会产生徐变次内力或徐变变形。但是，由于与它相连接的桩墩以及与它相毗邻的悬半拱在受力后仍会产生徐变变形，它们反过来又会影响到钢管混凝土拱圈的受力状态，故在对这种桥型结构进行徐变分析时，不需再计入钢管及管心混凝土自重（或重度）参与徐变分析，而只需计入它们在主孔拱圈与桩墩结合面中产生的初始内力对今后徐变变形的影响。

(2) 作用于主拱和悬半拱承重结构上的其他构件（如吊杆、立柱、横梁、盖梁以及桥面结构中的板、梁等）自重，都是逐次地、对称连续地施加上去的。因此使得所有结构杆元的徐变系数 $\varphi(t, t_0)$，将随着施工进程不断地改变其加载时的混凝土龄期 t_0 和计算考虑时刻的混凝土龄期 t，显然这会使计算变得十分复杂。因此，在设计中可以适当加以简化，即先粗略地划分几个阶段，然后根据实际施工情况和在施工监控过程中进行修正。

作为示例，这里仍以图 4-3-6 和图 4-3-7 中所示的飞燕式的中承式钢管混凝土拱桥作为分析对象，把从成桥过程到长期运营的整个时期近似地划分为三个阶段，如表 4-3-3 所示。设计者还可作稍细的阶段划分。

徐变分析中阶段近似划分的举例　　　　　　　表 4-3-3

施工内容	加载时混凝土龄期 t_{0i} 和计算考虑时刻龄期 t_i		
	I 阶段	II 阶段	III 阶段
当主孔管心混凝土达到强度后，拆除悬半拱下的全部支架	t_{01}	—	—
吊杆、横梁、立柱、盖梁和桥面板（梁）全部架设完毕	t_1	t_{02}	—
桥面连续构造完成及二期恒载施工完毕		t_2	t_{03}
拟考虑的某个时刻或 100 年（基准期）	—	—	t_3

(3) 当应用第二篇第三章第六节中的换算弹性模量法与应用平面杆系有限元程序相结合的方法来分析其徐变次内力时，则需要先计算结构各个杆元的徐变特性系数，其内容示于表 4-3-4。

不同结构杆元的徐变特性参数　　　　　　　表 4-3-4

结构名称	阶段	$\varphi(t, t_0)$ 式 (2-3-16)	$\rho(t, t_0)$ 式 (2-3-25)	$E_\varphi = \dfrac{E}{\varphi}$ 式 (2-3-23)	$E_{\rho\varphi} = \dfrac{E}{1+\rho\varphi}$ 式 (2-3-24)	$\eta = \dfrac{E_{\rho\varphi}}{E_\varphi}$ 式 (2-3-28)	$\Delta\eta$
桩墩 (d)	I	φ_d^{I}	ρ_d^{I}	$E_{\varphi d}^{\mathrm{I}}$	$E_{\rho\varphi d}^{\mathrm{I}}$	η_d^{I}	—
	II	φ_d^{II}	ρ_d^{II}	$E_{\varphi d}^{\mathrm{II}}$	$E_{\rho\varphi d}^{\mathrm{II}}$	η_d^{II}	
	III	φ_d^{III}	ρ_d^{III}	$E_{\varphi d}^{\mathrm{III}}$	$E_{\rho\varphi d}^{\mathrm{III}}$	η_d^{III}	$\Delta\eta_{d\text{柱}}^{\mathrm{III}} = \eta_d^{\mathrm{III}} - \eta_\text{柱}^{\mathrm{III}}$
悬半拱 (x)	I	φ_x^{I}	ρ_x^{I}	$E_{\varphi x}^{\mathrm{I}}$	$E_{\rho\varphi x}^{\mathrm{I}}$	η_x^{I}	$\Delta\eta_{xd}^{\mathrm{I}} = \eta_x^{\mathrm{I}} - \eta_d^{\mathrm{I}}$
	II	φ_x^{II}	ρ_x^{II}	$E_{\varphi x}^{\mathrm{II}}$	$E_{\rho\varphi x}^{\mathrm{II}}$	η_x^{II}	$\Delta\eta_{xd}^{\mathrm{II}} = \eta_x^{\mathrm{II}} - \eta_d^{\mathrm{II}}$
	III	φ_x^{III}	ρ_x^{III}	$E_{\varphi x}^{\mathrm{III}}$	$E_{\rho\varphi x}^{\mathrm{III}}$	η_x^{III}	$\Delta\eta_{xd}^{\mathrm{III}} = \eta_x^{\mathrm{III}} - \eta_d^{\mathrm{III}}$
钢管混凝土拱 (心)	I	$\varphi_\text{心}^{\mathrm{I}}$	$\rho_\text{心}^{\mathrm{I}}$	$E_{\varphi\text{心}}^{\mathrm{I}}$	$E_{\rho\varphi\text{心}}^{\mathrm{I}}$	$\eta_\text{心}^{\mathrm{I}}$	$\Delta\eta_{\text{心-}d}^{\mathrm{I}} = \eta_\text{心}^{\mathrm{I}} - \eta_d^{\mathrm{I}}$
	II	$\varphi_\text{心}^{\mathrm{II}}$	$\rho_\text{心}^{\mathrm{II}}$	$E_{\varphi\text{心}}^{\mathrm{II}}$	$E_{\rho\varphi\text{心}}^{\mathrm{II}}$	$\eta_\text{心}^{\mathrm{II}}$	$\Delta\eta_{\text{心-}d}^{\mathrm{II}} = \eta_\text{心}^{\mathrm{II}} - \eta_d^{\mathrm{II}}$
	III	$\varphi_\text{心}^{\mathrm{III}}$	$\rho_\text{心}^{\mathrm{III}}$	$E_{\varphi\text{心}}^{\mathrm{III}}$	$E_{\rho\varphi\text{心}}^{\mathrm{III}}$	$\eta_\text{心}^{\mathrm{III}}$	$\Delta\eta_{\text{心-}d}^{\mathrm{III}} = \eta_\text{心}^{\mathrm{III}} - \eta_d^{\mathrm{III}}$

续上表

结构名称	阶段	$\varphi(t,t_0)$ 式(2-3-16)	$\rho(t,t_0)$ 式(2-3-25)	$E_\varphi=\dfrac{E}{\varphi}$ 式(2-3-23)	$E_{\rho\varphi}=\dfrac{E}{1+\rho\varphi}$ 式(2-3-24)	$\eta=\dfrac{E_{\rho\varphi}}{E_\varphi}$ 式(2-3-28)	$\Delta\eta$
桥面结构(l)	I	场外预制					
	II	简支在横梁和盖梁上					
	III	φ_l^{III}	ρ_l^{III}	$E_{\varphi l}^{III}$	$E_{\rho\varphi l}^{III}$	η_l^{III}	$\Delta\eta_{xl}^{III}=\eta_l^{III}-\eta_{xl}^{III}$
立柱(柱)	II	静定状态					
	III	$\varphi_{柱}^{III}$	$\rho_{柱}^{III}$	$E_{\varphi柱}^{III}$	$E_{\rho\varphi柱}^{III}$	$\eta_{柱}^{III}$	$\Delta\eta_{x柱}^{III}=\eta_x^{III}-\eta_{柱}^{III}$
吊杆(吊)	II	静定状态					
	III	$\varphi_{吊}=0$	$\rho_{吊}=\dfrac{1}{2}$	$E_{\varphi吊}=\infty$	$E_{\rho\varphi吊}=E_{吊}$	$\eta_{吊}^{III}=0$	$\Delta\eta_{心吊}^{III}=\eta_{心}^{III}$

注：1. 表中各个符号的上标代表加载阶段，下标代表构件名称，例如：d：墩；x：悬半拱；l：桥面板(梁)；柱：立柱；吊：吊杆等；
2. 钢管混凝土拱肋的徐变特性是以管心混凝土作标准的，故用"心"作下标，它与后面组合截面的下标"z"对应；
3. 表中 $E_{吊}$ 是指用于吊杆中钢绞线或钢丝绳材料的标准弹性模量。

二、徐变分析计算模型

对应于表 4-3-3 和表 4-3-4 中的三个阶段，图 4-3-11a)～c) 分别示出了它们的徐变分析的计算模型，下面分别进行一些说明。

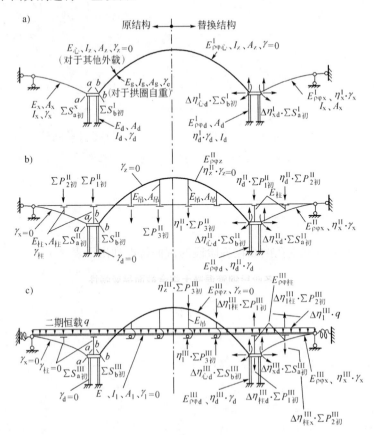

图 4-3-11 三个阶段的徐变计算模型

1. 适用范围

图中的 3 个左侧半结构是用来分析三个加载阶段对相应结构所产生的截面初始内力之计算图，即第 I 阶段的荷载为所有拱结构的自重；第 II 阶段为吊杆、立柱、盖梁、横梁以及桥面结构自重对所有拱圈产生的初始内力；第 III 阶段为二期恒载对整体结构各截面产生的初始内力。

图中的三个右侧半结构（简称替换结构，脚标取"换"）是用来分析相应于上述三个阶段由结构自重和累计截面初始内力所引起的徐变次内力之计算图。

2. 截面特性

(1) 除钢管混凝土拱圈外，所有其他结构杆元的截面面积 A 和抗弯惯矩 I 均按实际设计尺寸计算。当计算各阶段的截面初始内力时，杆单元重度 γ 和弹性模量 E 均按相关规范标准取值；当计算各阶段的徐变次内力时，它们的重度则用相应加载阶段的荷载换算系数 η 修正，弹性模量则用换算弹性模量 $E_{\varphi\varphi}$ 替代，两者计算见表 4-3-4。

(2) 对于第 I 加载阶段，计算由钢管混凝土自重引起自身的截面初始内力时（图 4-3-11a)），拱圈的截面特性均以钢管（脚标为 g）作标准，即：弹性模量 E_g，截面面积 A_g，抗弯惯矩 I_g，而重度则取它们的等代换算值 γ_e，它可按下式计算：

$$\gamma_e = \gamma_g + \frac{A_心}{A_g}\gamma_心 \tag{4-3-7}$$

式中：$A_心$——管心混凝土的截面面积；

$\gamma_心$——管心混凝土的重度。

(3) 对于第 I 加载阶段由于悬半拱下的支架卸除以及第 II、III 加载阶段的其他结构自重对主孔拱圈产生的初始内力的工况，钢管混凝土拱圈应取以管心混凝土为标准的组合截面特性（脚标为 z），即弹性模量为 $E_心$，其换算的组合截面面积 A_z 和抗弯惯矩 I_z 则分别按下式计算：

$$\left.\begin{array}{l} A_z = A_心 + \dfrac{E_g}{E_心} A_g \\ I_z = I_心 + \dfrac{E_g}{E_心} I_g \end{array}\right\} \tag{4-3-8}$$

式中：$I_心$——管心混凝土抗弯惯矩；

其余符号意义同上。

由此可见，第 I 阶段中在主孔拱脚与墩顶相结合的截面内，其初始内力是两种工况下的内力叠加。

(4) 图 4-3-11 中右侧主孔拱圈在各阶段的截面特性列出于表 4-3-5。

各阶段钢管混凝土组合截面徐变特性 表 4-3-5

名　称	阶段 I（图 a）右侧	阶段 II（图 b）右侧	阶段 III（图 c）右侧
换算弹性模量	$E_{\varphi\varphi心}^{I}$	$E_{\varphi\varphi心}^{II}$	$E_{\varphi\varphi心}^{III}$
换算截面面积	$A_心 + \dfrac{E_g}{E_{\varphi\varphi心}^{I}} A_g = A_z^{I}$	$A_心 + \dfrac{E_g}{E_{\varphi\varphi心}^{II}} A_g = A_z^{II}$	$A_心 + \dfrac{E_g}{E_{\varphi\varphi心}^{III}} A_g = A_z^{III}$
换算抗弯惯矩	$I_心 + \dfrac{E_g}{E_{\varphi\varphi心}^{I}} I_g = I_z^{I}$	$I_心 + \dfrac{E_g}{E_{\varphi\varphi心}^{II}} I_g = I_z^{II}$	$I_心 + \dfrac{E_g}{E_{\varphi\varphi心}^{III}} I_g = I_z^{III}$

注：1. 由于采用无支架施工，故钢管混凝土自重不参与徐变次内力分析，即 $\gamma=0$；

2. 表中换算弹性模量计算见表 4-3-4。

3. 关键截面（或节点）初始内力计算

(1) 为了叙述的方便，这里把介于两种不同徐变特性杆元之间的结合面（或节点）定义为"关键截面"（或"节点"），以图 4-3-11 为例，这些"关键截面"是：①与墩顶承台相连接的所有拱脚截面；②与吊杆上端和下端连接的主拱节点和桥面节点；③与立柱相连接的墩顶节点、悬半拱节点和桥面节点等。

(2) 各个阶段在这些关键截面（或节点）的累计初始内力由以下 3 个部分组成：①前面各阶段由结构自重所产生的初始内力，它们均按图 4-3-11 左半侧计算图算出，内容包括弯矩 $M_{初}$，轴力 $N_{初}$ 和剪力 $Q_{初}$，这些可用综合符号 $S_{初}$ 表示；②由本阶段的结构自重或其他荷载产生的初始内力；③由前面各阶段算得的徐变次内力 $S_{次}$ 等。若以主孔拱脚 b 截面为例，则它在第 i ($i=\mathrm{I}, \mathrm{II}\cdots$) 阶段的累计初始内力 $\sum S_{b初}^{i}$ 的一般式可表为：

$$\sum S_{b初}^{i} = S_{b初}^{\mathrm{I}} + S_{b初}^{\mathrm{II}} + \cdots + S_{b初}^{i} + S_{b次}^{\mathrm{I}} + S_{b次}^{\mathrm{II}} + \cdots + S_{b次}^{i-1} \tag{4-3-9}$$

(3) 根据所使用计算程序的功能，也可以把初始内力中拱脚截面的轴力 N 和剪力 Q 通过三角公式运算，化为水平向和竖直向的两个节点力 H、V。

(4) 为了便于徐变分析，关键截面（拱脚）的累计初始内力还需通过荷载换算系数 η 使之转换为节点力，现用图 4-3-12 的拱脚截面为例来阐明，其中图 b) 是它们在切割面上的内力示意图。

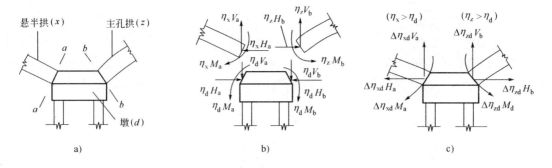

图 4-3-12　关键截面初始内力的转换

由于切口面两侧的杆元各具有不同的徐变系数 $\varphi(t, t_0)$，故在徐变变形的过程中，它们各自产生的变形量也是不相同的。若用表 4-3-4 中的荷载换算系数 η 分别乘这些初始内力分量，则在关键截面上将出现初始内力差，即当 $\eta_x > \eta_d$ 和 $\eta_z > \eta_d$ 时，便有 $(\eta_x - \eta_d) S_{a初} = \Delta \eta_{xd} S_{a初}$ 和 $(\eta_z - \eta_d) S_{b初} = \Delta \eta_{zd} S_{b初}$，这便是使整个结构产生徐变的初始不平衡节点力，其作用力的方向与其中一个较大 η 值杆元在切口面上的方向相同，如图 4-3-12c) 所示。图 4-3-11 右侧替换结构的图里，都是根据这个原理来确定关键截面的节点力及其方向。

(5) 图 4-3-11c) 右侧的替换结构里，由于主孔中所有吊杆的 $\eta_{吊}^{\mathrm{III}} = 0$，按照上述原理，吊杆上端的关键节点为 $(\eta_z^{\mathrm{III}} - \eta_{吊}^{\mathrm{III}}) \sum P_{3初}^{\mathrm{III}} = \eta_z^{\mathrm{III}} \sum P_{3初}^{\mathrm{III}}$，方向向下，而下端为 $(\eta^{\mathrm{III}} - \eta_{吊}^{\mathrm{III}}) \sum P_{3初}^{\mathrm{III}} = \eta^{\mathrm{III}} \sum P_{3初}^{\mathrm{III}}$，方向向上，其中 $\sum P_{3初}^{\mathrm{III}}$ 是代表主孔吊杆在第 III 阶段的累计初始内力。

(6) 图 4-3-11c) 右侧结构中的立柱均具有各自的换算荷载系数值 $\eta_{柱}^{\mathrm{III}}$，其中还假定了这些立柱的上、下端为铰接，且 $\eta_z^{\mathrm{III}} > \eta_{柱}^{\mathrm{III}}$、$\eta_x^{\mathrm{III}} > \eta_{柱}^{\mathrm{III}}$ 和 $\eta^{\mathrm{III}} > \eta_{柱}^{\mathrm{III}}$，在这些条件下，则按照上述原理，便有图中所示的关键节点力和与吊杆不相同的作用方向。如果条件改变，则这些节点力的作用方向也要作相应的改变。

(7) 考虑到立柱的长度较短,一般放在场外事先预制好,而且它主要用来传递轴向压力,故它与承受压弯的拱、梁结构相比,其徐变变形可以忽略不计。为了简化计算,也可将所有立柱视作为由刚性材料制作的,如同吊杆一样,近似地令 $\eta_{柱} \approx 0$。这样,图 4-3-11c) 右半侧图中的 $\Delta \eta_{柱}^{I}$、$\Delta \eta_{柱}^{II}$ 和 $\Delta \eta_{柱}^{III}$ 均可改为 $\eta_{柱}^{I}$、$\eta_{柱}^{II}$ 和 $\eta_{柱}^{III}$,且其作用方向始终与主孔吊杆上、下节点处的相反。

三、截面徐变次内力

1. 一般公式

任意 i(i=Ⅰ、Ⅱ、Ⅲ)阶段在 k 截面内产生的徐变次内力 $S_{k次}^{i}$ 可按下式计算:

$$S_{k次}^{i} = S_{k换}^{i} - \eta_{k}^{i} \sum S_{k初}^{i} \tag{4-3-10}$$

任意 i 阶段在 k 截面内的实际总内力 $S_{k总}^{i}$ 为:

$$S_{k总}^{i} = \sum S_{k初}^{i} + S_{k次}^{i} \tag{4-3-11}$$

或:

$$S_{k总}^{i} = S_{k换}^{i} + (1 - \eta_{k}^{i}) \sum S_{k初}^{i} \tag{4-3-11a}$$

式中:$S_{k换}^{i}$——按图 4-3-11 右侧的替换结构在任意 i 阶段的计算图计算得出的任意 k 截面内力,它包括 $M_{k换}$、$N_{k换}$ 和 $Q_{k换}$ 3 项内容,对于吊杆和立柱则只有轴力 $N_{k换}^{i}$ 项;

η_{k}^{i}——i 阶段在 k 截面所属杆元的荷载换算系数,参见表 4-3-4 中的计算公式;

$\sum S_{k初}^{i}$——i 阶段在 k 截面的累计初始内力,见式(4-3-9)计算。

2. 几点说明

(1) 主孔内的吊杆,由于它的荷载换算系数 $\eta_{吊}=0$(表 4-3-4),故它们在任意 i 阶段内的徐变次内力就是按 i 阶段替换结构计算模型和有限元法计算程序所得的直接输出结果,即

$$N_{吊次}^{i} = N_{吊换}^{i} \tag{4-3-12}$$

i 阶段的总内力为:

$$N_{吊总}^{i} = N_{吊换}^{i} + \sum N_{吊初}^{i} \tag{4-3-13}$$

(2) 对于拱脚与墩顶相连的关键截面,其毗邻的两个杆单元在该节点的内力输出值 $S_{k换}^{i}$ 虽然是不相同的,但分别按式(4-3-10)计算以后,其徐变次内力 $S_{k次}^{i}$ 仍然是相等的,因此可以选取其中任意一侧单元的输出值进行计算。

(3) 在计算主孔钢管混凝土拱圈单元累计初始内力 $\sum S_{k初}^{i}$ 中的第一个分量 $S_{k初}^{I}$ [式(4-3-9)]时,要注意以下两种情况:①当计算拱脚关键截面的初始内力时,则要计入钢管及管心混凝土的自重作用。②当计算每个阶段主拱圈各截面的总内力(包括徐变次内力)时,要考虑第Ⅰ阶段的主孔自重内力全由纯钢管承担的情况,即通常称之为应力叠加,而不是内力叠加的特点。

(4) 以上所述计算方法,均是指主孔钢管混凝土拱圈采用缆索吊装施工法。如果主孔钢管混凝土拱圈采用有支架施工法,那么,在第Ⅰ阶段中的 $S_{k初}^{I}$ 应按组合截面计算,并应包含有由其自重产生的初始内力。即使如此,但在图 4-3-11 右侧各个阶段的计算图中,主孔中参与徐变分析的自重荷载也只能计入管心混凝土的那部分,而钢管的自重不用考虑,这是因为钢管本身并不具有徐变的特性。

第五节　其他计算问题

一、温度次内力计算

1. 非线性温度自应力

现在的研究资料都缺乏有关钢管混凝土非线性温度场的具体规定，故目前设计中不考虑温度自应力的影响。

2. 线性温度场

钢管混凝土拱桥是采用自架设法进行施工的，钢管合龙时的温度并不代表组合截面的合龙温度。于是，提出了"计算合龙温度 t_1"的新概念，它是根据管心混凝土达到强度时的截面平均温度所对应的截面内力，通过反算得出截面内力为零时的温度值。以福建省两桥为例分析合龙温度和年平均温度（供参考）。

(1) 计算合龙温度 t_1

计算温降时：

$$\left. \begin{array}{l} t_1 = \bar{t}_月 + (4\sim5℃) \\ t_1 = \bar{t}_月 \end{array} \right\} \tag{4-3-14}$$

计算温升时：

(2) 年平均计算温度 t_2

$$t_2 = \bar{t}_日 \tag{4-3-15}$$

以上两式中：$\bar{t}_月$、$\bar{t}_日$——桥位所在地区的月平均温度和日平均温度。

3. 计算方法

根据线性温度差 $\Delta t = t_2 - t_1$ 和应用上述的成桥计算模型来分析温度次内力。当程序中不具有计算温度次内力功能时，则采用力法与电算相结合的方法进行计算。

二、收缩次内力计算

目前对管心混凝土的收缩所产生的次内力尚缺乏研究，故在设计中仍沿用钢筋混凝土拱桥的计算方法，视其为整体浇筑的钢筋混凝土构件，采用降温 15~20℃ 的方法来计算混凝土收缩产生的次内力。

三、稳定性计算

1. 稳定系数

根据国内已建钢管混凝土拱桥的设计经验，认为施工和运营期，面内或面外的稳定系数取大于或等于 4.0 时能够满足要求。

2. 计算程序

鉴于计算的复杂性，故目前对于中承式钢管混凝土拱桥的稳定性分析，一般采用空间有限元法的计算程序，这类程序除了 SAP 程序外，还有北京大学引进开发 LISA 程序和美国宇航局开发的 NASTRAN 通用程序等。

第四章 简支混凝土系杆拱桥

第一节 结构构造及尺寸拟定

一、主 要 类 型

简支系杆拱桥属于无推力的拱桥,外部为静定结构,内部为高次超静定结构。它由拱肋、吊杆、系杆、横撑、行车道梁(板)及桥面构造等组成,如图 4-4-1 所示。

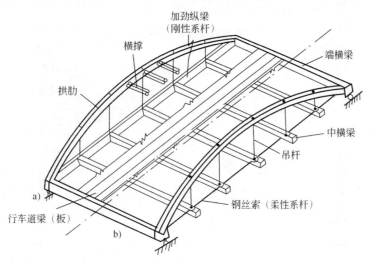

图 4-4-1 简支系杆拱桥构造示意图

按照系杆的受力特点,主要可以分为以下两种类型。
1. 柔性系杆刚性拱(图 4-4-1b))

柔性系杆主要是用来平衡拱脚水平推力的拉杆,并搁置在吊杆两侧的中横梁上。一般采用高强度低松弛镀锌钢丝扭绞成型的钢丝索和外加防护的构造,钢丝索的两端锚固在拱脚与固端横梁固结点处的端表面上。这类拱桥的传力途径是:行车道梁(板)→横梁→吊杆→拱肋及柔性系杆→支座→下部结构。系杆的作用非常类似于本篇第三章所述的飞燕式钢管混凝土拱桥中的拉杆。

2. 刚性系杆刚性拱（图 4-4-1a)）

刚性系杆一般设计成预应力混凝土箱形截面或工字形截面的加劲纵梁。它与端横梁及中横梁固结，构成平面稳定的框架，再与拱肋及横撑（风撑）固结后，形成空间稳定体系。因此，刚性系杆是一个拉弯杆件，并对中横梁具有纵横向的弹性约束作用。

二、尺寸拟定

1. 钢筋混凝土拱肋

（1）截面形式：依跨径大小可以选用矩形、工字形和箱形等截面形式。

（2）拱轴线形：一般选用二次抛物线形作为拱轴线。

（3）适用跨径：20～100m。

（4）矢跨比及拱肋截面轮廓尺寸（表 4-4-1）。

拱肋截面尺寸参考值　　表 4-4-1

类　型	矢跨比 f/l	拱肋截面	
		高 h	宽 b
柔性系杆刚性拱	$\frac{1}{4} \sim \frac{1}{5}$	$\left(\frac{1}{25} \sim \frac{1}{50}\right)l$	$(0.4 \sim 0.5)h$
刚性系杆刚性拱	$\frac{1}{5} \sim \frac{1}{6.5}$	$\left(\frac{1}{50} \sim \frac{1}{80}\right)l$	$(0.8 \sim 1.2)h$

2. 钢管混凝土拱肋

钢管混凝土拱桥的拱肋截面形式及其尺寸参见表 4-4-2。

部分钢管混凝土系杆拱桥基本尺寸表　　表 4-4-2

桥　名	建成年份	跨径(m)	矢跨比 f/l	拱轴线形	拱肋截面 形式	拱肋截面 高度(m)	拱肋截面 管径×壁厚(mm)	桥面宽度(m)
江苏无锡新安北桥	1993	60	1/6	二次抛物线	单圆型	0.8	800×16	15
安徽合肥屯溪桥	1995	63	1/3.5	二次抛物线	哑铃型	2	800×12	27
江苏泰州引江河大桥	1996	70	1/5.38	二次抛物线	单圆型	0.8	800×16	13*
江苏镇江京航运河桥	已建成	72	1/5	二次抛物线	单圆型	0.9	900×16	—
浙江杭州新塘桥	1997	78.42	1/4.5	二次抛物线	横圆端型	1.2	2000×1200×20	38.5**
浙江义乌篁园桥	1995	80	1/5	二次抛物线	横圆端型	0.8	2000×800×20	29**
福建福鼎山前大桥	2000	80	1/5	二次抛物线	单圆型	1.2	1200×16	14
广东顺德马岗大桥	1999	90	1/4	抛物线	哑铃型	2.1	800×12	18
山东临沂市沂河大桥	—	90	1/5		哑铃型	1.8	750×10	19
河南郑州黄河二桥	2004	100	1/5	二次抛物线	哑铃型	2.4	1000×16	21*
浙江宁波大沙河桥	—	120	1/7	—	横圆端型	0.9	2000×900×10	19.5
天津彩虹桥	1998	160	1/5	悬链线	哑铃型	3.75	1500×16	29

注：* 为分离式双幅桥；** 为敞口式桥。

三、系杆与拱肋的连接构造

1. 柔性系杆刚性拱

图 4-4-2 所示为跨径为 74m 钢筋混凝土系杆拱的端支承节点构造图。每根系杆是由两根钢管中的 48 束 10～12ϕ7 预应力高强钢丝束构成。系杆沿纵向分别搁置在吊杆两侧的横梁上，其两端则锚固在拱肋与端横梁固结处的端表面上。为了抵抗支承节点范围内的主拉应力，在斜方向也布置了预应力钢筋束，束间间距为 80cm。

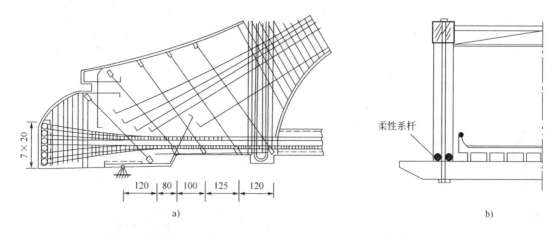

图 4-4-2　柔性系杆刚性拱支承节点构造图举例（尺寸单位：cm）

2. 刚性系杆刚性拱

图 4-4-3 所示是跨径为 100m 钢管混凝土系杆拱的端支承节点构造图。刚性系杆为带悬臂（作人行道）的箱形截面梁，其尺寸在跨径中部 $b \times h$（宽×高）$= 90cm \times 180cm$，在支承节点局部范围内逐渐加宽变为实心截面。系杆内的纵向预应力束是采用 24 根 7ϕ15.2 高强度低松弛钢绞线。

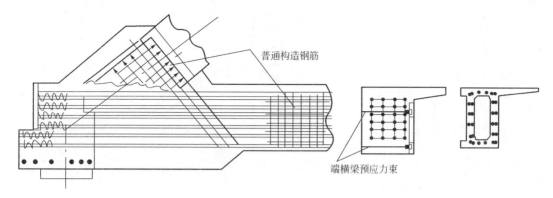

图 4-4-3　刚性系杆刚性拱支承节点构造图举例

为了防止端支点产生劈裂现象，沿端部固结横梁的方向布置了预应力束，使端节点受到横桥向挤压力。此外，还在节点范围内按照构造要求配置了箍筋、斜筋和纵向分布钢筋等。

四、刚性系杆与中横梁的连接构造

1. 示例一——整体刚性连接

图 4-4-4 所示是跨径为 60m 的钢管混凝土系杆拱桥举例。加劲纵梁（刚性系杆）为预应力混凝土工字梁，梁高 1.7m，采用 16 根 5ϕ15.24 钢绞线作为预应力束，OVM 锚具，加劲梁至端部加高至 3.0m 处便呈矩形截面。

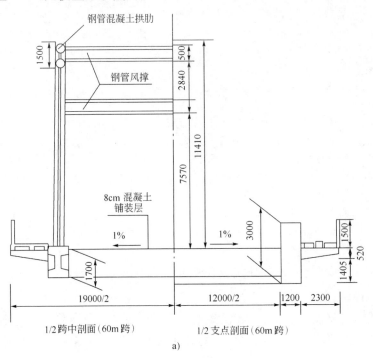

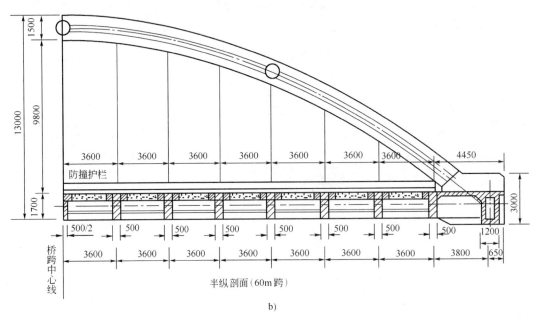

图 4-4-4 刚性系杆与中横梁刚性连接示例图（尺寸单位：cm）

中横梁为预应力混凝土 T 形梁，端横梁为预应力混凝土箱形梁。每个吊杆处设置一根中横梁，梁高 1.7m，肋宽 0.5m，中横梁与端横梁均采用 4 根 ϕ15.24 预应力钢丝束，OVM 锚具。

端横梁与加劲梁现浇连接，中横梁预制，吊装就位后与加劲纵梁连接。中横梁的预应力钢丝束横向穿入到加劲纵梁的外侧后再加以锚固，中横梁的纵向钢筋以及行道板内的横向钢筋均与加劲纵梁内的预埋钢板焊接，使整个桥面系与加劲纵梁构成刚性连接，以提高桥面系的稳定性。

2. 示例二——铰接

图 4-4-5 所示是跨径为 50m 的预应力混凝土系杆拱桥。刚性系杆与拱肋均为工字形截面，在结合段变为矩形。所有 12 根横梁均为带承托的矩形截面形式，设计为部分预应力 B 类构件，钢筋混凝土行车道板便搁置在承托上，先简支而后连续。刚性系杆为预应力混凝土构件，每根系杆配置 8 束 ϕ15 钢绞线。横梁两端在系杆的工字形截面下翼缘处连接。人行道是采用悬臂挑梁式结构。施工方法是采用整体拖拉架设。

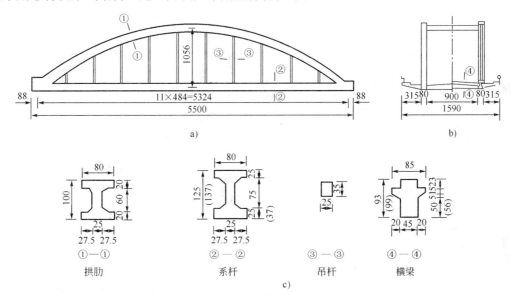

图 4-4-5　$L=50$m 整体拖拉法施工的系杆拱桥尺寸（尺寸单位：cm）

第二节　内力计算的要点

前面已经提及，简支混凝土系杆拱桥属于外部静定，内部为高次超静定的结构体系，故对它的内力分析有以下的若干要点。

一、成桥过程中的恒载内力计算图

刚性系杆刚性拱桥一般是采用满堂支架或少支架对拱肋及系杆进行施工的。对于这种情况，其恒载内力的计算可以取图 4-4-6a) 所示的计算图和应用平面杆系有限元法程序完成分析，其建模要点有：

①拱肋与刚性系杆在拱脚处为刚结，并铰支在桥墩顶面的支座上。

②若为钢管混凝土拱肋则按经过换算后的同一材质截面参与计算。
③吊杆上、下端构造一般视作为分别铰接于拱肋下缘和系杆的上缘。
④中横梁及行车道梁（板）均以集中力的形式作用于吊杆下节点截面处。

二、汽车荷载作用下的计算图

根据桥面系与刚性系杆的构造具体情况，在计算二期恒载及车辆荷载内力时一般存在两种计算图：

1. 桥面系与刚性系杆整体刚性连接情况

图 4-4-4 所示的构造就属于这种情况，无论是中横梁还是行车道板都与加劲纵梁（刚性系杆)构成刚性连接，桥道板沿纵向一般为连续桥面构造，故在分析二期恒载及车辆荷载对加劲梁的影响力时，加劲梁单元的截面尺寸可适当计入桥面板部分板宽（可近似地取 1/4 的行车道宽）如图 4-4-6b）所示。但行车道板的内力还需另外地按单独的构件进行计算。

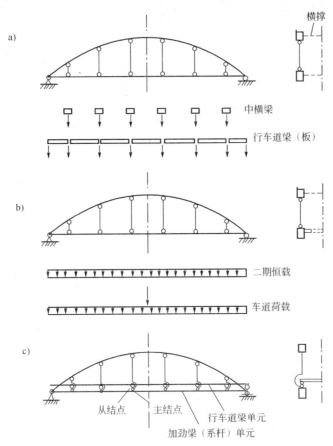

图 4-4-6 刚性系杆刚性拱的内力计算图

2. 桥道板与刚性系杆断开的情况

图 4-4-5 所示的构造就属于这类情况。此时，二期恒载及车道荷载都是通过中横梁传递到加劲梁上的，故加劲梁单元的截面尺寸按实际尺寸不变。计算中可以应用程序中主、从节点的功能将桥面荷载传递到加筋梁上，即在同一坐标位置处有两个节点编号，纵梁上的为"主"节点，桥道板上的为"从"节点，节点之间的单元编号也是两个，但作用的外荷载

（二期恒载和车道荷载）是直接布置在行道梁（板）的单元上，如图 4-4-6c）所示。

三、其　他

（1）对于柔性系杆刚性拱的结构，由于系杆只用来平衡拱的水平推力，而不承受竖向荷载，在这一点上与本篇第三章中飞燕式钢管混凝土拱桥的受力状态相似，故可参考图 4-3-7 和图 4-3-8 建立计算模型。

（2）就主拱承重结构而言，汽车荷载的横向分布系数仍可应用杠杆法进行计算。

（3）对于应用其他施工方法修建的简支系杆拱桥，则依据其具体施工过程和传力途径建立相应的计算模型。

（4）其余计算可参见本篇第二、三章。

第五章 拱桥的电算方法

第一节 建模要点

采用杆系模型模拟拱式结构、进行结构分析时，须综合考虑结构布置和施工方法的不同，全面、灵活、科学地建立有限元分析模型，以求准确计算其变形和内力结果，充分体现拱式结构的受力特性。

模型离散化、节点编号和单元的划分应该遵循以下原则：根据拱桥的施工顺序，在结构自然分段点设置节点；较长的自然分段，再作适当细分；吊杆与主梁、拱圈相交处设置节点；墩梁相接的位置设置节点；关心内力、位移所在截面处设置节点。

拱桥电算模型的常用单元有桁架单元和梁单元。较常见的做法是桥面板由梁格单元来模拟；刚性系杆、横梁、拱圈、横撑、墩、承台、桩等采用梁单元来模拟；柔性系杆、吊杆、扣索采用桁架单元来模拟。

一、基本原则

1. 实腹式拱桥

设计拱轴线一般为曲线，在分析时普遍采用多段直梁单元来模拟，只要划分的单元数量足够多、每一个单元的长度足够短，最终分析得到的内力和变形结果都是可信的。

图 4-5-1 实腹式无铰拱的有限元模型

对于中小跨径实腹式拱桥，按照图 4-5-1，一个拱圈的单元划分数量不少于 16 个，建模时一般不考虑拱上建筑或填料的结构作用及车辆荷载的扩散作用，而只计入其荷载作用。这样处理，计算结果偏于安全。

2. 二铰拱、三铰拱

二铰拱、三铰拱的应用场合不多，主要用于小跨径拱、空腹式拱桥的腹拱，或者一些特殊桥梁中。铰的主要特征是不传递弯矩、只传递剪力和轴力。模拟带铰拱时，拱圈的单元划分在铰的位置节点划分应更密、单元长度更短，以尽量模拟拱轴线的变化，确保传力方向的准确。具体模拟可按照图 4-5-2 方式进行。目前的桥梁分析专用程序都含有带铰单元类型，这样就可直接模拟；或者在结构铰的位置设置两个主从关系的节点，以模拟结构铰。

图 4-5-2 二铰拱、三铰拱的有限元模型
a) 二铰拱；b) 三铰拱

3. 空腹式无铰拱

拱上立柱与拱圈的相交位置必须划分节点。对于拱上建筑，空腹式拱桥的拱上建筑主要有两种形式：一是拱式；二是梁式。具体模拟方式可按图 4-5-3 来进行。

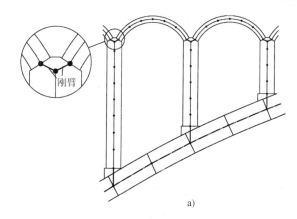

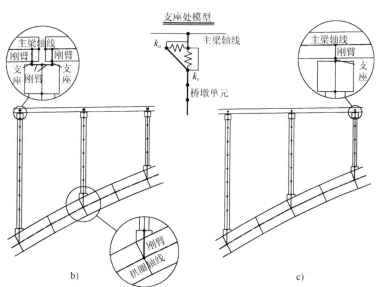

图 4-5-3 空腹式无铰拱拱上建筑模型
a) 拱式拱上建筑；b) 梁式拱上建筑（简支腹孔）；c) 梁式拱上建筑（连续腹孔）

立柱支座可用两个弹簧来模拟。根据橡胶支座的实际尺寸和结构性能参数，竖向弹簧刚度用下式来计算：

$$k_v = \frac{E_0 A_0}{D} \tag{4-5-1}$$

水平弹簧的刚度,则根据橡胶支座的抗剪性能按下式来确定:

$$k_u = \frac{G_0 A_0}{D} \tag{4-5-2}$$

式中:E_0、G_0、A_0、D——分别表示橡胶支座的弹性模量、剪切模量、平面面积和支座的橡胶层厚度。

4. 不等跨连续拱桥拱脚模拟

不等跨多跨连续拱桥的模拟,如图 4-5-4 所示,应取拱脚截面节点与同高度的桥墩截面节点之间的距离作为刚臂,这样两点之间具有相同的自由度,从而保证内力传递的真实性。

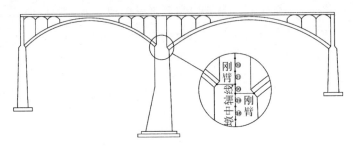

图 4-5-4 不等跨连拱拱脚处模型

5. 连拱计算的基础简化

对于连拱结构,基础刚度对全桥的受力影响显著,特别是下部结构的水平抗推刚度,因此需要仔细模拟。基础的简化模拟方法可参见第三篇第一章第三节的相关内容,这里不再赘述。

6. 钢管混凝土拱桥的计算

钢管混凝土拱圈是由钢和混凝土两种材料组成的组合结构,其受力特性与一般混凝土结构和钢结构存在很大的区别,特别是在共同受力和收缩徐变性能上。根据钢管混凝土拱桥以受压弯为主的特点,正常使用极限状态计算时,钢管对管内混凝土的套箍效应可忽略,而承载能力极限状态计算时,忽略套箍效应也偏安全。因此在模拟时,对于钢管混凝土拱圈,一般采用钢管和混凝土两种单元(划分节点后,两个节点之间由钢和混凝土两种单元连接)来模拟,如图 4-5-5 所示。这种模拟方式比较简单,能方便地模拟施工过程,也能很好地反映混凝土和钢之间的徐变内力转移和重分布。

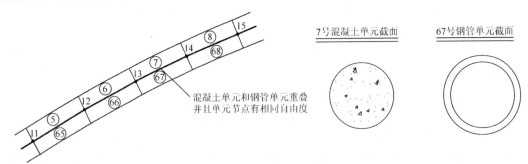

图 4-5-5 钢管混凝土拱桥的模拟

7. 混凝土系杆拱桥

混凝土系杆拱桥模型具体建立过程参见本篇第四章第二节中的相关内容。

8. 中承式钢筋混凝土拱桥

中承式钢筋混凝土拱桥模型具体建立过程参见本篇第二章第二节中的相关内容。

9. 中承式钢管混凝土拱桥

(1) 中承式钢管混凝土拱桥模型

中承式钢管混凝土拱桥模型具体建立过程参见本篇第三章第二节中的相关内容。

(2) 扣索模型

扣索采用桁架单元模拟,一端连接扣塔,另一端连接主拱圈。其索力使拉索与待浇混凝土自重对拱脚弯矩平衡。扣索模型如图4-5-6所示。

10. 劲性骨架混凝土拱桥主拱圈模拟

劲性骨架混凝土拱桥在施工过程中主拱圈将经历钢结构、钢管混凝土结构、劲性骨架混凝土结构三个不同的受力阶段。以图4-5-7所示的劲性骨架截面为例,其施工过程的模拟见表4-5-1。

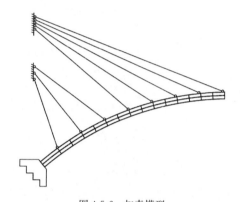

图4-5-6 扣索模型

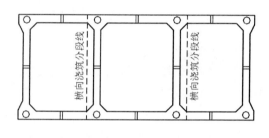

图4-5-7 劲性骨架混凝土拱桥主拱圈截面

劲性骨架施工过程的模拟 表4-5-1

截面施工顺序	施工状态描述
1	向劲性骨架中灌注混凝土形成钢管混凝土结构,承重结构是钢管
2	浇筑中箱混凝土,此时中箱混凝土不参与受力,承重结构是钢管混凝土拱
3	激活中箱混凝土同时激活其与钢管混凝土间的弹性连接,使混凝土单元的节点和劲性骨架单元的节点相互耦合,以形成共同受力的整体
4	浇筑两边箱混凝土,此时边箱混凝土不参与受力
5	激活边箱混凝土,同时激活其与钢管混凝土间的弹性连接,形成最终的劲性骨架混凝土结构

二、拱轴线的优化

合理的拱轴线能保证拱圈受力比较均匀。拱轴系数的确定应采取反复计算、逐步修改的办法,直至拱轴线与压力线接近为止。为此,首先应根据拱的总体布置情况选择一个合理的拱轴系数,一般跨度较大的选择较小的拱轴系数,跨度较小的选择较大的拱轴系数;然后建立模型并计算得到拱桥组合荷载作用下的控制截面应力值,调整拱轴系数可使某些过大的截面应力得以下降。

三、系杆力的确定方法

以飞燕式拱桥为例加以说明。拱桥的系杆连接两边跨顶部,对系杆施加预应力可使作用于主拱墩顶的单向水平力大幅度减小,同时使边跨拱肋受力合理。建模时应根据设计意图,对系杆与桥面相联系的节点建立以桥面系单元节点为主节点,系杆单元节点为从节点的主从关系。系杆的两端应与边孔上端节点铰接。系杆单元的初张力可由两种方法确定:

(1) 试算法,计算主拱及边拱的拱脚位置水平推力,两者之差即为系杆的初张力。

(2) 令模型两端点竖直方向铰支,如图4-5-8所示。在两端点之间设置系杆单元,E_j、A_j为系杆中钢丝束的弹性模量和总截面积。设$E_j A_j$为无穷大,得到的系杆轴力值即为需对系杆施加的初张力。

图4-5-8 飞燕式拱桥模型

第二节 主要分析内容

1. 静力分析

各个施工阶段和成桥状态各种荷载组合下拱肋、立柱、系杆、吊杆、横梁、横撑等结构的应力和内力验算。

2. 稳定性分析

对于第一类稳定问题,计算出结构的稳定安全系数λ_{cr}以及失稳形态。

对于第二类稳定问题,通过计算拱桥结构从加载开始到失稳全过程的结构响应,得出荷载—位移关系曲线的顶点就是结构失稳破坏的极限荷载。根据施工过程中逐级加载的实际受力行为,一般采用荷载增量法或荷载增量迭代法近似求解稳定极限荷载。

3. 变形分析

对于拱桥而言,主要考虑拱圈的变形是否满足规范要求。

4. 动力分析

首先计算自振频率和振型。根据桥位处地震参数,对拱桥进行地震分析。根据桥位处风载参数,计算拱桥的风致效应。

第三节 计算实例

一、单跨下承式系杆拱

1. 桥梁概况

某单跨下承式系杆拱桥,主跨80m,矢高19.65m,矢跨比为1/4,总体布置如图4-5-9所示。双肋C50钢筋混凝土肋,拱肋间距16m。拱肋间设3道风撑,采用不填充混凝土的空钢管。系杆为混凝土箱形截面,横梁为带肋钢箱截面。吊杆合计15对,间距为5m。横截面布置如图4-5-10所示。荷载等级为公路—I级。

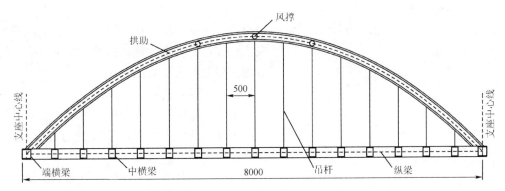

图 4-5-9 结构总体布置图（尺寸单位：cm）

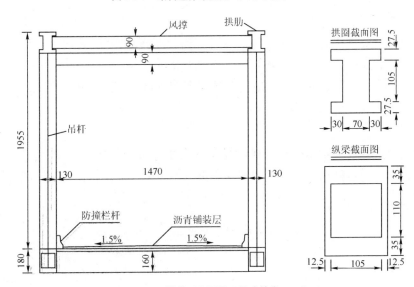

图 4-5-10 横截面布置图（尺寸单位：cm）

2. 施工程序

该桥上部结构采用整体搭架现浇施工，分 6 个施工步骤，具体划分见表 4-5-2。

施工阶段划分　　　　表 4-5-2

施工阶段号	施工阶段描述
1	满堂支架施工拱肋、横撑、钢横梁及系杆，支架采用只受压的节点弹性支承进行模拟
2	安装吊杆并进行初张拉。吊杆的初张力须进行优化计算，优化的约束条件为横梁刚离开支架并且吊杆的内力在容许范围之内
3	拆除全部支架
4	二期恒载施工。激活桥面板单元，同时激活桥面板单元与系杆单元以及钢横梁单元之间的节点主从关系
5	对吊杆进行二次张拉。吊杆的二次张拉力同样须进行优化计算，优化的约束条件与吊杆的初张拉力计算相同
6	活载、10 年徐变

3. 计算模型

（1）拱肋的模拟

拱肋单元水平投影长度取 5m，共分为 16 个单元。

（2）桥面系的模拟

桥面板采用板单元模拟，横梁、系杆采用梁单元模拟。桥面板与横梁、系杆之间采用约束主从节点的方式连接，其中，横梁与系杆为主节点，桥面板为从节点。

（3）吊杆的模拟

吊杆采用桁架单元来模拟，吊杆的初张力和二次调索采用未知荷载系数的方法进行优化计算。

全桥共划分节点512个，单元553个，计算模型如图4-5-11所示。

图4-5-11　计算模型图

4. 分析荷载

按上述模型，对该桥进行恒载（包括二期恒载）、活载、附加荷载（季节温差、日照温差、汽车制动力、支座沉降、风荷载等）下的内力分析。

同时，按照现行《混桥规》的规定，对桥梁结构进行正常使用和承载能力两种极限状态下的荷载组合分析。

5. 计算结果

首先对结果进行成桥状态分析，成桥状态的弯矩与轴力如图4-5-12所示。根据结构恒载、活载、附加内力计算结果，依据规范规定进行内力组合，正常使用极限状态下的内力组合结果如图4-5-13所示。

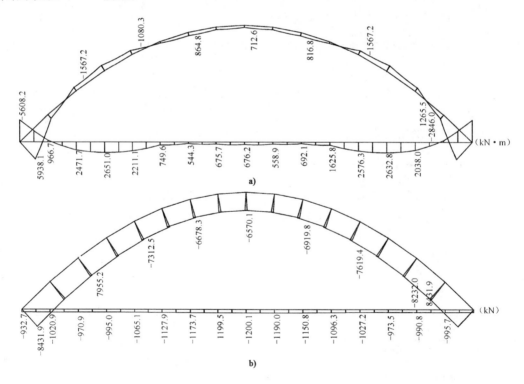

图4-5-12　成桥状态计算结果
a）成桥状态弯矩；b）成桥状态轴力

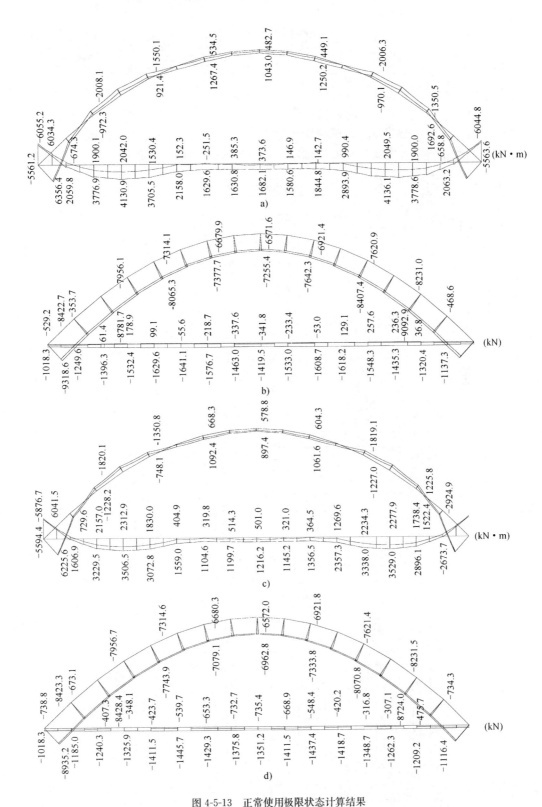

图 4-5-13 正常使用极限状态计算结果

a）正常使用极限状态短期组合弯矩包络图；b）正常使用极限状态短期组合轴力包络图；c）正常使用极限状态长期组合弯矩包络图；d）正常使用极限状态长期组合轴力包络图

二、劲性骨架混凝土拱桥

1. 桥梁概况

某桥为上承式混凝土无铰拱桥，主跨255m，矢高46.36m，矢跨比1/5.5。拱轴线采用悬链线，拱轴系数为1.988。桥面系采用简支空心板，跨径16m。全桥布置如图4-5-14所示。主桥采用左右两幅分开设置，单幅桥面总宽12m。主拱圈采用单箱三室截面，高4.5m，宽10.4m。拱脚位置的拱圈采用加厚的截面。拱圈截面如图4-5-15所示。

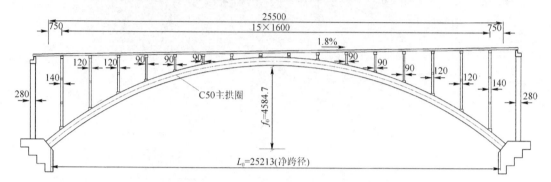

图 4-5-14　总体布置图（尺寸单位：cm）

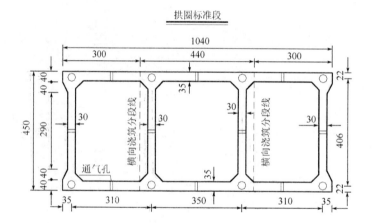

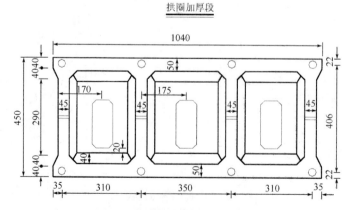

图 4-5-15　拱圈截面布置图（尺寸单位：cm）

2. 施工阶段划分

该桥施工步骤可以划分为 9 个阶段,见表 4-5-3。

施工阶段划分　　　　　　　　　　　　　　　表 4-5-3

施工阶段	施工阶段描述
1	搭设劲性骨架,骨架拱脚固结,劲性骨架采用等刚度梁模拟。浇筑混凝土时混凝土拱圈的拱脚也是固结
2	半拱有 16 个节段,两边对称浇筑。节段编号拱脚为第 1 节段,拱顶为第 16 节段,每一节段相应配有一根拉索,半桥共 16 根拉索。除第一节段为 11.5m 外,其余节段为 8m,合龙段为 8m。首先在劲性骨架上张拉 1 号索力,索锚固在劲性骨架上,锚固节点位于待浇混凝土伸出端。接着浇筑第 1 节段拱圈中箱混凝土,待混凝土达到 90%强度后再在劲性骨架的下一个节段位置张拉下一节段的索力
3	按同样的顺序从拱脚依次向拱顶方向浇筑第 2~8 号节段拱圈中箱混凝土
4	待 8 号节段拱圈中箱混凝土浇筑完成后,开始浇筑第 1 号节段的边箱混凝土。然后边箱与中箱以相差 8 个节段的进度平行施工。浇筑边箱第 3、4、5 节段时,先在第 3、4、5 号拉索位置补充张拉索力,然后再浇筑边箱第 3、4、5 节段混凝土。边箱 6 及 6 以后的节段浇筑时不补张索力。中箱合龙前,边箱浇筑完第 8 节段
5	中箱合龙
6	两边对称施工剩余部分的边箱,一次前进两个节段
7	边箱合龙
8	撤索
9	拱上建筑、成桥恒载、活载、10 年徐变

3. 计算模型

计算模型如图 4-5-16 所示。

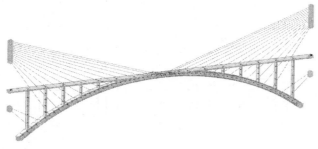

图 4-5-16　计算模型图

(1) 劲性骨架的模拟

本例中将劲性骨架模拟成一根梁,梁的截面参数通过与劲性骨架相同刚度的悬臂等效梁计算得到。即对等效劲性骨架梁施加荷载后根据其位移和转角,反算模拟梁的截面参数。对于施工验算,这种简化是能够满足精度要求的。

(2) 拱圈截面的模拟

拱圈截面梁单元与劲性骨架梁单元重合。拱圈采用单箱三室截面，施工时先浇筑中箱截面，然后再浇筑两边箱形成整体截面。建模计算时采用截面特性值调整的方法实现截面形式的变换。拱圈自重换算成梁荷载作用在劲性骨架单元上。

(3) 拱上建筑的模拟

在计算拱圈时将拱上建筑及桥面系的重量等效为节点荷载施加在立柱上。

(4) 扣索索力的模拟

采用斜拉扣挂法施工，选择索力大小使得拉索与待浇混凝土自重对拱脚弯矩平衡，拉索采用桁架单元来模拟。

4. 分析荷载

按上述模型，对该桥进行恒载（包括二期恒载）、活载、附加荷载（季节温差、日照温差、汽车制动力、支座沉降、风荷载等）下的内力分析。

同时，按照现行《混桥规》的规定，对桥梁结构进行正常使用和承载能力两种极限状态下的荷载组合分析。

5. 计算结果

首先对结果进行成桥状态分析，成桥状态的弯矩与轴力如图 4-5-17 所示。根据结构恒载、活载、附加内力计算结果，依据规范规定进行内力组合，正常使用极限状态下的内力组合结果如图 4-5-18 所示。

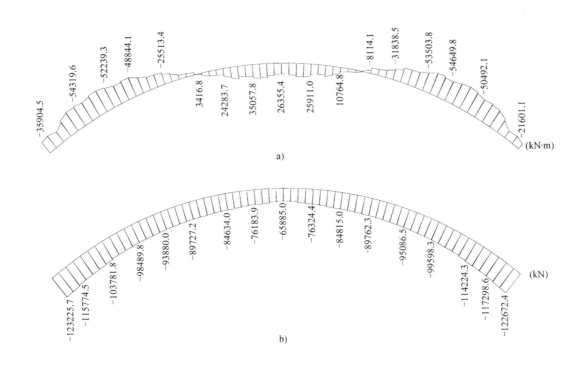

图 4-5-17　成桥状态计算结果
a) 成桥状态拱圈弯矩；b) 成桥状态拱圈轴力

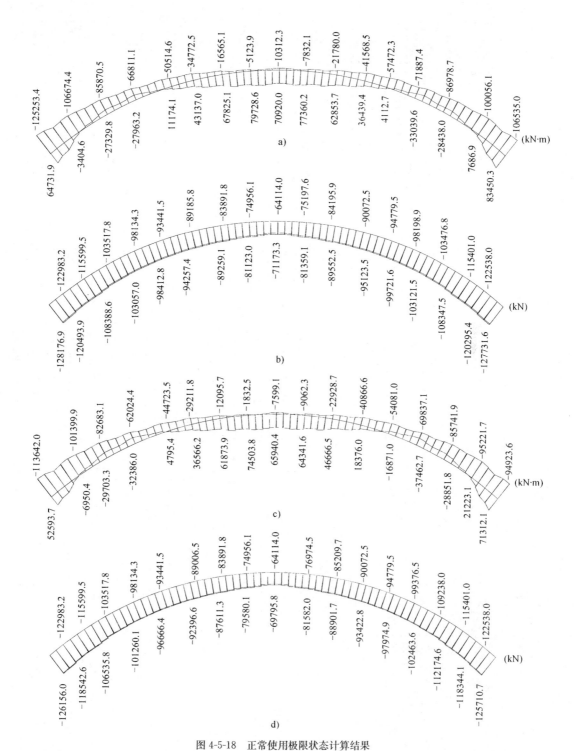

图 4-5-18 正常使用极限状态计算结果

a) 正常使用极限状态短期组合拱圈弯矩包络图；b) 正常使用极限状态短期组合拱圈轴力包络图；c) 正常使用极限状态长期组合拱圈弯矩包络图；d) 正常使用极限状态长期组合拱圈轴力包络图

第五篇

斜 拉 桥
Cable-stayed Bridge

第一章 总体布置及尺寸拟定

第一节 跨径和分孔

一、双塔三跨式

双塔三跨式斜拉桥是一种最常见的孔跨布置方式，如图 5-1-1a) 所示。一般适用于跨越较宽的海峡、河流或山谷。

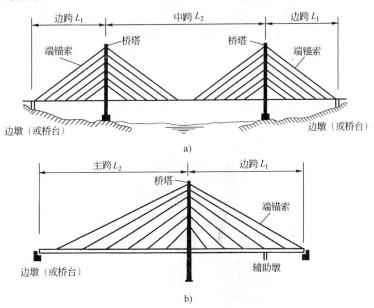

图 5-1-1 斜拉桥孔跨布置方式
a) 双塔三跨式斜拉桥；b) 独塔斜拉桥

在这类桥式中，边跨与主跨的比例一般应小于 0.5。边跨较小时，边跨主梁的刚度较大，边跨拉索较短，刚度也就相对较大，因而此时边跨对索塔的锚固作用就大，主跨的刚度也就相应增加。对于汽车荷载比重较小的公路和城市桥梁，合理的边主跨之比为 0.40～

0.45，而对于汽车荷载比重大的铁路桥梁，边主跨之比宜为 0.20～0.25，同样道理，钢斜拉桥的边跨应比相同跨径混凝土斜拉桥的跨径小。

二、独塔双跨式

独塔斜拉桥也是一种较常见的孔跨布置方式，如图 5-1-1b）所示。适用于跨越中小河流和城市通道。

独塔双跨式斜拉桥的主跨跨径 L_2 与边跨跨径 L_1 之间的比例关系一般为 $L_1=(0.5\sim0.8)L_2$，两跨相等时，由于边跨及端锚索对主跨变形的约束作用相对较小，因而这种形式较少采用。

国内几座独塔斜拉桥的跨径：

重庆石门桥（混凝土）：$L_2=230\text{m}$，$L_1=200\text{m}$，$L_1=0.87L_2$

广东南海西樵山桥（混凝土）：$L_2=125\text{m}$，$L_1=110\text{m}$，$L_1=0.88L_2$

武汉汉水月湖桥（混凝土）：$L_2=232\text{m}$，$L_1=138\text{m}$，$L_1=0.59L_2$

广东九江大桥（混凝土）：$2\times160\text{m}$，$L_1=L_2$

对于城市桥梁设计，越来越重视美学效果，为此可将桥塔设计成斜塔、折线塔（图 5-1-2）或曲塔（图 5-1-3）。

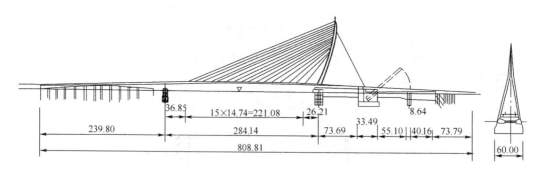

图 5-1-2　荷兰鹿特丹港 Erasmus 桥（1996）（尺寸单位：m）

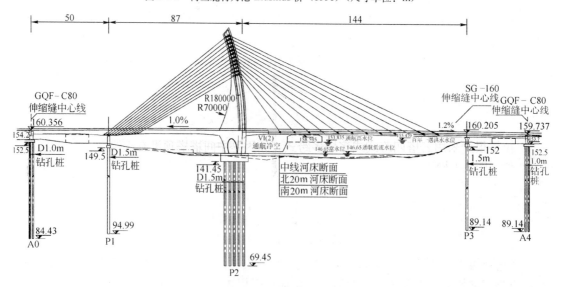

图 5-1-3　桂林南洲大桥（2007）（尺寸单位：m；高程单位：m）

三、斜塔单跨式

斜塔单跨式斜拉桥又分塔后斜索采用地锚固定和无背索斜塔两种类型,同时梁体由斜索水平合力引起的水平轴力必须由相应的下部结构来承受。

1. 地锚固定式

典型桥例如图 5-1-4 所示的西班牙 Ebro 河桥,它建成于 1981 年。其受力特点是:①斜塔背后的斜索锚固于岸边具有良好地质条件的地锚上,并与主塔共同承担主塔的索力。②借助在地锚与索塔基础之间设置的压撑来平衡主跨斜拉索对主梁产生的水平轴向力。

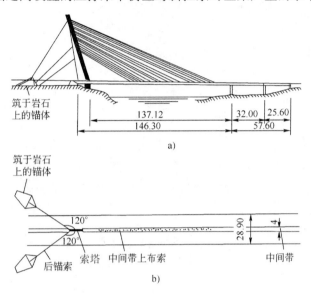

图 5-1-4 西班牙 Ebro 河桥(尺寸单位:m)
a) 侧视;b) 平面

2. 无背索斜塔式

如图 5-1-5 所示的湖南洪山大桥,它建成于 2004 年。在构造上的主要特点与地锚固定式相比,不仅完全取消了斜塔背索,而且也省掉了地锚、压撑等构筑物和增添了桥型的景观。其受力特点是:①全部结构自重及外荷重在外部上由塔基和边墩基础来承担。②塔、梁、索之间的内力完全依靠结构自重及合适的几何位置达到自平衡。

四、三塔四跨式和多塔多跨式

斜拉桥很少采用三塔四跨式或多塔多跨式,原因是中间塔塔顶没有端锚索来有效地限制它的变位(图 5-1-6)。

进入 21 世纪以来,由于跨越大江大湖、深山宽谷、海湾海峡的需求,多塔斜拉桥的修建逐渐增多。目前国内外对于提高多跨多塔斜拉桥体系刚度的措施有以下几种:

1. 采用刚性主塔

(1) 法国米洛高架桥(图 5-1-7)

米洛高架桥(Millau Viaduct)位于法国南部,桥面高 270m,桥墩最高处达 343m,七塔斜拉,跨径组合 204m+6×342m+204m,总造价 3.94 亿欧元,2001 年开工,2004 年竣工。

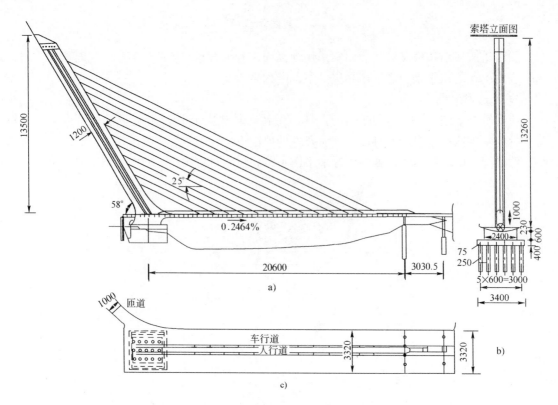

图 5-1-5 湖南长沙洪山大桥（尺寸单位：cm）
a) 立面图；b) 正面图；c) 平面图

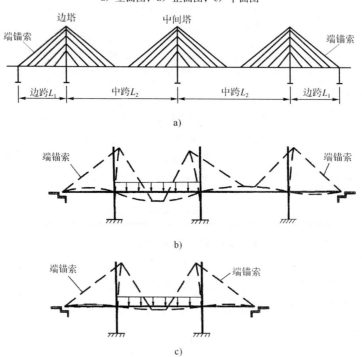

图 5-1-6 三塔四跨式与双塔三跨式斜拉桥的变形比较
a) 三塔四跨式斜拉桥；b) 三塔四跨式斜拉桥的变形；c) 双塔三跨式斜拉桥的变形

图 5-1-7　法国米洛高架桥

(2) 希腊 Rion-Antirion 桥 (图 5-1-8)

希腊 Rion-Antirion 桥连接希腊和意大利，2003 年 12 月建成。跨径组合 286m＋3× 560m＋286m，为四塔五跨的双索面组合梁斜拉桥。

图 5-1-8　希腊 Rion-Antirion 桥

(3) 赤石大桥 (图 5-1-9)

赤石大桥是厦门至成都高速公路湖南段的一座四塔五跨双索面预应力混凝土斜拉桥，跨径组合 165m＋3×380m＋165m，总长 1470m。单箱四室箱形混凝土主梁，两中塔采用塔梁墩固结体系，两边塔采用支承体系。

图 5-1-9　赤石大桥

(4) 武汉二七长江大桥 (图 5-1-10)

武汉二七长江大桥为三塔双索面组合梁斜拉桥，主桥长 1732m，跨径组合为：90m＋ 160m＋2×616m＋160m＋90m，桥塔高 205m，边塔和中塔纵桥向底部最大宽度分别为 10m 和 16m，主桥采用半漂浮结构体系，边塔处采用竖向支承，中塔处固定铰接体系。

2. 将两个双塔斜拉桥串联

日本本州四国连络桥中的岩黑岛桥与柜石岛桥就是其中的一例。该桥建成于 1988 年，两桥均为双塔三跨斜拉桥，其跨径为 185m＋420m＋185m。两桥在岩黑岛上用连络桥连接，两种结构形式主梁不连续，因此在结构上与普通双塔斜拉桥无本质差别。

图 5-1-10 武汉二七长江大桥

3. 用铰将三座独塔斜拉桥串联

我国台北的淡水河桥（图 5-1-11）是用能转动与伸缩的铰将三座独塔斜拉桥连接，每座独塔斜拉桥在恒载下是自平衡的，跨中伸缩铰能满足温度位移的要求。

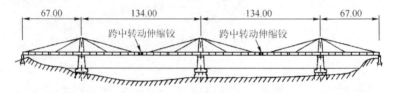

图 5-1-11 台北淡水河桥（尺寸单位：m）

4. 中塔增设锚固斜缆

位于我国香港蓝巴勒海峡的汀九大桥（图 5-1-12）是一座具有高低塔的三塔和斜索面斜拉桥，中塔较高，其高度达 194m。由于处于海峡中，基本风速较大，为了保证中塔的纵向抗风稳定性，在中塔塔顶增设两对钢索，分别锚固在两个边塔的桥面高度处；为了保证桥塔的横向稳定性，每座塔柱在桥面上、下两侧各用一对斜撑分别与桥面下的横梁固结，构成闭合框架。该桥于 1997 年建成。模型试验表明，该桥在风速为 95m/s 时仍具有气动稳定性。

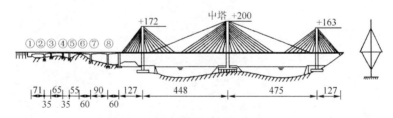

图 5-1-12 香港汀九大桥（尺寸单位：m）

5. 交叉布索（图 5-1-13）

英国在苏格兰福斯湾上修建的福斯新桥，是一座双索面中央布置的三塔斜拉桥，主跨 2×650m，跨中区域约 160m 长度范围内采用了交叉索布置。由于刚度大的边塔索在主跨扩大了支撑范围，主梁最大挠度减小了 20%，塔底弯矩减小了 30%。

五、辅助墩和边引跨

汽车荷载往往在边跨梁端附近区域产生很大的正弯矩，并导致梁体转动，伸缩缝易受损，在此情况下，可以通过加长边梁以形成引跨或设置辅助墩的方法予以解决，如图 5-1-14

所示。同时，设辅助墩可以减小拉索应力变幅，提高主跨刚度，又能缓和端支点负反力，是大跨度斜拉桥中常用的方法。

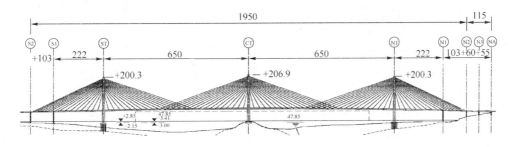

图 5-1-13 苏格兰福斯新桥（尺寸单位：m）

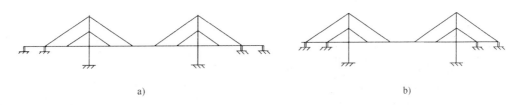

图 5-1-14 边引跨和辅助墩
a）边引跨；b）辅助墩

第二节 结 构 体 系

斜拉桥的结构体系，可以有以下几种不同的划分方式：

(1) 按照塔、梁、墩相互结合方式，有漂浮体系、半漂浮体系、塔梁固结体系和刚构体系。

(2) 按照主梁的连续方式，有连续体系和 T 构体系等。

(3) 按照斜拉索的锚固方式，有自锚体系、部分地锚体系和地锚体系。

(4) 按照塔的高度不同，有常规斜拉桥和矮塔部分斜拉桥体系。

现将几种主要的斜拉桥体系分别介绍如下。

一、漂 浮 体 系

漂浮体系（图 5-1-15）的特点是塔墩固结、塔梁分离。主梁除两端有支承外，其余全部用拉索悬吊，属于一种在纵向可稍作浮动的多跨弹性支承连续梁。为了抵抗由于风力等引起主梁的横向水平位移，一般应在塔柱和主梁之间设置一种用来限制侧向变位的板式或聚四氟乙烯盆式橡胶支座，简称侧向限位支座，如图 5-1-16 所示。

该体系的主要优点是主跨满载时，塔柱处的主梁截面无负弯矩峰值，温度、收缩和徐变次内力均较小；密索体系中主梁各截面的变形和内力的变化较平缓，受力较均匀；地震时允许全梁纵向摆荡，作长周期运动，从而吸震消能。目前，大跨斜拉桥（主跨 400m 以上）多采用此种体系。

漂浮体系的缺点是：当采用悬臂施工时，塔柱处主梁需临时固结，以抵抗施工过程中的不平衡弯矩和纵向剪力，由于施工不可能做到完全对称，成桥后解除临时固结时，主梁会发生纵向摆动，应予注意。

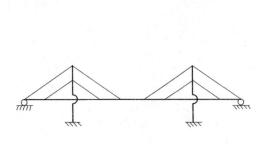

图 5-1-15　漂浮体系斜拉桥

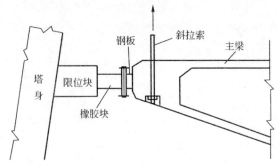

图 5-1-16　主梁侧向限位支座

为了防止纵向飓风和地震荷载使漂浮体系斜拉桥产生过大的摆动，影响安全，有必要在斜拉桥塔上的梁底部位设置高阻尼的主梁水平弹性限位装置。

国内采用漂浮体系的斜拉桥有：

苏通长江大桥（钢）跨径：2×100m+300m+1088m+300m+2×100m

荆州长江公路大桥北汊桥（混凝土）　跨径：200m+500m+200m

鄂黄长江公路大桥（混凝土）　跨径：55m+200m+480m+200m+55m

重庆大佛寺长江大桥（混凝土）　跨径：3×50m+198m+450m+198m+3×50m

重庆长江二桥（混凝土）　跨径：53m+169m+444m+169m+53m

武汉长江二桥（混凝土）　跨径：180m+400m+180m

岳阳洞庭湖大桥（混凝土）　跨径：130m+310m+310m+130m

二、半漂浮体系

半漂浮体系（图 5-1-17）的特点是塔墩固结，主梁在塔墩上设置竖向支承，成为具有多点弹性支承的三跨连续梁。可以是一个固定支座，三个活动支座，也可以是四个活动支座，但一般均设活动支座，以避免由于不对称约束而导致不均衡温度变位，水平位移将由斜拉索制约。

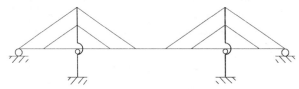

图 5-1-17　半漂浮体系斜拉桥

半漂浮体系若采用一般支座来处理则无明显优点，因为当两跨满载时，塔柱处主梁有负弯矩尖峰，温度、收缩、徐变次内力仍较大。若在墩顶设置一种可以用来调节高度的支座或弹簧支承来替代从塔柱中心悬吊下来的拉索（一般称"零号索"），并在成桥时调整支座反力，以消除大部分收缩、徐变等不利影响，这样就可以与漂浮体系相媲美，并且在经济和减小纵向漂移方面将会有一定好处。

采用半漂浮体系的斜拉桥有：

昂船洲大桥（混合梁）跨径：298m+1018m+298m

南京长江二桥南汊桥（钢）　跨径：58.5m+246.5m+628m+246.5m+58.5m

安庆长江大桥（钢）　跨径：50m+215m+510m+215m+50m

武汉军山长江大桥（钢）　跨径：48m+204m+460m+204m+48m

润扬长江大桥北汊桥（钢）　跨径：175.4m+406m+175.4m

铜陵长江大桥（混凝土）	跨径：80m+90m+190m+432m+190m+90m+80m
马桑溪县长江大桥（混凝土）	跨径：179m+360m+179m
挪威 Helgeland 桥（混凝土）	跨径：177.5m+425m+177.5m

三、塔梁固结体系

塔梁固结体系（图 5-1-18）的特点是将塔梁固结并支承在墩上，斜拉索变为弹性支承。主梁的内力与挠度直接同主梁与索塔的弯曲刚度比值有关。这种体系的主梁一般只在一个塔柱处设置固定支座，而其余均为纵向可以活动的支座。

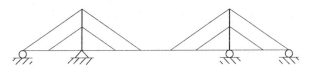

图 5-1-18　塔梁固结体系斜拉桥

这种体系的优点是显著地减小了主梁中央段承受的轴向拉力，并且索塔和主梁中的温度内力极小。缺点是中孔满载时，主梁在墩顶处转角位移导致塔柱倾斜，使塔顶产生较大的水平位移，从而显著地增大主梁跨中挠度和边跨负弯矩。另外上部结构重量和汽车荷载反力都需由支座传给桥墩，这就需要设置很大吨位的支座。在大跨径斜拉桥中，这种支座甚至达到上万吨级，这样就给支座的设计制造及日后养护、更换带来较大的困难。

采用塔梁固结体系的斜拉桥有：

法国 Brotonne 桥（混凝土）	跨径：58.5m+143.5m+320m+143.5m+70m
红水河铁路斜拉桥	跨径：48m+96m+48m
广东南海九江大桥	跨径：2×160m

四、刚 构 体 系

刚构体系（图 5-1-19）的特点是塔梁墩相互固结，形成跨度内具有多点弹性支承的刚构。

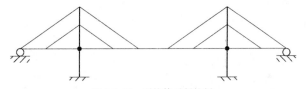

图 5-1-19　刚构体系斜拉桥

这种体系的优点是既免除了大型支座又能满足悬臂施工的稳定要求，结构的整体刚度比较好，主梁挠度小。缺点是主梁固结处负弯矩大，使固结处附近截面需要加大。再则，为消除温度应力，应用于双塔斜拉桥时要求墩身具有一定的柔性，常用于高墩的场合，以避免出现过大的附加内力。另外，这种体系比较适合于独塔斜拉桥。

采用刚构体系的斜拉桥有：

广东崖门大桥（混凝土）	跨径：50m+115m+338m+115m+50m
广东金马大桥（混凝土）	跨径：60m+283m+283m+60m
长沙湘江北大桥（混凝土）	跨径：105m+210m+105m
美国 Dame point 桥（混凝土）	跨径：198.2m+396.4m+198.2m
美国 Sunshine Skyway 桥（混凝土）	跨径：73.2m+164.6m+365.8m+164.6m+73.2m

五、T 构 体 系

T 构体系斜拉桥与刚构体系的区别是主梁跨中区域无轴拉力。具体做法有两种：一是在斜拉桥主跨中央部分插入一小跨悬挂结构，例如四川三台涪江桥（图 5-1-20）；二是以"剪力铰"代替悬挂结构（图 5-1-21），这种剪力铰的功能可以只传剪力与轴力，不传弯矩，也可以只传弯矩、剪力，不传轴力，前者如西班牙卢纳桥，后者如湖北郧阳汉江大桥。

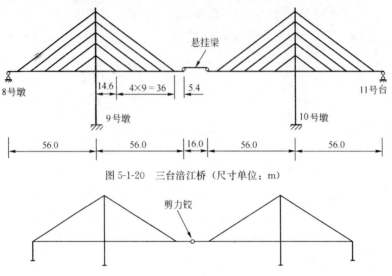

图 5-1-20 三台涪江桥（尺寸单位：m）

图 5-1-21 插入剪力铰

采用 T 构体系的斜拉桥有：

委内瑞拉 Maracaibo 桥	跨径：160m＋5×235m＋160m
阿根廷的 Chaco Corrients 桥	跨径：163.5m＋245m＋163.5m
西班牙 Luna 桥（混凝土）	跨径：101.713m＋440m＋106.88m
郧阳汉江大桥（混凝土）	跨径：86m＋414m＋86m

六、部分地锚体系

一般来说，悬索桥的主缆多数是地锚体系，而斜拉桥的斜索则相反，多数是自锚体系。只有在主跨很大边跨很小等特殊情况下，少数斜拉桥才采用部分地锚式的锚拉体系。

地锚式斜拉桥的实例，如图 5-1-22 ［西班牙卢纳桥（Barrios de Luna）］和图 5-1-23（湖北郧阳汉江桥）所示。

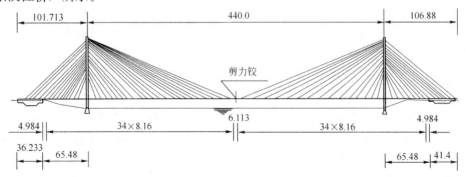

图 5-1-22 西班牙卢纳桥（尺寸单位：m）

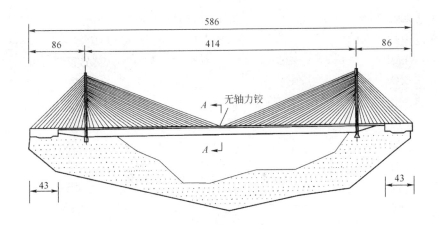

图 5-1-23 郧阳汉江桥（尺寸单位：m）

采用部分地锚体系的斜拉桥有：
西班牙 Luna 桥（混凝土） 跨径：101.713m+440m+106.88m
郧阳汉江大桥（混凝土） 跨径：86m+414m+86m

七、矮塔部分斜拉桥体系

矮塔部分斜拉桥结构如图 5-1-24 所示。由力学知识可知，在截面相同的情况下，塔的抗水平变位刚度与塔高 h 的三次方成反比，因而塔高降低则塔身刚度迅速提高。但塔高降低后拉索的水平倾角也将减小，拉索对主梁的支撑作用减弱，水平压力增大，这相当于拉索对主梁施加了一个较大的体外预应力。矮塔部分斜拉桥由于拉索不能提供足够的支撑刚度，故要求主梁的刚度较大。因拉索只提供部分刚度，"部分斜拉桥"由此得名。其受力性能介于梁式桥和斜拉桥之间。

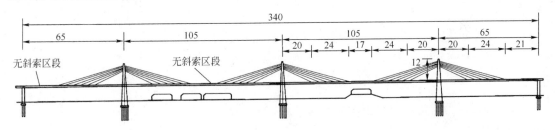

图 5-1-24 矮塔部分斜拉桥（尺寸单位：m）

矮塔部分斜拉桥具有以下特点：
(1) 塔较矮。常规斜拉桥的塔高与跨度之比为 1/4～1/5，而部分斜拉桥为 1/8～1/12。
(2) 梁的无索区较长，没有端锚索。
(3) 边跨与主跨的比值较大，一般大于 0.5。
(4) 梁高较大，高跨比为 1/30～1/40，甚至做成变高度梁。
(5) 拉索对竖向恒载与汽车荷载的分担率小于 30%，受力以梁为主，索为辅。
(6) 由于梁的刚度大，汽车荷载下斜拉索的应力变幅较小，可按体外预应力索设计。

采用矮塔部分斜拉桥体系的斜拉桥有：

芜湖长江大桥（钢）	跨径：180m+312m+180m
日本木曾川长江大桥	跨径：160m+3×275m+160m
日本楫斐川大桥	跨径：154m+4×271.5m+154m
日本冲原大桥	跨径：65.4m+180m+65.4m
日本蟹泽大桥	跨径：99.3m+180m+99.3m

第三节 主 梁

一、混凝土梁

混凝土主梁的主要优点是：①造价低，后期养护比钢桥简单便宜；②刚度大而挠度小；③抗风稳定性好。

混凝土主梁的缺点是：跨越能力不如钢梁大，施工速度不如钢结构快。

表 5-1-1 列出了采用混凝土主梁的斜拉桥所常用的几种截面形式、一般特点、适用范围及其主要尺寸示例。

二、钢 梁

1. 工字形钢主梁

如图 5-1-25 所示，一般采用两根工字形钢主梁的"双主梁"布置。钢主梁之间有钢横梁，钢桥面板与钢主梁及钢横梁相连接。钢桥面板底面焊有纵向和横向的加劲肋，形成正交异性钢桥面系。

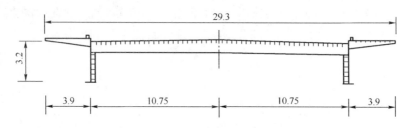

图 5-1-25 德国 Knie 桥工字形钢主梁（尺寸单位：m）

斜拉索的下端一般直接锚固在钢主梁上。

2. 钢箱梁

其主要特点是梁体轻，跨越能力大，施工速度快，质量可靠度高。但钢主梁价格较贵，后期养护工作量大，柔度较大，桥面汽车荷载变形较大，温差大，桥面铺装易变形损坏，抗风稳定性较差。

钢箱梁可做成单箱单室、单箱二室或多室以及分离的多箱室等截面形式，腹板可设计成竖腹板、斜腹板等。箱内一般由加劲斜杆组成联结系，为了提高抗风性能，箱梁外侧安装有整流板。

图 5-1-26 中列出了几种典型钢箱梁截面，其中泰国湄南河桥（主跨 450m）的钢箱梁截面，由于单索面斜拉桥的斜索对桥梁抗扭不起作用，因此一般都采用抗扭刚度较大的整体构造箱梁（不是分离式的由横梁连接的两个边箱截面）。

常 用 截 面 形 式

表 5-1-1

截面形式	桥梁举例	截面主要尺寸示例	一般特点	适用范围
板式截面	Evripos 桥 希腊 1999 年	(尺寸单位：cm) 主跨 l = 215m	构造最简单，但抗扭能力较小，截面效率较低	双面密索且宽度不太大的桥
	Helgeland 挪威 1991 年	(尺寸单位：cm) 主跨 l = 425m		
双主梁截面	焦恩桥 瑞典 1981 年	(尺寸单位：mm) 主跨 l = 366m	施工方便。采用悬臂法施工时，为了减轻挂篮的负荷，可以将两个边主梁先行浇筑，然后，在挂索后再浇筑横梁、最后浇筑桥面板混凝土，使形成整体、共同受力	双索面斜拉桥

续上表

截面形式	桥梁举例	截面主要尺寸示例	一般特点	适用范围
双主梁截面	重庆大佛寺长江公路大桥 中国 2001年	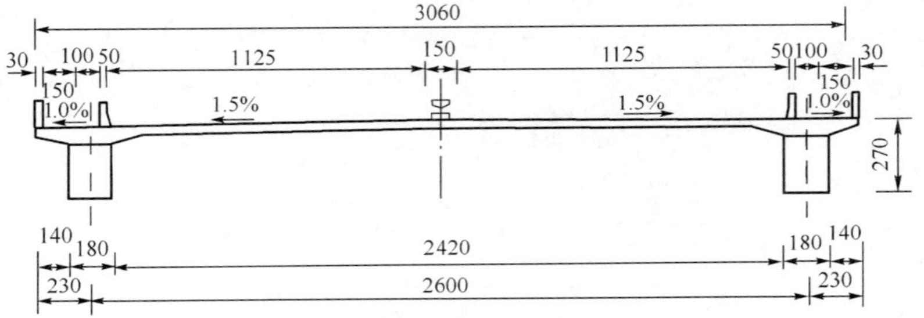 (尺寸单位：cm) 主跨 l = 450m	施工方便。采用悬臂法施工时，为了减轻挂篮的负荷，可以将两个边主梁先行浇筑，然后，在挂索后再浇筑横梁，最后浇筑桥面板混凝土，使形成整体，共同受力	双索面斜拉桥
	荆州长江公路大桥 中国 2002年	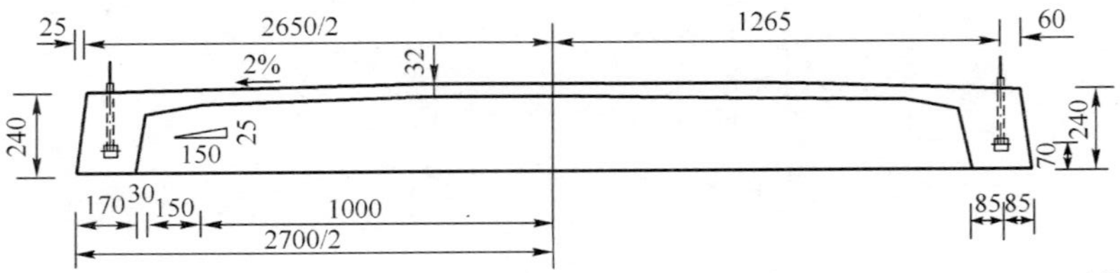 (尺寸单位：cm) 主跨 l = 500m		
半封闭式双箱梁	武汉长江二桥 中国 1995年	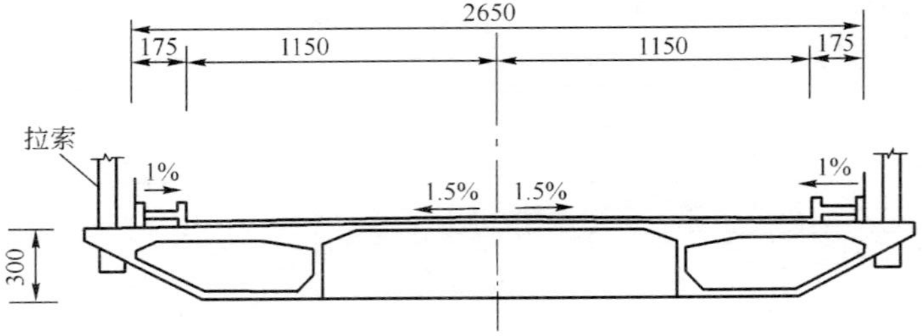 (尺寸单位：cm) 主跨 l = 400m	抗风性能良好，中部无底板，可减轻结构自重	双索面斜拉桥

续上表

截面形式	桥梁举例	截面主要尺寸示例	一般特点	适用范围
半封闭式双箱梁	Pasco-Kennewick(P-K桥)美国 1978年	主跨 $l=299$m（尺寸单位：mm）	抗风性能良好，中部无底板，可减轻结构自重	双索面斜拉桥
单箱单室截面	Sunshine Skyway(日照桥)美国 1987年	主跨 $l=366$m（尺寸单位：mm）	采用斜腹板，可以改善抗风性能，又可减少墩底的宽度，且箱形截面的抗扭刚度也大	单索面斜拉桥
单箱双室截面	呼子大桥日本 1989年	主跨 $l=250$m（尺寸单位：mm）	在上述单箱的基础上增加一道中腹板，虽然增加了自重，但可减小桥面板的计算跨径	单索面或双索面斜拉桥

续上表

截面形式	桥梁举例	截面主要尺寸示例	一般特点	适用范围
单箱三室截面	长沙湘江北大桥 中国 1990年 主跨 l=210m	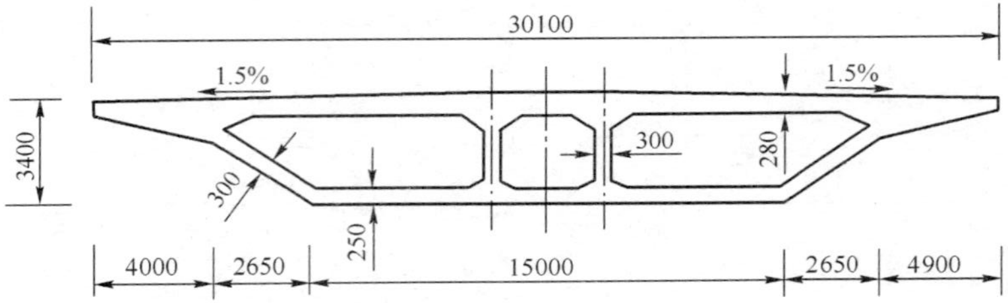 (尺寸单位：mm)	桥面全宽可达30~35m，但在悬臂施工时，须将截面分成三幅。先施工中间箱，待挂索后，再完成两侧边箱的施工，呈品字形前进，将截面构成整体	单索面斜拉桥
准三角形三室箱形截面	珠海淇澳岛大桥 中国 2000年 主跨 l=320m	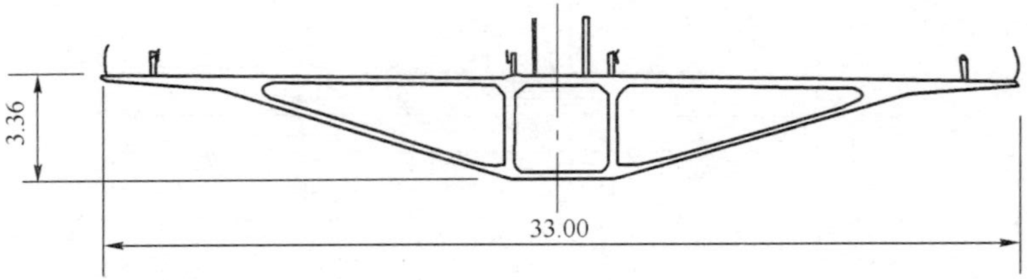 (尺寸单位：m)	和上述三室箱不同，中腹板间距较小，有利于单索面的传力，边腹板倾角更小，对抗风更有利	单索面斜拉桥
三角形箱形截面	Skarnsundet (斯卡恩圣特桥) 挪威 1991年 主跨 l=530m	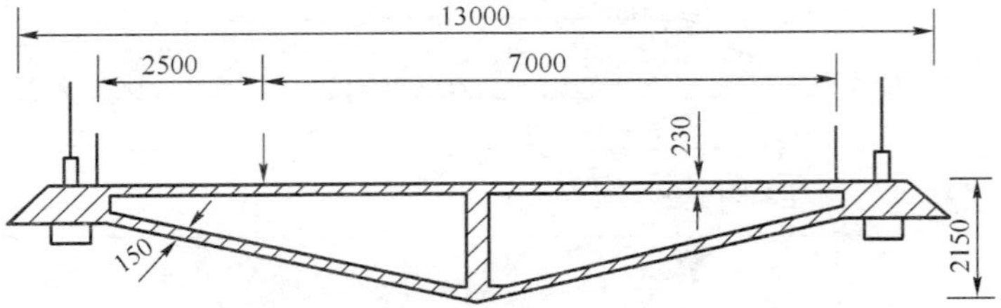 (尺寸单位：mm)	三角形截面对抗风最有利	双索面或单索面斜拉桥

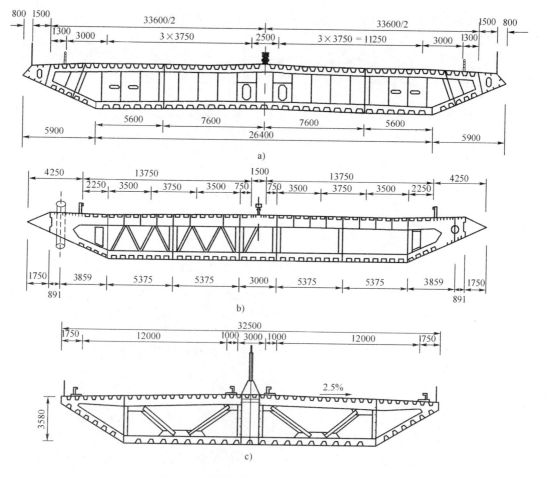

图 5-1-26 钢箱梁截面示例（尺寸单位：mm）

a) 南京长江二桥扁平多室钢箱梁；b) 日本名港中央大桥流线型扁平钢箱梁截面；c) 泰国湄南河桥单索面钢箱梁截面

3. 钢桁梁

斜拉桥的钢桁梁，一般布置成双层桥面。例如主跨为 420m 的日本岩黑岛公铁（轻载铁道）两用双层桥面桥（图 5-1-27a)），其上层桥面通行汽车，下层桥面通行轻载铁道列车；日本另一座主跨为 460m 的日本横滨湾大桥（1988 年），其上下两层桥面均布置 6 个汽车道（图 5-1-27b)）。

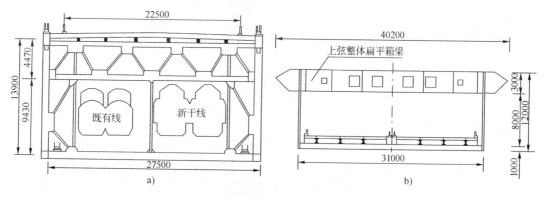

图 5-1-27 钢桁梁截面示例（尺寸单位：mm）
a) 日本岩黑岛桥断面；b) 日本横滨湾大桥断面

我国芜湖长江大桥为公铁两用桥，采用了矮塔部分斜拉桥结构，于 2000 年建成。桁架主梁如图 5-1-28 所示。

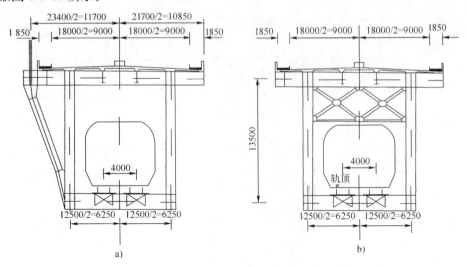

图 5-1-28　芜湖长江大桥桁架主梁（尺寸单位：mm）
a）1/2 有索区横断面桥门架布置图；b）1/2 无索区横断面桥门架布置图

三、组　合　梁

组合梁又称结合梁或叠合梁，是指钢主梁的上翼缘与设置其上的混凝土桥面板之间用剪力键结合共同受力的梁体结构。它除具有与钢主梁相同的优缺点外，还具有如下特点：

①用混凝土板比钢板能更好地承受斜拉桥的轴向压力，发挥材料优势，不存在压屈问题。

②在混凝土板上作桥面铺装远比在钢桥面上简单容易、技术成熟，且后期温度变形小，更稳定。

③混凝土板厚度较大，刚度亦较大，因而可适当减小梁高，减少钢材用量。

④比钢箱梁重，能增加风振阻尼特性，斜拉索用量比钢主梁斜拉桥略增，但比混凝土主梁斜拉桥低得多。

⑤钢梁框架便于采用顶推施工，就位后再安装桥面板，将能进一步降低造价，缩短工期。

⑥悬拼时不存在混凝土预制块之间的企口接缝，整体性好。

组合梁一般只适用于双索面斜拉桥。

采用组合梁斜拉桥的桥例有加拿大的安那西斯（Annacis）桥（主跨 465m）和我国上海南浦大桥、杨浦大桥（主跨 602m）、福建青州闽江桥（主跨 605m）等。其组合梁截面如图 5-1-29 所示。

预制混凝土桥面板与钢主梁的联结主要靠抗剪联结件，当前一般是采用带头的"栓钉"（stud）。抗剪栓钉事先焊接在钢结构的顶面翼板上。这种以钉身底端垂直于面板的焊接，需用专门焊接工具和焊接工艺。预制板的四周或伸出联结钢筋，或在有抗剪栓钉的位置处开孔，两种传统形式如图 5-1-30 所示。这种抗剪联结的细节已被证明可以在现场接缝混凝土的浇灌中获得较好的质量，它有较好的通路可以进行施工检查，方便混凝土的布料、浇灌和振捣，以确保填满所有空隙，这对长期可靠的抗剪联结是非常重要的。香港汀九桥（主跨475m）组合梁细节就是这样做的。

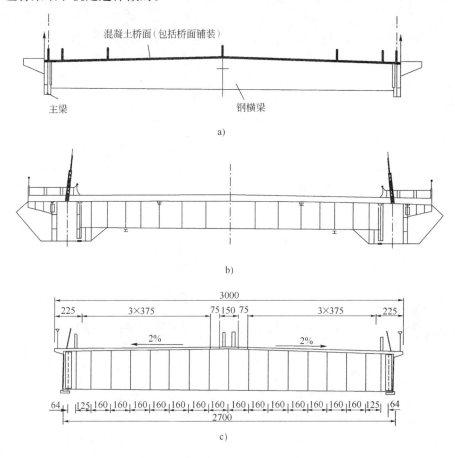

图 5-1-29 组合梁截面示例（尺寸单位：cm）
a) 安那西斯桥组合梁截面；b) 杨浦大桥主梁断面；c) 青州闽江桥主梁断面

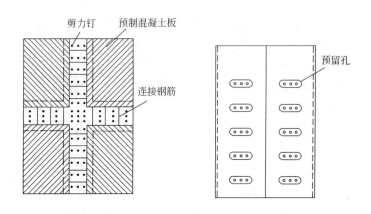

图 5-1-30 混凝土桥面板与钢主梁之间的栓钉联结

组合梁的抗剪联结，在桥梁的悬臂架设施工中承受很大的荷载。此时，由于剪力滞影响限制了连接缝附近的混凝土桥面板的有效宽度，而这个工作截面必须承受下一个梁体节段架设时产生的很大的局部弯矩。由此可见，简单而可靠的剪切联结能很快取得强度，是影响桥梁架设速度的关键。

将抗剪栓钉熔焊在钢梁的接合处会产生焊接疲劳问题，对此需通过疲劳试验，予以慎重处理。

另一个影响抗剪联结强度的因素是，联结处的轴向力会随时间变化而在钢梁与混凝土板之间进行内力重分配。特别是在架设过程中当混凝土板尚未达到全部强度前就开始承受轴力，其结果是徐变会使混凝土桥面板中的部分轴力转嫁给钢梁，影响钢与混凝土两种物体中的恒载轴力分布和桥梁的最终线形，所以，对此应详加验算。

四、混 合 梁

混合梁斜拉桥是指其主跨全部或部分为钢梁（或钢—混凝土组合梁）而边跨或部分边跨为混凝土梁的斜拉桥。钢梁与混凝土梁的连接点一般设在索塔附近，也可以设在边跨跨中任一部位。这种结构的优点是：

①可以加大边跨主梁的刚度和质量，减少主跨内力和变形，使边跨充分发挥其锚固跨的作用。

②可减少或避免边跨端支点出现负反力。

③边跨 PC 梁容易架设，主跨钢梁也可较容易地从主塔开始用悬伸法连续架设。

④减少全桥钢梁长度，节约造价。

混凝土梁与钢梁的连接点选择在索塔附近，原因是该处梁的弯矩较小，梁的轴力为最大。而对混凝土梁与钢梁连接的细节构造而言，传递轴力的构造要比传递弯矩的构造容易处理得多。

日本多多罗大桥混凝土梁与钢梁的连接点选择在边跨尾部区域，是为了更进一步突出尾跨的压重与锚固作用，以使得中跨与整体结构所获得的刚度值为最优。

混合梁斜拉桥的构思，是 1963 年前德意志联邦共和国 Leverkusen 桥进行设计方案比较时首次提出的。此方案是 50m＋280m＋50m 三跨斜拉桥。由于边跨与主跨的比值过小，故建议边跨采用混凝土梁，主跨采用钢梁。但当时此方案未被采纳，最终建成的仍是钢斜拉桥，边跨由 50m 增加为 106.26m。

到 1972 年，前德意志联邦共和国建成世界第一座混合梁斜拉桥，即 Kurt-Schumacher 桥。此桥主跨 287m 为钢梁，边跨 146.4m 为混凝土梁。

采用混合梁截面形式的典型桥例有：

①1995 年，法国建成了诺曼底大桥，这是一座三跨混合梁斜拉桥。其主跨达到 856m，如图 5-1-31 所示。值得说明的是，诺曼底大桥钢混结合部位选择在主跨距索塔 116m 处。

②1999 年，日本建成了多多罗大桥（图 5-1-32），主跨跨径达 890m，位居世界第一，该桥也是采用混合梁斜拉桥。而多多罗大桥主梁钢混接头选择在边跨的尾部，两端 PC 梁的长度分别为 105.5m 和 62.5m，受力与线形均较合理。

③1999 年建成的汕头海湾二桥，是我国第一座混合梁斜拉桥。该桥主跨 518m，在边跨长度 194m 中加设 2 个辅助墩，形成 2×47m＋100m＋518m＋100m＋2×47m 七跨钢箱梁-混凝土梁连续混合梁斜拉桥。边跨与主跨比为 0.375。钢箱梁与混凝土梁的连接点选在边跨侧距索塔 96m 处，这样既避免采用大跨的混凝土梁，也便于混合梁连接点处的施工。

④1997 年建成的上海徐浦大桥（主跨 590m）以及 2000 年建成的武汉白沙洲大桥（主跨 618m）也都采用了混合梁斜拉桥结构，如图 5-1-33 和图 5-1-34 所示。

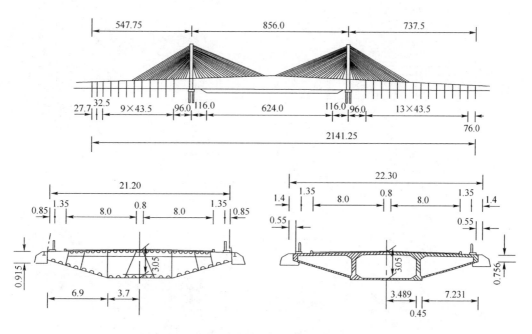

图 5-1-31 法国诺曼底大桥混合梁斜拉桥（尺寸单位：m）

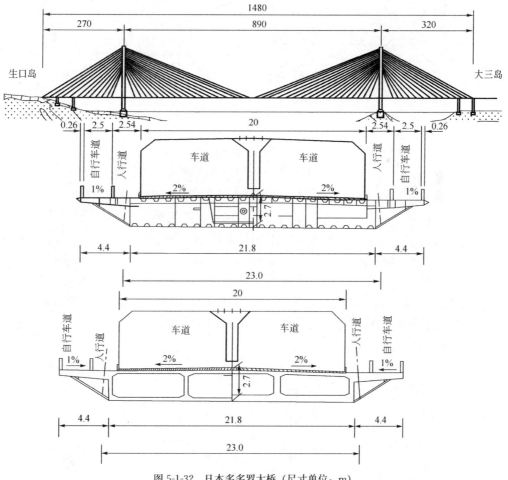

图 5-1-32 日本多多罗大桥（尺寸单位：m）

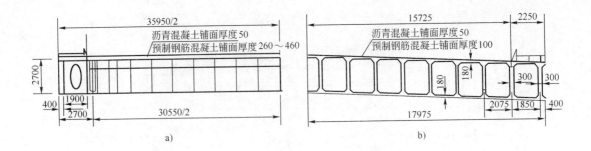

图 5-1-33 上海徐浦大桥（尺寸单位：mm）
a）主跨；b）边跨

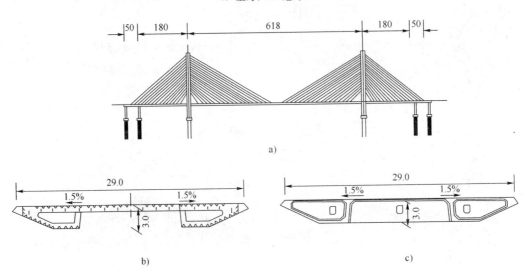

图 5-1-34 武汉白沙洲大桥（尺寸单位：m）
a）示意图；b）钢筋梁；c）混凝土箱梁

混合梁中的钢梁与混凝土梁的连接方式可分为承压式、承压传剪式两类。根据承压板位置的不同，承压传剪式又可分为有格室构造与无格室构造两类，其中有格室构造有前承压板、后承压板及前后承压板 3 种方式，如图 5-1-35 所示。图中的剪力钉也可用穿钢筋的开孔板代替（称为 PBL 连接键）。

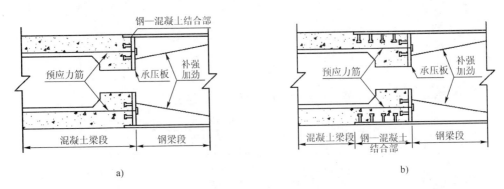

图 5-1-35

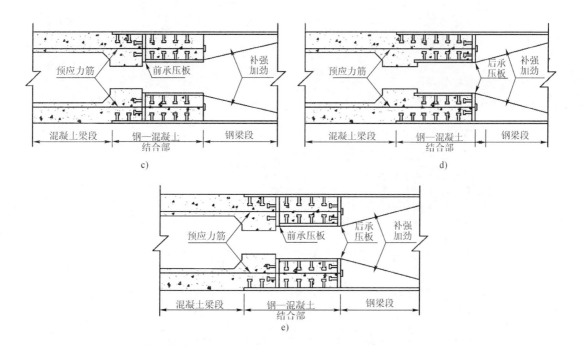

图 5-1-35 混合梁中的钢梁与混凝土梁的连接方式
a) 承压式（无格室—承压板）；b) 承压传剪式（无格室—顶底板承压板）；c) 承压传剪式（有格室—前承压板）；
d) 承压传剪式（有格室—后承压板）；e) 承压传剪式（有格室—前后承压板）

各种连接方式的性能综合比较见表 5-1-2、表 5-1-3。

无格室结合部性能　　　　　　　　　　　　　　　　　　　　　　表 5-1-2

项　　目	承　压　板	顶底板承压板
轴力及弯矩传递	承压板承担	后承压板及顶底板上的剪力连接件承担
剪力及扭矩的传递	承压板与混凝土的摩擦以及U形筋承担	承压板上的剪力连接件承担
优点	通过调整加劲肋布置可减小承压板附近的应力集中； 混凝土梁配筋、浇筑容易； 结合部混凝土浇筑质量容易保证； 钢梁容易制作	通过调整加劲肋的布置可减小承压板附近的应力集中； 混凝土梁配筋、浇筑容易； 结合部混凝土浇筑质量容易保证； 钢梁容易制作
缺点	承压板附近的应力集中较大； 承压板附近刚度变化较大	承压板附近的应力集中较在，但较承压板方案小； 承衬板附近刚度变化较大

有格室结合部性能　　　　　　　　　　　　　　　　　　　　　　表 5-1-3

项目	前承压板	后承压板	前后承压板
轴力弯矩	通过承压板和顶板、底板及腹板上的剪力连接件传递	格室顶底板上的剪力连接件及后承压板承担	格室顶底板上的剪力连接件及前后承压板承担
剪力扭矩	通过承压板的剪力连接件传递	通过格室腹板以及腹板上的连接件传递	通过前承压板上的剪力连接件传递

续上表

项目	前承压板	后承压板	前后承压板
优点	刚度变化较小；混凝土横梁处应力得到缓和；格室中的应力均匀；承压板附近应力集中较小	刚度变化较小；传力较顺畅；混凝土横梁处应力得到缓和；格室中的应力均匀；承压板附近的应力集中较小	混凝土梁部配筋、浇筑容易；混凝土质量易保证；轴力由前后板以及格室中的剪力连接件承担；承压板附近的应力集中最小；钢梁最容易控制
缺点	钢梁焊接施工性难度较大；混凝土浇筑难度较大；结合部配筋、混凝土浇筑困难	钢梁焊接施工难度较大；混凝土需要竖立浇筑；结合部配筋、混凝土浇筑困难	格室中需要填充砂浆；后承压板附近刚度变化大

五、斜拉桥三种主梁截面形式的比较

斜拉桥的三种主梁截面，即混凝土梁、钢梁和组合梁，其各自的特点可以通过以下比较（表 5-1-4）来说明。

混凝土斜拉桥与钢斜拉桥、组合梁斜拉桥的比较　　　　表 5-1-4

| 项　目 | 钢斜拉桥 | 组合梁斜拉桥 | 混凝土斜拉桥 | | 性 能 要 求 |
			预制拼装	就地浇筑	
恒载	A	B	C	C	减轻桥梁自重
质量	C	B	A	A	空气动力质量阻尼
材料阻尼	C	B	A	A	改善空气动力响应
徐变	A	B	C	D	尺寸线性的稳定
收缩	A	B	C	D	尺寸线性的稳定
耐久性	C	B	A	A	最佳耐久性
改造的难易	A	B	C	C	易于改造
施工的难易	B	A	C	D	连接的难易
路面造价	B	A	A	A	降低路面的造价
斜索的联结	C	B	A	A	简易并方便更换
斜索疲劳	C	B	A	A	降低汽车荷载/恒载比值
基本造价	D	C	B	A	与跨度及地区有关

注：表中的 A、B、C、D 表示优劣等级。

不同材料制作的主梁所对应的经济跨径是不同的。1995 年，Svensson 曾对 200~1000m 跨径斜拉桥选用不同材料主梁的经济性作过研究，认为跨径为 200~400m 时，采用混凝土主梁是最经济的，跨径 400~600m 时，采用钢-混凝土组合梁是最经济的，大于 600m 时，应采用钢主梁。另外，当跨径处于 400m 和 600m 两个边界区域时，应综合考虑其他因素分别对两种不同材料主梁作经济比较。

但 Svensson 的研究未考虑桥面宽度的影响。当桥面为 6 车道及以上时，混凝土横梁的质量将占相当大的比重，此时设计应考虑采用钢横梁方案。

主跨主梁和边跨主梁的设计理念是不同的。主跨必须有良好的动力特性，自重较轻。而对于大跨度斜拉桥，边跨由于其拉索起着稳定索塔的作用，因而边跨应具有克服上提力的功能，这就需通过调整边跨的自重、刚度或设辅助墩的方式来解决。

各种材料由主梁自重产生的荷载估计值如下：

钢：　　　　　　　2.5~3.5kN/m²
钢—混凝土组合：　6.5~8.5kN/m²
混凝土：　　　　　10.0~15.0kN/m²

六、主梁尺寸拟定

1. 确定梁高

斜拉桥主梁的纵断面通常采用等高度布置。梁高一般与拉索稀密体系有关，稀索体系梁高约为跨径的 1/40~1/70；密索体系梁高约为跨径的 1/70~1/200。对于双主肋断面，如主梁高度大于或等于横梁高，则其高度就取决于横向弯矩大小，即梁高与桥宽和横向索距密切相关。当桥面很宽，按横向弯矩算出横梁高度很大时，也可以采用两侧低中间高的鱼腹式横断面，即主梁低于横梁跨中高度，并配以中间高两端低的鱼腹形横梁。

2. 确定梁宽

主梁的全宽 B 取决于行车道、人行道宽度，拉索的布置，横截面布置以及抗风稳定性等因素。从提高斜拉桥结构的抗风稳定性考虑，梁宽 B 和主跨 L_2 的比值应大于或等于1/30。

3. 断面调试

断面高度确定以后，可以根据局部荷载（定桥面板、横梁尺寸）、轴向力大小（定主梁断面）和构造要求等初步拟定各部分尺寸。作用于主梁上的轴向力 N（kN），主要由恒载引起，可近似地按式（5-1-1）计算：

$$N = -\sum S \cdot \cos\alpha = -\sum \frac{ga}{\sin\alpha} \cdot \cos\alpha \tag{5-1-1}$$

式中：S——斜拉索的拉力（kN）；
　　　g——主梁每延米质量（kg/m）；
　　　a——斜拉索锚固点的水平间距（m）；
　　　α——斜拉索的水平倾角。

对于初步拟定的尺寸是否能满足强度和变形要求，可按平面杆件程序进行试算及调整。

4. 主梁抗扭验算

主梁所需要的抗扭刚度，主要取决于斜拉索的布置。

图 5-1-36a) 表示双索面、无抗扭刚度的主梁体系，偏心力 P 由杠杆原理分配给两个索面，因此梁中不产生扭矩。

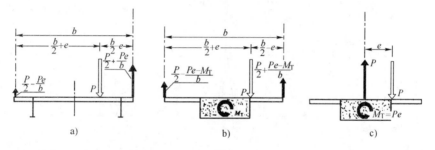

图 5-1-36　在三种具有不同索面位置和不同主梁抗扭刚度的体系中，偏心力 P 的传递情况

图 5-1-36b) 表示双索面、有抗扭刚度的主梁体系，扭矩 $P \cdot e$ 一部分由主梁承受，一部分由斜拉索系统承受。如图所示，由于梁的抗扭刚度影响，使 P 的分布比图 5-1-36a) 体系较均匀。

图 5-1-36c) 表示单索面、有抗扭刚度的主梁体系，汽车荷载扭矩 $P \cdot e$ 与侧向风载所引起的全部扭矩必须由梁传递，因此一般需采用箱形梁，而且主要尺寸往往由所需抗扭刚度决定。

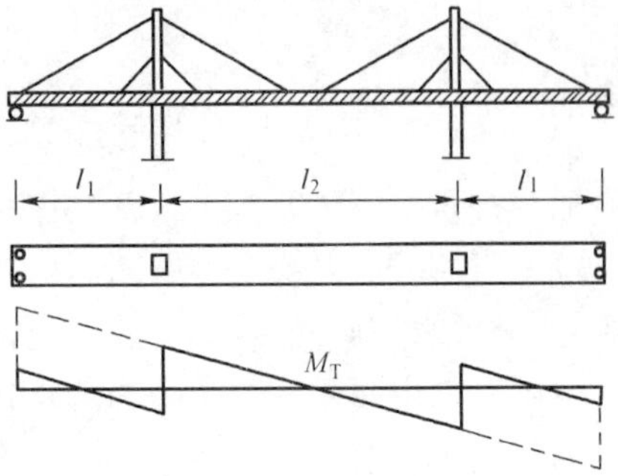

一般三跨斜拉桥主梁的扭矩如图 5-1-37 所示。

根据扭矩 M_T（kN·m）可按式（5-1-2）计算各部件的扭转剪应力 τ_T（kPa）。

$$\tau_T = \frac{M_T}{2A_T \cdot \delta} \qquad (5-1-2)$$

式中：A_T——箱形梁顶、底、肋板中线所围面积（m²）；
δ——肋板（或顶底板）厚度（m）。

把扭转剪应力 τ_T，与整体断面调试中由恒载、汽车荷载等引起的剪应力相叠加，并算出主拉应力。

图 5-1-37 主梁中的扭矩

如剪应力及主拉应力超过允许范围，则需重复上述步骤进行调试，直至满足设计要求为止。

第四节 索 塔

一、索塔的布置形式

单索面斜拉桥和双索面斜拉桥索塔塔架的纵、横向布置形式如图 5-1-38、图 5-1-39 所示。

索塔沿桥纵向的布置有独柱式、A 形、倒 Y 形等几种，如图 5-1-38 所示。独柱式主塔构造简单，A 形和倒 Y 形在顺桥向刚度大，有利于承受索塔两侧斜拉索的不平衡拉力，A 形还可减小主梁在索塔处的负弯矩。

索塔横桥方向的布置方式，可分为独柱式、双柱式、门形或 H 形、A 形、宝石形或倒 Y 形、双子形等，如图 5-1-39 所示。

索塔纵横向布置均为独柱式的索塔，仅适用于单索面斜拉桥。当需要加强横桥向抗风刚度时，则可以配合采用如图 5-1-39g) 或 h) 的形式。图 5-1-39b)～d) 一般适用于双平面索的情况；图 5-1-39e)、f) 和 i) 一般适用于双斜索面的斜拉桥。

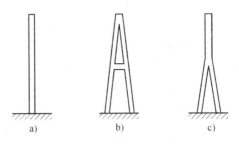

图 5-1-38 索塔的纵向布置形式

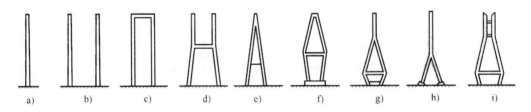

图 5-1-39 索塔的横向布置形式

二、索塔构件组成

组成索塔的主要构件是塔柱，塔柱之间的横梁和其他联结构件（图 5-1-40）。

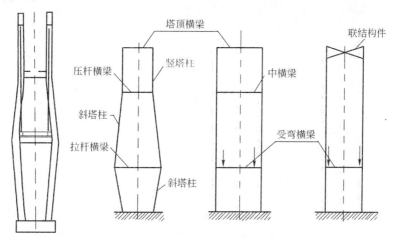

图 5-1-40　索塔构件组成

塔柱之间的横梁一般可分为承重横梁与非承重横梁。前者为设置主梁支座的受弯横梁，以及塔柱转折处的压杆横梁或拉杆横梁；后者为塔顶横梁和塔柱无转折的中间横梁。

三、混凝土塔的构造

混凝土索塔常采用的截面形式见表 5-1-5。实心体索塔一般适用于中小跨度的斜拉桥，对于小跨度可采用等截面形式，对于中等跨度可采用空心截面。矩形截面索塔的构造简单，其四角宜做成倒角或圆角，以利抗风。所有其他多边形截面均比矩形截面的索塔对抗风有利，而且还能增加桥梁外形的美观。八角形截面有利于配置封闭式环向预应力筋，但构造稍复杂。H 形截面在立面上可以不使锚头外露，对美观有所改善。各种空心截面包括 H 形截面，一般均需在每一层拉索锚头处增设水平隔板，其作用有二：第一，有利于将索力传递到塔柱全截面上；第二，在施工阶段和养护或换索时可将它作为工作平台。

混凝土索塔常采用的截面形式　　　　　表 5-1-5

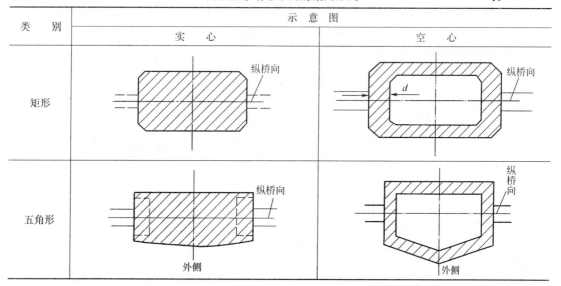

续上表

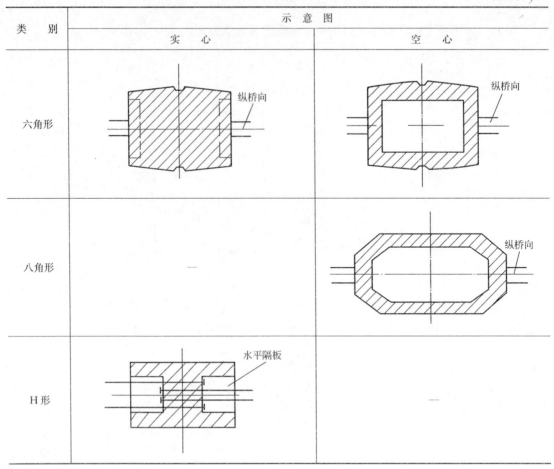

四、钢 塔

近年来,除了日本因钢材生产较多且考虑地震因素之外,世界各国大部分的斜拉桥多采用混凝土塔。这是因为对同等外部尺寸截面的塔,混凝土塔的塔身刚度较钢塔的要大;同时混凝土塔造价较低;混凝土塔可以更方便地塑造出与全桥景观协调的外形;另外,混凝土塔几乎不需要保养维修。

索塔采用钢结构的实例以日本最多,且其钢塔柱的截面多为矩形空心箱,箱室四周各主壁板上均有竖向加劲肋,箱室内上、下相隔一定距离设有水平横隔板,少数钢塔柱的截面做成 T 形或准十字形的空心箱式。如图 5-1-41 所示。

钢塔柱的构造尺寸由塔柱的总高度 H(从基础承台顶面至主塔顶)决定。在双柱索塔中,塔柱的横向最小尺寸 D 与塔高 H 的比例关系,一般为 $H/D=35 \sim 45$;如为单柱索塔,则塔柱 H/D 约为 20。

五、钢、混凝土结合型塔

(1) 部分钢、部分混凝土,如南京三桥,因防撞需要,下塔柱为混凝土,中、上塔柱为全钢型的,如图 5-1-42 所示。

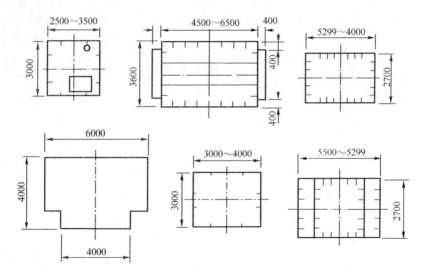

图 5-1-41 钢塔的截面形式（尺寸单位：mm）

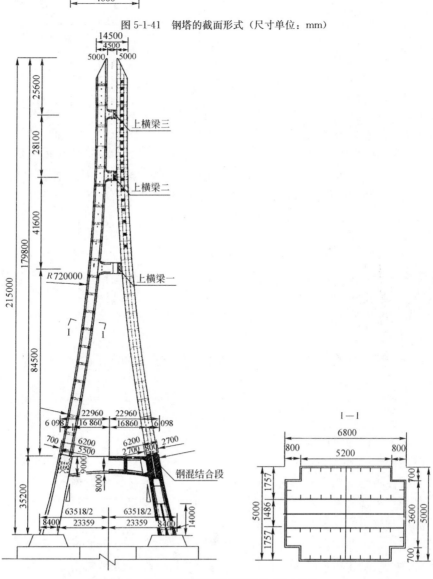

图 5-1-42 南京三桥塔柱概貌及断面图（尺寸单位：mm）

（2）塔身为混凝土，上塔柱有索区锚箱为全钢型，如兰州黄河一桥、杭州钱塘江大桥和江苏苏通长江大桥等。

六、塔的尺寸拟定

索塔的高度 H，是指从主梁与主塔交界处以上的高度。索塔的高度 H 决定着整个桥梁的刚度和经济性，如图 5-1-43 所示。

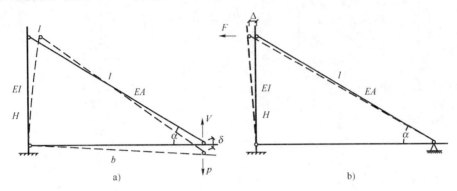

图 5-1-43 塔高和索长、倾角的相互关系
a) 普通索；b) 端锚索

若忽略主梁弯曲刚度的影响，则主梁的支承刚度将来自于索和塔两方面。如图 5-1-43a) 所示，对于相同的主梁拉索锚固位置 b，索对梁的支撑刚度主要取决于索力的竖向分力 V 和拉索的线刚度 EA/l，从图中可知，V 与 $\sin\alpha$ 成正比，EA/l 与 $\cos\alpha$ 成正比。对塔来说，H 越大，则塔抗水平变位的刚度就越弱，在刚性主梁拉索锚点处荷载 P 的作用下，主梁下挠量 δ 为：

$$\delta = \frac{Pb}{EA\sin^2\alpha\cos\alpha} + \frac{Pb^3}{3EI}\tan\alpha \tag{5-1-3}$$

上述右边第一项为拉索所引起的挠度。从公式可知，当表达式 $\sin^2\alpha\cos\alpha$ 的值为最大时，拉索对主梁的支撑刚度最大，此时拉索的角度倾向于 55°。公式右边第二项为塔所引起的挠度，其中 EI 为综合考虑背索影响的索塔等截面当量刚度，显然 $\tan\alpha$ 越小，即塔越矮，则塔对梁的支承刚度就越大。

对于端锚索情形，如图 5-1-43b) 所示，当中跨布载时，在水平力 F 的作用下，塔顶水平位移 Δ 为：

$$\Delta = \frac{F \cdot H}{EA\sin\alpha \cdot \cos^2\alpha} \tag{5-1-4}$$

即 $\alpha \rightarrow 35°$ 时，Δ 最小，端锚索提供的支承刚度最大。

若拉索截面面积 A 由容许应力 $[\sigma_s]$ 控制设计，即 $A=N/[\sigma_s]$，由于轴力 N 与倾角 α 有关，经简单推导可知，对于图 5-1-43a)、b) 两种情形，α 均应等于 45°。

综合索和塔对刚度和经济性的共同影响，对于每一座斜拉桥，都存在着一个最佳塔高 H，使得索和塔对主梁的支承刚度达到最大。

当跨度的组合为三跨双塔布置，且边跨与中跨之比为 0.40～0.45 时，塔高 H 为 $(1/4\sim1/7)L_2$，对于两跨结构塔高 H 为 $(1/4.7\sim1/2.7)L_2$（L_2 为主跨跨长）。此外，主塔高度 H 的决定，应根据主塔形状，拉索的布置，主梁断面形式，从结构分析，施工方法，降低材料用量及造价，结合景观的要求来综合考虑。图 5-1-44 是双塔和独塔斜拉桥索塔的常见高跨比范围。

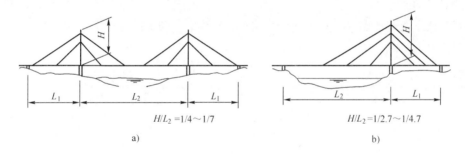

图 5-1-44 索塔高跨比范围
a) 双塔斜拉桥；b) 独塔斜拉桥

主塔高度不仅与桥梁的主孔跨径有关，也与斜拉索的索面形式（辐射形、扇形、竖琴形）、拉索布置间距以及拉索的水平倾角有关。如主塔高度低，斜拉索的竖向分力对主梁的支承作用小，因而会增加斜拉索的材料用量。而塔柱高度过高，不仅会增加塔柱的材料用量，还会给施工带来困难。根据计算分析和设计实践经验，对于斜拉索的最小水平倾角，取 $\arctan\theta=0.5$ 是合适的。因此，对于双塔三跨斜拉桥的主塔结构高度（不包括由于建筑造型需要的塔顶高度）与主孔跨径的比值，一般要取 0.25 也是合理的。

主塔截面尺寸可根据斜拉桥结构的强度、刚度、稳定计算的需要，以及建筑造型要求设计成等截面或变截面的。

第五节 拉 索

一、拉 索 布 置

1. 索面位置

索面位置一般有图 5-1-45 所示的三种类型，即单索面、竖向双索面、斜向双索面。

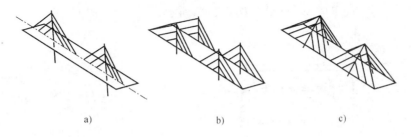

图 5-1-45 索面布置
a) 单索面；b) 竖向双索面；c) 斜向双索面

从力学角度来看，采用单索面时，拉索对抗扭不起作用。因此，主梁应采用抗扭刚度较大的截面。单索面的优点是桥面上视野开阔。采用双索面时，作用于桥梁上的扭矩可由拉索的轴力来抵抗，主梁可采用较小抗扭刚度的截面。至于斜向双索面，它对桥面梁体抵抗风力扭振特别有利（斜向双索面限制了主梁的横向摆动），但对桥面净空有一定的影响，适用于特大跨径。倾斜的双索面应采用倒 Y 形、A 形或双子形索塔。

2. 索面形状

索面形状主要有如图 5-1-46 所示的 3 种基本类型，即 a) 放射形，b) 竖琴形；c) 扇形。它们各自的特点如下。

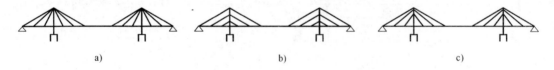

图 5-1-46　斜拉索立面布置方式
a) 辐射形；b) 竖琴形；c) 扇形

（1）辐射形布置的斜拉索沿主梁为均匀分布，而在索塔上则集中于塔顶一点。由于其斜拉索与水平面的平均交角较大，故斜拉索的垂直分力对主梁的支承效果也大，与竖琴形布置相比，可节省钢材 15%～20%，但塔顶上的锚固点构造过于复杂，故应用较少。

（2）竖琴形布置中的斜拉索成平行排列，在索数少时显得比较简洁，并可简化斜拉索与索塔的连接构造，塔上锚固点分散，对索塔的受力有利，缺点是斜拉索的倾角较小，索的总拉力大，故钢索用量较多。

（3）扇形布置的斜拉索不是相互平行的，它兼有上面两种布置方式的优点，故在设计中获得广泛应用。

3. 索距的确定

斜拉桥采用悬臂法架设时，索间距宜为 5～15m，混凝土主梁因自重大，索距应密些，较大的索距适合于钢或钢—混凝土叠合主梁。

二、拉索的构造

在近代大跨度斜拉桥中，拉索的构造基本上分为整体安装的拉索和分散安装的拉索两大类。前者的代表为平行钢丝索配冷铸锚，后者的代表为平行钢绞线索配夹片锚。

1. 平行钢丝索配冷铸锚

平行钢丝索的截面组成和冷铸锚如图 5-1-47 所示。

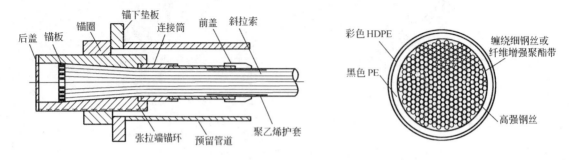

图 5-1-47　平行钢丝拉索

平行钢丝索配冷铸锚的拉索，在工厂整体制造。平行钢丝索由 ϕ5mm 或 ϕ7mm 高强度镀锌钢丝（抗拉强度 σ_b 为 1600MPa 左右）组成，一般排列成六角形，表层由玻璃丝布包扎定型后用热挤高密聚氯乙烯（HDPE，简称 PE）塑造成正圆形截面。这种斜索具有厚镀锌层（锌层 300g/m）和厚 PE 层（厚度 6mm）的双重防腐保护。

将钢丝束穿入冷铸锚中，钢丝尾镦头后锚定在冷铸锚的后锚板上，再在锚体内分段常温浇灌环氧树脂加铁丸和环氧树脂加岩粉（辉绿岩）等混合填料，使锚体与钢丝束之间的刚度匀顺变化，避免在索和锚的交界处刚度突变。最后，将冷铸锚头放入加热炉中加热养生，加热温度约 150℃。由于是在常温下浇铸填料，不同于传统的锌基合金填料的浇铸温度，故相对而言称为"冷铸锚"。冷铸锚的锚固力由锚筒的圆锥体内腔和筒内填料的横向挤压力承受，在正常情况下镦头不受力，只是作为安全储备。

平行钢丝索配冷铸锚，以其性能可靠（承载能力、疲劳强度和防腐措施）从 70 年代在欧洲和日本始用起至今已被广泛采用。但由于其要求整体制造、整体运输和整体安装，在某些特定环境下受到限制。

由于运输需求，钢索必须盘绕在圆筒上，为避免索的钢丝产生过高的弯曲应力和外包 PE 套被撕裂，一般规定圆筒直径不小于索径的 20～25 倍。为方便平行钢丝索在圆筒上的盘绕，在工厂制造中常将索扭转一个 2°～4°的小角（增加柔性），此小扭角不影响索的特性（弹性模量和疲劳性能）。因此，在跨度大因而索也大的斜拉桥中，粗而长的斜索其索径可达 200mm 以上，索长 200m 以上。以索径 200mm 计，则圆筒直径超过 4m，绕索后的圆筒将更粗，这将给陆路运输（火车或汽车）造成困难，而在桥位处无水运条件（例如山区或内陆水库）时则更难解决。因此，在现代大跨度斜拉桥中提出拉索分散制作、现场安装成索的要求。这就是平行钢绞线索配夹片锚的拉索。

2. 平行钢绞线索配夹片锚

平行钢绞线群锚拉索张拉端及固定端锚具组成如图 5-1-48 所示。

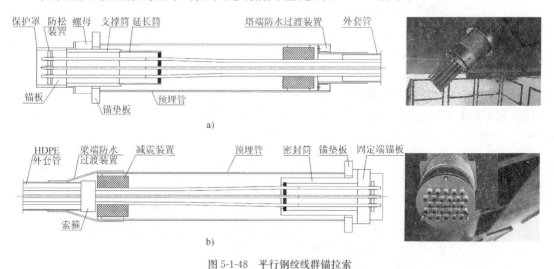

图 5-1-48　平行钢绞线群锚拉索
a）张拉端锚具；b）固定端锚具

将平行钢丝索中的钢丝换成等截面的钢绞线即成为平行钢绞线索。

钢绞线在索中是平行排列的，有别于早期曾出现过的将多根钢绞线扭绞而成的螺旋形钢绞线索，故称为平行钢绞线索。钢绞线索以 ϕ15mm 光面钢绞线、镀锌钢绞线或环氧涂层钢绞线（抗拉强度 σ_b＝1860MPa 以上）为受力基材，每根钢绞线在工厂内涂抹油或蜡后热挤一个高密度聚乙烯（HDPE）护套，以半成品成盘运至现场，在现场截取需要长度后除去两端部分长度的套管，逐根安装、张拉，两端裸线由夹片锚固定。每根索外面设有HDPE护套，锚具内视需要可以灌注或不灌注浆体。

采用钢绞线作为拉索，因钢绞线强度比钢丝强度高，可节省5%～11%的预应力钢材，降低工程造价；整个挂索过程"化整为零"在现场完成，吊装、张拉施工机具轻量化，节约设备投资；钢绞线运输不需大型运输车辆，运输费用低；拉索施工方便快捷，缩短工期，而且如果遭到碰撞事故破坏，钢绞线可以在不影响交通的情况下，用小型张拉设备进行单根更换。因而，这是一种节省投资、安全可靠、施工简便、经久耐用的拉索体系。其最主要的优点是它至少拥有三层防腐保护层：第一是外套管密封保护了组成拉索的每一根钢绞线；第二是钢绞线与HDPE护层之间充满油脂或蜡；第三是钢绞线的涂覆层。

在钢绞线的逐根张拉中，须使最终斜索中的各根钢绞线拉力相等。此张拉工艺称为"等值张拉法"（iso-tension），最先由法国弗雷西奈公司提出。此法系在一群钢绞线中选定一"参照线"，对该"参照线"拉力在张拉过程中进行同步精密标定，每张拉一根钢绞线，即按照此"参照线"的标定值确定该线的张拉值。待全部钢绞线张拉完毕后，各根钢绞线的拉力与"参照线"相同，然后再用大能量小行程的张拉千斤顶将整索钢绞线同步张拉至预定索力。

对于平行钢绞线索配夹片锚的体系，需要注意的问题是：

(1) 夹片锚的疲劳强度。

(2) 夹片和锚孔之间的圆锥度配合要精确，否则咬合力将集中在夹片小端形成"切口效应"，成为疲劳破坏之源。

(3) 对夹片应设置防松脱装置，否则在较小索力（小于$0.25R_y^b$）下受振动荷载时，夹片可因咬合力不足而松脱导致事故。

(4) 钢绞线进入锚管内有两处转折：一在钢绞线散开的约束圈处；二在钢绞线进入锚孔处。在第二个转折处，亦为拉索的锚固点，存在着固端弯矩。由于轴向索应力和挠曲应力的叠加，该处产生最大的应力幅，为分散应力幅，需在锚管内加设一"支承圈"。据试验，该"支承圈"可分散80%以上的应力幅。

目前，平行钢绞线群锚拉索在大跨斜拉桥中得到广泛应用，对于矮塔斜拉桥，由于要使斜拉索在索塔上连续通过鞍座区，采用分散安装的钢绞线拉索几乎是唯一选择（图5-1-49）。

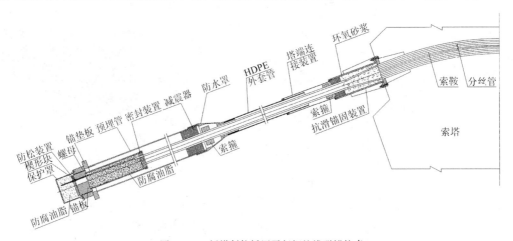

图5-1-49 矮塔斜拉桥用平行钢绞线群锚拉索

矮塔斜拉桥的拉索梁上张拉端及中间段与常规斜拉索无异，只是鞍座区在设计上要设置抗滑锚固装置（一般内灌环氧砂浆），不允许斜拉索在施工及运营过程中产生任何滑移，同时又要允许方便换索。常用的鞍座结构有双套管结构和分丝管结构两种。鞍座多用分丝管式，每根管内布置一根钢绞线，这样鞍座内每根钢绞线相互平行，受力明确。

矮塔斜拉桥由于斜拉索倾角较小，主梁刚度较大，拉索主要承受恒载，斜拉索应力幅比一般的斜拉桥中的应力幅小，因此其斜拉索的应力采用体外预应力索的容许应力，可取0.6倍的极限应力，安全系数取1.67。这样其抗疲劳强度较高，比普通斜拉桥用索量小。

三、拉索的锚固

1. 斜拉索与混凝土梁的锚固

常见形式大体上有5种，具体内容见表5-1-6，局部构造示于图5-1-50。

斜拉索与混凝土梁的锚固　　　　　　　表5-1-6

序号	锚固形式	构造要点	力的传递	适用范围
1	顶板锚固块（图5-1-49a))	以箱梁顶板为基础，向上、下两个方向延伸加厚而成	拉索水平分力传至梁截面，垂直分力由加劲斜杆平衡	箱内具有加劲斜杆的单索面斜拉桥
2	箱内锚固块（图5-1-49b))	锚固块位于顶板之下和两个腹板之间，并与它们固结在一起	垂直分力通过锚固块左右的腹板传递	两个分离式单箱的双索面斜拉桥和带有中间箱室的单索面斜拉桥
3	斜隔板锚固（图5-1-49c))	锚头设在梁底外面，也可埋入斜隔板预留的凹槽内	垂直分力由斜隔板两侧的腹板以剪力形式传递	同上
4	梁底两侧设锚固块（图5-1-49d))	设在风嘴实体之下或边腹板之下		双索面斜拉桥
5	梁两侧设锚固块（图5-1-49e))	锚块设在梁底		双主梁或板式截面斜拉桥

2. 斜拉索与钢梁的锚固

方式上大体上可分为5种，其具体内容见表5-1-7，局部构造示于图5-1-51。

斜拉索与钢梁的锚固方式　　　　　　　表5-1-7

拉索种类	锚固形式		构造特点	力的传递	应用实例
大截面积拉索	多股组成	散索鞍座＋锚固梁	拉索在散索鞍座上分股，每股用一锚头及一锚块锚固在锚固梁上	索力以剪力的方式由锚固梁传向主梁腹板，设有纵横向板用以分布索力	Oberkassel；Severine；丰里；末广；Suigo；大河川

续上表

拉索种类		锚固形式	构造特点	力的传递	应用实例
小截面积拉索	单股或少股拉索	锚固梁或锚固块	锚固梁用焊接或高强螺栓与主梁联结，拉索固定在锚固梁上	索力以剪力的方式由锚固梁传向主梁的腹板	六甲；海鸥；柜石岛；岩黑岛；Aratsu；幸魂（Sakitama）
		支架或牛腿	这种锚固形式是为双索面的拉索而设计的。主梁每侧伸出一个牛腿，拉索锚固在牛腿	索力由个臂牛腿传至主梁。在主梁内需做内部补强	Knie；Kessock；Kohlbrand；Luling；安治川（天宝山）；横滨海湾；Gassho；Chichibu秩父
	单股拉索	钢管	在主梁或纵梁的腹板上安装一根钢管，拉索锚固于钢管	索力直接由钢管传给主梁的腹板	名港西大桥；生口；Inagawa
		节点板	主梁或纵梁的腹板向上伸出一块节点板，拉索锚固在节点板上，用铰或钢管作联结	索力直接由节点板传给主梁的腹板	圣·纳泽尔；Alex Fraser；诺曼底

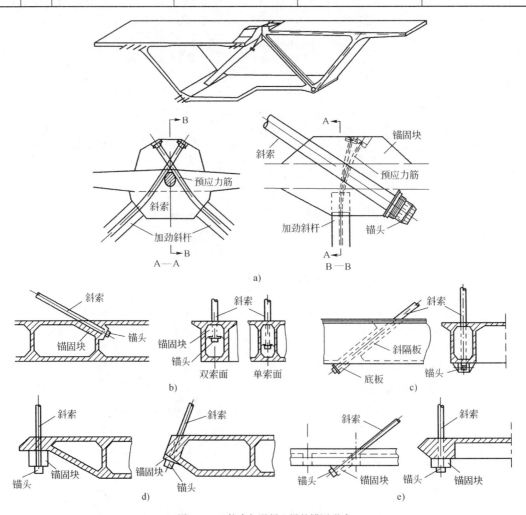

图 5-1-50 拉索与混凝土梁的锚固形式
a) 顶板锚固块；b) 箱内锚固块；c) 斜隔板锚固；d) 梁底两侧设锚固块；e) 梁两侧设锚固块

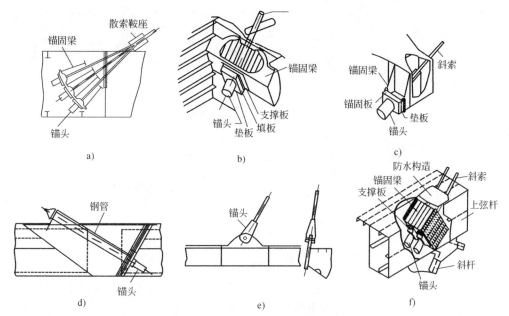

图 5-1-51 斜拉索与钢梁的锚固方式

a) 散索鞍座+锚固梁（末广桥）；b) 锚固梁（Sakitama）；c) 牛腿（Chichibu）；d) 钢管（生口桥）；e) 节点板（圣·纳泽尔）；f) 六甲大桥主弦杆的斜索锚固

3. 拉索在索塔上的锚固

（1）在实体塔上交错锚固（图 5-1-52a）。其具体构造是在塔柱中埋设钢管，再将斜拉索穿入用锚头锚固在钢管上端的锚垫板上。

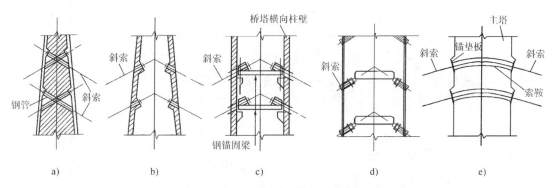

图 5-1-52 斜索与塔的锚固形式

a) 交错锚固；b) 非交错锚固；c) 梁锚固；d) 钢锚箱锚固；e) 贯通式索鞍锚固

（2）在空心塔上作非交错锚固（图 5-1-52b）。其构造与上述的相同，但需在箱形桥塔的壁板内配置环向预应力钢筋，以抵抗拉索在箱壁内产生的拉力。

（3）采用钢锚固梁来锚固（图 5-1-52c）。这是将钢锚固梁搁置在混凝土塔柱内侧的牛腿上，斜索通过埋设在塔壁中的钢管锚固在钢锚固梁两端的锚块上。

当塔柱两侧的索力及斜索倾角相等时，水平分力由钢梁的轴向受拉及两端的偏心弯矩来平衡，与塔柱无关。垂直分力则由钢锚固梁通过牛腿凸块传给塔柱。当塔柱两侧的索力或斜索倾角不等时，如图 5-1-53 所示，水平分力的不平衡值 $\Delta H = H_1 - H_2$ 由挡块传给柱壁；垂直反力 R_1 及 R_2 通过牛腿凸块传给塔柱。

（4）利用钢锚箱锚固（图 5-1-52d），整个钢锚箱是由各层的钢锚箱进行上下焊接而成，然后将锚箱用焊钉使之与混凝土塔身联结，另外还要用环形预应力筋将锚箱夹在混凝土的塔柱内，以增加对拉索水平荷载的抵抗力。

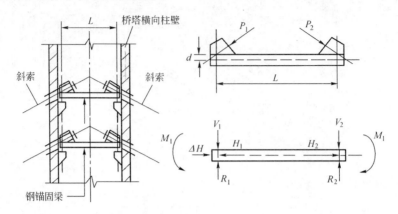

图 5-1-53　用钢锚固梁锚固拉索

（5）采用贯通式索鞍锚固形式（图 5-1-49、图 5-1-52e)），这一方式适用于矮塔斜拉桥拉索在桥塔的锚固。鞍座可采用多根外径为 28mm、内径为 22mm 的小钢管组焊而成，导向钢管根据梁端锚具孔位布置，每根钢管里布置一根钢绞线，索鞍两端则分别设置一个抗滑锚固装置，在锚固筒里灌注环氧砂浆实现其抗滑目的。拉索的钢绞线间距较大，环氧树脂砂浆可以和每根钢绞线充分胶结、握裹，环氧树脂砂浆对锚头内的钢绞线起到防腐作用。

四、拉索防腐

在现代斜拉桥所广泛采用的两种拉索（平行钢丝索配冷铸锚、平行钢绞线索配夹片锚）中，拉索防腐的典型措施是这样的：平行钢丝索配冷铸锚——镀锌钢丝为高密度 PE 套所防护，裸索埋于冷铸锚的环氧树脂混合料中（图 5-1-54）。钢丝受到镀锌层和高性能 PE 套的保护。

平行钢绞线索配夹片锚——镀锌钢绞线涂以油（或蜡）层后，用双层 PE 套防护并将整索弯于 PE 套内，套内灌以水泥砂浆或其他有机防腐剂，裸索埋于钢套的防腐油脂中（图 5-1-55）。钢绞线受到镀锌层、油层、PE 层和 PE 套管的 4 层保护。

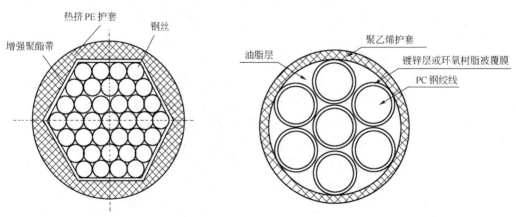

图 5-1-54　平行钢丝拉索断面　　　　　图 5-1-55　平行钢绞线拉索断面

国际预应力学会（FIP）有关体外索（包括斜拉索）的防护措施建议（1996 年）如表 5-1-8 所示。

表 5-1-8 体外预应力和材料防护体系

预应力钢材	管道	腐蚀防护	锚具部压浆管	分离器及鞍座
a. 普通钢丝与钢绞线 b. 镀锌钢丝与钢绞线 c. 涂油、涂蜡或其他软防护和涂塑单根钢绞线 d. 环氧护面钢丝、钢绞线和钢筋	a. 钢管或波纹铁皮管 b. 聚乙烯或聚丙烯管 c. 用金属套管加劲的塑料管	a. 水泥浆 b. 油脂或与水泥浆组合 c. 环氧沥青 d. 蜡 e. 沥青产品 f. 聚氨酯水泥浆	a. 钢管或高密度聚乙烯或两者组合	a. 钢管或高密度聚乙烯，或两者组合 b. 钢、铸铁或预制混凝土制成的梳形板 c. 带有塑性垫块及滑动部件的鞍座

五、拉索的应力

拉索的应力控制需要考虑三个因素，即有效弹性模量、破断强度和抗疲劳强度。

根据 Ernst 公式，斜索的等效弹性模量 E_{eq} 为：

$$E_{eq} = \frac{E}{1 + \frac{\gamma^2 l_x^2 E}{12\sigma^3}} \tag{5-1-5}$$

式中：E——斜索钢材的弹性模量；

γ——索的容重；

l_x——斜索的水平投影长度；

σ——拉索的应力。

若斜索的应力过低，则斜索的垂度大，索的有效模量就小，这也反应了斜拉索必须采用高强度钢材的直接原因。因而控制斜索的最小应力是十分必要的。

根据钢材的受力特性，当拉索的荷载超过破断荷载的 50% 时，钢的非弹性应变将快速增加，因而对于一般荷载组合，拉索的最大荷载只能到它破断强度的 40%。

另外，拉索应具有足够的抗疲劳能力，即在规定的应力变幅下，拉索在承受 200 万次的荷载循环后，其强度不小于原来强度的 95%。拉索的抗疲劳能力与钢材和锚具有关，目前生产的成品拉索应力变幅为 220~250MPa。

六、拉索的减振

拉索的风致振动现象在各种跨径和类型的斜拉桥上普遍存在，拉索的振动易导致疲劳和外包破损。目前对斜拉桥的拉索采取的减振措施主要有以下几种：

1. 气动控制法

该法是将斜拉索原来的光滑表面做成带有螺旋凸纹、条形凸纹、V 形凹纹或圆形凹点的非光滑表面。通过提高斜拉索表面的粗糙度，使气流经过拉索时在表面边界层形成湍流，从而防止涡激共振的产生；拉索表面的凹凸纹还能阻碍下雨时拉索上缘迎风面水线的形成，从而防止雨振的发生。但其对塔、梁在外界激励下导致索两端的支座激振（又称参数振动）

无减振作用，且由于表面粗糙度的增加，会增大斜拉索对风的阻力。

2. 阻尼减振法

阻尼减振法的作用机理就是通过安装阻尼装置，提高拉索的阻尼比从而抑制拉索的振动。它对涡激共振、尾流驰振、雨振以及由支座激励引起的拉索共振和参数振动都能起到较好的抑制作用。根据与拉索的相互关系，阻尼装置又可分为安放在套筒内的内置式阻尼器（图 5-1-56）和附着于拉索之上的外置式阻尼器（图 5-1-57）。

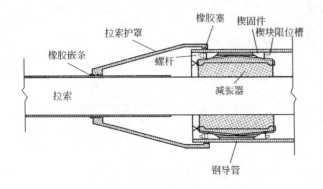 

图 5-1-56　内置式阻尼器　　　　　　　图 5-1-57　外置式阻尼器

3. 改变拉索动力特性法

采用联结器（索夹）或辅助索将若干根索相互联结起来，辅助索可以采用直径比主要索小得多的索。其作用机理是：通过联结，将长索转换成为相对较短的短索，使拉索的振动基频提高，从而抑制索的振动。这对防止低频振动十分有效，同时也能降低雨振以及单根索振动发生的概率，但对通常以高阶形式出现的涡激振动抑制作用不明显。另外，辅助索易疲劳断裂，对桥梁景观有一定影响。

七、拉索长度拟定

拉索长度是指拉索在设计温度时的无应力下料长度 L。

每一根拉索的长度基数，是该拉索上下两个索孔出口处锚板中心的空间距离 L_0。对这一基数进行若干修正即可得到下料长度，如图 5-1-58 所示。

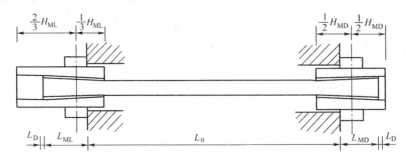

图 5-1-58　索长计算图

① 对于使用拉锚式锚具的拉索（以冷铸锚具为例），拉索下料长度 L 为：

$$L = L_0 - \Delta L_e + \Delta L_f + \Delta L_{ML} + \Delta L_{MD} + 2L_D + 3d \tag{5-1-6}$$

式中：ΔL_e——弹性拉伸修正；

ΔL_f——拉索垂度修正；

ΔL_{ML}——张拉端锚具位置修正；

ΔL_{MD}——固定端锚具位置修正；

L_D——锚固板厚度；

$3d$——镦头长度，对于镦头锚，每一个镦头需要的钢丝长度为 $1.5d$，d 为钢丝直径。

弹性拉伸量和垂度修正值分别按下式计算：

$$\Delta L_e = L_0 \frac{\sigma}{E} \tag{5-1-7}$$

$$\Delta L_f = \frac{\gamma^2 L_x^2 L_0}{24 T^2} \tag{5-1-8}$$

式中：σ——拉索设计应力；

E——拉索的弹性模量；

T——拉索设计索力；

L_0——拉索长度基数；

L_x——L_0 的水平投影长；

γ——拉索每单位长度重力。

锚具的位置修正量 ΔL_{ML} 及 ΔL_{MD} 取决于该型锚具的构造尺寸和锚具的最终设定位置。张拉端锚具的最终位置可设定螺母定位于锚杯的前 1/3 处，固定端可设定螺母定位于锚杯的正中。根据锚具制作厂商提供的锚具构造尺寸，就可推算出拉索钢丝端头与锚板平面间的距离。

②对于使用拉索丝式锚具的拉索，不计入镦头长度，而要加上满足张拉千斤顶工作所需的拉索操作长度 ΔL_s。

$$L = L_0 - \Delta L_e + \Delta L_f + \Delta L_{ML} + \Delta L_{MD} + 2L_D + \Delta L_s \tag{5-1-9}$$

如工厂落料时的温度和桥梁设计中取定的标准温度不一致，则在落料时还应加上温度修正。如采用应力下料，则要考虑应力下料修正。

拉锚式拉索的长度要求相当严格。通常，对于短索，要求其误差不大于 30mm；对于长索，则不大于索长的 0.03%。对于重要的桥梁，设计者也可以根据具体情况，制定更高的标准。

拉丝式拉索的长度误差要求稍宽，但要按宁长毋短的原则掌握。

对于大跨和特大跨的斜拉桥，拉索的制作宜和挂索协调进行。要时刻注意上一阶段挂索的情况，根据反馈的信息，对下一阶段拉索的长度作出是否需要调整的决定。

第六节 千米级斜拉桥

苏通大桥、昂船洲大桥的顺利建成，使斜拉桥跨径突破了千米。目前不少专家提出了更大跨径斜拉桥的构思，其中包括日本本州—四国联络线的 1400m 斜拉桥方案，张喜刚和陈艾荣等在苏通大桥设计的基础上提出的主跨 1308m、1500m、1800m、2100m 的斜拉桥方案，丹麦 Niels J. Gimsing 对包括斜拉桥在内 2000m 跨径不同桥型进行了比较研究。

斜拉桥要在更大跨度上得到应用，一些关键技术仍需解决，其中最主要问题是索塔区主梁轴压力过大。随着跨径的增大，水平分力经过累积，在索塔附近梁段形成巨大的轴压力，主梁抗压成为控制设计的因素，而主梁截面的过度增大导致失去与悬索桥的竞争力。

斜拉桥跨径的突破，绝不能单纯依靠几何尺寸的放大，否则结构不合理，建造难度将增加，经济性也会被削弱。寻求适合的结构体系，是斜拉桥跨径增长的重要途径。

解决主梁轴压力过大的问题，可采用多种途径。如图 5-1-59 所示。图 5-1-59a) 表示常规自锚体系，拉索的水平分力全部作为压力向索塔方向施加于主梁上；图 5-1-59b) 表示部分地锚体系，短索区采用自锚形式，长索一端锚固于跨中主梁，另一端锚于地锚，跨中主梁不对近索塔区主梁产生压力；图 5-1-59c) 为跨中施加水平索的部分地锚体系，通过在跨中区主梁内张拉水平拉索，达到减小主梁面积，减轻自重的目的。

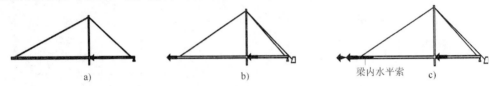

图 5-1-59 自锚与部分地锚体系轴力方向
a) 自锚体系；b) 部分地锚体系；c) 跨中施加水平索的部分地锚体系

下面介绍两种适用于千米以上超大跨径的斜拉桥结构体系，即部分地锚斜拉桥和部分地锚交叉索斜拉桥。

一、部分地锚斜拉桥

不同于自锚式斜拉桥全部主梁在恒载作用下受压，Niels J. Gimsing 教授提出的部分地锚斜拉桥方案，如图 5-1-60 所示，通过增加地锚和改变施工顺序，使得跨中区段主梁受拉，主梁内压力显著减小，而地锚索又有效约束了塔顶顺桥向的位移。

图 5-1-60 部分地锚斜拉桥

架设部分地锚斜拉桥跨中梁段时，需先在两索塔间架设临时索，或者通过浮吊提升跨中梁段。首先架设从塔顶到跨中的最长斜拉索，当跨中梁段的长度满足吊机施工时，才撤离临时索或浮吊。典型施工阶段如图 5-1-61 所示。

部分地锚斜拉桥在施工过程中存在较长的悬吊段，施工阶段的主梁状态控制是该桥型的重要问题。

二、部分地锚交叉索斜拉桥

部分地锚交叉索斜拉桥的主要特点是将长索交叉并锚固于地锚，使长索不对主梁产生水平压力，如图 5-1-62 所示。主梁恒载轴力分布如图 5-1-63 所示。

交叉索对跨中区节段提供了双重支撑，但水平力相互平衡，因此长索倾角可以比自锚式斜拉桥长索倾角适当减小，从而可适当降低索塔高度，而跨中区域交叉索形成了索网结构，将有效改善长拉索的气动性能。通过调整分别锚固于两侧索塔的拉索索力，可使节段单元的重力、斜拉索拉力自我平衡，如图 5-1-64 所示。

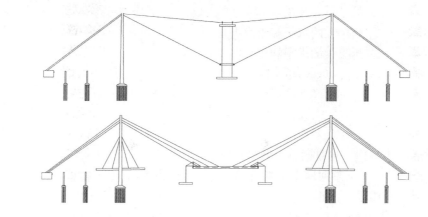

图 5-1-61　部分地锚体系施工阶段

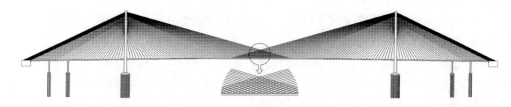

图 5-1-62　部分地锚交叉索斜拉桥

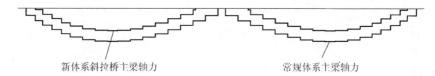

图 5-1-63　主梁恒载轴力分布图

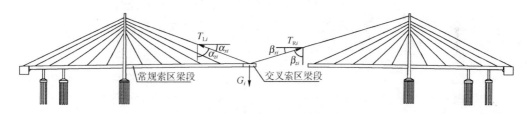

图 5-1-64　节段单元平衡示意图

取交叉索区域新安装梁段为节段单元隔离体，令：

$$T_{Li}\cos\alpha_{xi} = T_{Ri}\cos\beta_{xi}$$

$$T_{Li}\cos\alpha_{zi} + T_{Ri}\cos\beta_{zi} = G_i$$

从而得到：

$$T_{Li} = \frac{G_i}{\cos\alpha_{zi} + \dfrac{\cos\alpha_{xi}\cos\beta_{zi}}{\cos\beta_{xi}}} \tag{5-1-10}$$

$$T_{Ri} = \frac{G_i}{\cos\beta_{zi} + \dfrac{\cos\beta_{xi}\cos\alpha_{zi}}{\cos\alpha_{xi}}} \tag{5-1-11}$$

式中：T_{Li}、T_{Ri}——交叉区梁段 i 左、右两侧索拉力；

G_i——交叉区新安装梁段 i 重力；

α_{xi}、α_{zi}——左侧拉索的水平和垂直夹角；

β_{xi}、β_{zi}——右侧拉索的水平和垂直夹角。

$\cos\alpha_{xi}$、$\cos\alpha_{zi}$、$\cos\beta_{xi}$、$\cos\beta_{zi}$ 可按下式求得：

$$\cos\alpha_{xi}=\frac{X\cdot L_i}{|X||L_i|},\cos\alpha_{zi}=\frac{Z\cdot L_i}{|Z||L_i|},\cos\beta_{xi}=\frac{X\cdot R_i}{|X||R_i|},\cos\beta_{zi}=\frac{Z\cdot R_i}{|Z||R_i|}$$

(5-1-12)

式中：X、Z——水平向、垂直向单位向量；

L_i、R_i——T_{Li}、T_{Ri} 方向向量，当由拉索两端锚固点的方向向量求 L_i、R_i 时，需考虑拉索垂度修正。

可见，当拉索张拉力符合式（5-1-10）、式（5-1-11）时，梁段 i 水平力平衡，将不对其他主梁产生轴压力。

部分地锚交叉索斜拉桥跨中区主梁每一节段与支撑该节段的拉索构成平衡体系，不对已架主梁产生轴压力，可按悬臂施工法逐步推进。施工方法如图 5-1-65 所示。交叉区梁段吊装时应同时张拉两侧拉索，锚至另一悬臂的交叉索架设时，可通过安装在桥面的牵引索将拉索引导至另侧悬臂锚固点，与交叉索对应的地锚索同时张拉。牵引索仅起引导拉索的作用，其长度和截面积比部分地锚斜拉桥牵引索都要小，梁段提升仍可采用桥面吊机。

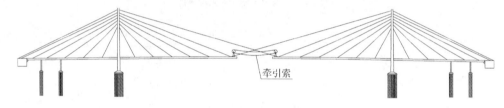

图 5-1-65 交叉索斜拉桥施工方法

部分地锚交叉索斜拉桥与自锚式斜拉桥相比，主梁压力显著减小，从而节约大量钢材。以主跨 1408m、交叉索区长 320m 为例，试设计结果表明，主梁可节省钢材约 1/4，而地锚规模约为同跨度悬索桥的 28%。

第二章 索力调整计算

第一节 索力优化方法简介

在斜拉桥的设计中,对于合理成桥状态(如梁、塔中弯曲应变能最小)的确定通常可以先不考虑施工过程,只根据成桥状态的受力图来计算,然后按施工过程将索的张拉程序逐个细化。于是,便出现了关于索力调整和索力的优化问题。

斜拉桥的成桥状态索力优化问题可分为两大类:无约束索力优化法和有约束索力优化法,下面分别介绍。

一、恒载索力无约束优化法

无约束优化法的做法是设定某一目标,寻求一组索力来满足已设定的目标,此种方法仅关心反映受力性能的目标达到最优,而不关心索力的大小及分布。主要包括以下几种方法。

1. 简支梁法

选择一个合适的斜拉索初始张拉力,使主梁结构的恒载内力与主梁以拉索的锚固点为简支支承的简支梁内力一致。这种方法简单易算,但与实际情况相差太远,一般不采用。

2. 刚性支承连续梁法

刚性支承连续梁法的内容将在下面介绍。

3. 零位移法

零位移以结构在恒载作用下的节点位移为零作为优化目标。对于悬拼结构或悬浇的结构,零位移法是没有意义的。因为施工时梁的位移包括了刚体位移和梁体变形两部分,前者可以通过拼装方式进行调整,只有后者才与索力有直接联系。

4. 内力(或应力)平衡法

该法以控制截面内力(或应力)为目标,通过合理选择索力来实现这一目标。控制截面可包括主梁和主塔,因此,主梁和主塔的内力(或应力)都可照顾到,如控制截面及相应的控制值选择合理,效果会比刚性支承连续梁法好。

5. 以结构的弯曲能量最小作为优化目标的弯曲能量最小法（略）
6. 以结构弯矩平方和最小作为优化目标的弯矩最小法

本节仅介绍刚性支承连续梁法、弯曲能量最小法和弯矩平方和最小法。

(1) 刚性支承连续梁法

刚性支承连续梁法是指结构在各施工阶段完成后，在一、二期恒载作用下，使主梁的内力达到与已拉索锚固点作为刚性支点的连续梁内力相接近。现以图 5-2-1 所示斜拉桥为例介绍。

根据此图，先算出成桥状态下恒载 g 引起索梁连接点 1、2、3、4、5 的竖直变位 Δ_{1g}、Δ_{2g}、Δ_{3g}、Δ_{4g}、Δ_{5g} 和索塔顶端 6 点的水平变位 Δ_{6g}，以及各索索力 T_{1g}、T_{2g}、T_{3g}、T_{4g}、T_{5g}、T_{6g}。然后算出对拉索施调单位拉力 $\overline{T}_i=1$ 时（图 5-2-2）k 点竖直变位的影响值 δ_{ki}，k 为节点编号，i 为拉索编号。于是以恒载与施调索力共同作用下各节点变位为零的条件写出矩阵式：

$$\begin{bmatrix} \delta_{11} & \delta_{12} & \cdots & \delta_{16} \\ \delta_{21} & \delta_{22} & \cdots & \delta_{26} \\ & & \ddots & \\ \delta_{61} & \cdots & \cdots & \delta_{66} \end{bmatrix} \begin{bmatrix} \Delta T_1 \\ \Delta T_2 \\ \vdots \\ \Delta T_6 \end{bmatrix} + \begin{bmatrix} \Delta_{1g} \\ \Delta_{2g} \\ \vdots \\ \Delta_{6g} \end{bmatrix} = 0 \qquad (5\text{-}2\text{-}1)$$

由式（5-2-1）解出施调索力 ΔT_i。满足变位为零的恒载索力 T_i 为：

$$T_i = T_{ig} + \Delta T_i \qquad (i=1,2,\cdots,6) \qquad (5\text{-}2\text{-}2)$$

在建立变形协调方程时，要注意：

① 方程数与拉索数一致，才能得唯一解。

② 如果拉索在主梁上的锚固点落在桥墩上（如图 5-2-1 中的 1 号索）或位于桥墩附近，应改令该索在塔顶处的水平变位为零。

③ 连续梁法较适应于边跨与主跨索间距相等的情况，如遇靠近端墩处索间距变小情况，宜将这些索节点变位为零的条件从主梁处改移到塔顶处。

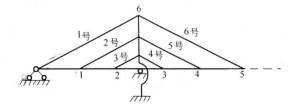

图 5-2-1　斜拉桥分析简图　　　　　　　图 5-2-2　δ_{ki} 计算图

(2) 弯曲能量最小法

弯曲能量最小法是用结构的弯曲应变能作为目标函数，令其对索力的偏导为零。

结构的弯曲应变能为：

$$U = \int_s \frac{M^2(s)}{2EI(s)} ds \qquad (5\text{-}2\text{-}3)$$

首先，如图 5-2-3 所示，分析在静载作用下的结构内力。为此，假想地将斜拉索切断，而用赘余力 x_i 来代替。然后，分别设 $x_i=1$ 作用在基本结构上，便得到在梁和塔上产生的弯矩 m_i，静载作用下基本结构的弯矩 M_P，那么，任意截面的总弯矩：

$$M = M_P + \sum_{i=1}^{n} x_i m_i \tag{5-2-4}$$

式中：n——斜拉索的根数。

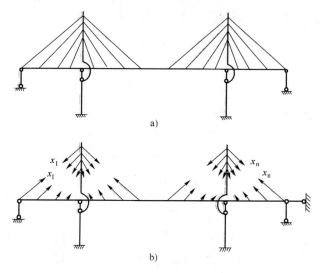

图 5-2-3 合理索力分析基本结构
a) 原结构；b) 基本结构

将式（5-2-4）代入式（5-2-3），有：

$$U = \frac{1}{2} \int_s \frac{1}{EI} [M_P + \sum_{i=1}^{n} x_i m_i]^2 ds$$

$$= \frac{1}{2} \int_s \frac{1}{EI} (M_P^2 + 2 M_P \sum_{i=1}^{n} x_i m_i + \sum_{i=1}^{n} \sum_{j=1}^{n} x_i x_j m_i m_j) ds \tag{5-2-5}$$

令：

$$\delta_{ij} = \int \frac{m_i m_j}{EI} ds \tag{5-2-6}$$

$$\Delta_{iP} = \int \frac{m_i M_P}{EI} ds \tag{5-2-7}$$

则：

$$U = \frac{1}{2} \left(\int \frac{M_P^2}{EI} ds + \sum_{i=1}^{n} \sum_{j=1}^{n} x_i x_j \delta_{ij} + 2 \sum_{i=1}^{n} x_i \Delta_{iP} \right) \tag{5-2-8}$$

可见，弯曲应变能与索力有关，要使 U 最小，其必要条件为：

$$\frac{\partial U}{\partial x_i} = 0 \tag{5-2-9}$$

即：

$$\sum_{j=1}^{n} x_j \delta_{ij} + \Delta_{iP} = 0 \quad (i = 1, 2, \cdots, n) \tag{5-2-10}$$

也可写成：

$$x_j \delta_{ii} + \sum_{\substack{j=1 \\ j \neq i}}^{n} x_j \delta_{ij} + \Delta_{iP} = 0 \quad (i = 1, 2, \cdots, n) \tag{5-2-11}$$

式（5-2-11）共有 n 个方程，联立求解后，便能得到在静载作用下能使弯曲应变能最小的索力。值得注意的是式（5-2-3）中的 I 是可以任意选择的，它完全可以是虚构的，例如，

梁与塔的 I 不同比值，或者边跨与中跨的 I 亦可以有不同选择，这完全决定于力学的要求。式（5-2-11）的形式类同于力法典型方程，只不过主副系数有所不同而已。在力法中：

$$\left.\begin{aligned}\delta_{ii} &= \int \frac{\overline{M}_i^2}{EI}ds + \int \frac{\overline{N}_i^2}{EA}ds + \int k\frac{\overline{Q}_i^2}{GA}ds \\ \delta_{ij} &= \int \frac{\overline{M}_i\overline{M}_j}{EI}ds + \int \frac{\overline{N}_i\overline{N}_j}{EA}ds + \int k\frac{\overline{Q}_i\overline{Q}_j}{GA}ds \\ \Delta_{iP} &= \int \frac{\overline{M}_iM_P}{EI}ds + \int \frac{\overline{N}_iN_P}{EA}ds + \int k\frac{\overline{Q}_iQ_P}{GA}ds\end{aligned}\right\} \quad (5\text{-}2\text{-}12)$$

如果令主梁、索塔以及斜拉索的截面积 A 趋向于无穷大，则式（5-2-12）右端的剪力项和轴力项为零，只剩下弯矩项。考虑到主梁与索塔的抗弯刚度不一致，令索塔的换算惯性矩为 $I^* = I/\phi$，另外斜拉索的抗弯惯性矩 $I=0$。于是不难发现，此时采用力法的计算结果与式（5-2-11）是一致的。也就是说，在上述假定前提下，进行一次成桥恒载状态计算，所得到的斜拉桥的索力就是满足目标函数的合理索力。在实际应用中，通常用矩阵位移法（杆系有限元法）进行结构计算。

用最小弯曲能量原理确定成桥内力的具体做法是：将索、塔和梁的面积取得很大，用平面杆系程序来计算静载内力，此时索的重量未被计入，因为静载索力尚未求出，待求出索力后（静载加汽车荷载），算出斜拉索面积及斜拉索的分布质量，并再加到优化结构上重新计算静载内力，这时的内力为优化内力（如果计算出的索力有的拉力很小，甚至受压，说明索的布置需要调整，或者由 I 来调整），然后，再恢复结构的真实面积，作后续计算。

(3) 弯矩平方和最小法——影响矩阵法

如果将结构离散化，则式（5-2-3）对离散的杆系结构可写成：

$$U = \sum_{i=1}^{m} \frac{l_i}{4E_iI_i} (M_{Li}^2 + M_{Ri}^2) \quad (5\text{-}2\text{-}13)$$

式中： m——结构单元总数；

l_i、E_i、I_i——分别表示 i 号单元的杆件长度、材料弹性模量和截面惯性矩；

M_{Li}、M_{Ri}——分别表示 i 单元左、右端弯矩。

将式（5-2-13）改写成矩阵表达式为：

$$U = [M_L]^T[B][M_L] + [M_R]^T[B][M_R] \quad (5\text{-}2\text{-}14)$$

式中：$[M_L]$、$[M_R]$——分别是单元左、右端弯矩向量，为 $m \times 1$ 阶列阵。

$[B]$——$m \times m$ 阶系数矩阵，为对角阵：

$$[B] = \begin{bmatrix} b_{11} & & & & \\ & b_{22} & & 0 & \\ & & \ddots & & \\ & 0 & & \ddots & \\ & & & & b_{mm} \end{bmatrix}, b_{ii} = \frac{l_i}{4E_iI_i} \quad (i=1,2,\cdots,m) \quad (5\text{-}2\text{-}15)$$

弯矩向量 $[M_L]$、$[M_R]$ 改用下式表达：

$$\left.\begin{aligned}[M_L] &= [M_{L0}] + [A_L][\Delta T] \\ [M_R] &= [M_{R0}] + [A_R][\Delta T]\end{aligned}\right\} \quad (5\text{-}2\text{-}16)$$

式中：$[M_{L0}]$、$[M_{R0}]$——成桥状态下，初始索力时单元左、右端弯矩向量，该项弯矩包含初始索力及恒载引起弯矩，也可计入汽车荷载及预应力引起弯矩；

$[\Delta T]$——施调的索力向量，设 n 为拉索数，则该向量为 $n\times 1$ 阶列阵；

$[A_L]$、$[A_R]$——分别为索力对单元左、右端弯矩的影响矩阵，为 $m\times n$ 阶，其值为：

$$[A_L] = \begin{bmatrix} a_{L11} & a_{L12} & \cdots & a_{L1n} \\ a_{L21} & a_{L22} & \cdots & \vdots \\ \vdots & & \ddots & \vdots \\ a_{Lm1} & \cdots & \cdots & a_{Lmn} \end{bmatrix}$$

$$[A_R] = \begin{bmatrix} a_{R11} & a_{R12} & \cdots & a_{R1n} \\ a_{R21} & a_{R22} & \cdots & \vdots \\ \vdots & & \ddots & \vdots \\ a_{Rm1} & \cdots & \cdots & a_{Rmn} \end{bmatrix}$$

式中：a_{Lij}、a_{Rij}——分别为第 j 号索单元变化单位力，引起 i 单元左、右端的弯矩变化，其计算方法同本节的 δ_{ki} 的计算。

将式（5-2-16）代入式（5-2-14），整理有：

$$U = C_0 + [M_{L0}]^T[B][A_L][\Delta T] + [\Delta T]^T[A_L]^T[B][M_{L0}] + \\ [\Delta T]^T[A_L]^T[B][A_L][\Delta T] + [M_{R0}]^T[B][A_R][\Delta T] + \\ [\Delta T]^T[A_R]^T[B][M_{R0}] + [\Delta T]^T[A_R]^T[B][A_R][\Delta T] \tag{5-2-17}$$

式中：C_0——与 $[\Delta T]$ 无关的常数项。

若要使索力调整到结构弯曲应变能最小，则：

$$\frac{\partial U}{\partial \Delta T_i} = 0 \quad (i = 1,2,3,\cdots,n) \tag{5-2-18}$$

将式（5-2-17）代入式（5-2-18），便得到下面的矩阵形式：

$$([A_L]^T[B][A_L] + [A_R]^T[B][A_R])[\Delta T] = -[A_R]^T[B][M_{R0}] - [A_L]^T[B][M_{L0}] \tag{5-2-19}$$

至此，索力优化问题便转化为式（5-2-19）的 n 阶线性代数方程组求解问题，由此可以解得 $[\Delta T]$，于是，索力 $[T]$ 为：

$$[T] = [T_0] + [C][\Delta T] \tag{5-2-20}$$

式中：$[T_0]$——初始索力向量，可随意给定；

$[C]$——拉索变化单位力对索力的影响矩阵，其值为：

$$[C] = \begin{bmatrix} 1 & c_{12} & \cdots & c_{1n} \\ c_{21} & 1 & \cdots & \vdots \\ \vdots & & \ddots & \vdots \\ c_{n1} & \cdots & \cdots & 1 \end{bmatrix} \tag{5-2-21}$$

c_{ij}——第 j 号拉索变化单位力对 i 号拉索的影响力，其计算方法同本节的 δ_{ki} 的计算。

式（5-2-19）是使整个结构弯曲能量最小的最优索力方程，表现为索力优化值 ΔT 与弯矩影响矩阵 $[A_L]$、$[A_R]$ 的关系，因此又称为影响矩阵法。

二、恒载索力的有约束优化法

此类方法是指在确定了总体优化目标的同时，又关心某些指定截面构件的内力、位移的优化方法。主要有：

1. 限定索力法

使结构性能某目标最优的同时，又考虑索力分布均匀而限定索力大小范围。

2. 用索量最小法

用索量最小法以斜拉桥索的用量（索力乘索长）作为目标函数，再增加一些约束条件，如以索力均匀性、控制截面内力、位移期望值范围作为约束条件。使用这种方法必须合理确定约束方程，否则容易引出错误结果。

3. 最大偏差最小法

最大偏差最小法将可行域中参量与期望值的偏差作为目标函数，使最大偏差达到最小。这是一个隐约束优化问题，最后归结为一个线形规划问题。这种方法适用于成桥状态和施工中的索力优化。

4. 可行域法

从控制主梁应力的角度看，索力过大或过小都有可能造成主梁上、下缘拉应力或压应力超限，因而期间必定存在一个索力可行域，使主梁在各种工况下各截面应力均在容许范围之内，详见本章第二节。

如前所述，刚性支承连续梁法和弯曲能量最小法的特点是只照顾到弯矩分布的合理性，不能顾及拉索受力，对边跨结构及索间距比较特殊的斜拉桥，往往需要既照顾到结构弯矩，又使索力分布比较均匀。如果建立以式（5-2-17）为目标函数，加上控制索力的约束条件，可以兼顾到二者。其一般表达式为：

$$\left.\begin{array}{l}[T_0]+[C][\Delta T]\leqslant [T_1]\\ [T_0]+[C][\Delta T]\geqslant [T_2]\end{array}\right\}, 求 \Delta T, \min U \quad (5\text{-}2\text{-}22)$$

式中：$[T_1]$、$[T_2]$——拉索力的上、下限值；
其余符号意义同前。

这是一个有约束极值问题，用数学规划法可以解出满足索力约束条件下的弯曲能量最小时的施调索力。

对于既要优化整体内力，又需指定某些截面内力，可设所关心的 k 个断面（$k<m$）的内力指定值为 $[S]$，初值为 $[S_0]$，施调索力为 $[\Delta T]$，则：

$$[S] = [S_0] + [A_k][\Delta T] \quad (5\text{-}2\text{-}23)$$

式中：$[A_k]$——索力对应于内力指定值 $[S]$ 的影响矩阵。

令：

$$[\varphi] = [S] - [S_0] - [A_k][\Delta T] \quad (5\text{-}2\text{-}24)$$

用拉格朗日的乘数值，式（5-2-18）可写为：

$$\left.\begin{array}{l}\dfrac{\partial U}{\partial \Delta T_i}+\sum\limits_{j=1}^{k}2\lambda_j\dfrac{\partial \varphi_j}{\partial \Delta T_i}=0\\ [\varphi]=0\end{array}\right\} \quad (5\text{-}2\text{-}25)$$

将式（5-2-24）和式（5-2-23）代入式（5-2-25），得：

$$\left.\begin{array}{l}([A_L]^T[B][A_L]+[A_R]^T[B][A_R])[\Delta T]\\ =-[A_R]^T[B][M_{R0}]-[A_L]^T[B][M_{L0}]+[A_k]^T[\lambda]\\ [S]=[S_0]+[A_k][\Delta T]\end{array}\right\} \quad (5\text{-}2\text{-}26)$$

求解 $k+n$ 阶方程，便可得到相应的最优施调索力 ΔT。

在计算技术高度自动化的今天，通过人机对话方式，亦可确定最佳索力方案。做法是先选定成桥状态初始索力，计算初始索力及恒载下控制截面的内力与变位，计算汽车荷载等引起控制截面内力及索力。综合分析计算结果，根据力学及桥梁知识，修改成桥状态下初始索力或梁、塔控制截面弯矩或变位值（修改变位值的目的是为了调整索力和控制截面弯矩），修改一直进行到获得满意结果为止。用于修改索力、弯矩或变位的力学模型为：

$$\left.\begin{array}{l}[T_0]+[C][\Delta T]=[T]\\ [M_0]+[A][\Delta T]=[M]\\ [\Delta_0]+[\delta][\Delta T]=[\Delta]\end{array}\right\} \quad (5\text{-}2\text{-}27)$$

$$\left.\begin{array}{l}[C][\Delta T]=[T]-[T_0]\\ [A][\Delta T]=[M]-[M_0]\\ [\delta][\Delta T]=[\Delta]-[\Delta_0]\end{array}\right\} \quad (5\text{-}2\text{-}28)$$

式中：
T_0——成桥状态下初始索力向量，为 $n\times 1$ 阶列阵，n 为拉索数；

M_0——成桥状态下，恒载、计或不计汽车荷载和预应力引起控制截面弯矩向量，为 $m\times 1$ 阶列阵，m 为控制截面数；

Δ_0——成桥状态下，恒载引起控制点的变位向量，为 $l\times 1$ 阶列阵，l 为控制点数；

$[\Delta T]$——施调索力向量，为 $n\times 1$ 阶列阵；

$[C]$——为 $n\times n$ 阶方阵，其含义同式（5-2-21）；

$[A]$——控制截面弯矩影响阵，为 $m\times n$ 阶矩阵，其中元素 a_{ij} 表示第 j 号索单元变化单位力，引起第 i 控制截面弯矩变化；

$[\delta]$——为 $l\times n$ 阶的矩阵，其含义同式（5-2-1）中的 $[\delta]$；

$[T]$、$[M]$、$[\Delta]$——为期望的索力、控制截面弯矩与变位，列阵阶数分别与平衡式对应。

式（5-2-28）总共含 $n+m+l$ 个方程，施调的索力为 n 个，故只能从式（5-2-28）中选定 n 个独立方程，解得 $[\Delta T]$。然后，利用式（5-2-27）可得调索后的索力、控制截面弯矩与变位。

在施调索力时要注意：①主梁梁段内正、负设计弯矩绝对值之和是不变的。②应使主跨拉索的水平分力之和与边跨拉索水平分力之和在恒载下得到基本平衡。

斜拉桥施工阶段的索力优化：

根据施工逆过程，可以确定满足成桥优化内力状态下，各施工阶段的内力状态和位形，即施工阶段的理想状态。但在实际施工时，由于构件自重、刚度、施工精度、索力张拉误差、温差等诸方面因素影响，可使施工阶段结构实际状态严重偏离理想状态。对索力的优化调整是施工阶段纠偏的重要手段。

斜拉索力在结构状态变量中只是一个中间变量，其初始变量是索的无应力索长。满足成桥理想状态的索长在某一施工阶段要达到相应的理想索力，则结构位形必须也是理想状态的。所以，调索纠偏只可调整由于无应力索长度引起的那部分索力误差。而由于构件自重、刚度等因素引起的位形改变和索力偏差，原则上无法通过索力调整来纠正。要真正消除这些偏差，要么对引起误差的诸因素逐个调整消除（一般是做不到的），要么承认已测到的确定性误差，并在新的参量下重新优化成桥状态和施工状态。

工程中常用的方法是适当调整索力，使关心截面上控制变量的偏差最大限度地减小。施工过程中控制变量以位移为主，成桥状态下控制变量以内力和索力为主。

设关心截面上 m 个控制变量的误差向量为 $\{\chi_0\}$，通过一组索的索力施调向量 $[\Delta T]$

作用，使误差向量变为 $\{\chi\}$，则：

$$\{\chi\} = \{\chi_0\} + [A][\Delta T] \tag{5-2-29}$$

式中：$[A]$ ——施调索力对控制变量 $\{\chi\}$ 的影响矩阵。

控制变量可能是由关心截面上的内力、位移、支反力等混合控制变量组成的向量。这些变量的量纲各异，如果直接选用误差向量模的平方作为目标函数，可能导致优化失败，为此，引入相应的权矩阵来体现各控制变量的量纲和其自身的重要性。设权矩阵为 $[B] =$ 对角元素 $(b_{11}, b_{22}, \cdots, b_{nm})$，取目标函数为：

$$U = \{\chi\}^T [B] \{\chi\} \tag{5-2-30}$$

则问题变成了式（5-2-23）的一个特例，索力优化方程为：

$$([A]^T [B][A])[\Delta T] = -[A]^T [B]\{\chi_0\} \tag{5-2-31}$$

在实际工程中，也可能要将一些控制变量的误差控制为指定值或落入某一范围，这时无约束问题又变成了有约束优化问题，实现优化的方法与成桥状态有约束索力优化相仿。

第二节 索力的初拟和调整

一、恒载平衡法索力初拟

如图5-2-4所示，对于主跨，忽略主梁抗弯刚度的影响，则 G_m 为第 i 号索所支承的恒载质量，根据竖向力的平衡，得到：

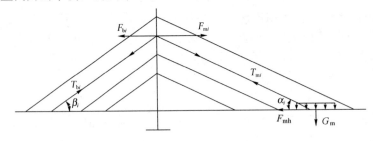

图 5-2-4 索力初拟计算图

$$T_{mi} = G_m / \sin\alpha_i \tag{5-2-32}$$

拉索引起的水平力为：

$$F_{mi} = T_{mi} \cdot \cos\alpha_i = G_m / \tan\alpha_i \tag{5-2-33}$$

进一步考察边跨，忽略塔的抗弯刚度，则主、边跨拉索的水平分力应相等，得到：

$$T_{bi} = F_{bi} / \cos\beta_i = F_{mi} / \cos\beta_i = \frac{G_m}{(\tan\alpha_i \cdot \cos\beta_i)} \tag{5-2-34}$$

边跨第 i 号索支承的恒载质量 G_b 可依据 I_{bi} 作相应的调整：

$$G_b = T_{bi} \cdot \sin\beta_i = G_m \cdot \frac{\tan\beta_i}{\tan\alpha_i} \tag{5-2-35}$$

二、可行域法调索计算

主梁截面的应力控制条件可按如下公式表示：

1. 拉应力控制条件

主梁截面上、下缘在恒载和汽车荷载共同作用下的上下缘最大拉应力 σ_{tl}、σ_{bl} 应满足：

$$\sigma_{tl} = -\frac{N_d}{A} - \frac{M_d}{W_t} + \sigma_{tm} \leqslant [\sigma_l] \quad （上缘） \quad (5\text{-}2\text{-}36)$$

$$\sigma_{bl} = -\frac{N_d}{A} + \frac{M_d}{W_b} + \sigma_{bm} \leqslant [\sigma_l] \quad （下缘） \quad (5\text{-}2\text{-}37)$$

2. 压应力控制条件

主梁截面上下缘在恒载和汽车荷载组合作用下的上下缘最大压应力 σ_{ta}、σ_{ba} 应满足：

$$\sigma_{ta} = -\frac{N_d}{A} - \frac{M_d}{W_t} + \sigma_{tn} \leqslant [\sigma_a] \quad （上缘） \quad (5\text{-}2\text{-}38)$$

$$\sigma_{ba} = -\frac{N_d}{A} + \frac{M_d}{W_b} + \sigma_{bn} \leqslant [\sigma_a] \quad （下缘） \quad (5\text{-}2\text{-}39)$$

式中：N_d、M_d——全部恒载（包括预应力）产生的主梁截面轴力和弯矩，轴力以压为正，弯矩以下缘受拉为正；

A、W_t、W_b——主梁的面积、上缘和下缘抗弯抵抗矩；

σ_{tm}、σ_{bm}——其他荷载（除恒载）引起的主梁截面上、下缘最大应力（应力以拉为正，压为负，下同）；

σ_{tn}、σ_{bn}——其他荷载（除恒载）引起的主梁截面上、下缘最小应力；

$[\sigma_l]$、$[\sigma_a]$——容许拉、压应力（带正、负号）。

3. 主梁恒载弯矩的可行域

在以上应力控制条件的关系式中，M_d 是通过调索预期达到的恒载弯矩，系待求值，由式（5-2-36）～式（5-2-39）可得：

$$\left.\begin{array}{l} M_d \geqslant \left\{-\dfrac{N_d}{A} - [\sigma_l] + \sigma_{tm}\right\} W_t = M_{dl1} \quad （控制上缘拉应力） \\[2mm] M_d \leqslant \left\{\dfrac{N_d}{A} + [\sigma_l] - \sigma_{bm}\right\} W_b = M_{dl2} \quad （控制下缘拉应力） \\[2mm] M_d \leqslant \left\{-\dfrac{N_d}{A} - [\sigma_a] + \sigma_{tn}\right\} W_t = M_{da1} \quad （控制上缘压应力） \\[2mm] M_d \geqslant \left\{\dfrac{N_d}{A} + [\sigma_a] - \sigma_{bn}\right\} W_b = M_{da2} \quad （控制下缘压应力） \end{array}\right\} \quad (5\text{-}2\text{-}40)$$

在式（5-2-40）中，令：

$M_{d1} = \min(M_{dl2}, M_{da1})$（控制恒载正弯矩）（由第二式和第三式可得）

$M_{d2} = \max(M_{dl1}, M_{da2})$（控制恒载负弯矩）（由第一式和第四式可得）

则主梁恒载弯矩可行域（图 5-2-5）为：

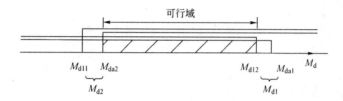

图 5-2-5 弯矩可行域

$$M_{d2} \leqslant M_d \leqslant M_{d1} \qquad (5\text{-}2\text{-}41)$$

在主梁上施加预应力可增大可行域的范围，调索最终的结果不仅应使主梁恒载弯矩全部进入可行域，而且索力分布应较均匀。

4. 恒载弯矩计算的影响矩阵法

为了达到通过调索，使主梁各截面的恒载弯矩进入上述可行域内的目的，可按下述影响矩阵法计算各拉索的初张力：

①按前面所述的恒载平衡法初拟索力 $\{T'_i\}$。

②依据主梁安装程序和各初拟索力 $\{T'_i\}$，计算各控制截面恒、汽车荷载的内力 $\{M'_d\}$、$\{N'_d\}$ 和应力 $\{\sigma_m\}$、$\{\sigma_n\}$。

③按上述应力控制条件，计算各控制截面的恒载弯矩可行域 $\{M_d\}$。

④将各控制截面当前恒载弯矩 $\{M'_d\}$ 与 $\{M_d\}$ 中值的差值作为索力调整的弯矩增量目标：

$$\{\Delta M\} = \{M'_d\} - \{M_d\}_{中} \qquad (5\text{-}2\text{-}42)$$

其中：

$$\{M_d\}_{中} = \frac{\{M_{d1}\} + \{M_{d2}\}}{2}。$$

⑤计算斜拉索恒载弯矩影响系数。模拟主梁安装程序，求出张拉拉索时各截面的 M。张拉 j 号拉索时，i 截面所产生的弯矩 M_{ij} 与张拉力 T_j 之比值，称为拉索 j 对 i 截面的弯矩影响系数，用 $a_{ij} = M_{ij}/T_j$ 表示。

⑥建立索力增量影响矩阵：

$$a_{11}\Delta T_1 + a_{12}\Delta T_2 + a_{13}\Delta T_3 + \cdots + a_{1n}\Delta T_n = -\Delta M_1$$
$$a_{22}\Delta T_2 + a_{23}\Delta T_3 + \cdots + a_{2n}\Delta T_n = -\Delta M_2$$
$$\cdots\cdots$$
$$a_{nn}\Delta T_n = -\Delta M_n$$

$$[A] \cdot \{\Delta T\} = -\{\Delta M\} \qquad (5\text{-}2\text{-}43)$$

索力调整增量为：

$$\{\Delta T\} = -[A]^{-1} \cdot \{\Delta M\}$$

调整后的索力为：

$$\{T\} = \{T'\} + \{\Delta T\} \qquad (5\text{-}2\text{-}44)$$

控制截面的位置，对于密索体系的斜拉桥宜选在拉索锚固截面，对于稀索体系的斜拉桥则宜选在两锚固点间的跨中。

⑦将新求得的初始索力 $\{T\}$，重新代回第②步继续计算，直到所有控制截面的恒载弯矩全部落入可行域内为止。

需要指出的是，对于拉索一次张拉的情形，合龙段的内力与初始索力大小无关，若合龙段的内力过大，就必须在合龙后对部分拉索作二次张拉。

图 5-2-6 所示为岳阳洞庭湖大桥布置预应力后，主梁恒载弯矩可行域以及调索后的恒载弯矩图，从图中可见恒载弯矩全部进入了可行域内。

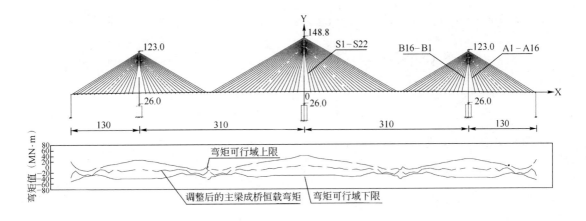

图 5-2-6 主梁恒载弯矩可行域及调索后的恒载弯矩图（尺寸单位：m）

5. 示例

为了便于理解可行域法调索的具体应用，下面将举一个最简单的例子，列出其迭代运算中的基本过程。

【例 5-2-1】 图 5-2-7 所示是一座对称型独塔斜拉桥的右侧桥跨，该跨内共有三对拉索。已知每对拉索的总面积 $A=0.015\text{m}^2$，二期恒载 $q_{恒(二)}=46\text{kN/m}$，混凝土强度等级 C50，重度 $\gamma=26\text{kN/m}^3$，位于拉索下锚处的横隔板板厚 $t_{隔}=30\text{cm}$，对主梁纵向施加了 $F=3000\text{kN}$ 的预应力（轴心受压），汽车荷载在 3 个控制截面产生的应力示于表 5-2-1 中。

控制截面汽车荷载应力（MPa）　　　　　表 5-2-1

控制截面号	1	2	3
σ_{tm}	1.877	1.251	0.894
σ_{tn}	−1.073	−1.341	−2.324
σ_{bm}	3.383	4.229	7.330
σ_{bn}	−5.920	−3.947	−2.819

试应用可行域法计算 T_1、T_2、T_3。

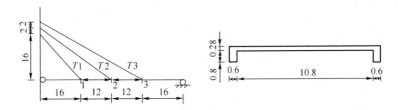

图 5-2-7 斜拉桥及其主梁横截面示意图（尺寸单位：m）

解：主梁几何特性：

$$A = (0.28+0.8) \times 0.6 \times 2 + 0.28 \times 10.8 = 4.32\text{m}^2$$

$$y_c = \frac{(0.28+0.8) \times 0.6 \times 2 \times 0.54 + 0.28 \times 10.8 \times 0.14}{4.32} = 0.26\text{m}$$

$$I = \frac{1}{12} \times 0.6 \times 1.08^3 \times 2 + 0.6 \times 1.08 \times 2 \times (0.54 - 0.26)^2 + \frac{1}{12} \times 10.8 \times 0.28^3 +$$
$$0.28 \times 10.8 \times (0.14 - 0.26)^2 = 0.29088 \text{m}^4$$
$$W_t = I/y_t = 0.29088/0.26 = 1.11877 \text{m}^3$$
$$W_b = I/y_b = 0.29088/0.82 = 0.35473 \text{m}^3$$

(1) 初拟索力 T_i [式 (5-2-32)]。

$$G_1 = 4.32 \times (8+6) \times 26 + 0.8 \times 10.8 \times 0.3 \times 26 + (8+6) \times 46 = 2283.9 \text{kN}$$
$$G_2 = 4.32 \times (6+6) \times 26 + 0.8 \times 10.8 \times 0.3 \times 26 + (6+6) \times 46 = 1967.2 \text{kN}$$
$$G_3 = G_1 = 2283.9 \text{kN}$$
$$T_1 = \frac{G_1}{\sin\alpha_1} = \frac{2283.9}{0.7071} = 3230.0 \text{kN}$$
$$T_2 = \frac{G_2}{\sin\alpha_2} = \frac{1967.2}{0.5408} = 3637.6 \text{kN}$$
$$T_3 = \frac{G_3}{\sin\alpha_3} = \frac{2283.9}{0.4472} = 5107.0 \text{kN}$$

(2) 依据各初拟索力，计算各控制截面的恒载弯矩 $\{M'_d\}$，轴力 $\{N'_d\}$ 和应力 $\{\sigma'_m\}$、$\{\sigma'_n\}$。

①各主梁控制点右截面轴力为：
$$N'_{d3} = F = 3000 \text{kN}$$
$$N'_{d2} = \frac{G_3}{\tan\alpha_3} + N'_{d3} = \frac{2283.9}{0.5} + 3000 = 7567.8 \text{kN}$$
$$N'_{d1} = \frac{G_2}{\tan\alpha_2} + N'_{d2} = \frac{1967.2}{0.6428} + 7567.8 = 10598.0 \text{kN}$$

②在初拟索力和恒载共同作用下，控制截面的弯矩为：
$$M'_{d1} = M'_{d2} = M'_{d3} = 0$$

(3) 计算各控制截面的恒载弯矩可行域 $\{M_d\}$。

对于 C50，$[\sigma_l] = 1.83 \text{MPa}$，$[\sigma_a] = -22.4 \text{MPa}$。

第一个控制截面：
$$M_{dl1} = \left[-\frac{N'_d}{A} - [\sigma_l] + \sigma_{tm}\right] W_t$$
$$= \left[-\frac{10598.0}{4.32} - 1.83 \times 10^3 + 1.877 \times 10^3\right] \times 1.11877$$
$$= -2692.0 \text{kN} \cdot \text{m}$$
$$M_{dl2} = \left[\frac{N'_d}{A} + [\sigma_l] - \sigma_{bm}\right] W_b$$
$$= \left[\frac{10598.0}{4.32} + 1.83 \times 10^3 - 3.383 \times 10^3\right] \times 0.35473$$
$$= 319.3 \text{kN} \cdot \text{m}$$
$$M_{da1} = \left[-\frac{N'_d}{A} - [\sigma_a] + \sigma_{tn}\right] W_t$$

$$= \left[-\frac{10598.0}{4.32} + 22.4 \times 10^3 - 1.073 \times 10^3\right] \times 1.11877$$

$$= 21115.4 \text{kN} \cdot \text{m}$$

$$M_{da2} = \left[\frac{N'_d}{A} + [\sigma_a] - \sigma_{bn}\right] W_b$$

$$= \left[\frac{10598.0}{4.32} - 22.4 \times 10^3 + 5.920 \times 10^3\right] \times 0.35473$$

$$= -4975.7 \text{kN} \cdot \text{m}$$

所以：

$$M_{d1} = \min(M_{dl2}, M_{da1}) = 319.3 \text{kN} \cdot \text{m}$$
$$M_{d2} = \max(M_{dl1}, M_{da2}) = -2692.0 \text{kN} \cdot \text{m}$$

即第一个控制截面的弯矩可行域为：

$$-2692.0 \text{kN} \cdot \text{m} \leqslant M_d \leqslant 319.3 \text{kN} \cdot \text{m}$$

同理可以算得其他控制截面的可行域，如表 5-2-2 所示。

第一轮计算的各控制截面的弯矩可行域（kN·m）　　　　表 5-2-2

控制截面号	1	2	3
M_{d1}	319.3	−229.6	−1704.7
M_{d2}	−2692.0	−2607.6	−1824.1

（4）由于 M'_d 未能全部落入 $\{M_d\}$，将各控制截面当前恒载弯矩 M'_d 与可行域 $\{M_d\}$ 的中值之差作为调所弯矩的增量：

$$\Delta M_1 = M'_d - M_{d中}$$
$$= 0 - \frac{319.3 - 2692.0}{2}$$
$$= 1186.4 \text{kN} \cdot \text{m}$$

$$\Delta M_2 = M'_d - M_{d中}$$
$$= 0 - \frac{-229.6 - 2607.6}{2}$$
$$= 1418.6 \text{kN} \cdot \text{m}$$

$$\Delta M_3 = M'_d - M_{d中}$$
$$= 0 - \frac{-1704.7 - 1824.1}{2}$$
$$= 1764.4 \text{kN} \cdot \text{m}$$

（5）计算斜拉索恒载弯矩影响系数。

张拉 1 号索时主梁弯矩如图 5-2-8 所示。

$$F_y = 1 \times \sin\alpha_1 = 1 \times 0.7071 = 0.7071$$

$$a_{11} = -0.7071 \times \frac{16}{56} \times 40 = -8.0811$$

$$a_{21} = -0.7071 \times \frac{16}{56} \times 28 = -5.6568$$

$$a_{31} = -0.7071 \times \frac{16}{56} \times 16 = -3.2325$$

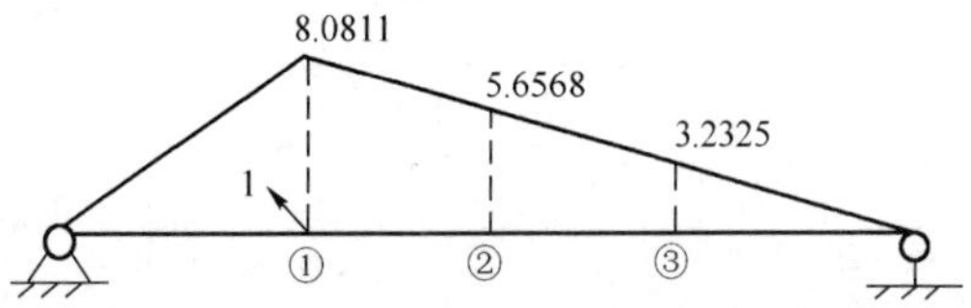

图 5-2-8　1 号索张拉单位索力引起的弯矩图（kN·m/kN）

同理可以算得所有 a_{ij}：
$$a_{12} = -4.3264 \quad a_{13} = -2.0443$$
$$a_{22} = -7.5712 \quad a_{23} = -3.5776$$
$$a_{32} = -4.3264 \quad a_{33} = -5.1109$$

(6) 建立索力增量影响矩阵。

$$[A] = \begin{bmatrix} a_{11} & a_{12} & a_{13} \\ a_{21} & a_{22} & a_{23} \\ a_{31} & a_{32} & a_{33} \end{bmatrix} \quad \{\Delta T\} = \begin{bmatrix} \Delta T_1 \\ \Delta T_2 \\ \Delta T_3 \end{bmatrix} \quad \{\Delta M\} = \begin{bmatrix} \Delta M_1 \\ \Delta M_2 \\ \Delta M_3 \end{bmatrix}$$

索力调整增量为：
$$\{\Delta T\} = -[A]^{-1} \cdot \{\Delta M\}$$

其中：
$$[A] = -\begin{bmatrix} 8.0811 & 4.3264 & 2.0443 \\ 5.6568 & 7.5712 & 3.5776 \\ 3.2325 & 4.3264 & 5.1109 \end{bmatrix}$$

$$[A]^{-1} = -\begin{bmatrix} 0.2062 & -0.1179 & 0 \\ -0.1541 & 0.3082 & -0.1541 \\ 0 & -0.1863 & 0.3261 \end{bmatrix}$$

$$\{\Delta T\} = -[A]^{-1} \cdot \{\Delta M\} = \begin{bmatrix} 77.4 \\ -17.5 \\ 311.1 \end{bmatrix} \text{kN}$$

$$\{T\} = \{T'\} + \{\Delta T\} = \begin{bmatrix} 3230.0 \\ 3637.6 \\ 5107.0 \end{bmatrix} + \begin{bmatrix} 77.4 \\ -17.5 \\ 311.1 \end{bmatrix} = \begin{bmatrix} 3307.4 \\ 3620.1 \\ 5418.1 \end{bmatrix} \text{kN}$$

(7) 将新求得的初始索力 $\{T\}$，重新代回第 (2) 步继续计算，直到所有控制截面的恒载弯矩全部落入可行域为止。

表 5-2-3 给出了第二轮计算得到的弯矩可行域。

第二轮计算的各控制截面弯矩可行域（kN·m）　　　　表 5-2-3

控制截面号	1	2	3
M_{d1}	343.4	−206.7	−1704.7
M_{d2}	−2767.9	−2679.7	−1824.1

迭代计算的最终结果汇总于表 5-2-4，与表 5-2-3 相对照可以看到，两轮调索后，主梁恒载弯矩 M_d 全部进入可行域。

迭代计算汇总表　　　　表 5-2-4

迭代轮次	索力分布 T_i (kN)			控制截面恒载弯矩 M_d (kN·m)		
	1	2	3	1	2	3
第一轮	3230.0	3637.6	5107.0	0	0	0
第二轮	3307.4	3620.1	5418.1	−1185.9	−1418.4	−1764.7

第三节　前进和倒退分析法

一、前 进 分 析

前进分析法是一种以计算斜拉桥施工过程中的内力、构形，保证施工的合理与安全为目的，仿真施工过程的计算方法。在此计算中，还可按不同的设计原则确定斜拉索的张拉力。

1. 结构信息的描述

前进分析是拓广的结构非线性有限元分析方法，用程序来完成前进分析，计算机首先应获取一组描述计算对象施工过程的数据信息。一般地，描述一座桥的施工过程需要如下三类信息：

（1）总体结构的信息；
（2）施工方式信息；
（3）各个施工阶段的荷载信息。

总体结构是指桥梁从施工到成桥的过程中，出现的"最大"结构。总体结构信息包括结构离散状态的节点、单元信息、几何材料信息、预应力索信息、构件的徐变、收缩信息、组合单元信息及刚臂信息等。

施工方式信息是指各个施工阶段中，在已建结构上新增加或拆除构件的数量及单元信息；新增加或拆除的支座信息；新张拉或放张的预应力索数和索号信息；临时铰的封结或临时固结的释放信息，徐变单元信息，构件截面几何特性、材料特性和受力特性的改变信息等。

施工荷载信息是指一个施工阶段里，在已建结构上新增减的节点荷载、广义单元荷载、温变荷载、支座变位、预应力张拉力荷载及调值信息等。

2. 各种状态的模拟

程序通过总体结构信息来识别整个结构体系，在其他信息输入前，结构只是一个无刚度、无荷载、无变形的虚拟结构。真实结构由施工信息逐阶段生成。

①在同一施工阶段里，新安装的构件用激活相应的单元号来模拟，增减的支座用激活相应节点约束信息与放松节点约束信息来模拟，在拆除支座时，同时释放该支座的支反力，并将支反力转移给现有结构承受。

②预应力索通过激活结构中的相应虚拟索元，并将张拉力扣除各微段上相应的各种预应力损失后等效作用于结构体系来模拟。在随后的施工过程中，预应力索将分体外索和体内索，以不同形式共同参与结构受力，以便自动计入其弹性损失和由于混凝土徐变、收缩引起的损失。

③临时索的拆除，通过将现阶段索退出工作，并将预应力索所受的力释放给已建结构来模拟。

④临时铰的封结和临时固结拆除通过改变单元连接信息来模拟。在临时固结拆除时，原截面内力将分配给剩余结构。

⑤构件材料、几何特性的改变通过改变单元材料特性码的方式来模拟。

⑥为了模拟施工过程中斜拉索索力调整等施工步骤，计算程序中应设置调值计算功能。

在前进分析中，有些施工过程的仿真必须做特殊处理。如顶推施工，其特点是每顶一节，支点位置都要作平移，原来非支点的节点顶到支点后，其原来的位移也相应消除，所以可通过支座装拆和节点支座强迫变位的方式来模拟。再如，满堂支架施工的结构在张拉预应力索后的部分自动落架问题，悬索桥索鞍移动，索与鞍座切点位置变化等特殊问题，可利用接触问题求解法来解决。

在前进分析中，由于结构刚度较小，混凝土构件龄期短、位移大、徐变收缩量大，结构非线性表现突出，所以非线性的求解策略显得尤为重要。

非线性计算采用 U·L 列式的杆系有限元法，将以前各施工阶段在已建结构上的累计静力响应作为本阶段结构几何非线性计算的初态，索类单元的垂度效应可选用表观模量修正法或柔索单元。考虑到结构受载后先达到静力平衡，再发生徐变、收缩，所以在计算中首先考虑几何非线性，以结构平衡后的应力状态作为本阶段时变效应分析的初态，在每一时段分析中都以前一时段非线性平衡状态作为初态。前进分析系统的流程图如图 5-2-9 所示。

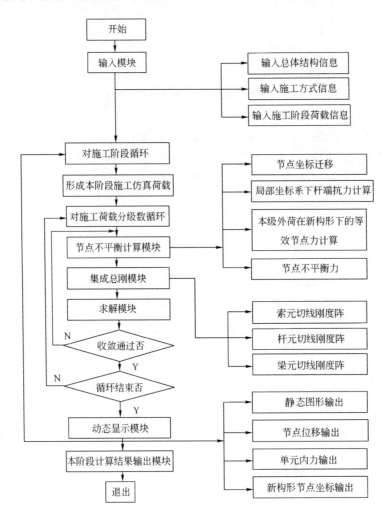

图 5-2-9　前进分析流程图

3. 张拉索力的确定

不同的设计原则所确定的张拉索力是不同的，以下以刚性支承连续梁法计算原则为例介绍。

成桥状态下刚性支承连续梁法确定的恒载索力为恒载设计索力，此处在计算中随施工阶段随时计入非线性影响后，按索在梁吊点处的位移为零来确定张拉索力。

刚性支承连续梁法要求在施工过程中及成桥后多次张拉拉索索力，使斜拉桥主梁在恒载状态下，计入混凝土收缩、徐变的内力大体与刚性支承连续梁内力相近。施工阶段按刚性支承连续梁法的计算原则一般为：主梁悬臂端的挠度保持为零；已浇筑完成的主梁计入混凝土收缩、徐变后具有刚性支承连续梁的内力。如果在施工某阶段，梁、塔出现不理想的内力，则将索力作一次调整，始终控制梁、塔的内力和变形。

二、倒退分析

倒退分析是以成桥态 $t=t_0$ 时刻的内力状态为参考状态，以设计的成桥线形为参考构形，对结构进行虚拟倒拆并逐阶段进行分析，计算每次卸除一个施工段对剩余结构影响的计算方法。具体地说，就是以成桥状态作为目标，以计算斜拉桥拉索初张力和拼装节段高程等理想施工参数为目的逆施工过程的计算方法。

对于线性结构，用倒退分析结果进行理想施工，保证每一阶段都不出现偏差，就可以在 $t=t_0$ 时刻达到成桥状态。因此，从理论上讲，倒退分析的结果可直接用于指导线性结构的设计施工，并作为施工控制的目标。

单一的倒退分析可由前进分析的逆过程来实现。首先，激活虚拟结构中成桥态的所有单元、约束节点、预应力索，并将外荷载作用于结构，通过恒载优化确定成桥态结构的最优受力状态，并将位移赋零，其目的是使设计结构的应力、构形满足初始描述。在此基础上，逐阶段对结构进行倒拆分析。得到的位移和内力状态表示，要使成桥态结构满足倒拆前的状态，本阶段已建结构所必须具备的状态。不难理解，当计入徐变等时效影响，用单一的倒退分析确定斜拉桥的施工状态，就会遇到前进分析与倒退分析的状态不闭合问题。原则上倒拆无法计算混凝土徐变对结构的影响，因为徐变计算在时间上只能是按顺序进行的，而倒拆法在时间上是逆序的。对大跨径斜拉桥，施工计算若不考虑混凝土收缩、徐变的影响，会使计算发生较大偏差，一般可用迭代法解决这个问题。第一轮倒拆计算，不计混凝土的收缩和徐变，然后用上次倒拆的结果进行正装计算，逐阶段考虑混凝土收缩和徐变的影响，并将各施工阶段的收缩徐变值存盘，再次进行倒拆计算时，采用上一轮正装计算阶段的混凝土收缩和徐变值，如此反复，直到正装和倒拆的计算结果收敛到容许的精度。

第三章 斜拉桥的有限位移分析法

第一节 斜拉桥的受力性能

一、斜拉桥的受力

斜拉桥中荷载传递路径是：斜拉索的两端分别锚固在主梁和索塔上，将主梁的恒载和车辆荷载传递至索塔，再通过索塔传至地基。塔是整个体系的主体结构，以承压为主，支撑起几乎全部的动、静荷载。梁是直接承受汽车荷载作用的构件，加劲梁承受强大的轴向力的同时，还要承受来自恒、汽车荷载及其他荷载所产生的弯矩。而斜拉桥的索力是影响斜拉桥受力的一个主要因素。

斜拉桥的主要优点在于，恒载作用下斜拉索的索力是可以调整的。斜拉桥可以认为是大跨径的体外预应力结构。需要指出的是：斜拉索对主梁的多点弹性支承作用，只有在拉索始终处于拉紧状态时才能得到充分发挥。因此在主梁承受荷载之前对斜拉索要进行预张拉。预张拉的结果可以给主梁一个初始支承力，以调整主梁初始内力，使主梁受力状况更趋均匀合理，并提高斜拉索的刚度。图 5-3-1a) 表示三跨连续梁及其典型的恒载弯矩图，而图 b) 为三跨斜拉桥及其恒载内力图。从图中可以看出，由于斜拉索的支承作用，使主梁恒载弯矩显著减小。此外，斜拉索轴力产生的水平分力对主梁施加了预压力，从而可以增强主梁的抗裂性能，节约主梁中预应力钢材的用量。

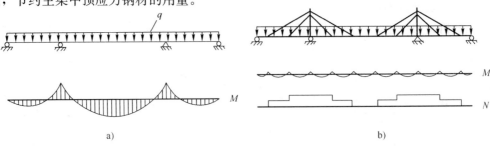

图 5-3-1 三跨连续梁和三跨斜拉桥的恒载内力对比
a) 三跨连续梁及其恒载弯矩图；b) 三跨斜拉桥及其恒载弯矩和轴力图

斜拉桥与其他超静定桥梁一样，它的最终恒载受力状态与施工过程密切相关，因此结构分析必须准确模拟和修正施工过程。

二、非线性问题的计算

斜拉桥属于柔性结构，在荷载作用下变形较显著，用建立在小位移基础之上的经典线性理论计算时，会带来不可忽略的误差。因此，斜拉桥需要应用几何非线性理论进行分析。

几何非线性理论有大位移小应变的有限位移理论和大位移大应变的有限应变理论两种，在非偶然荷载作用下，桥梁工程中的几何非线性问题一般都是有限位移问题。

建立以杆系结构有限元有限位移理论为基础的大跨度桥梁结构几何非线性分析总体方程时，应考虑三方面因素的几何非线性效应：

1. 单元初始内力对单元刚度矩阵的影响

包括单元轴力对弯曲刚度的影响以及弯矩对轴向刚度的影响，通过引入单元初应力刚度矩阵的方法来考虑。

斜拉桥的主梁与索塔一般都处在以受压为主的压弯状态。前者以承受斜索的水平分力为主，后者以承受斜索的垂直分力为主。在考虑非线性影响后，主梁的挠度和索塔的位移将使弯矩有增大趋势。从图 5-3-2 的简单图中可以理解，直杆 AB 中的 m 点产生挠曲位移 δ 后，在轴力 P 和弯矩 M 的作用下，m 点的弯矩变为 $M+\delta P$。对通常跨度的斜拉桥来说，非线性影响并不太大，一般只有百分之几的增幅，可以不予考虑。但是对于跨度较大或刚度较小的斜拉桥来说，就有必要考虑其影响了。例如德国的 Speyer 桥（跨度181m+275m钢斜拉桥，1975年），在考虑非线性影响后弯矩增大达18%，这是必须注意的。

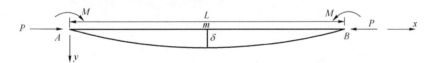

图 5-3-2　轴向受力杆件图

2. 大位移对结构平衡方程的影响

对于这个问题，有 T.L 列式法和 U.L 列式法等各种不同的处理方法。前者将参考坐标选在未变形的结构上，通过引入大位移刚度矩阵来考虑大位移问题；后者将参考坐标选在变形后的位置上，让节点坐标跟结构一起变化，从而使平衡方程直接建立在变形后的位置上。

有关 T.L 列式法和 U.L 列式法的具体内容，将在第六篇第二章第二节中介绍。

3. 拉索垂度的影响

（1）等效弹性模量

在分析斜拉桥结构时，常将斜拉索模拟成桁架单元，由此带来了计算模型与实际结构间的误差。通常可用 Ernst 公式修正索弹性模量来考虑垂度效应。

等效弹性模量常用 Ernst 公式，推导如下：

如图 5-3-3 所示，q 为斜索自重集度，f_m 为斜索跨中 m 的径向挠度。因索不承担弯矩，根据索处弯矩为零的条件，得到：

$$T \cdot f_m = \frac{1}{8} q_1 l^2 = \frac{1}{8} q l^2 \cdot \cos\alpha$$

$$f_m = \frac{q l^2}{8T} \cos\alpha \tag{5-3-1}$$

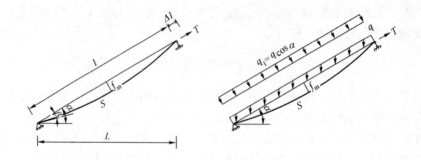

图 5-3-3 斜拉索的受力图

索形应该是悬链线，对于 f_m 很小的情形，可近似地按抛物线计算，索的长度为：

$$S = l + \frac{8}{3} \cdot \frac{f_m^2}{l} \tag{5-3-2}$$

$$\Delta l = S - l = \frac{8}{3} \cdot \frac{f_m^2}{l} = \frac{q^2 l^3}{24T^2} \cos^2\alpha$$

$$\frac{\mathrm{d}\Delta l}{\mathrm{d}T} = -\frac{q^2 l^3}{12T^3} \cos^2\alpha \tag{5-3-3}$$

用弹性模量的概念表示上述垂度的影响，则有：

$$E_f = \frac{\mathrm{d}T}{\mathrm{d}\Delta l} \cdot \frac{l}{A} = \frac{12lT^3}{Aq^2 l^3 \cos^2\alpha} = \frac{12\sigma^3}{(\gamma L)^2} \tag{5-3-4}$$

式中：$\sigma = T/A$，$q = \gamma A$，$L = l \cdot \cos\alpha$——斜索的水平投影长度；

E_f——计算垂度效应的当量弹性模量；

γ——拉索容重；

σ——索中的拉应力。

在 T 的作用下，斜索的弹性应变为：

$$\varepsilon_e = \frac{\sigma}{E_e}$$

因此，等效弹性模量 E_{eq} 为：

$$E_{eq} = \frac{\sigma}{\varepsilon_e + \varepsilon_f} = \frac{\sigma}{\frac{\sigma}{E_e} + \frac{\sigma}{E_f}} = \frac{E_e}{1 + \frac{E_e}{E_f}}$$

即：

$$E_{eq} = \frac{E_e}{1 + \frac{(\gamma L)^2}{12\sigma^3} E_e} = \mu E_e \quad (\mu < 1) \tag{5-3-5}$$

斜拉索等效弹模与斜索水平投影长 L 的关系如图 5-3-4 所示。

由于 E_{eq} 是索端力的函数，导致了索端力与索端位移呈非线性。这是一种将几何非线性问题转化为材料非线性问题的近似方法。当索内应力水平较低时，这种方法精度较低，直接用柔索单元来模拟斜拉索才能得到精确的结果。

（2）斜拉索两端倾角修正

斜拉索两端的钢导管安装时，必须考虑垂度引起的索两端倾角的变化量 β，否则将造成导管轴线偏位。一般情况下，可按抛物线计算，即：

$$\tan\beta = \frac{4f_m}{l} = \frac{4}{l} \cdot \frac{ql^2}{8T}\cos\alpha = \frac{q}{2T} \cdot L = \frac{\gamma L}{2\sigma} \tag{5-3-6}$$

$$\beta = \tan^{-1}\left(\frac{\gamma L}{2\sigma}\right)$$

当索的水平投影长度很长时（$L>300\mathrm{m}$），按抛物线计算会带来一定的误差，因而应采用更精确的悬链线方程求解。

有限元方法都是首先作单元分析，建立单元刚度方程和单元刚度矩阵，然后根据平衡、物理和协调三个条件，将单元刚度矩阵汇总为总体刚度矩阵，并引入边界条件，可以得到描述柔性结构受力变形特征的总体刚度方程：

$$[K_T + K_G + K_L]\{\delta\} = \{P\} \tag{5-3-7}$$

或：

$$[K(\delta)]\{\delta\} = \{P\}$$

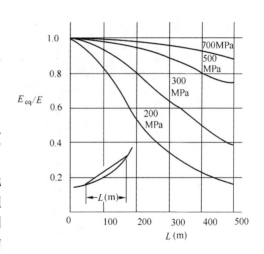

图 5-3-4 E_{eq} 与 L 的关系
（$E_e = 205000\mathrm{MPa}$，$\gamma = 98\mathrm{kN/m^3}$）

式中：K_T——结构弹性刚度矩阵；

K_G——结构初应力刚度矩阵；

K_L——结构大位移矩阵（对于 U.L 列式法，省略此项）；

$\{\delta\}$——结构位移列阵；

$\{P\}$——结构荷载列阵。

从式中可以看出，这是一个非线性方程组，结构的总体刚度矩阵 $[K]$ 由三个分矩阵组成，其中 K_G 和 K_L 与待求的结构位移和内力有关，因此需采用迭代的方法进行求解。对此非线性问题，常用的求解方法是 Newton-Raphson 法（牛顿—拉芙逊迭代法，即 N-R 法），其迭代公式为：

$$[K(\delta_n)]\{\Delta\delta_{n+1}\} = \{\Delta P_n\} \tag{5-3-8}$$

$$\{\delta_{n+1}\} = \{\delta_n\} + \{\Delta\delta_{n+1}\} \tag{5-3-9}$$

式中：$\{\Delta P_n\}$——第 n 级迭代的增量荷载列阵，由于 $\{\delta\}$ 发生了变化，结构总体刚度矩阵 $[K]$ 一般要在每次迭代后根据计算结果重新形成，以跟踪结构的平衡位置和实际的受力状态，故此计算过程一般由计算机完成。

各刚度矩阵的具体内容和非线性方程组的具体迭代算法可参考其他书籍。

引起斜拉桥材料非线性的主要是混凝土的收缩徐变效应。

斜拉桥按有限位移理论计算时，恒载与附加荷载的非线性计算，以计算荷载作用前的状态为初态，汽车荷载的非线性计算以成桥状态为初态，用影响区加载法计算。

第二节 斜拉桥的施工模拟计算

斜拉桥与其他超静定桥梁一样，它的最终恒载受力状态与施工过程密切相关，因此结构分析必须准确模拟和修正施工过程。

图 5-3-5 是一座斜拉桥的结构分析离散图。

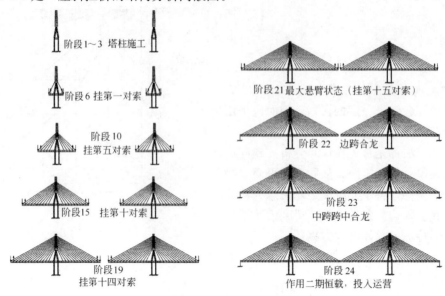

图 5-3-5 斜拉桥结构分析离散图

一、合理施工状态

在施工阶段，随着斜拉桥结构体系和荷载状态的不断变化，结构内力和线形亦随之不断发生变化。斜拉桥的设计计算不仅要进行成桥状态的理论计算，而且必须模拟现场施工过程以对斜拉桥的每一施工阶段进行详尽的分析和验算（即正装计算或称前进分析），求得斜拉桥各施工阶段的拉索索力、主梁挠度、塔柱位移和截面内力与应力等施工控制参数理论值，对施工的顺序作出明确的规定，并在施工过程中加以有效地管理和控制。

因此，不可避免地要遇到由成桥状态反求各施工状态的控制数据问题。即在合理成桥状态确定以后，应根据施工工艺流程确定各施工状态的理论控制数据（譬如悬臂现浇施工时挂篮的立模高程或悬拼施工时的梁段安装定位高程以及斜拉索的安装索力等等）。

斜拉索索力的重复可调性，使得用多种施工方案实现成桥合理状态成为可能。但是在施工过程中通过反复调整索力来控制结构的内力和位移，无疑会使施工工期延长，施工工艺复杂。评价施工方案的合理与否，主要从方便施工和结构安全性方面考虑。设想一种理想施工过程，各施工阶段只需一次性张拉本阶段的斜拉索力，或者在适当状态下再对少量的索力作调整，就能实现合理成桥状态，且施工过程中不出现超应力现象，则相应的施工状态就是合理的。

总之，一个既方便施工，又安全可靠且能使成桥后的结构线形和内力满足合理成桥状态要求的施工状态，就是合理施工状态。确定合理施工状态，必须配合施工方案进行。

二、确定合理施工状态的计算方法

确定斜拉桥合理施工状态目前有多种方法：倒拆法、正装—倒拆迭代法、无应力状态施工法、影响矩阵法和正装迭代法等。

1. 倒拆法

倒拆法的基本思想是：假定计算确定的成桥状态的内力满足成桥合理内力，线形满足设计轴线。以此为初始状态，按照施工步骤的逆过程，一步一步对结构进行倒拆，分析每次卸除一个施工阶段对剩余结构的影响，从而算得各施工阶段的合理状态，确定各施工状态的控制参数（高程和索力以及控制截面应力）。例如，用倒拆法计算各索的初始张拉力和梁的安装预拱度，其过程为：

①每拆一对索及相应主梁节段，在拆去单元后的节点处加上大小相同、方向相反的节点力。

②按拆去单元后的结构状态及所加节点力，进行结构分析，得节点力引起的各索索力及变形。

③拆单元前的各索索力加上节点力引起的索力，得尚未拆除索的索力。

④下一阶段待拆拉索的张拉力即为由③所得的索力。

理论上，结构据此按正装顺序施工完毕时，斜拉桥的恒载内力和线形便可达到预定的理想状态。但实际上，由倒拆法确定合理施工状态，一般会遇到结构状态不闭合的麻烦。即按倒拆结果重新进行正装计算，其结果将偏离成桥合理设计状态。

引起结构状态内力不闭合的原因主要有如下几点：

①正装、倒拆计算状态的不闭合。

②结构预应力、徐变、收缩引起结构倒拆分析内力与实际施工内力的不闭合。

③斜索垂度效应和结构大位移效应等几何非线性引起的不闭合。

采用倒拆法进行理论计算，斜拉桥架设各阶段的控制参数和主梁的架设线形必须待倒拆计算全部完成后方可获得，施工中若遇施工方案有较大的改变或施工荷载有较大的变化，则需重新进行计算。

2. 正装—倒拆迭代法

正装—倒拆迭代法是在每一轮迭代中，先进行倒拆计算，然后根据倒拆结果进行正装计算。主要内容有：

合理处理索垂度引起的非线性效应，采用表观模量法计入垂度效应。第一轮计算时斜拉索单元的弹性模量采用钢丝的弹性模量（即不计索垂度引起的非线性效应），以后各轮迭代的倒拆计算中利用上一轮正装计算相应阶段的索力来计算索的等效刚度。

混凝土徐变与结构形成过程中构件应力历史有关，除了老化理论，一般情况下，倒拆分析在理论上无法计算徐变。但在正装、倒拆迭代计算中，第一轮分析可不计徐变收缩，然后以第一轮正装计算记录的历史应力作为第二轮倒拆分析时徐变收缩计算的依据，逐阶段计入它们的影响，如此反复直至收敛。

3. 无应力状态控制法

无应力状态控制法的基本思想是：在线性状态下对一座已建斜拉桥进行解体，只要各单元长度与曲率不变，则无论按什么程序恢复，还原后的结构内力和线形将与原结构一致。应用这一原理建立斜拉桥施工阶段与成桥状态之间的联系。

实际结构是非线性的（包括材料、几何方面），实施起来要作迭代，按如下步骤进行：

（1）计算成桥状态各斜拉索无应力状态的长度 S_0 和主梁无应力状态下的预拱度 y_0。由成桥状态的桥面线形 y 扣除自重、斜索拉力、预应力束张力及混凝土收缩徐变等产生的变位即可求得 y_0。第一轮计算时暂不包括混凝土收缩徐变的影响。

（2）以 S_0 作为安装过程的控制量进行正装计算。依据结构的受力需要，斜拉索可进行一次或多次张拉，唯最后一次张拉到位时，将索由当前的长度，通过张拉调整到预定的无应力长度 S_0。主梁各节点初始高程按预拱度 y_0 设置。

（3）为保证合龙时弹性曲线连续，合龙前需要调索。

由于施工过程中混凝土的收缩徐变和结构非线性影响，由上述安装计算得到的成桥状态与预定的成桥状态有差异，主要是主梁线形发生了变化。根据成桥状态的索力和线形，重新调整主梁预拱度和无应力索长，投入下一轮迭代。

4. 正装迭代法

正装迭代法的基本思路为（图 5-3-6）：先假定一组张拉索力，按正装计算得到一个成桥状态，将该成桥状态与事先定好的合理成桥状态比较，按最小二乘法原理使两个成桥状态相差最小，以此来修正张拉索力，再进行新的一轮正装计算，直至收敛为止。该方法只需作正装计算，且将不闭合原因造成的影响通过最小二乘法原理减小到最低限度。

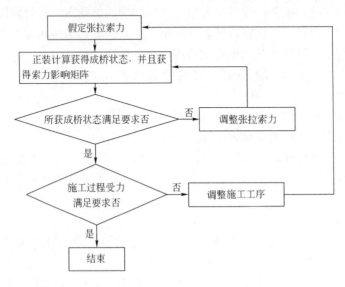

图 5-3-6 正装迭代法框图

（1）基本方法

设需张拉的拉索总次数为 n，需要控制的参数个数为 m，首先选定一组张拉索力 $\{T\}_{n\times 1}$，一般可将成桥恒载索力作为 $\{T_1\}$，按施工顺序正装计算至成桥，得到成桥状态的控制参数值 $\{F\}_{m\times 1}$，控制参数包括成桥状态下的索力、主梁和塔的弯矩、桥墩反力等。正装计算过程中，在每根索张拉时，可获得该索（设为 j 号索）张拉单位力时控制参数的增量 a_{ij}（索力影响系数）。如果按某种方法确定的合理成桥状态的控制参数目标值为 $\{F_0\}_{m\times 1}$，则控制参数的目标值与当前状态的差值为：

$$\{b\} = \{F_0\} - \{F\} \tag{5-3-10}$$

张拉索力的调整量假定为 $\{x\}$，则：

$$[a]\{x\} = \{b\} \tag{5-3-11}$$

通常控制参数个数多于需张拉的斜拉索次数，式（5-3-11）则变成矛盾方程组，可用最小二乘法进行求解。原理为求 x，使其满足：

$$Q(x) = \| [a]\{x\} - \{b\} \|^2 = \min \tag{5-3-12}$$

根据极值原理可得：

$$[a]^T[a] \cdot \{x\} = [a]^T\{b\} \tag{5-3-13}$$

如果在式（5-3-13）两边同乘一个加权矩阵 $[\rho]$，则式（5-3-13）成为：

$$[a]^T[\rho]^2[a]\{x\} = [a]^T[\rho]^2\{b\} \tag{5-3-14}$$

式（5-3-13）和式（5-3-14）均是 n 个方程，n 个未知量的线性方程组，可以证明，当 $[a]$ 满秩（即列无关）时，它们均有唯一解。

由方程组（5-3-13）或（5-3-14）解出 $\{x\}$ 后，则新的张拉索力为：

$$\{T_2\} = \{T_1\} + \{x\} \tag{5-3-15}$$

按 $\{T_2\}$ 再进行正装计算，得到新的成桥状态控制参数 $\{F\}$ 以及差值 $\{b\}$，同时也获得了新的索力影响系数 a_{ij}，由式（5-3-13）或式（5-3-14）可求出新的张拉索力调整量 $\{x\}$，则下一轮张拉索力为：

$$\{T_3\} = \{T_2\} + \{x\} \tag{5-3-16}$$

重复以上过程，直到收敛为止。

收敛准则 I：

$$\sum_{i=1}^{n} \frac{|x_i|}{nT_i} < \varepsilon_1，并且 \max \frac{|x_i|}{T_i} < \varepsilon_2 \tag{5-3-17}$$

通常可取 $\varepsilon_1 = 0.005 \sim 0.02$，$\varepsilon_2 = 0.01 \sim 0.05$，根据精度要求来确定。

收敛准则 II：

首先根据成桥状态要求给定控制参数目标值 $\{F_0\}$ 的允许变化范围，设上限为 $\{F_u\}$、下限为 $\{F_d\}$，则判断迭代是否收敛的条件为：

$$\{F_d\} \leqslant \{F\} \leqslant \{F_u\} \tag{5-3-18}$$

正装迭代法不需作倒拆计算，整个过程均采用正算的方法，因此不需生成一套与正装计算数据不同的倒拆计算数据文件，大大减少了数据输入的工作量。并且，在正装迭代的过程中，可以同时计入混凝土收缩、徐变和结构几何非线性的影响，从而有效地消除了计算过程中的不闭合问题。

（2）应用中值得注意的问题

在上述的基本方法中，成桥状态控制参数的个数 m、待求张拉索力数 n 及迭代索力初值 $\{T_1\}$ 的选取是否应满足或满足哪些原则，下面分别讨论。显然，成桥状态控制参数的个数 m 必须等于或多于能唯一确定成桥受力状态的参数个数，否则，成桥状态都不能完全确定。待求张拉索力数 n 应等于或大于成桥状态结构的超静定次数，否则正装迭代法的结果将导致主梁弯矩很不合理。通常，为施工方便，一般的斜拉索采用一次张拉法，为了改善边墩和主梁的受力，尾索和次尾索在合龙后要再次调索，即尾索和次尾索采用二次张拉法，从而使得待求张拉索力数 n 应等于或大于成桥状态结构的超静定次数。迭代索力初值 $\{T_1\}$ 的选取较为宽松，取不同的初值，大多能迅速收敛于同一结果。通常，取其为合理成桥状态的恒载索力或者该值的一半。

在上述的正装迭代法中，控制参数仅仅取自成桥状态，如果增加少量的取自施工阶段受力状态的控制参数，则更为科学与合理，能加速综合确定施工工序、斜拉索施工各次张拉力和预拱度。

三、前支点挂篮索力范围的确定方法

某根斜拉索的多步张拉,通常存在于该索作为挂篮前支点的梁段混凝土浇筑施工过程中。在多步张拉中,除了该次最后一步的张拉力按本节的上述方法确定外,其余各步的张拉力要根据梁段混凝土浇筑过程中挂篮的受力、主梁的受力共同确定。前支点挂篮又称牵索式挂篮,其索力范围的确定方法如下。

牵索式挂篮一般由承重系统、模板系统、牵索系统、锚固系统、高程调节系统、行走系统等部分组成。挂篮关键部位的受力限值是前支点斜拉索张拉次数和每次张拉索力范围确定的控制条件。这些部位的受力限值一般可通过试验或局部分析确定。在此基础上,即可确定前支点斜拉索张拉次数和每次张拉的索力范围。

用牵索式挂篮进行主梁混凝土浇筑施工,一个梁段施工的主要程序为:

空挂篮就位→前支点拉索第一次张拉→绑扎钢筋、混凝土浇筑及浇筑过程中前支点拉索的张拉→浇完全部混凝土→待强、张拉预应力→前支点斜拉索转移到梁上,并张拉到初张力。

其中,前支点拉索的张拉次数要根据挂篮承载能力和一个梁段重量通过综合分析确定。

为了方便施工,并使挂篮设计得轻巧,混凝土浇筑过程中前支点拉索的张拉次数一般为 1~2 次。在一个梁段施工过程中,挂篮的受力状态在不断变化,根据挂篮上已浇混凝土重量的不同,可以将挂篮状态区分为几种典型状态,如空挂篮、浇筑 1/2 梁段重量(或者浇筑 1/3 梁段重量、浇筑 2/3 梁段重量)、浇筑梁段全部混凝土等状态。根据挂篮受力关键部位的受力限值即可确定每种典型状态的前支点拉索的索力范围,再根据相邻典型状态前支点的索力范围和相邻典型状态由于浇筑混凝土数量增加引起的索力增量即可确定该相邻典型状态之间的那次前支点拉索张拉力的大小。

1. 典型状态前支点拉索的索力范围

如图 5-3-7、图 5-3-8 所示为一挂篮构造示意图与受力简图。

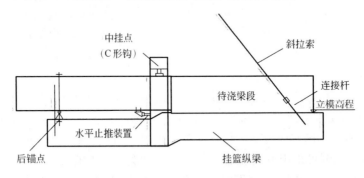

图 5-3-7 挂篮构造示意图

图 5-3-8 中:W 为某种典型状态浇筑的梁段重量(包括主梁重量和横隔梁重);G 为挂篮自重;T 为前支点斜拉索索力;L_i($i=R$, G, W, T)为如图所示各作用力距中挂点 B 的水平距离;h 为水平止推力 H 距中挂点 B 的竖直距离。水平止推力 $H=T\cos\alpha$。以挂篮的挂点 B、A 两处关键部位的最大拉力 $R_{2\max}^{(拉)}$ 和 $R_{1\max}^{(拉)}$、最大反顶力 $R_{2\max}^{(顶)}$ 和 $R_{1\max}^{(顶)}$ 作为控制条件($R_{2\max}^{(拉)}$、$R_{1\max}^{(拉)}$、$R_{2\max}^{(顶)}$ 和 $R_{1\max}^{(顶)}$ 的方向以图中所示为正,即 $R_{1\max}^{(拉)}$ 与 $R_{1\max}^{(顶)}$ 以向下为正,$R_{2\max}^{(拉)}$ 与 $R_{2\max}^{(顶)}$ 以向上为正),有如下控制方程:

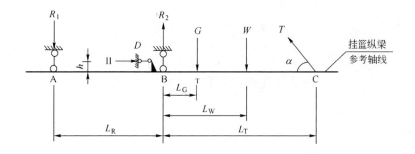

图 5-3-8　牵索式挂篮受力简图

（1）以中挂点 B 最大拉力作为控制条件，斜拉索最小索力为：

$$T^{(i)}_{\min-B} = \frac{W(L_R+L_W)+G(L_R+L_G)-R^{(拉)}_{2\max}L_R}{(L_R+L_T)\sin\alpha - h\cos\alpha} \quad (i=1,2,\cdots,n) \quad (5\text{-}3\text{-}19)$$

式中：n——典型状态数；

W——第 i 种典型状态下挂篮承担的已浇梁重（包括主梁重和横隔梁重）。

（2）以中挂点 B 最大反顶力作为控制条件，斜拉索最大索力为：

$$T^{(i)}_{\max-B} = \frac{W(L_R+L_W)+G(L_R+L_G)-R^{(顶)}_{2\max}L_R}{(L_R+L_T)\sin\alpha - h\cos\alpha} \quad (i=1,2,\cdots,n) \quad (5\text{-}3\text{-}20)$$

（3）以后锚点 A 最大拉力作为控制条件，斜拉索最大索力为：

$$T^{(i)}_{\max-A} = \frac{WL_W+GL_G-R^{(拉)}_{1\max}L_R}{L_T\sin\alpha - h\cos\alpha} \quad (i=1,2,\cdots,n) \quad (5\text{-}3\text{-}21)$$

（4）以后锚点 A 最大反顶力作为控制条件，斜拉索最小索力为：

$$T^{(i)}_{\min-A} = \frac{WL_W+GL_G-R^{(顶)}_{1\max}L_R}{L_T\sin\alpha - h\cos\alpha} \quad (i=1,2,\cdots,n) \quad (5\text{-}3\text{-}22)$$

利用式（5-3-19）～式（5-3-22），可求出空挂篮状态、主梁节段混凝土各次浇筑状态下的索力范围：

$$T^{(i)}_{\min} = \max[T^{(i)}_{\min-A}, T^{(i)}_{\min-B}] \quad (i=1,2,\cdots,n) \quad (5\text{-}3\text{-}23)$$

$$T^{(i)}_{\max} = \min[T^{(i)}_{\max-A}, T^{(i)}_{\max-B}] \quad (i=1,2,\cdots,n) \quad (5\text{-}3\text{-}24)$$

2．前支点拉索的各次张拉力的范围

由于采用牵索式挂篮进行主梁浇筑时，随着主梁混凝土的浇筑，前支点斜拉索索力会发生改变，在确定斜拉索各次张拉范围时，要考虑此过程，设各次浇筑前支点斜拉索力增大为 $H^{(i)}$，则斜拉索索力范围可采用下式确定：

$$V^{(i)}_{\min} = \max[T^{(i)}_{\min}, (T^{(i+1)}_{\min}-H^{(i)})] \quad (i=1,2,\cdots,n-1) \quad (5\text{-}3\text{-}25)$$

$$V^{(i)}_{\max} = \min[T^{(i)}_{\max}, (T^{(i+1)}_{\max}-H^{(i)})] \quad (i=1,2,\cdots,n-1) \quad (5\text{-}3\text{-}26)$$

在具体的斜拉桥计算过程中，可先采用不考虑斜拉索垂度引起非线性效应的前进分析，计算出主梁节段各次浇筑时斜拉索力增大量，利用式（5-3-25）、式（5-3-26）计算出斜拉索各次张拉范围，取范围内最大、最小值的平均值作为斜拉索的各次张拉力，进行斜拉桥前进分析，此时可考虑斜拉索垂度引起的非线性、梁柱效应、大位移效应、预加力作用、混凝土收缩徐变等影响，得出主梁混凝土各次浇筑后前支点斜拉索索力增量 $H^{(i)}$，根据式（5-3-19）～式（5-3-26）可确定斜拉索各次张拉力范围。

第三节　拉索初张力和主梁预拱度计算

一、施工张拉力及预拱度确定过程

在力学性能方面，当在恒载作用时，斜拉索的作用并不仅仅是弹性支承，更重要的是它能通过千斤顶主动地施加平衡外荷载的初张力，正是因为斜拉索的索力是可以调整的，斜拉索才可以改变主梁的受力条件。汽车荷载作用下，斜拉索对主梁提供了弹性支承，使主梁相当于弹性支承的连续梁。由此可见，对斜拉桥而言，斜拉索的初张力分析是非常重要的。

斜拉桥成桥内力的优化完成后，斜拉桥的设计和施工都应以优化结果为目标来进行操作。目前，斜拉索施工较多采用一次张拉法。这一方法是在满足施工强度要求前提下，对新拼梁段设置事先确定的预拱度。对新安装的斜拉索按事先确定的初始张拉力进行张拉，成桥时索力和线形就能自动满足设计要求。问题的关键是在拟定施工程序后如何确定斜拉索的各次张拉力和梁段的预拱度。事实上，确定合理施工程序与斜拉索各次张拉力和预拱度要综合起来考虑，其确定过程见图 5-3-9。

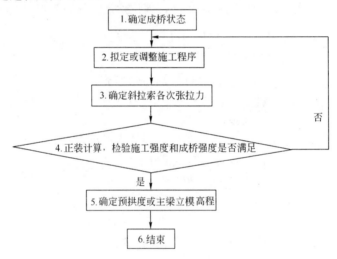

图 5-3-9　施工张拉力及预拱度确定过程

在图 5-3-9 中，步骤 1 已在第二章第三节中介绍，步骤 4 中的正装计算即是按步骤 2 和步骤 3 确定的施工过程及载荷施加过程进行前进分析（方法见第二章），步骤 4 中的强度检验可按结构设计原理的有关方法进行。

步骤 2 即拟定或调整施工程序，不仅要综合考虑施工设备调配、各部分实际或预计的施工进度、受力的合理性，而且要考虑施工简便。斜拉索张拉尽量采用一次张拉法，为了改善主梁和边墩受力，尾索或者尾索附近几对斜拉索在合龙后应进行调索，即第二次张拉。下面说明斜拉索张拉中"次"和"步"的有关概念。

斜拉桥主梁施工按斜拉索张拉次数的不同可分为一次张拉法和多次张拉法，一次张拉法又分为一次一步张拉法和一次多步张拉法，多次张拉法分为多次一步张拉法和多次多步张拉法。所谓"m 次 n 步张拉法"中的"m 次"是指"某根斜拉索在非本根斜拉索所在断面的斜拉索用千斤顶张拉之前的所有张拉次数"，"一步"是指"一次"中该根斜拉索张拉的一次，以后称为一步。例如主梁前支点挂篮悬浇施工的"一次三步"张拉的标准施工过程如下：①挂篮前移并立模定位；②挂当前梁段斜拉索与挂篮前端相连，并进行第一步张拉；③安装钢筋，并浇筑部分混凝土；④当前梁段斜拉索进行第二步张拉；⑤浇完梁段混凝土；⑥混凝土待强后张拉梁内预应力；⑦降挂篮，当前梁段斜拉索进行第三步张拉。通常，在前支点挂篮悬浇混凝土过程中，为了改善已浇梁段和挂篮本身在这个过程中的受力，当前梁段斜拉索张拉要分三步或四步进行（属于一次），即采用三步张拉法或四步张拉法。显然，在一次张拉中，不管分多少步，斜拉索锚下的千斤顶是无需吊运的，在不同的张拉次数中，则需搬运千斤顶或增加其数量，故在拟定施工程序时，要尽量减少每根斜拉索张拉次数（而不是步数）。后支点挂篮悬浇施工则一般采用一步张拉法，即：①挂篮前移并立模定位；②安装钢筋，并浇筑混凝土；③混凝土待强后张拉梁内预应力；④挂对应梁段的斜拉索，并进行张拉。斜拉索的张拉力分某次张拉力和某次某步张拉力，所谓斜拉索某次张拉力是指该斜拉索该次最后一步的张拉力。

步骤3在成桥状态目标和施工程序拟定以后，即可确定斜拉索施工各次张拉力。目前，确定斜拉索各次张拉力的方法主要有：倒拆法、正装、倒拆迭代法、正装迭代法。这些方法将在本章的第二节中介绍。斜拉索某次最后一步之前的各步张拉力可以单独另行（如根据挂篮的受力要求）确定，也可以在正装计算中作为工况计入。

二、悬臂施工主梁的高程确定

1. 节段悬臂现浇混凝土主梁的立模高程确定

主梁节段采用挂篮进行悬臂现浇，节段前端的位置可通过挂篮立模高程的调整来保证。节段之间的连接可采用折线法的思路，即节段与节段之间允许有折角。

（1）不计入大变位影响的情况

由于在正装计算过程中，节点坐标不随位移而变，并且通常取成桥设计高程作为主梁各节点的竖坐标，因此，主梁立模高程可以在张拉索力确定之后来计算。

$$\{H_1\} = \{H\} - \{f\} \tag{5-3-27}$$

式中：$\{H_1\}$——各悬浇节段主梁前端的立模高程；

$\{f\}$——悬浇节段主梁前端从立模开始至通车时或成桥后3~5年的累计挠度（向上为正），包括挂篮从该节段主梁立模开始到该节段主梁混凝土受力过程中的竖向位移量（向上为正），f 也称为预拱度，当张拉索力确定以后，迭代计算中根据最后一次正装计算可得到主梁各梁段控制点的累计挠度；

$\{H\}$——主梁各梁段控制点在通车时或成桥后3~5年主梁该点的目标高程，即设计高程。

在累计 $\{f\}$ 时，要注意对于控制点的累计挠度 $\{f_i\}$，应从挂篮前移至该梁段之后才开始累计，而不应将挂篮前移至该梁段所引起的位移增量计入。对于采用前支点挂篮（或称牵索挂篮）的情况，则应将挂篮结构参与受力计算才能获得较准确的立模高程。

（2）计入大变位影响的情况

通常采用拖动坐标法来计入大变位的影响，因此，节点坐标随位移而变，主梁节点的初始竖坐标采用立模高程，故正装计算中就要用到立模高程。在这种情况下，第一次正装计算可采用成桥设计高程。在每次正装计算后，按式（5-3-27）计算立模高程，作为下一次正装计算用。

2. 节段悬臂拼装主梁的制作线形和拼装定位高程确定

对于预制拼装的混凝土主梁或者钢与混凝土的组合梁以及钢梁，主梁节段均在无应力状态下在制作台上按一定的线形预制，节段之间的接头也是按制作线形进行设计的，如果主梁在无应力状态下处于这样的制作线形，则按这样的线形分段制作的节段在悬臂拼装成桥后将达到成桥设计线形，主梁上各控制点将达到成桥设计高程 $\{H\}$。因而，对于预制拼装的主梁施工，存在一个主梁的制作线形和拼装立模高程确定的问题。

正装计算时，可以在安装 0 号梁段时就把后面尚待安装的所有梁段除合龙段外全部一次安装上去，不过只是安装那些梁段的无重单元。在所有梁段均不受力时，其位置应该为制作线形位置。在正装计算中，i 号梁段的安装施工对后面梁段高程的影响将自动计入。

设主梁制作线形的位置为 H_2，按以上方式正装计算的主梁累计挠度为 f，成桥设计高程为 H，则：

$$H = H_2 + f \tag{5-3-28}$$

主梁制作线形位置则为：

$$H_2 = H - f \tag{5-3-29}$$

设 i 梁段安装（加构件自重）后该梁段累计位移为 f_i（以向上为正），则该梁段的拼装定位高程 H_i 为：

$$H_i = H_2 + f_i = H - f + f_i \tag{5-3-30}$$

由于首先制作线形未知，因此，在首次正装计算时，主梁的无应力状态高程未知，可先按成桥设计高程取节点 y 坐标，对于计入大变位影响的情况，则在第二次正装计算时，将第一次计算所得的制作线形位置作为主梁无应力状态高程，采用拖动坐标法计算。以后每次正装迭代计算均取用新的制作线形。

如果安装 0 号梁段时不把除合龙段以外的梁段全部安装的话，为了获取 f_i，可根据 i 号梁段安装并加自重以后 $i-1$ 梁段前端节点的累计位移和转角推算 f_i。

三、悬臂施工时拉索初张力与主梁初始高程实用计算

斜拉桥采用悬臂法施工时，随着梁体的伸长，拉索的数量逐渐增加，后期梁体悬挂和拉索张拉必然对前期各拉索的索力、梁体高程和应力产生影响。因而在确定了合理成桥状态的索力 $\{T\}$ [式 (5-2-44)] 及成桥状态梁体高程之后，必须以此为目标确定相应的施工阶段各索的初张力（T_p）和梁段初始安装高程。

1. 拉索初张力 $\{T_P\}$ 的计算

对于一次张拉的情形，索力的相互影响可用下式表示：

第 1 对索力：$T_1 = b_{11} \cdot T_{1P} + b_{12} \cdot T_{2P} + \cdots + b_{1n} \cdot T_{nP} + T_{1Q}$

第 2 对索力：$T_2 = \phantom{b_{11} \cdot T_{1P} +} b_{22} \cdot T_{2P} + \cdots + b_{2n} \cdot T_{nP} + T_{2Q}$

$\vdots \cdots \vdots \vdots$

第 n 对索力：$T_n = \phantom{b_{11} \cdot T_{1P} + b_{12} \cdot T_{2P} +} \cdots b_{nn} \cdot T_{nP} + T_{nQ}$

写成矩阵形式：

$$\{T\} = \{B\} \cdot \{T_P\} + \{T_Q\} \tag{5-3-31}$$

索力初张力为：

$$\{T_P\} = [B]^{-1} \cdot (\{T\} - \{T_Q\}) \tag{5-3-32}$$

式中：$\{T\}$——拉索的最终索力；

$\{T_P\}$——施工阶段拉索的初张力；

$\{T_Q\}$——体系转换、二期恒载、徐变等引起的索力变化量；

b_{ij}——j 号索的单位张拉索力引起第 i 号索的索力变化量，计算中不仅要考虑新增梁段的影响，还需考虑各种施工设备等临时荷载的影响。

拉索的索力发生变化后，修正弹性模量也发生了变化，在施工模拟计算中，这一因素必须加以考虑。

2. 施工中各梁段高程的确定

梁体各控制点高程在施工过程中的变化情况可用下式表示：

第 1 号梁段高程：$H_1 = H_{10} + \delta_{11} + \delta_{12} + \cdots + \delta_{1n} + \delta_{1Q}$

第 2 号梁段高程：$H_2 = H_{20} + \quad\quad + \delta_{22} + \cdots + \delta_{2n} + \delta_{2Q}$

$\vdots \quad\quad\quad \vdots \quad\quad \vdots \quad\quad \cdots \quad\quad \vdots \quad\quad \vdots$

第 n 号梁段高程：$H_n = H_{n0} + \quad\quad\quad\quad \cdots \quad\quad + \delta_{nn} + \delta_{nQ}$

写成矩阵形式：

$$\{H\} = \{H_0\} + \{\delta\} + \{\delta_Q\} \tag{5-3-33}$$

施工中梁体的初始高程为：

$$\{H_0\} = \{H\} - \{\delta\} - \{\delta_Q\} \tag{5-3-34}$$

式中：$\{H\}$——成桥后主梁各控制点的设计高程；

$\{H_0\}$——施工中主梁各控制点的安装初始高程；

$\{\delta_Q\}$——体系转换、二期恒载、预应力、收缩、徐变等引起的高程变化量；

δ_{ij}——j 段梁安装或浇筑、预应力筋张拉及拉索张拉后引起 i 点高程的变化值，当 $i=j$ 时，尚需考虑悬浇过程中挂篮负重变形的影响。

在确定了各索的初张力和梁体各控制点的初始高程之后，须作施工模拟计算，以确保施工过程中梁和塔的应力不超限，并确认成桥后恒载弯矩在可行域内。

第四节　次内力计算

超静定结构因各种强迫变形而在多余约束处产生的附加内力，统称次内力或二次内力。引起次内力的外部因素一般为预应力、墩台基础沉降、温度变化等，内部因素一般指混凝土的徐变与收缩特性。

一、预应力效应

在分析预应力混凝土桥梁结构时，必须考虑预加应力的效应，较常用的方法是等效荷载法，即把预加力当作等效的外荷载施加于混凝土结构上，然后计算由此而引起的内力和位移。该方法概念清晰、简便易行。

预应力的等效荷载具有一般荷载的特性，但它还有一个重要特征，即它是一自相平衡的力系。从结构中截出任何一段含预应力筋的杆件，其上作用的预应力荷载都是自相平衡的。

预应力引起的结构内力由三部分组成，第一部分是直接施加在构件截面上的预加力，称为初内力。例如一水平预应力筋施加在构件截面上的压力为 N_p，该压力至截面形心轴的偏心距为 e，则该截面的预应力初内力为 $M=N_p e$，$N=N_p$；第二部分是在超静定结构上张拉的预应力筋所引起的内力重分布，称为次内力；第三部分是由于施工过程中发生了体系转换，例如悬臂施工法时结构由静定的 T 构转换为连续刚构或连续梁。这样由于混凝土的徐变作用，体系转换前（如合龙前）作用在结构上的预应力荷载会在体系转换后的结构上引起内力重分布，也称为次内力。当采用有限元法逐阶段依次计算并自动累加内力和位移时，这三部分内力会被自动算出，不必专门分别考虑。

二、温度效应

1. 温度梯度

温度梯度是指桥梁结构当受到日照温度影响后，温度沿梁截面高度变化的形式。各国桥梁规范对梁式结构沿梁高方向的温度梯度大体上有图 5-3-10a)～d) 所示的几种，这些都属于日照温差（或局部温差）的表现形式。此外，图 5-3-10e) 所示的是反映气温随季度发生周期性变化时，在构件截面上假定为平均变化的年温差表现形式。这个形式在各国都是一致的，而只有取值上的差异。

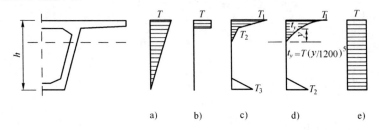

图 5-3-10 各种温度梯度的形式

计算桥梁结构由于梯度温度引起的效应时，可采用图5-3-11所示的竖向温度梯度曲线，其桥面板表面的最高温度 T_1 规定见表 5-3-1，对混凝土结构，当梁高 H 小于 400mm 时，$A=H-100$（mm）；梁高 H 大于或等于 400mm 时，$A=300$mm，图 5-3-11 中的 t 为混凝土桥面板的厚度（mm）。混凝土上部结构和带混凝土桥面板的钢结构的竖向日照反温差为正温差乘以 −0.5。

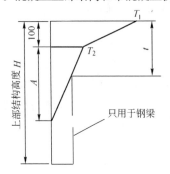

图 5-3-11 公路桥规的梯度温度（尺寸单位：mm）

竖向日照正温差计算的温度基数　　表 5-3-1

结 构 类 型	T_1（℃）	T_2（℃）
混凝土铺装	25	6.7
50mm 沥青混凝土铺装层	20	6.7
100mm 沥青混凝土铺装层	14	5.5

2. 温度次内力

结构因受到自然环境温度的影响（升温或降温）将产生伸缩或弯曲变形，当这个变形受到多余约束时，便会在结构内产生附加内力，工程上称此附加内力为温度次内力。

斜拉桥是高次超静定结构，必须计算温度引起的次内力，温度效应可归结为以下两种情况：

（1）年温差

此时主梁及索塔的整体温度变化量均匀且相等，而拉索的温变幅度更大，这是因为拉索尺寸小且钢材导热性能较混凝土大的缘故，计算以合龙温度为起点，考虑年最高气温和最低气温两种不利情况的影响。

（2）日照温差

在日照作用下，斜拉桥主梁的上、下缘，索塔的左、右侧及拉索的温度变化量均是不同的，一般情况下，索塔左右侧的日照温差均取±5℃，其间温度梯度按线性分布。拉索与主梁、索塔间的温差取±10～±15℃。

箱形梁的每一个单位长节段相当于一个超静定的闭合框架结构，在日照条件下箱梁受太阳照射的顶板表面温度高于箱梁内侧表面温度，导致顶板上下表面的伸长量不一致，同时这个变形又受到两侧腹板和底板的约束，这样便使箱梁四壁产生横向弯矩及轴力，即横桥向次内力。

桥梁结构考虑温度作用时，应根据当地具体情况、结构物使用的材料和施工条件等因素计算由温度作用引起的结构效应。各种线膨胀系数规定见表5-3-2。

线 膨 胀 系 数　　　　　　　　　　　　　　　　表5-3-2

结 构 种 类	线膨胀系数（以℃计）	结 构 种 类	线膨胀系数（以℃计）
钢结构	0.000012	混凝土预制块砌体	0.000009
混凝土和钢筋混凝土及预应力混凝土结构	0.000010	石砌块	0.000008

计算桥梁结构因均匀温度作用引起外加变形或约束变形时，应从受到约束时的结构温度开始，考虑最高和最低有效温度的作用效应。如缺乏实际调查资料，公路混凝土结构和钢结构的最高和最低有效温度标准值可按表5-3-3取用。

公路桥梁结构的有效温度标准值（℃）　　　　　　　　　　　　　表5-3-3

气温分区	钢桥面板钢桥		混凝土桥面板钢桥		混凝土、石桥	
	最高	最低	最高	最低	最高	最低
严寒地区	46	−43	39	−32	34	−23
寒冷地区	46	−21	39	−15	34	−10
温热地区	46	−9（−3）	39	−6（−1）	34	−3（0）

全国气温分区参见现行《通用规范》附录B。表中括弧内数值适用于昆明、南宁、广州、福州地区。

温度变化引起的截面应变由式（5-3-35）给出：

$$\left.\begin{array}{l}\psi = \dfrac{\alpha}{I}\int_h T(y)b(y)(y-y_c)\mathrm{d}y \\ \varepsilon_0 = \dfrac{\alpha}{A}\int_h T(y)b(y)\mathrm{d}y - \psi \cdot y_c\end{array}\right\} \qquad (5-3-35)$$

式中：ε_0——$y=0$处的应变值；

ψ——单元梁段挠曲变形后的曲率；

α——材料的线膨胀系数；

h——梁高；

$b(y)$——y处的宽度；

A——杆件截面面积；

I——对形心轴的惯性矩；

$T(y)$——截面上的温度梯度。

用杆系有限元法求解上述温度变化引起的次内力时，先将单元的两端固定，参见图5-3-12，此时温度变化引起的单元等效节点荷载向量$\{\overline{F}^e\}$为：

将各单元的节点荷载向量通过坐标变换成为总体坐标下的节点荷载,并代入总体刚度方程中,即可求得结构因温度而产生的节点位移,继而求得各杆端的固结点位移产生的内力 $\bar{N}_i^e$、$\bar{Q}_i^e$、$\bar{M}_i^e$、$\bar{N}_j^e$、$\bar{Q}_j^e$、$\bar{M}_j^e$。

$$\{\bar{F}^e\} = \begin{Bmatrix} \bar{N}_i \\ \bar{Q}_i \\ \bar{M}_i \\ \bar{N}_j \\ \bar{Q}_j \\ \bar{M}_j \end{Bmatrix} = \begin{Bmatrix} -EA(\varepsilon_0 + \psi y_c) \\ 0 \\ -EI\psi \\ EA(\varepsilon_0 + \psi y_c) \\ 0 \\ EI\psi \end{Bmatrix} \quad (5\text{-}3\text{-}36)$$

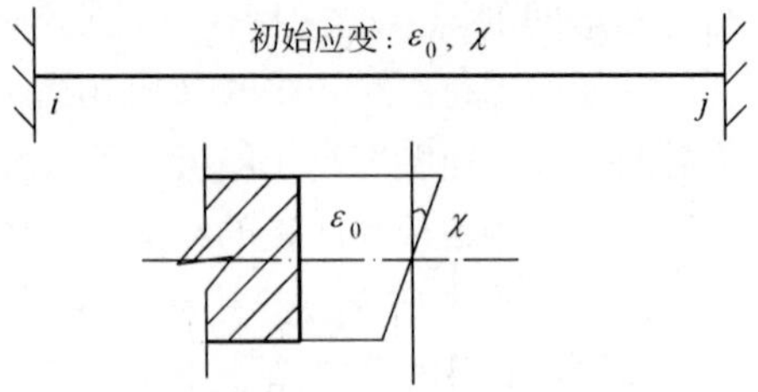

图 5-3-12 温度次内力计算图

将两端固定引起的温度杆端力与节点位移引起的杆端力叠加,得到杆端温度总内力:

$$\left. \begin{aligned} \bar{N}_{iT} &= EA(\varepsilon_0 + \psi y_c) + \bar{N}_i^e \\ \bar{Q}_{iT} &= \bar{Q}_i^e \\ \bar{M}_{iT} &= EI\psi + \bar{M}_i^e \\ \bar{N}_{jT} &= -EA(\varepsilon_0 + \psi y_c) + \bar{N}_j^e \\ \bar{Q}_{jT} &= \bar{Q}_j^e \\ \bar{M}_{jT} &= -EI\psi + \bar{M}_j^e \end{aligned} \right\} \quad (5\text{-}3\text{-}37)$$

计入温度自应力后,高度 y 处的截面纤维层的正应力为:

$$\sigma_T(y) = \frac{N_T}{A} + \frac{M_T}{I}y + E[\alpha T(y) + \varepsilon_0 - \psi y] \quad (5\text{-}3\text{-}38)$$

杆中任意点的 N_T、M_T 由两端内力值直线内插得到。

三、混凝土徐变次内力

徐变是混凝土应力不变的情况下,其应变随时间而增长的现象。徐变大小与混凝土的加载龄期、材料组成、结构所处周围环境、持荷时间等因素有关。

超静定结构在长期荷载作用下,因混凝土徐变产生的变形受到约束而引起次内力,造成结构内力重分布。在混凝土斜拉桥的梁、塔、索三个构件中,梁和塔会发生徐变,而拉索一般为钢构件,没有徐变问题。徐变的影响将造成主梁缩短和下挠,塔柱缩短和偏移,并造成拉索的倾角和内力发生变化。斜拉桥的塔柱和主梁一般是分次浇筑或拼装成形的,各段混凝土的持荷时间不同,徐变计算时应考虑这一因素。

1. 徐变系数

弹性变形 ε_e 与徐变变形 ε_c 的总和 ε 为:

$$\varepsilon = \varepsilon_e + \varepsilon_c = [1 + \phi(t, \tau_0)]\varepsilon_e = [1 + \phi(t, \tau_0)]\frac{\sigma}{E(\tau_0)} \quad (5\text{-}3\text{-}39)$$

其中 $\phi(t, \tau_0) = \frac{\varepsilon_c}{\varepsilon_e}$ 便是加载龄期 τ_0、观察时刻 t 的混凝土徐变系数。

混凝土的徐变系数可按下列公式计算:

$$\phi(t, \tau_0) = \phi_0 \cdot \beta_c(t - \tau_0) \quad (5\text{-}3\text{-}40a)$$

$$\phi_0 = \phi_{RH} \cdot \beta(f_{cm}) \cdot \beta(\tau_0) \quad (5\text{-}3\text{-}40b)$$

$$\phi_{RH} = 1 + \frac{1 - RH/RH_0}{0.46(h/h_0)^{\frac{1}{3}}} \tag{5-3-40c}$$

$$\beta(f_{cm}) = \frac{5.3}{(f_{cm}/f_{cm0})^{0.5}} \tag{5-3-40d}$$

$$\beta(\tau_0) = \frac{1}{0.1 + (\tau_0/t_1)^{0.2}} \tag{5-3-40e}$$

$$\beta_c(t - \tau_0) = \left[\frac{(t - \tau_0)/t_1}{\beta_H + (t - \tau_0)/t_1}\right]^{0.3} \tag{5-3-40f}$$

$$\beta_H = 150\left[1 + \left(1.2\frac{RH}{RH_0}\right)^{18}\right]\frac{h}{h_0} + 250 \leqslant 1500 \tag{5-3-40g}$$

式中: τ_0——加载时的混凝土龄期 (d);

t——计算考虑时刻的混凝土龄期 (d);

$\phi(t, \tau_0)$——加载龄期为 τ_0,计算考虑龄期为 t 时的混凝土徐变系数;

ϕ_0——名义徐变系数;

β_c——加载后徐变随时间发展的系数;

f_{cm}——强度等级 C20~C50 混凝土在 28d 龄期时的平均立方体抗压强度 (MPa);

$$f_{cm} = 0.8 f_{cu,k} + 8 (MPa)$$

$f_{cu,k}$——龄期为 28d,具有 95% 保证率的混凝土立方体抗压强度标准值 (MPa);

RH——环境年平均相对湿度 (%);

h——构件理论厚度 (mm), $h = 2A/u$, A 为构件截面面积, u 为构件与大气接触的周边长度;

$RH_0 = 100\%$;

$h_0 = 100$mm;

$t_1 = 1$d;

$f_{cm0} = 10$MPa。

在桥梁设计中需考虑徐变影响或计算阶段预应力损失时,混凝土的徐变系数值可按下列步骤计算:

①按公式 (5-3-40g) 计算 β_H,计算时公式中的年平均相对湿度 RH,当在 40%≤RH<70%时,取 RH=55%;当在 70%≤RH<99%时,取 RH=80%。

②根据计算徐变所考虑的龄期 t,加载龄期 τ_0 及已算得的 β_H,按式 (5-3-40f) 计算徐变发展系数 $\beta_c(t - \tau_0)$。

③根据 $\beta_c(t - \tau_0)$ 与名义徐变系数 ϕ_0 按式 (5-3-40a) 计算徐变系数 $\phi(t, \tau_0)$。

2. 徐变效应的位移法分析

采用徐变线性理论,在常应力作用下,应变和应力的关系如式 (5-3-39) 所示。连续变化的应变和应力的关系可表示成:

$$\varepsilon(t) = \frac{\sigma(\tau_0)}{E(\tau_0)}[1 + \phi(t, \tau_0)] + \int_{\tau_0}^{t} \frac{1}{E(\tau)} \frac{d\sigma(\tau)}{d\tau}[1 + \phi(t, \tau)]d\tau \tag{5-3-41}$$

作变换:

$$\sigma_s(t) = \sigma(t) - \sigma(\tau_0) \tag{5-3-42}$$

$$\varepsilon_s(t) = \varepsilon(t) - \frac{\sigma(\tau_0)}{E(\tau_0)} \tag{5-3-43}$$

式中：$\sigma_s(t)$、$\varepsilon_s(t)$ ——徐变应力和徐变应变。

假定混凝土弹性模量为常数，$E(\tau)$用常量E代替，则：

$$\varepsilon_s(t) = \frac{\sigma(\tau_0)}{E}\phi(t,\tau_0) + \frac{1}{E}\int_{\tau_0}^{t}\frac{d\sigma_s(\tau)}{d\tau}[1+\phi(t,\tau)]d\tau \tag{5-3-44}$$

按照有限元理论可得单元杆端力与杆端位移之间的关系：

$$\{F\} = \gamma(t,\tau_0)[K]\{\delta\} - \gamma(t,\tau_0)\phi(t,\tau_0)\{F_0\} \tag{5-3-45}$$

式中：$[K]$——杆件弹性模量为E时的单元刚度矩阵，即弹性刚度矩阵；

$[K_{\phi}]$——杆件徐变等效弹性模量为E_{ϕ}时的单元刚度矩阵，即徐变刚度矩阵；

$\{F\}$——单元杆端力；

$\{\delta\}$——单元杆端位移。

$$\gamma(t,\tau_0) = \frac{[K_{\phi}]}{[K]} = \frac{E_{\phi}}{E} = \frac{1}{1+\rho(t,\tau_0)\phi(t,\tau_0)} \tag{5-3-46}$$

式(5-3-45)表明由徐变引起的杆端力由两部分组成：第一部分为由徐变位移$\{\delta\}$产生的杆端力；第二部分为与初始弹性杆端力$\{F_0\}$引起的徐变相应的杆端力，这部分内力可在用位移法求得结构初始弹性位移$\{\delta_0\}$后根据式（5-3-47）计算。

$$\{F_0\} = [K]\{\delta_0\} \tag{5-3-47}$$

由于徐变分析是以结构初始内力为基础的，所经历的时间段除约束反力发生变化外并不增加新的外荷载，因此将各单元在单元坐标系内由徐变引起的杆端力列阵转换到结构坐标系内，进行叠加，便可得到结构的总体平衡方程，引入边界条件便可解得徐变引起的单元杆端位移$\{\delta\}$，进而得到徐变引起的单元杆端力$\{F\}$和徐变约束反力。因此，式(5-3-45)是徐变效应分析的位移法基本方程。

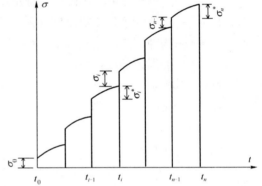

图 5-3-13 应力与时间的关系

分析各施工阶段的结构徐变效应时，采用增量法形式的徐变变形表达式比较方便。在实际结构中应力与时间的关系可用图 5-3-13 来近似表示。σ_i 表示 t_i 时刻的瞬时弹性应力增量，σ_i^* 表示 $t_{i-1}\to t_i$ 时段的徐变应力增量。

根据式（5-3-44）可写出在时刻 t_n 的徐变应变为：

$$^s\varepsilon_n = \sum_{i=0}^{n-1}\frac{\sigma_i}{E}\phi(t_n,t_i) + \sum_{i=1}^{n}\int_{t_{i-1}}^{t_i}\frac{1}{E}\frac{d\sigma^*}{d\tau}[1+\phi(t_n,\tau)]d\tau \tag{5-3-48}$$

同理可写出在时刻 t_{n-1} 的徐变应变为：

$$^s\varepsilon_{n-1} = \sum_{i=0}^{n-2}\frac{\sigma_i}{E}\phi(t_{n-1},t_i) + \sum_{i=1}^{n-1}\int_{t_{i-1}}^{t_i}\frac{1}{E}\frac{d\sigma^*}{d\tau}[1+\phi(t_{n-1},\tau)]d\tau \tag{5-3-49}$$

则第 n 个阶段即 $t_{n-1}\to t_n$ 的徐变应变为：

$$\begin{aligned}\varepsilon_n &= {^s\varepsilon_n} - {^s\varepsilon_{n-1}} \\ &= \sum_{i=0}^{n-1}\frac{\sigma_i}{E}[\phi(t_n,t_i) - \phi(t_{n-1},t_i)] + \frac{\sigma_{n-1}}{E}\phi(t_{n-1},t_{n-1}) + \\ &\quad \sum_{i=1}^{n-1}\int_{t_{i-1}}^{t_i}\frac{1}{E}\frac{d\sigma^*}{d\tau}[\phi(t_n,\tau)-\phi(t_{n-1},\tau)]d\tau + \int_{t_{n-1}}^{t_n}\frac{1}{E}\frac{d\sigma^*}{d\tau}[1+\phi(t_n,\tau)]d\tau\end{aligned} \tag{5-3-50}$$

利用积分中值定理有：

$$\varepsilon_n = \sum_{i=0}^{n-1}\frac{\sigma_i}{E}\left[\phi(t_n, t_i) - \phi(t_{n-1}, t_i)\right] + \frac{\sigma_{n-1}}{E}\phi(t_{n-1}, t_{n-1}) +$$
$$\sum_{i=1}^{n-1}\frac{\sigma_i^*}{E}\left[\phi(t_n, t_\xi) - \phi(t_{n-1}, t_\xi)\right] + \quad (5\text{-}3\text{-}51)$$
$$\frac{\sigma_n^*}{E}\left[1 + \rho(t_n, t_{n-1})\phi(t_n, t_{n-1})\right]$$

式中：$t_{i-1} \leqslant t_\xi \leqslant t_i$。

$$\rho(t_n, t_{n-1}) = \frac{\int_{t_{n-1}}^{t_n}\frac{d\sigma^*}{d\tau}\phi(t_n, \tau)d\tau}{\sigma_n^*\phi(t_n, t_{n-1})} \quad (5\text{-}3\text{-}52)$$

引入系数：

$$\phi_{ni} = \phi(t_n, t_i) - \phi(t_{n-1}, t_i) \quad (5\text{-}3\text{-}53)$$

$$\bar{\phi}_{ni} = \phi(t_n, t_\xi) - \phi(t_{n-1}, t_\xi)$$
$$\approx \phi(t_n, t_{i-1/2}) - \phi(t_{n-1}, t_{i-1/2}) \quad (5\text{-}3\text{-}54)$$

式中：
$$t_{i-1/2} = \frac{1}{2}(t_i + t_{i-1}) \quad (5\text{-}3\text{-}55)$$

则式（5-3-50）可改写为：

$$\varepsilon_n = \sum_{i=0}^{n-1}\frac{\sigma_i}{E}\phi_{ni} + \frac{\sigma_{n-1}}{E}\phi(t_{n-1}, t_{n-1}) + \sum_{i=1}^{n-1}\frac{\sigma_i^*}{E}\bar{\phi}_{ni} + \frac{\sigma_n^*}{E_{\rho\phi}(t_n, t_{n-1})}$$
$$= \sum_{i=0}^{n-1}\frac{\sigma_i}{E}\phi_{ni} + \frac{\sigma_{n-1}}{E}\phi(t_{n-1}, t_{n-1}) + \quad (5\text{-}3\text{-}56)$$
$$\sum_{i=1}^{n-1}\frac{\sigma_i^*}{E_{\rho\phi}(t_i, t_{i-1})}\gamma(t_i, t_{i-1})\bar{\phi}_{ni} + \frac{\sigma_n^*}{E_{\rho\phi}(t_n, t_{n-1})}$$

式中：
$$E_{\rho\phi}(t_i, t_{i-1}) = \frac{E}{1 + \rho(t_i, t_{i-1})\phi(t_i, t_{i-1})} = \gamma(t_i, t_{i-1})E \quad (5\text{-}3\text{-}57)$$

另一方面，式（5-3-45）还可写作：

$$\{F\} = \gamma(t, \tau_0)[K]\{\delta\} - \gamma(t, \tau_0)\phi(t, \tau_0)\{F_0\}$$
$$= \gamma(t, \tau_0)[K]\{\delta\} - \gamma(t, \tau_0)\phi(t, \tau_0)[K]\{\delta_0\}$$
$$= [K_{\rho\phi}][\{\delta\} - \phi(t, \tau_0)\{\delta_0\}]$$
$$= [K_{\rho\phi}][\{\delta\} - \{\delta_0^*\}] \quad (5\text{-}3\text{-}58)$$

式中：$\{\delta_0^*\}$ 为初始内力产生的徐变变形：

$$\{\delta_0^*\} = \phi(t, \tau_0)\{\delta_0\} \quad (5\text{-}3\text{-}59)$$

与弹性结构中具有非节点荷载的单元的平衡方程类比，可以看出式（5-3-58）中的 $-[K_{\rho\phi}]\{\delta_0^*\}$ 项取代了原非节点荷载等效固端力一项的位置，这里引入徐变等效固端力的概念，用符号 $\{F_0^*\}$ 表示：

$$\{F_0^*\} = -[K_{\rho\phi}]\{\delta_0^*\} \quad (5\text{-}3\text{-}60)$$

这样式（5-3-58）可写成：

$$\{F\} = [K_{\rho\phi}]\{\delta\} + \{F_0^*\} \tag{5-3-61}$$

引入以下记号：

$\{\delta_{0i}^*\}$——第 i 阶段（$t_{i-1} \to t_i$ 时段）初始结构内力产生的徐变变形；

$\{\delta_i\}$——第 i 阶段的总徐变变形；

$\{\delta_{0i}\}$——由 σ_i/E 产生的弹性变形；

$\{F_i\}$——第 i 阶段由徐变引起的总杆端力；

$\{F_{0i}^*\}$——第 i 阶段徐变等效固端力；

$$\{F_{0i}^*\} = -[K_{\rho\phi}^i]\{\delta_{0i}^*\} \tag{5-3-62}$$

$[K_{\rho\phi}^i]$——第 i 阶段徐变刚度矩阵：

$$[K_{\rho\phi}^i] = \gamma(t_i, t_{i-1})[K] \tag{5-3-63}$$

注意上面定义中的变形都是指杆端位移，所以下面的推导中的"变形"与"位移"具有同样的含义。

由式（5-3-58）、式（5-3-61）可写出第 i 阶段的单元平衡方程：

$$\{F_i\} = [K_{\rho\phi}^i](\{\delta_i\} - \{\delta_{0i}^*\}) \tag{5-3-64a}$$

$$\{F_i\} = [K_{\rho\phi}^i]\{\delta_i\} + \{F_{0i}^*\} \tag{5-3-64b}$$

由式（5-3-64a）看出：因为 $\{F_i\}$ 是完全由徐变引起的杆端力，所以由 $\sigma_i^*/E_{\rho\phi}^i$ 产生的杆端位移为 $\{\delta_i\} - \{\delta_{0i}^*\}$。

至此，由式（5-3-56）可写出第 n 阶段由徐变引起的总杆端位移为：

$$\{\delta_n\} = \sum_{i=1}^{n-1}\{\delta_{0i}\}\phi_{ni} + \{\delta_{0n-1}\}\phi(t_{n-1}, t_{n-1}) + \sum_{i=1}^{n-1}(\{\delta_i\} - \{\delta_{0i}^*\})\gamma(t_i, t_{i-1})\bar\phi_{ni} + \{\delta_n\} - \{\delta_{0n}^*\} \tag{5-3-65}$$

整理后即可得到 $t=t_0$ 到 $t=t_{n-1}$ 的结构内力产生的第 n 阶段（$t_{n-1} \to t_n$ 时段）的徐变位移为：

$$\{\delta_{0n}^*\} = \sum_{i=0}^{n-1}\{\delta_{0i}\}\phi_{ni} + \{\delta_{0n-1}\}\phi(t_{n-1}, t_{n-1}) + \sum_{i=1}^{n-1}(\{\delta_i\} - \{\delta_{0i}^*\})\gamma(t_i, t_{i-1})\bar\phi_{ni} \tag{5-3-66}$$

式中的弹性位移 $\{\delta_{0i}\}$ 可由初始阶段的位移法分析得到，总徐变位移 $\{\delta_i\}$ 可由式（5-3-64）组集成的结构总体平衡方程解出。

至此，就可通过求解式（5-3-64）与式（5-3-66）的联立方程逐阶段进行徐变分析。其基本步骤归纳如下：

第一阶段（$n=1$）

(1) 计算 t_0 时刻的结构弹性变形 $\{\delta_{00}\}$。

(2) 令 $\{\delta_0\} = \{\delta_{00}^*\} = 0$，按式（5-3-66）计算第一阶段初始内力产生的徐变变形 $\{\delta_{01}^*\}$。

$$\{\delta_{01}^*\} = \{\delta_{00}\}\phi_{10} + \{\delta_{00}\}\phi(t_0, t_0)$$

(3) 按式（5-3-63）计算徐变刚度矩阵，$[K_{\rho\phi}^1] = \gamma(t_1, t_0)[K]$。

(4) 按式（5-3-62）计算徐变等效固端力，$\{F_{01}^*\} = -[K_{\rho\phi}^1]\{\delta_{01}^*\}$。

(5) 按照一般有限元步骤组集总体刚度矩阵和荷载列阵，列出结构总体平衡方程式，处

理边界条件后解出 $\{\delta_1\}$。

(6) 计算徐变引起的总杆端力 $\{F_1\}$ 和约束反力。

第二阶段（$n=2$ 以后的计算）

(1) 计算 t_1 时刻加载的结构弹性变形 $\{\delta_{01}\}$。

(2) 按式（5-3-66）计算 $\{\delta_{02}^*\}$

$$\{\delta_{02}^*\} = \sum_{i=0}^{1} \{\delta_{0i}\} \bar{\phi}_{ni} + \{\delta_{01}\} \phi(t_1, t_1) + (\{\delta_1\} - \{\delta_{01}^*\}) \gamma(t_1, t_0) \bar{\phi}_{n1}$$

(3) 按式（5-3-63）计算徐变刚度矩阵，$[K_{\varphi}^2] = \gamma(t_2, t_1) [K]$。

(4) 按式（5-3-62）计算徐变等效固端力，$\{F_{02}^*\} = -[K_{\varphi}^2] \{\delta_{02}^*\}$。

(5) 按照一般有限元步骤组集总体刚度矩阵和荷载列阵，列出结构总体平衡方程式，处理边界条件后解出 $\{\delta_2\}$。

(6) 计算徐变引起的总杆端力 $\{F_2\}$ 和约束反力。

(7) 返回第（1）步进行自 $n=3$ 开始各阶段的计算。

四、混凝土收缩次内力

为了简化计算，一般假定收缩的变化规律相似于混凝土徐变的变化规律，而收缩的次内力计算类似于温度的降低。

混凝土的收缩应变可按下列公式计算：

$$\varepsilon_{cs}(t, t_s) = \varepsilon_{cs0} \cdot \beta_s(t - t_s) \tag{5-3-67a}$$

$$\varepsilon_{cs0} = \varepsilon_s(f_{cm}) \cdot \beta_{RH} \tag{5-3-67b}$$

$$\varepsilon_s(f_{cm}) = [160 + 10\beta_{sc}(9 - f_{cm}/f_{cm0})] \cdot 10^{-6} \tag{5-3-67c}$$

$$\beta_{RH} = 1.55[1 - (RH/RH_0)^3] \tag{5-3-67d}$$

$$\beta_s(t - t_s) = \left[\frac{(t - t_s)/t_1}{350(h/h_0)^2 + (t - t_s)/t_1}\right]^{0.5} \tag{5-3-67e}$$

式中： t——计算考虑时刻的混凝土龄期（d）；

t_s——收缩开始时的混凝土龄期 d，可假定为 3～7d；

$\varepsilon_{cs}(t, t_s)$——收缩开始时的龄期为 t_s，计算考虑的龄期为 t 时的收缩应变；

ε_{cs0}——名义收缩系数；

β_s——收缩随时间发展的系数；

β_{RH}——与年平均相对湿度相关的系数，公式（5-3-67d）适用于 $40\% \leqslant RH < 90\%$；

β_{sc}——依水泥种类而定的系数，对一般的硅酸盐类水泥或快硬水泥 $\beta_{sc} = 5.0$；

f_{cm}、f_{cm0}、RH、RH_0、h、h_0、t_1 的意义及其采用值与式（5-3-40）相同。

第四章 空间稳定计算

本章介绍斜拉桥在外荷载作用下的实用稳定计算方法和静风作用下的横向稳定分析。

第一节 主梁稳定性计算

首先介绍加劲梁的面内稳定实用计算。

考察图 5-4-1 所示两端铰接的弹性支承梁,在轴压力超过临界值时,将屈曲成若干个半波,取其中一个半波作为研究对象,坐标原点取在半波的中央,近似假定其屈曲模态为余弦曲线。

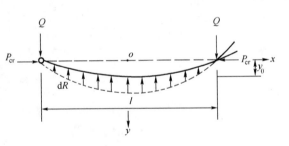

图 5-4-1 两端铰接的弹性支承梁一个半波

$$y = y_0 \cos \frac{\pi x}{l} \tag{5-4-1}$$

式中:y_0——半波中央的挠度。

弹性支承的等效弹性介质系数可表示为:

$$\beta = \frac{K}{a} \tag{5-4-2}$$

式中:K——每一弹性支承的弹簧刚度;
a——弹性支承的间距。

弹性支承反力 R 与挠度成正比:

$$dR = \beta y \, dx \tag{5-4-3}$$

波节点的剪力:

$$Q = \int_0^{\frac{l}{2}} dR = \frac{\beta y_0 l}{\pi} \tag{5-4-4}$$

中点弯矩可写成:

$$M_0 = Py_0 - \frac{Ql}{2} + \int_0^{l/2} x\mathrm{d}R = Py_0 - \frac{\beta y_0 l^2}{2\pi} + \beta y_0 l^2 \left(\frac{1}{2\pi} - \frac{1}{\pi^2}\right) \tag{5-4-5}$$

利用边界条件:

$$EIy''\big|_{x=0} = -M_0 = -EIy_0\frac{\pi^2}{l^2} \tag{5-4-6}$$

得:

$$P = \frac{\pi^2 EI}{l^2} + \frac{\beta l^2}{\pi^2} \tag{5-4-7}$$

由 $\mathrm{d}P/\mathrm{d}l = 0$,易得 P 值最小时:

$$l = \pi \cdot \sqrt[4]{EI/\beta} \tag{5-4-8}$$

将式(5-4-8)代入式(5-4-7)得:

$$P_{cr} = 2\sqrt{EI\beta} \tag{5-4-9}$$

斜拉桥的加劲梁可近似看成是弹性支承上的连续梁,因此,它的临界轴力 N_{cr} 就可仿照弹性支承梁的方式来导得。考虑到实际斜拉桥计算模型与上面研究的弹性支承连续梁有三个主要不同点:

①弹性支承梁的弯曲刚度为常量 EI,斜拉桥的弯曲刚度可能是水平坐标 x 的函数 $E(x)I(x)$。

②弹性支承梁的轴力为常量 P,斜拉桥的梁内轴力 x 是的函数 $N(x)$。

③弹性支承梁的弹性介质系数 β 为常量,斜拉桥的等效介质系数为 x 的变量 $\beta(x)$。

斜拉索的等效弹簧刚度 k 可参照图 5-4-2 的几何关系导得:

$$k = \frac{1}{\delta_1 + \delta_2} = \lambda\frac{E_c A_c \sin^2\alpha_c}{l_c} \tag{5-4-10}$$

式中: λ、α_c——索与梁的夹角;

$$\lambda = \frac{1}{1 + \frac{\cos^2\alpha_c \cdot \gamma \cdot h}{3l_c}}$$

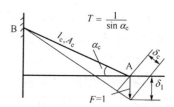

δ_1、δ_2——分别为单位竖向力在 A 点引起索伸长和塔弯曲所产生的竖向位移分量,它们可分别根据索的伸长 δ_c 和塔 B 点的水平变位 f 求出;

l_c——斜拉索长度;

$E_c A_c$——斜拉索轴向拉伸刚度;

γ——索、塔刚度比;

$$\gamma = \frac{E_c A_c h^2}{E_t I_t}$$

$E_t I_t$——塔弯曲刚度。

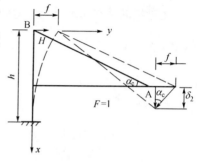

图 5-4-2 拉索变形的几何关系

根据式（5-4-10），由 k 就可导出等效 $\beta(x)$，仿照式（5-4-9）的形式，可将斜拉桥主梁面内稳定临界轴力写成：

$$N_{cr}(x) = 2\sqrt{E(x)I(x)\beta(x)} \tag{5-4-11}$$

它是 x 的函数，将某 x 代入式（5-4-11）得到的临界轴力称为名义临界轴力。名义临界轴力与该处梁的实际轴力之比称为该点的名义屈曲安全度，可取其最小值作为加劲梁的屈曲安全系数。

第二节 主塔稳定性计算

主塔在施工阶段和营运阶段都有可能出现失稳现象，因此，有必要验算塔在这两个阶段的稳定性。

一、施工阶段的稳定性计算

在施工阶段，主要考虑斜拉桥尚未合龙时，塔柱上附有施工设备等荷载的情形。此时主塔可简化为一端固结的变截面受压柱，常常将塔换算成等截面受压柱来计算。设面内、外较小的等效抗弯刚度为 EI，塔高为 h，于是，塔的临界荷载可近似地写成：

$$(q_h)_{cr} = \frac{7.837EI}{h^2} \tag{5-4-12}$$

二、营运阶段的主塔稳定性分析

在营运阶段，斜拉桥塔与梁相比，塔纵向失稳的可能性较小。为了简化计算，且偏安全考虑，由于拉索的限制忽略塔柱间横向联系作用，假定每个索面与塔柱在同一平面内，即可按单索面单塔柱分析塔的稳定性。

1. 斜拉桥索塔稳定安全系数计算的能量法

结构稳定安全系数的计算有多种方法，其中最常用的是增量法，即根据有限元的理论建立模型，然后对结构分级加载，直至失稳，即得稳定安全系数。这种方法的最大缺点是浪费机时，如果采用块体单元精确计算，还需要较大的内存。采用能量法计算斜拉桥索塔稳定安全系数可大大节约机时，并且结果具有很好的精度。

能量法的基本原理是外力对体系所做的功 U 等于体系内能 V 的增加。即：

$$U = V \tag{5-4-13}$$

$$U = \frac{1}{2}\int P_x w'^2 \, dx \tag{5-4-14}$$

$$V = \frac{1}{2}\int EI(x) w''^2 \, dx \tag{5-4-15}$$

式中：P_x——塔上轴力荷载；
w——塔体变形曲线。

令：

$$P_x = \xi_x P_0 \tag{5-4-16}$$

式中：P_0——一定值；

ξ_x——塔上轴力荷载 P_x 与 P_0 的比值。

把式（5-4-16）代入式（5-4-14）得：

$$U = \frac{1}{2}P_0 \int \xi_x w'^2 dx \tag{5-4-17}$$

把式（5-4-15）、式（5-4-17）代入式（5-4-13）得：

$$P_0 \int \xi_x w'^2 dx = \int EI(x) w''^2 dx \tag{5-4-18}$$

塔体临近失稳时刻，P_0 达到临界荷载 P_c，即：

$$P_c \int \xi_x w'^2 dx = \int EI(x) w''^2 dx \tag{5-4-19}$$

里兹法求解式（5-4-19），令：

$$w = A_1 w_1 + A_2 w_2 + \cdots = \sum A_i w_i$$

由 $\frac{\partial P_c}{\partial A_i} = 0$，$i = 1, 2, 3, \cdots$，得：

$$C - \lambda B = 0 \tag{5-4-20}$$

式中的特征值 $\lambda = P_c$。

矩阵 C 中的元素 $c_{ij} = \int EI(x) w''_i w''_j dx$；

矩阵 B 中的元素 $b_{ij} = \int \xi_x w'_i w'_j dx$。

求解方程（5-4-20）的特征值，即得临界荷载 P_c，则稳定安全系数：

$$K = \frac{P_c}{P_0} \tag{5-4-21}$$

2. 独塔单索面斜拉桥主塔稳定简化分析

（1）弹性稳定简化分析

考虑最一般的情况，主塔失稳方向和拉索平面成夹角 β，如图 5-4-3 所示，失稳线形假定为 $V(z) = V_H f(z)$，$V(z)$ 表示主塔侧向位移，V_H 为塔顶位移，分解到斜拉索平面内和平面外分别为：

平面内：

$$x(z) = V(z)\cos\beta = V_H \cos\beta f(z)$$

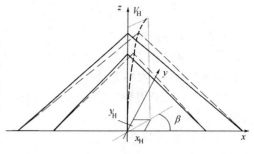

图 5-4-3 主塔整体变形示意图

平面外：

$$x(z) = V(z)\sin\beta = V_H \sin\beta f(z)$$

主塔产生变形以后，外力功主要有拉索做功、主塔主身轴压做功和风荷载做功，其中拉索做功需考虑其在平面内的弹性支撑和平面外的非保向力作用，则由能量法可方便地导出主塔势能的总表达式：

$$E_p = \frac{1}{2}\int_0^H EIV''\mathrm{d}z + \frac{1}{2}\sum_{i=1}^n k_{1i}y^2 + \frac{1}{2}\sum_{i=1}^n k_{2i}x^2$$
$$-\frac{1}{2}\int_0^H q(z)\,y\mathrm{d}z - \frac{1}{2}\int_0^H \lambda N_0(z)\,V'^2\mathrm{d}z \tag{5-4-22}$$

式中：H——主塔高度；

EI——主塔侧向刚度；

$q(z)$——沿塔高度分布的静风力；

$N_0(z)$——为塔中实际轴力；

V'、V''——分别为 V 的一阶、二阶导数；

k_{1i}、k_{2i}——分别为拉索在面外和面内的等代弹性支撑的等代刚度。

如图 5-4-3 分别可导出以下两式：

$$k_{1i} = P_i \sin\theta_i / z_i$$
$$k_{2i} = E_i A_i (\cos\theta_i)^2 \sin\theta_i / z_i$$

式中：n——拉索总数；

P_i——为第 i 根拉索拉力；

$E_i A_i$——斜拉索抗拉刚度；

θ_i——拉索与主梁夹角；

z_i——第 i 根拉索的竖向坐标。

由最小势能原理，将式（5-4-22）对 β 求偏导便可得：

$$\left[\sum_{i=1}^n k_{1i} - \sum_{i=1}^n k_{2i}\right] V_H f^2(z) \sin\beta\cos\beta = 0 \tag{5-4-23}$$

一般情况下：$\sum_{i=1}^n k_{1i} - \sum_{i=1}^n k_{2i} \neq 0$，因此必有：$\sin\beta\cos\beta = 0$。表明 β 的取值只能在坐标轴上，即主塔失稳必然在拉索平面内或与其垂直的平面内。对于侧向失稳，$\cos\beta = 0$。由此，简化式（5-4-22）后，对 Δ_H 求偏导后即可得主塔侧向稳定安全系数为：

$$\lambda = \left[\int_0^H EI(f'')^2 \mathrm{d}z + \sum_{i=1}^n P_i f^2(z_i) \sin\theta_i / z_i - \frac{1}{V_H}\int_0^H q(z)\,f\mathrm{d}z\right] \Big/ \int_0^H N_0(z)(f')^2 \mathrm{d}z$$
$$\tag{5-4-24}$$

在拉索平面内同样可得出相应的稳定安全系数，式（5-4-24）中除风荷载一项涉及塔顶位移以外，其余各项均为已知项；f'、f'' 分别为形函数 f 的一阶、二阶导数；z_i 为第 i 根拉索的竖向坐标；z 为塔上某点的竖向位移。失稳意味着位移的突然发散，因此 V_H 必然较大，且由前面计算可知桥塔侧向风力相比主塔轴力和拉索拉力非常小，故风力影响一项实际可略去不计。

对于主塔变形曲线，理论上可以按内力—变形方程进行逐步逼近，在实际计算中可按如下假定：

$$V(z) = V_H\left[1 - \cos\left(\frac{\pi z}{2H}\right)\right] = V_H f(z) \tag{5-4-25}$$

（2）弹塑性稳定简化分析

结构中压杆的稳定包括屈曲和压溃两种，分析时又有弹性和弹塑性两种。以上分析实际是一种弹性屈曲分析。更精确的分析便需进行弹塑性分析，此时应考虑结构的施工误差等引起的初始变形、初始内力及温度、侧向风荷载等作用。

由于斜拉桥在拉索平面内失稳的可能性很小，因此主要分析其侧向稳定。在对独塔单索面斜拉桥主塔侧向变形后的受力状况进行适当简化之后（图5-4-4a），将拉索作用于主塔上的轴力累加为一个合力，再将主塔本身重力分解为沿拉索合力方向的分量和与其垂直的分量，忽略垂直分量。最后合并成图5-4-4b）所示的受力状态，其中q_1为侧向静风压力，$\sum P_i$为作用于主塔上的拉索合力，z_0为作用位置，W为主塔自重，此时问题就简化为一个有初位移压杆的弹塑性稳定临界内力（或安全系数）的求解。

如图5-4-4b）所示，假定变形曲线为正弦曲线，根据内力变形微分方程及边界条件可解得杆中弯矩—轴向力关系如下：

$$M = \frac{P_E P}{P_E - P} f_0 \sin\left(\frac{\pi z}{z_0}\right) \tag{5-4-26}$$

式中：P_E——$P_E = \dfrac{\pi^2 EI}{l^2}$；

　　　f_0——压杆初变形最大值；

　　　z_0——压杆长度。

再考虑风力和自重的作用，塔中弯矩可表达为：

$$M = \frac{P_E P}{P_E - P} f_0 \sin\left(\frac{\pi z}{z_0}\right) + \frac{1}{2} q_1 (H-z)^2 + W[y(z_1) - y(z)] \tag{5-4-27}$$

式中：z_1——主塔重心位置；

　　　f_0——需考虑主塔施工误差、日照温差和风荷载等不利因素的叠加，根据式(5-4-28)计算。

简化分析非常重要的一点就是要确定塑性铰出现的位置，一般独塔单索面斜拉桥主塔的截面都变化不大或直接为等截面，因此可认为弯矩最大点即是塑性铰位置。理论上只要对式(5-4-27)进行简单的求导即求得弯矩最大位置，然而由于方程直接求导后较难求解，故可采用下面简化方法确定。如主塔变形曲线如式（5-4-25），则主塔与合力作用线之间距离沿主塔高度分布为：

$$\Delta y(z) = \Delta_H \left(1 - \cos\frac{\pi z}{2H}\right) - \frac{\Delta_H \left(1 - \cos\frac{\pi z_0}{2H}\right) z}{z_0} \tag{5-4-28}$$

由$\Delta y' = 0$即可简单地求得主塔至合力作用线距离的最大值及相应位置$z_{\Delta y_{max}}$，这便是拉索在塔上引起弯矩的最大点。由于风载和自重的作用，弯矩最大点实际上要往塔根偏移一些，所以还需对其作适当修正，根据两者对主塔弯矩影响的不同，修正系数γ按下式计算：

$$\gamma = M_1/(M_1 + M_2) \tag{5-4-29}$$

式中：M_1、M_2——拉索引起的最大弯矩和风载重力引起的最大弯矩。

$$M_1 = \frac{P_E P}{P_E - P} f_0 \sin\left(\frac{\pi z}{z_0}\right)$$

$$M_2 = q_1 \frac{H^2}{2} + W_y(z_1)$$

其中P为屈服时轴力，应按弹塑性安全系数乘实际轴力计算，这便出现一个迭代过程，使估算变得复杂。实际计算时可按一般安全系数2.5乘塔中轴力计算，引起误差极小，估算时不必进行迭代，则弹塑性破坏点位置可确定如下：

$$Z_{m_{max}} = \gamma z_{\Delta y_{max}} \tag{5-4-30}$$

在截面形式和配筋情况确定之后，其在压弯受力下的弯矩—轴力破坏面便可确定，可做如图 5-4-4 的受力简化模型,而且由图 5-4-5 所示,其变化曲线可用一抛物线加以拟合。

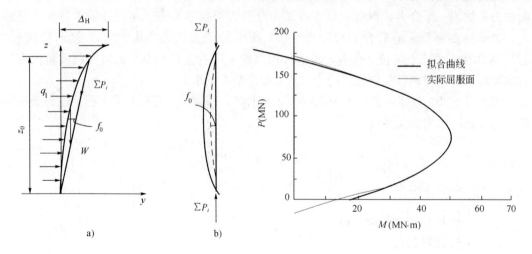

图 5-4-4 主塔受力简化模型　　　　图 5-4-5 验算断面屈服状态弯矩-轴力关系图

然后将式(5-4-30)结果代入式(5-4-27)得到的方程与拟合得到的抛物线方程联立后求得的解即是该断面进入塑性状态的内力值,如假设拉索拉力逐级增加:$P=v\sum P_i$,代入后便可求得主塔的弹塑性稳定安全系数 v。

单索面斜拉桥的弹性失稳一般可分为面内失稳和与拉索平面垂直方向的失稳,只有当拉索在面内的弹性约束和面外的非保向力引起的约束作用相等时才有可能出现其他方向的失稳。

3. 稳定分析的有限元法

前面分别讨论了斜拉桥梁、塔稳定计算的实用方法。在实际工程中,斜拉桥的失稳原因是十分复杂的。梁、塔在面内外的失稳可能是耦合的。讨论结构的稳定性,必须将它与结构现有的应力水平以及拟施加的荷载联系起来。要精确计算斜拉桥的稳定性,一般应采用有限元方法。

考虑轴力影响的结构平衡方程可以写为:

$$([K]+[K]_\sigma)\{\delta\}=\{F\} \tag{5-4-31}$$

式中:$[K]$——结构弹性刚度矩阵,由单元弹性刚度矩阵集合而成;

$[K]_\sigma$——结构几何刚度矩阵,由单元几何刚度矩阵集合而成,与单元轴力有关。

按式(5-4-31)可以求得在荷载$\{F\}$作用时的位移$\{\delta\}$,如果荷载不断增加,则结构的位移增大。在小变形情况下,当$\{F\}$增加 λ 倍时,几何刚度矩阵及杆端力均增加倍 λ,因而有:

$$([K]+\lambda[K]_\sigma)\{\delta\}=\lambda\{F\} \tag{5-4-32}$$

如果 λ 足够大,使得结构达到随遇平衡状态,即$\{\delta\}$变为$\{\delta\}+\{\Delta\delta\}$,上述平衡方程也能满足,则:

$$([K]+\lambda[K]_\sigma)(\{\delta\}+\{\Delta\delta\})=\lambda\{F\} \tag{5-4-33}$$

同时满足式(5-4-31)和式(5-4-32)的条件是:

$$([K]+\lambda[K]_\sigma)\{\Delta\delta\}=0$$

$\{\Delta\delta\}$有非零解时,则:

$$|[K]+\lambda[K]_\sigma|=0 \tag{5-4-34}$$

此即为结构稳定问题的控制方程,对应的稳定荷载为 $\lambda\{F\}$。

对于桥梁结构而言,结构内力一般由施工过程的恒载内力及运营荷载内力组成,在稳定计算时,可根据需要按下述过程选择进行。

(1) 恒载稳定安全系数 λ_d

$$|[K]+\lambda_d[K_1]_\sigma|=0 \tag{5-4-35}$$

式中:$[K_1]_\sigma$——一期恒载几何刚度矩阵。

(2) 荷载稳定安全系数 λ_2

荷载可以是二期恒载、风荷载、汽车荷载等,这时有:

$$|[K]+[K_1]_\sigma+\lambda_2[K_2]_\sigma|=0 \tag{5-4-36}$$

式中:$[K_2]_\sigma$——荷载几何刚度矩阵。

最低的特征值 $\lambda_{\min}$,即最小的稳定安全系数相应的特征向量就是失稳模态。

当结构发生失稳前,部分构件已经进入塑性或参考荷载的刚度矩阵 $[K]_\sigma$ 与临界荷载的刚度矩阵并不存在线性关系 $\lambda[K]_\sigma$ 时,即为非线性稳定问题。可按下述思路来近似求解此类问题的稳定临界荷载:

第一步:给定参考荷载 $\{F\}$ 及期望的最下稳定安全系数 λ_0,用考虑几何非线性和材料非线性的有限元分析方法,将荷载逐级施加到 $\lambda_0\{F\}$,求出结构的几何刚度矩阵 $[K_n]_\sigma$。

第二步:基于变形后的构件,由参考荷载按线性化稳定问题,即:

$$|[K]+\lambda_a[K_n]_\sigma|=0 \tag{5-4-37}$$

求出后期荷载的屈曲安全系数 λ_a。

第三步:检验结构在后期屈曲荷载作用下是否出现新的弹塑性单元,如果出现则作迭代重新计算新的 λ_a。

第四步:近似精确的临界荷载为:

$$\{F\}_{cr}=(\lambda_0+\lambda_a)\{F\} \tag{5-4-38}$$

忽略结构大位移影响时,上述问题退化为弹塑性稳定问题。这时可先按设计荷载 $\{F\}$ 计算弹性屈曲安全系数 λ_e,判断各单元是否超出弹性极限;选择新的屈曲安全系数 $\lambda_s \leqslant \lambda_e$,按 $\lambda_s\{F\}$ 计算轴向力,并按切线模量修正刚度矩阵,重新计算屈曲安全系数 λ_B;若 $|\lambda_B-\lambda_s|$ 小于给定误差,λ_B 则为所求的弹塑性安全系数。

第三节 静风荷载下横向稳定性计算

风的静力作用除引起结构变位外,严重时还会导致结构失稳。如扭转发散就是一种典型的静力稳定问题。这种现象的典型特征是:在风的作用下,结构在变位的同时还要抵抗所受的阻力、升力和弯矩。随着风速的增加,弯矩突出增加,使得结构进一步扭转。但由于此时风相对于结构的有效攻角增大了,反过来又继续增大扭矩,这就要求结构产生附加反力矩。最后,当风速到达某一值时,风引起的扭矩与结构的反作用形成了一种不稳定状态,结构也因此会被扭转毁坏。

对于某些结构断面,气动扭转随攻角的增大而增大。但就断面形式比较复杂的桥梁结构而言,气动扭矩可能并不服从这种简单的变化趋势,其结果是桥梁并不一定会出现扭转发散现象。值得庆幸的是,大量的理论计算和风洞试验已证明,绝大多数桥梁扭转发散的临界风速远远高于其设计风速,只有那些扭转刚度很低的桥梁,在实际可能达到的风速下才存在静力扭转失稳的危险。近年来,随着斜拉桥跨度日益增大,风致静力失稳问题研究日趋重要。同济大学风洞实验室已经观察到静力扭转失稳先于颤振发生的情况。

在稳定气流中的主梁横截面如图5-4-6所示。假定平均风速以攻角 α_0 作用于主梁产生扭转角为 θ。那么风的有效攻角 $\alpha=\alpha_0+\theta$。作用于变形后的主梁单位跨长上的风力分量可按风速记作:

$$\left. \begin{array}{l} D(\alpha) = \dfrac{1}{2}\rho v^2 A_n C_D(\alpha) \\ L(\alpha) = \dfrac{1}{2}\rho v^2 B C_L(\alpha) \\ M(\alpha) = \dfrac{1}{2}\rho v^2 B^2 C_M(\alpha) \end{array} \right\} \tag{5-4-39}$$

式中:D、L、M——分别为每单位跨长的平均阻力、升力和升力矩,它们都是攻角 α 的函数,如图5-4-6所示;

ρ——空气密度;

B——主梁宽;

A_n——迎风投影面积;

C_D、C_L、C_M——分别为风力方向上阻力、升力、升力矩的静力气动系数,是攻角的函数,如图5-4-7所示;

v——风速。

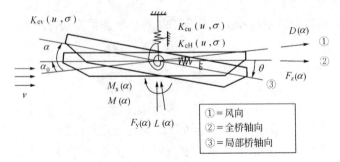

图5-4-6 稳定气流中的主梁横截面

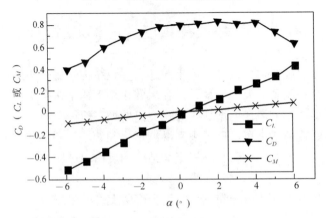

图5-4-7 静力三分力系数曲线

将风力转换为全桥坐标轴上的风力,如图 5-4-6 所示。

$$\left.\begin{aligned} F_x(\alpha) &= \frac{1}{2}\rho v_r^2 A_n C_x(\alpha) \\ F_y(\alpha) &= \frac{1}{2}\rho v_r^2 B C_y(\alpha) \\ M_z(\alpha) &= \frac{1}{2}\rho v_r^2 B^2 C_z(\alpha) \end{aligned}\right\} \quad (5\text{-}4\text{-}40)$$

这里:

$$\left.\begin{aligned} C_x(\alpha) &= \left[C_D(\alpha) - C_L(\alpha)\frac{B}{A_n}\tan\alpha_0\right]\sec\alpha_0 \\ C_y(\alpha) &= \left[C_L(\alpha) + C_D(\alpha)\frac{A_n}{B}\tan\alpha_0\right]\sec\alpha_0 \\ C_z(\alpha) &= [C_M(\alpha)]\sec^2\alpha_0 \\ v_r &= v\cos\alpha_0 \end{aligned}\right\} \quad (5\text{-}4\text{-}41)$$

式中: v_r——全桥坐标系中的相对风速;
$C_x(\alpha)$、$C_y(\alpha)$、$C_z(\alpha)$——全桥坐标系中的静力气动系数。

至此可建立起风荷载下的非线性稳定分析模型,包括如下两个步骤:

第一步:完成在给定风速 v 以攻角 α_0 作用下的初始风力的分析。平衡方程如下:

$$[K_e(u+\sigma) + K_\sigma^G(u,\sigma)]U = P_0[F_x(\alpha_0), F_y(\alpha_0), M_z(\alpha_0)] \quad (5\text{-}4\text{-}42)$$

式中: K_e、K_σ^G——分别是基于在重力荷载作用下产生的位移 u 和应力 σ 的结构弹性刚度矩阵和几何刚度矩阵;

U——位移矢量;

P_0——基于未变形的主梁结构的初始风力,$F_x(\alpha_0)$、$F_y(\alpha_0)$、$M_z(\alpha_0)$ 由 $\alpha=\alpha_0$ 代入式(5-4-40)得出;

G——上标,表示重力。

第二步:按如下步骤完成由于主梁的扭转变形及随之而增大攻角所产生的附加风力作用下的非线性分析。在完成前述初始风力作用下的非线性分析后,得出总位移和初始内力,从这些位移中可求出现在的气动静力系数 C_D、C_L、C_M,并分别转化为 C_x、C_y、C_z。桥在受到第 j 步的附加风力下的线性增量平衡方程为:

$$\begin{aligned}[K_e(u_{j-1},\sigma_{j-1}) &+ K_\sigma^{G+W}(u_{j-1},\sigma_{j-1})]\Delta U_j \\ &= P_j[F_x(\alpha_j), F_y(\alpha_j), M_z(\alpha_j)] - P_{j-1}[F_x(\alpha_{j-1}), F_y(\alpha_{j-1}), M_z(\alpha_{j-1})]\end{aligned} \quad (5\text{-}4\text{-}43)$$

式中 P_j 和 P_{j-1} 分别是结构受到的由本次及前次攻角下位移决定的风荷载,上标 W 代表风载。继续上述迭代步骤,求出每个循环完成时的附加风力。

当静力气动系数的欧几里得范数小于规定的容许值时,就得出给定风速下的收敛准则。欧几里得范数写作:

$$\left\{\frac{\sum_{}^{N_a}[C_k(\alpha_j) - C_k(\alpha_{j-1})]^2}{\sum_{}^{N_a}[C_k(\alpha_{j-1})]^2}\right\}^{\frac{1}{2}} \leqslant \varepsilon_k \quad (k=X,Y,Z) \quad (5\text{-}4\text{-}44)$$

上式中 ε_k 是给定允许值,N_a 是承受位移决定的风荷载的节点数。对于小于临界风速的任意给定风速，上述过程都会收敛。在每个迭代循环中，分析结构的切线刚度矩阵可得出结构是稳定的、不稳定的或随遇平衡的。

由于考虑了分析模型受到的由位移决定的风荷载的三个分量，既能分析其非线性横向弯扭失稳的安全性，也能研究其非线性扭转发散的安全性。如果在式（5-4-42）和式（5-4-43）中忽略阻力 D 和升力 L 的影响，就可计算结构的非线性扭转发散。如果攻角为 0，即风向与桥面一致，那么风力 F_x、F_y 和 M_z，就分别等于风力方向上的阻力（D）、升力（L）和升力矩（M）。

为了了解桥梁在强风作用下的状况，除求得临界风速外，其相应临界位移（尤其是中跨中点）及由位移决定的相应的风荷载的三分力，还有实际失稳模态都有工程意义。在临界风速下，附加位移及因此带来的位移决定的附加风力都相当大，因此，可以将风速作为增量，结合第二步，按考虑二阶效应的近似方法进行逐级分析，直至找到临界风速为止。

第五章 抗风和抗震

第一节 自然风及特性

一、地表风及风级

空气的流动产生风。由于太阳辐射对地球不同位置大气的不均匀加热，引起大气温差进而在地球不同位置导致大气压差，如果在同一水平面上存在气压梯度，将产生使空气水平运动的驱动力，迫使空气从高压向低压流动，风由此形成。

当空气在地球上流动时，由于地球表面存在树木、花草、房屋、桥梁等粗糙物体，这些物体将对气流运动产生阻碍作用。地表面气流速度等于零，又由于空气的黏性作用，粗糙物体的阻碍作用将通过层层空气传递一直延续到一个很高的高度。在某一高度以上，空气的流动速度基本没有变化，成为自由大气。而这一高度在地球表面不同位置可能不一样，其范围大致在 300～1000m，主要取决于地球表面粗糙度情况。例如，在中、高层建筑物密集地区和起伏较大的丘陵地，地球表面粗糙度大，高度就大，而在海面、海岸、开阔水面、沙漠地区，地球表面粗糙度小，这一高度就低。通常，我们把地球表面这一高度内大气称之为大气边界层。该范围内地表同一点，自然风的平均速度特征是低处速度小，高处速度大，如图 5-5-1 所示。大家如果观察过河水在河中的流动，也能发现类似的特征：岸边河水速度很低，离开河岸速度逐渐增大。

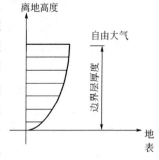

图 5-5-1　大气边界层内风速沿高度变化图

在大气边界层内，空气流动的方向除受水平气压梯度影响外，还受地球自转产生的科里奥利力影响。科里奥利力的作用使得空气流动方向产生偏斜，如在北半球，北风总是偏西，南风总是偏东。

根据离地 10m 高度处风速的大小，通常将风力分成 0～12 级，见表 5-5-1，不同风级对应不同的陆上地物征象。

蒲氏风力等级表　　　　　　　　　　　表 5-5-1

风级	名称	离地 10m 高处风速（m/s）		陆上地物征象
		范围	中数	
0	静风	0～0.2	0	静，烟直上
1	软风	0.3～1.5	1	烟能表示风向，树叶略有摇动但风向标不能转动
2	轻风	1.6～3.3	2	人面感觉有风，树叶微响，风向标能转动，旗子开始飘动
3	微风	3.4～5.4	4	树叶及小枝摇动不息，旗子展开
4	和风	5.5～7.9	7	能吹起地面灰尘和纸片，树枝摇动
5	清动风	8.0～10.7	9	有叶的小树摇摆，内陆的水面有水波
6	强风	10.8～13.8	12	大树枝摇动，电线呼呼有声，撑伞困难
7	疾风	13.9～17.1	16	全树摇动，迎风步行感觉不便
8	大风	17.2～20.7	19	小枝折断，人迎风前行感觉阻力甚大
9	烈风	20.8～24.4	23	建筑物有小毁（烟囱顶部），屋瓦被掀起，大树枝折断
10	狂风	24.5～28.4	26	树木吹倒，一般建筑物遭破坏
11	暴风	28.5～32.6	31	大树吹倒，一般建筑物遭严重破坏
12	飓风	32.7～36.9	>33	陆上少见，摧毁力极大

显然，风级越高，风力就越大，对桥梁结构的危害可能就越大。下面介绍一下几种灾害性的自然风。一种是地面风速大于 120km/h 的热带气旋，称之为飓风，中心附近平均最大风力 12 级以上，飓风在太平洋地区也称之为台风。飓风是一种大范围的风暴，摧毁力很大。例如 2005 年 8 月 25 日在美国东南部佛罗里达州登陆美国的卡特里娜飓风，其就给美国密西西比州和路易斯安那州造成了巨大的破坏。密西西比州 90% 的房屋消失，新奥尔良大量民房倒塌，城市许多高层建筑和大跨屋盖受到破坏，飓风带来的巨大降水淹没了城市街道，使得新奥尔良几乎成为一座空城。根据 2006 年的统计，卡特里娜飓风共造成一千多人死亡，大量民众无家可归，美国经济损失在 1500 亿美元以上。还有一种是强热带风暴，其中心附近平均最大风力达 10 到 11 级；破坏力较小的热带风暴，中心附近最大平均风力也可达 8～9 级。通常台风登陆后会逐渐衰减，登陆距离越远衰减越多，逐步减弱为强热带风暴或热带风暴。

还有一种小范围内的灾害性风——龙卷风，其空间尺度远小于飓风。它是由沿不同方向流动的气流在云层汇聚在一起，形成圆形流动。通常，大尺度的龙卷风威力较小，而小尺度的龙卷风威力很大，但总的来说它是所有自然风中最强的风。龙卷风从外观上看呈漏斗状，上端大、下端小，实际是一种强烈的旋涡，内部气压由外向内减小，中心气压最小。龙卷风整体运动速度大概为 30～100km/h，也有运动速度大于 170km/h 的龙卷风报道，但其漏斗外侧的切向风速有时甚至大于 350km/h。龙卷风具有很大的破坏力，在世界许多地方均有龙卷风发生的报道。

季节性的风称为季风，大陆冬季比海洋寒冷，形成大陆高压，夏季则相反，形成大陆低压，这样海洋与大陆之间有水平气压梯度存在，形成了季风。亚洲大陆最大，因而季风影响最明显，季风风速范围较宽，对结构物的影响程序也不一样，一般难以形成大的灾害。

二、自然风特征

桥梁结构处在大气边界层内。自然风是一种紊流，从其速度特征来看，可分解成以平均速度表示的平均风和均值为零的脉动风两部分。如用 $\vec{U}$ 表示自然风，$\vec{V}$ 来表示平均风，$\vec{v}$ 来表示均值为零的脉动风。于是自然风可表示为：

$$\vec{U} = \vec{V} + \vec{v} \tag{5-5-1}$$

因为风的主要能量集中在一个方向，其他两个方向的能量很小，我们可将平均风矢量 $\vec{V}$ 分解为 $V, 0, 0$。其中 V 沿风的主要能量方向，其他两个方向的平均风速度等于零。因此常用 V 表示平均风，也称之为远方来流；而与上述三个方向对应的脉动风分量依次为 u，v，w。通常将 V 定义为顺风向，对应的脉动速度分量是 u，而 v 定义沿横风向，w 定义沿竖向。

自然风的紊流特征通常由紊流强度、紊流积分尺度和风谱来描述。对应三个脉动速度方向有三个紊流强度，紊流强度定义为：

$$I = \frac{\sigma}{v} \tag{5-5-2}$$

式中：I——紊流强度；

σ——对应紊流脉动分量 u、v、w 的标准差。

紊流强度越大，表明紊流脉动能量对自然风总能量的贡献越大。

紊流积分尺度是气流中紊流涡旋平均尺寸的量度量，它反映的是空间两点紊流风场的相关性。空间某点出现速度脉动，可理解为平均风输送一系列尺度不等的涡旋，每一个涡旋都在空间一点诱导出速度量，共同叠加形成速度脉动。对应于顺风向、横风向和竖向脉动速度分量的涡旋，每个涡旋又有 3 个方向的尺度，因此一共有 9 个紊流积分尺度，例如 L_u^x、L_u^y、L_u^z 分别表示与纵向脉动速度 u 有关的涡旋在直角坐标系 x、y、z 三个方向上的平均尺寸。应用平稳随机过程理论，紊流积分尺度定义为：

$$L_u^x = \frac{1}{\sigma_u^2} \int_0^\infty R_{u_1 u_2}(x) \mathrm{d}x \tag{5-5-3}$$

其中 $R_{u_1 u_2}(x)$ 表示空间 (x_1, y_1, z_1, t) 与 (x_1+x, y_1, z_1, t) 两点间脉动分量 u 的互相关函数。

风谱表示了紊流风中各频率成分对应的能量大小，它可基于一些假设经理论推导得到，也可由气象台站实测风速记录经统计分析得到。目前应用较多的是 Davenport 谱、Kaimal 谱等，如下式的 Kaimal 谱：

顺风向脉动风功率谱密度函数为：

$$\frac{nS_u(n)}{u_*^2} = \frac{200f}{(1+50f)^{5/3}} \tag{5-5-4}$$

竖向脉动风速功率谱密度函数为：

$$\frac{nS_w(n)}{u_*^2} = \frac{6f}{(1+4f)^2} \tag{5-5-5}$$

式中：$S_u(n)$、$S_w(n)$——顺风向及竖向风功率谱密度函数；

n——风的脉动频率；

f——莫宁坐标，$f = \frac{nZ}{V}$，Z 为桥面基准高度；

u_*——摩擦风速，$u_* \approx \frac{0.4v}{\ln(Z/z_0)}$，$z_0$ 为地表粗糙高度（m/s）。

大气边界层内自然风的上述特性，可通过特殊设备人工产生，如大气边界层风洞加紊流模拟装置。一旦形成与桥址位置大气边界层相似的风场，就可根据相似关系制作桥梁模型，在这一人工形成的风场内研究桥梁在气动力作用下的行为，评估桥梁的抗风性能，这就是桥梁抗风风洞试验。

第二节 静风荷载

一、三分力系数

假定桥梁受到垂直桥梁轴线方向的平均风作用，因而可以简化为二维问题。如图 5-5-2 所示，当前方气流以平均速度 v 和攻角 α 流过桥梁断面时，桥梁断面将受到气流对它的作用力，这些力包括阻力、升力和弯矩，这就是我们常说的节段模型气动三分力，也称之为风轴坐标系下的气动三分力。为便于研究，引入无量纲的三分力系数，将单位长度的三分力表述为：

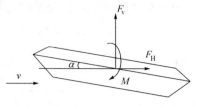

图 5-5-2 风产生的静三分力

阻力：
$$F_D = \frac{1}{2}\rho v^2 \cdot C_D \cdot H \tag{5-5-6}$$

升力：
$$F_L = \frac{1}{2}\rho v^2 \cdot C_L \cdot B \tag{5-5-7}$$

扭矩：
$$M = \frac{1}{2}\rho v^2 \cdot C_M \cdot B^2 \tag{5-5-8}$$

式中：F_D、F_L、M——阻力、升力和扭矩；

C_D、C_L、C_M——无量纲的三分力系数，分别为阻力系数、升力系数与扭矩系数，通常由风洞试验测力获得；

H、B——桥梁断面竖向投影高度与水平投影宽度；

ρ——空气密度；

v——来流速度。

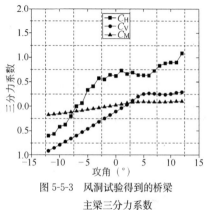

图 5-5-3 风洞试验得到的桥梁主梁三分力系数

三分力系数是静气动力系数，能反映桥梁断面在均匀流中承受的静风荷载大小。对于那些具有非光滑气动外形的桥梁结构构件，因气动三分力系数受雷诺数的影响很小，因此当桥梁断面形式确定后，其三分力系数只与来流攻角有关。三分力系数曲线一般由节段模型风洞试验测定，可得到三分力系数随攻角变化的曲线，图 5-5-3 所示为风洞试验获得的某大桥主梁三分力系数随攻角的变化。有了桥梁主梁或构件的气动三分力系数，就可根据式（5-5-6）~式（5-5-8）得到它们在某一给定风速下的静风荷载。

二、设计基准风速

《公路桥涵设计通用规范》(JTG D60—2004) 给出了全国基本风速 v_{10} 图及全国各气象台站基本风速和基本风压值,《公路桥梁抗风设计规范》(JTG/T D60-01—2004) 给出了全国基本风速值和基本风速分布图,风荷载可据此计算。当桥梁所在地区的气象台站有足够的风速观测数据时,则以实际风速记录为准。

设计基准风速与基本风速有如下关系式:

$$v_d = v_{s10}\left(\frac{Z}{10}\right)^{\alpha} \quad (5\text{-}5\text{-}9)$$

或:

$$v_d = K_1 \cdot v_{10} \quad (5\text{-}5\text{-}10)$$

式中:v_d——设计基准风速(m/s);

v_{s10}——桥址处的设计风速,即地面或水面以上 10m 高度处,100 年重现期的 10min 年平均最大风速(m/s);

α——地表粗糙度系数,可按图 5-5-4 确定地表粗糙度系数的影响范围,然后按表 5-5-2 的规定取用;

Z——构件基准高度(m),可参考表 5-5-3;

v_{10}——基本风速(m/s);

K_1——风速高度变化修正系数,可按表 5-5-4 取用。

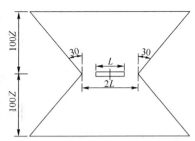

图 5-5-4 确定地表粗糙度系数的影响范围

地表分类 表 5-5-2

地表类别	地表状况	地表粗糙度系数 α	粗糙高度 z_0 (m)
A	海面、海岸、开阔水面、沙漠	0.12	0.01
B	田野、乡村、丛林、平坦开阔地及低层建筑物稀少地区	0.16	0.05
C	树木及低层建筑物等密集地区、中高层建筑物稀少地区、平缓的丘陵地	0.22	0.3
D	中、高层建筑物密集地区、起伏较大的丘陵地	0.30	1.0

当所考虑范围内存在两种粗糙度相差较大的地表类别时,地表粗糙度系数可取两者的平均值;当所考虑范围内存在两种相近类别时,可按较小者取用;当桥梁上下游侧地表类别不同时,可按较小一侧取值。

基准高度 表 5-5-3

基准高度(m)	桥型	悬索桥、斜拉桥	其他桥型
Z	主梁	主跨桥面距水面或地表面或海洋的平均高度(河流以平均水位,即一年中有半年不低于该水位的水面为基准面,海面以平均海面或平均潮位为基准面)	取下列两者中的较大值: ①支点平均高度+(桥面最大高程-支点平均高程)×0.8; ②桥梁设计高度
	吊杆、索、缆	跨中主梁底面到塔顶的平均高度处	
	桥塔(墩)	水面或地面以上塔(墩)高 65% 高度处	

风速高度变化修正系数 k_1 表 5-5-4

离地面或水面高度 (m) \ 地表类别	A	B	C	D
5	1.08	1.00	0.86	0.79
10	1.17	1.00	0.86	0.79
15	1.23	1.07	0.86	0.79
20	1.28	1.12	0.92	0.79
30	1.34	1.19	1.00	0.85
40	1.39	1.25	1.06	0.85
50	1.42	1.29	1.12	0.91
60	1.46	1.33	1.16	0.96
70	1.48	1.36	1.20	1.01
80	1.51	1.40	1.24	1.05
90	1.53	1.42	1.27	1.09
100	1.55	1.45	1.30	1.13
150	1.62	1.54	1.42	1.27
200	1.73	1.62	1.52	1.39
250	1.73	1.67	1.59	1.48
300	1.77	1.72	1.66	1.57
350	1.77	1.77	1.71	1.64
400	1.77	1.77	1.77	1.71
≥450	1.77	1.77	1.77	1.77

三、施工阶段的设计风速

施工阶段的设计风速可按下式计算：

$$v_{sd} = \eta v_d \tag{5-5-11}$$

式中：v_{sd}——不同重现期下的设计风速（m/s）；

η——风速重现期系数，可按表 5-5-5 选用。

风速重现期系数   表 5-5-5

重现期（年）	5	10	20	30	50	100
η	0.78	0.84	0.88	0.92	0.95	1

当桥梁地表以上结构的施工期少于 3 年时，可采用不低于 5 年重现期的风速；当施工期多于 3 年或桥梁位于台风多发地区时，可根据实际情况适度提高风速重现期系数值。

四、静阵风风速

阵风风速 v_g 一般指平均时距为 1~3s 的风速，静阵风系数 G_V 定义为考虑地表粗糙度、风荷载加载长度和结构构件离地面高度等因素的阵风系数，引入它的目的是考虑平均风荷载和脉动风的背景两部分的综合效应。当缺乏实测阵风风速数据时，可按下列公式计算：

$$v_g = G_V v_Z \tag{5-5-12}$$

式中：v_g——静阵风风速（m/s）；

G_V——静阵风系数，按表 5-5-6 取值；

v_Z——基准高度 Z 处的风速（m/s）。

静阵风系数 G_V 取值　　表 5-5-6

地表类别	风荷载水平加载长度（m）													
	<20	60	100	200	300	400	500	650	800	1000	1200	1500	1800	2100
A	1.29	1.28	1.26	1.24	1.23	1.22	1.21	1.20	1.19	1.18	1.17	1.16	1.16	1.15
B	1.35	1.33	1.31	1.29	1.27	1.26	1.25	1.24	1.23	1.22	1.21	1.20	1.19	1.18
C	1.49	1.48	1.45	1.41	1.39	1.37	1.36	1.34	1.33	1.31	1.30	1.29	1.27	1.26
D	1.56	1.54	1.51	1.47	1.44	1.42	1.41	1.39	1.37	1.35	1.34	1.32	1.31	1.30

五、主梁上的静阵风荷载

在横桥向风作用下主梁单位长度上的静阵风荷载，在图 5-5-5 所示的体轴坐标系三个方向，可按下列公式计算：

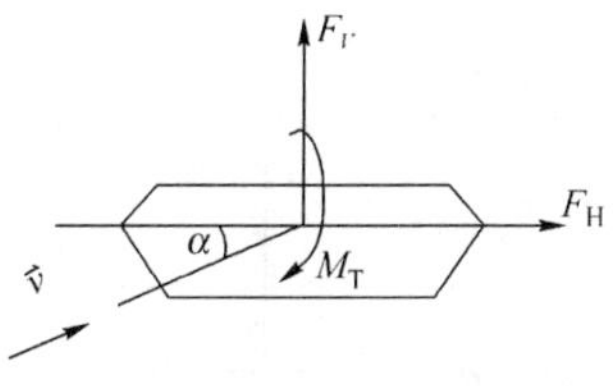

横向阵风荷载：

$$F_H = \frac{1}{2}\rho v_g^2 C_H H \qquad (5-5-13)$$

竖向阵风荷载：

$$F_V = \frac{1}{2}\rho v_g^2 C_V B \qquad (5-5-14)$$

扭转阵风力矩：

$$M = \frac{1}{2}\rho v_g^2 C_M B^2 \qquad (5-5-15)$$

图 5-5-5　体轴坐标系及气动力方向

式中：F_H、F_V、M——作用在主梁单位长度上的横向阵风荷载、竖向阵风荷载、扭转力矩阵风荷载；

C_H、C_V、C_M——主梁体轴坐标系下的阻力系数、升力系数、扭转力矩系数；

H、B——分别为主梁的竖向投影高度和水平投影宽度；H 宜计入栏杆或防撞护栏以及其他桥梁附属物的实体高度；

ρ——空气密度（kg/m³），取为 1.225。

"工"形、"Ⅱ"形或箱形截面主梁的阻力系数 C_H 可按下式计算：

$$C_H = \begin{cases} 2.1 - 0.1\left(\dfrac{B}{H}\right) & 1 \leqslant \dfrac{B}{H} < 8 \\ 1.3 & 8 \leqslant \dfrac{B}{H} \end{cases} \qquad (5-5-16)$$

式中：B——主梁断面全宽（m）。

当桥梁的主梁截面带有斜腹板时，上式中的阻力系数 C_H 可以竖直方向为基准每倾斜 1°折减 0.5%，最多可折减 30%。

桁架桥上部结构的风载阻力系数 C_H 规定于表 5-5-7 中。上部结构为两片或两片以上桁架时，所有迎风桁架的风载阻力系数均取 ζC_H，ζ 为遮挡系数，按表 5-5-8 采用。桥面系构造的风载阻力系数取 $C_H = 1.3$。

桁架的风载阻力系数 C_H　　　　　　　　　　　　　　　　　表 5-5-7

实面积比	矩形与H形截面构件	圆柱形构件（D为圆柱直径）	
		$Dv_0 < 6m^2/s$	$Dv_0 \geq 6m^2/s$
0.1	1.9	1.2	0.7
0.2	1.8	1.2	0.8
0.3	1.7	1.2	0.8
0.4	1.7	1.1	0.8
0.5	1.6	1.1	0.8

注：实面积比＝桁架净面积/桁架轮廓面积。

桁架遮挡系数 ζ　　　　　　　　　　　　　　　　　　表 5-5-8

间距比	实面积比				
	0.1	0.2	0.3	0.4	0.5
≤1	1.0	0.90	0.80	0.60	0.45
2	1.0	0.90	0.80	0.65	0.50
3	1.0	0.95	0.80	0.70	0.55
4	1.0	0.95	0.80	0.70	0.60
5	1.0	0.95	0.85	0.75	0.65
6	1.0	0.95	0.90	0.80	0.70

注：间距比＝两桁架中心距/迎风桁架高度。

跨径小于200m的桥梁，其主梁上顺桥向单位长度的风荷载可按以下两种情况选取：

① 对于实体桥梁截面，取其横桥向风荷载的 0.25 倍。

② 对于桁架桥梁截面，取其横桥向风荷载的 0.50 倍。

跨径等于或大于200m的桥梁，当主梁为非桁架断面时，其顺桥向单位长度上的风荷载可按风和主梁上下表面之间产生的摩擦力计算：

$$F_{fr} = \frac{1}{2}\rho v_g^2 c_f s \tag{5-5-17}$$

式中：F_{fr}——摩擦力（N/m）；

　　　c_f——摩擦系数，按表5-5-9选取；

　　　s——主梁周长（m）。

摩擦系数 c_f 的取值　　　　　　　　　　　　　　　　　表 5-5-9

桥梁主梁上下表面情况	摩擦系数 c_f	桥梁主梁上下表面情况	摩擦系数 c_f
光滑表面（光滑混凝土、钢）	0.01	非常粗糙表面（加肋）	0.04
粗糙表面（混凝土表面）	0.02		

六、墩、塔和斜拉索上的风荷载

桥墩和桥塔的风荷载、横桥向风作用下斜拉桥斜拉索上的静风荷载可按下式计算：

$$F_H = \frac{1}{2}\rho v_g^2 C_H A_n \tag{5-5-18}$$

式中：C_H——桥梁各构件的阻力系数；

A_n——桥梁各构件顺风向投影面积（m^2），斜拉索取为其直径乘以其投影高度。

桥墩或桥塔的阻力系数 C_H 可参照表 5-5-10 选取，其中高宽比是桥墩或桥塔高度对桥墩或桥塔横风向宽度的比值。

桥墩或桥塔的阻力系数 C_H 表 5-5-10

截面形状	t/b	桥墩或桥塔的高宽比						
		1	2	4	6	10	20	40
风向 → 矩形 t/b	≤1/4	1.3	1.4	1.5	1.6	1.7	1.9	2.1
风向 → 矩形 t/b	1/3	1.3	1.4	1.5	1.6	1.8	2.0	2.2
	1/2							
风向 → 矩形 t/b	2/3	1.3	1.4	1.5	1.6	1.8	2.0	2.2
风向 → 矩形 t/b	1	1.2	1.3	1.4	1.5	1.6	1.8	2.0
风向 → 矩形 t/b	3/2	1.0	1.1	1.2	1.3	1.4	1.5	1.7
风向 → 矩形 t/b	2	0.8	0.9	1.0	1.1	1.2	1.3	1.4
风向 → 矩形 t/b	3	0.8	0.8	0.8	0.9	0.9	1.0	1.2
风向 → 矩形 t/b	≥4	0.8	0.8	0.8	0.8	0.8	0.9	1.1
→ 正方形或八角形 →		1.0	1.1	1.1	1.2	1.2	1.3	1.4
12 边形		0.7	0.8	0.9	0.9	1.0	1.1	1.3
光滑表面圆形 若 $Dv_0 \geq 6m^2/s$		0.5	0.5	0.5	0.5	0.5	0.6	0.6
1. 光滑表面圆形 若 $Dv_0 < 6m^2/s$ 2. 有粗糙面或带凸起的圆形		0.7	0.7	0.8	0.8	0.9	1.0	1.2

上部结构架设后，应根据高宽比为 40 计算 C_H。对于带圆弧角的矩形桥墩，其 C_H 值应由上表查出后再乘以 $(1\sim1.5r/b)$ 或 0.5，取二者中的较大值，r 为圆弧角的半径。对于带三角尖端的桥墩，其 C_H 值应按能包括该桥墩外边缘的矩形截面计算。对随高度有锥度变化的桥墩，值应按桥墩高度分段计算；在推算 t/b 时，每段的 t 和 b 应按其平均值计，高宽比值应以桥墩总高度对每段的平均宽度计。

作用于桥墩或桥塔的风荷载可按地面或水面以上 0.65 倍墩高或塔高处的风速值确定。

斜拉桥斜拉索的阻力系数在考虑与活载组合时，可取为 1.0；在设计基准风速下可取 0.8。

在顺桥向风作用下，斜拉索上单位长度上的风荷载按下式计算：

$$F_H = \frac{1}{2}\rho v_g^2 C_H D \sin^2\alpha \tag{5-5-19}$$

式中：α——斜拉索的倾角（°）；

D——斜拉索的直径（m）。

除主梁以外的桥梁其他构件，一般仅考虑风作用方向上的阻力作用。一些典型断面的阻力系数数值参见表 5-5-10，对复杂的断面形状以及当桥梁的风荷载控制设计时，建议通过风洞试验测定或数值风洞技术计算。对斜拉索，当不采用气动措施时，阻力系数可取为 0.7；若采用缠绕螺旋线等气动措施时，可取 0.8。

七、施工阶段的风荷载

对悬臂施工中的大跨斜拉桥，除了对称加载外，还应考虑不对称加载工况。参见图 5-5-6。不对称系数可取 0.5。

对悬臂施工中的大跨度斜拉桥，由风致振动产生的惯性荷载有时是控制因素，应对其最大双悬臂状态和最大单悬臂状态进行详细的风荷载分析，必要时可通过风洞试验测定其风荷载。

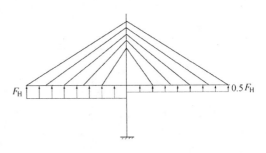

图 5-5-6 悬臂施工不对称风荷载加载计算图式

八、风致静力失稳

大跨度斜拉桥在静风荷载作用下有可能发生因气动力矩过大而发生扭转发散，或因顺风向的阻力过大而引起横向屈曲。以扭转发散为例，主梁在自然风作用下将产生气动扭矩，气动扭矩的作用使得主梁产生扭转角。主梁扭转使得主梁在自然风中的有效攻角增大，如果主梁的扭矩力系数随攻角的增大而增大，此时对应的主梁气动扭矩将增大。这种主梁扭转位移和扭转力矩的相互促进，使得在某一临界风速时，将出现气动力矩与主梁抵抗力矩相等的情况，即为扭转发散临界状态。风速的进一步增大必将使主梁扭转位移有无限增大的趋势，此时桥梁出现了不稳定的扭转发散现象。

如图 5-5-7 所示的主梁断面，在小变形情况下扭矩系数 $C_M(\alpha)$ 可在零攻角点线性展开为：

$$C_M(\alpha) = C_{M0} + C'_M \cdot \alpha \tag{5-5-20}$$

基于上式，在平均风作用下，单位长度主梁受到的气动扭矩为：

$$I = \frac{1}{2}\rho v^2 B^2 C_M(\alpha) = \frac{1}{2}\rho v^2 B^2 [C_{M0} + C'_M \alpha] \tag{5-5-21}$$

在该气动扭矩作用下，主梁扭转运动方程为：

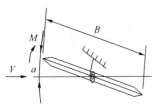

图 5-5-7 扭转发散二维计算模型

$$I\ddot{\alpha}+c\dot{\alpha}+K_\alpha\alpha=\frac{1}{2}\rho v^2 B^2[C_{M0}+C'_M(\alpha)] \tag{5-5-22}$$

式中：I——主梁扭转广义质量；
　　　c——结构扭转阻尼系数；
　　K_α——主梁扭转刚度；
$C_M(\alpha)$——攻角为 α 时主梁扭矩系数；
　C_{M0}——攻角为 0° 时主梁扭矩系数。

将式（5-5-22）右边项移至方程左边得：

$$I\ddot{\alpha}+c\dot{\alpha}+\left(K_\alpha-\frac{1}{2}\rho v^2 B^2 C'_M\right)\alpha=\frac{1}{2}\rho v^2 B^2 C_{M0} \tag{5-5-23}$$

扭转发散的条件是系统有效刚度等于零，于是有：

$$K_\alpha-\frac{1}{2}\rho v^2 B^2 C'_M=0 \tag{5-5-24}$$

解得扭转发散临界风速为：

$$v_{td}=\sqrt{\frac{2K_\alpha}{\rho B^2 C'_{M0}}} \tag{5-5-25}$$

从上述可知，结构扭转刚度越小，主梁断面气动扭矩系数的斜率越大，桥梁扭转发散的临界风速越低。

第三节　斜拉桥的动力特性

一、动力特性计算模式

结构所固有的动力特性主要指固有频率、振型、阻尼等。它们取决于结构的组成体系、刚度、质量、质量分布以及支承条件等因素。斜拉桥的动力特性分析是进行斜拉桥抗风、抗震计算的重要基础。

自然风和地震均具有时间和空间的随机性，因而斜拉桥的动力特性分析均应采用空间有限元分析模式。计算模式的模拟应着重于结构的刚度、质量和边界条件的模拟。它们应尽量和实际结构相符。结构的刚度模拟主要指各构件的轴向刚度、弯曲刚度、剪切刚度、扭转刚度，有时也包括翘曲刚度的模拟以及各构件之间的相互连接刚度如伸缩缝的模拟等。结构的质量模拟主要指构件的平动质量和转动惯量的模拟。在有限元计算模式中，平动质量可以采用集中质量或分布质量的处理方式，而转动惯量则视桥面系的模拟方式不同而可以自动形成或按实际截面的质量分布情况计算后作为输入数据填入。边界条件模拟应和结构的支承条件相符，如支座的形式、基础的形式等。

1. 主梁的模拟

斜拉桥的主梁模拟方式可划分为以下几种：

（1）单主梁模式

根据这种模式对质量系统模拟的不同，又可分为脊梁模式和Ⅱ形模式。

脊梁模式——它是动力计算中采用较多的一种模式，它适用于自由扭转刚度较大的闭合箱梁断面，尤其是斜索面的箱梁斜拉桥。它将原主梁处理为桥纵轴线位置的单根主梁和垂直该主梁横鱼骨，主梁、横鱼骨均用三维梁单元模拟。在密索体系中通常将索锚固点定为主梁单元的自然节点，如图5-5-8所示。原主梁的轴向刚度、弯曲刚度、扭转刚度和剪切刚度均集中到主梁上，主梁单元的每个节点通过与主梁纵轴垂直的两根刚度较大的横鱼骨与索单元相连，节点和斜拉索之间可模拟为刚臂连接或处理为主从关系。主梁的质量可根据截面和材料特性采用分布质量形式；或将其分配到主梁单元的两端节点上，通过引入集中质量矩形式来考虑主梁的扭转惯性。另外，桥面非结构件，如桥面铺装、人行道板以及栏杆等附属物，可通过引入集中质量元来考虑其对桥面平动质量和转动惯量的贡献。脊梁模式比较好地模拟了原桥面主梁的刚度和质量，但横梁的刚度和主梁的翘曲刚度不能充分考虑，而横鱼骨刚度取值不当也会给动力计算带来一些影响。

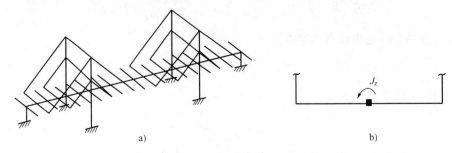

图5-5-8 脊梁模式

Ⅱ形模式——它是将原主梁的刚度系统和质量系统分开处理。把原主梁的刚度集中在中间主梁上，节点位置布置在截面的剪切中心处，而质量分散在左右两个质点上，质点的横向间距取两片边主梁的中心距，质点的竖向位置设在通过截面质点的水平线上，节点和质点之间用水平刚臂和竖向刚臂连接，形成Ⅱ形，如图5-5-9所示。

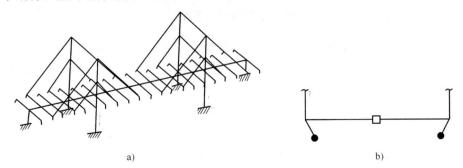

图5-5-9 Ⅱ形模式

与脊梁模式相比，Ⅱ形模式由于质量分配到主梁两侧，因而能形成截面的转动惯量：
$$J_\rho = 2Mr^2$$
式中：M——堆聚在每个质量元上的质量，是全截面质量的1/2；

r——质点到节点的距离。

如按以上处理，由于M和r均为定值，故J_ρ是个定量，它与实际截面的转动惯量$J_\xi = \sum(J_{mi} + m_i r_i^2)$之间有个差异值$\Delta$，此差值可直接在节点上输入，但一般$J_\rho > J_\xi$，$\Delta$是个负值，可通过调整连接两侧质量元的竖向刚臂的角度，改变质量元与截面剪切中心的距离以实现质量矩的等效。

Ⅱ形模式由于把刚度系统和质量系统放在各自对应的位置上，所以能比较正确地反映截面实际受力情况。缺点是节点和杆件数量增大，计算工作量增大。与脊梁模式类似，由于原桥面系刚度都集中在唯一的中间主梁上,因而无法考虑截面翘曲刚度的影响。

(2) 双主梁模式

对具有分离边箱梁的半开口主梁断面可采用双梁式模型,特别是对于自由扭转刚度较小的带实心边梁的板式开口断面。这种模式的桥面由两根对称分布于两侧的主梁以及连接两侧主梁的横梁组成。主梁间距取两索面距离,横梁间距等于索距,如图 5-5-10 所示。每片主梁面积和竖弯挠曲惯矩分别取原主梁断面的一半,而横向抗弯刚度根据挠度相等的原则计算等代刚度。横梁刚度采用实际刚度,桥面系质量堆聚在两侧主梁和中间横梁上,通过调整它们之间质量分布的比值,使平动质量和转动惯量满足全截面值的要求。

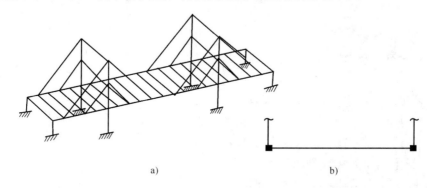

图 5-5-10 双主梁模式

与单主梁模式相比,由于该模式两片主梁分别位于桥面两侧,因而可提供部分横向抗弯刚度,且对实际的纵横梁桥面体系,横梁刚度模拟比较符合实际。主梁分布在两侧,可提供部分翘曲刚度,而且节点数、杆件数少。但这种模式在横向挠曲时相当—剪切型桁架,而实际截面(由于有强大的桥面板的联系)基本为弯曲型,虽然可以用单位力作用下跨中横向挠度相等的原理求得梁的等代横向挠曲惯性矩,但是仅根据跨中一点的挠度作为计算依据得到的桥面横向挠曲线形状与实际的形状并不相同。有时还会由于斜拉索侧弯和扭转的强烈耦合而进一步影响桥面扭频的准确性。

(3) 三主梁模式

斜拉桥三主梁模式由位于桥轴线处的中主梁(1号)和位于两侧索面处的边主梁(2号)组成,三片主梁之间的连接通过刚性横梁或节点间主从关系实现,如图 5-5-11 所示。

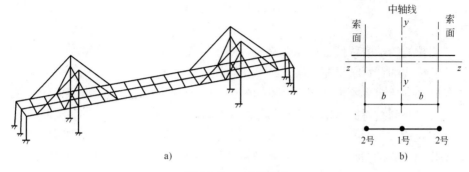

图 5-5-11 三主梁模式

原主梁的截面几何特性表示如下:

A、M 和 I 分别表示主梁截面面积、质量和质量矩;J_y、J_z 分别是主梁竖向和侧向挠曲惯矩;J_d、J_w 分别是主梁自由扭转惯矩和翘曲惯矩。

设中梁和边梁具有如下截面特性（$i=1$ 时表示中梁；$i=2$ 时表示边梁）：

A_i——面积；

J_{yi}——侧向挠曲惯矩；

J_{zi}——竖向挠曲惯矩；

J_{di}——自由扭转惯矩。

①侧向刚度的等效

为避免剪切变形的影响，可将原主梁全截面面积和侧向挠曲刚度都集中在中梁上，即：

$$A_1 = A, A_2 = 0$$
$$J_{y1} = J_y, J_{y2} = 0 \qquad (5\text{-}5\text{-}26)$$

②竖向刚度的等效

将原主梁全截面竖向挠曲刚度分配到三片主梁上，即：

$$J_{z1} + 2J_{z2} = J_z \qquad (5\text{-}5\text{-}27)$$

③翘曲刚度（约束扭转刚度）的等效

如果忽略截面变形，则翘曲刚度主要由两个边主梁提供，即：

$$2J_{z2}b^2 = J_w \qquad (5\text{-}5\text{-}28)$$

式中：b——边主梁到桥纵轴线的距离。

将式（5-5-27）代入式（5-5-28），得：

$$J_{z1} = J_z - \frac{J_w}{b^2} \qquad (5\text{-}5\text{-}29)$$

④自由扭转刚度的等效

假定为刚性扭转，则：

$$J_{d1} + 2J_{d2} = J_d \qquad (5\text{-}5\text{-}30)$$

由于自由扭转刚度比约束扭转刚度小得多，刚度等效可按截面的真实刚度进行，注意保持截面的对称性即可。

⑤质量系统的等效

方法一，将原截面总质量和总质量矩堆聚在中梁上，两个边梁不分配质量和质量矩，即：

$$M_1 = M, M_2 = 0 \qquad (5\text{-}5\text{-}31)$$

方法二，将原截面总质量分配给三片主梁，而质量矩只由两个边梁提供，即：

$$M = M_1 + 2M_2$$
$$I = 2M_2 b^2 \qquad (5\text{-}5\text{-}32)$$

从一些斜拉桥的动力特性分析算例来看，对于纵向飘移、侧弯和竖弯模态而言，单主梁模式和三主梁模式的计算结果非常接近，而扭转模态的差别相对较大。用三主梁计算模式得到的一阶扭转频率比单主梁模式要高，差别的大小与斜拉桥跨度、主梁截面形式和拉索体系等有关。通常，在斜拉桥的地震反应分析中，采用单主梁与双主梁模式计算的差别并不大，但对大跨径斜拉桥抗风分析，由于扭弯频率比是衡量其颤振稳定性的重要参数，而三主梁模式能更好地模拟主梁的扭转特性，因此斜拉桥的抗风分析采用三主梁模式更为合适。

2. 斜拉索的模拟

通常采用杆单元来模拟斜拉索，但要计入初始恒载轴力的几何刚度，以免在计算中出现不正常的柔索局部振动。由于索的拉应力和自重垂度的影响，斜拉索表现出非线性刚度特性，这种非线性特性可用 Ernst 提出的等效弹性模量来考虑。其推导见本篇第三章第一节。

杆单元可选用两节点直线单元或三节点曲线单元形式。当采用两节点直线杆单元时,刚度矩阵与轴向受力杆件相同,而自重垂度的影响由等效弹性模量来考虑。如采用三节点曲线杆单元,单元形状为索在自重荷载作用下的非线性变形形状,单元初始应力为成桥的索预应力。采用三节点曲线杆单元可提高主梁竖向自振频率的计算精度,也能体现索振动对全桥振动的影响。

3. 主塔的模拟

主塔可用一系列的三维梁单元来表示,其中每根横梁和塔柱可划分为若干个单元,在截面变化处和索锚固点为梁单元的自然节点。为较真实地反映主塔振型,塔柱和横梁单元划分不能太粗。当塔臂和横梁很强大时,为考虑剪切变形、各构件转动惯量以及二者连接部位的尺度效应,可在横梁和塔柱连接处之间引入刚臂单元。

4. 基础的模拟

一般对扩大基础、沉井基础、锚碇等的处理比较简单,可视为固端。而桩基础的处理比较复杂,常用的有两种方法:

(1) 边界单元模式

用作用于边界元上的六个弹簧刚度等代群桩的作用,见图 5-5-12。这六个弹簧刚度是竖向刚度、顺桥向和横桥向的抗推刚度、绕竖轴的抗扭刚度和绕两个水平轴的抗弯刚度。它们的计算方法与静力计算相同,所不同的仅是土抗力的取值比静力的大,这是考虑到在瞬态荷载作用下的土抗力应比持续荷载作用的大,一般取 $m_{动} = (2 \sim 3) m_{静}$。

用此模式计算的结构固有频率往往较采用桩基模式的低,如在斜拉桥的动力特性计算中以塔的振动为主的频率值变小,说明边界元的刚度偏小。

在计算桩的反应值时是把边界元的反应值作为群桩承台顶面的作用力然后用静力计算方法分配到每根桩上。这种处理方法实际上没有考虑桩本身动力反应的影响,使计算结果比直接采用桩基模式的反应值小。

(2) 桩基模式

在计算图式中,用三维梁单元模拟实际的桩基础,用土弹簧单元模拟桩周围土抗力的影响。基岩或土层的人工地震波从桩端或土弹簧输入,见图 5-5-13。

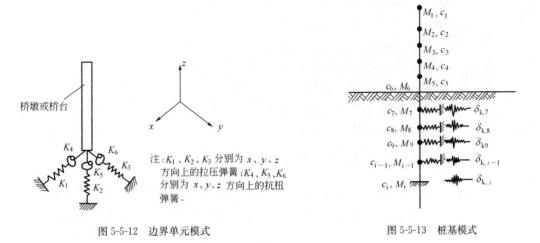

图 5-5-12 边界单元模式　　　　图 5-5-13 桩基模式

土弹簧的面积根据土层的性质、厚度求得,土弹簧的设置位置根据土层深度确定。在取用土层的土抗力系数为 m 时,同样可采用静力计算值的 2～3 倍。当群桩间距比较小时,还可将桩间的土按等刚度原则模拟成二力杆，通过桩与桩之间形成的纵横向连接，来考虑各桩之间因桩间土的共同振动而导致的相互影响。

入土部分的桩基应考虑土的附加质量影响，侵入水中部分的桩基应考虑振动时水的附加质量影响。

二、斜拉桥的基频估算

桥梁抗风设计中最重要的是主梁最低阶的对称和反对称竖向弯曲、侧向弯曲和扭转共六个模态。对斜拉桥来说，由于主梁侧弯和扭转往往是强烈耦合的，要避免侧弯为主稍带扭转的振型误认为扭转振型。计算得到的主要自振频率最好与已建成的类似跨度桥梁的计算和实测结果进行比较，以保证分析的可靠性。

双塔斜拉桥的一阶竖向弯曲频率，在初步设计阶段或技术设计阶段进行抗风估算时，可采用下列基于统计资料的经验公式：

对无辅助墩的斜拉桥：

$$f_{b1} = \frac{110}{L_c} \tag{5-5-33a}$$

对有辅助墩的斜拉桥：

$$f_{b1} = \frac{150}{L_c} \tag{5-5-33b}$$

式中：L_c——斜拉桥主跨跨径（m）；

f_{b1}——竖向弯曲基频（Hz）。

双塔斜拉桥的一阶竖向对称弯曲频率的简化计算公式为：

$$f_{b1} = \frac{1}{2\pi}\sqrt{\frac{K_b}{m}} \tag{5-5-34}$$

$$K_b = \left(\frac{\pi}{L_c}\right)^4 (E_g I_g + 2E_t I_t) + \frac{E_c A_c}{2aL_s}\sin^2\alpha \tag{5-5-35}$$

式中：E_c——拉索的弹性模量（MPa）；

A_c——中跨最长拉索的截面积（m²）；

L_s——中跨最长拉索的长度（m）；

a——平均索距（m）；

α——中跨最长拉索的倾角（°）；

E_g——主梁材料弹性模量（MPa）；

E_t——桥塔塔根材料弹性模量（MPa）；

I_g——主梁截面竖向惯性矩（m⁴）；

I_t——塔根截面顺桥向惯性矩（m⁴）；

L_c——主跨跨径（m）。

斜拉桥的扭频主要取决于主梁截面的抗扭刚度、转动惯量及索面布置。双塔斜拉桥一阶扭转频率在初步设计阶段或技术设计阶段的抗风估算时，可采用下列经验公式估算：

$$f_{t1} = \frac{C}{\sqrt{L_c}} \tag{5-5-36}$$

式中：C——斜拉桥扭转基频经验系数，可按表 5-5-11 取值。

f_{t1}——双塔斜拉桥的扭转基频（Hz）。

斜拉桥扭转基频经验系数 C 表 5-5-11

索　面	主梁截面形状	钢　桥	混凝土桥
平行索面	开口	10	9
	半开口	12	12
	闭口	17	14
斜索面	开口	12	11
	半开口	14	12
	闭口	21	17

三、桥梁的阻尼

桥梁的阻尼是确定桥梁振动特性的重要动力参数之一。阻尼消耗能量，使振动衰减，对桥梁的安全是有利的。阻尼的大小直接影响到动力响应的大小。到目前为止，由于无法进行计算分析，阻尼的估算主要基于实际的测量。因此在进行抗风分析和风洞试验时，一般取用结构阻尼统计值的平均值。桥梁结构的阻尼比 ζ_s 可按下列数值取用：

钢桥　　　　　　　0.005
钢混结合梁桥　　　0.01
混凝土桥　　　　　0.02

第四节　颤振稳定性分析

桥梁结构的驰振和颤振是两种气动弹性不稳定现象，并可能造成灾难性后果。驰振是细长物体因气动自激作用产生的一种纯弯曲大幅振动，理论上它是发散的，即不稳定的。驰振主要发生在截面较钝的钢桥和钢桥塔中。由于国内的桥塔一般采用混凝土材料，阻尼较大，桥塔驰振临界风速一般都很高。颤振是扭转发散振动或弯扭耦合的发散振动，也是动力不稳定的表现。本节主要介绍颤振稳定性分析。

一、颤振临界风速

颤振稳定性指数 I_f 应按下述公式计算：

$$I_f = \frac{[v_{cr}]}{f_{t1} \cdot B} \tag{5-5-37}$$

式中：I_f——颤振稳定性指数；
　　　f_{t1}——扭转基频（Hz）；
　　　B——桥面全宽（m）；
　　　$[v]_{cr}$——颤振检验风速（m/s），可按式（5-5-41）计算。

成桥状态下的双塔斜拉桥可按对称扭转基频计算计算其颤振稳定性。

当颤振稳定性指数 $I_f < 2.5$ 时，可按式（5-5-38）计算桥梁的颤振临界风速：

$$v_{cr} = \eta_s \cdot \eta_\alpha \cdot v_{co} \tag{5-5-38a}$$

$$v_{co} = 2.5 \sqrt{\mu \cdot \frac{r}{b}} \cdot f_{t1} \cdot B \tag{5-5-38b}$$

式中：v_{cr}——桥梁颤振临界风速（m/s）；

v_{co}——平板颤振临界风速（m/s）；

η_s——主梁断面形状修正系数，$\eta_s = \dfrac{v_c(0°)}{v_{co}}$，可按表 5-5-12 取用；

η_α——攻角效应折减系数，$\eta_\alpha = \dfrac{v_c(\alpha)}{v_c(0°)}$，可按表 5-5-12 取用；

μ——桥梁与空气的密度比，$\mu = m/(\pi\rho b^2)$；

$\dfrac{r}{b}$——主梁断面的惯性半径比，$\dfrac{r}{b} = \dfrac{1}{b}\sqrt{\dfrac{I_m}{m}}$；

b——桥梁的半宽；

m——主梁单位长度质量；

I_m——主梁单位长度的质量惯性矩。

断面形状修正系数 η_s 和攻角效应折减系数 η_α 表 5-5-12

截面形式	形状系数 η_s 阻尼比			攻角效应系数 η_α
	0.005	0.01	0.02	
平板	1	1	1	—
钝头形	0.50	0.55	0.60	0.80
带挑臂	0.65	0.70	0.75	0.70
带斜腹板	0.60	0.70	0.90	0.70
带风嘴	0.70	0.70	0.80	0.80
带导流板	0.80	0.80	0.80	0.80
开口板梁	0.35	0.40	0.50	0.85

当颤振稳定性指数 $2.5 \leqslant I_f < 4.0$ 时，宜通过节段模型风洞试验检验桥梁颤振稳定性。

当颤振稳定性指数 $4.0 \leqslant I_f < 7.5$ 时，宜进行主梁气动选型，并通过节段模型试验、全桥模型试验或详细的颤振稳定性分析检验桥梁颤振稳定性。

当颤振稳定性指数 $I_f \geqslant 7.5$ 时，宜进行主梁气动选型，通过节段模型试验、全桥模型试验或详细的颤振稳定性分析检验桥梁颤振稳定性，必要时应采用振动控制技术。

主跨跨径小于 300m 的桥梁，当主梁断面宽高比 $B/H = 4 \sim 8$ 时，可按下述公式计算颤振临界风速：

$$v_{cr} = 5 f_{t1} \cdot B \tag{5-5-39}$$

对宽高比 $B/H < 4$ 的主梁断面，其颤振临界风速可取式（5-5-39）和下式计算结果的较小者：

$$v_{cr} = 12 f_{t1} \cdot H \tag{5-5-40}$$

风洞试验宜考察桥梁在风攻角 $-3° \leqslant \alpha \leqslant +3°$ 范围内的颤振稳定性。在模拟桥梁阻尼比的条件下，若无明显发散点，可以扭转位移根方差值为 $0.5°$ 时的风速作为颤振临界风速。

二、颤振检验风速

由于颤振临界风速一般在均匀流场中得到,所以其颤振检验风速应考虑紊流的影响,引入颤振检验风速修正系数 μ_f,颤振检验风速 $[v_{cr}]$ 为:

$$[v_{cr}] = K \cdot \mu_f \cdot v_d \tag{5-5-41}$$

式中:v_d——设计基准风速(m/s);

K——考虑风洞试验误差及设计、施工中不确定因素的综合安全系数,$K=1.2$;

μ_f——风速脉动修正系数,可按表 5-5-13 选用。

风速脉动修正系数 μ_f 表 5-5-13

跨径(m) 地表类别	100	200	300	400	500	650	800	1000	1200	>1500
A	1.30	1.27	1.25	1.24	1.23	1.22	1.21	1.20	1.20	1.19
B	1.36	1.33	1.30	1.29	1.28	1.27	1.26	1.25	1.24	1.22
C	1.43	1.39	1.37	1.35	1.33	1.31	1.30	1.28	1.27	1.25
D	1.49	1.44	1.42	1.40	1.38	1.36	1.35	1.33	1.31	1.29

通常桥梁颤振临界风速风洞试验在均匀流中进行,因此需要引入风速脉动修正系数来考虑紊流风对颤振临界风速的影响。若风洞试验模拟了紊流风场,则风速脉动修正系数 μ_f 可取为1。对同类地表,风速脉动修正系数 μ_f 随基本风速变化较小,随桥面高度虽有变化,但亦不甚敏感;随水平相关系数的变化亦不大,但随地表类别变化的影响较大。

三、桥梁颤振稳定性要求

在风攻角 $-3° \leqslant \alpha \leqslant +3°$ 范围内,桥梁颤振临界风速应满足下述规定:

$$v_{cr} \geqslant [v_{cr}] \tag{5-5-42}$$

式中:v_{cr}——颤振临界风速(m/s);

$[v_{cr}]$——颤振检验风速(m/s),可按式(5-5-41)计算。

但当桥梁主梁离开地面或水面的高度不大时,如小于20m,可适当放宽要求,仅检验0°风攻角的颤振稳定性。

在大跨度斜拉桥施工阶段中,结构体系处于不断转换、尚未成形的状态,可能会出现比成桥后更为不利的状态,即刚度较小,变形较大,稳定性较差,甚至风致振动响应更大的情况。因此,当斜拉桥最大双悬臂和最大单悬臂施工状态的颤振稳定性指数 I_f 大于或等于4.0时,宜通过适当的模型风洞试验作颤振稳定性检验。

【例 5-5-1】 某双塔平行双索面混凝土斜拉桥,边孔带辅助墩,主梁为肋板式开口截面,如图5-5-14所示,该桥主跨跨径432m,桥面宽23.4m;桥面距水面的平均高度为30m,桥址位置的基本风速 $v_{10}=25.6$ m/s,地表类别为C类,试对该桥作颤振稳定性估算。

图 5-5-14 主梁断面主要尺寸(尺寸单位:cm)

解：(1) 设计基准风速

C类地表，主梁基准高度 $Z=30$m，查表 5-5-4 得风速高度变化修正系数 $K_1=1.0$。根据式 (5-5-10)，得桥面处的设计基准风速 v_d 为：

$$v_d = K_1 \cdot v_{10} = 1.0 \times 25.6 = 25.6 \text{m/s}$$

(2) 颤振检验风速

根据桥址地表类别和主跨跨径，查表 5-5-13 经插值得风速脉动修正系数 $\mu_f=1.3436$，由式 (5-5-41) 得颤振检验风速 $[v_{cr}]$ 为：

$$[v_{cr}] = K\mu_f v_{10} = 1.2 \times 1.3436 \times 25.6 = 41.28 \text{m/s}$$

(3) 大桥扭转基频估算

该混凝土斜拉桥主跨 432m，有辅助墩，根据主梁断面形状特征，查表 5-5-11，得斜拉桥扭转基频经验系数 $C=9$，根据式 (5-5-36)，其一阶扭转频率 f_{t1} 为：

$$f_{t1} = \frac{C}{\sqrt{L_c}} = \frac{9}{\sqrt{432}} = 0.433 \text{Hz}$$

(4) 颤振稳定性指数 I_f

由式 (5-5-37) 得颤振稳定性指数 I_f 为：

$$I_f = \frac{[V_{cr}]}{f_{t1} B} = \frac{41.28}{0.433 \times 23.4} = 4.07$$

因 $4.0 \leqslant I_f < 7.5$，故应对该桥主梁进行气动选型，并通过节段模型风洞试验、全桥模型风洞试验或详细的颤振稳定性分析，以检验该桥的颤振稳定性。

第五节 抖振和涡激共振分析

抖振与涡振都是限幅振动，不会对桥梁造成毁灭性灾害。但是，长期振动会引起结构疲劳，使行车和行人有不舒适感或不安全感。

一、抖振的概念

桥梁的长大化使其刚度和结构阻尼不断下降，导致对风的敏感性不断增加。自然风是一种湍流，可分解成平均风和脉动风。脉动风给结构一个变化的作用力，强迫结构振动，这就是抖振，从而在结构中产生抖振惯性力。处于风上游的结构，其尾流可能含有比自然风更强的紊流成分，如果下游结构正好处在这一尾流中，也会引发强烈的抖振。

紊流过程是在空间和时间两个尺度上都高度随机性的，因此研究抖振不仅需要较强的随机振动知识，而且需要桥址处自然风场的大量样本。迄今为止，大跨径桥梁抖振分析还不成熟，分析结果与实测结果往往不太一致。Davenport 建立了抖振的随机性分析理论。与颤振分析一样，这个理论也是从飞机机翼抖振理论中移植过来的。Davenport 方法只考虑了风的脉动成分作用，而忽略了平均风的自激气动力作用。Scanlan 对 Davenport 理论作了改进，同时考虑自激力与抖振力的作用，他的理论因此称作颤抖振理论。由于在颤振临界风速以下，自激力的作用往往是衰减振动，因此在抖振分析中记入自激力作用使分析进一步精细化，所得随机性评价结果向实际靠近了一步。上述两种理论的实现过程较长，需要较多的随机振动知识。

下面介绍抖振随机性分析的参数，以方便工程设计人员评价和应用抖振分析结果。

(1) 脉动风功率谱密度

这是描写桥址处自然风特性的统计量。它表示风脉动程度随频率的分布情况，与地表粗糙度、基准高度及平均风速有关。因实测桥址处的风功率谱密度费时费力，一般借用各种现有风速谱，例如 Davenport 谱、Karman 谱等，它们都是依据大量风场实测资料整理出来的。

(2) 二维气动力的功率谱密度与气动导纳

脉动风是随机的，它引起的二维气动力也是随机的，其强度也由功率谱密度表示。气动导纳就是由脉动风功率谱到二维气动力功率谱的传递函数。

(3) 空间相关函数

二维气动力功率谱密度只是描述一个桥梁断面的气动力。显然沿桥跨方向的各个断面在同一瞬间的气动力分布也是随机的，这种空间上的随机性就用空间相关函数这一随机统计量来描述。

(4) 抖振反应的概率评价

由于抖振是一种随机振动，抖振分析结果只是一种概率评价。通常是给出抖振振幅的均方根（平均值为零），同时取 3~4 倍均方根作为可能发生的最大抖振响应。正因如此，一般实测抖振振幅均小于抖振分析结果。显然抖振分析结果与风谱、气动导纳、空间相关函数的选取有关。

二、大跨度桥梁抖振有限元分析

Vncent 在金门大桥的一次实测中，曾测到在 25~31m/s 的风速作用下，桥面的抖振极值振幅为 1.7m，因此抖振分析已成为桥梁抗风设计中的主要课题之一。

下面介绍基于频域分析的抖振有限元方法。该法根据 Scanlan 提出的大跨度桥梁颤抖振分析理论，引入了空间梁单元的位移插值函数及拉盖尔高斯积分法，提出一套基于频域分析的抖振有限元方法。

1. 定常气动力表达式

(1) 自激力

二维桥梁节段模型上，选择竖向、扭转及水平侧向位移，记作 h、α、p，在简谐振动条件下，单位长度气动自激力可分为：

升力： $L_h = \frac{1}{2}\rho v^2 B \left[KH_1^*(K) \frac{\dot{h}}{v} + KH_2^*(K) \frac{B\dot{\alpha}}{v} + K^2 H_3^*(K) \alpha \right]$ (5-5-43a)

阻力： $D_p = \frac{1}{2}\rho v^2 B \left[KP_1^*(K) \frac{\dot{p}}{v} + KP_2^*(K) \frac{B\dot{\alpha}}{v} + K^2 P_3^*(K) \alpha \right]$ (5-5-43b)

力矩： $M_\alpha = \frac{1}{2}\rho v^2 B^2 \left[KA_1^*(K) \frac{\dot{h}}{v} + KA_2^*(K) \frac{B\dot{\alpha}}{v} + K^2 A_3^*(K) \alpha \right]$ (5-5-43c)

式中：H_i^*、P_i^*、A_i^*（$i=1\sim3$）是颤振导数，均为无量纲折算频率 K 的函数，由桥梁主梁气动外形所决定；$K=B\omega/v$，其中 v 是来流平均风速，B 是桥宽，ω 是振动圆频率。

(2) 抖振力

抖振力是时间和空间的随机函数，可表示为：

升力：
$$L_b = \frac{1}{2}\rho v^2 B\left[C_L\left(2\frac{u}{v}\right) + (C'_L + C_D)\frac{w}{v}\right] \quad (5\text{-}5\text{-}44a)$$

阻力：
$$D_b = \frac{1}{2}\rho v^2 B\left(2C_D\frac{u}{v} + C'_D\frac{w}{v}\right) \quad (5\text{-}5\text{-}44b)$$

力矩：
$$M_b = \frac{1}{2}\rho v^2 B^2\left(2C_M\frac{u}{v} + C'_M\frac{w}{v}\right) \quad (5\text{-}5\text{-}44c)$$

式中： u、w——分别是自然风纵向和竖向脉动速度分量；

C_L、C_M、C_D、C'_L、C'_M——定常气动力系数及其导数。

2. 三维抖振运动方程

引入广义坐标 ε，则沿桥跨 x 处的桥面垂直、扭转和水平位移可表示为 n 阶固有模态的线性组合，记作：

竖向位移：
$$h(x, t) = \sum_i h_i(x) B\varepsilon_i \quad (5\text{-}5\text{-}45a)$$

转角：
$$\alpha(x, t) = \sum_i \alpha_i(x)\varepsilon_i \quad (5\text{-}5\text{-}45b)$$

侧向位移：
$$p(x, t) = \sum_i p_i(x) B\varepsilon_i \quad (5\text{-}5\text{-}45c)$$

式中： $h_i(x)$、$\alpha_i(x)$、$p_i(x)$——第 i 阶振型的无量纲表达式；

ε_i——第 i 阶振型的广义坐标。

则运动方程为：
$$I_i(\ddot{\varepsilon} + 2\zeta_i\dot{\varepsilon} + \omega_i^2\varepsilon_i) = Q_{ae} + Q_b \quad (5\text{-}5\text{-}46)$$

下标 ae 和 b 分别表示自激力和抖振力，Q_{ae}、Q_b 分别为广义自激力和广义抖振力。对式 (5-5-46) 作傅立叶变换，得到的频域运动方程为：

$$[C(K) + iD(K)]\varepsilon = \frac{\rho B^4 l}{2I_i}\int_0^l \overline{F}(x, K)\frac{\mathrm{d}x}{l} \quad (5\text{-}5\text{-}47)$$

式中： $C(K) = K_i^2 - K^2\left(1 + \frac{\rho B^4 l}{2I_i}A_3^* G_{\alpha_i}\right)$；

$D(K) = 2\zeta_i K_i K - \frac{\rho B^4 l}{2I_i}K^2(H_1^* G_{h_i} + P_1^* G_{p_i} + A_2^* G_{\alpha_i})$；

$\overline{F}(x, K) = \overline{L_b}(x, K)h_i(x) + \overline{D_b}(x, K)p_i(x) + \overline{M_b}(x, K)\alpha_i(x)$；

$K_i = B\omega_i/v$；

$G_{q_i} = \int_0^l q_i^2(x)\frac{\mathrm{d}x}{l}$；$(q_i = h_i、p_i、\alpha_i)$，$l$ 为梁单元长度。

3. 抖振频域分析

由式 (5-5-47) 可确定广义坐标 ε_i 的功率谱密度：

$$S_{\varepsilon i}(K) = \left(\frac{\rho B^4 l}{2I_i}\right)^2 [C^2(K) + D^2(K)]^{-1}\iint S_F(x_A, x_B, K)\frac{\mathrm{d}x_A}{l}\frac{\mathrm{d}x_B}{l} \quad (5\text{-}5\text{-}48)$$

式中的二重积分是指对梁上 2 个独立自变点 x_A、x_B 各沿梁长积分一次。

忽略脉动风中 u 和 w 之间的交叉谱（实际上在脉动风作用下，该项影响很小），式中 $S_F(x_A, x_B, K)$ 可表示为：

$$S_F(x_A, x_B, K) = \overline{q}(x_A)\overline{q}(x_B)S_u(x_A, x_B, K) + \overline{r}(x_A)\overline{r}(x_B)S_w(x_A, x_B, K) \quad (5\text{-}5\text{-}49)$$

式中： $\overline{q}(x) = 2[C_L h_i(x) + C_D p_i(x) + C_M \alpha_i(x)]$；

$\overline{r}(x) = (C'_L + C_D)h_i(x) + C'_M \alpha_i(x)$；

$S_u(x_A, x_B, K)$、$S_w(x_A, x_B, K)$ 分别为脉动风 u、w 沿桥跨方向两点 x_A、x_B 之间的互功率谱，按以下两式计算：

$$S_u(x_A, x_B, K) = S_u(K)e^{-c|x_A - x_B|/l} \quad (5\text{-}5\text{-}50a)$$

$$S_w(x_A, x_B, K) = S_w(K)e^{-c|x_A - x_B|/l} \quad (5\text{-}5\text{-}50b)$$

式中：$\dfrac{8nl}{v} \leqslant c \leqslant \dfrac{16nl}{v}$，$n$ 为自然风的频率；

$S_u(K) = \dfrac{u_*^2}{n} \cdot \dfrac{200f}{(1+50f)^{5/3}}$；

$S_w(K) = \dfrac{u_*^2}{n} \cdot \dfrac{6f}{(1+4f)^2}$；

由 i 阶振型广义坐标 ε_i 的功率谱密度可求得 ε_i 的抖振均方根响应为：

$$\sigma_{\varepsilon_i}^2 = \int_0^\infty S_{\varepsilon_i}(K)dK \quad (5\text{-}5\text{-}51)$$

最后可求得在 i 阶振型下 h、p、α 三个方向的抖振位移均方根值为：

$$\sigma_{h_i}(x)^2 = h_i^2(x)B^2\sigma_{\varepsilon_i}^2 \quad (5\text{-}5\text{-}52a)$$

$$\sigma_{p_i}(x)^2 = p_i^2(x)B^2\sigma_{\varepsilon_i}^2 \quad (5\text{-}5\text{-}52b)$$

$$\sigma_{\alpha_i}(x)^2 = \alpha_i^2(x)B^2\sigma_{\varepsilon_i}^2 \quad (5\text{-}5\text{-}52c)$$

4. 抖振有限元分析

在求解抖振响应的过程中，需求解 $\iint_L q_i(x_A)q_i(x_B)e^{-c|x_A-x_B|/L}dx_A dx_B$，需首先将沿梁长 L 的二重积分的每重积分离散为沿每个梁单元（图 5-5-15）的积分之和，再将每个梁单元的振型函数利用空间梁单元的位移插值函数表示为以梁单元的两个节点振型值表示的函数，最后通过对这个函数求积分求得 $S_{\varepsilon_i}(K)$。

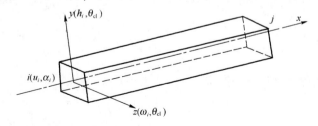

图 5-5-15　空间梁单元示意图

若将梁划分为 n 个单元，则有：

$$\iint_L q_i(x_A)q_i(x_B)e^{-c|x_A-x_B|/L}dx_A dx_B$$
$$= \sum_{k=1}^n \int_0^l q_{ik}(x_1)dx_1 \sum_{m=1}^n \int_0^l q_{im}(x_2)e^{-c|x_1-x_2|/L}dx_2 \quad (5\text{-}5\text{-}53)$$

式中：q_i——分别为 h_i、p_i、α_i 变量的函数；

q_{ik}、q_{im}——分别为 h_i、p_i、α_i 在单元 k、m 内的振型；

L——为主梁长度。

引入空间梁单元的插值公式，第 k 个空间梁单元的振型可表示为：

$$[h(x), p(x), \alpha(x)]^T = [N(x)]\{q^e\} \quad (5\text{-}5\text{-}54)$$

式中广义坐标矢量 $\{q^e\}$ 定义为：

$$\{q^e\} = [u_i, h_i, p_i, \alpha_i, \theta_{yi}, \theta_{zi}, u_j, h_j, p_j, \alpha_j, \theta_{yj}, \theta_{zj}]^T$$

而形函数矩阵 $[N(x)]$ 为：

$$[N(x)] = \begin{bmatrix} 0 & N_1 & 0 & 0 & 0 & N_2 & 0 & N_3 & 0 & 0 & 0 & N_4 \\ 0 & 0 & N_5 & 0 & N_6 & 0 & 0 & 0 & N_7 & 0 & N_8 & 0 \\ 0 & 0 & 0 & N_9 & 0 & 0 & 0 & 0 & 0 & N_{10} & 0 & 0 \end{bmatrix}$$

式中：$N_1 = N_5 = 1 - 3\left(\dfrac{x}{l}\right)^2 + 2\left(\dfrac{x}{l}\right)^3$；

$N_2 = N_6 = x - 2l\left(\dfrac{x}{l}\right)^2 + l\left(\dfrac{x}{l}\right)^3$；

$N_3 = N_7 = 3\left(\dfrac{x}{l}\right)^2 - 2\left(\dfrac{x}{l}\right)^3$；

$N_4 = N_8 = -l\left(\dfrac{x}{l}\right)^2 + l\left(\dfrac{x}{l}\right)^3$；

$N_9 = 1 - \dfrac{x}{l}$；

$N_{10} = \dfrac{x}{l}$。

将式（5-5-54）代入式（5-5-53）再利用式（5-5-48）就可以求出 S_{ϵ_i} 的值。求解抖振位移响应 σ_{q_i} 时，利用拉盖尔高斯积分法来计算式（5-5-52a）～式（5-5-52c）中半无限长区间 $(0, \infty)$ 上的积分。

求出单振型的抖振位移均方根以后，利用以下公式计算多振型抖振位移均方根：

$$\sigma_q(x) = \sqrt{\sum_{i=1}^n \sigma_{q_i}} \quad (i = 1 \sim n \text{ 为参与计算的振型}) \tag{5-5-55}$$

再将求得的抖振位移均方根乘以峰值因子 μ（$\mu = 3.0 \sim 4.0$）就可求出抖振位移最大单边振幅。

5. 抖振内力计算

(1) 方法一

首先计算结构上各节点在某一振型 i 下的最大惯性力荷载 $\{F_k\}_i$：

$$\{F_k\}_i = -\omega_i^2 [M_k]\{q\}_i \tag{5-5-56}$$

式中：$\{q\}_i$——节点在振型 i 下的最大抖振位移；

$$\{q\}_i = \mu\{\sigma_q\}_i$$

其中 $\{\sigma_q\}_i$ 为节点处的抖振位移根方差。

然后将惯性力荷载作为静荷载加入振型计算的同一有限元模型上，求解有限元方程得到抖振位移，再由位移计算结构各单元内力的抖振内力最大值。考虑多模态效应的方法与计算抖振位移时考虑多模态效应的方法一样。这种方法是目前普遍采用的方法，可称为惯性力方法。

(2) 方法二

注意到式（5-5-56）的惯性力荷载是由振型与它的广义坐标抖振最大值确定的，那么不难推断，由这组惯性力产生的最大变形其实就是振型函数与广义坐标抖振最大值的乘积，因此，完全不必要由惯性力荷载去求解有限元方程，可直接由振型函数与广义坐标抖振最大值乘积得到最大变形，由此变形计算内力。在本文方法中，可计算出每个单元的抖振内力，具体过程是：在某一振型 i 下，将结构每个梁单元的两个节点抖振最大值位移由整体坐标系转化为局部坐标系，再乘以单元局部刚度矩阵，即可求得每个节点在振型 i 下的抖振最大内力。这种方法比方法一省去了求解总平衡方程的计算量。方法二如考虑多模态效应同方法一。

三、涡激共振

涡激共振是一种带有自激性质的风致振动。尽管它不像颤振、驰振那样具有发散和毁灭性，但由于它是低风速下容易发生的一种振动，在某些情况下其振幅之大足以影响行车安全，因而在施工或成桥阶段避免涡激共振或限制其振幅在可接受的范围之内具有十分重要的意义。

桥梁结构处于自然风场中，当气流流经一些物体，如主梁、桥塔、桥墩和拉索时，将在其表面形成旋涡脱落，在某一风速下，在其尾流中将出现交替脱落的旋涡，此即所谓的卡门涡街，如图 5-5-16 所示。

图 5-5-16 圆柱绕流形成的卡门涡街

研究表明，旋涡脱落的频率 f_v 由下式表示：

$$f_v = S_t v/D \tag{5-5-57}$$

式中：v——来流风速；

D——结构物特征长度，如主梁高度、拉索直径等；

S_t——无量纲参数，称为斯脱拉哈数，对于桥梁主梁，S_t 在 0.05～0.2 之间，对于圆形拉索，当雷诺数在 $1.0 \times 10^4 \sim 3.0 \times 10^5$ 之间时，S_t 等于 0.2。

因 S_t 和 D 为常数，从式（5-5-57）可知，旋涡脱落的频率随风速的增大而振动。当来流风速增大到某一值时，旋涡脱落频率将接近结构的某一阶固有振动频率，从而导致桥梁结构发生涡激共振。然而由于涡激共振的非线性特征，旋涡脱落频率将在一定风速范围内被结构的振动频率所"锁定"。如果来流风速进一步增大，"锁定"现象将消失，此时因旋涡脱落频率不再接近结构固有振动频率，结构振动幅度将大幅度减小，因此，涡激共振是一种限幅振动。

1. 斜拉桥主梁涡激共振

（1）实腹式桥梁涡激共振发生风速

混凝土桥梁可不考虑涡激共振的影响。钢桥或钢质桥塔宜通过风洞试验作涡激振动测试。当结构基频大于 5Hz 时，可不考虑涡激共振的影响。

实腹式桥梁的竖向涡激共振发生风速可按下式计算：

$$v_{cvh} = 2.0 f_b B \tag{5-5-58}$$

式中：v_{cvh}——竖向涡激共振发生风速（m/s）；

f_b——竖向弯曲振动频率（Hz）。

扭转涡激共振的发生风速可按下式计算：

$$v_{cv\theta} = 1.33 f_t B \tag{5-5-59}$$

式中：$v_{cv\theta}$——扭转涡激共振发生风速（m/s）；

f_t——扭转振动频率（Hz）。

（2）实腹式桥梁的涡激共振振幅计算

竖向涡激共振振幅可按下式估算：

$$h_c = \frac{E_h E_{th}}{2\pi m_r \zeta_s} B \qquad (5\text{-}5\text{-}60\text{a})$$

$$m_r = \frac{m}{\rho B^2} \qquad (5\text{-}5\text{-}60\text{b})$$

$$E_h = 0.065 \beta_{ds} (B/H)^{-1} \qquad (5\text{-}5\text{-}60\text{c})$$

$$E_{th} = 1 - 15 \cdot \beta_t \cdot (B/H)^{1/2} I_u^2 \geqslant 0 \qquad (5\text{-}5\text{-}60\text{d})$$

$$I_u = \frac{1}{\ln\left(\dfrac{Z}{z_0}\right)} \qquad (5\text{-}5\text{-}60\text{e})$$

式中：h_c——竖向涡激共振振幅（m）；

m——桥梁单位长度质量（kg/m），对变截面桥梁，可取 1/4 跨径处的平均值；对斜拉桥，应计入斜拉索质量的一半；

ζ_s——桥梁竖弯结构阻尼比；

β_{ds}——形状修正系数，对宽度小于 1/4 有效高度，或具有垂直腹板的钝体断面，取为 2；对六边形断面或宽度大于 1/4 有效高度或具有斜腹板的钝体断面，取为 1；

B——桥面宽度（m）；见图 5-5-17；

H——桥面高度（m）；见图 5-5-17；

β_t——系数，对六边形截面为 0，其他截面取 1；

I_u——紊流强度。

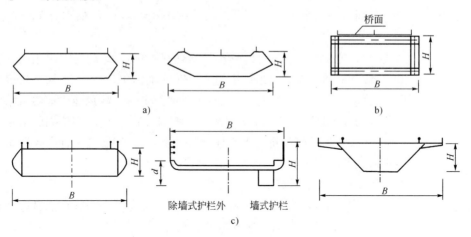

图 5-5-17 桥面的宽度和高度

a) 六边形截面主梁；b) 桁梁桥的桥宽及梁高；c) 闭口截面主梁的桥宽及梁高

竖向涡激共振的振幅应满足下述规定：

$$h_c < [h_a] = \frac{0.04}{f_b} \qquad (5\text{-}5\text{-}61)$$

式中：$[h_a]$——竖向涡激共振的允许振幅（m）。

扭转涡激共振振幅可按下式估算：

$$\theta_c = \frac{E_\theta \cdot E_{t\theta}}{2\pi I_{pr} \zeta_s} B \qquad (5\text{-}5\text{-}62\text{a})$$

$$I_{pr} = \frac{I_p}{\rho B^4} \qquad (5\text{-}5\text{-}62\text{b})$$

$$E_\theta = 17.16\beta_{ds}(B/H)^{-3} \tag{5-5-62c}$$

$$E_{t\theta} = 1 - 20 \cdot \beta_t \cdot (B/H)^{1/2} I_u^2 \geqslant 0 \tag{5-5-62d}$$

式中：I_p——桥梁单位长度质量惯矩（kg·m⁴/m），对变截面桥梁，取 1/4 跨径处的平均值；对斜拉桥，应计入斜拉索质量的一半；

θ_c——扭转涡激共振振幅（m）；

ζ_s——桥梁扭转结构阻尼比。

扭转涡激共振的振幅应满足下述规定：

$$\theta_c < [\theta_a] = \frac{4.56}{B \cdot f_t} \tag{5-5-63}$$

式中：$[\theta_a]$——扭转涡激共振的允许振幅（rad）。

2. 斜拉索的涡激共振

拉索是斜拉桥的关键构件，由于拉索的柔性、相对小的质量及较低的阻尼，拉索在风、风雨、车辆荷载作用下极易发生振动，这些振动包括涡激共振、尾流驰振、驰振、参数激振、风雨激振等。拉索的大幅振动容易引起锚固端的疲劳，或者损坏拉索端部的腐蚀保护系统，降低拉索的使用寿命，严重时甚至要紧急关闭交通。拉索的振动已成为大跨度斜拉桥面临解决的关键问题之一，也引起了国内外许多学者越来越多的关注。

拉索横断面一般为圆形，其表面旋涡交替脱落在尾流形成卡门涡街，这些涡街将在拉索上形成交替作用的气动力，从而激起拉索振动，如果激励频率正好等于拉索的某阶自振频率 f_k，则将发生拉索涡激共振。发生涡激共振的风速可表达为：

$$v_{cv} = f_k D/S_t \tag{5-5-64}$$

对于典型拉索，设索的 k 阶模态频率为 2Hz，拉索直径 $D = 0.15$m，则可得 k 阶模态发生涡激共振的风速为 $v_{cv} = 1.5$m/s。此表明涡激共振能在很低的风速下发生，由式（5-5-64）可知，拉索高阶模态发生涡激共振的风速也越大。

涡激共振引起的拉索振幅可由下式近似计算：

$$y_0/D \approx 0.008 C_L \left(\frac{m\xi}{\rho D^2}\right)^{-1} \left(\frac{V_{cv}}{f_k D}\right)^2 \tag{5-5-65}$$

式中：m——拉索每米质量；

ξ——拉索模态阻尼比；

C_L——气动升力系数，与振动幅度和雷诺数有关，可取 $C_L \approx 0.3$。

从上式可知，增大拉索的质量和阻尼比可以降低拉索的振幅。参数 $m\xi/(\rho D^2)$ 称为 Scruton 数，Scruton 数越大涡激振动幅度越小。实际斜拉桥拉索的阻尼比在 0.001～0.005 之间，相应的 Scruton 数为 7～12，按照式（5-5-65）计算得到的拉索涡激振动振幅大约只有拉索直径的 1%。这说明拉索涡激振动的幅度很小。

第六节 桥梁抗风风洞试验

研究大跨度桥梁的抗风性能，真实再现桥梁在自然风作用下的响应特征，一种有效的方法即进行桥梁抗风风洞试验。可以说，风洞试验是研究桥梁抗风性能最直接、最有效的手段，其主要试验设备是大气边界层风洞。通过大气边界层风洞和紊流模拟装置，可形成与桥址位置大气边界层自然风相似的风场。然后根据相似关系制作桥梁模型，在这一人工形成的风场内研究桥梁在气动力作用下的行为，评估桥梁的抗风性能。下面简要介绍桥梁抗风风洞试验的主要内容。

一、风洞试验缩尺原则

因实际桥梁结构或构件尺寸很大，而风洞试验段的尺寸总是有限的，因此风洞试验需要采用适当的模型缩尺比来制作试验模型。显然，风洞试验模型外形应与实际结构相似，在动力试验中还应根据几何缩尺比来制作与实际结构质量、刚度、阻尼以及其他参数相似的风洞试验模型。因此，模型试验的相似律在风洞试验中应得到满足。

几何缩尺比定义为模型尺度对实际结构尺度之比：

$$\lambda_L = \frac{B_m}{B_p} \tag{5-5-66}$$

式中：λ_L——几何缩尺比；

m、p——模型和实际结构。

弗劳德数是反映重力相似的无量纲参数，它要求结构物重力对空气黏性力之比在模型和实际结构中满足相似：

$$\left(\frac{v^2}{Bg}\right)_m = \left(\frac{v^2}{Bg}\right)_p \tag{5-5-67}$$

其中 g 是重力加速度，模型和实际结构取相同的值。

从式（5-5-66）和式（5-5-67）可得到风速缩尺比：

$$\lambda_V = \frac{v_m}{v_p} = \sqrt{\lambda_L} \tag{5-5-68}$$

雷诺数是反映流体惯性力对黏性力比值的无量纲参数，它决定着空气绕流物体的流动形态。雷诺数大意味着空气惯性力大，黏性力小，空气贴着结构表面流动的困难增大，流动容易分离。反之，雷诺数小结构物绕流分离相对困难，而实际的流动形态决定了结构的气动性能。雷诺数相似要求：

$$\left(\frac{\rho v B}{\mu}\right)_m = \left(\frac{\rho v B}{\mu}\right)_p \tag{5-5-69}$$

其中 μ 是空气黏性系数。

从式（5-5-68）和式（5-5-69）也可得到风速缩尺比：

$$\lambda_V = \frac{v_m}{v_p} = \frac{1}{\lambda_L} \tag{5-5-70}$$

显然，由弗劳德数和雷诺数相似分别得到的风速缩尺比相互矛盾，因此桥梁抗风风洞试验无法同时满足弗劳德数和雷诺数相似。一般对于桥梁风洞试验，如主梁节段模型风洞试验、全桥模型风洞试验，均需采用较大的几何缩尺比，而试验风速只能限定在低速不可压流范围，因此雷诺数相似很难满足。然而大量研究表明，对土木工程中的外形钝体结构，如桥梁主梁，它的外形存在尖锐的棱角，气流在流经它表面时，总是在这些棱角位置发生分离，即使风速在某一范围内变化，也即其气动力特性受雷诺数的影响非常小，因而桥梁风洞试验往往是放弃雷诺数相似而保证弗劳德数相似。

斯特罗哈数或折算风速是反映模型和实际结构时间尺度相似的无量纲参数，是通过风洞试验获得的模型风致振动特性应用于实际结构的重要参数，该相似律要求：

$$\left(\frac{v}{fB}\right)_m = \left(\frac{v}{fB}\right)_p \tag{5-5-71}$$

式中：f——振动频率，联立求解式（5-5-66）、式（5-5-68）和式（5-5-71），得到模型和实际结构的频率相似关系为：

$$\lambda_\mathrm{f} = \frac{f_\mathrm{m}}{f_\mathrm{p}} = \frac{1}{\sqrt{\lambda_\mathrm{L}}} \tag{5-5-72}$$

二、节段模型试验

大跨度桥梁一般为细长结构，比如主梁，其纵桥向尺度较大，而主梁高度和宽度尺度相对较小。在自然风作用下，这些结构物绕流对桥梁结构的作用近似满足片条理论，因而可在细长结构中沿纵桥向取一段，研究该段的气动力特性。所取出的这一段模型，称之为节段模型。比如，斜拉桥主梁断面外形沿纵桥向不发生变化，可取其中任意截面拉长成节段模型，此时相当于一个二维模型。如果斜拉桥主梁断面外形沿桥梁轴线发生变化，应在桥梁轴线不同位置取一些有代表性的节段，进行节段模型风洞试验。

节段模型风洞试验主要包括节段模型三分力系数试验和节段模型测振试验。后者又包括节段模型直接颤振稳定性试验、气动导数识别和涡激振动响应测定。

1. 节段模型三分力系数试验

三分力系数风洞试验目的是测定桥梁构件在平均风作用下的气动阻力、升力和扭矩系数随攻角的变化。制作的测力模型必须是刚性模型，其长度和宽度之比应不小于2。节段模型不要求与实桥动力相似，但需满足几何外形完全相似，包括构件上的附属设施，且模型几何缩尺比应不小于1∶100，如图5-5-18所示的桥梁主梁三分力系数风洞试验。

节段模型通过支承夹具安装在测力装置上，通常是将测力天平安装在风洞转盘上。可采用模型下端支承的单悬臂式，但这种方式的缺点是当来流攻角大、或风速高时模型振动增大，影响测试的精度。如果在节段模型内部设置抗弯刚度较大的芯梁，可以减轻这一问题。但当节段模型横断面尺寸较小、或模型高度较大时，因设置有效芯梁困难，仍然难以避免模型在测试时发生振动。另外，下端支

图 5-5-18　风洞内进行的节段模型三分力系数试验

承的单悬臂安装方式还应考虑如何有效减小模型两端的端部效应。如果采用节段模型上、下端同时支承的方式，或者通过设置气动补偿端，可以较好地解决上述问题。此时节段模型端部效应将显著减小。模型上、下端同时支承因刚度增大，将减轻测力时的模型振动。

三分力系数测定的试验攻角范围应不小于±10°，攻角变化步长为1°，攻角变化通常由安装模型的风洞转盘转动调整模型与来流的角度。为检验雷诺数对三分力系数的影响，试验应在两种不同风速下进行，两种风速应相差一倍以上，且所有风速均应大于10m/s。

2. 节段模型测振试验

节段模型测振试验属于桥梁抗风动力试验，因此节段模型需要模拟的不仅是桥梁构件外形，还有结构质量、刚度、阻尼等特性。节段模型测振试验可在中、小型风洞中进行。其优点是费用低，模型缩尺比大，模型容易制作，能较好的模拟结构细部气动轮廓，缺点是最多模拟实桥三个振型。试验要求主梁模型为刚性模型，缩尺比不小于1∶100，模型长宽比应

不小于2；为保证流动的二维特性，需要在节段模型两端设置端板。另外，试验的攻角范围一般取为$-3°\sim+3°$，攻角变化步长为$1°$，根据测试目的可在均匀流或紊流中进行。

通常在桥梁初步设计阶段，工程师能通过节段模型试验快速评价桥梁设计方案的抗风性能，方便设计方案修改。

(1) 直接颤振稳定性试验

该试验的目的是通过风洞试验直接评价桥梁的颤振稳定性。颤振是一种极具危险性的发散性振动，一旦出现将对桥梁产生灾难性的后果。1940年11月，建成才4个月的美国华盛顿州跨越塔科马海峡的塔科马悬索桥在不到18m/s的风速下破坏，是桥梁颤振破坏最典型的案例。因此，大跨度桥梁必须进行颤振稳定性评估，以保证桥梁在当地极端风速情况下具备足够的颤振稳定性。

直接颤振稳定性试验需先制作与实桥外形相似和主要动力特性相似的节段模型，模态相似一般见第一阶竖弯模态、第一阶扭转模态和第一阶侧弯模态相似。这里有模型动力测试和模型调试的工作，通常要求这些模态特征与模型设计需要的模态特征相差不大于5%。模型弹性悬挂在风洞内，可模拟均匀流或实际桥梁高度处的紊流；并设定模型与来流攻角，然后根据试验风速比情况，逐步增大风速，观察模型振动情况。如果发现节段模型在气流中振动幅度不断增大，而模型竖弯振动频率增大而扭转频率降低，可认为此时对应的实桥风速就是桥梁的颤振临界风速。桥梁颤振稳定性的要求是颤振临界风速必须大于颤振检验风速。图5-5-19是桥梁节段模型在风洞内进行的直接颤振稳定性试验。

图 5-5-19　风洞内节段模型直接颤振稳定性试验

(2) 颤振导数识别

颤振是一种自激振动，对应的气动力为自激力，它是由桥梁主梁自身振动激发产生的。对二自由度节段模型，气动自激力通常由下式来描述：

$$L_{se}=\frac{1}{2}\rho v^2 B\left[KH_1^*(K)\frac{\dot{h}}{v}+KH_2^*(K)\frac{B\dot{\alpha}}{v}+K^2H_3^*(K)\alpha+KH_4^*(K)h\right]$$

(5-5-73a)

$$M_{se}=\frac{1}{2}\rho v^2 B^2\left[KA_1^*(K)\frac{\dot{h}}{v}+KA_2^*(K)\frac{B\dot{\alpha}}{v}+K^2A_3^*(K)\alpha+KA_4^*(K)h\right]$$

(5-5-73b)

式中：L_{se}、M_{se}——自激气动升力和扭矩；

$K=B\omega/V$——无量纲折算频率；

ω——振动圆频率；

H_i^*、A_i^*——颤振导数（$i=1\sim4$）；

h、$\dot{h}$——断面竖向运动的位移与速度；

α、$\dot{\alpha}$——断面扭转运动的扭转角及角速度。

上述八个颤振导数的获得可基于计算流体动力学或节段模型风洞试验。通过节段模型风洞试验得到颤振导数有两种主要途径：自由振动法和强迫振动法。

自由振动法可利用直接颤振稳定性试验的节段模型。由于颤振导数仅为主梁气动外形和折算风速的函数，因此也可不模拟动力特性相似，通过采用更为合适的模型竖弯、扭转频率比，得到更宽折算风速范围内的颤振导数。由节段模型自由振动悬挂系统支承，可模拟均匀流或实际桥梁高度处的紊流。通过适当振幅的瞬态激励同时激发模型在竖弯和扭转两个自由度方向的运动。由于结构阻尼和气动阻尼的共同作用，节段模型将作自由衰减振动。通过力、位移、速度或加速度传感器，就可获得节段模型的自由衰减信号，然后基于系统识别获得不同折算风速下的颤振导数。自由振动法的优点是试验装置简单、实施方便。其缺点是高风速下竖弯气动阻尼快速增加，导致能获得的竖弯有效信号长度显著变短，甚至无法获得竖弯有效信号，且有些情况下结果重复性不理想。另外，对某些节段模型动力系统，颤振导数可能会在较宽的风速范围内受到涡激振动的影响。

强迫振动法是通过机械驱动装置强迫节段模型以预先设定的频率振动，桥梁模型可作单自由度或多自由度耦合振动。由于输入已知，通过传感器测量模型强迫运动中的气动自激力，由输入和输出就可以获得颤振导数。强迫振动法的优点是在低风速和高风速下都能得到稳定的颤振导数，试验的折算风速范围宽。试验结果重复性好，可获得较宽折减风速范围的颤振导数，但它需要复杂的试验装置，对驱动系统、天平系统的制造精度要求非常高，费用也很高，且气动力耦合项受测量噪声影响大，耦合导数识别精度受到影响。

（3）涡致振动试验

在自然风作用下，桥梁绕流尾迹的旋涡脱落将不可避免，周期性旋涡脱落将诱发作用在结构上的周期气动力。如果该气动力的变化周期与结构或构件的特征周期接近，将引发桥梁结构，如主梁和拉索等的振动。从第四节内容可知，涡激振动可能在较低的风速下出现，桥梁结构也可能出现多个涡激振动风速。涡激振动虽然是一种限幅振动，但它影响桥梁结构的安全，降低车辆行使的舒适度，也可能使桥梁构件发生疲劳破坏。而风洞试验几乎是评价结构是否发生涡激振动，以及测定涡激振动幅值大小的唯一途径。

涡激振动风洞试验模型设计类似于直接颤振稳定性试验，但因涡激振动对阻尼大小很敏感，所以节段模型应尽可能地正确模拟实桥的结构阻尼，应至少使风洞试验阻尼不大于实桥阻尼。另外，涡振风速范围较窄，为了从风洞试验中搜索到节段模型涡振风速，模型和实桥风速比不能太小，且在可能的涡振区间采用缓慢增大风速的方法，同时观察模型振动幅值的变化。当在某一风速下节段模型出现单一频率的等幅振动，风速增加这一特征保持不变，风速增大到一定值后上述特征消失，即认为节段模型出现了涡致振动。涡激振动风速的上、下限风速定义为涡振风速锁定区。如有涡振，根据相似关系换算成实桥实际涡振振幅，并根据涡振振幅大小，决定是否采用相关措施，如改善主梁气动外形、改变结构形式或增大结构阻尼等方式。

三、全桥模型风洞试验

全桥模型也称之为全桥气弹模型，该模型是按照几何缩尺比制作的实桥缩尺模型。显然，全桥气弹模型也不仅仅在几何外形上相似于实桥，更重要的是要反映气动力和弹性桥梁结构的相互作用特征。节段模型测振试验虽能快速评价桥梁气动性能，但是仅能反映极其有限的全桥模态特征，也无法反映全桥复杂的三维气动外形特征。全桥气动弹性模型试验可更为真实地模拟实桥，反映桥梁结构的三维特征并模拟可能的桥址地形地貌风环境，能直观的反映桥梁在自然风中的气动稳定性和风致振动响应。其缺点是需要大型风洞，模型缩尺比小，气弹模型制作困难，模型制作和试验费用高，因而通常用于桥梁设计的最后阶段抗风效验。目前国内外对于一些超大跨度桥梁、新型结构体系和复杂重要桥梁，一般都要进行全桥模型风洞试验，以验证成桥以及施工阶段的抗风设计合理性。

1. 全桥气弹模型设计

全桥模型几何缩尺比主要由研究的实桥长度和风洞试验段宽度决定。全桥气弹模型除满足与实桥几何外形相似外，还应满足几个重要的无量纲相似参数的一致性条件，见表5-5-14。斜拉桥属于缆索承重结构，其斜拉索索力为主梁提供较大的竖向刚度，因此，模型和实桥的弗洛德数相似必须满足，否则，模型主梁可能由于被夸大的气动升力作用而产生向上变形，导致斜拉索索力释放，使得气弹模型的总体刚度降低，无法得到合理的试验结果。另外，弹性参数、惯性参数的相似性条件均需要严格满足，才能保证模型的结构动力特性与原型相似。结构阻尼参数在模型设计和制作中应该尽可能满足要求。对桥梁颤振稳定性而言，结构阻尼比影响全桥颤振临界风速，也对风致振动响应的幅值影响较大，因此模态阻尼应尽可能地与实桥相似。

全桥气动弹性模型模拟的一致性条件 表5-5-14

无量纲参数	表 达 式	力 学 意 义
弹性参数 （Cauchy 数）	$\dfrac{E}{\rho U^2}$	$\dfrac{结构物弹性力\ EB^2}{气动惯性力\ \rho U^2 B^2}$
惯性参数 （密度比）	$\dfrac{\rho_s}{\rho}$	$\dfrac{结构物惯性力\ \rho_s B^2 U^2}{气动惯性力\ \rho B^2 U^2}$
重力参数 （Froude 数）	$\dfrac{gB}{U^2}$	$\dfrac{结构物重力\ \rho_s B^2 U^2}{气动惯性力\ \rho B^2 U^2}$
阻尼参数 （模态阻尼比）	δ	$\dfrac{一个周期的耗散能量}{振动总能量}$

对于斜拉桥，气弹模型设计的重点是考虑斜拉索、主梁、桥塔以及约束和边界条件的模拟。在斜拉索模型设计过程中，应尽可能考虑斜拉桥质量相似和气动力作用相似。主梁模拟需同时满足加劲梁横向、竖向弯曲刚度以及扭转刚度的相似要求。主梁刚度模拟通常由芯梁实现，而气动外形模拟借助于轻质外衣，并尽可能反映主梁上下附属设施，如中央分隔带、防撞栏杆、人行道栏杆以及检修道等。索塔模拟与主梁类似，但模型调试时，应对索塔自立状态单独进行调试，使得索塔自立状态的动力特性相似于实际。在采用金属芯梁加轻质外衣制作全桥模型时，合理设置主梁外衣之间的间隙非常重要。模型设计时外衣仅仅体现主梁外形，不考虑其对气弹模型刚度的贡献。如果外衣之间精密贴合，难免出现附加的外衣刚度，且影响结构阻尼而如果该间隙设置太大，将削减作用在主梁上的气动力，减小主梁风荷载沿

主梁轴线方向的相关性。另外，约束和边界条件的模拟非常重要，它们对全桥动力特性的影响非常大。如果要利用全桥模型进行关键施工阶段的抗风试验，模型设计还要方便进行施工状态模拟。

全桥有限元动力分析是气弹模型制作的基础，制作的气弹模型必须通过动力特性检验，保证至少其前5阶主体结构振型与实桥相似，否则应进行动力特性调试。

2. 紊流风场的调试

为了确保全桥气弹模型真实地反映实际桥梁结构在大气边界层中的响应，除全桥气弹模型与实桥结构外形和动力特性满足相似外，还需要风洞内形成的边界层风场与实际桥址自然风场相似。

紊流风场模拟的目标是提供与桥梁所处自然环境一致的风场，使得模拟风场的物理特性反映实桥自然风场的风特性。全桥气弹模型试验中，在风洞内正确模拟实际大气边界层风场特性是保证试验结果正确的前提。风场模拟所考虑的相似性指标为：平均风速剖面、紊流强度剖面和紊流风谱等。风洞内紊流风场模拟通常采用尖劈加粗糙元的被动模拟方式，通过设计尖劈和粗糙元气动外形并在风洞试验中进行合理布置，能在较短的试验段内将风场调试到满足上述相似性指标。也可在很长的试验段内使气流充分发展成紊流，但需要很长的试验段，很不经济。风工程研究中，紊流风场模拟所遇到的一个实际困难是紊流积分尺度的模拟，紊流积分尺度的模拟非常重要，但目前还没有一个有效的解决方法。

某些情况下，还需要制作地形缩尺模型，模拟桥址复杂的风环境，这能更真实的反映桥址自然风场对桥梁的作用，但模型制作和试验工作量进一步增大，费用更高。

紊流风场的测量一般采用热线热膜风速仪和侧移机构实现。风场模拟应给出所模拟风场的风剖面特征、紊流度特征，并与桥址自然风场的目标风剖面进行对比。图5-5-20显示的是在边界层风洞内通过布置尖劈和粗糙元形成大气边界层的情况。

图5-5-20 边界层风洞内布置的尖劈和粗糙元

3. 全桥模型试验

全桥气弹模型风洞试验的目标是检验实桥的颤振稳定性，并获取桥梁主要控制截面在紊流风场中的抖振响应幅值。紊流风场调试好后，就可将全桥模型安装在风洞内，并在桥梁主要控制截面布置测量传感器，如激光位移计系统，采集这些控制点的振动信号。缓慢提高试验段风速，并观察全桥结构振动情况，包括振动形态、振幅等。对于全桥颤振稳定性试验，试验风速范围应不小于实桥颤振检验风速，或使主梁产生1°～5°的扭转振幅，或1/100～1/20主梁梁宽的竖弯振幅。对于抖振试验，风洞试验风速应不小于对应的桥梁设计风速。

如果要模拟全桥在斜风作用下的稳定性或气弹响应特征，还需要转动全桥模型，使气流与桥梁轴线成不同角度。另外，还可模拟自然风与全桥模型成不同攻角的情况，通常模拟来流攻角+3°、-3°、0°情况。风洞试验结果以测定点的风速——振幅（最大值或根方差值）

曲线，以及测定点的振动响应功率谱表示。图 5-5-21 是某斜拉桥在边界层风洞内进行全桥模型风洞试验的情况。

图 5-5-21　斜拉桥全桥模型风洞试验

第七节　斜拉桥抗风概念设计

随着材料科学和施工技术的进步，斜拉桥跨越能力不断增大。这使得斜拉桥结构越来越细柔，结构阻尼相对减小，对自然风的作用越来越敏感，因而其抗风稳定性和风致振动响应变得突出，甚至成为桥梁设计的控制因素之一。为使所设计桥梁具有较好的抗风性能，基于风洞试验和理论分析的桥梁抗风研究变得尤为重要。

要求桥梁工程师具备专业的桥梁抗风知识，并在设计阶段开展专项抗风研究，显然是不太合适的。然而，如果桥梁设计工程师拥有桥梁抗风概念设计知识，在桥梁方案设计阶段应用一些有利于提高桥梁抗风性能的理念，必将使设计方案更为合理，减少方案的重复修改，缩短设计周期。在某些情况下将降低桥梁建设费用，有利于桥梁施工、运营安全和降低维护费用。

大跨度桥梁的抗风性能主要取决于四个方面：结构形式、结构刚度、结构阻尼和气动外形。大跨度桥梁的主要结构形式有悬索桥、斜拉桥、拱桥和桁架桥。按这一排列顺序，桥梁结构刚度逐渐增大，同时抗风性能逐步提高。另外，桁架主梁透风率比箱型梁大，抗涡振性能好。因抗风需要较大的抗扭刚度，桁架梁的梁高要设计得高些。

提高结构的整体刚度有利于提高桥梁抗风性能，包括减小静风作用下的结构变形、提高颤振稳定性和降低风致抖振响应幅值等。比如，通过提高斜拉桥的扭转频率，使其扭弯频率比提高，将提高斜拉桥的颤振性能。但通过设计更大尺寸的结构构件来提高结构整体刚度，对大跨度桥梁建设而言是极不经济的。但在斜拉桥设计中，通过一些途径可以提高桥梁结构刚度。如从单索面到双索面，结构扭转刚度显著增大；采用 A 形、倒 Y 形、钻石形索塔和空间索布置，能得到比 H 形索塔和平行索面更高的结构扭转刚度。另外，通过设置辅助墩，或采用合理的边主跨比、塔梁高跨比，也能改善斜拉桥的结构整体刚度。

结构阻尼的大小体现了结构耗散振动能量的能力。阻尼越大，结构振动衰减越快，结构将具备更好的抗风性能。比如增大阻尼将大幅度提高斜拉桥涡致振动稳定性，显著降低涡致振动幅值。钢斜拉桥结构模态阻尼比通常在 0.005 左右，钢混组合斜拉桥比钢桥阻尼大，而混凝土斜拉桥结构阻尼最大，通常在 0.02 左右。增大结构阻尼也可通过附加阻尼器实现，如安装在主梁和桥塔之间的大型减振器，或减小拉索振动的各种油阻尼器、磁流变阻尼器等。

对斜拉桥而言，通过提高结构整体刚度或增大结构阻尼提高桥梁抗风性能，可能会明显提高桥梁建设费用，也不是解决抗风问题的根本方法。桥梁气动外形在一定程度上决定了其自身的抗风性能，因此设计合理的索塔、主梁结构或附属设施气动外形，或通过引入各种气动措施改变作用在桥梁结构上的气动力，可能仅付出很少的代价而大幅度改善桥梁抗风性能。

比如大跨度斜拉桥常采用的扁平钢箱梁，其流线型气动外形具有很好的绕流特征，如图 5-5-22 所示。自从英国塞文桥率先使用这种扁平钢箱梁以来，国内外许多大跨度斜拉桥主梁均采用这种形式；和钝体主梁截面相比，它具有小的风阻系数、优越的抗涡振性能并明显改善颤振稳定性。另外，提高主梁宽高比也能改善桥梁抗风性能。对钢索塔而言，圆角或切角塔柱设计将比矩形截面塔柱具备更好的抗驰振稳定性。下面介绍一些改善斜拉桥抗风性能的其他气动措施。

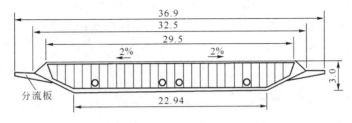

图 5-5-22　带分流板的扁平钢箱梁（尺寸单位：m）

（1）主梁中央开槽。在主梁中央开槽，形成双主梁甚至多主梁，多主梁通过横梁形成整体，不同主梁之间桥面可设置成分隔带。主梁开槽后，气流可从槽中自由流动。当自然风绕流主梁时，主梁上下表面的压力差被降低，从而降低了气动升力和扭矩幅值，将显著提高桥梁颤振稳定性，减小桥梁风致振动响应。图 5-5-23 是斜拉桥主梁及主梁附属设施示意图，其主梁因中央开槽而上下连通，图 5-5-19 是某大桥中央开槽主梁进行节段模型风洞试验的情况。当斜拉桥桥面较宽而桥址颤振检验风速较高时，可考虑采用这种形式的主梁。我国香港昂船州大桥为主跨 1018m 的双塔斜拉桥，桥址位置台风频袭，要求桥梁具备良好的颤振稳定性，桥梁工程师就采用了这种中央开槽的主梁结构形式，使得该桥抗颤振稳定性满足了要求。

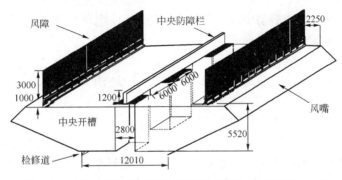

图 5-5-23　中央开槽主梁及主梁附属设施示意图（尺寸单位：mm）

与不开槽相比，中央开槽能提高桥梁颤振稳定性。但并不是开槽越大越好，一方面，开槽宽度增大，将增大桥梁上部结构横桥向尺寸，如横梁宽度随之增大，为增大横梁抗弯刚度，横梁高度也将增大，显然桥梁建设经费将增大。另外，也不是随着开槽宽度的增大，颤振临界风速一直增大。研究表明，主梁开槽到某一宽度后，继续增大开槽宽度桥梁颤振临界风速将降低，见图 5-5-24 所示。因此，主梁开槽宽度，应在满足桥梁功能的前提下，在经济性和抗风性能上取得折中，这通常需要借助风洞试验确定。

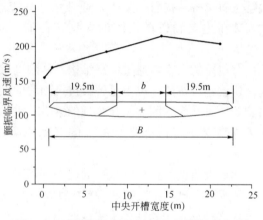

图 5-5-24 桥梁颤振临界风速随中央开槽宽度的变化

（2）增设风嘴、导流板或分流板。钝体主梁截面抗风性能不佳，改进的途径是在主梁上下游加上风嘴，使其外形流线化。例如我国香港青马大桥，为主跨 1377m 的公铁两用悬索桥，采用桁架加劲梁，加劲梁高宽比较大。为提高该桥抗风性能，工程师在加劲梁上下游加上了由 1.5cm 厚不锈钢板制作的风嘴，该风嘴纯粹是结构附属设施，但能明显改善空气绕流主梁的流态，减少旋涡脱落，使截面趋向流线化。目前，叠合梁形式斜拉桥方案在国内外经常被采用，为改善其抗风性能，也可以在主梁上下游增设风嘴，或边板，如图 5-5-25 所示。在扁平钢箱梁上下游设置分流板也能进一步改善箱梁气动性能，如我国江阴长江大桥，在钢箱梁上下游就设置了分流板，见图 5-5-22。

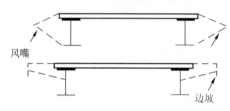

图 5-5-25 主梁增设附属设施改进气动性能示意图

（3）人行道栏杆和防撞设施将恶化主梁的气动性能，使得主梁绕流分离加剧，流态复杂化，风阻系数增大，实体栏杆更甚。布置在桥面两侧的风障将显著改变桥梁主梁的气动性能，因此在满足环保和行车安全的情况下尽量不要设置。设置的栏杆、防撞设施和风障应尽可能采用大的透风率，且应尽量降低风障高度。

（4）斜拉索风雨振是斜拉索在风雨共现情况下发生的一种大幅度振动，严重威胁桥梁安全。大跨度斜拉桥设计阶段应评估斜拉索发生风雨振动的可能性。对斜拉索风雨振动的大量现场观察表明，沿风向向下倾斜的拉索较容易出现风雨振；而当风与索面之间的风向角在 30°～35°时，拉索最容易发生风雨振；发生风雨振动时拉索振动频率多在 0.6～3Hz。超长拉索因模态阻尼比很低，也容易引发各种形式的振动。如拉索发生振动的可能性较大，应通过结构设计或气动措施抑制拉索振动。

第八节 单索面斜拉桥索塔受横向风载时的静力稳定性简化算法

单索面斜拉桥索塔受横向风载时的静力稳定性分析，一般需要应用计入几何非线性效应的空间有限元程序来完成。本节仅介绍适合于应用平面杆系有限元程序进行近似计算时的计算模型，可作为对空间分析结果进行校核的另一途径，并要说明，本法仅适用于单索面斜拉桥。

一、单索面索塔的受力特点

如图 5-5-26 所示，单索面斜拉桥一般设计成塔梁墩固结的形式，且索塔截面横桥向的抗弯刚度一般均比主梁和桥墩的要小。当受到横桥向风荷载作用时，所有作用于斜拉索和主梁上的风力，都将全部或部分地通过索塔和桥墩传递至基础。

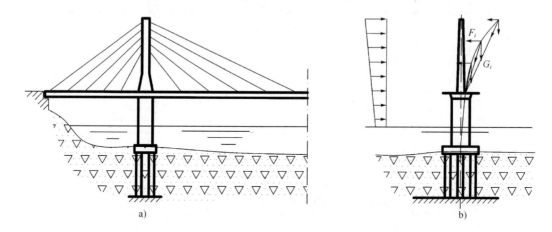

图 5-5-26　单索面斜拉桥受索塔横向风载时的变形示意

然而，从图 5-5-26b）可以看出，此时的塔墩结构已不再是一根简单的竖直悬臂了，在受力上它具有以下的特点：

①群桩基础段是弹性固支在河床的覆盖土层上；

②索塔的横向变形将要受到主梁的弹性约束；

③当索塔产生横向挠曲变形时，除了索塔和桥墩的自重将对结构产生二阶几何非线性效应之外，介于塔梁之间的索拉力也将加剧索塔的挠曲变形；

④《公路斜拉桥设计规范》（试行）（JTJ 027—96）中指出："在计算临界荷载时，可计入拉索弹性扶正力因素的影响"，此扶正力即图 5-5-26b）中拉索的水平分力，又可称之为非保向力效应。

在应用平面杆系有限元法程序时，如何来考虑上述四个特点，乃是本节要解决的问题。

关于上述的第①个特点，可以按照第三篇第一章第三节图 3-1-10c）所示的模型 II 加以简化，即将群桩基础等效为在顶端增设刚度为 k_w 的水平弹簧支承的单柱式等截面悬臂杆。

关于上述的第②个特点，可以按照图 5-5-27b）所示的图式将主梁对每个索塔横桥向的弹性抗力，各用一个刚度为 k_b 的水平弹簧支承等代。

即：

$$k_b = \frac{P}{\delta} \tag{5-5-74}$$

式中的 δ 为在每个塔梁交点处各施加一个水平集中力 P 时所产生的水平变位。这里忽略了辅助墩的影响，近似地假定塔与梁之间在水平向为铰接。当主梁为等截面时，δ 值可以直接用手算求出。

关于索塔、桥墩自重以及索力的垂直分力 G_i 等对索塔横桥向所引起的二阶几何非线性效应问题，可以应用第二篇第二章第六节所述的迭代法和借助平面杆系有限元法程序来完成分析（图 2-2-27）。

现在剩下的一个问题就是如何考虑拉索的扶正力，下面将重点讨论它。

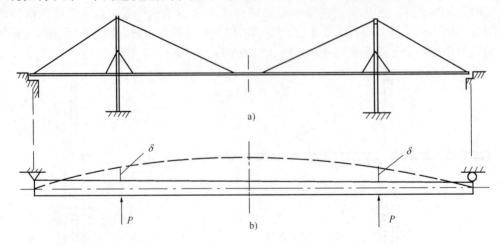

图 5-5-27　主梁对索塔的横桥向弹性抗力计算图

二、斜拉索扶正力的模拟

1. 基本假定

为了模拟图 5-5-26b) 中斜拉索的扶正力效应，以适应平面杆系程序的计算，特作以下几点假定：

①成桥状态下各拉索的索力值在塔身横向变形过程中始终保持为常值；

②在横向风力作用下，所有位于主梁上的拉索锚点与塔梁固结点均产生相等的横向平移，亦即忽略主梁微小的水平横向挠曲变形；

③索塔与墩身不发生扭转变形。

2. 弹簧刚度的确定

每对斜拉索对索塔的扶正力 F_i 可以比拟为一个水平向的弹簧支承。为了确定第 i 对拉索的等代弹簧支承刚度 k_i，先不考虑墩身和桥面的横向位移，即认为塔底及所有拉索均嵌固于桥面处，如图 5-5-28c) 所示。

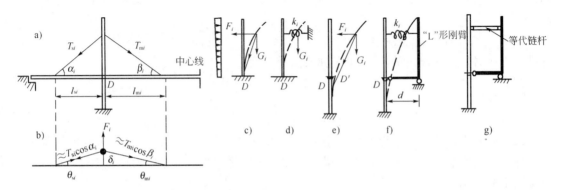

图 5-5-28　弹簧支承刚度的模拟

若令 T、F、G 分别表示斜拉索的成桥索力及其相应的水平分力（扶正力）和垂直分力；l、δ 分别表示拉索水平投影长度及其上端的横向位移量；α、β、θ 分别表示索塔左右两侧拉索在立面和平面上的投影倾角；脚标 s、m 分别表示边跨和中跨之值，则当 δ_i 甚小时，便有：

$$\sin\theta_i \approx \tan\theta_i \approx \theta_i$$

再利用索力及几何尺寸的投影关系，可以导得第 i 对拉索的等代弹簧支承刚度 k_i 为：

$$k_i = \frac{F_i}{\delta_i} = \frac{T_{si}\cos\alpha_i}{l_{si}} + \frac{T_{mi}\cos\beta_i}{l_{mi}} \qquad (5\text{-}5\text{-}75)$$

第 i 对拉索的垂直分力为：

$$G_i \approx T_{si} \cdot \sin\alpha_i + T_{mi} \cdot \sin\beta_i \qquad (5\text{-}5\text{-}76)$$

3. "L"形刚臂的引入

实际上墩身和桥面都会产生横向位移，因此，图 5-5-28d) 中的等代弹簧支承点位置也应作相应的平移，才能保持拉索的上锚点（位于塔上）与塔底（桥面处）的相对位移量不变。为此，再引入一个虚拟的、起着反力架作用的"L"形刚臂构造，如图 5-5-28f) 所示，其设置的要点如下：

① "L"形刚臂的角点与塔梁固结点 D 齐高，并在其下面设置一个水平向为活动的铰支座，刚臂水平杆的另一端与桥面处的 D 点铰接，这样，才能使刚臂产生与 D 点相同的水平位移。

② "L"形刚臂的立墙应保持垂直位置，为了尽量减小因 D 点的转动对它产生一定的影响，故立墙与索塔之间的间距 d，宜设定得较大一些。

③ "L"形刚臂单元的截面尺寸和弹性模量可以任意地假设，以不产生挠曲变形为基准。

④ 考虑到平面杆系有限元法计算程序中不能把等代弹簧支承设置在可以移动的"L"形刚臂上，故可按照刚度 k_i 将它们再一次等代为铰接的链杆单元，如图 5-5-28g) 所示。等代链杆单元的截面面积 A_{ei} 为：

$$A_{ei} = \frac{k_i d}{E_{链}} \qquad (5\text{-}5\text{-}77)$$

若将链杆单元的厚度 t 设定得很薄时，就可在程序输入中省掉设置铰接点的麻烦，此时，链杆单元截面的宽度 b_{ei} 为：

$$b_{ei} = \frac{k_i d}{E_{链} t} \qquad (5\text{-}5\text{-}78)$$

三、最终计算模型

综上所述，对于图 5-5-26b) 的图式，可以得到如图 5-5-29b) 所示的最终计算模型。现将其要点分述如下。

1. 各类弹簧支承刚度

为了便于查阅，现将各类弹簧支承刚度计算方法的所在位置归纳于表 5-5-15 中。

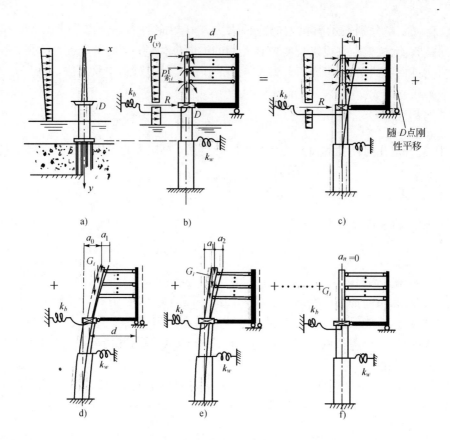

图 5-5-29 单索面斜拉桥索塔受横向风载的计算模型

计算模型中各种技术参数索引 表 5-5-15

计算内容	所在篇章	计算公式
群桩基础的等代及 k_w 的计算	第三篇第一章第三节模型 II	k_w 按式（3-1-14）确定，参阅例 3-1-1
主梁对索塔的弹性抗力及 k_b 的计算	本节第一小节	k_b 按式（5-5-74）确定，参阅图 5-5-12
"L"刚臂及等代铰接链杆截面尺寸确定	本节第二小节	k_i 按式（5-5-75）确定；截面面积 A_{ei} 按式（5-5-77）确定

2. 作用荷载说明

（1）静风荷载

①作用于塔、梁、墩上的静风荷载按现行《通用规范》及本章所介绍的内容进行计算。

②斜拉索所承受的风力，近似地平均分配到其上、下锚固节点的位置上，上、下端各占一半，均用 $P_{索i}^f$ 表示之；作用于塔身迎风面上的分布风力 $q_{(y)}^f$ 也可化为节点力后，再与 $P_{索i}^f$ 相叠加。

③作用于主梁上的横向风力 $q_{梁}^f$ 以及拉索下锚固节点的风力 $P_{索i}^f$ 可以近似地、偏安全地按照三跨连续梁（不计辅助墩影响）和应用平面杆系程序进行计算，位于索塔处的支反力 R，便是经主梁间接传递给索塔的集中风力。

（2）竖向力及偏心力矩

①塔身及墩身的自重可按重度 γ 直接反映到输入文件中去；考虑到桩身周边受土体覆盖层的

摩阻力以及水的浮力影响，在计入二阶几何非线性效应时，可以近似地不计桩身自重的影响。

②斜拉索上端所具有的向下的垂直分力 G_i，可按式（5-5-76）计算；其下端垂直分力的方向向上，近似地认为它与两侧主梁的自重相平衡，故在计算中也可忽略不计。但也可以直接取在成桥状态下，由恒载产生的垂直轴压力的输出结果值参与计算。

③考虑到索锚在施工中存在不可预见的误差偏心，在没有直接测定数据的情况下，一般可取其偏心距 e 值约为 1/1000 的塔高，由此便得到在塔身每个索锚节点处的集中偏心力矩为 $M=G_i \cdot e$，其方向可偏安全地取与风力所引起的弯矩方向相同。

3. 迭代法的应用

具体计算方法已在第二篇第二章第六节中作了介绍，这里再结合图 5-5-29 作简单的重复。

①先令结构重度 γ 和垂直的节点力 G_i 均等于零，索塔结构只承受所有横向风力 $q_{(y)}^f$、R、$P_{索i}^f$ 和集中偏心力矩 $G_i e$，如图 5-5-29c) 所示，便得到塔顶的最大初始水平位移 a_0 和索塔及墩身各截面的弯矩内力 $M_0(y)$。

②将整个悬臂结构在水平方向（x 方向）的变位，在计算机上用光标标记后，应用粘贴的功能，直接将它们覆盖和拷贝到数据输入文件中每个节点所对应的 x 坐标上，便得到一根新的悬臂曲柱。此时"L"形刚臂的 x 坐标也应按 D 点的水平位移值用手工输入法给以修正，其过程也十分简单。然后在此曲柱上将塔、墩单元重度 γ 赋值（注意，不计桩身和"L"刚臂单元的重度），并将拉索上端的垂直节点力 G_i 逐一输入（仅一次）；与此同时，还应该移去在上一步骤中的所有风力和偏心力矩，于是，便得到以 a_1 为峰值的一条新挠曲线，如图 5-5-29d) 所示。

③再以 a_1 为峰值，以相对于上一步骤中的悬臂曲柱所产生的 x 方向位移量作为另一根新悬臂曲柱的 x 坐标，同样地应用计算机的粘贴功能，将上一根悬臂曲柱的 x 坐标予以覆盖，同时对"L"刚臂单元的坐标也按 D 点新的水平位移值作再一次的修正，然后进行再一次计算，便得到在自重和 G_i 作用下产生的峰值为 a_2 的新挠曲线和截面内力，如图 5-5-29e) 所示。

④如此地重复上一步骤，逐次迭代运算，只要是所有垂直力没有超过临界值，塔顶位移量 a_i 将逐次地减小，直至收敛，即 $a_n=0$，这也表明该索塔的面外侧倾是稳定的。

⑤总位移量和总内力计算。

a. 塔顶总水平位移量 a：

$$a=a_0+\sum_{i=2}^{n}a_i \tag{5-5-79}$$

式中的 n 为迭代运算的总次数，其中非线性分析是从第 2 个循环开始的；

b. 任意 y 截面的内力：

弯矩：

$$M(y)=M_0(y)+\sum_{i=2}^{n}M_{非}(y) \tag{5-5-80a}$$

剪力：

$$Q(y)=Q_0(y)+\sum_{i=2}^{n}Q_{非}(y) \tag{5-5-80b}$$

轴力：

$$N(y)=0 \tag{5-5-80c}$$

式中：$M_0(y)$、$Q_0(y)$——分别为图 5-5-29c) 图算得的初等悬臂梁截面弯矩和剪力；

$M_{非}(y)$、$Q_{非}(y)$——由结构自重和索力垂直分力 G_i 所引起的几何非线性效应而产生的附加弯矩和附加剪力。

式（5-5-80c）中的 $N(y)=0$ 是因为横向风力对竖立的悬臂塔身和墩身截面不产生附加轴力，而结构自重和拉索的垂直分力对塔身和墩身截面产生的轴压力，均已在成桥状态的内力计算中考虑了，这里不应重复。

c. 桩身截面内力

由于群桩基础被等代为顶部具有水平弹簧支承的单根悬臂柱、故在求算实际桩身截面的内力时，还需将墩身底部截面（或等代悬臂柱的顶部截面）的 $M(y)$ 和 $Q(y)$ 值回代入到类如图 3-1-12 中的计算图式中，再次进行计算。所得出的结果（弯矩、剪力，还包括轴力）都属于横向风力所引起的，不过有的桩身截面产生轴压力，而另有一部分还产生轴拉力。如果桥塔基础是采用扩大基础，就不存在这个回代过程。

⑥安全系数验算。

《公路斜拉桥设计规范》（试行）（JTJ 027—96）中对于塔顶的容许位移量尚没有作出明确的规定。

关于索塔横桥向稳定性安全系数问题，可以用控制截面在具有成桥状态下的轴压力 N 时所能容许的 $[M(y)]$ 值与按式（5-5-80a）所得出 $M(y)$ 值之比来检验，它应满足：

$$\frac{[M(y)]}{M(y)} \geqslant 4 \tag{5-5-81}$$

对于钢筋混凝土桥塔，此 $[M(y)]$ 值可以参照现行《混桥规》中的小偏心受压构件公式反算求出。

四、示　例

【**例 5-5-2**】　设某单索面斜拉桥的立面和横断面图如图 5-5-30 所示。索塔下的群桩基础沿横桥向的布置还包括材料及尺寸均与例 3-1-1 的完全相同。

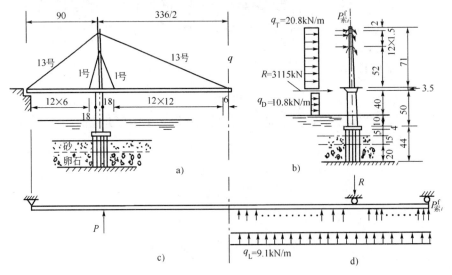

图 5-5-30　例 5-5-1 结构立面及横断面示意（尺寸单位：m）

塔、梁、墩的高度均示于图中，其截面几何特性列出表5-5-16，成桥状态下拉索的设计索力值 T_{si}、T_{mi}，拉索的倾角 α_i、β_i 以及相应的投影长度汇总于表5-5-17，横向风力集度为：①作用于塔表面上的平均集度 $q_T=20.8\text{kN/m}$。②作用于水面以上墩表面上的平均集度 $q_D=10.8\text{kN/m}$。③作用于主梁表面的集度为 $q_L=9.1\text{kN/m}$。④作用于每对拉索的风力按塔、梁各半分配，换算到索锚处的节点水平力 $P_{\text{索}i}^l$ 见表5-5-18。试应用平面杆系有限元程序计算索塔塔顶的水平位移量及塔、墩几个控制截面的弯矩。（注：本例重点放在阐明建模方法及主要计算步骤，故为了简化，将风力集度假设为均布的，墩、塔截面假定为等截面的。）

截面几何特性 表5-5-16

截面名称	横桥向抗弯惯矩 I_y (m⁴)	截面面积 A (m²)	换算矩形截面 $h_e=\sqrt{\frac{12I}{A}}$ (m)	换算矩形截面 $b_e=\frac{A}{h_e}$ (m)	弹性模量 E (kN/m²)	重度 γ (kN/m³)
塔身	11.3233	12.264	3.3286	3.6844	3.5×10^7	26.5
墩身	106.66	14.730	9.3216	1.5802	3.5×10^7	26.5
主梁	403.16	16.614	17.064	0.9736	3.5×10^7	—

拉索基本数据和弹簧支承刚度以及链杆等代宽度计算 表5-5-17

索号	边跨 索力 T_{si} (kN)	边跨 倾角 α_i (°)	边跨 投影长 l_{si} (m)	中跨 索力 T_{mi} (kN)	中跨 倾角 β_i (°)	中跨 投影长 l_{mi} (m)	弹簧支承刚度 k_i(kN/m) 按式 (5-5-75)	等代链杆宽度 $b_{ei}=\frac{k_id}{E_{\text{链}}t}$ (m)
1	2	3	4	5	6	7	8	9
13	5800	37.8008	90	5500	23.3187	162	82.0980	0.01866
12	5600	39.0879	84	5400	24.4792	150	84.5093	0.01921
11	5400	40.5187	78	4520	23.5359	138	82.6577	0.01879
10	5000	42.1140	72	3900	27.3690	126	79.0002	0.01795
9	4500	43.9010	66	3400	29.1905	114	75.7772	0.01722
8	4300	45.9148	60	3200	31.3508	102	76.6525	0.01742
7	4150	48.1926	54	2950	33.9432	90	78.4238	0.01782
6	4050	50.7805	48	2720	37.0951	78	81.1647	0.01845
5	3900	53.7348	42	2530	40.9815	66	83.8658	0.01906
4	3700	57.1185	36	2550	45.8357	54	88.6990	0.02016
3	3600	61.0030	30	3250	51.9664	42	105.8479	0.02406
2	3700	65.4602	24	3300	59.7387	30	119.4632	0.02715
1	4300	70.5656	18	4800	70.4554	18	168.6957	0.03834

注：表中第9栏，假定 $d=50\text{m}$，$t=0.01\text{m}$，$E_{\text{链}}=2.2\times10^7\text{kN/m}^2$。

拉索各种分力及锚点处风力　　　　表 5-5-18

索号	单元节点号	拉索垂直分力 G_i (kN)	索力偏心力矩 $G_i e$ (kN·m)	拉索锚点处风力 $P^f_{索i}$ (kN)	索号	单元节点号	拉索垂直分力 G_i (kN)	索力偏心力矩 $G_i e$ (kN·m)	拉索锚点处风力 $P^f_{索i}$ (kN)
13	28	5732.1	401.25	42.14	6	21	4778.2	334.47	21.24
12	27	5768.4	403.79	38.73	5	20	4803.7	336.26	18.89
11	26	5313.3	371.93	35.44	4	19	4936.5	345.56	16.70
10	25	5145.9	360.21	32.32	3	18	5708.6	399.60	14.70
9	24	4817.6	337.23	29.30	2	17	6212.1	434.85	13.00
8	23	4753.6	332.15	26.47	1	16	8578.4	600.49	11.55
7	22	4740.6	331.84	23.78	—	—	—	—	—

注：1. 拉索垂直分力 G_i 按式（5-5-76）计算。
　　2. 索力偏心距 $e=h_{塔}/1000=0.07$m，其中 $h_{塔}$ 为桥面以上塔高，取 $h_{塔}=70$m。

解：（1）群柱基础的等代

本例群桩基础的等代过程已在前面的例 3-1-1 作了详细的演算，这里直接写出其计算结果——等代悬臂柱高

$$H=63.752\text{m}$$

悬臂柱顶的水平向弹簧支承刚度

$$k_w=1194338\text{kN/m}$$

横桥向抗弯惯矩

$$I=352.9003\text{m}^4$$

等代悬臂柱的截面尺寸

$$A=b_e\times h_e=8.545\times 7.9136=67.6214\text{m}$$

注意：等代悬臂柱顶高程与实际群桩基础的承台顶面齐平。

（2）建立离散图

当群桩基础被等代为悬臂柱的构造后，它便与墩身单元、塔身单元共处在同一条垂直的 y 轴线上，这样有利于应用迭代法进行几何非线性分析。结合本例的具体尺寸，将整个结构共划分了 55 个单元和 44 个节点，如图 5-5-31 所示。其中：

主体结构：28 个单元（含与主梁毗邻的两个刚臂单元）；

"L" 形刚臂：14 个单元；

等代水平链杆：13 个单元（模拟斜拉索的扶正力效应）。

（3）计算主梁对索塔弹性抗力的弹簧刚度 k_b

按图 5-5-30c）的计算图式，令 $P=1000$kN，应用平面杆系程序得到位于索塔位置处的挠度 $\delta=0.1137$m 然后代入式（5-5-74）得 $k_b=\dfrac{P}{\delta}=\dfrac{1000}{0.1137}=8795$kN/m

计算中主梁的技术特性见表 5-5-16。

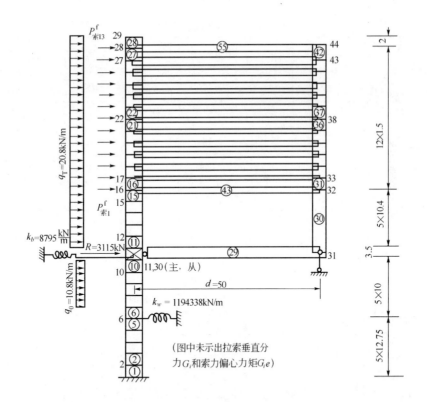

图 5-5-31 单索面斜拉桥索塔受横向风力作用时的离散图（尺寸单位：m）

（4）"L"形刚臂的设定

本例任意假定"L"形刚臂的立墙与索塔间的水平间距 $d=50$m，弹性模量 $E_L=1\times10^{16}$ kN/m^2，刚臂单元截面尺寸统一取宽×高＝4m×9m，刚臂立墙的高度取 $70+\dfrac{3.5}{2}=71.75$m，其中 3.5m 为主梁的梁高。

（5）模拟扶正力的等代链杆单元截面尺寸

为了减少设置铰接点的麻烦，假定链杆截面的高度（厚度）$t=0.01$m，弹性模量 $E_\text{链}=2.2\times10^7$ kN/m^2，链杆长度 $l_\text{链}=d=50$m，代入式（5-5-78）便可得到每根链杆单元的具体宽度 b_{ei}，表 5-5-17 中的第 9 栏列出了它们的计算结果。

（6）由主梁传递至索塔上的风荷载计算

按图 5-5-30d）的计算图式，其上作用有分布水平荷载集度 $q_L=9.1$kN/m 和拉索下锚点处的水平集中力 $P^f_{\text{索}i}$见表 5-5-18，应用于平面杆系程序得：$R=3115$kN；它作用于离散图中 11 号节点处。

（7）拉索的垂直分力 G_i 及偏心力矩

具体计算见表 5-5-18。

（8）迭代法运算

按照本节第二小节所述的方法和图 5-5-29 所示的迭代运算图，应用平面杆系有限元程序进行计算，并将几个控制截面的内力汇总于表 5-5-19。为了对比，表中还给出了不计入扶正力的有利影响和完全不考虑拉索影响而只计结构自重产生的二阶非线性效应等两种工况的计算结果。

三种计算图式的迭代运算结果　　表 5-5-19

计算图式	计算内容	迭代运算序号	塔顶(29号)水平位移(m)	截面弯矩 (kN·m)			
				承台顶面(6号节点)	桥面(11号)	1号索锚点(16号)	7号索锚点(22号)
I. 计入扶正力效应	风力+G_ie	1	0.5103	−263600	−55760	−8792	−3664
	移去风力与G_ie，计入结构自重与G_i的非线性效应	2	0.1392	−23900	−28730	−3176	−829.3
		3	0.03818	−7255	−6307	−1065	−361.1
		4	0.006551	−1374	−1004	−155.8	−63.77
		5	≈0	≈0	≈0	≈0	≈0
		$\sum_2^5$	0.183931	−32529	−36041	−4356.8	−1317.17
	总计		0.694231	−296129	−91801	−13148.8	−4981.17
II. 不计扶正力效应	风力+G_ie	1	0.6512	−295100	−79390	−12170	−4620
	移去风力与G_ie，计入结构自重与G_i的非线性效应	2	0.2391	−39340	−47090	−5920	−1675
		3	0.09212	−13310	−16330	−2675	−734.9
		4	0.03561	−5114	−6226	−1035	−292.2
		5	0.01372	−1971	−2398	−438.2	−114.8
		6	0.00522	−756.6	−925.6	−156.3	−48.63
		7	0.002018	−292.5	−359.0	−98.59	−29.62
		8	0.0008434	−111.5	−136.9	−50.65	≈0
		9	0.0005674	−64.75	−79.48	≈0	≈0
		10	0.0001478	−15.22	−18.68	≈0	≈0
		$\sum_2^{10}$	0.03893466	−59975.57	−73563.66	−10373.74	−2895.15
	总计		1.0405466	−355075.57	−152953.66	−22543.74	−7515.15
III. 完全不计索力影响	风力	1	0.6126	−291000	−74400	−7780	−2414
	移去风力，计入结构自重的非线性效应	2	0.0338	−6425	−7522	−520.9	−158.2
		3	0.001841	−312.1	−368.1	−36.07	−10.64
		4	0.0001082	−15.29	−18.77	−3.819	≈0
		5	≈0	≈0	≈0	≈0	≈0
		$\sum_2^5$	0.0357492	−6752.39	−7908.87	−560.789	−168.84
	总计		0.6483492	−297752.39	−82308.87	−8340.789	−2582.84
不同计算图式的比较	图II/图I		1.4989	1.1991	1.6661	1.7145	1.5087
	图III/图I		0.9339	1.0055	0.8966	0.6343	0.5185

计算结果的对比表明，若不计斜拉索扶正力的效应时，则无论是塔顶位移，还截面弯矩，普遍地比计入扶正力效应的结果要大，一般约大 50%，个别截面高达 70%，这表明规范（JTJ 027—96）中提出"可计入拉索弹性扶正力因素的影响"的条文是符合实际的。

其次，当不考虑拉索索力的任何影响（扶正力、垂直分力和索力偏心力矩等）时，则除个别截面的内力接近相等外，普遍地比计入扶正力效应所得的结果低 10%～50%，这说明是不安全的，应给以足够的重视。

第九节 桥梁抗震计算的反应谱法

桥梁抗震分析理论可分为确定性分析方法和随机性分析方法两类。目前，以地震运动为随机过程的概率性地震反应分析方法还不成熟，要应用到工程实践中还有待于进一步研究。世界各国的桥梁抗震设计规范中普遍采用的是确定性地震分析方法。桥梁抗震分析方法包括静力法和动力法。静力法包括等效静力法和非线性静力法；动力法包括反应谱法、功率谱法和动力时程法。对于斜拉桥，广泛使用的方法是反应谱法与动力时程法。

一、反应谱的定义

反应谱方法利用地震荷载概念，通过求解地震动控制方程而得到结构的最大地震反应，它考虑了地面运动加速度记录特征、结构振动周期以及阻尼比等动力特性，比地震分析方法中最原始的静力法有很大的进步。反应谱法用于抗震设计包括两个基本步骤：第一步是根据强震记录经统计得到用于设计的地震反应谱；第二步是将结构振动方程进行振型分解，将物理位移用振型广义坐标表示，而广义坐标的最大值由第一步中的设计反应谱求得。最后，反应量的最大值可通过适当的方法将各振型反应量最大值组合起来得到。

下面分别以单质点、多质点体系为例介绍反应谱法的基本原理。

二、单质点弹性体系的地震反应谱法

设 $\ddot{y}_0(t)$、$\ddot{y}(t)$ 分别表示地面运动加速度时程、质点 m 相对地面的运动加速度时程，则单质点 m 在地震作用下的振动方程为：

$$m\ddot{y}(t) + c\dot{y}(t) + ky(t) = -m\ddot{y}_0(t) \tag{5-5-82}$$

式中 c 和 k 分别为黏滞阻尼系数和弹性恢复力系数。从上式可见，单质点弹性体系的振动是在地面运动作用下的强迫振动，强迫力的大小等于地面运动加速度与质点质量的乘积，指向与地面运动加速度方向相反。地面运动加速度时程可由地震时地面加速度仪记录或人工合成方法得到。

式 (5-5-82) 的解由两部分组成：一部分是对应于齐次方程（自由振动）的通解，另一部分是对应于非齐次方程（强迫振动）的特解。但由于结构的阻尼作用，自由振动很快就会衰减，结构的振动将会是在地震荷载作用下的强迫振动。

由微分方程理论可知，非齐次方程 (5-5-82) 的特解可用下述杜哈美积分来表示：

$$y(t) = -\frac{1}{\omega'}\int_0^t \ddot{y}_0(\tau)e^{-\zeta\omega(t-\tau)}\sin\omega'(t-\tau)d\tau \tag{5-5-83}$$

式中 ω、$\omega' = \omega\sqrt{1-\zeta^2}$ 分别是体系无阻尼、有阻尼时的自振圆频率，$\zeta = \dfrac{c}{2m\omega}$ 是体系的阻尼

比。当阻尼比很小时，ω 和 ω' 的差别很小，二者可近似相等。

作用在质点上的惯性力等于其质量和绝对加速度的乘积，即：

$$P(t) = -m[\ddot{y}_0(t) + \ddot{y}(t)] \tag{5-5-84}$$

利用式（5-5-82）和式（5-5-83），并考虑到 $c\dot{y}(t) \ll ky(t)$，有：

$$P(t) = ky(t) = m\omega^2 y(t)$$

$$= -m\omega \int_0^t \ddot{y}_0(\tau) e^{-\zeta\omega(t-\tau)} \sin\omega(t-\tau) d\tau \tag{5-5-85}$$

在反应谱分析法中，作用在结构上的地震荷载是地震力 $P(t)$ 的最大绝对值。设 P 表示水平地震荷载的最大绝对值，即：

$$P = m\omega \left| \int_0^t \ddot{y}_0(\tau) e^{-\zeta\omega(t-\tau)} \sin\omega(t-\tau) d\tau \right|_{\max} \tag{5-5-86}$$

令：

$$S_a = \omega \left| \int_0^t \ddot{y}_0(\tau) e^{-\zeta\omega(t-\tau)} \sin\omega(t-\tau) d\tau \right|_{\max} = \beta |\ddot{y}_0(t)|_{\max}$$

$$|\ddot{y}_0(t)|_{\max} = Kg$$

则有：

$$P = m \cdot K \cdot \beta \cdot g = K \cdot \beta \cdot W \tag{5-5-87}$$

式中： S_a——质点加速度最大值；
$|\ddot{y}_0(t)|_{\max}$——地面运动加速度最大值；
K、β、W——地震系数、动力放大系数和质点重量。

通过求出地震系数 K 和动力放大系数 β，利用式(5-5-87)就可计算出质点受到的水平地震荷载值。

地震系数 K 是地面运动最大加速度（绝对值）与重力加速度 g 之比，根据抗震设防烈度选用。

动力放大系数 β 是单质点弹性体系在地震作用下最大反应加速度与地面最大加速度之比，即：

$$\beta = -\frac{S_a}{|\ddot{y}_0(t)|_{\max}}$$

也可认为是质点最大反应加速度相比地面最大加速度放大的倍数，利用质点加速度最大值表达式和频率与周期关系，上式又可写成如下形式：

$$\beta = \frac{2\pi}{T \cdot |\ddot{y}_0(t)|_{\max}} \left| \int_0^t \ddot{y}(\tau) e^{-\zeta\frac{2\pi}{T}(t-\tau)} \sin\frac{2\pi}{T}(t-\tau) d\tau \right|_{\max}$$

由上式可知，动力系数 β 与地面运动加速度记录曲线特征、结构的自振周期 T 以及阻尼比有关。当地面加速度记录和阻尼比给定时，就可根据不同的自振周期 T 算出动力系数 β，从而得到一条 β—T 的动力系数反应谱曲线。

上面讨论的反应谱是以弹性体系为对象的，结构在地震作用下一般均进入弹塑形阶段，结构的延性将起耗能作用，会减弱地震反应。如果考虑结构的延性耗能作用，式(5-5-87)可以写为：

$$P = C_z \cdot K \cdot \beta \cdot W \tag{5-5-88}$$

式中：C_z——综合影响系数。各国规范对 C_z 的取值大约在 $1/\mu$ 与 $1/\sqrt{2\mu-1}$ 之间；
μ——延性系数。

求得作用在质点上的地震荷载后，就可把这一地震荷载当作静荷载加到结构上，通过计算就可得到单质点体系的地震反应。

三、多质点体系反应谱分析

1. 多质点体系的反应谱

进行多振型反应谱法计算时，所考虑的自由度数和振动模态数应在纵桥向和横桥向尽量获得90%的质量参与系数。

与式（5-5-82）类似，多质点体系在地震作用下的振动方程为：

$$[M]\{\ddot{y}(t)\}+[C]\{\dot{y}(t)\}+[K]\{y(t)\}=-[M]\{I_x\}\ddot{y}_0(t) \quad (5\text{-}5\text{-}89)$$

式中：$[M]$、$[C]$、$[K]$——质量矩阵、阻尼矩阵和刚度矩阵。

当采用瑞利阻尼时，阻尼矩阵表示为质量矩阵和刚度矩阵的线性组合，即：

$$[C]=a_0[M]+a_1[K] \quad (5\text{-}5\text{-}90)$$

式中 a_0 和 a_1 为常数。此时阻尼矩阵满足振型正交性条件，方程组（5-5-89）可采用振型分解法将其分解成一系列相互独立的振动方程，于是将多质点体系的复杂振动分解为各个振型的独立振动，从而可采用单质点体系的反应谱理论来计算各振型的最大反应。

2. 反应谱的组合方法

求出各振型的地震反应后，考虑到各振型作为单独振动时的最大反应值并不同时出现，如将各振型求得的最大反应值直接求代数和显然过于保守，因此必须采用合理的组合方法，以得到多质点体系的各项反应值。这些组合方法包括完全二次组合法（CQC）与平方和开方法（SRSS）。

（1）平方和开方法（SRSS）

$$F=\sqrt{\sum_{i=1}^{n}S_i^2} \quad (5\text{-}5\text{-}91)$$

式中：F——结构的地震作用效应；

S_i——结构的第 i 阶振型地震作用效应。

（2）完全二次组合法（CQC）

结构两个振型模态的自振周期 T_i 和 T_j（$T_j \leqslant T_i$）接近时，即 T_i 和 T_j 满足式（5-5-92）时，应采用CQC方法进行地震作用效应计算。对斜拉桥，振型响应的交叉项因模态密集而不能忽略，此时，振型之间的组合应该采用完全二次组合法，而不是平方和开方法。

$$\rho=\frac{T_j}{T_i}\geqslant\frac{0.1}{0.1+\zeta} \quad (5\text{-}5\text{-}92)$$

式中：ζ——结构阻尼比。

CQC法的表达式为：

$$F=\sqrt{\sum_{i=1}^{n}\sum_{j=1}^{n}S_i r_{ij} S_j} \quad (5\text{-}5\text{-}93)$$

式中：r_{ij}——相关系数，按式（5-5-94）计算：

$$r_{ij}=\frac{8\zeta^2(1+\rho)\rho^{3/2}}{(1-\rho^2)^2+4\zeta^2\rho(1+\rho)^2} \quad (5\text{-}5\text{-}94)$$

体系的自振频率相隔越远，则 r_{ij} 值越小。当 r_{ij} 可认为近似为零。此时式（5-5-93）变为

$$F = \sqrt{\sum_{i=1}^{n} S_i^2}$$

这就是 SRSS 方法，同式（5-5-91）。

CQC 法来源于随机振动理论，它有三条基本假定：

①地震动为平稳随机过程。

②地震动为宽带过程。

③平稳随机过程的性质对其峰值因子的影响不显著。

地震动过程是强烈非平稳的，平稳性假定是对地震动过程的一个简化的描述，尽管如此，基于此假定还是能够满意地解决一些实际的工程问题。反应谱关心的只是结构反应的最大值，只要影响结构反应的主要振型的周期小于或不比地震动强震持时大得太多，则平稳性假定对此问题可以接受。大多数工程结构都可以满足这两个要求。但对于柔性结构，如大跨度桥梁，可能要重新考虑这一假定。第二条假定在通常情况下也是难以接受的，但软弱场地、远距离浅源地震以及柔性结构等情况则要排除在外。第三条假定导致对低阶振型贡献的低估和对高阶振型贡献的高估，两者可部分抵消，一般认为不会产生大的误差，但未见详实的论证。

四、设计加速度反应谱

一个场地记录到的地震动与多种因素有关。其中主要包括：场地条件、震中距和震源深度、震级、震源特性、传播路径。

阻尼比为 5% 的设计加速度反应谱（图 5-5-32）由下式确定：

$$S = \begin{cases} S_{\max}(5.5T + 0.45) & T < 0.1\text{s} \\ S_{\max} & 0.1\text{s} \leqslant T \leqslant T_g \\ S_{\max}(T_g/T) & T > T_g \end{cases}$$

(5-5-95)

式中：T_g——场地特征周期；

T——结构自振周期。

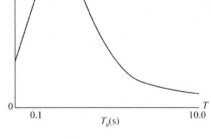

图 5-5-32 设计加速度反应谱

场地特征周期 T_g，按场址位置在《中国地震动峰值加速度区划图》（GB 18306—2001）上取值后，根据桥址的场地类别，按表 5-5-20 取值。

设计加速度反应谱特征周期调整表　　　　　表 5-5-20

特征周期分区	场地类型划分			
	I	II	III	IV
1 区	0.25	0.35	0.45	0.65
2 区	0.30	0.40	0.55	0.75
3 区	0.35	0.45	0.65	0.90

注：本表引自 GB 18306—2001 的表 C1。

设计加速度反应谱最大值 $S_{\max}$ 由下式确定：

$$S_{\max} = 2.25 C_i C_s C_d A \tag{5-5-96}$$

式中：C_i——重要性系数，按表 5-5-21 取值；

C_s——场地系数，按表 5-5-22 取值；

C_d——阻尼调整系数，按式（5-5-97）取值；

A——相应设计烈度的地震加速度峰值，按表 5-5-23 取值。

各类桥梁的重要性系数 C_i 表 5-5-21

桥梁类别	设计地震 E1	设计地震 E2
A类	—	1.7
B类	0.43 (0.5)	1.3 (1.7)
C类	0.34	1.0
D类	0.23	—

注：高速公路和一级公路上的大桥、特大桥，其重要性系数取 B 类括号内的值。

场地系数 C_s 的数值 表 5-5-22

地震基本烈度	6	7		8		9
场地类型	0.05	0.1	0.15	0.2	0.3	0.4
I	1.2	1.0	0.9	0.9	0.9	0.9
II	1.0	1.0	1.0	1.0	1.0	1.0
III	1.1	1.3	1.2	1.2	1.0	1.0
IV	1.2	1.4	1.3	1.3	1.0	0.9

抗震设防烈度和设计基本地震加速度值 A 表 5-5-23

抗震设防烈度	6	7	8	9
设计基本地震加速度值	0.05g	0.10 (0.15) g	0.20 (0.30) g	0.40g

阻尼比是影响反应谱值的一个重要参数。当结构阻尼较小时，其变化会显著地改变反应谱值，从而影响结构所受地震力的大小。当结构的阻尼比 ζ 取值 0.05，式（5-5-96）中的阻尼调整系数 C_d 取值 1.0。当结构的阻尼比按有关规定不等于 0.05 时，阻尼调整系数 C_d 应按下式取值：

$$C_d = 1 + \frac{0.05 - \zeta}{0.06 + 1.7\zeta} \tag{5-5-97}$$

如无试验资料，斜拉桥的结构阻尼比不宜大于 0.03。式（5-5-97）中，当 C_d 小于 0.55 时，应取 0.55。

竖向分量的设计加速度反应谱由水平分量的设计加速度反应谱乘以下式给出的修正谱确定：

$$R = \begin{cases} 0.9 & 0 < T < 0.1 \\ 1.0 - T & 0.1 \leqslant T < 0.5 \\ 0.475 + 0.05T & 0.5 \leqslant T < 2.5 \\ 0.6 & T \geqslant 2.5 \end{cases} \tag{5-5-98}$$

反应谱方法的优点是概念简单、计算工作量小。研究表明，对于一般桥梁而言，只要计算前几阶振型即可得到满意的结果。因该法将时变动力问题转化为拟静力问题，易于为工程技术人员所接受，所以得到了广泛的应用。由于它使用了振型叠加概念，因而只适用于线弹性体系的抗震设计。虽然它能得到结构的最大反应，但不能反映结构在地震动过程中的经历,也无法反映地震动的持续时间对结构地震反应的重要影响。另外,像斜拉桥这样的柔性结构体系,其基本振型的周期一般较长,而规范反应谱的长周期段较短,导致反应谱法得到的结构响应有较大的误差。

第十节　有限元时程分析法

对重要、复杂、大跨径的桥梁抗震计算都建议采用时程分析法进行验算复核。

时程分析法是将连续结构离散为多节点、多自由度的体系,并在支点激励下建立结构的运动方程:

$$M\ddot{u} + C\dot{u} + Ku = 0 \qquad (5\text{-}5\text{-}99)$$

式中:u 是节点位移矢量,它为结构非支承节点位移 u_s 加上支承节点位移 u_g。如采用分块矩阵的形式,式(5-5-99)可写为:

$$\begin{bmatrix} M_{ss} & M_{sg} \\ M_{gs} & M_{gg} \end{bmatrix} \begin{Bmatrix} \ddot{u}_s \\ \ddot{u}_g \end{Bmatrix} + \begin{bmatrix} C_{ss} & C_{sg} \\ C_{gs} & C_{gg} \end{bmatrix} \begin{Bmatrix} \dot{u}_s \\ \dot{u}_g \end{Bmatrix} + \begin{bmatrix} K_{ss} & K_{sg} \\ K_{gs} & K_{gg} \end{bmatrix} \begin{Bmatrix} u_s \\ u_g \end{Bmatrix} = 0 \qquad (5\text{-}5\text{-}100)$$

式中质量矩阵、阻尼矩阵和刚度矩阵中的非对角项反映了结构非支承节点自由度与支承节点自由度之间的相互影响。如果单元质量矩阵采用集中质量矩阵,则式(5-5-100)的第一组方程变为:

$$M_{ss}\ddot{u}_s + C_{ss}\dot{u}_s + C_{sg}\dot{u}_g + K_{ss}u_s + K_{sg}u_g = 0 \qquad (5\text{-}5\text{-}101)$$

在结构地震响应分析中,节点位移可分解为两部分,一部分是由结构惯性力引起的结构相对于支点的振动位移 u_{vs},另一部分是由于支承点位移在结构中产生的拟静位移 u_{ps},即:

$$\begin{Bmatrix} u_s \\ u_g \end{Bmatrix} = \begin{Bmatrix} u_{vs} \\ 0 \end{Bmatrix} + \begin{Bmatrix} u_{ps} \\ u_{pg} \end{Bmatrix} \qquad (5\text{-}5\text{-}102)$$

将上式代入式(5-5-101)并整理有:

$$M_{ss}\ddot{u}_{vs} + C_{ss}\dot{u}_{vs} + K_{ss}u_{vs} = -M_{ss}\ddot{u}_{ps} - C_{ss}\dot{u}_{ps} - C_{sg}\dot{u}_{pg} - K_{ss}u_{ps} - K_{sg}u_{pg} \qquad (5\text{-}5\text{-}103)$$

对斜拉桥而言,阻尼项对上式右端的影响不大,通常可忽略。

由拟静位移的定义可知,拟静位移与支点位移之间满足:

$$K_{ss}u_{ps} + K_{sg}u_{pg} = 0 \qquad (5\text{-}5\text{-}104)$$

因此有:

$$u_{ps} = -K_{ss}^{-1}K_{sg}u_{pg} = Ru_{pg} \qquad (5\text{-}5\text{-}105)$$

式中,$R = -K_{ss}^{-1}K_{sg}$ 称为影响矩阵。如将式(5-5-105)代入式(5-5-103),并忽略右端阻尼项,有:

$$M_{ss}\ddot{u}_{vs} + C_{ss}\dot{u}_{vs} + K_{ss}u_{vs} = -M_{ss}R\ddot{u}_{pg} \qquad (5\text{-}5\text{-}106)$$

上式即为线性结构在地震荷载作用下运动方程的一般形式。

当地震为非一致激励时,u_{pg} 为 $n_g \times 1$ 列向量,u_{ps} 为 $n_s \times 1$ 列向量,K_{ss} 为 $n_s \times n_s$ 矩阵,K_{sg} 为 $n_s \times n_g$ 矩阵,故 R 为 $n_s \times n_g$ 矩阵。当地震为一致激励时,因 R 各行元素之和均为 1,即:

$$\sum_{j=1}^{n_g} R(i,j) = 1 \qquad (i=1\sim n_s)$$

由于各支点激励相同,u_{pg} 只采用一个支点激励即可,因而 u_{pg} 简化为 $n_d \times 1$ 的列向量,n_d 为一个节点的自由度数。在空间分析中若不计地震动转动分量的影响,则 $n_d = 3$,此时 R

变成 $n_s \times n_d$ 矩阵，矩阵各元素也可按下述方法确定：当支点的某一自由度有地震作用时，R 中与该自由度相对应的行和列相交元素取 1，其余元素均为 0。

时程分析法的基本思想是将地震动持续时间 T_d 分为若干个相等的时间步长 Δt，假定在一个时间步长 Δt 内加速度的变化规律以及加速度、速度、位移之间关系；用前一时间步末的结果作为本时间步计算的初始条件，将二阶微分方程化为代数方程进行求解，从而得到地震过程中每一瞬时结构的位移、速度和加速度响应。

就非线性结构而言，当采用瑞利阻尼时，运动方程（5-5-99）中的阻尼矩阵和刚度矩阵将与结构的内力、位移和加载历程有关，此时求解这一运动方程有效的方法是增量法。该法也将整个地震动持续时间分为若干步，当时间步长划分得较细时，可大致认为在每一步长内结构的刚度、阻尼变化不大，以前一时间步末的结果作为本时间步计算的初始条件，通过求得本时间步上结构的响应增量，再将本时间步的响应增量与前一步末的响应叠加，从而得到本时间步末结构的响应。

时程分析法能得到结构在地震作用下的响应时程，可详细得知结构在整个地震持续时间内每一时刻的位移、速度和加速度反应，可同时反映出地震动的三要素，即振幅、频谱和持续时间对结构响应的影响，可分析出结构在地震作用下弹性和非弹性阶段的内力变化以及构件逐步开裂、损坏直至倒塌的全过程。另外，时程分析法还可精确地考虑地基和结构的相互作用，地震时程相位差以及不同地震时程多分量多点输入、结构的各种复杂非线性因素以及分块阻尼等问题，因而被认为是大跨径桥梁地震响应分析的有力工具。

时程分析应至少选用 3 组地震加速度时程进行比较分析，并取各组反应的最大值进行验算，且要保证任意二时程间由式（5-5-107）定义的相关系数 ρ 的值小于 0.1。

$$\rho = \left| \frac{\frac{1}{N}\sum_j a_{1j} \cdot a_{2j}}{\sqrt{\frac{1}{N}\sum_j a_{1j}^2} \cdot \sqrt{\frac{1}{N}\sum_j a_{2j}^2}} \right| \tag{5-5-107}$$

采用减震支座、挡块等抗震措施时，应进行非线性时程分析。非线性时程分析时，梁柱单元应考虑空间压弯屈服条件，并应同时考虑参与地震组合的其他荷载的共同作用。

另外，当采用时程分析法对桥梁结构进行地震反应分析时，需要输入地震动加速度时程。加速度时程波形对计算结果影响很大，因此需要正确选择。目前主要有三种选择方法，即直接利用强震加速度记录、采用人工合成地震加速度时程以及规范标准化地震加速度时程。考虑到地震加速度振幅、频谱特性和强震持续时间等对结构破坏的重要影响，因此当直接利用地震加速度记录时，应依照下述原则：强震加速度记录的最大峰值加速度应符合桥址所在地区的烈度要求，其主要周期应尽量接近桥址场地的卓越周期；至于地震持续时间，原则上应采用持续时间较长的记录。

第六章 混凝土斜拉桥的徐变分析

混凝土斜拉桥在逐段施工过程中的徐变变形分析，可以参考第二篇第三章第六节中的内容进行计算，其桥面的设计线形一般通过索力调整来解决。本节重点介绍混凝土斜拉桥在成桥以后运营过程中的徐变分析问题。实践证明，混凝土的塔、梁和墩的长期徐变变形，特别是对于单索面斜拉桥将会导致总索力下降，严重的将会增大主梁的内力和改变线形，必要时还得进行索力再次调整，以保证车辆正常运行。

第一节 关于徐变系数中加载龄期 τ_0 的确定

混凝土斜拉桥的拉索一般不会产生徐变，但其塔、梁、墩在逐段浇筑的过程中，会伴有徐变产生。精确地分析会比较烦琐。本节着重介绍在成桥以后，由长期恒载作用所引起的徐变分析。为了简化分析，近似地和统一地把整个桥面二期恒载完成之日定为加载龄期的基准日，由于塔、梁、墩混凝土的浇筑有先有后，故它们的加载龄期起算日也是各不相同的。为了进一步简化，将同一座桥塔所属的几个部分构造，各取一个平均起算点，简称为平均加载龄期 $\overline{\tau_0}$。为了清楚起见，现用图 5-6-1 来阐明这个计算。

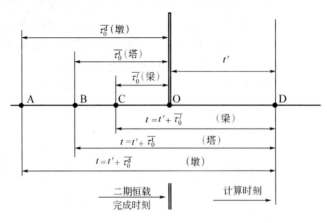

图 5-6-1 斜拉桥塔、梁、墩的平均加载龄期示意图

一、桥　　墩

桥墩具有一定的高度，桥墩施工结束以后，它所承受的恒载是从浇筑主梁"零"号块逐次达到成桥状态的。在没有找到更有效计算方法的情况下，可暂取在它顶部浇筑"零"号块之日作为混凝土的开始养护日，二期恒载完成之日定为全部恒载施加在它上面的加载日来确定其平均加载龄期 $\overline{\tau_0^d}$，即图 5-6-1 中的 AO 时段。如果需要观察它在二期恒载以后某个时刻 t' 的徐变状态，则计算考虑时刻混凝土龄期 t_d（下脚 d 代表墩）为 $t'+\overline{\tau_0^d}$，于是墩在计算时刻的徐变系数 $\varphi_d(t,\tau_0) = \varphi_d(t'+\overline{\tau_0^d}, \overline{\tau_0^d})$，即指图 5-6-1 中的 AD 时段。

二、桥　　塔

与上述相似的假定，暂取该塔在挂最中间的一对拉索之日作为索塔混凝土的开始养护日，即图 5-6-1 中的 B 点，其平均加载龄期 $\overline{\tau_0^t}$（上标 t 代表塔）为图 5-6-1 中 BO 时段，它在计算时刻的徐变系数为 $\varphi_t(t,\tau_0) = \varphi_t(t'+\overline{\tau_0^t}, \overline{\tau_0^t})$，即图 5-6-1 中的 BD 时段。

三、主　　梁

考虑到浇筑主梁节段一般比浇筑相应的索塔节段要滞后一段时间，故可暂取完成边孔（锚跨）2/3 梁长之日作为起算日。于是，其平均加载龄期 $\overline{\tau_0^l}$（上标 l 代表梁）为 CO 段，计算时刻的徐变系数 $\varphi_l(t,\tau_0) = \varphi_l(t'+\overline{\tau_0^l}, \overline{\tau_0^l})$，即图 5-6-1 中的 CD 时段。

另一座桥塔的平均加载龄期 $\overline{\tau_0^t}$ 则按同样的原则进行计算。至于徐变系数 $\varphi(t,\tau_0)$ 中的观察计算龄期 t，则根据设计者的需要而定，可以是半年、一年、五年或更长。

斜拉索是不考虑其徐变系数的，但是为了便于应用平面杆系有限元程序，可以把它称作为 $\varphi(t,\tau_0)=0$ 的"特种混凝土"。

第二节　徐变分析的计算模型

现用图 5-6-2 所示的具有两对（每侧）拉索的独塔斜拉桥为例来说明建立计算模型的若干要点。

(1) 绘制斜拉桥结构离散图，按设计的各杆元截面几何尺寸及其截面特性和应用有限元法程序来计算结构初内力，如图 5-6-2a) 所示。

(2) 按上述的参考意见，近似确定墩、塔、梁的平均加载龄期 $\overline{\tau_0}$，然后按式(2-3-16)～式 (2-3-22) 分别计算它们的欲观察时刻 t 的徐变系数，若用角标 d、t、l 分别代表墩、塔和梁，则它们分别为 $\varphi_d(t,\tau_0)$，$\varphi_t(t,\tau_0)$ 和 $\varphi_l(t,\tau_0)$。至于斜拉索的徐变系数，则用角标 c 表示之，即 $\varphi_c(t,\tau_0) \equiv 0$。

(3) 按照换算弹性模量法中的式（2-3-24）和式（2-3-25）分别计算墩、塔、梁在随 t 变化的荷载作用下之换算弹性模量 $E_{\rho\varphi}^d$、$E_{\rho\varphi}^t$、$E_{\rho\varphi}^l$ 与它们相应的截面面积 A 和抗弯惯矩 I 仍保持不变。至于斜拉索，则应用罗必塔法则，可得 $E_{\rho\varphi}^c = E_c$，即弹性模量不变。

(4) 按式 (2-3-23)、式 (2-3-24) 和式 (2-3-28) 计算荷载换算系数 η_d、η_t 和 η_l。对所有斜拉索的 η_c 均等于零。

(5) 换算荷载和换算初始内力的计算。

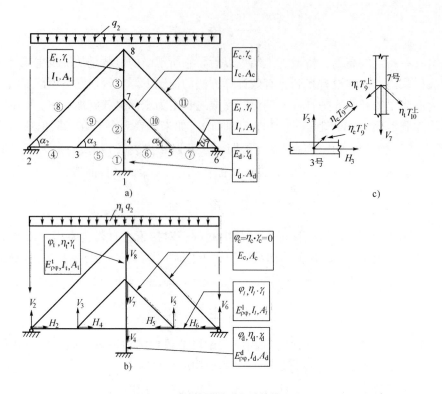

图 5-6-2 斜拉桥徐变分析计算模型

1. 结构自重的换算

用 η_d、η_t、η_l 分别乘以混凝土重度 γ_h，由于斜拉索的 $\eta_c=0$，故在进行徐变分析时，不计拉索的自重，即 $\eta_c\gamma_c=0$。

2. 二期恒载的换算

对于直接作用于主梁上的二期恒载集度 q_2，则用主梁的荷载换算系数 η_l 乘之，即为 $\eta_l q_2$。

3. 索—梁铰接结合面换算节点力

现以⑨单元的下端 3 号节点为例说明之。

设该索的初索力为 T_9，从 3 号节点处断开后，拉索端的换算节点力为 $\eta_l T_9$，由于 $\eta_c=0$，即 $\eta_l > \eta_c$，故叠加以后的换算初始节点力为 $(\eta_l - \eta_c)T_9 = \eta_l T_9$，其方向朝向索塔，于是得到它的两个分力为：

$$V_3 = \eta_l T_9 \cdot \sin\alpha_3 （向上） \qquad H_3 = \eta_l T_9 \cos\alpha_3 （向右） \qquad (5-6-1)$$

式中：α_3——⑨单元拉索的倾角，索力 T 的下角标 9 代表第 9 单元，下同。

其余各索—梁结合面处的初始换算节点力均可按此步骤换算。

4. 索与塔铰接结合面换算节点力

它的初始节点力的换算方法与索—梁结合面的相似，所不同的是，塔上的节点是与两个索单元相连接的，例如图 5-6-2c)的上端 7 号节点，与它连接的是⑨、⑩两个单元，其初始换算节点力分别为：

$$(\eta_t - \eta_c) \times T_9 = \eta_t T_9 \qquad (\eta_t - \eta_c) \times T_{10} = \eta_t T_{10} \qquad (5-6-2)$$

其作用方向各朝向主梁。两侧拉索的水分力始终是平衡的，故其垂直分力 V_7 为：

$$V_7 = \eta_t(T_9 \sin\alpha_3 + T_{10}\sin\alpha_5) \tag{5-6-3}$$

对于对称型单塔斜拉桥，索力 $T_9 = T_{10}$，拉索倾角 $\alpha_3 = \alpha_5$，则有：

$$V_7 = 2\eta_t T_9 \sin\alpha_3 (\text{向下}) \tag{5-6-4}$$

5. 塔—梁—墩交点处的换算节点力

按照与上述相同的方法，首先将图 5-6-2a) 中与 4 号节点毗连的四个单元切开，并将按有限元法程序算得的初始内力（N、Q，其中弯矩 M 忽略不计）分别标在每个截面上，如图 5-6-3a) 所示，然后，对每个内力值分别乘以所在单元的荷载换算系数 η，如图5-6-3b) 所示。

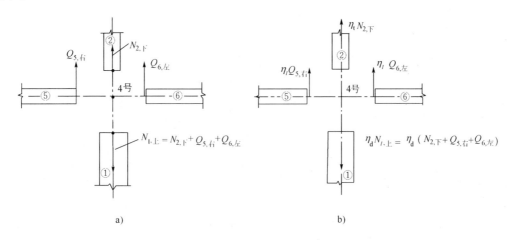

图 5-6-3　4 号节点力换算图

这里对图 5-6-3a) 的初内力说明几点：

（1）斜拉桥通过索力调整后，塔柱各截面只承受轴压力。

（2）与索塔毗邻的两主梁单元，在其相向的截面上，除剪力（$Q_{5右}$、$Q_{6左}$）具有相同的方向外，其余两项内力（弯矩、轴力）一般是大小相等，方向相反，且具有同一个荷载换算系数 η_l，因此，它们可不列入节点力的荷载换算图中。

（3）桥墩顶部截面所承受的总垂直力应为（$N_{2,下} + Q_{5,右} + Q_{6,左}$），其方向向下；由于塔、梁、墩各具有不同的荷载换算系数 η_t、η_l 和 η_d，且 $\eta_t > \eta_d$ 和 $\eta_l > \eta_d$，故应分别乘以不同的系数，如图中所示。

于是，4 号节点处的换算节点力便是这些内力的叠加，即：

$$V_4 = \eta_d(N_{2,下} + Q_{5,右} + Q_{6,左}) - \eta_l(Q_{5,右} + Q_{6,左}) - \eta_t N_{2,下} \tag{5-6-5}$$

或：

$$V_4 = \eta_d N_{1,上} - \eta_l(Q_{5,右} + Q_{6,左}) - \eta_t N_{2,下} \tag{5-6-6}$$

当 $V_4 > 0$ 时，则力的方向向下；反之，则向上。上二式中符号的角标，第一个代表所在单元编号，第二个代表在单元上的位置（左端，右端，上端或下端），其中 $N_{1,上} = N_{2,下} + Q_{5,右} + Q_{6,左}$，可以从程序输出中直接得到。

对于具有塔、梁、墩固结的双塔斜拉桥，亦可参考上式作近似计算。对于主梁在桥塔处为铰支的情况（图 5-6-4），可以按照与上述相同的原理，写出墩顶单元上节点（此时为 7 号而不是 4 号，但二者共用同一个坐标，即双节点）处的换算初始节点力 V_7 为：

$$V_7 = (\eta_d - \eta_t) \times N_{2,下} + (\eta_d - \eta_t) \times R \tag{5-6-7}$$

或：

$$V_7 = \eta_d N_{1,上} - \eta_t N - \eta_t R \tag{5-6-8}$$

式中：R——支点对墩顶单元的垂直压力。

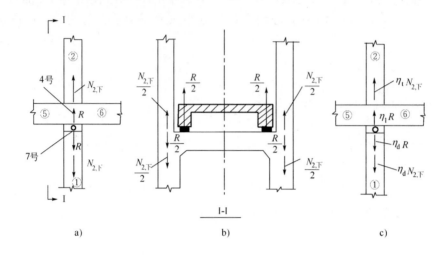

图 5-6-4 墩—梁铰支节点力换算的图

同样地，当 $V_7 > 0$ 时，则力的方向向下；反之，则方向向上。

以上便是应用换算弹性模量法和平面杆系有限元法程序、建立混凝土斜拉桥徐变分析计算模型的基本要点。

第三节 徐变次内力及徐变变形计算

按照图 5-6-2b) 的计算模型求算出 i 杆元在 j 号节点的内力，用 $S_{ij}^{换}$（$M_{ij}^{换}$、$N_{ij}^{换}$、$Q_{ij}^{换}$）表示之，和各 j 号节点的变形，用 $D_j^{换}$（Δ_{jx}、Δ_{jy}、θ_j）表示之，然后按照下述公式求算相应杆元在 j 号端的徐变次内力 $S_{ijt}^{次}$ 和相应 j 号节点的徐变变形 $D_{jt}^{次}$。

$$S_{ijt}^{次} = S_{ij}^{换} - \eta_i S_{ij0} \tag{5-6-9}$$

$$D_{jt}^{次} = D_j^{换} - D_{j0} \tag{5-6-10}$$

式中：S_{ij0}——i 单元在 j 号端的初始内力；

D_{j0}——j 号节点的初始变形。

由此可以得到各单元在不同节点处、在计入徐变影响后的实际内力或变形，并用下式表示之：

$$S_{ij}^{实} = S_{ij}^{换} + (1 - \eta_i) S_{ij0} \tag{5-6-11}$$

$$D_j^{实} = D_j^{换} \tag{5-6-12}$$

第四节 示 例

下面仍用最简单的例子来阐明本节所述方法的具体应用。

【例 5-6-1】 图 5-6-5 是一座塔、梁、墩三者固结且结构对称的单索面独塔混凝土斜拉桥,其立面尺寸均示于图 a),截面技术特性汇总于表 5-6-1,桥面二期恒载集度 $q_2=20\text{kN/m}$,以二期恒载完成之日为基准日,设梁、塔、墩的平均加载龄期 $\overline{\tau_0}$ 分别为 30d、60d 和 120d。试分析该桥在恒载作用下,自二期恒载完成之日以后的时刻 $t'=180$、360、720、1440 和 2160d 等 5 个计算时刻(注:对于不同杆件,其计算时刻为 $t'+\overline{\tau_0}^i$)的实际索力、支点反力和塔顶的沉降量。

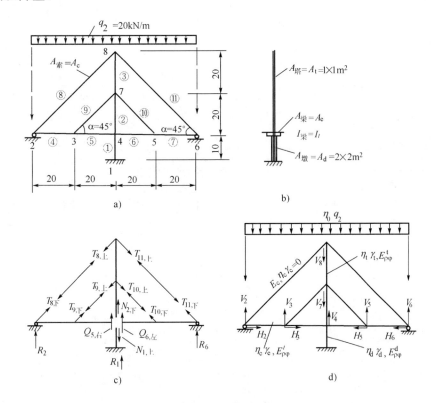

图 5-6-5 例 5-6-1 的立面尺寸及计算图(尺寸单位:m)

截面技术特性 表 5-6-1

名 称	弹性模量 E (kN/m²)	重度 γ (kN/m³)	徐变系数 φ	截面面积 A (m²)	抗弯惯矩 I (m⁴)
梁	3.3×10^7	26.5	$\varphi_l(t'+30, 30)$	4.1125	2.9077
塔	3.3×10^7	26.5	$\varphi_t(t'+60, 60)$	1×1	$1/12$
墩	3.3×10^7	26.5	$\varphi_d(t'+120, 120)$	2×2	$16/12$
索	2×10^8	78.5	0	$1\times7.568\times10^{-3}$	—

注:表中截面面积 A 除主梁外,其余均指宽×高。

解：(1) 截面徐变特性计算

①按式（2-3-16）～式（2-3-22）分别计算梁、塔、柱在各计算时刻的徐变系数 $\varphi(t'+\overline{\tau_0}^i,\overline{\tau_0}^i)$。

②按式（2-3-25）计算相应的老化系数 $\rho(t'+\overline{\tau_0}^i,\overline{\tau_0}^i)$。

③按式（2-3-23）和式（2-3-24）计算相应的两种换算弹性模量 E_φ^i 和 $E_{\rho\varphi}^i$。

④按式（2-3-28）计算相应的荷载换算系数 η_i。

以上四项计算，可以自编简单的计算程序来完成，（计算过程参见例 2-3-4，此处略），其结果均汇总于表 5-6-2 中。

斜拉桥各杆元的徐变特性　　　　表 5-6-2

徐变特性		计算时刻（d）				
		180	360	720	1440	2160
梁	φ_l	5.619891	6.230679	6.675169	6.95782	7.064415
	ρ_e	0.8256989	0.8414758	0.8514545	0.8572289	0.8593011
	E_φ^l	0.1779394E	0.1604962E	0.1498089E	0.1437232E	0.1415545E
	$E_{\rho\varphi}^l$	0.1772943E	0.1601803E	0.1496199E	0.1435865E	0.1414335E
	η_e	0.996375	0.9980319	0.9987382	0.9990488	0.999145
塔	φ_t	4.69342	5.203646	5.574992	5.811151	5.900216
	ρ_t	0.7961757	0.8133539	0.8244335	0.830920	0.8332611
	E_φ^t	0.2130643E	0.192173E	0.1793725E	0.172083E	0.1694853E
	$E_{\rho\varphi}^t$	0.2111136E	0.1911167E	0.1786924E	0.1715677E	0.1690211E
	η_t	0.9908447	0.9945036	0.9962085	0.9970059	0.9972611
墩	φ_d	3.41456	3.786371	4.057136	4.229420	4.294414
	ρ_d	0.741147	0.7590988	0.7711237	0.7783369	0.7809727
	E_φ^d	0.2928618E	0.2641052E	0.2464793E	0.236439E	0.2328606E
	$E_{\rho\varphi}^d$	0.2832295E	0.2581159E	0.2422156E	0.2329963E	0.2296834E
	η_d	0.9671098	0.9773222	0.9827015	0.9854392	0.9863554

注：1. 表中的计算时刻是指完成二期恒载之日以后的时刻，例如 180d 的梁、塔、墩的徐变系数应为 φ_l(210,30)、φ_t(240,60) 和 φ_d(300,120)，其余照此类推；

2. 表中 E_φ^i、$E_{\rho\varphi}^i$ 中的赋值均含 E，E 是混凝土的标准弹性模量 E^b；对于本例，$E=3.3\times10^7\text{kN/m}^2$，参见表 5-6-1；

3. 斜拉索可视作一种特殊混凝土，对于任何计算时刻，$\varphi_c=0$，$\rho_c=1/2$，$E_\varphi^c=\infty$，$E_{\rho\varphi}^c=E_c$（E_c——拉索弹性模量），$\eta_c=0$。

(2) 初始内力计算

①建立离散图，其单元划分及节点编号示于图 5-6-5a）。

②各杆元的弹性模量 E、重度 γ、截面几何特性均按表 5-6-1 中诸值赋值，二期恒载集度 q_2，亦按实际值输入。

③应用平面杆系有限元程序和索力调整便得成桥后各杆的初始内力、支反力和节点位移量，表 5-6-3 列出了部分杆元端部的内力结果。由于结构及荷载对称，故没有列出其中的弯矩值。

④为了近似地反映拉索单元与主梁及索塔之间的铰接构造，这里是将拉索截面等效为宽

1m、高 7.568×10^{-3}m 的矩形截面，其抗弯惯矩 $I\approx0$。

(3) 确定徐变次内力的换算计算模型

①根据所欲求算的时刻，用表 5-6-2 的相对应的换算弹性模量 $E_{\varphi\varphi}^i$ 置换杆元的实际弹性模量 E^i，拉索的弹性模量仍为 E_c 不变。

②用 $\eta_l q_2$ 置换实际作用于桥面结构上的二期恒载集度 q_2；用 $\eta_l\gamma_l$、$\eta_t\gamma_t$、$\eta_d\gamma_d$ 分别置换梁、塔、墩杆元的实际重度 γ_i，但拉索此时的换算重度 $\eta_c\gamma_c=0$。

③按式（5-6-1）计算拉索与主梁铰接点处的换算节点力。现以 3 号节点为例，由表 5-6-3 中知，⑨单元下端的索力 $T_9=3565$kN，$\alpha=45°$，当计算时刻取完成二期恒载后的第 180d，其主梁荷载换算系数 $\eta_l=0.996375$，拉索的 $\eta_c=0$，于是得：

部分杆元节点截面初始内力及反力值（kN） 表 5-6-3

内力号	$N_{1,上}$	$N_{2,下}$	$Q_{5,右}$	$Q_{6,左}$
力值	10860↓	7919↑	1469↑	1469↑
内力号	$T_{8,上}=T_{11,上}$	$T_{8,下}=T_{11,下}$	$T_{9,上}=T_{10,上}$	$T_{9,下}=T_{10,下}$
力值	1268（拉）	1231（拉）	3583（拉）	3565（拉）
内力号	$R_1=N_{1,下}$	R_2	R_6	
力值	11920↑	312↑	312↑	

注：1. 表中所有力值均给出正值，其尾部的"↑"表示作用力的方向向上；"↓"表示作用力方向向下；"拉"代表索拉力；

2. 所有内力符号参见图 5-6-5a)，例如，$N_{1,上}$ 表示①单元上端节点的轴力；$Q_{5,右}$ 表示⑤单元右端截面的剪力；$T_{8,上}$ 表示⑧单元上端索拉力，其余照此类推；

3. R_1、R_2、R_6 分别表示节点 1 号、2 号、6 号支点处的垂直反力。

$$H_3 = \eta_l T_{9,下}\cos\alpha = 0.996375\times3565\times\cos45° = 2511.70\text{kN}(\rightarrow)$$
$$V_3 = \eta_l T_{9,下}\sin\alpha = 0.996375\times3565\times\sin45° = 2511.70\text{kN}(\uparrow)$$

H_5、V_5 分别与此对称，可不用计算。其余节点处的换算节点力可照此类推。

④按式（5-6-3）计算索与塔铰接点处的换算节点力，现以 7 号节点为例，计算时刻仍按二期恒载完成以后的 180d 计算，则有：

$$V_7 = \eta_t(T_{9,上}\sin\alpha + T_{10,上}\sin\alpha) = 0.990845\times2\times3583\times\sin45° = 5020.74(\downarrow)$$

8 号节点的计算与此相仿。

⑤按式（5-6-6）计算塔—梁—墩固结点处的换算节点力，参见图 5-6-5c)，在与上述相同的计算时刻下，其 4 号节点处的力值为：

$$V_4 = \eta_d N_{1,上} - \eta_l(Q_{5,右}+Q_{6,左}) - \eta_t N_{2,下}$$
$$= 0.96711\times10860 - 0.996375(1469+1469) - 0.990845\times7919$$
$$= -271.04\text{kN}(\uparrow)$$

V_4 得负值表示方向向上的理由是等式右边的第 2、3 项之和大于第 1 项，故其作用力方向与 $N_{2,下}$ 的相同。

表 5-6-4 列出了不同计算时刻所对应的各个换算节点力，它们的作用方向均示于图 5-6-5d) 中。

不同计算时刻的换算节点力汇总表 表 5-6-4

换算节点力		计算时刻（d） 180	360	720	1440	2160
η	梁	0.996375	0.998032	0.998738	0.999049	0.999145
	塔	0.990845	0.994504	0.996209	0.997006	0.997261
	墩	0.967110	0.977322	0.982702	0.985439	0.986355
H_2 (→)		867.29	868.74	869.35	869.62	869.70
V_2 (↑)		867.29	868.74	869.35	869.62	869.70
H_3 (→)		2511.70	2515.87	2517.65	2518.44	2518.68
V_3 (↑)		2511.70	2515.87	2517.65	2518.44	2518.68
V_4 (↑)		271.04	193.98	151.13	128.63	120.98
V_7 (↓)		5020.74	5039.28	5047.92	5051.96	5053.25
V_8 (↓)		1776.81	1783.87	1786.42	1287.85	1288.31

注：1. 计算时刻是指从二期恒载完成起算的延续时间；
2. 表中各值均取绝对值，"↑"代表方向向上，"→"代表方向向右，"↓"代表方向向下。

（4）徐变次内力及总内力计算

按照图 5-6-5d) 所示的计算模型和应用有限元法计算程序可以得到此换算结构各杆元的截面内力，然后按照式（5-6-9）计算各杆元的徐变次内力。例如，在与上述相同的计算时刻下（180d），换算结构中①单元的下端 $N_{1,下}^{换}=10780$ kN（↑），亦即塔基的支反力：

$$R_{1,下}^{次} = N_{1,下}^{次} = N_{1,下}^{换} - \eta_d N_{1,下} = 10780 - 0.96711 \times 11920 = -747.95 \text{kN}$$

再将它与初始支反力相叠加，即按式（5-6-11）计算，便得到结构在此计算时刻的实际总反力，即：

$$R_1^{实} = N_{1,下}^{实} = 11920 - 747.95 = 11172 \text{kN}(↑)$$

其次，对于拉索单元，由于 $\eta_c=0$，故拉索的徐变次内力便等于换算结构的拉索内力值，它们的总内力为：

$$T_i^{实} = T_{i0} + T_i^{换}$$

例如，对应计算时刻为 180d 第⑨单元下端的换算结构索力为 $T_{9,下}^{换}=-148.7$ kN（压），则它此时的实际总索力为：

$$T_{9,下}^{实} = 3565 - 148.7 = 3416.7 \text{kN}(拉)$$

表 5-6-5 仅列出部分杆元在计入徐变影响后的力值，并按式（5-6-12）给出了塔顶随时间变化的沉降量。图 5-6-6 用曲线描述了它们随时间的变化规律。从中可以理解到，由于混凝土塔柱的徐变下沉，导致两端桥墩支反力随之加大，从而使索力也发生下降；其次，这种变化规律在早期比较突出，愈到晚期逐渐趋于平缓。

部分杆元计入徐变影响后的内力值及位移量 表 5-6-5

计算时刻（d）	类别	斜拉索索力（kN）		支点反力（kN）↑		塔顶沉降量 W_g (m) ↓
		$T_{8,下}=T_{11,下}$	$T_{9,下}=T_{10,下}$	中墩墩底 $R_1=N_{1,下}$	边墩支点 $R_2=R_6$	
初始力值		1231	3565	11920	312	6.748×10^{-3}
180	换算结构力值	−526.7	−148.7	10780	689.4	2.549×10^{-2}
	总力值	704.3	3416.3	11172	685	
360	换算结构力值	−574.4	−151.6	10830	722.8	2.782×10^{-2}
	总力值	656.6	3413.4	11100	723	

续上表

计算时刻（d）	类别	斜拉索索力（kN）		支点反力（kN）↑		塔顶沉降量 W_g (m) ↓
		$T_{8,下}=T_{11,下}$	$T_{9,下}=T_{10,下}$	中墩墩底 $R_1=N_{1,下}$	边墩支点 $R_2=R_6$	
720	换算结构力值	−608.1	−153.1	10850	746.8	2.947×10^{-2}
	总力值	622.9	3411.9	11056	747	
1440	换算结构力值	−629.1	−153.6	11850	761.8	3.051×10^{-2}
	总力值	601.9	3411.4	11024	763	
2160	换算结构力值	−636.9	−153.8	10850	767.3	3.089×10^{-2}
	总力值	594.1	3411.2	11013	768	

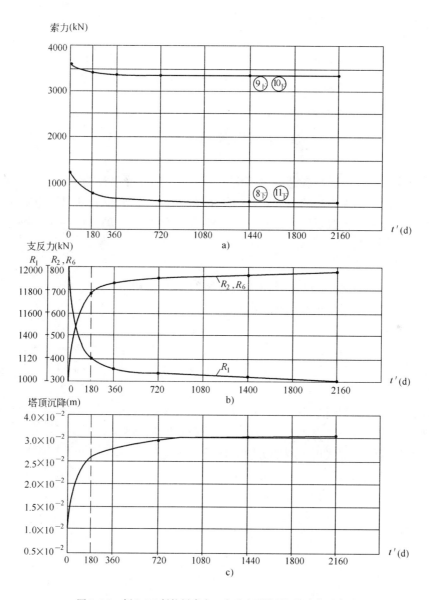

图 5-6-6　例 5-6-1 斜拉桥索力、支反力及塔顶沉降变化示意图

第七章 斜拉桥的电算方法

第一节 建模要点

斜拉桥结构在力学上属高次超静定结构,是所有桥型中受力最为复杂的一种结构。由于斜拉索索力的不同和施工方法的不同,其最终的成桥受力状态会出现明显不同。因此,在斜拉桥结构的受力分析中,首要任务即是确定合理的成桥状态,以使得成桥结构受力均匀,进而确定合理的施工状态。

1. 整体建模

从图 5-7-1 可以看出,斜拉桥竖曲线对主梁的受力影响很大,因此,在斜拉桥的建模中必须根据竖曲线来建立主梁的计算轴线。

2. 结构体系

根据塔、梁、墩三者之间的关系,斜拉桥主要分为固结体系(塔梁墩三者完全固结)、半漂浮体系(主梁支撑于墩顶横梁上的支座、塔墩固结)、漂浮体系(塔墩固结、主梁与塔墩在相接处没有任何联系)。显然,对于这三个不同体系,塔、梁、墩之间的连接关系须采用不同的方法来模拟,如图 5-7-2 所示。

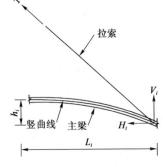

图 5-7-1 竖曲线对主梁内力的影响

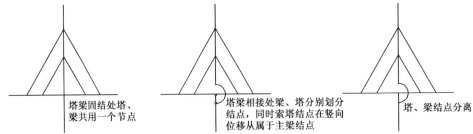

图 5-7-2 塔、梁关系建模

a) 塔、梁固结(固结体系);b) 塔、梁铰接(主梁通过支座支撑于桥塔上);c) 塔、梁分离(漂浮体系)

3. 辅助墩

斜拉桥一般以双塔三跨、单塔双跨的结构布置为主，为了提高主跨的刚度、减小活载作用的变形，边跨内可布置一个或多个辅助墩，参见图 5-1-14。但从受力上来说，辅助墩受力较为复杂，特别是在活载作用下，辅助墩可能会承受较大的竖向上拔力（设计中可通过压重的方式尽可能避免），但不能承担水平力，这样在结构设置上需要设置拉力支座。模拟时必须将辅助墩支座按照单向受压，或者单向受拉，或者有一个较小的受拉间隙的支座来模拟。图 5-7-3 为某斜拉桥辅助墩拉力支座的构造示意图。

4. 主梁

斜拉桥的主梁结构主要是采用混凝土结构、钢结构或者钢混组合结构，在截面形式上又可分为闭口截面和开口截面。

在进行静力计算时，混凝土截面均可采用普通梁单元来进行模拟，结果足够精确；对于钢箱梁截面的空间效应，最好是采用带第 7 个畸变自由度的空间梁单元来进行分析。

但在进行动力分析（抗风、抗震）时，主梁的模拟方法对结构动力特性的影响非常大，就具体模拟方法而言，可按照本篇第五章第三节的内容来进行。

主梁单元和节点的划分方式主要跟主梁的施工方法有关，在横梁相接处、典型截面位置、拉索锚固点、不同材料相接处、施工缝等这些位置都需要划分节点。

5. 索塔

桥塔可采用混凝土结构、钢—混凝土组合结构或钢结构。对于混凝土索塔或者钢塔，在整体计算时可采用梁单元进行模拟，对于钢—混凝土组合索塔，若在两个节点之间同时有两种材料，则可通过同时建立钢单元和混凝土单元来模拟。在索塔锚固区，单元长度按拉索间距的 1~3 倍控制。

6. 拉索

拉索的模拟分为两类：对于近千米或者超千米的斜拉桥，长拉索具有明显的非线性效应，可采用计入大变形的索单元或者悬链线单元来模拟；对于中小跨径斜拉桥结构，其斜拉索的模拟可采用 Ernst 公式修正的等效桁架单元（只受拉），结果足够精确。平面拉索计算模型如图 5-7-4 所示。

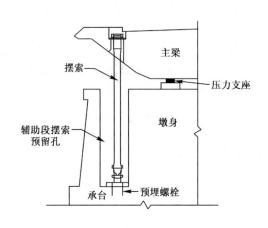

图 5-7-3 某斜拉桥辅助墩拉力支座构造图　　　　图 5-7-4 平面拉索计算模型

7. 索梁锚固、索塔锚固

拉索在梁和塔上的锚固点一般不与主梁、索塔截面的中性轴位置相重合，之间都会有一段距离，如图 5-7-5 所示。此时需在拉索锚固点和主梁、索塔节点之间设置刚臂相连，以保证内力的传递符合真实状况。

但并不是所有的拉索锚固都需要设置刚臂,如长沙市的洪山桥属于无背索斜塔斜拉桥,它的拉索锚固在塔的中性轴上,如图5-7-6所示。

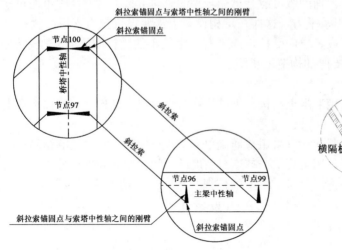
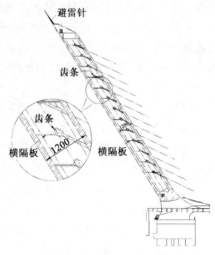

图 5-7-5　拉索在塔、梁上锚固大样建模　　图 5-7-6　洪山大桥拉索锚固构造图
　　　　　　　　　　　　　　　　　　　　　　　　　　　　（尺寸单位：mm）

8. 复杂受力区域

除了整体受力之外,在一些特殊区域,如索塔锚固区、索梁锚固区、主梁0号块、承台等受力集中的局部区域,需要采用实体单元模拟,以掌握复杂受力体内部的各种局部内力状况。

9. 施工模拟

斜拉桥施工阶段分析的类型主要有两类。一是考虑时间依存性的累加模型,这属于小变形分析,适用于大部分中小跨径的斜拉桥。在施工阶段,拉索的应力水平较低,此时拉索弹性模量必须考虑它的垂度效应;当结构处在成桥状态时,斜拉索的应力水平较高,此时拉索弹性模量折减将很小。二是考虑非线性的累加模型,对于索单元按悬索单元进行大变形分析,适用于千米级的斜拉桥。

斜拉桥一般采用悬臂施工,包括悬臂拼装和悬臂浇筑法。挂篮与混凝土湿重作为施工荷载加在节点上,通过荷载的激活与钝化来模拟挂篮的前进。对于塔梁非固结的结构体系通过修改不同阶段的边界条件来模拟结构体系转换。

拉索初张力、预拱度以及悬臂施工主梁的高程确定参见本篇第三章第三节。

第二节　主要分析内容

斜拉桥的主要分析内容包括以下几方面:

1. 施工阶段分析

进行施工阶段模拟计算时,必须计入施工中可能出现的施工荷载,包括架设机具和材料、施工人群、桥面堆载、临时配重以及风荷载等,用以考虑结构施工的安全性。施工阶段的计算内容主要是斜拉索的初张拉索力、结构内力、截面应力、支座反力、索塔及主梁变位等,同时要注意结构体系转换、不平衡力以及临时墩的计算。

2. 静力分析

结构进行静力分析时考虑的主要作用包括结构自重、拉索的初张力，汽车荷载、汽车冲击力和制动力、人群荷载，作用于主梁、墩、索塔及拉索上的风荷载，以及温度作用。温度作用应按照当地具体的施工环境和所使用的材料、施工条件来计算结构的温度效应，主要包括体系温差，主梁、索塔局部温差，斜拉索与主梁和索塔之间的温差，索塔两侧面之间的温差，组合梁内钢梁与混凝土面板之间的温差，混凝土主梁上下缘的温差。静力计算的主要内容包括斜拉索的初张力和调整力，斜拉索垂度效应、索塔的内力和变位、局部分析、主要构件的强度验算，基础的计算，以及收缩徐变效应。

3. 稳定性分析

包括主梁、主塔的稳定性，静风荷载下结构的横向稳定性。斜拉桥的稳定性分析类型包括特征值屈曲分析和非线性屈曲分析。斜拉桥的最大悬臂状态是比成桥状态更为危险的状态。为保证施工安全，必须对施工过程的结构稳定性进行分析。对于进行施工阶段分析的结构考虑屈曲分析时，首先应确定要计算哪些荷载工况的稳定系数。

4. 动力分析

主要包括空气动力稳定性分析和抗震分析。空气动力稳定性又包括颤振、驰振、涡激振动和抖振以及斜拉索的风振和风雨振。

第三节 计 算 实 例

一、四塔斜拉桥

1. 结构布置

主桥结构为跨径 165m+3×380m+165m 四塔预应力混凝土双索面斜拉桥，两中塔采用塔墩梁固结体系，两边塔部分采用塔墩固结、塔梁半漂浮体系。荷载等级：公路—Ⅰ级。总体布置如图 5-7-7 所示。

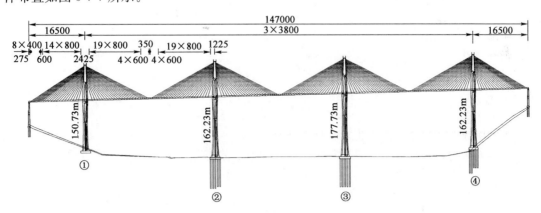

图 5-7-7 主桥立面整体布置图 (尺寸单位：cm)

主梁采用单箱四室整体式截面，如图 5-7-8 所示。主梁全宽 28m，拉索中心点间距 26.16m。梁高 3.2m，顶板、底板厚度均为 28cm。主梁采用 C60 预应力混凝土悬浇，全桥共划分了 193 个梁段，其中塔区梁段共 4×1 个，梁段长 26.0m；标准梁段共 146 个，梁段长 8.0m；边跨密索区梁段长 4.0m、6.0m，共 2×8+2×1=18 个；中跨密索区梁段长 6.0m，共 6×4=24 个；中跨合龙段 3 个，长度均为 2.0m；边跨现浇段 2 个，长度 2.0m。

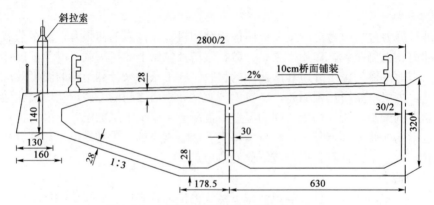

图 5-7-8　主梁标准节段截面图（尺寸单位：cm）

主塔为双曲线索塔，如图 5-7-9 所示。塔身及横梁均采用 C50 预应力混凝土空心截面。为了增加桥塔的刚度以及减少结构在季节温差作用下的附加内力，采用了一种新型索塔形式。该索塔融合了 A 形桥塔和双肢薄壁墩两种结构的优点：A 形桥塔可以大幅度提高多塔斜拉桥在竖向荷载作用下的整体结构刚度，而双肢薄壁墩能适应主梁热胀冷缩变化产生的影响。

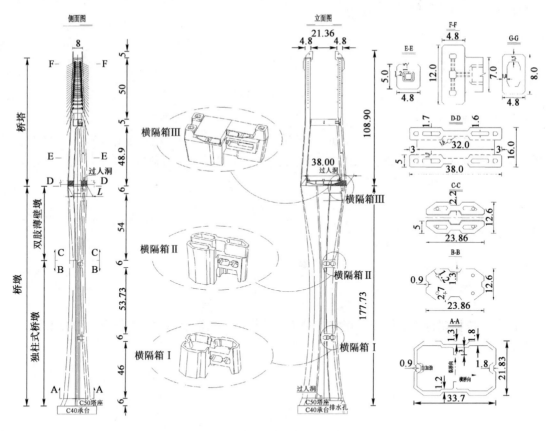

图 5-7-9　3 号索塔构造图（尺寸单位：m）

桥面以下塔柱由双肢式结构及独柱式结构组成，整个桥墩在纵桥向和横桥向上均形成"两端宽，中间窄"的空间双曲线收腰型薄壁结构，横桥向收腰处截面最小宽度为 22.0m，纵桥向收腰处截面最小宽度为 12.6m。P1～P4 索塔桥墩分别高 150.73m、162.23m、177.73m 和 162.23m。

索塔桥墩下部为独柱式结构，独柱式桥墩为自加劲带竖向加劲肋的八边形箱形截面，壁厚1.2～1.8m。由于自加劲提高了箱壁自身的惯性矩，独柱式结构内只需设一道横隔箱，隔箱间距超过52m。

独柱式桥墩达到一定高度后沿纵向分岔为双肢结构，双肢结构高60m，截面为空心的哑铃形，空心哑铃形塔柱壁厚1.2m。空心哑铃形塔柱截面尺寸由底部的23.86m×5m逐渐增大至顶部的38m×5m，且两肢均沿纵桥向向外倾斜。

主桥拉索纵向呈扇形布置，各塔每侧均布置23对索，全桥共184对索。中塔最外索最大索长212.186m，倾角28.825°；最内索长62.705m，倾角73.418°；边塔最外索长210.985m；倾角40.720°；最内索长63.670m，倾角73.676°。拉索采用ϕ15.2mm低松弛PC钢绞线（1×7标准型），标准强度1860MPa，HDPE套管防护，OVM-250群锚。斜拉索共分四种规格，分别为GJ15-73、GJ15-61、GJ15-55和GJ15-43。

2. 结构模型的建立和静力分析

该大桥共划分1713个节点、1316个梁单元，其中斜拉索采用只受拉的桁架单元模拟。按施工顺序共分为37个阶段进行模拟，如图5-7-10所示。

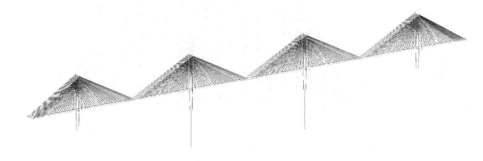

图5-7-10 计算模型图

3. 分析荷载和荷载组合

（1）温度作用考虑系统温差、主梁上下缘温度梯度、索塔两侧温差、索梁温差。

（2）挂篮自重力$G=2000$kN，施工临时荷载2400kN，不对称施工荷载200kN。

（3）边跨压重530kN/m，分布在边跨靠近边墩的18m范围内。

（4）设计基本风速24.1m/s。

（5）支座不均匀沉降，边跨端支点取2cm、主塔墩均取5cm，按最不利组合。

同时，依据现行《混桥规》规定，对桥梁结构进行正常使用和承载能力两种极限状态下的荷载组合分析。

4. 主要计算结果

（1）初张拉和成桥索力

由于拉索数量大，拉索的规格和张拉力分布比较复杂，在此不一一罗列，仅给出2号索塔的拉索初张力和成桥索力，如图5-7-11所示（Z表示靠近中跨一侧的拉索，B表示靠近边跨一边的拉索，且编号由内侧到外侧）。

（2）静力分析结果

根据计算模型和荷载条件，分别计算结构的各种内力和变形，并根据规范要求进行最不利荷载组合，然后根据计算结果对结构进行验算，以满足规范要求。计算结果主要包括：成桥弯矩（图 5-7-12）、承载能力极限状态的弯矩（图 5-7-13）、主梁的成桥应力（图 5-7-14）、主梁在正常使用极限状态下的应力（图 5-7-15），以及主梁在标准组合下的应力（图 5-7-16）。

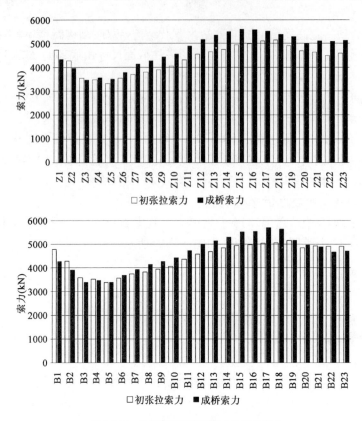

图 5-7-11　2 号索塔拉索初张力及成桥索力

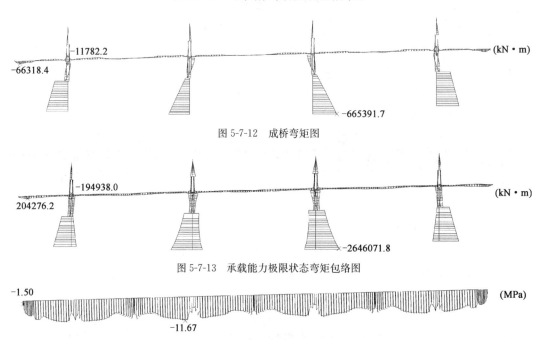

图 5-7-12　成桥弯矩图

图 5-7-13　承载能力极限状态弯矩包络图

图 5-7-14　主梁成桥应力图

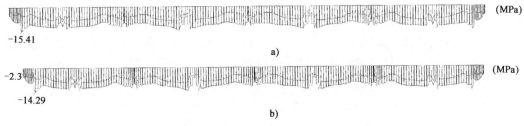

图 5-7-15 正常使用极限状态下应力图
a) 短期效应组合应力图；b) 长期效应组合应力图

图 5-7-16 标准组合下应力图

二、矮塔斜拉桥

1. 结构布置

某三塔单索面预应力混凝土部分斜拉桥，主桥跨径组成为 75m+2×140m+75m，结构形式为塔梁固结、塔梁与墩分离，墩顶设支座。荷载等级：城市—A 级。总体布置如图 5-7-17 所示。

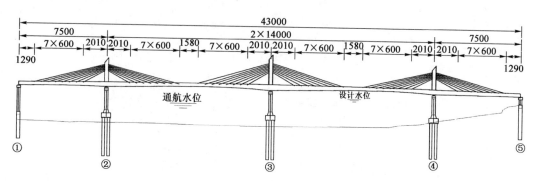

图 5-7-17 主桥立面布置图（尺寸单位：cm）

主梁采用单箱三室箱形截面，外腹板斜置，箱梁顶宽 2900cm，腹板斜率不变，箱梁底板宽度由 20.25m 渐变到 19.42m。主墩墩顶根部梁高 4.35m，向中、边跨方向 63m 范围内梁高变化采用二次抛物线，其余为等高梁段，梁高 2.8m。箱梁合龙段底板厚度 28cm，0 号块端部底板厚度为 90cm，梁高变化段内底板厚度变化采用 2 次抛物线。中室顶板厚 60cm，边室顶板厚度 28cm，边腹板厚度按 80cm～65cm～50cm 变化，中腹板厚度按 80cm～50cm～30cm 变化。墩顶横隔板厚 300cm，跨中横隔板厚 40cm，端横隔板厚 100cm，斜拉索锚固区中室隔板厚 60cm，边室隔板厚 30cm。箱梁一般构造如图 5-7-18 所示。

桥塔采用钢筋混凝土实心矩形截面，横向宽 2.5m，纵桥向宽 3.5m，如图 5-7-19。计算塔高（桥面以上）边塔 16.5m，中塔 18.5m。斜拉索通过处桥塔上设置鞍座，鞍座设计采用分丝管形式，每根分丝管穿一根钢绞线以利换索，在两侧斜拉索出口处设抗滑锚固装置。

斜拉索采用环氧喷涂钢绞线，单面索布置，横向分两排，每根拉索由低松弛 PC 钢绞线

(1×7标准型)37ϕ^s15.2组成,标准强度1860MPa。边跨最外索锚点间斜长63.127m,倾角15.997°;最内拉索锚点间斜长21.423m,倾角28.918°;中跨最外索长62.96m,倾角15.466°;最内索长21.331m,倾角28.515°。拉索采用多重防腐措施,单根钢绞线采用环氧喷涂,外包单层PE,钢绞线索外包HDPE套管。

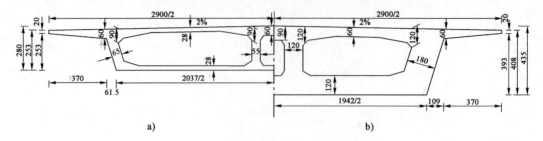

图5-7-18 主梁截面图(尺寸单位:cm)
a) 1/2跨中截面;b) 1/2支点截面

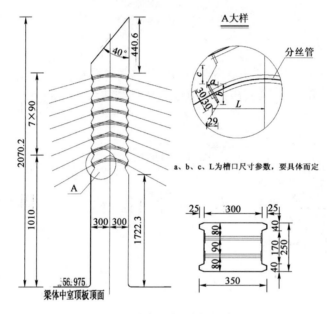

图5-7-19 边塔构造图(尺寸单位:cm)

2. 结构模型的建立和静力分析

该大桥共划分644个节点、508个梁单元,其中斜拉索采用只受拉的桁架单元模拟。按施工顺序共分为40个阶段进行模拟,如图5-7-20所示。

3. 分析荷载和荷载组合

(1) 汽车(城市—A级),全桥共6车道,车道折减系数为0.55。

(2) 人群荷载3.5kN/m。

(3) 温度:温度作用考虑系统温差、主梁上下缘温度梯度、索塔两侧温差、索梁温差。

(4) 基础不均匀沉降。

(5) 挂篮及施工临时荷载按1200kN计算。

依据现行《混桥规》规定,对桥梁结构进行正常使用和承载能力两种极限状态下的荷载组合分析。

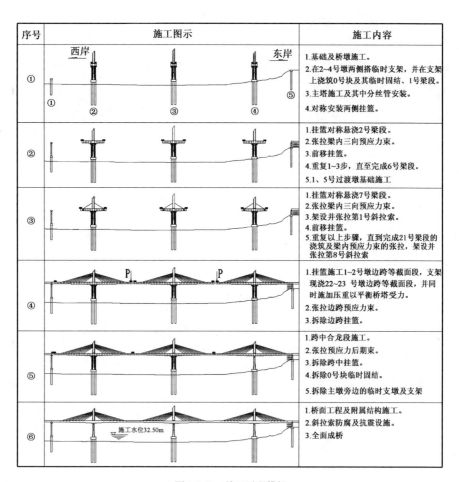

图 5-7-20 施工过程模拟

4. 主要计算结果

(1) 拉索初张拉和成桥索力

如表 5-7-1 所示，B1 为边塔最内侧索，B8 为边塔最外侧索，Z1 为中塔最内侧索，Z8 为中塔最外侧索。

斜拉索索力分布　　　　表 5-7-1

拉索编号	初张拉索力 (kN)	成桥索力 (kN)	拉索编号	初张拉索力 (kN)	成桥索力 (kN)
B1	4600	4749	Z1	4800	4922
B2	4400	4613	Z2	4600	4795
B3	4200	4482	Z3	4400	4684
B4	4100	4496	Z4	4100	4514
B5	4100	4482	Z5	4100	4510
B6	4100	4501	Z6	4100	4544
B7	4100	4495	Z7	4100	4553
B8	4200	4569	Z8	4200	4645

(2) 静力分析结果

根据计算模型和荷载条件，分别计算结构的各种内力和变形，并根据规范要求进行最不利荷载组合，然后根据计算结果对结构进行验算，以满足规范要求。计算结果主要包括：成桥弯矩（图 5-7-21）、承载能力极限状态的弯矩（图 5-7-22）、主梁的成桥应力（图 5-7-23）、主梁在正常使用极限状态下的应力（图 5-7-24），以及主梁在标准组合下的应力（图 5-7-25）。

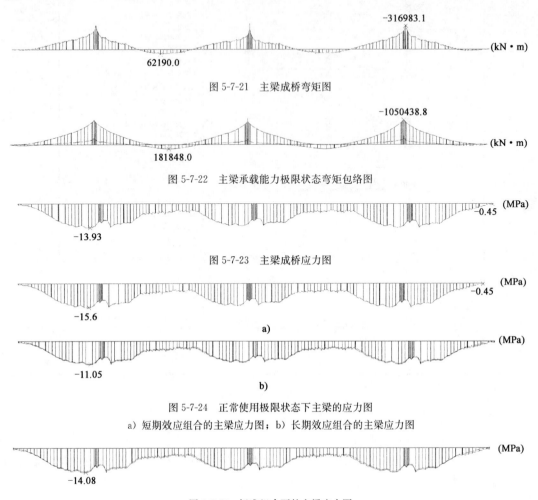

图 5-7-21 主梁成桥弯矩图

图 5-7-22 主梁承载能力极限状态弯矩包络图

图 5-7-23 主梁成桥应力图

图 5-7-24 正常使用极限状态下主梁的应力图
a）短期效应组合的主梁应力图；b）长期效应组合的主梁应力图

图 5-7-25 标准组合下的主梁应力图

第六篇

悬索桥
Suspension Bridge

第一章 悬索桥的设计

第一节 总体布置

一、结构组成及基本形式

悬索桥通常由桥塔、主缆、锚碇、吊索、加劲梁及鞍座等主要部分组成,如图 6-1-1 所示。

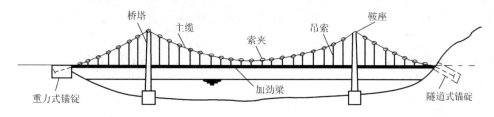

图 6-1-1 悬索桥构造示意

如果按照悬索桥中加劲梁的支承构造来划分,则它可划分为单跨两铰加劲梁悬索桥、三跨两铰加劲梁悬索桥和三跨连续加劲梁悬索桥等三种常用形式,如图6-1-2所示。

单跨与三跨的优缺点简述如下:

(1) 从受力角度考虑,单跨悬索桥由于边跨主缆的垂度较小,主缆的长度相对较短,这对控制中跨的活荷载变形比较有利。

(2) 从经济造价比较,则要结合桥位处的地形、地质、水文等条件来权衡。当边跨地形向高处延伸时,桥墩基础的费用可能会少,则

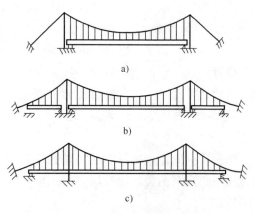

图 6-1-2 按支承构造划分的悬索桥形式

选用单跨可能比较有利；但当边跨地形平坦、河床较深、桥墩甚高时，则选用三跨可能更合适。

三跨两铰与三跨连续的优缺点简述如下：

①三跨两铰的最大优点是：加劲梁可以不从塔柱间直接通过，它可以支承在塔柱顺桥向两侧的短悬臂牛腿上，这样，塔柱可以竖直布置（不倾斜），主缆和吊索的吊点在加劲梁的宽度范围内；其次，就施工而言，在桥塔处，相邻跨度的梁段无须连接，施工简便。

②三跨两铰的最大缺点是：相邻两跨梁端的相对转角和伸缩量以及跨中的挠度均较大，特别是当中跨跨径甚大时，在风荷载作用下会使加劲梁产生很大的横向水平变位。在这种情况下，以及对于公铁两用的桥梁，则以选用三跨连续加劲梁方案比较合适，但它又带来了在桥塔处加劲梁的支点负弯矩过大和因两桥塔的不均匀沉降给加劲梁产生附加内力等不利影响。为了克服这个缺点，有的三跨连续悬索桥在桥塔处不设常规的竖向支座，而在桥塔附近设置特别吊索的措施，以降低加劲梁的负弯矩。

二、总体布置的主要技术参数

悬索桥的总体布置中常用的几个主要技术参数为：

①边跨与主跨的跨度比，一般在 0.25～0.50 之间取值。

②主孔中主缆垂度 f 与跨度 L 之比，通常在 $f/L=1/9\sim1/12$ 之间取值。

③加劲梁的基本尺寸拟定，通常，钢桁式加劲梁的梁高为 6～14m，钢箱型加劲梁的梁高为 2.5～4.5m，加劲梁的宽度则由车道宽度和桥面构造布置等要求来确定。

表 6-1-1 列出了主跨≥1000m 的悬索桥桥例的主要技术参数，供设计中参考。

第二节 桥塔的设计

一、桥塔塔身的基本形式

桥塔塔柱下端一般固支在沉井基础或者群桩基础的承台上，按照桥塔塔身形式，主要有以下三种，即桁架式、刚构式和组合式等，如图 6-1-3a)、b)、c) 所示。它们的共同点是，每侧塔柱都是直立的。为了能使桥面结构、特别是连续加劲梁能从两塔间通过，不少悬索桥的塔柱，从顺桥向看，设计成向桥面中心线倾斜的形式，如图 6-1-3d) 所示。

按照塔身的建造材料，现代悬索桥多为钢筋混凝土桥塔和钢塔两类，而我国多采用前者。下面将分别叙述。

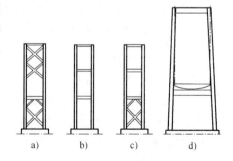

图 6-1-3 桥塔塔身基本形式
a) 桁架式；b) 刚构式；c) 组合式；d) 刚构式斜塔

悬索桥（主跨≥1000m）的技术参数

表 6-1-1

序号	桥名	竣工年	跨度 (m) 边、主跨比	加劲梁类型	跨数	支承方式	主缆间距 (m) 垂跨比	梁高 (m) 高跨比	梁宽 (m) 宽跨比丨高宽比	主缆形式 (m) 根数×直径 (mm)	塔高 (m) 材料	车道位置 锚固形式	吊杆间距 (m)
1	日本、明石海峡大桥	1998	960+1991+960 / 0.482	钢桁梁	三跨	双铰	35.5 / 1/10	14.0 / 1/142	35.5 / 1/56.11丨2.5	PWS / 2×1120	297 / 钢	上层 / 重力式	14.2
2	中国、舟山西堠门大桥	2009	578+1650+485 / 0.350、0.294	钢箱梁	两跨	连续	31.4 / 1/10	3.51 / 1/470	36 / 1/45.8丨1/10.25	PWS / 2×855	233.286/211.286 / 混凝土	上层 / 重力式	18
3	丹麦、大贝尔特桥	1998	535+1624+535 / 0.329	钢箱梁	三跨	连续	27.3 / 1/9	4.0 / 1/406	31.0 / 1/52.4丨1/7.8	AS / 2×827	254 / 混凝土	上层 / 重力式	24.0
4	中国、润扬长江大桥	2005	470+1490+470 / 0.315	钢箱梁	单跨	双铰	35.3 / 1/10	3.0 / 1/497	35.8 / 1/41.6丨1/11.9	PWS / 2×895	208 / 混凝土	上层 / 重力式	16.1
5	英国、恒比尔河桥	1981	280+1410+530 / 0.199、0.376	钢箱梁	三跨	双铰	22.0 / 1/12	4.5 / 1/313	22.0 / 1/64.1丨1/4.9	AS / 2×684	155 / 钢	上层 / 重力式	斜吊杆 18.0
6	中国、江阴长江大桥	1999	336+1385+309 / 0.243、0.223	钢箱梁	单跨	双铰	32.5 / 1/10.5	3.0 / 1/462	33.1 / 1/42.6丨1/11	PWS / 2×870	186 / 混凝土	上层 / 重力式	16.0
7	中国、香港青马大桥	1997	355+1377+300 / 0.258、0.218	钢箱梁	三跨	连续	36.0 / 1/11	7.7 / 1/178.8	41.0 / 1/33.6丨1/5.3	AS / 2×1100	201 / 混凝土	公铁两用 / 重力式	18.0
8	美国、维拉扎诺桥	1964	370+1298+370 / 0.285	钢桁梁	三跨	双铰	31.39 / 1/11.1	7.32 / 1/177.4	30.63 / 1/42.4丨1/4.2	AS / 4×599	192 / 钢	双层 / 重力式	15.09
9	美国、金门大桥	1937	343+1280+343 / 0.268	钢桁梁	三跨	双铰	27.43 / 1/8.9	7.62 / 1/168	27.43 / 1/46.7丨1/3.6	AS / 2×924	210 / 钢	上层 / 重力式	15.22

续上表

序号	桥 名	竣工年	跨度 (m) 边、主跨比	加劲梁类型	跨数	支承方式	主缆间距 (m) 垂跨比	梁高 (m) 高跨比	梁宽 (m) 宽跨比 | 高宽比	主缆形式 (m) 根数×直径(mm)	塔高 (m) 材料	车道位置 锚固形式	吊杆间距 (m)
10	瑞典、滨海高桥	1997	$\frac{310+1210+280}{0.256,0.231}$	钢箱梁	三跨	连续	$\frac{20.8}{1/9.5}$	$\frac{4.0}{1/303}$	22.0 $1/55 \| 1/5.5$	$\frac{AS}{2\times 640}$	$\frac{180}{混凝土}$	$\frac{上层}{重力式}$	20.0
11	美国、麦基诺海峡桥	1957	$\frac{549+1158+549}{0.474}$	钢桁梁	三跨	双铰	$\frac{20.73}{1/10.8}$	$\frac{11.58}{1/100}$	20.73 $1/55.9 \| 1/1.8$	$\frac{AS}{2\times 622}$	$\frac{157}{钢}$	$\frac{上层}{重力式}$	11.89
12	中国、湖南矮寨大桥	2012	$\frac{242+1176+116}{0.206,0.099}$	钢桁梁	单跨	简支	$\frac{27}{1/9.6}$	$\frac{7.5}{1/156.8}$	27 $1/43.56 \| 1/3.6$	$\frac{PWS}{2\times 855}$	$\frac{129.3/61.9}{混凝土}$	$\frac{公铁两用}{重力/隧道}$	34,33
13	日本、南备赞大桥	1988	$\frac{274+1100+274}{0.274}$	钢桁梁	三跨	连续	$\frac{35.0}{1/11}$	$\frac{13.0}{1/84.6}$	30.0 $1/36.7 \| 1/2.3$	$\frac{PWS}{2\times 1070}$	$\frac{181}{钢}$	$\frac{公铁两用}{重力式}$	13.1
14	土耳其、博鲁斯普鲁斯二桥	1998	$\frac{210+1090+210}{0.19}$	钢箱梁	三跨	双铰	$\frac{33.8}{1/12}$	$\frac{3.0}{1/363}$	33.8 $1/32.2 \| 1/11.3$	$\frac{AS}{2\times 700}$	$\frac{110.1}{钢}$	$\frac{上层}{重力式}$	
15	土耳其、博鲁斯普鲁斯一桥	1973	$\frac{231+1074+255}{0.22,0.24}$	钢箱梁	单跨	双铰	$\frac{28.0}{1/11.8}$	$\frac{3.0}{1/358}$	28.0 $1/32.3 \| 1/9.3$	$\frac{AS}{2\times 600}$	$\frac{165}{钢}$	$\frac{上层}{重力式}$	斜吊杆
16	美国、乔治华盛顿桥	1931	$\frac{186+1067+186}{0.17}$	钢桁梁	三跨	双铰	$\frac{32.31}{1/10.8}$	$\frac{12.80}{1/83.4}$	32.31 $1/33 \| 1/2.5$	$\frac{AS}{4\times 914}$	$\frac{170}{钢}$	$\frac{双层}{隧道式}$	18.29
17	日本、来岛三桥	1999	$\frac{280+1030+280}{0.27}$	钢箱梁	单跨	双铰	$\frac{27.0}{1/10}$	$\frac{4.3}{1/239.5}$	30.0 $1/34.3 \| 1/7$	$\frac{PWS}{2\times 640}$	$\frac{183.9}{钢}$	$\frac{上层}{重力式}$	
18	英国、福斯公路桥	1964	$\frac{409+1006+409}{0.407}$	钢桁梁	三跨	双铰	$\frac{23.77}{1/10.5}$	$\frac{8.38}{1/120}$	23.77 $1/42.3 \| 1/2.8$	$\frac{AS}{2\times 603}$	$\frac{149}{钢}$	$\frac{上层}{隧道式}$	18.92

二、钢筋混凝土桥塔的设计要点

1. 塔柱截面

钢筋混凝土桥塔多采用刚构式，其塔柱截面一般以选用箱形截面较合理，截面形式可以是 D 形或具有切角的矩形。表6-1-2中列出部分国内外钢筋混凝土桥塔的轮廓尺寸供参考。

部分刚构式钢筋混凝土桥塔截面尺寸表　　　　表 6-1-2

序号	桥　名	建成年份	主跨跨径 (m) / 垂跨比	塔高 (m) / 高跨比	塔柱截面宽 (m) 塔顶 顺桥/横桥	塔柱截面宽 (m) 塔底 顺桥/横桥	塔柱中距 (m) 塔顶/塔底	系梁根数
1	法国，坦卡维尔桥	1959	608 / 1/9	123 / 0.203	4.65 / 3.05	4.65 / 6.55	12.5 / 24.7	2
2	丹麦，小贝尔特桥	1970	600 / 1/9	112.7 / 0.188	4.5 / 4.0	4.5 / 6.55	28.1 / 36.02	2
3	英国，恒伯尔桥	1981	1410 / 1/10.6	155.5 / 0.110	4.75 / 4.5	6.0 / 6.0	22.0 / 24.4	4
4	中国，香港青马大桥	1997	1377 / 1/11	195.9 / 0.143	9.0 / 6.0	18.0 / 6.0	36.0 / 40.0	4
5	中国，汕头海湾大桥	1996	452 / 1/10	95.1 / 0.210	6.0 / 3.5	6.0 / 3.5	25.2 / 27.7	3
6	中国，西陵长江大桥	1996	900 / 1/10	128 / 0.142	6.0 / 4.0	8.46 / 4.0	20.0 / 26.92	3
7	中国，虎门大桥	1997	888 / 1/10.5	147.55 / 0.166	5.6 / 5.6	8.5 / 5.6	33.0 / 40.6	3
8	中国，江阴大桥	1999	1385 / 1/10.5	183.8 / 0.134	8.5 / 6.0	14.5 / 6.0	32.5 / 39.9	3
9	中国，宜昌长江大桥	2001	960 / 1/10	142.3 / 0.148	6.0 / 5.0	8.84 / 5.0	24.4	3
10	中国，润扬长江大桥	2005	1490 / 1/10	208 / 0.140	9.5 / 6.0	12.5 / 6.0	35.3 / 41.4	3

2. 塔柱设计高程

在确定桥塔塔顶的设计高程时，要计入混凝土收缩和徐变的影响因素，其预留超高值则由计算确定。

3. 横系梁

混凝土桥塔的各层横系梁一般为预应力混凝土空箱结构。根据具体条件，可以采用在支架上现浇施工法或先工厂预制后现场架设等施工方法，但以后者较方便，不受温度收缩变形的影响，只需在塔柱与预制横系梁之间进行湿接缝处理。

4. 塔柱与基顶的连接

先在基础的顶部或在桩基承台内预先埋置锚固钢构架，再在其上浇筑塔柱混凝土，形成固接构造，为此，常将塔柱底段设计成一定高度的实体截面。

5. 塔柱的施工

目前以采用滑模法或爬模法逐节浇筑混凝土的方法较方便。

6. 虎门大桥桥塔构造（图 6-1-4）

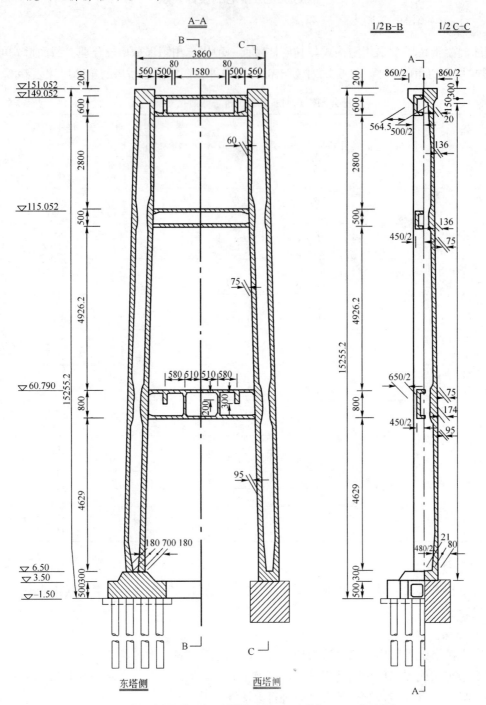

图 6-1-4　虎门大桥钢筋混凝土桥塔构造图（尺寸单位：cm；高程单位：m）

三、钢桥塔简介

我国修建的悬索桥尚未有采用钢桥塔的例子，故这里只对国外当前的概况作简单的介绍。

1. 桥塔形式

图 6-1-3 中的三种基本形式在钢桥塔中都有采用。桁架式的抗风性能好，用钢量少，但

景观不如刚构式的明快简洁，而混合式则综合了二者的优点。设计时则根据具体要求而定，例如日本下津井大桥位于国家公园地区，景观显得更为重要，故选用了刚构式钢桥塔；日本的明石海峡大桥的抗风性能要求高，故选用了桁架式桥塔。图 6-1-5 给出了这三种形式桥塔的示例。

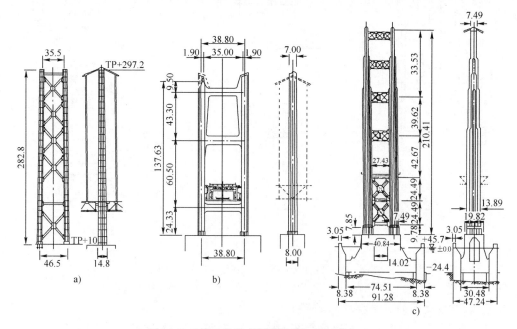

图 6-1-5　国外三种形式钢桥塔示例（尺寸单位：m）
a）明石大桥的塔；b）下津井濑户大桥的塔；c）金门桥的塔

2. 塔柱截面

早期主塔采用由钢板与角钢连接而成的多格室铆接结构，如图 6-1-6a) 所示。由于格室内净空较小，致使施工时十分不便和因室内油漆释放的气体而引起铅中毒。自从栓接和焊接技术发展以后，钢桥塔均改用了周边带有加劲肋条的大格室截面，如图 6-1-6b) 所示。日本在近些年来所修建的悬索桥多采用后一种形式，如图 6-1-7 所示。

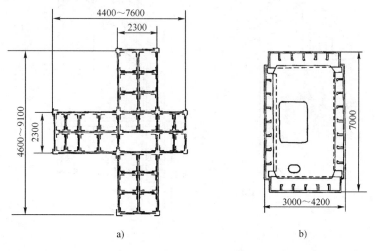

图 6-1-6　钢塔柱的两种典型断面（尺寸单位：mm）
a）麦基诺水道桥；b）博斯普鲁斯桥

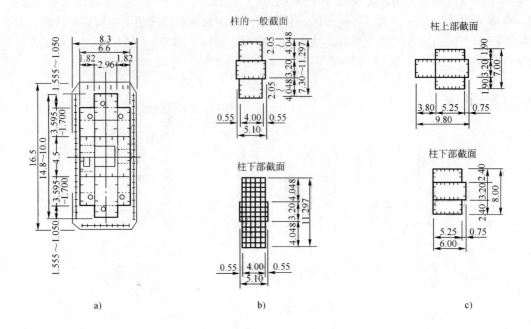

图 6-1-7 日本几座悬索桥的塔柱截面形式（尺寸单位：m）
a) 明石大桥；b) 南备赞濑户大桥；c) 下津井濑户大桥

3. 塔柱节段之间的水平接缝

日本的做法是：先将由工厂焊接制造的塔柱大节段运到桥塔现场，再用大型浮吊架设就位，然后用高强螺栓进行大节段之间的拼装。土耳其的博斯普鲁斯二桥采用了新颖的接缝方法是：要求外板和竖直肋的端部接触面刨平到 100% 的平整度，以利于直接传递垂直轴压力；用 ϕ60mm 的高强螺杆作为拉杆来抵抗挠曲拉应力；用 M24mm 高强螺栓来抵抗剪切，如图 6-1-8 所示。

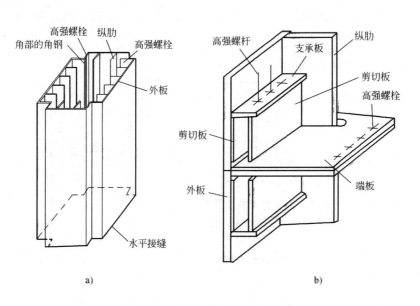

图 6-1-8 塔柱截面的水平接缝构造示意

4. 塔柱底节与塔墩之间的连接

近期比较推崇的一种连接方法是土耳其博斯普鲁斯二桥的方法。它是将钢塔柱的底部埋置于桥墩顶部的混凝土中，如图 6-1-9 所示。埋入段的外板上焊有剪切板，外板的剪切板的上面均焊有带头锚杆。塔柱的垂直力则由剪切板和带头锚杆等来承受；弯矩和剪力则在 φ60mm 的锚固螺杆中施加预应力后与混凝土构成的整体来承受。这种方法比以往将塔柱底节与预埋在混凝土墩顶中的锚固构架之间，采用张拉加铆钉连接的方法，虽然多费一些材料，但施工简便和工期较短。

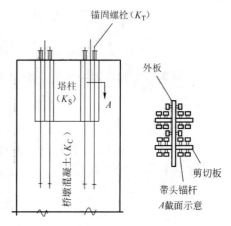

图 6-1-9 钢塔柱底节的连接构造示意

第三节 主缆的设计

一、主缆截面的组成

现代大跨度悬索桥的主缆截面一般是由 φ5mm 左右的钢丝先组成钢丝束股，再将若干根钢丝束股组成为一根主缆，并用紧缆机将它挤紧成规则的圆形和用软质钢丝加以缠绕捆扎，最后在其外部涂装防腐油漆，如图 6-1-10 所示。

主缆防腐的另一方法是通过向密闭的主缆内输入干空气以达到主缆防腐的目的，具体做法可参见文献[82]。

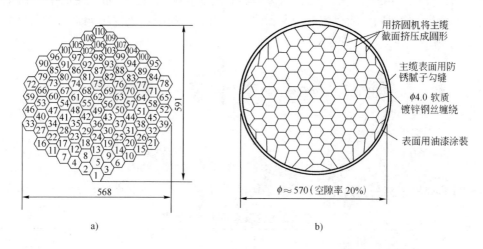

图 6-1-10 主缆截面构造（尺寸单位：mm）
a) 钢丝束排列图；b) 主缆断面图

二、主缆截面面积 A

根据整体分析中所得到的一根主缆最大拉力 T，按下式可求得一根主缆的截面面积：

$$A \geqslant \frac{T}{[\sigma_a]} \qquad (6\text{-}1\text{-}1)$$

式中：$[\sigma_a]$——钢丝的容许拉应力。

三、主缆直径 D

考虑到主缆中存在着一定的空隙率 α，故一侧主缆的直径 D 可由下式反算确定：

$$A = \frac{\pi D^2}{4}(1-\alpha) \tag{6-1-2}$$

当直径超过 1m 时，主缆往往会因弯曲而产生过大的二次应力。此时，应研究是否在一侧使用两根较细的缆索或者采用其他技术措施。

四、钢丝束股数 n_1 的确定

首选选定钢丝的直径 ϕ，并由式（6-1-1）所得出的 A 可以算得一根主缆所含钢丝的总数 n，然后根据主缆的编制方法来确定一根主缆应有多少钢丝束股数 n_1 和每根钢丝束股应含多少根钢丝 n_2，即 $n = n_1 \times n_2$。

1. 空中编缆法（Air Spinning）——简称 AS 法

采用 AS 法时每根束股的直径大，每缆所含的束股数较少，为 30～90 束股，但每根束股所含的丝数 n_2 可多达 300～500 根。由于其单根束股较大，锚固空间相对集中，故可减小锚固面积。其缺点是编制主缆时的抗风能力较弱和所需的劳动力较多。

2. 预制丝股法（Prefabricated Parallel Wire Strands）或（Parallel Wire Strands）——简称 PWS 法

采用此法时要求每根束股都应制作成正六边形，以减小主缆的空隙率。每股丝数通常取值为 61、91、127、169 组成稳定的正六边形，如图 6-1-11 所示。每根主缆的束股数 n_1 可多达 100～300 束，故锚固空间也相对较大。因它采用工厂预制，故现场架索施工时间相对缩短，气候影响小，使成缆工效提高。

PPWS-61　　PPWS-91　　PPWS-127　　PPWS-169

图 6-1-11　预制束股的常用截面（尺寸单位：cm）

表 6-1-3 列出了部分国内外悬索桥所采用的主缆施工方法及其束股数的组成，供参考。

主缆施工方法及束股构成一览表　　表 6-1-3

桥　名	主缆束股数 n_1	每束丝数 n_2	施工方法	钢丝直径（mm）
恒比尔桥	37	404	AS	$\phi 5.0$
金门大桥	81	452	AS	$\phi 5.0$
旧金山—奥克兰海湾桥	37	472	AS	$\phi 4.95$
下津井桥	44	552	AS	$\phi 5.37$
大贝尔特桥	37	504	AS	$\phi 5.38$
香港青马大桥	92	368	AS	$\phi 5.38$
明石海峡桥	290	127	PWS	$\phi 5.23$

续上表

桥 名	主缆束股数 n_1	每束丝数 n_2	施工方法	钢丝直径（mm）
南备赞大桥	271	127	PWS	ϕ5.18
大鸣门桥	154	127	PWS	ϕ5.37
江阴长江大桥	169	127	PWS	ϕ5.35
汕头海湾大桥	110	91	PWS	ϕ5.1
西陵长江大桥	110	91	PWS	ϕ5.1
美国 Newpor 桥	76	61	PWS	ϕ5.13

五、钢丝束股的排列方法

图 6-1-12 示出目前三种钢丝束股的排列方式。现简述它们的优缺点。

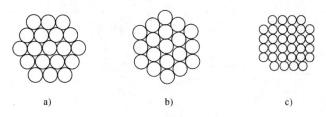

图 6-1-12 钢丝束股的排列方式
a) 平顶式；b) 尖顶式；c) 方阵式

1. 平顶式（图 6-1-12a)）

它的优点是：在排列的过程中容易保证其精确位置。其缺点是：在最后挤压成形时主缆水平向的直径明显大于竖直向的直径；其次，位于下层的束股常常受到过大的挤压力。

2. 尖顶式（图 6-1-12b)）

它的优点是：在相邻两竖向束股之间容易插放临时分隔片，这将有助于束股间的通风，达到温度一致，从而保证束股长度调整的精度；其次是在主缆挤压成形时能达到各个方向的直径一致。它的缺点是：当束股刚制成 3～4 根时，临时用大缆形成器来保持其相对位置就不如平顶式。

3. 方阵式（图 6-1-12c)）

它的优点是在竖向和水平向都较容易插放临时分隔片，在用紧缆机操作时也很容易使主缆形成圆形截面。

第四节 加劲梁的设计

一、钢桁加劲梁

1. 钢桁梁的横截面形式

国内外已建桥梁中的钢桁梁横截面形式，按照车道位置的布置主要有以下三种：

(1) 具有双层公路桥面的钢桁梁横截面

图 6-1-13 示出了 4 座具有矩形外框的钢桁梁横截面桥例。

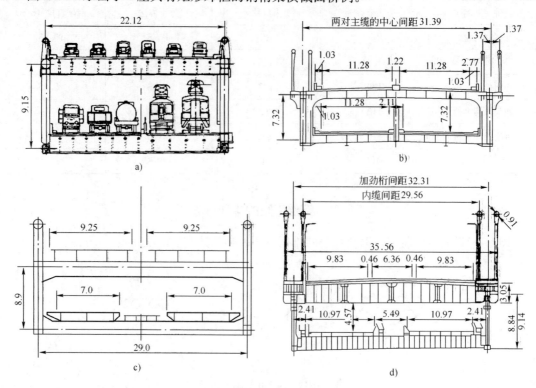

图 6-1-13 双层公路桥面的钢桁架横截面实例（尺寸单位：m）
a) 旧金山—奥克兰海湾桥；b) 美国维拉扎诺桥；c) 日本彩虹桥；d) 美国乔治华盛顿桥

由于桥的下层有车辆行驶，不能在其间的任何竖向和斜向设置支撑。因此，保证这类截面在荷载作用下不产生横向畸变变形是设计中一个十分重要的问题。为了这一点，必须将其上下主横梁设计成具有足够的抗弯刚度，并且使之与两侧主桁架以及上、下水平面内的横向支撑结合成刚性的空间框架。此外，图 6-1-13b)、d) 两座悬索桥由于跨径、车道数及活载均较大，为了使主缆的直径不超过 1m，避免产生二次应力，故每侧各设计了一对主缆，但两侧主缆的中心距与主桁架的中心距是完全吻合的。

（2）公铁两用双层桥面的钢桁梁横截面

图 6-1-14 所示是日本南备赞大桥公铁两用悬索桥的钢桁加劲梁横断面。

由于它承受比双层公路悬索桥更大的荷载，对抗横向畸变的刚度要求更高，故通过加大桁宽和桁高，以便在横断面平面内设置必须要的斜撑，其余与主桁架之间的连接构造，均与上述的基本相似。

（3）单层桥面的钢桁梁横断面

图 6-1-15 示出了 4 座单层桥面的钢桁梁横断面实例，其中的图 a) 和图 b) 属于下翼缘为封闭式的钢桁梁横断面；图 c) 和 d) 属于下翼缘为开口式的钢桁梁横断面。就横向抗弯刚度而言，显然开口式的不如闭口式的，故图 c) 中的金门大桥在建成若干年后，又于1954 年增设了下平纵联和横联，使之变为封闭式的横断面。图 d) 的受力情况稍好些，因为它将人行道设置在主缆的外侧，可以部分地平衡其中部钢桁梁的横向弯矩，加之下斜撑的坡度较金门大桥的平缓。通过实践，国外现今已不再采用开口式的横断面。闭口式横截面与上

述的双层式基本相同，但它可以在下层中设置斜撑或利用部分空间作为非机动车道，其用钢量也相对少一些，这也是目前国外常用的一种形式。

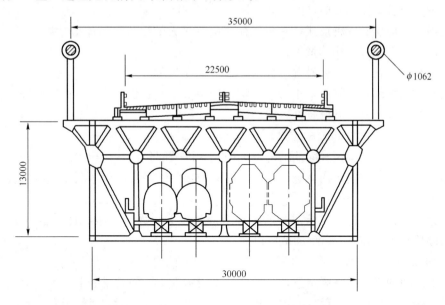

图 6-1-14　日本南备赞大桥钢桁梁横断面（尺寸单位：mm）

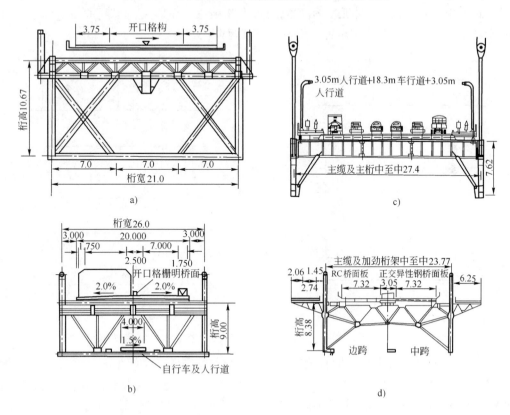

图 6-1-15　单层桥面的钢桁梁横截面实例（尺寸单位：m）
a）葡萄牙 4 月 25 日大桥 $L=1013m$；b）日本因岛大桥 $L=770m$；c）金门大桥 $L=1280m$；d）福斯公路桥 $L=1006m$

2. 主桁架的形式

图 6-1-16 示出了三种类型的主桁架形式。

（1）上下弦杆节点均有竖杆的形式（图 6-1-16a)）

这是最广泛应用的一种形式，它虽然存在用钢量大的缺点，但相应地减小了节间长度，使行车道部分和上弦杆的用钢量可以减少。

（2）只在下弦杆的节点处设置竖杆的形式（图 6-1-16b)）

在简支体系的加劲桁梁中，正弯矩常常是控制上弦杆的截面设计，而下弦杆一般处于受拉状态。因此，取消其中部分竖杆，不会影响局部稳定。

（3）无竖杆的纯三角形形式（图 6-1-16c)）

这种形式具有令人愉悦和简洁的外形，但是它的节间较长，使行车道部分和上弦杆的用钢量增加一些；又因主桁梁内无竖杆，致使横联和水平纵联主桁架的联结变得比较复杂，故一般也较少应用。

经过分析，具有竖杆的主桁架梁的合理节间长度 s 约为主桁架高度 h 的 0.8~1.2 倍，且斜杆的倾角宜控制在 40°~50°的范围以内。

3. 主桁架间的水平联结系

主桁架之间的纵向水平联结系，一般情况下设置在钢桥加劲梁的上、下平面内。当钢桁架劲梁的间距不大，且桥道部分的刚度较大时，可以只在加劲梁的下缘设置一道纵向水平联结系。不过为了保证加劲梁具有一定的横向刚度，通常在上、下缘均设置纵向水平联结系。与图 6-1-16 中三种主桁架基本形式相匹配的水平联结系，亦即主桁架间的横撑体系也有三种形式，如图 6-1-17 所示。在布置中应考虑以下两点：

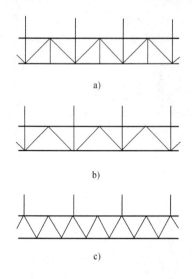

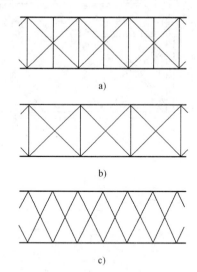

图 6-1-16 主桁架基本形式　　　　　图 6-1-17 主桁架间的水平联结系

（1）凡在纵向主桁架中有垂直杆的部位，在水平联结系中也应对应地布置水平的垂直支撑。

（2）为了使整个立体桁架能有效地承担扭矩的作用，宜将底部水平联结系中的斜杆与主桁架中的斜杆交汇于同一节点上，为此，顶部的水平联结系常与底部的布置错开一个节间。这样，扭矩作用将通过所有斜杆传力，而使主桁架弦杆中轴力减小。图 6-1-18 是用透视图来描述用 6-1-16 中的主桁架与图 6-1-17 中水平联结系方式。

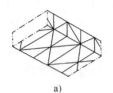
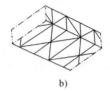
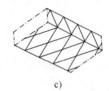

a)　　　　　　　　　b)　　　　　　　　　c)

图 6-1-18　主桁架与水平连接系中斜杆的匹配

4. 钢桁加劲梁上的桥面板构造

（1）钢桥面板的构造

这是现代悬索桥上用得较多的一种构造。图 6-1-19a) 所示是在顺桥向两吊杆处的横向框架上，布置若干钢纵梁。在这些纵梁之间等间距的布置若干道工字形横梁，通过焊接构成格子体系，然后在其上铺设板厚约 14mm 的钢板及加劲肋，最后在桥面上铺设桥面铺装，桥面铺装多以沥青混凝土为主。这种构造形式的优点是自重轻，缺点是沥青混凝土铺装层与钢板的结合质量不易保证。

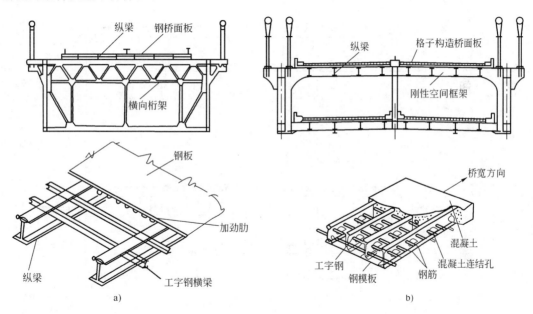

图 6-1-19　钢桁加劲梁上的桥面构造

（2）钢筋混凝土桥面板构造

早期有的悬索桥是用图 6-1-19b) 所示的在型钢与钢筋构成的格子体系内灌注混凝土，以此来代替图 a) 中的钢板和加劲肋。它的优缺点与上述的恰相反。近来也有采用钢—混凝土结合梁的构造，钢筋混凝土板可以先在场外预制，再运到现场吊装就位后，与钢纵梁及横向框架进行湿结合，这样，可以大大加快施工进度。

二、钢箱加劲梁

1. 钢箱加劲梁的横截面形式

扁平式钢箱加劲梁的主体主要由四部分组成：上、下翼缘板、腹板和加劲构件。其中上翼缘板又兼作桥面板之用，为了增强钢箱加劲梁的整体性，往往将上翼缘设计成正交异性钢桥面板。为了满足横截面抗风功能的要求，主要有两种横截面形式，即：①横截面两侧具有导风尖角的形式，如图6-1-20a)、b) 所示。②在导风尖角的外侧增设抗风分流板的形式，如图6-1-20c)、d) 所示，分流板还可兼作人行道或检修道之用，并且可以提高抗风的功能，对于宽高比较小的钢箱加劲梁常采用这种形式。钢箱梁桥面板的板厚通常为10~14mm，腹板和底板的厚度通常为10~12mm。

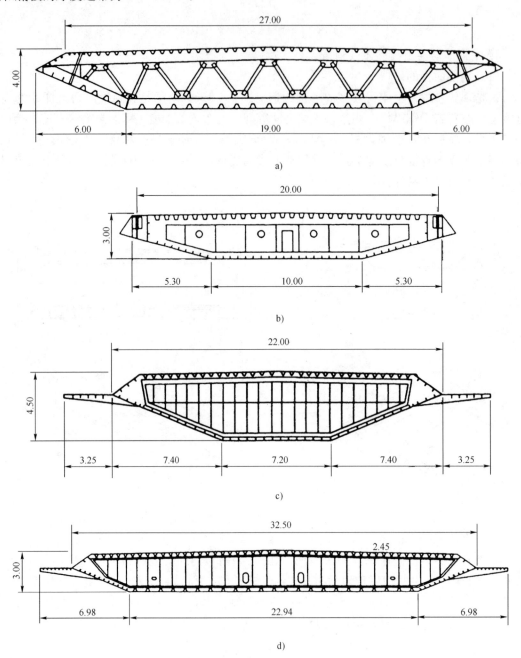

图 6-1-20　钢箱加劲梁横截面形式（尺寸单位：m）
a) 丹麦大贝尔特桥；b) 中国西陵长江大桥；c) 英国恒比尔桥；d) 中国江阴长江大桥

2. 横隔板

（1）形式——常用的形式有肋式（图6-1-20a））和实腹式（图6-1-20b）～d））。我国多采用后一种形式，但应注意在实腹板上设置检修过人孔、通风换气孔和各种过桥管线孔。

（2）间距——横隔板顺桥向的间距是由桥面板的纵肋跨度要求决定的，但在吊索处一定设置横隔板。当桥面板采用开口纵向加劲肋时，其初拟间距取1.2～2.0m；当采用闭口纵向加劲肋时，其初拟间距取2.0～4.5m，最后依据车辆轮载对面板和加劲肋的局部承压稳定性由计算分析确定。

（3）板厚——横隔板的板厚除锚箱局部根据受力及构造的需要予以加厚外，通常取值为8～10mm。

3. 纵向加劲肋

（1）形式——纵向加劲肋的基本形式有两种，即：开口式和闭口式，如图6-1-21a）和b）所示。闭口加劲肋具有较大的抗扭刚度，屈曲稳定性好，常用在箱梁的顶板和底板上。开口加劲肋中的L形和倒T形有时也用在箱梁的腹板和底板上。至于箱梁两侧的伸臂上一般采用开口加劲肋。

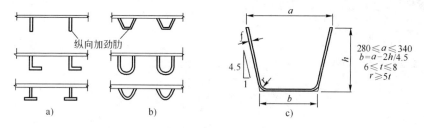

图6-1-21 纵向加劲肋（尺寸单位：mm）
a）开口式；b）闭口式；c）理想的纵肋截面

（2）理想的闭口加劲肋尺寸

理想的闭口加劲肋的截面形状及尺寸如图6-1-21c）所示。两纵肋之间间距S与钢盖板的厚度t有关，一般在300mm左右，但以等间距（$S=a$，a为U肋上端水平距离）的受力及变形性能较理想。联邦德国规范规定位于行道车部分的间距$S \leqslant 28.5t$。考虑到腐蚀和制造运输等因素，闭口肋的板厚t通常取6～8mm。至于开口肋的板厚t，因其制作相对简单，故可取为10～25mm。

第五节 吊索的设计

一、吊索的形式

悬索桥吊索的立面布置有垂直式和斜置式两种形式，如图6-1-22所示。迄今国内外绝大部分悬索桥都采用垂直式的吊索。斜吊索存在的主要缺点是：①中跨跨中斜吊索易因汽车荷载的变化应力而导致吊索的疲劳破坏。②吊索在制作上因难免的误差而易使斜吊索松弛，故目前较少应用。

二、吊索的材料

1. 钢丝绳索

图6-1-23a）所示的钢丝绳索，是由位于中央的一股钢丝绳作绳心，再在其外围用6股

由7丝或19丝或37丝扭绞组成的钢丝束股扭绞而成。束股的扭绞方向与每一束股中钢丝扭绞方向是相反的。

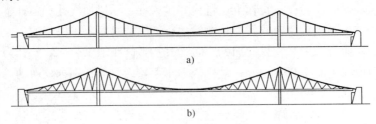

图 6-1-22 吊索的布置形式
a) 垂直式；b) 斜置式

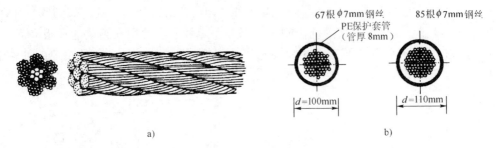

图 6-1-23 吊索材料类别
a) 吊索用钢丝绳；b) 吊索用平行钢丝索

2. 平行钢丝索

图 6-1-23b) 所示的吊索是近年来在悬索桥中陆续采用的平行钢丝索。其截面组成一般为几十根乃至百余根 $\phi 5\sim 7$mm 镀锌钢丝，外加 PE 套管保护。每个索夹处的竖直吊索都包括两根平行钢丝索。

三、吊索的索夹

1. 吊索与索夹的连接方式

(1) 四股骑跨式

如图 6-1-24a) 所示，四股骑跨式的吊索是用两根两端带锚头的钢丝绳骑跨在索夹顶部的嵌索槽中，并使四个锚头在下端与加劲梁体连接。骑跨式的索夹按左右方向分为两半，再在索夹的上方用水平方向的高强预应力杆将它们夹紧连在一起，使索夹依靠它与主缆之间的摩阻力将自己固定在主缆上。显然，四股骑跨式的吊索是不宜采用平行钢丝索的。

(2) 双股销铰式

如图 6-1-24b) 所示，双股销铰式的吊索是用两根下端带锚头、上端带连接套筒的钢丝绳或平行钢丝索，将其上端用销铰与带耳板（吊板）的下索夹连接，吊索的下端用锚头或同样用销铰与加劲梁体联结。销铰式的索夹是按上下方向分为两半，同样地用高强预应力杆从索夹的左右侧将它们夹紧连在一起。

2. 索夹的设计内容

(1) 索夹内孔直径 d_c

$$d_c = \sqrt{\frac{d_w^2 \cdot n_{tot}}{1-V_c}} \tag{6-1-3}$$

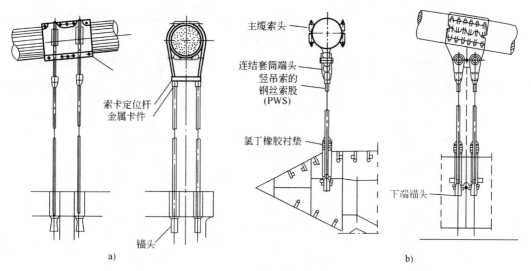

图 6-1-24 吊索与索夹的连接方式
a) 四股骑跨式；b) 双股销铰式

（2）确定螺栓数目 n

$$n \geqslant \frac{vT_n\sin\theta}{\mu m N} \tag{6-1-4}$$

（3）索夹壁厚拉应力 σ 的验算

$$\sigma = \frac{nN}{2Lt} \leqslant \frac{1}{3}\sigma_r \tag{6-1-5}$$

其中 N 为单根螺栓的设计夹紧力，它可表示为：

$$N = A\sigma_e \tag{6-1-6}$$

和：

$$\sigma_e = \frac{1}{2}\sigma_s \tag{6-1-6a}$$

以上各式中：d_w——主缆中单根钢丝直径；

n_{tot}——单根主缆中钢丝总根数；

V_c——主缆在索夹内的设计空隙率，按 PWC 法，$V_c=0.16\sim0.18$；按 AS 法，$V_c=0.17\sim0.2$；

T_n、θ——分别为 n 号吊索索力及在该索处主缆的水平倾角；

A、σ_e、σ_s——分别为单根螺栓的有效截面面积，设计拉应力和材料的屈服应力；

L、t、σ_r——分别为索夹沿主缆方向的长度、壁厚和材料的屈服应力；

μ、v——分别为索夹与主缆之间的摩阻系数和抗滑安全系数，一般取 $\mu=0.15$，$v=3.0$；

m——与索夹内压力分布有关的系数，考虑到索夹与主缆间的摩擦因素，取 $m=2.8$。

四、吊索与钢桁加劲梁的连接

1. 吊索与钢桁加劲梁上端的连接方式

图 6-1-25 示出了吊索与钢桁加劲梁固定构造的三种类型：

①固定在加劲梁弦杆的翼缘上（图 6-1-25a））——它的优点是直观、维修管理简便；缺点是影响景观，索梁之间的传力构造细部较复杂。

②穿过加劲梁弦杆翼缘的固定方法（图6-1-25b））——它将使截面受到损伤、检查维修工作不太方便。

③固定于加劲梁腹杆的外侧（图6-1-25c））——它的优点是受力合理，其缺点是为了连接，需要在加劲梁的钢节点板上打孔。

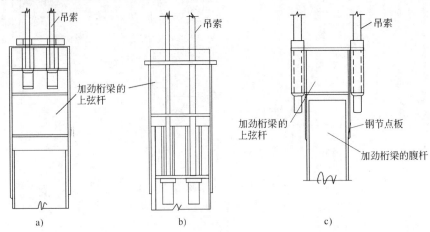

图6-1-25　吊索与钢桁加劲梁上端的固定
a）固定于翼缘；b）穿过翼缘；c）腹板外侧

2. 吊索与钢桁加劲梁下端的连接方式

位于边跨加劲梁端部的吊索一般较短，而且受温度等因素影响的纵向水平位移也较大，这样容易使部分短吊索因弯折角过大而产生疲劳破坏。为此，国外部分悬索桥在边跨端部部分吊索采用下弦杆连接的方式，以加长吊索的长度，减小吊索的倾角，从而改善吊索的受力状态，如图6-1-26所示。

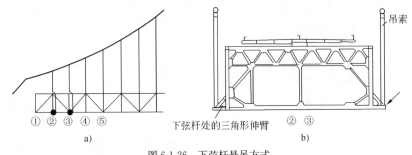

图6-1-26　下弦杆悬吊方式
a）示意图；b）横断面图

五、吊索与钢箱加劲梁的连接

图6-1-24中已经介绍了吊索与钢箱加劲梁的连接构造，这里再补充介绍两种形式。

1. 锚箱式

图6-1-27a）是我国西陵长江大桥的锚箱式构造，该桥每侧采用两根骑跨式钢丝绳吊索，每个吊点有4个吊索锚头，吊点布置在伸出箱外的主横隔梁与小纵梁形成的十字架内。这类构造的制作简单、传力明确、检修养护便利且无箱内积水腐蚀的隐患。

2. 耳板式

图6-1-27b）是英国恒比尔桥斜吊索上所采用的吊点构造。每侧吊点各有两根沿顺桥方向斜向布置的销栓式吊索锚固。吊点布置在箱梁侧腹板尖角处，采用直接加焊的带销孔耳板与吊索

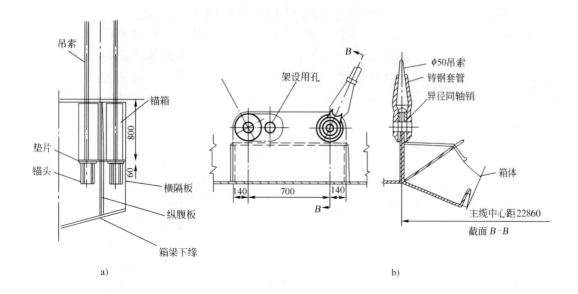

图 6-1-27 吊索与钢箱加劲梁的连接（尺寸单位：mm）
a）锚箱式吊点；b）耳板式吊点

的叉形锚头连接。该吊点构造简单，加工及焊接质量要求高，但存在应力过于集中的问题。

第六节 锚碇的设计

一、锚碇形式

1. 锚碇的组成

（1）锚体——它包括锚块、锚固系统和主缆支架等几个组成部分。它是直接锚固主缆的结构，并与基础一起共同抵抗由主缆拉力产生的锚碇滑移与倾覆。

（2）盖板——又称遮棚，它的作用是覆盖锚块及主缆等，并且建立在锚碇基础上面的钢筋混凝土或者钢结构的建筑物。如果高程合适，还可以在它的上面修筑路面和在它的内部兼作配电、排水设备等机房之用。

（3）基础——与其他桥型的基础一样，可以采用扩大基础，沉井基础和群桩基础等类型，视桥位处的水文、地质条件而定。

本节着重介绍锚体的构造内容。

2. 锚体的形式

所谓锚体的形式，实际上是代表锚碇的形式，它主要有重力式和隧道式两种类型，如图 6-1-28 所示。隧道式锚碇一般应用在基岩外露的桥址处，国外已建桥梁中采用这种锚碇形式的也不太多，而大量采用的是重力式锚碇。

二、前锚式重力锚的锚构造

主缆通过散索鞍后，其截面便散开，变成为一股一股呈喇叭形扩散的钢丝束股，束股的端部或端部锚头与锚块前表面的拉杆（锚杆）相连，这种连接方式称为前锚式。

1. AS 法主缆的锚固构造

当采用 AS 法编制主缆时，钢丝束股是用束股靴套连接在锚固系统中的眼杆或锚杆上，如图6-1-29a)或b)所示。两种锚固构造的共同点是：①钢丝束股都是环绕在具有沟槽的索股靴套或者半圆形厚钢饼上。②无论是眼杆或者是高强钢锚杆，它们的尾端都是连接在埋入混凝土内锚碇架尾端的锚梁上。两者的一个重要差别是在调整钢丝束股长度误差时所使用的装置。图a)是应用千斤顶将索股靴套与销栓脱开，然后在二者之间的空隙中按需要塞进垫片和一个带凹槽形（与销栓匹配）的垫片；图b)则是通过位于半圆形钢饼平直侧的一对螺母沿着钢螺杆进行调节。

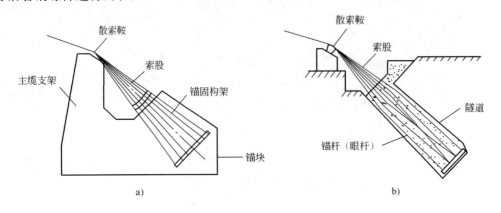

图6-1-28 锚碇主要形式
a)重力式；b)隧道式

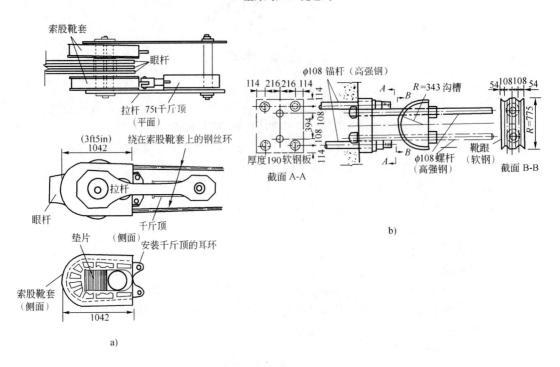

图6-1-29 AS法的钢丝束股与锚杆的连接构造（尺寸单位：mm）

2. PWS法主缆的锚固构造

当采用PWS法的主缆时，主缆的端部已经有了束股锚头，为了锚接，便采用焊接而成的工字形钢梁作为锚杆，尾端仍与锚碇架上的锚梁连接，锚杆的前端焊有承压杆和加劲板，如图 6-1-30a）所示。束股长度（或张力）的调整是通过附加撑脚，将千斤顶与束股锚头连接后进行调整，如图 6-1-30b）所示。

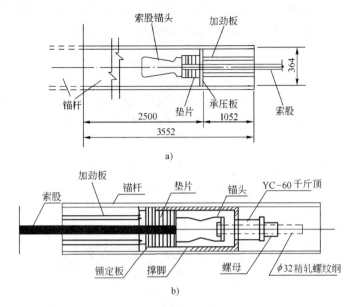

图 6-1-30　PWS 法的钢丝束股与锚杆的连接构造（尺寸单位：mm）
a）索股锚杆锚固示意；b）锚股张力调整示意

三、锚固系统的构造

前锚式重力锚的锚固系统，按其所使用的锚固材料大致有两种形式。

1. 型钢锚固系统

如图 6-1-31a）所示，型钢锚固系统是由锚杆、锚梁和锚支架三部分组成，钢制锚支架只在施工中起支承锚杆和锚梁的质量和定位的作用，锚杆和锚梁则是关键的受力构件，主缆的束股直接与锚杆连接，锚杆可以分为几节短段制造，各段之间采用普通螺栓连接。锚梁也可分为两节制造，然后焊接成整体。锚杆的强度验算应考虑锚杆两侧拉力差的影响，锚梁翼缘上直接承压的混凝土应作局部承压验算。

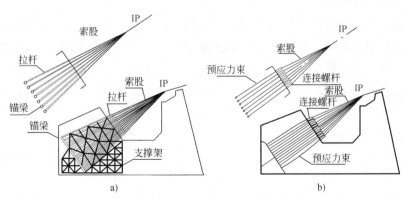

图 6-1-31　锚固系统示意图
a）型钢锚固系统；b）预应力锚固系统

2. 预应力锚固系统

如图 6-1-31b) 所示，它是由特种钢材加工的，并由预应力束固定在锚块前表面上的连接器与锚固拉杆连接，锚固拉杆的另一端则与主缆的索股锚头连接。预应力束的尾端仍然锚固在混凝土的锚块内。预应力筋施加的有效预应力不应低于索股拉力的 1.2 倍。

四、主缆支架

当主缆在锚碇内需要改变方向时，便在锚块的最前端设置主缆支架。主缆支架的顶部有支承钢缆的鞍座，主缆便从这个鞍座位置把钢丝束股呈喇叭形分散开来，并引入到各自的锚固位置。

主缆支架有图 6-1-32 所示的三种形式，即钢筋混凝土刚性支架（或称散索鞍墩）、钢制柔性支架和钢制摇杆支架等。当采用刚性主缆支架时，散索鞍座的底部必须设置辊筒，以适应主缆的伸缩。

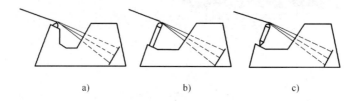

图 6-1-32　主缆支架的形式
a) 刚性支架；b) 柔性支架；c) 摇杆支架

此外，若主缆在进入锚块之前不需要改变方向时，则无需设置主缆支架及散索鞍座，此时可以应用呈喇叭形的展束套，并使之浮动在空中。展束套的内表面能适应主缆从捆紧状态逐渐变化到分散状态。为了便于安装，展束套也做成两个半圆形铸件，然后与直径 57mm 的螺栓连接起来。

五、其　他

1. 后锚式重力锚

将主缆的锚头直接锚固在锚固支撑架后锚梁上的锚固方法，称之为后锚式重力锚。若主缆是由预制丝股法制成，则因这些丝股的端头有锚头（套筒），需要穿过预埋在混凝土锚管中的套管，才能到达混凝土锚块内的后锚梁位置。由于套管一般较粗，使混凝土受到削弱，且丝股位于套管内的较长一段在运营过程中无法检查。因此，这种形式在近代已较少应用。

2. 锚碇的设计要点

锚碇的作用就是要将主缆的拉力安全地传给地基，这是一个十分重要的问题。因此，在设计中必须强调以下两点：

①锚碇作为一个刚体，在主缆拉力的水平分力作用下，不应滑移，抗滑稳定安全系数 $k_a \geqslant 2.0$。

②在主缆拉力和锚碇自重等的作用下，在基底面任意一点的竖向压应力不应超过地基土

的容许压应力,且不容许任意点出现拉应力。这样,锚碇才不会产生转动。

第七节 鞍座与支座的设计

一、塔顶鞍座的设计

1. 塔顶鞍座的构造

塔顶鞍座是用以支承主缆,并将主缆的垂直分力传给桥塔。塔顶鞍座主要由鞍槽、座体和底板三大部分组成,如图6-1-33所示。

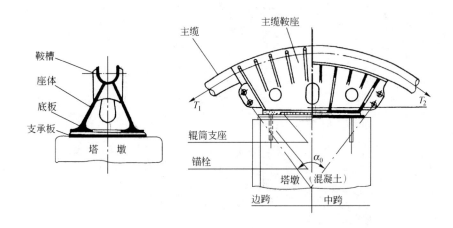

图 6-1-33 塔顶鞍座构造

鞍槽在顺桥向呈圆弧状,半径约为主缆直径的 8～12 倍,它是用来支承主缆束股;鞍槽在横桥向呈台阶状,与主缆束股的圆形排列相适应,台阶宽度与束股尺寸接近。座体是鞍座传递竖向压力的主体,上部与鞍槽联为一体,它由一道或两道纵主腹板和多道横肋构成,其下部与底座板相连。底板是预先埋置于塔的顶面,起着均匀分布鞍座垂直压力的作用。为了满足悬索桥在施工过程中鞍座的预偏或复位滑移的需要,底板与座体之间需设滑动装置,如辊轴、四氟滑板或其他减摩技术措施。成桥以后,塔顶鞍座便与塔顶固接,因此鞍座下辊轴直径的确定没有像确定一般桥梁支座下的辊轴直径那样严格。

2. 塔顶鞍座的抗滑稳定性

为了防止主缆在鞍座内滑动,在索槽中应设有衬垫,并且规定鞍座与主缆之间的抗滑动安全系数 $k \geqslant 2$,其验算公式如下:

$$k = \frac{\mu \cdot \alpha_0}{\ln(T_1/T_2)} \tag{6-1-7}$$

式中: μ——摩阻系数,可取 $\mu=0.15$;

α_0——鞍座的圆弧线夹角,或主缆在鞍槽上的包角(rad),参见图6-1-33;

T_1、T_2——分别为鞍座两侧的主缆拉力,其中 $T_1 \geqslant T_2$。

二、散索箍和散索鞍座

1. 散索箍和散索鞍座的构造

散索箍又称展束套,它用于主缆直径较小而又不需要转向支承的条件下能起到分散束股的作用。在整体上呈喇叭形,实际为两半拼合的铸钢结构,如图 6-1-34a) 所示。

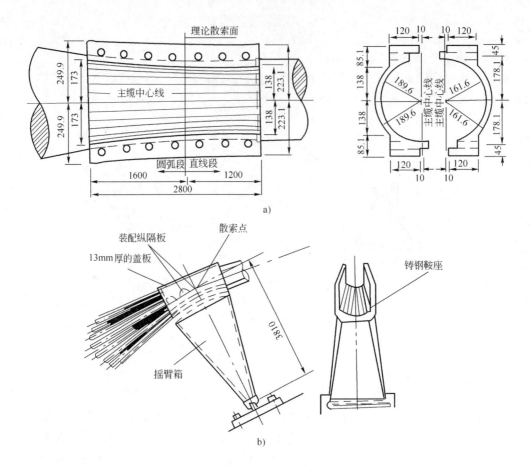

图 6-1-34 散索箍和散索鞍座构造(尺寸单位:mm)
a) 散索箍;b) 摇柱式散索鞍座

散索鞍座位于主缆支架顶面上,它对主缆起着支承、转向和分散束股的作用。为了适应主缆因受力及温度变化而产生顺桥向的移动,故目前悬索桥中大多采用摇柱式鞍座的构造形式,如图 6-1-34b) 所示。曾被使用过的辊轴式鞍座构造,因辊轴易生锈而产生较大的摩阻力,故后来较少采用。鞍座制造所用的材料有全铸钢和铸焊组合等两种形式,后者即为部分采用铸钢件,其他部分用厚钢板焊接。

2. 散索鞍座的设计

根据受力状况,对散索鞍座的结构形状有以下三个方面的要求:

(1) 在主缆的入口处散索鞍座的鞍槽形状应与塔顶鞍座鞍槽的形状相同;

(2) 在束股散开的一侧,所有束股上端的延长线应交汇于一点,其下端则指向各自的锚固点;

(3) 为了使鞍座上的束股压力沿顺桥向均匀分布，鞍座在纵向的曲率半径应由大逐渐变小。变化的曲率半径可按下列近似公式计算：

$$R_i = \frac{T_{缆} - \sum T_{散}}{q} \tag{6-1-8}$$

其中主缆对鞍槽圆弧面的径向压力集度 q 为：

$$q = \frac{T_{缆}}{R_0} \tag{6-1-9}$$

以上两式中：$T_{缆}$、R_0——分别为主缆在鞍座入口处的拉力和鞍槽的曲率半径（图6-1-35）；

$T_{散}$——脱离鞍槽的 i 号束股拉力；

R_i——与尚留在鞍槽内所有束股拉力相对应的曲率半径。

在实际设计中，R_i 不一定做到呈连续性的变化，只要采用复合圆曲线，将 R_i 改为 4~5 次就可以了。

三、支　　座

悬索桥加劲梁的支座应具有正的和负的支座反力的功能。常用的支座形式有以下两种：

1. 摇轴式支座

如图 6-1-36 所示，它又分固定支座（图a））和活动支座（图b））两种。前者由上摇座、下摇座和销子组成，形成铰接构；后者除了在下摇座的下面增加辊轴外，还要在辊轴的两端设置固定块件，以能承受负支座反力。固定块件与底板焊牢，通过锚固螺栓与墩帽固结。

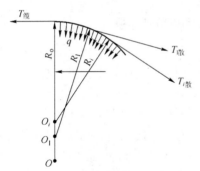

图 6-1-35　压力集度与缆力之间的关系

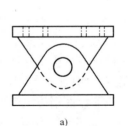

图 6-1-36　摇轴式支座

2. 连杆式支座

如图 6-1-37 所示，连杆式支座是两端具有铰的连杆结构，一端连接加劲梁，另一端连接到塔身或桥台上，它对加劲梁的纵向水平位移和转动都是自由的，但对加劲梁的竖向位移和扭转则具有约束作用。按照连杆的主要受力状态可以分为拉力连杆和压力连杆两种支承方式。

(1) 拉力连杆支承方式

由于连杆主要承受着拉力，故连杆的长度可以达到 8~13m 之多，连杆上端铰支在塔柱的牛腿上，其下端可以与加劲梁的上弦杆相铰接（图 6-1-37a)），也可以与加劲梁的下弦杆铰接（图 6-1-37b))。它们均适合位移量较大的特大跨径悬索桥，缺点是连杆外露有损景观。

(2) 压力连杆支承方式

图 6-1-37c) 属于压力连杆的支承方式，连杆的下端铰接在桥台或桥塔的牛腿上，其上端则铰支在加劲梁的下弦杆上。连杆虽然有时也承受拉力，但拉力不会太大，而主要以受压为主，因此连杆不宜太长，所能允许的纵向位移量比上述拉杆式的要小。

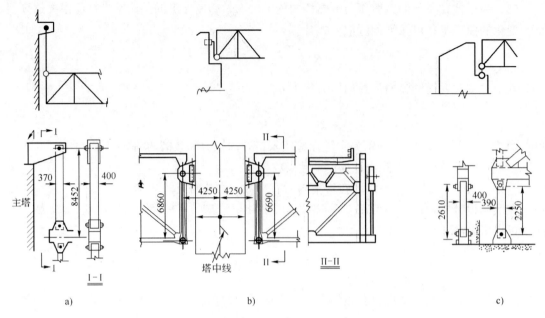

图 6-1-37 连杆的支承方式（尺寸单位：mm）

第八节 正交异性钢桥面及铺装的设计

一、传统的正交异性钢桥面及沥青铺装体系

1. 正交异性钢桥面板构造

正交异性钢桥面板由面板及焊接于其下的纵、横向加劲肋组成，由于具有自重轻、施工快捷、承载力大等特点，已成为钢桥尤其是大跨径钢桥的主要桥面结构形式。

加劲肋的作用主要是提高面板的局部刚度，以满足车辆荷载及局部承压稳定性的要求。按照纵向加劲肋的构造，正交异性钢桥面板可以划分为开口截面纵向肋和闭口截面纵向肋两种，如图 6-1-38 所示。两种纵向肋均有多种不同的形式，其中开口截面纵向肋多采用板肋、角钢等形式，而闭口截面纵向肋多采用 U 形、圆端形等形式，如图 6-1-39 所示。

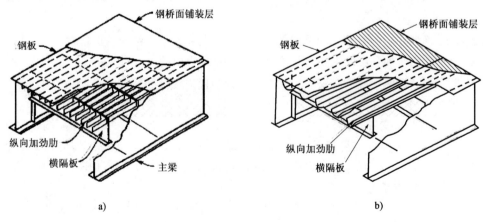

图 6-1-38 正交异性钢桥面板示意图
a) 开口截面纵向肋；b) 闭口截面纵向肋

一般来说，开口肋的加劲刚度不如闭口肋。因此，对于跨径和桥宽均不大的普通钢桥，可以选择开口截面纵向肋；而对于大跨径钢桥宜选择闭口截面纵向肋。由于闭口截面纵向肋只在外部与面板焊接，这一类焊缝的数量减少将近一半。

我国目前的钢桥多采用倒梯形纵向肋（亦称为 U 形肋）。图 6-1-40 示意了其构造形式，图中顶板 $A=300\sim320$mm，高度 $H=280\sim300$mm，底宽 $B=160\sim190$mm，中心间距 $S=600$mm。由于闭口截面纵向肋需要弯曲加工，因而板厚不宜过厚，通常厚度 $t=6\sim10$mm。

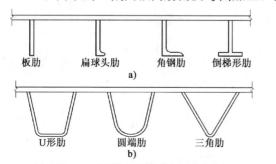

图 6-1-39　正交异性钢桥面纵向加劲肋形式
a）开口截面纵向肋；b）闭口截面纵向肋

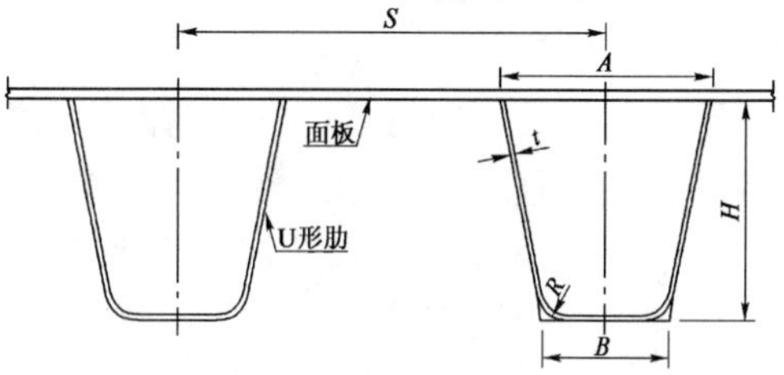

图 6-1-40　倒梯形闭口截面纵向肋构造示意图

纵、横向加劲肋在相交处的构造基本上都采取在横向加劲肋上开孔以保持纵向加劲肋连续通过的方式。

2. 钢桥面铺装构造

正交异性钢桥面铺装一般采用沥青混合料，包含防锈层、防水黏结层、沥青混凝土铺装层等，总厚度为 35～100mm。

目前常用的钢桥面铺装材料主要包括：热拌沥青混凝土或改性密级配沥青混凝土；浇注式沥青混凝土；改性沥青 SMA；环氧沥青混凝土。我国大跨径钢桥多采用环氧沥青混凝土铺装材料，如苏通大桥、南京第二长江大桥等。图 6-1-41 为国内典型的正交异性钢桥面铺装层构成体系。

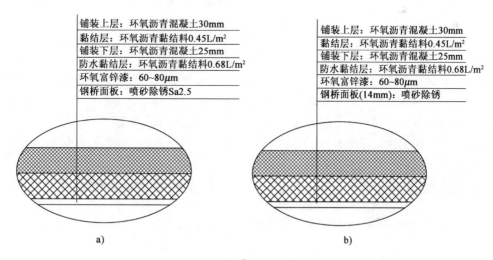

图 6-1-41　典型的钢桥面铺装形式
a）苏通大桥；b）润扬大桥

正交异性钢桥面铺装层的设计必须充分注意到钢桥面上存在以下受力特性：
（1）正交异性钢桥面板刚度低，局部变形大，因此钢桥面铺装层中亦将产生较大的变形。

（2）钢桥面结构中的纵、横桥向加劲肋在其支撑位置改变了钢面板的刚度，在局部车轮荷载作用下，铺装层中将产生负弯矩，诱发弯拉裂缝的出现。

（3）钢桥的导热系数较混凝土材料要高，且一般均为近乎密闭的箱室构造，环境温度作用下铺装层中的温度变化范围更大。众所周知，沥青混凝土为黏弹塑性材料，过高或过低的温度均会对铺装层的受力造成不利影响。

（4）钢桥结构遇雨水易生锈，而一旦钢面板生锈，必然会影响沥青铺装层与钢桥面板的黏结性能。

因此，铺装层应具备优良的高温稳定性、低温抗裂性，对钢板变形有良好的追从性，优良的防水性能且与钢板黏结可靠等性能。

3. 传统沥青铺装正交异性钢桥面板存在的问题

传统的沥青铺装正交异性钢桥面体系存在两种典型的病害问题，即：钢桥面铺装层破损和正交异性钢桥面结构疲劳开裂。

钢桥面铺装层破损现象较为普遍，主要包括裂缝、车辙、脱层及推移、坑槽等病害形式，如图6-1-42所示。病害的主要原因是正交异性钢桥面的复杂受力环境所致。而国内的大跨径钢桥面铺装层破损病害问题更加严重，这与我国重载交通比例大、南方气温高等特点有一定的关联性。

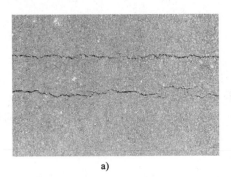 

图 6-1-42 钢桥面铺装病害图示
a) 钢桥面铺装层的横向裂缝；b) 脱层及推移破坏

疲劳开裂是正交异性钢桥面的另一个棘手问题。国内外存在许多钢桥面疲劳开裂的例子，其内因是钢材或焊接材料不可避免地存在细微裂纹，外因则是局部车轮荷载作用在桥面结构中引起的反复应力循环（尤其是拉应力）所产生的疲劳损伤累积。

正交异性钢桥面中，疲劳裂纹易在以下几个位置出现：纵肋—面板连接位置、面板与纵肋角焊缝位置、纵肋—横肋连接位置、纵肋对接位置，如图6-1-43所示。

目前国内外对于这两种病害问题的研究大多是独立的，即通过改善沥青混凝土的材料性能、改进设计方法等措施来解决铺装层破损问题；通过加大面板厚度、改进构造细节、提高焊接施工工艺要求等措施来解决疲劳开裂问题。但是从工程效果来看，这些方法均不能治本。

有研究者采用刚性水泥基材料钢桥面铺装的方法，即将钢纤维混凝土、高性能混凝土等作为钢桥面铺装层，以期改善桥面系的受力状态。这种刚性铺装方法对于减少钢桥面疲劳开裂的问题起到一定作用，但是仍然存在不足：由于混凝土桥面铺装材料的抗拉强度不够高，仍会开裂，如图6-1-44所示。

正交异性钢桥面板的这两种病害问题已成为钢桥领域的顽疾，须从其根源上寻求解决办法。

沥青类铺装材料偏柔性，不能有效地提高正交异性钢桥面的刚度，而常规的水泥混凝土等材料抗拉强度低，难以适应钢桥面中的局部受力状态。因此，若能引入高模量、高抗拉强度和高韧性的新型材料与钢桥面形成组合结构协同受力，这一矛盾将得到化解。

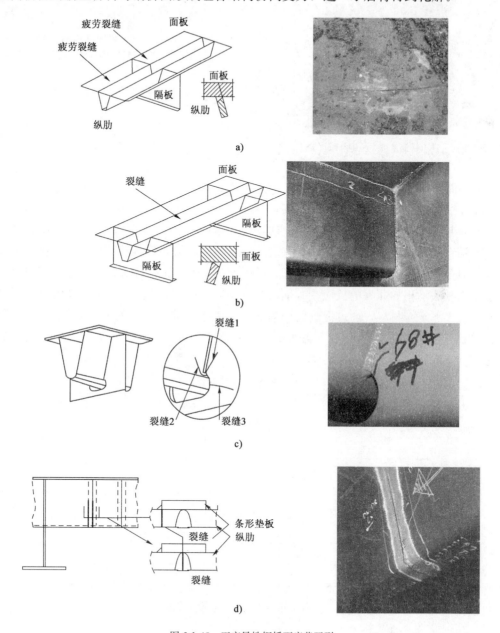

图 6-1-43 正交异性钢桥面疲劳开裂
a) 纵肋—面板连接位置；b) 面板与纵肋角焊缝位置；c) 纵肋—横肋连接位置；d) 纵肋对接位置

二、新型钢板-UHPC 组合桥面结构体系

1. 构造形式

基于上述思路，提出了一种钢板-UHPC 组合桥面结构体系，即在钢桥面板上增设永久性的超高性能混凝土（Ultra-High Performance Concrete，UHPC）层，与钢桥面板形成组

合桥面结构,然后在UHPC层上铺筑沥青磨耗层。通过栓钉或有机结构胶黏剂等方式将UHPC与钢桥面连接,其内布置有钢筋网。钢板-UHPC组合桥面结构体系的构造如图6-1-45所示。

图6-1-44 日本横滨港湾大桥钢纤维混凝土桥面铺装开裂

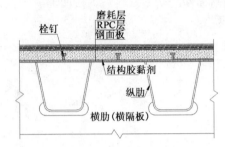

图6-1-45 钢板-UHPC组合桥面结构体系构造示意图

在钢桥面板上增设刚性UHPC层后,将大幅度提高正交异性钢桥面的截面刚度,降低钢桥面在荷载作用下的应力,提高其疲劳寿命;另一方面,UHPC层减小了沥青磨耗层所分担的内力,有助于抑制磨耗层中弯拉裂缝等病害的出现。同时,由于UHPC层为水泥基材料,改善了表面沥青混凝土层中的工作条件,有效降低了黏结层失效和推移等界面受力破坏风险。

通过对多个实桥组合桥面结构的计算,UHPC承担的拉应力在10~20MPa之间。常规混凝土根本无法承担如此大的拉应力,而UHPC是一种高模量、高强度、高延性的超高性能纤维增强水泥复合材料,通过提高组分的细度与活性,减少材料内部的孔隙和微裂隙等缺陷,获得超高性能。表6-1-4对比了几种混凝土的性能。可以看出,UHPC具备普通混凝土甚至是高性能混凝土所不能比拟的优越性能。

不同混凝土的性能对比 表6-1-4

混凝土性能	UHPC-200MPa级	高性能混凝土	普通混凝土
抗压强度（MPa）	170~230	60~100	20~50
抗折强度（MPa）	30~60	6~10	2~5
弹性模量（GPa）	40~60	30~40	30~40
材料断裂韧性（kJ/m^2）	20~40	0.14	0.12
氯离子扩散系数（m^2/s）	0.02×10^{-12}	0.6×10^{-12}	1.1×10^{-12}
冻融剥离（g/cm^2）	7	900	>1000
吸水特征（kg/m^3）	0.2	0.4	2.7
磨耗系数	1.3	2.8	4.0

2. 研究总结

(1) 结构性能

钢-UHPC组合桥面结构的拉压强度、界面抗剪、疲劳等一系列试验表明:配筋UHPC层的抗拉强度超过了40MPa,完全能够承担实桥荷载作用下的拉应力,各层间联结稳妥可靠。此外,由于各层结构均较薄,组合桥面的总重量与传统沥青钢桥面铺装层相比持平,因而不会影响旧桥改造中主桥结构的安全性。

(2) 构造参数取值范围

钢板-UHPC组合桥面结构设计的关键在于:一是保证UHPC具有足够的抗拉强度,以适应钢桥面中的受力；二是层间的联结可靠，确保 UHPC 层与钢结构的组合作用长久有效。同时，不能使桥面层总重增加过大。具体反映在以下构造特点上：

①厚度。UHPC 层厚 35～50mm，磨耗层厚 15～30mm，桥面层总厚 50～80mm。

②UHPC 混凝土。可采用 130MPa 级，通过掺钢纤维、密布钢筋等措施提高其抗拉强度及韧性；UHPC 层浇筑后，通过蒸汽养护消除收缩变形的影响。

③UHPC 内钢筋。沿纵、横桥向布置钢筋网，其中横桥向钢筋布置于上层。钢筋的直径可为 ϕ10～12mm，布置间距宜为 30～50mm。

④钢-UHPC 界面连接。可以采用栓钉、结构胶黏剂或二者相结合三种方式连接钢面板与 UHPC 层。若采用栓钉，其直径可为 ϕ9～13mm，布置密度根据界面抗剪要求确定。建议在横桥向上，栓钉布置在加劲肋中间位置。若采用结构胶黏剂，可用厚 2mm 左右的环氧树脂等结构胶黏材料，并在其上均匀撒布一些细石英砂。

⑤磨耗层-UHPC 连接。通过在 UHPC 表面刻槽以增大界面连接力，槽口尺寸可取 3mm×3mm，并按照 7～10mm 的间距布置。

第二章 悬索桥的内力计算内容及计算方法

第一节 计算基本步骤

计算的基本步骤与其他桥型的基本相同，大致为：

1. 基本参数计算

根据设计方案中初拟的结构尺寸，确定各杆件的材性和几何技术特性等参数。

2. 整体受力的分析

它包括静力分析和动力分析两大项。目前的分析方法主要有基于有限元法（平面杆系有限元法和空间杆系有限元法）的电算程序和基于经典理论的近似手算法。本篇仅介绍后者。

3. 结构承载能力和正常使用两个极限状态验算

这些内容均可按现行《混桥规》和原《公路桥涵钢结构及木结构设计规范》（JTJ 025—86）中的规定和公式进行计算，大多属于《结构设计原理》中的内容。（注：新的《公路钢结构桥涵设计规范》正在报批。）

4. 结构构造及尺寸的局部调整

通过上述分析后，对不满足规范要求的杆件尺寸或构造作适当调整，必要时重复上述计算。

第二节 结构平面分析的内容

一、结构整体分析

主要内容有：
①桥塔、主缆、加劲梁的内力及变形计算。
②桥塔、主缆、加劲梁受横向风力的计算。
③结构自振频率计算等。

二、结构杆件的应力及稳定性验算

除了根据整体分析中得到的内力对桥塔、主缆和加劲梁的各个截面进行验算以外,还有:
①桥塔基础的承载力及抗滑、抗倾覆稳定性验算。
②锚碇及其基础的结构内力分析,接着对其承载力和稳定性的验算。
③吊索及索夹的内力及应力验算。
④主索鞍及散索鞍的应力验算。
⑤支座计算。
本篇仅介绍结构整体分析的内容。

第三节 计算方法简介

一、弹性理论简介

弹性理论是悬索桥最早的计算理论。概而言之,它是将悬索桥的结构看作为主缆和加劲梁的结合体,然后用一般《结构力学》中解超静定结构的方法进行求解。下面简述其要点。

1. 基本假定

①悬索桥在加劲梁连接成整体后,不论再承受哪种荷载,其两塔顶之间的水平间距(跨长)和主缆的索曲线纵坐标始终保持不变,并可表为:

$$y = \frac{4f}{l^2} x(l-x) \tag{6-2-1}$$

式中:l、f——分别为主缆两支点的水平距离及其矢高,如图 6-2-1a)所示。

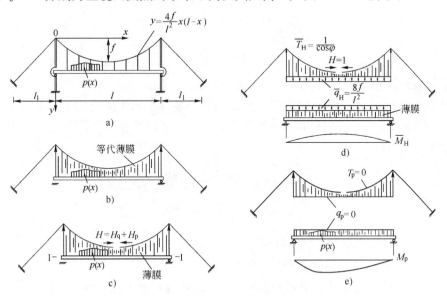

图 6-2-1 悬索桥按弹性理论的计算图

②将等间距布置的吊杆近似地视作介于主缆与加劲梁之间的薄膜,该薄膜只承担竖向拉力,如图 6-2-1b)所示。
③对于加劲梁,既不考虑它在节段安装过程中的局部内力,也不考虑结合成整体后它本

身的自重作用。后者完全由只承受轴拉力的主缆承担。

2. 内力分析

取图 6-2-1c) 所示的基本结构，即将主缆从跨中断开，用一对水平轴拉力 H 取代，使之变为有外荷载 $p(x)$ 和轴力 H 共同作用的静定结构。其中 H 是由恒载 q 产生的水平轴拉力 H_q 和由其他荷载 p 产生的水平轴拉力 H_p 两部分组成，后者是待求的未知值。H 可表为：

$$H = H_q + H_p \tag{6-2-2}$$

其中：

$$H_q = \frac{ql^2}{8f} \tag{6-2-3}$$

由于本结构是一次超静定体系，故由力法方程可以解得 H_p，它为：

$$H_p = -\frac{\Delta_{HP}}{\delta_{HH}} \tag{6-2-4}$$

式中：δ_{HH}——单位水平力引起的主缆切口两侧的相对水平位移；

Δ_{HP}——外荷载引起的主缆切口两侧的相对水平位移。

为了求出常变位 δ_{HH} 和载变位 Δ_{HP}，可将图 6-2-1c) 分解为图 6-2-1d)、e) 两个单独的计算图。先令赘余力 $\overline{H_p} = 1$，并假想地将薄膜从 I-I 截面断开，而用均布薄膜力 $\overline{q}_H$ 代替，如图 6-2-1d) 所示，由式 (6-2-3) 知：

$$\overline{q}_H = \frac{8f}{l^2} \tag{a}$$

由此可以写出图 6-2-1d) 中各杆件的内力表达式，即：

加劲梁：

$$\overline{M}_H = -\frac{\overline{q}_H x}{2}(l-x) \tag{b}$$

主缆：

$$\overline{T}_H = \frac{1}{\cos\varphi} \tag{c}$$

式中：φ——主缆的倾角，可以由式 (6-2-1) 求得。

对于图 6-2-1e)，主缆的轴拉力和薄膜力均等于零，作用于简支梁上的荷载 $p(x)$ 对加劲梁产生的弯矩 M_p，则可根据其具体布置位置和大小很容易地写出其表达式或绘出弯矩图。于是，便有：

$$\delta_{HH} = \int_0^l \frac{\overline{M}_H^2}{EI} dx + \sum \int_{si} \overline{T}_H^2 \frac{ds}{E_k A_k} \tag{d}$$

$$\Delta_{Hp} = \int_0^l \overline{M}_H M_p \frac{dx}{EI} \tag{e}$$

式中：E、I——分别为加劲梁的弹性模量和抗弯惯矩；

E_k、A_k——分别为主缆的弹性模量和截面面积；

$\sum \int_{si}$——是将主缆按主跨和两侧边跨先分别积分后再进行总和。

当按式 (6-2-4) 解得赘余力 H_p 以后，则加劲梁上各截面的弯矩为（参看图 6-2-1d)、e)）：

$$M(x) = M_p + H_p \overline{M}_H \tag{f}$$

再将上述式 (a) 和 (b) 代入之，并与式 (6-2-1) 对比和化简，便可得到：

$$M(x) = M_p - H_p y \tag{6-2-5}$$

以上是弹性理论分析法的要点。由于该理论忽略了主缆重力刚度的有利因素，又忽略了悬索结构的非线性大位移影响，导致算得的内力往往偏大。因此，目前除对跨径小于 200m、且加劲梁高度约为跨径 1/40 的刚性悬索桥可应用此法进行计算外，一般情况下已不再应用了。

二、挠度理论简介

1. 基本假定

挠度理论与弹性理论的主要差别在于：在二期恒载及汽车荷载的作用下，在同一横坐标处主缆和加劲梁同时产生相同的挠度 η，如图 6-2-2a) 所示。其余假定与弹性理论的相同。

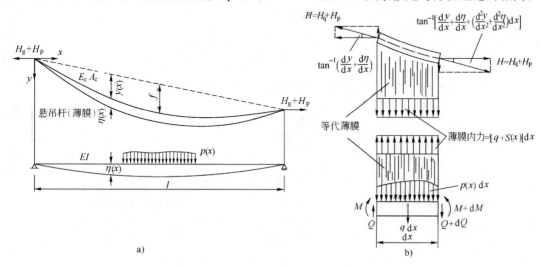

图 6-2-2 悬索桥按挠度理论的计算图

2. 基本微分方程

(1) 第 1 基本微分方程——加劲梁挠曲微分方程

取图 6-2-2b) 所示的微段 dx 脱离体，并分别建立主缆和加劲梁的力平衡式，则有：

主缆：

$$H\left(\frac{d^2 y}{dx^2}+\frac{d^2 \eta}{dx^2}\right)=-[q+s(x)] \tag{a}$$

加劲梁：

$$EI\frac{d^4 \eta}{dx^4}=q+p(x)-[q+s(x)] \tag{b}$$

联立求解式 (a)、(b) 得：

$$EI\frac{d^4 \eta}{dx^4}-H\frac{d^2 \eta}{dx^2}=q+p(x)+(H_q+H_p)\frac{d^2 y}{dx^2} \tag{c}$$

此外，由式 (6-2-1) 和式 (6-2-3) 可得：

$$H_q\frac{d^2 y}{dx^2}=-q=\text{常数} \tag{d}$$

将式 (d) 代入式 (c) 化简后便得第 1 基本微方程：

$$EI\frac{d^4 \eta}{dx^4}-H\frac{d^2 \eta}{dx^2}=p(x)+H_p\frac{d^2 y}{dx^2} \tag{6-2-6}$$

(2) 第 2 基本微分方程——计入主缆弹性伸长和温度变化的微分方程

主缆微段 ds 因轴拉力和温度变化所产生的延伸增量 Δds 为：

$$\Delta ds = \left(\frac{H_p}{E_k A_k \cos\varphi} + \alpha t\right) ds = \left(\frac{H_p}{E_k A_k \cos\varphi} + \alpha t\right) \frac{dx}{\cos\varphi} \tag{e}$$

式中，α 为主缆的线膨胀系数，t 为温度变化差，其余符号同前。又由于：

$$(ds)^2 = (dx)^2 + (dy)^2 \tag{f}$$

$$(ds + \Delta ds)^2 = (dx + \Delta dx)^2 + (dy + \Delta dy)^2 \tag{g}$$

合并式（f）、（g），并忽略高阶微量 $(\Delta ds)^2$、$(\Delta dx)^2$ 和 $(\Delta dy)^2$，则得：

$$\Delta dx = \frac{ds}{dx}\Delta ds - \frac{dy}{dx}\Delta dy = \frac{\Delta ds}{\cos\varphi} - \frac{dy}{dx}d\eta \tag{h}$$

将式（e）代入式（h），得：

$$\Delta dx = \left[\left(\frac{H_p}{E_k A_k \cos\varphi} + \alpha t\right)\frac{1}{\cos^2\varphi} - \frac{dy}{dx}\cdot\frac{d\eta}{dx}\right]dx \tag{i}$$

注意到主缆两端锚固定点之间水平距离 L 保持不变的边界条件，即：

$$\int_0^L \Delta dx = 0 \tag{j}$$

便有：

$$\frac{H_p}{E_k A_k}\int_0^L \frac{dx}{\cos^3\varphi} + \alpha t \int_0^L \frac{dx}{\cos^2\varphi} - \int_0^L \frac{dy}{dx}\frac{d\eta}{dx}dx = 0 \tag{6-2-7}$$

对上式的第三项分部积分，应用 $x=0$ 和 $x=L$ 时，$\eta=0$ 的边界条件，得：

$$\int_0^L \frac{dy}{dx}\frac{d\eta}{dx}dx = \left[\eta \frac{dy}{dx}\right]\Big|_0^L - \int_0^L \frac{d^2 y}{dx^2}\eta dx$$

$$= \frac{q}{H_q}\int_0^L \eta dx = \frac{8f}{l^2}\int_0^L \eta dx \tag{k}$$

再令：

$$L_k = \int_0^L \frac{dx}{\cos^3\varphi}, \quad L_t = \int_0^L \frac{dx}{\cos^2\varphi}, \quad F_\eta = \int_0^L \eta dx \tag{l}$$

将式（k）、（l）代入式（6-2-7）便得第二基本微分方程，即：

$$H_p \frac{L_k}{E_k A_k} + \alpha t L_t - \sum \nu F_\eta = 0 \tag{6-2-8}$$

注意，式（l）中的 L_k、L_t 的积分包括主缆的全长；式（6-2-8）中第三项的 $\sum$ 表示悬索桥的中跨和边跨之和；ν 按中跨和边跨分别计算：

对于中跨：$\quad \nu = -\dfrac{d^2 y}{dx^2} = \dfrac{8f}{l^2}$

对于边跨：$\quad \nu_1 = -\dfrac{d^2 y_1}{dx^2} = \dfrac{8f_1}{l_1^2}$ $\tag{6-2-9}$

联立求解式（6-2-6）和式（6-2-8）便可解得两个未知量，即 H_p 和主缆挠度 η。由于联立求解非线性微分方程比较复杂，故由此派生出以下几种近似计算方法：

①代换梁法。
②重力刚度法。
③线性挠度理论。

本篇第三章将详细介绍代换梁法的原理及其具体应用，对于其余两种近似方法，可以参阅相关文献。

三、几何非线性分析

在结构的线弹性分析中,材料的应力—应变关系满足虎克定律,即 $\sigma=E\varepsilon$,弹性模量 E 为常数。当桥梁结构承受超载作用时,部分构件会出现应力超载的现象,结构的损伤和破坏便由这些局部区域开始,随后导致结构失效。应力超出弹性范围后,材料的弹性模量 E 便不是常量,而成为应力的函数,使基本控制方程变为非线性方程,这便是物理非线性问题。

对于钢和混凝土这两种材料,材料非线性包括非线性弹性(卸载后无残余应变),非线性塑性(卸载后有残余应变)以及金属蠕变与混凝土徐变(持荷状态下应变随时间增长)。

经典的线弹性理论是将平衡建立在结构的初始位置,并且不考虑结构变形后平衡条件的改变(小位移理论)。

然而事实上任何结构的平衡均应建立在其变形后的位置之上,这便是几何非线性理论。大部分结构受力后变形很小,用线性理论分析误差极小,但线性理论用于悬索桥的分析将造成很大的误差甚至错误。

几何非线性理论可以分成大位移小应变的有限位移理论和大位移大应变的有限应变理论两类,在非偶然荷载作用下,桥梁工程中的几何非线性问题一般都是有限位移问题。

对于属柔性结构的斜拉桥和悬索桥,应考虑几何非线性的影响。

以有限位移理论为基础的大跨度桥梁结构几何非线性分析时,应考虑三方面因素的几何非线性效应:

①单元初始内力对单元刚度矩阵的影响。一般情况下是指单元轴力对弯曲刚度的影响,有时也考虑弯矩对轴向刚度的影响。常通过引入单元几何刚度矩阵的方法来考虑。

②大位移对结构平衡方程的影响。

③拉索垂度的影响。通常采用杆单元近似模拟索类构件由于索垂度的影响引起的单元刚度变化,简单的处理方法是引入 Ernst 公式,通过等效模量法来近似修正垂度效应。

几何非线性理论有 T.L 和 U.L 两种列式法,T.L 列式法即为总体拉格朗日列式法(Total Lagrangian Formulation),T.L 列式法将参考坐标选在未变形的结构上,通过引入大位移刚度矩阵来考虑大位移问题;U.L 列式法即为更新的拉格朗日列式法(Update Lagrangian Formulation),U.L 列式法将参考坐标选在变形后的位置上,让节点坐标跟随结构一起变化,从而使平衡方程直接建立在变形后的位置上。

T.L 列式法不易引入材料非线性,U.L 列式法易引入材料非线性,但计算时每步荷载或位移增量不可过大。

1. T.L 列式下的单元切线刚度矩阵推导

由虚位移原理,外力 $\{f\}$ 在虚位移 $\{\delta^*\}$ 上做的功等于结构应力 $\{\sigma\}$ 在虚应变 $\{\varepsilon^*\}$ 上产生的应变能,即:

$$\int \{\varepsilon^*\}^T \cdot \{\sigma\} dV = \{\delta^*\}^T \cdot \{f\} \tag{6-2-10}$$

应变—位移关系:

$$\{\varepsilon^*\} = [B]\{\delta^*\} \tag{6-2-11}$$

式中:$[B]$ ——应变矩阵。

将式(6-2-11)带入式(6-2-10):

$$\{\delta^*\}^T \int [B]^T \{\sigma\} dV - \{\delta^*\}^T \{f\} = 0$$

由 $\{\delta^*\}$ 的任意性，可知：

$$\int [B]^T \{\sigma\} dV - \{f\} = 0 \tag{6-2-12}$$

式中：$\{\sigma\}$ ——单元应力向量；

$\{\delta\}$ ——杆端位移向量；

$\{f\}$ ——单元杆端力向量；

V ——单元积分体积域。

对于几何非线性问题，$[B]$ 是位移 $\{\delta\}$ 的函数，$[B]$ 可分解为与杆端位移无关的部分 $[B_0]$ 和与杆端位移有关的部分 $[B_L]$：

$$[B] = [B_0] + [B_L] \tag{6-2-13}$$

采用增量列式法时，将 (6-2-12) 式写成微分形式：

$$\int_V d[B]^T \{\sigma\} dV + \int_V [B]^T d\{\sigma\} dV = d\{f\} \tag{6-2-14}$$

由 (6-2-13) 式，可知式 (6-2-14) 的第一项为：

$$\int_V d[B]^T \{\sigma\} dV = \int_V d[B_L]^T \{\sigma\} dV = [k_\sigma] d\{\delta\} \tag{6-2-15}$$

弹性问题的应力—应变关系为：

$$d\{\sigma\} = [D] d\{\varepsilon\} \tag{6-2-16}$$

式中：$[D]$ ——弹性矩阵。

当有初应力和初应变时：

$$\{\sigma\} = [D](\{\varepsilon\} - \{\varepsilon_0\}) + \{\sigma_0\} \tag{6-2-17}$$

将式 (6-2-11)、(6-2-13) 代入 (6-2-16)：

$$d\{\sigma\} = [D]([B_0] + [B_L]) d\{\delta\} \tag{6-2-18}$$

于是式 (6-2-14) 的第二项为：

$$\int_V [B]^T d\{\sigma\} dV = \int_V ([B_0]^T + [B_L]^T)[D]([B_0] + [B_L]) dV d\{\delta\}$$

$$= (\int_V [B_0]^T [D][B_0] dV + \int_V [B_0]^T [D][B_L] dV +$$

$$\int_V [B_L]^T [D][B_0] dV + \int_V [B_L]^T [D][B_L] dV) d\{\delta\} \tag{6-2-19}$$

记：

$$[K_0] = \int_V [B_0]^T [D][B_0] dV \tag{6-2-20}$$

$$[K_L] = \int_V [B_0]^T [D][B_L] dV + \int_V [B_L]^T [D][B_0] dV + \int_V [B_L]^T [D][B_L] dV \tag{6-2-21}$$

式 (6-2-14) 最终表达式为：

$$([K_0] + [K_L] + [K_\sigma]) d\{\delta\} = [K_T] d\{\delta\} = d\{f\} \tag{6-2-22}$$

这就是增量形式 T.L 列式的单元平衡方程。

式中：$[K_T]$ ——单元切线刚度矩阵；

$[K_0]$ ——单元弹性刚度矩阵；

$[K_L]$ ——单元大位移刚度矩阵；

$[K_\sigma]$ ——单元初应力刚度矩阵。

压应力使切线刚度减小，拉应力使切线刚度增大。

引入节点内力平衡及位移协调条件,有:
$$[K_T]d\{\Delta\} = d\{P\} \tag{6-2-23}$$
称为总体刚度方程。

实际计算中不可能取微量荷载,而是取一增量,因而按(6-2-23)式需迭代求解。

2. 平面桁架单元的切线刚度矩阵

如图 6-2-3 所示桁架单元 ij,在外力作用下发生了位移,求杆端位移与杆端力之间的关系。

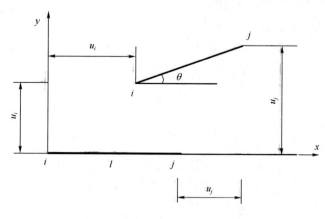

图 6-2-3 桁架单元的位移和应变

杆的轴向位移引起的应变 ε_1:
$$\varepsilon_1 = \frac{du}{dx}$$

杆的横向位移引起的附加应变 ε_2:
$$\varepsilon_2 = \frac{d\Delta}{dx} = \frac{\sqrt{dx^2+dy^2}-dx}{dx} = \sqrt{1+\left(\frac{dy}{dx}\right)^2}-1 \approx \frac{1}{2}(y')^2 = \frac{1}{2}\left(\frac{dv}{dx}\right)^2$$

总应变 ε:
$$\varepsilon = \frac{du}{dx} + \frac{1}{2}\left(\frac{dv}{dx}\right)^2 \tag{6-2-24}$$

设定杆内任意点的位移形函数,因 $\{\delta\} = \{u_i, v_i, u_j, v_j\}^T$ 共四个边界条件,故设定四个待定值形函数:
$$u = a_0 + a_1 x$$
$$v = b_0 + b_1 x$$

将边界条件:$x=0$;$u=u_i$;$v=v_i$;$x=l$;$u=u_j$;$v=v_j$ 代入,整理后得:
$$\begin{Bmatrix} u \\ v \end{Bmatrix} = \begin{bmatrix} 1-\dfrac{x}{l} & 0 & \dfrac{x}{l} & 0 \\ 0 & 1-\dfrac{x}{l} & 0 & \dfrac{x}{l} \end{bmatrix} \begin{Bmatrix} u_i \\ v_i \\ u_j \\ v_j \end{Bmatrix} \tag{6-2-25}$$

即:
$$\begin{Bmatrix} u \\ v \end{Bmatrix} = [N]\{\delta\} \tag{6-2-26}$$

式中：$[N] = \begin{bmatrix} 1-\dfrac{x}{l} & 0 & \dfrac{x}{l} & 0 \\ 0 & 1-\dfrac{x}{l} & 0 & \dfrac{x}{l} \end{bmatrix}$

将式 (6-2-26) 代入式 (6-2-24)：

$$\varepsilon = \left\{-\frac{1}{l} \quad 0 \quad \frac{1}{l} \quad 0\right\}\{\delta\} + \frac{1}{2}\left(\left\{0 \quad -\frac{1}{l} \quad 0 \quad \frac{1}{l}\right\}\{\delta\}\right)^2 \tag{6-2-27}$$

$$\mathrm{d}\varepsilon = \left\{-\frac{1}{l} \quad 0 \quad \frac{1}{l} \quad 0\right\}\mathrm{d}\{\delta\} + \left\{0 \quad -\frac{1}{l} \quad 0 \quad \frac{1}{l}\right\}\{\delta\}\left\{0 \quad -\frac{1}{l} \quad 0 \quad \frac{1}{l}\right\}\mathrm{d}\{\delta\} \tag{6-2-28}$$

$$= ([B_0] + [B_L])\mathrm{d}\{\delta\}$$

其中：

$$[B_0] = \left\{-\frac{1}{l} \quad 0 \quad \frac{1}{l} \quad 0\right\} \tag{6-2-29}$$

而：

$$\left\{0 \quad -\frac{1}{l} \quad 0 \quad \frac{1}{l}\right\}\{\delta\} = \frac{1}{l}(v_j - v_i) = \theta$$

故：

$$[B_L] = \theta\left\{0 \quad -\frac{1}{l} \quad 0 \quad \frac{1}{l}\right\} \tag{6-2-30}$$

$$[K_0] = \int[B_0]^T[D][B_0]\mathrm{d}V = \int\left\{\begin{array}{c}-\dfrac{1}{l} \\ 0 \\ \dfrac{1}{l} \\ 0\end{array}\right\}E\left\{-\frac{1}{l} \quad 0 \quad \frac{1}{l} \quad 0\right\}l\mathrm{d}A$$

$$= \frac{EA}{l}\begin{bmatrix} 1 & 0 & -1 & 0 \\ 0 & 0 & 0 & 0 \\ -1 & 0 & 1 & 0 \\ 0 & 0 & 0 & 0 \end{bmatrix} \tag{6-2-31}$$

同理得到：

$$[K_L] = \frac{EA}{l}\begin{bmatrix} 0 & \theta & 0 & -\theta \\ \theta & \theta^2 & -\theta & -\theta^2 \\ 0 & -\theta & 0 & \theta \\ -\theta & -\theta^2 & \theta & \theta^2 \end{bmatrix} \tag{6-2-32}$$

由式 (6-2-30)：

$$[B_L]^T = \left\{\begin{array}{c}0 \\ -\dfrac{1}{l} \\ 0 \\ \dfrac{1}{l}\end{array}\right\}\frac{1}{l}(v_j - v_i) = \frac{1}{l^2}\begin{bmatrix} 0 & 0 & 0 & 0 \\ 0 & 1 & 0 & -1 \\ 0 & 0 & 0 & 0 \\ 0 & -1 & 0 & 1 \end{bmatrix}\left\{\begin{array}{c}u_i \\ v_i \\ u_j \\ v_j\end{array}\right\} \tag{6-2-33}$$

将式 (6-2-33) 代入式 (6-2-15)：

$$\int_V \{\sigma\}\mathrm{d}V = Nl$$

$$\int_V d[B_L]^T \{\sigma\} dV = \frac{N}{l} \begin{bmatrix} 0 & 0 & 0 & 0 \\ 0 & 1 & 0 & -1 \\ 0 & 0 & 0 & 0 \\ 0 & -1 & 0 & 1 \end{bmatrix} d\{\delta\} \tag{6-2-34}$$

即：

$$[K_\sigma] = \frac{N}{l} \begin{bmatrix} 0 & 0 & 0 & 0 \\ 0 & 1 & 0 & -1 \\ 0 & 0 & 0 & 0 \\ 0 & -1 & 0 & 1 \end{bmatrix} \tag{6-2-35}$$

总的切线刚度矩阵为（T.L 列式）：

$$[K_T] = [K_0] + [K_L] + [K_\sigma] \tag{6-2-36}$$

对于 U.L 列式，无 $[K_L]$ 项：

$$[K_T]_t = [K_0]_t + [K_\sigma]_t$$

证明 U.L 列式与 T.L 列式的等价性：

对于 T.L 列式法，坐标不流动，ij 杆的局部坐标固定在 x_0，y_0，而 U.L 法中，单元 ij 的局部坐标是建立在变形后的位置上的，见图 6-2-4。

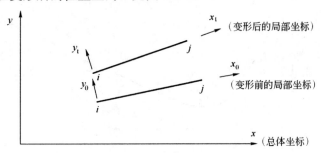

图 6-2-4　不同局部坐标下桁架单元位移的描述

现将 U.L 列式中的 ij 的局部坐标 x_t，y_t 变换到 T.L 中的变形前坐标 x_0，y_0，注意到 θ 很小，$\cos\theta=1$，$\sin\theta=\theta$。变换矩阵为：

$$[T] = \begin{pmatrix} \cos\theta & \sin\theta & 0 & 0 \\ -\sin\theta & \cos\theta & 0 & 0 \\ 0 & 0 & \cos\theta & \sin\theta \\ 0 & 0 & -\sin\theta & \cos\theta \end{pmatrix} \approx \begin{bmatrix} 1 & \theta & 0 & 0 \\ -\theta & 1 & 0 & 0 \\ 0 & 0 & 1 & \theta \\ 0 & 0 & -\theta & 1 \end{bmatrix} \tag{6-2-37}$$

$$[T]^T \cdot [K_0]_t \cdot [T] = \frac{EA}{l} \begin{pmatrix} 1 & \theta & -1 & -\theta \\ \theta & \theta^2 & -\theta & -\theta^2 \\ -1 & -\theta & 1 & \theta \\ -\theta & -\theta^2 & \theta & \theta^2 \end{pmatrix}$$

$$= \frac{EA}{l} \begin{pmatrix} 1 & 0 & -1 & 0 \\ 0 & 0 & 0 & 0 \\ -1 & 0 & 1 & 0 \\ 0 & 0 & 0 & 0 \end{pmatrix} + \frac{EA}{l} \begin{pmatrix} 0 & \theta & 0 & -\theta \\ \theta & \theta^2 & -\theta & -\theta^2 \\ 0 & -\theta & 0 & \theta \\ -\theta & -\theta^2 & \theta & \theta^2 \end{pmatrix}$$

$$= [K_0] + [K_L] \tag{6-2-38}$$

这就表明 T.L 与 U.L 等价。

3. 平面柔索单元的切线刚度矩阵

基本假定：

①柔性索只能承受拉力（$EI=0$）。

②索的荷载集度沿索长均布（向下为正）。

③索材料符合虎克定律。

在增量荷载作用下，柔性索的平衡方程为：

$$[K_T]\{\Delta\delta\} = \{\Delta F\} \tag{6-2-39}$$

$$\{\Delta\delta\} = \{\Delta u_i, \Delta v_i, \Delta u_j, \Delta v_j\}^T \tag{6-2-40}$$

$$\{\Delta F\} = \{\Delta H_i, \Delta V_i, \Delta H_j, \Delta V_j\}^T \tag{6-2-41}$$

式中：$[K_T]$——切线刚度矩阵，待求。

图 6-2-5 中变量之间有如下关系：

$$\left.\begin{array}{l} l = x_j - x_i, h = y_j - y_i \\ H = H_j = -H_i \\ V_i + V_j = S_0 q \\ T_i = \sqrt{H^2 + V_i^2}, T_j = \sqrt{H^2 + V_j^2} \end{array}\right\} \tag{6-2-42}$$

图 6-2-5 柔索单元的受力状态

下面推导力与几何变量之间的关系：

考察从 i 点开始的一段无应力索长为 s_0 的脱离体，见图 6-2-6。

由平衡条件：

$$\left.\begin{array}{l} \sum X = 0: T\dfrac{dx}{ds} = H \\ \sum Y = 0: T\dfrac{dy}{ds} = s_0 q - V_i \end{array}\right\} \tag{6-2-43}$$

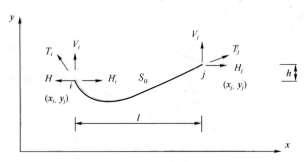

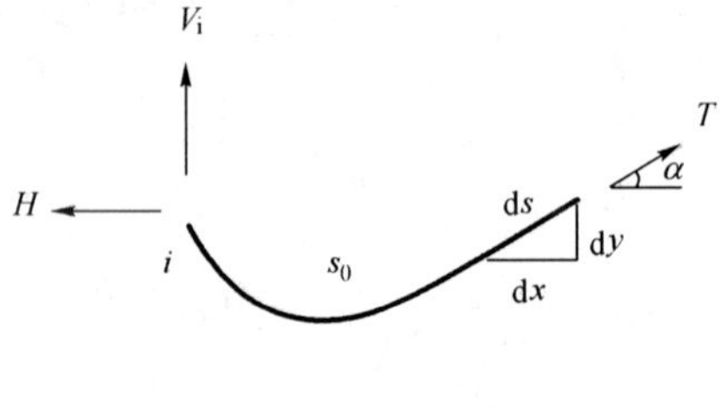

图 6-2-6 脱离体的平衡

因 $\left(\dfrac{dx}{ds}\right)^2 + \left(\dfrac{dy}{ds}\right)^2 = 1$，有：

$$T = \sqrt{H^2 + (s_0 q - V_i)^2} \tag{6-2-44}$$

由虎克定律：

$$\frac{ds}{ds_0} = \frac{ds_0 + \Delta ds_0}{ds_0} = 1 + \frac{T}{EA} \tag{6-2-45}$$

$$\frac{dx}{ds_0} = \frac{dx}{ds} \cdot \frac{ds}{ds_0} = \frac{H}{T} \cdot \left(1 + \frac{T}{EA}\right) = \frac{H}{EA} + \frac{H}{\sqrt{H^2 + (s_0 q - V_i)^2}} \tag{6-2-46}$$

对上式积分：

$$x(s_0) = \frac{Hs_0}{EA} + \frac{H}{q}\ln(s_0 q - V_i + \sqrt{H^2 + (s_0 q - V_i)^2}) + C \tag{6-2-47}$$

引入边界条件：$x(0) = x_i$，得：

$$C = -\frac{H}{q}\ln(-V_i + \sqrt{H^2 + V_i^2}) + x_i，故：$$

$$x(s_0) = \frac{Hs_0}{EA} + \frac{H}{q}\ln\left(\frac{s_0 q - V_i + \sqrt{H^2 + (s_0 q - V_i)^2}}{T_i - V_i}\right) + x_i \tag{6-2-48}$$

在索的右端，有：

$$x(S_0) = \frac{HS_0}{EA} + \frac{H}{q}\ln\left(\frac{V_j + T_j}{T_i - V_i}\right) + x_i \tag{6-2-49}$$

同理有：

$$y(s_0) = \frac{(s_0 q - V_i)^2 - V_i^2}{2EAq} + \frac{\sqrt{H^2 + (s_0 q - V_i)^2} - T_i}{q} + y_i \tag{6-2-50}$$

在索的右端有：

$$y(S_0) = \frac{V_j^2 - V_i^2}{2EAq} + \frac{T_j - T_i}{q} + y_i \tag{6-2-51}$$

于是：

$$\left.\begin{array}{l} l = x(S_0) - x(0) = -H_i\left(\dfrac{S_0}{EA} + \dfrac{1}{q}\ln\dfrac{V_j + T_j}{T_i - V_i}\right) \\[2mm] h = y(S_0) - y(0) = \dfrac{1}{2EAq}(V_j^2 - V_i^2) + \dfrac{T_j - T_i}{q} \end{array}\right\} \tag{6-2-52}$$

由式（6-2-42）和式（6-2-43）知道，当 q、S_0、EA 一定时，l、h 仅是独立变量 H_i、V_i 的函数，对式（6-2-52）取全微分，有：

$$\left.\begin{array}{l} \Delta l = \dfrac{\partial l}{\partial H_i} \cdot \Delta H_i + \dfrac{\partial l}{\partial V_i} \cdot \Delta V_i = A_1 \Delta H_i + A_2 \Delta V_i \\[2mm] \Delta h = \dfrac{\partial h}{\partial H_i} \cdot \Delta H_i + \dfrac{\partial h}{\partial V_i} \cdot \Delta V_i = B_1 \Delta H_i + B_2 \Delta V_i \end{array}\right\} \tag{6-2-53}$$

式中：

$$A_1 = \frac{\partial l}{\partial H_i} = -\left(\frac{S_0}{EA} + \frac{1}{q}\ln\frac{T_j + V_j}{T_i - V_i}\right) - \frac{H_i^2}{q}\left[\frac{1}{T_j(T_j + V_j)} - \frac{1}{T_i(T_i - V_i)}\right]$$

$$A_2 = B_1 = \frac{H_i}{q}\left(\frac{1}{T_j} - \frac{1}{T_i}\right)$$

$$B_2 = -\frac{S_0}{EA} - \frac{1}{q}\left(\frac{V_j}{T_j} + \frac{V_i}{T_i}\right)$$

而：

$$\Delta l = \Delta u_j - \Delta u_i$$

$$\Delta h = \Delta v_j - \Delta v_i$$

令 $C=A_1B_2-A_2B_1$，由式（6-2-53）可得：

$$\left.\begin{aligned}\Delta H_i &= \frac{B_2}{C}\Delta l - \frac{A_2}{C}\Delta h = \frac{B_2}{C}(\Delta u_j - \Delta u_i) - \frac{A_2}{C}(\Delta v_j - \Delta v_i) \\ \Delta V_i &= -\frac{B_1}{C}\Delta l + \frac{A_1}{C}\Delta h = -\frac{B_1}{C}(\Delta u_j - \Delta u_i) + \frac{A_1}{C}(\Delta v_j - \Delta v_i)\end{aligned}\right\} \quad (6\text{-}2\text{-}54\text{a})$$

由式（6-2-42）：
$\Delta H_j = -\Delta H_i$，$\Delta V_j = -\Delta V_i$，因而有：

$$\left.\begin{aligned}\Delta H_j &= -\frac{B_2}{C}(\Delta u_j - \Delta u_i) + \frac{A_2}{C}(\Delta v_j - \Delta v_i) \\ \Delta V_j &= \frac{B_1}{C}(\Delta u_j - \Delta u_i) - \frac{A_1}{C}(\Delta v_j - \Delta v_i)\end{aligned}\right\} \quad (6\text{-}2\text{-}54\text{b})$$

$$\begin{bmatrix} K_{11} & & & \\ K_{21} & K_{22} & \text{对称} & \\ K_{31} & K_{32} & K_{33} & \\ K_{41} & K_{42} & K_{43} & K_{44} \end{bmatrix} \begin{Bmatrix} \Delta u_i \\ \Delta v_i \\ \Delta u_j \\ \Delta v_j \end{Bmatrix} = \begin{Bmatrix} \Delta H_i \\ \Delta V_i \\ \Delta H_j \\ \Delta V_j \end{Bmatrix} \quad (6\text{-}2\text{-}55)$$

式中：$K_{11} = K_{33} = -K_{31} = -\dfrac{B_2}{C}$

$K_{21} = -K_{41} = K_{43} = -K_{32} = \dfrac{A_2}{C}$

$K_{22} = -K_{42} = K_{44} = -\dfrac{A_1}{C}$

在已知 l、h、q、EA、S_0 的情况下，可通过迭代求得索端力和切线刚度矩阵。

迭代求解步骤：

先初估一个 H_i、V_i，代入式（6-2-52），求得 l_0、h_0。

误差为：

$$\left.\begin{aligned} e_x &= l_0 - l \\ e_y &= h_0 - h \end{aligned}\right\} \quad (6\text{-}2\text{-}56)$$

下一次迭代希望通过 Δl 和 Δh 的修正，使误差趋于 0，即：

$$\left.\begin{aligned} \Delta l + e_x &= 0 \\ \Delta h + e_y &= 0 \end{aligned}\right\} \quad (6\text{-}2\text{-}57)$$

将式（6-2-57）代入式（6-2-54a），得：

$$\left.\begin{aligned} \Delta H_i &= \frac{e_y A_2 - e_x B_2}{C} \\ \Delta V_i &= \frac{e_x B_1 - e_y A_1}{C} \end{aligned}\right\} \quad (6\text{-}2\text{-}58)$$

迭代框图如图 6-2-7 所示。

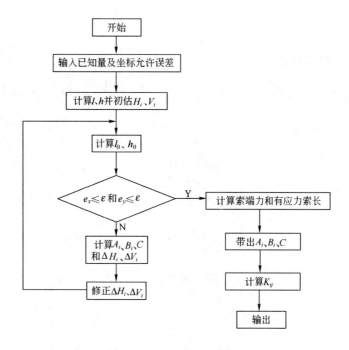

图 6-2-7　柔索索端力和切线刚度求解的迭代框图

需要指出的是，Ernst 修正弹性模量法是一种近似方法，在小位移、高应力条件下具有较高精度，但在大位移和应力不高的情况下，不可用 Ernst 法，而只能用柔索切线刚度法。

4. 平面梁单元的切线刚度矩阵

梁单元的受力模式见图 6-2-8。

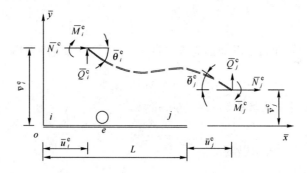

图 6-2-8　梁单元的受力模式

增量荷载作用下梁单元的平衡方程为：

$$[K_\mathrm{T}]\{\Delta\delta\} = \{\Delta F\}$$

$$\{\Delta\delta\} = \{\Delta u_i, \Delta v_i, \Delta\theta_i, \Delta u_j, \Delta v_j, \Delta\theta_j\}^\mathrm{T}$$

$$\{\Delta F\} = \{\Delta N_i, \Delta Q_i, \Delta M_i, \Delta N_j, \Delta Q_j, \Delta M_j\}^\mathrm{T}$$

假定梁内的位移模式为：

$$\left.\begin{array}{l} u = a_0 + a_1 x \\ v = b_0 + b_1 x + b_2 x^2 + b_3 x^3 \end{array}\right\}$$

由平截面假定和截面周边不变形假定，梁的应变—位移关系为：

$$\varepsilon = \frac{\partial u}{\partial x} - y\frac{\partial^2 v}{\partial x^2} + \frac{1}{2}\left[\left(\frac{\partial u}{\partial x}\right)^2 + \left(\frac{\partial v}{\partial x}\right)^2\right]$$

导得的单元刚度矩阵如下：

$$[K_0] = \begin{bmatrix} \frac{EA}{l} & 0 & 0 & -\frac{EA}{l} & 0 & 0 \\ 0 & \frac{12EI}{l^3} & -\frac{6EI}{l^2} & 0 & -\frac{12EI}{l^3} & -\frac{6EI}{l^2} \\ 0 & -\frac{6EI}{l^2} & \frac{4EI}{l} & 0 & \frac{6EI}{l^2} & \frac{2EI}{l} \\ -\frac{EA}{l} & 0 & 0 & \frac{EA}{l} & 0 & 0 \\ 0 & -\frac{12EI}{l^3} & \frac{6EI}{l^2} & 0 & \frac{12EI}{l^3} & \frac{6EI}{l^2} \\ 0 & -\frac{6EI}{l^2} & \frac{2EI}{l} & 0 & \frac{6EI}{l^2} & \frac{4EI}{l} \end{bmatrix}$$

$$[K_\sigma] = N\begin{bmatrix} 0 & & & & & \\ 0 & \frac{6}{5l} & & & 对称 & \\ 0 & -\frac{1}{10} & \frac{2l}{15} & & & \\ 0 & 0 & 0 & 0 & & \\ 0 & -\frac{6}{5l} & \frac{1}{10} & 0 & \frac{6}{5l} & \\ 0 & -\frac{1}{10} & -\frac{l}{30} & 0 & \frac{1}{10} & \frac{2l}{15} \end{bmatrix}$$

式中：N——t 时刻的轴向力，以受拉为正，U.L 列式下的切线刚度矩阵：

$$[K_T] = [K_0] + [K_\sigma]$$

5. 梁单元有限位移理论精确解——Saafan 理论

(1) 基本假定

①全部应力都在比例极限以内。

②各杆件均为等截面。

③结构材料服从虎克定律。

④平面外屈曲是完全避免的。

⑤荷载集中作用于节点上。

(2) 非线性分析

①梁单元的二次效应

如图 6-2-9a)、b) 所示，设在结构坐标系中，有梁单元 1-2，在未变形时与 X 轴夹角为 α_0，单元无应力长度为 L_0，变形后单元两节点连线长度为 L，轴力 N 作用在节点连线方向上，并且与节点两端弯矩 M_1、M_2 及剪力 Q_1、Q_2 一起使单元在变形后保持平衡，φ 为节点连线与变形前单元轴线的夹角，θ_1、θ_2 为单元变形后两端的切线方向与变形前单元轴线方向的夹角。

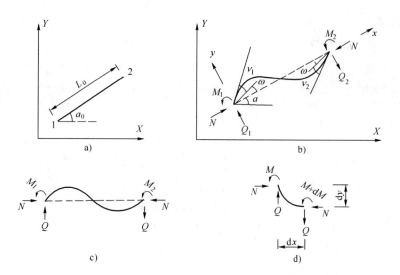

图 6-2-9 梁单元受力图

a) 梁单元的初始位置；b) 梁单元变形后的平衡关系；c) 梁单元杆端力；d) 梁单元微段

当轴力为压力时，取单元的微段（图 6-2-9c）、d)) 有：

$$dM = -Qdx + Ndy \tag{6-2-59}$$

当轴力为拉力时，上式相应为：

$$dM = -Qdx - Ndy \tag{6-2-60}$$

对式（6-2-60）两边微分得：

$$\frac{d^2M}{dx^2} = -N\frac{d^2y}{dx^2} \tag{6-2-61}$$

又因 $M = -EI\frac{d^2y}{dx^2}$，则：

$$\frac{d^4y}{dx^4} - \frac{N}{EI}\frac{d^2y}{dx^2} = 0 \tag{6-2-62}$$

上式为常系数四阶微分方程，解得：

$$y = A\text{sh}\left(\frac{2\omega}{L}x\right) + B\text{ch}\left(\frac{2\omega}{L}x\right) + Cx + D \tag{6-2-63}$$

式中：$\omega = \frac{L}{2}\sqrt{\frac{N}{EI}}$；常数 A、B、C、D 可由边界条件确定。边界条件有：

当 $x=0$ 时：$y=0$； $M=M_1$； $y'=\theta_1+\varphi$；

当 $x=L$ 时：$y=0$； $M=-M_2$； $y'=\theta_2+\varphi$。

结合以上边界条件，根据式（6-2-63）可解得各系数为：

$$\left. \begin{aligned} A &= \frac{\text{ch}(2\omega)L^2}{4\omega^2 EI\,\text{sh}2\omega}M_1 + \frac{L^2}{4\omega^2 EI\,\text{sh}2\omega}M_2 \\ B &= -\frac{L^2}{4\omega^2 EI}M_1 \\ C &= -\frac{L}{4\omega^2 EI}M_1 - \frac{L}{4\omega^2 EI}M_2 \\ D &= \frac{L^2}{4\omega^2 EI}M_1 \end{aligned} \right\} \tag{6-2-64}$$

最后可求得：

$$\left.\begin{aligned} M_1 &= s \cdot k \cdot (\theta_1 + \varphi) + s \cdot c \cdot k(\theta_2 + \varphi) \\ M_2 &= s \cdot c \cdot k \cdot (\theta_1 + \varphi) + s \cdot k(\theta_2 + \varphi) \end{aligned}\right\} \quad (6\text{-}2\text{-}65)$$

式中：$s = \dfrac{\omega\,(2\omega\mathrm{ch}2\omega - \mathrm{sh}2\omega)}{1 - \mathrm{ch}2\omega + \omega\mathrm{sh}2\omega}$；$c = \dfrac{\mathrm{sh}2\omega - 2\omega}{2\omega\mathrm{ch}2\omega - \mathrm{sh}2\omega}$；$k = \dfrac{EI}{L}$；$\omega = \dfrac{L}{2}\sqrt{\dfrac{N}{EI}}$。

上式中当 N 为压力时，s、c、ω 分别是：

$$s = \frac{\omega(1 - 2\omega\cot 2\omega)}{\tan\omega - \omega}; \quad c = \frac{\sin 2\omega - 2\omega}{2\omega\cos 2\omega - \sin 2\omega}; \quad \omega = \frac{L}{2}\sqrt{\frac{-N}{EI}} \quad (6\text{-}2\text{-}66)$$

因此，不管轴向力是拉力或者是压力，均有：

$$\left.\begin{aligned} M_1 &= s \cdot k \cdot (\theta_1 + \varphi) + s \cdot c \cdot k(\theta_2 + \varphi) \\ M_2 &= s \cdot c \cdot k \cdot (\theta_1 + \varphi) + s \cdot k(\theta_2 + \varphi) \\ QL &= -M_1 - M_2 = -s(1+c)k(\theta_1 + \theta_2 + 2\varphi) \\ N &= \frac{EA}{L_0}(L - L_0) \end{aligned}\right\} \quad (6\text{-}2\text{-}67)$$

② 单元切线刚度矩阵

将式（6-2-67）改写成结构坐标下杆端力的表达式，得：

$$\left.\begin{aligned} N_1 &= N\cos\alpha - Q\sin\alpha \\ Q_1 &= N\sin\alpha + Q\cos\alpha \\ M_1 &= s \cdot k(\theta_1 + \varphi) + s \cdot c \cdot k(\theta_2 + \varphi) \\ N_2 &= -N\cos\alpha + Q\sin\alpha \\ Q_2 &= -N\sin\alpha - Q\cos\alpha \\ M_2 &= s \cdot c \cdot k(\theta_1 + \varphi) + s \cdot k(\theta_2 + \varphi) \end{aligned}\right\} \quad (6\text{-}2\text{-}68)$$

在单元变形状态下，若外荷载有一微小变化量，则对应的位移亦有微小的变化量，从而引起杆端力发生微小变化。设杆端力增量（变化量）及位移增量（变化量）分别为：

$$\left.\begin{aligned} \{dF\} &= \{dN_1 \quad dQ_1 \quad dM_1 \quad dN_2 \quad dQ_2 \quad dM_2\}^T \\ \{d\delta\} &= \{du_1 \quad dv_1 \quad d\theta_1 \quad du_2 \quad dv_2 \quad d\theta_2\}^T \end{aligned}\right\} \quad (6\text{-}2\text{-}69)$$

根据几何与微分关系有：

$$\left.\begin{aligned} Ld\varphi &= (dv_1 - dv_2)\cos\alpha - (du_1 - du_2)\sin\alpha \\ dL &= (dv_1 - dv_2)\sin\alpha + (du_1 - du_2)\cos\alpha \end{aligned}\right\} \quad (6\text{-}2\text{-}70)$$

内力变化为：

$$\left.\begin{aligned} dN &= \frac{EA}{L_0}dL \\ dQL &= -s(1+c)k(d\theta_1 + d\theta_2 + 2d\varphi) - QdL \end{aligned}\right\} \quad (6\text{-}2\text{-}71)$$

杆端力变化为：

$$\left.\begin{aligned} dN_1 &= dN\cos\alpha - dQ\sin\alpha \\ dQ_1 &= dN\sin\alpha + dQ\cos\alpha \\ dM_1 &= s \cdot k(d\theta_1 + d\varphi) + s \cdot c \cdot k(d\theta_2 + d\varphi) \\ dN_2 &= -dN\cos\alpha + dQ\sin\alpha \\ dQ_2 &= -dN\sin\alpha - dQ\cos\alpha \\ dM_2 &= s \cdot c \cdot k(d\theta_1 + d\varphi) + s \cdot k(d\theta_2 + d\varphi) \end{aligned}\right\} \quad (6\text{-}2\text{-}72)$$

将式（6-2-70）、式（6-2-71）代入式（6-2-72），并整理写成如下的矩阵形式：

$$\{dF\} = \begin{Bmatrix} dN_1 \\ dQ_1 \\ dM_1 \\ dN_2 \\ dQ_2 \\ dM_2 \end{Bmatrix} = \begin{bmatrix} k_1 & k_3 & k_5 & -k_1 & -k_3 & k_5 \\ k_3 & k_2 & k_4 & -k_3 & -k_2 & k_4 \\ k_5 & k_4 & k_6 & -k_5 & -k_4 & k_7 \\ -k_1 & -k_3 & -k_5 & k_1 & k_3 & -k_5 \\ -k_3 & -k_2 & -k_4 & k_3 & k_2 & -k_4 \\ k_5 & k_4 & k_7 & -k_5 & -k_4 & k_6 \end{bmatrix} \begin{Bmatrix} du_1 \\ dv_1 \\ d\theta_1 \\ du_2 \\ dv_2 \\ d\theta_2 \end{Bmatrix} = [K_T^e]\{d\delta\} \quad (6-2-73)$$

式中：$k_1 = \dfrac{EA}{L_0}\left(\cos^2\alpha + \dfrac{\Delta L}{L}\sin^2\alpha\right) + s(1+c)\dfrac{k}{L^2}[2\sin^2\alpha + (\theta_1 + \theta_2 + 2\varphi)\sin2\alpha]$；

$k_2 = \dfrac{EA}{L_0}\left(\sin^2\alpha + \dfrac{\Delta L}{L}\cos^2\alpha\right) + s(1+c)\dfrac{k}{L^2}[2\cos^2\alpha - (\theta_1 + \theta_2 + 2\varphi)\sin2\alpha]$；

$k_3 = \dfrac{EA}{L_0}\left(1 - \dfrac{\Delta L}{L}\right)\sin\alpha\cos\alpha - s(1+c)\dfrac{k}{L^2}[2\sin2\alpha + (\theta_1 + \theta_2 + 2\varphi)\cos2\alpha]$；

$k_4 = s(1+c)\dfrac{k}{L}\cos\alpha$；

$k_5 = -s(1+c)\dfrac{k}{L}\sin\alpha$；

$k_6 = s \cdot k$；

$k_7 = s \cdot c \cdot k$；

$\Delta L = L - L_0$；

$k = EI/L$。

式（6-2-73）表示的就是杆端力增量与位移增量的关系，其中[K_T^e]即为考虑结构大位移的单元在结构坐标系下的单元切线刚度矩阵。以上称之为 Saafan 理论，可见 Saafan 理论全面地考虑了轴力、大位移，并用函数和来表达轴力—弯矩相互作用等因素引起的非线性效应。

6. 自重挠度引起的非线性效应

当缆索单元较长时，应考虑自重挠度引起的非线性效应，用 Ernst 公式对弹性模量进行修正：

$$E_{eq} = \frac{E}{1 + \dfrac{EAq^2 l_h^2}{12N^3}}$$

式中：E_{eq}——等效弹性模量；

q——单元每延米的恒载值；

l_h——单元水平投影长度。

7. 非线性方程组的解法

由节点力平衡条件和节点位移协调条件，将单元刚度方程组合成结构的总体刚度方程，引入边界条件后得到：

$$[K(\Delta)]\{\Delta\} = \{P\} \quad (6-2-74)$$

$$[K(\Delta)]\{d\Delta\} = \{dP\} \quad (6-2-75)$$

用 Newton-Raphson（牛顿—拉芙逊）迭代法求解式（6-2-74）的非线性方程，由于悬索桥的恒载只作用于缆索体系，而汽车荷载又作用于全桥体系，因而恒载内力和位移用"索的计算"方法进行计算，并以恒载状态为初始状态进行汽车荷载的非有限元迭代计算，考虑到悬索桥是柔性结构，随着汽车荷载作用下结构坐标的改变，恒载和初始内力的作用位置和方向也发生了改变，初始状态的平衡已被打破，因而，在汽车荷载非线性迭代计算中，恒载也应参与不平衡力的计算，见图 6-2-10。

①以恒载几何状态为初始状态，计算 $\Delta=0$ 时的切线刚度矩阵 $K_T\{0\}$，$\{P\}$ 为汽车荷载外力矢量，令 $K(\Delta)=K_T(0)$，代入式 (6-2-74)，求得 $\{\Delta_0\}$。

②将 $\{\Delta_0\}$ 加在结构的节点坐标上，以 $\{\Delta\}=\{\Delta_0\}$ 进行下面的计算。

③重新计算切线刚度 $K_T\{\Delta\}$。

④计算不平衡力 k_1，先计算变形后的各单元在本身拖动坐标下的杆端力（包括恒载引起的内力），再将它们变换为整体结构拖动坐标下的杆端力 $\{F_e\}$，并组合得到整体结构节点内力 $\{\sum F\}$，然后按下式计算不平衡力 R_1。

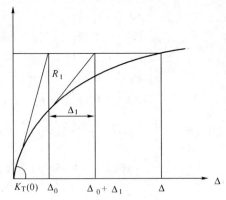

图 6-2-10 非线性方程迭代示意图

$$\{R_1\}=\{P\}+\{W\}-\{\sum F\}$$

⑤令 $\{P\}=\{R_1\}$，$K(\Delta)=K_T\{\Delta\}$ 代入式 (6-2-75) 解出 $\{\Delta_1\}$。

⑥将 $\{\Delta_1\}$ 加在结构节点坐标上，以 $\{\Delta\}=\{\Delta_0\}+\{\Delta_1\}$ 得到新的 $\{\Delta\}$。

⑦重复上述（3）~（6）的步骤，直至收敛，最后得到的位移矢量为：

$$\{\Delta\}=\{\Delta_0\}+\{\Delta_1\}+\{\Delta_2\}+\cdots+\{\Delta_m\}$$

⑧用最终得到的 $\{\Delta\}$ 值和坐标值计算各单元在自身拖动坐标下的杆端力。

第四节 悬索桥主缆系统计算

一、主缆线形解析计算理论

1. 基本假设

现代大跨度悬索桥的主缆一般由钢丝集束而成，相对抗弯刚度很小，基本上可作为完全柔性索来处理。为了建立悬索桥主缆的计算方法，通常作下述三条基本假设：

①索是理想柔性的，既不能受压也不能受弯。索曲线有转折的地方，只要转折的曲率半径足够大，局部弯曲也可不计。

②索的材料符合虎克定律。用于悬索桥的高强平行钢丝索在正常使用范围内，应力与应变呈线性关系。

③悬索桥主缆横截面积在外荷载作用下变化量十分微小，可忽略这种变化的影响。

如图 6-2-11 表示受 X、Y 两个方向任意均布荷载的一根悬索。根据第一条假定，索的张力 T 只能沿索的切线方向作用。由微分单元的静力平衡条件得：

$$\left.\begin{array}{l}\sum X=0,\ \dfrac{\mathrm{d}H}{\mathrm{d}y}\mathrm{d}y+q_x\mathrm{d}y=0\\[2mm]\sum Y=0,\ \dfrac{\mathrm{d}}{\mathrm{d}x}\left(H\dfrac{\mathrm{d}y}{\mathrm{d}x}\right)\mathrm{d}x-q_y\mathrm{d}x=0\end{array}\right\} \quad (6\text{-}2\text{-}76)$$

由式 (6-2-76) 中的后一方程得：

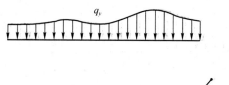
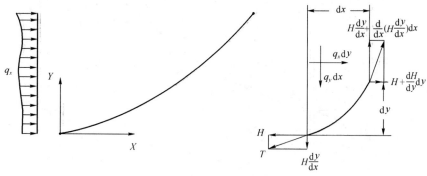

图 6-2-11 索段微分单元

$$\frac{\mathrm{d}}{\mathrm{d}x}\left(H\frac{\mathrm{d}y}{\mathrm{d}x}\right)-q_y=0 \tag{6-2-77}$$

式（6-2-76）和式（6-2-77）为索的基本平衡微分方程。在悬索桥的主缆线形计算中，一般索段的水平分布荷载 $q_x=0$，则根据式（6-2-76）得出张力的水平分量 H 为常量，因而式（6-2-77）又可以写成：

$$H\frac{\mathrm{d}^2 y}{\mathrm{d}x^2}-q_y=0 \tag{6-2-78}$$

如果 q 沿任意曲线 p 分布，则：

$$q_y\mathrm{d}x=q\mathrm{d}p,\mathrm{d}p=\sqrt{\mathrm{d}x^2+\mathrm{d}y^2} \tag{6-2-79}$$

其中竖向荷载 q_y 为沿跨度分布的荷载，由式（6-2-79）得：

$$q_y=\frac{q\mathrm{d}p}{\mathrm{d}x}=q\sqrt{1+\left(\frac{\mathrm{d}y}{\mathrm{d}x}\right)^2} \tag{6-2-80}$$

将 $\sqrt{1+\left(\frac{\mathrm{d}y}{\mathrm{d}x}\right)^2}$ 按级数展开得：

$$\sqrt{1+\left(\frac{\mathrm{d}y}{\mathrm{d}x}\right)^2}=1+\frac{1}{2}\left(\frac{\mathrm{d}y}{\mathrm{d}x}\right)^2-\frac{1}{8}\left(\frac{\mathrm{d}y}{\mathrm{d}x}\right)^4+\frac{1}{16}\left(\frac{\mathrm{d}y}{\mathrm{d}x}\right)^6-\frac{5}{128}\left(\frac{\mathrm{d}y}{\mathrm{d}x}\right)^8+\cdots \tag{6-2-81}$$

如果荷载分布曲线 p 与索曲线重合，即荷载沿索曲线分布时，则索曲线为悬链线；如果 $q=0$，则索曲线为直线；如果荷载分布曲线 p 为直线，即当 $\mathrm{d}y/\mathrm{d}x\approx\mathrm{const}$ 时，则索曲线为抛物线。特殊的，如果为小垂度悬索，即悬索较平坦，$\mathrm{d}y/\mathrm{d}x$ 很小，则式（6-2-81）可仅取前第一项，表示 q_y 简化为与 q 近似相等，这就是荷载沿跨度分布的抛物线悬索。可见由于对于沿索分布荷载简化的不同，导致了不同的悬索计算线形。

2. 抛物线理论

传统的悬索桥主缆线形计算理论对于荷载的假定如下：主缆自重与加劲梁等其他恒载相比较小，所有恒载可简化为沿跨度均布；不考虑主缆的伸长对均布荷载的影响。在这样的假定下，各跨主缆曲线的几何形状为抛物线。

如图 6-2-12 所示，将主缆和跨内作用的所有荷载沿跨度平均，求得沿跨度均布荷载为 w，跨中垂度为 f，设主缆两端的高差为 C。支点处的边界条件如下：

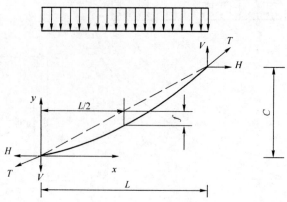

图 6-2-12 抛物线索计算图

$$x=0, \quad y=0; \quad x=L, \quad y=C \tag{6-2-82}$$

对式（6-2-78）积分两次并代入边界条件式（6-2-82）得：

$$y=-\frac{wx}{2H}(L-x)+\frac{C}{L}x \tag{6-2-83}$$

根据跨中点的几何条件：

$$x=\frac{L}{2}, y=\frac{C}{2}-f \tag{6-2-84}$$

得到：

$$H=\frac{wL^2}{8f} \tag{6-2-85}$$

代入式（6-2-83）得到：

$$y=-\frac{4fx}{L^2}(L-x)+\frac{C}{L}x \tag{6-2-86}$$

式（6-2-83）即为传统抛物线理论的主缆曲线方程。主缆形状长度为：

$$\begin{aligned} S &= \int_0^S \mathrm{d}s = \int_0^L \left[1+\left(\frac{\mathrm{d}y}{\mathrm{d}x}\right)^2\right]^{\frac{1}{2}} \mathrm{d}x \\ &= \frac{L^2}{16f}\left[C_1\sqrt{1+C_1^2}-C_2\sqrt{1+C_2^2}+\ln\frac{C_1+\sqrt{1+C_1^2}}{C_2+\sqrt{1+C_2^2}}\right] \end{aligned} \tag{6-2-87}$$

其中：

$$C_1=\frac{C+4f}{L}$$

$$C_2=\frac{C-4f}{L}$$

主缆曲线上任意点的张力和张力竖向分量为：

$$T(x)=H\left\{1+\left[\frac{wL}{2H}\left(1-2\frac{x}{L}\right)-\frac{C}{L}\right]^2\right\}^{\frac{1}{2}}=H\left\{1+\left[\frac{C-4f}{L}+\frac{8fx}{L^2}\right]^2\right\}^{\frac{1}{2}} \tag{6-2-88}$$

$$V(x)=-\frac{wL}{2}\left(1-2\frac{x}{L}\right)+H\frac{C}{L} \tag{6-2-89}$$

主缆最大张力为：

$$T_{\max} = H(1+C_1^2)^{\frac{1}{2}} \quad (6\text{-}2\text{-}90)$$

抛物线主缆的弹性伸长量为：

$$\Delta S = \int \frac{T\mathrm{d}s}{EA} = \int_0^L \frac{T(x)}{EA}\sqrt{1+\left(\frac{\mathrm{d}y}{\mathrm{d}x}\right)^2}\mathrm{d}x$$

$$= \frac{H}{EA}\int_0^L\left[1+\left(\frac{\mathrm{d}y}{\mathrm{d}x}\right)^2\right]\mathrm{d}x = \frac{HL}{EA}\left(1+\frac{C^2}{L^2}+\frac{16}{3}\frac{f^2}{L^2}\right) \quad (6\text{-}2\text{-}91)$$

所以，主缆的无应力索长为：

$$S_0 = S - \Delta S \quad (6\text{-}2\text{-}92)$$

当两塔等高，$C=0$，式（6-2-87）和式（6-2-91）分别变为：

$$S = \frac{L}{2}\sqrt{1+\frac{16f^2}{L^2}} + \frac{L^2}{8f}\ln\left(\frac{4f}{L}+\sqrt{1+\frac{16f^2}{L^2}}\right) \quad (6\text{-}2\text{-}93)$$

$$\Delta S = \frac{HL}{EA}\left(1+\frac{16}{3}\frac{f^2}{L^2}\right) \quad (6\text{-}2\text{-}94)$$

主缆线形计算的抛物线法是按匀载荷的假定，故它是一种近似方法。在跨度不大的情况下，用传统抛物线法确定悬索桥恒载下主缆的几何形状和内力，不失为一种实用的方法。

3. 悬链线理论

（1）自重作用下的悬链线理论

当作用在索上的力只有自重 q_1 时，按照图 6-2-13 所示坐标体系，式（6-2-78）变成：

$$H\frac{\mathrm{d}^2 y}{\mathrm{d}x^2} + q_1\sqrt{1+\left(\frac{\mathrm{d}y}{\mathrm{d}x}\right)^2} = 0 \quad (6\text{-}2\text{-}95)$$

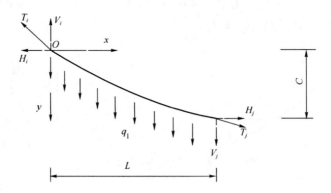

图 6-2-13 悬链线索计算图

对上式积分两次，并代入式（6-2-82）的边界条件得：

$$y = -\frac{H}{q_1}\mathrm{ch}\left(\frac{q_1 x}{H} - \alpha\right) + \alpha_1 \quad (6\text{-}2\text{-}96)$$

其中：

$$\left.\begin{array}{l} \alpha_1 = \dfrac{H}{q_1}\mathrm{ch}\alpha \\[1em] \alpha = \mathrm{sh}^{-1}\left(\dfrac{q_1 C/L}{\mathrm{sh}\beta}\right)+\beta \\[1em] \beta = \dfrac{q_1 L}{2H} \end{array}\right\} \quad (6\text{-}2\text{-}97)$$

当两塔等高时，$C=0$，$\alpha=\beta=\dfrac{q_1 L}{2H}$，式（6-2-96）变为：

$$y = \dfrac{H}{q_1}\left[\mathrm{ch}\alpha - \mathrm{ch}\left(\dfrac{q_1 x}{H}-\alpha\right)\right] \quad (6\text{-}2\text{-}98)$$

当 $x=\dfrac{L}{2}$ 时，$y=f$，则：

$$f = \dfrac{H}{q_1}(\mathrm{ch}\alpha - 1) \quad (6\text{-}2\text{-}99)$$

悬链线索的形状长度 S 和无应力长度 S_0 分别为：

$$S = \dfrac{H}{q_1}\left[\mathrm{sh}\left(\dfrac{q_1 L}{H}-\alpha\right)+\mathrm{sh}\alpha\right] \quad (6\text{-}2\text{-}100)$$

$$S_0 = S - \Delta S = S - \dfrac{H}{EAq_1}\left[\dfrac{1}{2}q_1 L + \dfrac{1}{8}H(\mathrm{e}^{-2(\alpha-2\beta)}-\mathrm{e}^{2(\alpha-2\beta)}-\mathrm{e}^{-2\alpha}+\mathrm{e}^{2\alpha})\right] \quad (6\text{-}2\text{-}101)$$

（2）分段悬链线理论[118]

在悬索桥的成桥状态，对于主缆而言，所受荷载为沿弧长均布的主缆自重（包括缠丝及防护）及通过吊索传递的局部荷载，后一部分可近似作为集中荷载处理，它包括索夹、吊索及锚头自重，以及通过吊索传递的加劲梁恒载。因此悬索桥的主缆受力图可简化为承受沿弧长均布的均布荷载 q 加吊索处作用集中荷载的柔性索，如图 6-2-14。成桥状态的主缆设计即转化为求这种柔性索结构的索长及线形。

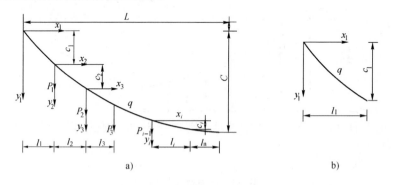

图 6-2-14 分段悬链线索的计算图

图 6-2-14a）为上述柔性索的结构及受力图，直接求解该问题比较困难，可建立如图所示的局部坐标系，坐标原点建立在集中荷载作用点中心。在集中荷载之间，主缆只承受沿弧长的均布荷载，如图 b）所示。对图 6-2-14b）所示柔性索，索曲线为悬链线，满足边界条

件的索曲线方程为：

$$y_i(x_i) = \frac{H}{q}[\operatorname{ch}\alpha_i - \operatorname{ch}(2\beta_i x_i/l_i - \alpha_i)]$$

$$\alpha_i = \operatorname{sh}^{-1}\left[\frac{\beta_i c_i/l_i}{\operatorname{sh}\beta_i}\right] + \beta_i$$

$$\beta_i = \frac{ql_i}{2H}$$

(6-2-102)

若集中力将索分为 n 段，则由式（6-2-102）表示的 n 段索应满足如下的力平衡及变形相容条件：

① $\sum_{i=1}^{n} c_i = C$。 (6-2-103)

②对于主跨，跨中或索上任意点应通过给定点（对悬索桥来说，一般预先给定跨中矢高）。

③对于边跨，根据主塔塔顶无偏位时，水平力等于主跨水平力。

④各局部坐标原点处满足力平衡条件，即：

$$H\frac{\mathrm{d}y_{i-1}}{\mathrm{d}x_{i-1}}\bigg|_{x_{i-1}=l_{i-1}} - H\frac{\mathrm{d}y_i}{\mathrm{d}x_i}\bigg|_{x=0} = P_{i-1}$$

(6-2-104)

根据式（6-2-102）及以上四个条件，即可建立如下迭代计算过程，由于方程解是唯一的，所以通过二分逼近法求解非线性方程。

①计算主缆索力水平分量 H_0 的迭代区间 $[H_{01}, H_{02}]$，$H_0 = \frac{H_{01} + H_{02}}{2}$，其中迭代区间可由抛物线理论解加一个正负步长确定。

②假定左支座处的竖向分力为 V_0，迭代区间 $[V_{01}, V_{02}]$，$V_0 = \frac{V_{01} + V_{02}}{2}$。由式（6-2-102）有 $H_0 \operatorname{sh}\alpha_1 = V_0$，于是可以求得 α_1、β_1；同时：

$$c_1 = \frac{H_0}{q}[\operatorname{ch}\alpha_1 - \operatorname{ch}(2\beta_1 - \alpha_1)], H_0 \mathrm{d}y_1/\mathrm{d}x_1\big|_{x_1=l_1} = -H_0 \operatorname{sh}(2\beta_1 - \alpha_1)$$

③由式（6-2-104）可建立下一段的 α_2、β_2 等，依此循环可求得 c_2、c_3、……、c_n。

④求 $\sum_{i=1}^{n} c_i$，若 $|\sum_{i=1}^{n} c_i - C| \leqslant \varepsilon$（$\varepsilon$ 为预先给定的误差限），则继续往下计算，否则二分 V_0 的迭代区间，重新进行②~④的循环，直到满足条件为止；

⑤检验索是否通过指定点，若不能满足，则二分 H_0 的迭代区间，重新进行①~⑤的循环，直到索通过指定点。

⑥计算各索段的索形状长度、弹性伸长、无应力长及各点的索曲线坐标和端点坐标。

如果 H_0 已知（对于边跨），则省略步骤①和⑤的计算。根据以上公式和条件，编制了分段悬链线理论线形的计算程序 FDSX.FOR，程序框图如图 6-2-15。

（3）算例

两支座等高的悬索，跨度 $L=888.0$m，主缆恒载集度 $q_1=54.0$kN/m，加劲梁恒载集度分别为 $q_2=50$、100、200kN/m，吊索间距 12m，跨中矢高分别为 $f=60$、80、100m，索材

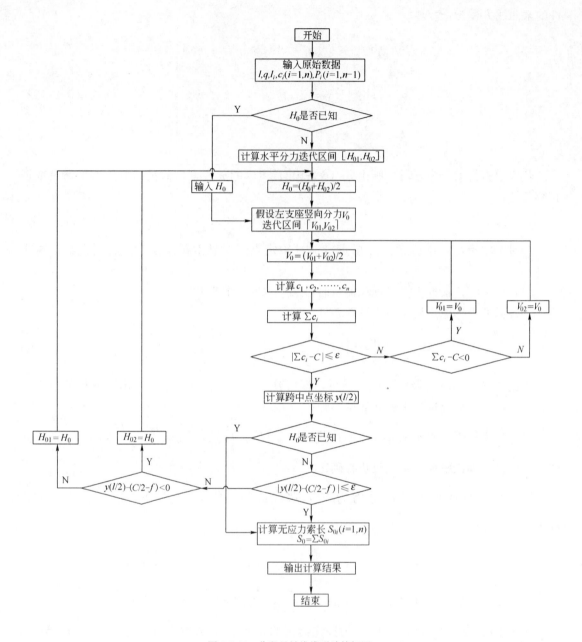

图 6-2-15 分段悬链线线形计算框图

料弹性模量 $E=2.0\times10^5$ MPa，面积 $A=0.6\text{m}^2$。用分段悬链线法和抛物线法分别计算的索力水平分量 H、索无应力长度及 $y(x)|_{x=216\text{m}}$ 的值列于表 6-2-1。

比较表 6-2-1 的结果可以得出以下结论：

①对于索力，抛物线理论误差较大，相对误差在 $1/100\sim1/500$ 之间。

②从线形方面看，精确的计算方法是分段悬链线法，抛物线法的误差较大，相对误差在 $1/200\sim1/1000$ 之间，这种误差范围不能满足吊索制作精度的要求。

③对于主缆无应力长度，在悬索桥常用的参数范围内，近似方法与精确方法的相对误差在 $1/50000$ 左右。

几种计算方法结果比较　　　　表 6-2-1

工况		H (kN)		S_0 (m)		$y(x)\|_{x=216m}$ (m)	
q_2 (kN/m)	f (m)	分段悬链线解	抛物线解	分段悬链线解	抛物线解	分段悬链线解	抛物线解
50	60	171386.7	170851.2	897.4077	897.3387	44.2146	44.1782
	80	128847.8	128138.4	905.9032	905.7898	58.9898	58.9043
	100	103390.4	102510.7	916.4463	916.2639	73.7953	73.6304
100	60	253526.5	252991.2	896.7805	896.6865	44.2029	44.1782
	80	190453.7	189743.4	905.4143	905.2748	58.9620	58.9043
	100	152675.5	151794.7	916.0268	915.8252	73.7420	73.6304
200	60	417807.7	417271.2	895.5318	895.3820	44.1931	44.1782
	80	313664.0	312953.4	904.4523	904.2446	58.9394	58.9043
	100	251244.4	250362.7	915.2238	914.9478	73.6982	73.6303
0	60	89246.1	88711.2	898.0437	897.9909	44.2484	44.1782

4. 缆索自重垂度引起的非线性

缆索在张拉力作用下发生沿索长方向的变形受缆索本身的三种因素的影响：

① 缆索受力后发生的材料弹性变形。这一部分是线性的，与材料本身的弹性模量和截面面积有关。

② 缆索自重垂度在受力后发生的几何变化，使变形与力成非线性关系。

③ 在荷载作用下，索中各股钢丝做相对运动，重新排列的结果使截面更为紧密，这种变形引起的伸长称为构造伸长。构造伸长的大部分是永久持续的，它发生在一定的张拉力作用下。所以，可从缆索的制作过程中，采用预张拉的办法消除，而非永久性的伸长可以通过折减有效模量 E_{eff} 来考虑，E_{eff} 是独立于索内张力的量。

由缆索垂度引起的非线性通常用计算缆索的等效弹性模量的办法来考虑，即将缆索的材料弹性模量用一与缆索内力及自重有关的等效模量代替，其表达式称为 Ernst 公式：

$$E_i = \frac{E_{eff}}{1+\frac{r^2 l^2 E_{eff}}{12\sigma^3}} = \frac{E_{eff}}{1+\frac{(Wl)^2 A}{12T^3}E_{eff}} \tag{6-2-105}$$

式中：E_i——等效弹性模量；

E_{eff}——包括钢束压密影响在内的有效弹性模量；

r——钢缆重度；

σ——缆索拉应力；

T——缆索张拉力；

l——缆索的水平投影长度；

W——单位长缆索的自重；

A——缆索的横截面面积。

5. 初始内力引起的非线性

建立切线刚度矩阵时应以无应力状态下的 L_0 为基准态，那么任一终态的内力都应包含初始内力，因此建立终态的平衡方程时也必须将初始态的荷载一起考虑。

分析一根有 K 根杆件相交的铰节点，在初始态达到平衡时应有：

$$\left.\begin{array}{l} \sum\limits_{i=1}^{K}(T_{0i}\cos\alpha_{0i})+P_{0x}=0 \\ \sum\limits_{i=1}^{K}(T_{0i}\sin\alpha_{0i})+P_{0y}=0 \end{array}\right\} \quad (6\text{-}2\text{-}106)$$

式中：T_{0i}——相交于节点的第 i 根杆在初始态时对节点的作用力；
　　　α_{0i}——相交于节点的第 i 根杆在初始态时对节点的倾角；
P_{0x}、P_{0y}——作用于节点的沿 x 和 y 方向的初始荷载。

设在外荷载 P 作用后，结构发生了变形，变形后节点满足新的平衡方程：

$$\left.\begin{array}{l} \sum\limits_{i=1}^{K}(T_i\cos\alpha_i)+P_{0x}+P_x=0 \\ \sum\limits_{i=1}^{K}(T_i\sin\alpha_i)+P_{0y}+P_y=0 \end{array}\right\} \quad (6\text{-}2\text{-}107)$$

式中：T_i——结构变形后的杆件轴力；
　　　α_i——结构变形后的杆件倾角；
P_x、P_y——荷载 P 在 x、y 方向上的分力。

比较式（6-2-106）和式（6-2-107）可知，当倾角 α_{0i} 变为 α_i 时，式（6-2-106）就不再成立。因此，不应采用将初内力与活荷载内力分开计算最后叠加的算法。初内力引起的非线性通过初内力刚度矩阵引入单元切线刚度矩阵。

二、成桥线形的计算原理

1. 成桥线形的要求状态

成桥状态要求达到的线形状态如下：主缆的理论顶点和锚固点在设计指定的位置，主跨主缆为设计的矢跨比；加劲梁达到设计的加劲梁线形。加劲梁的线形是由通航净空或者临近的线路确定的，是设计与施工控制的目标。设计者根据加劲梁的跨中高程和最短吊索（或中央扣）长度可以确定主跨大缆的跨中高程，然后根据选定的主缆矢跨比可以确定出桥塔塔顶的高程。

2. 构件质量守恒与无应力尺寸不变原理

这是联系结构成桥设计状态与构件施工初态的纽带，是确定施工计算参数的重要依据，是结构能够顺装、倒拆分析必须遵守的原理，否则顺装与倒拆分析的结果将不闭合。这个原理表明，任意施工状态构件的自重恒载不变；在成桥设计温度下，任意施工状态各构件的无应力尺寸应该等于成桥状态的无应力尺寸。

事实上这个原理不只是悬索桥的施工计算需要遵守，其他任何类型的桥梁施工计算都应该遵守，只是由于其他类型的桥梁各施工阶段变位较小，其影响可忽略不计。

对于悬索桥来说，一旦主缆丝股架设完成，丝股和索鞍是不能有相对位移的；在成桥后锚固点间的距离也是固定的。也就是说，对于确定的设计线形，不论是在架缆状态还是架梁状态,虽然由于锚固点与索鞍分别处于不同的位置或者荷载作用的不同而使主缆有不同的线型,但是锚固点到索鞍中心、索鞍中心到索鞍中心之间主缆的无应力长度应是同一数值,与成桥状态相等。因此,对于悬索桥的主缆来说,不仅主缆各索段的无应力长度在施工状态与成桥状态相等,而且各跨的主缆无应力长度在施工状态也应与成桥状态相等。悬索桥施工计算所做的一切工作,都是围绕着保证主缆各索段和各跨的无应力长度与成桥状态相等而进行的。

3. 成桥线形计算原理

为了达到设计要求的成桥线形,必须根据质量守恒和无应力尺寸不变原理由设计参数和外荷载确定出成桥主缆的理论线形。

设计者根据线路要求确定了成桥状态主缆的理论顶点、锚固点和主跨的矢跨比(或者跨中点位置与高程)。其中理论顶点和锚固点的给定,相当于悬索的几何约束边界条件的已知。由此通过下列条件和实际各分点的外荷载可以完全确定出主跨主缆的成桥线形:

①主缆各分点的水平位置已知。

②主缆通过给定点,即跨中的高程已知。

③由于桥塔或者索鞍支承要求的内力状态为在恒载下不产生偏位,所以在各索鞍处的平衡条件为索鞍两侧的主缆沿索鞍支承滑移面的分力相等。当索鞍支承滑移面水平时,例如桥塔塔顶的主索鞍,这个条件蜕变为主缆水平分力相等。

由于具有给定的边界几何约束条件、分点几何相容条件和分点力学平衡条件及上述①、②两个已知条件,主跨主缆的线形就完全确定了。对于边跨,缺少上述第二个条件,但可以通过已计算的邻跨主缆的内力由条件③确定该跨主缆的水平分力。因此,边跨主缆通过邻跨获得了已知水平分力的条件,主缆线形同样就完全确定了。在具体实施计算方法时,由于主跨主缆线形计算条件完备,可以首先计算出来,然后再计算与主跨相邻的跨,直至边跨、锚跨。最后可通过设计线形由理论计算主缆各索段的无应力长度、伸长量、内力和切线角等。

三、空缆线形与索鞍预偏量计算原理

1. 索鞍预偏的原因

由于桥塔设计的理论恒载状态是塔顶没有偏位,塔底没有弯矩,因此各索鞍在成桥恒载状态下也就没有剪力。成桥状态各跨主缆在索鞍处保持平衡,但各跨作用在主缆上的外荷载并不相等,例如中跨较长,荷载较重,而边跨荷载较轻,甚至没有吊索荷载。在空缆状态这些外荷载还没有施加(梁段、索夹、吊索等还没有安装),这种状态的主缆内力相当于成桥状态的主缆内力减去外荷载所产生的主缆内力,当然中跨减小得多,边跨减小得少,如果索鞍仍保持成桥状态的位置,势必产生强大的不平衡力,该不平衡力将不得不由桥塔变形来予以消除,可能会发生如下情况:

①由于需要提供与成桥状态差不多的强大张力来调整丝股至成桥位置,调索非常困难,难以保证精度,并且需要特殊的设备。

②主缆丝股将克服与索鞍槽的摩擦力而在槽内滑动,造成施工困难,无法保证丝股垂度的架设精度。

③不平衡力通过丝股与索鞍槽的摩擦力传给索鞍,为保证支承与索鞍间的相对位置,索鞍的固定限位装置或临时支承就要做得非常强大,提高了施工的造价。

④桥塔是高耸结构，不平衡力将引起桥塔的偏位和桥塔塔底的巨大弯矩，从而增加了桥塔的危险性。

因此，靠主塔变形来改变大缆的跨度以减小不平衡力是不现实的。跨度的改变能够引起跨中垂度的显著改变，从而改变悬索的内力，所以可以对滑板式索鞍进行偏移或者对摇轴式索鞍进行偏转，使其偏离成桥设计位置，以改变各跨大缆的跨度来调整各跨主缆的张力，并让相邻两跨主缆在索鞍处保持一定的平衡关系，这种偏移量或偏转量就是索鞍的预偏量。

2. 空缆线形和预偏量的倒拆计算法

从上面的分析可知，预偏量的设置与计算实际上是通过改变悬索的几何边界约束条件来调整相邻两跨悬索的内力。空缆线形计算条件如下：

①根据无应力尺寸不变原理，各跨索鞍中心之间的无应力长度与成桥状态对应跨的无应力长度相等，由此可从成桥理论线形计算结果中获得各跨主缆的无应力长度。

②若锚跨锚固点的位置和高程已知，并且保持不变，则左锚跨的左支点和右锚跨的右支点几何边界约束条件已知。

③索鞍沿支承滑移面放松，即索鞍只有沿滑移面法向的支承刚度，没有沿滑移面的抗剪刚度，因此索鞍两端的主缆沿索鞍支承滑移面的分力相等。

④索鞍的位置为设计位置加上偏移量。

如果假定各索鞍的偏移量，则根据第④条件索鞍处悬索的几何边界约束条件就确定了，加上上述第②条件就可以使悬索的边界几何约束条件完备。根据分析，由于悬索具有完备的边界几何约束条件、各分点具有几何相容条件、力学平衡条件及上述第①个已知条件，主缆的线形就完全确定了。如果索鞍没有偏移到正确的位置，在空缆线形下索鞍两端的主缆将存在着沿索鞍支承滑移面的不平衡力，而在第③个条件下索鞍沿滑移面没有抗剪刚度，悬索支点的滑移刚度就只能靠两端的主缆提供，通过滑移刚度可以获得索鞍偏移位置的修正量。根据修正量改变悬索的几何边界约束条件，重新计算空缆线形和悬索支点的不平衡力，再次获得索鞍偏移位置的修正量。反复进行这个过程，最终将获得精确的空缆线形和预偏量。

空缆线形和鞍座预偏量的倒拆分析法，需要先计算出成桥状态的主缆线形，它只适合计算恒载全部由主缆承受的悬索桥，比如逐段铰接施工的悬索桥。根据上述原理编制了悬索桥倒拆分析计算程序 FDDC. FOR，其中成桥线形的计算采用精确的分段悬链线法，计算框图如图 6-2-16 所示。对于逐段刚接施工的悬索桥和自锚式悬索桥，加劲梁荷载由主缆和加劲梁共同承受，这个时候只能应用几何非线性有限元法进行正装分析。

3. 空缆线形和预偏量的正装分析法

空缆线形和预偏量的正装分析，就是假设中跨主缆的无应力索长和索鞍预偏量，通过悬链线方程，计算出中跨主缆线形和内力。然后根据空缆状态在索鞍预偏后主塔塔顶无偏位的条件，由主缆的水平分力计算出边跨主缆的线形和内力。

根据无应力尺寸不变原理，各跨索鞍中心之间的无应力长度与成桥状态对应跨的无应力长度相等，由此可从各跨主缆空缆状态的无应力长度得到各个施工阶段和最终成桥状态的无应力索长。模拟施工过程，可以计算出成桥状态主缆的线形和内力，根据中跨主缆矢高是否达到设计位置修正中跨无应力索长，根据中跨和边跨主缆理论交点在塔顶的水平位移修正索鞍预偏量。将修正的无应力索长和鞍座预偏量代回初始的空缆状态重新计算，直到主缆达到成桥的设计状态为止。无应力索长和预偏量的计算流程如图 6-2-22 所示。

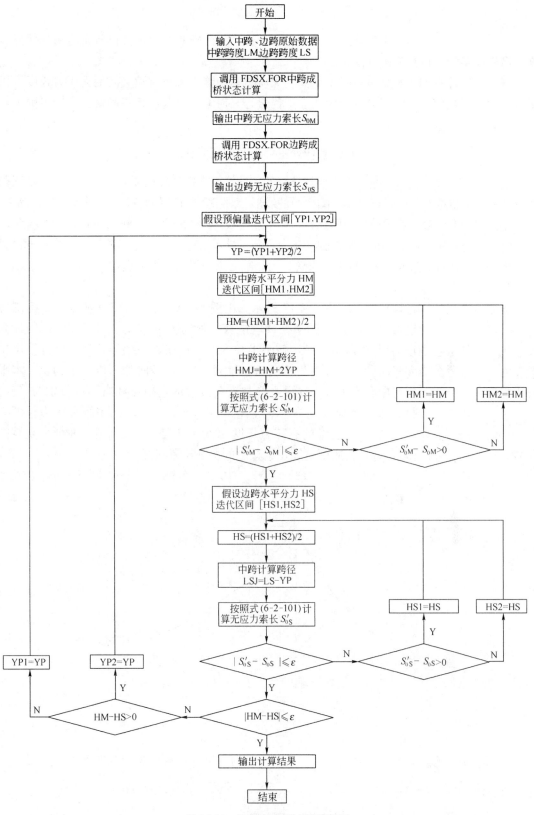

图 6-2-16 悬索桥倒拆分析程序框图

四、索夹安装位置计算原理

为保证成桥时吊索处于正确的位置，需要计算索夹的安装位置，使得成桥时吊杆保持竖直，吊杆间距等于设计的吊杆间距。

索夹位置计算的原则是空缆时索夹间的无应力索长等于成桥时索夹间的无应力长度。根据这一原则在几何非线性正装分析中建立迭代过程，对索夹位置进行不断修正，即可确定索夹的安装位置。

五、索鞍处主缆长度修正方法

前面的计算都是根据索鞍的理论顶点计算的。计算出索鞍的理论顶点以后，如何确定索鞍的位置是一个很重要的问题，这会影响主缆的线形。对于索鞍位置的设计，目前传统的方法一般是先假定一个位置，然后进行线形计算，如不满足线形及平衡要求，再修改，再计算，是一个反复迭代的过程。本节在相关文献的基础上重新推导了鞍座位置计算和索鞍处主缆长度修正的解析公式，并且通过 MathCAD 进行求解，用相关文献中提到的算例进行了验证。

1. 公式推导

悬索桥索鞍的解析计算模型如图 6-2-17 所示。由图 6-2-17 可见，理论顶点左右跨主缆线形一经确定，则给定鞍座半径 R 和约束条件就能获得所需的鞍座位置。在如图的计算模型中，已知鞍座的理论顶点 (x_0, y_0)，鞍座半径 R，并且在成桥线形计算中已计算出主缆左右跨的水平分力和竖向分力，分别为 H_1、V_1 和 H_2、V_2，竖向分力以向下为正，水平分力左跨向左为正，右跨向右为正。现在设主缆与索鞍接触的左切点和右切点分别为 (x_1, y_1) 和 (x_2, y_2)，圆心坐标为 (x_3, y_3)。(x_0, y_0) 与 (x_1, y_1) 之间主缆有应力长度为 S_1，(x_0, y_0) 与 (x_2, y_2) 之间主缆的有应力长度为 S_2。于是，(x_3, y_3) 表征了索鞍的位置，(x_1, y_1) 和 (x_2, y_2) 表征了主缆在索鞍上的实际位置状况。

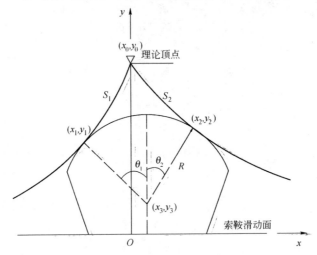

图 6-2-17 鞍座计算模型

由于靠近索鞍处，S_1 和 S_2 无吊索，索段线形为悬链线，根据悬链线方程可以得到：

$$x_1 = x_0 + \frac{H_1}{q_1}[\ln(V_1 - q_1 S_1 + \sqrt{(V_1 - q_1 S_1)^2 + H_1^2}) - \ln(V_1 + \sqrt{V_1^2 + H_1^2})] \quad (6\text{-}2\text{-}108)$$

$$y_1 = y_0 + \frac{1}{q_1}\left[\sqrt{(V_1-q_1S_1)^2+H_1^2}-\sqrt{V_1^2+H_1^2}\right] \qquad (6\text{-}2\text{-}109)$$

$$x_2 = x_0 - \frac{H_2}{q_2}\left[\ln(V_2+\sqrt{V_2^2+H_2^2})-\ln(V_2-q_2S_2+\sqrt{(V_2-q_2S_2)^2+H_2^2})\right] \qquad (6\text{-}2\text{-}110)$$

$$y_2 = y_0 - \frac{1}{q_2}\left[\sqrt{V_2^2+H_2^2}-\sqrt{(V_2-q_2S_2)^2+H_2^2}\right] \qquad (6\text{-}2\text{-}111)$$

根据鞍座上各点的几何关系，可得：

$$R^2 = (x_1-x_3)^2+(y_1-y_3)^2 \qquad (6\text{-}2\text{-}112)$$

$$R^2 = (x_2-x_3)^2+(y_2-y_3)^2 \qquad (6\text{-}2\text{-}113)$$

$$(y_1-y_3)(V_1-q_1S_1) = H_1(x_3-x_1) \qquad (6\text{-}2\text{-}114)$$

$$(y_3-y_2)(V_2-q_2S_2) = H_2(x_3-x_2) \qquad (6\text{-}2\text{-}115)$$

利用式（6-2-108）～式（6-2-115），再加上约束条件 $x_1 \leqslant x_3 \leqslant x_2$，$y_1 \leqslant y_3 \leqslant y_2$ 即可完全确定鞍座的位置和主缆计算的修正参数。式（6-2-108）～式（6-2-115）是 8 元非线性方程组，为了简化计算，可以通过数学软件 MathCAD 求解。根据悬链线索伸长量公式，得到左右跨主缆理论顶点到索鞍左右切点的假想长度在受力状态下的伸长量（m）为：

$$dS_1 = \frac{1}{2EA_1q_1}\left\{V_1\sqrt{V_1^2+H_1^2}-(V_1-q_1S_1)\sqrt{(V_1-q_1S_1)^2+H_1^2}\right.$$
$$\left.+H_1^2\left[\ln\left(\frac{V_1+\sqrt{V_1^2+H_1^2}}{(V_1-q_1S_1)+\sqrt{(V_1-q_1S_1)^2+H_1^2}}\right)\right]\right\} \qquad (6\text{-}2\text{-}116)$$

$$dS_2 = \frac{1}{2EA_2q_2}\left\{V_2\sqrt{V_2^2+H_2^2}-(V_2-q_2S_2)\sqrt{(V_2-q_2S_2)^2+H_2^2}\right.$$
$$\left.+H_2^2\left[\ln\left(\frac{V_2+\sqrt{V_2^2+H_2^2}}{(V_2-q_2S_2)+\sqrt{(V_2-q_2S_2)^2+H_2^2}}\right)\right]\right\} \qquad (6\text{-}2\text{-}117)$$

式中：q_1、q_2——索鞍左右跨主缆荷载（kN/m），以竖直向下为正；

A_1、A_2——索鞍处左右跨的主缆面积（m²）；

dS_1、dS_2——左右跨主缆在鞍座处的修正长度的伸长量。

各跨主缆最终无应力索长为不计索鞍影响的主缆无应力长度减去 $(S_1-dS_1-R\theta_1)$ 和 $(S_2-dS_2-R\theta_2)$。

2. 算例

【例 6-2-1】 某悬索桥的其中一个主索鞍理论顶点（230m，131.425m），主缆面积 $A_1=A_2=0.408973\text{m}^2$，$q_1=q_2=33\text{kN/m}$，$E=198000\text{MPa}$，鞍座半径 $R=6\text{m}$。在成桥理论线形计算中计算出鞍座左右主缆的水平分力 $H_1=H_2=189500\text{kN}$，$V_1=90622.7\text{kN}$，$V_2=73504.1\text{kN}$。主缆修正参数计算如表 6-2-2 所示。

鞍座主缆修正参数计算结果　　　　表 6-2-2

计 算 项 目	理论公式解（m）	某设计院的计算值（m）
鞍座位置 (x_3, y_3)	(230.24837, 124.89351)	(230.2485, 124.893)
左切点 (x_1, y_1)	(227.661801, 130.307354)	(227.66167, 130.30672)
右切点 (x_2, y_2)	(232.415967, 130.488287)	(232.41643, 130.48765)
主缆需修正索长 S_1, S_2	2.59158403, 2.59154440	—
主缆需修正伸长量 dS_1, dS_2	0.006722, 0.006504	—
主缆需修正无应力索长 S_1-dS_1, S_2-dS_2	2.58486203, 2.58504040	—

算例计算结果表明重新修正的公式准确无误，计算精度很高，适合进行悬索桥鞍座处主缆长度修正的参数计算。

六、实桥算例

通过以下算例介绍利用通用软件 ANSYS 进行悬索桥整体计算的方法。

1. 概述

长沙市三汊矶湘江大桥主桥桥型采用双塔五跨连续自锚式悬索桥，主跨为 328m，跨径布置为：70m+132m+328m+132m+70m，两边对称布置，建成后将成为国内跨度最大的双塔自锚式悬索桥（图 6-2-18）。

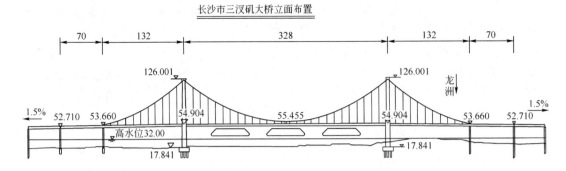

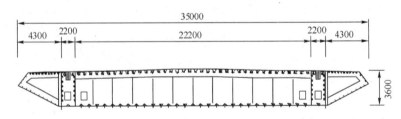

图 6-2-18　长沙三汊矶大桥立面布置图和钢箱梁横断面图（高程单位：m）
注：本图尺寸，立面图以 m 计，钢箱梁横断面图以 mm 计。

三汊矶湘江大桥主桥纵坡按 1.5% 设置，主桥处在一个圆弧曲线上，圆曲线半径为24402.745m。中跨矢跨比 1/5，边跨矢高 10.6245m。主缆中心距 25m，每根主缆采用 37 束 127 丝 ϕ5.1mm 预制索股。加劲梁采用带风嘴的流线型扁平钢箱梁，加劲梁中心梁高 3.6m，设置 2% 的横坡。

由于采用先梁后索的施工工序，并且加劲梁因为要承担巨大的轴力，所以自锚式悬索桥恒载由主缆和加劲梁共同承受，根据上面的分析，合理的解法是应用几何非线性有限元法进行正装迭代求解。

ANSYS 是一个广泛应用于各个行业以有限元分析为基础的大型通用 CAE 软件。ANSYS参数化设计语言（APDL）是一门可用来自动完成有限元常规分析操作或通过参数化变量方式建立分析模型的脚本语言，用建立智能化分析的手段为用户提供自动完成有限元分析的过程。本文用 APDL 参数化编程语言，利用 ANSYS 的单元库和强大的有限元分析功能，编制了平面分析程序，对三汊矶大桥从空缆到成桥状态进行了模拟，迭代出主缆系统各个状态的设计参数。空缆线形和预偏量采用精确的悬链线计算。施工过程的模拟通过

ANSYS 的单元生死命令实现。计算结果表明,这种计算方法思路明确,计算结果较精确,不仅适合自锚式悬索桥的计算,同样适合地锚式悬索桥的计算。

2. 空缆线形计算

主缆在自重作用下为悬链线,方程如式(6-2-96),只要确定了主缆水平分力,就可以确定主缆的线形。已知中跨的跨度为 LM,边跨跨度为 LS,迭代计算步骤如下:

①假设中跨主缆的无应力索长为 S0M,主索鞍预偏量为 YP。那么,空缆状态主缆中跨跨度 SLM=LM+2YP,边跨跨度 SLS=LS−YP。

②设定中跨主缆水平力 HFM 的求解区间为 [HFM1,HFM2],精度要求 ε;HFM=(HFM1+HFM2)/2。

③根据式(6-2-100)和式(6-2-101),求解主缆的计算无应力索长 S0MJ。

④如果 |S0MJ−S0M|≤ε,继续往下计算;如果不满足,按下式修正求解区间:

如果 S0MJ−S0M>0,令 HFM1=HFM

如果 S0MJ−S0M<0,令 HFM2=HFM

然后返回第②步继续计算,直到满足精度要求为止。

⑤根据式(6-2-96)计算中跨主缆空缆线形。

⑥边跨主缆水平力 HFS=HFM,根据式(6-2-96)计算边跨主缆空缆线形。

程序框图如图 6-2-19 所示。

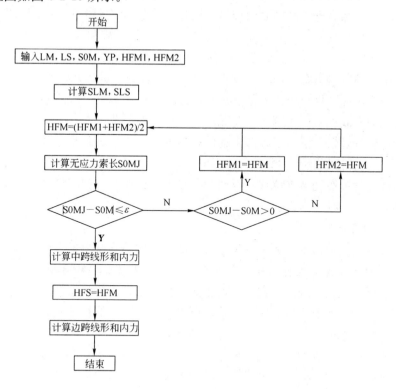

图 6-2-19 空缆状态计算框图

3. 施工过程模拟和成桥线形计算

三汊矶湘江大桥的施工方法为:浇筑混凝土塔柱→修建辅助墩→加劲梁顶推就位→拼接加劲梁风嘴→架设主缆→在中跨四个临时墩顶升加劲梁→安装吊杆→拆除临时墩→固定鞍

座。加劲梁顶升位置见图 6-2-20。

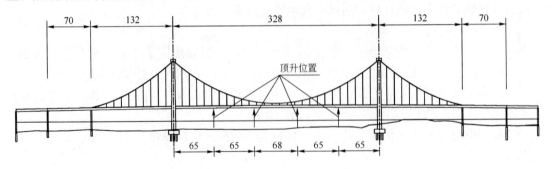

图 6-2-20　三汊矶大桥加劲梁顶升位置示意图（尺寸单位：m）

由于在假设主缆之前的施工阶段对主缆的线形没有影响，所以程序以主缆架设完毕的状态为初始状态进行非线性计算。整个施工过程模拟通过 ANSYS 的单元生死命令来实现，计算到成桥状态。具体实现过程如下：

①根据计算出的空缆线形，生成主缆节点和单元；根据设计成桥状态的加劲梁线形生成加劲梁节点和单元；根据主塔和吊杆的设计位置生成主塔和吊杆的节点和单元。

②杀死吊杆单元，在中跨四个辅助墩处给定顶升位移 LDS1、LDS2、LDS3、LDS4，进行几何非线性求解；然后进入通用后处理器，读出四个辅助墩处的支座反力 DSL1、DSL2、DSL3、DSL4。

③重新进入求解器，分 3 个荷载步模拟施工。第 1 个荷载步，杀死吊杆单元，中跨四个辅助墩处施加集中荷载 DSL1、DSL2、DSL3、DSL4，加重力进行几何非线性求解；第 2 个荷载步，激活吊杆单元，耦合吊杆下吊点和对应加劲梁单元节点，取消中跨四个辅助墩的集中荷载，进行几何非线性求解；第 3 个荷载步，施加二期恒载。

④进入通用后处理器，读出中跨四个辅助墩处的节点位移，看其是否为零。若满足，则求解以后的线形即为主缆的成桥线形；若不满足，则令 LDS1、LDS2、LDS3、LDS4 等于开始的顶升值加上辅助墩处节点位移，返回第②步重新计算，直到满足精度要求为止。

计算框图如图 6-2-21。

4. 索夹安装位置计算

程序中吊杆单元的上吊点和下吊点是这样考虑的：初始状态上吊点和主缆上的对应单元共节点，下吊点和设计成桥状态加劲梁单元对应的节点共坐标，但不共节点，安装吊杆之后，吊杆和加劲梁的连接通过耦合实现。由于要保证吊杆在成桥状态保持竖直，并且下吊点坐标要和对应加劲梁单元节点坐标保持一致，所以必须对吊杆的初始安装坐标进行修正。程序是按以下的方法考虑的：

①初始状态吊杆是竖直的，初次计算之后，上吊点就会有水平向的位移，使得吊杆发生倾斜，所以在进行下一次循环计算的时候，就把上吊点坐标减去它的水平位移作为新的坐标进行计算。经过多次循环计算，就能够保证成桥状态吊杆竖直。

②根据施工计算的模拟方法，吊杆的下吊点是在加劲梁顶升之后再与加劲梁对应节点耦合的，为了保证两个节点重合，实际上下吊点的初始位置应该是加劲梁顶升之后的位置，所以程序初次循环计算后通过加上加劲梁相应节点的位移来作为下吊点的新坐标，从而考虑了下吊点坐标的修正。由于成桥线形的计算方法保证了加劲梁在顶升以后能够回到设计位置，

同时也就保证了吊杆的下吊点也能够达到设计位置。

计算框图如图 6-2-21。

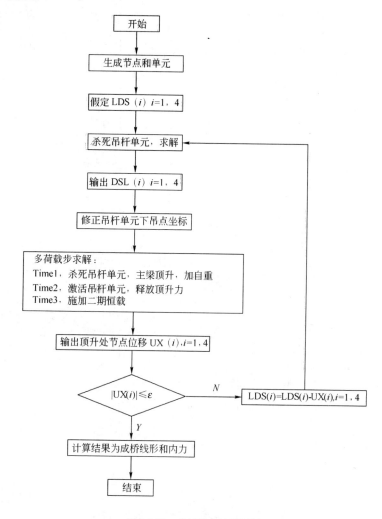

图 6-2-21　成桥状态计算框图

5. 无应力索长和预偏量迭代计算

由于整个计算过程是通过假设中跨无应力索长 S0M 和索鞍预偏量为 YP 来计算得到的。S0M 和 YP 是否是真实值，要通过以下两个条件来判断：

①计算中跨矢高是否达到设计位置，如果没有达到设计位置，修正 S0M 重新计算。如果计算矢高大于设计矢高，减小 S0M，如果计算矢高小于设计矢高，增大 S0M。程序通过二分法实现，可以根据抛物线理论计算的中跨无应力索长增减一个步长来确定求解区间。

②主缆塔顶节点是否达到了设计位置，如果没有，修正 YP 重新计算，修正方法就是将塔顶节点的水平位移赋值给 YP。

初始状态主缆和吊杆的应力通过初应变加入，整个计算的程序框图如图 6-2-22。

6. 三汊矶大桥计算结果

(1) 计算参数

现利用编制的程序对三汊矶的主缆系统进行设计计算，加劲梁、主塔采用 Beam3 单元，

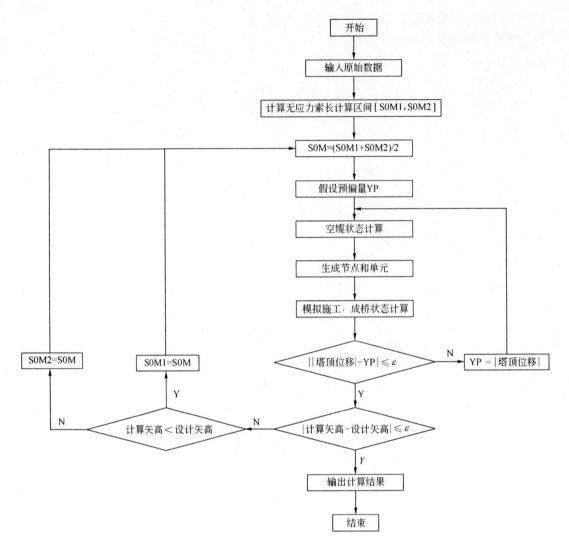

图 6-2-22 无应力索长和预偏量迭代计算框图

主缆采用 Link8 单元,计算参数如下:

①跨径布置:70m+132m+328m+132m+70m=732m。

②设计矢跨比:$f/l=1/5$。

③纵坡:1.5%,大桥位于竖曲线上($R=24402.745$m)。

④主缆(2 根 37-127ϕ5.1mm):面积 0.191984m²,重度 78.5kN/m³。

⑤吊杆(4 根-127ϕ5.1mm):面积 0.0103775m²,重度 78.5kN/m³。

⑥钢箱梁面积:0.91m²,换算重度 181.476kN/m³。

⑦二期恒载集度:69.78kN/m。

⑧塔顶主索鞍及下垫板:405kN/个。

⑨其他计算参数及荷载。

a. 弹性模量

索塔为 C50 混凝土,弹性模量取为 35000MPa;

主缆、吊杆为高强钢丝,弹性模量取为 190000MPa;

b. 结构自重

混凝土材料重度取为 26.5kN/m³；

钢结构材料重度取为 78.5kN/m³；

(2) 计算结果

运用本节提出的方法，计算模型如图 6-2-23 所示。三汊矶大桥空缆和成桥水平力、预偏量和顶升位移，与主缆的解析计算方法结果、平行计算报告结果对比见表 6-2-3。

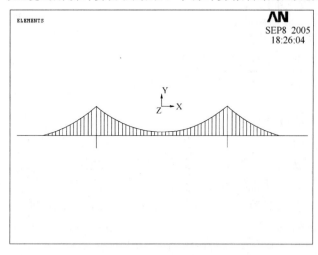

图 6-2-23　三汊矶大桥计算模型

空缆和成桥水平力、预偏量、顶升位移比较　　　　表 6-2-3

项目	空缆水平力 (kN)	成桥水平力 (kN)	理论交点处中跨竖向力 (kN)	理论交点处边跨竖向力 (kN)	预偏量 (m)	顶升位移 1、4 (m)	顶升位移 2、3 (m)
抛物线理论	3446.02	54656.0	48540.3	50654.8	0.568	—	—
分段悬链线理论	3416.8	54773.6	42664.2	45864.8	0.447	—	—
平行计算报告	—	51601.8	38079.0	41828.0	0.435	1.56	0.75
本章方法	3342.3	51971.0	40649.0	43358.0	0.487	1.548	0.845

从表 6-2-3 可见，本节方法结果和平行计算报告结果比较接近，主缆的索力比其他解析计算方法要小。这两种方法都考虑了加劲梁对刚度的贡献，加劲梁恒载和二期恒载都是由主缆和加劲梁共同承担的，而其他两种解析计算方法都是建立在假设加劲梁恒载全部由主缆承担的基础上的，所以，考虑加劲梁刚度对受力的贡献，索力计算结果相对小一些。表 6-2-3 表明，三汊矶大桥各种解析计算法计算得到的成桥主缆水平分力与本文方法和平行计算结果相差5%～8%。如果不考虑加劲梁刚度时，计算结果是偏安全的，误差在10%左右。

各种计算方法计算得到的三汊矶大桥主缆无应力索长和鞍座处主缆修正参数见表 6-2-4。主索鞍理论顶点的坐标设为（164m，70.995m）。

无应力索长和鞍座处无应力索长修正参数比较　　　表 6-2-4

项　目		无应力索长 (m)	需修正索长 (m)	需修正伸长量 (m)	需修正无应力索长 (m)	修正后无应力索长 (m)	边跨切点 (x_1, y_1)	中跨切点 (x_2, y_2)	鞍座位置 (x_3, y_3)
抛物线理论	边跨	151.0279	3.033497	0.006201	3.027296	148.0006	(161.7732, 68.9350)	(166.2691, 68.9828)	(164.0475, 66.4754)
	中跨	359.4135	3.033482	0.006083	3.027399	356.3861			
分段悬链线理论	边跨	151.1681	2.706336	0.005297	2.701039	148.4671	(161.9253, 69.2572)	(166.1341, 69.3317)	(164.0675, 66.6886)
	中跨	359.6366	2.706315	0.005148	2.701167	356.9354			
本章方法	边跨	151.1740	2.704815	0.005018	2.699797	148.4742	(161.9227, 69.2627)	(166.1301, 69.3291)	(164.0675, 66.6894)
	中跨	359.8931	2.704794	0.004892	2.699902	357.1932			

从表 6-2-4 可见，抛物线理论和分段悬链线理论在计算主缆无应力长度时，结果和本文方法比较接近，误差在 1/750～1/25000 之间，分段悬链线法误差最小。所以说，忽略加劲梁对刚度的贡献对主缆无应力长度的计算影响较小。考虑鞍座处无应力索长修正以后，抛物线理论计算结果误差增大，不能满足计算要求。另外，用分段悬链线理论计算结果计算鞍座位置的精度很高，可以用来计算自锚式悬索桥的鞍座位置和切点坐标。

由本章编制的 APDL 程序计算得到成桥状态各根吊杆的吊杆力（单根吊杆）分布如图 6-2-24。图 6-2-24 中吊杆编号从左到右依次为 1～61 号。

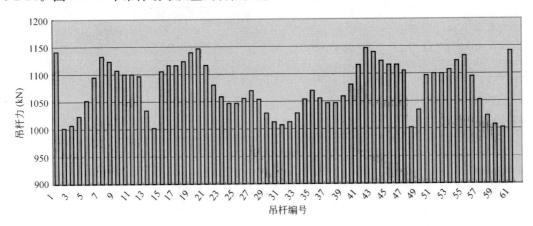

图 6-2-24　三汊矶大桥吊杆力分布图

由图 6-2-24 可见，三汊矶大桥成桥状态的吊杆力分布比较均匀，最小吊杆力为 1002.1kN，最大吊杆力 1146.8kN，大部分吊杆都在 1050kN 左右。

第五节　加劲梁的截面力学特性公式

一、钢箱加劲梁

钢箱加劲梁的顶板、底板和腹板的内侧，通常按一定的间距布置若干条顺桥向（纵向）开口型或闭口型加劲肋，如图 6-2-25 所示。这些除了可以提高截面的整体刚度作用外，主要目的是提高薄壁钢板的局部稳定性。其截面力学特性可按一般材料力学中的公式计算。但对加劲肋部分可作某些简化，下面分别说明。

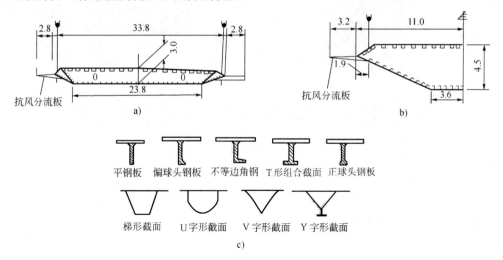

图 6-2-25 加劲肋形式（尺寸单位：m）

1. 截面面积 A

按实际截面尺寸计算。

2. 面积矩 S

所有加劲肋的面积重心可近似取其本身的 1/2 高度处，其余计算照旧。

3. 抗弯惯矩 I_x、I_y

加劲肋对其自身的重心轴的惯矩可以忽略不计，其余计算照旧。

4. 抗扭惯矩 I_k

对于开口加劲肋可以忽略它对抗扭惯矩的影响；但对于闭口加劲肋，考虑到它们对箱形截面的剪力流 q 在每个局部区段能起到分流的作用，故可将它们在每个闭口范围内换算为等代壁厚 $t_{代}$，如图 6-2-26 所示。然后应用第一篇中的式（1-9-1）计算全截面的抗扭惯矩 I_k。

等代壁厚 $t_{代}$ 的简化计算公式如下：

$$t_{代 i} = t_i + \frac{S_i}{S_{0i}} t_{0i} \tag{6-2-118}$$

式中：t_i、t_{0i}——分别为在截面的 i 号加劲肋处的壁板板厚和加劲肋的板厚；

　　　S_i、S_{0i}——分别为壁板与闭口加劲肋相交两点之间的直线长度和加劲肋的曲线全长，参见图 6-2-26。

二、钢桁加劲梁

如前所述，钢桁加劲梁一般是由两片主桁架、上下水平纵向联结系以及中间横向撑架所组成。实际上它属于空间桁架结构，可以应用空间有限元程序进行分析，但目前常用的简化计算方法是把空间桁架转换成具有等效抗弯惯矩或等效板厚的薄壁闭口截面梁。这里是取其中一片平面桁架为研究对象，列出有关的等代公式。

1. 单片桁架的常用形式

图 6-2-27 示出了三种常用的桁架形式。当计算抗弯刚度时，则分别将它们换算成等效

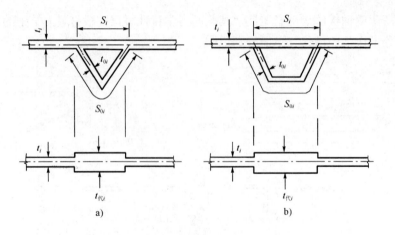

图 6-2-26 钢箱加劲梁闭口肋的等代壁厚

抗弯惯矩 $I_{换}$；当计算抗扭刚度时，则先分别将它换算成等效板厚 t_e。

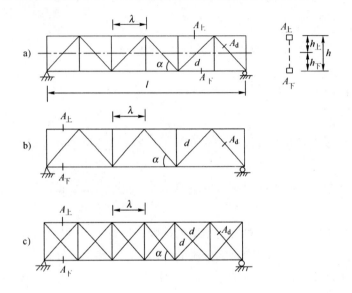

图 6-2-27 单片桁架的主要类型

2. 单片桁架的换算抗弯惯矩 $I_{换}$

(1) 不考虑斜杆作用的抗弯惯矩 I_0

$$I_0 = A_上 h_上^2 + A_下 h_下^2 \tag{6-2-119}$$

其中：

$$h_上 : h_下 = A_下 : A_上 \tag{6-2-119a}$$

$$h_上 + h_下 = h \tag{6-2-119b}$$

(2) 计入斜杆抗剪刚度效应后的换算抗弯惯矩 $I_{换}$

类型 I、II（图 6-2-27a）、b)）：

$$I_{换} = \frac{I_0}{1 + \left(\dfrac{\pi}{n\lambda}\right)^2 \dfrac{2I_0}{A_d \sin\alpha \sin2\alpha}} \tag{6-2-120}$$

类型 III（图 6-2-27c）：

$$I_{换} = \frac{I_0}{1 + \left(\frac{\pi}{n\lambda}\right)^2 \frac{I_0}{A_d \sin\alpha \sin 2\alpha}} \qquad (6\text{-}2\text{-}121)$$

以上各式中：$A_上$、$A_下$、A_d——分别为桁架片上弦杆、下弦杆和斜杆的截面面积；

$h_上$、$h_下$、h——分别为桁架片上、下弦杆截面中心至全截面形心之距离和桁片全高；

λ、n——分别为桁架每个节段长度和全跨的总共节段数；

α——斜杆的倾角，参见图 6-2-27。

附带说明几点：

①上述式（6-2-120）和式（6-2-121）中均忽略了竖杆的微小影响。

②当采用双主缆进行结构整体分析时，则整个钢桁加劲梁的换算抗弯惯矩 $\sum I_{换} = 2I_{换}$，其中忽略了上、下水平纵向联结系的影响。

③当采用单跨双铰悬索桥，且 $A_上$、$A_下$ 向跨中逐渐增大时，单片桁架的平均换算抗弯惯矩 $\bar{I}_{换}$ 可以近似地按照下式计算：

$$\bar{I}_{换} = \frac{7}{9} I_{换,中} + \frac{2}{9} I_{换,端} \qquad (6\text{-}2\text{-}122)$$

式中的 $I_{换,中}$、$I_{换,端}$ 分别为按式（6-2-120）或式（6-2-121）计算的跨中节段和梁端节段的换算抗弯惯矩。

3. 单片桁架换算为闭口箱（抗扭惯矩公式中将用到）的等效板厚 t_e

类型 I、II（图 6-2-27a）、b））：

$$t_e = \frac{E}{G} \frac{\lambda h}{\frac{d^3}{A_d} + \frac{\lambda^3}{3}\left(\frac{1}{A_上} + \frac{1}{A_下}\right)} \qquad (6\text{-}2\text{-}123)$$

类型 III（图 6-2-27c）：

$$t_e = \frac{E}{G} \frac{\lambda h}{\frac{d^3}{2A_d} + \frac{\lambda^3}{12}\left(\frac{1}{A_上} + \frac{1}{A_下}\right)} \qquad (6\text{-}2\text{-}124)$$

以上二式中：E、G——杆件的弹性模量和剪切模量；

d——斜杆的长度 $\left(d = \frac{h}{\sin\alpha}\right)$；

其余符号同上。

将组成钢桁加劲梁的每片桁架分别按上式换算为等效壁板厚 t_{ei}，然后代入到式(1-9-1)，便可得到换算抗扭惯矩 $I_{k,换}$。

顺便指出，上述公式均假定桁架杆件的连接为铰接，这样桁架杆件仅承受轴向力，故其计算结果较实际值要小，但偏于安全一边。

三、空间钢桁加劲梁的换算抗弯惯矩 $I_{换}$——有限元法

实际的钢桁加劲梁是一个空间结构，它除了两侧的主桁架之外，还有联结它们的横向联结系和上、下平面联结系。为了求出它的等效或换算的抗弯惯矩 $I_{换}$，可以应用空间有限元法或者平面杆系有限元法的计算程序，先计算出它在均布荷载 q 作用下的跨中挠度 $\eta(l/2)$，

然后应用一般简支梁在同等荷载下求跨中挠度的公式反算 $I_{换}$ 值，即：

$$I_{换} = \frac{5ql^4}{384E \cdot \eta(l/2)} \tag{6-2-125}$$

式中：l、E——分别为简支梁的计算跨长和弹性模量。

本节仅介绍应用平面杆系有限元法程序求 $I_{换}$ 的步骤。现用图 6-2-28 所示空间桁架予以说明。

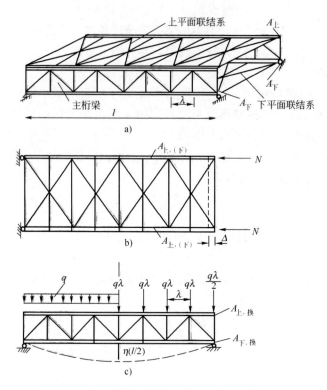

图 6-2-28 空间桁架的换算抗弯惯矩 $I_{换}$ 计算图

①首先将上（或下）水平联结系单独截取出来，在任意一侧的弦杆端部各设置一个固定支座和一个活动支座，而在另一侧的弦杆端部各施加水平轴向力 N，如图 6-2-28b) 所示。

②应用平面杆系有限元法程序求得弦杆的水平向压缩变形量 Δ 以后，便按下式反算弦杆的换算截面面积 $A_{上换}$（或 $A_{下换}$）：

$$A_{上(下)换} = \frac{Nl}{E \cdot \Delta} \tag{6-2-126}$$

③将弦杆截面面积的换算增量 $\Delta A_{上(下)} = A_{上(下)换} - A_{上(下)}$ 再转换具有任意厚度 t 的薄板，置于 $A_{上(下)}$ 中心轴上，其宽度 S 为：

$$S = \frac{A_{上(下)换} - A_{上(下)}}{t} \tag{6-2-127}$$

④其次，将任意一片简支的主桁架截出，并用 $A_{上(下)换}$ 代替原来的 $A_{上(下)}$，其余腹杆的截面尺寸不变，再在其上弦施加均布荷载 q，为了不使上弦杆产生局部弯曲，可将此均布荷载等代为位于上弦杆每个节点处的集中力 $q\lambda$（λ 为主桁架的节间长度），如图 6-2-28c) 所示。

⑤同样应用杆系有限元程序求出此主桁架在跨中处的垂直位移量 $\eta(l/2)$ 以后,最后代入式（6-2-125）,便得到半幅桥宽的主桁架换算抗弯惯矩 $I_{换}$。

下面举例加以说明。

【例 6-2-2】 试应用平面杆系有限元法计算程序求算图 6-2-29 所示空间简支钢桁架梁的换算抗弯惯矩 $I_{换}$,已知条件如下：

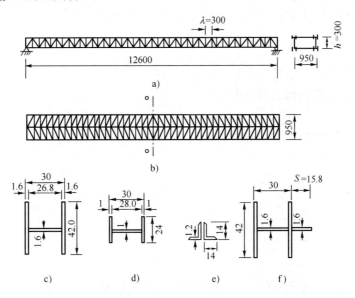

图 6-2-29 钢桁架的构造及截面尺寸（尺寸单位：cm）

计算跨长 $l=126.0\text{m}$,主桁节间长度 $\lambda=3\text{m}$,主桁高度 $h=3.0\text{m}$,两主桁梁的中距 $b=9.5\text{m}$,上、下水平联系相同,并示于图 6-2-29b) 中；主桁上、下弦杆的截面面积相等 $A_{上}=A_{下}$（图 6-2-29c)）；主桁所有腹杆（包含竖杆）的截面面积示于图 6-2-29d)；上、下水平联中的所有杆件截面面积假设均相同,并示于图 6-2-29e)；所有杆件之间联结均为刚性联结,所有钢制杆件的弹性模量 $E=2.1\times10^8\text{kN/m}^2$。

解：（1）参照图 6-2-28b) 的计算模型,计算上、下弦杆的换算面积 $A_{上换}$, $A_{下换}$

本例按照图 6-2-29b) 的杆件布置,共划分 296 个单元和 129 个节段,任意假定在弦杆右端各施在轴压力 $N=1000\text{kN}$,并由计算输出得到弦杆的压缩变形量 $\Delta=0.02962\text{m}$。

（2）计算弦杆的换算截面面积 $A_{上(下)换}$ 和将增量面积 $\Delta A_{上(下)}$ 换算为薄板时的薄板宽度 S 将值代入式（6-2-126）得：

$$A_{上换}=A_{下换}=\frac{1000\times 126}{2.1\times 10^8\times 0.02962}=0.0202566\text{m}^2=202.57\text{cm}^2$$

考虑到下一步计算时数据输入的方便,取换算薄板的厚度与 H 形弦杆的腹板厚度相等,即 $t=1.6\text{cm}$,代入式（6-2-127）便得换算薄板的宽度为：

$$S=\frac{A_{上换}-A_{上}}{t}=\frac{202.57-177.28}{1.6}\approx 15.8\text{cm}$$

其中：

$$A=2\times 42\times 1.6+26.8\times 1.6=177.28\text{cm}^2$$

(3) 参照图 6-2-28c) 的计算模型计算单片桁梁的换算抗弯惯矩 $I_{换}$

本例此时将上、下弦杆的截面面积按图 6-2-29f) 所示的换算面积（$A_{上(下)换}$ = 202.57cm²）输入，所有腹杆截面面积按图 6-2-29d) 的实际面积输入，共划分 169 个单元和 86 个节点，均布荷载取 q=1kN/m，简化为节点集中力 P 时，除两端为 $\frac{P}{2} = \frac{q\lambda}{2} = 1.5$kN 外，其余 41 个节点的集中力 P=3kN，计算输出的跨中挠度 $\eta(l/2)$ = 0.1741m，代入式 (6-2-125) 得：

$$I_{换} = \frac{5ql^4}{384E\eta(l/2)} = \frac{5 \times 1 \times 126^4}{384 \times 2.1 \times 10^8 \times 0.1741} = 0.08976414 \text{m}^4 = 8976414 \text{cm}^4$$

(4) 几种计算方法所得到的结果对比（表 6-2-5）

按不同方法计算单片钢桁梁 $I_{换}$ 的结果对比　　表 6-2-5

序 号	具体计算方法		$I_{换}$（cm⁴）	相对比
1	有限元法	计入主桁腹杆及上、下平联的影响	8976414	1.0
2		只计入主桁腹杆的影响	7888910	0.88
3	近似公式	按计入主桁腹杆影响的式 (6-2-120)	7833030	0.87
4		按不计斜杆作用的式 (6-2-119)	7977600	0.89

第六节　冲击系数及荷载增大系数

一、冲 击 系 数

1. 现行《通用规范》规定

冲击系数 μ 依据结构基频 f 的大小按下式计算：

$$\left.\begin{aligned}&\text{当 } f < 1.5\text{Hz 时} \quad &&\mu = 0.05 \\ &\text{当 } 1.5\text{Hz} \leqslant f \leqslant 14\text{Hz 时} \quad &&\mu = 0.1767\ln f - 0.0157 \\ &\text{当 } f > 14\text{Hz 时} \quad &&\mu = 0.45\end{aligned}\right\} \quad (6\text{-}2\text{-}128)$$

(1) 对于单跨简支悬索桥的反对称竖向弯曲基频 f_1 为：

$$f_1 = \frac{1}{l}\sqrt{\frac{EI\left(\frac{2\pi}{l}\right)^2 + 2H_q}{m}} \quad (\text{Hz}) \quad (6\text{-}2\text{-}129)$$

式中：l——悬索桥的主跨跨径（m）；

EI——加劲梁竖弯刚度（N·m²）；

H_q——恒荷载作用下单根主缆的水平拉力（N）；

m——桥面系和主缆的单位长度质量（kg/m）；

$$m = m_d + 2m_c \quad (6\text{-}2\text{-}130)$$

m_d——桥面系单位长度质量（kg/m）；

m_c——单根主缆单位长度质量（kg/m）。

(2) 对于三跨连续悬索桥的反对称竖向弯曲基频 f_1

现行规范中没有明确规定，具体计算可参阅本篇第五章中的相关公式。

2. 原《通用规范》规定

原《通用规范》对悬索桥的加劲梁、主缆及桥塔之冲击系数 μ 公式为：

$$\mu = \frac{50}{70+L} \tag{6-2-131}$$

式中：L——悬索桥的主跨跨径，该公式计算较简便，可供初步设计之参考。

二、荷载增大系数

当分析悬索桥结构（主缆、加劲梁）承受汽车荷载的内力时，一般对加劲梁取全宽的截面尺寸，相应地主缆取其两根的截面尺寸。此时，汽车荷载按最不利的偏心布置，先用杠杆原理法计算它对一根主缆的荷载横向分布系数 m，然后乘以 2，便得到荷载增大系数 ζ，即：

$$\zeta = 2m \tag{6-2-132}$$

若取半桥宽的结构（一根主缆和半宽加劲梁）作为分析对象时，则荷载增大系数直接取等于荷载横向分布系数 m，但冲击系数 μ 不变。

第三章 悬索桥平面整体分析的代换梁法

第一节 代换梁法原理简介

图 6-3-1 示出承受拉弯共同作用的简支梁，它的平衡微分方程可表为：

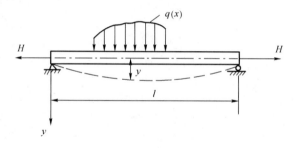

图 6-3-1　承受拉弯共同作用的简支梁

$$-EI\frac{d^2y}{dx^2} = M(x) - Hy \tag{a}$$

将式（a）再微分二次后，得：

$$-EI\frac{d^4y}{dx^4} = -q(x) - H\frac{d^2y}{dx^2} \tag{b}$$

于是，便有：

$$EI\frac{d^4y}{dx^4} - H\frac{d^2y}{dx^2} = q(x) \tag{6-3-1}$$

将式（6-3-1）与式（6-2-6）比较后，便能看出，本式中的 $q(x)$ 便相当于式（6-2-6）中等号右边的两项，即：

$$q(x) = p(x) + H_p\frac{d^2y}{dx^2} \tag{c}$$

注意到式（6-2-1）主缆索曲线的二阶导数为：

$$\frac{d^2y}{dx^2} = -\frac{8f}{l^2} \tag{d}$$

引入式（6-2-9）中的定义

$$\nu = \frac{8f}{l^2}$$

则：

$$q(x) = p(x) - \nu H_p \tag{6-3-2}$$

这样，式（6-2-6）可以写成：

$$EI\frac{d^2 y}{dx^4} - H\frac{d^2 y}{dx^2} = p(x) - \nu H_p \tag{6-3-3}$$

以上便是利用相似性原理，将悬索桥加劲梁的平衡微分方程，用一个同时受拉弯共同作用的梁来替代的过程，因此称之为代换梁法，并且可以应用拉弯构件微分方程的解来分析加劲梁的内力。但应特别注意以下几点：

①拉弯构件是承受轴力 H 的，而此处设想的代换梁（加劲梁）是不应计入这个轴力的。

②拉弯构件的轴力 H 是常值，而代换梁上的轴力 $H = H_q + H_p$ 是随活荷载大小和位置的变化而不断改变 H_p 值的，因此它是二阶非线性的，不能简单地应用内力叠加原理。

③只有在同一工况下的几种荷载，才可应用叠加原理，如图 6-3-2 所示。其内力表达式如下：

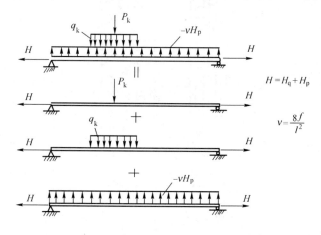

图 6-3-2　叠加原理示意

$$\left.\begin{array}{ll}
\text{挠度：} & \eta = \eta(P_k) + \eta(q_k) - \eta(\nu H_p) \\
\text{弯矩：} & M = M(P_k) + M(q_k) - M(\nu H_p) \\
\text{剪力：} & Q = Q(P_k) + Q(q_k) - Q(\nu H_p) \\
\text{轴力：} & N = 0
\end{array}\right\} \tag{6-3-4}$$

第二节　主缆水平拉力 H_p 的计算公式及其计算用表

H_p 是指在加劲梁合龙以后由二期恒载 q_2、汽车荷载以及温度影响力等因素对主缆产生的附加水平分力。它只能通过逐次近似法求解，具体计算公式如下：

①单跨双铰悬索桥——按式（6-3-5）计算（表 6-3-1）；
②三跨双铰悬索桥——按式（6-3-6）计算（表 6-3-1）；
③三跨连续悬索桥——按式（6-3-7）计算（表 6-3-2）。

代换梁的内力及变形计算见表 6-3-3。

表 6-3-1

加劲梁为简支体系的悬索桥

桥 型	单跨悬索桥	三孔对称悬索桥
加劲梁计算图式 ($H=H_q+H_p$)	[图：单跨悬索桥计算简图，跨径 l，矢高 f，加劲梁 EI，缆索 $E_k A_k$]	[图：三孔对称悬索桥计算简图，中跨 l，边跨 l_1，矢高 f、f_1]
活载 p 作用下的索力水平分量 H_p	$H_p = \dfrac{HF_\eta(p) - \beta^2 \alpha_t \Delta t \cdot \rho L_t EI}{\dfrac{2}{3} fl - \dfrac{8f}{l} \cdot \dfrac{k}{\beta^2} + \beta^2 \rho L_k \dfrac{EI}{E_k A_k}}$ ($\nu=\dfrac{8f}{l^2}$) (6-3-5)	$H_p = \dfrac{\sum \lambda H F_\eta(p) - \beta^2 \alpha_t \Delta t \cdot \rho L_t EI}{\dfrac{2}{3}(fl+2\lambda_1 f_1 l_1) - \dfrac{8f}{l} \cdot \beta^2 \left[k+2\lambda_1^2 \left(\dfrac{l_1 I}{l I_1}\right) k_1\right] + \beta^2 \rho L_k \dfrac{EI}{E_k A_k}}$ ($\nu=\dfrac{8f}{l^2}$) (6-3-6)
符号定义	$\rho = \dfrac{l^2}{8f}, \rho_1 = \dfrac{l_1^2}{8f_1}, \lambda_1 = \dfrac{\rho}{\rho_1}$ $\beta = \sqrt{\dfrac{H}{EI}}, \alpha = \dfrac{\beta l}{2}, \dfrac{\text{th}\alpha}{\alpha}$ $\beta_1 = \sqrt{\dfrac{H}{EI_1}}, \alpha_1 = \dfrac{\beta_1 l_1}{2}, k_1 = 1 - \dfrac{\text{th}\alpha_1}{\alpha_1}$ $\varphi = \beta \text{th}\alpha + \dfrac{\beta_1}{\text{th}\beta_1 l_1} - \dfrac{1}{l_1}$ L_k, L_t 的计算见表 6-3-2	E, E_k ——分别为加劲梁和缆索的弹性模量； I, I_1 ——分别为加劲梁和边跨加劲梁的抗弯惯矩； A_k ——缆索的截面面积； $\alpha_t, \Delta t$ ——分别为温度涨缩系数和温度差，温升（＋）、温降（－）； $HF_\eta(p), HF_\eta(p_1)$ ——分别为中跨和边跨加劲梁由外荷载（不含 $-\nu H_p$）产生的 H 倍挠度面积，计算公式见表 6-3-3

加劲梁为连续的三孔对称悬索桥

表 6-3-2

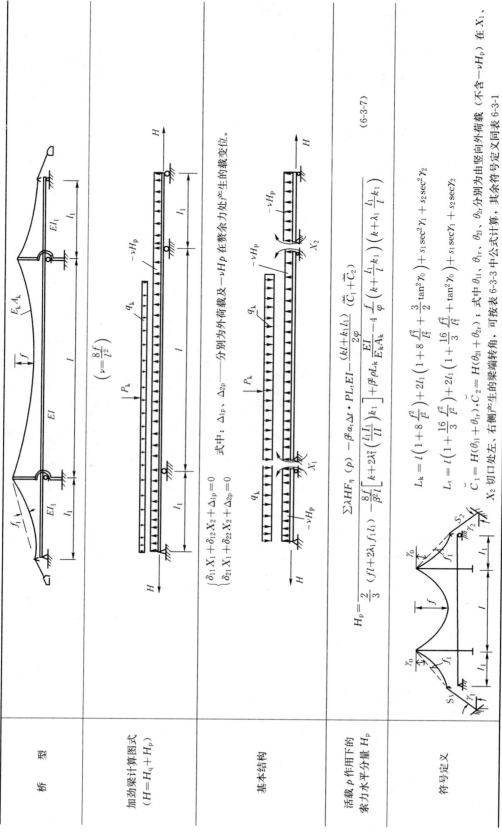

桥 型	
加劲梁计算图式 $(H=H_q+H_p)$	
基本结构	$\begin{cases} \delta_{11}X_1+\delta_{12}X_2+\Delta_{1p}=0 \\ \delta_{21}X_1+\delta_{22}X_2+\Delta_{2p}=0 \end{cases}$ 式中：Δ_{1p}、Δ_{2p}——分别为外荷载及 $-\nu H_p$ 在赘余力处产生的载变位。
活载 p 作用下的索力水平分量 H_p	$H_p = \dfrac{\dfrac{2}{3}(fl+2\lambda_1 f_1 l_1) \sum \lambda H F_\eta(p) - \beta^2 \alpha_t \Delta t \cdot P L_t E I - \dfrac{(kl+k_1 l_1)}{2\varphi}(\widetilde{C_1}+\widetilde{C_2})}{\dfrac{8f}{\beta^2 l}\left[k+2\lambda_1^2\left(\dfrac{l_1 l_1}{lI}\right)k_1\right]+\beta^2 \rho L_k \dfrac{EI}{E_k A_k}-4\dfrac{f}{l^2}\varphi\left(k+\lambda_1 \dfrac{l_1}{l}k_1\right)(k+\lambda_1 \dfrac{l_1}{l}k_1)}$ (6-3-7) $L_k = l\left(1+8\dfrac{f^2}{l^2}\right)+2l_1\left(1+8\dfrac{f_1^2}{l_1^2}+\dfrac{3}{2}\tan^2\gamma_0\right)+s_1\sec^2\gamma_1+s_2\sec^2\gamma_2$ $L_t = l\left(1+\dfrac{16}{3}\dfrac{f^2}{l^2}\right)+2l_1\left(1+\dfrac{16}{3}\dfrac{f_1^2}{l_1^2}+\tan^2\gamma_0\right)+s_1\sec^2\gamma_1+s_2\sec^2\gamma_2$ $\widetilde{C_1} = H(\theta_{1l}+\theta_{1r}), \widetilde{C_2} = H(\theta_{2l}+\theta_{2r})$；式中 θ_{1l}、θ_{1r}、θ_{2l}、θ_{2r} 分别为由竖向外荷载（不含 $-\nu H_p$）在 X_1、X_2 切口处左、右侧产生的梁端转角，可按表 6-3-3 中公式计算，其余符号定义同表 6-3-1
符号定义	

代换梁计算用表   表 6-3-3

符号说明：$\beta=\sqrt{\dfrac{H}{EI}}$， $\alpha=\dfrac{\beta l}{2}$， $k=1-\dfrac{\mathrm{th}\alpha}{\alpha}$

$F_\eta(p)$——由荷载 p 产生的挠度面积；

$\breve{A}$，$\breve{B}$——梁两端的 H 倍转角，即 $\breve{A}=H\theta_A$，$\breve{B}=H\theta_B$，A 端以顺时针旋转者为正，B 端以逆时针旋转者为正；

M_x^o——轴力 $H=0$ 时的截面弯矩，即简支梁弯矩。

图　式	公　式
$\breve{A}=H\theta_A$，$\breve{B}=H\theta_B$ 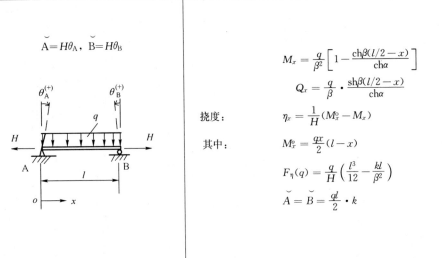	当 $0\leq x\leq a$： $M_x = P\dfrac{\mathrm{sh}\beta b}{\beta\,\mathrm{sh}\beta l}\mathrm{sh}\beta x$ $Q_x = P\dfrac{\mathrm{sh}\beta b}{\mathrm{sh}\beta l}\mathrm{ch}\beta x$ 当 $a < x \leq l$： $M_x = P\dfrac{\mathrm{sh}\beta a}{\beta\,\mathrm{sh}\beta l}\mathrm{sh}\beta(l-x)$ $Q_x = -P\dfrac{\mathrm{sh}\beta a}{\mathrm{sh}\beta l}\mathrm{ch}\beta(l-x)$ 挠度：$\eta_x = \dfrac{1}{H}(M_x^o - M_x)$ 其中：AC 段　$M_x^o = \dfrac{Pbx}{l}$ CB 段　$M_x^o = Pa\left(1-\dfrac{x}{l}\right)$ $F_\eta(P) = \dfrac{P}{H}\left\{\dfrac{ab}{2} - \dfrac{1}{\beta^2}\left[1-\dfrac{\mathrm{ch}\beta(l/2-a)}{\mathrm{ch}\alpha}\right]\right\}$ $\breve{A} = P\left(\dfrac{b}{l}-\dfrac{\mathrm{sh}\beta b}{\mathrm{sh}\beta l}\right)$ $\breve{B} = P\left(\dfrac{a}{l}-\dfrac{\mathrm{sh}\beta a}{\mathrm{sh}\beta l}\right)$
$\breve{A}=H\theta_A$，$\breve{B}=H\theta_B$	$M_x = \dfrac{q}{\beta^2}\left[1-\dfrac{\mathrm{ch}\beta(l/2-x)}{\mathrm{ch}\alpha}\right]$ $Q_x = \dfrac{q}{\beta}\cdot\dfrac{\mathrm{sh}\beta(l/2-x)}{\mathrm{ch}\alpha}$ 挠度：　$\eta_x = \dfrac{1}{H}(M_x^o - M_x)$ 其中：　$M_x^o = \dfrac{qx}{2}(l-x)$ $F_\eta(q) = \dfrac{q}{H}\left(\dfrac{l^3}{12}-\dfrac{kl}{\beta^2}\right)$ $\breve{A} = \breve{B} = \dfrac{ql}{2}\cdot k$

续上表

图　式	公　式
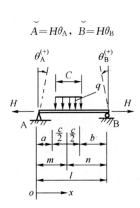 $\breve{A}=H\theta_A$, $\breve{B}=H\theta_B$	荷载区： $M_x = \dfrac{q}{\beta^2}\left[1 - \dfrac{\mathrm{ch}\beta a \cdot \mathrm{sh}\beta(1-x) + \mathrm{ch}\beta b \cdot \mathrm{sh}\beta x}{\mathrm{sh}\beta l}\right]$ $Q_a = \dfrac{2q}{\beta}\cdot\dfrac{\mathrm{sh}\beta m \cdot \mathrm{sh}\dfrac{\beta c}{2}\cdot \mathrm{ch}\beta a}{\mathrm{sh}\beta l}$ 挠度：$\eta_x = \dfrac{1}{H}(M_x^0 - M_x)$ 其中：荷载区 $M_x^0 = qc\left[\dfrac{bx}{l} - \dfrac{(x-a)^2}{2c}\right]$ $F_\eta(q) = \dfrac{qc}{24H}(12m\cdot n - c^2) - \dfrac{2q}{H\beta^2}\left[\dfrac{c}{2} - \dfrac{\mathrm{sh}\dfrac{\beta c}{2}\mathrm{ch}\dfrac{\beta(m-n)}{2}}{\beta\mathrm{ch}\alpha}\right]$ $\breve{A} = q\left[\dfrac{c\cdot n}{l} - \dfrac{2}{\beta}\dfrac{\mathrm{sh}\beta n \cdot \mathrm{sh}\dfrac{\beta c}{2}}{\mathrm{sh}\beta l}\right]$ $\breve{B} = q\left[\dfrac{c\cdot m}{l} - \dfrac{2}{\beta}\dfrac{\mathrm{sh}\beta m \cdot \mathrm{sh}\dfrac{\beta c}{2}}{\mathrm{sh}\beta l}\right]$
$\breve{A}=H\theta_A$, $\breve{B}=H\theta_B$ （图：简支梁，右端作用 M_2，轴力 H）	$M_x = M_2\dfrac{\mathrm{sh}\beta x}{\mathrm{sh}\beta l}$ $Q_x = M_2\dfrac{\beta\,\mathrm{ch}\beta x}{\mathrm{sh}\beta l}$ 挠度：$\eta_x = \dfrac{1}{H}\left(\dfrac{M_2 x}{l} - M_x\right)$ $\breve{A} = \left(\dfrac{1}{l} - \dfrac{\beta}{\mathrm{sh}\beta l}\right)\cdot M_2$ $\breve{B} = \left(\dfrac{\beta}{\mathrm{th}\beta l} - \dfrac{1}{l}\right)\cdot M_2$
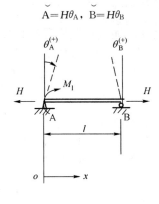 $\breve{A}=H\theta_A$, $\breve{B}=H\theta_B$	$M_x = M_1\dfrac{\mathrm{sh}\beta(l-x)}{\mathrm{sh}\beta l}$ $Q_x = -M_1\dfrac{\beta\mathrm{ch}\beta(l-x)}{\mathrm{sh}\beta l}$ 挠度：$\eta_x = \dfrac{1}{H}\left(\dfrac{M_1(l-x)}{l} - M_x\right)$ $\breve{A} = \left(\dfrac{\beta}{\mathrm{th}\beta l} - \dfrac{1}{l}\right)\cdot M_1$ $\breve{B} = \left(\dfrac{1}{l} - \dfrac{\beta}{\mathrm{sh}\beta l}\right)\cdot M_1$

第三节 代换梁法的具体应用

应用代换梁法分析主缆水平拉力和加劲梁的内力及其变形时,可按以下的要求和步骤进行。

一、基本技术参数的准备

1. 恒载集度

应按一期恒载和二期恒载分开计算。

① 一期恒载集度 $q_{恒(一)}$,它包括有:主缆、吊索和加劲梁及其纵、横联结系的自重。

② 二期恒载集度 $q_{恒(二)}$,它包括桥道板、人行道板、桥面铺装层、路缘石、栏杆和伸缩缝等的自重。

2. 加劲梁的抗弯惯矩

对于钢箱加劲梁可按实际截面尺寸计算;对于钢桁加劲梁,则需按本篇第二章第五节所介绍的合适方法求出它的等效的、换算抗弯惯矩 $I_{换}$。

3. 冲击系数 μ

按现行《通用规范》或本篇式(6-2-128)和式(6-2-129)计算,参见本篇第二章第六节。

4. 荷载横向分布系数 m

当取半桥宽结构进行内力分析时,则将一行车荷载乘以 m 系数;当取全宽结构进行内力分析时,则将一行车荷载乘以增大系数 $\zeta(=2m)$,参见本篇第二章第六节。

二、不同阶段的计算图示

1. 加劲梁架设阶段

无论是钢箱加劲梁还是钢桁加劲梁,它们的自重均由主缆承担,并通过桥塔传至基础和锚碇。在一般情况下,不考虑加劲梁自身的整体受力,直至全部节段拼装完成。此时,主缆的水平拉力按式(6-2-3)为 $H=H_{恒(一)}=\dfrac{q_{恒(一)}l^2}{8f}$,其中所有符号的定义同前。

2. 二期恒载施工阶段

此时的加劲梁已拼接成整体,并且搁置在支座上。当施加二期恒载 $q_{恒(二)}$ 时,主缆与加劲梁将共同承担这部分外荷载,并且始终不变。这时主缆的水平分力 H 也随之发生改变,它为:

$$H = H_{恒(一)} + H_{恒(二)} \tag{6-3-8}$$

但式中的 $H_{恒(二)}$ 是个待定值,它不能再按照式(6-2-3)计算,而应按照实际结构体系,选用代换梁法中的相应式(6-3-5)~式(6-3-7)和应用迭代法求算。当求得 $H_{恒(二)}$ 的最终值以后,便按照图 6-3-3b)的计算图示和查阅表 6-3-3 的相应公式,来计算加劲梁任意截面的内力和变形。

3. 运营阶段

运营阶段的外荷载主要是汽车荷载和温度影响力等,而横向风力则不能应用代换梁法计算。在应用代换梁法公式中,汽车荷载和温度影响力可以同时考虑,若不计温度影响力时,则令温度 $t=0$。

在该阶段中主缆总的水平分力 H 可表为:

$$H = H_{恒} + H_{汽+温} \tag{6-3-9}$$

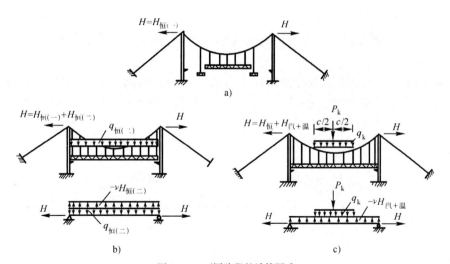

图 6-3-3 不同阶段的计算图式
a) 加劲梁架设阶段；b) 二期恒载施工阶段；c) 汽车荷载运营阶段

其中 $H_\text{恒}$ 在此时已是已知值，它是上一阶段经试算而得到的 $H_{\text{恒}(二)}$ 最终值与 $H_{\text{恒}(一)}$ 之和，可以表为与式 (6-3-5) 相同形式，即：

$$H_\text{恒} = H_{\text{恒}(一)} + H_{\text{恒}(二)} \tag{6-3-9a}$$

其次，$H_{\text{汽}+\text{温}}$ 值同求 $H_{\text{恒}(二)}$ 的最终值一样，也需要按照与结构体系相对应的式 (6-3-5) ~ 式 (6-3-7) 和通过迭代法来求算。

当确定出 $H_{\text{汽}+\text{温}}$ 值以后，便可按图 6-3-3c) 的计算图示来计算由汽车荷载与温度影响力作用下加劲梁的任一截面内力和变形。

三、迭代运算过程简述

为了叙述的简便，这里暂把上述的后两个阶段中的已知值 $H_{\text{恒}(一)}$ 和 $H_\text{恒}$ 统一用 H_q 符号代替，把待求的 $H_{\text{恒}(二)}$ 和 $H_{\text{汽}+\text{温}}$ 值统一用 H_p 符号代替。求算 H_p 的迭代过程如下：

①任意假定 $H_p^{(0)}$ 值，得第一次主缆水平拉力试算值 $H^{(0)} = H_q + H_p^{(0)}$。

②将 $H \approx H^{(0)}$ 代入到表 6-3-1 ~ 表 6-3-2 中相应的求 H_p 值的公式[式 (6-3-5) ~ 式 (6-3-7)]，便得到 H_p 的第一次近似值 $H_p^{(1)}$。

③再令 $H = H_q + H_p^{(1)}$，重复上述第二步的计算，便得到 H_p 的第二次近似值 $H_p^{(2)}$。

④如此重复迭代，直到达到满意的精度为止。根据实例运算得知，当精度要求控制在 $\left|\dfrac{H_p^{(i)} - H_p^{(i-1)}}{H_p^{(i-1)}}\right| \leqslant 0.01$ 时，则只需迭代 2~5 个循环，便可以求得 H_p 的最终值。

显然，上述迭代运算过程若用手算是不太方便的。好在表中公式并不复杂，故设计者可应用 Fortran 或 Qbasic 等各种语言和表中的公式编制简单的计算程序，用循环语句来完成这个迭代过程。

这里补充说明一点，对于三跨连续悬索桥，当求出 H_p 的最终值以后，还需要按照表 6-3-2 中的基本结构和应用结构力学中的力法，先求出赘余力矩 X_1 和 X_2，再分别计算主跨和边跨加劲梁的内力（注意：轴力 N 不计）和挠度，并且编制程序也不太难。

下面将通过算例作进一步的阐明。

第四节　单跨双铰钢桁梁悬索桥计算示例

【例 6-3-1】　试应用代换梁法分析图 6-3-4a) 所示单跨双铰（又称简支）钢桁梁悬索桥在恒载、汽车荷载和温度差（±27℃）影响力作用下、按不同荷载组合时主缆的水平拉力 H 和钢桁加劲梁的跨中截面弯矩 $M(l/2)$ 和挠度 $\eta(l/2)$。已知的条件如下：

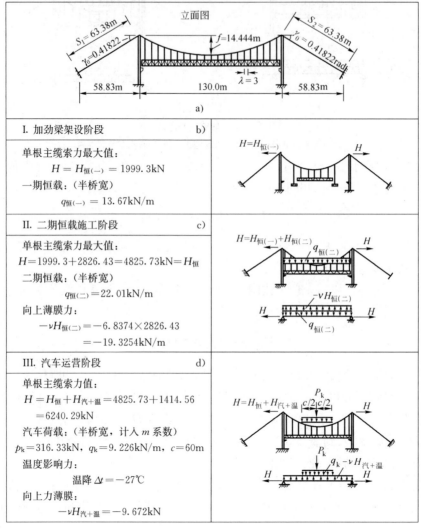

图 6-3-4　例 6-3-1 单跨双铰钢桁加劲梁悬索桥的立面及各阶段的计算图示

注：$H_{恒(二)}$ 和 $H_{汽+温}$ 等统称 H_p，均按式（6-3-5）迭代运算后得出。

①设计荷载：公路Ⅱ级车道荷载，其中均布荷载标准值 $q_k^b = 7.875 \text{kN/m}$，集中荷载标准值 $P_k^b = 270 \text{kN}$。

②桥面净宽：净 $7+2\times0.75\text{m}$（两车道，参见图 6-3-5）。

③主缆矢跨比：$f/l = \dfrac{1}{9}\left(=\dfrac{14.444\text{m}}{130\text{m}}\right)$。

④单根主缆技术参数：截面面积 $A_k = 0.022101 \text{m}^2$；弹性模量 $E_k = 1.8\times10^8 \text{kN/m}^2$；边跨主缆斜长 $s_1 = s_2 = 63.38 \text{m}$；边跨主缆倾角 $\gamma_1 = 0.41822 \text{rad}$。

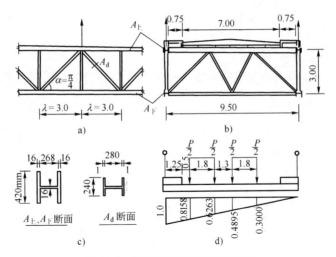

图 6-3-5 钢桁梁构造及荷载横向布置

注：图 c) 尺寸单位为 mm，其余为 m。

⑤单片钢桁梁技术参数：主桁跨长 $l_{桁}=126$m；节间长度 $\lambda=3$m；节间总数 $n=42$；主桁高度 $h=3.0$m；上、下弦杆截面面积 $A_{上}=A_{下}=0.022101$m^2；斜腹杆截面面积 $A_d=0.0076$m^2；斜杆倾角 $\alpha=\frac{\pi}{4}$rad；弹性模量 $E=2.1\times10^8$kN/m^2；剪切模量 $G=8.1\times10^7$kN/m^2。

⑥恒载集度：具体计算过程略，其中：

a. 一期恒载包括：平行的两根主缆及吊索、两片主桁及其横向上、下平面联结系等共计 $q_{恒(一)}=27.34$kN/m；

b. 二期恒载包括：预制混凝土Ⅱ形板，桥面铺装、人行道板及栏杆等共计 $q_{恒(二)}=44.02$kN/m，这些都是在主桁合龙成形以后才施加上去的。

计算步骤如下：

一、基本技术参数计算

1. 钢桁梁的换算抗弯惯矩 $I_{换}$

本例半宽钢桁加劲梁的换算抗弯惯矩 $I_{换}$ 已在例 6-2-1 中进行了计算，这里取其中按有限元法程序和计入主桁腹杆加上、下平联结系影响的计算结果，即 $I_{换}=8976414$cm^4 $=0.08976414$m^4。

2. 冲击系数 μ

首先，按式（6-2-129）计算单跨简支悬索桥的反对称竖向弯曲基频 f_1，即：

$$f_1 = \frac{1}{l_{桁}}\sqrt{\frac{EI\left(\frac{2\pi}{l_{桁}}\right)^2 + 2H_q}{m}} = 0.9561\text{Hz}$$

式中各个参数分别计算如下：

$$I = 2I_{换} = 2\times0.08976414\text{m}^4 = 0.17952828\text{m}^4$$

$$2H_q = \frac{[q_{恒(一)}+q_{恒(二)}]\times l_{桁}^2}{8f} = \frac{(27.34+44.02)\times126^2}{8\times14.444}\times10^3 = 9804342.29\text{N}$$

$$E = 2.1\times10^8\times10^3\text{N/m}^2$$

$$m = \frac{[q_{恒(一)}+q_{恒(二)}]}{g} = \frac{(27.34+44.02)}{10}\times10^3 = 7136\text{kg/m}$$

其次，根据式（6-2-128），由于 $f_1=0.9561\text{Hz}<1.5\text{Hz}$，故其冲击系数 $\mu=0.05$，$1+\mu=1.05$。

3. 荷载横向分布系数 m

按杠杆法和图 6-3-5 中的荷载横向布置，对于一根主缆的荷载横向分布系数 m 应为：

$$m=\frac{1}{2}(0.8158+0.6263+0.4895+0.3000)=1.1158$$

4. 计算荷载值

当按半桥宽结构分析截面内力时，各种荷载值为：

恒载：
$$q_{\text{恒}(一)}=13.67\text{kN/m}, \qquad q_{\text{恒}(二)}=22.01\text{kN/m}$$

汽车荷载：
$$P_k=(1+\mu)mP_k^b=1.05\times1.1158\times270=316.33\text{kN}$$
$$q_k=(1+\mu)mq_k^b=1.05\times1.1158\times7.875=9.226\text{kN/m}$$

二、各阶段主缆和加劲梁的内力分析

本例旨在用手算法阐明代换梁法的具体应用，以加深对代换梁法的理解和作为自编计算程序时的参考，故只演示其中一个工况里面的一个迭代循环。对于其余工况的计算均可照此类推，本例在最后还给出了各种工况和用自编程序所得到的计算结果，供参考。

本例要演示的工况示于图 6-3-4d) 中，该工况中的集中力 P_k 作用于跨中，均布荷载 q_k 的分布长度 $c=60\text{m}$，亦对称于跨中布置。此外，还同时计入温降（$\Delta t=-27℃$）影响力的作用。下面将逐一叙述。

1. 二期恒载 $q_{\text{恒}(二)}$ 施工阶段的内力分析

为了求得主缆所承受的在恒载下之水平拉力 $H_{\text{恒}}$ 和便于以后各阶段的内力分析，必须先从该阶段的内力分析开始。计算过程是：

①计算一期恒载作用下的主缆水平拉力 $H_{\text{恒}(一)}$：

$$H_{\text{恒}(一)}=\frac{q_{\text{恒}(一)}l^2}{8f}=\frac{13.67\times130^2}{8\times14.444}=1999.3\text{kN}=\text{常值}$$

②初设 $H_{\text{恒}(二)}^{(0)}=2000\text{kN}$，于是得：

$$H=H_{\text{恒}(一)}+H_{\text{恒}(二)}^{(0)}=1999.3+2000=3999.3\text{kN}$$

③应用表 6-3-1 中的式（6-3-5）得 $H_{q(二)}$ 的第一次近似值：

$$H_{\text{恒}(二)}^{(0)}=2844.895\text{kN}$$

④再令 $H=H_{\text{恒}(一)}+H_{\text{恒}(二)}^{(0)}=1999.3+2844.895=4844.195\text{kN}$ 重新代入式（6-3-5），便得 $H_{\text{恒}(二)}^{(2)}=2826.431\text{kN}$

⑤若要求的计算精度为两次相对差应不超过 1‰ 的话，则有：

$$\left|\frac{H_p^{(i)}-H_p^{(i-1)}}{H_p^{(i-1)}}\right|=\left|\frac{2826.431-2844.895}{2844.895}\right|=0.0065 \quad (可)$$

⑥最后取 $H_{q(二)}=2826.431\text{kN}$，并由此得：

$$H=H_{\text{恒}}=1999.3+2826.431\text{kN}=4825.731\text{kN}$$

⑦按图 6-3-4c) 中代换梁的计算图示和表 6-3-3 中的公式可以计算出加劲梁在二期恒载作用下的内力和变形，对于跨中截面有（具体计算过程略）：

弯矩：

$$M(l/2) = 3892.086$$

挠度：

$$\eta(l/2) = 0.3686638 \text{m}$$

实际设计中可以参考此挠度值对主缆及加劲梁设置预拱度。

2. 运营阶段主缆水平分力 H 的计算

本例将对图 6-3-4d) 所示的工况稍作详细一点的介绍。

①H_p 的计算公式见表 6-3-1 中式（6-3-5）：

$$H_p = \frac{HF_\eta(p) - \beta^2 \alpha_t \Delta t \cdot \rho L_t EI}{\frac{2}{3}fl - \frac{8f}{l} \cdot \frac{k}{\beta^2} + \beta^2 \rho L_k \frac{EI}{E_k A_k}}$$

②总水平索力 H 的确定

按照上一节中的说明，在运营阶段里，$H_q = H_{恒} = H_{恒(一)} + H_{恒(二)}$ 为已知值，它可以从上一阶段的计算结果中得到，即 $H_q = 4825.731 \text{kN}$，而此阶段的 $H_p = H_{汽+温}$（温降 $\Delta t = -27℃$）仍是一个待定值。为此，仍须先任意假定它，本例初设 $H_p^{(0)} = 2000 \text{kN}$，则 H 的初试算值为 $H = H_q + H_p^{(0)} = 6825.731 \text{kN}$。然后代入到式（6-3-5）进行迭代运算，便得 $H_p^{(1)} = 1413.653 \text{kN}$，$H_p^{(2)} = 1414.757 \text{kN}$。由于该二者之间的相对差小于 1%，满足设计人员所定的精度要求，故不再重复循环下去，便取最终值 $H_p = 1414.757 \text{kN}$，于是得：

$$H = H_q + H_p = 4825.731 + 1414.757 = 6240.488 \text{kN}$$

为了验证此计算结果，下面将此值先重新确定 β 参数后，再代入到式（6-3-5）进行具体的演算，其余所有迭代运算过程，均与此相仿，故不一一重复。

③按新确定的 $H = 6240.488 \text{kN}$ 重新计算各参数

按照表 6-3-1 中的公式进行以下的计算：

$$\beta = \sqrt{\frac{H}{EI}} = \sqrt{\frac{6240.488}{2.1 \times 10^8 \times 0.08976414}} = 0.018195 \frac{1}{m}$$

$$\alpha = \frac{\beta l}{2} = \frac{0.018195 \times 130}{2} = 1.182675$$

$$k = 1 - \frac{\text{th}\alpha}{\alpha} \approx 0.299607$$

$$\rho = \frac{l^2}{8f} = \frac{130^2}{8 \times 14.444} = 146.2545$$

$$L_k = l\left(1 + 8\frac{f^2}{l^2}\right) + s_1 \sec^2 \gamma_1 + s_2 \sec^2 \gamma_2$$

$$= 130\left(1 + 8\frac{14.444^2}{130^2}\right) + 2 \times 63.38 \times \sec^2 0.41822 = 294.64 \text{m}$$

$$L_t = l\left(1 + \frac{16}{3}\frac{f^2}{l^2}\right) + s_1 \sec \gamma_1 + s_2 \sec \gamma_2$$

$$= 130\left(1 + \frac{16}{3} \cdot \frac{14.444^2}{130^2}\right) + 2 \times 63.38 \times \sec 0.41822 = 277.28 \text{m}$$

④式（6-3-5）中分子各项计算

第一项：$HF_\eta(p)$ 项，本例包含 $P_k = 316.33 \text{kN}$ 和 $q_k = 9.226 \text{kN/m}$，但不包含 $-\nu H_p$ 的影响，查表 6-3-3 中的相应公式有：（注：H_p 的影响已反映到 β 参数中）

$$HF_\eta(P_k) = P_k\left\{\frac{ab}{2} - \frac{1}{\beta^2}\left[1 - \frac{\text{ch}\beta(l/2-a)}{\text{ch}\alpha}\right]\right\} = P_k\left\{\frac{l^2}{8} - \frac{1}{\beta^2}\left[1 - \frac{1}{\text{ch}\alpha}\right]\right\}$$

$$= 316.33\left\{\frac{130^2}{8} - \frac{1}{(0.018195)^2}\left[1 - \frac{1}{\text{ch}(1.182675)}\right]\right\} = 248103.4605 \text{kN} \cdot \text{m}^2$$

$$HF_\eta(q_k) = \frac{q_k c}{24}(12mm - c^2) - \frac{2q_k}{\beta^2}\left[\frac{c}{2} - \frac{\text{sh}\dfrac{\beta c}{2}\text{ch}\dfrac{\beta(m-n)}{2}}{\beta\text{ch}\alpha}\right]$$

$$= \frac{q_k c}{24}(3l^2 - c^2) - \frac{2q_k}{\beta^2}\left[\frac{c}{2} - \frac{\text{sh}\dfrac{\beta c}{2}}{\beta\text{ch}\alpha}\right]$$

$$= \frac{9.226 \times 60}{24}(3 \times 130^2 - 60^2) - \frac{2 \times 9.226}{(0.018195)^2}\left[\frac{60}{2} - \frac{\text{sh}(30\beta)}{\beta\text{ch}(1.182675)}\right]$$

$$= 398354.8785 \text{kN} \cdot \text{m}^2$$

第二项：$-\beta^2\alpha_t\Delta t\rho L_t EI$ 项中温度差 $\Delta t = -27℃$，主缆线膨胀系数 $\alpha_t = 1.2 \times 10^{-5}$，于是有

$$-\beta^2\alpha_t\Delta t\rho L_t EI = -0.018195^2 \times 1.2 \times 10^{-5} \times (-27) \times 146.2545 \times 277.28$$
$$\times 2.1 \times 10^8 \times 0.08976414 = 81997.2112 \text{kN} \cdot \text{m}^2$$

分子合计 = 248103.4605 + 398354.8785 + 81997.2112 = 728455.5502 kN·m²

⑤式（6-3-5）中分母各项计算

第一、二项

$$\frac{2}{3}fl - \frac{8f}{l}\frac{k}{\beta^2} = \frac{2}{3} \times 14.444 \times 130 - \frac{8 \times 14.444}{l} \times \frac{0.299607}{(0.018195)^2} = 447.3703 \text{m}^2$$

第三项

$$\beta^2\rho L_k\frac{EI}{E_k A_k} = (0.018195)^2 \times 146.2545 \times 294.64 \times \frac{2.1 \times 10^8 \times 0.08976414}{1.8 \times 10^8 \times 0.022101}$$
$$= 67.5994 \text{m}^2$$

分母合计 = 447.3703 + 67.5994 = 514.9697 m²

⑥H_p 的终值

将上述分子和分母值代入式（6-3-5）得第三次迭代运算值，即：

$$H_p^{(3)} = \frac{748455.5502}{514.9697} = 1414.56 \text{kN}$$

它与第二次迭代循环的结果 $H_p^{(2)} = 1414.757$ kN 几乎完全吻合。从上述的运算不难看出，所有的运算都是一般算术计算，而且收敛较快，故编制一般简单的计算程序并无困难。

⑦主缆总的水平拉力值 H

$$H = H_q + H_p^{(3)} = 4825.73 + 1414.56 = 6240.29 \text{kN}$$

但也可取第二次迭代运算的结果 $H = 6240.49$ kN。

3. 运营阶段加劲梁的内力与变形分析

该项计算可按图 6-3-4d) 所示的代换梁图示进行。图中除了实际的汽车荷载 P_k 和 q_k 以外，温度影响力已经在主缆水平拉力 H 中得到反映，不再参与加劲梁的内力计算。

其次，主缆及吊索及加劲梁的薄膜回弹力为 $-\nu H_p$，其方向向上，由式（6-2-9）得：

$$\nu = \frac{8f}{l^2} = \frac{8 \times 14.444}{130^2} = 6.8374 \times 10^{-3}$$

故：
$$-\nu H_p = -6.8374 \times 10^{-3} \times 1414.56 \approx -9.672 \text{kN/m}$$

关于 $H = 6240.29$ kN，它只对分析加劲梁的内力（M，Q）和变形时间接地产生影响，但对加劲梁不产生轴向力。由此可见，作用于加劲梁上共有两个实际荷载 P_k 和 q_k 和一个等效荷载 $-\nu H_p$，然后应用表 6-3-3 中的相应公式便可得出所要求算截面的内力和变形。下面将分项求之。

(1) 由 P_k 引起的跨中弯矩和挠度

查表 6-3-3 中的相应公式，便有：

弯矩：$$M^{\text{I}}(l/2) = P_k \cdot \frac{\text{sh}\left(\frac{\beta l}{2}\right)}{\beta \text{sh}\beta l} \text{sh}\left(\frac{\beta l}{2}\right) = 7200.16 \text{kN} \cdot \text{m}$$

挠度：$$\eta^{\text{I}}(l/2) = \frac{1}{H} \cdot \left[\frac{P_k l}{4} - M^{\text{I}}(l/2)\right] = 0.4937 \text{m}$$

其中：$H = 6340.29$ kN，$\beta = 0.01895$，$l = 130$ m（注：理论上应按 $l_{桁} = 126$ m 计算，本例偏安全取大值），$\beta l = 2.36535$，$\frac{\beta l}{2} = 1.182675$，$P_k = 316.33$ kN

(2) 由 q_k 引起的跨中弯矩和挠度

弯矩：$$M^{\text{II}}(l/2) = \frac{q_k}{\beta^2}\left\{1 - \frac{\text{ch}\left[\frac{\beta(l-c)}{2}\right]\text{sh}\frac{\beta l}{2} \times 2}{\text{sh}\beta l}\right\} = 8979.16 \text{kN} \cdot \text{m}$$

挠度：$$\eta^{\text{II}}(l/2) = \frac{1}{H}\left\{q_k c\left[\frac{l}{4} - \frac{\left(\frac{l}{2} - a\right)^2}{2c}\right] - M^{\text{II}}(l/2)\right\} = 0.7788 \text{m}$$

其中：$q_k = 9.226$ kN/m，$c = 60$ m，$a = \frac{l}{2} - \frac{c}{2} = 35$ m，其余同上。

(3) 由 $-\nu H_p$ 引起的跨中弯矩和挠度

弯矩：$$M^{\text{III}}(l/2) = \frac{-\nu H_p}{\beta^2}\left[1 - \frac{1}{\text{ch}\frac{\beta l}{2}}\right] = -12846.17 \text{kN} \cdot \text{m}$$

挠度：$$\eta^{\text{III}}(l/2) = \frac{1}{H}\left[\frac{-\nu H_p l^2}{8} - M^{\text{III}}(l/2)\right] = -1.2156 \text{m}$$

其中：$\nu H_p = 9.672$ kN/m，计算见前，其余值同上。

(4) 弯矩与挠度合计值

弯矩：$$M(l/2) = M^{\text{I}}(l/2) + M^{\text{II}}(l/2) + M^{\text{III}}(l/2)$$
$$= 3333.15 \text{kN} \cdot \text{m} (3292.14 \text{kN} \cdot \text{m})$$

挠度：$$\eta(l/2) = \eta^{\text{I}}(l/2) + \eta^{\text{II}}(l/2) + \eta^{\text{III}}(l/2) = 0.0569 \text{m} (0.0566 \text{m})$$

括号内数值为按自编程序的计算结果，二者略有偏离，但相对偏差在 1.5% 以内，这主要是由尾数舍入关系所引起。

三、各种工况下的内力与变形汇总

应用了按代换梁法公式（6-3-5）编制的计算机程序，对本例中的几种工况分别进行了计算。表 6-3-4 汇总了在各种工况下对一根主缆产生的水平分力和对半桥宽加劲梁产生的跨中截面弯矩及其跨中挠度（计入了冲击力），供参考。

半桥宽单跨双铰悬索桥主缆及加劲梁的内力和挠度汇总　　　　表 6-3-4

工况序号	荷载组合		主缆索力的水平分力 (kN)			加劲梁弯矩与挠度	
			$H_{恒(一)}$	$H_{恒(二)}$	H	$M(l/2)$ (kN·m)	$\eta(l/2)$ (m)
1	二期恒载 $q_{恒(二)}=22.0$ kN/m		1999.3	2826.43	4825.73	3892.09	0.3687
	汽车荷载 $q_{恒(二)}=22.01$ kN/m	温差 Δt	$H_{恒}=H_q$	$H_{汽+温}=H_p$	H	$M(l/2)$ (kN·m)	$\eta(l/2)$ (m)
2	$P_k=316.33$ kN	—	4825.73	1257.14	6082.87	4744.95	0.1935
3	$q_k=9.226$ kN/m 荷载长度 $c=60$ m	+27℃	4825.73	1101.87	5927.06	6201.61	0.3312
4	均对称于跨中	−27℃		1414.76	6240.49	3292.11	0.0566
5	$P_k=316.33$ kN	—	4825.73	1649.71	6475.44	4387.83	0.2311
6	$q_k=9.226$ kN/m 荷载长度 $c=126$ m	+27℃		1492.02	6317.75	5838.85	0.3677
7	均对称于跨中	−27℃		1810.03	6635.76	2941.49	0.0945

四、关于 H_p 的初设值

通过本例分析得知，H_p 的初设值 $H_p^{(0)}$ 可以任意地假定，但不影响最终结果，只是精度要求愈高，其迭代运算的次数愈多。下面结合本例，采用了三个不同的初设值和三种不同精度的要求，用计算机程序算得的结果汇总于表 6-3-5。

H_p 按不同精度要求和不同初设值的分析结果 (kN)　　　　表 6-3-5

精度要求	初设值 $H_p^{(0)}$	$H_p^{(1)}$	$H_p^{(2)}$	$H_p^{(3)}$
0.01	500	1416.5	1414.751	—
0.001		1416.5	1414.751	1414.755
0.0001		1416.5	1414.751	1414.755
0.01	2000	1413.653	1414.757	—
0.001		1413.653	1414.757	
0.0001		1413.653	1414.757	1414.755
0.01	4000	1409.981	1414.763	—
0.001		1409.981	1414.763	1414.755
0.0001		1409.981	1414.763	1414.755

第五节 三跨连续钢筋箱加劲梁悬索桥计算示例

【例 6-3-2】 试应用代换梁法分析图 6-3-6a) 所示三跨连续钢箱加劲梁悬索桥在二期恒载、汽车荷载和温度（±27℃）影响力作用下，按不同荷载组合时主缆的水平拉力 H、钢箱加劲梁在主跨和左侧边跨的两个跨中截面以及中支点截面的弯矩值和挠度值。已知条件如下：

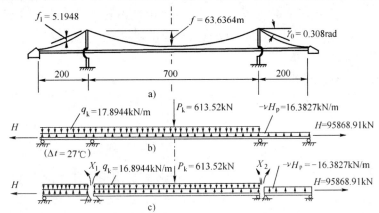

图 6-3-6 三跨连续钢箱加劲梁悬索桥的立面及各阶段的计算图示（尺寸单位：m）

(1) 对半桥宽结构上的恒载
一期恒载（架设阶段）：
$$q_{恒(一)} = 71.639 \text{kN/m}$$

二期恒载（桥面构造施工）：
$$q_{恒(二)} = 12.861 \text{kN/m}$$

(2) 由单根主缆承担的汽车荷载及温度影响力
计入冲击系数和荷载横向分布系数的汽车荷载值为：
$$P_k = (1+\mu)mP_k^b = 613.52 \text{kN}$$
$$q_k = (1+\mu)mq_k^b = 17.8944 \text{kN/m} \qquad (计算过程略)$$

温差量：
$$\Delta t = \pm 27℃$$

(3) 主缆及钢箱梁几何特性
主缆：
$$E_k = 1.8 \times 10^8 \text{kN/m}^2$$
$$A_k = 0.311725 \text{m}^2 (单根)$$

钢箱梁：
$$E = 2.1 \times 10^8 \text{kN/m}^2$$
$$I = 0.6508 \text{m}^4 (半桥宽)$$

主跨主缆矢跨比：
$$\frac{f}{l} = \frac{63.6364}{700} = \frac{1}{11}$$

边跨主缆矢跨比：
$$\frac{f_1}{l_1} = \frac{5.1948}{200} = \frac{1}{38.5}$$

$$\frac{ql^2}{8f} = \frac{ql_1^2}{8f_1} = 7700$$

边主缆倾角：

$$\gamma_0 = 0.308 \text{rad}$$

(4) 其余计算参数（图 6-3-6）

解：本例是按代换梁法的公式（6-3-7）编制的计算机程序，共对 9 种不同的工况分别进行了计算，其主要计算结果汇总于表 6-3-6 中。现仅将其中的工况 6 用手算进行演示，以加深对公式应用的理解。其余工况均可照此类推。现将该工况的演算过程列出如下。

(1) 基本技术参数的计算

① H 的计算（单根主缆）

a. $\quad H_q = H_{恒(一)} + H_{恒(二)} = 68952.5 + 11148.09 = 80100.59 \text{kN}$

其中：

$$H_{恒(一)} = \frac{q_{恒(一)} l^2}{8f} = \frac{71.639 \times 700^2}{8 \times 63.6364} = 68952.5 \text{kN}$$

$H_{恒(二)} = 11148.09 \text{kN}$ （由工况 1 经迭代运算后求得，计算过程略）

b. $H_p = 15768.31 \text{kN}$ （工况 6 的终值）

它是经过以下四次迭代计算后才得出的，即：

$$H_p = 12400(初设值) \rightarrow 15853.97 \rightarrow 15766.09 \rightarrow 15768.31 \text{kN}(终值)$$

$\left|\dfrac{15768.31-15766.09}{15766.09}\right| = 1.4 \times 10^{-4} < 0.001$，满足设定精度要求，故可不再继续进行迭代运算。

c. $H = H_q + H_p^{(4)} = 80100.59 + 15768.31 = 95868.90 \text{kN}$（注：$H_p^{(4)}$ 是上述第四次迭代运算的结果。）

该值是分析工况 6 中结构内力的重要参数。

② 其余参数计算（半桥宽结构）

现以 $H = 95868.9 \text{kN}$ 计算表 6-3-1 和表 6-3-2 中的各个参数：

a. $\quad \beta = \sqrt{\dfrac{H}{EI}} = \sqrt{\dfrac{95868.9}{2.1 \times 10^8 \times 0.6508}} = 0.026485335 \dfrac{1}{\text{m}}, \quad \beta_1 = \beta$

b. $\quad \alpha = \dfrac{\beta l}{2} = \beta \times \dfrac{700}{2} = 9.269867353, \quad \alpha_1 = \dfrac{\beta_1 l_1}{2} = \beta_1 \times \dfrac{200}{2} = 2.6485335 \text{rad}$

c. $\quad k = 1 - \dfrac{\text{th}\alpha}{\alpha} = 0.892123593, \quad k_1 = 0.626194132$

d. $\quad \varphi = \beta \text{th}\alpha + \dfrac{\beta_1}{\text{th}2\alpha_1} - \dfrac{1}{l_1} = 0.047971997$

本例中 $s_1 = s_2 = 0$，$\gamma_0 = 0.308 \text{rad}$（图 6-3-6），其余符号值同上，于是得：（详细过程略）

e. $\quad L_k = l\left(1 + 8\dfrac{f^2}{l^2}\right) + 2l_1\left(1 + 8\dfrac{f_1^2}{l_1^2} + \dfrac{3}{2}\tan^2\gamma_0\right) + s_1\sec^2\gamma_1 + s_2\sec^2\gamma_2$

$\qquad = 1209.1615 \text{m}$

f. $\quad L_t = l\left(1 + \dfrac{16}{3}\dfrac{f^2}{l^2}\right) + 2l_1\left(1 + \dfrac{16}{3}\dfrac{f_1^2}{l_1^2} + \tan^2\gamma_0\right) = 1172.7743 \text{m}$

g. $\quad \rho = \dfrac{l^2}{8f} = 962.50, \quad \rho_1 = \dfrac{l_1^2}{8f} = 962.50, \quad \lambda_1 = \dfrac{\rho}{\rho_1} = 1, \quad \lambda = \dfrac{\rho}{\rho} = 1$

表 6-3-6

半桥宽三跨连续悬索桥主缆及加劲梁内力和挠度汇总

工况序号	荷载图式		主缆索力的水平分力（kN）			主孔钢箱梁		左边孔钢箱梁		中支点截面弯矩	
	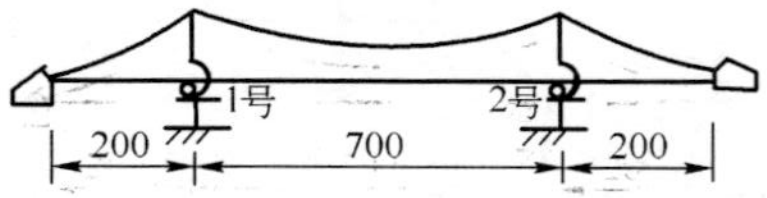		$H_{恒(一)}$	$H_{恒(二)}$	H	M（$l/2$）（kN·m）	η（$l/2$）（m）	M（$l_1/2$）（kN·m）	η（$l_1/2$）（m）	M（1号）（kN·m）	M（2号）（kN·m）
1	二期恒载 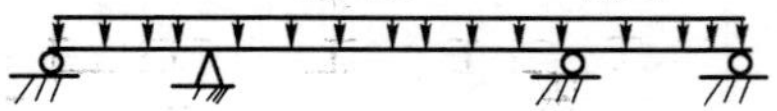		68952.5	11148.09	80100.59	2174.60	0.7764	87.89	−0.0372	−13950.94	−13950.94
	汽车荷载布置	温差 Δt	$H_{恒}=H_q=H_{恒(一)}+H_{恒(二)}$	$H_{汽+温}=H_p$	H	M（$l/2$）（kN·m）	η（$l/2$）（m）	M（$l_1/2$）（kN·m）	η（$l_1/2$）（m）	M（1号）（kN·m）	M（2号）（kN·m）
2	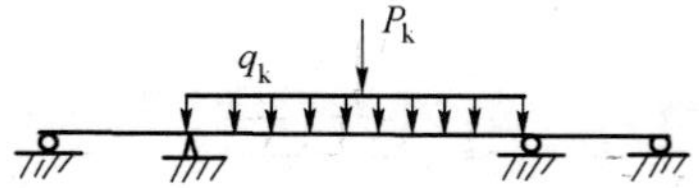	—	80100.59	17113.16	97213.75	11589.39	1.2215	−20431.94	−0.6218	16036.97	16036.97
3	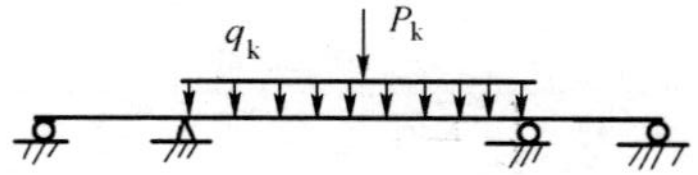	27 ℃	80100.59	15769.13	95869.72	13660.59	1.9957	−19407.37	−0.6221	5158.45	5158.45
4	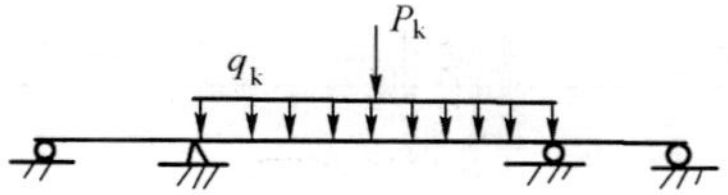	−27 ℃	80100.59	18487.53	98588.12	9529.46	0.4497	−21180.43	−0.6223	27019.6	27019.6

续上表

汽车荷载布置	温差 Δt	$H_{恒}=H_q$ $=H_{恒(一)}+H_{恒(二)}$	$H_{汽+温}=H_p$	H	$M(l/2)$ (kN·m)	$\eta(l/2)$ (m)	$M(l_1/2)$ (kN·m)	$\eta(l_1/2)$ (m)	$M(1号)$ (kN·m)	$M(2号)$ (kN·m)
5	—	80100.59	17114.37	97214.96	11585.46	1.1012	−412.67	−0.0308	−7954.53	16777.51
6	27℃	80100.59	15768.31	95868.91	13659.76	1.8744	517.77	−0.0254	−18946.17	5891.43
7	—	80100.59	−53.76	80046.83	83.65	−0.3061	34909.71	0.8740	−30957.59	−24727.06
8	27℃	80100.59	−1228.41	78872.18	2193.37	0.4769	36014.59	0.8836	−41492.21	−35230.30
9	—	80100.59	17115.58	97216.17	11581.46	0.9808	−362.99	−0.0276	−7213.86	−7213.86

(2) H_p 的详细计算——取工况 6 的第五次迭代循环为例

①式 (6-3-7) 中的各分子项计算

a. $\sum \lambda HF_\eta (P)$ 项

$HF_\eta (P)$ 是按照不同荷载形式和查表 6-3-3 中的相应公式进行计算，但不包含 $-\nu H_p$ 的影响。（注：H_p 的影响已反映到 β 参数中）

主跨：

$$\sum \lambda HF_\eta (P) = \left\{ P_k \left[\frac{\frac{l}{2} \cdot \frac{l}{2}}{2} - \frac{1}{\beta^2} \left(1 - \frac{\mathrm{ch}\beta\left(\frac{l}{2} - \frac{l}{2}\right)}{\mathrm{ch}\alpha} \right) \right] + q_k \left(\frac{l^3}{12} - \frac{kl}{\beta^2} \right) \right\} \times \lambda$$

$$= \{36703648.08 + 495551105.2\} \times 1$$

$$= 532254753.3 \text{kN} \cdot \text{m}^2$$

其中：
$$P_k = 613.52 \text{kN}$$
$$q_k = 17.894 \text{kN/m}^2, \quad \lambda = 1$$

左边跨：

$$\sum \lambda HF_\eta (P) = \lambda_1 \times q_k \left(\frac{l_1^3}{12} - \frac{k_1 l_1}{\beta_1^2} \right) = 8734788.87 \text{kN} \cdot \text{m}^2$$

右边跨：

因无外荷载，故 $\sum \lambda HF_\eta (P) = 0$

合计：

$$\sum \lambda HF_\eta (P) = 532254753.30 + 8734788.87 = 540989542.17 \text{kN} \cdot \text{m}^2$$

b. $-\beta^2 \alpha_t \Delta t \cdot \rho L_t EI$ 项

对于钢主缆结构，温度线膨胀系数 $\alpha_t = 1.2 \times 10^{-5}$，于是：

$$-\beta^2 \alpha_t \Delta t \cdot \rho L_t EI = -(0.026485335)^2 \times 1.2 \times 10^{-5} \times 27 \times 962.50 \times 1172.7743$$
$$\times 2.1 \times 10^8 \times 0.6508$$
$$= -35062084.14 \text{kN} \cdot \text{m}^2$$

c. $-\dfrac{(kl + k_1 l_1)}{24} (\check{C}_1 + \check{C}_2)$ 项

参见图 6-3-6c)，对于本例，$\check{C}_1$、$\check{C}_2$ 分别为荷载 P_k 和 q_k（不包含 $-\nu H_p$）在 X_1、X_2 两个切口处产生的相对转角、并再乘以 H 倍，它们可按表 6-3-3 中相应的公式计算，即：

$$\check{C}_1 = H(\theta_{1l} + \theta_{1r}) = \left(\frac{q_k l_1}{2} k_1 + \frac{q_k l}{2} k \right) + P_k \left(\frac{l/2}{l} - \frac{\mathrm{sh}\frac{\beta l}{2}}{\mathrm{sh}\beta l} \right)$$

$$= 17.8944 \left(\frac{200}{2} \times 0.626194132 + \frac{700}{2} \times 0.892123593 \right) + 613.52 \left(\frac{1}{2} - \frac{\mathrm{sh}\frac{\beta l}{2}}{\mathrm{sh}\beta l} \right)$$

$$= 7014.644769$$

$$\check{C}_2 = H(\theta_{2l} + \theta_{2r}) = \frac{q_k l}{2} k + P_k \left(\frac{l/2}{l} - \frac{\mathrm{sh}\frac{\beta l}{2}}{\mathrm{sh}\beta l} \right) = 5894.107941$$

于是：

$$-\frac{(kl+k_1l_1)}{2\varphi}(\check{C}_1+\check{C}_2) = -\frac{0.892123593\times700+0.626194132\times700}{2\times0.047971997}\times$$
$$(7014.644769+5894.107941)$$
$$=-100860810.6\,\mathrm{kN\cdot m^2}$$

d. 分子各项合计

$$\sum 分子 = 540989542.17-35062084.14-10086080.6 = 405066647.4\,\mathrm{kN\cdot m^2}$$

②式（6-3-7）中的各分母项计算

a. $\frac{2}{3}(fl+2\lambda_1 f_1 l_1)$ 项

$$\frac{2}{3}(fl+2\lambda_1 f_1 l_1) = \frac{2}{3}(63.6364\times700+2\times1\times5.1948\times200) = 31082.2497\,\mathrm{m^2}$$

b. $-\frac{8f}{\beta^2 l}\left[k+2\lambda_1^2\left(\frac{l_1 I_1}{lI}\right)k_1\right]$ 项

本例中 $I_1=I=0.6508\,\mathrm{m^4}$，故有：

$$-\frac{8f}{\beta^2 l}\left[k+2\lambda_1^2\left(\frac{l_1 I_1}{lI}\right)k_1\right] = -\frac{8\times(1/11)}{0.026485335^2}\Big[0.892123593+2\times1^2\times\left(\frac{200}{700}\right)\times$$
$$0.626194132\Big]$$
$$=-1295.910815\,\mathrm{m^2}$$

c. $\beta^2 \rho L_k \frac{EI}{E_k A_k}$ 项

$$\beta^2 \rho L_k \frac{EI}{E_k A_k} = (0.026485335)^2\times962.50\times1209.1615\times\frac{2.1\times10^8\times0.6508}{1.8\times10^8\times0.311725}$$
$$= 1988.626697\,\mathrm{m^2}$$

d. $-4\frac{f}{\varphi}\left(k+\frac{l_1}{l}k_1\right)\left(k+\lambda_1\frac{l_1}{l}k_1\right)$ 项

本例 $\lambda_1=1$，故该项可简化为：

$$-4\frac{f}{\varphi}\left(k+\frac{l_1}{l}k_1\right)^2 = -4\times\frac{63.6364}{0.047971997}\left(0.892123593+\frac{200}{700}\times0.626194132\right)^2$$
$$=-6086.758878\,\mathrm{m^2}$$

e. 分母项合计

$$\sum 分母 = 31082.2497-1295.910815+1988.626697-6086.758878$$
$$= 25688.2067\,\mathrm{m^2}$$

（3）H_p 的计算结果

$$H_p^{(5)} = \frac{\sum 分子}{\sum 分母} = \frac{405066647.4\,\mathrm{kN\cdot m^2}}{25688.2067\,\mathrm{m^2}} = 15768.58408\,\mathrm{kN}$$

该值与前面列出的第四次试算值 $H_p^{(4)}=15768.31\,\mathrm{kN}$ 几乎完全吻合。

如果需要提高计算精度，再进行第六次迭代循环的话，那么，就应重新计算 $H=H_q+H_p^{(5)}$ 及其相应的参数（β、β_1、α、α_1、k、k_1 和 φ 等），然后再重复上述的步骤，直至计算结果达到所要求的精度。

（4）求解超静定代换梁的赘余力

当 H_p 值确定以后，便可求出主缆总水平拉力 H，本例在下面的演算中，仍取第四次迭代循环的结果，即：$H=95868.90\text{kN}$，这样，其他诸参数可以完全不变，于是便得到图 6-3-6b)所示的超静定代换梁的计算图示。此时，作用于此梁上的荷载，除了外荷载 P_k 和 q_k 不变外，另外需要增加由主缆及吊索对它产生的均布薄膜反弹力$-\nu H_p$，它可按式（6-3-9）计算，即：

$$-\nu H_p = -\left(\frac{8f}{l^2}\right)H_p = -\left(\frac{8\times 63.6364}{700^2}\right)\times 15768.58408 = -16.38295\text{kN} \qquad (\uparrow)$$

为了求解代换梁的截面内力和变形，可以取图 6-3-6c) 所示的基本结构，应用《结构力学》中的力法原理求解赘余弯矩 X_1 和 X_2。下面分别计算力法方程中的各项系数。

① δ_{11}

按表 6-3-3 中梁端作用有单位弯矩（$\overline{M}=1$）的公式，便有：

$$\delta_{11} = \frac{1}{H}\left(\frac{\beta_1}{\text{th}\beta_1 l_1} - \frac{1}{l_1}\right) + \frac{1}{H}\left(\frac{\beta}{\text{th}\beta l} - \frac{1}{l}\right) = 0.046543426\frac{1}{H}$$

其中：

$$\beta_1 = \beta = 0.026485335\frac{1}{\text{m}}$$

$$l_1 = 200\text{mm}$$

$$l = 700\text{m}$$

由于结构对称于主跨跨中，故 $\delta_{22}=\delta_{11}$

② δ_{12}

同理，查表 6-3-3 中公式得：

$$\delta_{12} = \frac{1}{H}\left(\frac{1}{l_1} - \frac{\beta_1}{\text{sh}\beta_1 l_1}\right) + \frac{1}{H}\left(\frac{1}{l} - \frac{\beta}{\text{sh}\beta l}\right) = 1.428570958\times 10^{-3}\frac{1}{H}$$

③ Δ_{1p}

它由左边跨和中跨上所有荷载（包含$-\nu H_p$）产生。由于$-\nu H_p$ 与 q_k 均为分布荷载，故可将二者先叠加后再按表 6-3-3 中相应公式计算，于是：

$$\Delta_{1p} = \frac{1}{H}\left[\frac{(q_k-\nu H_p)l_1}{2}k_1 + \frac{(q_k-\nu H_p)l}{2}k + P_k\left(\frac{1}{2} - \frac{\text{sh}\frac{\beta l}{2}}{\text{sh}\beta l}\right)\right]$$

$$= 873.2696341\frac{1}{H}$$

其中：

$$(q_k-\nu H_p) = 17.8944 - 16.3827 = 1.5117$$

④ Δ_{2p}

它由中跨和右边跨上所有荷载（包括$-\nu H_p$）产生。同理，便有：

$$\Delta_{2p} = \frac{1}{H}\left[\frac{(q_k-\nu H_p)l}{2}k + \frac{(0-\nu H_p)l_1}{2}k_1\right] = -247.267193\frac{1}{H}$$

⑤ 解力法方程

$$\left.\begin{array}{l}\delta_{11}X_1 + \delta_{12}X_2 + \Delta_{1p} = 0\\ \delta_{21}X_1 + \delta_{22}X_2 + \Delta_{2p} = 0\end{array}\right\}$$

将上述各系数值代入，解之得：
$$X_1 = -18946.17 \text{kN} \cdot \text{m}$$
$$X_2 = 5891.43 \text{kN} \cdot \text{m}$$

（5）跨中截面弯矩及挠度计算

①边跨跨中

由图 6-3-6c) 知，作用于边跨上的荷载为 $(q_k - \nu H_p)$ 和端弯矩 X_1，同样应用表 6-3-3 中公式便得边跨跨中弯矩 $M(l_1/2)$ 及挠度 $\eta(l_1/2)$ 为：

$$M(l_1/2) = \frac{(q_k - \nu H_p)}{\beta_1^2}\left[1 - \frac{\text{ch}\beta_1(l_1/2 - l_1/2)}{\text{ch}\frac{\beta_1 l_1}{2}}\right] + X_1 \frac{\text{sh}\frac{\beta l_1}{2}}{\text{sh}\beta_1 l_1} = 517.77 \text{kN} \cdot \text{m}$$

$$\eta(l_1/2) = \frac{1}{H}\left\{\left[\frac{(q_k - \nu H_p)l_1^2}{8} + \frac{X_1}{2}\right] - M(l_1/2)\right\}$$

$$= \frac{1}{95868.90}\left[\left(\frac{1.5117 \times 200^2}{8} + \frac{-18946.17}{2}\right) - 517.77\right]$$

$$= -0.0254 \text{m}$$

②中跨跨中

同样地，按表 6-3-3 中的相应公式进行计算：

$$M(l/2) = \frac{q_k - \nu H_p}{\beta^2}\left[1 - \frac{\text{ch}\beta(l/2 - l/2)}{\text{ch}\frac{\beta l}{2}}\right] + P_k \cdot \frac{\text{sh}\frac{\beta l}{2}}{\beta \text{sh}\beta l} \cdot \text{sh}\frac{\beta l}{2}$$

$$+ X_1 \cdot \frac{\text{sh}\beta(l - l/2)}{\text{sh}\beta l} + X_2 \cdot \frac{\text{sh}\frac{\beta l}{2}}{\text{sh}\beta l}$$

$$= 13659.76 \text{kN} \cdot \text{m}$$

$$\eta(l/2) = \frac{1}{H}\left\{\left[\frac{(q_k - \nu H_p)l^2}{8} + \frac{P_k l_1}{4} + \frac{X_1 + X_2}{2}\right] - M(l/2)\right\}$$

$$= \frac{1}{95868.90}\left[\frac{1.5117 \times 700^2}{8} + \frac{613.52 \times 700}{4} + \frac{(-18946.17) + 5891.43}{2} - 13659.76\right]$$

$$= 1.8744 \text{m}$$

按照同样的步骤和方法还可计算任一截面的内力和变形，但重点指出，作用于代换梁两端的轴力 H 不应计入到钢箱加劲梁的内力中。

其次，从上述演算可以看出，所有计算公式并不复杂，但若用手算却十分不便。建议设计者按表中公式和参照上述计算过程，自行编制计算机程序来完成分析，则是十分方便的。

第四章 横桥向静风荷载计算

悬索桥中的吊杆把主缆和加劲梁联系在一起，共同来承担横桥向风荷载，因此，悬索桥横桥向的风荷载计算，实质上是主缆和加劲梁对风力的分配问题。精确地分析它是十分复杂的，目前分析的方法大致有以下三种：

① 近似理论分析法。
② 平面杆系有限元法。
③ 空间有限元分析法等。

本章对于单跨简支悬索桥将介绍近似理论的计算公式；对于三跨连续悬索桥将提出能应用平面杆系有限元法程序的计算模型。

第一节 单跨简支（双铰）悬索桥

一、两种横向偏移差情况

根据悬索桥跨径大小的不同，以及主缆与加劲梁之间的刚度差异，在横向风力作用下，主缆和加劲梁的横向偏移量通常出现不一致的两种情况：

① 加劲梁跨中横向偏移量 Δ_1 < 主缆的横向偏移量 Δ_2 的情况。这种情况多在中小跨径悬索桥上出现。

② 加劲梁跨中横向偏移量 Δ_1 > 主缆的横向偏移量 Δ_2 的情况。这种情况一般发生在大跨径的悬索桥上。

比较复杂一点的是，至今尚没有文献给出一个明确的关于跨径的判定界线，而只有个别的例子。例如，跨径为 500m 的纽约伊斯特里凡桥，经分析得到其主缆所承受的风力约占 15%，而跨径为 1280m 的金门大桥却为近 50%。因此，设计者在无法判定的情况下，可以采取偏安全的处理方法，即：对于加劲梁按 Δ_1 < Δ_2 情况分析；对于主缆则按 Δ_1 > Δ_2 情况考虑。

二、Δ_1 < Δ_2 情况下的风力分配

图 6-4-1a) 所示是简支悬索桥跨中横截面受横向风力 w_1（作用于加劲梁）和 w_2（作用于主缆）作用后的偏移情况投影，下面分别说明。

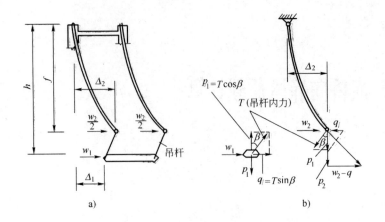

图 6-4-1 悬索桥跨中截面的横向偏移及受力状态示意

1. 吊杆的等效均布水平分力 q

从图 6-4-1b) 所示的跨中截面隔离体的内、外力平衡图示,可以看出,当 $\Delta_1 < \Delta_2$ 时,吊杆对主缆的偏移起到弹性约束作用,而对加劲梁则起到加剧的作用。假设吊杆内力的水平分力 $q_{1(x)}$ 沿跨长方向呈抛物线形变化,且峰值为 q_1,而作用于加劲梁和两根主缆上的横向均布风力分别为 w_1 和 w_2;则为了计算简便和按照跨中水平变位相等的原则,可将 $q_{1(x)}$ 转换为等效均布水平分力 q。相关文献给出了详细的推导,这里只写出其最终表达式:

$$q = \frac{\dfrac{0.8w_2 f}{p_1 + p_2} - \dfrac{w_1 l^4}{60EI_y}}{1.6\dfrac{h-f}{p_1} + \dfrac{f}{p_1 + p_2} + \dfrac{l^4}{60EI}} \tag{6-4-1}$$

式中:p_1、p_2——分别为桥面结构全宽和两根主缆(包含吊杆)的单位长重量;

l、f——分别为悬索桥的简支跨长和主缆的矢高;

h——塔顶至吊杆下吊环之间的垂直距离;

E、I_y——分别为加劲梁的弹性模量和对垂直中心轴 y-y 的抗弯惯性矩。

2. 加劲梁上所分配的总水平风力

对于钢箱加劲梁为:

$$w_箱 = w_1 + q \tag{6-4-2}$$

对于钢桁加劲梁为:

上水平联结系:

下水平联结系:

$$\left. \begin{aligned} w_上 &= \frac{w_1}{2} + q \\ w_下 &= \frac{w_1}{2} \end{aligned} \right\} \tag{6-4-3}$$

3. 两主缆上所分配的总水平风力

$$w_缆 = w_2 - q \tag{6-4-4}$$

恒载与风力共同作用时,两主缆的总水平拉力 $H_{恒+风}$ 近似值为:

$$H_{恒+风} \approx \frac{l^2}{8f}\sqrt{(w_2-q)^2 + (p_1+p_2)^2} \tag{6-4-5}$$

以上各式中的符号定义同前。

三、$\Delta_1 > \Delta_2$ 情况下的风力分配

为了简化计算,推荐采用"均等分配法",即:

①假定从加劲梁通过吊杆传至主缆上的水平分力 $q_1(x)$,呈均匀分布($=\bar{q}$),但主缆的水平挠度仍为抛物线分布;

②假定 Δ_1 和 Δ_2 值二者之间都与它们至塔顶的高度成正比关系,它们可表示为(图6-4-2):

$$\frac{\Delta_2}{\Delta_1} = \frac{f}{h} \tag{6-4-6}$$

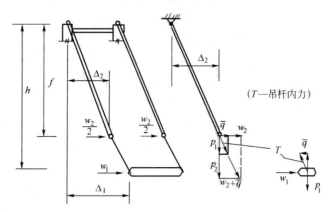

图 6-4-2 $\Delta_1 > \Delta_2$ 情况的偏移图示

由此可以得到以下近似计算公式,详细推导参见相关文献。

1. 吊杆的均布水平分力

$$\bar{q} = \frac{fl^2 H w_1 - 9.6 EI_y h w_2}{fl^2 H + 9.6 EI_y h} \tag{6-4-7}$$

式中:H——恒载作用下两主缆的总水平拉力。

其余符号同前。

2. 加劲梁上所分配的总水平风力

对于钢箱加劲梁为:

$$w_{箱} = w_1 - \bar{q} \tag{6-4-8}$$

对于钢桁加劲梁为:

上水平联结系:

下水平联结系:

$$\left. \begin{array}{l} w_{上} = \dfrac{w_1}{2} - \bar{q} \\ w_{下} = \dfrac{w_1}{2} \end{array} \right\} \tag{6-4-9}$$

3. 主缆(两根)上所分配的总水平风力

$$w_{缆} = w_2 + \bar{q} \tag{6-4-10}$$

恒载与风力共同作用时,两主缆的总水平拉力近似值:

$$H_{恒+风} \approx \frac{l^2}{8f} \sqrt{(w_2 + \bar{q})^2 + (p_1 + p_2)^2} \tag{6-4-11}$$

以上各式中的符号定义同前。

四、示　例

【例 6-4-1】 现以例 6-3-1 中单跨双铰悬索桥为例，已知下列条件：

①作用于钢桁加劲梁上、下弦两端合计的横向风力为：$w_1=1.76\text{kN/m}$。

②作用于两侧主缆上合计的横向风力为：$w_2=0.62\text{kN/m}$（风力按现行《通用规范》计算，具体计算过程略）。

③钢桁梁对桥面中心处竖直轴 $y-y$ 的抗弯惯矩为：$I_y=1.60114\text{m}^4$。

④不包括两侧主缆及吊杆在内的每延米重力为：$p_1=65.92\text{kN/m}$。

⑤全部恒载的每延米重力为：$p_1+p_2=71.36\text{kN/m}$。

⑥计入二期恒载后两主缆的总水平拉力为：$H=9651.46\text{kN}$。

⑦其余条件同前，即 $l=126\text{m}$，$f=14.444\text{m}$，$h=17.444\text{m}$，$E=2.1\times10^8\text{kN/m}^2$。

试分别按两种可能出现的横向偏移情况，计算横向风力在主缆与加劲梁之间的分配值。

解：先按 $\Delta_1<\Delta_2$ 情况计算：

（1）吊杆的等效均布水平分力 [式（6-4-1）]

$$q=\dfrac{\dfrac{0.8w_2f}{p_1+p_2}-\dfrac{w_1l^4}{60EI_y}}{1.6\dfrac{h-f}{p_1}+\dfrac{f}{p_1+p_2}+\dfrac{l^4}{60EI_y}}$$

$$=\dfrac{\dfrac{0.8\times0.62\times14.444}{71.36}-\dfrac{1.76\times126^4}{60\times2.1\times10^8\times1.60114}}{1.6\dfrac{17.444-14.444}{65.92}+\dfrac{14.444}{71.36}+\dfrac{126^4}{60\times2.1\times10^8\times1.60114}}$$

$$=\dfrac{0.0784}{0.2877}=0.2725\text{kN/m}$$

（2）钢桁加劲梁被分配到的总水平风力 [式（6-4-3）]

上弦：

$$w_{\text{上}}=\dfrac{w_1}{2}+q=\dfrac{1.76}{2}+0.2725=1.1525\text{kN/m}$$

下弦：

$$w_{\text{下}}=\dfrac{w_1}{2}=\dfrac{1.76}{2}=0.88\text{kN/m}$$

（3）两主缆被分配到的总水平风力 [式（6-4-4）]

$$w_{\text{缆}}=w_2-q=0.62-0.2735=0.3465\text{kN/m}$$

（4）恒载与风力共同作用时两主缆的总水平拉力近似值 [式（6-4-5）]

$$H_{\text{恒+风}}\approx\dfrac{l^2}{8f}\sqrt{(w_2-q)^2+(p_1+p_2)^2}$$

$$=\dfrac{126^2}{8\times14.444}\sqrt{0.3465^2+71.36^2}=9804.46\text{kN}$$

其次，再按 $\Delta_1>\Delta_2$ 的情况计算：

（1）吊杆的均布水平分力 q_1 [式（6-4-7）]

$$\bar{q} = \frac{fl^2 H w_1 - 9.6EI_y h w_2}{fl^2 H + 9.6EI_y h}$$

$$= \frac{14.444 \times 126^2 \times 9651.46 \times 1.76 - 9.6 \times 2.1 \times 10^8 \times 1.60114 \times 17.444 \times 0.62}{14.444 \times 126^2 \times 9651.46 + 9.6 \times 2.1 \times 10^8 \times 1.60114}$$

$$= \frac{1893943374}{5441102946} = 0.3481 \text{kN/m}$$

（2）钢桁加劲梁的总水平风力［式（6-4-8）］

上弦：

$$w_{上} = w_1 - \bar{q} = \frac{1.76}{2} - 0.3481 = 0.5319 \text{kN/m}$$

下弦：

$$w_{下} = \frac{w_1}{2} = \frac{1.76}{2} = 0.88 \text{kN/m}$$

（3）两主缆的总水平风力［式（6-4-10）］

$$w_{缆} = w_2 + \bar{q} = 1.76 + 0.3481 = 2.1081 \text{kN/m}$$

（4）恒载与风力共同作用下两主缆的总水平拉力近似值［式（6-4-11）］

$$H_{恒+风} \approx \frac{l^2}{8f}\sqrt{(w_2+q)^2 + (p_1+p_2)^2}$$

$$= \frac{126^2}{8 \times 14.444}\sqrt{2.1081^2 + 71.36^2} = 9808.62 \text{kN}$$

当没有其他更精确和简便的方法来判断本例所属的情况时，则可按偏安全地取值，即：

对于加劲梁：

$$w_{上} = 1.1525 \text{kN/m}$$
$$w_{下} = 0.88 \text{kN/m}$$

对于两主缆：

$$w_{缆} = 2.1081 \text{kN/m}$$

第二节 三跨连续悬索桥

一、建模原理

受横桥向风力作用的悬索桥属于空间受力分析的问题，但是为了能够应用平面杆系有限元法的计算程序，可以按照以下的思路进行平面模拟。

（1）对于图 6-4-3a）所示的三跨连续悬索桥和具有双柱式多层框架的桥塔结构（图 6-4-3b)），为了进行平面模拟，首先将桥塔、平行的两条主缆及其吊杆，还有平置的加劲梁等，均假想地聚集在桥面中心的同一竖直平面上，如图 6-4-3c）所示。

（2）当承受横向风力作用时，不但桥塔类似于一根竖立的悬臂梁，将产生横桥向挠曲，而且主缆、吊杆和加劲梁都要在桥塔横桥向的投影平面上产生不相等的横向水平位移，亦见图 6-4-3c）。

（3）如果自上向下俯视，将塔、缆、吊杆和加劲梁横向变形都投影到水平面上，参见图 6-4-3d），（为了清楚起见，该图的比例已进行了扩大）则可看出边跨和中跨的主缆均将受到锚碇和塔顶的约束或弹性约束，并使之在平面投影上呈抛物线线形；而加劲梁在受到锚碇和塔身的约束或弹性约束后，在平面投影上近似于正弦形状的变形（图中未示出）；在主跨中介于加劲梁与主缆之间的吊杆在平面上的投影长度恰与吊杆实际长度成反比，即在跨中的投影长度大于其两侧的长度。

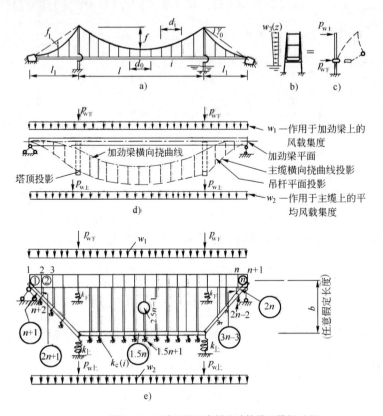

图 6-4-3　三跨连续悬索桥的计算模型模拟过程
a）立面图；b）横断面图；c）图 b）的简化图式；d）全桥变形后的平面投影示意；e）计算模型

（4）为了便于应用平面计算程序，将图 6-4-3d）的平面投影模拟为图 6-4-3e）的计算模型，现将其要点进一步说明如下：

①加劲梁在两锚碇处设置铰支座。

②桥塔对加劲梁和主缆的抗力用刚度为 $k_下$ 和 $k_上$ 的弹簧支座来模拟。

③加劲梁、吊杆与主缆之间是相互耦联的，对于来自横向的风力，它们均具有因自重因素而产生的弹性抗推刚度。因此，在主缆与吊杆联结处，均用具有不同刚度 $k_c(i)$ 的弹簧支承来模拟；主缆与加劲梁之间的吊杆，也是一个耦联的"弹簧"，由于程序的原因，这些"弹簧"还可以换算为面积大小不等的链杆，并将曲线形投影改为折线形投影，以简化程序输入。图 6-4-3e）是采用按折线形布置的一系列等代水平链杆。

④介于链杆之间的主缆单元均只能承受轴力，故在保持它们的截面尺寸和弹性模量不变的前提下，只需将它们等效为厚度极薄而宽度较大的矩形截面，使之在节点处接近于铰接（弯矩值甚小）。

⑤横向风力分为三种情况：

a. 作用于加劲梁上的风力可以采用均布荷载的形式，也可以换算为节点水平集中力；

b. 作用于主缆上的风力均可化为水平节点集中力；

c. 作用于桥塔全高上的风力,可以化为上、下两个节点水平集中力,分别置于塔顶和塔梁处的弹簧支承上。

以上便是建模原理及其建模要点。下面将分别介绍这些弹簧支承刚度 k 和等代链杆截面尺寸 A_e 的确定问题。

二、弹性支承刚度

1. 桥塔对主缆及加劲梁的弹性支承刚度 $k_上$、$k_下$

为了确定弹性支承刚度 $k_上$ 和 $k_下$,应先单独地取出无自重的桥塔结构,然后分别在塔顶和加劲梁高度处施加单位水平集中力 $\overline{P}=1$,应用平面杆系有限元法程序计算出塔顶及在加劲梁高度处的相应水平位移 $\delta_{上上}$、$\delta_{下上}$ 和 $\delta_{下下}$,如图 6-4-4 所示。

于是,便得到桥塔的两个弹性支承刚度的计算公式,即:

(1) 对主缆的弹性支承刚度

$$k_上 \approx \frac{1}{\delta_{上上}-\delta_{下上}} \quad (6-4-12)$$

(2) 加劲梁的弹性支承刚度

$$k_下 \approx \frac{1}{\delta_{下下}} \quad (6-4-13)$$

上两式中均忽略了塔顶与桥面处变形的耦联作用。

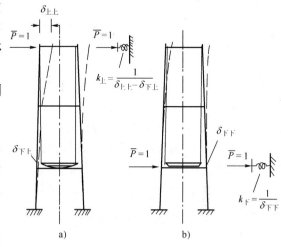

图 6-4-4 桥塔对主缆和加劲梁的约束图示

2. 主缆对风力的重力抗推刚度 $k_{c(i)}$

为了确定出主缆对横向风力的重力抗推刚度,需要先假定加劲梁是处在未拼接成整体的松散状态,并且均匀分布于主缆的投影全长上。当受到自左向右的横向风力后,主缆、吊杆及加劲梁均产生向右的、不相等的偏移,如图 6-4-5a) 所示。加劲梁的偏移量有可能出现比主缆的大或者小的两种情况,图 6-4-5a) 只示出了偏大时的一种情况。

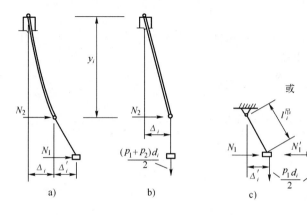

图 6-4-5 主缆、吊杆及加劲梁的横向偏移示意

为了把主缆和吊杆二者的重力抗推刚度分离开来，先假定吊杆及加劲梁均不承受风力，而只取其重力的作用。仍然令 p_1、p_2 分别为桥面结构和主缆（包含吊杆）的单位长重量，令 d_i 为 i 号吊杆与其左、右相邻两吊杆之间的间距之和（图 6-4-1），再根据图 6-4-5b）所示任意 i 号吊杆处的变位 Δ_i 和力的平衡条件可以得到：

$$k_{c(i)} = \frac{N_2}{\Delta_i} = \frac{(p_1 + p_2)d_i}{2y_i} \tag{6-4-14}$$

式中：y_i——垂度为 f 的主缆索曲线在横坐标 x_i 处所对应的纵坐标，即：

$$y_i = \frac{4f}{l^2} x_i (l - x_i) \tag{6-4-14a}$$

对于跨中截面的吊杆处，$x_i = \frac{l}{2}$，$y_i = f$，则有：

$$k_c\left(\frac{l}{2}\right) = \frac{(p_1 + p_2)d_0}{2f} \tag{6-4-14b}$$

式中：d_0——跨中吊杆与相邻两吊杆之间间距之和（图 6-4-1）。

式（6-4-14）诸式亦适用于悬索桥的边跨，只需将其中的跨径和垂度改为 l_1 和 f_1。

3. 吊杆的等代水平链杆之截面面积 $A_{e(i)}$

如图 6-4-5c）、d）所示，为了分析等代水平链杆的截面面积，先将已变形到位的主缆假想用铰接支点固定起来，应用上面同样的平衡原理可以得到吊杆的重力抗推刚度：

$$k_{吊(i)} = \frac{N_1}{\Delta_i} = \frac{-N_1'}{-\Delta_i'} = \frac{p_1 d_i}{2l_i^{吊}} \tag{6-4-15}$$

若按照图 6-4-3e）所示的计算模型，对于主跨内的所有等代水平链杆均任意假定其长度为 b，同时还任意假定其弹性模量 E 值，则根据虎克定理，便有：

$$\Delta_i' = \frac{N_1 b}{E A_{e(i)}} \quad 或 \quad A_{e(i)} = \frac{N_1}{\Delta_i'} \cdot \frac{b}{E} \tag{6-4-16}$$

将上式（6-4-16）代入式（6-4-15），便得 i 号等代水平链杆的截面面积 $A_{e(i)}$ 即：

$$A_{e(i)} = \frac{p_1 d_i}{2l_i^{吊}} \left(\frac{b}{E}\right) \tag{6-4-17}$$

以上各式中：$l_i^{吊}$——i 号吊杆的实际长度，其值可按 $(h - y_i)$ 计算，其中 h 为塔顶至吊杆下吊环间的高度；

y_i——主缆的索曲线；

其余符号同前。

对于边孔的等代水平链杆截面面积计算，需要将式（6-4-17）中的 b 按照图 6-4-3e）的折线形变化值 b_i 代入，即：

$$A_{e(i)} = \frac{p_1 d_i}{2l_i^{吊}} \left(\frac{b_i}{E}\right) \tag{6-4-17a}$$

其他计算相同。

4. 几点说明

（1）按图 6-4-3e）的计算模型分析横向风力对结构的作用时，不需考虑前述的偏移量

Δ_1 和 Δ_2 二者谁大谁小的问题。

(2) 当计入直接作用于桥塔塔柱上的横向风力 w_3 时，则可按照塔顶和加劲梁两处弹簧支承各所覆盖的区段高度，将此分布荷载化为作用于 $k_上$ 和 $k_下$ 两个弹簧支承处的水平集中力 $P_{w上}$ 和 $P_{w下}$，如图 6-4-3e) 所示。

(3) 本模型亦可应用到单跨双铰和三跨双铰的悬索桥上；也可以用到桥塔受横桥向船撞力的分析上，此时只需用船撞集中力 $P_撞$ 取代 $P_{w下}$ 即可。

三、示　例

【例 6-4-2】 现以例 6-3-2 的三跨连续钢箱加劲梁悬索桥为例进行计算，并补充以下一些基本技术参数（参见图 6-4-6）：

(1) 横桥向风力

①作用于加劲梁上：$w_1 = 12.63 \text{kN/m}$

②作用于两根主缆上：$w_2 = 2.81 \text{kN/m}$

③若将直接作用于桥塔上的横桥向风力 $w_3 = 28.86 \text{kN/m}$、简化为作用于塔顶及加劲梁高程处的节点集中力时，则为：

$$P_{w上} = 1298 \text{kN}(塔顶), \quad P_{w下} = 1515 \text{kN}(桥面标高处)$$

(2) 主缆

①截面面积：$A_k = 2 \times 0.31725 = 0.62345 \text{m}^2$（两侧高程处）

②弹性模量：$E_k = 1.8 \times 10^8 \text{kN/m}^2$

(3) 钢箱梁

①截面面积：$A = 1.088 \text{m}^2$

②对垂直桥面中心 $y-y$ 轴的抗弯惯性矩按两种假定值作对比分析

$$I_y = 70.286 \text{m}^4, \quad I_y' = 50.0 \text{m}^4$$

③弹性模量：$E = 2.1 \times 10^8 \text{kN/m}^2$

(4) 桥塔及吊杆

①塔顶至吊杆下吊环的高度：$h = 69.6364 \text{m}$

②吊杆中距（等间距）故：$\Delta s = 10 \text{m}$，故 $d_i = d_0 = 2\Delta s = 20 \text{m}$

试按下列四种工况进行对比计算：

工况 1：取 $I_y = 70.286 \text{m}^4$，不计 $P_{w上}$ 和 $P_{w下}$ 的作用；

工况 2：取 $I_y = 70.286 \text{m}^4$，计入两桥塔均有 $P_{w上}$ 和 $P_{w下}$ 的作用；

工况 3：取 $I_y' = 50 \text{m}^4$，不计 $P_{w上}$ 和 $P_{w下}$ 的作用；

工况 4：取 $I_y' = 50 \text{m}^4$，计入两塔均有 $P_{w上}$ 和 $P_{w下}$ 的作用。

解：(1) 绘制结构模型图

按图 6-4-6a) 悬索桥的立面图，并任意假定等代链杆的长度 $b = 40 \text{m}$，弹性模量 $E_链 = 1 \times 10^6 \text{kN/m}^2$，然后绘出结构计算模型图，如图 6-4-6b) 所示。其中包含 327 个单元、220 个节点、49 种支承类型和 113 个支承点，除 1 号和 111 号为刚性铰支座外，其余均为弹簧支承。

(2) 应用平面杆系有限元法程序计算桥塔对主缆和钢箱加劲梁的抗推刚度

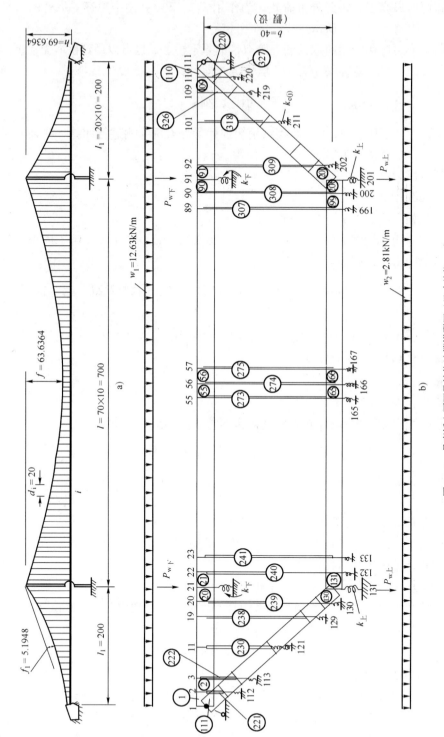

图 6-4-6 悬索桥立面图及结构计算模型图（尺寸单位：m）
a) 立面图；b) 模型图

计算图示参见图 6-4-4，本例为节省篇幅对塔柱及横系梁的具体截面尺寸均不详细列出，仅给出其计算结果：

当 $\overline{P}=1$ 作用于塔顶时有：

$$\delta_{上上} = 5.822 \times 10^{-6} \text{m}, \quad \delta_{下上} = 2.507 \times 10^{-6} \text{m}$$

当 $\overline{P}=1$ 作用于加劲梁高程处时有：

$$\delta_{下下} = 2.349 \times 10^{-6} \text{m}, \quad \delta_{上下} = 2.507 \times 10^{-6} \text{m}$$

将上述值分别代入式（6-4-12）和式（6-4-13），便得：

$$k_{上} = \frac{1}{\delta_{上上} - \delta_{下上}} = \frac{1}{(5.822 - 2.507) \times 10^{-6}} = 301659 \text{kN/m}$$

$$k_{下} = \frac{1}{\delta_{下下}} = \frac{1}{2.349 \times 10^{-6}} = 425713 \text{kN/m}$$

(3) 计算主缆对横向风力的重力抗推刚度 $k_{c(i)}$

本桥在扣除两主缆重力后的每延米重力 $p_1=119 \text{kN/m}$，全部恒载重力为 $p_1+p_2=169 \text{kN/m}$，已知 $d_i=20\text{m}$，垂度 $f=63.6364\text{m}$，代入式（6-4-14）后便可算得每对吊杆与主缆连接处的抗推刚度 $k_{c(i)}$，本例是按式（6-4-14）诸公式编制简单的程序来完成此计算的，现将部分计算结果汇总于表 6-4-1 的第 6 栏。

弹簧支承刚度及等代链杆截面面积汇总表　　　　　　　　　　表 6-4-1

跨别	节点编号	索曲线坐标		吊杆长度	弹簧刚度	链杆单元号	等代面积
		x_i (m)	y_i (m)	$l^{吊}$ (m)	$k_{c(i)}$ (kN/m)		$A_{e(i)} \times 10^{-3}$ (m²)
1	2	3	4	5	6	7	8
左边跨	112	10	0.987012	2.494808	1712.239	221	19.07962
	113	20	1.870128	5.093512	903.6815	222	9.345221
	114	30	2.649348	7.796112	637.8928	223	6.105608
	……	……	……	……	……	……	……
	121	100	5.1948	29.6234	325.3253	230	1.606838
	……	……	……	……	……	……	……
	129	180	1.870128	60.80263	903.6815	238	0.782861
	130	190	0.987012	65.16756	1712.239	239	0.730425
主跨	132	10	3.584418	66.05198	471.4852	240	0.720645
	133	20	7.064939	62.57146	239.2094	241	0.760730
	……	……	……	……	……	……	……
	166	350	63.6364	6.00	26.55713	274	7.933334
	……	……	……	……	……	……	……
	199	680	7.064939	62.57146	239.2094	307	0.760730
	200	690	3.584418	66.05198	471.4852	308	0.720645

续上表

跨别	节点编号	索曲线坐标		吊杆长度 $l_{吊}$ (m)	弹簧刚度 $k_{c(i)}$ (kN/m)	链杆单元号	等代面积 $A_{e(i)}$ $\times 10^{-3}$ (m²)
		x_i (m)	y_i (m)				
1	2	3	4	5	6	7	8
右边跨	202	10	0.987012	65.16756	1712.239	309	0.730425
	……	……	……	……	……	……	……
	211	100	5.1948	29.6234	325.3253	318	1.606838
	……	……	……	……	……	……	……
	220	190	0.987012	2.494808	1712.239	327	19.07962

（4）计算每对吊杆的等代水平链杆截面面积 $A_{e(i)}$

本例任意假定在主跨内的等代水平链杆长度 $b=40$m，弹性模量 $E_{链}=1\times10^6$kN/m，吊杆实际长度 $l_{吊}$ 按实际几何尺寸进行计算，代入式（6-4-16）中后，便可求得等代截面面积 $A_{e(i)}$。表 6-4-1 中的第 5、8 栏中分别列出了它们的部分计算结果。

（5）各类单元截面尺寸输入的简化

①钢箱加劲梁单元

按照梁高 $h_{梁}=\sqrt{\dfrac{12I_y}{A_{梁}}}$ 和 $b_{梁}=\dfrac{A_{梁}}{h_{梁}}$ 的公式换算，

当 $I_y=70.286$m⁴，$A_{梁}=1.088$m² 时，$b_{梁}\times h_{梁}=0.0391\times 27.84$m²。

当 $I'_y=50.0$m⁴，$A_{梁}=1.088$m² 时，$b_{梁}\times h_{梁}=0.04633\times 23.4834$m²。

②主缆单元

为了使主缆不产生弯矩而只产生轴力，近似地假定其截面厚度 $t=0.01$m，于是得其换算宽度 $b_{缆}=62.345$m。

③等代链杆单元

同理，假定所有等代链杆的厚度 $t=0.01$m，用此值除以表 6-4-1 中的 $A_{e(i)}$，便得到它们相应的换算宽度。

（6）荷载的换算

作用于加劲梁的横向风力 w_1 可按均布荷载输入；作用于主缆上的风力 w_2，则按吊杆等间距 $\Delta s=10$m 先将它们化为节点横向集中力 $P_{缆}=2.81\times10=28.1$kN 然后再行输入；作用于桥塔上的风力 $P_{w上}$ 和 $P_{w下}$ 则直接按 $k_上$、$k_下$ 的支承节点位置输入。

（7）计算结果

应用平面杆系有限元法的计算程序对四种工况的计算结果，对比地列出于表 6-4-2 中。

本桥主跨达 700m，属于大跨度悬索桥的范围，但从表中的主缆和加劲梁的偏移量对比可以看出，当 I_y 减小时，会出现 $\Delta_1>\Delta_2$，当 I_y 增大时，会出现 $\Delta_1<\Delta_2$（Δ_2 为主缆偏移量）。由此说明，判定 Δ_1 和 Δ_2 谁大谁小的问题，不能仅从跨径大小一个因素来考虑。

四种工况下的横向偏移及弯矩值汇总表 表 6-4-2

构件名	所在位置及节点号	偏移量及弯矩	单 位	$I_y=70.286\text{m}^4$		$I_y'=50.0\text{m}^4$	
				工况 1	工况 2	工况 3	工况 4
钢箱加劲梁	边跨跨中（11 号）	Δ	m	−0.04786	−0.04594	−0.06685	−0.06491
		M	kN·m	−157700	−157300	−147700	−147400
	中支点（21 号）	Δ	m	0.01396	0.02289	0.01881	0.02234
		M	kN·m	−458400	−457300	−440600	−439700
	主跨跨中（56 号）	Δ_1	m	0.8984	0.9036	1.1900	1.1950
		M	kN·m	345400	345700	327600	327700
主缆	131 号	$\Delta_\text{支}$	m	0.0184	0.4279	0.0189	0.4284
	166 号	Δ_2	m	0.9015	0.9066	1.1800	1.1920

注：横向偏移量 Δ 为正者，表示与风力方向相同，反之，则相反。

第五章 悬索桥的振动频率

本章所介绍的有关悬索桥振动频率的计算公式，主要摘自以下两本参考文献：

(1) Hawrancken A., Stienhanlt O. 著 *Theorie und Berechnung der stahlbrücken*, *Springer*，1958（德国）。

(2) 小西一郎著，戴振藩译《钢桥》（第五分册），中国铁道出版社，1981（日本）。

为了便于读者的应用并结合我国的习惯，在参考了其他文献的基础上，对公式中的某些符号和计算表达式均作了适当的调整和简化。此外，还对个别公式作了具体地校核性推导，对其中笔误处作了更正。

第一节 常用符号

除个别符号直接在公式下面注明外，常用符号的代表意义如下：

"f"——自振频率，以赫兹（Hz，周/s）为单位，为了与主缆垂度 f 相区别，故加" "号；

ω——自振圆频率，$\omega = 2\pi$"f"（rad/s）；

E_k、F_k——分别为主缆的弹性模量和截面面积；

E、G——分别为加劲梁的弹性模量和剪切模量；

I、I_y——分别为加劲梁对水平中心轴和对垂直中心 $y-y$ 轴的抗弯惯矩；

I_T、I_ω、I_ρ——分别为加劲梁的抗扭惯性矩、扇性惯性矩和对截面剪切中心的极惯性矩，具体计算见第一篇第九章；

β——约束扭转时剪应力对变形的影响系数，可表为 $\beta = \dfrac{I_\rho}{I_\rho - I_T}$；

l_1、l——分别为悬索桥的边跨和主跨跨长；

L——悬索桥边跨和主跨的全长，$L = l + 2l_1$；

L_k——主缆全长，它可按本篇表 6-3-2 中的 L_k 公式计算；

b——两主缆之间间距；

y_M——加劲梁截面重心至其剪心之间距离；

A、r——分别为加劲梁的截面面积和回转半径；

m——桥面系与两侧主缆的单位长度质量；

J_m——桥面系与两侧主缆的单位长度转动惯量，它可表为：

$$J_m = \left(q_{梁} r^2 + \frac{q_{缆} b^2}{4} \right) / g$$

g——重力加速度，$9.81 \mathrm{m/s^2}$；

$q_{梁}$、$q_{缆}$——分别为加劲梁和主缆（两根）的每延米重力；

q——总恒载集度，$q = q_{梁} + q_{缆}$；

H_q——由一期恒载和二期恒载对两主缆产生的总水平分力；

y''——主缆索曲线的曲率，它为 $y'' = -\dfrac{8f}{l^2}$，这里的 f 是指主跨主缆的垂度。

第二节 单跨简支（双铰）悬索桥的振动频率

一、反对称挠曲振动

$$\omega = \frac{2n\pi}{l} \sqrt{\frac{EI\left(\frac{2n\pi}{l}\right)^2 + H_q}{m}} \qquad (n=1,2,\cdots) \tag{6-5-1}$$

当取 $n=1$，并用自振频率"f"表示时，则为：

$$"f" = \frac{\omega}{2\pi} = \frac{1}{l}\sqrt{\frac{EI\left(\frac{2\pi}{l}\right)^2 + H_q}{m}} \tag{6-5-2}$$

它与式（6-2-129）完全相同，本式中的 H_q 为全宽结构自重对主缆产生的水平分力。

二、对称挠曲振动

$$\omega_{1,2} = \sqrt{\frac{(d_{11}+d_{22}) \pm \sqrt{(d_{11}+d_{22})^2 - 4(d_{11}d_{22} - d_{12}^2)}}{2m}} \tag{6-5-3}$$

式中：

$$\left. \begin{aligned} d_{11} &= EI\left(\frac{\pi}{l}\right)^4 + H_q\left(\frac{\pi}{l}\right)^2 + \frac{E_k F_k}{L_k}(y'')^2 \cdot \frac{8l}{\pi^2} \\ d_{12} &= \frac{1}{3} \cdot \frac{E_k F_k}{L_k}(y'')^2 \cdot \frac{8l}{\pi^2} \\ d_{22} &= 81 EI\left(\frac{\pi}{l}\right)^4 + 9H_q\left(\frac{\pi}{l}\right)^2 + \frac{1}{9} \cdot \frac{E_k F_k}{L_k}(y'')^2 \cdot \frac{8l}{\pi^2} \end{aligned} \right\} \tag{6-5-3a}$$

三、反对称扭转振动

$$\omega_{1,2} = \sqrt{\frac{1}{2}\left(\frac{T_n}{J_m} + \frac{S_n}{m}\right) \pm \sqrt{\left[\frac{1}{2}\left(\frac{T_n}{J_m} + \frac{S_n}{m}\right)\right]^2 - \frac{T_n S_n - Q_n^2}{m \cdot J_m}}} \tag{6-5-4}$$

式中：
$$\left.\begin{aligned} T_n &= \beta E I_\omega \left(\frac{2n\pi}{l}\right)^4 + \left(GI_T + \frac{b^2 H_q}{2}\right)\left(\frac{2n\pi}{l}\right)^2 \\ S_n &= E I_y \left(\frac{2n\pi}{l}\right)^4 \\ Q_n &= E I_y y_M \left(\frac{2n\pi}{l}\right)^4 \quad (n=1,2,\cdots) \end{aligned}\right\} \tag{6-5-4a}$$

当 $n=1$ 时便是悬索桥的最小扭转频率，即一阶扭转振动频率。

四、对称扭转振动

1. 频率方程

$$\frac{qfl}{\phi^3(Z^2-1)Z}\left\{\frac{\phi}{\sqrt{2}}Z - \frac{Z+1}{\sqrt{Z-1}}\tan\left[\frac{\phi}{\sqrt{2}}\cdot\frac{\sqrt{Z-1}}{2}\right] - \frac{Z-1}{\sqrt{Z+1}}\text{th}\left[\frac{\phi}{\sqrt{2}}\cdot\frac{\sqrt{Z+1}}{2}\right]\right\}$$
$$-\frac{L_k}{E_k F_k}\cdot\frac{H_q}{8\sqrt{2}b^2}\left(GI_T + \frac{b^2 H_q}{4}\right) = 0 \tag{6-5-5}$$

式中：
$$\left.\begin{aligned} \phi &= \sqrt{\frac{\left(GI_T + \frac{b^2 H_q}{4}\right)l^2}{\beta E I_\omega}} \\ Z &= \sqrt{1 + \frac{4\omega^4 J_m l^2}{\phi^2\left(GI_T + \frac{b^2 H_q}{4}\right)}} \end{aligned}\right\} \tag{6-5-5a}$$

2. 求解频率值 ω

按照上式编制简单的计算机程序，通过试设 ω 值，逐次试算，直至所设 ω 值代入式 (6-5-5) 后接近 0 时为止。但也可以先任意假定若干个 ω_i 值，由程序运算求出它们所对应的不为零的值，然后应用第一篇第一章第七节的拉格朗日插值公式，反算出能令式 (6-5-5) 等于零所对应的 ω 值。

第三节　三跨等刚度简支（双铰）悬索桥的振动频率

一、反对称挠曲振动

中跨：
$$\omega = \frac{2n\pi}{l}\sqrt{\frac{EI\left(\frac{2n\pi}{l}\right)^2 + H_q}{m}} \quad (n=1,2,\cdots) \tag{6-5-6}$$

边跨：
$$\omega = \frac{n\pi}{l_1}\sqrt{\frac{EI\left(\frac{n\pi}{l_1}\right)^2 + H_q}{m}} \quad (n=1,2,\cdots) \tag{6-5-7}$$

从中可以看出，对于中跨来说，其频率的计算公式与单跨简支悬索桥的式 (6-5-1) 完全相同。

二、对称挠曲振动

1. 频率方程

$$\frac{qfl}{\phi^3(Z^2-1)Z}\left\{\frac{\phi}{\sqrt{2}}Z - \frac{Z+1}{\sqrt{Z-1}}\tan\left(\frac{\phi}{\sqrt{2}}\cdot\frac{\sqrt{Z-1}}{2}\right) - \frac{Z-1}{\sqrt{Z+1}}\text{th}\left(\frac{\phi}{\sqrt{2}}\cdot\frac{\sqrt{Z+1}}{2}\right)\right\} +$$

$$\frac{2q_1 f_1 l_1}{\phi_1^3(Z_1^2-1)Z_1}\left\{\frac{\phi_1}{\sqrt{2}}Z_1 - \frac{Z_1+1}{\sqrt{Z_1-1}}\tan\left(\frac{\phi_1}{\sqrt{2}}\cdot\frac{\sqrt{Z_1-1}}{2}\right) - \frac{Z_1-1}{\sqrt{Z_1+1}}\text{th}\left(\frac{\phi_1}{\sqrt{2}}\cdot\frac{\sqrt{Z_1+1}}{2}\right)\right\}$$

$$-\frac{L_k}{E_k F_k}\cdot\frac{H_q^{2*}}{32\sqrt{2}} = 0 \tag{6-5-8}$$

式中:

$$\left. \begin{array}{l} \phi=\sqrt{\dfrac{H_q l^2}{EI}}, \quad \phi_1=\sqrt{\dfrac{H_q l_1^2}{EI}} \\[2mm] Z=\sqrt{1+\dfrac{32f\omega^2}{g\phi^2}}, \quad Z_1=\sqrt{1+\dfrac{32f_1\omega^2}{g\phi_1^2}} \end{array} \right\} \tag{6-5-8a}$$

注:*——式(6-5-8)中的最后一项,在原译著中,漏掉2次方,现予以更正,详见文献[113]。

2. 求解频率 ω

应用按上二式编制的简单计算机程序,先假定 ω 值,逐次试算,直至满足式(6-5-8)为止。但也可结合第一篇第一章第七节的拉格朗插值公式,求出能够令式(6-5-8)得到满足时所对应的 ω 值。

三、反对称扭转振动

1. 频率的一般公式

$$\omega_{1,2}=\sqrt{\frac{1}{2}\left(\frac{T_n}{J_m}+\frac{S_n}{m}\right)\pm\sqrt{\left[\frac{1}{2}\left(\frac{T_n}{J_m}+\frac{S_n}{m}\right)\right]^2-\frac{T_n S_n - Q_n^2}{m\cdot J_m}}} \tag{6-5-9}$$

2. 参数

中跨:

$$\left.\begin{array}{l} T_n = \beta EI_\omega\cdot\left(\dfrac{2n\pi}{l}\right)^4 + \left(GI_T + \dfrac{b^2 H_q}{2}\right)\left(\dfrac{2n\pi}{l}\right)^2 \\[2mm] S_n = EI_y\left(\dfrac{2n\pi}{l}\right)^4 \\[2mm] Q_n = EI_y y_M\left(\dfrac{2n\pi}{l}\right)^4 \quad (n=1,2,3,\cdots) \end{array}\right\} \tag{6-5-9a}$$

边跨:

$$\left.\begin{array}{l} T_n = \beta EI_\omega\cdot\left(\dfrac{n\pi}{l_1}\right)^4 + \left(GI_T + \dfrac{b^2 H_q}{2}\right)\left(\dfrac{n\pi}{l_1}\right)^2 \\[2mm] S_n = EI_y\left(\dfrac{n\pi}{l_1}\right)^4 \\[2mm] Q_n = EI_y y_M\left(\dfrac{n\pi}{l_1}\right)^4 \quad (n=1,2,3,\cdots) \end{array}\right\} \tag{6-5-9b}$$

从上三式可以看出,对于中跨的频率公式,与单跨简支悬索桥的式(6-5-4)和式(6-5-4a)完全相同。

四、对称扭转振动

1. 频率方程

$$\frac{qfl}{\phi^3(Z^2-1)Z}\left\{\frac{\phi Z}{\sqrt{2}} - \frac{Z+1}{\sqrt{Z-1}}\tan\left[\frac{\phi}{\sqrt{2}}\cdot\frac{\sqrt{Z-1}}{2}\right] - \frac{Z-1}{\sqrt{Z+1}}\text{th}\left[\frac{\phi}{\sqrt{2}}\cdot\frac{\sqrt{Z+1}}{2}\right]\right\}$$

$$+\frac{q_1 f_1 l_1}{\phi_1^3(Z_1^2-1)Z_1}\left\{\frac{\phi_1 Z_1}{\sqrt{2}} - \frac{Z_1+1}{\sqrt{Z_1-1}}\tan\left[\frac{\phi_1}{\sqrt{2}}\cdot\frac{\sqrt{Z_1-1}}{2}\right] - \frac{Z_1-1}{\sqrt{Z_1+1}}\text{th}\left[\frac{\phi_1}{\sqrt{2}}\cdot\frac{\sqrt{Z_1+1}}{2}\right]\right\}$$

$$-\frac{L_k}{E_k F_k}\cdot\frac{H_q}{8\sqrt{2}b^2}\left(GI_T + \frac{b^2 H_q}{4}\right) = 0 \tag{6-5-10}$$

式中：
$$\left.\begin{array}{l}\phi = \sqrt{\dfrac{\left(GI_T + \dfrac{b^2 H_q}{4}\right)l^2}{\beta EI_\omega}} \qquad \phi_1 = \sqrt{\dfrac{\left(GI_T + \dfrac{b^2 H_q}{4}\right)l_1^2}{\beta EI_\omega}} \\[4mm] Z = \sqrt{1 + \dfrac{4\omega^4 J_m l^2}{\phi_1\left(GI_T + \dfrac{b^2 H_q}{4}\right)}} \qquad Z_1 = \sqrt{1 + \dfrac{4\omega^4 J_m l_1^2}{\phi_1^2\left(GI_T + \dfrac{b^2 H_q}{4}\right)}}\end{array}\right\} \tag{6-5-10a}$$

2. 求解频率值 ω

同前所述，采用逐次近似法进行试算和结合第一篇第一章第七节的拉格朗日插值公式反算求出。

第四节　三跨等刚度连续悬索桥的振动频率

一、反对称挠曲振动

$$\omega = \frac{2\pi}{L}\sqrt{\frac{EI\left(\dfrac{2\pi}{L}\right)^2(1+16\psi) + H_q(1+4\psi)}{m(1+\psi)}} \tag{6-5-11}$$

式中：

$$\psi = \sin^2\left(\frac{2\pi l_1}{L}\right)\Big/\sin^2\left(\frac{4\pi l_1}{L}\right) \tag{6-5-11a}$$

二、对称挠曲振动

$$\omega = \sqrt{\frac{EI\left(\dfrac{\pi}{L}\right)^4(1+81\Omega^2) + H_q\left(\dfrac{\pi}{L}\right)^2(1+9\Omega^2) + \dfrac{8E_k F_k}{LL_k}\left(\dfrac{L}{\pi}\right)^2(y'')^2\left(1-\dfrac{\Omega}{3}\right)^2}{m(1+\Omega^2)}}$$

$$\tag{6-5-12}$$

式中：

$$\Omega = \sin\left(\frac{\pi l_1}{L}\right)\Big/\sin\left(\frac{3\pi l_1}{L}\right) \tag{6-5-12a}$$

三、反对称扭转振动

$$\omega_{1,2} = \frac{2\pi}{L}\sqrt{\frac{\varepsilon \pm \sqrt{\varepsilon^2 - \left(\frac{4\pi}{L}\right)^2 \eta}}{2}} \tag{6-5-13}$$

式中：

$$\varepsilon = \frac{1}{J_m(1+\psi)}\left[\left(\beta EI_\omega + \frac{J_m}{m}EI_y\right)\left(\frac{2\pi}{L}\right)^2(1+16\psi) + \left(GI_T + \frac{b^2 H_q}{4}\right)(1+4\psi)\right] \tag{6-5-13a}$$

$$\eta = \frac{1}{m \cdot J_m(1+\psi)^2}\left\{\left[(\beta EI_\omega)(EI_y) - (EI_y y_M)^2\right]\left(\frac{2\pi}{L}\right)^2(1+16\psi)^2 \right.$$
$$\left. + (EI_y)\left(GI_T + \frac{b^2 H_q}{4}\right)(1+16\psi)(1+4\psi)\right\} \tag{6-5-13b}$$

式中的 ψ 按式（6-5-11a）计算。

四、对称扭转振动

$$\omega_{1,2} = \sqrt{\frac{T\sigma + S\tau}{2\sigma\tau} \pm \sqrt{\left(\frac{T\sigma + S\tau}{2\sigma\tau}\right)^2 - \frac{TS - Q^2}{\sigma\tau}}} \tag{6-5-14}$$

式中：

$$\left.\begin{array}{l}
T = \beta EI_\omega\left(\dfrac{\pi}{L}\right)^4(1+81\Omega^2) + \left(\left(GI_T + \dfrac{b^2 H_q}{4}\right)\left(\dfrac{\pi}{L}\right)^2(1+9\Omega^2)\right) \\
\quad + 4(y'' \cdot b)^2 \cdot \dfrac{E_k F_k}{L \cdot L_k} \cdot \left(\dfrac{L}{\pi}\right)^2\left(1 - \dfrac{\Omega}{3}\right)^2 \\
S = EI_y\left(\dfrac{\pi}{L}\right)^4(1+81\Omega^2) \\
Q = EI_y y_M\left(\dfrac{\pi}{L}\right)^4 \\
\tau = J_m(1+\Omega^2) \\
\sigma = m(1+\Omega^2)
\end{array}\right\} \tag{6-5-14a}$$

上式中的 Ω 定义见式（6-5-12a）。根据实例分析，在式（6-5-13）和式（6-5-14）中，均以取 "$\sqrt{}$" 内的 "$+$" 号所算得的结果才与空间有限元的分析值比较接近。

第五节 示 例

【例 6-5-1】 设图 6-5-1 所示三跨连续钢箱加劲梁悬索桥具有以下的技术参数（具体计算过程略）：

(1) 加劲梁

$I_x = 2.3024 \text{m}^4 = I$　　　　　$I_y = 192.95 \text{m}^4$

$I_T = 7.5713 \text{m}^4$　　　　　　$I_\omega = 250.0227 \text{m}^6$

$I_\rho = 23.5470 \text{m}^4$　　　　　$A = 1.2396 \text{m}^2$

$E = 2.1 \times 10^8 \text{kN/m}^2$　　　$G = 8.1 \times 10^7 \text{kN/m}^2$

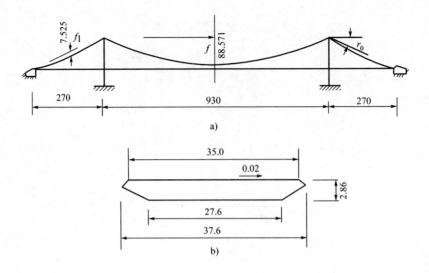

图 6-5-1 例 6-5-1 悬索桥主要尺寸示意图（尺寸单位：m）

$r = 12.55$m　　　　　　$y_M = 0.5379$m

$\beta = 1.4739$

（2）主缆

$E_k = 2.0 \times 10^8$kN/m²　　　$F_k = 0.4585$m²（两缆）

$b = 35$m　　　　　　$H_q = 243260$kN（两缆，包括二期恒载）

$\gamma_0 = 0.373$rad（边跨主缆倾角）

（3）荷载集度

$$q = q_{梁} + q_{缆} = 160.623 + 44.710 = 205.333 \text{kN/m}$$

试计算该桥四种振型的一阶振动频率。

解：（1）反对称挠曲振动的一阶振动频率

按式（6-5-11）计算，其步骤如下：

① 计算 L

$$L = l + 2l_1 = 930 + 2 \times 270 = 1470\text{m}$$

② 按式（6-5-11a）计算 ψ

$$\psi = \sin^2(2\pi l_1/L)/\sin^2(4\pi l_1/L) = 1.5257899$$

③ 计算 ω

$$\omega = \frac{2\pi}{L}\sqrt{\frac{EI\left(\frac{2\pi}{L}\right)^2(1+16\psi) + H_q(1+4\psi)}{m(1+\psi)}}$$

$$= \frac{2\pi}{L}\sqrt{\frac{2.1 \times 10^8 \times 2.3024\left(\frac{2\pi}{L}\right)^2(1+16\psi) + 243260(1+4\psi)}{\frac{205.333}{9.81}(1+\psi)}}$$

$$= 0.8214(\text{rad/s})$$

(2) 对称挠曲振动的一阶振动频率

按式 (6-5-12) 计算，其步骤如下：

①按式 (6-5-12a) 计算 Ω

$$\Omega = \sin(\pi l_1/L)/\sin\left(\frac{3\pi l_1}{L}\right) = 0.5526185$$

②按表 6-3-2 中 L_k 公式计算 L_k

$$L_k = l\left(1 + 8\frac{f^2}{l^2}\right) + 2l_1\left(1 + 8\frac{f_1^2}{l_1^2} + \frac{3}{2}\tan^2\gamma_0\right) + s_1\sec^2\gamma_1 + s_2\sec^2\gamma_2$$

$$= 930\left[1 + 8\times\left(\frac{88.571}{930}\right)^2\right] + 2\times 270\left[1 + 8\times\left(\frac{7.525}{270}\right)^2 + \frac{3}{2}\cdot\tan^2(0.373)\right] + 0 + 0$$

$$= 1664.873373$$

③计算 $(y'')^2$

$$(y'')^2 = \left(-\frac{8f}{l^2}\right)^2 = \left(-\frac{8\times 88.571}{930^2}\right)^2 = 6.711680524\times 10^{-7}$$

④计算式 (6-5-12) 中 "$\sqrt{}$" 内的分子项

$$\text{分子} = EI\left(\frac{\pi}{L}\right)^4(1+81\Omega^2) + H_q\left(\frac{\pi}{L}\right)^2(1+9\Omega^2) + \frac{8E_k F_k}{L\cdot L_k}\left(\frac{L}{\pi}\right)^2(y'')^2\left(1-\frac{\Omega}{3}\right)^2$$

$$= 2.1\times 10^8 \times 2.3024\times\left(\frac{\pi}{L}\right)^4(1+81\Omega^2) + 243260\times\left(\frac{\pi}{L}\right)^2(1+9\Omega^2) +$$

$$\frac{8\times 2.0\times 10^8\times 0.4585}{L\cdot L_k}\left(\frac{L}{\pi}\right)^2(y'')^2\left(1-\frac{\Omega}{3}\right)^2$$

$$= 33.73921754$$

⑤计算式 (6-5-12) 中 "$\sqrt{}$" 内的分母项

$$\text{分母} = m(1+\Omega^2) = \frac{205.333}{9.81}\times(1+\Omega^2) = 27.323045$$

⑥计算 ω 值

$$\omega = \sqrt{\frac{\text{分子}}{\text{分母}}} = \sqrt{\frac{33.73921754}{27.323045}} = 1.1112 \text{ (rad/s)}$$

(3) 反对称扭转振动的一阶振动频率

按式 (6-5-13) 计算，其步骤如下：

①计算转动惯量 J_m

$$J_m = \left(q_{\text{梁}}\cdot r^2 + \frac{q_{\text{缆}}b^2}{4}\right)/g = \left(160.623\times 12.55^2 + \frac{44.71\times 35^2}{4}\right)/9.81$$

$$= 3974.613818\ \frac{\text{kN}\cdot\text{m}^2}{\text{m}^2/\text{s}}$$

②按式 (6-5-13a) 计算 ε 值

该式中的 $\psi = 1.5257899$ (见前面计算)，于是：

$$\varepsilon = \frac{1}{J_m(1+\psi)}\left[(1.4739\times 2.1\times 10^8 \times 250.0227 + \frac{J_m}{\left(\frac{q}{9.81}\right)}\times E\right.$$

$$\times 192.95\Big)\Big(\frac{2\pi}{L}\Big)^2(1+16\psi)+\Big(8.1\times 10^7\times 7.5713+\frac{35^2\times 243260}{4}\Big)(1+4\psi)\Big]$$

$$=8460533984$$

(注：上式中未写出具体数值的符号均为前面已计算出的已知值，下同)

$$\eta=\frac{1}{\Big(\frac{q}{9.81}\Big)\cdot J_m(1+\psi)^2}\Big\{[\beta EI_\omega(EI_y)-(EI_y\times 0.5379)^2]\Big(\frac{2\pi}{L}\Big)^2(1+16\psi)^2+$$

$$(EI_y)\Big(GI_T+\frac{b^2H_q}{4}\Big)(1+16\psi)(1+4\psi)\Big\}$$

$$=9.53747684\times 10^{15}$$

③ 求 ω 值

当取"$\sqrt{}$"内的正值时，则有：

$$\omega_1=\frac{2\pi}{1470}\sqrt{\frac{846053.3984+\sqrt{846053.3984^2-\Big(\frac{4\pi}{L}\Big)^2\times 9.5374684\times 10^{15}}}{2}}$$

$$=2.996985(\mathrm{rad/s})$$

当取负值时，则有：

$$\omega_2=2.544602\mathrm{rad/s}$$

又根据空间有限元法分析的结果得 $\omega=3.0656\mathrm{rad/s}$，该值与上述的 ω_1 值十分接近，因此，当应用本公式计算反对称扭转振动的一阶振动频率时，建议取其中正值所对应的值。

(4) 对称扭转振动的一阶振动频率

按式 (6-5-14) 计算，其中的 Ω、y''、L_k 等值均已在前面求出，而其余符号的值均为给定的已知数据，故可直接代入之来求该式中的诸参数：

$$T=\beta EI\omega\Big(\frac{\pi}{L}\Big)^4(1+81\Omega^2)+\Big(GI_T+\frac{b^2H_q}{4}\Big)\Big(\frac{\pi}{L}\Big)^2(1+9\Omega^4)$$

$$+4(y''\cdot b)^2\cdot\frac{E_kF_k}{L\cdot L_k}\cdot\Big(\frac{L}{\pi}\Big)^2\Big(1-\frac{\Omega}{3}\Big)^2$$

$$=29776.3$$

$$S=EI_y\Big(\frac{\pi}{L}\Big)^4(1+81\Omega^2)=21.70337$$

$$Q=EI_y y_M\Big(\frac{\pi}{L}\Big)^4=0.453609$$

$$\tau=J_m(1+\Omega^2)=5188.41$$

$$\sigma=m(1+\Omega^2)=27.2432$$

然后代入式 (6-5-14) 中，便有：

$$\omega_{12}=\sqrt{\frac{T\sigma+S\tau}{2\sigma\tau}\pm\sqrt{\frac{T\sigma+S\tau}{2\sigma\tau}-\frac{TS-Q^2}{\sigma\tau}}}$$

$$=\begin{cases}2.395622\mathrm{rad}&(\text{当取"}+\text{"号时})\\0.8925539\mathrm{rad}&(\text{当取"}-\text{"号时})\end{cases}$$

由空间有限元程序算得的结果是 $\omega=2.2856\mathrm{rad/s}$，因此，在应用本式计算对称扭转振动频率时，建议取由"$+$"号得出的计算值。

【例 6-5-2】 设将例 6-5-1 中的三跨连续悬索桥改为三跨简支（双铰）悬索桥，而其余的技术参数均不改变，试计算其中的正对称挠曲的一阶振动频率和正对称扭转的一阶振动频率。

解： 由式（6-5-8）和式（6-5-10）知，两个代数方程基本相似，但它们的频率 ω 都是包含在方程中的每一项内，难以按一般的代数方程求解。因此只能按该两式的表达式编制简单的计算机程序，用试算法求解。本例是应用 Qbasic 语言编制的简单程序求解的，现将试算结果汇总于表 6-5-1。

振动圆频率 ω（rad/s）的试算结果　　　　表 6-5-1

对称型挠曲振动		对称型扭转振动	
试设频率 ω	式（6-5-8）结果	试设频率 ω	式（6-5-10）结果
1.2	−83165.00	2.3	−68775.02
1.1	−27756.17	2.2	−42784.66
1.0	−10366.67	2.1	−8775.978
0.9	5639.801	1.99	43185.04
0.8	25884.82	1.9	104485.7
0.9338035 *	0.0546875≈0	1.8	209139.8
		2.078386 *	2.073242≈0

注：注有 * 号者为最终取值。

此外，为了避免运算过程过于繁多，还可应用第一篇第一章第七节中的拉格朗日插值公式来简化其试算过程。现示出如下：

（1）插值公式

$$f = \frac{x - x_2}{x_1 - x_2} f_1 + \frac{x - x_1}{x_2 - x_1} f_2$$

其中各符号的定义见前。

（2）对称型挠曲振动

从表 6-5-1 中选定两个具有异号且最靠近的数据，例如令：

$x_1 = -10366.67$　　　　$f_1 = 1.0$

$x_2 = 5639.801$　　　　$f_2 = 0.9$

$x = 0$　　　　　　　　$f = $ 待求值

代入上式，则有：

$$\omega = f = \frac{0 - 5639.801}{-10366.67 - 5639.801} \times 1.0 + \frac{0 - (-10366.67)}{5639.801 - (-10366.67)} \times 0.9$$

$$= 0.9352345$$

如果将表 6-5-1 中从 $\omega = 1.2 \sim 0.8$ 五组数据均输入到拉格朗日插值公式专用程序中去，便得到：

$$\omega = 0.934578$$

它们都与表 6-5-1 中 $\omega = 0.9338035$ rad/s 接近吻合。

（3）对称扭转振动

按照与上述相同的方法，从表 6-5-1 中选取以下数据：

$x_1 = -8775.978$　　　　$f_1 = 2.1$

$x_2 = 43185.04 \qquad f_2 = 1.99$
$x = 0 \qquad\qquad\qquad f = 待求值$

$$\omega = f = \frac{0-43185.04}{-8775.978-43185.04} \times 2.1 + \frac{0-(-8775.978)}{43185.04-(-8775.978)} \times 1.99$$
$$= 2.0814215 \text{rad/s}$$

若将表 6-5-1 中从 ω=2.3~1.8 六组数据均输入到专用程序中，便得：
$$\omega = 2.07841 \text{rad/s}$$
它们都与表 6-5-1 中的 ω=2.078386rad/s 接近吻合。

（4）三跨连续与三跨简支悬索桥在振动频率上的对比

将本例的计算值与例 6-5-1 中的相应值对比列出于表 6-5-2。

不同支承条件的悬索桥的振动频率（rad/s）对比 表 6-5-2

振　型		三跨连续悬索桥	三跨简支梁索桥
对称挠曲振动频率 ω		1.1112	0.9338
对称扭转振动频率	取（"+"号时）ω_1	2.3956	2.0784
	取（"−"号时）ω_2	0.8926	—

从表中可以看出两点：

① 当结构尺寸完全相同时，连续悬索桥因其整体刚度大，故对应的频率均比简支悬索桥的要大。

② 通过对比表明，在应用式（6-5-14）时，宜取 $\sqrt{}$ 内为"+"号的计算值。

第六章 自锚式悬索桥

第一节 跨径布置与加劲梁截面形式

一、一般特点

自锚式悬索桥与普通地锚式悬索桥的主要构造大部分相同或相似，但它存在以下两点主要差异：

①它将锚固主缆的锚碇构造从与两岸地层里移置到加劲梁的两端，形成自平衡的受力体系。

②成桥顺序由原来的先锚碇→塔→缆而后吊索→加劲梁节段拼接合龙改为先塔→加劲梁（有支架施工或顶推法）而后缆→吊索，最后将加劲梁整体起吊。

这类桥型构造的主要优点是：

①不需修建大体积的锚碇。

②跨径布置比较灵活。

其主要缺点是：

①造价高。

②构造与施工方法限制了桥梁的跨越能力。

③在体系转换过程中线型及索力的调整精度仍是一个复杂的课题。

二、跨径布置

目前自锚式悬索桥的绝大部分采用双塔三跨布置，个别有采用独塔单跨和独塔双跨的。这里所说的双跨和单跨均是指在该跨内的加劲梁由主缆和吊索来承担。但是，为了使边跨加劲梁的端支点不产生负反力和便于布置锚固系统，或者为了减小拉索的倾角，以降低主缆索力的垂直分力等，常将加劲梁再向外侧方向连续延伸一跨或若干跨普通的梁式桥跨。属于这一类的桥跨不列在自锚式悬索桥桥跨分类的范围内。

表 6-6-1 和表 6-6-2 分别列出了据不完全统计的国内外自锚式悬索桥桥名及其跨径布置。图 6-6-1 示出了我国四座具有代表性桥梁的立面布置，其中的浙江海盐塘大桥是采用墩梁固结的结构构造。

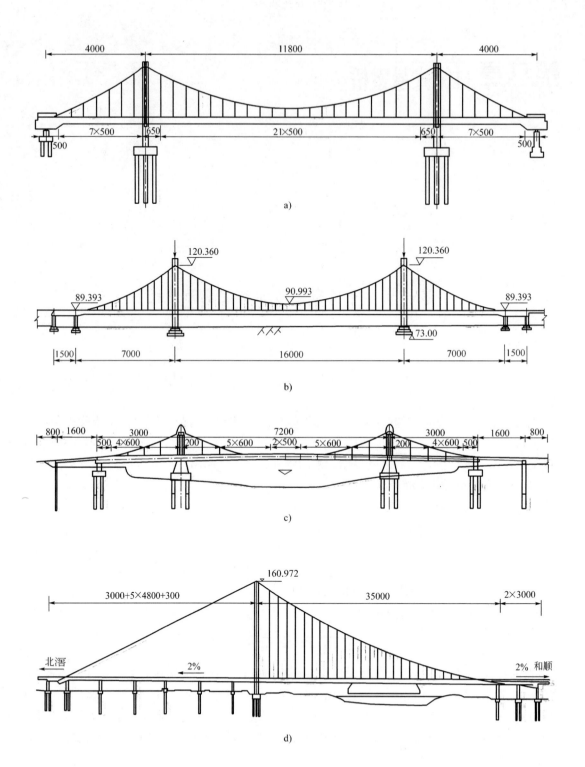

图 6-6-1 自锚式悬索桥跨径布置举例（尺寸单位：cm；高程单位：m）
a）浙江北关大桥立面图；b）抚顺万新大桥布置图；c）浙江海盐塘大桥立面图；d）佛山平胜大桥立面图

国外自锚式悬索桥　　　　　　　　　　表 6-6-1

序号	桥　　名	国名	建成年	跨径（m）	垂跨比	备　　注
1	旧金山—奥克兰海湾新桥	美国	在建	385+180（+80）		钢箱梁 80m 为无吊索跨
2	科隆—米尔海姆桥	德国	1927	91+315+91	1/9.1	1945 年被炸毁
3	永宗桥	韩国	1999	125+300+125	1/5	公铁两用，双层
4	此花大桥	日本	1990	120+300+120	1/6	单主缆，斜吊杆
5	Sorok 桥	韩国	2008	110+250+110		钢箱梁，单索面
6	科隆—迪兹桥	德国	1915	92.3+184.5+92.3	1/8.6	世界第一座，1945 年被炸毁
7	匹兹堡第 7 街桥	美国	1926	67.5+134.8+67.5	1/8.1	钢结构
8	清洲桥	日本	1928	45.8+91.5+45.8	1/7.1	钢结构

三、截 面 类 型

自锚式悬索桥因其跨长相对较小，故其加劲梁的截面形式除了采用钢结构外，在我国还较多地采用混凝土或钢—混凝土结合梁形式。下面只作简单介绍。

1. 钢加劲梁

如图 6-6-2 所示，它们均与地锚式悬索桥的基本相似。

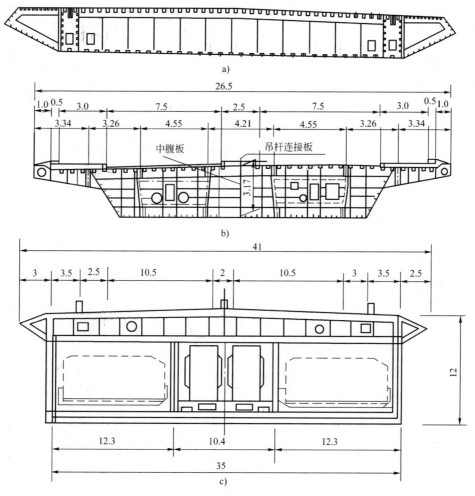

图 6-6-2　钢加劲梁形式（尺寸单位：m）
a) 常用截面形式；b) 日本此花大桥；c) 韩国永宗大桥

我国自锚式悬索桥　　　　　　　　　　　　　　　　　　　　　　　　　表 6-6-2

序号	桥　名	建成年份	跨径 (m)	垂跨比	加劲梁 类型	梁宽 (m)	梁高 (m)	梁高/跨长	桥塔 塔数	桥面以上塔高 (m)	备注
1	抚顺万新大桥	2004	(15)+70+160+70+(15)	1/6	混凝土	41.0	2.5	1/64	2		
2	浙江北关大桥	2005	40+118+40	1/7	混凝土	24	2.0	1/59	2	20.75	
3	天津子牙河大桥	2004	48.05+115+48.05	1/6.05	混凝土	42.0	2.35	1/42.6	2		
4	金华康济义乌江大桥	2004	33+100+33	1/7.5	钢混结合梁	31.5	2.35	1/36.7	2	16.0	先设临时锚碇、后转换为自锚式
5	苏州索山大桥	2003	30+90+30	1/8	钢混结合梁	37	2.45	1/41.4	2	15.0	塔梁固结
6	浙江海盐塘大桥	2004	30+72+30	1/8	混凝土四室箱	40	1.74	1/60	2	9.0	
7	桂林丽群桥	2001	25+70+25	1/5.5	钢桁梁	25.5	1.0	1/76.2	2	12	
8	大连金石滩金湾桥	2002	24+60+24	1/7	混凝土	12.5	2.1	1/91.1	2		
9	延吉市布尔哈通河文街桥	2003	69+162+69	1/7	混凝土双主梁	21.0	3.6	1/87.5	2		
10	永康溪心大桥	2005	37+90+37	1/6	混凝土	35			2	71.1	
11	长沙三汊矶湘江大桥	2006	(70)+132+328+132+(70)	1/5	钢箱	25.75	4		2	132	
12	佛山平胜大桥	2006	(2×30)+350+(30+5×48+30)	1/12.5	钢箱				1		顶推法

注：表中（　）内的跨径系指鱼与加劲梁连接，但不在主缆吊索范围以内的桥跨。

其中，图 a) 是最常用的形式；图 b) 是日本此花大桥单索面自锚式悬索桥上所采用的钢箱三室加劲梁，吊杆采用倾斜的三角形，由于抗扭的需要使箱高达 3.17m；图 c) 是韩国永宗桥所采用的钢箱与钢桁相结合的一种特殊形式，用在公铁两用的自锚式悬索桥上，其上层设 6 车道，下层桁架的两侧共有 4 车道，中部为双线铁路通道，它利用上层钢箱来承受巨大的水平轴力。

2. 混凝土加劲梁

钢箱混凝土加劲梁有闭口箱形截面和开口 T 形或 Π 形截面两大类形式，如图 6-6-3 所示。前者的抗扭刚度大，但自重较大，根据桥宽要求，可以设计成四室或五室箱；后者则相反，但为了适当增加下缘混凝土的承压面积，图 c) 在梁肋下缘的内侧各设置一个短的悬臂。

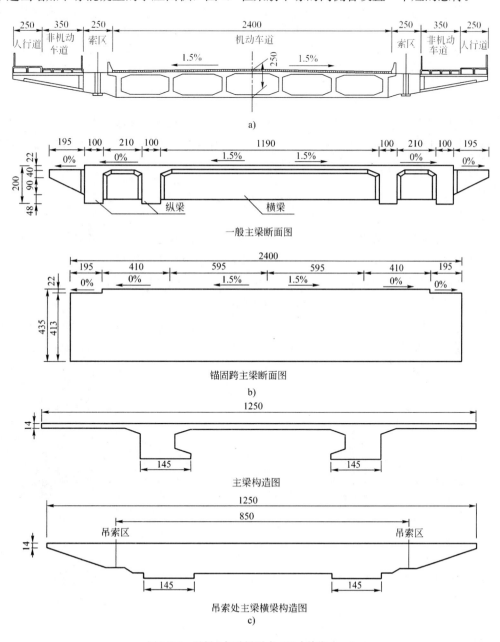

图 6-6-3　混凝土加劲梁形式（尺寸单位：cm）
a) 箱形截面；b) Π 形截面；c) T 形截面

3. 钢—混凝土结合梁

它的截面形式与图 6-6-3b) 的相似,但为了进一步减轻加劲梁的自重,只是将每侧 Ⅱ 形梁的两肋各改为矩形钢箱,上翼缘桥面部分仍为混凝土桥面板,如图 6-6-4 所示。在有吊索的部位,均设置钢横梁。

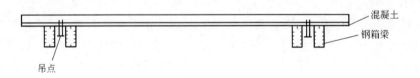

图 6-6-4 钢—混凝土结合梁面示意图

第二节 锚 固 系 统

自锚式悬索桥的锚固系统一般由锚固体、竖向锚固构造和散索鞍三大部分组成。当平行的两根主缆设计成一根闭合式的环形主缆时,则锚固系统还要增加转索鞍装置,即为了主缆改变方向而设置的装置。

一、竖向锚固构造及措施

主缆对每侧梁两端锚固体将各产生一个水平分力和一个方向向上的竖向分力。前者将通过加劲梁自相平衡,后者需要采用以下几种构造措施才能保持平衡稳定。

①在边跨支点附近的箱形加劲梁区段内投放卵石压重,以平衡可能出现的最大竖向分力,这种方法最简单,但不适用于大跨径的情况。

②将两侧边跨加劲梁向外延伸一跨,又称锚固跨,锚固体便设置在其上。跨长则根据平衡条件确定。这种做法的好处是:延伸的桥跨不但可以起到平衡重的作用,而且也可以充当主缆的锚固体,如图 6-6-5 所示。

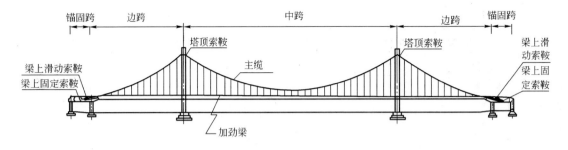

图 6-6-5 锚固跨示意图

③如果锚固跨的压重作用还不能满足要求,还可以在锚固跨的外侧设置牛腿,通过简支挂梁来提高压重的作用。上述这两种方法的缺点是增加了结构分析和调索方面的困难。

④在边跨桥墩上设置可以允许加劲梁作水平方向移动的拉压支座。否则,边墩将承受较大的水平力。

二、锚固系统的细部构造

1. 混凝土加劲梁上的锚固系统

(1) 不设散索鞍的锚固构造

当桥跨不大并且采用工厂制作的成品主缆时,可以将跨过桥塔索鞍的主缆,不用散索,直接锚固于混凝土加劲梁端部的锚固体上。图 6-6-6a) 所示的主缆锚固构造是应用在大连市金湾桥上的一个例子。该桥跨径为 24m+60m+24m,主梁采用图 6-6-3c) 的截面形式。为了减轻主缆振动对锚固构造的影响,在端主缆套筒内设置了减振器。

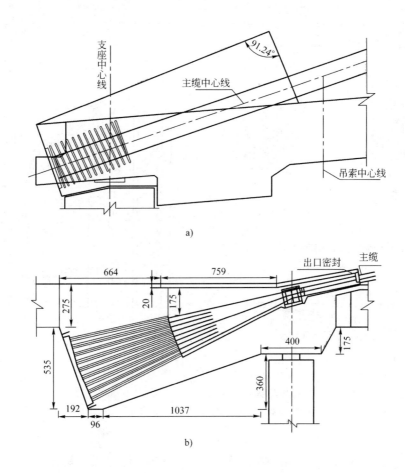

图 6-6-6 主缆锚固构造图(尺寸单位:cm)

(2) 设置散索鞍的锚固构造

这是一种较常用的构造形式,即将主缆跨过散索鞍以后,分散地锚固于设在锚跨内的锚固体中,如图 6-6-6b) 所示。散索鞍采用 45 号钢铸造成型,并设置在桥墩顶部的锚固体上。锚固体与桥墩之间设置板式橡胶支座,这样,可以保证主缆的水平分力绝大部分都能有效地传送到加劲梁上。

(3) 闭合式环形主缆的锚固构造

现用抚顺市万新大桥所使用的锚固构造实例予以阐明,见图 6-6-7。

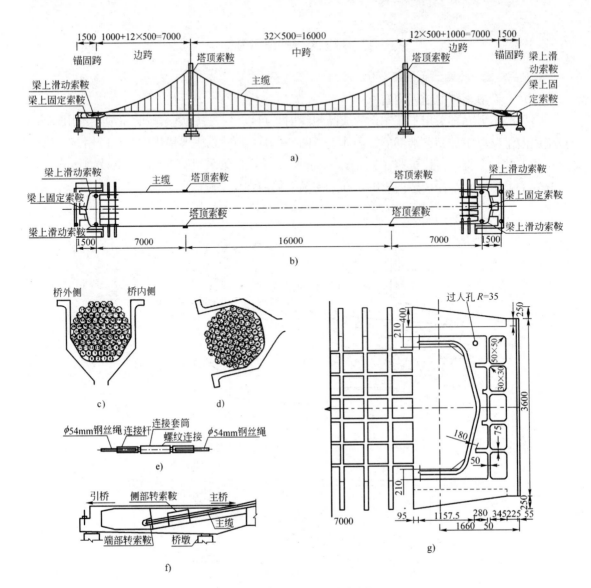

图 6-6-7 环形主缆锚固构造（尺寸单位：cm）

a) 主缆立面图；b) 主缆平面图；c) 塔顶索鞍处索股布置；d) 梁上索鞍处索股布置；e) 钢丝绳连接示意图；f) 锚固构造；g) 锚固构造平面图

该桥主缆的直径54.3cm，由85根φ54mm镀锌钢丝绳组成，每根钢丝绳采用螺纹套筒连接，构成封闭环形。全桥主缆共绕过10个索鞍，即每座塔顶设置两个滑动索鞍，每个锚固跨设置一个固定索鞍和两个供转向用的滑动索鞍。滑动索鞍的底部均设有四氟滑板，以便从空缆状态向成桥状态的转变过程中可以滑动，梁上的固定索鞍用锚栓固定在混凝土梁上。

这种锚固构造的优点是可以减小锚固体的尺寸，转索鞍的断面形式简单、制造方便；缺点是主缆架设难度大，制作精度要求高。

2. 钢箱加劲梁上的锚固系统

(1) 以混凝土端横梁作锚固体的构造

如图 6-6-8 所示，在钢箱加劲梁的两端设置一定长度的混凝土锚碇横梁，然后将主缆经过散索鞍固定在混凝土的锚固体内。

（2）由钢板构成的网格式锚固体构造

如图 6-6-9 所示，锚固体由以下三个主要部分组成：

①以加劲梁内的锚箱作为基本支承体，它由顶板、底板和两侧腹板构成的箱室外壁。

②在与最中心一根散索的正交方向上设置锚固前板和锚固后板，间距约 5m。

③在此封闭的箱体内，按照散索的数量和其辐射的走向设置呈正交的网格板，每根散索将穿过这些孔道后，用锚具固定在锚固前板上。

这样的锚固体具有较强的抗压刚度，并把主缆对它产生的压力通过格子板与锚箱周边焊接缝的剪切力，传递到加劲梁上。

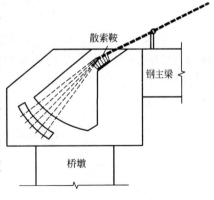

图 6-6-8 混凝土端横梁锚固构造

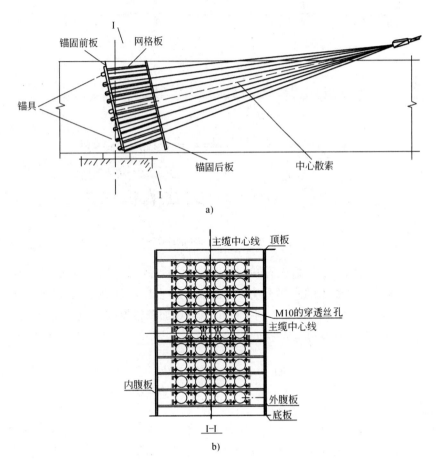

图 6-6-9 网格式钢板锚固体构造

第三节 自锚式悬索桥的索力及加劲梁内力近似计算

关于自锚式悬索桥的内力分析方法，目前有采用计入主缆重力刚度的空间有限元法和平面杆系有限元法等。具体的应用可查阅相关专用程序的应用说明。本节重点介绍近似分析法，即如何将本篇第三章中用于地锚式悬索桥内力近似分析的代换梁法推广应用到自锚式悬索桥上。下面简述其原理的要点。

一、代换梁法在自锚式悬索桥上推广应用的原理

1. 自锚式悬索桥的受力特点

现以图 6-6-10 所示的自锚式悬索桥予以简要阐明。

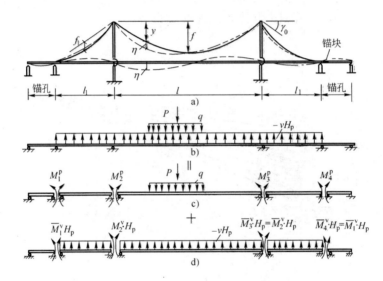

图 6-6-10 自锚式悬索桥的计算图

（1）自锚式悬索桥的锚碇构造设置在加劲梁的两端，故无论是在恒载作用下，还是在汽车荷载作用下，主缆两端索力的水平分力 H_q 和 H_p 均直接施加在加劲梁截面的中心轴上，这样，它与图 6-3-2 中代换梁的两端、用来模拟地锚对加劲梁反弹力效应的虚拉力 H 恰好方向相反，互相抵消，从而使加劲梁的挠曲微分方程式（6-3-3）变为（图 6-6-10b））：

$$EI \frac{d^4 \eta}{dx^4} = p(x) - \nu H_p \tag{6-6-1}$$

这便是一般简支梁的弹性挠曲微分方程。

（2）地锚式悬索桥两端锚碇之间的间距是不变的，由此导得主缆因索力拉伸和温度胀缩产生的长度增量，在水平投影面上之和等于零的边界条件式（6-2-8）；但是，自锚式悬索桥却不符合这个条件，其两端锚碇将随加劲梁水平伸缩的变化而变化。影响加劲梁长度变化的因素有三：

①轴力 H_q 和 H_p 的影响（H_q 的影响已在成桥过程中完成）。

②温度升、降引起的变形。

③加劲梁挠曲而引起的缩短（经分析，这个影响甚微，可以忽略不计）。于是式(6-2-8)可改写为：

$$H_p \frac{L_k}{E_k A_k} + \alpha t L_t - \sum \nu \Omega_\eta = \alpha t (l + 2l_1) - \frac{H_p}{EA}(l + 2l_1) \tag{6-6-2}$$

这里要说明两点：第一，H_p 对主缆产生增长的效果，而对加劲梁则相反，故二者的符号也相反；第二，上式中等式左边第三项用 Ω_η 来代替原来的 F_η，这是因为原来的代换梁为拉弯构件，而现在的一般是受弯构件，二者在计算挠曲线 η 的公式不相同（后面将要补充说明），故应改写，以避免查表时造成混淆之误。

（3）自锚式悬索桥常将加劲梁的两端各向外延伸一跨，借以设置锚固构造和达到压重的目的，故在图 6-6-10c)、d) 的基本结构图中，其赘余弯矩的数量 M_i^p 和 $\overline{M}_i^v$ 均比地锚式的各多两个，但它们都属于一般线弹性结构，可以应用《结构力学》中的力法或应用一般有限元程序求解，这一点比对地锚式运算要简单得多。

2. H_p 的计算公式

联立求解式（6-6-1）和式（6-6-2），并用力法（或电算）解 M_i^p 和 $\overline{M}_i^v$，经整理后便可解得 H_p。

(1) 当主跨与边跨加劲梁截面不等时：

$$H_p = \frac{\sum \nu \Omega_\eta(p) + \frac{1}{3E}\left[\frac{f_1 l_1}{I_1}\sum_{i=1}^{4} M_i^p + \frac{fl}{I}(M_2^p + M_3^p)\right] + \alpha \cdot \Delta t[(l+2l_1) - L_t]}{\frac{8}{15E}\left(\frac{2f_1^2 l_1}{I_1} + \frac{f^2 l}{I}\right) - \frac{2}{3E}\left[\frac{f_1 l_1}{I_1}(\overline{M}_1^v + \overline{M}_2^v) + \frac{fl}{I}\overline{M}_2^v\right] + \frac{1}{E}\left(\frac{2l_1}{A_1} + \frac{l}{A}\right) + \frac{L_k}{E_k A_k}} \tag{6-6-3}$$

(2) 当全桥加劲梁为等截面时：

$$H_p = \frac{\sum \nu \Omega_\eta(p) + \frac{fl}{3EI}\left[\frac{f_1 l_1}{fl}\sum_{i=1}^{4} M_i^p + M_2^p + M_3^p\right] + \alpha \cdot \Delta t[(l+2l_1) - L_t]}{\frac{8}{15EI}\left[2f_1^2 l_1 + f^2 l\right] - \frac{2fl}{3EI}\left[\frac{f_1 l_1}{fl}(\overline{M}_1^v + \overline{M}_2^v) + \overline{M}_2^v\right] + \frac{l+2l_1}{EA} + \frac{L_k}{E_k A_k}} \tag{6-6-4}$$

上二式中的大部分符号定义与表 6-3-1 和表 6-3-2 中的相同，仅作如下补充：

A——加劲梁的截面面积；

M_i^p——按图 6-6-10c) 的图，由外荷载 P_k 和 q_k 在 i 号支点处产生的赘余弯矩(kN·m)；

$\overline{M}_i^v$——令 $H_p = 1$，由薄膜回弹力为 $-\nu\left(\frac{8f}{l^2}\right)$ 的分布荷载对图 6-6-10d) 所示结构的 i 支点处产生的赘余弯矩（1·m）；

L_k、L_t——按表 6-3-2 中的相应公式计算，但令 $s_1 = s_2 = 0$；

$\Omega_\eta(p)$——由外荷载 P_k 和 q_k 在基本结构中的简支梁上产生的挠曲面积，它仍按 $\Omega_\eta = \int_0^{l_i} \eta dx$ 公式求算，具体表达式见表 6-6-3。

3. $\Omega_\eta(p)$ 公式的计算用表

表 6-6-3 仅列出常用几种荷载的 $\Omega_\eta(p)$ 计算公式。对于个别特殊荷载，可按第一篇表 1-3-1 中相应结构的挠曲线方程进行积分运算求得。

$\Omega_\eta(p)$ 公式表	表 6-6-3
图式	公式
(简支梁，集中荷载 P，距左端 a，距右端 b)	$\nu\Omega_\eta(p)=\dfrac{Pbfl}{3EI}\left[\left(1-\dfrac{a^2}{l^2}\right)\left(1-\dfrac{b^2}{l^2}\right)-\dfrac{a^4}{l^4}+\dfrac{b^3}{l^3}\right]$
(简支梁，满跨均布荷载 p，跨径 l)	$\nu\Omega_\eta(p)=\dfrac{pfl^3}{15EI}$
(简支梁，中段均布荷载 p，长度 c，两端距 a、b，m、n)	$\nu\Omega_\eta(p)=\dfrac{pcf}{6EIl^3}\Big\{m\big[(4l^2-4m^2-c^2)b^2-2b^4\big]$ $+n\big[(4l^2-4n^2-c^2)(a+c)^2-2(a+c)^4+\dfrac{2lc^4}{5n}\big]\Big\}$

二、代换梁法的计算步骤

应用代换梁法分析自锚式悬索桥主缆索力和加劲梁内力的主要步骤如下：

1. 恒载内力计算

（1）主缆恒载索力的计算与地锚式的相同，即 $H_q=\dfrac{q_\text{恒}l^2}{8f}$，如果二期恒载是在成桥以后施加时，则它应按同汽车荷载一样的步骤进行计算。

（2）加劲梁的恒载内力计算与地锚式的大不相同：其一，它是将加劲梁节段在支架上（或采用顶推梁方式）先形成整体后，然后通过吊索起吊就位的，因此它的内力要考虑自重和施工过程中的调索方式等因素，一般应用平面杆系有限元法程序来完成分析；其次，主缆的恒载和汽车荷载的索力之水平分力 H_q、H_p 都要由加劲梁来承受。因此，加劲梁的截面内力除弯矩和剪力外，还应考虑轴力项。

2. 汽车荷载内力计算步骤如下：

（1）基本参数计算

ν、ν_1 按式（6-2-9）计算，L_k、L_t 按表 6-3-2 中公式计算。

（2）$\nu\Omega_\eta(p)$ 计算

按照图 6-6-10c）的计算图和查阅表 6-6-3 中相应公式分别计算各简支跨仅由外荷载 P_k 和 q_k 产生的 $\nu\Omega_\eta(p)$ 值，然后进行叠加。

（3）$\overline{M}_i^p$ 的计算

直接在代换梁（图 6-6-10b））上布置外荷载 P_k 和 q_k（还应考虑荷载或内力增大系数 ξ）应用力法原理和用手算或应用有限元法电算程序计算各中间支点截面处的赘余弯矩 $\overline{M}_i^p$。

（4）$\overline{M}_i^\nu$ 的计算

计算方法与上一步骤完全相同，但此时的外荷载取分布的薄膜回弹力 $-\nu\left(-\nu=-\dfrac{8f}{l^2}\right.$，而令 $\left.H_p=1\right)$，便得到由 $-\nu$ 产生的赘余弯矩 $\overline{M}_i^\nu$，其单位为 $1/m$。由于荷载

与结构均对称于主跨跨中竖轴，故有 $\overline{M}_1^v = \overline{M}_4^v$，$\overline{M}_2^v = \overline{M}_3^v$，式（6-6-4）中已经考虑了这一点。

(5) 求 H_p

将各已知值代入式（6-6-4）中即得，它对主缆产生轴拉力，对加劲梁产生轴压力。

(6) 求算加劲梁各截面的弯矩及剪力

这可用两种方法求算：其一，手算法，先求出 $-\nu H_p$ 值，再与外荷载分别代入图 6-6-10c)、d) 的基本结构图中进行计算；其二，将 $-\nu H_p$ 值及外荷载直接输入到图 6-6-10b) 中，由计算机程序算出。

三、示　例

【**例 6-6-1**】　图 6-6-11 所示的自锚式悬索桥，其跨径组合为 70（锚跨）m＋132m＋328m＋132m＋70（锚跨）m。主跨主缆的垂跨比 $\dfrac{f}{l} = \dfrac{1}{5}$；边跨的为 $\dfrac{f_1}{l_1} = \dfrac{1}{12.4}$，主缆的倾角 $\gamma_0 = 0.50133$。主缆及吊索（两侧）的截面面积分别为 $A_k = 0.191984\text{m}^2$，$A_{吊} = 0.0103775\text{m}^2$，弹性模量 $E_k = 1.90 \times 10^8 \text{kN/m}^2$。加劲梁为五跨连续等截面钢箱梁，截面面积、抗弯惯矩及弹性模量分别为 $A = 1.18\text{m}^2$，$I = 2.93801\text{m}^4$，$E = 2.06 \times 10^8 \text{kN/m}^2$。设所有钢材的温度线膨胀系数 $\alpha = 1.2 \times 10^{-5}$，试按代换梁法计算本例的主缆按二次抛物线成桥以后（包括一、二期恒载），在图 6-6-11b)、c) 所示两种工况以及相对于合龙时的温度差 $\Delta t = \pm 15℃$ 时，主缆产生的附加索力水平分量 H_p 和加劲梁截面的相应弯矩。

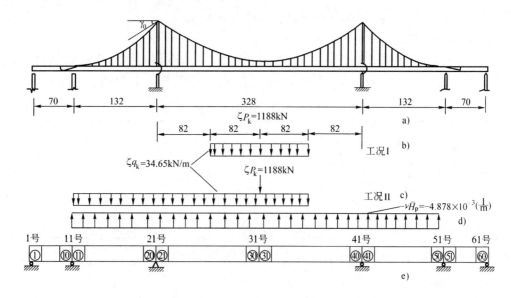

图 6-6-11　自锚式悬索桥桥例的基本数据及计算图（尺寸单位：m）

解：(1) 计算 ν、L_k 和 L_t

$$\nu = \nu_1 = \frac{8f}{l^2} = \frac{8 \times 65.6}{328^2} = 4.878 \times 10^{-3} \frac{1}{\text{m}}$$

$$L_k = 328\left(1 + 8 \times \frac{65.6^2}{328^2}\right) + 2 \times 132\left[1 + 8 \times \frac{10.6452^2}{132^2} + \frac{3}{2}\tan^2(0.50133)\right]$$

$$= 829.6295\text{m}$$

$$L_t = 328\left(1 + \frac{16}{3} \times \frac{65.6^2}{328^2}\right) + 2 \times 132\left[1 + \frac{16}{3} \times \frac{10.6452^2}{132^2} + \tan^2(0.50133)\right]$$

$$= 750.4197\text{m}$$

(2) 计算 $\nu\Omega_\eta(p)$

对于工况 I：$\zeta P_k = 3.3 \times 360\text{kN} = 1188\text{kN}$（$\zeta$——荷载增大系数，$\zeta = 3.3$ 计算方法同前，计算过程略）

$$\zeta q_k = 3.3 \times 10.5 \frac{\text{kN}}{\text{m}} = 34.65 \frac{\text{kN}}{\text{m}}$$

代入表 6-6-3 中的相应公式中得：

$$\nu\Omega_\eta(\zeta p_k) = \frac{1188 \times 164 \times 65.6 \times 328}{3 \times 2.06 \times 10^8 \times 2.93801}\left[\left(1 - \frac{164^2}{328^2}\right)^2 - \left(\frac{164}{328}\right)^4 + \left(\frac{164}{328}\right)^3\right]$$

$$= 1.443033\text{m}$$

$$\nu\Omega_\eta(\zeta q_k) = \frac{34.65 \times 164 \times 65.6}{6 \times 2.06 \times 10^8 \times 328^3}\Big\{164 \times [(4 \times 328^2 - 4 \times 164^2 - 164^2) \times 82^2 - 2 \times 82^4] +$$

$$164 \times [(4 \times 328^2 - 4 \times 164^2 - 164^2) \times (82 + 164)^2 - 2(82 + 164)^4 +$$

$$\frac{2 \times 328 \times 164^4}{5 \times 164}]\Big\}$$

$$= 6.229513\text{m}$$

$$\sum \nu\Omega_\eta(p) = \nu\Omega_\eta(\zeta p_k) + \nu\Omega_\eta(\zeta q_k) = 1.443033 + 6.229513 = 7.672546\text{m}$$

同理，对于工况 II，$\sum \nu\Omega_\eta(p) = 9.068841\text{m}$（其中包括边跨外荷载）

对于 $\Delta t = \pm 15℃$，$\sum \nu\Omega_\eta(p) = 0$（仅计温度影响力时）

(3) M_i^p 和 $\overline{M}_i^\nu$ 计算

这两个步骤的计算是按图 6-6-11e) 的离散图，分别输入两种工况的外荷载（但等温度梯度对代换梁不产生次内力）和 $-\nu \cdot 1$ 值，应用有限元法程序完成其计算，其结果汇总于表 6-6-4。

M_i^p 和 $\overline{M}_i^\nu$ 计算结果汇总表   表 6-6-4

工况编号	单位	11号节点	21号节点	41号节点	51号节点
		M_1^p	M_2^p	M_3^p	M_4^p
工况 I	kN·m	69990	−214200	−214200	69990
工况 II	kN·m	45830	−291200	−227600	74370
		$\overline{M}_1^\nu$	$\overline{M}_2^\nu$	$\overline{M}_3^\nu$	$\overline{M}_4^\nu$
$-\nu\overline{H}_p$	1/m	−5.239	37.28	37.28	−5.239

注：表中 $\overline{H}_p = 1$，$\nu = 4.878 \times 10^{-3}\left(\frac{1}{\text{m}}\right)$，"−" 表示方向向上，参见图 6-6-11。

(4) 计算 H_p

工况 I：将以上诸值代入式 (6-6-4) 得：

$$H_p = \Big\{7.672543 + \frac{65.6 \times 328}{3 \times 2.06 \times 10^8 \times 2.93801} \times$$

$$\left[\frac{10.6452 \times 132}{65.6 \times 328}(69990 - 214200) \times 2 - 2 \times 214200\right] + 0\Big\} \div$$

$$\Big\{\frac{8}{15 \times 2.06 \times 10^8 \times 2.93801}[2 \times 10.6452^2 \times 132 + 65.6^2 \times 328] -$$

$$\frac{2\times 65.6\times 328}{3\times 2.06\times 10^8 \times 2.93801}\left[\frac{10.6452\times 132}{65.6\times 328}(-5.329+37.28)+37.28\right]+$$

$$\frac{328+2\times 132}{2.06\times 10^8 \times 1.18}+\frac{829.6295}{1.9\times 10^8 \times 0.191984}\Big\}$$

$$=6551.577\text{kN}$$

同理，对于工况 II，$H_p=7213.933\text{kN}$

对于温升+15℃的情况　　$H_p=-78.712\text{kN}$（代表主缆索力水平分力降低）

对于温降-15℃的情况　　$H_p=78.712\text{kN}$（代表主缆索力水平分力增大）

(5) 计算加劲梁的截面弯矩 $M(x)$

当求出 H_p 值以后，便将它乘以系数 ν，再连同相应的外荷载 ζP_k 和 ζq_k 一起代入到如图 6-6-10c)、d) 所示的基本结构中分别计算，最后叠加，便可得到欲求截面的弯矩值（注：也可以按图 6-6-11e) 的离散图，由计算机程序直接算出）。现以与主跨相邻的左侧边跨为例，用手算法求该跨跨中（$l_1/2$）在工况 II 下的截面弯矩值，计算图如图 6-6-12 所示。

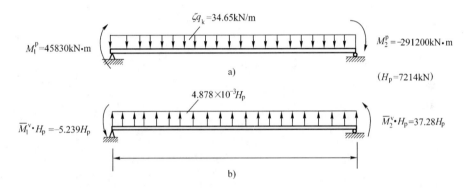

图 6-6-12　11~21号跨加劲梁内力计算图

对于图 6-6-12a) 的跨中截面，其弯矩值为

$$M'(l_1/2)=\frac{(\zeta q_k)l_1^2}{8}+\frac{M_1^p}{2}+\frac{M_2^p}{2}$$

$$=\frac{34.65\times 132^2}{8}+\frac{45830}{2}-\frac{291200}{2}$$

$$=-47217.23\text{kN}\cdot\text{m}$$

式中的 M_1^p 和 M_2^p 由表 6-6-4 中查得。

对于图 6-6-12b) 的跨中截面，其弯矩值为：

$$M'(l_1/2)=\frac{(-\nu H_p)l_1^2}{8}+\frac{\overline{M}_1^v H_p}{2}+\frac{\overline{M}_2^v H_p}{2}$$

$$=\frac{(-4.878\times 10^{-3}\times 7214)\times 132^2}{8}+\frac{7214}{2}(-5.239+37.28)$$

$$=38935.52\text{kN}\cdot\text{m}$$

式中的 $\overline{M}_1^v$ 和 $\overline{M}_2^v$ 由表 6-6-4 中查得，H_p 为上一步骤的计算结果。

所以，$M(l_1/2)=M'(l_1/2)+M'(l_1/2)=-8281.71\text{kN}\cdot\text{m}$

其他诸截面的计算均与此相同。表 6-6-5 中列出了若干控制截面的弯矩值。

主缆索力水平分量和加劲梁截面弯矩按不同计算方法的对比

表 6-6-5

截面位置		单位	工况 I			工况 II			$\Delta t=+15℃$	
			代换梁法	空间有限元法	平面有限元法	代换梁法	空间有限元法	平面有限元法	代换梁法	平面有限元法
主缆索力水平分量 H_p		kN	6552	6149	6496	7214	6848	7153	−78.71	−76.58
11~21号跨 $M(x)$	11号支点	kN·m	35660	34304	35710	8036	9814	8119	412.4	404.4
	$l_1/2$	kN·m	−36740	−29843	−36420	−8282	−4564	−7488	−424.9	−465.6
	21号支点		30070	23208	27580	−22240	−25250	−24930	−2935	−2852
主跨 $M(x)$	$L/4$	kN·m	−15080	−8836	−9988	7795	7041	8049	938	911.4
	$L/2$		47180	44297	48760	41460	39166	43240	2229	2169
	$3L/4$		−15080	−8836	−9988	−18650	−14898	−15330	938	911.4
41~51号跨 $M(x)$	41号支点	kN·m	30070	23208	27580	41350	32500	38480	−2935	−2852
	$l_1/2$		−36740	−29843	−36420	−37680	−31282	−37743	−424.9	−465.6
	51号支点		35660	34304	35710	36570	36296	36610	412.4	404.4

注：当温降 $\Delta t=-15℃$ 时，表中最后两栏各值均反号。

(6) 不同计算方法的结果对比

按本例的已知条件（索塔尺寸在已知条件中未给出），应用三维空间有限元法的计算程序，并在刚度矩阵中考虑主缆的重力刚度，对工况Ⅰ和Ⅱ分别进行了计算。其次，又应用一般平面杆系有限元法的计算程序，但不计塔身的变位，即在两座索塔顶端用活动铰支座代替，使之更接近于代换梁法的基本假定，作了在同样工况下的计算。所有的计算结果一并汇总于表6-6-5。

从计算结果的对比中，可以发现以下初步看法：

①三种计算方法所得出内力的作用方向是完全吻合的。

②若与主跨跨中截面的弯矩值相比，代换梁法的计算值比空间有限元法值约大6%，而更接近于平面有限元法计算值。

③个别截面的相对偏离值更大一些，但其绝对值并不是最大的，产生差异的原因是由于代换梁法作了许多近似的假定；再则，它是用薄膜回弹力来模拟吊索的作用，而有限元法是直接取吊索作为杆单元来进行计算的。

④鉴于代换梁法更接近于平面有限元法的结果，一方面证明了自锚式悬索桥的受力性能是更接近于线弹性的；另一方面，它与平面杆系有限元法都可以用作校核自锚式悬索桥分析值的另一种途径和在初步设计中可用作拟定截面尺寸的参考。

四、其他计算简要说明

1. 受横桥向静风荷载的计算

它仍可近似地按照本篇第四章第二节的建模原理进行计算，但只需将图6-4-3中对应于锚碇处的刚性铰支座，按照自锚式悬索桥在该处桥墩（包括最外侧桥墩）横桥向的抗推刚度，改为弹簧支座。

2. 关于振动频率

目前尚未见有关自锚式悬索桥振动频率较为成熟的简化计算公式，因为它的加劲梁属于压弯构件，故目前只能借助空间有限元法程序来求算，而本篇第五章第四节的计算公式仅能作对比性的参考。

第七章 悬索桥的电算方法

第一节 建模要点

悬索桥由高度柔性的缆索系统作为主要承重构件，因而在荷载作用下呈现强烈的几何非线性特质，由于在正常使用状态下材料处于线弹性范围，因此悬索桥分析属于大位移、大转动、小应变的几何非线性问题。

悬索桥的分析基于分段悬链线理论，即主缆单元所受的力系可视为索单元沿弧长均布的主缆自重及两端通过吊索传递的集中荷载，由此悬索桥主缆可以简化为吊杆间的各悬链线单元的组合。具体理论请见本篇第二章第四节内容。

在利用分析软件模拟悬索桥的桥塔、主缆、锚碇、加劲梁、吊索及鞍座等各主要部分及相关关系时，需考虑以下几个要点：

1. 整体模拟

在结构布置上，悬索桥结构主要分为地锚式悬索桥和自锚式悬索桥两大类，而根据施工方法，地锚式悬索桥又可以分为两种：对于大跨径悬索桥，主索鞍需要根据加劲梁的不断吊装累积而需顶推以平衡水平力、调整索塔受力；对于中小跨径悬索桥，主缆有时在塔顶位置和索塔固结在一起，吊装加劲梁时通过不断张拉边跨主缆，以保证索塔受力满足要求。对于自锚式悬索桥，其主缆锚固在加劲梁上，施工顺利为先梁后缆。因此对以上三种结构应采用不同模拟方法，如图6-7-1所示。

图6-7-1中三者的主缆和索塔关系的模拟见图6-7-2，其中图6-7-2a) 主要用于大跨径悬索桥施工控制的精细分析，图6-7-2b) 适用于大跨径地锚式悬索桥及自锚式悬索桥的设计计算，图6-7-2c) 适用于中小跨径地锚式悬索桥的设计计算。在进行无应力索长计算时，图6-7-2b)、c)需按照本篇第二章第四节"五、索鞍处主缆长度修正方法"进行无应力索长的修正。在有限元分析中，主缆采用索单元模拟，索塔则采用梁单元模拟。在索塔顶部，索塔顶点及与其相接触的主缆在该点可以采取以下两种方法模拟：

（1）采用共坐标的两个节点来模拟，在成桥阶段两节点刚性连接。
（2）采用在纵桥向、横桥向共坐标，高度相差一个主索鞍高度的两个节点来模拟，在成桥阶段刚性连接。

两种方法结果几乎没差别。但对于小跨径地锚式悬索桥，若主缆在塔顶位置和索塔固结，则在塔顶须采用主缆、塔顶共节点的形式进行模拟。

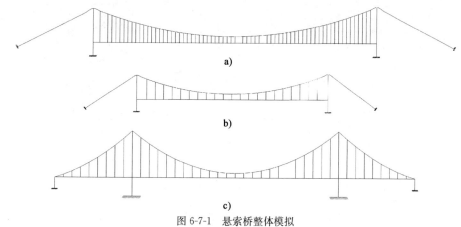

图 6-7-1　悬索桥整体模拟
a) 大跨径地锚式悬索桥；b) 中小跨径地锚式悬索桥；c) 自锚式悬索桥

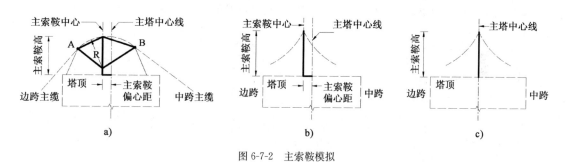

图 6-7-2　主索鞍模拟
a) 主索鞍精细模拟（主要用于施工控制）；b) 主索鞍预偏模拟；c) 主索鞍固结模拟

2. 主缆模拟

一般采用能模拟随张拉力大小刚度发生变化索单元来模拟，该单元由两个节点构成，只能传递单元的轴向拉力。对于悬索桥结构，主缆应采用悬链线单元来模拟，或者用 Ernst 公式来修正主缆的弹性模量。

3. 索塔模拟

索塔一般为混凝土结构，可以采用普通梁单元来模拟，不一定考虑剪切变形的影响。在关键位置、构件相接点等都应该划分节点。

4. 加劲梁模拟（图 6-7-3）

加劲梁的结构形式主要是两种：正交异性钢箱梁、钢桁架。对于钢箱梁，可以采用能考虑截面畸变的梁单元模拟，同时还可以考虑是否考虑剪切变形的影响。对于钢桁架，采用梁单元来模拟。但需要注意的是，钢桁架与钢箱梁在施加二期恒载的时候，前者是转化为节点荷载施加在加劲梁节点上的，后者直接施加在梁单元上。

必须注意的是，加劲梁吊装时，几个梁单元以铰连接的形式连接在一个节点上时，为避免出现奇异，须对其中一个梁不释放梁端约束，对其他所有的梁都释放梁端旋转约束。

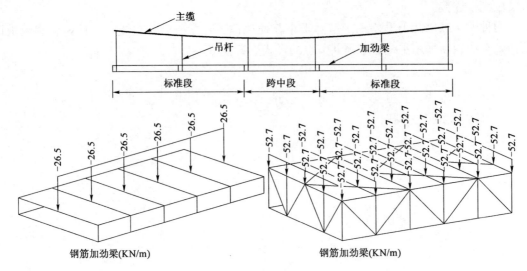

图 6-7-3 加劲梁模拟

5. 吊杆模拟

悬索桥的吊杆一般都为竖直吊杆，模拟时可以采用桁架单元、索单元、只受拉单元来模拟。

6. 基础模拟

可参考第二篇。

7. 锚碇模拟（图 6-7-4、图 6-7-5）

地锚式悬索桥和自锚式悬索桥锚碇虽然都是给主缆一个约束，但约束的自由度却不一样，前者约束所有自由度，后者则与加劲梁耦合。

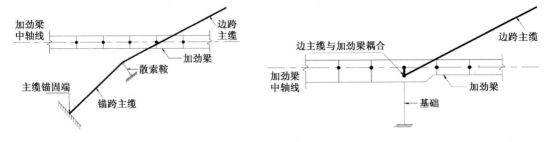

图 6-7-4 地锚式悬索桥锚碇模拟图   图 6-7-5 自锚式悬索桥的缆、梁连接模拟

8. 加劲梁和索塔关系的模拟

通常有单跨双铰、三跨双铰，以及三跨连续三种形式。前两者采用约束竖向及横向（抗风支座）位移来模拟，后者采用刚性连接来模拟。这个部分的模拟可参考斜拉桥类似的模拟方法。

9. 主索鞍的顶推模拟

在施工过程中，地锚式悬索桥需要对主索鞍进行预偏，并在逐步安装加劲梁过程中及时对主索鞍逐步顶推，以保证索塔受力。主索鞍顶推的精细模拟见图 6-7-2a)，其顶推时可采用以下两种方法来进行模拟：

(1) 通过施加温度荷载，增大线膨胀系数来模拟；

(2) 对主索鞍和主塔之间在塔顶位置的连杆进行温降来模拟。

第二节 主要分析内容

悬索桥结构分析主要分为成桥阶段分析和施工阶段分析两部分。

一、施工阶段分析的主要内容

悬索桥是分阶段逐步施工完成的,结构的最终受力状态与施工过程有着很大的关系,因而结构分析必须准确地模拟施工过程,并且能够自动累加各阶段的内力和位移。从空缆状态到最后的成桥状态,悬索桥经历很大的变形。施工阶段分析的主要内容有:①结构自重;②施工临时荷载;③混凝土收缩和徐变;④温度荷载;⑤静风的作用;⑥结构体系转换。

二、成桥阶段分析的主要内容

悬索桥在成桥状态下处于结构自重平衡状态,又称为悬索桥的初始平衡状态,计算初始平衡状态下主缆坐标和张力称为初始平衡状态分析。此时的结构内力,特别是主缆的张力大小对结构在后续荷载作用下的受力状态影响很大。

悬索桥在施工阶段具有明显的非线性响应,但成桥后主缆系统具备了足够初张力,后续荷载(车辆荷载、风荷载等)作用下的非线性效应并不显著,为此可将初始平衡状态下的主缆和吊杆的张力转换为几何刚度,按线性分析法计算后续荷载的作用,其结果具有足够的精度。

成桥阶段分析的主要内容:
(1) 计算主缆、加劲梁、桥塔在各种活载、风荷载、温度荷载等作用下的内力和变形;
(2) 计算成桥状态各种偶然荷载(如地震、船舶撞击力)等引起的内力和位移;
(3) 按规范对上述各种内力和位移进行组合,得出最不利组合情况下的内力和位移;
(4) 按规范进行强度、刚度、抗裂性和稳定性验算。

第三节 计算实例

一、地锚式悬索桥

1. 桥梁类型及基本数据

某单跨悬索桥,跨径组合为 200m+856m+190m=1246m,中跨矢跨比为 $f/L=1/10$。中跨吊杆间距为 20m+68×12m+20m,横桥向悬索距离为 28m。主缆由 127 股 127 丝 ϕ5.25mm 镀锌平行钢丝组成,抗拉强度 1670MPa,PPWS 工法施工。吊索采用直径 56mm 的钢丝绳,端吊索采用直径 64mm 的钢丝绳,每个吊点有 4 根吊索,钢丝绳公称抗拉强度 1870MPa。钢桁梁全长为 854m,桁高 6.5m,桁宽 28.0m,节间长度 6.0m,在桥塔下横梁处设竖向支座及横向抗风支座,跨中设柔性中央扣。索塔采用门式框架结构,混凝土强度等级为 C55,两岸锚碇均采用重力式锚碇。设计荷载等级为公路—I 级,行车道宽为 24.5m。总体布置图如图 6-7-6 所示。

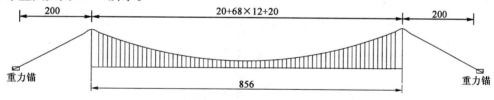

图 6-7-6 单跨地锚式悬索桥(尺寸单位:m)

2. 施工方法

悬索桥主要施工步骤如下：

(1) 施工塔锚基础、桥塔，以及采用 PPWS 法架设主缆。

(2) 从跨中向桥塔分节段对称吊装架设钢桁加劲梁。其中加劲梁架设具体步骤是：先计算得出每侧桥塔主索鞍预偏量及满足要求的每次顶推最大容许顶推量，然后在方便施工、安全、经济的前提下确定每次的顶推量及该次顶推前相应需吊装的加劲梁节段数。

(3) 二期铺装及附属构件的施工。

3. 计算模型

依照悬索桥的结构布置，在确定计算模型时，主要注意以下几点：

(1) 索塔采用门式框架结构，如图 6-7-7 所示，左塔高 138m，右塔高 127m。桥塔采用梁单元来模拟，单元的精细程度对结构精度的影响不大，按一般的划分原则进行单元和节点的划分。

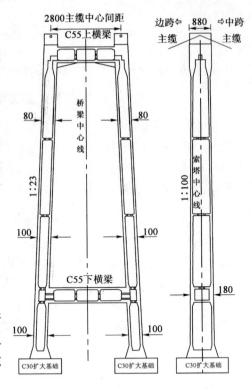

图 6-7-7 桥塔构造（尺寸单位：cm）

(2) 主缆采用索单元模拟，中跨根据吊杆间距建立单元，边跨各设置 20 个单元。

(3) 钢桁加劲梁标准断面如图 6-7-8 所示，分析时各构件采用梁单元模拟，纵向上、下弦杆每 6m 划分 1 个单元，横隔梁上横梁划分 4 个单元，下横梁划分为 3 个单元。

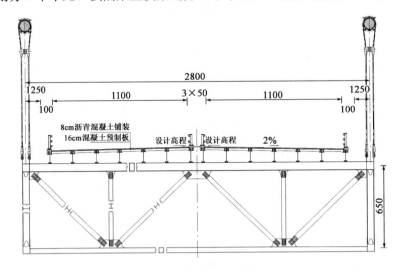

图 6-7-8 加劲梁截面（尺寸单位：cm）

(4) 主缆两端分别在边跨端点处固结，桥塔处钢桁加劲梁约束竖向及水平向（设置抗风支座）位移。

共划分节点 1561 个，单元 3999 个，计算模型如图 6-7-9 所示。

图 6-7-9　地锚式悬索桥计算模型

4. 分析荷载和荷载组合

按上述模型，对该桥的成桥阶段进行恒载（包括二期恒载）、汽车荷载、制动力、风荷载、温度荷载下的线形以及内力分析，同时按照现行《混桥规》规定，对成桥结构进行正常使用和承载能力两种极限状态下的荷载组合分析，对该桥的施工阶段进行恒载下线形分析。

5. 计算结果

（1）线形分析结果

按照拟定的施工程序和分析模型，对结构进行了施工阶段分析，分析结果如下：

空缆状态下主缆线形：主要计算空缆线形以及主索鞍预偏量。空缆跨中最大位移 D_z 为 6.96m，左侧桥塔主索鞍预偏量为 -0.7267m，右侧桥塔主索鞍预偏量为 0.6821m（图 6-7-10）。

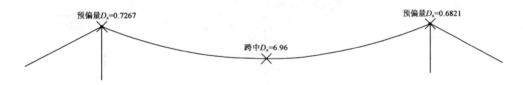

图 6-7-10　空缆线形及主索鞍预偏量

汽车荷载作用下加劲梁线形：考虑在汽车荷载作用下加劲梁的最大位移以及最小位移。向上最大竖向位移为 0.749m，向下最大竖向位移为 -1.382m（图 6-7-11）。

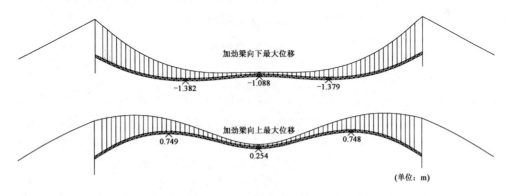

图 6-7-11　汽车荷载作用下加劲梁线形

（2）内力分析结果

主缆内力：成桥恒载作用下的主缆主要控制点的拉力如图 6-7-12，汽车荷载作用下的主缆主要控制点的最大最小拉力见表 6-7-1。

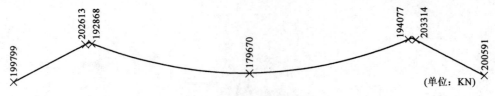

图 6-7-12 成桥恒载主缆拉力

主缆拉力计算结果（单位：kN）　　　　　　　　　　　　表 6-7-1

荷载　位置	左侧锚碇	左侧桥塔边跨	左侧桥塔中跨	跨中	右侧桥塔中跨	右侧桥塔边跨	右侧锚碇
恒载	199799	202613	192868	179670	194077	203314	200591
汽车荷载（max）	218686	221500	212311	197621	213649	222246	219524
汽车荷载（min）	199798	202613	192867	179564	194076	203313	200590

吊杆内力：成桥恒载作用下的吊杆索力如图 6-7-13 所示，汽车荷载作用下的吊杆最大最小索力见表 6-7-2。

图 6-7-13 成桥恒载吊杆索力

吊杆索力结果表格（单位：kN）　　　　　　　　　　　　表 6-7-2

吊杆位置	恒载	汽车荷载（max）	汽车荷载（min）
左端	3634.2	3853.9	3628.0
1/4 跨	1691.5	2003.7	1671.1
跨中	832.1	1281.9	623.4
3/4 跨	1691.5	2004.2	1671.0
右端	3634.5	3854.0	3628.4

加劲梁内力：钢桁加劲梁内力的计算需由有限元软件计算出各个构件的轴力及弯矩（一般很小，可以忽略），然后根据钢结构规范计算截面相应的应力。

二、自锚式悬索桥

1. 桥梁类型及基本数据

本例为三跨自锚式悬索桥，跨径为 112.5m＋300m＋112.5m＝525m（图 6-7-14）。主缆由 ϕ5.25mm 镀锌平行钢丝组成，直径为 0.23m。加劲梁采用单箱单室钢加劲梁，截面主要尺寸为长 14m，高 1.6m，壁厚 0.04m，主跨矢跨比为 1/5。中跨吊杆间距为 24@12.5m，边跨吊杆间距为 9@12.5m，横桥向悬索距离为 14m。主要控制点坐标见表 6-7-3。

三跨连续自锚式悬索桥主要控制点坐标　　　　　　　　　表 6-7-3

项　目	X（m）	Z（m）
主缆左端点	0	27
桥塔顶点	112.5	93.5
跨中垂点	262.5	33.5

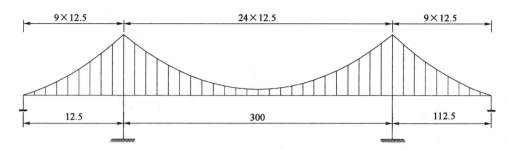

图 6-7-14 三跨连续自锚式悬索桥（尺寸单位：m）

荷载：该桥加劲梁自重为 95.58kN/m，二期恒载为 26.5 kN/m，故桥面系恒载为 122.08 kN/m。

2. 施工方法

自锚式悬索桥的施工特点是先架设加劲梁，然后架设主缆，再安装吊杆，最后张拉吊索并完成体系转换。本例中加劲梁采用支架法架设，主缆架设同地锚式悬索桥，采用 PPWS 法。

3. 计算模型

依照本自锚式悬索桥的结构布置，在确定计算模型时，主要注意以下几点：

（1）大体上和地锚式悬索桥相似，但必须注意在桥塔处的加劲梁和桥塔要刚性连接。

（2）主缆两端和加劲梁边跨端点共节点，且不能约束纵桥向位移。

本自锚式悬索桥共划分节点 219 个，单元 218 个，计算模型如图 6-7-15 所示。

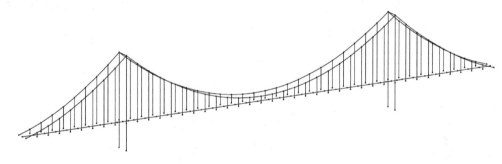

图 6-7-15 三跨连续自锚式悬索桥计算模型

4. 分析荷载和荷载组合

按上述模型，该桥的施工过程、成桥阶段分析，包括恒载（包括二期恒载）、活载下的内力及线形分析等内容，同时按照现行《混桥规》规定，对桥梁结构进行正常使用和承载能力两种极限状态下的荷载组合分析。

5. 计算结果

（1）线形分析结果

按照拟定的施工程序和分析模型，对结构进行了施工阶段分析，得到如下结果：

①空缆状态下主缆线形：空缆跨中最大位移 D_z 为 1.27m，左、右侧桥塔主索鞍预偏量为 0.1162m，如图 6-7-16 所示。

②汽车荷载作用下加劲梁线形：考虑在汽车荷载作用下加劲梁的最大位移以及最小位移，如图 6-7-17 所示。

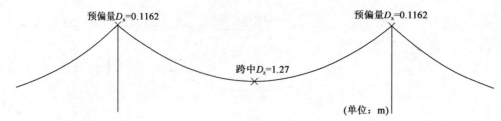

图 6-7-16 空缆线形及主索鞍预偏量

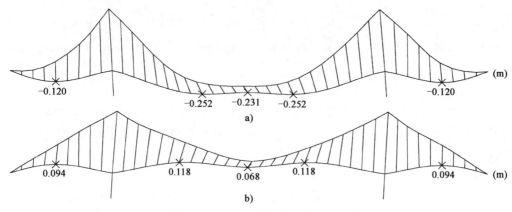

图 6-7-17 汽车荷载作用下加劲梁线形
a) 加劲梁向下最大位移；b) 加劲梁向上最大位移

(2) 内力分析结果

①主缆内力：成桥恒载作用下的主缆主要控制点的拉力如图 6-7-18 所示，汽车荷载作用下的主缆主要控制点的最大、最小拉力见表 6-7-4。

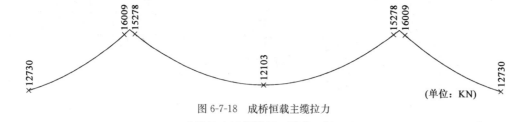

图 6-7-18 成桥恒载主缆拉力

主缆拉力计算结果（单位：kN）　　　　　　表 6-7-4

荷载 位置	左端	左侧桥塔边跨	左侧桥塔中跨	跨中	右侧桥塔中跨	右侧桥塔边跨	右端
恒载	12730	16009	15278	12103	15278	16009	12730
汽车荷载（max）	13945	17485	16700	13237	16700	17485	13945
汽车荷载（min）	12682	15994	15275	12102	15275	15994	12682

②吊杆内力：成桥恒载作用下的吊杆索力如图 6-7-19 所示，汽车荷载作用下的吊杆最大、最小索力见表 6-7-5。

图 7-9-19 成桥恒载吊杆索力

吊杆索力结果表格（单位：kN） 表 6-7-5

吊杆位置	恒　载	汽车荷载（max）	汽车荷载（min）
左边跨左端	763.3	838.0	762.6
左边跨跨中	767.1	840.6	767.0
左边跨右端	772.2	838.5	761.8
中跨左端	767.4	825.6	765.8
1/4 中跨	764.5	845.3	763.9
中跨跨中	762.3	846.5	762.1
3/4 中跨	764.5	845.3	763.9
中跨右端	767.4	825.6	765.8
右边跨左端	772.2	838.5	761.8
右边跨跨中	767.1	840.6	767.0
右边跨右端	763.3	838.0	762.6

③加劲梁内力：在恒载和汽车荷载作用下，加劲梁的弯矩包络图如图 6-7-20 所示。

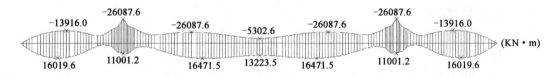

图 6-7-20　加劲梁弯矩包络图

参 考 文 献

[1] 中华人民共和国行业标准. JTG D60—2004 公路桥梁设计通用规范 [S]. 北京：人民交通出版社，2004.

[2] 中华人民共和国行业标准. JTG D62—2004 公路钢筋混凝土及预应力混凝土桥涵设计规范 [S]. 北京：人民交通出版社，2004.

[3] 中华人民共和国行业标准. JTJ 025—86 公路桥涵钢结构及木结构设计规范 [S]. 北京：人民交通出版社，1986.

[4] 中华人民共和国行业标准. JTG D63—2007 公路桥涵地基与基础设计规范 [S]. 北京：人民交通出版社，2007.

[5] 中华人民共和国行业标准. JTG/T D65-01—2007 公路斜拉桥设计细则 [S]. 北京：人民交通出版社，2007.

[6] 中华人民共和国行业标准. JTG/T B02-01—2008 公路桥梁抗震设计细则 [S]. 北京：人民交通出版社，2008.

[7] 中华人民共和国行业标准. JTG/T D60-01—2004 公路桥梁抗风设计规范 [S]. 北京：人民交通出版社，2004.

[8] 《公路桥梁抗风设计指南》编写组. 公路桥梁抗风设计指南 [M]. 北京：人民交通出版社，1996.

[9] 中华人民共和国行业标准. JTJ 021—89 公路桥涵设计通用规范 [S]. 北京：人民交通出版社，1989.

[10] 中华人民共和国行业标准. JTJ 023—85 公路钢筋混凝土及预应力混凝土桥涵设计规范 [S]. 北京：人民交通出版社，1985.

[11] 毛瑞祥，程翔云. 公路桥涵设计手册——基本资料 [M]. 北京：人民交通出版社，1995.

[12] 徐光辉，胡明义. 公路桥涵设计手册——梁桥（上册）[M]. 北京：人民交通出版社，1996.

[13] 刘效尧，赵立成. 公路桥涵设计手册——梁桥（下册）[M]. 北京：人民交通出版社，2000.

[14] 顾懋清，石绍甫. 公路桥涵设计手册——拱桥（上册）[M]. 北京：人民交通出版社，1997.

[15] 顾安邦，孙国柱. 公路桥涵设计手册——拱桥（下册）[M]. 北京：人民交通出版社，1997.

[16] 江祖铭，王崇礼. 公路桥涵设计手册——墩台与基础 [M]. 北京：人民交通出版社，1997.

[17] 中华人民共和国行业标准. JTG F50—2011 公路桥涵施工技术规范 [S]. 北京：人民交通出版社，2000.

[18] 湖南大学《土木工程力学手册》编写组. 土木工程力学手册 [M]. 北京：人民交通出版社，1991.

[19] 建筑结构设计手册编辑组. 建筑结构设计手册——静力计算 [M]. 北京：中国建筑

工业出版社，1970.

[20] Г.С.皮萨连科等（前苏联）. 材料力学手册 [M]. 范钦珊，朱祖成，译. 北京：中国建筑工业出版社，1981.

[21] 姚玲森. 桥梁工程（公路与城市道路工程专业用）[M]. 北京：人民交通出版社，1985.

[22] 范立础. 桥梁工程（上）（土木工程专业用）[M]. 北京：人民交通出版社，2001.

[23] 顾安邦. 桥梁工程（下）（土木工程专业用）[M]. 北京：人民交通出版社，2000.

[24] 邵旭东. 桥梁工程 [M]. 武汉：武汉理工大学出版社，2002.

[25] 邵旭东. 桥梁工程 [M]. 北京：人民交通出版社，2005.

[26] 姚玲森，程翔云. 钢筋混凝土梁桥 [M]. 北京：人民交通出版社，1982.

[27] 程翔云. 梁桥理论与计算 [M]. 北京：人民交通出版社，1990.

[28] 胡肇兹. 桥跨结构简化分析——荷载横向分布 [M]. 北京：人民交通出版社，1996.

[29] 同济大学路桥教研组. 公路桥梁荷载横向分布计算 [M]，北京：人民交通出版社，1977.

[30] 程翔云. 刚接梁桥中横隔梁的内力包络图计算模型 [J]. 公路，2004（2）.

[31] 易建国. 桥梁计算实例集——混凝土简支梁（板）桥 [M]. 北京：人民交通出版社，1991.

[32] 范立础. 预应力混凝土连续梁桥 [M]. 北京：人民交通出版社，1999.

[33] 周季湘. 等截面连续梁桥顶推施工的受力分析 [J]. 公路，1994（11）.

[34] 周履，陈永春. 收缩徐变 [M]. 北京：中国铁道出版社，1994.

[35] 林同炎. 预应力混凝土结构设计 [M]. 路湛沁，等译. 北京：中国铁道出版社，1983.

[36] 金成棣. 混凝土徐变对超静定结构的变形及内力影响 [J]. 土木工程学报，1981（8）.

[37] 程翔云，应用双换算法和有限元计算程序分析连续梁桥的徐变次内力 [J]. 公路，2003（12）.

[38] 席振坤. 横向铰接斜梁（板）桥实用计算法 [M]. 北京：人民交通出版社，1990.

[39] 程翔云. 连续箱梁桥内力增大系数的计算模型 [J]. 重庆交通学院学报，2006（2）.

[40] 陈永春，陈国梅. 预应力超静定结构的等效荷载计算 [J]. 建筑结构学报，1988（2）.

[41] 程翔云，高桥墩之间几何非线性效应的相互干扰分析 [J]. 公路，2003（8）.

[42] 甘美玲，中墩设单支座时连续箱梁的内力增大系数计算 [J]. 公路. 2000（11）.

[43] 程翔云，李立峰，带悬臂翼缘的整体式钢筋混凝土连续板桥计算模型 [J]. 公路，2004（1）.

[44] F.莱昂哈特（德）. 钢筋混凝土及预应力混凝土桥建筑原理 [M]. 项海帆，等译. 北京：人民交通出版社，1988.

[45] 程翔云. 悬臂施工中的预拱度设置 [J]. 公路，1995（7）.

[46] 夏淦，邵容光. 斜梁结构分析 [M]. 南京：江苏科学技术出版社，1995.

[47] 黄平明. 混凝土斜梁桥 [M]. 北京：人民交通出版社，1999.

[48] 高岛春生（日）. 斜梁桥 [M]. 张德礼，译. 北京：中国建筑工业出版社，1978.

[49] 程翔云，简支斜梁桥荷载横向分布的计算模型 [J]. 公路，2004（9）.

[50] 程翔云，连续斜梁桥受竖向荷载时的内力近似计算 [J]. 公路，2004（5）.

[51] 程翔云. 连续斜梁桥在偏心活荷载作用下的近似计算图式 [J]. 公路, 2004 (7).
[52] 邵容光, 夏淦. 混凝土弯梁桥 [M]. 北京: 人民交通出版社, 1994.
[53] 姚玲森. 曲线梁 [M]. 北京: 人民交通出版社, 1992.
[54] 高岛春生(日). 曲线梁桥 [M]. 张德礼, 译. 北京: 中国建筑工业出版社, 1979.
[55] 程翔云. 刚接曲线梁桥荷载横向分布的计算模型 [J]. 公路, 2004 (12).
[56] 程翔云. 应用平面杆系有限元法程序分析连续弯箱梁桥 [J]. 公路, 2004 (10).
[57] 程翔云. 对"应用平面杆系有限元法程序分析连续弯箱梁桥"一文的补充 [J]. 公路, 2005 (2).
[58] 杨高中, 杨征宇, 等. 连续刚构桥在我国的应用和发展 [J]. 公路, 1998 (6, 7).
[59] 杨高中, 李杨海, 等. 广东洛溪大桥主桥设计//中国公路学会桥梁和结构工程学会一九八九年桥梁学术讨论会论文集 [C]. 1989.
[60] 上海市政工程设计院, 等. 柳州大桥设计与施工 [M]. 北京: 中国建筑工业出版社, 1980.
[61] 徐光辉. 桥梁计算示例集——预应力混凝土刚架桥 [M]. 北京: 人民交通出版社, 1995.
[62] 王文涛. 刚构—连续组合梁桥 [M]. 北京: 人民交通出版社, 1995.
[63] 刘作霖, 徐兴玉, 等. 预应力T型刚构式桥 [M]. 北京: 人民交通出版社, 1982.
[64] 袁洪. 桩基结构模拟方法 [J]. 公路, 2004 (4).
[65] 程翔云. 高桥墩设计计算中的两个问题 [J]. 重庆交通学院学报. 2002 (2).
[66] 程翔云. 三箱并联变高度悬臂桥荷载横向分布的分析 [J]. 土木工程学报. 1985 (4).
[67] 程翔云. 桩柱式高桥墩几何非线性效应分析的迭代法 [J]. 公路, 2003 (8).
[68] 程翔云. 群桩基础等代模型的改善 [J]. 公路. 2006 (1).
[69] 程翔云. 受船撞时围堰与桩基的内力分析 [J]. 公路, 1998 (8).
[70] 王国鼎. 拱桥连拱计算 [M]. 北京: 人民交通出版社, 1983.
[71] 金成棣. 预应力混凝土梁拱组合桥梁——设计研究与实践 [M]. 北京: 人民交通出版社, 2001.
[72] 项海帆, 刘光栋. 拱结构的稳定与振动 [M]. 北京: 人民交通出版社, 1991.
[73] 陈宝春. 钢管混凝土拱桥设计与施工 [M]. 北京: 人民交通出版社, 1999.
[74] 陈明宪. 茅草街大桥的总体设计与创新技术//第十六届全国桥梁学术会议论文集[C]. 北京: 人民交通出版社, 2004.
[75] 程翔云. 飞燕式钢管混凝土拱桥的计算图式 [J]. 公路, 2005 (11).
[76] 程翔云. 飞燕式钢管混凝土拱桥徐变次内力的近似分析 [J]. 公路, 2006 (2).
[77] 严国敏. 现代斜拉桥 [M]. 成都: 西南交通大学出版社, 1996.
[78] Svensson H S, T G Lovett. The Twin Cable-Stayed Baytown Bridge, Proceedings of the International Bridge Conference: Bridges into 21st century, HongKong, 1995.
[79] 林元培. 斜拉桥 [M]. 北京: 人民交通出版社, 1995.
[80] 刘士林, 等. 斜拉桥 [M]. 北京: 人民交通出版社, 2002.
[81] 尼尔斯 J 吉姆辛. 缆索支撑桥梁—概念与设计 (2版) [M]. 全增洪, 译. 北京: 人民交通出版社, 2002.
[82] 邵旭东, 胡建华. 桥梁设计百问 (2版) [M]. 北京: 人民交通出版社, 2005.
[83] 程翔云. 单索面索塔横桥向稳定分析 [J]. 公路, 1999 (5).

[84] 程翔云. 在最大悬臂工况下单索面索塔受横向风载的分析 [J]. 公路, 2005 (12).

[85] 陈明宪. 斜拉桥建造技术 [M]. 北京：人民交通出版社, 2003.

[86] 项海帆. 高等桥梁结构理论 [M]. 北京：人民交通出版社, 2001.

[87] 贺拴海. 桥梁结构理论与计算方法 [M]. 北京：人民交通出版社, 2003.

[88] 王伯惠. 斜拉桥结构发展和中国经验（上、下）[M]. 北京：人民交通出版社, 2003.

[89] 肖汝诚. 桥梁结构分析及程序系统 [M]. 北京：人民交通出版社, 2002.

[90] 陈政清. 桥梁风工程 [M]. 北京：人民交通出版社, 2005.

[91] 李传习, 夏桂云. 大跨度桥梁结构计算理论 [M]. 北京：人民交通出版社, 2002.

[92] 周孟波. 斜拉桥手册 [M]. 北京：人民交通出版社, 2004.

[93] 颜东煌. 用应力平衡法确定斜拉桥主梁的合理成桥状态. 中国公路学报, 2003, 13 (3).

[94] 李国豪. 桥梁结构稳定与振动（修订版）[M]. 北京：中国铁道出版社, 1996.

[95] 范立础. 桥梁抗震 [M]. 上海：同济大学出版社, 1997.

[96] 范立础, 胡世德, 叶爱君. 大跨度桥梁抗震设计 [M]. 北京：人民交通出版社, 2001.

[97] 郭卓明, 李国平, 袁万城. 独塔单索面斜拉桥主塔稳定简化分析 [J]. 同济大学学报, 2000, 28 (2).

[98] 于向东, 陈政清. 斜拉桥索塔稳定安全系数计算的能量法 [J]. 长沙铁道学院学报, 2000, 18 (1).

[99] 邵旭东, 张欣, 李立峰. 斜拉桥索状态的精确计算 [J]. 中南公路工程, 2005, 30 (1): 33-35.

[100] 周孟波, 等. 悬索桥手册 [M]. 北京：人民交通出版社, 2003.

[101] 周远棣, 徐君兰. 钢桥 [M]. 北京：人民交通出版社, 1991.

[102] 钱冬生, 陈仁福. 大跨悬索桥的设计与施工 [M]. 成都：西南交通大学出版社, 1999.

[103] 陈仁福. 大跨度悬索桥理论 [M]. 西南交通大学出版社, 1994.

[104] 刘建新, 胡兆同. 大跨度吊桥 [M]. 人民交通出版社, 1996.

[105] 雷俊卿, 郑明珠, 徐恭义. 悬索桥设计 [M]. 北京：人民交通出版社, 2002.

[106] 严国敏. 现代悬索桥 [M]. 北京：人民交通出版社, 2002.

[107] 徐君兰. 桥梁计算示例丛书——悬索桥 [M]. 北京：人民交通出版社, 2003.

[108] 李国豪. 桥梁与结构理论研究 [M]. 上海：上海科学技术文献出版社, 1983.

[109] 李国豪. 桥梁扭转理论——桁梁桥的扭转、稳定和振动 [M]. 北京：人民交通出版社, 1975.

[110] 小西一郎（日）. 钢桥（5）[M]. 戴振藩, 译. 北京：中国铁道出版社, 1980.

[111] Hawranek A, Steinhardt O. Theorie und berechnung der stahebrücken. Springer, 1958.

[112] 程翔云. 连续悬索桥受横向风载的分析 [J]. 公路, 2001 (11).

[113] 程翔云. 关于三跨简支悬索桥振动频率方程的讨论 [J]. 重庆交通学院学报, 2001 (2).

[114] 程翔云. 关于三跨连续悬索桥扭转频率方程的讨论//广东省公路桥梁工程分会学术交流论文集 [C], 广东公路交通, 2000（增刊）.

[115] 楼庄鸿，郦玲福．我国自锚式悬索桥中国公路学会桥梁和结构工程学会2005年全国学术会议论文集［C］．北京：人民交通出版社，2005．

[116] 徐凤云，陈德荣，等．自锚式悬索桥评述//中国公路学会桥梁和结构工程分会2005年全国学术会议论文集［C］．北京：人民交通出版社，2005．

[117] 楼庄鸿．自锚式悬索桥//楼庄鸿桥梁论文集［C］．北京：人民交通出版社，2004．

[118] 沈锐利．悬索桥主缆系统设计及架设计算方法研究［J］．土木工程学报，1996，29(4)：3-9．

[119] 唐茂林，沈锐利，强士中．悬索桥索鞍位置设计［J］．公路交通科技，2001，18(4)：55-57．

[120] 车宇琳，等．桥梁设计常用数据手册［M］．北京：人民交通出版社，2005．

[121] M J RYALL, et al. The Manual of Bridge Engineering. Published by Thomas Telford Publishing, 2000.

[122] А А Петропавловский，Е И Крыльов，Н Н Богданов．Вантовые мосты，Издательство《Транспорт》．北京：人民交通出版社．1985．

[123] M Nagai. Feasibility of a 1400m span steel cable stayed bridge. [J] Journal of Bridge Engineering, ASCE, 2004.

[124] 张喜刚，陈艾荣，等．千米级斜拉桥——结构体系、性能与设计［M］．北京：人民交通出版社，2010．

[125] 项海帆，等．桥梁概念设计［M］．北京：人民交通出版社，2011．

[126] 程翔云．重读《单室梯箱畸变计算》［J］．公路工程，2009(3)．

[127] 程翔云．非等长桩群桩基础的等代计算模型［J］．公路，2010(12)．

[128] 刘玉擎，等．西部地区钢—混凝土混合梁设计与施工关键技术研究报告．2010．